Peterson's®

DOMINE EL™
EXAMEN GED®
PRIMERA EDICIÓN

Sobre Peterson's

Peterson's® ha sido una editorial educativa de confianza por más de 50 años. Es un logro del cual estamos muy orgullosos, pues continuamente ofrecemos el contenido educativo más preciso, confiable, y de más alta calidad en la industria y brindamos a nuestro clientes todo lo que necesitan para triunfar. No importa en qué momento de su carrera académica o profesional se encuentre, puede confiar en Peterson's y sus libros, información en línea, herramientas profesionales de preparación de exámenes, información educativa actualizada y recursos de calidad para una carrera exitosa: todo lo que necesita para alcanzar sus metas educativas. Puede encontrar nuestra línea completa de productos en **www.petersons.com**.

Para obtener más información sobre todos los productos educativos disponibles, póngase en contacto con Peterson's, 4380 S. Syracuse Street, Suite 200, Denver, CO 80237 o via internet en **www.petersons.com**.

Contenido

PARTE I: EL EXAMEN GED®—LO BÁSICO

PARTE II: DETERMINAR SUS FORTALEZAS Y DEBILIDADES

PARTE III: RAZONAMIENTO A TRAVÉS DE LAS ARTES DEL LENGUAJE

PARTE IV: EL EXAMEN DE ESTUDIOS SOCIALES

PARTE V: EL EXAMEN DE CIENCIA

PARTE VI: EL EXAMEN DE RAZONAMIENTO MATEMÁTICO

PARTE VII: EXAMEN DE PRÁCTICA

PARTE VIII: APÉNDICES

Créditos

Extractos de *The Fortieth Door*, de Mary Hastings Bradley

Obesity and Cancer Risk, del Sitio Web Instituto Nacional de Cáncer (www.cancer.gov)

Mystery of the Missing Waves on Titan, El Sitio Web Ciencia@NASA (science.nasa.gov)

Adam's Needle, El Sitio Web del Departamento de Agricultura de los Estados Unidos (www.usda.gov)

Lead in the Environment, de La Agencia de Protección Ambiental de los Estados Unidos, Sitio Web de la Oficina de Remediación y Innovación Tecnológica de la Oficina de Superfund (www.epa.gov)

Pasaje sobre "Migrant Mother" extracto de *No Caption Needed: Iconic Photograph, Public Culture, and Liberal Democracy*, "Migrant Mother" escrito por Robert Hariman y John Louis Lucaites; El Sitio Web de La Prensa de la Universidad de Chicago (http://www.press.uchicago.edu/Misc/Chicago/316062.html).

Extractos de *The Game*, de Jack London

Extractos de *Journey to the Center of the Earth*, de Jules Verne

Extractos de *Story of a Pioneer*, por Anna Howard Shaw, D.D.M.D.

Extractos de *An Autobiography by Theodore Roosevelt*, de Theodore Roosevelt

Extractos de "The Yellow Wallpaper," de Charlotte Perkins Gilman

"How 3D Printers Work," Departamento de Energía de los Estados Unidos (www.energy.gov)

Extracto de *Life on the Mississippi*, de Mark Twain

"Responding to Climate Change." El sitio web de la NASA (climate.nasa.gov)

Extracto de "How Individuals Make Choices Based on Their Budget Constraint," *Principles of Macroeconomics, 2e*, por Open Stax, Licenciado bajo la Licencia de Atribución Común Creativa v.4.0 (https://open.umn.edu/opentextbooks/textbooks/192)

Traducido de Inglés a Español por *Freedom Learning Group, LLC*.

Antes de empezar

Usted decidió obtener su diploma de bachillerato al prepararse para tomar el examen GED. ¡Esto es un gran paso! Ahora, usted ya sabe que obtener un diploma de bachillerato es muy importante. Con su diploma, usted podrá beneficiarse de oportunidades de formación y educación que van más allá de un nivel de bachillerato y podrá aumentar su potencial de ingresos.

Usted decidió adquirir este libro para dar lo mejor de sí mismo en el examen GED. Si se usa correctamente, este libro de aprendizaje autónomo le mostrará lo que puede esperar del examen, mientras practica de la forma más efectiva y aprende de diferentes temas que probablemente encontrará en el examen real. *Domine el™ Examen GED®* de Peterson's le provee las herramientas necesarias para aprovechar al máximo su tiempo de estudio, incluidos:

- **10 consejos para tomar el examen GED** Una lista con los 10 consejos más importantes que le ayudarán a obtener un puntaje más alto en el examen GED.

- **La Parte I** es una lectura esencial si usted se prepara para tomar el examen GED. Usted encontrará todo sobre la estructura completa del examen GED, lo que cubrirá cada sección del examen, los requisitos de aprobación y puntajes necesarios para pasar el examen, los procedimientos para programar y realizar el examen, y todo lo necesario para prepararse.

- **La Parte II** permitirá que se familiarice con el examen GED tomando el examen diagnóstico de práctica. Use los resultados de este examen de práctica para determinar en qué necesita enfocarse cuando se prepare para el examen GED.

- **La Parte III–VI** hacen un repaso de cada tema en el examen GED—Razonamiento a través de las artes del lenguaje, Estudios sociales, Ciencias, y Razonamiento matemático— y le ofrece estrategias poderosas para enfrentar cada tipo de pregunta que se le presente en el examen real.

- **La Parte VII** consiste de un examen completo de práctica, con respuestas y explicaciones para cada pregunta. El examen contiene una mezcla de preguntas similares a lo que encontrará en el examen real. Para medir con precisión su rendimiento en estos exámenes de práctica, asegúrese de adherirse estrictamente a los límites de tiempo estipulados.

- **Los apéndices** incluyen una lista de palabras para ayudarle a aumentar su vocabulario para TODAS las secciones del examen GED y una hoja de fórmulas matemáticas.

EL EXAMEN DIAGNÓSTICO DE PRÁCTICA Y SU PROCESO

El examen diagnóstico de práctica le dará más que una experiencia de práctica para el examen. Le ayudará a reconocer sus fortalezas y evidenciará las áreas en las cuales necesita mejorar. Al entender su "perfil de conocimiento", usted podrá practicar los temas que necesite y trabajar en capítulos relevantes durante su repaso, de esta manera aprenderá consejos importantes para tomar el examen y estudiará numerosos ejemplos y explicaciones.

Las secciones de repaso

La sección de Razonamiento a través de las artes del lenguaje le da la oportunidad de mejorar sus capacidades lingüísticas, necesarias para obtener un buen desempeño en la lectura, la escritura y todas las áreas académicas. Los pasajes de lectura constan de una amplia variedad de materiales, desde no ficción hasta fragmentos de novela, circulares comerciales o correos electrónicos. Las preguntas de escritura examinarán sus capacidades en el uso, la organización, y la mecánica de la escritura en diversas situaciones.

La sección de Estudios sociales cubre historia, educación cívica y gobierno, economía y geografía. El repaso le ayudará a refinar sus capacidades de comprensión, análisis, evaluación y aplicación para el examen real.

La sección de Ciencia incluye aquellos temas que aparecerán en el examen real del GED: ciencias de la vida (biología), ciencia de la Tierra (geología y oceanografía), ciencia del espacio (astronomía), y ciencia física (química y física). El repaso le ayudará con su capacidad de recordar y entender la información, formular inferencias y conclusiones, evaluar información y aplicar conceptos e ideas a otras situaciones.

La sección de Razonamiento matemático provee explicaciones fáciles de usar de procesos matemáticos con un enfoque a los dificultades particulares que muchos estudiantes han demostrado tener en esta área. El repaso, los ejemplos y las respuestas con explicaciones le ayudarán a entender los conceptos más difíciles que incluyen números, sentido numérico y operaciones; datos, estadística y probabilidad; álgebra, funciones y patrones; y geometría y medidas.

LOS EXÁMENES DE PRÁCTICA

Cuando haya completado su repaso, tome el examen de práctica bajo condiciones similares a las del examen real para agudizar sus capacidades. Busque un lugar silencioso donde no tenga distracciones o interrupciones, ponga un temporizador con el tiempo estipulado y trabaje en cada pregunta como si estuviera tomando el examen real.

CARACTERÍSTICAS ESPECIALES DE ESTUDIO

Descripción general

Cada capítulo empieza con una descripción general y una lista de temas que van a ser cubiertos en el capítulo. Podrá saber inmediatamente cuáles temas debe repasar.

En resumen

Cada capítulo termina con un resumen detallado que contiene los temas más importantes. Los resúmenes son una manera conveniente de repasar el contenido de los capítulos.

Notas, consejos y alertas

Mientras revisa el libro, asegúrese de estar atento a las notas, consejos y alertas que se encuentran en los márgenes para resaltar conceptos, consejos, y atajos importantes.

LISTA DE PALABRAS

El Vocabulario en sí no es parte del examen GED; pero hay muchas preguntas indirectas de vocabulario escondidas en todo el examen. Entre más amplio, variado y preciso sea su vocabulario, más oportunidades tendrá de responder a las preguntas de forma rápida y correcta. Para ayudarle con esta tarea, hemos creado una lista con las 500 palabras mas usadas en el examen GED, incluyendo más de 100 palabras relacionadas, es decir, variaciones de palabras primarias o palabras que comparten una raíz común. Usted encontrará la Lista de palabras en el apéndice. Úsela para mejorar su vocabulario y estudiar para todas las partes del examen GED.

VA EN CAMINO AL ÉXITO

Saber es poder. Usando *Domine el™ Examen GED®*, usted obtendrá una preparación integral para el examen GED y se volverá un gran conocedor del el nuevo examen GED. Esperamos poder ayudarle a pasar el examen GED y obtener su certificado del examen GED o su diploma. ¡Buena suerte!

DENOS SU OPINIÓN

Peterson's publica una línea completa de recursos que sirve de guía de estudio. Las publicaciones pueden encontrarse en oficinas de orientación, librerías de universidad, centros de carrera profesionales, librerías locales y en línea en **www.petersons.com**.

Damos la bienvenida a cualquier comentario o sugerencia que usted pueda tener sobre esta publicación.

Peterson's
4380 S. Syracuse Street, Suite 200
Denver, CO 80237
Email: custsvc@petersons.com

PARTE I
EL EXAMEN GED®— LO BÁSICO

CAPÍTULO 1   Todo sobre el examen GED®

Todo sobre el examen GED®

DESCRIPCIÓN GENERAL

- **El examen GED®**
- **¿Qué es el examen GED®?**
- **Los cuatro exámenes GED®: un vistazo**
- **Puntuación y requisitos para pasar el examen GED®**
- **Disponibilidad, programación y precio del examen GED®**
- **Retomar todo o alguna parte del examen GED®**
- **Resultados de puntajes y su certificado del examen GED®**
- **Prepararse para el examen GED®**
- **Obtener más información sobre el examen GED®**
- **10 consejos para tomar el examen GED®**
- **En resumen**

Felicitaciones por tomar el primer paso para avanzar en su carrera académica. No importa si usted toma el examen GED para prepararse para la universidad o si busca oportunidades profesionales que estarán disponibles después de que termine el examen GED. Usted no está solo. Desde 1943, más de 18 millones de personas han obtenido las credenciales del GED. Se estima que en los Estados Unidos 1 de cada 7 estudiantes de bachillerato completarán su educación al tomar los exámenes GED.

Este libro está diseñado para ayudarle a pasar con éxito las cuatro partes el examen GED. Las lecciones en este libro le ayudarán a desarrollar capacidades esenciales para pasar cada examen, y el repaso de cada sección le ayudará a estar más cómodo con la información que se cubre en cada examen. Los ejemplos de preguntas disponibles en cada lección, más el examen de práctica de diagnóstico y el examen de práctica, le ofrecen práctica suficiente con el tipo de preguntas que encontrará en el examen GED.

Capítulo 1

EL EXAMEN GED®

De acuerdo a los creadores del examen GED, este mide las capacidades que los estudiantes necesitan para la universidad y diferentes oportunidades profesionales, y los prepara para darles un nivel básico de informática y poder competir en el mercado de trabajo de hoy en dia. El examen GED se realiza completamente por computadora en los centros oficiales del exame n GED. Aprenderá más sobre este tema después en este capítulo.

El examen GED está alineado con los estándares básicos comunes: un conjunto de normas designado para ayudar a estudiantes a obtener su mejor potencial. Muchas preguntas el examen GED requieren que usted demuestre cómo obtuvo su respuesta (no simplemente escogiendo la respuesta correcta usando opciones múltiples). En el examen GED usted necesitará escribir, seleccionar gráficas, usar el método de arrastrar y soltar y más. Pero no se preocupe, la guía de Peterson's *Domine el™ examen GED®* es justo lo que necesita para ser exitoso en este importante examen.

¿QUÉ ES EL EXAMEN GED®?

El examen GED es un conjunto de cuatro diferentes exámenes estandarizados que miden las capacidades requeridas de estudiantes graduados de bachillerato en los Estados Unidos y Canadá. El objetivo final en pasar estos exámenes es obtener un certificado que es equivalente a un diploma de bachillerato. Un certificado del GED puede ser utilizado para entrar a la universidad, obtener ciertas licencias vocacionales o para encontrar empleo y muchos tipos de trabajo que requieren un diploma del bachillerato o lo equivalente.

Los cuatro exámenes GED están asignados y administrados por el Servicio el examen GED® junto con el Consejo Americano de Educación® el cual tiene convenio con Pearson. Esta nueva organización fue creada en 2011 y representa un convenio público y privado. Estos exámenes (referidos como los exámenes de Desarrollo Educativo General o el GED) fueron originalmente desarrollados para ayudar a los veteranos regresando del servicio en la Segunda Guerra Mundial, los cuales querían recuperar capacidades académicas y completar su educación, la cual fue interrumpida por motivos de la guerra. Muchos veteranos utilizaron esta educación adicional para obtener trabajos en el sector civil. Desde 1940, los exámenes GED han cambiado paulatinamente su enfoque en conocimientos necesarios para trabajos industriales a conocimientos y habilidades necesarios para el mundo actual, tan regido por la información. En 2014, el examen fue revisado para no solamente proveer a los adultos con un diploma equivalente a el del bachillerato, pero también para medir capacidades para carreras profesionales y para preparación universitaria. Este examen es completamente virtual e incluye "Elementos de Tecnología Mejorados" además de las tradicionales preguntas múltiples y respuestas extendidas de redacción. Algo que no ha cambiado son los millones de estudiantes como usted que han podido obtener sus credenciales de bachillerato por medio de los exámenes GED.

LOS CUATRO EXÁMENES GED®: UN VISTAZO

Para poder pasar los exámenes GED y obtener el certificado del GED, de cada área temática, usted debe demostrar un dominio de capacidades y conocimientos equivalente, al menos, al 40 % de los graduados de bachillerato. El examen mide información y capacidades fundamentales para asegurarse de que los adultos estén preparados para la universidad y las carreras profesionales. Cada uno de los cuatro exámenes está designado para medir las mismas cuatro capacidades:

1. Comprensión (entendimiento e interpretación de información)
2. Análisis (dibujar inferencias específicas y conclusiones de información)
3. La síntesis y evaluación (caracterizar, generalizar y hacer juicio sobre información diferente)
4. Aplicación (usando información en diferentes formas además de la forma que está presentada)

Por supuesto, cada uno de los cuatro exámenes mide cada una de estas capacidades de forma diferente. Y para triunfar en los exámenes GED, además de practicar este conjunto de habilidades, usted debe aplicar conocimientos generales y sentido común, que se adquieren mediante las experiencias y observaciones diarias, así como mediante la educación general.

La estructura el examen GED®

El examen GED consiste en cuatro exámenes individuales, y cada uno debe tomarse en una plataforma informática de examen, lo cual permite artículos más interactivos en el examen. Cada examen cubre un componente diferente de un currículo estándar de bachillerato y se alinea con los objetivos de evaluación del GED derivados de los estándares estatales básicos comunes y estándares similares a los de Texas y Virginia. La siguiente tabla muestra las diferentes áreas que cada examen cubre, junto con el número de preguntas disponibles y el límite de tiempo para cada examen.

Examen	Área de contenido	Número y tipos de preguntas	Límite de tiempo
Razonamiento a través de las artes del lenguaje	• Comprensión de lectura ○ Informativo (75 %) ○ Literatura (25 %) • Escritura • Redacción	• 45–50 preguntas ○ Opción múltiple ○ Menú desplegable ○ Seleccionar una área ○ Arrastrar y soltar ○ Respuesta extendida	150 minutos
Estudios sociales	• Historia de los Estados Unidos (20 %) • Educación cívica y gobierno (50 %) • Economía (15 %) • Geografía y el mundo (15 %)	• 30–35 preguntas ○ Opción múltiple ○ Menú desplegable ○ Llenar los espacios en blanco ○ Arrastrar y soltar ○ Seleccionar un área	70 minutos

Examen	Área de contenido	Número y tipos de preguntas	Límite de tiempo

Ciencia	• Ciencia de la vida (40 %)
	• Ciencia de la Tierra y del espacio (20 %)
	• Ciencia física (40 %)
		• 30–35 preguntas
		  ○ Opción múltiple
		  ○ Menú desplegable
		  ○ Llenar los espacios en blanco
		  ○ Arrastrar y soltar
		  ○ Seleccionar un área
			90 minutos

Razonamiento matemático	• Resolución de problemas cuantitativos (45 %)
	• Solución de problemas algebraicos (55 %)
		• 46 preguntas
		  ○ Opción múltiple
		  ○ Menú desplegable
		  ○ Llenar los espacios en blanco
		  ○ Arrastrar y soltar
		  ○ Seleccionar un área
			115 minutos

El examen GED incluye seis tipos de preguntas: opción múltiple y otras cinco potenciadas por tecnología, menú desplegable, arrastrar y soltar, llenar los espacios en blanco, seleccionar un área y respuesta extendida. Analicemos este tipo de preguntas más detalladamente.

Opción múltiple. Este tipo de pregunta tiene cuatro opciones de respuesta, en las que hay una respuesta correcta y tres incorrectas (conocidas como distractores).

Ejemplo de opción múltiple

¿Cuál de estos animales es un reptil?

○ A. Cóndor
○ B. Dragón de Komodo
○ C. Lémur
○ D. Salamandra

Para responder a esta pregunta, usted deberá hacer clic en el botón junto a la respuesta que quiere seleccionar.

Ejemplo de opción múltiple

¿Cuál de estos animales es un reptil?

○ A. Cóndor

● B. Dragón de Komodo

○ C. Lémur

○ D. Salamandra

Si quiere cambiar su respuesta, simplemente haga clic en otra opción. Como solamente hay una respuesta correcta para las preguntas de opción múltiple, su selección se actualizará con la última respuesta seleccionada.

Menú desplegable. Este tipo de preguntas se distingue porque tiene sus opciones de respuestas en un menú desplegable que hace parte de la pregunta. Las respuestas aparecerán en la pantalla con una opción que dice "Seleccione".

Ejemplo de menú desplegable

Cameron juega tennis todos los días después de la escuela. Él está [Seleccione ▼] a hacer parte del equipo este año. El entrenador se ha dado cuenta de su [Seleccione ▼].

Para responder a esta pregunta, usted debe selecióne su respuesta haciendo clic en el menú directamente en la respuesta que quiere selecióne. Aunque pueda que encuentre preguntas con más de un menú desplegable en el examen GED, recuerde que solamente hay una respuesta correcta en cada menú desplegable.

Ejemplo de menú desplegable

Cameron juega tenis todos los días después de la escuela. Él está [comprometido▼] a hacer parte del equipo este año. El entrenador se ha dado cuenta de su [Seleccione ▼].

Seleccione
compermiso
compromiso
compartimiento
comprometido

Para cambiar su respuesta, simplemente haga clic en el menú desplegable y seleccione la respuesta que desea enviar.

Llenar espacios en blanco. Este tipo de preguntas requiere que usted escriba su respuesta y mostrará un cuadro de respuestas en blanco.

Ejemplo de llenar espacios en blanco

La abuela de Tilly le paga $0.25 cada vez que ella alimenta a los peces. Si Tilly alimenta a los peces de lunes a viernes esta semana, ¿cuánto dinero ganará?

Escriba su respuesta con decimales.

[   ] dólares

Para responder a preguntas de llenar espacios en blanco, haga clic dentro del cuadro de respuestas y escriba su respuesta. La respuesta puede ser numérica, o de una o dos palabras. En el caso de respuestas numéricas, se le darán instrucciones si hay una manera específica en la cual debe escribir su respuesta (por ejemplo, decimales, redondeado a unidades específicas).

Ejemplo de llenar espacios en blanco

La abuela de Tilly le paga $0.25 cada vez que ella alimenta a los peces. Si Tilly alimenta a los peces de lunes a viernes esta semana, ¿cuánto dinero ganará?

Escriba su respuesta con decimales.

[**1.25**   ] dólares

Para cambiar su respuesta, primero borre lo que haya escrito y luego escriba su nueva respuesta.

Arrastrar y soltar. Este tipo de preguntas son tareas interactivas que requieren que usted use el ratón de la computadora para mover varios elementos (como fotos, palabras o números) a un nuevo lugar en la pantalla de la computadora.

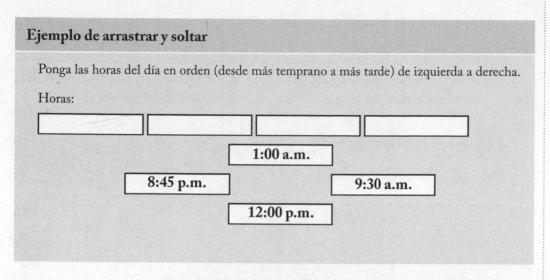

Para responder a las preguntas de arrastrar y soltar, usted tendrá que hacer clic en la respuesta y debe arrastrarla hacia el lugar de su preferencia y soltarla (suelte el ratón de la computadora) ahí. Repita este proceso de arrastrar y soltar para cada respuesta que desea mover.

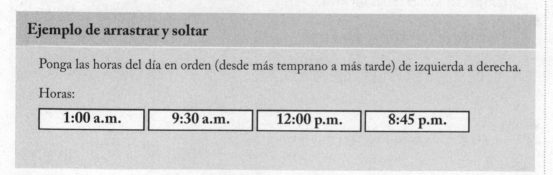

Cuando haya movido el artículo al lugar deseado, su posición original normalmente estará en blanco. Pero algunas veces una copia de la opción se quedara en su lugar. Cuando esto ocurre, significa que usted tiene la opción de usar esa respuesta de nuevo en otro lugar.

Para cambiar su respuesta, haga clic y arrastre su respuesta a otro lugar o a su lugar original.

Seleccionar un área. Estas preguntas (antes conocidas como preguntas de puntos importantes) requieren que usted conteste las preguntas haciendo clic en una imagen. La imagen puede ser una gráfica, una carta, una cuadrícula de coordenadas, una línea numérica o un texto. Las instrucciones le indicarán en dónde tiene que hacer clic (el área en el mapa con menor población, el punto de la gráfica que muestra más ventas o el punto de la gráfica que identifica dos coordenadas, etc.)

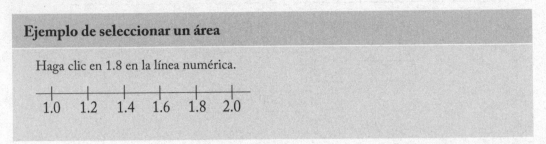

Para responder a esta pregunta, use el ratón de la computadora sobre el área de la respuesta y haga clic.

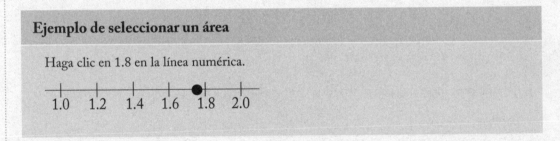

Para cambiar su respuesta haga clic en un nuevo lugar.

Finalmente, hay una pregunta de **respuesta extendida**, ubicada en el examen de Razonamiento a través de las artes del lenguaje. La pregunta requiere que usted analice dos textos originales y escriba una muestra de escritura que cumpla con los criterios estipulados. La interfaz para este tipo de pregunta se rediseñó en el examen GED de 2019 para hacer que las instrucciones fueran más accesibles para las personas que toman la prueba, proporcionaran un espacio más grande para escribir y permitieran leer los recursos mientras escribe.

Para responder la pregunta de respuesta extendida, usted deberá escribir su análisis en el espacio provisto. La interfaz es un simple editor de texto que incluye algunas herramientas de procesamiento de texto, como cortar, copiar y pegar. Lo importante en esta parte del examen no es el formato, sino presentar un argumento basado en evidencia y análisis. Para obtener más información sobre la respuesta extendida, refiérase al Capítulo 5 "Dominar la respuesta extendida" que empieza en la página 217.

El examen de Razonamiento a través de las artes del lenguaje

El examen de Razonamiento a través de las artes del lenguaje consta de 45–50 preguntas. El examen de Razonamiento a través de las artes del lenguaje tiene tres partes: la primera y la tercera parte está compuesta de preguntas de opción múltiple y preguntas potenciadas por tecnología, mientras que en la segunda parte se encuentra el ensayo de respuesta extendida. Los elementos de tecnología mejorada para este examen incluyen preguntas de seleccionar un área, menú desplegable, y de arrastrar y soltar. Algunas preguntas se presentan en grupo—cada grupo basado en el mismo pasaje de lectura. Los pasajes de lectura varían en tamaño (400–900 palabras para comprensión de lectura; 350–450 para comprensión del lenguaje, y 550–650 para la lectura usada en la respuesta extendida) e incluyen distintos géneros, como ficción y no-ficción, artículos internacionales y documentos del trabajo.

La sección de comprensión de lectura en examen de Razonamiento a través de las artes del lenguaje no prueba su conocimiento de lectura ni ninguna información objetiva. El examen está diseñado para medir su capacidad de entender, analizar y sacar inferencias razonables del material de lectura, así como aplicar lo que ha leído. Todo lo que necesita saber para poder responder las preguntas correctamente se lo darán en el pasaje de lectura. La sección de comprensión del lenguaje en el examen de Razonamiento a través de las artes del lenguaje probará sus conocimientos y entendimiento del español, sus convenciones y su uso. La respuesta extendida le exigirá escribir un análisis basado en varios pasajes de lectura. La calificación de su muestra de escritura dependerá de que analice bien los argumentos, proporcione evidencia, organice sus pensamientos y escriba con fluidez.

El examen de Estudios sociales

El examen de Estudios sociales consta de 30–35 preguntas. La mayoría de las preguntas son de opción múltiple, pero también hay preguntas potenciadas por tecnología. Los elementos potenciados por tecnología en este examen incluyen preguntas de menú desplegable, llenar la espacio en blanco, arrastrar y soltar, y seleccionar un área. Cada pregunta consta de un pasaje de texto, una representación gráfica, o ambos. Hasta 20 preguntas pueden estar acompañadas de material visual (diagramas, tablas, gráficas, caricaturas, u otro tipo de ilustración). En algunos casos, el mismo material visual se usa para más de una pregunta.

El examen de Estudios sociales está diseñado para medir su capacidad de entender, analizar, sintetizar, evaluar y aplicar una variedad de conceptos de Estudios sociales en tres áreas diferentes: Lectura y escritura en los Estudios sociales, Conceptos de los Estudios sociales y Razonamiento matemático de los Estudios sociales. Estas capacidades se aplican en situaciones sociales e históricas del mundo real en cuatro áreas: educación cívica y gobierno (50 %), historia de los Estados Unidos (20 %), geografía y el mundo (15 %) y economía (15 %). (La versión el examen GED® administrada en Canadá cubre la historia y el gobierno de Canadá en vez de la historia y el gobierno de los Estados Unidos.) El examen de Estudios sociales requiere que usted aplique sus capacidades y conocimiento sobre pensamiento crítico en el contexto del material de los Estudios sociales, tanto escrito como visual. Para ser exitoso en el examen, no debe memorizar fechas, nombres, eventos, datos geográficos y demás trivialidades. Le darán toda la información necesaria para responder a estas preguntas.

El examen de Ciencia

El examen de Ciencia consta de 30–35 preguntas. La mayoría de las preguntas son de opción múltiple, pero también hay preguntas potenciadas por tecnología. Los elementos potenciados por tecnología en este examen incluyen preguntas de menú desplegable, llenar espacios en blanco, arrastrar y soltar, y seleccionar un área. Cada pregunta está basada en un pasaje de texto, una representación gráfica, o ambos. Muchas de preguntas pueden están acompañadas de material visual (diagramas, tablas, gráficas, caricaturas, u otro tipo de ilustración). En algunos casos, el mismo material visual se usa para más de una pregunta.

El examen de Ciencia está diseñado para medir su capacidad de entender, analizar, sintetizar, evaluar y aplicar una variedad de conceptos de ciencia de bachillerato. El examen cubre áreas de contexto que incluyen ciencias de la vida, ciencia de la tierra y el espacio, y ciencia física. El examen de Ciencia es más un examen de capacidades de pensamiento crítico que una prueba de conocimientos. Todo lo que necesita para responder las preguntas con éxito se lo proporcionará en el examen. Sin embargo, el examen asume un nivel básico de conocimiento científico que la mayoría de personas ha adquirido a través de observaciones y experiencias cotidianas.

El examen de Razonamiento matemático

El examen de Razonamiento matemático consta de 46 preguntas. La mayoría de estas preguntas son de opción múltiple, pero también hay preguntas potenciadas por tecnología. Los elementos potenciados por tecnología en este examen incluyen preguntas de menú desplegable, llenar el espacio en blanco, arrastrar y soltar, y seleccionar un área.

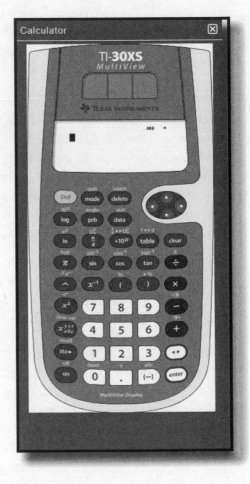

El examen de Razonamiento matemático cubre dos áreas: resolución cuantitativa de problemas y resolución algebraica de problemas. Algunas preguntas se basan en conceptos visuales como figuras geométricas e información presentada en formato gráfico (tablas y gráficas).

Una calculadora (como la que está a la derecha) aparecerá en la pantalla de la computadora cuando resuelva problemas cuantitativos y algebraicos, pero habrá cinco elementos que deberá responder sin el uso de la calculadora. Los elementos en los cuales le permiten usar la calculadora se enfocan en operaciones numéricas y operaciones matemáticas. Sin embargo, los elementos que no permiten el uso de una calculadora se enfocan más en conceptos matemáticos, estimaciones y "matemática mental".

PUNTUACIÓN Y REQUISITOS PARA PASAR EL EXAMEN GED®

Para cada examen GED, entre más preguntas correctas obtenga, más alto será su puntaje. No hay penalidades por respuestas incorrectas. Su respuesta extendida se evaluará de acuerdo con una rúbrica de tres características, por un motor automático de calificación que replica la calificación realizada por humanos. Estas características identifican las cualidades de escritura que están siendo evaluadas. Su respuesta será evaluada en una escala de seis puntos y cada característica valdrá hasta dos puntos para obtener un puntaje máximo de 12 puntos. Su puntaje para la respuesta extendida será combinado con su puntaje del resto del examen de Razonamiento a través de las artes del lenguaje.

Cada sección del examen GED se evaluará de forma separada, con un puntaje mínimo necesario de 145 puntos para pasar cada examen. Este puntaje refleja las capacidades de una persona graduada de bachillerato. Las personas que han tomado el examen reciben un puntaje individual para cada uno de los exámenes (Razonamiento a través de las artes del lenguaje, Estudios sociales, Ciencias y Razonamiento matemático).

Estos niveles de resultados de la prueba demuestran la preparación del estudiante para entrar a la universidad, como se muestra a continuación:

Puntaje	Descripción del nivel
0–144	Nivel 1: Debajo del nivel necesario para pasar
145*–164	Nivel 2: Puntaje necesario para pasar el GED/equivalente a bachillerato
165–174	Nivel 3: Preparado para la universidad GED
175–200	Nivel 4: Preparado para la universidad GED + crédito

* El puntaje necesario para pasar el examen GED en Nueva Jersey es de 150 puntos.

¿Qué significan estos niveles para quienes toman el examen GED? El puntaje necesario para pasar el examen GED significa lo que siempre ha significado: ¡que ha obtenido su diploma! El nivel preparado para la universidad GED significa que tiene las capacidades para tomar clases de universidad. Dependiendo de la universidad o del programa de estudio al que se postule, usted quizá pueda tomar u omitir los exámenes de asignación, clases de recuperación o clases sin créditos. El Preparado para la universidad GED + crédito significa que usted ya domina las capacidades necesarias que se enseñan en niveles básicos de clases universitarias. Dependiendo de la escuela o del programa al cual se postule, puede ser elegible para obtener hasta 3 créditos de Matemáticas, 3 créditos de Ciencia, 3 créditos de Estudios sociales y 1 crédito de Inglés. Si obtiene el nivel Preparado para la universidad GED o el nivel Preparado para la universidad GED + crédito, asegúrese de verificar las políticas de su futura universidad. Esto le ahorrará tiempo y dinero cuando decida empezar su programa o licenciatura.

DISPONIBILIDAD, PROGRAMACIÓN Y PRECIO DEL EXAMEN GED®

El examen GED se ofrece en la mayoría de los Estados Unidos, todas las provincias de Canadá y en más de cien ubicaciones internacionales. El GED aún no está disponible en Indiana, Iowa, Louisiana, Maine, Missouri, Montana, Nuevo Hampshire, Nueva York, Tennessee o West Virginia; pero si usted vive en alguno de estos estados, puede registrarse para tomar el examen en un estado vecino que permita que personas no residentes tomen el examen. Los exámenes se ofrecen en español, inglés y francés, en letra grande, braille e incluso en formato auditivo. Puede que se disponga de acomodaciones especiales para estudiantes con discapacidades de aprendizaje diagnosticadas, déficit de atención e hiperactividad, condiciones de salud mental y emocional, discapacidades físicas y crónicas, y demás condiciones que interfieran con la capacidad del estudiante para demostrar sus conocimientos en las condiciones estándares del examen. Para más información sobre el examen GED y acomodaciones para discapacidades, visite **www.ged.com/about_test/accomodations/**.

Los centros para tomar el examen normalmente están ubicados en un instalaciones educativas para adultos o comunitarias. Algunos centros están ubicados en instalaciones militares. Poder encontrar un lugar en el cual pueda tomar su examen no debería ser difícil si usted vive en un estado con bastante población. California, por ejemplo, tiene más de 200 ubicaciones en todo el estado.

Usted puede encontrar centros para tomar el examen en **www.pearsonvue.com/ged/locate/**. El examen GED es programado por MyGED™ (**ged.com**). Cada uno de los cuatro exámenes GED puede tomarse por separado, en cualquier momento, dependiendo de sus preferencias, horario y disposición. (El tiempo total estimado para el examen GED es más de 7 horas, sin incluir los descansos disponibles entre los exámenes, lo que es mucho tiempo para un solo día de examen).

El número de veces que el examen GED está disponible cada año varía y depende de cada centro. Cada centro establece su propio horario. Los centros en áreas urbanas pueden ofrecer exámenes a diario, mientras que los centros en áreas remotas y rurales pueden ofrecer el examen una o dos veces al año. GED cobra a los centros por su servicio de examen $40 dólares por módulo y $160 dólares por el examen completo. Los distintos centros establecerán su propio precio para quienes lo tomen, y el precio total variará dependiendo del estado.

Es importante que sepa que aunque el examen GED se toma virtualmente en una computadora, los exámenes no se pueden tomar fuera de un centro para tomar el examen certificado. Los creadores del examen advierten fuertemente en contra de programas fraudulentos de internet que ofrecen equivalencias de un certificado de bachillerato por una tarifa.

RETOMAR TODO O ALGUNA PARTE DEL EXAMEN GED®

Después de recibir los resultados de su examen GED (ver "Resultados de puntajes y su certificado del examen GED"), usted será elegible para repetir una o todas las partes individuales del examen en las que no obtuvo el nivel necesario para pasar la prueba. La mayoría de centros para tomar el examen le cobrarán una tarifa adicional por retomar todo o alguna parte el examen GED. Usted no puede tomar el mismo examen más de tres veces en el mismo año.

Cuando repita el examen, una versión nueva le será administrada, por lo que no tendrá las mismas preguntas que tuvo antes. No se realizará un promedio de los diferentes resultados que logre en un mismo examen (por ejemplo, el de Razonamiento matemático). Únicamente se tendrá en cuenta su puntaje más alto en cada examen para determinar si obtuvo el puntaje mínimo para pasarlo.

RESULTADOS DE PUNTAJES Y SU CERTIFICADO DEL EXAMEN GED®

Usted tendrá acceso a sus puntajes de forma virtual 24 horas después de que termine el examen. Los resultados oficiales y no oficiales proporcionan la escala de puntajes, pero no proveen el número de preguntas correctas o incorrectas para cada uno de los cuatro exámenes. Sin embargo, usted recibirá una evaluación exhaustiva de sus fortalezas y debilidades junto con una evaluación de su nivel de preparación para la universidad y su carrera profesional. Cuando reciba sus puntajes, usted podrá presentar sus resultados en una oficina de admisiones en la universidad o como prueba para fines laborales para demostrar que ha cumplido todos los requisitos del examen GED.

El certificado del examen GED es un documento separado emitido por el estado en el cual usted tomó los exámenes (algunos estados se refieren a este documento como diploma). Normalmente, el examen GED se envía por correo. Sin embargo, la mayoría de los estados requiere que usted cumpla con una edad mínima para obtener el certificado. Es importante que usted guarde el certificado en un lugar seguro porque la mayoría de estados solamente expedirán uno.

PREPARARSE PARA EL EXAMEN GED®

Asegúrese de tener suficiente tiempo de preparación para los cuatro exámenes GED. Muchos candidatos opinan que tomar el curso con un instructor les brinda la estructura necesaria para cumplir sus metas. Otros tienen la disciplina necesaria para estudiar solos de forma regular, sin la estructura de una clase. En cualquier caso, los consejeros del examen GED a menudo recomiendan tomar los exámenes en diferentes momentos, en vez de hacerlos en un período corto de tiempo, para que usted tenga el tiempo suficiente de prepararse adecuadamente para cada examen.

NOTA

Algunos estados le permiten obtener una copia digital de sus resultados y diploma. Para ver si su estado tiene esta opción de credenciales virtuales, ingrese a su cuenta de MyGED™ y vaya a **www.ged.com/life_after_ged/**.

Establecer y cumplir un cronograma de estudio

Veamos diferentes planes de estudio para el examen GED. Escoja el que mejor le funcione, dependiendo de cuánto tiempo tiene antes de tomar el examen.

Si tiene seis meses o más antes de tomar el examen GED:

- Repase este capítulo con cuidado para entender cómo son los exámenes GED y qué debe esperar.
- Considere tomar una clase de preparación para el GED junto con su preparación autónoma. MyGED™ **(ged.com)** puede ayudarle a encontrar un curso cerca de usted.
- Tome el examen práctico de diagnóstico para descubrir sus fortalezas y debilidades, y saber cómo funciona el examen.
- Lea cada estrategia y el contenido de cada capítulo de repaso, además de completar los ejemplos y preguntas de práctica.
- Lea todas las explicaciones de las respuestas.
- Tome el examen de práctica al final de este capítulo, así como los exámenes de práctica virtuales.
- Basado en su puntaje de exámenes prácticos, repase los capítulos en los que necesita mejorar.

Si tiene tres meses o menos antes de tomar el examen GED:

- Repase este capítulo con cuidado para entender cómo son los exámenes GED y qué debe esperar.
- Tome el examen práctico de diagnóstico para descubrir sus fortalezas y debilidades, y saber cómo funciona el examen.
- Lea cada estrategia y el contenido de cada capítulo de repaso y complete los ejemplos y preguntas de práctica.
- Lea todas las explicaciones de las respuestas.
- Tome el examen de práctica al final de este capítulo, así como los exámenes de práctica virtuales.
- Basado en su puntaje de exámenes prácticos, repase los capítulos en los que necesita mejorar.

Si tiene solamente un mes o menos para tomar el examen GED:

- Repase este capítulo con cautela para entender cómo son los exámenes GED y qué debe esperar.
- Tome el examen práctico de diagnóstico para descubrir sus fortalezas y debilidades, y saber cómo funciona el examen.
- Cuando sepa qué áreas se le dificultan, lea los capítulos que se enfocan en ese material. Trabaje todos los ejemplos y practique las secciones de estos capítulo.
- Lea todas las explicaciones de las respuestas.
- Tome todos los exámenes de práctica que pueda en las semanas o días que tiene antes de tomar el examen.

Prepararse para el examen GED es como entrenar para un evento atlético. En cuanto más practique bajo condiciones similares a las del examen, mejor puntaje obtendrá en el examen real. Asegúrese de tomar el examen de práctica bajo circunstancias similares a las del examen real. Evite distracciones, siéntese en un lugar silencioso, y adhiérase a el tiempo estipulado para cada examen. Asegúrese de tomar el examen práctico en un solo intento, como lo haría en el examen real. No sobreestime el esfuerzo que requiere el examen real. Asegúrese de repasar cada examen después de tomarlo, para identificar sus debilidades y enfocarse en ellas en el futuro.

Usar otros recursos para prepararse para los exámenes

Revise noticias locales, nacionales e internacionales de forma virtual y no virtual. Lea artículos y páginas web confiables que se enfoquen en temas actuales sobre ciencia, economía y política. Mientras lea, trate de diferenciar entre ideas principales y detalles de apoyo; hechos y opiniones, y entre conclusiones bien sustentadas y mal sustentadas.

Examine las, tablas y gráficas que encuentre en las revistas y periódicos. Lea un buen periódico y analice sus caricaturas editoriales (usted verá caricaturas editoriales en el examen GED de Estudios sociales). Pregúntese qué ideas se tratan de transmitir en estos gráficos, qué tipo de conclusiones puede inferir de ellas y si presentan la información de una manera objetiva o desde un punto de vista específico.

No se olvide de leer libros de textos y reseñas, sean escritos para estudiantes de bachillerato o para una audiencia más general. En su librería, usted encontrará libros básicos de matemática, biología, física, química, ciencias de la tierra, astronomía, economía, historia, educación cívica y geografía. Las colecciones de libros como la serie de Time-Life Books contienen información fácil de entender y relevante para los exámenes GED de Estudios sociales y Ciencias.

En resumen, pasar el tiempo entre ahora y el día del examen para practicar su lectura y sus capacidades de pensamiento crítico le van ayudar a ser exitoso con los exámenes GED.

El día antes del examen y el día del examen

El día antes del examen real, evite estudiar o practicar para el examen. Incluso trate de dejar de pensar en el examen. Considere tomarse un día libre para relajarse, ver una película o compartir con amigos y familia. Relájese para estar más tranquilo el día del examen. Coma y duerma bien en la noche antes del examen. En la mañana del día del examen, tome un buen desayuno y llegue al centro de examen temprano para que pueda relajarse un poco antes. Hable con los demás estudiantes sobre cosas que no tengan que ver con el examen.

Apenas entre a el cuarto donde tomará el examen, trate de preocuparse por el examen. Recuerde que el examen GED mide diferentes conceptos que usted ha aprendido mediante el estudio y las experiencias de vida. Además, confíe en el esfuerzo y horas de preparación que ha invertido para este examen. Cuando empiece a contar el reloj del examen, tome el examen con determinación y entusiasmo: recuerde que usted ha dado lo mejor de usted mismo para prepararse.

OBTENER MÁS INFORMACIÓN SOBRE EL EXAMEN GED®

Para encontrar centros para tomar el examen y disponibilidad en su área, comuníquese con el Servicio del examen GED o cualquier centro para tomar el examen cerca de usted. Para obtener información general sobre los exámenes GED, incluyendo información sobre futuros cambios en el examen, visite la página de internet:

> Servicio del examen GED
> help@ged.com
> 1-877-EXAM-GED (877-392-6433)
> **ged.com**

Si está interesado en inscribirse a un curso preparatorio de GED comuníquese con el departamento de educación continua en su universidad local. Para más autoestudio, puede utilice una variedad de libros y sitios web de exámenes de GED para prepararse para el GED.

10 CONSEJOS PARA TOMAR EL EXAMEN GED®

Las estrategias y consejos generales que están se aplican para todas las secciones del GED (excepto para la sección de respuesta extendida en el examen de Razonamiento a través de las artes del lenguaje). Asegúrese de repasar esta lista de 10 consejos antes del examen: se alegrará de haberlo hecho.

1. **Use su tablero borrable para escribir notas.**

   Los tableros borrables son una alternativa al papel de borrador para organizar y planear durante cada uno de los cuatro exámenes GED. Los tableros le pueden ayudar a organizar sus pensamientos, reconocer sus ideas principales y prevenir descuidos. Cuando lea un pasaje de texto, considere escribir palabras y frases que son importantes para poder entender la lectura. Para extractos de lectura largos y confusos, escriba notas o haga un pequeño resumen de la lectura en su tablero borrable (el cual se le proporcionará). Durante la parte del examen de Razonamiento matemático en el que no se permite usar calculadora, haga todos los cálculos simples en su tablero borrable.

2. **Cuando responda las preguntas basadas en información visual, mida el tamaño de la imagen primero.**

   Muchas preguntas en el examen de Razonamiento matemático, Ciencias y Estudios sociales contienen información visual (gráficos, cartas, ilustraciones, diagramas, etcétera). Revise cada material visual con mucho cuidado. Trate de entender qué implica cada imagen, además de su intención y significado generales. Asegúrese de leer cada título y descripción, pues pueden ofrecerle pistas para responder las preguntas.

3. **Asegúrese de entender las preguntas.**

   Lea cada pregunta con cuidado y asegúrese de saber exactamente qué le preguntan. Preste atención a palabras claves como *verdad, precisión, apoya, probablemente, la mejor, menos probable y más probable*. Estas palabras le dirán las características que debe buscar en las respuestas correctas. (Note que estas palabras pueden estar **en negrilla**). También revise palabras en mayúscula como NO, EXCEPTO y NO PUEDE. Estas palabras en mayúscula indican que la pregunta está en negativo. Si la pregunta está basada en un pasaje de texto, lea la pregunta (la pregunta en sí, sin leer las posibles respuestas) antes de leer el pasaje para que tenga una idea de lo que debe buscar en la lectura.

4. **Trate de responder las preguntas en sus propias palabras antes de leer las diferentes opciones de respuesta.**

   Si puede formular su propia respuesta a una pregunta, hágalo. Después, usted simplemente puede buscar la respuesta que más se acerque a lo que usted ya sabe que es correcto. De este modo, perderá menos tiempo tratando de entender las otras opciones, que pueden ser confusas o no tener sentido.

5. **Lea todas las opciones de respuesta con mucho cuidado.**

   La primera respuesta que usted lea puede parecer correcta, pero cuando lea otras puede descubrir que hay una mejor opción. Nunca seleccione su respuesta final hasta que haya leído y considerado todas las respuestas con mucho cuidado. Para las preguntas de menú desplegable, asegúrese de leer cada opción junto a la frase completa y no solamente las opciones por sí solas.

6. **Seleccione una respuesta que responda la pregunta.**

   Aunque suene obvio, debe tener mucho cuidado de no escoger una respuesta simplemente porque posee información correcta o una oración correcta, o porque el pasaje de la lectura apoya esa respuesta. Si la respuesta no responde la pregunta, descártela.

7. **Trate de eliminar la mayor cantidad de respuestas incorrectas que pueda.**

   Muchas tendrán diferentes opciones incorrectas porque proporcionan lo opuesto de lo que le están preguntando. Por ejemplo, si le preguntan cuál afirmación se defiende en el texto, probablemente habrá al menos dos opciones que el texto *contradice*. Algunas respuestas incorrectas *no tienen que ver con el tema*, es decir que transmiten ideas que no son relevantes para el tema o la pregunta específicos. Si presta atención, podrá detectar fácilmente estas opciones y eliminarlas: esto incrementará la probabilidad de responder la pregunta correctamente.

8. **Saque ventaja del sentido común y el conocimiento general.**

   Muchas preguntas pueden involucrar conceptos y temas que no son familiares para usted. Pero usted puede usar su sentido común y conocimientos prácticos cotidianos para responder muchas de estas preguntas (o, por lo menos, reducir el número de respuestas posibles).

9. **Responda todas las preguntas aunque tenga que adivinar.**

   Su puntaje en cada uno de los cuatro exámenes es determinado por el número de preguntas que usted conteste correctamente. No será penalizado por respuestas incorrectas, así que no debería dejar preguntas sin responder. Si no sabe la respuesta, simplemente adivine: tiene nada que perder y todo por ganar.

10. **Vaya a su propio ritmo, pero deje suficiente tiempo para revisar sus respuestas.**

    No mire su reloj constantemente, pero sí de vez en cuando para asegurarse de que tiene suficiente tiempo para leer y responder todas las preguntas en el tiempo permitido. Trate de mantener un buen ritmo que le deje por lo menos cinco minutos para revisar las preguntas en las que tuvo dudas.

EN RESUMEN

- El examen GED es un conjunto de **cuatro exámenes estandarizados diferentes** que miden las capacidades requeridas para estudiantes graduados de bachillerato en los Estados Unidos y Canadá. El objetivo final de pasar estos exámenes es obtener un certificado que equivale a un diploma de bachillerato.

- Los exámenes que constituyen el examen GED son **Razonamiento a través de las artes del lenguaje, Estudios sociales, Ciencia** y **Razonamiento matemático**.

- El examen GED incluye seis tipos de preguntas: **opción múltiple** y otras cinco potenciadas por tecnología: **menú desplegable, arrastrar y soltar, llenar los espacios en blanco, seleccionar un área** y una **respuesta extendida** (incluida en el examen de Razonamiento a través de las artes del lenguaje).

- Para cada examen GED, entre más preguntas conteste correctamente, más alto será su puntaje. No habrá penalidades por respuestas incorrectas. La respuesta extendida es evaluada por un motor automático de calificación que replica la calificación realizada por humanos y el puntaje será combinado con su puntaje total.

- El examen GED solo se administra de forma virtual en centros oficiales para tomar el examen. El examen le dará sus puntajes en el mismo día, incluidos los resultados para presentarse a universidades y trabajos o repetirlos. El nivel de puntaje representa el nivel de preparación del estudiante:

    o 0–144 puntos: Debajo del nivel necesario para pasar

    o 145–164 puntos: Puntaje necesario para pasar el GED/equivalente a bachillerato

    o 165–174 puntos: Preparado para la universidad GED

    o 175–200 puntos: Preparado para la universidad GED + crédito

- Para poder obtener el certificado de GED, usted debe obtener por lo menos un puntaje de 145 puntos (150 en Nueva Jersey) en cada examen.

- Los cuatro exámenes GED pueden ser tomados en su orden de preferencia, separados, en cualquier momento y en cualquier orden.

- Para obtener información general sobre el examen GED, visite el sitio web oficial de GED: **ged.com**.

- Prepararse para el examen GED es como entrenar para un evento atlético. En cuanto más practique bajo condiciones similares a las del examen, mejor puntaje obtendrá en el examen real. Asegúrese de repasar cada examen de práctica después de tomarlo, para que puede identificar sus debilidades y se pueda enfocar en estudiar esas secciones.

PARTE II
DETERMINAR SUS FORTALEZAS Y DEBILIDADES

Examen de práctica 1: Examen de diagnóstico

DESCRIPCIÓN GENERAL

- **Introducción al Examen de diagnóstico**
- **Hoja de respuestas: Examen de práctica 1: Examen de diagnóstico**
- **Razonamiento a través de las artes del lenguaje**
- **Razonamiento matemático**
- **Ciencia**
- **Estudios sociales**
- **Clave de respuestas y explicaciones**
- **¿Está listo para tomar el examen GED®?**

INTRODUCCIÓN AL EXAMEN DE DIAGNÓSTICO

Antes de empezar su preparación y el repaso para el examen GED, es importante que entienda sus fortalezas y debilidades. Así, usted podrá enfocar su estudio en las áreas que necesitan más trabajo.

La clave para crear un plan de estudio que dé resultado es no perder tiempo valioso: esa es la importancia del examen de diagnóstico. El examen refleja el examen actual GED. Mientras lo toma, anote qué secciones le causan problemas y cuales puede completar sin ningún problema. Después de finalizar el examen y calcular su puntuación, podrá tener una mejor idea sobre cómo debe enfocar su estudio.

Prepárese para tomar el examen de diagnóstico

Trate de tomar este examen como si fuera el examen GED real. Como en el examen real, es posible que quiera tomarlo en diferentes secciones, ya que el tiempo total de los cuatro exámenes—Razonamiento a través de las artes del lenguaje, Razonamiento matemático, Ciencia y Estudios sociales—toma más de siete horas.

Preguntas potenciadas por tecnología

Aunque el examen GED real se toma de manera virtual, el examen con papel y lápiz también es una herramienta útil para enfocarse en conceptos en vez de en la forma en la cual se toma el examen. Durante el examen de diagnóstico usted verá preguntas que están en un formato que representan el tipo de preguntas potencias por tecnología que usted encontrará en el examen GED:

- Arrastrar y soltar, las cuales aparecerán con diagramas; por ejemplo, el diagrama de Venn, diagrama de flujo y una serie de cajas
- Menú desplegable, los cuales aparecerán con un icono de menú desplegable: | Seleccione ▼ |
- Seleccionar un área, los cuales aparecerán con una imagen la cual le indicará que tiene que hacer "Clic" o "Seleccionar," en un mapa o una línea de números
- Llenar espacios en blanco, los cuales aparecerán en un recuadro en blanco:
- Respuesta extendida, la cual aparecerá en el examen de Razonamiento a través de las artes del lenguaje y se presenta con su propio conjunto de instrucciones

Este tipo de simulaciones están incluidas para familiarizarse con la manera en que se presentan las preguntas y el número de preguntas de cada tipo que puede encontrarse. Simplemente responda a estas preguntas en los espacios dados en la hoja de respuestas.

Antes de empezar, reúna todas las cosas que va a necesitar para tomar el examen. Estas incluyen:

- lápiz n* 2 (Por lo menos 3),
- una calculadora con baterías nuevas (nota: el examen virtual incluye una calculadora; si un estudiante desea llevar su calculadora personal, solamente está autorizada la calculadora científica TI-30XS Multiview para uso durante el examen), y
- un temporizador.

Encuentre un cuarto silencioso, dedique un período de tiempo y reduzca todas las distracciones. Tome una merienda, apague su teléfono, y ¡póngase a trabajar! No se olvide de poner su temporizador con el tiempo correcto para cada sección. El tiempo será indicado en la parte de arriba de la primera página de cada sección. Siga con ese tiempo para simular el examen real.

Cuando termine el examen, vaya a la página 100 ver las respuestas y explicaciones extensas para cada pregunta y calcule su puntuación.

Puede parecer exagerado todo este proceso al tomar este examen de práctica, pero usted debe tener una idea de cuánto tiempo puede tardar en cada pregunta y en cada sección. Después podrá comenzar a marcar el ritmo.

Recuerde revisar la sección "¿Está listo para tomar el examen GED?" para tener una idea de qué tan cerca está de dominar el examen GED.

¡Buena suerte!

HOJA DE RESPUESTAS: EXAMEN DE PRÁCTICA 1: EXAMEN DE DIAGNÓSTICO

Razonamiento a través de las artes del lenguaje

Parte I

1. Ⓐ Ⓑ Ⓒ Ⓓ
2. _____
3. Ⓐ Ⓑ Ⓒ Ⓓ
4. _____
5. Ⓐ Ⓑ Ⓒ Ⓓ
6. Ⓐ Ⓑ Ⓒ Ⓓ
7. Ⓐ Ⓑ Ⓒ Ⓓ
8. Ⓐ Ⓑ Ⓒ Ⓓ
9. Ⓐ Ⓑ Ⓒ Ⓓ
10. Ⓐ Ⓑ Ⓒ Ⓓ
11. Ⓐ Ⓑ Ⓒ Ⓓ
12. _____
13. Ⓐ Ⓑ Ⓒ Ⓓ
14. _____
15. Ⓐ Ⓑ Ⓒ Ⓓ
16. _____
17. Ⓐ Ⓑ Ⓒ Ⓓ

Parte II

Escriba su respuesta usando las páginas proporcionadas después de esta hoja de respuestas.

Parte III

18. Ⓐ Ⓑ Ⓒ Ⓓ
19. Ⓐ Ⓑ Ⓒ Ⓓ
20. Ⓐ Ⓑ Ⓒ Ⓓ
21. Ⓐ Ⓑ Ⓒ Ⓓ
22. Ⓐ Ⓑ Ⓒ Ⓓ
23. Ⓐ Ⓑ Ⓒ Ⓓ
24. Ⓐ Ⓑ Ⓒ Ⓓ
25. Ⓐ Ⓑ Ⓒ Ⓓ
26. Ⓐ Ⓑ Ⓒ Ⓓ
27. Ⓐ Ⓑ Ⓒ Ⓓ
28. Use el diagrama de abajo.
29. Ⓐ Ⓑ Ⓒ Ⓓ
30. Ⓐ Ⓑ Ⓒ Ⓓ
31. Ⓐ Ⓑ Ⓒ Ⓓ
32. Ⓐ Ⓑ Ⓒ Ⓓ
33. _____
34. Use el diagrama de abajo.
35. Ⓐ Ⓑ Ⓒ Ⓓ
36. Ⓐ Ⓑ Ⓒ Ⓓ

37. Escriba su respuesta usando las páginas proporcionadas después de esta hoja de respuestas.

38. _____
39. _____
40. _____
41. _____
42. _____
43. _____
44. _____
45. _____
46. _____
47. _____
48. _____
_____
_____

28.

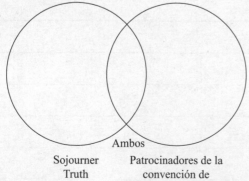

Sojourner Truth

Ambos

Patrocinadores de la convención de Derechos de las Mujeres

34.

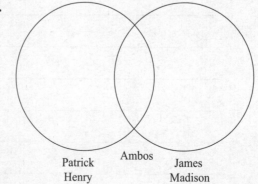

Patrick Henry

Ambos

James Madison

Respuesta extendida

_____

_____

_____

_____

_____

_____

_____

_____

_____

_____

_____

_____

_____

_____

_____

_____

_____

_____

_____

_____

_____

_____

_____

_____

hoja de respuestas

Razonamiento matemático

1. _____

2. (A) (B) (C) (D)

3. (A) (B) (C) (D)

4. (A) (B) (C) (D)

5. (A) (B) (C) (D)

6. (A) (B) (C) (D)

7. (A) (B) (C) (D)

8. (A) (B) (C) (D)

9. (A) (B) (C) (D)

10. (A) (B) (C) (D)

11. (A) (B) (C) (D)

12. (A) (B) (C) (D)

13. (A) (B) (C) (D)

14. (A) (B) (C) (D)

15. _____

16. _____

17. (A) (B) (C) (D)

18. _____

19. (A) (B) (C) (D)

20. (A) (B) (C) (D)

21. _____

22. _____

23. (A) (B) (C) (D)

24. (A) (B) (C) (D)

25. Use el diagrama de abajo.

26. (A) (B) (C) (D)

27. (A) (B) (C) (D)

28. (A) (B) (C) (D)

29. (A) (B) (C) (D)

30. Use el diagrama de abajo.

31. _____

32. (A) (B) (C) (D)

33. (A) (B) (C) (D)

34. (A) (B) (C) (D)

35. _____

_____

36. (A) (B) (C) (D)

37. (A) (B) (C) (D)

38. (A) (B) (C) (D)

39. (A) (B) (C) (D)

40. (A) (B) (C) (D)

41. (A) (B) (C) (D)

42. (A) (B) (C) (D)

43. (A) (B) (C) (D)

44. (A) (B) (C) (D)

45. (A) (B) (C) (D)

46. _____

_____

25.

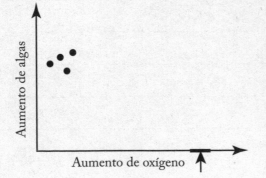

30.

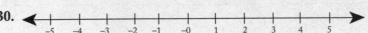

Ciencia

1. Ⓐ Ⓑ Ⓒ Ⓓ   13. Ⓐ Ⓑ Ⓒ Ⓓ   25. Ⓐ Ⓑ Ⓒ Ⓓ

2. Ⓐ Ⓑ Ⓒ Ⓓ   14. Ⓐ Ⓑ Ⓒ Ⓓ   26. Ⓐ Ⓑ Ⓒ Ⓓ

3. Ⓐ Ⓑ Ⓒ Ⓓ   15. Ⓐ Ⓑ Ⓒ Ⓓ   27. _____

4. Ⓐ Ⓑ Ⓒ Ⓓ   16. Ⓐ Ⓑ Ⓒ Ⓓ   28. _____

5. Ⓐ Ⓑ Ⓒ Ⓓ   17. Ⓐ Ⓑ Ⓒ Ⓓ   29. Ⓐ Ⓑ Ⓒ Ⓓ

6. _____   18. Ⓐ Ⓑ Ⓒ Ⓓ   30. Ⓐ Ⓑ Ⓒ Ⓓ

7. Ⓐ Ⓑ Ⓒ Ⓓ   19. _____   31. Ⓐ Ⓑ Ⓒ Ⓓ

8. _____   20. Ⓐ Ⓑ Ⓒ Ⓓ   32. _____

9. Ⓐ Ⓑ Ⓒ Ⓓ   21. _____   _____

10. Ⓐ Ⓑ Ⓒ Ⓓ   22. Ⓐ Ⓑ Ⓒ Ⓓ   33. Ⓐ Ⓑ Ⓒ Ⓓ

11. Ⓐ Ⓑ Ⓒ Ⓓ   23. Ⓐ Ⓑ Ⓒ Ⓓ   34. Ⓐ Ⓑ Ⓒ Ⓓ

12. Ⓐ Ⓑ Ⓒ Ⓓ   24. Ⓐ Ⓑ Ⓒ Ⓓ   35. Ⓐ Ⓑ Ⓒ Ⓓ

hoja de respuestas

Estudios sociales

1. Ⓐ Ⓑ Ⓒ Ⓓ   13. Ⓐ Ⓑ Ⓒ Ⓓ   25. Ⓐ Ⓑ Ⓒ Ⓓ

2. Ⓐ Ⓑ Ⓒ Ⓓ   14. Ⓐ Ⓑ Ⓒ Ⓓ   26. Ⓐ Ⓑ Ⓒ Ⓓ

3. Ⓐ Ⓑ Ⓒ Ⓓ   15. _____   27. _____

4. Ⓐ Ⓑ Ⓒ Ⓓ   16. _____   28. Ⓐ Ⓑ Ⓒ Ⓓ

5. Ⓐ Ⓑ Ⓒ Ⓓ   17. Ⓐ Ⓑ Ⓒ Ⓓ   29. _____

6. Ⓐ Ⓑ Ⓒ Ⓓ   18. Ⓐ Ⓑ Ⓒ Ⓓ   30. Ⓐ Ⓑ Ⓒ Ⓓ

7. Ⓐ Ⓑ Ⓒ Ⓓ   19. Ⓐ Ⓑ Ⓒ Ⓓ   31. Ⓐ Ⓑ Ⓒ Ⓓ

8. Ⓐ Ⓑ Ⓒ Ⓓ   20. Ⓐ Ⓑ Ⓒ Ⓓ   32. Ⓐ Ⓑ Ⓒ Ⓓ

9. Ⓐ Ⓑ Ⓒ Ⓓ   21. Ⓐ Ⓑ Ⓒ Ⓓ   33. Ⓐ Ⓑ Ⓒ Ⓓ

10. _____   22. Ⓐ Ⓑ Ⓒ Ⓓ   34. Ⓐ Ⓑ Ⓒ Ⓓ

11. _____   23. Ⓐ Ⓑ Ⓒ Ⓓ   35. Ⓐ Ⓑ Ⓒ Ⓓ

12. Ⓐ Ⓑ Ⓒ Ⓓ   24. Ⓐ Ⓑ Ⓒ Ⓓ

RAZONAMIENTO A TRAVÉS DE LAS ARTES DEL LENGUAJE

150 minutos • 49 preguntas

Instrucciones: El examen de Razonamiento a través de las artes del lenguaje consta de pasajes de material de lectura de ficción y no ficción. Después de leer un pasaje, responda a las preguntas a continuación, refiriéndose al pasaje según sea necesario. Responda a todas las preguntas con base en lo que dice e implica cada pasaje.

La mayoría de las preguntas están en formato de opción múltiple. Otras preguntas están pensadas para prepararlo para las preguntas potenciadas por tecnología que encontrará en el examen, como menús desplegables, rellenar los espacios en blanco, y arrastrar y soltar. También hay una pregunta de respuesta extendida para la cual se requiere leer un par de pasajes que presentan dos puntos de vista sobre un tema y escribir un ensayo bien organizado que respalde uno de los puntos de vista. Registre sus respuestas en la sección Razonamiento a través de las artes del lenguaje en la hoja de respuesta proporcionada. Para repasar cómo responder a estas preguntas en la hoja de respuestas, por favor refiérase "Preguntas potenciadas por tecnología" en la página 24.

Parte I

Las preguntas 1–6 hacen referencia al siguiente pasaje.

Él no quería ir. Odiaba la idea. Cada uno de sus nervios protestaba.

Línea ¡Una fiesta de máscaras, una fiesta de máscaras en el hotel Cairo! ¡Haciendo
5 muecas por los agujeros en la pared, insinuaciones tímidas y coqueteos terminados en sonrisas! ¡Turistas como monjas, turistas como turcos, turistas como quién sabe quién, ¡todos muy
10 coquetos pavonéandose!

El miró tristemente a una muchacha que proponía una experiencia agradable de este horror. Ella era muy atractiva: eso era lo mejor de todo. Estaba parada
15 ahí con su hermosa sonrisa, como un atardecer egipcio, con mucha confianza en sus ojos grises. Él odiaba pensar en romper esa confianza.

Él había hecho muy poco por ella
20 durante su estadía en Cairo. Un té en el Hotel Palacio de Gezirah, un viaje a la mezquita del sultán al Hassan, una excursión por los bazares ¡No era exactamente mucha diversión para una
25 muchacha de casa!

Él no había querido ir a escalar las pirámides y había huido de una granja de avestruces. Tampoco la había invitado a acampar en la punta del desierto Libio
30 donde había estado excavando, aunque ella había mostrado signos inequívocos de que le gustaría desviarse del camino trillado de su viaje.

Y él no la llamaba. Él había ido a El
35 Cairo para comprar provisiones y ella se lo había encontrado por casualidad en la esquina de la sección occidental del concurrido Mograby, y fue ahí donde ella lo había invitado a la fiesta de máscaras
40 de esa noche.

"Pero no es mi estilo lo sabes, Jinny", él protestaba. "Estoy tan terriblemente desactualizado del baile—"

"Más razón para venir, Jack. Necesitas
45 algo distinto a estar excavando las ruinas todo el tiempo—debe de ser muy solitario

estar todo el tiempo en el desierto. No me imagino cómo lo aguantas".

Jack Ryder sonrió. No había manera
50 de explicarle a Jinny Jeffries que su vida en el desierto era su única vida en el mundo, que las ruinas le daban más adrenalina que toda la multitud de turistas, y que prefería mirar a una
55 mujer momificada de la dinastía de Amenhotep que a la doncella más bella y encantada de hoy en día.

Si le dijera algo a Jinny simplemente estaría hiriendo sus sentimientos. A
60 él le gustaba Jinny, aunque no como le gustaba la Reina Hatasu o como la pequeña criatura sin nombre que había excavado de la antesala del rey.

Jinny era una entrometida moderna.
65 Era la encarnación de las exigencias imposibles. Pero por supuesto no había razón real para que él no fuera al baile.

—Extracto de *The Fortieth Door*
de Mary Hastings Bradley

1. ¿Cuál de las siguientes líneas del pasaje revela el evento al cual Jack no quiere asistir?

   A. "¡una fiesta de máscaras en el hotel El Cairo!"

   B. "Un té en el Hotel Palacio Gezireh"

   C. "una excursión por los bazares"

   D. "Él no había querido ir a escalar las pirámides"

2. Según la lectura, ¿cuál palabra describe mejor la personalidad de Jinny? Escoja su respuesta usando el menú desplegable.

   | Seleccione ▼ |

   A. Temeraria

   B. Amante de las diversiones

   C. Cansona

   D. Exigente

3. ¿Cómo se siente Jack al asistir a la fiesta de máscaras?

   A. Odia las fiestas y se rehúsa a ir.

   B. Odia la idea, pero le gusta Jinny entonces quiere complacerla.

   C. No le gustan las fiestas, pero está feliz de que Jinny lo haya invitado.

   D. A él no le gusta bailar y no le gusta Jinny, pero se siente obligado a ser bueno con ella.

4. Los pensamientos de Jack hacia Jinny demuestran que | Seleccione ▼ |.

   A. él piensa que hay gente que está interfiriendo

   B. a él le gustan más las momias muertas que Jinny

   C. él está muy feliz de haberse encontrado con Jinny y con mucho gusto le muestra la ciudad

   D. a él le gusta Jinny y piensa que no es tan malo estar con muchas personas después de todo

5. ¿Qué pistas durante la lectura muestran que Jack se adapta bien a su trabajo?

   A. Le gusta viajar.

   B. Le gusta vivir en el desierto.

   C. Está fascinado con las ruinas y su historia.

   D. Él vive en el desierto, pero también se siente como en casa con sus compañeros en El Cairo.

6. ¿En dónde se encontraron Jack y Jinny cuando estaban en Egipto?

   A. Gezirah

   B. El desierto libio

   C. Mograby

   D. La mezquita del sultán al Hassan

Las preguntas 7–11 hacen referencia al siguiente pasaje.

John Dewey y la Educación

John Dewey, un educador Americano y filósofo de la educación, fue un escritor prolífico sobre el tema. Estaba particularmente interesado en el lugar de la educación en una república democrática.

El lugar de la educación pública dentro de una sociedad democrática ha sido ampliamente discutido y debatido durante los años. Quizá nadie haya escrito más sobre el tema en los Estados Unidos que John Dewey, algunas veces llamado "el padre de la educación pública," cuyas teorías sobre la educación tienen un gran componente educativo social, lo cual enfatiza en a la educación como un acto social y en el entorno educativo o de aprendizaje como una réplica de la sociedad.

Dewey definió varios aspectos o características de la educación. Primero, como una necesidad para la vida en cuanto a que los humanos necesitaban renovarse para mantenerse así mismos. Por ende, como humanos necesitaban dormir, comer, tomar agua, y refugio para renovarse fisiológicamente; pero también necesitaban la educación para renovar sus mentes, para asegurarse de que su desarrollo social se mantuviera a la par con su desarrollo fisiológico.

El segundo aspecto de la educación fue un componente social, que se logró al proveer a la juventud un ambiente que les permitiría aprender y los motivaría a aumentar sus costumbres sociales que aún no habían desarrollado.

Un tercer aspecto de la educación pública fue el suministro de orientación para la juventud, que de otra forma y sin dirección podía experimentar situaciones incontrolables sin influencias positivas de enseñanza. La orientación no debía ser directa, sino más bien indirecta como en seleccionar en qué situaciones los jóvenes participan.

Finalmente, Dewey veía la educación pública como un catalizador del crecimiento. Ya que los jóvenes iban a la escuela con capacidad de crecimiento, el papel de la educación era proveer oportunidades para que el crecimiento ocurriera. Un ambiente escolar exitoso se genera cuando el deseo de crecimiento continuo es inculcado—el deseo va más allá que el final de la educación formal. En el modelo de Dewey, el papel de la educación en una sociedad democrática no es visto como la preparación para un estado de vida en un futuro, como la edad adulta. En cambio la educación es vista como un proceso de crecimiento que nunca termina. Ni tampoco el modelo de Dewey tampoco veía la educación como un medio por el cual el pasado es recapitulado. En cambio, la educación era un proceso de reconstrucción continua de experiencias, que se enfocan en el presente.

Ya que el modelo de Dewey pone un gran énfasis en el componente social, es muy importante que la sociedad apoye el sistema educativo. La idea de un gran apoyo social, de acuerdo con Dewey, es una en la cual los intereses de un grupo son compartidos por todos los miembros y en la cual todos los miembros interactúan con otros grupos libremente. De acuerdo con Dewey, la educación en tal sociedad debe proveer a los miembros del grupo la habilidad de negociar cambios sin tener que comprometer el orden y la estabilidad en la sociedad.

Por lo tanto, el concepto básico de Dewey de la educación en una sociedad

examen de diagnóstico—Razonamiento a través de las artes del lenguaje

democrática se basa en la idea de que la educación contiene un componente social designado para proveer orientación y asegurar el desarrollo de los niños a
85 través de la participación del grupo al cual ellos pertenecen.

7. En el contexto de la lectura, el mejor sinónimo de "primordial" es

  A. dificultoso.

  B. supremo.

  C. menor.

  D. curioso.

8. Según la lectura, ¿cuál es la inferencia más razonable sobre la meta principal de John Dewey para la educación pública?

  A. Enseñarle a los niños cómo comportarse

  B. Hacer de la milicia de los Estados Unidos un gran poder militar

  C. Crear una sociedad estable y fuerte

  D. Enseñarle a los niños cómo hacer amigos

9. En el contexto de la lectura, ¿qué significa la palabra *comprometer*?

  A. Hacer vulnerable

  B. Respaldar enérgicamente

  C. Interpretación absurda

  D. Aclarar cautelosamente

10. ¿Cuál de los siguientes NO considera Dewey como un problema de la educación?

  A. Se enfoca en preparar a los estudiantes para la edad adulta

  B. Una falta de influencias estabilizadoras para los estudiantes

  C. Recapitular el pasado

  D. Una falta de amplia orientación para los estudiantes

11. ¿De acuerdo con Dewey, cuál es la característica primordial de una sociedad ideal?

  A. Una en la cual todos los ciudadanos duermen bien, tienen comida, agua y refugio.

  B. Una en la que los intereses de cada grupo son compartidos por todos los miembros y en la cual todos los miembros interactúan el uno con el otro sin problema.

  C. Una en la cual cada humano continuamente amplía su capacidad de crecimiento en un proceso sin fin.

  D. Una sociedad democrática donde la educación es vista como una preparación para un estado más avanzado en la vida, como la vida adulta.

Las preguntas 12–17 hacen referencia al siguiente pasaje.

John Adams fue un participante activo en el movimiento hacia la independencia, uno de los escritores de la Declaración de Independencia, y después de la revolución, el primer vicepresidente y el segundo presidente. Durante su tiempo en Filadelfia cuando conoció a otros delegados en la Convención Constitucional, él y su esposa Abigail continuaron escribiéndose cartas el uno al otro. Sus cartas dejaron un legado de historia y un vistazo a su relación. La siguiente carta es una carta que John Adams le escribió a Abigail unas cuantas semanas antes de la Batalla de Bunker Hill, la primera batalla de la revolución.

Filadelfia, 7 de julio de 1775.

He recibido tus agradables favores el 22 y el 25 de junio. Entre ellos estaban unas cartas, las cartas más particulares
Linea que he recibido.

5   No me sorprende que el incendio cruel, sin sentido, e infame de Charlestown [El sitio de la batalla de Bunker Hill], el lugar de nacimiento de tu padre, lo esté afligiendo.

10   Déjale saber que le doy mi más sentido pésame en el evento melancólico del incendio de Charlestown. Es la forma de conducir una guerra desde que se volvió una forma poco respetable

15 entre naciones civilizadas. Pero cada año nos trae nueva evidencia de que no podemos esperar nada de nuestro amado país natal, sino crueldades más abominables que las perpetradas por los

20 Indios salvajes.

    La historia que me cuentas sobre el número de enemigos muertos está afectando la humanidad, aunque es prueba gloriosa de valentía de nuestros

25 compatriotas dignos. Considerando todas las desventajas con las que pelearon, ellos demostraron ser prodigios de valor. Tu descripción del estrés de las personas dignas ciudadanas de

30 Boston y otros pueblos cerca al mar es suficiente para derretir un corazón de piedra. Nuestro consuelo es este, mi amor, las ciudades serán reconstruidas, y las personas que están en la pobreza

35 podrán adquirir nuevas propiedades. Pero una constitución de gobierno, una vez cambiada por libertad, nunca puede ser restaurada. La libertad, cuando se pierde nunca se puede volver a conseguir.

40 Cuando las personas entregan su parte en la legislación, el derecho de defender las limitaciones del gobierno y de resistir cada invasión, eso nunca se puede volver a conseguir.

45   La pérdida de la librería del Sr. Mather, la cual era una colección de libros y manuscritos hechos por él mismo, por su padre, su abuelo y su bisabuelo y era muy curiosa y valiosa,

50 es irreparable. La imagen que pintas es muy bonita ciertamente. Mi querida Abby, Johnny, Charlie, y Tommy, espero verlos pronto y poder compartir con su mamá los placeres de sus conversaciones.

55 Me siento en deuda con el Sr. Bowdoin, Sr. Wibird y las otras dos familias que mencionaste, por ser tan buenos con ustedes. Les mando mis saludos. ¿El Sr. Wibird predica en contra de

60 la opresión y otros vicios capitales de los tiempos? Dile que aquí hay cleros de cada denominación, sin la excepción episcopal, los truenos y luces de cada Sabbat. Ellos oran por Boston

65 y Massachusetts. Ellos le dan gracias a Dios de manera explícita y con fervor por nuestro éxito extraordinario. Ellos oran por el ejército americano. Y los sienten como si fueran uno de nosotros.

70   Quizá te preguntes si cada miembro siente lo mismo que nosotros. Cada miembro lo siente, la mayoría lo sienten de verdad. Pero la mayoría de ellos sienten más por ellos mismos. En cada

75 sociedad de hombres, en cada club que vi, siempre encuentras a alguien tímido, sus miedos los apuran con cada alarma; algunos son tan egoístas y avariciosos, en cuyos corazones insensibles sólo el

80 interés y el dinero pueden impresionar. Hay algunas personas de Nueva York y Filadelfia a quienes les importa más un barco que una ciudad, y algunos barriles de harina que mil vidas de personas: me

85 refiero a las vidas de otros hombres.

    Te preguntas, ¿pueden darse cuenta de todo lo que sufrimos? Mi respuesta es no. No pueden. No se dan cuenta. Y para excusarlos lo más que puedo,

90 debo confesar que no debería hacerlo yo mismo, si yo no estoy más familiarizado con mis experiencia que ellos.

    Estoy triste por la muerte del Dr. Tufts, pero me dan alegría sus esfuerzos

95 virtuosos en la causa su país. Estoy muy feliz de escuchar que mis hermanos

estaban en la isla Grape, y que se portaron bien. Mando mi amor para ellos y para mi madre.

100   Me da más felicidad de la que puedo expresar enterarme de que sostienes con tanta fortaleza los choques y terrores de estos tiempos. Tú eres muy valiente, mi corazón. Eres mi heroína y tienes razón

105 de serlo. Lo peor que puede pasar no te puede hacer nada a ti. Un alma tan pura, benevolente, virtuosa y piadosa como la tuya no tiene nada que temer, sino todo que anhelar y esperar de lo último que

110 queda de la maldad humana. Estoy muy feliz de que te hayan dado asilo, aunque espero que no lo tengas que utilizar…

Soy por siempre tuyo.

12. ¿Cuál de las siguientes frases de la carta demuestra que Adams cree que la revolución era necesaria para que los colonizadores obtuvieran su libertad? Escoja su respuesta del menú desplegable. Seleccione ▼

   A. "La libertad, cuando se pierde nunca se puede volver a conseguir".

   B. "Lo peor que puede pasar no te puede hacer nada a ti".

   C. "Y los sienten como si fueran uno de nosotros".

   D. "prueba gloriosa de valentía de nuestros compatriotas dignos"

13. ¿Cuáles palabras en el texto confirman que esta carta es una de muchas que John y Abigail se escribieron el uno al otro mientras estaban separados?

   A. "Y los sienten como si fueran uno de nosotros".

   B. "Nuestro consuelo es este, mi amor,"

   C. "Espero verlos"

   D. "Estoy muy feliz de que te hayan dado asilo"

14. Abigail sabe Seleccione ▼ , lo cual no sabe John.

   A. el número de tropas británicas que han muerto

   B. sobre todas las desventajas del ejército colonial

   C. sobre la pelea en Charlestown

   D. el lugar donde ella y los niños se refugiarán si la batalla estalla cerca

15. ¿Qué puede concluir sobre la guerra a partir de esta carta?

   A. Las guerras son destructivas

   B. Los Adams eran personas patrióticas

   C. La vida de las personas fue interrumpida durante la guerra

   D. Las personas continúan sus vidas normalmente durante la guerra

16. Cuando John dice que la descripción de Abigail "es suficiente para derretir un corazón de piedra," el quiere decir que Seleccione ▼ .

   A. la descripción es fuerte

   B. la descripción es atractiva

   C. sus cartas muestran que ella es muy inteligente con las palabras

   D. sus cartas son conmovedoras

17. ¿Por qué el papá de Abigail está particularmente enojado?

   A. El incendio de Charlestown

   B. La batalla de Bunker Hill

   C. La pérdida de la librería de el Sr. Mathers

   D. La opresión y otros vicios capitales

Parte II

Los siguientes pasajes presentan dos puntos de vista sobre el valor de la educación artística en la sociedad. Analice los dos puntos de vista y determine cual está mejor sustentado. Use evidencia específica y relevante de los pasajes para escribir su respuesta. Use razones y ejemplos para apoyar su posición. Tome 45 minutos para planear, redactar y editar su respuesta.

Debate sobre la importancia de la educación artística

Pasaje 1

Permitir que la educación artística se pierda en el camino va a ser perjudicial para nuestros estudiantes y su futuro
Linea como parte de nuestra sociedad. Enseñar
5 arte a los estudiantes jóvenes puede cambiar la forma en que ellos aprenden y desarrollan habilidades necesarias para la vida. Las habilidades que pueden desarrollarse con la participación en artes
10 y oficios, como dibujar con crayones, sostener pinceles y cortar con tijeras pueden ayudar a desarrollar destreza, la cual es necesaria para escribir. Practicar el arte también puede proporcionar a
15 los estudiantes jóvenes una manera más simple de aprender los colores, formas y varias acciones, mientras les enseña también la importancia del aprendizaje visual, un aspecto importante para inter-
20 pretar y analizar información. Aunque sea obvio que aprender arte ayuda con la creatividad, también es malinterpretado porque es importante que un estudiante persiga una carrera profesional que no
25 esté enfocada en uno de estos aspectos creativos. Las artes, sin embargo, pueden enseñarles a los estudiantes cómo ellos se pueden expresar y tomar riesgos, incluso animando a otros estudiantes a
30 que persigan direcciones alternativas y

otras formas de conceptualizar sus ideas. Además, las artes le dan a los estudiantes una forma de comprender su cultura. Al enseñarle a los estudiantes jóvenes a
35 entender conceptos artísticos (la textura, la forma, el color, etc.) un profesor puede apropiadamente describir las características de la realidad y un estudiante puede interpretar estas representaciones
40 adecuadamente. Finalmente, pero sin duda, hay varios estudios que muestran una fuerte correlación entre el arte y los logros generales. Los norteamericanos que apoyan el arte dicen que la juventud
45 que participa en las artes por lo menos 3 días de la semana en año completo tienen cuatro veces más probabilidad de tener un reconocimiento de sus metas académicas, a diferencia de cuando par-
50 ticipan en matemáticas o en la feria de ciencias, o incluso de ganar un premio por escribir un ensayo o un poema, en comparación con los estudiantes que no participan en las artes. Al enseñar artes,
55 podemos garantizar que los estudiantes entenderán el lugar que las habilidades creativas tienen en la educación, el trabajo y la sociedad.

Pasaje 2

Con el aumento de la dependencia de la tecnología y la importancia de las matemáticas y ciencias, enfocarse en
Linea el arte en las escuelas se está volviendo
5 cada vez menos relevante. Es crucial que le demos a los estudiantes una educación que pueda ayudarles a entrar a la universidad después de graduarse del bachillerato y poder obtener trabajos
10 que paguen bien después de graduarse. Al enfocarnos más en el arte, estamos quitando la atención a otros temas que pueden preparar a los estudiantes para la universidad. Estos días, muchos
15 estudiantes se gradúan de bachillerato

examen de diagnóstico — Razonamiento a través de las artes del lenguaje

sin ninguna experiencia de cómo escribir una carta, formatear curriculum vitaes y experiencias de la vida real en general. Si hay algún tema que debe ser añadido al
20 currículo debería ser el cómo prepararse para un trabajo. Aunque las artes ayudan a la creatividad y pueden ayudar a los estudiantes a trabajar en campos donde las artes liberales son el foco principal,
25 ellos también necesitan saber cómo hablar de ellos mismos y cómo entrar a la industria para obtener un trabajo. La mayoría de los estudiantes en el campo creativo nacen con estas inclinaciones,
30 encontrándose con una atracción inherente hacia estos temas. Deberíamos enfocarnos más en desarrollar cómo prepararse para una entrevista, negociar salarios, cómo escribir un e-mail, y cómo
35 adaptarse a un ambiente laboral. Estas habilidades harán una gran diferencia en el éxito de nuestros estudiantes y garantizan que serán miembros que contribuyan a la sociedad.

Parte III

Las preguntas 18–22 hacen referencia al siguiente pasaje.

La puja de Martin Luther King por los derechos civiles

El siguiente discurso fue dado en las escaleras del Lincoln Memorial durante un momento importante del movimiento de los derechos civiles de 1960 por el Dr. Martin Luther King Jr., líder de la conferencia de liderazgo cristiana y el portavoz más elocuente del movimiento.

Hemos venido a este sagrado sitio para recordarle a Norteamérica de la urgencia del ahora. Este no es
Línea el momento para darnos el lujo de
5 calmarnos y tomarnos el fármaco calmante del gradualismo. Ahora es el tiempo para hacerle promesas verdaderas a la democracia. Ahora es el tiempo para levantarse de la oscuridad y el valle de la
10 segregación de separación para iluminar el camino de la justicia racial. Ahora es el tiempo de levantar nuestra nación de las arenas movedizas de la injusticia racial a las rocas sólidas de la hermandad. Ahora
15 es el tiempo de hacer de la justicia una realidad para todos los hijos de Dios.

Sería fatal que una nacion se pasara por alto la urgencia del momento. El sofocante verano del descontento del
20 Negro que no pasará hasta que haya un otoño de libertad e igualdad… Aquellos que pensaban que el Negro tiene que calmarse ahora tendrán un fuerte despertar si la nación vuelve a lo
25 mismo de siempre. Y no habrá paz ni tranquilidad en Norteamérica hasta que el Negro obtenga sus derechos como ciudadano. Los torbellinos de la rebelión continuarán agitando la fundación de
30 nuestra nación hasta que surja el día brillante de la justicia.

Pero hay algo que tengo que decirle a mi gente, quienes están parados en la cálida entrada que conduce al
35 palacio de justicia: en el proceso de obtener nuestro justo lugar, no podemos ser culpables de malas acciones. No debemos satisfacer nuestra sed de justicia tomando de la copa del odio y la
40 amargura. Nosotros siempre debemos mantener nuestra lucha en un lugar alto de dignidad y disciplina. No podemos permitir que nuestra protesta creativa sea degenerada a violencia física. Una y
45 otra vez, debemos levantarnos a la altura majestusa de enfrentar fuerza física con la fuerza del alma. La nueva militancia maravillosa que ha acogido a nuestra comunidad Negra no nos puede llevar a
50 desconfiar de todas las personas blancas. Como evidencia está su presencia aquí

hoy; ellos se han dado cuenta que su destino está indisolublemente unido a nuestro destino. Y se han dado cuenta
55 que su libertad está inextricablemente unida a la de nosotros. No podemos caminar solos.

Mientras vamos caminando, debemos prometer que siempre caminaremos
60 hacia delante. Nunca podemos dar marcha atrás. Hay personas que le están preguntando a las personas devotas a los derechos civiles ¿cuándo estarás satisfecho? ... No podemos
65 estar satisfechos hasta que la movilidad básica de los Negros pase de un gueto pequeño a uno más grande. Nunca podemos estar satisfechos mientras nuestros hijos sean robados de sí mismos
70 y de su dignidad con signos que digan "Para blancos solamente". No podemos estar satisfechos hasta que un Negro en Mississippi no pueda votar y un Negro en Nueva York crea que no tiene
75 nada por qué votar. No, no estamos satisfechos, y no estaremos satisfechos hasta que "la justicia fluya como agua y la rectitud como una corriente poderosa."

Pero también me doy cuenta que
80 alguno de ustedes han salido de grandes juicios y tribulaciones. Algunos acaban de salir de pequeñas celdas estrechas. Y algunos de ustedes han venido de áreas de búsqueda—buscando libertad—los
85 maltratados con tormentas de persecución y con vientos de brutalidad policial. Han sido veteranos del sufrimiento creativo. Sigan trabajando con la fe de que el sufrimiento inmerecido es redentor.
90 Regresen a Mississippi, regresen a Alabama, regresen a Carolina del Sur, regresen a Louisiana, regresen a los barrios bajos y los guetos de la ciudades del norte, sabiendo que de alguna forma
100 esta situación puede y será cambiada. No nos revolquemos en el valle de desesperación, les digo hoy, mis amigos.

18. En el contexto de la lectura, ¿Cuál es la definición de *militancia*?

- **A.** Violencia con fuerza
- **B.** Estructura disciplinada
- **C.** Patriotismo extremo
- **D.** Activación vigorosa

19. ¿Cuál de los siguientes NO es algo que King indica que no es productivo para garantizar los derechos civiles?

- **A.** Amargura
- **B.** Violencia
- **C.** Descontento
- **D.** Odio

20. De acuerdo con King, en las líneas 17 y 18, ¿para qué o para quién sería fatal que se pasara por alto la urgencia del momento?

- **A.** Martin Luther King Jr.
- **B.** El movimiento de los derechos civiles
- **C.** La Conferencia de Liderazgo Cristiano del Sur
- **D.** Los Estados Unidos

21. El argumento principal de King en el tercer párrafo es que

- **A.** el cambio gradual no es adecuado.
- **B.** las personas blancas son parte del movimiento de los derechos civiles.
- **C.** todas las protestas se deben mantener en paz.
- **D.** ahora que se ha acabado el verano, el otoño traerá libertad e igualdad.

22. En el contexto de la lectura, ¿cuál es la **mejor** definición de *juicios*?

- **A.** Audiencias
- **B.** Experimentos
- **C.** Calvarios
- **D.** Interrogatorios

Las preguntas 23–28 hacen referencia a los siguientes pasajes.

Liberación de las mujeres

En 1848, se realizó convención de Derechos de las Mujeres en Seneca Falls, Nueva York. Patrocinada por Lucretia Mott, Martha Wright, Elizabeth Cady Stanton, y Mary Ann McClintock, la convención se destacó por la creación de la "Declaración de Sentimientos" un documento basado en la declaración de independencia de Norteamérica, en la cual se describió el dominio injusto de los hombres sobre las mujeres. La defensora de los derechos los afroamericanos y las mujeres, Sojourner Truth, nació siendo esclava de una finca Holandesa en 1797 y fue llamada Isabella. La primera edición de su biografía fue escrita por Oliver Gilbert, una amiga blanca de ella, y publicada en 1850.

Pasaje 1—Declaración de Sentimientos

La historia de la humanidad es una historia de repetidas vejaciones y usurpaciones de parte del hombre hacia la
Linea mujer, que tiene como objeto directo
5 establecer una tiranía absoluta en contra de ella. Para demostrarlo, vamos a presentarle estos hechos al ingenuo mundo.

Él nunca le ha permitido a ella ejercer su derecho inalienable de sufragar.

10 Él la ha obligado a acatar leyes en cuya elaboración no ha tenido participación alguna. Él le ha negado derechos reconocidos a los hombres más ignorantes e inmorales, tanto norteameri-
15 canos como extranjeros.

Habiéndola privado de este primer derecho como ciudadano, el del sufragio, y habiéndola dejado; por tanto, sin representación en las asambleas legis-
20 lativas, la ha oprimido por todas partes.

Si está casada, la ha convertido civilmente muerta, ante los ojos de la ley.

Él la ha despojado de todo derecho de propiedad, incluso al sueldo que ella
25 gana.

Él la ha convertido en un ser moralmente irresponsable, ya que, con la sola condición de que no sean cometidos ante el marido, puede perpetrar todo tipo
30 de delitos. En el contrato de matrimonio se le exige obediencia al marido, convirtiéndose éste, a todos los efectos, en su amo, ya que la ley le reconoce el derecho de privarle de la libertad y
35 someterla a castigos.

Él ha dispuesto las leyes del divorcio de tal manera que no se tiene en cuenta la felicidad de la mujer, tanto a sus razones verdaderas válidas, y en caso
40 de separación, respecto a la designación de quién debe ejercer la custodia de los hijos, como en que la ley supone, en todos los casos, la supremacía del hombre y deja el poder en sus manos.

45 Después de privarla de todos sus derechos como una mujer casada, si está soltera, y es dueña de propiedad, él le ha impuesto una tarifa para que le page al gobierno, el cual solo la reconoce cuando
50 su propiedad puede ser lucrativa.

Él se ha esforzado, en cualquier manera posible, en destruir su confianza en sus propios poderes, disminuir su respeto propio y hacer que viva una vida
55 dependiente y deplorable.

Pasaje 2—Sojourner Truth

Después de que la emancipación fue decretada por el estado, unos años antes del tiempo establecido para su
Linea consumación, el dueño de Isabella le
5 dijo que si se portaba bien, y era fiel, él le daria sus papeles de "libertad", un año antes de que ella fuera libre gracias a el estado. En el año 1826, ella tenía una mano muy herida, lo cual afectaba su
10 utilidad; pero cuando llegó el 4 de julio

1827, el tiempo especificado para que ella recibiera sus papeles de libertad, ella le pidió a su amo que cumpliera su promesa, pero él se negó, a causa de la
15 pérdida que había tenido debido a su mano (según él). Ella le aseguró que había trabajado todo el tiempo, y había hecho muchas cosas que en realidad no podía hacer por completo, aunque ella
20 sabía que ya no era tan útil como antes; pero su dueño se mantuvo inflexible. Su lealtad probablemente jugó en su contra y a él le costaba trabajo dejar ir los frutos de su fiel Bell, la cual por mucho tiempo
25 había sido muy eficiente.

Pero Isabella en su interior decidió que se quedaría callada solamente hasta que hubiera hilado su lana (unas cien libras), y después lo dejaría, tomándose
30 el resto de tiempo para sí misma. "¡Ah!" dijo ella, con un énfasis que no puede ser escrito, "los dueños de esclavos son TE-RRIBLES por prometer que te dan esto y aquello, o algún privilegio, si haces esto
35 o aquello; y cuando viene el momento de cumplir lo prometido, ellos no se acuerdan de nada de lo que prometieron; y te acusan de ser un MENTIROSO; o por lo menos, el esclavo es acusado de
40 no haber cumplido con *su* parte de la condición del contrato. "¡Oh! dijo ella, "He sentido como si a veces no pudiese vivir hasta el final de esta operación. ¡Solamente piensa en nosotros! Tan
45 ansiosos por nuestros placeres que somos bobos y seguimos creyendo en la idea que debemos obtener lo que nos han pro-metido justamente; y cuando pensamos que ya lo tenemos en las manos, ¡nos
50 lo niegan rotundamente! ¡Solo piensa! ¿Como *podemos aguantarlo*?"

23. De acuerdo con el primer pasaje, ¿bajo cuáles circunstancias el gobierno le impone injustamente un impuesto a una mujer?

   A. Si está casada

   B. Si es inmoral

   C. Si tiene propiedades

   D. Si se quiere divorciar

24. En el contexto del primer pasaje, ¿cuál es la definición de *tiranía*?

   A. Violencia horrible

   B. Cuidado orientador

   C. Control opresivo

   D. Comportamiento brutal

25. ¿Desde qué punto de vista está escrito el segundo pasaje?

   A. Elizabeth Cady Stanton

   B. Olive Gilbert

   C. Isabella

   D. Mary Ann McClintock

26. ¿Bajo qué circunstancias puede Isabella abandonar a su amo en el segundo pasaje?

   A. Apenas reciba sus "papeles de libertad"

   B. Cuando su dueño la deje ir

   C. Cuando hile cien libras de lana

   D. Después de que ella le haya hecho bastante dinero

examen de diagnóstico — Razonamiento a través de las artes del lenguaje

27. ¿Cuál de las siguientes es probablemente una razón por la que los escritores basaron la Declaración de Sentimientos en la Declaración de Independencia?

  A. Para explicar sus propias quejas en contra del dominio británico

  B. Pra explicar por qué no aprueban la forma en la que su dueño trataba a Sojourner Truth

  C. Para demostrar que las mujeres tenían quejas similares a la de los padres fundadores

  D. Para demostrar que las mujeres podían escribir bien

28. Arrastre las características que van con la descripción de Sojourner Truth o de los patrocinadores de la convención de Derechos de las Mujeres en el espacio correcto del diagrama de Venn. Si hay alguna característica en común, arrástrela a la mitad del diagrama. (Escriba las respuestas en el diagrama de la página de respuestas).

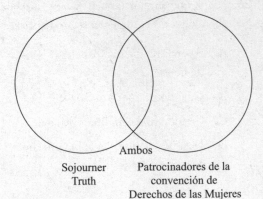

Ambos

Sojourner Truth   Patrocinadores de la convención de Derechos de las Mujeres

  A. Pasaron su vida en esclavitud

  B. Legalmente pudieron votar después de 1848

  C. No fueron tratadas como ciudadanos de los Estados Unidos

  D. Legalmente se pueden divorciar

Las preguntas 29–34 hacen referencia a los siguientes pasajes.

Debate sobre Constitución

Los siguientes dos pasajes representan dos puntos de vista sobre la constitución.

Pasaje 1

Somos descendientes de personas cuyo gobierno fue fundado bajo el principio de libertad. Nuestros gloriosos *Linea* antepasados de Gran Bretaña hicieron
5 de la libertad el fundamento de todo. Ese país se ha convertido en una grandiosa, poderosa, y espléndida nación; no solamente porque su gobierno es fuerte y energético; sino porque la libertad es
10 su fin directo y piedra angular. Nosotros heredamos el espíritu de la libertad de nuestros ancestros británicos; por ese espíritu hemos triunfado sobre cada dificultad. Pero ahora, Señor, el
15 espíritu norteamericano, asistido por cuerdas y cadenas de consolación, está a punto de convertir a este país en un imperio poderoso. Si usted convence a los ciudadanos de este país a que
20 acepten convertirse en sujetos de un gran imperio consolidado de norteamérica, su gobierno no tendrá suficiente energía para mantenerlos juntos.

Dicho gobierno es incompatible
25 con el genio del republicanismo. No habrá pesos ni contrapesos reales en este gobierno. ¿Qué pueden valer sus pesos imaginarios engañosos, su baile de cuerdas, el traqueteo de cadenas,
30 contrapesos y artilugios ideales y ridículos? Pero, Señor, a nosotros no nos tienen miedo los extranjeros. No hacemos que otras naciones tiemblen. Señor, ¿esto constituye felicidad o
35 libertad asegurada? Yo confío, Señor, en que nuestro hemisferio político va

a dirigir sus operaciones a la seguridad de esos objetos. Considere nuestra situación, Señor. Acérquese al hombre
40 pobre, pregúntele qué hace; él le informará que disfruta los frutos de su labor debajo de su árbol de higo con su esposa y sus hijos a su alrededor, en paz y seguridad. Hable con todos los
45 otros miembros de la sociedad, usted encontrará la misma tranquilidad y felicidad; no va a encontrar alarmas ni alborotos. ¿Por qué entonces nos habla de peligros para asustarnos y hacernos
50 adoptar este nuevo gobierno? Y quién sabe el peligro que este nuevo sistema puede producir; ellos están fuera de la vista de las personas comunes. Ellos no pueden ver las consecuencias latentes. Yo
55 le tengo miedo a las consecuencias que tendrá para las personas pobres y de clase media. Es por ellos que le tengo miedo a adoptar este nuevo sistema.

—Patrick Henry, Convención de
Ratificación de Virginia,
Junio 5, 1788

Pasaje 2

Para poder sentar las bases para los diferentes y distintos poderes del gobierno, los cuales han sido admitidos
Linea como esenciales para la preservación
5 de la libertad, es evidente que cada departamento debe tener su voluntad propia; y por consiguiente debe estar constituido de forma que los miembros de cada uno tengan la menor capacidad
10 posible de designar a los miembros de los otros. Si nos adherimos a este principio rigurosamente, eso quiere decir que todos los miembros nombrados el poder ejecutivo, legislativo, y judicial deben de
15 ser elegidos a partir de la misma fuente de autoridad, el pueblo, a través de canales que no tengan ningún tipo de

comunicación entre ellos. Quizá el plan de construir diferentes departamentos
20 sería más fácil en práctica que en contemplación. Algunas dificultades, sin embargo, y gastos adicionales asistirían a su ejecución. Algunos desvíos, por lo tanto, deben de ser admitidos desde
25 el principio. En la constitución del departamento de justicia en particular, puede ser conveniente insistir en el principio riguroso: primero, ya que son esenciales unas habilidades peculiares de
30 los miembros, la primera consideración debe de ser seleccionar la forma en la cual mejor se aseguren estos requisitos; segundo, porque la tenencia permanente por medio de la cual los nombramientos
35 se mantienen en ese departamento muy pronto deben destruir todo el sentido de dependencia de la autoridad que los confiere.

Es equitativamente evidente que
40 los miembros de cada departamento deben depender lo menos posible de los de los otros departamentos, por los honorarios anexos a sus oficinas. Si fueran los magistrados ejecutivos o los
45 jueces dependientes de la legislatura en este particular, su independencia en todas las otras áreas sería meramente nominal.

—James Madison,
The Federalist, No. 51

29. ¿Cuál es el punto de Madison en el segundo pasaje?

   A. La separación de poderes es imposible de alcanzar.

   B. La separación de poderes es necesaria y alcanzable.

   C. Un gobierno centralizado será perjudicial para los ciudadanos ordinarios.

   D. Los jueces tienen que ser independientes de la legislación.

30. ¿Cuál es el punto de Henry cuando dice, "¿No habrá pesos ni contrapesos reales en este gobierno?

    A. Él piensa que los Federalistas están mintiendo

    B. Él no cree en el principio de pesos y contrapesos

    C. Como Gran Bretaña no los tiene, él piensa que Estados Unidos no los necesita.

    D. Él piensa que el gobierno no tiene la capacidad de hacer cumplir la separación de poderes.

31. ¿Cuál es un sinónimo posible de Tenencia como aparece en el segundo pasaje?

    A. Requisito

    B. Término

    C. Responsabilidades

    D. Descripciones

32. ¿Por qué Madison argumenta que los poderes del gobierno deben estar lo más separados posible?

    A. Para prevenir la supervisión de un departamento por parte de los otros departamentos

    B. Para prevenir tener un gobierno como Gran Bretaña

    C. Para que los miembros de un poder de gobierno tengan poca influencia sobre los otros miembros de otros poderes de gobierno

    D. Para que los ciudadanos tengan más poder.

33. La primera motivación de Henry para oponerse a un gobierno centralizado de acuerdo con el pasaje es que el [Seleccione ▼].

    A. está preocupado porque una burocracia va a tomar el poder del gobierno

    B. cree que otros países le tienen miedo a los Estados Unidos

    C. quiere que los Estados Unidos sea un imperio como Gran Bretaña

    D. tiene miedo de que los ciudadanos ordinarios sufran bajo el mando de un gobierno central

34. Arrastre las oraciones dentro del diagrama de Venn arriba del nombre del político al cual respalda cada oración, de acuerdo con el pasaje. Si hay alguna oración que aplique a los dos políticos, ubíquela en el centro. (Escriba sus respuesta en el diagrama de la página de respuestas).

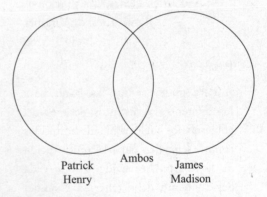

Patrick Henry   Ambos   James Madison

    A. Limitar el poder del gobierno es necesario para conservar la libertad

    B. El gobierno va a corromper el éxito de la clase media y la clase baja

    C. Será difícil para el gobierno mantener una separación de poderes

    D. El poder judicial debe depender del poder legislativo

Las preguntas 35–36 hacen referencia al siguiente pasaje.

Patriotismo y oratoria

Frances Wright fue una reformadora, autora y oradora, ocupaciones inusuales para una mujer a principios del siglo XIX. Nacida en Escocia, se convirtió en una ciudadana norteamericana en 1825. El siguiente discurso lo dio en Nueva Harmony, Indiana, el 4, de julio de 1828.

En la Europa continental, de los últimos años, las palabras patriotismo y patriota han sido usadas en un sentido

Linea más amplio de lo que aquí es habitual
5 atribuirles, o que el que se les atribuye en Gran Bretaña. Desde las luchas políticas de Francia, Italia, España y Grecia, la palabra patriotismo se ha usado, por toda Europa Continental,
10 para expresar un amor por el bien del público; una preferencia por los intereses de la mayoría para los de la minoría; un deseo para la emancipación de la raza humana de la esclavitud del
15 despotismo, religioso y civil: en resumen, el patriotismo es usado para expresar interés en la raza humana en general en vez de lo que se siente por un país, o los habitantes de un país, en particular. Y
20 patriota, de la misma manera, es usado para una persona que ama la libertad humana y el mejoramiento humano en vez de un simple amor por el país en el cual vive, o la tribu a la cual pertenece.
25 Usado en este sentido, el patriotismo es una virtud, y patriota es un hombre virtuoso. Con dicha interpretación, un patriota es un miembro útil de la sociedad capaz de abrir todas las mentes
30 y mejorar los corazones con los que entra en contacto; un miembro útil de la familia humana, capaz de establecer principios fundamentales y de unir sus

intereses propios, y los de sus asociados
35 y los de su nación en el interés de la raza humana. Laureles y estatuas son cosas vanas y traviesas ya que son infantiles; pero podemos imaginar su uso, ya que solo a un patriota se podrían conceder
40 con razón...

Si un patriotismo como el que hemos considerado parece probable en cualquier país, debería ser ciertamente en este. En este, que es la casa de todas las naciones,
45 y en cuyas venas fluye la sangre de cada persona en el planeta. El patriotismo en el sentido exclusivo, seguramente no está hecho para los Estados Unidos. Travieso por todas partes, aquí sería travieso y
50 absurdo. El mismo origen de la gente se opone a él. Las instituciones, en principio, trabajan en contra de él. Este día estamos celebrando norteamericanos, es más especial el nutrir un sentimiento
55 noble, más consistente con su origen y mas conductivo de un mejor futuro. Es para ellos más importante saber por qué aman a su país, no porque es su país, sino porque es un paladio de libertad humana:
60 la mejor escena de evolución humana. Es para ellos más especial saber por qué honran a sus instituciones y sienten que ellos las honran porque se basan en principios justos. Son ellos especialmente
65 los que deben examinar sus instituciones, porque tienen la capacidad de mejorarlas; examinar sus leyes, porque pueden cambiarlas a voluntad.

examen de diagnóstico—Razonamiento a través de las artes del lenguaje

35. Según el pasaje, ¿cuál es la opinión de Wright y la razón para ser un ciudadano norteamericano patriota?

   A. El patriotismo debe basarse en un orgullo nacional.

   B. El patriotismo es una virtud, y un patriota es un hombre virtuoso.

   C. El patriotismo es el amor hacia un país por los principios sobre los cuales fue fundado, no por su residencia.

   D. El patriotismo es travieso.

36. Cuando Wright dice que Norteamérica "es de verdad la casa de todas las naciones," ¿a qué se está refiriendo?

   A. América está compuesto de inmigrantes de todas partes del mundo.

   B. América no ha sido declarada como un país todavía

   C. Cada nación afirma ser dueño de América

   D. A personas alrededor del mundo les gustaría visitar América.

Las preguntas 37–48 hacen referencia al siguiente documento.

Se podría encontrar con un documento similar en un lugar de trabajo. El pasaje contiene errores de gramática, ortografía y puntuación.

Memorando

Para: Todos los empleados

De: John Smith, Director Ejecutivo

Fecha: 28 de agosto de 2019

Sujeto: Etiqueta en el trabajo

(1) Los empleados prosperan en ambientes amigables, [Seleccione ▼] éxito global de la compañía.

(2) Para ser los mejores [Seleccione ▼] en el trabajo debe ponerse en práctica.

(3) Su atuendo [Seleccione ▼] (4) Las mujeres deben evadir blusas de tiras delgadas, abstenerse de usar camisas sin mangas, y [Seleccione ▼] una cobertura apropiada. (5) Permitimos [Seleccione ▼] (6) Sin embargo, el código de vestimenta es casual de negocios, no solo casual. negocios casuales. (7) No use zapatos abiertos o zapatillas, y no use sandalias en ningún momento.

(8) Los celulares pueden ser una distracción durante el día, así que por favor manténganlos en modo de silencio. (9) Si [Seleccione ▼] diríjase a una sala de descanso y cierre la puerta. (10) [Seleccione ▼] el tiempo para hacer estas llamadas o emplee la hora del almuerzo.

(11) Recuerde que los correos electrónicos son conversaciones importantes con su supervisor y sus compañeros de trabajo, por lo que no se tomarán a la ligera. (12) Trate de tener coincidir su tono con el de la persona a quien le escribe. (13) Si ella lo llama por su nombre, está bien llamarla por el suyo. (14) Responda todos sus correos, así sea una frase de "recibido".

(15) Somos una oficina abierta, lo que significa que compartimos espacios comunes y tenemos oficinas cerradas limitadas. (16) Aunque este es un ambiente positivo [Seleccione ▼] (17) Cuando visite el escritorio de un compañero de trabajo, [Seleccione ▼] (18) Si visita una

oficina, toque la puerta antes de entrar. (19) Queremos promover un entorno de oficinas abiertas, ¡así que no tenga miedo de visitar a otros!

(20) Por último, pero no menos importante, los espacios comunes (la sala de descanso, el cuarto de fotocopias y la cocina) están abiertos para todos los empleados. (21) Seleccione ▼ (22) Puede utilizar el refrigerador, la cafetera y el microondas sin problemas. (23) Por favor limpie los lugares Seleccione ▼ : queremos un ambiente limpio, seguro y agradable para todos.

(24) Si tiene alguna pregunta o duda sobre este memorando, por favor no dude en escribirme un correo electrónico a a john.smith@gmail.com, re: Etiqueta en el trabajo.

(25) Sinceramente,

John Smith, Director Ejecutivo

37. **Oración 1:** Los empleados prosperan en ambientes amigables y Seleccione ▼ éxito global de la compañía.

 A. enfocados que conducen al

 B. enfocados; que conducen al

 C. enfocados: que conducen al

 D. enfocados, que conducen a la

38. **Oración 2:** : Para ser los mejores Seleccione ▼ en el trabajo debe ponerse en práctica.

 A. trabajadores que él puede ser, la etiqueta

 B. trabajadores que podemos ser, la etiqueta

 C. trabajadores que podemos ser la etiqueta

 D. trabajadores ella puede ser, la etiqueta

39. **Oración 3:** Su atuendo Seleccione ▼

 A. debe ser apropiado para negocios porque seguimos unas pautas profesionales así que los hombres deben usar pantalón y camisa de manga larga con corbata (no se requiere chaqueta) y las mujeres deben usar pantalón, falda o vestido (al menos al nivel de la rodilla).

 B. debe ser apropiado para negocios. Seguimos unas pautas profesionales, así que los hombres deben usar pantalón y camisa de manga larga con corbata; (no se requiere chaqueta), y las mujeres deben usar pantalón, falda o vestido (al menos al nivel de la rodilla).

 C. debe ser apropiado para negocios. Seguimos unas pautas profesionales: los hombres deben usar pantalón y camisa de manga larga con corbata (no se requiere chaqueta), y las mujeres deben usar pantalón, falda o vestido (al menos al nivel de la rodilla).

 D. debe ser apropiado para negocios, porque seguimos unas pautas profesionales, así que los hombres deben usar pantalón y camisa de manga larga, con corbata (no se requiere chaqueta), y las mujeres deben usar pantalón, falda o vestido (al menos al nivel de la rodilla).

40. Oración 4: las mujeres deben evadir blusas de tiras delgadas, abstenerse de usar camisas sin mangas, y [Seleccione ▼] una cobertura apropiada.

- **A.** deben estar manteniendo
- **B.** deben, mantener
- **C.** debe mantener
- **D.** mantener

41. Oración 5: Permitimos [Seleccione ▼]

- **A.** Atuendo Casual de Negocios los viernes: se permiten jeans.
- **B.** atuendo casual de negocios los Viernes se permiten Jeans.
- **C.** atuendo casual de negocios en los Viernes: se permiten jeans.
- **D.** atuendo casual de negocios los viernes: se permiten jeans.

42. Oración 9: Si [Seleccione ▼] diríjase a una sala de descanso y cierre la puerta.

- **A.** necesita hacer una llamada personal, por favorr
- **B.** necesita hacer una llamada personal por favor
- **C.** necesita hacerle una llamada personal, por favor
- **D.** necesitas hacer una llamada personal, por favor

43. Oración 10: [Seleccione ▼] el tiempo para hacer estas llamadas o emplee la hora del almuerzo.

- **A.** Miniaturizar
- **B.** Minimizar
- **C.** Mínimo
- **D.** Miniatura

44. Oración 16: Aunque este es un ambiente positivo [Seleccione ▼]

- **A.** para discutir los detalles de un proyecto, y facilitar que se conozcan entre sí: a veces conduce, a más distracciones.
- **B.** para discutir los detalles de un proyecto, y facilitar que se conozcan entre sí, a veces conduce a más distracciones.
- **C.** para discutir los detalles de un proyecto, ¿y facilitar que se conozcan entre sí? A veces conduce a más distracciones.
- **D.** para discutir, los detalles de un proyecto, y facilitar que se conozcan entre sí a veces, conduce a más distracciones.

45. Oración 17: Cuando visite el escritorio de un compañero de trabajo, [Seleccione ▼]

- **A.** espere a que este lo salude antes hacerle una petición.
- **B.** espete a que este lo salude antes de hacerle una petición.
- **C.** espere a que este lo salude antes de hacerle una petición.
- **D.** espete a que este lo salude antes hacerle una petición.

46. Oración 21: Seleccione ▼

A. Siéntase libre de usar los materiales de la oficina y de tomar bocadillos de cortesía de las alacenas con comidas etiquetadas para compartir.

B. Siéntase libre de usar los materiales de la oficina y de tomar bocadillos de cortesía, alacenas designadas y comida compartida.

C. Siéntase libre de usar los materiales de la oficina y de tomar bocadillos de cortesía de las alacenas designadas con comida para compartir.

D. Siéntase libre de usar los materiales de la oficina y de tomar bocadillos de cortesía de las alacenas designadas con comida para compartir.

47. Oración 23: Por favor limpie los lugares Seleccione ▼ queremos un ambiente limpio, seguro y agradable para todos.

A. que utilice

B. en que utilice

C. donde utilice

D. como utilice

48. ¿Cuáles tres respuestas describen mejor la etiqueta en el trabajo? Arrastre y suelte la respuesta correcta en el diagrama. (Ingrese la respuesta correcta en los espacios proporcionados en la hoja de respuestas).

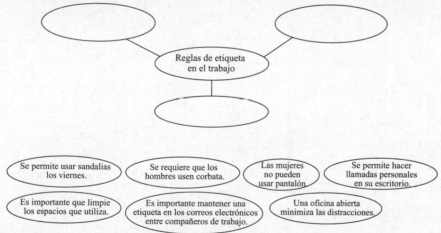

A. Se permite usar sandalias los viernes.

B. Se requiere que los hombres usen corbata.

C. Las mujeres no pueden usar pantalón.

D. Se permite hacer llamadas personales en su escritorio.

E. Es importante que limpie los espacios que utiliza.

F. Es importante mantener una etiqueta en los correos electrónicos entre compañeros de trabajo.

G. Una oficina abierta minimiza las distracciones.

¡PARE! NO CONTINÚE HASTA QUE SE ACABE EL TIEMPO.

RAZONAMIENTO MATEMÁTICO

115 minutos • 46 preguntas

> **Instrucciones:** El examen de Razonamiento matematico tiene preguntas que prohiben el uso de calculadoras y preguntas que permiten el uso de calculadoras. El icono de la calculadora va a estar disponible para las preguntas que permiten el uso de la calculadora. En este examen, no se permite el uso de calculadoras en las primeras cinco preguntas.
>
> La mayoría de las preguntas son de opción múltiple, pero para responder a algunas preguntas, se le pedirá seleccionar una respuesta de un menú desplegable, completar una respuesta en blanco, arrastrar y soltar las respuestas correctas o seleccionar las respuestas en una gráfica proporcionada. Registre sus respuestas en la sección Razonamiento matemático de la hoja de respuesta proporcionada. Para repasar cómo responder a estas preguntas en la hoja de respuestas, por favor refiérase la seccion "Preguntas potenciadas por tecnología" en la página 24.

Para responder algunas preguntas, deberá aplicar una o más fórmulas matemáticas. Las fórmulas proporcionadas en la siguiente página lo ayudarán a responder esas preguntas. Algunas preguntas se refieren a tablas, gráficos y figuras. A menos que se indique lo contrario, los cuadros, gráficos y figuras se dibujan a escala.

Hoja de fórmulas matemáticas

El examen de Razonamiento matemático GED contiene una hoja de fórmulas que muestra fórmulas relacionadas con la medición geométrica y ciertos conceptos de álgebra. Las fórmulas se proporcionan a quienes toman el examen para que puedan concentrarse en la *aplicación*, en lugar de la *memorización* de las fórmulas.

Área de un:

Paralelogramo $A = bh$

Trapecio $A = \dfrac{1}{2} h (b_1 + b_2)$

Área superficial de:

Prisma rectangular/recto	$SA = ph + 2B$	$V = Bh$
Cilindro	$SA = 2\pi rh + 2\pi r^2$	$V = \pi r^2 h$
Pirámide	$SA = \dfrac{1}{2} ps + B$	$V = \dfrac{1}{3} Bh$
Cono	$SA = \pi rs + \pi r^2$	$V = \dfrac{1}{3} \pi r^2 h$
Esfera	$SA = 4\pi r^2$	$V = \dfrac{4}{3} \pi r^3$

$(p = \text{perímetro de la base } B; \pi \approx 3.14)$

Álgebra

Pendiente de una recta $m = \dfrac{y_2 - y_1}{x_2 - x_1}$

Ecuación de una recta en su forma pendiente-intersección $y = mx + b$

Ecuación de la recta en su forma punto-pendientea $y - y_1 = m(x - x_1)$

Forma estándar de una ecuación cuadrática $y = ax^2 + bx + c$

Fórmula cuadrática $x = \dfrac{-b - \sqrt{b^2 - 4ac}}{2a}$

Teorema de Pitágoras $a^2 + b^2 = c^2$

Interés simple $I = prt$

$(I = \text{interés}, p = \text{principal}, r = \text{tasa}, t = \text{tiempo})$

examen de diagnóstico — Razonamiento matemático

El uso de calculadoras está prohibido para las preguntas 1–5.

1. Hay 78 estudiantes de segundo año en la escuela. Todos tienen que a tomar un año de química o física, pero pueden tomar los dos. 15 están matriculados tanto en química como en física, y 47 están matriculados en química. ¿Cuántos estudiantes están matriculados en física solamente?

2. Dividir la suma de $3\frac{7}{8}$ y $2\frac{11}{16}$ por $\frac{5}{8}$ da como resultado cuál valor?

   A. $\frac{15}{32}$

   B. $1\frac{1}{5}$

   C. $4\frac{1}{4}$

   D. $10\frac{1}{2}$

3. El perímetro del hexágono dibujado es 240 centímetros. ¿Cuál es la longitud de cada lado?

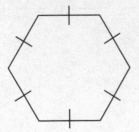

   A. 40 cm

   B. 48 cm

   C. 80 cm

   D. 120 cm

MUESTRE SU TRABAJO AQUÍ

4. Si $x = -\dfrac{3}{4}$, calcule $\dfrac{\frac{1}{x} - x}{\frac{1}{x} + x}$.

   A. $-\dfrac{1}{7}$

   B. $\dfrac{7}{25}$

   C. 1

   D. $\dfrac{175}{144}$

5. El promedio de la puntuación del equipo para los primeros 5 juegos de básquetbol de la temporada son 45 puntos. Los puntajes de los primeros juegos son 54, 60, 28, 42, y

   A. 31.

   B. 36.

   C. 41.

   D. 46.

El uso de una calculadora es permitido para las preguntas número 6–46.

6. Si un triángulo isósceles tiene dos ángulos que miden 34 grados, ¿cuál es la medida del tercer ángulo?

   A. $34°$

   B. $90°$

   C. $112°$

   D. $147°$

7. Calcule $-2^3 \left| 3 - 9 \right|$.

   A. -48

   B. -36

   C. 48

   D. 96

8. Una caja rectangular tiene un área de superficial de 248 pulgadas cuadradas; tiene 4 pulgadas de alto y 10 pulgadas de largo. ¿Cuánto mide el ancho de la caja?

   A. 6 pulgadas

   B. 10 pulgadas

   C. 40 pulgadas

   D. 60 pulgadas

9. Un agricultor quiere construir una cerca rectangular que tenga un área de 10,000 pies cuadrados, para que sirva como corral para los caballos. Los postes de la cerca en cada lado estarán a una distancia de 10 pies desde el centro.

   ¿Incluyendo los cuatro postes, cuántos postes son necesarios para construir la cerca?

   A. 36

   B. 40

   C. 44

   D. 100

10. Si $g(x) = x^3 - 16x$, ¿cuáles son los valores de x que cruzan la gráfica en el eje x?

    A. 0

    B. −16, 0, y 16

    C. −4, 0, y 4

    D. −2, 0, y

11. Un botanista observa que la tasa de crecimiento de su parra registra un crecimiento de 0.36 metros en el transcurso de 24 horas. ¿Cuál es la tasa de crecimiento de la parra, por día, expresada en centímetros? [1 metro = 100 centímetros]

    A. 0.015 cm/día

    B. 1.5 cm/día

    C. 8.64 cm/día

    D. 864 cm/día

MUESTRE SU TRABAJO AQUÍ

12. La figura muestra dos segmentos de recta conectan el centro de un circulo a su circunferencia. ¿Cuál es el valor de y en términos de x?

MUESTRE SU TRABAJO AQUÍ

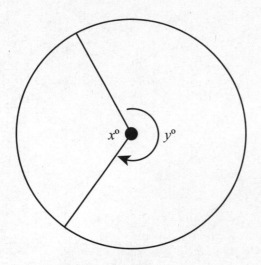

A. $\dfrac{360}{x}$

B. $\dfrac{x}{180}$

C. $360 - x$

D. $\dfrac{x}{360}$

13. Si $x^2 + 4x = 0$, ¿cuántos valores de x son posibles?

A. Ninguno

B. Uno

C. Dos

D. Un número infinito

14. Suponga que a y b son números reales distintos al cero. Si $bx - a = y$ y $ay - b = x$, ¿cuál es el valor de x?

A. $-(a + 1)$

B. $\dfrac{a^2 + b}{ab + 1}$

C. $\dfrac{a + b}{ab - 1}$

D. $\dfrac{a^2 + b}{ab - 1}$

15. En la siguiente línea de números las marcas verticales están igualmente espaciadas. ¿Cuál es el valor de B?

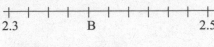

2.3   B   2.5

¿Cuál es el valor de B?

```
┌──────────────┐
│              │
└──────────────┘
```

16. El cuadrilátero *ABCD* es un cuadrado. Las coordenadas del punto *A* son (3, 2), las coordenadas del punto *B* son (−3, 2), y las coordenadas del punto *C* son (−3, −4).

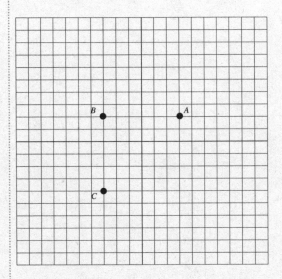

Haga un clic en la cuadrícula de coordenadas para mostrar la ubicación del punto D. (Escriba las coordenadas del punto D en la página de respuestas).

17. ¿De cuántas maneras diferentes es posible sumar 4 números enteros, positivos, impares y que juntos sumen 10? Los números enteros pueden ser usados más de una vez, y la secuencia de los números no debe tenerse en cuenta.

   A. Uno

   B. Dos

   C. Tres

   D. Cuatro

18. El largo de la sala de estar de Cassie es e-xactamente la mitad del largo de su recámara. Las dos habitaciones son rectángulos, y el área de ambas es igual. Si la sala de estar de Cassie tiene una medida de largo L y ancho W, escribe una expresión que represente el ancho de la recámara de Cassie.

MUESTRE SU TRABAJO AQUÍ

19. El promedio de tres números consecutivos impares enteros es 39. ¿Cuál ecuación se puede usar para determinar estos números enteros?

A. $\dfrac{N + (N + 2) + (N + 4)}{3} = 39$

B. $\dfrac{N + (N + 1) + (N + 2)}{3} = 39$

C. $\dfrac{N + (N + 1) + (N + 3)}{3} = 39$

D. $\dfrac{N + 3N + 5N}{3} = 39$

Las preguntas 20 y 21 hacen referencia la gráfica siguiente.

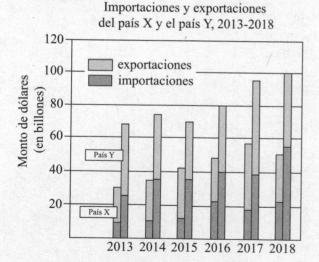

Importaciones y exportaciones del país X y el país Y, 2013-2018

Nota: Para cada año, la combinación del alto de los dos segmentos de barra muestra el total de importaciones y exportaciones del país.

examen de diagnóstico — Razonamiento matemático

MUESTRE SU TRABAJO AQUÍ

20. ¿En cuál de los siguientes años las exportaciones del país Y excedieron las del país X en el menor porcentaje?

A. 2014

B. 2015

C. 2016

D. 2018

21. ¿Cuál es la **mejor** descripción de la tendencia global de importaciones y exportaciones del país Y durante el periodo de 6 años? Elija su respuesta desde el menú desplegable.

| Seleccione ▼ |

A. Las importaciones disminuyeron; las exportaciones disminuyeron.

B. Las importaciones aumentaron; las exportaciones no exhibieron una tendencia clara.

C. Las importaciones no exhibieron una tendencia clara; las exportaciones aumentaron.

D. Ni las importaciones ni las exportaciones exhibieron una tendencia clara.

22. Un grupo de viajeros ha construido un tipi con una base circular. Como muestra la figura, un lado del tipi mide 17 metros desde el piso hasta el tope de el tipi, y el alto mide 15 metros. ¿Cuál es el diámetro de la base circular del tipi?

| | metros

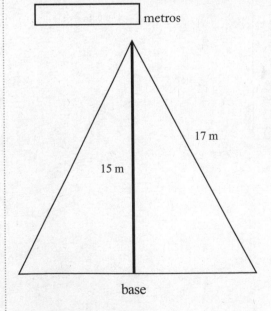

base

Domine el™ examen GED® primera edición

23. ¿Qué valor se debe colocar en el recuadro blanco para que la ecuación sea correcta?

$$\frac{8^2 \times \left(2^4\right)^3}{16} = 2^{\square}$$

A. $\dfrac{9}{2}$

B. 14

C. 18

D. 69

24. La cocina de un restaurante guarda latas grandes de arvejas. Cada lata tiene un volumen de $2{,}880(\pi)$ cm^3 y una altura de 20 cm. Un cocinero está tratando de ver cuantas latas de arvejas pueden entrar lado a lado en un estante. ¿Cuál es el diámetro de las latas de arvejas?

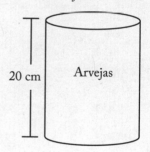

A. 12 cm

B. 24 cm

C. 20 cm

D. 144 cm

MUESTRE SU TRABAJO AQUÍ

examen de diagnóstico — Razonamiento matemático

25. Un científico hace un experimento y determina que hay una correlación muy alta y negativa entre la cantidad de oxígeno y los tipos de algas que se encuentran en el tanque. Él usa la siguiente gráfica para trazar los datos. Los primeros datos recolectados ya están en la gráfica. Use el ratón de la computadora y haga un clic en un posible punto de datos encima de la flecha del eje *X* que puede enseñar una correlación alta negativa determinada por el científico. (Escriba la respuesta en el diagrama en la página de respuestas).

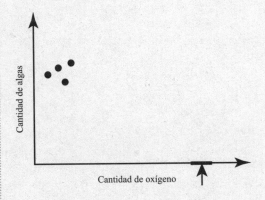

26. Suponga que *a* es un número real que no es igual a cero. ¿Cuál de estas expresiones es equivalente a $\dfrac{3x}{a^2} - \dfrac{x}{3a}$?

    A. $\dfrac{(9-a)x}{3a^2}$

    B. $\dfrac{8x}{3a^2}$

    C. $\dfrac{2x}{a^2 - 3a}$

    D. $\dfrac{(9-a)x}{6a^2}$

27. Factorice $16x^2 - 8x + 1$.

    A. $(16x - 1)(x - 1)$

    B. $(8x - 1)(2x - 1)$

    C. $(4x - 1)(4x + 1)$

    D. $(4x - 1)^2$

28. Herman cubre 20 azulejos cuadrados con tela. Para calcular cuánta tela necesita, tiene que potenciar al cuadrado la longitud en centímetros (c) y agregar (x) centímetros extra por si se cometen errores. ¿Cuál ecuación puede usar Herman para saber cuánta tela comprar y cubrir 20 azulejos?

    A. $20c^2 + x$

    B. $20c^2 + 20x$

    C. $20 + c^2 \times x$

    D. $20c^2 + x^2$

29. Resuelva para y_1 : $\dfrac{x - x_1}{y - y_1} = m$

    A. $y_1 = \dfrac{x - y - x_1}{m}$

    B. $y_1 = y + \dfrac{x_1 - x}{m}$

    C. $y_1 = x + y - x_1$

    D. $y_1 = my - x + x_1$

30. Haga clic en el punto de la línea de números que satisface la inequidad $-2x - 3 > -1$. (Coloque la respuesta en el diagrama.)

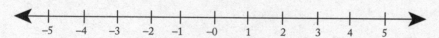

31. El costo de construir un poste de señalización en Everytown tiene una tarifa de $60 dólares por hora por la mano de obra y $240 dólares adicionales por poste de señalización. Cada poste demora 1.5 horas en ser construido. El anticipo para el contratista que provee la mano de obra es $1,200. Arrastre y suelte las variables, números, y signos a continuación para crear una desigualdad que determine cuántos postes, p, pueden construirse en Everytown con un presupuesto de $8,000. No todos los números se van a usar. (Escriba la inequidad en la página de respuestas).

Opciones de números: 60   90   240   300   330   1,200   8,000 $1.5p$ $240p$ $330p$

Signos: $+$ $-$ $\times$ $\div$ $\leq$ $\geq$ $<$ $>$

32. Una compañía de computadoras está tratando de averiguar cuáles son las ventas en dólares para su nueva línea de tabletas. Descubre que las unidades de venta siguen la curva de demanda $45{,}000 - 160p$, donde p es el precio de venta de las tabletas. ¿Si esta es la cantidad de tabletas que se venderán, cuál ecuación puede dar el total de ventas en dólares?

MUESTRE SU TRABAJO AQUÍ

A. $45{,}000 + 160p^2 =$ total de ventas

B. $45{,}000 + 160p + p =$ total de ventas

C. $45{,}000p - 160p^2 =$ total de ventas

D. $160p^2 + p =$ total de ventas

33. La pizzería de Sal ofrece fiestas para cumpleaños de niños. Sal ha establecido que es mejor tener 3 pizzas por cada grupo de 8 niños en una fiesta. Sal hizo una gráfica para ver rápidamente cuántas pizzas va a necesitar para fiestas de diferentes tamaños. ¿Cuál es la pendiente de la recta en la gráfica de Sal?

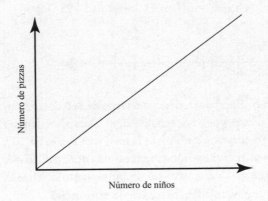

A. $\dfrac{8}{3}$

B. $\dfrac{3}{8}$

C. $\dfrac{1}{3}$

D. $\dfrac{1}{8}$

34. ¿Cuál es la ecuación de la recta con pendiente $-\dfrac{3}{2}$ e intercepto x $(-4, 0)$?

    A. $y = -\dfrac{3}{2}x - 6$

    B. $x = -\dfrac{3}{2}y - 6$

    C. $x = -\dfrac{2}{3}y$

    D. $y = -\dfrac{3}{2}x - 4$

35. Arrastre y suelte los números o variables para que la próxima declaración cierta. La función graficada abajo está disminuyendo en el intervalo ☐ $\leq x \leq$ ☐. (Escriba la respuesta en los espacios proveídos en la página de respuestas).

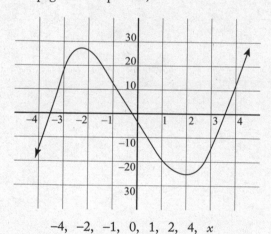

$-4, \quad -2, \quad -1, \quad 0, \quad 1, \quad 2, \quad 4, \quad x$

36. ¿Cuál es la ecuación de una recta que pasa por los puntos $(-4, 5)$ y $(2, 2)$?

    A. $y = -\dfrac{1}{2}x - \dfrac{3}{2}$

    B. $y = -\dfrac{1}{2}x - 3$

    C. $y = \dfrac{1}{2}x + 3$

    D. $y = -\dfrac{1}{2}x + 3$

examen de diagnóstico — Razonamiento matemático

37. Dos piscinas se están llenando en un día de campamento. La piscina A esta llenándose a una velocidad de 12 galones por hora. La piscina B se llena a una velocidad representada en la gráfica. ¿Cuál enunciado sobre las dos velocidades es verdadero?

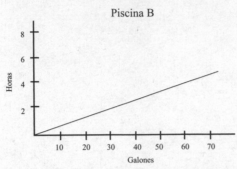

Piscina B

A. Las velocidades de la piscina A y B son iguales.

B. La piscina B se llena a una velocidad 3 galones por hora más rápido que la piscina A.

C. La piscina A se llena a una velocidad de 3 galones por hora más rápido que la piscina B.

D. La piscina A se está llenando a una velocidad que es la mitad de la de la piscina B.

38. Pamela tiene \$4.30 en monedas de diez centavos y veinticinco centavos. El número de monedas de diez centavos es uno menos que tres veces el número de monedas de veinticinco centavos. ¿Si q es el número de monedas de veinticinco centavos y d es el número de monedas de diez centavos, cuál sistema puede determinar el valor de q y d?

A. $\begin{cases} d = 3(q-1) \\ 10d + 25q = 430 \end{cases}$

B. $\begin{cases} d = 3q - 1 \\ 10d + 25q = 4.30 \end{cases}$

C. $\begin{cases} d = 3q - 1 \\ 0.10d + 0.25q = 4.30 \end{cases}$

D. $\begin{cases} q = 3d - 1 \\ 0.10d + 0.25q = 4.30 \end{cases}$

MUESTRE SU TRABAJO AQUÍ

MUESTRE SU TRABAJO AQUÍ

39. Considere la recta $y = -\frac{2}{3}x + 5$.

¿Cuál de las próximas interpretaciones de la cantidad $-\frac{2}{3}$?

- **A.** El valor y en la gráfica disminuye en 3 unidades por cada 2 unidades que aumenta en x.

- **B.** El valor y en la gráfica disminuye en 2 unidades por cada 3 unidades que aumenta en x.

- **C.** El valor y en la gráfica aumenta en 2 unidades por cada 3 unidades que aumenta en x.

- **D.** La gráfica de la recta cruza el eje y en $\left(0, -\frac{2}{3}\right)$.

40. Rick partió de su casa en una vía rural a 35 millas por hora. A su hermana se le olvidó su computadora portátil en la casa y se fue a buscar a Rick en la misma vía rural, a 45 millas por hora. Para cuando la hermana de Rick se puso en marcha, él iba 6 millas delante de ella. ¿Qué ecuación puede determinar el tiempo t, en horas, que le toma a la hermana de Rick alcanzarlo?

- **A.** $35t = 45t$

- **B.** $35t = 45(t + 6)$

- **C.** $35t = 6 + 45t$

- **D.** $35t + 6 = 45t$

41. La tarifa mensual de electricidad en un pueblo se calcula usando unidades de kilowatts por hora consumidos por casa mas $20 de tarifa fija. Usando la tabla a continuación, busque la ecuación lineal que **mejor** representa y, el total de la tarifa mensual de electricidad, como función de x, el número de kilowatts por hora consumidos por mes.

MUESTRE SU TRABAJO AQUÍ

Kilowatts por hora consumidos por mes (x)	Tarifa de servicio mensual fija	Costo total de la energía por mes (y)
400 kwh	$20	$36.80
900 kwh	$20	$57.80
1100 kwh	$20	$66.20

   A. $x = 0.42y - 20$

   B. $x = 0.042y + 20$

   C. $y = 0.42x - 20$

   D. $y = 0.042x + 20$

42. Un padre y su hijo deciden participar en la media maratón. El padre parte con una ventaja de 0.75 millas de y trota a un ritmo de 5 millas por hora durante t horas. El hijo trota a un ritmo de 6.5 millas por hora durante t horas. ¿Cuál de la siguientes es una descripción precisa de la distancia d (en millas) entre el padre y su hijo en cualquier momento t (en horas)?

   A. $d = 6.5t - 5t$

   B. $d = 0.75 + 5t$

   C. $d = 6.5t$

   D. $d = 0.75 - 1.5t$

43. El número de vueltas completas que da un engranaje pequeño está relacionado con el número de vueltas que da el engranaje más grande, al cual está conectado el engranaje pequeño. La función lineal $c = 3.5t$ describe la relación, donde c representa el número de vueltas completas que da la cabeza de engranaje pequeña por cada vuelta completa de la cabeza de engranaje grande, y t representa el número de vueltas que da la cabeza de engranaje grande. ¿Cuál de las siguientes respuestas es una representación equivalente a esta función lineal?

MUESTRE SU TRABAJO AQUÍ

A.

t	c
3	21
6	42
9	63

B.

t	c
1	3
2	6
5	15

C. Por cada 7 vueltas que da la cabeza de engranaje pequeña, la cabeza de engranaje grande da 2 vueltas.

D. Por cada 3.5 vueltas de la cabeza de engranaje grande, la cabeza de engranaje pequeña da una vuelta completa.

44. ¿Cuál declaración con respecto a la gráfica de la   **MUESTRE SU TRABAJO AQUÍ**
función $y = -2x - 5$ es correcta?

    A. La gráfica es una recta que pasa por los puntos $(0, -5)$ con una pendiente de -2.

    B. La gráfica contiene los puntos $(-3, -11)$ y $(3, 1)$.

    C. La gráfica cruza el eje y en -5 y cuando el valor de x disminuye en una unidad, el valor de y disminuye en 2 unidades.

    D. La gráfica es una recta que no cruza el eje x.

45. Si $f(x) = -x^2(2 + 3x)$ qué es $f(-4)$?

    A. -320

    B. -80

    C. 80

    D. 160

46. Observe la siguiente gráfica de una recta:

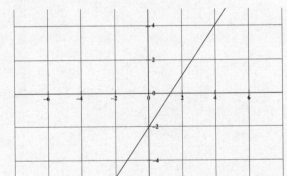

¿Cuál es la ecuación de esta recta? Escriba su respuesta en los espacios suministrados para expresarla en la forma pendiente-intersección:

$$y = \boxed{}\, x + \boxed{}$$

¡PARE! NO CONTINÚE HASTA QUE SE ACABE EL TIEMPO.

CIENCIA

90 minutos • 35 preguntas

> **Instrucciones:** El examen de Ciencia consta de preguntas en varios formatos diseñados para medir el conocimiento de los conceptos científicos generales. Las preguntas se basan en breves pasajes de texto e información visual (tablas, gráficos, diagramas y otras figuras). Estudie la información proporcionada y responda a las preguntas que siguen, refiriéndose a la información según sea necesario.
>
> La mayoría de las preguntas son de opción múltiple, pero para responder a algunas preguntas, se le pedirá seleccionar una respuesta de un menú desplegable, completar una respuesta en blanco, arrastrar y soltar las respuestas correctas, o seleccionar las respuestas en un gráfico dado. Para repasar cómo se deben responder estas preguntas en su hoja de respuestas, por favor refiérase la sección "Preguntas potenciadas por tecnología" en la página 24.

La pregunta 1 hace referencia a la siguiente información.

Si un lado de una planta con tallo recibe más luz solar que el otro lado, la hormona de crecimiento auxina, que estimula el crecimiento vertical del tallo, se concentra en la parte sombreada del tallo para estimular más crecimiento en esta zona.

1. ¿Cuál será el resultado de esta estimulación?

   A. El crecimiento de la planta superará su capacidad de nutrirse a sí misma.

   B. La planta se inclinará hacia la luz solar.

   C. La planta se marchitará donde no hay auxina.

   D. La planta se inclinará hacia el suelo.

La pregunta 2 hace referencia a la siguiente diagrama.

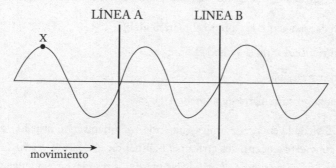

2. La cresta de la onda ilustrada en el punto X tocará la línea A en 3 segundos. ¿En cuántos segundos tocará la línea B la misma cresta de onda?

   A. 7 segundos

   B. 9 segundos

   C. 10 segundos

   D. 11 segundos

La pregunta 3 hace referencia a la siguiente información.

La mayoría de úlceras en el estómago, que pueden causar dolor estomacal y vómito, son causadas por la bacteria llamada *Helicobacter pylori*. Antes del descubrimiento de la bacteria, se creía que las úlceras eran causadas por estrés. El tratamiento estándar para las úlceras hoy en día es con antibióticos que matan la bacteria. Dos doctores australianos, Barry Marshall y Robin Warren, ganaron el premio Nobel por este descubrimiento. El Dr. Marshall comprobó que *H.pylori* causa úlceras cuando tomó un caldo que estaba infectado con la bacteria.

3. ¿Cuál fue el resultado probable del experimento del Dr. Marshall?

    A. La enfermedad del Dr. Marshall no se puede tratar con antibióticos.

    B. La enfermedad del Dr. Marshall se puede tratar con técnicas antiestrés.

    C. El Dr. Marshall se enfermó de dolor estomacal después de tomar el caldo infectado.

    D. El Dr. Marshall se enfermó con erupciones en la piel después de tomar el caldo infectado.

La pregunta 4 hace referencia a la siguiente información.

La biosfera abarca todas las regiones de la tierra que pueden sostener vida, la atmósfera, y los océanos. Los siguientes cambios significativos han sido observados y documentados durante el siglo pasado.

- Las áreas silvestres han sido deforestadas al cortar árboles para hacer productos de madera.

- Los ríos y océanos han sido contaminados por fertilizantes y escurrimiento de aguas residuales.

- La capa protectora de ozono de la atmósfera ha sido agotada por el uso de ciertos contaminantes del aire.

4. ¿Comó pueden conciliarse todos estos descubrimientos con una causa o características en común?

    A. Todos son causados por el cambio climático global.

    B. Todos son resultados de la actividad humana.

    C. Todos son irreversibles.

    D. Todos afectan el suministro de alimentos global.

5. Cerca de 80–90 % de la energía química guardada en la batería de litio-ion de un teléfono inteligente se convierte a energía eléctrica para alimentar el aparato. El 10–20 % restante se convierte en otro tipo de energía. ¿Cuál de las próximas respuestas evidencia que no toda la energía de la batería se usa para alimentar el dispositivo?

    A. El aparato se pone caliente entre más se usa.

    B. El aparato puede recibir y realizar llamadas de voz.

    C. La pantalla del dispositivo se enciende cuando se toca.

    D. El aparato puede tomar fotos y videos.

La pregunta 6 hace referencia a la siguiente ilustración.

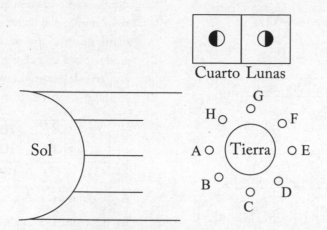

6. Según en la figura, ¿en qué posiciones de la luna se vería un cuarto de ella, si la miramos desde el punto de vista de una persona en la tierra que está directamente debajo de la luna? Las imágenes no están dibujadas a escala. Escoja la posición más precisa haciendo clic en las imágenes de la luna. Más de una de las respuestas puede ser correcta. (Escriba las letras de las posiciones correctas en el espacio suministrado en la hoja de respuestas).

La pregunta 7 hace referencia al siguiente diagrama.

Malato

Oxalacetato

Nota: Los átomos de carbón han sido numerados en cada molécula.

7. Uno de las etapas del ciclo del ácido cítrico involucra la conversión de malato a oxalacetato. ¿Cuál de las siguientes transformaciones ocurre cuando se convierte el malato a oxalacetato?

   A. El grupo de OH en carbono 2 se mueve al carbono 3.

   B. El grupo de OH el carbono 2 se mueve al carbono 3 y se transforma en oxígeno de doble unión.

   C. El oxígeno de doble unión el carbono 3 se mueve al carbono 2 y es transformado a un grupo de OH.

   D. El oxígeno de doble unión en el carbono 4 se mueve al carbono 3.

La preguntas 8 y 9 hacen referencia al siguiente diagrama.

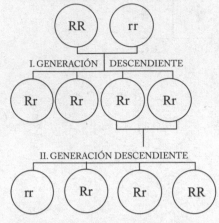

R = FORMA DE GEN DOMINANTE (ALELO)
r = FORMA DE GEN RECESIVO (ALELO)

GENOTIPO	Forma del rasgo
RR	Color rojo
Rr	Color rojo
rr	Color blanco

8. ¿Cuál es el número correcto de crías rojas? Escoja su respuesta del menú desplegable.

Seleccione ▼

1

2

3

4

5

6

7

8

9. Cada par de genotipos en la ilustración representa un conjunto de progenitores. ¿Sin más información que la que incluye el diagrama, cuál de los conjuntos de cuatro progenitores tiene la posibilidad de producir una cría blanca? Seleccione todos los pares de genotipos que representan la posibilidad de crías blancas.

rr rr	RR rr	Rr Rr	rr Rr
(1)	(2)	(3)	(4)

A. Conjuntos 1, 2, y 3

B. Conjuntos 1, 2, y 4

C. Conjuntos 1, 3, y 4

D. Conjuntos 2, 3, y 4

La pregunta 10 hace referencia a la siguiente información.

Las algas fotosintéticas viven dentro del tejido del coral en una relación simbiótica. El coral provee un refugio para las algas, y las algas usan los residuos de la respiración del coral durante la fotosíntesis. En retribución, las algas comparten con el coral nutrientes y oxígeno producidos por la fotosíntesis. El aumento de temperatura en los océanos han causado la muerte de varias algas marinas, lo que hace que el coral se ponga blanco. Este proceso se denomina blanqueamiento del coral y es usualmente el resultado de la muerte del coral.

10. ¿Entre las siguientes opciones, qué conclusión puede sacarse a partir de la información suministrada?

A. Las algas necesitan el coral para sobrevivir.

B. El coral necesita las algas para sobrevivir.

C. Si el aumento de temperatura en el océano continua, menos corales morirán.

D. Si el océano se enfría, morirán más algas.

La pregunta 11 hace referencia a la siguiente ilustración.

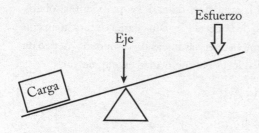

11. La máquina simple muestra una ventaja mecánica medible. Un estudiante quiere diseñar un experimento para demostrar y medir la ventaja mecánica de este tipo de máquina simple. ¿Cuál de estas herramientas debe usar el estudiante como ejemplo de este tipo de máquina?

   A. Una palanca

   B. Una cuña

   C. Una carretilla

   D. Un cascanueces

12. En las ballenas modernas, las extremidades frontales fueron modificadas por grandes aletas, y las de atrás desaparecieron. Sin embargo, las ballenas conservan parte de los huesos en su pelvis, aunque no tengan las extremidades de atrás. ¿Qué sugiere esto sobre la evolución de las ballenas?

   A. Las ballenas evolucionaron de animales sin huesos pélvicos.

   B. Las ballenas evolucionaron de animales sin extremidades frontales.

   C. Las ballenas evolucionaron de animales con extremidades traseras completos.

   D. Las ballenas van a evolucionar extremidades traseras en el futuro.

La pregunta 13 hace referencia al siguiente diagrama.

SERINA

CISTEÍNA

13. ¿En qué se diferencia una molécula de serina de una de cisteína?

   Una molécula de serina contiene un número diferente de

   A. átomos de oxígeno.

   B. átomos de carbono.

   C. átomos de nitrógeno.

   D. átomos de hidrógeno.

La pregunta 14 hace referencia a la siguiente información.

   Los pavos tienen 80 cromosomas en cada célula que no es un gameto. Esto también se conoce como un número diploide ($2n$). En organismos que se reproducen sexualmente, los gametos (células reproductoras) contienen un número haploide (n) de cromosomas.

14. ¿Cuántos cromosomas tiene el óvulo o espermatozoide de un pavo?

   A. 23

   B. 40

   C. 80

   D. 160

La pregunta 15 hace referencia a la siguiente información.

La aurora boreal, o luces del norte, es un fenómeno atmosférico causado por partículas cargadas de energía por el sol que han sido impulsadas a la atmósfera de la tierra por vientos solares. Estas partículas son atraídas al campo magnético de la tierra y brillan cuando interactúan con él. La aurora boreal ocurre en el polo norte porque se unen las líneas de campo magnético de la tierra. Por razones similares, la aurora austral, o luces del sur, ocurre en el polo sur.

15. ¿Qué se puede inferir de la información anterior?

     A. Las partículas cargadas solo ocurren en el sol.

     B. Una aurora ecuatorial debe ocurrir en el ecuador también.

     C. Las auroras ocurren en climas fríos como el polo sur y el polo norte.

     D. El otro extremo de las líneas del campo magnético de la Tierra se unen en el polo sur.

La pregunta 16 hace referencia a la siguiente tabla.

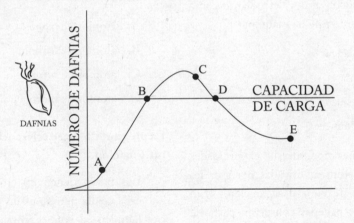

Nota: Cuando la población alcanza su capacidad de carga, apenas alcanzan los recursos disponibles para sostener a la población existente.

16. En referencia a la tabla, ¿en qué punto excede la población de dafnias la capacidad del medioambiente para sostenerlas?

     A. Punto A

     B. Punto B

     C. Punto C

     D. Punto E

La preguntas 17 y 18 hacen referencia a la siguiente información.

El diagrama de Hertzsprung-Russell traza las estrellas de acuerdo a su luminosidad (brillo), temperatura superficial, y clase espectral (color).

Nota: *La magnitud absoluta es la medida de luminosidad (brillo) que usa una escala invertida.*

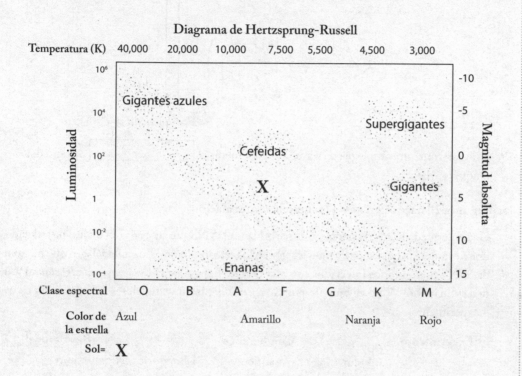

17. ¿Cuál enunciado está mejor respaldado por el diagrama de Hertzsprung-Russell?

A. Las estrellas rojas son más calientes que las azules.

B. Las estrellas gigantes están entre las más frías.

C. Las estrellas enanas son mas luminosas que las cefeidas.

D. Las estrellas anaranjadas son más luminosas que las estrellas rojas.

18. ¿Qué conclusión se puede sacar del diagrama de Hertzsprung-Russell?

A. Nuestro sol es típico en términos de brillo y temperatura superficial.

B. Nuestro sol es viejo en comparación con la mayoría de otras estrellas.

C. Las estrellas del universo aparecen en bandas anchas y en grupo.

D. El número de estrellas en el universo se está expandiendo.

La pregunta 19 hace referencia a la siguiente ilustración.

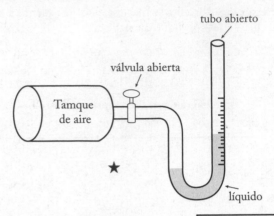

19. Este instrumento simple puede ser usado para medir el [   ] del aire del tanque.

La pregunta 20 hace referencia a la siguiente información.

Una enfermedad llamada síndrome de nariz blanca (WNS, por sus siglas en inglés) ha reducido drásticamente la población de murciélagos en los estados unidos. Los murciélagos que mueren de WNS fueron todos infectados con una raza de hongo llamado *Geonyces destructans*. Para determinar si el WNS es causado por *G. destructans*, los investigadores han realizado estos 4 experimentos:

Experimento	Condiciones	Resultados
1	34 murciélagos se mantienen en el laboratorio sin exponerse a *G. destructans*	Ningún murciélago se infectó con WNS
2	36 murciélagos sanos son separados de los murciélagos infectados; comparten el mismo aire solamente	Ningún murciélago sano se infectó con WNS
3	18 murciélagos sanos se mezclan con murciélagos infectados; comparten el aire y se pueden tocar entre ellos	16 de los murciélagos sanos se infectaron con WNS
4	A 29 murciélagos sanos se les aplica *G. destructans* en las alas y se ubican en su propio recinto en el laboratorio	Los 29 murciélagos sanos se infectaron con WNS

20. Según la información suministrada, ¿cuál es una conclusión válida de los experimentos?

    A. El WNS es transmitido por el aire.

    B. El WNS no es causado por el *G. destructans*.

    C. El WNS se transmite por contacto directo con *G. destructans*.

    D. Los murciélagos enjaulados en el mismo recinto no se tocan.

La pregunta 21 hace referencia a la siguiente ilustración e información.

TIPOS DE TEJIDO EPITELIAL

SIMPLE
CÚBICO

SIMPLE
ESCAMOSO

SIMPLE
COLUMNAR

CILÍNDRICO CILIADO
SEUDOESTRATIFICADO

ESTRATIFICADO
ESCAMOSO

Las ilustraciones presentan 5 tipos de tejidos epiteliales compuestos diferentes, que forman una membrana ligera que cubre la mayoría de la superficie externa e interna del cuerpo de los animales. Las membranas más finas permiten el intercambio de partículas a través de la membrana, donde las partes más gruesas sirven como barreras.

21. ¿Cuál tipo de tejido epitelial cubre los sacos de aire de los pulmones, por el cual tiene que pasar oxígeno libremente a los vasos sanguíneos en intercambio por dióxido de carbono? Arrastre y suelte la estrella en el tipo de tejido epitelial que cubre los sacos de aire de los pulmones. (Escriba el tipo correcto de tejido epitelial en la hoja de respuestas).

La preguntas 22 y 23 hacen referencia a la siguiente información.

Hay cuatro tipos de selección natural selección estabilizadora, selección direccional, selección disruptiva, y selección sexual. En la selección estabilizadora, las características que son se seleccionan las condiciones promedio de la población. En la selección direccional, se seleccionan los rasgos que tienden hacia un extremo para una población. En la selección disruptiva, se seleccionan los dos extremos de un rasgo. En la selección sexual, se seleccionan las características que benefician a miembros relacionados de su grupo. La gráfica muestra la frecuencia de condiciones extremas y promedio de las características que son típicas en la población.

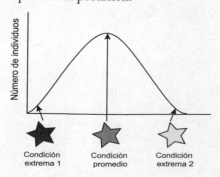

22. Una población de lagartijas negras, marrón oscuro, y marrón claro vive en una ladera. Las lagartijas marrón oscuras son las más comunes, y las negras y marrón claras son raras. Después de un deslizamiento de rocas color claro, las lagartijas son seleccionadas para cambios. ¿Cuál de las opciones es la más probable?

A. Las lagartijas marrón oscuro continuarán siendo las más comunes porque son más aptas para sobrevivir en las rocas color claro de la ladera.

B. Las lagartijas negras van a ser las más comunes porque tienen más probabilidad de sobrevivir en las rocas de color claro de la ladera.

C. Las lagartijas de color marrón claro serán las más comunes porque tienen más probabilidad de sobrevivir en una ladera de color claro.

D. Las lagartijas negras y de color marrón claro van a ser igual de comunes en la población porque ambas tienen más probabilidad de sobrevivir en una ladera de rocas color claro.

23. ¿Según el resultado probable de la población de lagartijas, cual es el tipo de selección que ocurre después del deslice?

    A. Estabilizadora

    B. Direccional

    C. Disruptiva

    D. Sexual

La preguntas 24 y 25 hacen referencia a la siguiente información.

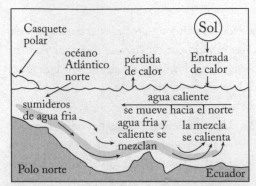

24. ¿Qué idea general transmite el diagrama?

    A. El océano Atlántico tiene más profundidad cerca del Ecuador.

    B. El agua del océano circula entre el Ecuador y el océano Atlántico norte.

    C. Las aguas cálidas del océano suben, mientras el agua oceánica más fría se hunde.

    D. Usualmente, el aire caliente puede alterar las corrientes normales del océano Atlántico.

25. ¿Cuál de las siguientes opciones es la **más probable** que detenga el proceso díptico en el diagrama?

    A. El derretimiento de las capas de hielo polar

    B. Aumento de la entrada de calor del sol en el ecuador

    C. El aumento de pérdida de calor en el polo Norte

    D. Un mayor volumen de agua tibia que sube en el ecuador

26. Las perdices de cola blanca han evolucionado con una coloración que cambia según las estaciones. En el invierno son totalmente blancas, mientras en el verano, tienen pecas gris y marrón. Este cambio de coloración es un camuflaje eficaz contra los predadores. ¿Cuál de las próximas opciones describe el habitat más probable de esta ave?

    A. La pradera africana

    B. La pradera canadiense

    C. La selva tropical

    D. Humedal ecuatorial

La pregunta 27 hace referencia a la siguiente gráfica.

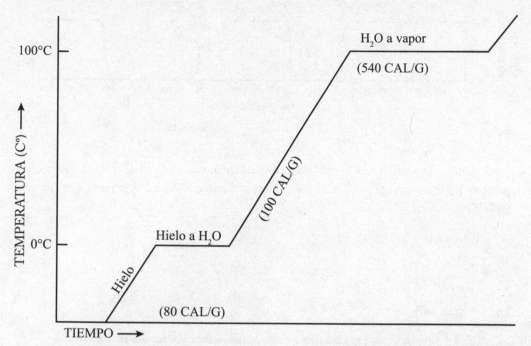

27. Como mínimo, ¿cuánto calor se requiere para cambiar un gramo de hielo a vapor?

```
┌─────────────────┐
│                 │
└─────────────────┘
```

28. Como la materia ligera, la materia oscura atrae toda otra materia gravitacionalmente, y así sostiene el campo de gravedad. Cuando los astrónomos estudian una galaxia, pueden inferir la presencia de materia oscura si el movimiento de la galaxia es diferente del pronosticado por la masa de materia ligera observable. Por ende, la existencia teórica de la materia oscura se basa en la aplicación de la comprensión de la fuerza de

Las preguntas 29 y 30 hacen referencia a la siguiente información.

La atmósfera de la Tierra es opaca para la mayoría de las longitudes de onda de la radiación electromagnética (EM), que significa que la mayoría de estas no pueden pasar a través de la atmósfera. Existen dos "ventanas" en la atmósfera que permiten el paso de ciertas ondas; estas ventanas hacen referencia a un rango de ondas cuya opacidad atmosférica es cerca de 0 %. Se piensa que estas ventanas atmosféricas son transparentes para sus longitudes de onda respectivas. La próxima gráfica indica la opacidad de la atmósfera para varias ondas del espectro EM. También se proporcionan los nombres de los diferentes rangos.

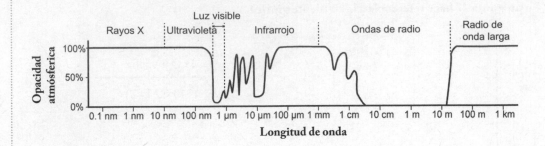

29. Sin la ventana atmosférica, la Tierra estaría perpetuamente oscura. ¿Cuál ventana atmosférica permite que la superficie de la Tierra sea iluminada durante el día y, por lo tanto, que la vida en la Tierra exista?

    A. Ultravioleta

    B. Luz Visible

    C. Infrarrojo

    D. Onda de radio

30. ¿Cuál de los próximos procesos pueden ocurrir porque existe la ventana atmosférica?

    A. La radiación infrarroja es reflejada de vuelta hacia la superficie de la Tierra por la atmósfera y produce el efecto invernadero.

    B. El ozono en la capa superior de la atmósfera bloquea la mayor parte de la radiación ultravioleta que llega a la superficie de la tierra.

    C. Los científicos usan telescopios en forma de platos para recolectar ondas de radio que vienen del espacio exterior para estudiar objetos astronómicos.

    D. Los aviones pueden volar de un lado a otro en la atmósfera superior de la Tierra.

31. La clasificación de sedimentos es el proceso que hace que se depositen partículas de sedimento de tamaño similar en el mismo lugar. Los sedimentos que viajan una distancia más lejos de donde se crearon usualmente son más fáciles de clasificar que los sedimentos que viajan una distancia corta. ¿Cuál es la **mejor** explicación de esta observación?

    A. Las partículas de sedimentos tienen más tiempo para asentarse por tamaño entre más viajan.

    B. Más partículas de sedimento pueden ser añadidas a la mezcla entre más viajan.

    C. Las partículas de sedimento se redondean entre más viajan.

    D. Las partículas de sedimento se endurecen entre más viajan.

Las preguntas 32 y 33 hacen referencia a la siguiente información.

El diagrama siguiente representa un muelle en espiral que va a empujar un carro (Panel A) y después que el mismo muelle se desenvuelve y empuja en carro hacia delante (Panel B). Las flechas en el Panel B representan la dirección de movimiento.

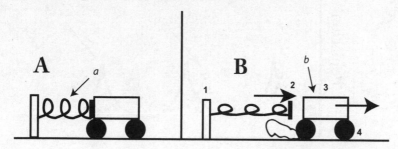

32. El muelle indicado por la flecha *a* tiene energía [   ] y el carro indicado por la flecha *b* tiene energía [   ] .

33. En el Panel B, ¿cuál es el número que indica el lugar donde se realiza el trabajo?

    A. 1

    B. 2

    C. 3

    D. 4

La pregunta 34 hace referencia a la siguiente gráfica.

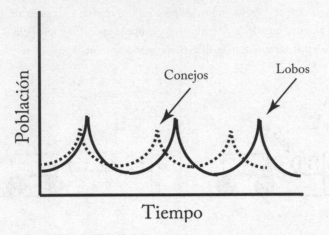

34. La grafica muestra los cambios en la población de conejos y lobos en una isla pequeña y aislada. ¿Cuál es la **mejor** explicación del patrón de cambios en la población de las dos especies?

   A. Los lobos y conejos responden exactamente igual a los cambios del entorno.

   B. Cuando la población de conejos aumenta, los lobos comen más. Cuando la población de conejos disminuye, los lobos tienen menos que comer.

   C. Cuando la población de conejos aumenta, los lobos tienen menos que comer. Cuando la población de conejos disminuye, los lobos tienen más que comer.

   D. Cuando los lobos necesitan comer más se mueven a un área nueva.

35. Una planta crece cerca de una ventana en un aula. A la maestra se le olvida regar la planta y levanta la pantalla que le da sombra a la planta en la ventana, antes de irse por el fin de semana. Cuando la maestra regresa el lunes, la planta está marchita y algunas hojas se le cayeron. La maestra concluye que la falta de agua causó el daño a la planta. ¿Esta es una conclusión válida?

   A. Sí, porque a la maestra se le olvidó regar la planta.

   B. Sí, porque a la única razón por la cual las plantas se marchitan es por la falta de agua.

   C. No, porque la maestra regó la planta el lunes.

   D. No, porque a la maestra también se le olvidó darle luz a la planta.

¡PARE! NO CONTINÚE HASTA QUE SE ACABE EL TIEMPO.

ESTUDIOS SOCIALES

70 minutos • 35 preguntas

> **Instrucciones:** El examen de Estudios sociales consta de una serie de preguntas en diferentes formatos diseñados para evaluar su conocimiento general de los conceptos de estudios sociales. Estudie la información provista y a continuación responda las preguntas, refiriéndose a la información según sea necesario.
>
> La mayoría de las preguntas son de opción múltiple, pero para responder a algunas preguntas, se le pedirá seleccionar una respuesta de un menú desplegable, completar una respuesta en blanco, arrastrar y soltar las respuestas correctas, o seleccionar las respuestas en un gráfico dado. Para repasar cómo se deben responder estas preguntas en su hoja de respuestas, por favor refiérase la sección "Preguntas potenciadas por tecnología" en la página 24.

La pregunta 1 hace referencia a la siguiente información.

En geografía, las *regiones* se usan para dividir el mundo en unidades de estudio. Todas las tierras comunes y características humanas definen la región. Por ejemplo, las Islas Británicas son una región en Europa Occidental. Por otra parte, un *lugar* se usa para definir puntos específicos de una región y la manera en que los humanos han interactuado y perciben esos puntos. Todo en un área específica define un lugar, como los objetos naturales, los artefactos y la cultura. Las Islas Británicas constan de la República de Irlanda, el Reino Unido, y varias islas cerca de la costa. Irlanda es predominantemente católica, mientras que Gran Bretaña es predominantemente protestante. Aunque se consideran parte de la misma región, los ciudadanos de estos dos países han creado diferencias culturales.

1. ¿Según el pasaje, cuál de los enunciados son ciertos con respecto a la experiencia irlandesa y británica en la región y lugar?

    A. Irlandeses y británicos viven en el mismo lugar.

    B. En general, los irlandeses y británicos practican tradiciones diferentes.

    C. Las Islas Británicas es una región que recientemente ha reconocido la religión de los ciudadanos británicos e irlandeses.

    D. La República de Irlanda y el Reino Unido rechazan la inclusión de las Islas Británicas.

La pregunta 2 hace referencia a la siguiente información.

Las naciones de nativos americanos del noroeste pacífico vivían principalmente en lo que es ahora Oregón y Washington. Ellos disfrutaron el acceso a comida en abundancia, por su proximidad a la pesca de agua dulce y a fértiles campos de siembra. A diferencia de sus homólogos en el este, los nativos americanos en la región construyeron y vivieron principalmente en casas grandes. Estas estructuras eran hechas de madera de cedro. Ellos grabaron sus historias en postes de tótem. Las naciones de los Nativos Americanos de los Bosques Orientales también vivían en casas grandes y en tipis. Las fuentes alimenticias principalmente eran frutas, nueces, y bayas; calabaza, maíz, y frijoles; y carnes de animales pequeños.

2. ¿Según la información del pasaje, cuál enunciado compara correctamente los nativos americanos de los Bosques Orientales con los de la costa noreste?

   A. Los nativos americanos de los Bosques Orientales y de la Costa noreste eran agricultores.

   B. Solo los nativos americanos del noreste vivían en casas grandes.

   C. Los nativos americanos de los Bosques Orientales tenían mejor variedad de postes de tótem que los de la costa noreste.

   D. Los nativos americanos de la costa noreste eran más avanzados que los de los Bosques Orientales.

Las preguntas 3–5 hacen referencia a la siguiente información.

James Madison es conocido como "el padre de la constitución" americana. Fue la influencia principal de la Convención Constitucional y escribió los artículos que respaldan la adaptación de la constitución. He aquí unas citas de unos de los artículos escritos:

"La acumulación de todo poder (legislativo, ejecutivo y judicial) en las mismas manos… es la misma definición de tiranía."

—James Madison, *Federalist 47*

"Para sentar las bases adecuadas de un ejercicio separado y distinto de los diferentes poderes del gobierno… es evidente que cada una (de las ramas del gobierno) debe tener una voluntad propia…"

—James Madison, *Federalist 51*

3. ¿Cuál de las siguientes tuvo la mayor influencia sobre la formación de los argumentos de Madison en ambos artículos de *Federalist*?

   A. Experiencia previa con Gran Bretaña

   B. El fracaso de los Artículos de la Confederación

   C. Oposición anti federalista a la creación de la Constitución

   D. La elección de George Washington como presidente de los Estados Unidos

4. ¿Cuál de los siguientes poderes se les otorgó a las ramas del gobierno en concordancia con los argumentos de Madison?

   A. Impuestos

   B. Declaración de guerra

   C. Veto

   D. Regulación del comercio interestatal

5. ¿Cuál es la **mejor** evidencia que respalda las discusiones presentadas por Madison en los artículos de *Federalist*?

   A. Falla del sistema político en Gran Bretaña

   B. Falla de los Artículos de la Confederación

   C. La insistencia de los antifederalistas en la creación de una Carta de Derechos

   D. Levantamientos como la Rebelión de Shay

Las preguntas 6 y 7 hacen referencia a la siguiente caricatura.

Esta caricatura fue dibujada en 1874 durante la Reconstrucción, una era de reedificación después de la guerra civil de los EE.UU.

6. ¿Cuál es la idea que el artista que creó la imagen quiere expresar?

   A. El gobierno del sur después de la Guerra Civil fue dominada por blancos poderosos.

   B. Esclavos recién libres lucharon para obtener la igualdad que se les prometió después de la Guerra Civil.

   C. La incertidumbre de la vida después de remover la protección a los afroamericanos después de la Guerra Civil.

   D. El Ku Klux Klan era el grupo más poderoso en la sociedad sureña.

7. ¿Cuál respuesta sureña a las enmiendas trece, catorce y quince NO es consistente con la imagen?

   A. La práctica del linchamiento

   B. La creación de códigos negros

   C. La creación de las leyes de Jim Crow

   D. El éxodo de los negros hacia el norte

La pregunta 8 hace referencia a la siguiente información.

Los fundadores del gobierno de los Estados Unidos crearon deliberadamente un sistema en el que ninguna persona o grupo puede asumir la mayoría del poder. Después de lograr la independencia de Gran Bretaña, los artífices de la Constitución prestaron mucha atención a la operación del gobierno central. Los primeros tres de siete artículos llaman a la separación de poderes federales en tres segmentos. La rama ejecutiva, administrada por el presidente, hace cumplir y tiene el poder del veto sobre los proyectos. El Congreso preside sobre la rama legislativa que escribe, debate, y aprueba proyectos como leyes. Los nueve jueces de la Corte Suprema de los Estados Unidos supervisan la rama judicial, interpretando las leyes e interviniendo en conflictos entre ramas del gobierno. El resultado es un sistema de controles y equilibrios, aunque la rama ejecutiva debe tener más influencia que las ramas judiciales y legislativas. Cada uno de los 50 estados tiene un gobierno modelado según el sistema federal, mientras que las ciudades y pueblos en cada estado tienen un gobierno local.

8. ¿Cual declaración expresa una opinión o juicio de valor en vez de un hecho?

    A. Cada uno de los 50 estados tienen un gobierno modelado según el sistema federal, mientras que las ciudades y pueblos tienen un gobierno local.

    B. Los primero tres de siete artículos llaman a la separación de poderes federales en tres segmentos.

    C. Los fundadores de los Estados Unidos crearon deliberadamente un sistema para que ninguna persona o grupo pueda asumir la mayoría del poder.

    D. El resultado es un sistema de controles y equilibrio, aunque la rama ejecutiva debe tener más influencia que las ramas judicial y legislativa.

La pregunta 9 hace referencia al siguiente pasaje.

Por el comienzo del siglo diecisiete, las exploraciones del nuevo mundo estimulaba la imaginación de los poetas y aventureros por igual. La realidad de la vida en la nueva tierra, sin embargo, era muy diferente. Lea el siguiente punto de vista de la vida en Virginia colonial.

"Una relación verdadera de las ocurrencias y accidentes de Noate como sucedió en Virginia." (extracto)

Alrededor del diez de septiembre, había 46 de nuestros hombres muertos, al momento en que el Capitan Wingfield ordenó los asuntos en una manera que todos generalmente lo odiaban, por lo cual con un consentimiento fue depuesto de su presidencia, y el Capitán Ratcliffe de acuerdo a su trayectoria fue elegido.

Nuestras provisiones a veinte días de agotarse, los indios nos trajeron grandes cantidades de maíz y pan fresco: y también había gran abundancia de aves en los ríos, que mayormente refrescaban nuestra débil condición, inmediatamente después de lo cual nuestros débiles hombres eran capaces de ir al extranjero.

En ese entonces no teníamos casas que nos cubrieran, nuestras tiendas estaban deterioradas y nuestras cabinas peor que nada: nuestra mejor materia prima era el hierro, el cual convertimos en pequeños cinceles.

El presidente y el capitán Martins se enfermaron, yo llegué a ser jefe mercante, y a pesar de eso no escatimabamos dolor para construir casas para la compañía, a quienes poco importaba nuestra miseria, en poco detenían su maldad y su refunfuñeo.

Por este tiempo en el cual nuestros mejores hombres estaban descontentos o enfermos, el resto en desesperación prefirió pasar hambre y pudrirse sin hacer nada, antes de hacer algo para ayudarlos; nuestras provisiones a dieciocho días de agotarse, y los intercambios de los indios disminuyendo. Me mandaron a la boca del río a Kegquohtan un pueblo indio, para obtener maíz y ver si había pescado en el río, a pesar que el tiempo inclemente no nos permitía pescar en el río.

Los indios que creían que padecíamos hambre, con su cortesía calculada, nos ofrecían pedacitos de pan y escasas cantidades de judías o de trigo, en cambio de un hacha o un pedazo de cobre. Les devolví la misma gentileza y en desprecio les daba algunas cositas, pero a los niños, o a otros indios que mostraban generosidad, les daba con buena intencióncosas sin regatear y objetos que los hacían felices.

—John Smith

9. ¿El pasaje directamente contradice cuál declaración?

   A. Los nativos eran salvajes que no tenían cultura, inteligencia, o valores para los europeos.

   B. Los colonizadores de Jamestown no estaban preparados para la colonización de la tierra.

   C. Los europeos lucharon con condiciones extremas de clima y enfermedad.

   D. Los nativos ayudaron a los colonizadores en Jamestown a sobrevivir el difícil proceso de colonización.

Las preguntas 10 y 11 hacen referencia a la siguiente gráfica.

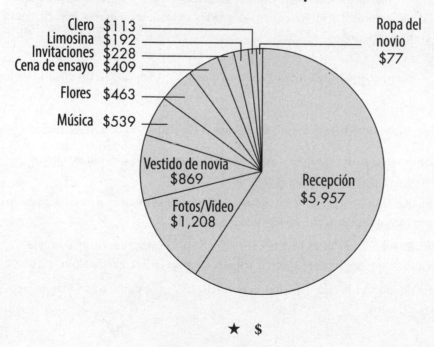

Costo de una boda tradicional promedio

Clero $113
Limosina $192
Invitaciones $228
Cena de ensayo $409
Flores $463
Música $539
Vestido de novia $869
Fotos/Video $1,208
Recepción $5,957
Ropa del novio $77

★ $

10. Arrastre y suelte la estrella al lado de la categoría en la gráfica que cuesta menos que la limosina, pero más que la ropa del novio. (Escriba la categoría en el espacio suministrado en la página de respuestas).

11. Arrastre y suelte el signo de dólar al lado de la categoría que ahorra **más** dinero para las parejas que tienen un presupuesto limitado. (Escriba la categoría en el espacio suministrado en la página de respuestas).

La pregunta 12 hace referencia al siguiente pasaje.

Ahora, por lo tanto yo, Abraham Lincoln, Presidente de los Estados Unidos, en virtud del poder inalienable como Comandante en Jefe del ejército y la marina de los Estados Unidos en tiempo de rebelión armada contra la autoridad y el gobierno de los Estados Unidos, y como medida de opción de guerra adecuada y necesaria para reprimir dicha rebelión, en este primer día de enero en el año de nuestro Señor 1863 y de acuerdo con mi propósito proclamo públicamente por el periodo completo de 100 días a partir del primer día antes mencionado ordenar y designar como los estados y partes de los estados en que sus habitantes respectivamente se encuentran en rebelión contra los Estados Unidos, los siguientes a saber:

Arkansas, Texas y Louisiana (excepto los distritos de St. Bernard, Plaquemines, Jefferson, St. John, St. Charles, St. James Ascension, Assumption, Terrebonne, Lafourche, St. Mary, St. Martin, y Orleans, incluyendo la ciudad de Nueva Orleans), Mississippi, Alabama, Florida, Georgia, South Carolina, Virginia, (excepto los cuarenta y ocho condados designados como West Virginia, y también los condados Berkley, Accomac, Northampton, Elizabeth City, York, Princess Ann, y Norfolk y Portsmouth[)], y cuyas partes excluidas, por la presente, quedan precisamente como si esta proclamación no se hubiera emitido.

Y en virtud del poder y para el propósito antes mencionado, ordeno y declaro que todas las personas detenidas como esclavas dentro de dichos estados designados y partes de los estados son y en adelante serán libres, y que el gobierno ejecutivo de los Estados Unidos, incluido el de las autoridades militares y navales de los mismos reconocerán y mantendrán la libertad de dichas personas.

—Extracto de la Proclamación de Emancipación, Abraham Lincoln

12. ¿Con qué propósito se redactó tan cuidadosamente la Proclamación de Emancipación?

   A. El valor estratégico de los estados fronterizos era tan vital que Lincoln no quería enfadarlos con su posición sobre la esclavitud.

   B. Lincoln quería que los esclavos del sur escucharan la Proclamación e intentaran escapar o rebelarse contra sus amos para tener ventaja numérica.

   C. La división sobre la esclavitud era tan alta en el Senado entre el norte y el sur que Lincoln tenía que ser cuidadoso con la manera de manejar la emancipación.

   D. Lincoln no apoyaba la emancipación, pero entendía el valor político y militar de los esclavos del norte.

La pregunta 13 hace referencia a la siguiente información.

Una corte de jurisdicción original tiene la autoridad de llevar a cabo el juicio original de un caso. Esta corte es llamada tribuna de primera instancia. Un tribunal que tiene jurisdicción de apelación tiene la autoridad de escuchar una apelación de un caso decidido por un tribunal de primera instancia. Este tribunal se denomina tribunal de apelación. Un tribunal de apelación no conduce un caso nuevo; en cambio, este tribunal revisa el registro del juicio y determina si el juicio fue conducido con justicia o no, y si la ley fue aplicada de manera correcta.

(Sistema de Tribunales de EE. UU.)

Tribunal	Jurisdicción Original	Jurisdicción de Apelaciones
La Corte Suprema de EE.UU.	Demandas entre dos estados	Casos apelados del tribunal EE.UU. de apelaciones y casos apelados de las cortes supremas de los estados
Tribunal de Apelaciones de EE. UU.	Ninguno	Casos apelados de los tribunales de distrito de EE. UU.
Tribunales de distrito de EE. UU.	Casos que involucren la ley federal o la Constitución de los EE.UU.	Ninguno

13. ¿Cuál tribunal conduciría el juicio en un caso en que el gobierno federal acuse a una compañía de violar las regulaciones federales de contaminación?

   A. Un tribunal estatal en el estado donde ocurrió la infracción

   B. La Corte Suprema de EE.UU.

   C. Una corte suprema estatal

   D. Tribunal de distrito de EE. UU.

14. Antes de la ley Pendleton de reforma de la función pública Pendleton, las citas presidenciales y otras citas del gobierno federal eran hechas con un sistema clientelista, donde los trabajos de gobierno eran dados a los partidarios más leales en vez de darlos con base en el mérito. La ley determina que los trabajos de ese entonces en adelante sean premiados con base en el mérito y prohíbe despedir a un empleado por razones políticas.

   ¿Cuál fue el resultado del fin del sistema clientelista?

   A. Cabildeo político

   B. Deber de jurado civil

   C. Límites de término para oficiales elegidos

   D. Examen de servicio civil

Las preguntas 15 y 16 hacen referencia a la siguiente información.

CAMPAÑAS MILITARES REVOLUCIONARIA

DE LOS ESTADOS UNIDOS

Batalla de Brandywine

En septiembre 11, 1777, el general británico Sir William Howe navegó desde la ciudad de Nueva York y llegó cerca a Elkton, Maryland al norte de Chesapeake Bay. Howe involucró a las tropas del comandante norteamericano el general George Washington cerca a Brandywine Creek. Howe envió a la mayoría de sus tropas a través de Brandywine y atacó la retaguardia de Washington.

Debido a la mala exploración, los norteamericanos no detectaron las fuerzas armadas que se acercaban hasta que fue muy tarde. Cuando lo descubrieron, enviaron tres divisiones para tratar de detener los avances de Howe. Washington envió al General Nathanael Greene para que frenara a las tropas de Howe lo suficiente para que la mayoría de las tropas norteamericanas pudieran retirarse al noreste, finalmente acampando en Valley Forge durante el invierno. El retiro del ejército de Washington resultó en que Filadelfia fuera tomada por los británicos el 23 de septiembre. Se mantuvo bajo el control británico hasta junio de 1778.

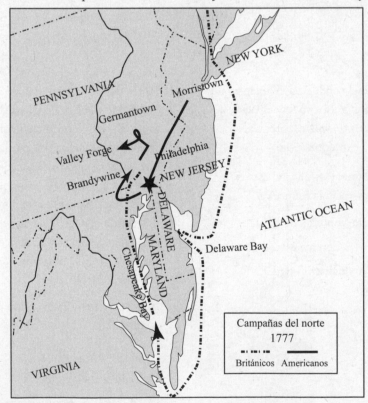

15. Haga clic en el mapa para identificar el lugar al cual se retiró el ejército de Washington de las fuerzas armadas de Howe. (Escriba el lugar en el espacio en la página de respuestas).

16. Haga clic en el mapa para identificar cual ciudad fue dejada en una condición vulnerable por el retiro del ejército del general Washington. (Escriba el lugar en el espacio en la página de repuestas).

Las preguntas 17 y 18 hacen referencia a la siguiente información.

El New Deal del presidente Franklin Roosevelt (1933-1936) incluyó una variedad de programas que fueron introducidos para aliviar al pueblo norteamericano de las consecuencias económicas de la Gran Depresión.

1933   **Cuerpo de Conservación Civil:** dio trabajo inmediato en la repoblación forestal, construcción de carreteras, y el desarrollo de parques nacionales en terrenos del gobierno a 250,000 hombres

Ley de Valores de 1933: diseñó la supervisión y regulación del mercado de acciones y bonos

Ley de Banca de 1933: estableció la Corporación Federal de Seguro de Depósitos (FDIC), la cual aseguró a las personas con cuentas en el caso de una quiebra

1934   **Ley de Refinanciación de Hipotecas Agrícolas:** ofreció a los agricultores asistencia para refinanciar sus hipotecas

Ley de Intercambio de Valores: establecida para regular el mercado de valores y prevenir el abuso corporativo de las ventas e informes de valores

Ley Nacional de Vivienda: introdujo la Administración Federal de Vivienda (FHA), que otorga préstamos de construcción y renovación para viviendas

1935   **Ley de Seguridad Social:** creada para garantizar a los jubilados una pensión al jubilarse a los 65 años

17. ¿Cual póliza del New Deal sería la más similar al WPA y el PWA?

   A. CCC

   B. FDIC

   C. FHA

   D. Ley de Seguridad Social

18. ¿Con respecto a las políticas del New Deal, FDR parecía más preocupado con la regulación de cuál de los siguientes?

   A. Alojamiento

   B. Agricultura

   C. Banca

   D. Conservación

Las preguntas 19 y 20 hacen referencia al siguiente pasaje e ilustración.

En los Estados Unidos se ha registrado una inflación monetaria constante e incremental que se remonta a 1950. Durante un período de inflación monetaria general, el precio de los bienes y servicios aumenta (o "se infla") en términos de una moneda específica (forma monetaria), como el dólar estadounidense. Al mismo tiempo, el valor de esa moneda puede disminuir en relación con otras monedas, dependiendo de las tasas de inflación en los países que utilizan otras monedas. La siguiente ilustración cuenta la historia del valor del dólar norteamericano en los años seleccionados.

Poder de compra del dólar

19. De acuerdo con la ilustración, ¿cuál podría ser el año base en el que un dólar podría comprar bienes por valor de un dólar?

     A. 2001

     B. 1976

     C. 1967

     D. 1983

20. Durante la primera década de este siglo, el euro se apreció en valor en relación con el dólar americano. ¿Cómo se puede esperar que un residente de un país europeo cuya moneda es el euro responda a esta relación?

     A. Tomando vacaciones en los Estados Unidos en lugar de Europa

     B. Ahorrando más dinero

     C. Invirtiendo en bienes raíces europeos

     D. Cambiando sus euros por oro y plata

La pregunta 21 hace referencia a la siguiente información.

Durante lo más intenso de la Guerra Fría y la pelea entre los Estados Unidos y la unión soviética, el presidente Kennedy dijo esto en su discurso inaugural (enero 20, 1961):

En la larga historia del mundo, solo a unas pocas generaciones se les ha concedido el papel de defender la libertad en su hora de máximo peligro. Yo no le huyo a estas responsabilidades; yo les doy la bienvenida. No creo que a ninguno de nosotros le gustaría cambiar de lugar con otra persona o con otra generación. La energía, la fe, y la devoción con la cual traemos este esfuerzo, el cual iluminará a nuestro país y a todos los que le sirven, y la llama de ese fuego realmente puede iluminar el mundo. Entonces, mis queridos compatriotas norteamericanos, no se pregunten sobre lo que su país puede hacer por ustedes, sino por lo que ustedes pueden hacer por su país.

21. El uso del término *libertad* por el presidente Kennedy más probablemente significa ¿cuál de los siguientes?

A. Democracia

B. Comunismo

C. La Constitución de los Estados Unidos

D. Inmigración

Las preguntas 22 y 23 hacen referencia a la siguiente información.

Los representantes e impuestos directos deben ser repartidos entre varios estados que puedan estar incluidos en esta Unión, de acuerdo con sus respectivos números, los cuales deben determinarse añadiendo al número total de personas libres, incluyendo las personas que están sirviendo por un término estipulado de años, y excluyendo a los nativos americanos, los cuales no pagan impuestos, tres quintos de todas las otras personas.

—Artículo I, Sección 2, Cláusula 3 de la Constitución

22. ¿Este artículo de la Constitución se refiere a qué grupo de personas como tres quintos de las demás personas?

A. Nativos americanos

B. Inmigrantes

C. Esclavos

D. Protestantes

23. ¿Cuál es el propósito de la cláusula de los tres quintos?

A. Darle a la población igualdad en la representación congresional en el norte y en el sur

B. Un intento de detener el uso de esclavos en un futuro

C. Darle al sur más representación en el gobierno

D. Darle al norte más representación en el gobierno

Las preguntas 24 y 25 hacen referencia a la siguiente información.

El acto de establecer los tribunales judiciales de los Estados Unidos autorizan a la Corte Suprema "para emitir órdenes judiciales, en los casos justificados por los principios y usos de la ley, a cualquier tribunal designado, o personas que desempeñen el cargo, bajo la autoridad de los Estados Unidos". El secretario de Estado, siendo una persona que ocupa un cargo bajo la autoridad de los Estados Unidos, está precisamente dentro de la carta de descripción; y si este tribunal no está autorizado para emitir órdenes judiciales para este oficial, debe ser porque la ley es inconstitucional...

La constitución encomienda a todo el poder judicial de los Estados Unidos a una Corte Suprema, y por ende los tribunales inferiores como el congreso deben, de vez en cuando, ordenar y establecer... En la distribución de este poder está declarado que "la Corte Suprema debe tener una jurisdicción original en todos los casos que involucren embajadores, otros ministros públicos y cónsules, y aquellos en los cuales un estado debe ser un partido. En todos los demás casos, la Corte Suprema debe tener una jurisdicción de apelación.

—Juez John Marshall en el caso
Marbury vs. Madison (1803)

24. La decisión de *Marbury vs. Madison* estableció lo siguiente:

    A. Verificaciones y equilibrios entre las tres ramas diferentes del gobierno

    B. Control Republicano Democrático del poder judicial

    C. Ponerle un límite a la capacidad del poder judicial para emitir fallos sobre asuntos federales

    D. Poder sin control del poder judicial para emitir fallos sobre asuntos judiciales

25. De acuerdo con el pasaje, ¿qué tipo de poder judicial fue autorizado por la Corte Suprema en *Marbury vs. Madison*?

    A. Mandato de habeas corpus

    B. Orden judicial

    C. Revisión judicial

    D. Orden de arresto

La pregunta 26 hace referencia a la siguiente información.

Después de que pasaran la Ley del Sello de 1765, un artículo de legislación inglesa que requería que los colonialistas norteamericanos pagaran impuestos sobre materiales impresos en papel especial que tenía una estampilla de fabricación británica, se crearon una serie de sociedades secretas en las colonias. El término "Hijos de la Libertad" se asoció con estos grupos. Sus miembros incluían artesanos, comerciantes, y otras personas preocupadas con la hostilidad creciente del gobierno británico en contra de las colonias norteamericanas. Aunque estos grupos que se referían a sí mismos como los Hijos de la Libertad se encontraban en las mejores ciudades norteamericanas, no eran parte de un gran grupo organizado. Todos los grupos compartían un dicho común "No se pagará impuesto sin representación".

26. ¿Qué papel tuvo la aprobación de la Ley del Sello en la creación de "Los Hijos de la Libertad"?

    A. Creó una ideología unificadora que conectaba a los miembros de la sociedad colonial.

    B. Creó pequeños grupos de resistencia que no pudieron encontrar un objetivo en común.

    C. Dividió a los "Hijos de la Libertad" en grupos pro y anti británicos.

    D. Ayudó a organizar una gran resistencia militar contra Gran Bretaña.

27. Si ningún candidato a la presidencia de los Estados Unidos obtiene el número requerido de votos electorales, la decisión será determinada por el _____.

28. En 1977, Frank Collins, un líder del partido Neonazi de los Estados Unidos, anunció que marcharía con sus seguidores por un barrio predominantemente judío en Skokie, Illinois. Skokie era la casa de muchos sobrevivientes del Holocausto y sus familiares. La Unión Estadounidense por las Libertades Civiles trató de detener la marcha y demandó, pero la Corte Suprema dictaminó que Collins y sus seguidores podían seguir con su marcha. ¿A qué enmienda se refirió la Corte Suprema para permitir que los Neonazis marcharan?

A. Segunda Enmienda

B. Primera Enmienda

C. Decimoctava Enmienda

D. Duodécima Enmienda

La pregunta 29 hace referencia a la siguiente información.

A medida que la población de los Estados Unidos creció rápidamente durante el siglo XIX, los colonizadores comenzaron a moverse más al sureste para reclamar nuevas tierras. Cinco naciones (Cherokee, Creek, Choctaw, Chicasaw y Seminole) vivían en esta región. Los colonizadores presionaban al gobierno de los Estados Unidos para que ayudara a remover a los nativos americanos de estas tierras. Inicialmente, la migración de indígenas fue voluntaria, pero algunas naciones estaban de acuerdo con los términos de los tratados para reubicarlos en las nuevas tierras al oeste del Río Mississippi. Otras naciones indígenas se quedaron, negándose a negociar sus tierras las cuales consideraban como su hogar. Mientras los indios Cherokee apelaban a la Corte Suprema para mantener su territorio, los Creeks y Seminoles se resistían con fuerza. Eventualmente, los nativos americanos fueron trasladados a territorios asignados en el oeste. Los Cherokee fueron los últimos en irse. En el invierno de 1838, durante lo que se llamó el Sendero de Lágrimas, 4,000 indios Cherokee murieron al ser expuestos a enfermedad y hambre. Al final, 46,000 nativos americanos fueron traslados al oeste. El resultado fueron 25 millones de acres en los cuales se encuentran actualmente Alabama, Florida, Georgia, Tennessee, Mississippi, Kentucky y Carolina del Norte, que estuvieron disponibles para los colonizadores.

29. ¿Cuál término representa **mejor** la ideología detrás de la razón por la cual los nativos americanos fueron reubicados, como está descrito en el pasaje? (Escoja la respuesta correcta del menú desplegable).

Seleccione ▼

A. Sendero de lágrimas

B. Doctrina del destino manifiesto

C. Manifiesto del Sur

D. Proclamación de Emancipación

Las preguntas 30 y 31 hacen referencia al siguiente pasaje.

Jose y Taurabia Paivo emigraron de Portugal en 1933 y se establecieron en Fall River, Massachusetts. José había sido formado como contador, pero no podía encontrar trabajo. Un día, cuando paró para descansar y comer un sándwich que su esposa le había empacado, un extraño le preguntó qué estaba comiendo. José le explicó que era pescado curado que su esposa le había preparado según una vieja receta de familia. Él partió un pedazo y se lo ofreció al extraño, quien se lo devoró con gusto. "Deberias vender esto", dijo el extraño.

Esa noche, José le dijo del incidente a su esposa. Ambos reflexionaron y pensaron que sería divertido y quizá rentable abrir un restaurante, pero no tenía el dinero para empezar. Después Taurabia se acordó de una bodega pequeña que estaba cerca que posiblemente les podía ofrecer un espacio si ellos se ponían de acuerdo de compartir las ganancias. Como incentivo adicional, José se ofreció a hacerle la contabilidad al dueño de la bodega. Sus manjares se volvieron muy populares, y dentro de unos años, José y Taurabia tenían suficiente dinero para rentar su propio espacio. De repente los 1930 se convirtieron en los 1940, y cuando las fabricas prosperaban con la necesidad de materiales para la guerra como cobijas, zapatos, y uniformes, los negocios estaban creciendo y José y Taurabia abrieron su segundo local. Después de la guerra, sus hijos estaban suficientemente grandes para ayudar, y los Paivo abrieron más restaurantes, ahora en otras ciudades y pueblos en New England.

Pero en los 1970, las cosas cambiaron. Los restaurantes de comida rápida empezaron a atraer clientes, y las condiciones económicas de New England llevaron a los residentes a otros lugares, incluso ante el aumento de los impuestos a la propiedad. Uno por uno, los restaurantes cerraron. En 1981, los cónyuges Paivo ya habían muerto, y sus hijos tuvieron que cerrar el último restaurante.

30. El éxito del negocio original se debió en gran parte a la habilidad que los Paivo tenían para

   A. los intercambios.

   B. la publicidad.

   C. economizar.

   D. esperar.

31. Un factor significativo para la quiebra final del negocio fue la

   A. reevaluación de propiedad.

   B. sindicalización.

   C. administración deficiente.

   D. disponibilidad de inventario.

Las preguntas 32 y 33 hacen referencia a la siguiente información.

La Constitución provee tiempos de cambio con un proceso de enmiendas, o cambio. Actualmente, la Constitución incluye 27 enmiendas. Las primeras 10 enmiendas, llamadas Carta de Derechos, se describen a contiuación.

CARTA DE DERECHOS

Primera Enmienda: Libertad política y religiosa

Segunda Enmienda: El derecho de las personas a tener y portar armas

Tercera Enmienda: El derecho a negarse a alojar soldados en tiempos de paz

Cuarta Enmienda: Protección contra registros e incautaciones irrazonables

Quinta Enmienda: El derecho de las personas acusadas al debido proceso legal

Sexta Enmienda: El derecho a un juicio rápido y público

Séptima Enmienda: El derecho a un juicio con jurado en casos civiles

Octava Enmienda: Protección en contra de castigos crueles e inusuales

Novena Enmienda: Los derechos de las personas a poderes no especificados en la Constitución

Décima Enmienda: Los derechos de las personas y los estados a poderes no dados de otra forma al gobierno federal, los estados o las personas

32. ¿Cuál de las siguientes NO explica la razón por la cual la Carta de Derechos fue incluida en la Constitución?

    A. Miedo al de poder concentrado en un gobierno central

    B. Oposición antifederalista de la Constitución

    C. Apoyo para los derechos individuales no abordados directamente por la Constitución

    D. El deseo de limitar las libertades individuales al abordarlas directamente en las primeras 10 enmiendas

33. Una familia fue forzada por el ejército de los Estados Unidos a proveer casa y comida a un grupo de soldados ¿podía apelar a los tribunales según cuál enmienda de la Constitución?

    A. La Segunda Enmienda

    B. La Tercera Enmienda

    C. La Novena Enmienda

    D. La Décima Enmienda

Las preguntas 34 y 35 hacen referencia a la siguiente información.

   La cultura de Japón es única y es el resultado de siglos de influencia, al igual que sus características geográficas. El punto más cercano está en Asia Continental, a 115 millas de distancia. Su aislamiento geográfico resultó en amenazas disminuidas de invasión extranjera. Personas de varios países asiáticos emigraron a Japón, la mayoría de ellos mongoles. Durante 250 BCE a 300 CE, los Yayoi, una sociedad matriarcal, introdujeron el cultivo del arroz, la fabricación de hierro y bronce y el tejido. Durante el tercer siglo, los cambios culturales que se presume fueron el resultado de la influencia coreana, introdujeron en la cultura japonesa el armamento avanzado y el uso de caballos en combate. Cuando Japón se convirtió en una nación poderosa, se volvió más abierta a la cultura china. La introducción del confucianismo marcó un cambio significativo para la cultura japonesa. Al enfatizar la adherencia a las relaciones jerárquicas y la educación como un medio para avanzar en el gobierno, los valores del confucianismo perturbaron la nobleza hereditaria japonesa.

34. ¿Por qué indica el pasaje que hay menos amenazas de una invasión extranjera hacia Japón?

    A. Japón es un país internacionalmente neutral.

    B. Japón está aislado geográficamente.

    C. Japón es un país de inmigrantes.

    D. Japón es una nación aislacionista.

35. La migración de personas de otros países asiáticos resultó en

    A. Guerras étnicas en Japón.

    B. Un sistema de clase basado en el país de origen.

    C. Una mezcla de culturas e influencias asiáticas.

    D. Armamento primitivo.

¡PARE! NO CONTINÚE HASTA QUE SE ACABE EL TIEMPO.

CLAVE DE RESPUESTAS Y EXPLICACIONES

Razonamiento a través de las artes de lenguaje

Parte I

1. A

2. Amante de las diversiones (B)

3. B

4. a él le gustan las momias muertas más que Jinny (B)

5. C

6. C

7. B

8. C

9. A

10. D

11. B

12. "La libertad, cuando se pierde, nunca se puede volver a conseguir" (A)

13. D

14. el número de tropas británicas que murieron (A)

15. D

16. sus cartas son conmovedoras (D)

17. A

Parte II

Vea las muestras de respuestas ampliadas

Parte III

18. D

19. C

20. D

21. C

22. C

23. C

24. C

25. B

26. C

27. C

28. Vea la explicación.

29. B

30. D

31. B

32. C

33. tiene miedo de que los ciudadanos ordinarios sufran bajo el mando de un gobierno central. (D)

34. Vea la explicación.

35. C

36. A

37. ambientes, que conducen a la (D)

38. trabajadores podemos ser, algún (B)

39. debe ser de negocio apropiado. Nosotros seguimos las guías profesionales; hombres deben de usar pantalones y camisa de botón con corbata (una chaqueta no es requerido), y las mujeres deben de usar pantalones, faldas, o vestidos (Al menos de largo a la rodilla). (C)

40. mantener (D)

41. vestimenta de negocio casual es para los viernes; los vaqueros son permitidos. (D)

42. tiene que hacer una llamada personal, por favor (A)

43. minimizar (B)

44. para discutir los detalles del proyecto, y hacer más fácil conocernos, y puede causar más distracciones. (B)

45. espere que los reconozcan antes de saltar a su demanda. (C)

46. Siéntase libre de usar las provisiones de la oficina y los aperitivos complementarios en el gabinete diseñado para la comida compartida. (C)

47. después (A)

48. Vea la explicación.

Parte I

1. **La respuesta correcta es A.** El baile de máscaras es el evento al que Jack no quiere asistir. Mientras que el autor implica que no quería tomar té en el Hotel Palacio Gezireh (opción B), hacer una excursión de los bazares (opción C), o escalar las pirámides (opción D), estos son eventos pasados, no futuros.

2. **La respuesta correcta es *Amante de las diversiones* (B).** Jinny disfruta cosas que ella piensa que son divertidas, como tomar té, ir de compras al bazar, e ir a fiestas. Ninguna de las diversiones de Jinny es particularmente temeraria, así que la opción A no es la mejor respuesta. Aunque Jack piensa que algunas de las sugerencias de Jinny son tediosas, la sigue encontrando atractiva, así que opción C no es la mejor respuesta. Jinny quiere hacer algunas cosas que Jack no quiere hacer, pero ella no exige que el las haga, así que la opción D también es incorrecta.

3. **La respuesta correcta es B.** Jack tiene un conflicto con la invitación. El odia la idea cualquier fiesta, particularmente las fiestas de baile de máscaras (líneas 1-4). Por otro lado, él encuentra a Jinny atractiva (ella es un "deleite brillante" y "muy atractiva") y por lo tanto decide ir. La opción A es en parte correcta; Jack sí odia las fiestas, pero en última instancia decide ir. La opción C es parcialmente correcta; de nuevo, a Jack no le gustan las fiestas, pero no está especialmente feliz de haber sido invitado. La opción D no funciona porque el pasaje deja en claro que a Jack sí le gusta Jinny.

4. **La respuesta correcta es *a él le gustan las momias muertas más que Jinny* (B).** Jack se siente cómodo lejos de la gente las multitudes. Prefiere estar con las momias antiguas que con otras personas, incluyendo a Jinny, aunque a él le guste ella. En las líneas 59-63, el pasaje específicamente compara los sentimientos de Jack por la Reina Hatasu y Jinny, sugiriendo que a él nunca le va a gustar Jinny tanto como le gustan las momias.

5. **La respuesta correcta es C.** Jack prefiere estar en presencia de momias antiguas que estar con gente "moderna". No hay información suficiente para respaldar la idea de que a Jack le gusta viajar por su trabajo, así que la opción A no encaja bien. La opción B es una posibilidad, pero su trabajo parece más importante para él que estar en el desierto. La opción D no es correcta porque Jack claramente no se siente bien en su casa con los colegas o con otras personas.

6. **La respuesta correcta es C.** Según el pasaje, Jack "había ido a El Cairo por provisiones y Jinny se encontró con él de casualidad en una esquina de la concurrida Mograby". Gezirah (opción A) y la Mezquita del Sultán al Hasan (opción D) son lugares que Jack y Jinny visitaron juntos después de encontrarse por primera vez en Mograby. El límite del desierto libio (opción B) es el lugar donde se encuentra el campamento de Jack, no donde se encontró con Jinny por primera vez en Egipto.

7. **La respuesta correcta es B.** En esta oración, primordial significa "supremo", porque la sociedad es muy importante como respaldo del sistema de educación. Las palabras difícil (opción A) y curioso (opción D) no encajan con el contexto. La palabra menor (opción C) significa lo opuesto a la respuesta correcta.

8. **La respuesta correcta es C.** La mayoría del pasaje discute las características de una sociedad estable y fuerte, o una sociedad ideal, la manera en que Dewey pensaba que la educación pública podía de mejor manera mantener tal sociedad. El pasaje se enfoca en la educación y nunca menciona la milicia, así que inmediatamente se puede descartar la opción B. No hay nada en el pasaje sobre enseñar habilidades específicas a los niños; por otro lado, el pasaje habla de las ideas de Dewey sobre la educación, por esta razón las opciones A y D no encajan tampoco.

9. **La respuesta correcta es A.** En esta oración, comprometedor significa "Ser vulnerable". Las frases respaldar enérgicamente (opción B), ser absurdo (opción C), y aclarar cautelosamente (opción D) no tendrían mucho sentido en este contexto.

10. **La respuesta correcta es D.** De acuerdo con el pasaje, el modelo de educación de Dewey enfatiza una manifiesta carencia de dirección para los estudiantes. Sin embargo, él cree que el enfoque en preparar a los estudiantes para la edad adulta (opción A), la falta de influencias estables para los estudiantes (opción B), y el enfoque en recapitular el pasado (opción C) son problemas que deben ser evitados cuando se educa.

11. **La respuesta correcta es B.** El pasaje específicamente dice, "la gran sociedad ideal", de acuerdo con Dewey, es una en la que los intereses del grupo son compartidos por todos los miembros y las interacciones con otros grupos son libres y completas.

12. **La respuesta correcta es** *"La libertad, cuando se pierde, nunca se puede volver a conseguir"* **(A).** Adams explica que hay cosas que se pueden reemplazar, pero una vez que el gobierno les quita la libertad a la gente, la libertad no se reemplaza. Lo peor que "Pues lo peor que puede suceder no nos puede hacer daño" se basa en la valentía de Abigail, no en una razón por la cual uno sea parte de la revolución. "Ellos parecían sentir que estaban entre ustedes" se refiere a la relación entre el clero y los revolucionarios. "Una prueba gloriosa de la valentía de nuestros compatriotas es la descripción de Adam del número de muertos por la armada revolucionaria, pero no sugiere que la guerra sea necesaria".

13. **La respuesta correcta es D.** John respondió a la noticia de Abigail en la carta anterior, haciendo un comentario de como ella tomaba precauciones buscando un lugar seguro para quedarse si se volvía peligroso quedarse en su casa. Esta es la única opción que sugiere que haya existido un diálogo entre dos personas. Las otras opciones son muy amplias, y no mencionan ninguna relación o conversación anterior.

14. **La respuesta correcta es** *el número de tropas británicas que han muerto* **(A).** John comenta que Abigail le ha comentado sobre "el número de caidos del lado enemigo", implicando que él no conocía ese detalle. John ofrece detalles sobre cada una de las otras opciones, sugiriendo que él ya tiene conocimiento.

15. **La respuesta correcta es D.** Aunque hay cambios durante la guerra, la carta también está llena de información sobre su familia, y sobre la gente que John y Abigail conocían. Al final de la carta, John explícitamente dice que "me da más placer que el que puedo expresar, escuchar que tú puedes sostener con tanta fortaleza los horrores e impactos de los tiempos". Esto sugiere que aunque los tiempos eran difíciles, Abigail es consistente.

16. **La respuesta correcta es *sus cartas son conmovedoras* (D).** John está conmovido por la descripción de la gente afectada por la guerra. Esto descarta duro, y aunque sus palabras quizá sean astutas, John no lo menciona específicamente. Entrañables está cerca, pero conmovedor es una emoción más mucho más específica, y es la mejor respuesta.

17. **La respuesta correcta es A.** En el segundo párrafo, Adams escribe detalladamente que el padre de Abigail está enfadado con la conflagración de Charlestown. Adams menciona nada más que Charlestown es el sitio de la batalla de Bunker Hill, no que la batalla misma enfadaba al padre de Abigail, por eso la opción B es incorrecta. Mientras que la librería del Sr. Mather se perdió probablemente por la conflagración, es la conflagración en si en vez de la pérdida de la librería lo que enfada al padre de Abigail, por eso la opción C no es la mejor opción. Mientras que Adams habla de "opresión y de otros pecados cardinales" (opción D) como problemas, él no implica que perturben particularmente al padre de Abigail.

Parte II

Respuestas extendidas. Las respuestas varían. Encontrará dos ejemplos en las páginas 108-110.

Parte III

18. **La respuesta correcta es D.** En el pasaje, King elogia a sus compañeros norteamericanos por participar tan activamente en los movimientos de derechos civiles, por eso actividad vigorosa es la mejor definición de militancia en este contexto. King nunca describe los deberes sociales como un asunto de patriotismo, por lo que la opción C no tiene sentido.

19. **La respuesta correcta es C.** King indica que los activistas de derechos civiles están satisfechos y no dice que no tienen razón de sentirse así. El específicamente advierte en contra de sucumbir al resentimiento (opción A), al impuso de cometer violencia física (opción B), y al odio (opción D) como infructuosos para garantizar los derechos civiles.

20. **La respuesta correcta es D.** El segundo párrafo enuncia que sería "fatal que una nacion se pasara por alto la urgencia del momento". King instó a su público a continuar trabajando en los derechos humanos y la justicia, en vez de querer que un cambio venga, y aclara que la nación a la que se refiere es Norteamérica, sobre la cual dice que "no va a tener ni descanso ni tranquilidad... hasta que al negro se le otorgue su derecho a la ciudadanía".

21. **La respuesta correcta es C.** El punto principal del tercer párrafo es que las protestas deben ser pacíficas. King específicamente dice, "no debemos de dejar que nuestras protestas creativas se degeneren en violencia física". La unión con los partidarios blancos es un punto secundario.

respuestas examen de diagnóstico

22. **La respuesta correcta es C.** En el contexto de la línea 78, la palabra *juicio* significa una terrible experiencia. Mientras que los juicios han sido usados como audiciones (opción A), experimentos (opción B), o exámenes (opción D) en un contexto diferente, ningún de los sinónimos tiene sentido en este contexto particular.

23. **La respuesta correcta es C.** Según el noveno párrafo, "Después de privarla de todos sus derechos como mujer casada, si está soltera, y si como dueña de una propiedad le impone impuestos para respaldar a un gobierno que la reconoce nada más cuando la propiedad de ella puede ser lucrativa". El pasaje especifica que a las mujeres casadas no les imponen impuestos, lo cual elimina las opciones A y D. Mientras que el autor se expresa en contra de las maneras en las que los hombres han hecho a las mujeres moralmente irresponsables, esto no es discutido con respecto a los impuestos, así que la opción B es incorrecta.

24. **La respuesta correcta es C.** El pasaje entero describe cómo los hombres someten a las mujeres a un control opresivo. La violencia no se menciona en el pasaje, así que la opción A no es una conclusión lógica. El cuidado orientador (opción B) es opuesto a la tiranía. Mientras que la tiranía puede parecer similar al comportamiento salvaje, la opción D no incluye el aspecto clave del control.

25. **La respuesta correcta es B.** Olive Gilbert es la autora del pasaje y ofrece su propia opinión de los eventos. Sin ninguna otra información que sugiera otra cosa, uno puede asumir que la autora del pasaje también es quien habla y presenta el punto de vista principal.

26. **La respuesta correcta es C.** Según el segundo párrafo del pasaje 2, "Pero Isabella interiormente determinó que se quedaría callada con él hasta que hubiera girado su lana, aproximadamente cien libras, y después lo abandonaría". Ella ya había recibido los papeles de libertad, así que la opción A es incorrecta. Su maestro estaba resuelto a no permitir que ella se fuera, así que la opción B es incorrecta también. Sí hacer girar cien libras de algodón haría que su amo obtuviera, o no, "una considerable utilidad" no está indicado en el texto, por lo tanto la opción D no es la mejor respuesta.

27. **La respuesta correcta es C.** Los autores de la Declaración de Sentimientos usaron la Declaración de la Independencia como ejemplo para describir su insatisfacción con los derechos como ciudadanos en comparación con los de los hombres. El primer pasaje nunca menciona los problemas de las mujeres con el gobierno inglés, así que la opción A no es respaldada por el pasaje. Aunque el segundo pasaje está relacionado con el tema (las mujeres pierdes sus derechos a manos de hombres), no hay indicios de que Sojourner Truth (opción B) jugara un papel la Declaración de Sentimientos. Tampoco hay información suficiente en el pasaje para respaldar la idea que las mujeres estaban tratando de demostrar que podían escribir bien (opción D).

28. **La opción A** debe ubicarse en la sección de Sojourner Truth en el diagrama (ella es la única descrita como esclava en ambos pasajes), **las opciones B y D** deben ubicarse en los partidarios de la Convención de Derechos de las Mujeres en el diagrama (los esclavos no necesariamente podían votar legalmente después de 1848 ni obtener un divorcio) y **la opción C** debe ubicarse en el centro (ni Sojourner Truth ni los partidarios de la Convención de Derechos de las Mujeres eran considerados ciudadanos legítimos en ese momento).

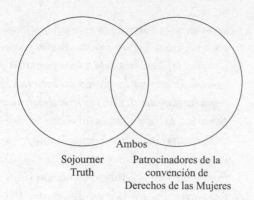

Ambos

Sojourner
Truth

Patrocinadores de la
convención de
Derechos de las Mujeres

29. **La respuesta correcta es B.** Madison argumenta que el principio de la separación de poderes va a ser difícil de implementar, pero no tan difícil como algunos creen. En las líneas 21-25, Madison declara que es menos difícil de lo que parece, y se pasa el resto del pasaje esbozando diferentes maneras en las que los poderes podrían permanecer separados. La opciones A y C son opuestas a los puntos de Madison en el pasaje entero. La independencia de los jueces de la legislatura (opción D) es un ejemplo de la separación de poderes que Adams defiende, pero no el punto principal.

30. **La respuesta correcta es D.** Henry dice que al gobierno va a faltarle la "energía suficiente" para mantener los estados unidos, y este argumento aplica al asunto de pesos y contrapesos.

31. **La respuesta correcta es B.** En el contexto de la línea 33 del pasaje 2, la palabra *tenencia* significa "término". Las palabras *requisito* (opción A), *responsabilidades* (opción C) y *descripciones* (opción D) no tienen sentido si se usan en lugar de *tenencia* en este contexto particular.

32. **La respuesta correcta es C.** Madison defiende la separación de poderes para impedir que una de las ramas del gobierno o una persona puedan tener una influencia excesiva sobre los otros. La opción A es lo opuesto del punto de Madison. Gran Bretaña nunca es mencionada por nombre en el pasaje, así que es improbable que la opción C sea la respuesta correcta. La opción D es una posibilidad, pero Madison está hablando del gobierno, no necesariamente de los ciudadanos, en este pasaje.

33. **La respuesta correcta es *tiene miedo de que los ciudadanos ordinarios sufran bajo el mando de un gobierno central* (D).** La preocupación primaria de Henry en el pasaje es que los ciudadanos ordinarios van a sufrir porque el gobierno federal no funciona. No hay información en el pasaje que respalde la idea que lo que preocupa a Henry es que la burocracia se tome el poder (opción B), o si los Estados Unidos puede ser un imperio como Gran Bretaña (opción C).

34. **La opción A** debe ubicarse en el centro, ya que ambos respaldaban esta idea. **La opción B** debe ubicarse en la sección de Henry en el diagrama, y las **opciones C y D** deben ubicarse en la sección de Madison en el diagrama.

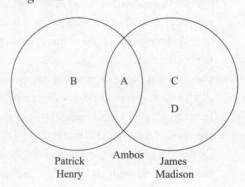

B   A   C

D

Patrick   Ambos   James
Henry   Madison

35. **La respuesta correcta es C.** En las líneas 56-60, Wright explica de dónde debe salir el amor de un ciudadano por su país: Es para ellos más importante saber por qué aman a su país, no porque es su país, sino porque es un paladio de libertad humana: la mejor escena de evolución humana. Wright continúa diciendo que los ciudadanos deben amar su país porque ellos tienen control sobre su destino.

36. **La respuesta correcta es A.** En las líneas 45-46, Francis Wright escribe que Norteamérica está compuesta por personas por cuyas "venas...fluye la sangre de cada persona en el planeta", lo que significa que es un crisol de nacionalidades.

37. **La respuesta correcta** *es enfocados, que conducen a la* **(D).** En la opción A, a la frase le falta una coma, ya que *"que conducen al éxito global de la compañía"* es una oración subordinada causal; por el contrario, la opción D corrige ese error. El punto y coma (opción B) o los dos puntos (opción C) no deben utilizarse para separar una oración subordinada causal.

38. **La respuesta correcta** *es trabajadores que podemos ser, la etiqueta* **(B).** Usted debe corregir errores en el uso de pronombre, incluidos la concordancia con el antecedente, referencias confusas a ellos, y su número. Trabajadores es plural, así es que el pronombre debe concordar con el número: use podemos en lugar de puede. Las opciones A y D no respetan el pronombre implícito (nosotros), y el verbo (singular) no concuerda con el número del sustantivo (plural). La opción C es una oración mal construida por su falta de puntuación.

39. **La respuesta correcta** *es debe ser apropiado para negocios. Seguimos unas pautas profesionales: los hombres deben usar pantalón y camisa de manga larga con corbata (no se requiere chaqueta), y las mujeres deben usar pantalón, falda o vestido (al menos al nivel de la rodilla)* **(C).** Usted debe eliminar oraciones mal formadas, oraciones fundidas, o fragmentos de oraciones. La opción C utiliza correctamente la puntuación para dividir las oraciones, mediante el uso de las comas y los dos puntos. La opción A está mal construida por falta de puntuación. La opción B introduce incorrectamente el uso de punto y coma. La opción D agrega comas innecesarias, y vuelve la oración confusa.

40. **La respuesta correcta es** *mantener* **(D).** Usted debe para asegurar el paralelismo gramatical. A la opcion A le falta paralelismo, ya que las primeras dos cláusulas en la oración son escritas en presente mientras que esta utiliza el gerundio. La opción B introduce una coma innecesaria. La opción C cambia el pronombre a singular, por lo que no hay concordancia con el antecedente. La opción D es la única respuesta que corrige el problema de paralelismo sin introducir nuevos errores.

41. **La respuesta correcta** *es atuendo casual de negocios los viernes: se permiten jeans* **(D).** Usted debe mantener el uso correcto de mayúsculas. La opción A incluye tres errores en el uso de mayúsculas. La opción B arregla tres de los problemas de mayúsculas, pero agrega una mayúscula al día de la semana. La opción C no corrige todos los usos de mayúscula. La única opción que arregla todos los errores de uso de mayúsculas incorrecto es la opción D.

42. **La respuesta correcta *es necesita hacer una llamada personal, por favor* (A).** Usted debe corregir errores de concordancia entre sujeto y predicado. En la opción A, la forma del verbo *necesita* concuerda en número con el sujeto y con el pronombre *usted*. La opción B es incorrecta, ya que eliminar la coma tras *llamada personal* crearía una oración mal construida. La opción C usa la forma correcta de *necesita* pero hace el cambio innecesario de *hacerle una llamada personal*. La opción D presenta un error adicional, pues cambia el sujeto a *tú*.

43. **La respuesta correcta es *Minimizar* (B).** Usted debe corregir errores de palabras que frecuentemente se confunden. La palabra correcta para este contexto es *minimizar*. En la opción A, la palabra miniaturizar es usada incorrectamente, porque miniaturizar significa fabricar un objeto del tamaño más reducido posible. Por lo tanto, la opción A es incorrecta. La oración requiere un verbo, no un adjetivo como *mínimo* (opción C) o un sustantivo como *miniatura* (opción D).

44. **La respuesta correcta *es para discutir los detalles de un proyecto, y facilitar que se conozcan entre sí, a veces conduce a más distraccione* (B).** Revise el uso incorrecto de puntuación (por ejemplo, exceso de comas, separación inapropiada de claúsulas, o errores en los signos de puntuación). La opción B tiene un inciso separado por comas, permitiendo que la oración sea clara. La opción A contiene dos puntos incorrectos después de *entre sí* y hay una pausa innecesaria. La opción C inserta signos de interrogación que cambian el significado de la oración. La opción D inserta una coma en *entre sí a veces, conduce* que cambia el sentido de la oración.

45. **La respuesta correcta *es espere a que este lo salude antes de hacerle una petición* (C).** Tenga en cuenta que *espere* y *espete* significan cosas distintas y recuerde que el *de* debe usarse para formar perífrasis verbales. En la opción A, hace falta el *de*. Las opciones B y D utilizan un verbo erróneo, mientras que la opción C es correcta.

46. **La respuesta correcta es *Siéntase libre de usar los materiales de la oficina y de tomar bocadillos de cortesía de las alacenas designadas con comida para compartir* (C).** Usted debe eliminar modificantes sobrantes o fuera de lugar, y orden ilógico de palabras. En la opción A, no es claro si lo que se ha etiquetado para compartir es la comida o las alacenas. La opción B puede ser gramaticalmente correcta, pero cambia el significado de la oración. La opción D tiene una estructura muy confusa.

47. **La respuesta correcta es *que utilice* (A).** Usted debe eliminar el uso informal o no normativo. La opción A usa correctamente la frase estándar *limpie los lugares que utilice*. Las demás frases utilizan palabras de más que no son normativas, o les hace falta complemento.

48. **Las respuestas correctas son (B)** ("Se requiere que los hombres usen corbata"), **E** (Es importante que limpie los espacios que utiliza), y **F** ("Es importante mantener una etiqueta en los correos electrónicos entre compañeros de trabajo").

Respuesta extendida: ejemplo de ensayo

Analysis de alto puntaje

El arte debe ser defendido de los ataques sobre su importancia en la educación. En la educación de nuestra juventud, las artes deben seguir siendo enseñadas para las importantes habilidades de destreza y creatividad. Muchos problemas de la vida real requieren formas creativas de resolverlos y las artes le enseñan a los estudiantes a pensar y actuar creativamente. Realmente, la realidad es multifacética y las artes ayudan a los estudiantes a entender e interpretar varias representaciones de la realidad. La enseñanza de las artes a los estudiantes es un aspecto importante de su educación que no puede ser descartado.

La enseñanza de las artes fomenta la creatividad en la aplicación a la resolución de problemas. Muy pocos problemas tienen un solo camino hacia la solución; a menudo muchos caminos pueden llevar a la solución correcta. Animar a los estudiantes a pensar de manera original ayudará a conducirlos a la respuesta correcta. Los estudiantes aprenden de diferentes maneras y tienen habilidades que son más fuertes en un área que en otra. Al fomentar diferentes enfoques para el mismo problema, es más probable que los estudiantes puedan confiar en sus fortalezas en lugar de sus debilidades. La creatividad permite a los estudiantes aplicar diferentes habilidades al mismo problema.

Las artes desarrollan destrezas y habilidades motoras que a menudo se pasan por alto en las escuelas. Gran parte de la enseñanza y el aprendizaje se hace con tecnología que requiere poca destreza manual, pero las artes requieren y enseñan habilidades motoras finas. Si bien se puede argumentar que la tecnología fomenta diferentes habilidades motrices en lugar de ninguna, es cierto que las habilidades motrices necesarias para las bellas artes son más finas que las requeridas para un mecanógrafo o para otros dispositivos. Esta destreza puede preparar a los estudiantes para vocaciones que no sean trabajos de oficina y puede trae beneficios para la salud por ser relajante.

Finalmente, la realidad es multifacética y compleja, y las artes enseñan a los estudiantes a pensar en temas complejos de diversas maneras. Como dice el ensayo "La importancia del arte en el desarrollo del niño", "Un profesor puede describir adecuadamente las características de la realidad, y es más probable que el estudiante interprete con precisión estas representaciones". En filosofía, esto es especialmente importante cuando uno se enfrenta a problemas complejos. Y también en la vida real, por ejemplo en el mercadeo, la capacidad de describir e interpretar descripciones juega un papel importante, y las artes fomentan estas habilidades.

No es de extrañar, entonces, que según el ensayo "La importancia del arte en el desarrollo del niño", los estudiantes que participaban en las artes en la escuela tenían más probabilidades de tener logros en otros campos como la ciencia o la literatura. Las artes están relacionadas con todos los campos en su utilidad y en las habilidades que enseñan.

Explicación

Este análisis es de puntaje alto porque genera un argumento lógico basado en el texto o en la explicaciones e incluye citas relevantes, específicas y suficiente evidencia de la lectura que las respalda. También contiene ideas que son desarrolladas a fondo y lógicamente, con una elaboración completa de las ideas principales, establece una estructura organizacional efectiva, aplica dispositivos de transición de manera estratégica y específica, escoge palabras con propósito y cuidadosamente; aplica vocabulario avanzado y estratégicamente aplica la conciencia de su audiencia y el propósito de la tarea para mejorar el significado a lo largo de la respuesta. También demuestra una aplicación competente y una aplicación fluida de las convenciones, demuestra efectivamente una estructura de oraciones variadas y fluidez general que mejora la claridad.

Específicamente, el análisis argumenta que las artes todavía son útiles en la educación para fomentar habilidades únicas que son importantes para el mundo real y abstracto. Se desarrollan estas ideas progresivamente con detalles vinculados a sus puntos principales (por ejemplo, las capacidades motoras adquiridas a través de las artes pueden ser utilizadas en varias ocasiones); y presenta argumentos en contra de su propio caso para responder a ellos (por ejemplo, que la tecnología fomenta diferentes habilidades motoras). El ensayo usa vocabulario avanzado.

Análisis de bajo puntaje

Hay muchas razones por las cuales deberíamos seguir enseñando arte en las escuelas. El arte no es solamente hermoso sino también útil. El arte enseña habilidades que de otra forma no se aprenderían. Hay varias cosas que la tecnología no puede impartir. Yo pienso que todos los estudiantes deberían estar obligados a estudiar arte.

Las artes son importantes para nuestro patrimonio cultural. Usted tiene que saber mucho sobre la historia del arte para disfrutar ir a un museo. Los diferentes estilos y artistas han evolucionado a lo largo de los siglos. Estudiar la historia del arte puede enseñar a los estudiantes a apreciar el arte que su cultura ha producido. También pueden enseñarle a los estudiantes un aprecio por las otras culturas.

La tecnología es más útil que el arte, pero no da las mismas enseñanzas. La tecnología ayuda a hacer las cosas; el arte es más bonito de admirar. La tecnología ayuda a preparar a los estudiantes para los trabajos de oficina, como en el caso de las habilidades computacionales. El arte por otra parte prepara al estudiante para trabajar en un museo. Ambos son importantes para la sociedad, pero uno es más útil que el otro.

Estos son conceptos que solamente se pueden aprender en la clase de arte, como color, forma y textura. Estos conceptos visuales pueden ayudar a las personas a aprender a interpretar información visual de diferentes maneras. La historia del arte también es importante para la conversación, la cual puede ayudar a conseguir un trabajo.

Cuando se trata de conseguir un trabajo, eso es algo en lo que la historia del arte no te ayudará. Usted impresionar a su empleador si sabe arte, pero él o ella no lo va a contratar por esa razón. Es mucho más importante tener un curriculum vitae bien escrito y una carta de presentación. Estas son habilidades que usted puede aprender en la escuela en vez del arte. Pero eso no quiere decir que el arte no debería ser enseñado en la escuela. El arte debe de ser enseñado por su valor cultural y belleza.

Explicación

Este análisis de baja puntuación no intenta presentar un argumento; cita evidencia mínima de algunos textos fuente. Se ha intentado analizar la cuestión y evaluar la validez de los argumentos en los textos originales, pero la comprensión de los argumentos dados es mínima o nula. El texto contiene ideas que son desarrolladas de manera insuficiente o ilógica, con poca elaboración de ideas principales; contiene una progresión de ideas que no están claras; y no establece una estructura de organización distinguible. Demuestra un mínimo control de las convenciones básicas, y demuestra consistentemente una estructura deficiente de las frases.

Específicamente, esta composición trata de desarrollar la afirmación de que "deberíamos continuar enseñado arte en las escuelas", pero se va en diferentes direcciones, no todas están conectadas con la tesis, no hay argumento distinguible. No usa el recurso del texto y no analiza los argumentos dados. No hay estructura de organización y progreso de ideas; si algo, la escritura se contradice y llega a una conclusión que no se relaciona con los argumentos dados.

Razonamiento matemático

1. 16	**19.** A	**32.** C
2. D	**20.** C	**33.** B
3. A	**21.** Las importaciones aumentaron; las exportaciones no exhibieron una tendencia clara. (B)	**34.** A
4. B		**35.** −2; 2
5. C		**36.** D
6. C		**37.** B
7. A	**22.** 16	**38.** C
8. A	**23.** 14 (B)	**39.** B
9. B	**24.** B	**40.** C
10. C	**25.** cerca del eje x	**41.** D
11. B	**26.** A	**42.** D
12. C	**27.** D	**43.** C
13. C	**28.** B	**44.** A
14. D	**29.** B	**45.** D
15. 2.38		**46.** $\frac{3}{2}$, −2
16. (3, −4)	**30.** cualquier punto a la izquierda de −1 en la línea numérica.	
17. C		
18. $\frac{W}{2}$	**31.** $330p = 1{,}200 \le 8{,}000$	

1. **La respuesta correcta es 16.** Asumamos que C = el número de estudiantes matriculados en química solamente. Asumamos que P = el número de estudiantes en física solamente. Asumamos que B = el número de estudiantes en ambas clases química y física: $C + P + B = 78$, entonces $47 + P + 15 = 78$. $P = 16$.

2. **La respuesta correcta es D.** Convierta los números mixtos en fracciones impropias con el menor denominador común 16: $3\frac{7}{8} = \frac{31}{8} = \frac{62}{16}$ y $2\frac{11}{16} = \frac{43}{16}$. Las suma es $\frac{105}{16}$. Ahora, el coeficiente deseado es $\frac{105}{16} \div \frac{5}{8} = \frac{105}{16} \times \frac{8}{5} = \frac{21}{2} = 10\frac{1}{2}$.

La opción A es incorrecta porque sumó los números mixtos incorrectamente; usted debe encontrar un denominador común cuando esté sumando fracciones. La opción B es incorrecta porque multiplicó en vez de dividir, y añadió números mixtos de forma incorrecta; usted debe primero encontrar un denominador común cuando esté sumando fracciones. La opción C es incorrecta porque multiplicó en vez de dividir.

3. **La respuesta correcta es A.** El diagrama muestra todos los lados del hexágono, los cuales son congruentes. Por lo tanto, $240 \div 6 = 40$. Cada una de las otras respuestas es el resultado de usar números equivocados cuando se calcula la longitud de un lado. La opción B usa 5, la opción C usa 3, y la opción D usa 2.

4. **La respuesta correcta es B.** Sustituya el valor dado por x y simplifique, como sigue:

$$\frac{\frac{1}{3}{4} - \left(-\frac{3}{4}\right)}{\frac{1}{3}{4} + \left(-\frac{3}{4}\right)} = \frac{-\frac{4}{3} + \frac{3}{4}}{-\frac{4}{3} - \frac{3}{4}} = \frac{\frac{-16+9}{12}}{\frac{-16-9}{12}} = \frac{-7}{-25} = \frac{7}{25}$$

La opción A es incorrecta porque se debe primero encontrar un denominador común cuando se están sumando o restando fracciones. La opción C es el resultado de cancelar términos incorrectamente, no factores, en el numerador y el denominador. La opción D es incorrecta porque cuando dividió la expresión superior por la expresión inferior, olvidó reemplazar la fracción (ubicada después del signo de división) por su recíproco cuando la convirtió a producto.

5. **La respuesta correcta es C.** Si el promedio de los 5 juegos es 45, la suma de los 5 juegos debe ser igual a 45 × 5 = 225. Sume el puntaje dado 54 + 60 + 28 + 42 = 184, y luego reste esto de 225: 225 − 184 = 41. Las otras respuestas surgen de varios errores aritméticos.

6. **La respuesta correcta es C.** Dejemos que x represente el ángulo faltante. Usando la regla de suma de triángulos, la suma de los tres ángulos debe de ser igual a 180°. Resuelva la ecuación 34° + 34° + x = 180° para obtener x = 112°. La opción A es incorrecta porque los tres ángulos no pueden ser 34° ya que la suma de ellos no es 180°. La opción B es incorrecta porque si el triángulo contiene un ángulo de 90°, sería un triángulo isósceles recto; este triángulo es uno que tiene dos ángulos de 45°. La opción D es incorrecta porque solo uno de los ángulos de 34° se usó para encontrar la suma de los ángulos.

7. **La respuesta correcta es A.** Use el orden de operaciones:

$$-2^3 \left| 3 - 9 \right| = -8 \left|-6\right| = -8(6) = -48$$

La opción B es incorrecta porque $-2^3 \neq -6$. La opción C es incorrecta porque $-2^3 = -8$, no 8. La opción D es incorrecta porque $\left|3-9\right| \neq \left|3\right| + \left|9\right|$.

8. **La respuesta correcta es A.** La fórmula área superficial para una caja rectangular es $SA = 2(lw + lh + wh)$. Sustituya $SA = 248$, $l = 10$, y $h = 4$ y luego, resuelva para w.

$$248 = 2(10w + (10)(4) + 4w)$$
$$248 = 2(14w + 40)$$
$$248 = 28w + 80$$
$$168 = 28w$$
$$6 = w$$

La opción B es la longitud, y las opciones C y D son las áreas de los lados de la caja.

9. **La respuesta correcta es B.** El corral debe ser cuadrado, entonces la longitud de cualquier lado es $\sqrt{10,000} = 100$. Construir un lado completo, incluyendo ambos postes de los extremos, requiere 11 postes (no 10) cada uno 10 pies aparte del otro. Construir dos de los tres lados requiere solamente 10 postes, mientras el cuarto lado requiere solamente 9 postes ya que los postes de los extremos ya están en su lugar. El número total de postes que se necesitan son 11 + (2)(10) + 9 = 40. La opción A es el número que obtiene si usted no cuenta el número de postes necesarios para cada lado, mientras que opción C es el número que se obtiene si se cuenta de más el número de postes que se necesitan para cada lado. La opción D es la longitud del corral.

10. **La respuesta correcta es C.** La coordenada y de los puntos en el eje x es 0. Resuelva la ecuación $x^3 - 16x = 0$:

$$x^3 - 16x = 0$$
$$x\left(x^2 - 16\right) = 0$$
$$x(x - 4)(x + 4) = 0$$
$$x = -4, 0, 4$$

La opción A es incorrecta porque hacen falta dos soluciones. La opción B es incorrecta porque los valores x que hacen que $x^2 - 16$ sea igual a 0 no son -16 y 16. La opción D es incorrecta porque los valores x que hacen que x^2 sea igual a 0 no son -2 y 2.

11. **La respuesta correcta es B.** Para poder encontrar la tasa de crecimiento por día, primero divida 24 (por el número de días): 0.36 metros ÷ 24 = 0.015 metros por día. Para convertir a centímetros, ponga el número decimal dos lugares hacia la derecha; 0.015 metros por día = 1.5 cm por dia. La opción A es el resultado de no convertir los metros a centímetros. Las opciónes C y D son el resultado de multiplicar por 24, en vez de dividir por 24, cometiendo un error de conversión.

12. **La respuesta correcta es C.** El ángulo central de un círculo completo es 360°. Entonces, $y° + x° = 360°$. Resolver para y resulta en $y = 360 - x$. Las otras respuestas son el resultado de no entender bien los ángulos centrales de un círculo.

13. **La respuesta correcta es C.** Factorizar x en el lado izquierdo de la ecuación: $x(x + 4) = 0$. Hay dos valores posibles para los valores de x, o las raíces: $x = 0$; $x = -4$.

14. **La respuesta correcta es D.** Use la sustitución. Ubique la expresión de y que es dada en la primera ecuación en la segunda ecuación, y resuelva x usando la siguiente ecuación:

$$a(bx - a) - b = x$$
$$abx - a^2 - b = x$$
$$abx - x = a^2 + b$$
$$x(ab - 1) = a^2 + b$$
$$x = \frac{a^2 + b}{ab - 1}$$

La opción A es incorrecta porque no se pueden cancelar términos en el numerador y el denominador de una fracción; solamente se pueden cancelar factores similares. La opción B es incorrecta porque cuando se está resolviendo una ecuación lineal de la forma $cz + d = e$, se debe se restar d de ambos lados en vez de añadirla a ambos lados. La opción C es el resultado de no usar propiedades distributivas cuando se está simplificando.

15. **La respuesta correcta es 2.38.** La región de la línea numérica es de 2.3 a 2.5 la cual está dividida en 10 regiones congruentes. La distancia de 2.3 a 2.5 es 0.2. Entonces, las marcas verticales están divididas en intervalos de 0.02. Por lo tanto, B = 2.38.

16. **La respuesta correcta es (3, –4).** Cuando el punto A (3, 2) y el punto B (–3, 2) están conectados, forman un segmento de línea horizontal de longitud 6. Cada lado del cuadrado tiene que tener una longitud de 6. La esquina que falta está 6 unidades hacia abajo (3, 2), lo cual ubica la respuesta en (3, –4).

17. **La respuesta correcta es C.** Determine la respuesta sistemáticamente, comenzando por integro mas grande posible.

$$7 + 1 + 1 + 1 = 10$$
$$5 + 3 + 1 + 1 = 10$$
$$3 + 3 + 3 + 1 = 10$$

Como puede ver, hay tres maneras diferentes.

18. **La respuesta correcta es** $\frac{W}{2}$. La longitud de la recámara (la recámara más grande) es $2L$. Entonces si las dos áreas son iguales L × W, el ancho del dormitorio debe de ser $\frac{W}{2}$ porque $\left(\cancel{2}L\right) \times \left(\frac{W}{\cancel{2}}\right) = LW$.

19. **La respuesta correcta es A.** Dejemos que N sea el número entero más pequeño de los tres números. Los otros dos enteros impares consecutivos son entonces $N + 2$ y $N + 4$. El promedio de los tres números enteros es la suma de ellos dividida por 3. Si asumimos que esto es igual a 39, obtenemos

$$\frac{N + (N + 2) + (N + 4)}{3} = 39.$$

La opción B es incorrecta porque usa tres números enteros consecutivos, no números integros impares consecutivos. La opción C es incorrecta porque esos tres enteros no son enteros impares consecutivos porque uno de N y $N + 1$ tiene que ser un número par. La opción D es incorrecta porque N, $3N$, y $5N$ no son enteros impares consecutivos aunque 1, 3, y 5 sí lo son.

20. **La respuesta correcta es C.** Para cada año, compare las altura de las dos barras oscuras. El año 2016 fue el único año de las cuatro opciones para el cual las importaciones del país Y (cerca de $39 millones) fueron al menos el doble de las importaciones del país X (Cerca de $21 mil millones).

21. **La respuesta correcta es** *Las importaciones aumentaron; las exportaciones no exhibieron una tendencia clara* **(B).** Para responder esta pregunta, examine la barra derecha para cada uno de los seis años mostrados. El tamaño de la porción oscura (importaciones del país Y) aumenta en el segundo año, después se queda igual para el tercer año, luego aumenta, luego disminuye un poco, y aumenta en los tres últimos años. Entonces la tendencia general para el periodo de seis años es que el valor de las importaciones aumentará. El tamaño de la barra clara (exportaciones del país Y) disminuye para los primeros tres años luego aumenta por dos años, y luego disminuye. Entonces no hay ninguna tendencia clara para las exportaciones y el periodo total de seis años.

22. **La respuesta correcta es 16.** Asumiendo que el tipi es simétrico y nivelado, se trata de un triángulo isósceles. Cualquier triángulo isósceles puede dividirse en dos triángulos rectángulos congruentes al dejar caer la vértice hasta la base perpendicularmente; entonces, podemos usar el teorema de Pitágoras para determinar la medida que hace falta. El lado A es 15 metros. $A^2 = 225$ metros. El lado C es 17 metros. $C^2 = 289$ metros.

$$225 + B^2 = 289$$
$$B^2 = 289 - 225$$
$$B^2 = 64$$
$$B = 8$$

Este es el radio, no el diámetro, entonces tenemos que multiplicarlo por 2. El diámetro es 16 metros.

23. **La respuesta correcta es 14 (B).** Use la regla de exponentes, así:

$$\frac{8 \times \left(2^4\right)^3}{16} = \frac{\left(2^3\right)^2 \times \left(2^4\right)^3}{2^4}$$
$$= \frac{2^6 \times 2^{12}}{2^4}$$
$$= \frac{2^{18}}{2^4}$$
$$= 2^{\boxed{14}}$$

La opción A es incorrecta porque $\frac{x^a}{x^b} \neq x^{\frac{a}{b}}$.
La opción C es incorrecta porque
$\frac{x^a}{x^b} \neq x^{\frac{a}{b}}$ y $x^a \cdot x^b \neq x^{a \cdot b}$

La opción D es incorrecta porque $\left(x^a\right)^b \neq x^{a^b}$.

24. **La respuesta correcta es B.** El volumen de un cilindro es $\pi r^2 h$, donde r es el radio y h es la altura. La altura es 20 cm, y el volumen es $2{,}880\pi$ cm^3. Sustituya estos valores en la fórmula del volumen para calcular el radio:

$$\pi r^2\, 20 = 2{,}880\pi$$
$$r^2 \times 20 = 2{,}880$$
$$r^2 = 144$$
$$r = 12$$

El radio es 12, entonces el diámetro es 2 veces el radio, o 24. La opción A es el radio, no el díametro, la opción C es la altura y la opción D es el cuadrado del radio.

25. **La respuesta correcta es cualquier lugar cerca a el eje x.** Una alta correlación negativa significa que la información se inclina hacia abajo y a la derecha como se muestra abajo. El último puntos de datos va a estar muy cerca de el eje x horizontal arriba de la flecha.

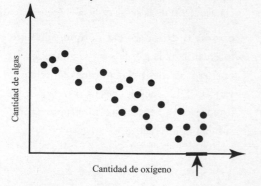

Cantidad de algas

Cantidad de oxígeno

26. **La respuesta correcta es A.** Convierta las dos fracciones a fracciones equivalentes con denominadores comunes $3a^2$: $\frac{3x}{a^2} = \frac{9x}{3a^2}$ y $\frac{x}{3a} = \frac{ax}{3a^2}$. Entonces,

$$\frac{3x}{a^2} - \frac{x}{3a} = \frac{9x}{3a^2} - \frac{ax}{3a^2} = \frac{9x - ax}{3a^2} = \frac{(9-a)x}{3a^2}.$$

La opción B es incorrecta porque usted no convirtió $\frac{x}{3a}$ a una ecuación con un denominador común $3a^2$. La opción C es incorrecta porque no se suman o restan fracciones usando el numerador y el denominador. La opción D es incorrecta porque no se suma el denominador de las fracciones cuando se están sumando o restando; simplemente se suman o restan los numeradores y se pone la suma o diferencia resultante sobre el denominador común.

27. **La respuesta correcta es D.** El único producto que da $16x^2 - 8x + 1$ cuando se expande es $(4x-1)^2$. Todas las demás tienen los términos cuadrados y constantes correctos, pero el término del medio incorrecto.

28. **La respuesta correcta es B.** Para cada azulejo, Herman necesita $c^2 + x$ centímetros de tela. Él necesita esta cantidad para cada 20 tejas, así que debe multiplicar esta expresión por 20. $20(c^2 + x) = 20c^2 + 20x$. La opción A es incorrecta porque la x debe ser multiplicada por 20 también (por la propiedad distributiva). La opción C tiene los símbolos de suma y multiplicación intercambiados. La opción D potencia al cuadrado la x en vez de multiplicar por 20.

29. La respuesta correcta es B. Multiplique de manera cruzada, simplifique, y aisle el término con y_1 en un lado. Después, divida los dos lados por su coeficiente.

$$\frac{x - x_1}{y - y_1} = m$$

$$x - x_1 = m\left(y - y_1\right)$$

$$x - x_1 = my - my_1$$

$$x - x_1 - my = -my_1$$

$$\frac{x - x_1 - my}{-m} = -y_1$$

$$y_1 = y + \frac{x_1 - x}{m}$$

La opción A es incorrecta porque hay un signo equivocado. La opción C es incorrecta porque no se pueden cancelar términos en el numerador y el denominador de una fracción; sólo se pueden cancelar términos similares. La opción D es incorrecta porque no se usó la propiedad distributiva.

30. La respuesta correcta es cualquier punto a la izquierda de −1 en la línea numérica. Simplifique la igualdad al añadir 3 en ambos lados: $-2x > 2$ y luego divida por −2:

$$\frac{-2x}{-2} > \frac{2}{-2}$$

$$x < -1$$

(Recuerde cambiar el símbolo de igualdad cuando divide por un número negativo).

31. La respuesta correcta es $330p + 1{,}200 \leq 8{,}000$. Primero calcule el costo de un solo poste de señalización. Es \$240 más \$60 multiplicado por 1.5: $240 + (60)(1.5) = 240 + 90 = 330$. Cada poste de señalización cuesta $330p$. Sume el anticipo de \$1,200: $330p + 1{,}200$ para calcular el costo total de p postes de señalización. Este número debe ser menor o igual a, ≤, 8.000.

32. La respuesta correcta es C. El número de unidades vendidas es dado como $45{,}000 - 160p$. Multiplique esta expresión por el precio de cada unidad, p: $(45{,}000 - 160p)(p) = 45{,}000p - 160p^2 =$ ventas totales. Las otras opciones son el resultado de usar incorrectamente la curva de demanda para calcular las ventas.

33. La respuesta correcta es B. La recta que dibuja Sal para representar la demanda de pizza tiene que subir, o variar en x 3 unidades por cada 8 unidades que aumenta el número de niños, la cual es la cual es la variación horizontal en esta gráfica. La pendiente de la recta es la variación en x sobre la variación en y, por variación en x/variación en y = $\frac{\text{rise}}{\text{run}} = \frac{3}{8}$. La opción A es el recíproco de la pendiente actual; recuerde que la pendiente es la variación en x sobre la variación en y, no viceversa. La opciones C y D son incorrectas porque no usan las dos piezas de información dadas para calcular la pendiente de la recta.

34. La respuesta correcta es A. Usando la fórmula $y = mx + b$, se tiene $m = -\frac{3}{2}$. Se necesita el intercepto y b. Para encontrarlo usted debe sustituir el punto $(-4, 0)$ y la pendiente en la ecuación para resolver para b.

$$0 = -\frac{3}{2}(-4) + b$$

$$0 = 6 + b$$

$$-6 = b$$

La ecuación de la recta es $y = -\frac{3}{2}x - 6$. La opción B es incorrecta porque tiene que intercambiar la x y la y en la ecuación. La opción C es incorrecta porque el intercepto y es $(0, 0)$. La opción D es incorrecta porque usted erróneamente uso el intercepto x como si fuera el intercepto y.

35. La respuesta correcta es –2 y 2. Esta es la gráfica de una función cúbica positiva. Sin embargo, esta disminuye con una pendiente negativa en el intervalo $-2 \leq x \leq 2$.

36. La respuesta correcta es D. Primero calcule la pendiente encontrando las diferencias en los valores y divididos por la diferencia en los valores x: $\frac{5-2}{-4-2} = \frac{3}{-6} = -\frac{1}{2}$. Inserte un par de valores (x, y) y la pendiente en una forma pendiente-intercepto de una recta: $2 = -\frac{1}{2}(2) + b$ para encontrar el valor de b: $2 = -1 + b$, $b = 3$. La ecuación es $y = -\frac{1}{2}x + 3$. La opción A y B tienen el intercepto y equivocado. La opción C tiene el signo equivocado en la pendiente.

37. La respuesta correcta es B. Para calcular la tasa para la Piscina B, determine la pendiente de la recta en la gráfica. Tome dos puntos para calcular la pendiente: $(0, 0)$ y $(30, 0)$. Encuentre la diferencia en los valores y dividida por la diferencia en los valores x: $\frac{2-0}{30-0} = \frac{2}{30} = \frac{1}{15}$. Esto se interpreta como la Piscina B **llenándose** 15 galones cada hora, lo cual es 3 galones más rápido que la tasa de la Piscina A.

38. La respuesta correcta es C. El número de monedas de diez centavos expresado en términos de números de monedas de 25 centavos es dado por $d = 3q - 1$. La porción de la cantidad total contribuida por d monedas de diez centavos es $0.10d$ y la porción del total contribuido por q monedas de 25 centavos es $0.25q$. Ya que la suma es \$4.30, tenemos la ecuación $0.10d + 0.25q = 4.30$. Entonces el sistema mostrado en la opción C es correcto. La opción A es incorrecta porque los paréntesis en la primera ecuación deben quitarse para obtener la expresión correcta del número de monedas de diez centavos. La opción B es incorrecta porque el lado derecho de la segunda ecuación debe multiplicarse por 100. La opción D es incorrecta porque d y q deben intercambiarse en la primera opción.

39. La respuesta correcta es B. La pendiente de una recta es el cambio en los valores de y dividido por el cambio en los valores de x. Si la pendiente es negativa, entonces los valores de y disminuyen a medida que aumentan los valores de x. Para la recta dada, la pendiente es $-\frac{2}{3}$. Esto significa que el valor y en el gráfico disminuye en 2 unidades por cada aumento de 3 unidades en x, que es la opción B. La opción A es incorrecta porque 3 y 2 están intercambiados. La opción C no tiene en cuenta el signo negativo en la pendiente. La opción D es incorrecta porque la pendiente y la intersección en y se han intercambiado.

40. La respuesta correcta es C. Usando la distancia igual a la tasa por el tiempo, Rick viaja $35t$ millas y su hermana viaja $(6 + 45t)$ millas en el momento en que ella lo alcanza. Al calcular estas dos expresiones se obtiene $35t = 6 + 45t$. La opción A es incorrecta porque se debe sumar 6 al lado derecho. La opción B es incorrecta porque los paréntesis deben eliminarse en el lado derecho. La opción D es incorrecta porque el 6 debe estar en el lado derecho, no en el izquierdo.

41. La respuesta correcta es D. El costo total de electricidad por mes equivalen a una tarifa fija de $20 más el producto de la cantidad de kilovatios-hora consumidos multiplicado por el costo por kilovatio-hora. Entonces, la ecuación tiene la forma general $y = m \times x + 20$.

$$f(-4) = -(-4)^2(2 + 3(-4))$$
$$= -16(2 - 12)$$
$$= -16(110)$$
$$= 160$$

En esta ecuación, y es igual al costo de electricidad por mes, m es igual a la tarifa por kilovatio-hora, y x es el número de kilovatios-hora consumidos durante el mes. Usted debe determinar el valor de m en función de la información proporcionada en la tabla. Dado que se supone que la ecuación es lineal, puede hacerlo tomando los valores de cualquiera de los cargos totales por mes y sustituyéndolos en la ecuación general.

Por ejemplo, use la primera fila de la tabla sustituyendo $x = 400$ e $y = 36.80$ y resuelva m:

$$y = m \times x + 20$$
$$36.60 = m(400) + 20$$
$$16.80 = 400m$$
$$m = 0.042$$

Entonces, la ecuación es $y = 0.042x + 20$. Las opciones A y B son incorrectas porque se le pide que encuentre la ecuación que mejor represente y en función de x, la cantidad de kilovatios-hora consumidos por mes. Por lo tanto, x es la variable independiente e y es la variable dependiente. La opción C es incorrecta porque restó la tarifa fija mensual de $20 en lugar de sumarla.

42. La respuesta correcta es D. Recuerde que *la distancia es igual a la velocidad multiplicada por el tiempo*. La distancia que el padre ha recorrido en el tiempo t es igual a la suma de la ventaja y la velocidad a la que trota multiplicada por la cantidad de horas que ha estado trotando. Simbólicamente, esto está dado por la expresión $0.75 + 5t$. Del mismo modo, la distancia que el hijo ha recorrido en el tiempo t es la velocidad a la que trota por el tiempo que ha estado trotando; esto se describe mediante la expresión $6.5t$. La distancia, d, entre ellos, es la diferencia entre las dos expresiones: $d = 0.75 + 5t - 6.5t = 0.75 - 1.5t$. Entonces, la opción D es la respuesta correcta. La opción A no tiene en cuenta la ventaja que se le da al padre. La opción B es la cantidad de millas que el padre ha trotado en t horas, pero no tiene en cuenta la posición relativa de su hijo. La opción C es la cantidad de millas que el hijo ha trotado en t horas, pero no tiene en cuenta la posición relativa de su padre.

43. **La respuesta correcta es C.** Como 3.5 es equivalente a $c = \frac{7}{2}t$, la pendiente de esta función es $\frac{7}{2}$, lo que significa que por cada 2 vueltas del engranaje más grande, el engranaje más pequeño gira 7 veces. La opción A es incorrecta porque si bien esto representa una función lineal; la pendiente es 7, no $\frac{7}{2}$. La opción B es incorrecta porque mientras que esto representa una función lineal, la pendiente es 3, no 3.5. La opción D es incorrecta porque se intercambió el significado de c y t.

44. **La respuesta correcta es A.** La función se expresa en forma pendiente-intercepto $y = mx + b$, donde m es una pendiente y b es el intercepto y. Aquí, la pendiente es de hecho -2 y el intercepto y es -5. La opción B es incorrecta porque la sustitución de estos puntos en la ecuación no produce un enunciado correcto en ninguno de los casos. La opción C es incorrecta porque si bien cruza el eje y en -5, la interpretación de la pendiente implica que es 2, no -2. La opción D es incorrecta porque la pendiente de una función lineal necesitaría ser cero para que el gráfico no cruce el eje x; aquí, la pendiente es -2, no 0.

45. **La respuesta correcta es D.** Sustituya en -4 por x y simplifique usando el orden de las operaciones:

$$f(-4) = -(-4)^2\,(2 + 3\,(-4))$$
$$= -16(2 - 12)$$
$$= -16(-10)$$
$$= 160$$

La opción A es incorrecta porque no usó el orden de las operaciones. Las opciones B y C son incorrectas porque $-(-4)^2 \neq 8$.

46. **La respuesta correcta es** $y = \frac{3}{2}x + -2$. La línea cruza el eje y en -2. Entonces en la forma pendiente-intercepto $y = mx + b$, el valor de b es -2. Para calcular la pendiente, use dos de los puntos que están claramente en la recta, digamos $(0, -2)$ y $(4, 4)$. La pendiente es $m = \frac{4 - (-2)}{4 - 0} = \frac{3}{2}$.

Entonces la ecuación es $y = \frac{3}{2}x - 2$.

respuestas examen de diagnóstico

Ciencia

1. B	**13.** A	**25.** A
2. A	**14.** B	**26.** B
3. C	**15.** D	**27.** 720 calorías
4. B	**16.** C	**28.** la gravedad
5. A	**17.** B	**29.** B
6. posiciones G y C	**18.** A	**30.** C
7. B	**19.** presión	**31.** A
8. 7	**20.** C	**32.** potencial, cinética
9. C	**21.** simple escamoso	**33.** B
10. B	**22.** C	**34.** B
11. A	**23.** B	**35.** D
12. C	**24.** B	

1. **La respuesta correcta es B.** Con mayor estimulación del crecimiento, el lado sombreado del tallo crecerá verticalmente a una velocidad mayor que la del tallo del lado soleado. Como resultado, el tallo se doblará hacia la luz. Si la auxina se concentra en el lado soleado del tallo, en lugar de en el lado sombreado, entonces la planta se doblaría hacia el suelo (opción D). Las opciones A y C no ocurrirán.

2. **La respuesta correcta es A.** El tiempo que le toma a la cresta X llegar a la línea A es tres cuartos el período de la ola (el tiempo que llevaría para que la cresta X llegue al punto de la próxima cresta en la figura). Por lo tanto, el período de la ola son 4 segundos. La línea B se encuentra a una longitud de onda completa más tres cuartos de una segunda longitud de onda a la derecha del punto X. Multiplique eso distancia por el período de la ola:

$$1\frac{3}{4} \times 4 = 7 \text{ segundos}$$

3. **La respuesta correcta es C.** El Dr. Marshall demostró que *H. pylori* causa úlceras, entonces debe haberse enfermado con síntomas similares a la úlcera después de beber el caldo infectado. Su enfermedad habría sido tratada con éxito con antibióticos, por lo que la opción A es incorrecta. Como el estrés no causa úlceras, estas no pueden curarse con técnicas anti estrés (opción B). *H. pylori* causa dolor de estómago y vómitos, no erupciones cutáneas, así que la opción D es incorrecta.

4. **La respuesta correcta es B.** Los cuatro cambios descritos en el pasaje son el resultado de la actividad humana: tala de bosques, canalización de fertilizantes y aguas residuales hacia ríos y océanos, uso excesivo de contaminantes del aire y permitir el pastoreo excesivo del ganado en los pastizales. Ninguno de estos hallazgos son provocados por el cambio climático (opción A), aunque talar selvas y el pastoreo excesivo pueden provocar el cambio climático ya que eliminan plantas que absorben dióxido de carbono. Debido a que todos estos cambios son provocados por la actividad humana, son reversibles, no irreversibles (opción C). La reducción de la capa de ozono no afecta la oferta de alimentos a nivel mundial (opción D).

5. **La respuesta correcta es A.** Cuando una forma de energía se convierte en otra, inevitablemente se pierde un poco de energía, como es el caso del calor (energía térmica). Ello se evidencia por lo caliente que se pone un teléfono inteligente cuando está en uso continuo. Las otras opciones de respuesta describen las funciones del dispositivo alimentado por energía eléctrica, así que todas estas son conversiones útiles de energía química.

6. **La respuesta correcta es posiciones G y C.** Cuando la luna está en la posición C o G, una persona directamente debajo de la luna observaría que la mitad de la superficie de la luna está iluminada por el Sol. La posición A muestra la fase de luna nueva (ninguna parte de la superficie frontal está iluminada). La posición E muestra la fase de luna llena (a menos que se produzca un eclipse lunar). Las posiciones B y H muestran fases de la luna creciente (la mayoría de la superficie frontal no está iluminada). Las posiciones D y F muestran las fases lunares de otoño (la mayoría de la superficie frontal está iluminada).

7. **La respuesta correcta es B.** En un diagrama simplificado de una molécula orgánica, los átomos de carbono existen en los puntos de intersección de las líneas rectas. En el diagrama dado, los átomos de carbono también se han numerado de manera que podemos referirnos fácilmente a ellos. Los extremos de ambas moléculas son iguales: tanto carbono 1 como carbono 4 están unidos cada uno a un grupo OH y doblemente unidos a un oxígeno. En el oxaloacetato, hay tres átomos de oxígeno de doble enlace en la cadena principal de carbono, mientras que en el malato solo hay dos. Entonces el grupo OH en el carbono 2 del malato debe haber sido trasladado al carbono 3 y transformado a un oxígeno de doble enlace en el oxaloacetato. Ninguna de las transformaciones en las otras opciones de respuesta se ha producido en la conversión de malato a oxaloacetato.

8. **La respuesta correcta es 7.** Los genotipos *RR* y *Rr* se expresan en rojo. Todos menos uno de los ocho descendientes que se muestran en el diagrama son rojos.

9. **La respuesta correcta es C.** El diagrama muestra que el emparejamiento en el conjunto 3, *Rr* y *Rr*, produjo una cría *rr* (blanca). A pesar de que el diagrama no muestra el emparejamiento proporcionado en los conjuntos 1 o 4, podemos ver que cada progenitor en ambas parejas puede contribuir al menos un alelo *r* a una descendencia. Por lo tanto, cada uno de estos emparejamientos puede producir descendencia *rr* (color blanco). El diagrama muestra que el emparejamiento en el conjunto 2 solo produjo descendencia *Rr* (roja).

respuestas examen de diagnóstico

10. **La respuesta correcta es B.** Cuando las algas mueren y ocurre el blanqueamiento del coral, el coral generalmente muere, lo que demuestra que necesita las algas para sobrevivir. El pasaje no ofrece suficiente información para determinar si lo contrario también es cierto ya que solo dice lo que pasa si las algas mueren primero, no si el coral muere primero. Por lo tanto, no podemos concluir que la opción A es verdadera a partir del pasaje. La opción C es incorrecta porque el pasaje dice que el alga muere debido al aumento de las temperaturas oceánicas, así que si el océano continúa calentándose, morirán más algas y por lo tanto más corales, no menos. Del mismo modo, si la temperatura del océano se enfría, morirían menos algas, no más, por lo que la opción D es incorrecta.

11. **La respuesta correcta es A.** El uso de una palanca del tipo que se muestra en la ilustración puede aumentar la fuerza de salida (mover la carga) mientras aplica la misma cantidad, o posiblemente menos, de fuerza de entrada (esfuerzo). Una palanca sería el mejor ejemplo entre las opciones dadas. Las cuñas (opción B) y las carretillas (opción C) no son palancas, por lo que no son el mismo tipo de máquina simple que se muestra. Un cascanueces (opción D) es un tipo diferente de palanca a la que se muestra en la ilustración.

12. **La respuesta correcta es C.** Ya que las ballenas retienen restos de los huesos pélvicos, deben haber heredado estos huesos de un antepasado que tenía huesos pélvicos completos y típicos que sostenían miembros posteriores completos y típicos. Adicionalmente, la pregunta sostiene que las ballenas perdieron sus extremidades posteriores, por lo que deben haber evolucionado de animales con extremidades posteriores. La pregunta dice que las ballenas tienen remanentes de huesos pélvicos, así que no evolucionaron sus peculiares huesos pélvicos de la nada; es decir, no evolucionaron desde animales que no tienen huesos pélvicos (opción A). A pesar de que las ballenas tienen extremidades delanteras inusuales que se han convertido en aletas, todavía tienen extremidades delanteras, por lo que deben haber evolucionado de animales que tenían extremidades delanteras. Por lo tanto, la opción B es incorrecta. Las ballenas viven en el océano y no necesitan extremidades posteriores, por lo que no hay razón para esperar que vuelvan a evolucionar las extremidades traseras que han perdido (opción D).

13. **La respuesta correcta es A.** La serina contiene 3 átomos de oxígeno, mientras que la cisteína contiene solo 2. Ambas moléculas contienen 3 átomos de carbono, 1 átomo de nitrógeno y 7 átomos de hidrógeno.

14. **La respuesta correcta es B.** Como dice el pasaje, los gametos son las células reproductoras de un organismo de reproducción sexual. Por tanto, los óvulos y los espermatozoides son gametos que contienen un número haploide de cromosomas. El número haploide (n) es la mitad del número diploide (2n), entonces un gameto de pavo contiene 80 ÷ 2 = 40 cromosomas. La opción A (23) es el número de cromosomas en un gameto humano, no de un gameto de pavo. La opción C (80) es el número diploide, o el número de cromosomas en cualquier célula que no sea gameto. La opción D (160) es dos veces el número diploide, no la mitad.

15. **La respuesta correcta es D.** El pasaje dice que las luces del sur suceden por similares razones por las que sucede la aurora boreal en el Polo Norte. Sabemos que la aurora boreal sucede en el Polo Norte porque este es un lugar donde convergen las líneas del campo magnético de la Tierra. Lógicamente, el Polo Sur—el opuesto al Polo Norte—debe ser el lugar donde el otro extremo de las líneas del campo magnético de la Tierra convergen. Usted también puede recordar que los imanes tienen polos norte y sur y que los polos son donde convergen las líneas del campo magnético. El pasaje dice que las partículas cargadas que causan auroras vienen del sol, pero no dice que solamente el sol contiene partículas cargadas (opción A). Es importante recordar que todos los átomos contienen partículas cargadas (protones y electrones), por lo que las partículas cargadas están ciertamente presentes en la Tierra y en cualquier otro lugar en el universo. No hay discusión sobre las líneas del campo magnético del ecuador, por lo que **no** es razonable inferir que las auroras suceden en el ecuador también (de hecho, no lo hacen). Por lo tanto, la opción B no es una inferencia válida. Tampoco se discute cómo la temperatura o el clima afectan las auroras, así que la opción C no es una inferencia válida.

16. **La respuesta correcta es C.** En el punto C, la población de pulgas de agua ha superado la capacidad de carga del medio ambiente. La capacidad de carga es la población máxima que puede ser sustentada por los recursos en el ambiente. Una vez que la población sobrepasa la capacidad de carga, el medio ambiente ya no puede sustentarla. El punto A (opción A) y el punto E (opción D) están ambos debajo de la capacidad de carga, por lo que el medio ambiente puede sustentar la población en estos puntos. El punto B (opción B) está en la capacidad completa, por lo que el medio ambiente tiene exactamente suficientes recursos para sustentar a la población en este punto.

17. **La respuesta correcta es B.** La escala de temperatura se presenta en la parte superior del diagrama. Las temperaturas disminuyen de izquierda a derecha, de modo que las estrellas con las temperaturas superficiales más bajas se trazan en el extremo derecho del diagrama. Las estrellas gigantes se agrupan cerca del lado derecho del diagrama, lo que significa que están entre las estrellas más frías. Las estrellas azules son las estrellas más calientes. La luminosidad se presenta en el lado izquierdo del diagrama y aumenta a medida que sube. Las enanas están en la parte inferior del diagrama, lo que significa que son menos luminosas que las cefeidas, que están en el medio. Las estrellas anaranjadas vienen en una variedad de luminosidades, al igual que las estrellas rojas, por lo que no se puede decir que las estrellas anaranjadas en general son más luminosas que las estrellas rojas; solo se pueden comparar estrellas anaranjadas específicas con estrellas rojas específicas.

18. **La respuesta correcta es A.** El sol de nuestro sistema solar (indicado por la X en el diagrama) está ubicado cerca del centro del diagrama. Los otros puntos trazados se distribuyen de forma relativamente igualitaria arriba y abajo de X, así como a la izquierda y derecha de X. Esta distribución indica que el sol es promedio, o típico, tanto en su brillo (medido en la escala vertical) como en su temperatura superficial (medida en la escala horizontal). No se puede determinar la edad de nuestro sol (opción B) ni la manera en que el número de estrellas en el universo está cambiando (opción D) a partir del diagrama. La opción C es incorrecta porque la forma en que las estrellas se trazan en bandas y cúmulos en el diagrama no es la manera en que están distribuidas físicamente en el universo; el diagrama solamente traza sus características.

19. **La respuesta correcta es *presión*.** Si el tubo estuviera abierto en ambos extremos (en lugar de estar conectado al tanque de aire en un extremo), el nivel del líquido sería el mismo en ambos lados de la *U* en el tubo, ya que el aire atmosférico estaría ejerciendo igual presión en ambos extremos. Pero el nivel superior en el lado derecho de la *U* indica que la presión del tanque de aire es mayor que la presión atmosférica. (Las diversas marcas de nivel hacia arriba y hacia abajo del tubo proporcionan una medida cuantitativa de esa presión).

20. **La respuesta correcta es C.** Los murciélagos sanos que entraron en contacto directo con el hongo *Geomyces destructans* desarrollaron WNS, entonces el WNS se transmite a través del contacto directo con el hongo. En el Experimento 3, los murciélagos sanos entraron en contacto directo con *G. destructans* a través de otros murciélagos; estaban en el mismo recinto que los murciélagos infectados con WNS y podían tocarlos. Algunos murciélagos tuvieron la suerte de no entrar en contacto directo con el hongo, ya que 2 de los 18 murciélagos sanos escaparon de la infección. En el Experimento 4, los investigadores aplicaron directamente *G. destructans* a las alas sanas de los murciélagos, y todos ellos se infectaron con WNS. El WNS no se esparce por el aire (opción A), porque los murciélagos sanos que compartieron el mismo aire que los murciélagos infectados no se enfermaron cuando no tocaron a los murciélagos enfermos (Experimento 2). Se ha explicado cómo podemos concluir que el WNS es causado por *G. destructans*, por lo que la opción B es incorrecta. En la descripción para el Experimento 3, se explica que los murciélagos en el mismo espacio cerrado pueden tocarse, y como muchos de los murciélagos sanos desarrollaron WNS, es claro que ellos tocaron a los murciélagos infectados. De esta manera, la opción D es incorrecta.

21. **La respuesta correcta es *simple escamoso*.** Un saco de aire dentro de un pulmón absorbe el oxígeno, el cual pasa a través de su pared a los vasos sanguíneos, que después pasan dióxido de carbono de vuelta a través de la pared al saco de aire para que sea expulsado al aire. Para lograr el intercambio, la pared debe ser de una sola capa, delgada y permeable (difusa). El tejido que se muestra como escamoso simple es el que mejor sirve para este propósito. Los otros tipos de tejido son todos más gruesos que el tejido escamoso simple y no permitirían tan fácilmente el paso de oxígeno y dióxido de carbono.

22. **La respuesta correcta es C.** Las lagartijas que tienen la mayor probabilidad de convertirse en la población mayoritaria común serán las que tendrán más probabilidades de reproducirse y sobrevivir en su entorno. Después del deslizamiento de tierra, la ladera se cubre de rocas de colores claros. Las lagartijas color marrón claro serán más difíciles de ver en estas rocas y serán las más propensas a sobrevivir para reproducirse. Las lagartijas negras y marrón oscuro serían más fáciles de ver contra una ladera de color claro y tendrían menos probabilidades de sobrevivir, entonces las opciones restantes son incorrectas.

23. **La respuesta correcta es B.** Las lagartijas marrón claro están siendo seleccionadas porque ellas son las que tienen la mayor probabilidad de sobrevivir para reproducirse después del deslizamiento de tierra. Este es un ejemplo de selección direccional porque un rasgo que fue una condición extrema (las lagartijas marrón claro eran raras) está siendo seleccionado. Las lagartijas marrón claro eran la condición promedio y más común, así que si fueran seleccionadas, esto sería un ejemplo de una selección estabilizante (opción A). Si ambas lagartijas, las negras y marrón claro fueran seleccionadas, esto sería un ejemplo de selección disruptiva. La selección de parentesco (opción D) favorecería el éxito reproductivo de los miembros de la familia de la lagartija marrón claro, incluso a expensas de su propia sobrevivencia.

24. **La respuesta correcta es B.** Las flechas de la ilustración muestran que el agua fría del Océano Atlántico Norte (cerca del Polo Norte) se hunde y luego viaja al sur hacia el ecuador, calentándose y mezclándose con agua más cálida en el camino. Una vez más cálida, esa agua sube a la superficie y se mueve hacia el norte donde comenzó en el Atlántico Norte. Mientras que la opción A parece ser cierta con base en el diagrama, este es un detalle menor que no es la idea general transmitida por el diagrama. Este es un diagrama generalizado que no muestra todos los puntos en el Océano Atlántico, y dado que representa con precisión la profundidad del agua, la opción C no es la mejor respuesta. La opción D es cierta, pero esto no se muestra en el diagrama; es algo que se puede concluir después de entender la idea general del diagrama.

25. **La respuesta correcta es A.** Cualquier cambio que sea en la dirección opuesta de lo que está ocurriendo en el diagrama es más probable que lo detenga. El derretimiento del casquete polar enviará una enorme cantidad de agua dulce al océano en el Polo Norte. El agua dulce es menos densa que el agua salada, por lo que es poco probable que se hunda. Además, la pérdida de hielo en el Polo Norte hará que la temperatura del agua del océano allí se caliente, lo que hace que sea aún menos probable que se hunda. Esto cerrará el patrón de circulación que muestra el diagrama. Todas las demás opciones describen la amplificación de las condiciones que se muestran en el diagrama, que solo fortalecerá la circulación que se muestra en el diagrama. Un aumento del calor del sol en el ecuador (opción B) calentaría el agua y haría más probable que se moviera hacia el norte, una reducción del calor en el Polo Norte (opción C) enfriaría el agua y haría más probable que el agua se hundiera, y un mayor volumen de agua caliente en el ecuador (opción D) llevaría un gran volumen de agua caliente hacia el norte.

26. **La respuesta correcta es B.** La perdiz nival es blanca en invierno, lo que significa que debe vivir en un lugar lo suficientemente frío como para que nieve en el invierno. La única opción dada donde hace frío suficiente para nevar en invierno es la pradera canadiense. La zona de distribución de la perdiz nival se extiende desde las Montañas Cascada en el Estado de Washington hasta la tundra de Alaska y el norte de Canadá.

27. **La respuesta correcta es *720 calorías*.** Se necesitan 80 calorías para cambiar el estado de hielo a agua (la meseta inferior); 100 calorías son necesarias para elevar la temperatura de 0°C a 100°C y 540 calorías adicionales son necesarias para transformar el agua en vapor. La cantidad total de energía térmica requerida es 720 calorías.

28. **La respuesta correcta es la *gravedad*.** Los científicos deducen la existencia de la materia oscura por la forma en que la gravedad opera sobre la materia ligera. Por lo tanto, su comprensión de la materia oscura es teórica. Debido a que la materia oscura produce gravedad, puede afectar la gravedad producida por la materia ligera. Esto provoca un cambio en el movimiento de la materia ligera, como en la galaxia descrita en la pregunta.

29. **La respuesta correcta es B.** De acuerdo con el gráfico, la opacidad atmosférica es cercana al 0 % para la luz visible, con longitudes de onda de alrededor 400–800 nm. Esta es la ventana de luz visible, que permite a las longitudes de onda necesarias para iluminar el mundo pasar a través de la atmósfera a la superficie de la Tierra; sin la ventana de luz visible, siempre viviríamos en la oscuridad. La luz visible es exactamente como suena: consiste en las longitudes de onda que los humanos (y muchos otros organismos) pueden ver. La luz visible incluye las longitudes de onda necesarias para que ocurra la fotosíntesis. La fotosíntesis es la base de todas las cadenas alimenticias y por lo tanto para la vida en la Tierra. La atmósfera es opaca a ultravioleta (opción A) y la mayoría es radiación infrarroja (opción C); estas longitudes de onda también son invisibles para el ojo humano. Si bien hay una ventana atmosférica para ondas de radio (opción D), estas longitudes de onda también son invisibles para el ojo humano.

30. **La respuesta correcta es C.** Los científicos aprovechan ventana atmosférica para ondas de radio (longitudes de onda de aproximadamente 5 cm a 20 m como se muestra en el gráfico) para estudiar el universo. Las ondas de radio de objetos astronómicos distantes pueden ser enfocadas y recibidas por enormes telescopios con forma de plato. Las ondas de radio pueden ser usadas para estudiar objetos que no pueden ser vistos con la luz visible. El efecto invernadero es causado porque la atmósfera es opaca a la radiación infrarroja, no transparente, así que la opción A es incorrecta. El ozono hace que la atmósfera sea opaca a la radiación ultravioleta, no transparente, entonces la opción B es incorrecta. La radiación electromagnética no afecta la capacidad de los aviones para volar, entonces la opción D es incorrecta.

31. **La respuesta correcta es A.** Las partículas de sedimento se depositan por tamaño cuando viajan, generalmente cuando son llevadas por una corriente de agua o viento. Cuanto más lejos viajan las partículas, más tiempo hay para que las partículas más pesadas y grandes se depositen primero, y posteriormente las partículas más ligeras y pequeñas. Si los sedimentos son arrojados rápidamente en un lugar, no van a tener tiempo de ordenarse. Se pueden agregar más partículas de sedimento a una mezcla de sedimentos mientras viajan, pero eso sólo hará que los depósitos estén menos ordenados. Los sedimentos se vuelven más redondeados cuanto más lejos viajan, pero esto no afecta lo bien que se ordenan (el peso de las partículas lo hace). Las partículas de sedimento se rompen más, no son más duras, cuanto más lejos viajan.

32. **Las respuestas correctas son *potencial* y *cinética*, en ese orden.** El resorte en espiral tiene energía basada en el estrés interno causado por su posición comprimida; hasta que se libere el resorte, la energía es energía potencial, ya que no se ha aplicado ninguna fuerza a nada. En el panel B, la energía potencial en el resorte se ha transformado en energía cinética (la energía de movimiento) en el carro ahora en movimiento.

33. **La respuesta correcta es B.** La posición 2 es donde la fuerza es aplicada al carro, convirtiendo la energía potencial a energía cinética en el carro en movimiento. El trabajo también se aplica a medida que el resorte se mueve de su espiral a su estado desenrollado, pero la posición 1 (opción A) indica la base del resorte, que no se mueve cuando el resorte se desenrolla. La posición 3 (opción C) indica la energía cinética en el carro, no la fuerza aplicada para crear esa energía cinética. La posición 4 (opción D) que indica el movimiento de las ruedas, es también energía cinética, no trabajo.

34. **La respuesta correcta es B.** Una observación cuidadosa del gráfico muestra que la población de conejos aumenta antes que la población de lobos y disminuye antes de que la población de lobos disminuya. El patrón sugiere que la población de lobos está respondiendo a los cambios en la población de conejos. Más conejos significa más condiciones favorables para los lobos; los lobos se multiplican y comen más conejos, haciendo que la población de conejos se desplome. Privada de su fuente de alimento, la población de lobos disminuye poco después. Entonces el ciclo se repite. La opción A no puede ser cierta, ya que las poblaciones suben y bajan en momentos ligeramente diferentes. La opción C es lo opuesto al patrón que está presente y la opción D no es posible ya que la pregunta dice que esta dinámica está ocurriendo en una isla aislada, así que no hay ningún lugar a donde ir.

35. **La respuesta correcta es D.** Las plantas necesitan agua y luz para mantenerse saludable, y el el maestro olvidó proporcionar ambas cosas a la planta durante el fin de semana. Para sacar una conclusión válida, solo se puede cambiar una variable al mismo tiempo, y en este caso, dos variables están cambiando: la cantidad de agua y luz. Las plantas pueden marchitarse por muchas razones, y no hay indicios de que el maestro hubiera regado la planta el lunes.

Estudios sociales

1. B	**13.** D	**25.** B
2. A	**14.** D	**26.** A
3. A	**15.** Valley Forge	**27.** Cámara de Representantes
4. C	**16.** Filadelfia	
5. B	**17.** A	**28.** B
6. B	**18.** C	**29.** Destino manifiesto (B)
7. D	**19.** C	**30.** A
8. D	**20.** A	**31.** A
9. A	**21.** A	**32.** D
10. Clero	**22.** C	**33.** B
11. Recepción	**23.** A	**34.** B
12. A	**24.** A	**35.** C

1. **La respuesta correcta es B.** Aunque viven en la misma región, la gente de Gran Bretaña generalmente se hacen parte del protestantismo, mientras que la mayoría de los irlandeses son católicos. Las otras declaraciones son conclusiones falsas sobre la experiencia irlandesa y británica de región y lugar.

2. **La respuesta correcta es A.** Mientras los nativos americanos de la costa noreste dependían en gran medida de la pesca como fuente de alimento, tanto ellos como los nativos americanos del este de Woodlands, eran agricultores. Ambas naciones, las del este de Woodlands y las del pacífico noroeste, vivían en hogares comunales, así que la opción B es incorrecta. Debido a que en la nación del pacífico noroeste tallaban totems, la opción C es incorrecta. De la información dada, es imposible deducir cuál grupo de nativos americanos era más avanzado (un término que es muy subjetivo y depende de como una persona lo defina) así que la opción D es incorrecta.

3. **La respuesta correcta es A.** El miedo a la tiranía creado por una concentración de poder que los colonizadores habían experimentado con Gran Bretaña tuvo la mayor influencia en la escritura de Madison. Mientras que el fracaso de los artículos influenció a Madison, sus posiciones específicas en los pasajes son sobre el abuso y la división del poder para la protección contra dichos abusos, haciendo que la opción B sea incorrecta. La opción C es incorrecta porque la opinión de Madison no fue formada por la oposición, incluso si él estaba escribiendo para persuadirlos. La opción D es incorrecta porque Washington aún no se había elegido.

4. **La respuesta correcta es C.** La habilidad de cada rama del gobierno para "verificar y equilibrar" una a la otra es respaldada por el uso del veto. Los impuestos (opción A), la declaración de guerra (opción B), y la regulación del comercio interestatal (opción D) no son ejemplos del balance de poderes entre ramas del gobierno.

5. **La respuesta correcta es B.** El fracaso de los Artículos de la Confederación demostró la necesidad de tener un gobierno que dividiera el poder equitativamente entre las ramas del gobierno. La opción A es incorrecta porque el sistema político de Gran Bretaña no falló y la Constitución fue modelada de muchas maneras a partir del mismo. La opción C es incorrecta porque Madison argumentaba que la Constitución no necesitaba estas protecciones (aunque finalmente las incluyó). La opción D respalda la necesidad de revisión de los artículos, pero no las ideas presentadas por Madison sobre verificaciones y equilibrios.

6. **La respuesta correcta es B.** La imagen expresa la carga que los afroamericanos aún soportan después de la Guerra Civil y el poder que los blancos tienen sobre ellos. La opción A es incorrecta porque mientras los blancos poderosos dominaron el gobierno del sur, la caricatura está más enfocada en la lucha que los afroamericanos enfrentan, que en un comentario específico sobre el poder político. La opción C es incorrecta porque había pocas protecciones establecidas para los afroamericanos que pudiesen ser eliminadas antes o después de la guerra. La opción D es incorrecta porque el centro de atención de la imagen es en los afroamericanos y su lucha, no en un miembro del KKK.

7. **La respuesta correcta es D.** El movimiento de los afroamericanos (la segunda gran migración) hacia al norte fue una reacción afroamericana a las respuestas del sur. Las opciones A, B y C son todas ejemplos de la resistencia del sur a las Enmiendas de Reconstrucción.

8. **La respuesta correcta es D.** El uso de palabra *debe* en la declaración en la opción D indica que no es un hecho, sino más bien un juicio u opinión. Todas las demás opciones de respuesta son declaraciones de hechos ampliamente aceptados como verdaderos.

9. **La respuesta correcta es A.** Los europeos creían que los nativos eran seres primitivos, pero el pasaje respalda lo opuesto, ya que su habilidad para adaptarse a sus alrededores las mejores técnicas salvaron a los colonizadores de la muerte segura. Las opciones B, C y D son todas declaraciones verdaderas que son compatibles con el pasaje.

10. **La respuesta correcta es *Clero*.** Según el gráfico, el clero cuesta 113 dólares, lo que está entre el costo de la limosina (192 dólares) y el costo de la ropa del novio (77 dólares).

11. **La respuesta correcta es *la recepción*.** Como la recepción es el mayor gasto individual, probablemente se podría ahorrar más allí.

12. **La respuesta correcta es A.** Lincoln necesitaba retener a los estados fronterizos durante la guerra y sus opiniones sobre la esclavitud estarían en conflicto con emancipación total durante este periodo de la guerra. La opción B es incorrecta porque el norte ya tenía una gran ventaja numérica. La opción C es incorrecta porque los estados del sur no eran parte del Senado durante la Guerra Civil. La opción D es incorrecta porque Lincoln apoyaba la emancipación.

13. **La respuesta correcta es D.** Los Tribunales de Distrito de los Estados Unidos (de los cuales hay 94) tienen la jurisdicción original y llevan a cabo juicios en los casos en los que se aplican las leyes y reglamentos federales. Los tribunales estatales de primera instancia (opción A) generalmente toman casos que involucran leyes estatales, no leyes federales. La Corte Suprema (opción B) tiene jurisdicción original solamente en casos especiales. Las cortes supremas estatales (opción C) no tienen jurisdicción original y no pueden llevar a cabo juicios.

14. **La respuesta correcta es D.** Un nombramiento con base en el "mérito" significa que un cargo es otorgado a la persona más calificada para desempeñarlo. Una forma de determinar cuales solicitantes están mejor calificados para un trabajo es administrando un examen apropiado. (De hecho, los exámenes del servicio civil fueron establecidos por la Ley de Reforma del Servicio Civil de Pendleton). El cabildeo político (opción A), el servicio de jurado civil (opción B) y los límites de mandato para funcionarios electos (opción C) no fueron establecidos por la Ley Pendleton de Servicio Civil.

15. **La respuesta correcta es *Valley Forge*.** El mapa muestra las fuerzas estadounidenses deteniéndose en Valley Forge después de retirarse de las fuerzas de Howe.

16. **La respuesta correcta es *Filadelfia*.** El mapa indica la ruta de retirada de Washington, lejos de Filadelfia, la cual fue dejada expuesta al ataque britanico. La ciudad fue sometida a la ocupación británica durante casi un año.

17. **La respuesta correcta es A.** El Cuerpo Civil de Conservación proporcionó empleo a muchos trabajadores desempleados, al igual que la Administración de Progreso de Obras y la Administración de Obras Públicas. La FDIC (opción B) apoyaba la regulación de la banca, la FHA (opción C) apoyaba la regulación de la vivienda, y la Ley de Seguridad Social (opción D) se ocupaba de la ayuda a los ancianos.

18. **La respuesta correcta es C.** Muchas de las políticas durante los primeros 100 días se enfocaron en la protección y regulación de la industria bancaria con la esperanza de abordar las causas de la Gran Depresión. A pesar de que hay ejemplos que demuestran que la vivienda (opción A), la agricultura (opción B), y la conservación (opción D) se abordaron, hay más políticas enfocadas en la banca que en cualquier otra área.

19. **La respuesta correcta es C.** Como señala el pasaje, en términos de lo que puede comprar un dólar estadounidense, su valor ha disminuido constantemente desde 1950. Aunque 1967 no aparece en la ilustración como tal, es el único año que figura entre las opciones que podría ser el año base utilizado para la comparación con los demás.

20. **La respuesta correcta es A.** El creciente poder de compra del euro comparado con el dólar de Estados Unidos significa que los bienes y servicios en Estados Unidos son relativamente más baratos para los europeos. Tiene sentido que ellos aprovechen la debilidad del dólar estadounidense gastando su dinero en ese país.

21. **La respuesta correcta es A.** Estados Unidos estaba preocupado por la propagación del comunismo y esperaba continuar su protección de la democracia a nivel nacional y en el extranjero. La opción B es incorrecta porque Estados Unidos esperaba contener la propagación del comunismo. La opción C es incorrecta porque Estados Unidos quería difundir y proteger las ideas de la Constitución, y la democracia, no el documento en sí. La opción D es incorrecta porque el discurso no tenía nada que ver con la immigración.

22. **La respuesta correcta es C.** La Cláusula de las Tres Quintas Partes fue una medida adoptada para aliviar las tensiones sobre la población en la Convención Constitucional. Debido a que el Norte estaba más densamente poblado, los sureños estaban preocupados por la falta de representación en el Congreso. Al contar a los esclavos negros (no a los inmigrantes, protestantes o nativos americanos) como las tres quintas partes de una persona, los sureños se apaciguaron.

23. **La respuesta correcta es A.** Si los estados del sur incluían esclavos en el conteo de su población, ellos **tendrían** una mayor representación en el Congreso. Si los esclavos no fueran contados, carecerian de representación, ya que el Norte estaba más densamente poblado. La Cláusula de las Tres Quintas Partes fue un intento de remediar esta situación, aunque a expensas de los esclavos negros. La opción B es incorrecta porque no hubo mención de la esclavitud en la constitución. Las opciones C y D son incorrectas porque la cláusula fue un compromiso destinado a dar una representación equitativa tanto al Norte como al Sur.

24. **La respuesta correcta es A.** Al establecer la revisión judicial, *Marbury c. Madison* aseguró que el poder judicial tenía tanto poder e influencia como los poderes legislativo y ejecutivo. La opción B es incorrecta porque el partido político del juez no era relevante. Las opciones C y D son incorrectas porque el fallo no limitó ni otorgó un poder no controlado al poder judicial.

25. **La respuesta correcta es B.** Una orden judicial es una orden de la corte a un funcionario inferior del gobierno. Habeas corpus (opción A) es el debido proceso. La revisión judicial (opción C) es el proceso de la Corte Suprema que determina la constitucionalidad de las leyes. Finalmente, Marshall no emitió ninguna orden de arresto (opción D).

26. **La respuesta correcta es A.** Los Hijos de la Libertad se organizaron en numerosos lugares, pero todos tenía la misma razón para organizarse: resistencia a la Ley del Sello. La opción B es incorrecta porque se encontró un objetivo común. La opción C es incorrecta porque, mientras las *colonias* estaban divididas, los "Hijos de la Libertad" se unieron. La opción D es incorrecta porque la organización estaba más enfocada en protestas y boicots, no en una gran resistencia militar.

27. **La respuesta correcta es la *Cámara de Representantes*.** El Congreso de los Estados Unidos ratificó la Duodécima Enmienda en 1804. La enmienda establece que "la Cámara de Representantes elegirá de inmediato, por votación, al presidente" y "el Senado elegirá al presidente". El proceso también se usa en el evento en que ningún candidato obtenga 270 o más votos del colegio electoral.

28. **La respuesta correcta es B.** Mientras que la esvástica fue muy ofensiva para los judíos de Skokie, Collins y los otros miembros del partido neonazi fueron protegidos por el derecho de la primera enmienda a reunirse pacíficamente.

29. **La respuesta correcta es** *Destino manifiesto* **(B).** Las razones para mudar a los nativos americanos fuera de su tierra se centraron en la obtención de la tierra para residentes de EE. UU. y la expansión de Norteamérica de océano a océano. Trail of Tears es incorrecto porque era el nombre del evento, no la razón detrás del mismo. El "Manifiesto del Sur" es incorrecto porque el término se relaciona con la discriminación racial durante el Movimiento por los derechos civiles. La Proclamación de Emancipación fue dada por Abraham Lincoln para liberar a los esclavos.

30. **La respuesta correcta es A.** José hizo un trueque con el dueño de una tienda. Ofreció ayuda con los libros de la tienda a cambio de espacio. Las otras opciones no se mencionan como opciones viables en el pasaje.

31. **La respuesta correcta es A.** El aumento de los impuestos sobre la propiedad obligó a cerrar muchos de los restaurantes de la familia Paivo. El pasaje no menciona la sindicalización (opción B), la mala gestión (opción C), o la falta de disponibilidad de inventario (opción D).

32. **La respuesta correcta es D.** La Carta de Derechos busca proteger, no limitar, las libertades personales. Las opciones A, B y C son todas razones por las que se incluyó la Carta de Derechos.

33. **La respuesta correcta es B.** La Tercera Enmienda protege a los ciudadanos de tener que alojar y alimentar a las tropas en tiempos de paz. La Segunda Enmienda (opción A) es el derecho a portar armas. La Novena Enmienda (opción C) otorga poderes no descritos de otra manera a la gente. La Décima Enmienda (opción D) otorga poderes no descritos de otra manera a los estados.

34. **La respuesta correcta es B.** China es la tierra firme más cercana a Japón, y está a 115 millas. Japón no es una nación neutral o aislacionista, y aunque la historia de Japón incluye la migración de otros países asiáticos, esto no disminuiría las amenazas de invasores extranjeros.

35. **La respuesta correcta es C.** La influencia cultural de Corea, los mongoles y los chinos ha jugado un papel al moldear la cultura Japonesa. El pasaje no indica si esta mezcla cultural fue tenue (opción A), y tampoco creó un sistema de clases (opción B). Los migrantes coreanos introdujeron armamento avanzado y el uso de caballos en combate (opción D).

¿ESTÁ LISTO PARA TOMAR EL EXAMEN GED®?

Ahora que ha completado el Examen de diagnóstico, es hora de ver si sus puntajes indican si está listo para presentar el GED. Recuerde, este examen de práctica de diagnóstico no solo está diseñado para brindarle una experiencia del examen, sino también para ayudarlo a identificar sus fortalezas y debilidades. Compruebe sus puntuaciones en la tabla de abajo para identificar su situación.

Examen GED®	Listo. Bien preparado	Posiblemente listo	Necesita más preparación
Razonamiento a través de las artes del lenguaje	37–49	25–36	0–24
Razonamiento matemático	34–36	23–33	0–22
Ciencias	26–33	18–25	0–17
Estudios sociales	26–35	18–25	0–17

Si sus puntajes están en la columna "listo, bien preparado", probablemente esté listo para tomar el examen GED real, y debe hacerlo pronto. Si algunos de sus puntajes están en la columna "Posiblemente listo", debe enfocar su estudio en aquellas áreas en las que más necesita mejorar. "Posiblemente listo" significa que probablemente esté lo suficientemente preparado para obtener un diploma del GED, pero no es una mala idea pasar un poco más de tiempo repasando y mejorando sus posibilidades de aprobar el examen GED real.

Si alguno de sus puntajes cayó en la categoría "Necesita más preparación", tómese más tiempo para revisar los capítulos pertinentes de este libro, y los libros de texto de la escuela secundaria, si es necesario. ¡Buena suerte!

PARTE III
RAZONAMIENTO A TRAVÉS DE LAS ARTES DEL LENGUAJE

Dominar la comprensión de lectura

DESCRIPCIÓN GENERAL

- Tomar el examen de Razonamiento a través de las artes del lenguaje—comprensión de lectura
- Entender la no-ficción
- Entender la ficción
- Estrategias generales para tomar el examen
- En resumen
- Preguntas de práctica
- Clave de respuestas y explicaciones

RESUMEN DEL EXAMEN DE RAZONAMIENTO A TRAVÉS DE LAS ARTES DEL LENGUAJE—COMPRENSIÓN DE LECTURA

Tiempo permitido: 150 minutos para todo el examen de Razonamiento a través de las artes del lenguaje, con 45 minutos para la respuesta extendida, y un descanso de 10 minutos.

Número de pasajes: Entre 6 y 8 (el número puede variar)

Extensión de cada pasaje: 400–900 palabras

Número total de preguntas: 45–50 preguntas en total para Comprensión de Lectura Convenciones de Lenguaje y Escritura (los tipos de preguntas incluyen opción múltiple, seleccionar un área, arrastrar y soltar, desplegable y respuesta extendida)

Número de preguntas por pasaje: Entre 6 y 8 (el número puede variar)

Capítulo 3

TOMAR EL EXAMEN DE RAZONAMIENTO A TRAVÉS DE LAS ARTES DEL LENGUAJE—COMPRENSIÓN DE LECTURA

El examen de Razonamiento a través de las artes del lenguaje evalúa su capacidad para comprender, interpretar, evaluar, sintetizar y aplicar la información contenida en textos de no-ficción y ficción. La prueba consta de varios pasajes de lectura, cada uno seguido de seis a ocho preguntas (opción múltiple, potenciadas por tecnología o una combinación de ambas). Los pasajes provienen de una amplia variedad de fuentes.

Independientemente del tipo de pasaje que enfrente todas las preguntas abordarán las mismas habilidades básicas de lectura. Aquí está el desglose de las áreas generales de habilidades abordadas por las preguntas del examen. Como lo indican los números porcentuales, algunas áreas tendrán mayor énfasis que otras.

- **Comprensión (20 %):** Comprender y recordar información específica del pasaje.
- **Análisis e Interpretación (30–35 %):** Comprender lo que sugiere o implica el pasaje, e inferir y sacar conclusiones razonables al respecto.
- **Evaluación y Síntesis (30–35 %):** Comprender la idea central y el tema que trata el pasaje; inferir la intención o el propósito el autor; reconocer el propósito y las relaciones entre varias partes del pasaje, entendiendo el pasaje como un todo.
- **Aplicación (15 %):** Aplicar lo que dice e implica el pasaje a otros contextos; aplicar el razonamiento del autor a otras situaciones.

Durante el examen, encontrará varios pasajes y de 6 a 8 preguntas para cada uno—49 preguntas en total, que incluyen las preguntas de las convenciones del lenguaje y la pregunta de respuesta extendida. Cada pasaje tendrá una extensión de 400 a 900 palabras (aproximadamente una o dos páginas, en promedio). Una característica común a todos los pasajes es que la quinta línea de cada uno estará numerada. Algunas preguntas pueden referirse a partes del pasaje según el número de línea.

En las páginas siguientes, aprenderá a leer y comprender los diversos tipos de pasajes de ficción y no-ficción que encontrará en el examen. Para cada tipo, leerá pasajes de muestra e intentará resolver preguntas del estilo del examen basadas en ellos. Al final de la lección, repasará algunas estrategias generales—las cuales se aplican a todo tipo de pasaje de lectura.

ENTENDER LA NO-FICCIÓN

Una obra escrita de no-ficción es aquella que involucra personas y eventos reales, pasados o presentes. La no-ficción puede tomar una variedad de formas diferentes, desde un breve artículo o entrada de diario a un libro, o incluso un trabajo de varios volúmenes. En el examen de Razonamiento a través de las artes del lenguaje GED, puede encontrar al menos cuatro pasajes de lectura de no ficción que involucren textos informativos. Cada pasaje tendrá entre 400 y 900 palabras de extensión. El pasaje puede ser un texto completo si es breve, o puede ser un extracto de un texto más largo. Los pasajes de no-ficción reflejan experiencias del mundo real pertenecientes a las siguientes categorías:

- **Los de divulgación científica** son textos que giran en torno a la salud humana y los sistemas biológicos, y la energía y los sistemas relacionados.

- **Los pasajes informativos de estudios sociales** son extractos o textos relacionados con el tema "La Gran Conversación Estadounidense". Estos podrían incluir extractos de documentos históricos, discursos públicos, decisiones de la Corte Suprema y otros documentos primarios o secundarios que reflejan conceptos de la historia estadounidense, la educación cívica y cultura.

- **Los pasajes informativos sobre el trabajo** son ejemplos de documentos de situaciones de la vida real. Pueden incluir documentos relacionados con el trabajo (por ejemplo, correos electrónicos, documentos de procedimiento, cartas de presentación, etc.) así como documentos relacionados con la comunidad (por ejemplo, cartas al editor o publicaciones públicas).

Todas las categorías de texto informativo de no-ficción presentarán una **idea principal** o un **punto central**. Puede encontrar que la idea principal se expresa claramente en las oraciones iniciales o finales. O puede que necesite sintetizar toda la información del texto para determinar la idea principal. La idea principal será lo suficientemente amplia como para abarcar todo el texto sin ir más allá o fuera del tema.

En relación con la idea principal del texto (punto central) está el **tema central** o enfoque. Para determinar el tema central de un texto, pregúntese qué temas, problemas, acontecimientos o desarrollos aborda principalmente el texto. El tema central abarcará la idea principal del texto y toda la información de apoyo, sin apartarse del punto en cuestión. En otras palabras, el tema central de un texto no es ni demasiado amplio ni demasiado limitado.

Relacionada con la idea principal del texto está la intención principal u objetivo del autor, como se ve en el texto. En el caso de un texto puramente informativo, el propósito principal podría ser:

- Informar sobre hechos
- Resumir y aplicar conceptos
- Referir observaciones
- Proporcionar explicaciones

Algunos textos expresan una opinión o punto de vista. En estos casos, el autor está claramente interesado en más que simplemente presentar hechos. El autor también está tratando de convencer o persuadir al lector (o al oyente) de algo específico. En este caso, la intención principal podría ser:

- Discutir o defender una determinada posición sobre un tema
- Abogar por una causa o un curso de acción
- Promover una ideología o un sistema de valores
- Indicar problemas y recomendar soluciones
- Pronosticar, predecir o advertir sobre eventos futuros

Después de leer un pasaje por primera vez, piense en lo que escribió el autor. Pregúntese cuál es el tema general y por qué el autor podría haber escrito el texto. Formule una o dos oraciones que expresan la idea principal. Incluso puede anotarlo en su folleto de prueba.

Entender la idea principal, el tema central y el propósito principal de un pasaje ayudará a resolver muchos tipos diferentes de preguntas del examen, no sólo las que preguntan "¿Cuál es la idea principal del pasaje?" o "¿Cuál es el tema central del texto?" Por ejemplo, comprender la "idea principal" ayudará a aplicar el punto de vista del autor a nuevas situaciones, así como a determinar con qué otras cosas estaría de acuerdo o en desacuerdo el autor.

En el texto informativo, las ideas principales son hechos, respaldados por **razones** y **ejemplos**. Mientras lee el texto, intente seguir la línea de razonamiento del autor, desde la idea principal hasta la evidencia utilizada para respaldarla.

Puede que le resulte útil anotar puntos de apoyo, para que pueda responder preguntas al respecto sin leer el pasaje nuevamente. Pero no intente anotar ni recordar cada pequeño detalle del pasaje. Mejor, tenga en cuenta dónde se encuentran diferentes tipos de detalles en el pasaje, para que pueda encontrarlos rápidamente si los necesita para responder ciertas preguntas.

En algunos pasajes, puede ser útil prestar atención a la actitud del autor hacia el tema que se discute. Por ejemplo, en una carta al editor, discurso o ensayo, la **actitud** del autor puede ser muy crítica, o puede ser de apoyo, admiración o incluso elogio. En las siguientes secciones, aprenderá más sobre todos estos tipos de no-ficción, y aprenderá cómo leer mejor la no-ficción para comprenderla de la mejor manera para el examen de Razonamiento a través de las artes del lenguaje GED. Para cada categoría, también leerá una variedad de pasajes de muestra y responderá preguntas del estilo de la prueba basadas en estos.

Ciencia de la información

Los pasajes de divulgación científica que encontrará en el Examen de Razonamiento a través de las artes del lenguaje GED están relacionados con la salud humana y los sistemas vivos o con la energía y los sistemas relacionados. Pueden incluir diagramas o gráficos, y algunos pueden ser de naturaleza académica. Otros estarán orientados a un público más general, pero serán relevantes para la vida del siglo XXI.

Estos pasajes, al igual que otros textos de no-ficción, tienen una intención, una idea principal y detalles que la sustentan, junto con otras características generales que se le pedirá que analice. Los pasajes de esta categoría están diseñados para informar al lector y generalmente son objetivos; es decir, refieren hechos para apoyar un concepto o idea científica.

El siguiente pasaje proporciona al lector información específica. Mientras lee, anote las ideas principales y cómo están conectadas. Si se encuentra con un término científico desconocido, no se concentre en su significado específico; en cambio, trate de analizar el contexto y cómo encaja en el resto del texto. Luego trate de responder las preguntas que lo acompañan.

Las preguntas 1–3 hacen referencia al siguiente pasaje.

El siguiente artículo es de Cancer.gov: sitio web del Instituto Nacional del Cáncer, 3 de enero de 2012.

Obesidad y riesgo de cáncer

La obesidad es una condición en la cual una persona tiene una proporción anormalmente alta y poco saludable de grasa corporal.

Para medir la obesidad, los investigadores usan comúnmente una escala conocida como la Línea de índice de masa corporal (IMC). El IMC se calcula dividiendo el peso de una persona (en kilogramos) por su altura (en metros) al cuadrado. El IMC proporciona una medida más precisa de obesidad o sobrepeso que el peso solo.

Las pautas establecidas por los Institutos Nacionales de Salud (NIH) colocan adultos de 20 años y mayores en las siguientes categorías según su IMC:

IMC	BMI Categorías IMC
Menos de 18.5	Bajo de Peso
18.5 a 24.9	Normal
25.0 a 29.9	Sobrepeso
30.0 o más	Obeso

El Instituto Nacional del Corazón, de los Pulmones y de la Sangre proporciona una calculadora de IMC.

Para los niños y adolescentes (menores de 20 años), el sobrepeso y la obesidad se basan en las tablas de crecimiento de IMC por edad, de los Centros para el Control y la Prevención de Enfermedades (CDC):

IMC	BMI Categorías IMC
IMC para la edad igual o superior al 85 % específico del sexo, pero inferior al 95 %	Sobrepeso
IMC para la edad igual o superior al 95 % específico del sexo	Obeso

En comparación con las personas de peso normal, las personas con sobrepeso u obesidad tienen un mayor riesgo de contraer muchas enfermedades, como diabetes, presión arterial alta, enfermedades cardiovasculares, derrames cerebrales y ciertos tipos de cáncer.

¿Qué tan común son el sobrepeso o la obesidad?

Los resultados de la Encuesta Nacional de Examen de Salud y Nutrición (NHANES) 2007–2008 muestran que el 68 por ciento de los adultos estadounidenses de 20 años o más tienen sobrepeso u obesidad. En 1988–1994, por el contrario, sólo el 56 por ciento de los adultos de 20 años o más tenían sobrepeso u obesidad.

CONSEJO

Una **correlación** es una relación mutua o una conexión entre dos o más cosas. La **causalidad** indica un resultado de causa y efecto en el que un evento es el resultado de otro evento. En otras palabras, una correlación es simplemente una relación; la causalidad implica una acción que causa un resultado. Comprender estos dos términos ayudará a responder las preguntas del examen del GED®.

Además, el porcentaje de niños con sobrepeso u obesidad también ha aumentado. Entre los niños y adolescentes de 2 a 19 años, se estima que el 17 por ciento es obeso, según la encuesta de 2007–2008. En 1988–1994, la cifra fue solo del 10 por ciento.

¿Qué se sabe sobre la relación entre obesidad y cáncer?

La obesidad se asocia con un mayor riesgo de los siguientes tipos de cáncer, y posiblemente
25 también de otros: esófago, páncreas, colon y recto, seno (después de la menopausia), endometrio (revestimiento del útero), riñón, tiroides y vesícula biliar.

Un estudio, en el que se utilizaron los datos del Servicio de Vigilancia, Epidemiología y Resultados Finales (SEER) del Instituto Nacional del Cáncer, calculaba que en 2007, en Estados Unidos, unos 34,000 nuevos casos de cáncer en hombres (el 4 %) y 50,500 en mujeres
30 (el 7 %) se debían a la obesidad. El porcentaje de casos atribuidos a la obesidad variaba mucho en función de los distintos tipos de cáncer, pero llegaba al 40 % en el caso de algunos tipos, especialmente el cáncer de endometrio y adenocarcinoma de esófago.

Una proyección de la futura carga sanitaria y económica de la obesidad en 2030 estima que de continuar las tendencias actuales de la obesidad, darán lugar a unos 500,000 casos
35 adicionales de cáncer en los Estados Unidos para 2030. Este análisis también determinó que si cada adulto redujera su IMC en un 1 %, lo que equivale a una reducción de peso de aproximadamente 1 kg (o 2.2 libras) para un adulto de peso medio, se evitaría el aumento del número de casos de cáncer y, de hecho, se evitarían unos 100,000 nuevos casos de cáncer.

Se han sugerido varios mecanismos posibles para explicar la asociación de la obesidad con
40 un mayor riesgo de ciertos tipos de cáncer:

- El tejido adiposo produce cantidades excesivas de estrógeno, cuyos niveles altos se han asociado con el riesgo de cáncer de seno, endometrio y otros tipos de cáncer.

- Las personas obesas a menudo tienen niveles elevados de insulina y factor de crecimiento similar a la insulina-1 (IGF-1) [una proteína producida por el cuerpo que estimula el
45   crecimiento de muchos tipos de células] en la sangre (una condición conocida como hiperinsulinemia o resistencia a la insulina), que pueden provocar el desarrollo de ciertos tumores en la sangre.

- Las células grasas producen hormonas, llamadas adipocinas, que pueden estimular o inhibir el crecimiento celular. Por ejemplo, la leptina, que es más abundante en personas
50   obesas, parece provocar la proliferación celular, mientras que la adiponectina, que es menos abundante en personas obesas, puede tener efectos antiproliferativos.

- Las células grasas también pueden tener efectos directos e indirectos sobre otros reguladores del crecimiento tumoral, como la diana de rapamicina en células de mamíferos o mTOR por sus siglas en inlgés (mammalian target of rapamycin) [una proteína que
55   ayuda a controlar varias funciones celulares, como la división y la supervivencia de las células] y la proteína quinasa activada por AMP [un tipo de enzima (una proteína que acelera las reacciones químicas en el cuerpo)].

- Las personas obesas a menudo tienen inflamación crónica de bajo nivel o "subaguda", que se ha asociado con un mayor riesgo de cáncer.

60 Otros posibles mecanismos incluyen respuestas inmunológicas alteradas, efectos sobre el sistema beta del factor nuclear kappa y estrés oxidativo [una condición en la cual los niveles de antioxidantes son más bajos de lo normal].

1. ¿Cuál de las siguientes oraciones representa una conclusión razonable del pasaje?
   A. La obesidad es una condición médica que requiere tratamiento.
   B. Las personas obesas tienen más probabilidades de contraer algún tipo de cáncer y otras enfermedades.
   C. Las células grasas tienen un efecto negativo en el cuerpo.
   D. La obesidad causa muchos tipos de cáncer.

Aunque la opción A puede ser cierta, el pasaje no habla sobre el tratamiento de la obesidad; discute la correlación entre la obesidad y el cáncer y otras enfermedades. El pasaje describe el papel del tejido adiposo y las células adiposas, que pueden estar implicadas en algunos tipos de cáncer pero no siempre son negativas; depende de la cantidad de estas células. La obesidad no es una causa de cáncer, pero la obesidad tiene consecuencias médicas que aumentan las probabilidades de contraer cáncer. **La respuesta correcta es B.**

2. Según el pasaje, ¿qué oración es verdadera?
   A. La incidencia de obesidad en los Estados Unidos está aumentando tanto en adultos como en niños.
   B. Si pierde peso, no tendrá cáncer.
   C. Las células grasas hacen que las personas sean obesas.
   D. El riesgo de contraer cáncer es el mismo para las personas con sobrepeso y las obesas.

El pasaje cita estadísticas que indican cómo la incidencia de obesidad ha crecido en las últimas dos décadas. El riesgo de cáncer es mayor para las personas con obesidad, y aunque perder peso puede reducir ese riesgo, no puede eliminarlo. Las personas obesas tienen más células grasas, y el pasaje habla sobre cómo el comportamiento de las células grasas puede aumentar la probabilidad de formación de tumores, pero las células grasas en sí mismas no hacen que las personas sean obesas. El riesgo de cáncer es menor para las personas de peso normal. El pasaje dice que tanto las personas con sobrepeso como las personas obesas tienen un mayor riesgo de muchas enfermedades diferentes, pero el vínculo que discute es entre la obesidad y el cáncer. **La respuesta correcta es A.**

3. Una persona con el 90 % según para su edad y sexo tiene un IMC
   A. debajo de 18.5.
   B. entre 18.5 y 24.9.
   C. entre 25.0 y 29.9.
   D. 30.00 o más.

Leyendo ambos gráficos, se puede reunir los datos. El sobrepeso y la obesidad son las dos categorías que se muestran con los IMC. Una persona con el 90 % está en la categoría de sobrepeso, lo que significa que tiene un IMC de entre 25.0 y 29.9. **La respuesta correcta es C.**

El siguiente pasaje es sobre el espacio y lo que los científicos están aprendiendo sobre nuestro sistema solar a partir de las sondas espaciales. Mientras lee el pasaje, piense en lo que ya sabe sobre nuestro sistema solar.

Las preguntas 4–7 hacen referencia al siguiente pasaje.

Este pasaje es el texto de una presentación de diapositivas creada por el científico de la NASA Dr. Tony Phillips. Es una de las funciones científicas basadas en la web de la NASA. (Ciencia @ NASA)

El misterio de las olas perdidas en Titán

Uno de los descubrimientos más impactantes de los últimos 10 años es cuánto se parece el paisaje de la luna Titán de Saturno a la Tierra. Al igual que nuestro planeta azul, la superficie de Titán está salpicada de lagos y mares; tiene canales fluviales, islas, lodo, nubes de lluvia y *Línea* tal vez incluso un arcoiris. La luna gigante es innegablemente húmeda.

5   Sin embargo, el "agua" en Titán no es H_2O. Con una temperatura superficial que baja hasta 290 grados F bajo cero, Titán es demasiado frío para tener agua líquida. Los investigadores creen que el fluido que esculpe Titán es una mezcla desconocida de metano, etano y otros hidrocarburos difíciles de congelar.

La idea de que Titán es un mundo húmedo con sus propias aguas alienígenas es ampliamente 10 aceptada por los científicos planetarios. Nada más dan cuenta de las observaciones: la nave espacial *Cassini* de la NASA ha volado en Titán más de 90 veces desde 2004, haciendo sonar la Luna con radar y mapeando sus lagos y mares. La sonda Huygens de la ESA fue lanzada en paracaídas a la superficie de Titán en 2005, descendiendo a través de nubes húmedas y aterrizando en suelo húmedo.

15   Sin embargo, algo ha estado molestando a Alex Hayes, un científico planetario del equipo de radar *Cassini* de la Universidad de Cornell.

Si Titán está realmente tan mojado, se pregunta: "¿Dónde están las olas?".

Aquí en la Tierra, los cuerpos de agua rara vez están quietos. Las brisas que soplan por la superficie causan olas que ondulan y rompen; las gotas de lluvia que golpean las superficies 20 marinas también proporcionan cierta textura. Sin embargo, en Titán, los lagos son inquietantemente tersos, sin acción discernible de olas incluso a escala milimétrica, según los datos de radar de *Cassini*.

"Sabemos que hay viento en Titán", dice Hayes. "Las magníficas dunas de arena de la luna [lo prueban]".

25   Sumándole la baja gravedad de Titán—solo una séptima parte de la Tierra—que ofrece tan poca resistencia al movimiento ondulatorio, se tiene un verdadero rompecabezas.

Los investigadores han intentado con varias explicaciones. Quizás los lagos están congelados. Sin embargo, Hayes piensa que es poco probable, "porque vemos evidencia de lluvia y temperaturas superficiales muy por encima del punto de fusión del metano". O tal vez los 30 lagos están cubiertos con una sustancia similar al alquitrán que amortigua el movimiento de las olas. "Todavía no podemos descartar eso", agrega.

La respuesta podría encontrarse en los resultados de un estudio que Hayes y sus colegas publicaron en la edición online de julio de 2013 de la revista *Icarus*. Teniendo en cuenta la gravedad de Titán, la baja viscosidad de los hidrocarburos líquidos, la densidad de la atmósfera 35 de Titán y otros factores, calcularon la velocidad a la que tendría que soplar el viento en Titán para agitar las olas: Una brisa tranquila de sólo 1 a 2 mph debería ser suficiente.

Esto sugiere una tercera posibilidad: los vientos no han estado soplando lo suficientemente fuerte. Desde que *Cassini* llegó a Saturno en 2004, el hemisferio norte de Titán (donde se

encuentran la mayoría de los lagos) ha estado en invierno. El aire frío y pesado apenas se
40 agita, y rara vez alcanza el umbral para la formación de olas.

Pero ahora las estaciones están cambiando. En agosto de 2009, el sol cruzó el ecuador de
Titán en dirección norte. Se acerca el verano, trayendo luz, calor y viento al lago de Titán.

"Según [los modelos climáticos], los vientos se levantarán a medida que nos acerquemos
al solsticio en 2017 y deberían ser lo suficientemente fuertes como para generar olas", dice.

45 Si aparecen olas, *Cassini* debería poder detectarlas. El rebote de radar en superficies onduladas de los lagos pueden decirle mucho a los investigadores. Las dimensiones de las olas, por
ejemplo, pueden revelar la viscosidad del fluido subyacente y, por lo tanto, su composición
química. Además, la velocidad de las olas revelarán la velocidad de los vientos suprayacentes,
proporcionando una posibilidad de verificación independiente de los modelos climáticos de Titán.

50 Hayes está entusiasmado con la idea de "llevar la oceanografía a otro mundo". "Todo lo
que necesitamos ahora"— dice,—"son algunos mares agitados".

---

4. ¿Cómo obtienen los científicos su información sobre Titán?

   A. Al observar los cambios en los datos y fotos enviados desde *Cassini*

   B. Al compararlo con la Tierra

   C. Mediante el uso de modelos climáticos

   D. Al medir y comparar las temperaturas con las de la Tierra

---

El artículo explica el papel de la sonda espacial *Cassini*, que hace un seguimiento de la luna con un
radar y cartografía sus lagos. Los científicos utilizan estos datos para formular hipótesis sobre los
mismos. Los científicos pueden comparar los datos con la Tierra, pero lo hacen después de haber
recibido datos sobre Titán. No es una comparación directa, y no se usa para obtener información
sobre Titán. Los científicos usan modelos climáticos, y los usan con los datos recibidos de *Cassini*,
pero no usan los modelos climáticos para obtener la información. Los científicos usan lo que saben
sobre la Tierra para comparar, pero no obtienen información sobre Titán a partir del conocimiento
sobre la Tierra. **La respuesta correcta es A.**

---

5. ¿Por qué el descubrimiento de la semejanza de Titán con la Tierra fue impactante para los
científicos?

   A. No pensaron que serían capaces de ver la superficie lo suficientemente cerca como
para ubicarla en el mapa.

   B. No esperaban encontrar que la superficie estuviera mojada.

   C. Esperaban que se pareciera a la luna de la Tierra.

   D. Esperaban que estuviera completamente congelado debido a las temperaturas
extremadamente bajas.

El pasaje no nos dice cuáles eran las expectativas antes de que llegara la sonda, pero los científicos
se sorprendieron al ver fotos que se parecían a la superficie de la Tierra, que indican la presencia de
líquido que da a Titán sus contornos. El pasaje nos dice que estaban sorprendidos por este descubrimiento.
La respuesta correcta es B.

6. ¿Cuál es la pregunta sobre Titán que Alex Hayes está tratando de resolver?
   A. ¿Cuál es la composición de la superficie?
   B. ¿Por qué están congelados los lagos en Titán?
   C. ¿Por qué no hay olas en los cuerpos líquidos de Titán?
   D. ¿Cuál es la densidad de la atmósfera de Titán?

Los datos recibidos de la sonda espacial dan cuenta a los científicos sobre la composición de la superficie, las temperaturas de Titán y su densidad, junto con otros datos. Hayes ya conoce estos datos. Su pregunta es sobre la apariencia de la superficie de los lagos de Titán. Son muy tersos, a diferencia de los cuerpos de agua en la Tierra, que tienen olas formadas por el viento y la gravedad. Él se pregunta por qué sucede esto y formula algunas hipótesis para ayudar a resolverlo. **La respuesta correcta es C.**

7. ¿Por qué los científicos creen que las olas podrían aparecer en Titán después de 2017?
   A. Porque las estaciones cambiarán para entonces, y debería haber más actividad eólica
   B. Porque el aire frío estimulará la actividad del viento
   C. Porque los científicos predicen que los lagos estarán congelados para entonces
   D. Porque el metano comenzará a derretirse cuando la luna complete su órbita

El artículo dice que una de las razones por las que puede no haber olas es que todo puede estar congelado. Esperan que las temperaturas aumenten a medida que cambie de estación, lo que ocurrirá cuando Titán se acerque al sol en su órbita. Los científicos creen que el aire cálido estimulará la actividad del viento a medida que los líquidos en la superficie comiencen a descongelarse. El metano no está congelado: el artículo dice que las temperaturas están por encima del punto de fusión del metano. **La respuesta correcta es A.**

El siguiente pasaje es uno de los pasajes más cortos de divulgación científica. El artículo trata sobre una especie de planta y sus usos. El texto en cursiva indica los nombres en latín de las especies. Cuando vea estos términos en la lectura, no se concentre en ellos. Observe cómo se usan y, si se usan varias veces, puede volver a consultar la parte del pasaje en que se encuentran para facilitar su comprensión. Pero, en general, no se espera que interprete dichos términos, y no son importantes para las ideas principales en la información proporcionada.

Las preguntas 8–10 hacen referencia al siguiente pasaje.

La aguja de Adán

Los Catawba, los Cherokee, los Nanticoke y otras tribus nativas americanas utilizaban la *Yucca filamentosa* [aguja de Adán] para diversos fines, como alimento, medicina, cordaje e incluso jabón. Las raíces, que contienen saponina [una sustancia jabonosa presente en

Línea algunas plantas], se preparaban hirviéndolas y golpeándolas para utilizarlas como jabón. Las

5 raíces se batían para hacer un bálsamo o cataplasma que luego se utilizaba para tratar los esguinces o se aplicaba en las llagas de la piel. Las raíces se utilizaban para tratar la gonorrea

y el reumatismo. Las enfermedades de la piel se trataban frotando las raíces sobre la piel y tomando una extracción de las mismas. La planta se utilizaba como sedante para inducir el sueño. Una infusión de la planta se utilizaba para tratar la diabetes. Las flores se comían crudas
10 y cocidas. Las raíces machacadas se arrojaban a las aguas de pesca para "intoxicar a los peces" y facilitar su captura. Las hojas verdes se dividen fácilmente en largas tiras que pueden ser utilizadas como cordel. Las hojas tienen fibras largas y muy resistentes, un tipo de sisal, que se entorchaban para formar un hilo fuerte utilizado como cordaje para atar y para construir cestas, redes de pesca, sedales y ropa. Las hojas de la *Yucca filamentosa* contienen las fibras
15 más fuertes nativas de Norteamérica…

Las yucas son polinizadas por pequeñas polillas blancas de la yuca (*Tegeticula yucasella* y especies afines) con las que tienen un mutualismo especial entre planta—insecto. Por la noche, las flores fragantes atraen a la polilla hembra que se alimenta del néctar. A continuación, enrolla el polen de las flores y forma una bola que es tres veces el tamaño de su cabeza y lleva la bola
20 de polen a la siguiente flor. Una vez allí, pone los huevos en el interior del ovario inmaduro y luego deposita el polen en el estigma de la flor, asegurando de que se formen semillas para alimentar a su progenie. Como las larvas maduran antes de poder consumir todas las semillas (entre el 60 y el 80 % de las semillas siguen siendo viables), las plantas también pueden reproducirse. La aguja de Adán es un arbusto nativo, perenne y de hoja perenne. Las plantas
25 tienen tallos subterráneos largos y gruesos y rara vez tienen un tallo sobre el nivel del suelo. Las hojas, de color verde grisáceo, forman una roseta en el suelo o cerca. Las hojas son rígidas y tienen forma de espada (de 30 a 76 cm de largo y 2,5 cm de ancho) con puntas afiladas y filamentosas en los márgenes. Las flores en forma de campana (de 5 a 8 cm de ancho) son de color blanco cremoso a amarillo pálido o verde, con pétalos ampliamente ovalados (de 4 a 5
30 cm). Las flores, que aparecen a finales de la primavera y el verano, cuelgan sueltas en racimos de una gran espiga central (de 1 a 4 m de altura) que emerge de la roseta. Los frutos son cápsulas que contienen de 120 a 150 pequeñas semillas negras que se dispersan con el viento.

—Departamento de Agricultura de los EE. UU.

8. El mejor subtítulo para el segundo párrafo es
A. Uso histórico de plantas.
B. Reproducción.
C. Hechos inusuales.
D. Cómo prosperan las plantas.

El primer párrafo habla de las formas en que los nativos americanos utilizaban la aguja de Adán. El segundo párrafo describe el proceso de polinización específico que utiliza esta planta. No expone ningún hecho inusual, y el párrafo no proporciona una visión general de cómo se desarrollan las plantas. **La respuesta correcta es B.**

9. Las flores en la aguja de Adán
   A. florecen en otoño.
   B. tienen tallos gruesos y largos sobre el nivel del suelo.
   C. tienen hilos rizados y filamentosos.
   D. florecen anualmente.

El tercer párrafo proporciona información sobre las características de la planta. No florece en otoño, sino en primavera y verano, por lo que es una planta anual. Sus tallos son generalmente subterráneos, no aéreos, y las hojas son las que se describen como rizadas con hilos filamentosos. **La respuesta correcta es D.**

10. ¿Qué conclusión podría sacar sobre los nativos americanos a partir de la información del primer párrafo?
   A. Eran vegetarianos.
   B. Sabían identificar las plantas que eran comestibles y las que eran venenosas.
   C. Aprendieron a utilizar los recursos naturales para múltiples propósitos.
   D. Tenían una gran variedad de alimentos en su dieta.

Aunque el párrafo dice que los nativos americanos utilizaban la aguja de Adán como alimento, no dice que no comieran carne, e indica que comían pescado. Sabían que la aguja de Adán era comestible, pero no se da información sobre las plantas venenosas. El pasaje no habla de otros aspectos de la dieta de los nativos americanos, por lo que no sabemos qué variedad tenía. El texto en general muestra el ingenioso uso de la aguja de Adán para una amplia variedad de propósitos, desde la comida, herramientas, ropa y las medicinas. **La respuesta correcta es C.**

El siguiente pasaje documenta algunos de los problemas del plomo en nuestro entorno. Contiene muchos detalles. Una técnica para leer un pasaje de este tipo consiste en leer primero las preguntas para observar qué detalles se tratan en ellas. A continuación, presta más atención a estas partes del pasaje.

Las preguntas 11–14 hacen referencia al siguiente pasaje.

El plomo en el medio ambiente

El plomo es un elemento natural que puede ser dañino para los humanos cuando se ingiere o inhala, particularmente para niños menores de seis años. El envenenamiento por plomo puede causar una serie de efectos adversos para la salud humana, pero es particularmente perjudicial para el desarrollo neurológico de niños. . . .

Línea

5   Durante cientos de años, el plomo se ha extraído, fundido, refinado y utilizado en productos (por ejemplo, como aditivo en pintura, gasolina, tuberías con plomo, soldadura, cristal y cerámica). Los niveles naturales de plomo en el suelo oscilan entre 50 partes por millón (ppm) y 400 ppm. Las actividades de minería, fundición y refinación han resultado

en aumentos sustanciales en los niveles de plomo en el medio ambiente, especialmente cerca
10 de los sitios de minería y fundición. Por ejemplo, cerca de algunas instalaciones industriales
y municipales, y junto a las autopistas[1], se han registrado concentraciones de plomo en el
suelo superiores a 11,000 ppm[2].

Las partículas de plomo en el medio ambiente pueden adherirse al polvo y transportarse
largas distancias en el aire. Tal polvo que contiene plomo puede eliminarse del aire con la
15 lluvia y depositarse en la superficie del suelo, donde puede permanecer durante muchos años.
Además, las fuertes lluvias pueden hacer que el plomo en el suelo superficial migre hacia las
aguas subterráneas y eventualmente hacia los suministros de agua. . . .

La intoxicación por plomo puede ser una grave amenaza para la salud pública que carece de
signos o síntomas distintivos. Los primeros síntomas de la exposición al plomo pueden incluir:
20 fatiga persistente, irritabilidad, pérdida de apetito, molestias estomacales y/o estreñimiento,
disminución de la capacidad de atención, insomnio. La falta de tratamiento de la intoxicación
por plomo en las primeras etapas puede causar daños a la salud a largo plazo o permanentes,
pero debido a la naturaleza general de los síntomas en las primeras etapas, a menudo no se
sospecha la intoxicación por plomo.

25 En los adultos, la intoxicación por plomo puede causar: descoordinación muscular, daños
en los órganos sensoriales y en los nervios que controlan el cuerpo, aumento de la presión
sanguínea, problemas de audición y visión, problemas reproductivos (por ejemplo, disminución
del recuento de espermatozoides [en los hombres], retraso en el desarrollo del feto [en las
mujeres embarazadas] incluso con niveles de exposición relativamente bajos).

30 En los niños, la intoxicación por plomo puede causar: daño al cerebro y al sistema
nervioso, problemas de comportamiento, anemia, daño hepático y renal, pérdida de audición,
hiperactividad, retrasos en el desarrollo y, en casos extremos, la muerte.

Aunque los efectos de la exposición al plomo son una preocupación potencial para todos
los humanos, los niños pequeños (menores de siete años) están en mayor riesgo.[3] Esta mayor
35 vulnerabilidad resulta de una combinación de los siguientes factores:

- Los niños generalmente tienen tasas de ingesta más altas (por unidad de peso corporal)
  para medios ambientales (como tierra, polvo, alimentos, agua, aire y pintura) que los
  adultos, ya que es más probable que jueguen en la tierra y pongan sus manos y otros
  objetos. en sus bocas;
40 - Los niños tienden a absorber una mayor fracción de plomo ingerido, en el tracto
  gastrointestinal, que los adultos;
- Los niños tienden a ser más susceptibles que los adultos a los efectos adversos neurológicos
  y de desarrollo causados por el plomo; y
- Las deficiencias nutricionales de hierro o calcio, que son comunes en los niños, pueden
45 facilitar la absorción de plomo y exacerbar sus efectos tóxicos.

La media nacional de los niveles de plomo en sangre de los niños ha descendido a lo
largo del tiempo a medida que ha evolucionado nuestra comprensión del riesgo del plomo y
se han realizado esfuerzos para reducir la exposición al mismo. Mientras que la prohibición
de la pintura con plomo y el plomo en la gasolina fueron esfuerzos nacionales para detener
50 el envenenamiento por plomo en la infancia, los lugares contaminados requieren limpiezas
específicas para reducir la exposición de las poblaciones cercanas.

Los Centros para el Control de Enfermedades (CDC) han identificado que el nivel actual de plomo en sangre preocupante en los niños es de 10 microgramos (µg) de plomo por deci-litro (dL) de sangre (10 µg/dL); sin embargo, los efectos adversos pueden ocurrir a niveles
55 más bajos de lo que se pensaba. En enero de 2012, un grupo asesor de los CDC recomendó ajustar más bajo el nivel que requiere intervención.

Si le preocupa una posible exposición al plomo, póngase en contacto con su médico personal o con el departamento de salud del condado o del estado. Su médico puede realizar análisis de sangre para determinar las concentraciones de plomo en la sangre. Los análisis de sangre son
60 baratos y a veces gratuitos; sin embargo, consulte a su proveedor de seguros para determinar la cobertura de dichos análisis. El plomo en los huesos y los dientes puede medirse mediante técnicas de rayos X, pero esta prueba no se utiliza con mucha frecuencia. En las comunidades donde las casas son viejas y se están deteriorando, se anima a los residentes a aprovechar los programas de detección disponibles que ofrecen los departamentos de salud locales y a hacer
65 que los niños que residen allí sean examinados regularmente para detectar la intoxicación por plomo. Dado que los primeros síntomas de la intoxicación por plomo son similares a los de otras enfermedades, es difícil diagnosticar la intoxicación por plomo sin pruebas médicas.

---

[1] Chaney et al., 1984; Shacklette et al., 1984
[2] National Research Council, 1980
[3] Reagan and Silbergeld, 1989

—De la Oficina de Remediación de Superfondos e Innovación Tecnológica de la EPA de los EE. UU. www.epa.gov/superfund

11. ¿Por qué el plomo se considera una amenaza grave para la salud pública?
    A. El plomo puede envenenar a las personas rápidamente antes de que sepan que han estado expuestas.
    B. El plomo cae al suelo y luego se abre paso en los suministros de agua, y las personas beben el agua contaminada.
    C. La exposición al plomo causa muchas enfermedades que otros pueden contraer, causando una epidemia a gran escala.
    D. El plomo es peligroso porque no hay forma de diagnosticarlo en su sistema.

Es peligroso para la salud pública cuando el plomo entra en las vías fluviales y el suministro de agua, pero también se puede inhalar (opción B). La exposición al plomo enferma a las personas, pero no con el tipo de enfermedades que pueden transmitirse a otras personas (opción C). Existen pruebas para diagnosticar el plomo en la sangre (opción D). Uno de los peligros de intoxicación por plomo es que, debido a los síntomas generales en las primeras etapas, la intoxicación por plomo a menudo no se sospecha de inmediato. **La respuesta correcta es A.**

12. ¿Por qué los niños tienen un mayor riesgo de exposición al plomo?

A. Los niños tienen más probabilidades de tener contacto directo con el suelo contaminado con plomo.

B. Los niños pueden ingerir plomo, mientras que los adultos no.

C. Los niños tienen más probabilidades de tener anemia.

D. El sistema inmunitario de los niños no está tan bien desarrollado como el de los adultos.

Cualquiera puede ingerir plomo de muchas fuentes diferentes (opción B). Los niños no tienen más probabilidades de tener anemia (opción C). Aunque el sistema inmunitario de los niños está menos desarrollado que el de los adultos, eso no es lo que los pone en mayor riesgo (opción D). Es más probable que los niños jueguen en la tierra y otros sitios contaminados, lo que aumenta el riesgo de exposición. **La respuesta correcta es A.**

13. ¿Cuál de las siguientes afirmaciones es verdadera sobre la relación entre el plomo y el medio ambiente?

A. Debido a que la lluvia elimina el plomo del aire, el plomo solo es peligroso en climas secos.

B. Debido a que el plomo ya no es un ingrediente de la gasolina o la pintura, ya no es un gran problema.

C. Debido a que el plomo es un elemento natural, no hay nada que la gente pueda hacer para prevenir el envenenamiento por plomo.

D. Debido a que el plomo puede penetrar en el suelo y el suministro de agua, será un peligro durante mucho tiempo.

La lluvia elimina el plomo del aire, pero luego lo deposita en el suelo, donde puede permanecer durante años e incluso puede contaminar el suministro de agua (opción A). La regulación gubernamental obligó a eliminar el plomo de las pinturas y la gasolina, pero existen otras fuentes (opción B). Es cierto que el plomo es un elemento natural, pero los niveles tóxicos están presentes en los artículos hechos por el hombre, que es algo que puede reducirse o incluso eliminarse (opción C). El plomo permanece en casas antiguas y estructuras comerciales e industriales, y puede permanecer en el suelo y el agua; el daño puede permanecer por mucho tiempo (opción D). **La respuesta correcta es D.**

14. La intoxicación por plomo en niños puede causar

A. hiperactividad.

B. cáncer.

C. diabetes.

D. ceguera.

Según el artículo, los efectos sobre la salud de la exposición al plomo en los niños incluyen daño cerebral y del sistema nervioso, problemas de comportamiento, anemia, daño hepático y renal, pérdida auditiva, hiperactividad, retrasos en el desarrollo y, en casos extremos, la muerte. **La respuesta correcta es A.**

Informes de estudios sociales

Esta sección de la prueba contendrá pasajes de lectura ampliamente relacionados con la historia y la educación cívica de los Estados Unidos. Algunos serán extractos de fuentes primarias—documentos históricos originales, el texto de discursos públicos u otros escritos originales. Las fuentes primarias son documentos que se crearon en el momento del evento; por ejemplo, una carta o una entrevista realizada en el momento de un evento. Otros serán fuentes secundarias—análisis e interpretaciones sobre la fuente primaria; por ejemplo, un periódico o artículos de revistas sobre un evento histórico. Estas fuentes pueden citar la fuente primaria u otras relacionadas con el evento. Ejemplos de fuentes secundarias incluyen biografías o artículos de revistas sobre una fuente primaria.

Punto de vista del autor

Los relatos personales nos pueden decir mucho sobre la historia de un período en particular. Pueden completar detalles sobre eventos y proporcionar una perspectiva humana a la narrativa. Las fuentes primarias como revistas y memorias, debido a su naturaleza personal, ofrecen el punto de vista del autor sobre los eventos y el tiempo en que la persona vivía. En combinación con otras fuentes, esta información puede darnos un registro más equilibrado de eventos reales.

Las preguntas 15–19 hacen referencia al siguiente pasaje.

El siguiente extracto es de las memorias, The Narrative of Sojourner Truth. *Sojourner Truth nació esclava en el estado de Nueva York antes de que las leyes abolieran la esclavitud en 1827. Escapó de su amo y acabó convirtiéndose en miembro activo del movimiento abolicionista. Como antigua esclava, Sojourner Truth nunca aprendió a leer ni a escribir, por lo que sus memorias se las dictaba a una amiga. El nombre de pila de Truth era Isabella, y con este nombre se la menciona en el pasaje.*

Después de que el Estado decretara la emancipación, algunos años antes del momento fijado para su consumación, el amo de Isabella le dijo que si se portaba bien y era fiel, le daría "papeles de libertad", un año antes de que fuera legalmente libre por ley. En el año 1826,
Línea
5 ella tenía una mano gravemente enferma, lo que disminuyó en gran medida su utilidad; pero al llegar el 4 de julio de 1827, el tiempo especificado para recibir sus "papeles de libertad", reclamó el cumplimiento de la promesa de su amo; pero él se negó, a causa (según alegó) de las pérdidas que había sufrido a causa de su mano. Ella alegó que había trabajado todo el tiempo, y que había hecho muchas cosas para las que no estaba totalmente capacitada, aunque sabía que había sido menos útil que antes; pero su amo permaneció inflexible. Probablemente su
10 misma fidelidad le jugaba ahora en contra, y a él le resultaba menos fácil de lo que pensaba renunciar a las ganancias de su fiel "Bell", que durante tanto tiempo le había prestado un eficiente servicio.

Pero Isabella determinó interiormente que se quedaría tranquila con él solo hasta terminar de hilar la lana —unas cien libras—y luego lo dejaría, tomando el resto del tiempo para sí.
15 "¡Ah!", dijo ella, con un énfasis que no puede escribirse, "los esclavistas son TERRIBLES por

prometer que te darán esto o aquello, o tal o cual privilegio, si haces esto o aquello; y cuando llega el momento de cumplir, y uno reclama la promesa, ellos, por cierto, no recuerdan nada de eso; y se burlan de ti, como no, por ser un MENTIROSO; o, en el mejor de los casos, el esclavo es acusado de no haber cumplido su parte o condición del contrato."."¡Oh!", dijo ella, "a

20 veces me he sentido como si no pudiera vivir mientras trabajaba. Piensa en nosotros, tan ávidos de nuestros placeres, y tan tontos como para seguir alimentando la idea de que deberíamos obtener lo que se nos había prometido; y cuando creemos que casi está en nuestras manos, nos encontramos con que se nos niega rotundamente. Piénsalo, ¿cómo podríamos soportarlo?"

... La pregunta que se formaba en su mente, y que no era fácil de resolver, era: "¿Cómo

25 puedo escapar?". Así que, como era su costumbre, "le dijo a Dios que tenía miedo de irse por la noche, y que de día todos la verían". Al final, se le ocurrió que podía irse justo antes de que amaneciera, y salir del barrio donde la conocían antes de que la gente estuviera en movimiento. "Sí", dijo ella, fervientemente, "¡es un buen pensamiento! Gracias, Dios, por ese pensamiento". Así que, recibiéndolo como si viniera directamente de Dios, lo puso en práctica,

30 y una buena mañana, un poco antes del amanecer, se la pudo ver alejándose sigilosamente de la parte trasera de la casa de maese Dumont, con su bebé en un brazo y su guardarropa en el otro, cuyo volumen y peso, probablemente, nunca le resultaron tan convenientes como en la presente ocasión un pañuelo de algodón que contiene tanto su ropa como sus provisiones.

Cuando llegó a la cima de una alta colina, a una distancia considerable de la casa de su

35 amo, el sol la hirió saliendo en todo su prístino esplendor. Pensó que nunca antes había habido tanta luz; es más, le pareció que había demasiada luz. Se detuvo para mirar a su alrededor y comprobar si sus perseguidores estaban todavía a la vista. No apareció nadie y, por primera vez, se planteó la pregunta: "¿Adónde y con quién debo ir?". En todos sus pensamientos de escape, no se había preguntado ni una sola vez hacia dónde debía dirigir sus pasos. Se sentó,

40 dio de comer a su bebé y, dirigiendo de nuevo sus pensamientos a Dios, su única ayuda, le rogó que la dirigiera a algún refugio seguro.

15. ¿Qué implica la narración de Isabella sobre los esclavistas? La crueldad de los esclavistas hacia sus esclavos se basaba en

  A. emociones retorcidas.

  B. el afán de lucro.

  C. el miedo a la confrontación.

  D. el racismo.

La idea de que la crueldad de los esclavistas se basaba en su afán de lucro está implícita en las líneas 6–7 ("las pérdidas que había sufrido a causa de su mano") y en la línea 11 ("renunciar a las ganancias de su fiel 'Bell'..."). **La respuesta correcta es B.**

16. ¿Qué es lo que más molesta a Truth del esclavista?

  A. Su acoso

  B. Su brutalidad

  C. Su injusticia

  D. Su fanatismo

En el pasaje, el autor describe claramente al esclavista de Isabella como injusto: rompe sus promesas a pesar de la fidelidad de Isabella. Por otro lado, en ninguna parte del pasaje la autora sugiere que su esclavizador la acosara o maltratara (opciones A y B). Y aunque puede haber sido un fanático o un hipócrita (opción D), el pasaje no indica que Isabella haya notado ese rasgo o lo haya objetado. **La respuesta correcta es C.**

17. ¿Qué pensaba Truth de su amo que la hizo planear la fuga?

  A. Ella creía que no era digno de confianza.

  B. Pensaba que seguiría castigándola.

  C. Pensó que iba a venderla a otra persona.

  D. Creía que le concedería la libertad, pero no quería esperar más.

Truth se dio cuenta de que su amo había mentido y roto sus promesas de dejarla libre, a pesar de la ley. La fecha de su liberación llegó y pasó, y su amo encontró excusas para retenerla. No hay indicios de que planeara venderla a otra persona ni de que le hubiera causado daños. Él había faltado a su palabra y ella se dio cuenta de que no podía confiar en él. **La respuesta correcta es A.**

18. ¿Qué puedes inferir sobre las creencias de Truth con base en el plan de fuga?

  A. La ley se cumpliría y ella sería libre.

  B. La única manera de ser libre era ir a un lugar donde no la reconocieran.

  C. Sería liberada pero tendría que irse del estado.

  D. Podría refugiarse con los vecinos.

El amo de Truth no la liberó después de que entrara en vigor la ley; siguió manteniéndola como en la esclavitud (opción A). El texto no dice que la ley especificara que los esclavos liberados debían abandonar el estado (opción C). El comportamiento de Truth indica que tenía miedo de que las personas que la conocían y su amo la vieran, la capturaran y la llevaran de vuelta. En consecuencia, no se sentía segura refugiándose con sus vecinos (opción D). Esperaba que cuando llegara a un lugar donde no la conocieran, estuviera a salvo, porque la ley decía que era libre. **La respuesta correcta es B.**

19. Aunque *The Narrative of Sojourner Truth* está contada en tercera persona por un narrador, ¿qué indicios hay para mostrar que es la historia personal de Truth?

  A. El narrador cita las palabras y los pensamientos de Truth respecto a su experiencia.

  B. El narrador introduce su propia perspectiva que confirma la experiencia de Truth.

  C. El narrador mantiene el relato en tercera persona para ser objetivo.

  D. El narrador muestra tanto su propio punto de vista como el de Truth, pero sólo el de Truth está en primera persona.

El narrrador de *The Narrative of Sojourner Truth* utiliza la tercera persona excepto cuando incluye citas directas de Truth. El narrador no presenta su perspectiva, sino que describe lo que le dice Truth y ocasionalmente cita sus palabras. El narrador utiliza la tercera persona para contar la historia desde la perspectiva de Truth, no para ser objetivo. El narrador sólo muestra los puntos de vista de Truth. **La respuesta correcta es A.**

Fuentes secundarias

Una fuente secundaria proporciona más información sobre eventos históricos, épocas y culturas. Una fuente de este tipo informa sobre los eventos después de que ocurrieron y puede o no contener relatos objetivos. Una fuente secundaria puede ser un análisis, un resumen o una interpretación de una fuente primaria. En algunos casos, podría describir o explicar fuentes primarias. Por ejemplo, un libro de texto o una enciclopedia podría considerarse una fuente secundaria.

El siguiente pasaje es un ejemplo de una fuente secundaria. Piense en las fuentes primarias que el autor podría haber usado para obtener la información necesaria para escribir el texto. Al leer este tipo de textos, se necesitan las mismas habilidades.

Las preguntas 20–23 hacen referencia al siguiente pasaje.

El siguiente pasaje, escrito por James H. Bruns, apareció en la edición de enero-marzo de 1992 [vol 1, número 1] de EnRoute, *el boletín del Museo Postal Nacional.*

Correo del Titanic

La historia de Estados Unidos se encuentra en el correo. Esto no es un alarde. Desde sus inicios, la oficina de correos ayudó a hacer historia en Estados Unidos, y su crecimiento es paralelo a la historia de los Estados Unidos. Esto es cierto para los grandes eventos, y para *Línea* muchas de las fascinantes notas al pie de nuestra historia. . .

5 Este abril marca el aniversario número 80 de la pérdida de R.M.S. *Titanic*, el barco de correo más famoso del mundo. (La abreviatura significaba "Royal Mail Ship"). El 14 de abril de 1912, el el barco se hundió con más de 1,500 vidas, incluidos los empleados del Servicio de Correos del Mar.

A bordo del *Titanic* había una oficina de correos marítima con una tripulación de cinco
10 empleados. Dos de los empleados, Jago Smith y J. B. Williamson, eran ingleses. Los otros, John S. March, William L. Gwinn y Oscar S. Woody, eran estadounidenses empleados por el Departamento de Correos de los Estados Unidos. En cualquier travesía oceánica, los países receptores y emisores asignan cada uno empleados a la oficina de a bordo. En el *Titanic*, la mayoría de los empleados eran estadounidenses porque el barco navegaba hacia Estados Unidos,
15 y los empleados estadounidenses debían clasificar el correo que llegaba a Estados Unidos.

Los empleados estadounidenses del correo marítimo ganaban básicamente unos $1,000 al año en 1912. También comían gratis con los pasajeros y se les asignaba un monto para su manutención mientras esperaban el regreso del barco.

Durante varias horas antes de zarpar, los empleados del *Titanic* realizaron la tarea rutinaria
20 de revisar todos los sacos de correo y guardar los que no necesitaban abrirse durante el viaje.

Tan pronto como el transatlántico zarpó el 10 de abril, habrían comenzado a hacer las distribuciones, de forma muy parecida a como lo haría la tripulación de un tren de correo ferroviario.

La tripulación del correo a bordo del *Titanic* trabajó bien, especialmente en las últimas horas del 14 de abril. Según la información disponible, pocos minutos después de la colisión,
25 el almacén de correo, que estaba situado muy por debajo de la línea de flotación del barco, comenzó a inundarse, enviando algunos de los sacos de correo a la deriva. Frenéticamente, los empleados subieron todos los sacos posibles a la sala de clasificación para preparar el traslado de los sacos de correo a la cubierta para su posible recuperación por un barco de rescate. Según el *Informe Anual* del Director General de Correos de 1912: "Los últimos informes sobre sus
30 acciones muestran que se dedicaron a este trabajo... hasta el último momento".

Se perdió toda la carga del barco, incluidos 3,423 sacos de correo. Las bolsas de correo contenían más de 7 millones de piezas de correo, incluidos un estimado de 1.6 [millones] de cartas y paquetes registrados. A las pocas semanas del hundimiento, los funcionarios postales comenzaron a sentir los efectos de la pérdida. Alrededor de $150,000 dólares en giros postales
35 se fueron al fondo del mar. Debían procesarlos de alguna manera. Cuatro días después del hundimiento, el tercer asistente del director general de correos James J. Britt aconsejó a los maestros de correo locales:

Entre los millones de piezas de correo que transportaban en el hundido *Titanic*, hubo sin duda miles de dólares en giros postales internacionales, junto con listas descriptivas de dichos
40 pedidos. Supuestamente, muchos de los remitentes de dichos giros se comunicarán con los beneficiarios en este país en relación con ellos, y que los beneficiarios, a su vez, manejarían el asunto a través de sus respectivos administradores de correo.

De buena voluntad, el departamento desea que en todos estos casos los administradores de correo presten especial atención a las consultas realizadas y reporten de inmediato los hechos
45 al Tercer Asistente del Director General de Correos (División de Giros postales), con el fin de que se pueda hacer todo lo posible para asegurar pagos anticipados a los beneficiarios previstos.

Una de las primeras en recibir un reembolso por un giro postal perdido fue la señorita Ethel Clarke, una criada que trabajaba para la familia del presidente William Howard Taft. Su giro postal perdido era de siete libras. Según un examen de los registros postales disponibles, se le
50 emitió un giro postal de reemplazo de EE. UU. desde la sede del servicio postal por $35 dólares.

20. ¿Qué puede deducir del pasaje sobre la actitud del autor hacia los trabajadores de correos?

A. Pensaba que los trabajadores postales deberían manejar el correo internacional sólo en un barco de correo especial.

B. Pensaba que los trabajadores postales hacían un trabajo importante de forma competente.

C. Pensaba que el trabajo de los trabajadores postales era rutinario y aburrido.

D. Pensaba que solo los trabajadores de correo americanos debían manejar el correo americano.

El autor describe la tragedia del *Titanic* en términos de la pérdida de uno de sus cargamentos: el del correo estadounidense que llevaba el barco con destino a Estados Unidos. Los trabajadores postales tenían libertad para comer con los pasajeros y el autor no da ninguna indicación de que piense que deberían estar en un barco separado. El autor explica que estaban ocupados en sus rutinas de trabajo normales cuando el barco empezó a inundarse, no que su trabajo fuera rutinario y aburrido. Describe cómo el correo internacional que llegaba era manejado por los empleados postales estadounidenses. estadounidenses manejan el correo internacional entrante, pero no presenta ninguna objeción a otras nacionalidades. En general, el autor describe a los trabajadores como personas que eran buenas en sus trabajos y demostró que tenían un impacto en los demás. **La respuesta correcta es B.**

21. ¿Cuál de los siguientes detalles del pasaje muestra la idea del autor de que el desarrollo del Servicio Postal de los Estados Unidos tuvo un impacto significativo en el curso de la historia estadounidense?`

    A. El autor afirma que no está presumiendo cuando dice que "la historia está en el correo".

    B. La gente, incluida la criada del presidente Taft, recibió el reembolso de su dinero por los giros postales perdidos.

    C. El hecho de que el *Titanic* llevara tanto correo demuestra que los europeos querían comunicarse con los americanos.

    D. Se perdieron millones de piezas de correo, pero el servicio postal pudo recuperar parte de los reclamos monetarios.

El autor dice que su afirmación inicial no es un "alarde", lo que demuestra que cree que el crecimiento y el éxito del servicio postal están ligados al crecimiento y el éxito de la nación (opción A). La gente podía presentar sus reclamos y obtener el reembolso de los giros postales (opciones B y D), pero ese detalle no está relacionado con la historia general del acontecimiento. Las nuevas tecnologías permitieron que los barcos fueran más rápidos y más grandes y que pudieran entregar las mercancías más rápidamente. El sistema postal pudo aprovechar el nuevo servicio, pero en este caso, la tecnología fue lo que contribuyó al crecimiento del país. **La respuesta correcta es A.**

22. ¿Qué puede concluir sobre la vida estadounidense a principios del siglo XX, con base en el pasaje?

    A. El servicio de correo era rápido y eficiente si se tenía dinero para pagarlo.

    B. Mucha gente escribía cartas a sus amigos y familiares.

    C. Los viajes eran peligrosos, así que la mayoría de la gente se quedaba en casa.

    D. El *Titanic* sólo transportaba pasajeros ricos y tripulación.

Podemos deducir que el servicio de correo era más rápido debido a la llegada de nuevas tecnologías que incluían grandes barcos como el *Titanic*, que podían transportar millones de piezas de correo, lo que hacía más fácil y rápido el envío de correo a través del océano. Pero el autor no sugiere en ningún momento que su coste fuera prohibitivo (opción A). El *Titanic* es solo uno de los muchos barcos que habrían transportado correo. Los más de 7 millones de piezas de correo que el autor describe como perdidas indican que un gran número de personas enviaban cartas y paquetes desde y hacia Europa. Algunos tipos de viaje pueden haber sido peligrosos para los estándares actuales, pero mucha gente siguió viajando (opción C). El autor no habla de los pasajeros, salvo para decir que a los trabajadores de correos se les permitía comer con ellos. Podemos tener una imagen de la gente rica a bordo del barco (opción D) por haber leído al respecto o haber visto una película, pero el pasaje en sí no nos da esta información. **La respuesta correcta es B.**

23. ¿Qué fuentes primarias pudo haber usado el autor para obtener los datos de este artículo?
- **A.** El diario de un pasajero.
- **B.** La historia de un sobreviviente.
- **C.** Un libro sobre la construcción del barco.
- **D.** El registro del capitán del barco.

El diario de un pasajero (opción A) sería una fuente primaria, pero no proporciona la información presentada en el artículo. Los pasajeros no sabían cuánto correo había a bordo. La historia de un sobreviviente (opción B) también podría ser una fuente primaria, pero no habría proporcionado los detalles incluidos en el pasaje. Un libro sobre la construcción del barco (opción C) es una fuente principal, pero dicho libro se centraría en cómo se construyó el barco y no tendría información sobre el viaje, el correo que transportaba ni las personas que murieron. La bitácora del capitán contiene la lista de los pasajeros y de la carga, por lo cual el autor podría haberla consultado como fuente primaria. **La respuesta correcta es D.**

Interpretar imágenes y palabras

Las fuentes primarias también pueden ser fotografías u otro material original. Observar los detalles de una imagen puede ayudar a interpretar lo que sucedía cuando se tomó la fotografía. Busque detalles que den pistas sobre la escena y observe las expresiones de los sujetos de la foto para obtener pistas sobre quiénes son. Una descripción escrita, junto con una imagen a menudo pueden proporcionar mucha información detallada.

Las preguntas 24–26 hacen referencia a la fotografía y el pasaje siguientes.

El siguiente pasaje describe cómo surgió esta fotografía, titulada "La madre migrante". Esta información es una fuente secundaria, y la fotografía es una fuente primaria.

La madre migrante

En un día duro y húmedo de marzo de 1936, Dorothea Lange regresaba a su casa en Berkeley después de pasar seis semanas fotografiando a trabajadores inmigrantes en California, Nuevo

México y Arizona. Su puesto en la Administración de Reasentamiento (RA), una agencia
Línea creada para ayudar a los agricultores arrendatarios durante la Depresión, era frágil: como no
5 había presupuesto para un fotógrafo, Lange había sido contratada como empleada-estenógrafa,
y facturaba sus gastos de película y de viaje bajo el epígrafe de "suministros administrativos".

Ese día, mientras conducía por la vacía carretera de California, Lange se fijó en un cartel
que decía *Pea-Pickers Camp.* Sabiendo que la cosecha de guisantes se había congelado, se
debatió durante 20 millas antes de dar la vuelta. Después de tomar el camino embarrado del
10 campo, Lange se acercó a una trabajadora migrante, pidió y obtuvo permiso para fotografiarla
y disparó sólo cinco veces. Las notas de campo de Lange dicen en parte: "No le pregunté su
nombre ni su historia. Me dijo su edad, que tenía 32 años. Me dijo que vivían de las verduras
congeladas de los campos de los alrededores y de los pájaros que mataban los niños. Acababa
de vender los neumáticos de su coche para comprar comida".
15 De vuelta en casa, Lange reveló las imágenes y, agarrando las impresiones aún húmedas, le
dijo al editor del *San Francisco News* que los trabajadores migrantes estaban muriendo lentamente de hambre en Nipomo, California. El reportaje que el periódico publicó sobre ellos
incluía las fotos de Lange; la UPI lo acogió, y en pocos días el gobierno federal suministró a
los trabajadores 20,000 libras de comida. Para entonces, sin embargo, la mujer y su familia,
20 desesperados por encontrar trabajo, se habían marchado...

—Extracto de la revista *Smithsonian*, marzo de 2002, de Rebecca Maksel.

24. ¿Cómo complementa la fotografía al texto?
- **A.** El texto describe la situación de la mujer, pero la foto comunica su dura realidad.
- **B.** El texto describe su dieta, pero la foto muestra que aunque la mujer se ve pobre, no se muere de hambre.
- **C.** El texto brinda información sobre la madre y la familia, pero la foto muestra cómo son sus tres hijos.
- **D.** El texto brinda información sobre el fotógrafo, pero la imagen muestra su talento con la fotografía.

La foto refuerza la realidad de la descripción en el texto (opción A). La familia luce harapienta, pobre
y miserable, y la madre tiene una mirada de desesperanza; no podemos ver en la foto si la mujer se
está muriendo de hambre o no (opción B). Se puede ver a los niños, pero se esconden de la cámara,
ya sea por miedo o timidez, no lo sabemos, pero no podemos saber cómo se ven con esta imagen
(opción C). Solo podemos obtener una idea de la magnitud de su agotamiento. Aunque el texto nos
da información sobre la fotógrafa, y la foto es impresionante, el texto no informa sobre su talento
(opción D). **La respuesta correcta es A.**

25. ¿Cómo nos permite comprender mejor la Gran Depresión la imagen combinada con
el texto?
- **A.** El texto aporta detalles sobre la época que la foto no puede proporcionar por sí sola.
- **B.** El texto explica cómo aquella fotografía inició la carrera de Lange.
- **C.** Las palabras y la imagen juntas describen la situación de la familia.
- **D.** La fotografía muestra los efectos de la Depresión en personas reales descritas en el texto.

La imagen nos muestra las víctimas de la Depresión, y el texto proporciona más detalles sobre el período; juntos, dan una imagen más amplia (opción A). Cómo comenzó la carrera de Lange (opción B) es irrelevante para comprender la Gran Depresión. Las palabras y la imagen describen la situación de la familia (opción C), pero comprender la Gran Depresión va más allá de una familia, que parte del texto describe brevemente. La foto ilustra de manera conmovedora los efectos de la Depresión en personas reales; el texto adicional sobre otros aspectos de la Depresión crea una imagen más completa de la época. **La respuesta correcta es A.**

> **26.** ¿Cuál fue el papel de la Administración de Reasentamiento (RA) durante la Depresión?
>   **A.** Encontrar trabajo para trabajadores agrícolas
>   **B.** Documentar a los trabajadores migrantes
>   **C.** Ayudar a los agrícolas arrendatarios
>   **D.** Deportar a los trabajadores migrantes

El texto describe a la Administración de Reasentamiento como una "agencia creada para ayudar a los agricultores arrendatarios". Los trabajadores agrícolas podrían incluirse en la categoría de agricultores arrendatarios, pero el papel de la agencia no era encontrar trabajo para ellos (opción A). La madre de la foto era una trabajadora migrante; es decir, una trabajadora agrícola que se mueve de un lugar a otro para encontrar trabajo. El trabajo de Lange era, según lo escrito en el papel, el de empleada de la agencia. No se le pagaba por documentar a los trabajadores inmigrantes (opción B). La agencia no estaba diseñada para deportar a nadie (opción D). **La respuesta correcta es C.**

Encontrar evidencia

El siguiente pasaje es un documento primario que representa uno de los casos más importantes de la Corte Suprema en la historia de los Estados Unidos, *Brown v. Board of Education*. El caso se resolvió en 1954, un período en el que la mayoría de escuelas públicas de todo el país estaban segregadas por ley en el sur y en la práctica en el norte. El caso *Brown* cambió dicha situación y comenzó una nueva era de derechos civiles. Cuando lea el pasaje, observe la forma en que se utilizan los detalles para respaldar la idea principal y la conclusión.

Las preguntas 27–31 hacen referencia al siguiente pasaje.

Este es un extracto de la opinión de la Corte Suprema escrita por el Presidente del Tribunal Supremo Earl Warren en el caso histórico Brown v. Board of Education.

La segregación de niños blancos y negros en las escuelas públicas de un Estado únicamente en función de la raza, de conformidad con las leyes estatales que permiten o requieren dicha segregación, niega a los niños negros la protección igualitaria de la ley garantizada por en la
Línea   Decimocuarta Enmienda, aunque las instalaciones y otros factores "tangibles" de las escuelas
5   blancas y negras puedan ser iguales. . .

(a) La historia de la Decimocuarta Enmienda no es concluyente en cuanto a su efecto previsto en la educación pública.

(b) La cuestión presentada en estos casos debe determinarse, no sobre la base de las condiciones existentes cuando se adoptó la Decimocuarta Enmienda, sino a la luz del pleno
10   desarrollo de la educación pública y su lugar actual en la vida estadounidense en toda la nación.

(c) Cuando un Estado se ha comprometido a proporcionar oportunidades para la educación en sus escuelas públicas, tal oportunidad es un derecho que debe estar disponible para todos en igualdad de condiciones.

(d) La segregación de niños en las escuelas públicas únicamente en función de la raza priva
15 a los niños del grupo minoritario de la igualdad de oportunidades educativas, a pesar de que las instalaciones físicas y otros factores "tangibles" puedan ser iguales. . . .

Al abordar este problema, no podemos retroceder en el tiempo hasta 1868, cuando se adoptó la Enmienda, ni siquiera hasta 1896, cuando se redactó *Plessy v. Ferguson*. Debemos considerar la educación pública a la luz de su pleno desarrollo y del lugar que ocupa actualmente en la vida
20 estadounidense en toda la nación. Sólo de esta manera se puede determinar si la segregación en las escuelas públicas priva a los demandantes de la igualdad de protección de la ley.

Hoy, la educación es quizás la función más importante de los gobiernos estatales y locales. Las leyes obligatorias de asistencia escolar y los grandes gastos en educación demuestran nuestro reconocimiento de la importancia de la educación para nuestra sociedad democrática.
25 Se requiere en el desempeño de nuestras responsabilidades públicas más básicas, incluso al servir en las fuerzas armadas. Es la base misma de la buena ciudadanía. Hoy en día es un instrumento principal para introducir al niño a los valores culturales, para prepararlo para su posterior formación profesional y para ayudarlo a adaptarse normalmente a su entorno. Hoy en día, difícilmente se puede esperar razonablemente que un niño tenga éxito en la vida si se
30 le niega la oportunidad de la educación. Tal oportunidad, que el estado se ha comprometido a proporcionar, es un derecho que debe estar disponible para todos en igualdad de condiciones.

Llegamos entonces a la pregunta presentada: ¿la segregación de niños en las escuelas públicas únicamente en función de la raza, a pesar de que las instalaciones físicas y otros factores "tangibles" puedan ser iguales, priva a los niños del grupo minoritario dc igualdad
35 de oportunidades educativas? Creemos que sí. . . .

Separarlos de otros de edad y características similares únicamente debido a su raza genera un sentimiento de inferioridad en cuanto a su estatus en la comunidad que puede afectar sus corazones y mentes de una manera probablemente imposible de corregir. El efecto de esta diferenciación de las oportunidades educativas quedó claramente expuesto ante un hallazgo
40 en el caso de Kansas por un tribunal que, sin embargo, se sintió obligado a fallar en contra de los demandantes negros:

"La segregación de niños blancos y de color en las escuelas públicas tiene un efecto perjudicial sobre los niños de color. El impacto es mayor cuando tiene la sanción de la ley; porque la política de separar las razas generalmente se interpreta como denotando la inferioridad del
45 grupo negro. Un sentimiento de inferioridad afecta la motivación del niño para aprender. La segregación con la sanción de la ley, por lo tanto, tiende a [retrasar] el desarrollo educativo y mental de los niños negros y a privarlos de algunos de los beneficios que recibirían en un sistema escolar racialmente integrado".

Cualquiera que haya sido el alcance del conocimiento psicológico en el momento de *Plessy*
50 *v. Ferguson*, dicho hallazgo está ampliamente respaldado por la autoridad moderna. Cualquier lenguaje en *Plessy v. Ferguson* contrario a este hallazgo es rechazado. . .

Llegamos a la conclusión de que en el campo de la educación pública la doctrina de "separados pero iguales" no tiene cabida. Las instalaciones educativas separadas son inherentemente desiguales. Por lo tanto, sostenemos que los demandantes y otros que se encuentran en una

55 situación similar para quienes se han presentado las acciones están, en razón de la segregación denunciada, privados de la protección igualitaria de las leyes garantizadas por la Decimocuarta Enmienda. Esta disposición hace innecesaria cualquier discusión sobre si tal segregación también viola la Cláusula de Debido Proceso de la Decimocuarta Enmienda...

27. ¿Qué razón da el Presidente de Justicia Warren para demostrar que la segregación en las escuelas públicas crea oportunidades desiguales para el aprendizaje?

    A. La Decimocuarta Enmienda prohíbe la segregación.

    B. Las decisiones anteriores del Tribunal Supremo muestran que la segregación crea escuelas desiguales.

    C. Separados no es iguales.

    D. La educación es naturalmente desigual.

Warren cita tanto la Decimocuarta Enmienda (opción A) como las decisiones anteriores de la Corte Suprema (opción B) como apoyo legal para tomar la decisión, pero la razón que usa para ilustrar por qué no se puede tolerar la segregación es que priva a los niños de grupos minoritarios de la igualdad de oportunidades educativas. Aunque afirma que la educación es importante para una sociedad democrática, no cita la desigualdad natural (opción D) como evidencia de su argumento. **La respuesta correcta es C.**

28. Según la decisión de Warren, ¿por qué la segregación es una violación de la Decimocuarta Enmienda?

    A. Porque la segregación tiene un efecto negativo en la sociedad moderna

    B. Porque la segregación evitó que las minorías se convirtieran en ciudadanos estadounidenses

    C. Porque la segregación es una forma de esclavitud, y la Decimocuarta Enmienda terminó la esclavitud

    D. Porque la segregación niega la igualdad de oportunidades para la educación

La segregación pudo haber tenido un efecto negativo en la sociedad (opción A), pero la decisión de Warren explica que la política viola la cláusula de igual protección de la Decimocuarta Enmienda. El pasaje no discute los aspectos de ciudadanía (opción B) de la Decimocuarta Enmienda. La segregación no es lo mismo que la esclavitud (opción C), y fue la Decimotercera Enmienda la que abolió la esclavitud. La primera sección de la Decimocuarta Enmienda garantiza a todas las personas en los Estados Unidos las mismas oportunidades de educación y, según Warren, "las instalaciones educativas separadas son inherentemente desiguales". **La respuesta correcta es D.**

29. Según la decisión de Warren, la educación pública es un (a)

    A. privilegio.

    B. oportunidad.

    C. derecho.

    D. responsabilidad.

Warren nunca hace referencia a la educación como un privilegio (opción A). Él dice que no se debe negar a las minorías la igualdad de oportunidades de educación, no que la educación es una oportunidad (opción B). No la describe como una responsabilidad (opción D). Warren describe la educación como un derecho que debe estar disponible para todos por igual. **La respuesta correcta es C.**

30. En el momento de la resolución de *Brown*, Warren creía que la segregación en las escuelas públicas tenía que cambiar porque

A. no podemos aplicar reglas e ideas del pasado a la forma en que vivimos hoy.

B. la Decimocuarta Enmienda era aplicable independientemente de la época.

C. la educación pública es más importante en la sociedad moderna.

D. las leyes estatales estaban desactualizadas.

Warren explica que la decisión anterior de *Plessy* y el período de tiempo en que se aprobó la Decimocuarta Enmienda no pueden usarse como base para las ideas y decisiones actuales, lo que contradice la opción B. No compara la educación pública del pasado con la de la época de la decisión, por lo que la opción C es incorrecta. Warren dice que los estados no pueden violar los derechos de los niños pertenecientes a minorías al educarlos en escuelas segregadas por ley porque tales leyes, por naturaleza, niegan a los niños pertenecientes a minorías igual protección y, por lo tanto, están en contra de la Decimocuarta Enmienda; él no dice que las leyes están desactualizadas (opción D). **La respuesta correcta es A.**

31. ¿Cuál es el punto de vista de Warren sobre la segregación en las escuelas públicas?

A. Es injusto pero cómo es legal, el Tribunal no puede cambiarlo.

B. Una vez examinado, se puede defender.

C. Es una rama desafortunada de nuestro pasado que no se puede cambiar.

D. Es inherentemente desigual y no tiene lugar en la educación pública.

Warren sostiene que la segregación no puede considerarse constitucional porque viola la Decimocuarta Enmienda. Una vez declarada inconstitucional, no es legal, y las leyes tendrán que ser retiradas de los libros, por lo que la opción A es incorrecta. Examina las pruebas históricas que se utilizaron para mantener las escuelas segregadas y descubre que los argumentos son insostenibles, por lo que la opción B es incorrecta. Warren habla de los efectos negativos de la segregación del pasado, pero no concluye que no puedan cambiar (opción C). Se demostró que la política pasada de "separados pero iguales" no tenía igualdad en ningún nivel y, por lo tanto, no podía continuar. **La respuesta correcta es D.**

Circulares y documentos laborales informativos

El tercer tipo de texto de no ficción de la prueba es lo que sus autores llaman **documentos laborales y de la comunidad**. El texto puede ser una declaración de políticas, pautas o reglas para el comportamiento en el lugar de trabajo, un extracto de un manual de empleados o manual de capacitación, una declaración de derechos de los empleados, una comunicación (correo electrónico, memorando escrito o carta), o incluso un documento legal como un contrato de trabajo. Además, según el tipo de documento, el texto puede contener encabezados o listas numeradas.

Esta categoría también incluye lo que se conoce como documentos "comunitarios". Estas son comunicaciones tales como cartas al editor de un periódico local, cartas de queja y avisos públicos. Por ejemplo, un aviso enviado a las personas de la comunidad sobre un próximo evento que se realizará en un parque o edificio municipal entraría en esta categoría.

Todos estos documentos se extraen de documentos reales o simulados del lugar de trabajo y de la comunidad. La aplicación de habilidades de lectura para este tipo de documentos no son diferentes de las de otros tipos de material de lectura. Su tarea es la misma: aplicar sus habilidades de comprensión, análisis, síntesis y aplicación a estos textos. Mientras lee un documento laboral o de la comunidad, intente responder las siguientes preguntas:

- ¿Quién es la *audiencia* prevista? (¿Un individuo específico? ¿Todos o solo ciertos empleados? ¿Una comunidad en general?)

- ¿Cuál es el *marco* general del documento? (¿Aborda sólo políticas, procedimientos o problemas específicos? ¿O tiene un alcance más amplio?)

- ¿A qué *meta* u *objetivo* de la institución pretende promover el documento? (Por ejemplo, el propósito del documento podría ser mejorar la eficiencia en el lugar de trabajo, corregir la mala conducta de los empleados, aumentar las ganancias o los ingresos, obtener financiación o atraer nuevos compradores o clientes.)

- ¿Cuál es el *punto de vista* del escritor? (¿El documento expresa una opinión sobre algún tema específico o simplemente proporciona información?)

- ¿Cuál es el *tono* general del documento? (El tono general puede ser objetivo; pero si un documento sirve como advertencia—para los empleados, por ejemplo—el tono puede ser algo incisivo o incluso acusatorio.)

Además, si el documento tiene un título, pregúntese qué sugiere sobre la audiencia, el alcance, y propósito.

Si encuentra una declaración de políticas en la prueba, habrá al menos una pregunta sobre cuál es la política general. (Una **política** es un principio general o un amplio curso de acción adoptado por una institución como guía para conducir sus asuntos).

Para comprender su política, es posible que deba sintetizar información de varias partes del documento. Además, las declaraciones de políticas generalmente proporcionan detalles que explican cómo la institución las implementa. Por lo tanto habrá preguntas en la prueba sobre esos detalles de apoyo también. Una política generalmente se implementa a través de reglas, regulaciones y pautas específicas. Al leer una declaración de políticas, intente:

- Distinguir entre una política general y una política específica, que es una regla o directriz que respalda una política general.

- Distinguir entre *reglas*, que requieren o prohíben cierto comportamiento, y *pautas*, que son meras sugerencias sobre cómo promover una política.

- Prestar atención a cualquier consecuencia (medida disciplinaria o castigo) por violar una regla o regulación. Si se discuten las consecuencias, preste atención a si varían, dependiendo de la violación específica.

Una declaración de políticas que proporciona reglas y regulaciones puede contener la llamada "jerga legal", que hace referencia a palabras y frases utilizadas en documentos legales. Si se encuentra con jerga legal, no se sorprenda si una de las preguntas de la prueba se centra en ella. No se preocupe: debería poder entender qué significa la jerga legal a partir del contexto. De hecho, esta habilidad es exactamente la que se evalúa.

El siguiente extracto podría ser parte de una declaración de políticas, un manual de empleados o un manual de capacitación, o incluso un contrato laboral. Todos estos tipos de documentos pueden contener declaraciones de políticas, así como reglas, regulaciones o pautas específicas.

Las preguntas 32–34 hacen referencia al siguiente extracto de un documento.

[El documento comienza con la Sección 1, y luego continúa con la Sección 2, como sigue.]

<u>Sección 2</u>

<u>2.1.</u> Metacorp tiene una política de no tolerancia con respecto al hurto de los empleados. Tal como se utiliza en esta sección, "hurto" significa tomar cualquier propiedad de la empresa, independientemente de su valor monetario, para uso personal y no de la empresa, ya sea *Línea* temporal o permanentemente.

5 <u>2.2.</u> Cualquier empleado de quien pueda determinarse que ha robado la propiedad de la compañía estará sujeto a medidas disciplinarias de acuerdo con las pautas establecidas en este documento con respecto a las advertencias y la posterior terminación del contrato, y con las leyes estatales y federales aplicables.

<u>2.3.</u> Si un empleado presenta un informe falso de una violación en virtud de esta sección, ese 10 empleado estará sujeto a una acción disciplinaria inmediata, que puede incluir la terminación del contrato sin previo aviso. A efectos de esta disposición, un "informe falso" es cualquier informe que el empleado informante supiera o debería haber sabido que era falso o inexacto, ya sea en su totalidad o en parte.

32. ¿Por qué la compañía incluyó la Sección 2 en el documento?
   A. Para atrapar empleados sospechosos de robar
   B. Disuadir a los empleados de robar
   C. Alentar a los empleados a reportar incidentes de robo
   D. Atraer empleados que sean confiables

La primera oración del párrafo 2.1 expresa la política general de la compañía de que no tolerará el robo, mientras que las reglas que siguen advierten a los empleados de las duras consecuencias si violan la política. Claramente, el propósito principal de la sección es disuadir a los empleados de robar. Las opciones A y D proporcionan ventajas de tener este tipo de política, pero ninguna expresa el *propósito* de la política. La opción C es incorrecta porque el párrafo 2.3 en realidad *desalienta* el informe de robo. **La respuesta correcta es B.**

33. Un empleado de Metacorp toma prestada una jarra de café del trabajo pero se olvida de devolverla. Bajo la Sección 2, el empleado probablemente

    A. ser obligado a sustituir la garrafa de la empresa por una nueva.

    B. será despedido por Metacorp porque la compañía tiene una política de no tolerancia.

    C. no estará sujeto a medidas disciplinarias, porque el empleado tenía la intención de devolver el artículo.

    D. recibirá una advertencia si esta fue la primera violación del empleado de la Sección 2.

Para responder a esta pregunta, debe distinguir entre las consecuencias de robar (Sección 2.2) y las de informar falsamente sobre robo (Sección 2.3). La sección aplicable es 2.2, que menciona las "advertencias" como un procedimiento de terminación previa. Suponiendo que esta fuera una primera ofensa, la única medida disciplinaria del empleado que roba probablemente sea una advertencia. **La respuesta correcta es D.**

34. ¿Por qué comportamiento es probable que un empleado de Metacorp sea disciplinado?

    A. Llevar a casa un escritorio de la empresa que acaba de tirarse

    B. Informar un incidente de robo que nunca se sucedió realmente

    C. Usar un teléfono de la compañía para hacer llamadas personales de larga distancia

    D. Conducir un vehículo de la empresa a una conferencia relacionada con la empresa

Para responder a esta pregunta correctamente, debe comprender la definición de *informe falso*. Su definición, que se proporciona en el párrafo 2.3, contiene cierta jerga legal. La opción B describe lo que podría considerarse presentar una denuncia falsa, dependiendo de las circunstancias. Si el empleado denunciante no tenía ningún motivo para sospechar que un compañero de trabajo estaba robando, es posible que el empleado supiera o debería haber sabido que la denuncia era falsa *totalmente o en parte*. **La respuesta correcta es B.**

Otro tipo de documento laboral o de la comunidad que puede encontrar es un comunicado, como un correo electrónico, un memo o una carta. El comunicado puede estar dirigido a una persona en particular, o a un grupo, o dar una respuesta a otro comunicado. Incluso podría ser una carta al editor de un periódico. Por sus ideas y su tono, este tipo de comunicación tiene mayor probabilidad de ser *subjetivo* que otros documentos laborales y de la comunidad—es decir, de comunicar un punto de vista y una actitud distinguibles hacia el tema en cuestión, y posiblemente hacia el destinatario de la comunicación.

Aquí hay algunas sugerencias para leer y comprender los documentos de comunicación más subjetivos.

- Intente identificar la idea principal y tenga en cuenta los detalles proporcionados en apoyo de esa idea.

- Pregúntese: ¿Por qué el autor redactó este correo electrónico, nota o carta? ¿Qué quería lograr el autor al hacerlo?

- Al igual que con otros documentos laborales y de la comunidad, busque declaraciones de políticas y haga una distinción entre reglas de apoyo y pautas de apoyo.

- Si la comunicación comienza identificando al remitente, al destinatario y/o al sujeto, preste atención a esas líneas. Pueden proporcionar pistas sobre el tema y el punto de vista de la comunicación.

Las preguntas 35–37 hacen referencia a la siguiente nota.

De: Jason Renaldi <jason.renaldi@theberwyngroup.com>

Para: Todos los empleados de Berwyn Corporation

Asunto: Código de vestimenta del empleado y políticas de almuerzo

Línea A partir del miércoles 17 de enero, el código de vestimenta de nuestra compañía que exige
5 que todos los hombres y mujeres usen trajes de negocios no se aplicará los miércoles. Todos los empleados podrán vestirse informalmente cada miércoles, a su elección. Los jeans se considerarán vestimenta apropiada, pero las camisetas y/o pantalones cortos se considerarán inapropiados. Las mujeres pueden usar zapatos abiertos, pero los hombres no. La gerencia lo alienta a disfrutar de la libertad de los "miércoles informales" sin dejar de vestirse con buen gusto.

10 También a partir del 17 de enero, puede tomar hasta una hora y media para el almuerzo, de 11:30 a 2:00. Para compensar la media hora de trabajo pérdida debido a un almuerzo más largo, debe llegar hasta 30 minutos antes para comenzar el día laboral del miércoles o salir 30 minutos más tarde al finalizar su día laboral. Si prefiere almorzar el miércoles relativamente tarde, la gerencia ha dispuesto que el vendedor de comida móvil Cuisine on Wheels sirva el
15 almuerzo en nuestro estacionamiento desde las 12:45 hasta 1:45 todos los miércoles, nuevamente, a partir del 17 de enero. Para quienes salgan de las instalaciones para el almuerzo del miércoles, como siempre, los alentamos a compartir el viaje y comer con sus compañeros de trabajo.

Estoy seguro de que un almuerzo más relajado y un atuendo informal aumentarán el entu-
20 siasmo para enfrentar los desafíos que nos esperan durante el resto de la semana laboral. Como siempre, agradezco sus continuos comentarios sobre estas y otras condiciones de trabajo.

Jason Renaldi
Director de Recursos Humanos
Corporación Berwyn

35. ¿Cuál es el propósito **más probable** del correo electrónico?
   A. Anunciar políticas diseñadas para mejorar la moral de los empleados
   B. Informar a los trabajadores sobre los desarrollos recientes de la compañía
   C. Introducir incentivos para el desempeño laboral
   D. Defender el código de vestimenta y la política de la hora de almuerzo de la empresa

El párrafo final revela el propósito de las nuevas políticas: ayudar a los trabajadores a enfrentar la segunda mitad de la semana laboral con una perspectiva positiva, en otras palabras, mejorar su moral. **La respuesta correcta es A.**

36. ¿Cómo está estructurado este memo para transmitir a los empleados de Berwyn la información?

   A. El memo describe los cambios en las políticas de la compañía en dos párrafos detallados.

   B. El memo explica las consecuencias de no cumplir con el código de vestimenta como parte de los detalles del nuevo código de vestimenta.

   C. El autor de la nota la redactó corta para que los empleados pudieran leerla rápidamente.

   D. La nota describe dos nuevas políticas relacionadas para que los empleados comprendan su conexión.

La idea principal de la nota es comunicar la política actualizada y revisada de la compañía. Esto se realiza en dos párrafos detallados (opción A), uno para cada cambio. La nota no menciona las consecuencias de no seguir el código de vestimenta (opción B). El memo es breve pero claro en sus detalles e intención. La intención es hacer que los empleados se ajusten a las nuevas políticas, para que no se les pase por alto y lo lean rápidamente (opción C). Los dos cambios no están relacionados entre sí, por lo que la elección D es incorrecta. **La respuesta correcta es A.**

37. ¿Qué se requerirá de los empleados por parte de la Corporación Berwyn en el futuro?

   Los miércoles, los empleados de la Corporación Berwyn deben

   A. almorzar en las instalaciones de Berwyn.

   B. compartir el almuerzo.

   C. usar jeans para trabajar.

   D. trabajar tanto como en otros días de trabajo.

El autor da a entender que los trabajadores deben compensar un almuerzo más largo ya sea comenzando el día de trabajo antes o terminando más tarde. Todos los demás detalles mencionados en el correo electrónico son pautas o sugerencias, en lugar de reglas o requisitos. **La respuesta correcta es D.**

La siguiente es una carta típica de queja. Las empresas reciben este tipo de cartas regularmente, y generalmente responden. Son por naturaleza subjetivas, ya que hacen referencia a la experiencia única del cliente que presenta la queja.

Las preguntas 38–40 hacen referencia a la siguiente carta de queja.

20 de octubre de 2016

Sr. Henry Jones, Gerente
Electrodomésticos ABC

Línea 555 Main Street

5 Somewhereville, VA 55555

Estimado señor Jones:

El 15 de septiembre, compré en su tienda un lavavajillas GEM (modelo GM249). Me dijeron que era tan bueno como—si no mejor—las otras marcas que venden. Además, era considerablemente más barato, así que quedé encantada con mi compra. He adjuntado una copia de

10 mi recibo para su información.

Le estoy escribiendo porque
- El lavavajillas hace mucho ruido.
- El lavavajillas a veces se detiene antes de que termine el temporizador, lo cual hace imposible que limpie mis platos.

15 El 1 de octubre, llamé a su tienda y hablé con Cindy Smith, quien me dijo que no conocía la política de devoluciones. Afirmó que discutiría el problema con ustedes y me devolvería la llamada. Sin embargo, no recibí ninguna llamada de nadie de la empresa. Volví a llamar el 8 de octubre y me saltó el buzón de voz de la empresa, aunque llamé en horario comercial. Dejé un mensaje, pero de nuevo no recibí ninguna llamada. El 12 de octubre volví a llamar y

20 hablé con la Sra. Smith, que se disculpó y dijo que volvería a llamar después de hablarlo con ustedes. Eso fue hace más de una semana, y todavía no he tenido noticias de nadie.

Ya han pasado más de 30 días desde la fecha de mi compra, aunque informé a su empresa del problema mucho antes de que expirara ese plazo.

El lavavajillas que me vendieron es de mala calidad, no funciona correctamente y es inútil

25 tal y como está. En virtud de la ley de consumidores, mi contrato es con el vendedor de los bienes y, como tal, me dirijo a ustedes para solicitar un reembolso completo.* En este momento, dada mi experiencia con su servicio de atención al cliente, no deseo cambiarlo por otra unidad de la misma marca o incluso de otra marca. Hasta ahora, su empresa no ha respondido en absoluto a mis consultas y quejas. Este no es el tipo de servicio al cliente que espero.

30 Les agradecería que me respondieran en un plazo de 10 días laborables. Si desean hablar por teléfono, me pueden localizar en el 555-555-5555. Si deciden seguir ignorando mi queja, buscaré otras opciones.

Sinceramente,
Susan Smith

---

*"Como consumidor, si compra productos defectuosos, la ley le da derecho a solicitar una reparación, un reemplazo o un reembolso. Es cuestión de usted negociar con el vendedor la reparación. Sin embargo, si se ofrece una reparación, entonces debería ser permanente. Si no es así, y si la misma falla ocurre nuevamente, entonces el comprador tiene derecho a buscar otra forma de reparación. Si no puede ponerse de acuerdo sobre la forma de reparación, su próximo paso después de una carta puede ser el Procedimiento de Reclamos Menores—consulte nuestro sitio web/folletos para más detalles".

38. ¿Qué acción **más probablemente** tomará la Sra. Smith si no recibe respuesta del Sr. Jones?

    A. Se dará por vencida y la dejará caer.

    B. Llamará a un abogado.

    C. Presentará un reclamo en la corte de reclamos menores.

    D. Volverá a llamar e insistirá en hablar directamente con el Sr. Jones.

El tono de la carta es de frustración y enfado, por lo que es poco probable que Susan Smith abandone por completo (opción A). Podría llamar a un abogado (opción B), pero en general, esto no sería común con un artículo pequeño y una reclamación menor. La nota al pie de página hace referencia a la posibilidad de acudir a un juzgado de pequeñas reclamaciones (opción C). Smith incluyó la nota a pie de página en la carta, haciéndole saber a Jones que está al tanto de esta opción como consumidor. Esto implica que podría ser su próximo paso. Si bien es posible que intente volver a llamar e insistir en que hable directamente con el Sr. Jones (opción D), ya ha intentado llamar varias veces sin ningún resultado deseable, por lo que es más probable que elija presentar un reclamo menor al tribunal de reclamos. **La respuesta correcta es C.**

39. ¿Qué evidencia proporciona Smith para respaldar su afirmación de que debería obtener un reembolso?

    A. El temporizador no funciona correctamente.

    B. Encontró un modelo menos costoso en otro lugar.

    C. Nadie ha devuelto sus llamadas.

    D. El lavavajillas todavía tiene garantía.

Smith documenta los problemas específicos que ha encontrado en el lavavajillas, uno de los cuales es el temporizador (opción A). Debido a que no funciona correctamente y la ley del consumidor le da el derecho de buscar reparación, quiere que le devuelvan su dinero. Ella no menciona que encontró un modelo menos costoso en otro lugar, por lo que la opción B no respalda su afirmación. A pesar de las llamadas de Smith, nadie le devolvió la llamada (opción C), pero ese no es el argumento para su reembolso. La carta no menciona qué tipo de garantía tiene el aparato (opción D). **La respuesta correcta es A.**

40. ¿Por qué incluiría Smith en su carta la frase: "Quedé encantada con mi compra"?

    A. Quería decirles lo buena compradora que es.

    B. Quería hacerles saber que no empezó de forma negativa y enfadada.

    C. Necesitaba darle información al gerente sobre su compra.

    D. No quería mostrar su enojo.

Smith comienza su carta enseñando a la tienda prueba de su compra (opción C) para que puedan buscarla en sus registros. Sus sentimientos sobre su capacidad de consumo (opción A) no son parte de la información, pero indican buena fe en sus expectativas de una experiencia positiva con la tienda (opción B). Ella muestra su enojo (opción D) en la última parte de la carta ("Este no es el tipo de servicio al cliente que espero"), pero no comienza de esa manera. **La respuesta correcta es B.**

Una carta al editor es otra forma de comunicación que las personas pueden usar para expresar sus quejas o inquietudes. Estas cartas generalmente abordan una preocupación más amplia sobre la comunidad en lugar de una queja muy específica dirigida a una persona o empresa. Estas comunicaciones podrían incluso ser una forma de responder a una situación política o una posición editorial adoptada por el periódico.

Al leer la siguiente carta al director, fíjese en cómo el autor argumenta su punto de vista. Pregúntese qué hechos utiliza para sustentar su posición y observe cómo estructura su argumento.

Las preguntas 41–44 hacen referencia a la siguiente carta al editor.

Estimado editor,

Esta carta responde a la carta reciente en su publicación que desprecia el uso de las carreteras por parte de los conductores de bicicletas.

Línea
Los diferentes tipos de vehículos tienen diferentes ventajas y desventajas, y diferentes
5 personas tienen diferentes necesidades y preferencias. Afortunadamente, nuestras carreteras y leyes de tránsito permiten acomodar diversos tipos de vehículos para el transporte. Si no fuera así, muchas personas estarían limitadas a vehículos que no necesitan, no quieren, no pueden pagar o no pueden usar.

Una desafortunada realidad de nuestro sistema de carreteras es que todas las formas de
10 tráfico afectan a todas las demás formas de tráfico. Ningún usuario de la carretera es inmune a los retrasos del tráfico o inocente de crearlos para otros. Aunque la causa y la naturaleza de las demoras generadas por el tráfico pueden parecer diferentes según el tipo de vehículo, la comparación de las demoras totales causadas por diferentes tipos de vehículos no revela ninguna diferencia neta a largo plazo. Una y otra vez, nuestra sociedad libre ha descubierto
15 que las ventajas de permitir el transporte a través de una diversidad de vehículos superan los argumentos orientados a la conveniencia para la prohibición de ciertos tipos de vehículos en la superficie de las calles que brindan acceso esencial a nuestros destinos locales. Esto es especialmente cierto para los vehículos más asequibles, los más ecológicos, que ocupan el menor espacio, causan el menor daño a las carreteras, generan el menor ruido y crean el
20 menor peligro para otros usuarios inocentes de la carretera.

Cuando surgen problemas relacionados con el tráfico, la respuesta inteligente es mejorar o complementar las instalaciones de transporte, no prohibir que una parte de la población viaje. Si algunos automovilistas sienten que el tráfico lento los retrasa injustificadamente, pueden presionar para construir un espacio adicional en la carretera para pasar o promover
25 un sistema periférico de autopistas que los viajeros más lentos no necesitarán usar. Muchas comunidades han optado por incorporar mejores instalaciones de sobrepaso en sus carreteras con la construcción de carriles externos amplios (14' o más). En otros lugares, los retrasos causados por un tráfico lento pueden ser demasiado pequeños como para justificar los costos de una ampliación de carreteras, y el dinero de los contribuyentes puede gastarse mejor de
30 otras maneras.

Algunos automovilistas que desean evitar las responsabilidades y los inconvenientes ocasionales de viajar en un automóvil han afirmado que el uso de vehículos lentos y abiertos en las carreteras es irrazonablemente peligroso. Sin embargo, el análisis de los datos de seguridad para el transporte en bicicleta muestra que esto no es cierto.

35   Los conductores de bicicletas que siguen las reglas vehiculares de la carretera cuando viajan, corren un registro de seguridad similar al de los usuarios de automóviles, más seguro que los ciclistas en las aceras y mucho más seguro que los usuarios de motocicletas. El respeto de nuestra sociedad por los derechos a viajar de los usuarios de carreteras vulnerables pero que operan por fuera de la ley es lo que mantiene seguros a los ciclistas. Aquellos usuarios

40   impacientes en la carretera que tratan a los conductores de bicicletas sin respeto y hacen declaraciones incendiarias con la intención de privar a otros grupos de su mismo derechol a viajar en nuestro sistema público de calles es lo que crea el peligro real.

A menudo escuchamos reclamos de personas muy elocuentes de que los ciclistas no están sujetos a impuestos o regulados lo suficiente como para merecer usar las calles públicas. Los

45   defensores de los ciclistas están dispuestos a atender estas inquietudes cuando se presentan de manera constructiva, pero cuando una discusión realista de los costos y beneficios de varios esquemas de recaudación y regulación comienza, los querellantes elocuentes generalmente pierden interés. Parece que estas personas no están realmente interesadas en garantizar que el sistema sea justo o efectivo; más bien, sólo están interesados en cambios que desalienten el

50   ciclismo. Si estos críticos del ciclismo están interesados principalmente en su propia conveniencia como automovilistas, tal vez sus esfuerzos tendrían mejor recompensa si se dedicaran a cabildear para mejorar las instalaciones de las carreteras, como los amplios carriles exteriores. Los críticos del ciclismo también señalan que algunos operadores de bicicletas crean peligros para otros usuarios de la misma al violar habitualmente las reglas de la carretera. Los con-

55   ductores de bicicletas que operan legalmente comparten esta preocupación y abogan por una mejor educación y aplicación de las leyes de tránsito que ya tenemos, puesto que se aplican a todos los conductores de vehículos.

A veces, los miembros del público automovilístico expresarán empatía por los ciclistas urbanos que no usan automóviles, pero muestran enojo hacia los ciclistas recreativos que usan

60   las carreteras populares en los momentos populares. Algunos de estos automovilistas sugieren que el gobierno imponga prohibiciones para viajes recreativos en bicicleta. Este concepto está lleno de problemas. Primero, es imposible distinguir el propósito de un viaje simplemente por la apariencia, ya que muchos ciclistas urbanos usan las mismas bicicletas y ropa que los ciclistas recreativos, y segundo, al gobierno nunca se le ha permitido entrometerse en el propósito del

65   viaje de los ciudadanos para viajar todos los días por calles públicas ¿Deseamos abrir una caja de Pandora de infracciones para la libertad civil donde nuestro gobierno pueda detener a los ciudadanos por su apariencia, exigirles explicar su propósito de viaje y arrestarlos por viajar por razones no aprobadas? Si los viajes recreativos están sujetos a prohibición, ¿eso significa que los viajes a eventos deportivos y las vacaciones pueden estar prohibidos para reducir el

70   tráfico? ¿Puede el gobierno prohibir "autos deportivos", "vehículos utilitarios deportivos" y "vehículos recreativos" para evitar que tengan impacto en las carreteras públicas? Parece mucho mejor permitir que todos usen nuestras carreteras y diseñarlas y regularlas para que sean lo más seguras y eficientes posible para el tráfico mixto. De esa manera podemos seguir disfrutando de vivir en un país libre, con igualdad de oportunidades para todos.

Atentamente,

El amigable conductor de bicicleta del vecindario, Tom

41. ¿Cuál es el propósito del autor al abordar las críticas de los ciclistas en las carreteras?
A. Su gerir formas de reducir la congestión en las carreteras
B. Mostrar que sus críticos están equivocados
C. Responder a todas las críticas en una carta
D. Exponer un argumento más fuerte

El autor cita a los críticos y proporciona pruebas para demostrar por qué cada afirmación es insostenible. Esto hace que el argumento sea más sólido (opción D), ya que hay menos formas de rebatirlo. El autor sugiere algunas formas de reducir la congestión (opción A), pero estas se dan como parte de su argumento general. El argumento del autor muestra las formas específicas en que sus críticos están equivocados (opción B), pero el propósito de refutar sus argumentos es fortalecer su propio argumento, no solo demostrar que los críticos están equivocados. Aunque es posible que no se incluyan todas las críticas, el autor contrarresta sus argumentos pero no aborda las críticas en sí mismas (opción C). Ponerlo todo en una carta o ensayo hace que sea más fácil de leer y hace que el argumento sea más comprensible, pero no es el propósito del autor. **La respuesta correcta es D.**

42. ¿Qué provocó la carta del autor al editor?
A. Una propuesta para cobrar impuestos a las bicicletas en la carretera
B. Una carta que insultaba a las bicicletas en las carreteras
C. La creciente congestión del tráfico
D. Ira hacia los ciclistas

La primera oración del pasaje dice que la carta es una respuesta a una carta anterior que "menosprecia" a los ciclistas en la carretera (opción B). Todas las otras opciones son ideas que se mencionan como detalles en uno de los argumentos en contra, pero ninguna es lo que el autor dice que impulsó su carta. **La respuesta correcta es B.**

43. ¿Qué frase del último párrafo es un ejemplo de lenguaje figurativo que el autor usa para ayudar a explicar su punto?
A. "ciclistas recreativos que usan caminos populares en tiempos populares"
B. "simplemente por la apariencia"
C. "una caja de Pandora de infracciones para la libertad civil"
D. "prohibiciones en viajes recreativos en bicicleta"

El lenguaje figurativo es un lenguaje que no es literal; es decir, tiene un significado más allá del significado específico de las palabras mismas. En el último párrafo, el autor se vuelve más enfático y usa una hipérbole (exageración) para mostrar cuán ridículo sería el argumento si uno lo llevara a su conclusión lógica. Un ejemplo de esa frase es "una caja de infracciones de la libertad civil de Pandora", en la que hace referencia a un mito griego en el que una caja que parece inofensiva resulta contener los males del mundo. Hacer referencia a la caja de Pandora simboliza abrir la puerta a algo que tiene consecuencias inesperadas y quizás graves. Ninguna de las otras frases se usa figurativamente. **La respuesta correcta es C.**

44. ¿Cuál de las afirmaciones hechas por los críticos del autor cree él que tiene alguna validez?

A. Las bicicletas en las carreteras deben pagar impuestos para desalentar su uso.

B. Las bicicletas en la carretera son un peligro para la seguridad vial.

C. Los ciclistas no siguen las reglas de la carretera.

D. Solo los ciclistas que usan sus bicicletas para ir al trabajo deben ser permitidos en las carreteras.

El autor se dirige a cada crítico con argumentos en contra. Él muestra que aquellos que quieren gravar el uso de la bicicleta (opción A) en realidad solo están interesados en reducir o incluso eliminar las bicicletas de las carreteras; estas críticas generalmente desaparecen cuando alguien realmente trata de hablar con ellos sobre dicha política. Ante la afirmación de que las bicicletas son peligrosas para la seguridad vial (opción B), el autor rebate con las estadísticas que muestran que esto no es cierto, siempre que los ciclistas sigan las normas de circulación. Ante la afirmación de que los ciclistas no siguen las reglas de la carretera (opción C), dice que los ciclistas que obedecen las reglas comparten esta preocupación. Esta declaración implica que algunos (pero no todos) los ciclistas no siguen las reglas. Ante la afirmación de que las bicicletas para uso recreativo no deben permitirse en las carreteras en ciertos momentos (opción D), el autor proporciona varias declaraciones diferentes que exponen la falta de lógica de este argumento. **La respuesta correcta es C.**

ENTENDER LA FICCIÓN

Una obra de **ficción** es una que está construida; en otras palabras, involucra personas y eventos imaginarios. Las obras de ficción pueden adoptar una variedad de formas diferentes, pero el examen de Razonamiento a través de las artes del lenguaje: comprensión de lectura se centra en la prosa. Puede aparecer un pasaje de lectura que involucre ficción, con aproximadamente ocho preguntas.

Un pasaje puede ser una obra de ficción completa si es breve. Sin embargo, los pasajes suelen extraerse de obras de ficción más largas, ya sean novelas o cuentos.

En las siguientes secciones, aprenderá más sobre la ficción en prosa, y aprenderá cómo leer mejor este tipo de ficción para comprenderla de la manera que más le ayude en el examen de Razonamiento a través de las artes del lenguaje GED. También leerá una variedad de pasajes de muestra y responderá preguntas del estilo de la prueba basadas en estos.

Los elementos de la ficción

Como se acaba de señalar, un trabajo ficcional es un obra basada en la imaginación de alguien. En otras palabras, la historia, los personajes y otros elementos de una obra de ficción fueron compuestos por el autor. Incluso las historias basadas en personas reales o situaciones reales pueden ser ficción. Una obra de ficción puede tener la forma de una historia corta, una novela, un poema o un drama. El término **ficción en prosa** se utiliza generalmente para referirse a los cuentos y las novelas, a diferencia de las obras de teatro o los poemas, y es este tipo de ficción el que se presentará en el examen. (La palabra *prosa* hace referencia a la forma ordinaria de escribir o hablar.)

La **trama** en la ficción es la línea de la historia—los eventos de la historia unidos en una secuencia u orden particular. Los eventos de una historia pueden fluir cronológicamente (en el orden en que ocurren en el tiempo) o pueden revelarse fuera de orden o secuencia. Las obras de ficción suelen comenzar con el primer evento y narrar eventos posteriores cronológicamente. Sin embargo, el autor puede elegir una secuencia diferente. Por ejemplo, el autor puede comenzar la historia con el evento final y luego desentrañar la trama volviendo al primer evento para explicar qué condujo al evento.

El **narrador** de una historia es la voz que cuenta la historia. El narrador relata los eventos de la historia a medida que los ve desarrollarse, desde su *punto de vista*. Por lo general, una historia se cuenta desde el punto de vista en primera persona o en tercera persona. Una obra escrita en **primera persona** se cuenta desde la perspectiva del narrador. A lo largo de la historia, el narrador habla en términos de *yo* o *mí*, por lo que el lector sigue la historia como se ve a través de los ojos del narrador. Al leer ficción escrita en primera persona, el lector está limitado por el conocimiento del narrador. El lector solo sabe lo que el narrador ve y piensa y debe interpretar las acciones y pensamientos de los otros personajes a través de los ojos del narrador, respondiendo a los eventos y otros personajes a través de la perspectiva subjetiva del narrador. En contraste, una obra de ficción escrita en **tercera persona** se cuenta desde la perspectiva de un narrador que sabe y revela *todo* al lector. Desde este punto de vista, el narrador no habla en términos de *yo* sino más bien en términos de *él*, *ella* y *ellos*. El punto de vista en tercera persona permite al lector vislumbrar todas las acciones y sentimientos de los personajes a través de un narrador omnisciente.

Las figuras involucradas en la trama se conocen como **personajes**. Los personajes principales son aquellos en torno a los cuales gira la trama. Los personajes menores son personajes incidentales que se involucran en la trama en menor medida. Los personajes de una historia se revelan al lector de varias maneras diferentes. Por lo general, el narrador describe cómo son los personajes y le cuenta al lector acerca de sus personalidades, ya sea directa o indirectamente. Los personajes también se revelan por cómo actúan y lo que dicen. Por ejemplo, un personaje puede comportarse de una manera tímida, hablar continuamente de sí mismo o usar una gramática pobre en su discurso. Finalmente, los personajes se revelan por lo que los demás en la historia dicen o piensan sobre ellos. Las palabras habladas que un personaje dice a otro personaje se denominan **diálogo**.

El **tono** de una historia es la actitud del narrador o del autor hacia el tema o evento. La impresión del lector sobre el tema o evento puede verse influida por cómo se siente el narrador o el autor al respecto. El **ambiente** es una atmósfera general que el autor crea al seleccionar cuidadosamente ciertas palabras y detalles. El **escenario** de una historia es la descripción del autor del tiempo y el lugar en que ocurre la historia. El entorno no solo hace que la historia sea más real para el lector, sino que también ayuda a crear el ambiente de la historia. Un evento que ocurre a medianoche en una noche lluviosa crea más un estado de misterio que si el mismo evento ocurre en un día soleado.

Los autores de ficción usan una variedad de **dispositivos literarios** para ayudar a transmitir ideas, enfatizar ciertos puntos, incitar la imaginación del lector y proporcionar una experiencia de lectura más interesante y agradable. Para ayudar a describir el escenario de una historia o para describir cómo los personajes de la historia experimentan ciertos eventos, los autores de ficción a menudo emplean **imágenes**—el uso del lenguaje para transmitir una experiencia sensorial (vista, sonido, olfato, gusto o tacto). Para ayudar a transmitir ideas y aumentar el interés, los autores de ficción a menudo usan el **lenguaje figurativo**—el uso del lenguaje de manera que les da a las palabras y frases un significado diferente de su significado común o *literal*. Una instancia particular del lenguaje figurativo se conoce comúnmente como **figura retórica**.

El lenguaje figurativo se puede usar para concretar una idea abstracta o para visualizar una idea. A menudo, una forma de hablar comparará dos cosas aparentemente diferentes para revelar sus similitudes. Por ejemplo, cuando alguien dice que está *con los nervios de punta* esperando que ocurra algo, está utilizando una figura retórica. Obviamente, la persona no está literalmente con los nervios de punta. Sin embargo, la expresión transmite la emoción de la persona respecto a lo que pueda ocurrir.

El uso del lenguaje figurativo por parte de un autor también podría aplicarse a elementos más grandes de una historia, tal vez incluso a toda la historia. Por ejemplo, una narración completa podría servir como una *metáfora* o un *símbolo*, por el cual los eventos de la historia tienen la intención de sustituir o representar alguna otra historia. O una narración podría ser una *alegoría*, que puede entenderse literalmente o tomarse como algo distinto o más profundo.

Ficción en prosa

La parte de comprensión de lectura del examen de Razonamiento a través de las artes del lenguaje incluirá un pasaje de ficción en prosa extraído de un cuento o novela. El pasaje tendrá entre 400 y 900 palabras (una o dos páginas, más o menos). Incluso un pasaje de 900 palabras es un texto muy manejable; no representa mayor dificultad leer 900 palabras y recordar la información del pasaje.

El pasaje de la prueba podría tener cualquier número de personajes, escenarios culturales y referencias históricas posiblemente de diferentes épocas. Un pasaje puede contener solo narrativa, pero también puede contener diálogo. El estilo de un pasaje puede ser formal y pesado, o puede ser informal o incluso conversacional. En resumen, puede surgir cualquier cosa. Sin embargo, tenga en cuenta que el objetivo no es poner a prueba en sus conocimientos de literatura, tradiciones literarias o autores específicos. Para responder las preguntas del examen, todo lo que necesitará saber se expresará o estará implícito en los pasajes y en las preguntas mismas.

Inferir el contexto del pasaje puede ayudar a interpretar los acontecimientos del pasaje y las acciones de los personajes. Pregúntese: ¿Qué acontecimientos podrían haber causado, o continuar después de, los descritos en el pasaje?

Independientemente de cuándo o quién escribió una obra de ficción en prosa o qué estilo de escritura utiliza el autor, las pautas para leer y comprender la ficción en prosa son esencialmente las mismas. Mientras lee un pasaje de ficción en prosa, hágase las siguientes preguntas que se centran en las mismas habilidades de lectura que aborda el examen:

- **¿Quién es el narrador?** ¿Se cuenta la historia en primera persona, desde la perspectiva del narrador? ¿O se cuenta en tercera persona, desde la perspectiva de un observador que todo lo sabe desde afuera de la historia misma?

- **¿Cuál es el entorno y el estado de ánimo del pasaje?** A través del narrador o los personajes, el lector puede inferir cuándo y dónde se están produciendo ciertos eventos. ¿Están ocurriendo durante una era, década, año o estación en particular? Durante la guerra, ¿un tiempo de prosperidad y optimismo, o un tiempo de lucha y desesperación? ¿En una gran ciudad, en un pueblo rural o en una isla remota? ¿En un modesto apartamento, una gran mansión o un restaurante? ¿Cuáles son el clima y otras condiciones ambientales? ¿El estado de ánimo general es sombrío, alegre, optimista o tenso? Comprender la configuración y el estado de ánimo puede ayudarlo a interpretar los eventos del pasaje y las acciones de los personajes.

- **¿Cuál es la principal intensión del autor en el pasaje?** Piense en el pasaje como un todo. Pregúntese cuál es la intención del autor, como lo revela el narrador. Estos son solo algunos ejemplos de lo que un autor podría estar tratando de lograr:
  - Describir una situación dura o difícil
  - Explicar las causas implícitas y sus consecuencias contando una serie de eventos
  - Revelar la relación entre los personajes a través de su conversación
  - Revelar un personaje a través de sus pensamientos, acciones y reacciones
- **¿Cómo establece el narrador el estado de ánimo y el tono de la historia?** Busque palabras o frases específicas que dibujen una imagen del escenario o creen el estado de ánimo para la historia general. Piense en cómo estas palabras influyen en la perspectiva del lector sobre los personajes o el punto de vista. ¿Hay palabras específicas que sugieran un tono particular? Pregúntese cómo cambiar una o varias de estas palabras alteraría su percepción de lo que está sucediendo y/o los motivos de los personajes.
- **¿Qué revela el pasaje sobre los personajes de la historia?** Las acciones, las palabras y los pensamientos específicos de un personaje pueden revelar mucho sobre su personalidad, motivos, actitudes y estado de ánimo. También pueden revelar cómo el personaje ve y se relaciona con los otros personajes de la historia. También pueden revelar cómo podría comportarse el personaje en otras situaciones. Preste mucha atención a estos detalles.
- **¿Qué eventos podrían haber causado o podrían seguir a los descritos en el pasaje?** Más específicamente, hágase preguntas como las siguientes:
  - ¿Cómo pudo haber surgido la situación descrita en el pasaje?
  - ¿Se comportan los personajes de una manera que ciertos eventos anteriores podrían ayudar a explicar?
  - ¿Los pensamientos de los personajes y su diálogo sugieren lo que podrían hacer más adelante en la historia?
  - Dadas las circunstancias, ¿qué ocurriría de manera natural y lógica después?
- **Más allá de su significado literal, ¿qué implican o sugieren las palabras e ideas del pasaje?** Como se señaló anteriormente, los autores de ficción utilizan una variedad de dispositivos literarios para transmitir ideas. Estos podrían incluir el uso del lenguaje figurado; es decir, palabras que sugieren un significado no literal. El lenguaje figurativo apunta más allá del significado más común de las palabras para que las palabras signifiquen algo más. El dispositivo crea un contraste con la realidad y ayuda a establecer las ideas de un autor. A menudo, el lenguaje figurativo mejora la intensidad emocional y el atractivo de la obra, y lo hace con menos palabras, ya que el significado más amplio está incrustado en el lenguaje mismo. Por ejemplo, algunos pasajes pueden usar dispositivos como los siguientes para crear un estado de ánimo, establecer un tono o embellecer la historia:
  - *Ironía*: una discrepancia entre una situación real y lo que uno esperaría normalmente dadas las circunstancias. Por ejemplo, morir de sed mientras está inmovilizado a la vista de un río podría considerarse irónico. El hecho de tener un accidente de camino a una clase de educación vial también puede ser considerado una ironía. La ironía es una herramienta poderosa porque permite al escritor transmitir una idea sin afirmarla directamente. La ironía de una situación se le deja al lector para que la descubra.

○ *Paradoja*: una situación que parece contradictoria, pero que no lo es. De hecho, una vez entendido, algo paradójico tiene sentido en un nivel más profundo. Por ejemplo, la expresión *los jóvenes desperdician la juventud* es una paradoja. Aunque la expresión parece contradictoria a primera vista, el significado más profundo es que muchos de los que son jóvenes no aprecian los beneficios de la juventud hasta que dejan de tenerla. Una paradoja se diferencia de un oxímoron porque las paradojas son conceptos más amplios, mientras que un oxímoron se compone de una frase de dos palabras; por ejemplo, *silencio atronador* o *robo noble*.

○ *Metáfora y símil*: técnicas que comparan dos cosas diferentes. Estos dispositivos literarios son probablemente los tipos de figuras retóricas más utilizados. Están diseñados para exponenciar nuestros sentidos y ayudar al lector a mirar algo de una manera nueva. Un símil hace una comparación usando la palabra *como*. Una metáfora hace la comparación sin estas palabras. Todos usamos símiles todos los días sin pensarlo—por ejemplo, cuando nos referimos a estar *cansado como un perro* o *dormir como un bebé*. Se pueden encontrar metáforas comunes en las letras de la música, así como en la poesía; por ejemplo, *un mar de pena, un puente sobre aguas turbulentas, la luz de mi vida*, etc. En cada uno de estos ejemplos, la metáfora enriquece la imagen transmitida a través del lenguaje elegido.

○ *Personificación:* atribuir cualidades humanas a un animal, un objeto o incluso un concepto. Aquí están algunos ejemplos:

El sol poniente cantó su canción de cuna.

La puerta del granero se burló y se quejó de la repentina ráfaga.

El uso de la personificación otorga poderes especiales a los objetos inanimados, inyectándoles cualidades que enfatizan un punto.

○ *Simbolismo:* una cosa puede representar otra cosa que es más abstracta. En prosa, los símbolos dan un significado ampliado a un aspecto específico del texto. Por ejemplo, la camisa blanca de un niño puede simbolizar su inocencia.

Al leer un pasaje de ficción en prosa, busque el uso de las figuras de lenguaje previamente señaladas. Si bien no serán evaluadas las definiciones, se espera que comprenda y reconozca su uso.

Tenga por seguro que las preguntas de ficción en prosa no pedirán que descubra significados oscuros y ocultos en el pasaje. Por el contrario, las preguntas se centrarán en lo que acabamos de cubrir—el propósito principal del pasaje, el entorno, el uso del lenguaje para crear el estado de ánimo y el tono, la secuencia de eventos y el desarrollo del personaje—todo según lo establecido o implícito en el pasaje. Es importante leer el pasaje detenidamente con especial atención a lo que está implícito y lo que se indica. A medida que lea, intente desarrollar una descripción general—en pocas palabras quién, qué, dónde, cuándo y por qué—de modo que el pasaje tenga un contexto sustentado por los detalles proporcionados en el texto.

En el siguiente breve pasaje, las imágenes y el lenguaje figurativo se usan de manera efectiva para establecer el entorno, el estado de ánimo y el tono, todo lo cual sirve para exponer un punto de una manera poderosa. Lea el párrafo y luego responda las tres preguntas que le siguen.

Las preguntas 1–3 hacen referencia al siguiente pasaje.

Un oscuro bosque de abetos fruncía el ceño a ambos lados del curso congelado del agua. Un viento recientemente había despojado a los árboles de su blanca cubierta de escarcha, y parecían inclinarse unos hacia otros, negros y ominosos, a la luz que desfallecía. Un vasto

Línea silencio reinaba sobre la tierra. La propia tierra estaba desolada, sin vida, sin movimiento, tan

5 solitaria y fría que su espíritu no era ni siquiera el de la tristeza. Había en ella un indicio de risa, pero de una risa más terrible que cualquier tristeza: una risa sin alegría como la sonrisa de la Esfinge, una risa fría como la escarcha y que participaba de la tristeza de lo infalible. Era la sabiduría magistral e incomunicable de la eternidad que se reía de la inutilidad de la vida y del esfuerzo de la vida. Era la naturaleza, la naturaleza salvaje y helada de las Tierras del Norte.

—de *Colmillo Blanco*, por Jack London

1. ¿Qué expectativas genera el escenario descrito en este párrafo sobre la historia?
   A. Que será sombría y oscura.
   B. Será sobre la naturaleza.
   C. Tendrá algo de humor, o al menos algunos momentos de risa.
   D. Tendrá una moraleja.

London proporciona vívidos detalles del escenario que, en conjunto, dan una imagen oscura y sombría. El uso de un lenguaje específico (por ejemplo, *desolación*—soledad y aislamiento) y de imágenes (por ejemplo, el bosque *fruncido*, los árboles *negros* y *ominosos*, la tierra *desolada* y *sin vida* que es *solitaria y fría*) sugieren una imagen cruda y sombría. Al revisar lo que se describe en el párrafo, la última frase proporciona una pista de que la historia no se centrará en la naturaleza (opción B), sino que conducirá al lector a una historia en la que la naturaleza juega un papel importante. El tono del pasaje definitivamente no es humorístico (opción C), ya que la idea de la risa aquí es malvada y sombría. Aunque la última línea menciona la sabiduría, no hay ningún indicio de que aparecerá una moraleja (opción D). **La respuesta correcta es A.**

2. ¿Cómo contribuye el uso del símil *una risa sin alegría como la sonrisa de la Esfinge*, por parte del autor a crear la imagen del escenario?
   A. Contrasta la risa con el frío paisaje para mostrar el elemento humano en un entorno que, de otro modo, sería muy austero.
   B. Utiliza la Esfinge, hecha de piedra, para recordarnos el ambiente frío y endurecido.
   C. Utiliza el símil para mostrar la ironía de la situación.
   D. Describe la sonrisa de la Esfinge para mostrar que hay risa en la naturaleza.

El autor utiliza aquí el lenguaje figurado para transmitir una idea. Se puede ver que emplea un símil para establecer una comparación entre dos cosas muy diferentes: la risa de la tierra y la sonrisa de la Esfinge. (De hecho, cada una de estas dos cosas es una figura retórica en sí misma, que no debe leerse literalmente). El hecho de que la Esfinge sea de piedra y que el narrador describa la escena como fría y solitaria indican que la sonrisa de la Esfinge es una sonrisa sin calor, lo que acentúa aún más el ambiente sombrío. No hay nada irónico en la descripción. La risa es una figura retórica: una forma endurecida y sin vida en contraste con la voz humana. **La respuesta correcta es B.**

3. ¿Qué afirmación capta mejor la idea esencial del pasaje?

   A. El Norte es incomparablemente salvajen.

   B. En el Norte, la vida es breve y brutal.

   C. En el Norte, el tiempo derrota toda vida.

   D. El invierno en el Norte puede ser mortal.

Esta pregunta, engañosa y difícil, hace referencia esencialmente a cuál es el punto principal del autor en el pasaje. Para responderla, tiene que sintetizar las ideas del pasaje y evaluar el pasaje en su conjunto. El narrador hace referencia la "salvaje… Tierra del Norte", la inutilidad de la vida y la tierra "sin vida". Sin embargo, ninguna de estas observaciones capta la esencia del párrafo. La idea principal del pasaje se expresa mejor en la penúltima frase: Era la sabiduría magistral e incomunicable de la eternidad que se reía de la inutilidad de la vida y del esfuerzo de la vida (líneas 7–9). En otras palabras, el paso del tiempo acaba por derrotar toda la vida en el Norte. **La respuesta correcta es C.**

El siguiente párrafo sigue al párrafo de *Colmillo Blanco* de London del pasaje anterior. En el examen GED de Razonamiento a través de las Artes del Lenguaje, los dos párrafos aparecerían como un solo pasaje. Juntos, tienen aproximadamente la mitad de la longitud de un pasaje promedio del examen. Observe el contraste entre los dos párrafos.

Las preguntas 4–6 hacen referencia al siguiente pasaje.

Delante de los perros, con amplias raquetas, trabajaba un hombre. En la parte trasera del trineo trabajaba un segundo hombre. En el trineo, en la caja, yacía un tercer hombre cuyo trabajo había terminado, un hombre al que lo Salvaje había dominado y abatido hasta impedir

Línea que se moviera o luchara nunca más. A la naturaleza no le gusta el movimiento. La vida es

5 una ofensa para ella, porque la vida es movimiento; y la naturaleza siempre intenta destruir el movimiento. Congela el agua para evitar que corra hacia el mar; expulsa la savia de los árboles logrando que se congelen hasta sus poderosos corazones; y lo más feroz y terrible de todo es que la Naturaleza acosa y aplasta hasta la sumisión al hombre, el hombre que es lo más inquieto de la vida, siempre en rebelión contra el dictado de que todo movimiento debe

10 llegar al final a la cesación del movimiento.

—de *Colmillo Blanco,* por Jack London

4. ¿Cómo amplía este párrafo las ideas del primer párrafo?

    A. Añade seres humanos al escenario.

    B. Contrasta los perros con los humanos.

    C. Contradice el primer párrafo al mostrar que la vida puede existir en este entorno.

    D. Completa los detalles describiendo lo que llevaban los hombres.

El punto principal de este párrafo es la continuación de la historia. El párrafo sitúa a los hombres y a sus perros en el duro entorno descrito en el párrafo anterior, que sirve de telón de fondo. Los perros y los hombres forman parte de la descripción; no se comparan. Aquí no se describe ninguna contradicción, aunque el texto dice que la vida (los perros y los hombres) es desafiante, tratando de superar la brutalidad de la tierra. La descripción de lo que los hombres llevaban es un detalle sobre los hombres. **La respuesta correcta es A.**

5. ¿Cuál de las siguientes afirmaciones describe correctamente cómo el segundo párrafo avanza en el tema de la historia?

    A. El frío brutal afecta tanto a los hombres como a los perros.

    B. Los hombres pueden intentar conquistar la naturaleza pero no siempre ganan.

    C. El ingenio humano ayuda a los hombres a sobrevivir al frío y al duro entorno.

    D. En un entorno del hombre contra la naturaleza, las provisiones serán muy importantes para la supervivencia de los hombres.

Este párrafo introduce el elemento humano en el duro entorno y describe a los hombres que intentan desafiar a la naturaleza sobreviviendo en lo inhóspito. El tema del hombre contra la naturaleza comienza a desarrollarse cuando el narrador describe no sólo cómo el frío afecta a los hombres y a los perros (opción A), sino su intento de vivir y superar los obstáculos (opciones C y D). Vemos un indicio de que la naturaleza gana con la caja alargada y estrecha, probablemente un ataúd que lleva a alguien que no sobrevivió. **La respuesta correcta es B.**

6. ¿Qué recurso figurativo se utiliza a lo largo del párrafo?

    A. Ironía

    B. Personificación

    C. Símil

    D. Metáfora

La ironía (opción A) es cuando se produce una discrepancia entre lo que se espera y lo que realmente ocurre; esto no ocurre en este pasaje. Los símiles y las metáforas (opciones C y D) son formas de comparar cosas distintas de forma descriptiva, utilizando lo primero y lo segundo en una comparación directa. A lo largo del pasaje, lo *Salvaje* se escribe con mayúsculas y se personifica (es decir, se le atribuyen cualidades humanas). Un buen ejemplo de la personificación es decir que "pretende siempre destruir el movimiento". **La respuesta correcta es B.**

Las preguntas 7–11 hacen referencia al siguiente pasaje.

      Si alguna vez una chica de la clase trabajadora tuvo una vida segura, ésa era Genevieve. En medio de la rudeza y la brutalidad, Genevieve había evitado todo lo que era rudo y brutal. Sólo veía lo que elegía ver, y siempre elegía ver lo mejor, evitando la tosquedad y la grosería

Línea   sin esfuerzo, como una cuestión de instinto. Para empezar, había estado muy poco expuesta.

5   Hija única, con una madre inválida a la que atendía, no se había sumado a los juegos de la calle ni a los retozos de los niños del barrio. Su padre, un oficinista de temperamento suave, de pecho estrecho y anémico, doméstico debido a su inherente incapacidad para mezclarse con los hombres, había hecho todo su esfuerzo para dar a la casa una atmósfera de dulzura y ternura.

      Huérfana a los doce años, Genevieve había ido directamente desde el funeral de su padre

10   a vivir con los Silverstein en sus habitaciones, encima de la tienda de dulces; y aquí, protegida por amables extranjeros, se ganaba el sustento y la ropa trabajando en la tienda. Al ser gentil, era especialmente necesaria para los Silverstein, que no querían atender ellos mismos el negocio cuando llegaba el día del Sabbath.

      Y aquí, en la pequeña tienda sin incidentes, se habían escurrido seis años de madurez.

15   Tenía pocas amistades. Había elegido no tener ninguna compañera por la razón de que no había aparecido ninguna chica que le pareciera satisfactoria. Tampoco eligió pasear con los jóvenes del barrio, como era costumbre en las chicas a partir de los quince años. "Esa cara de muñeca engreída", así la describían las chicas del barrio; y aunque se ganaba su enemistad por su belleza y distanciamiento, no por ello dejaba de inspirarles respeto. "Melocotón y nata", la

20   llamaban los jóvenes, aunque en voz baja y entre ellos, pues temían despertar la ira de las otras chicas, mientras se quedaban admirados de Genevieve, de una manera vagamente religiosa, como algo misteriosamente bello e inaccesible.

—de *El Juego*, por Jack London

7. ¿Cuál de los siguientes NO determina el carácter de Genevieve?
- **A.** El hecho de que ella era hija única
- **B.** Los niños del barrio
- **C.** La invalidez de su madre
- **D.** La naturaleza doméstica de su padre

Todas las opciones, excepto la opción B, enumeran los factores que influyeron en el carácter de Genevieve. Los niños del vecindario no la influenciaron porque tenía poco contacto con ellos. **La respuesta correcta es B.**

8. ¿Qué palabra describe mejor a Genevieve?
- **A.** Anémica
- **B.** Predecible
- **C.** Tímida
- **D.** Ingenua

Está claro que Genevieve había vivido una vida segura ("había estado peculiarmente poco expuesta"). Evitaba intencionadamente exponerse a cualquier cosa "áspera y brutal" y a la "tosquedad y grosería" del mundo real. Prefería mantenerse aislada en lugar de participar en juegos callejeros con otros niños. Como resultado, probablemente era un poco inocente en las formas del mundo, o ingenua. **La respuesta correcta es D.**

10. ¿Qué palabras en el pasaje podrían servir como pistas para determinar el significado de la palabra *enemistad* (línea 18)?

    A. Debido a que no tenía amigos, Genevieve se hizo enemiga de sus compañeros.

    B. Genevieve no encontró ninguna chica adecuada para ser su amiga, y pensaron que era pretensiosa.

    C. Las chicas estaban celosas porque Genevieve era hermosa.

    D. Genevieve eligió siempre ver lo mejor.

El pasaje dice que Genevieve no tenía amigos por elección propia. Esto hizo que sus compañeros la calificaran de "engreída". El narrador describe su belleza, que a las otras chicas les molestaba. Estos factores muestran que los sentimientos entre Genevieve y las otras chicas eran mutuos, ya que todos estaban llenos de mala voluntad, que es el significado de *enemistad*. La opción D indica los sentimientos dc Genevieve; la opción C describe los sentimientos de las niñas hacia Genevieve. La opción A sugiere una definición incorrecta de enemistad (hacer enemigos). Solo la opción B muestra la aversión mutua que define la palabra. **La respuesta correcta es B.**

11. ¿Qué implica el el rechazo de Genevieve de la brutalidad del mundo sobre su naturaleza?

    A. Que es capaz de ignorar lo que no le gusta.

    B. Que de niña fue brutalizada por otros niños, lo que la hizo temer.

    C. Que ella ve el mundo como un lugar brutal y se endureció ante esa realidad.

    D. Que su belleza natural puede vencer la brutalidad.

Se ha demostrado que Genevieve ha tenido una vida difícil, especialmente en comparación con las otras chicas que ve durante sus días regulares. Pero el narrador también la describe como alguien que solo ve lo que elige y, por lo tanto, no es consciente de las duras realidades que no quiere ver. No fue brutalizada por otros niños (opción B), sino por las circunstancias, aunque opta por no verlas y, por lo tanto, no se ha endurecido (opción C). Aunque se la describe como hermosa, no hay indicios de que su belleza sea un medio para superar la brutalidad (opción D). **La respuesta correcta es A.**

A diferencia de cualquiera de los pasajes anteriores, el siguiente pasaje consiste principalmente en diálogos. (El número de palabras sería de los más bajos tratándose de los pasajes de lectura del examen de Razonamiento a través del lenguaje GED, aunque podría parecer más largo debido a la cantidad de saltos de párrafo). Al leer el pasaje, pregúntese quién es el narrador y cómo los tres personajes están relacionados entre sí. También preste mucha atención a lo que el comportamiento sugiere sobre cada uno de ellos individualmente y sobre la relación entre los tres. Para seguir los eventos a medida que se desarrollan en el pasaje, intente visualizar la escena. Como es típico en los pasajes de prosa de ficción del examen, las oraciones finales del pasaje dejan preguntas que probablemente serán el foco de al menos una o dos preguntas del examen.

Las preguntas 12–17 hacen referencia al siguiente pasaje.

El 24 de mayo de 1863, mi tío, el profesor Liedenbrock, entró corriendo a su casita, el número 19 de la Konigstrasse, una de las calles más antiguas de la parte más antigua de la ciudad de Hamburgo. Martha debió de llegar a la conclusión de que estaba muy retrasada,

Línea pues acababa de poner la cena en el horno.

5 "Bueno, ahora", me dije, "si ese hombre tan impaciente tiene hambre, ¡qué alboroto armará!".

"¡El señor Liedenbrock tan pronto!"—gritó la pobre Martha muy alarmada, entreabriendo la puerta del comedor.

"Sí, Martha; pero sería muy probable que la cena no estuviera lista, pues aún no son las dos. El reloj de San Miguel acaba de dar la una y media".

10 "Entonces, ¿por qué ha venido el señor tan pronto a casa?"

"Tal vez lo dirá él mismo".

"Aquí viene, Señor Axel; co rreré a esconderme mientras usted discute con él".

Y Martha se retiró con presteza a sus dominios. Yo me quedé solo. Pero, ¿cómo era posible que un hombre de mi indeciso talante discutiera con éxito con una persona tan irascible como

15 el profesor? De tal manera convencido, me apresuraba a ir a mi pequeño refugio en el piso de arriba, cuando la puerta de la calle crujió sobre sus goznes; unos pies pesados hicieron temblar todo el tramo de la escalera; y el señor de la casa, pasando rápidamente por el comedor, se lanzó a toda prisa a su propio santuario.

Pero en su rápido camino tuvo tiempo para arrojar su bastón de avellano en un rincón,

20 su áspero sombrero de ala ancha sobre la mesa, y estas pocas palabras enfáticas a su sobrino: "¡Axel, sígueme!"

Apenas tuve tiempo de moverme cuando el profesor volvió a gritar tras de mí: "¿Qué? ¿No has venido todavía?" Y me apresuré a entrar en el estudio de mi temible maestro.

Otto Liedenbrock no tenía nada de malo, lo admito de buen grado; pero, a menos que

25 cambie muy considerablemente al hacerse mayor, al final será un personaje de lo más original.

—de *Viaje al Centro de la Tierra*, por Jules Verne

12. Los eventos se describen desde el punto de vista de
   A. Martha.
   B. Señor Axel.
   C. un observador externo.
   D. Otto Liedenbrock.

La narración es en primera persona, desde el punto de vista de Señor Axel, sobrino del profesor Liedenbrock. La identidad del narrador no queda clara hasta que Martha dice "Aquí está, Señor Axel; correré a esconderme mientras usted discute con él", tras lo cual el narrador comenta: "Me quedé solo". **La respuesta correcta es B.**

13. ¿Qué descripción caracteriza **mejor** al profesor, como se revela en el pasaje?
   A. Distraído
   B. Travieso
   C. Decidido
   D. Exigente

En el pasaje, el narrador (Axel) utiliza las palabras *impaciente* (línea 5) e *irascible* (línea 14) para describir al profesor Liedenbrock. (La palabra *irascible* significa "de ira fácil".) Sin embargo, ninguna de las cuatro opciones de respuesta coincide con estas dos palabras descriptivas. Para responder a la pregunta, debe inferir algún otro rasgo del comportamiento del profesor, visto a través de los ojos de Axel. Fíjese en que Martha está preocupada porque podría tener problemas con el profesor porque la cena se demoró. Fíjese también que el Profesor grita a su sobrino: "¡Axel, sígueme!". Estas partes de la narración sugieren fuertemente que el profesor es una persona *exigente*. **La respuesta correcta es D.**

14. ¿Qué sugiere el pasaje sobre Martha?
    A. A menudo llega tarde a cocinar la cena.
    B. Busca el apoyo de Axel.
    C. Tiene miedo de perder su trabajo.
    D. Es la sobrina de Otto Liedenbrock.

La cena no está lista para el profesor y Martha le pide a Axel que intercepte al profesor mientras ella se esconde en sus aposentos. Con base en esta narración, podemos deducir que Martha busca a Axel para que la ayude en situaciones difíciles. **La respuesta correcta es B.**

15. El narrador comenta que, a menos que Otto Liedenbrock cambie al envejecer, "al final será un personaje de lo más original" (línea 25). Lo que el narrador quiere decir con respecto a Otto Liedenbrock es que a medida que envejece:
    A. será conocido por su originalidad.
    B. sus alumnos ya no disfrutarán de sus métodos de enseñanza.
    C. la gente lo encontrará muy difícil de tratar.
    D. empezará a imaginar cosas debido a la vejez.

El comportamiento de Otto Liedenbrock a lo largo del pasaje es apresurado e impaciente. El narrador reconoce que aunque el profesor "no tenía nada de malo" (es decir, su comportamiento no pretendía ser intencionadamente molesto ni causar daños o perjuicios), ciertamente crea alarma y agitación en quienes le rodean. De la afirmación del narrador se deduce que, a medida que Liedenbrock envejece, este comportamiento no hará más que empeorar si no cambia. Por lo tanto, se convertirá en un "personaje de lo más original" más que en una persona tratable. **La respuesta correcta es C.**

16. Con base en su comportamiento, ¿qué puede concluir acerca de por qué el profesor ha llegado temprano a casa?
    A. Tiene mucha hambre y quiere cenar inmediatamente.
    B. Está enojado con su sobrino y quiere reprenderlo de inmediato.
    C. No se siente bien y necesita acostarse y descansar antes de cenar.
    D. noticias importantes y quiere compartirlas con Axel de inmediato.

Podemos ver que el Profesor está impaciente y se mueve rápidamente, esparciendo sus pertenencias por la casa, lo cual demuestra que está distraído. No pide comida, por lo que no ha regresado a casa temprano para comer (opción A). El profesor avanza con un propósito. Aunque parece estar apurado, no hay indicios de que esté enojado con nadie (opción B). Se dirige a su *propio santuario*—su estudio— por lo que no ha regresado a casa para descansar (opción C). Tiene prisa por hablar con su sobrino, ya que lo llama con impaciencia a su oficina. Si bien no sabemos la razón por la que tiene tanta prisa por hablar con Axel, podemos inferir que es tan importante que le obligó a llegar temprano a casa, algo que no suele hacer. **La respuesta correcta es D.**

> **17.** ¿Cuál de los siguientes eventos es **más probable** que ocurra después?
>
>   **A.** El Profesor se dará cuenta de que la cena no está lista y se enojará.
>
>   **B.** El Profesor tendrá una conversación seria con Axel.
>
>   **C.** Martha se disculpará con el profesor por la cena a medio preparar.
>
>   **D.** Axel se sentará a comer con Martha pero sin el Profesor.

Martha, que probablemente es la cocinera del profesor, se ha escondido en sus aposentos. Mientras tanto, el profesor ha llamado a su sobrino Axel a su estudio. Como el profesor no está cerca del comedor, no es probable que se dé cuenta de repente de que la cena no está lista (opción A). Nada en el pasaje indica que Martha vaya a ir corriendo al estudio del profesor con una disculpa (opción C). Lo más probable es que Martha sea la ayudante contratada y que no coma con la familia del profesor (opción D). Sólo la opción B proporciona una continuación plausible de la historia. **La respuesta correcta es B.**

ESTRATEGIAS GENERALES TOMAR EL EXAMEN

Aquí hay algunas estrategias generales para abordar la sección de comprensión de lectura de la prueba. Estos consejos generalmente se aplican a todo tipo de pasajes y preguntas. Ponga estas estrategias en acción en las pruebas de práctica de este libro y luego repáselas nuevamente justo antes del día del examen.

Lea las preguntas del pasaje antes de leer el pasaje mismo.

Cada pasaje de comprensión de lectura tendrá de 6 a 8 preguntas al respecto. Antes de leer el pasaje, lea los enunciados de las preguntas (las preguntas en sí, pero no las opciones de respuesta). Este ejercicio solo le llevará unos 20 segundos más o menos. Algunas de las preguntas proporcionarán pistas sobre lo que debe buscar y pensar al leer.

Lea cada pasaje justo antes de responder cualquier pregunta con base en el mismo.

Lea el pasaje de principio a fin. Concéntrese principalmente en cómo fluyen las ideas de una a otra. Mantener esta mentalidad le ayudará a entender las ideas principales del pasaje, así como el tema y el propósito general del autor al mencionar varios detalles, todo lo cual, a su vez, le ayudará a responder las preguntas.

No se abrume con los detalles mientras lee un pasaje.

Algunos de los pasajes de lectura estarán cargados de detalles: ejemplos, descripciones, fechas, etc. Si intenta absorber todos los detalles mientras lee, no sólo perderá de vista las ideas que hay detrás de los detalles, sino que también perderá velocidad de lectura. No se abrume con los detalles, especialmente con aquellos que no comprende del todo. En cambio, páselos por alto. Fíjese en dónde se encuentran los ejemplos, las listas y otros detalles. Luego, aparece una pregunta que involucra esos detalles, puede localizarlos rápida y fácilmente y leerlos con más cuidado.

Resuma cada pasaje después de leerlo.

Después de leer un pasaje completo, tómese unos segundos para resumirlo. Si el pasaje no es de ficción, pregúntese cuál es el punto principal y los puntos de apoyo más importantes del autor. Si el pasaje es de una historia ficticia, recapitule los eventos en su mente. Recuerde el flujo de la narración o los eventos, sin pensar en todos los detalles. Ver el "panorama general" puede ser suficiente para responder hasta la mitad de las preguntas.

Si es posible, formule su propia respuesta a una pregunta antes de leer las opciones de respuesta.

Para cada pregunta, intente formular su propia respuesta y luego busque en las opciones algo que se parezca a la respuesta que pensó. Esta técnica evitará que se confunda y distraiga con las opciones de respuesta incorrectas.

Para responder una pregunta que cita el pasaje, lea alrededor del texto citado.

Una pregunta particular puede citar una palabra, línea u oración completa del pasaje. Si es así, asegúrese de comprender el contexto de la cita antes de responder la pregunta. Vuelva a leer las frases que preceden y siguen a la cita. Lo más probable es que necesite entender lo que precede y sigue a la cita para reconocer la mejor opción de respuesta.

Para evitar saltar de una sección a otra del pasaje, responda a las preguntas en secuencia.

La secuencia de preguntas generalmente tiene una relación con la forma en que avanza el pasaje. Por ejemplo, una pregunta sobre el primer párrafo probablemente aparecerá antes que una pregunta sobre el segundo párrafo. Responder las preguntas en secuencia lo ayudará a "seguir el flujo" de ideas a como el pasaje las presenta. Por lo tanto, evite "buscar" preguntas fáciles, a menos que se le acabe el tiempo. Sin embargo, tenga en cuenta que algunas preguntas *pueden* aparecer fuera de la secuencia y que las preguntas que tratan sobre el pasaje completo pueden aparecer en cualquier parte de la secuencia.

Vaya a su propio ritmo

El límite de tiempo para responder las 49 preguntas de todo el examen de Razonamiento a través de las artes del lenguaje GED es de 150 minutos. Intente responder 10 preguntas cada 30 minutos, en promedio. Si se está quedando atrás, trate de acelerar el ritmo. En cualquier caso, intente responder todas las preguntas dejando unos minutos libres, para que pueda revisar y reconsiderar cualquier respuesta de la cual no esté seguro.

EN RESUMEN

- En el examen de Razonamiento a través de las artes del lenguaje GED, las preguntas de comprensión de lectura evalúan su capacidad para comprender, interpretar, evaluar, sintetizar y aplicar la información contenida en textos de ficción y no-ficción. Esta parte de la prueba consta de varios pasajes de lectura, cada uno seguido de varias preguntas de opción múltiple.

- Los pasajes de comprensión de lectura provienen de una amplia variedad de fuentes, incluida la ficción; la no-ficción informativa que incluye temas de interés relacionados con la ciencia; ciencias sociales, y documentos laborales y de la comunidad.

- Las habilidades generales de lectura evaluadas en la parte de comprensión de lectura de la prueba incluyen comprensión; análisis e interpretación; evaluación y síntesis, y aplicación.

- El examen completo de Razonamiento en las artes del lenguaje GED dura 150 minutos. Aparecerán de seis a ocho pasajes con un total de 45–50 preguntas. Cada pasaje de prosa tendrá una longitud de 400 a 900 palabras (aproximadamente una o dos páginas).

PREGUNTAS DE PRÁCTICA

Instrucciones: Las siguientes preguntas de comprensión lectora le ayudarán a practicar los conceptos presentados en este capítulo. Después de leer un pasaje, responda las preguntas que siguen, revisando el pasaje según sea necesario. Responda todas las preguntas en función de lo que se dice e implica el pasaje. La mayoría de las preguntas están en formato de opción múltiple. Otras están diseñadas para prepararlo para las preguntas con formato electrónico que encontrará en el examen, como las de tipo desplegable, las de rellenar los espacios en blanco y las de arrastrar y soltar.

Las preguntas 1–6 hacen referencia al siguiente pasaje.

Una fábula de Mark Twain

Érase una vez un artista que había pintado un cuadro pequeño y muy hermoso y lo colocó de manera que pudiera verlo en el espejo. Dijo: "Esto duplica la distancia y lo suaviza, y es el doble de hermoso que antes."

Línea

5 Los animales del bosque se enteraron a través del gato doméstico, al que admiraban mucho porque era tan culto, y tan refinado y civilizado, y tan educado y de alta alcurnia, y podía contarles muchas cosas que antes no sabían, y de las que después no estaban seguros. Estaban muy entusiasmados con este nuevo chisme, y hacían preguntas para llegar a entenderlo del todo. Preguntaron qué era un cuadro, y el gato se los explicó.

"Es una cosa plana"—dijo,—"maravillosamente plana, asombrosamente plana, encanta-
10 doramente plana y elegante. Y, ¡oh, tan hermosa!"

Aquello los excitó casi hasta el frenesí, y dijeron que darían el mundo por verlo. Entonces el oso preguntó:

"¿Qué es lo que lo hace tan hermoso?"

"Es su aspecto", dijo el gato.

15 Esto los llenó de admiración e incertidumbre, y se entusiasmaron más que nunca. Entonces la vaca preguntó:

"¿Qué es un espejo?"

"Es un agujero en la pared", dijo el gato. "miras a través de él, y allí ves el cuadro, y es tan delicado y encantador y etéreo e inspirador en su inimaginable belleza que tu cabeza da vueltas
20 y vueltas, y casi te desmayas de éxtasis".

El asno no había dicho nada todavía; ahora empezaba a lanzar dudas. Dijo que nunca hubo nada tan hermoso y probablemente no lo habría ahora. Dijo que cuando hacía falta toda una cesta de adjetivos sesquipedalianos para alabar una cosa bella, era momento de sospechar.

Era fácil ver que estas dudas estaban haciendo efecto en los animales, así que el gato se
25 fue ofendido. El tema se abandonó durante un par de días, pero entretanto la curiosidad se reavivó y se percibió un renacimiento del interés. Entonces los animales atacaron al asno por estropear lo que podría haber sido un placer para ellos, por la mera sospecha de que el cuadro no era bonito, sin ninguna prueba de que así fuera. El asno no se preocupó, se tranquilizó y dijo que había una manera de averiguar quién tenía razón, si él o el gato: iría a mirar en aquel
30 agujero y volvería para contar lo que había encontrado. Los animales se sintieron aliviados y agradecidos, y le pidieron que fuera de inmediato, cosa que hizo.

Pero no sabía dónde debía colocarse y, por error, se colocó entre el cuadro y el espejo. El resultado fue que el cuadro no tuvo oportunidad, y no apareció. Volvió a casa y dijo:

"El gato mintió. En ese agujero no había más que un asno. No se veía ni una señal de algo
35   plano. Era un asno guapo, y simpático, pero sólo un asno, y nada más".

El elefante preguntó:

"¿Lo viste bien y claro? ¿Estabas cerca de él?"

"Lo vi bien y claro, oh Hathi, Rey de las Bestias. Estuve tan cerca que choqué las narices con él".

40   "Esto es muy extraño", dijo el elefante; "el gato siempre fue veraz antes, por lo que pudimos ver. Que lo intente otro testigo. Ve, Baloo, mira en el agujero y ven a informar".

Así que el oso fue. Cuando volvió, dijo:

"Tanto el gato como el asno han mentido; en el agujero no había nada más que un oso".

La sorpresa y la perplejidad de los animales fueron enormes. Cada uno de ellos estaba ansioso
45   por hacer la prueba por sí mismo y llegar a la verdad. El elefante los envió de uno en uno.

Primero, la vaca. No encontró en el agujero más que una vaca.

El tigre sólo encontró un tigre.

El león no encontró nada más que un león. El leopardo sólo encontró un leopardo.

El camello encontró un camello, y nada más.

50   Entonces Hathi se enfadó y dijo que quería la verdad, aunque tuviera que ir a buscarla él mismo. Cuando regresó, abusó de toda su subjetividad para con los mentirosos, y se ensañó con la ceguera moral y mental del gato. Dijo que cualquiera, salvo un tonto miope, podía ver que en el agujero no había más que un elefante.

MORALEJA, POR EL GATO

55   Puedes encontrar en un texto todo lo que traigas, si te pones entre él y el espejo de tu imaginación. Puede que no veas tus orejas, pero están ahí.

1. ¿Cuál es el propósito principal del pasaje?

   A. Demostrar que cada historia que vale la pena tiene una moraleja

   B. Entretener al lector con una historia absurda de animales que hablan

   C. Enseñar al lector una lección sobre la experiencia del arte

   D. Dar a entender que los animales tienen vidas complejas cuando los humanos no están cerca

2. Los pensamientos del gato sobre los otros animales revelan que

   A. el gato estaba irritado por la falta de comprensión de los animales.

   B. el gato había mentido sobre las bellas imágenes del espejo.

   C. el gato fue vanidoso por pensar que la imagen del espejo era tan hermosa.

   D. el gato deseaba nunca haber dicho nada sobre el espejo a los animales.

3. ¿Para qué sería **más** útil esta fábula?

   A. Explicar por qué la vanidad conduce a la ruina

   B. Ilustrar cómo ha evolucionado la narración

   C. Describir cómo se ven los diferentes animales para los niños pequeños

   D. Enseñar la interpretación de la literatura a los estudiantes

4. La motivación principal del gato para contarles a los otros animales sobre el espejo es
   A. para que se vean tontos al revelar su ignorancia.
   B. compartir algo bello con ellos.
   C. para demostrar su superioridad diciéndoles algo de lo que no saben nada.
   D. propiciar una discusión entre los animales.

5. Según el pasaje, ¿qué palabra describe mejor la personalidad de Hathi?
   A. Amable
   B. Brillante
   C. Odioso
   D. Temible

6. ¿Cuál de las siguientes líneas del pasaje revela la curiosidad de los animales?
   A. "El tema se abandonó durante un par de días, pero entretanto la curiosidad se reavivó y se percibió un renacimiento del interés".
   B. "Estaban muy entusiasmados con este nuevo chisme, y hacían preguntas para llegar a entenderlo completamente".
   C. "El asno no había dicho nada todavía; ahora empezaba a lanzar dudas"
   D. "Entonces Hathi se enfadó, y dijo que quería la verdad, aunque tuviera que ir a buscarla él mismo"

Las preguntas 7–12 hacen referencia al siguiente pasaje.

Extracto de *Principios de salud pública* por Thos. D. Tuttle

Nuestros cuerpos están construidos de manera similar a los automóviles. Un automóvil está compuesto de una estructura, ruedas, carrocería, tanque de gasolina, motor y sistema de dirección. El cuerpo humano tiene la misma forma de construcción. Tenemos una estructura, *Línea* que compuesta de los huesos del cuerpo. Tenemos brazos y piernas, que corresponden a las 5 ruedas del automóvil. Tenemos muchos bolsillos pequeños en nuestros cuerpos en los que se almacena la grasa, y estos pequeños bolsillos responden al tanque de gasolina del automóvil. Tenemos un motor que, como el motor del automóvil, está compuesto de muchas partes; y tenemos una cabeza o cerebro, que juega el mismo papel que el sistema de dirección del automóvil.

10 El automóvil tiene un tanque en el que se transporta la gasolina necesaria para desarrollar energía para la máquina. Si la gasolina se agota, el motor no funcionará, y antes de que el propietario comience un viaje, siempre tiene cuidado de ver que el tanque esté bien lleno. Del mismo modo, si no proporcionamos grasa nueva para los bolsillos de nuestros cuerpos en los que se almacena la grasa, nuestro suministro pronto se agotará y nuestros cuerpos se negarán 15 a trabajar, así como el motor del automóvil se negará a trabajar cuando la gasolina se agote.

Cómo son las células

El automóvil está hecho de hierro, madera y caucho, y cada trozo de hierro, madera y caucho está formado por pequeñas partículas. El cuerpo está hecho de huesos y músculos, cubiertos de piel, y todos ellos están formados por partículas muy finas que llamamos células. Cada parte del cuerpo está hecha de estas delicadas células. Las células son tan pequeñas
20 que solo se pueden ver con un potente microscopio. Si mira su mano, no podrá ver ninguna célula porque se necesitan muchas células para formar una mancha lo suficientemente grande para que la vea...

Puedes rayar un poco la pintura de tu automóvil y la máquina funcionará tan bien como siempre. Aparentemente no se ha hecho ningún daño, pero se ha hecho una abertura por la
25 que pueden entrar la humedad y los gérmenes y hacer que la madera se pudra y el hierro se oxide. Se pueden quitar algunas partes del automóvil y la máquina seguirá funcionando; pero no se puede quitar demasiado de una parte sin debilitar el automóvil, y si faltan algunas partes (como la bujía, la batería o el engranaje de dirección), la funcionalidad de la máquina queda destruida. Lo mismo ocurre con el cuerpo. Se puede raspar una parte de la piel y no causar
30 ningún daño aparente, pero se ha hecho una abertura por la que los gérmenes pueden entrar en el cuerpo. Puedes quitar ciertas partes del cuerpo, como el brazo o la pierna, y aun así el cuerpo prestará un servicio eficiente. Pero hay ciertas partes del cuerpo que son necesarias para la vida, así como ciertas partes del automóvil son necesarias para la funcionalidad de la máquina. No se puede quitar el corazón y vivir; no se puede quitar el cerebro y vivir.

Cómo se matan las células

35 Seguramente pensará que debe ser fácil matar una cosa tan pequeña como una célula; y así es. Las células pueden morir por demasiado calor o demasiado frío. Cuando se raspa la mano, mueren muchas células y, al mismo tiempo, se abre un hueco para que entren los gérmenes y causen enfermedades. También se puede matar a las células de hambre, ya que no sólo deben tener suficiente comida, sino el tipo de comida adecuado. Si el cuerpo se alimenta
40 sólo con dulces, pasteles y tortas, la mayoría de las células se negarán a realizar su trabajo y muchas morirán. Estas células deben tener también abundancia de aire, y el aire debe ser puro y fresco. Si respiran el aire que otros han respirado o que contiene veneno de cualquier tipo, pronto dejarán de sentirse bien. Esto significa simplemente que muchas de las células están hambrientas de aire fresco, que no quedan suficientes células fuertes para hacer el trabajo
45 necesario. El exceso de trabajo puede matar las células, ya que deben descansar en una medida adecuada. Si va a la escuela todo el día y luego se sienta a trabajar hasta la medianoche cada noche, no puede esperar que las células del cuerpo se mantengan fuertes y bien.

7. En el contexto del pasaje, el mejor sinónimo de *poder* en el segundo párrafo es
   A. energía.
   B. autoridad.
   C. control.
   D. supremacía.

8. ¿Cuál de los temas NO se discute en el pasaje?
   A. Cómo se pueden dañar las células
   B. Cómo se forman las nuevas células
   C. Dónde están las células en el cuerpo
   D. Cómo ver las células

9. El autor habla de los automóviles en el pasaje principalmente para
   A. mostrar cómo cada parte de un automóvil es similar a una parte del cuerpo humano.
   B. ilustrar el funcionamiento de las células del cuerpo humano.
   C. demostrar que ni el automóvil ni el cuerpo humano pueden funcionar sin combustible.
   D. hacer una comparación que pueda facilitar la comprensión del tema principal.

10. ¿Cuál de las siguientes citas del pasaje ilustra mejor el punto principal del autor sobre las células? Elija su respuesta en el menú desplegable.

    | Seleccione ▼ |

    A. "Seguramente pensará que debe ser fácil matar una cosa tan pequeña como una célula; y así es".
    B. "Cada parte del cuerpo está hecha de estas delicadas células".
    C. "Si mira su mano no podrá ver ninguna célula, porque se necesitan muchas células para formar una mancha lo suficientemente grande para que la vea".
    D. "No se puede quitar el corazón y vivir; no se puede quitar el cerebro y vivir".

11. Cuando el autor dice: "Si va a la escuela todo el día y luego se sienta a trabajar hasta la medianoche cada noche, no debe esperar que las células del cuerpo se mantengan fuertes y bien", quiere decir que
    A. demasiada educación puede ser mala.
    B. es más importante hacer ejercicio que aprender.
    C. estar sentado no es la mejor manera de descansar.
    D. el cuerpo humano necesita tomar descansos.

12. ¿Qué persona **probablemente** debería leer este pasaje?
    A. Un cirujano
    B. Una persona con una enfermedad terminal
    C. Un mecánico de automóviles
    D. Un nuevo estudiante de biología

Las preguntas 13–19 hacen referencia a los siguientes pasajes.

Discursos presidenciales

Los siguientes pasajes son discursos presentados por presidentes de los EE. UU. en diferentes períodos cruciales de la historia de los Estados Unidos.

Pasaje 1—Extracto de *América y la Guerra Mundial* por Theodore Roosevelt

La paz no tiene valor a menos que sirva a la causa de la justicia. La paz que consagra el militarismo presta un flaco servicio. La paz obtenida al aplastar la libertad y la vida de los pueblos justos e inofensivos es tan cruel como la guerra más cruel. Debería ser nuestro

Línea esfuerzo honorable servir a una de las necesidades más vitales del mundo haciendo todo lo
5 que esté a nuestro alcance para lograr condiciones que brinden una protección efectiva a las naciones débiles o pequeñas que mantienen el orden y actúan con justicia hacia el resto de la humanidad. No puede haber un deber internacional más elevado que salvaguardar la existencia e independencia de los estados trabajadores y ordenados, con un gran nivel de conducta personal y nacional, pero sin la fuerza militar de las grandes potencias; estados, por ejemplo,
10 como Bélgica, Holanda, Suiza, los países escandinavos, Uruguay y otros. Una paz que deje sin corregir los errores de Bélgica y que no evite la recurrencia de errores como aquellos por los que ha sufrido no sería una verdadera paz.

En lo que respecta a las acciones de la mayoría de los combatientes en la espantosa guerra mundial que ahora se libra, es posible adoptar y defender sinceramente cualquiera de los
15 puntos de vista opuestos sobre sus acciones. Las causas de una contienda tan grande y terrible casi siempre se remontan a un pasado muy lejano, y la causa aparentemente inmediata suele ser en gran parte un mero efecto de muchas causas anteriores. El asesinato del heredero al trono austrohúngaro se debió, en parte o en gran medida, a la existencia de sociedades secretas políticas y a menudo asesinas en Serbia, que el gobierno serbio no suprimió; y no las suprimió
20 porque la "servidumbre" de los hombres y mujeres de raza serbia de Bosnia y Herzegovina a Austria era una fuente de irritación tan presente para los serbios que su propio gobierno era impotente para contenerlos. Se pueden esgrimir sólidos argumentos tanto del lado austriaco como del serbio en cuanto a la causa inicial de la actual guerra mundial. Se pueden presentar argumentos sólidos tanto en el bando austriaco como en el serbio con respecto a la causa
25 inicial de la actual guerra mundial.

Pasaje 2—Extracto de *Discurso ante una sesión conjunta del Congreso* (24 de febrero de 2009) por Barack Obama

Sé que para muchos estadounidenses que observan en este momento, el estado de nuestra economía es una preocupación que se eleva por encima de todas las demás, y con razón. Si usted no se ha visto personalmente afectado por esta recesión, probablemente conozca a alguien que sí lo esté: un amigo, un vecino, un miembro de su familia. No necesita escuchar
5 otra lista de estadísticas para saber que nuestra economía está en crisis, porque lo vive cada día. Es la preocupación con la que se levanta y la fuente de noches de insomnio. Es el trabajo del que creía que se jubilaría pero que ahora ha perdido, el negocio sobre el que construyo sus sueños que ahora pende de un hilo, la carta de aceptación de la universidad que su hijo tuvo que volver a meter en el sobre. El impacto de esta recesión es real, y está en todas partes.

10   Pero aunque nuestra economía se debilite y nuestra confianza también, a pesar de que estamos viviendo momentos difíciles e inciertos, esta noche quiero que todos los estadounidenses sepan esto: reconstruiremos, nos recuperaremos y los Estados Unidos de América emergerá más fuerte que antes.

El peso de esta crisis no determinará el destino de esta nación. Las respuestas a nuestros
15 problemas no están fuera de nuestro alcance. Existen en nuestros laboratorios y nuestras universidades, en nuestros campos y nuestras fábricas, en la imaginación de nuestros empresarios y el orgullo de las personas que trabajan más duro en la Tierra. Esas cualidades que han hecho de Estados Unidos la gran fuerza de progreso y prosperidad de la historia humana, aún las poseemos en amplia medida. Lo que se requiere ahora es que este país se una, enfrente los
20 desafíos que enfrentamos, y asuma la responsabilidad de nuestro futuro una vez más.

Ahora, si somos honestos con nosotros mismos, admitiremos que durante demasiado tiempo, no siempre hemos encontrado estas responsabilidades como gobierno o como pueblo. No digo esto para culpar a nadie ni para mirar hacia atrás, sino porque sólo si entendemos cómo hemos llegado a este momento podremos salir de este atolladero.

25   El hecho es que nuestra economía no cayó en declive de la noche a la mañana, ni todos nuestros problemas comenzaron cuando el mercado inmobiliario se derrumbó o el mercado de valores se hundió. Hemos sabido durante décadas que nuestra supervivencia depende de encontrar nuevas fuentes de energía, pero hoy importamos más petróleo que nunca. El costo de la atención médica consume cada vez más nuestros ahorros año tras año, sin embargo,
30 seguimos retrasando la reforma. Nuestros niños competirán por trabajos en una economía global para la cual muchas de nuestras escuelas no los preparan. Y aunque todos estos desafíos quedaron sin resolver, logramos gastar más dinero y agrandar la deuda, como individuos y a través de nuestro gobierno, como nunca antes.

13. Según el primer pasaje, ¿en qué circunstancias fue posible el asesinato del heredero al trono austrohúngaro?
A. La salvaguardia de los estados laboriosos y ordenados
B. El intento de mantener la paz aplastando la libertad
C. El florecimiento de sociedades secretas peligrosas en Serbia
D. La liberación de hombres y mujeres de la esclavitud en Serbia

14. En el contexto del segundo párrafo del primer pasaje, ¿cuál es la definición de la palabra *gran*?
A. Maravilloso
B. Incontable
C. Mayor
D. Noble

15. ¿Cuál de los siguientes NO es un país que el presidente Roosevelt describa cómo laborioso pero carente de fuerza militar?
A. Austria
B. Bélgica
C. Uruguay
D. Suiza

16. ¿Qué situación es **más** similar a la que el presidente Obama describe en el segundo pasaje?

    A. Una pareja casada que ha agotado completamente sus ahorros

    B. Una fábrica que tiene que despedir a todos sus empleados

    C. Una empresa que está renovando su oficina con nuevos equipos

    D. Una empresaria que planea revivir su vacilante negocio

17. ¿Cuál de las siguientes es una razón probable por la que Obama enumera los errores que el país ha cometido en el párrafo final?

    A. Probar que la crisis económica podría haberse evitado

    B. Explicar qué problemas deben corregirse

    C. Identificar las instituciones a las que se debe culpar por la recesión

    D. Advertir a los estadounidenses que deberían estar asustados por la economía

18. ¿Cuál es el punto de vista de Obama en el segundo pasaje?

    A. El miedo sobre el estado de la economía

    B. La preocupación de que a los estadounidenses no les importa la economía

    C. La esperanza sobre el futuro de los Estados Unidos

    D. La arrogancia sobre la capacidad de los Estados Unidos para recuperarse de una recesión

19. Arrastre las características de la descripción del Presidente Roosevelt o del Presidente Obama al espacio correcto en el Diagrama de Venn. Si hay una característica común, arrástrela al centro del diagrama. (Introduzca las respuestas en el diagrama).

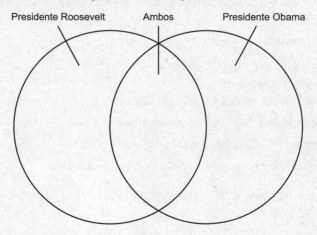

    A. Preocupado por proteger a otros países

    B. Centrado solo en cuestiones de patria

    C. Interesado en señalar las causas de los problemas políticos

    D. Intención de mantener la paz en medio de conflictos violentos

Las preguntas 20–25 hacen referencia al siguiente pasaje.

Extraído de *Popular Books on Natural Science*, por Aaron Bernstein

Estaría bien justificado llamar a sangre "el cuerpo humano en estado líquido", ya que la sangre está destinada a convertirse en el cuerpo vivo y sólido del hombre.

La gente se sorprendió cuando Liebig, el gran naturalista, llamó a la sangre la "carne
Línea líquida"; estamos en lo correcto incluso al ir más allá y llamar a la sangre "cuerpo del hombre
5 en estado líquido". De la sangre se preparan no solo músculos y carne, sino también huesos, cerebro, grasa, dientes, ojos, venas, cartílagos, nervios, tendones e incluso cabello.

Es completamente incorrecto que alguien suponga que los componentes de todas estas partes se disuelven en la sangre, por ejemplo, como el azúcar se disuelve en agua. De ninguna manera. El agua es bastante diferente del azúcar disuelto en ella, mientras que la sangre es el
10 material del que se forman todas las partes sólidas del cuerpo.

La sangre entra en el corazón, y éste, como una bomba, la impulsa hacia los pulmones. Allí absorbe de manera notable el oxígeno del aire, que llega a los pulmones por la respiración. Esta sangre, saturada ahora de oxígeno, es entonces devuelta a otra parte del corazón por un movimiento expansivo del órgano.

15 Esta parte del corazón se contrae nuevamente e impulsa la sangre oxigenada por todo el cuerpo por medio de arterias, que se ramifican cada vez más y se vuelven cada vez más pequeñas, hasta que finalmente ya no se ven a simple vista. De esta manera, la sangre penetra en todas las partes del cuerpo y regresa al corazón por medio de venas similares a hilos, que gradualmente se unen y forman venas más grandes. Una vez que ha llegado al corazón, es
20 devuelta nuevamente a los pulmones, y absorbe allí más oxígeno, vuelve al corazón y circula de nuevo por todo el sistema.

Durante esta doble circulación de la sangre desde el corazón a los pulmones y viceversa, y luego desde el corazón a todas las partes del cuerpo y viceversa, durante todo esto, el intercambio de partículas, tan notable en sí mismo, ocurre constantemente: El intercambio mediante el
25 cual la materia inútil y desechada se secreta y se distribuyen nuevas sustancias. Este hecho es maravilloso, y su causa aún no está completamente explicada por la ciencia; pero tanto es cierto, que cuando la sangre se transporta a todas las partes del cuerpo humano, deposita lo que sea necesario en aquel lugar, en aquel momento para la renovación de esa parte.

Por lo tanto, la sangre que se formó en el niño a partir de la leche materna contiene fósforo,
30 oxígeno y calcio. Estas sustancias, durante la circulación de la sangre, se depositan en los huesos y forman "fosfato de cal", el elemento principal del hueso. De la misma manera, se administran flúor y calcio a los dientes. Los músculos, o carne, también reciben sus ingredientes de la sangre; también lo hacen los nervios, venas, membranas, cerebro y uñas; También los órganos internos, como el corazón, los pulmones, el hígado, los riñones, los intestinos y el estómago.

35 Sin embargo, todos le dan a la sangre sus partículas de desecho, que transporta a la parte del cuerpo humano donde pueden ser secretadas.

Si algún miembro del cuerpo está tan apretado, que la sangre no puede circular, debe perecer; porque la vida del cuerpo consiste en un constante cambio y transformación, en el continuo intercambio de sustancias frescas por las de desecho. Pero este intercambio vital solo
40 se mantiene mediante la circulación constante de la sangre, que, si bien disminuye al transformarse en partes vitales del cuerpo, siempre se forma de nuevo con nuestra comida diaria.

Por lo tanto, la comida se llama muy justamente "Medios de Existencia", y la sangre puede llamarse con razón el "Jugo de la Vida".

20. ¿Cuál es el propósito principal de este pasaje?

    A. Explicar cómo la sangre viaja y sirve al cuerpo

    B. Definir la frase "cuerpo humano en estado líquido"

    C. Enumerar qué partes del cuerpo se componen a partir de sangre

    D. Describir cómo la sangre interactúa con el corazón

21. Arrastre y suelte los detalles sobre la sangre en el gráfico para mostrar el orden en que aparecen en el pasaje. (Ingrese las letras que corresponden a cada idea en un cuadro).

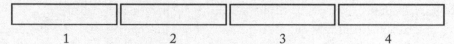

                    1   2   3   4

    A. La sangre ingresa a las arterias.

    B. El corazón se expande para mover la sangre.

    C. La sangre absorbe oxígeno.

    D. La sangre viaja a todas las partes del cuerpo.

22. ¿De qué están compuestos principalmente los huesos?

    A. Fosfato de cal

    B. Flúor

    C. Calcio

    D. Sangre

23. El argumento principal del autor en el tercer párrafo es que

    A. el agua se disuelve en azúcar y las partes del cuerpo se disuelven en sangre.

    B. la mayoría de las personas creen que las partes del cuerpo humano se disuelven en la sangre.

    C. la sangre y las partes del cuerpo tienen una relación diferente a la del agua con el azúcar.

    D. la sangre y el agua son líquidos completamente diferentes que no comparten ninguna propiedad.

24. Cuando el autor dice que la sangre es "el jugo de la vida", quiere decir que la sangre

    A. es rica en vitaminas.

    B. es el líquido que mantiene el cuerpo.

    C. viaja a través del corazón.

    D. está formada por la comida.

25. ¿Qué es **menos probable** que suceda si la sangre no circula de manera permanente a la pierna de alguien?

    A. La pierna se descompondrá.

    B. La pierna no recibirá oxígeno.

    C. La pierna recibirá oxígeno por otros medios.

    D. La pierna retendrá desechos.

CLAVE DE RESPUESTAS Y EXPLICACIONES

1. C	**6.** B	**11.** D	**16.** D	**21.** C,B,A,D
2. A	**7.** A	**12.** D	**17.** B	**22.** A
3. D	**8.** B	**13.** C	**18.** C	**23.** C
4. B	**9.** D	**14.** C	**19.** Mire la explicación	**24.** B
5. D	**10.** A	**15.** A	**20.** A	**25.** C

1. **La respuesta correcta es C.** La moraleja al final de la historia hace explícito su propósito: enseñar al lector una lección sobre la experiencia del arte. Si bien este pasaje tiene una moraleja, el propósito del pasaje en su conjunto es más específico que demostrar algo sobre historias con moral en general, por lo que la opción A no es la mejor respuesta. Esta historia pretende ser divertida, y la idea de que los animales hablen puede parecer absurda para algunos lectores, pero la moraleja al final del pasaje sugiere un propósito diferente del que está en la opción B. La opción D implica que esta fábula no está destinada a tomarse literalmente, lo cual no es la intención del autor.

2. **La respuesta correcta es A.** La afirmación de que el gato estaba ofendido por la forma en que los otros animales dudaban de él respalda la conclusión de la opción A. La opción B revela algo sobre la opinión del asno sobre el gato, no sobre los sentimientos del gato respecto a los otros animales. La opción C es incorrecta porque el gato vio la pintura en el espejo, no a él mismo, y porque esta opción de respuesta no revela nada sobre las ideas del gato sobre los otros animales. La opción D es una conclusión extrema para la cual la información en el pasaje no es suficiente.

3. **La respuesta correcta es D.** De acuerdo con la moraleja al final del pasaje, la idea principal del pasaje es que la forma en que uno interpreta un texto de cualquier tipo depende de la perspectiva, por lo que la opción D es la mejor respuesta. La opción A es inco-

rrecta porque los animales que se ven en el espejo no creen haber visto nada hermoso, por lo que la vanidad no es un tema de este pasaje. Si bien las fábulas no son formas modernas de contar historias, la opción B describe una interpretación débil de este pasaje. La opción C es incorrecta porque el pasaje nunca explica cómo se ven los animales.

4. **La respuesta correcta es B.** El gato le cuenta a los otros animales sobre el espejo porque ve algo hermoso en él y quiere compartir esa experiencia. La opción A es incorrecta porque el hecho de que el espejo termine revelando la ignorancia de los otros animales no era la intención del gato. Las opciones C y D también malinterpretan las motivaciones benévolas del gato.

5. **La respuesta correcta es D.** La ira de Hathi y el abuso de sus súbditos los muestran temible. Su comportamiento contradice la opción A. Si bien Hathi piensa que él es el único capaz de descubrir la verdad sobre el espejo, no lo hace, por lo que la opción B no es la mejor respuesta. La ira de Hathi está motivada más por la frustración que por el odio, por lo que la opción C no es la mejor respuesta.

6. **La respuesta correcta es B.** Esta línea ilustra mejor la curiosidad de los animales. La opción A no es una respuesta correcta porque indica solo un nivel de interés "perceptible" de los animales, lo que indica un bajo nivel de curiosidad. La opción C sugiere más sobre la tendencia de los animales a dudar

de su curiosidad. La opción D puede sugerir la curiosidad de los animales de manera indirecta, ya que muestra a Hathi queriendo resolver el misterio del espejo, pero no es una muestra tan clara de la curiosidad de los animales como la opción B.

7. **La respuesta correcta es A.** Si bien cada opción de respuesta se puede usar como sinónimo de *poder*, solo la *energía* tiene sentido en este contexto particular. La *autoridad* (opción B), el *control* (opción C) y la *supremacía* (opción D) no tendrían tanto sentido como la energía si se usaran en lugar del *poder* en el segundo párrafo.

8. **La respuesta correcta es B.** La forma en que se forman nuevas células nunca se discute en el pasaje. La opción A es el tema principal del párrafo final. La opción C se discute en el tercer párrafo. La opción D también se explica en el tercer párrafo.

9. **La respuesta correcta es D.** El autor utiliza principalmente los automóviles para compararlos con el cuerpo humano y facilitar la comprensión del tema para el lector. El autor solo afirma que "estos cuerpos nuestros están construidos de manera similar a los automóviles", por lo que la opción A no es la mejor respuesta. La opción B es incorrecta porque el autor utiliza los automóviles para ilustrar algo más que las células. La opción C puede ser una idea del pasaje, pero no explica la razón principal por la que el autor compara los cuerpos humanos con los automóviles.

10. **La respuesta correcta es A.** El autor pasa la mayor parte del tiempo hablando de las células en términos de lo fácil que son destruir, por lo que la opción A es la mejor respuesta. El autor no dedica mucho tiempo a la idea de que las células se encuentran en cada parte del cuerpo (opción B) o que son pequeñas (opción C). La opción D tiene

más que ver con la extracción de órganos vitales que con la destrucción de las células.

11. **La respuesta correcta es D.** El autor afirma esto para ilustrar cómo el cuerpo humano necesita tomar descansos de la actividad. La opción A interpreta mal esta línea. El autor no está haciendo una comparación entre el valor del ejercicio y el valor de la educación, por lo que la opción B no es la mejor respuesta. La opción C no es la mejor respuesta porque el autor nunca habla de sentarse como una forma de descanso; él está haciendo una declaración más amplia sobre la necesidad del cuerpo de descansar.

12. **La respuesta correcta es D.** Este pasaje proporciona información muy básica sobre el cuerpo humano, por lo que sería más apropiado para un nuevo estudiante de biología. La opción A es incorrecta porque el pasaje es demasiado básico para un cirujano, que debe tener una comprensión muy avanzada del cuerpo humano. Para una persona con una enfermedad terminal no sería muy útil en este pasaje, por lo que la opción B no es la mejor respuesta. El autor usa automóviles solo para ilustrar información sobre el cuerpo humano, por lo que los mecánicos automotrices no son la audiencia principal del autor.

13. **La respuesta correcta es C.** En el primer pasaje, el presidente Roosevelt establece una conexión directa entre el asesinato del heredero al trono austrohúngaro y el florecimiento de sociedades secretas peligrosas en Serbia. Las opciones A y B no son cosas que Roosevelt menciona en relación con el asesinato. Roosevelt no afirma que la liberación de hombres y mujeres serbios de la esclavitud condujo al asesinato, por lo que la opción D es incorrecta.

14. **La respuesta correcta es C.** Si bien cada opción de respuesta se puede usar como sinónimo de *gran*, solo *mayor* tiene sentido

en este contexto particular. *Maravilloso* (opción A), *incontable* (opción B) y *noble* (opción D) no tendrían tanto sentido como *gran* si se usara en lugar de *poder* en el segundo párrafo.

15. **La respuesta correcta es A.** Roosevelt no utiliza Austria como ejemplo de un país trabajador que carece de fuerza militar. Sin embargo, sí utiliza Bélgica (opción B), Uruguay (opción C) y Suiza (opción D) como ejemplos de dichos países.

16. **La respuesta correcta es D.** En el pasaje, el presidente Obama está discutiendo los problemas económicos de los Estados Unidos, pero también insiste en que el país debe trabajar para resurgir, lo que es muy similar a un empresario que planea revivir su negocio vacilante. Dado que el presidente Obama solo dice que los Estados Unidos tiene problemas económicos y no que está completamente en bancarrota, la situación que describe no es muy similar a la de la opción A. La opción B describe una situación igualmente grave que es mucho peor para la fábrica que la que el presidente Obama describe para los Estados Unidos. La opción C no indica que una empresa experimente problemas económicos.

17. **La respuesta correcta es B.** Obama enumera los problemas después de afirmar que "es solo al entender cómo llegamos a este momento que podremos salir de esta situación." Dado que también dice que él no está interesado en "mirar hacia atrás," la opción A no es la mejor respuesta. También dice que no quiere "echarle la culpa," lo que elimina la opción C. Con base en el primer párrafo del discurso, es probable que la mayoría de los estadounidenses ya estén ansiosos por la economía, por lo que la opción D no es la mejor respuesta.

18. **La respuesta correcta es C.** El Presidente Obama afirma que "Reconstruiremos, nos recuperaremos, y los Estados Unidos de América emergerán más fuertes que antes" a pesar de la recesión, que respalda la opción C. Si bien Obama dice que los estadounidenses tienen motivos para preocuparse, la opción A exagera las propias preocupaciones del presidente. También reconoce que la mayoría de los estadounidenses ya están preocupados, por lo que la opción B no es la mejor respuesta. Si bien Obama expresa su confianza en la capacidad de Estados Unidos para recuperarse de la recesión, nunca hace declaraciones que sugieran arrogancia absoluta, por lo que la opción D debería descartarse.

19. **Las opciones A y D** deben colocarse en la sección del Presidente Roosevelt (él es el único preocupado por los problemas mundiales y mantener la paz en medio de la guerra), la opción B debe colocarse en el círculo del Presidente Obama (solo él discutió los problemas de la patria en su discurso) y la opción C debe colocarse en el centro (ambos presidentes discuten las causas de los problemas que son el foco de sus respectivos discursos).

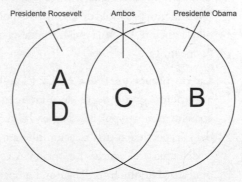

20. **La respuesta correcta es A.** En su conjunto, el pasaje explica cómo la sangre viaja y sirve al cuerpo. La opción B no es la mejor respuesta porque esta frase solo se usa como una introducción a la discusión y no es un enfoque recurrente del pasaje completo. La opción C solo describe un propósito del segundo párrafo y no el pasaje como un

todo. Aunque una buena parte del pasaje describe cómo la sangre interactúa con el corazón, la opción A cubre de manera más completa el propósito de todo el pasaje que la opción D.

21. **El orden correcto es C, B, A, D.** El proceso que describe esta secuencia se ilustra en los párrafos tercero y cuarto del pasaje, que explican que la sangre primero absorbe el oxígeno en los pulmones (opción C) antes de que el corazón se expanda para enviar la sangre hacia una parte del corazón (opción B), y la sangre luego entra en las arterias (opción A), donde es transportada a todas las partes del cuerpo para entregar oxígeno (opción D).

22. **La respuesta correcta es A.** Esta información se encuentra en el séptimo párrafo, que dice "Estas sustancias, durante la circulación de la sangre, se depositan en los huesos y forman 'fosfato de cal,' el elemento principal de los huesos." El flúor (opción B) y el calcio (opción C) son elementos de los dientes. Si bien el pasaje especifica que todo el cuerpo se constituye a partir de la sangre, también especifica que el fosfato de cal es "el elemento principal de los huesos," por lo que la opción A es una mejor respuesta que la opción D.

23. **La respuesta correcta es C.** El autor argumenta que a pesar de una creencia aparentemente popular, la sangre y las partes del cuerpo tienen una relación diferente a la del agua y el azúcar. La opción A es lo opuesto al argumento del autor. La opción B describe sólo lo que el autor argumenta

en contra; No declara su argumento. La opción D es demasiado extrema; Si bien el autor hace una distinción entre sangre y agua, no dice que sean completamente diferentes como líquidos que no comparten propiedades.

24. **La respuesta correcta es B.** El autor usa esta frase para ilustrar cómo la sangre mantiene la vida del cuerpo. Si bien muchos jugos son ricos en vitaminas, el autor nunca analiza las vitaminas en el pasaje, por lo que la opción A no puede ser correcta. La sangre viaja a través del corazón, pero esto no es directamente a lo que se refiere la descripción del autor de la sangre como "el jugo de la vida", por lo que la opción C es incorrecta. La opción D es igualmente cierta, pero no es una explicación clara de por qué el autor llama a la sangre "el jugo de la vida."

25. **La respuesta correcta es C.** El pasaje nunca indica que hay una forma alternativa para que el oxígeno viaje a través del cuerpo si la sangre no circula. El noveno párrafo explica que detener la circulación de la sangre al atar una extremidad hará que se descomponga (opción A). La sangre suministra oxígeno a todo el cuerpo, por lo que si la sangre no puede viajar a una parte particular del cuerpo, como una pierna, es lógico que la pierna no reciba oxígeno (opción B). La sangre también elimina los desechos, por lo que una pierna sin circulación retendrá los desechos (opción D).

Dominar las convenciones del lenguaje

Capítulo 4

DESCRIPCIÓN GENERAL

- Todo sobre el examen de Razonamiento a través de las artes del lenguaje—convenciones del lenguaje
- Preguntas con respuestas
- Estrategias generales para tomar el examen
- En resumen
- Preguntas de práctica
- Clave de respuestas y explicaciones

RESUMEN DEL EXAMEN DE RAZONAMIENTO A TRAVÉS DE LAS ARTES DEL LENGUAJE—CONVENCIONES DEL LENGUAJE

Tiempo permitido: 150 minutos para todo el examen de Razonamiento a través de las artes del lenguaje, que incluye 45 minutos para la respuesta extendida, y un descanso de 10 minutos.

Número de pasajes: Aparecerán 2 (el número puede variar) Extensión de cada pasaje: 350–450 palabras

Número total de preguntas: 45–50 en el examen de Razonamiento a través de las artes del lenguaje, que incluye un componente de lectura, un componente de lenguaje y una respuesta extendida (los tipos de preguntas incluyen opción múltiple, seleccionar un área, arrastrar y soltar, menú desplegable y respuesta extendida)

Número de preguntas por pasaje: Aparecerán de 6 a 8 (el número puede variar)

TODO SOBRE EL EXAMEN DE RAZONAMIENTO A TRAVÉS DE LAS ARTES DEL LENGUAJE— CONVENCIONES DEL LENGUAJE

La parte de convenciones lingüísticas del examen de Razonamiento a través de las artes del lenguaje GED incluye preguntas potenciadas por tecnología, como elementos de arrastrar y soltar, seleccionar un área y menu desplegable. Las preguntas de arrastrar y soltar requerirán que arrastre los "ítems de arrastre" y los coloque en uno o más "espacios objetivo" correctos. Se usarán elementos de seleccionar un área para que pueda seleccionar su respuesta haciendo clic o graficando un apunte en un sensor designado para gráficos, mapas o diagramas. Las preguntas desplegables requerirán que elija la respuesta correcta de una lista de opciones en un menú desplegable.

CARTA DE AGRADECIMIENTO DESPUÉS DE UNA ENTREVISTA

Querido [Seleccione ▼],

me [Seleccione ▼] reunir con usted para discutir el puesto como asistente administrativo en Colton & Smith Co. [Seleccione ▼]—Aprecio que se me considere para esta posición. Después de reunirme con usted, [Seleccione ▼]. Mis habilidades de organización y comunicación [Seleccione ▼]

Espero su respuesta [Seleccione ▼] toma la decisión final en cuanto al puesto de trabajo. No dude en ponerse en contacto conmigo en cualquier momento si [Seleccione ▼]. Me pueden contactar en el (123) 456-7890 o a través de ksmith@email.com.

Gracias nuevamente por su tiempo y consideración,

Sinceramente,

Katherine

Independientemente del tipo de texto a tratar, todas las preguntas cubrirán los mismos tipos de problemas de convenciones de lenguaje. A continuación se muestra el desglose de secciones generales cubiertas en el componente de lenguaje del examen de Razonamiento a través de las artes del lenguaje. Tenga en cuenta que las preguntas del examen cubren sólo ciertos temas dentro de cada sección, como se enumeran aquí. No se preocupe si no está familiarizado con algunos de los términos presentes; el repaso de gramática de este libro explica muchos problemas comunes.

- **La gramática y su uso:** concordancia sujeto-verbo y referente/antecedente del pronombre
- **La estructura de la oración:** fragmentos de oración, oraciones fusionadas y oraciones ininterrumpidas; paralelismo; coordinación y subordinación, ubicación de modificadores
- **Mecánica de la escritura:** ortografía (homónimos y posesivos solamente), mayúsculas en sustantivos propios, uso de comas para puntuación, palabras frecuentemente confundidas
- **La escritura efectiva:** uso informal, conectores, palabras que aportan a la lógica y la claridad

PREGUNTAS CON RESPUESTAS

Las preguntas de las convenciones del lenguaje en el examen de Razonamiento a través de las artes del lenguaje se utilizan principalmente para evaluar la gramática, el uso, la mecánica y la estructura de las oraciones. En la estructura del pasaje, las preguntas se enfocarán en oraciones específicas que necesitan corrección usando la función del menú desplegable. Por ejemplo, mire una pregunta de corrección de oración basada en "Carta de agradecimiento después de una entrevista." En la prueba en línea, seleccionaría la respuesta correcta del menú desplegable. Para esta versión impresa, verá las cuatro opciones de respuesta como si hubiera hecho clic en el botón de selección.

En las páginas siguientes, examinará más de cerca los tipos de preguntas que aparecerán en el componente de lenguaje del examen de Razonamiento a través de las artes del lenguaje GED. Las siguientes son algunas estrategias y consejos útiles para abordar preguntas de lenguaje:

- **Siempre considere las cuatro opciones antes de hacer su selección final.** Las oraciones pueden ser defectuosas de más de una forma. Una opción de respuesta puede solucionar un error, pero no otro, o puede introducir un error. Además, más de una corrección propuesta podría ser mejor que la versión original. Sin examinar todas las opciones, no puede saber con certeza cuál es la mejor.

- **Evite el impulso de "hipercorregir".** En algunas preguntas tendrá la opción de dejar la redacción tal como está. Siempre considere esta opción. Si le parece corecta, tenga especial cuidado con los cambios propuestos en las otras opciones. Todos y cada uno de ellos podrían ser innecesarios o crear un error donde no lo había antes.

- **Asegúrese de tener en consideración la oración completa.** Tenga en cuenta que todas las partes de una oración están interrelacionadas. Al examinar sólo una parte reemplazada, o incluso esa parte junto con la que la precede o sigue inmediatamente, puede pasar por alto fácilmente un problema. Lo mismo se aplica a cada revisión propuesta.

- **Recuerde que su tarea es identificar "la mejor manera de corregir la oración".** Eso significa que no solamente debe considerar errores de gramática, pero también necesita estar atento a otros problemas como lenguaje poco claro, modificadores mal ubicados y problemas con el sentido o la lógica de la oración. También elimine cualquier revisión que cambie o modifique el significado deseado de la oración.

El siguiente párrafo del estilo del examen y las preguntas de muestra ilustran los tipos de preguntas que puede encontrar en el componente de lenguaje del examen de Razonamiento a través de las artes del lenguaje GED. El análisis que sigue a cada pregunta explica cómo aplicar una o más de las estrategias mencionadas anteriormente. (Nota: las oraciones se han numerado para referencia.) En el examen real, las opciones desplegables no numeradas se integran al párrafo.

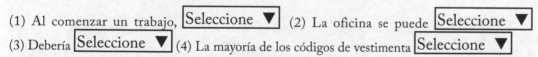

(1) Al comenzar un trabajo, [Seleccione ▼] (2) La oficina se puede [Seleccione ▼] (3) Debería [Seleccione ▼] (4) La mayoría de los códigos de vestimenta [Seleccione ▼]

Elija la opción que complete correctamente la oración 1.

Al comenzar un trabajo, [Seleccione ▼]

A. tus jefes te dirán el código de vestimenta que ellos prefiere.

B. su jefe te dirá el código que ellos prefiere.

C. su jefe le dirá el código de vestimenta prefiere.

D. tu jefe te dirá el código de vestimenta que ellos prefieren.

En la oración 1 el sustantivo jefe es singular pero el pronombre ellos que refiere a jefe es plural. La regla de gramática pertinente es: un pronombre debe estar de acuerdo en número (singular o plural) con el sustantivo al que refiere (*llamado antecedente*).

Puede parecer que las opciones A, C o D corrigen el pronombre incorrecto en la oración 1. ¿Pero eso significa que las tres opciones son correctas? No. Por ejemplo, usando la opción D si lee la oración usando prefieren, va a "oír" las frases "jefe le dirá ... ellos prefieren" que no funcionan juntas. Eliminar la n corrige la concordancia entre pronombre y verbo al final de la oración pero la concordancia entre el pronombre y el sustantivo todavía es incorrecta. Si se elimina él, ella o ellos, "prefiere" estará en concordancia con "su jefe le dirá". **La respuesta correcta es C.**

Elija la opción que complete correctamente la oración 2.

La oficina se puede Seleccione ▼

- **A.** consideradas informal, considerar formal o una combinación de las dos.
- **B.** considerar informal, considerar formal o una combinación de las dos.
- **C.** considerar informal, considerar formal o una combinaciones de las dos.
- **D.** considerar informal, formal o una combinación de las dos.

Observe que la oración 2 enumera una serie de tres características. La regla de gramática pertinente es: todos los elementos de una serie deben ser paralelos en un sentido gramatical. Lea la oración 2 considerando esta regla y notará algo que se llama "paralelismo defectuoso". La segunda característica (*considerar formal*) no es paralela a la tercera característica (*una combinación*). Una característica comienza con el verbo *considerar*, mientras que la otra no lo hace. Una solución para este problema es poner la palabra considerar inmediatamente después de o. Sin embargo, no hay esta opción entre las cuatros opciones. Otra solución para este problema es eliminar la palabra *considerar* después de *casual* que es lo que sugiere la opción D. El resultado es una serie de tres elementos paralelos: (1) *casual*, (2) *formal* y (3) *una combinación*. **La respuesta correcta es D.**

Elija la opción que complete correctamente la oración 3.

Debería Seleccione ▼

- **A.** asegurarse de conocer las reglas del código de vestimenta, antes de ir a trabajar por tu primer día.
- **B.** asegurarse de conocer las reglas del código de vestimenta antes de ir a trabajar el primer día.
- **C.** conocer las reglas del código de vestimenta antes de ir a trabajar por tu primer día.
- **D.** asegurarse de conocer sobre las reglas del código de vestimenta antes de ir a trabajar por tu primer día.

En la oración 3, podría ser que la frase "asegurarse de conocer" no sea tan concisa como la misma frase sin las palabras *asegurarse de*. Pero la gramática de la frase no es incorrecta y su significado queda claro. Por lo tanto, el cambio propuesto en la opción C no es necesario, y debe buscar una mejor respuesta. La palabra tu es un adjetivo posesivo en segunda persona. Este adjetivo posesivo no concuerda con el pronombre del principio de la oración, en tercera persona. Esto es incorrecto y entonces puede eliminar las opciones A y D. Como sugiere la opción B, tu debe ser reemplazado por el. **La respuesta correcta es B.**

Elija la opción que complete correctamente la oración 4.

La mayoría de los códigos de vestimenta | Seleccione ▼ |

A. ha sido incluida en el manual del empleado, puede ayudarlo a aprender las reglas.

B. están incluidas en el manual del empleado, puede ayudarlo a aprender las reglas.

C. están incluidos en el manual del empleado, puede ayudarlo a aprender las reglas.

D. están incluidos en el manual del empleado, que puede ayudarlo a aprender las reglas.

En la oración 4, el tiempo para la acción en la primera cláusula es el presente ("la mayoría ... está incluida"). La opción A propone utilizar el tiempo presente perfecto ("ha sido incluida"). La regla de la gramática pertinente es: el tiempo presente perfecto se debe usar para indicar una acción que ocurre en el pasado y que termina en el presente. El tiempo presente perfecto no es incorrecto y tiene sentido, especialmente porque la acción en la segunda cláusula ocurre durante el mismo periodo de tiempo. Pero el tiempo presente funciona también y puede ser una mejor opción. Por lo tanto, el cambio del tiempo que propone la opción A no es necesario y debe encontrar una mejor opción. Lea todo la oración 4. La cláusula después de la coma parece incompleta. Poner *que* después de la coma completa la segunda cláusula y la conecta correctamente a la cláusula principal. **La respuesta correcta es D.**

Aquí está la siguiente parte del pasaje.

(5) Tanto si su empresa | Seleccione ▼ | (6) | Seleccione ▼ | mantenga sus hombros cubiertos, utilice zapatos cerrados y siempre evite los vaqueros. (7) Además, intente elegir colores neutros y planos, | Seleccione ▼ |

Elija la opción que complete correctamente la oración 5.

Tanto si su empresa | Seleccione ▼ |

A. requiere vestimenta formal, o informal, elegir la ropa adecuada es fácil.

B. requiere vestimenta formal o informal, elegir la ropa adecuada es fácil.

C. requiere vestimenta formal o informal: elegir la ropa adecuada es fácil.

D. requieren vestimenta formal, o informal, elegir la ropa adecuada es fácil.

En la oración 5, el objeto del verbo requiere es "vestimenta formal o informal". Dividir este elemento con comas crea una cláusula incómoda y confusa. El par de comas hace que "o informal" sea una frase subordinada, lo que implica que se puede eliminar sin cambiar el significado de la oración. Esto no es cierto, porque necesita saber si su empresa requiere vestimenta formal o informal, por lo que las comas deben eliminarse. La opción D elimina una de las comas incorrectas, pero también elimina la coma necesaria que conecta las cláusulas subordinadas e independientes de la oración. Tanto la opción B como la opción C eliminan correctamente las comas. Sin embargo, la opción C agrega dos puntos después de *la vestimenta*, haciendo que la oración sea incorrecta. Al colocar dos puntos después de *la vestimenta*, implica que la sección de la oración que precede los dos puntos sea una cláusula independiente. Esto no es cierto, y puede "escuchar" que es incorrecto al leer la sección que conduce a los dos puntos, como si la segunda mitad no estuviera allí. **La respuesta correcta es B.**

Elija la opción que complete correctamente la oración 6.

Seleccione ▼ mantenga sus hombros cubiertos, utilice zapatos cerrados y evite los vaqueros.

A. Para evitar confusión si alguna regla no es clara,

B. Si alguna regla no es clara,

C. Evitó la confusión si alguna regla no es clara,

D. Para evitar ser confundido si alguna regla no es clara,

Puede descartar rápidamente la opción D porque es una frase que suena muy incómoda. La opción C introduce el tiempo pasado *evitó*. Pero, ¿tiene sentido el tiempo pasado en el contexto de la oración en su conjunto? No. La oración tiene la intención de establecer un periodo de tiempo entre presente y futuro. Al mezclar tiempos verbales, la opción C no está de acuerdo con el periodo de tiempo en el cual ocurren las acciones de la oración.

Para mejorar la oración, puede eliminar "Para evitar confusión" o "si alguna regla no es clara," pero pregúntese: "¿Ayuda enumerar la ropa mencionada a *evitar confusión*, y en caso de que sí, ¿para quién?" Claramente, "si alguna regla es clara" es la frase más precisa. **La respuesta correcta es B.**

Al igual que con los dos ejemplos anteriores (oraciones 5 y 6), considere las cuatro opciones en el contexto de la oración siguiente en su conjunto.

Elija la opción que complete correctamente la oración 7.

Además, intente elegir colores neutros y lisos, Seleccione ▼

A. porque los empleados no deben distraerse con su guardarropa en el lugar de trabajo.

B. porque son menos distraídos.

C. ya que los empleados no deben distraerse con su guardarropa en el lugar de trabajo.

D. porque su guardarropa no debe distraer a los empleados.

Si es posible, es preferible que el sujeto de la oración realice la acción, no que se actúe sobre él. La primera cláusula se refiere a colores y sólidos, por lo que está claro que el sujeto de esta oración es *guardarropa*, no *empleados*. Las opciones A y C usan la voz pasiva, diciendo que los empleados no deben distraerse *con* el guardarropa. La opción B crea una comparación incompleta y no explica quién podría distraerse. La opción D elimina la voz pasiva y establece un hecho como resultado de la primera cláusula. **La respuesta correcta es D.**

ESTRATEGIAS GENERALES PARA TOMAR EL EXAMEN

Aquí hay algunas estrategias generales para abordar el componente de lenguaje del examen de Razonamiento a través de artes del lenguaje GED. La mayoría se aplica a todo tipo de documentos y preguntas. Ponga estas en ejercicio en las pruebas de práctica de este libro, y luego revíselas nuevamente justo antes del día del examen.

Lea el documento directamente antes de responder cualquier pregunta con base en este.

Lea el documento rápidamente de principio a fin. No se moleste en tomar notas y no preste demasiada atención a los errores gramaticales específicos (¡encontrará muchos de ellos!). En cambio, hágase las siguientes preguntas:

- ¿La secuencia de ideas es lógica y fácil de entender?

- ¿El lenguaje y el tono corresponden a la audiencia? Una carta comercial, por ejemplo, necesita un tono formal y convenciones específicas.

- ¿Hay algún lugar del texto en el que el significado se pierde u oculta?

Esta estrategia lo ayudará a concentrarse y anticipar al menos algunas de las preguntas. Los documentos son cortos (de 350 a 450 palabras), por lo que un minuto debe ser tiempo suficiente para esta tarea.

"Escuche" las oraciones en busca de para cualquier cosa que no suene bien.

Al responder preguntas sobre oraciones en particular, escúchelas, como si estuviera leyendo en voz alta, en busca de cualquier cosa que suene poco clara, confusa o simplemente extraña. Si escucha algo malo, confíe en su oído y en su instinto.

Aplique los cuatro principios básicos para detectar errores en las oraciones del examen GED.

Si no está seguro de cuál es el problema con una oración en particular, siga estos cuatro pasos para descubrirlo:

1. Encuentre el verbo antes de buscar el sujeto. Verifique la concordancia entre el sujeto y el verbo, incluso los nombres colectivos y sujetos compuestos.

2. Analice todos los pronombres. Asegúrese de que cada uno tenga un referente claro con el que concuerde en persona y número.

3. Examine la estructura de la oración. Asegúrese de que los modificadores estén unidos a lo que modifican, las ideas paralelas sean gramaticalmente paralelas y las comparaciones, claras y lógicas.

4. Preste atención a lo extraño o "galimatías" (cualquier cosa que simplemente no tiene sentido).

Intente formular una respuesta antes de leer las opciones.

Al abordar la corrección de parte de una oración en particular, piense cómo escribiría esa parte de la oración. Haga esto antes de mirar cualquiera de las opciones de respuesta. Intente reformular la parte de la oración defectuosa, descubriendo qué palabra o signo de puntuación eliminaría, cambiaría, movería o agregaría. De esta forma, se concentrará en la opción correcta más rápidamente y será menos probable que se confunda y se vea tentado por opciones de respuesta erróneas. Tenga en cuenta que esta estrategia funciona para la mayoría, pero no para todos los tipos de preguntas del componente de lenguaje del examen de Razonamiento a través de las artes del lenguaje. Las excepciones a la regla se abordan en la revisión gramatical, que sigue a esta lección.

Vaya a su propio ritmo de forma adecuada.

La parte de lenguaje del examen consta de varios conjuntos de preguntas distintas, cada conjunto con base en un documento diferente. El número de preguntas por serie puede variar de 6 a 8. Tiene aproximadamente dos minutos para responder cada pregunta en el examen de Razonamiento a través de las artes del lenguaje GED (con la excepción de la Respuesta Extendida). Si se retrasa, intente acelerar el ritmo.

EN RESUMEN

- El componente de lenguaje del examen de Razonamiento a través de las artes del lenguaje GED es básicamente un examen de edición diseñado para medir su capacidad de revisar un documento y detectar errores gramaticales y otros problemas de escritura que deben corregirse o revisarse. Aparecerán aproximadamente dos documentos en total y de 6 a 8 preguntas con base en cada documento. Cada documento tendrá 350–450 palabras de extensión.

- El componente de lenguaje del examen cubre la gramática y su uso, la estructura de las oraciones y la sintaxis.

- Esté atento a las opciones de respuesta que corrigen un error pero crean otro, y evite corregir una oración que no necesita ser corregida.

- Además de los errores gramaticales, busque otros problemas, como falta de claridad, modificadores fuera de lugar y problemas con el sentido de la oración o la lógica. Además, descarte cualquier revisión que distorsione o altere el significado previsto de la oración.

- La mayoría de las preguntas de construcción de oraciones se centran en la estructura de las oraciones. Sin embargo, algunos podrían cubrir el uso y/o la mecánica también. Las preguntas de construcción de oraciones varían de formato; asegúrese de familiarizarse con estos diferentes tipos de preguntas, incluidos los diferentes estilos de preguntas potenciadas por la tecnología como se describe al principio del libro.

PREGUNTAS DE PRÁCTICA

Instrucciones: El siguiente es un documento que puede encontrarse en el trabajo. El pasaje contiene errores gramaticales, ortográficos y de puntuación. Para las preguntas 1–10, elija la opción del menú desplegable que complete o reescriba correctamente la oración.

Gail Benning
34 Sherwood Drive
Bethpage, Nueva York 11714
EE. UU. (USA)
(+1) 516-555-6789
gb@scopenet.com

13 de marzo de 2018

(1) Luisa Benez

(2) Instructor jefe

(3) | Seleccione ▼ |

(4) 1313 E. Marie Street

(5) Hicksville, Nueva York 11801

(6) | Seleccione ▼ |

(7) Le escribo en respuesta a su reciente anuncio en el periódico *el Diario de Alicante* sobre el asistente de estudio en Artistas Reverte y Pombo. (8) La descripción de la posición de asistente | Seleccione ▼ | (9) Estoy libre para una entrevista cuando le parezca conveniente y puedo comenzar el trabajo inmediatamente si es necesario.

(10) Tengo amplia experiencia en varias ramas del | Seleccione ▼ | (11) | Seleccione ▼ | haber obtenido recientemente un título en terapia artística, quería entrar en este terreno estimulante y ayudar en su clase sería una entrada ideal en un terreno que promete ser estimulante y gratificante. (12) Como asistente de la directora principal, gané mucha experiencia en la facilitación para ejecutar proyectos y guiar a mis compañeros de trabajo a través de cada paso del proceso artístico. (13) Mis diez años de experiencia en Arte de Manuel, una organización sin ánimo de lucro establecida en Levittown, me ha brindado una gran experiencia en el tratamiento de diversos aspectos del ambiente artístico. (14) Entre mis deberes estaba analizar cuestiones legales que podrían afectar a nuestra empresa, organizar exposiciones creativas, escribir propuestas, coordinar voluntarios y desarrollar estrategias divertidas. (15) Estas tareas implicaron una gran cantidad de tareas múltiples, pensamiento crítico, colaboración, gestión del tiempo y recibir y proporcionar críticas constructivas. (16) No sólo manejaba una gran cantidad de desafíos a diario, | Seleccione ▼ |

(17) Creo que mi educación en terapia artística no solo me ha proporcionado el conocimiento necesario para superar los nuevos desafíos que sin duda surgirán en su institución de terapia artística, sino que también ha profundizado mi comprensión de las personas de forma que seré el más | Seleccione ▼ |

(18) Me encantaría reunirme con usted para hablar sobre esta emocionante oportunidad. (19) Sra. Benez, por favor comuníquese conmigo para que podamos programar una entrevista cuando [Seleccione ▼] (20) Espero con ansias conocerla [Seleccione ▼] (21) Muchas gracias por su tiempo y consideración.

Respetuosamente,
Gail Benning

1. Oración 3: [Seleccione ▼]

    A. artistas reverte y pombo

    B. Artistas reverte y pombo

    C. Artistas Reverte y pombo

    D. Artistas Reverte y Pombo

2. Oración 6: [Seleccione ▼]

    A. Estimada Sra. Benez

    B. Estimada Sra. Benez,

    C. Estimada Sra. Benez:

    D. Estimada Sra. Benez;

3. Oración 8: La descripción de la posición de asistente [Seleccione ▼]

    A. se adaptan perfectamente a mis calificaciones particulares.

    B. se adapta perfectamente a mis calificaciones particulares.

    C. se adaptaba perfectamente a mis calificaciones particulares.

    D. se adaptará perfectamente a mis calificaciones particulares.

4. Oración 10: Tengo amplia experiencia en varias ramas del [Seleccione ▼]

    A. mundo del arte, trabajé como artista comercial, exhibí mi trabajo como artista y, más recientemente, pasé diez años como asistente en Arte de Manuel.

    B. mundo del arte trabajé como artista comercial, exhibí mi trabajo como artista y, más recientemente, pasé diez años como asistente en Arte de Manuel.

    C. mundo del arte: trabajé como artista comercial, exhibí mi trabajo como artista y, más recientemente, pasé diez años como asistente en Arte de Manuel.

    D. mundo del arte. Trabajé como artista comercial, exhibí mi trabajo como artista y, más recientemente, pasé diez años como asistente en Arte de Manuel.

5. Oración 11: | Seleccione ▼ | haber obtenido recientemente un título en terapia artística, quería entrar en este terreno estimulante y ayudar en su clase sería una entrada ideal en un terreno que promete ser estimulante y gratificante.

    A. Por lo tanto,

    B. Como resultado,

    C. Para empezar,

    D. Sin embargo,

6. Las oraciones del tercer párrafo aparecen debajo como están en la carta. Arraste y suéltelas en la tabla para ponerlas en el orden que tenga más sentido. (Ingrese los números de las oraciones en orden en su hoja de respuestas.)

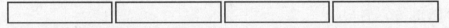

    Oración 12. Como asistente de la directora principal, gané mucha experiencia en la facilitación para ejecutar proyectos y guiar a mis compañeros de trabajo a través de cada paso del proceso artístico.

    Oración 13. Mis diez años de experiencia en Arte de Mannuel, una organización sin ánimo de lucro establecida en Levittown, me ha brindado una gran experiencia en el tratamiento de diversos aspectos del ambiente artístico.

    Oración 14. Entre mis deberes estaba analizar cuestiones legales que podrían afectar a nuestra empresa, organizar exposiciones creativas, escribir propuestas, coordinar voluntarios y desarrollar estrategias divertidas.

    Oración 15. Estas tareas implicaron una gran cantidad de tareas múltiples, pensamiento crítico, colaboración, gestión del tiempo, y recibir y proporcionar críticas constructivas.

7. Oración 16: No sólo manejaba una gran cantidad de desafíos a diario, | Seleccione ▼ |

    A. también aprovecho estas situaciones como oportunidades para ampliar mi experiencia.

    B. también aprovechaba estas situaciones como oportunidades para ampliar mi experiencia.

    C. también aprovecho para ampliar mi experiencia.

    D. también aprovechábamos estas situaciones como oportunidades para ampliar mi experiencia.

8. Oración 17: Creo que mi educación en terapia no solo me ha proporcionado el conocimiento necesario para superar los nuevos desafíos que sin duda surgirán en su institución de terapia artística, sino que también ha profundizado mi comprensión de las personas de forma que seré el más |Seleccione ▼|

    A. eficaz asistente para usted.

    B. afectivo asistente para usted.

    C. eficaz asistencia para usted.

    D. afectivo asistencia para usted.

9. Oración 19: Sra. Benez, por favor comuníquese conmigo para que podamos programar una entrevista cuando |Seleccione ▼|

    A. la parezca conveniente.

    B. le parezca conveniente.

    C. les parezca conveniente.

    D. lo parezca conveniente.

10. Oración 20: Espero con ansias conocerla |Seleccione ▼|

    A. como loco.

    B. mucho.

    C. tanto.

    D. con la mayor brevedad posible.

CLAVE DE RESPUESTAS Y EXPLICACIONES

| **1.** D | **3.** B | **5.** D | **7.** B | **9.** B |
| **2.** C | **4.** D | **6.** 13,12,14,15 | **8.** A | **10.** D |

1. **La respuesta correcta es D.** Todas las palabras en el nombre de este negocio son nombres propios y deben escribirse con mayúscula, especialmente cuando se usan formalmente en una dirección.

2. **La respuesta correcta es C.** Esta es una carta de presentación, que requiere dos puntos después del saludo.

3. **La respuesta correcta es B.** En esta oración, el verbo *se adapta* debe concordar con la descripción singular del sujeto *la descripción*. La opción A es incorrecta porque *se adaptan* solo concordaría con un sujeto plural. La opción C está escrita en pasado, y la opción D está en futuro; esta carta tiene lugar en el presente.

4. **La respuesta correcta es D.** Las dos cláusulas de la oración deben dividirse en oraciones separadas con un punto. La opción A es una continuación. La opción B elimina la puntuación por completo y no puede corregir el error. La opción C usa incorrectamente dos puntos para separar las cláusulas de la oración.

5. **La respuesta correcta es D.** La palabra de transición *sin embargo* se usa para indicar un cambio, y dicho cambio ocurre cuando la escritora pasa de discutir su trabajo actual a discutir que quiere un nuevo trabajo en un campo algo diferente. *Por lo tanto* (opción A) y *Como resultado* (opción B) se utilizan para indicar consecuencias, no cambios. *Para empezar* (opción C) se usa para indicar un comienzo y es demasiado informal para una carta de presentación.

6. **El orden correcto es (13), (12), (14), (15).** Este es el único orden que aclara quién es el Director Principal.

7. **La respuesta correcta es B.** Se usa la conjugación en pasado del verbo en la primera parte de la oración así que para la segunda parte se debe usar la conjugación en pasado de un verbo también. El uso del pasado también concuerda con las oraciones anteriores de la carta de presentación. Las opciones A y C usan incorrectamente el tiempo presente en lugar del pasado. La opción D usa erróneamente el plural *aprovechábamos*, en lugar del singular *aprovechaba* en la segunda parte de la oración.

8. **La respuesta correcta es A.** La oración es correcta tal como está escrita. Las palabras *efectivo* y *afectivo* se confunden con frecuencia, pero tienen significados muy diferentes: *efectivo* significa "exitoso", mientras que *afectivo* significa "emocional", por lo que las opciones B y D no tienen mucho sentido. La opción C es incorrecta porque la asistencia no es un tipo de persona como lo es un asistente.

9. **La respuesta correcta es B.** El pronombre de esta oración debe concordar con del antecedente *Sra. Benez* y con el verbo parecer y le es el único pronombre que logra esto. Porque *Sra. Benez* es el objetivo indirecto del verbo parecer, *le* (opción A) es incorrecta. Como la Sra. Benez es una persona sola, *les* (opción C) tiene el número y el punto de vista incorrectos. *Lo* (opción D) se usa sólo para referirse a un antecedente directo masculino.

10. **La respuesta correcta es D.** Esta es una carta comercial y por eso se debe usar lenguaje formal; "como loco" (opción A) es demasiado informal, mientras le falta entusiasmo profesional a "mucho" (opción B) y "tanto" (opción C) que tiene "con la mayor brevedad posible" (opción D).

Dominar la respuesta extendida

Capítulo 5

DESCRIPCIÓN GENERAL

- Todo sobre el examen de Razonamiento a través de las artes del lenguaje—la respuesta extendida
- Cómo se evalúa la respuesta extendida
- Lo que no se evalúa
- Cómo se califica la respuesta extendida
- Tema de la respuesta extendida
- Escribir su respuesta extendida: desde la lluvia de ideas al producto final
- Desarrollar y conectar sus párrafos
- Estilo de escritura
- Sugerencias para escribir y evaluar su respuesta extendida
- Estrategias generales para tomar el examen
- En resumen
- Práctica de la respuesta extendida
- Ejemplos de respuestas y análisis

RESUMEN DEL EXAMEN DE RAZONAMIENTO A TRAVÉS DE LAS ARTES DEL LENGUAJE— LA RESPUESTA EXTENDIDA

Tiempo permitido: 150 minutos para toda el examen de Razonamiento a través de las artes del lenguaje, que incluye 45 minutos para la respuesta extendida, y un descanso de 10 minutos

Número total de preguntas: Un análisis escrito con base en dos pasajes de lectura que ofrecen puntos de vista opuestos

---

TODO SOBRE EL EXAMEN DE RAZONAMIENTO A TRAVÉS DE LAS ARTES DEL LENGUAJE— LA RESPUESTA EXTENDIDA

El componente de respuesta extendida del examen de Razonamiento a través de las artes del lenguaje GED evalúa su capacidad para comunicar sus ideas y pensamientos por escrito. Se le pedirá que presente su opinión en respuesta a un par de pasajes sobre un tema específico. No podrá elegir el tema sobre el cual escribir, y debe escribir solo sobre el tema proporcionado.

Estas son las reglas y procedimientos básicos para el componente de respuesta extendida del examen de Razonamiento a través de las artes del lenguaje GED:

- **El tiempo asignado para planear, escribir y revisar su respuesta extendida es de 45 minutos.** Sin embargo, si termina la primera parte de la prueba pronto, puede comenzar a trabajar en la respuesta extendida de inmediato. Tenga en cuenta que cuando termine su respuesta extendida, no puede volver a ninguna parte anterior de la prueba.

- **Se le proporcionará un tablero borrable para hacer anotaciones, hacer un esquema y escribir un borrador. El tablero de notas no será leído ni calificado.** Si lo necesaria, el estudiante puede cambiar el su tablero por uno nuevo. Los tableros de notas reemplazan el papel y son más ecológicos y seguros, ya que los tableros no se pueden sacar del centro de exámenes.

- **Debe escribir su respuesta extendida en el espacio provisto que aparece en la pantalla de la computadora.** Los pasajes se dividirán en varias pestañas en textos largos. Además, la pregunta o la indicación y las instrucciones serán visibles a medida que lea el pasaje, con de una pantalla dividida.

CÓMO SE EVALÚA LA RESPUESTA EXTENDIDA

La parte la Respuesta Extendida será evaluada con base a tres apartados, cada uno enfatiza un aspecto (rasgo) diferente del ensayo, de la siguiente manera:

- **Rasgo 1:** Creación de argumentos y uso de evidencia
- **Rasgo 2:** Desarrollo de ideas y estructura organizacional
- **Rasgo 3:** Claridad y dominio de las convenciones estándar del español

Cada rasgo vale 2 puntos, por lo que las respuestas serán calificadas en una escala de 6 puntos. El puntaje final del ítem de Respuesta Extendida se pondera dos veces para que represente 12 puntos del puntaje total del examen general de Razonamiento a través de las artes del lenguaje GED.

Apartado de puntuación de la respuesta extendida

Puntuación	Descripción
	Rasgo 1: Creación de argumentos y uso de evidencia
2	• Genera **(un) argumento(s) basado(s) en texto** y establece **un propósito que está conectado** a la indicación • Cita **evidencia** relevante y específica **del (del los) texto(s) fuente(s)** para sustenar el argumento (puede incluir pocas pruebas irrelevantes o afirmaciones no respaldadas) • **Analiza el problema** y/o **evalúa la validez de un argumento** de los textos fuente (por ejemplo, distingue entre afirmaciones respaldadas y no respaldadas, saca conclusiones razonables sobre premisas o suposiciones subyacentes, identifica razonamientos falaces, evalúa la credibilidad de las fuentes, etc.)
1	• Genera un **argumento** y demuestra alguna conexión con la indicación • Cita alguna **evidencia del(de los) texto(s) fuente(s)** para sustenar el argumento (puede incluir una combinación de citas relevantes e irrelevantes o una combinación textual y no textual referencias) • Parcialmente **analiza el problema** y/o **evalúa la validez de un argumento** de los textos fuente; puede ser simple, limitado o inexacto
0	• Esboza un **argumento** O **le falta objetivo o relación** con la indicación O no hace ninguna de los dos opciones • Cita evidencia mínima o nula del(de los) texto(s) fuente(s) (copia secciones del texto de la fuente)

Respuestas no calificadas (Puntuación de 0/Códigos de condición)

La respuesta contiene exclusivamente texto copiado del(de los) texto(s) fuente(s) o la indicación; no hay evidencia de que haya leído la indicación, no está en español, es incomprensible, no existe respuesta (en blanco)

Apartado de puntuación de la respuesta extendida (*continuación*)

Puntuación	Descripción
	Rasgo 2: Desarrollo de ideas y estructura organizacional
2	• Contiene **ideas bien desarrolladas** y generalmente lógicas; la mayoría de las ideas están bien elaboradas • Contiene una sensata **progresión de ideas** con conexiones claras entre detalles y puntos principales • Establece una **estructura organizacional** que transmite el mensaje y el propósito de la respuesta; aplica **conectores** adecuadamente • Establece y mantiene un **estilo formal** y un **tono apropiado** que demuestra conciencia de la audiencia y el propósito de la tarea • **Elige palabras precisas** para expresar ideas con claridad
1	• Contiene **ideas desarrolladas de manera inconsistente** y/o pueden reflejar un razonamiento simple o vago; **tiene algunas ideas más elaboradas** • Demuestra **alguna evidencia de una progresión de ideas**, pero los detalles pueden estar desarticulados o no tener conexión con las ideas principales • Establece una **estructura organizacional que agrupa ideas de manera inconsistente** o es parcialmente efectiva para transmitir el mensaje de la tarea; **usa conectores de manera inconsistente** • Puede mantener **inconsistentemente** un estilo formal y un tono apropiado para demostrar **una conciencia de la audiencia y del propósito de la tarea.** • Ocasionalmente puede **usar mal las palabras** y/o elegir palabras que expresen ideas en términos vagos
0	• Contiene **ideas desarrolladas de manera insuficiente o ilógica**, con **mínima o nula elaboración** de ideas principales • Contiene **una poco clara o ninguna progresión de ideas**; los detalles pueden faltar o ser irrelevantes para las ideas principales • Establece una **estructura organizacional ineficaz o no discernible**; no aplica conectores, o lo hace de manera inapropiada • Utiliza un **estilo informal** y/o un **tono inapropiado** que demuestra una **conciencia limitada o nula de la audiencia y el propósito** • Con **frecuencia puede usar mal las palabras,** usar jerga en exceso o expresar ideas de manera vaga o sin sentido

Respuestas no calificadas (Puntuación de 0/Códigos de condición
La respuesta contiene exclusivamente texto copiado del(de los) texto(s) fuente(s) o la indicación; falta evidencia de que haya leído la instrucción; es difícil de entender; no está en español, no hay intento de respuesta. (en blanco)

Apartado de puntuación de la respuesta extendida (*continuación*)

Puntuación	Descripción
	Rasgo 3: Claridad y dominio de las convenciones estándar del español
2	• Demuestra tener **oraciones estructuradas en su mayoría de forma correcta** y **una fluidez general** que aporta claridad con respecto a las siguientes habilidades: 1) Estructura de oración variada dentro de un párrafo o párrafos 2) Correctos subordinación, coordinación y paralelismo 3) Evita la palabrería y las estructuras de oración extrañas 4) Uso de conectores, adverbios conjuntivos y otras palabras que aportan a la construcción lógica y a la claridad. 5) Evita oraciones interminables, oraciones fusionadas o fragmentos de oraciones • Demuestra la **aplicación competente de las convenciones** especialmente las siguientes habilidades: 1) Palabras que se confunden frecuentemente y homónimos, incluidas las contracciones 2) Concordancia sujeto-verbo 3) Uso del pronombre, incluida la concordancia referente-pronombre, el referente del pronombre indeterminado, y la conjugación del pronombre 4) Ubicación de los modificadores y orden correcto de palabras 5) Uso de mayúsculas (p. ej. nombres propios, títulos e inicio de oraciones) 6) Uso de puntuación (p. ej. comas en una serie o en apositivos y otros no esenciales elementos, puntos finales y puntuación apropiada para separar cláusulas) • **Puede contener algunos errores de sintaxis y convenciones,** pero no interfieren con la comprensión; en general, el uso estándar es de nivel apropiado para escribir borradores espontáneos
1	• Demuestra **estructura de oración inconsistente**; puede contener algunas oraciones repetitivas, entrecortadas, divagantes o extrañas que pueden restar claridad; demuestra un control inconsistente de las habilidades 1–5 como se enumera en la primera viñeta del Rasgo 3, Puntaje 2 en la parte superior • Demuestra **un control inconsistente de las convenciones básicas** con respecto específicamente a las habilidades 1–7 como se enumera en la segunda viñeta del Rasgo 3, Puntaje 2 en la parte superior • **Puede contener errores frecuentes de sintaxis y convenciones** que ocasionalmente interfieren con la comprensión; el uso estándar se encuentra en un nivel de adecuación mínimamente aceptable para la redacción de borradores a pedido

NOTA

Porque los estudiantes tienen 45 minutos para completar las tareas de respuesta extendida, no se espera que la respuesta esté completamente libre de errores de convenciones y gramaticales para obtener una puntuación de 2.

Apartado de puntuación de la respuesta extendida (*continuación*)

Puntuación	Descripción
	Rasgo 3: Claridad y dominio de las convenciones estándar del español
0	• Demuestra una **estructura de oraciones con fallas constantes** de manera tal que el significado puede oscurecerse; demuestra un control mínimo sobre las habilidades 1–5 como se enumera en la primera viñeta del Rasgo 3, Puntaje 2 en la parte superior • Demuestra **un control mínimo de las convenciones básicas** con respecto específicamente a las habilidades 1–7 como se mencionó anteriormente en la segunda viñeta del Rasgo 3, Puntaje 2 • Contiene **errores severos y frecuentes de sintaxis y convenciones** que interfieren con la comprensión; en general, el uso estándar está en un nivel inaceptable para la redacción de borradores a pedido O • **La respuesta es insuficiente** para demostrar el nivel de dominio de las convenciones y el uso

Respuestas no calificadas (Puntuación de 0/Códigos de condición)

La respuesta contiene exclusivamente texto copiado de los textos fuente o la indicación; falta evidencia de que haya leído la instrucción; difícil de entender; no es en español, no existe intento de respuesta (en blanco)

Además, tenga en cuenta que el motor de puntuación automatizado evaluará su ensayo en función de la calidad y no de la cantidad de su escritura, teniendo en cuenta específicamente qué tan bien cumple con los criterios en los tres apartados. Por lo tanto, una respuesta breve que esté completamente desarrollada, bien organizada y bien escrita, con toda probabilidad, obtendrá una puntuación más alta que una respuesta mucho más larga que está poco desarrollada, desorganizada y mal escrita.

Finalmente, observe que el Apartado Rúbrica 3 cubre las mismas áreas de conocimiento que las cubiertas por el componente de lenguaje del examen de Razonamiento a través de artes del lenguaje GED. Por lo tanto, conocer las reglas y pautas de gramática, el uso, la estructura de las oraciones, la estructura de los párrafos y los documentos, y la sintaxis de la escritura tendrá una doble función: le ayudará a editar los documentos en el componente de lenguaje de la prueba y a escribir su ítem de respuesta extendida.

LO QUE NO SE EVALÚA

Al evaluar y puntuar su respuesta, el motor de puntuación automatizado del examen GED se centra solo en los tres apartados descritos anteriormente. Muchos cometerán el error de intentar escribir de una manera impresionante, lo que no será notado por el motor de puntuación automatizado. Otros estudiantes estarán demasiado preocupados por decir "lo correcto" y no lo suficientemente preocupados por cómo lo dicen. Para evitar estos errores, esto es lo que debe tener en cuenta:

- **No hay una respuesta "correcta".** En primer lugar, recuerde que no hay una "mejor" respuesta o una respuesta "correcta" a la pregunta de respuesta extendida. Lo importante es la eficacia con la que presenta y respalda sus ideas. **Se espera** que la respuesta tenga párrafos, y las siguientes páginas indican claramente que necesita al menos un párrafo introductorio, un párrafo de desarrollo y un párrafo de conclusión. (Se sugiere un mínimo de dos párrafos de desarrollo).

- **El conocimiento especial sobre el tema en cuestión no importará.** El componente de respuesta extendida del examen de Razonamiento a través de las artes del lenguaje GED es una prueba de habilidades. Por lo tanto, no necesita ningún conocimiento especial del tema presentado para producir una respuesta de alta puntuación. Además, los temas de respuesta extendida no son de naturaleza técnica. Entonces, aunque necesitará saber algo sobre el tema, el conocimiento común y cotidiano será suficiente.

- **El componente de respuesta extendida no es un ejercicio de vocabulario.** No obtendrá puntos de la máquina de puntuación automatizada si utiliza extrañas o "grandes" palabras. Cuando se trata del vocabulario, lo único que importa es que las palabras que usa tengan sentido en contexto.

- **El componente de respuesta extendida no es un ejercicio de escritura creativa.** Algunos estudiantes cometerán un error al usar un estilo de escritura imaginativo o una estructura de ensayo creativo para recibir una mejor puntuación por ser original. En pocas palabras, esta es una mala idea. El examen GED no es el lugar para experimentar con imágenes, para mostrar ingenio o humor o para demostrar que tiene "potencial de Hemingway". Concéntrese en escribir demostrando sus fuertes habilidades de organización y comunicación—no con una creatividad sorprendente.

- **Errores gramaticales menores e infrecuentes no bajarán su puntaje.** Al evaluar su ensayo, la máquina de puntuación automatizada se centrará en qué tan bien cumple los criterios de los apartados. La máquina de puntuación automatizada ignorará un error de puntuación ocasional, una oración extraña, o también una palabra mal escrita.

CÓMO SE CALIFICA LA RESPUESTA EXTENDIDA

Un motor de puntuación automatizado utilizará los tres apartados para calificar la pregunta de respuesta extendida. Estos apartados miden la creación de argumentos y el uso de evidencia, el desarrollo de ideas y la estructura organizativa, y la claridad y dominio de las convenciones estándar del español. Este motor de puntuación automatizado utiliza algoritmos para imitar el proceso de puntuación humana. Se ha programado en función de una evaluación por computadora de cientos de respuestas que se configuran con todos los puntajes posibles de los apartados. Para garantizar la precisión de este motor, los lectores calificaran manualmente una muestra de respuestas. Además, si el motor clasifica un ensayo como inusual, se lo enviará a un lector para que lo evalúe y lo califique.

TEMA DE LA RESPUESTA EXTENDIDA

El tema para su pregunta de respuesta extendida del examen de Razonamiento a través de las artes del lenguaje GED se basará en dos pasajes que ofrecen puntos de vista opuestos sobre un tema. El texto de estos pasajes no excederá de 650 palabras. Su tarea será determinar qué argumento de los ensayos se presenta mejor y se respalda con detalles relevantes y persuasivos. Para completar la respuesta extendida, escriba una respuesta comparando los dos escritos presentados.

Respuesta comparativa

Una respuesta comparativa compara y contrasta las ideas y opiniones de dos lecturas diferentes sobre un tema similar o relacionado. Su tarea será analizar ambos pasajes para determinar qué autor sustenta mejor su posición sobre el tema dado. A continuación hay una lista de posibles temas de los pasajes que podrán aparecer en la indicación de la respuesta extendida.

1. Un pasaje sobre la importancia del trabajo en equipo junto con un pasaje sobre la iniciativa individual

2. Un pasaje sobre los beneficios de los estudiantes de secundaria que tienen trabajos de tiempo parcial junto con un pasaje sobre por qué los estudiantes de secundaria no deberían tener trabajos de tiempo parcial

3. Un pasaje sobre cómo las universidades deberían enfocarse en enseñar habilidades laborales en el mundo real junto con un pasaje sobre cómo las universidades deberían enfocarse en proporcionar una educación general

4. Un pasaje sobre cómo el talento innato es esencial para el éxito individual junto con un pasaje sobre cómo la perseverancia y el esfuerzo son esenciales para el éxito individual

5. Un pasaje sobre cómo se debe exigir a los estudiantes de secundaria que usen uniformes junto con un pasaje sobre por qué los uniformes hacen más daño que bien

6. Un pasaje sobre cómo los libros digitales son mejores que los impresos, junto con un pasaje sobre cómo los libros impresos son mejores que los libros digitales

7. Un pasaje sobre cómo los teléfonos inteligentes, tabletas y otros dispositivos nos ahorran tiempo, junto con un pasaje sobre cómo estos dispositivos nos roban el tiempo

ESCRIBIR SU RESPUESTA EXTENDIDA: DESDE LA LLUVIA DE IDEAS AL PRODUCTO FINAL

Escribir es probablemente algo que hace todos los días sin pensarlo mucho. Ya sea que escriba cartas, correos electrónicos o notas, sabe que escribir es simplemente expresar sus pensamientos en forma escrita. Algunas personas se sienten intimidadas cuando se les exige que escriban un ensayo formal que será leído y calificado. Sin embargo, no debe sentirse intimidado. Para la respuesta extendida, solo necesita seguir ciertos pasos para asegurarse de cumplir con lo estipulado en cada apartado y recibirá una buena puntuación del motor de puntuación automatizado.

Al escribir la respuesta extendida en el examen GED, muchos cometen el error de clavarse de cabeza. Inmediatamente comienzan a escribir en el cuadro designado sin planificar su escritura con anticipación. Si bien algunos pueden componer una buena respuesta de esta manera, la gran mayoría no lo hará. Escribir ensayos "sobre la marcha" generalmente produce ensayos mal escritos y desorganizados. En lugar de expresar y desarrollar una idea central de una manera clara y bien organizada, tienden a perder el enfoque y divagar, sin un tren de pensamiento claro y, a veces, sin un comienzo o final claro.

En lugar de simplemente lanzarse y comenzar a escribir, debe pasar un tiempo previo pensando en lo que debe escribir y cómo debe organizar sus ideas. Y al final debe ahorrar algo de tiempo para corregir su respuesta. A continuación hay un plan de 7 pasos para ayudarle a organizar su tiempo y producir una respuesta sólida dentro de su límite de tiempo de 45 minutos.

Plan de 7 pasos para escribir un ensayo de respuesta extendida del examen GED

Plan (5 minutos):

1. Haga una lluvia de ideas y tome notas.
2. Revise sus notas y elija una idea central o punto de vista.
3. Decida la secuencia en la que presentará sus ideas principales. Si encuentra *utiles* los esquemas, escriba sus ideas principales en ese formato.

Escribir (35 minutos):

4. Escriba un breve párrafo introductorio.
5. Escriba los párrafos del cuerpo de su ensayo.
6. Escriba un breve resumen o párrafo final.

Revisión (5 minutos):

7. Revise para encontrar errores que pueda detectar fácilmente y corregirlos.

Los límites de tiempo sugeridos para cada paso son meramente pautas, no reglas estrictas. A medida que practique componer sus propias respuestas contra reloj, comience con estas pautas y luego ajústese al ritmo que le funcione mejor.

En las siguientes páginas, se expondrá un paso a la vez, utilizando indicadores del estilo del examen GED.

Tema de respuesta extendida

Debate de autos híbridos

Los siguientes pasajes representan dos puntos de vista del valor de los automóviles híbridos, automóviles que funcionan con gasolina o electricidad, dependiendo de si están en el tráfico o en la carretera. Analice ambas posiciones presentadas para determinar cuál es la mejor sustentada. Use evidencia relevante y específica de ambos pasajes para respaldar su respuesta.

Ingrese su respuesta en las hojas de respuesta proporcionadas. Debe contar con 45 minutos para planificar, redactar y editar su respuesta.

Pasaje 1

Los defensores de los híbridos creen que los automóviles ofrecen la mejor solución a corto plazo para algunos problemas a largo plazo. Al combinar un motor de gasolina regular con un motor eléctrico, los híbridos reducen el costoso consumo de gasolina y disminuyen la contaminación causada por los motores de gasolina. Estos automóviles ayudan a los fabricantes de automóviles a cumplir con las regulaciones gubernamentales para la eficiencia del combustible y los controles de emisiones—en algunos estados, los propietarios de híbridos no necesitan una prueba de emisiones para el registro, lo que representará más ahorros para el propietario del híbrido. Los automóviles no solo son más eficientes en cuanto al consumo de gasolina, sino que también son más eficientes en la ciudad: los automóviles híbridos pueden generar más electricidad a velocidades bajas, lo que los convierte en una buena opción para el tráfico pesado de pasajeros. Esto puede desgastar los frenos de los automóviles que funcionan con gasolina, pero los híbridos usan frenos que también regeneran la electricidad. Esto significa que cuando un conductor frena, el mecanismo que reduce la velocidad del automóvil crea energía que puede usarse o almacenarse. Los autos estándar disipan esta energía a través de la fricción en las pastillas de freno, desperdiciando la energía y desgastando los frenos. La mayoría de los híbridos tienen garantías para sus baterías de hasta 150,000 millas, y se sabe que algunos modelos híbridos funcionan igual de bien con más de 200,000 millas como cuando eran nuevos. Los fabricantes de automóviles no creen que los híbridos sean la respuesta para el futuro, pero estos autos pequeños proporcionan una forma para que los consumidores conscientes de la conservación hagan algo por el medio ambiente. Los fabricantes de automóviles ven otro beneficio para el proceso de desarrollo de los híbridos. La tecnología que se ha dedicado a crear y refinar el híbrido de doble potencia ayudará con el desarrollo a más largo plazo de automóviles propulsados por baterías de combustible de hidrógeno.

Pasaje 2

Creo que los fabricantes de automóviles deberían centrarse en una solución a largo plazo para el automóvil ideal que es mejor que los híbridos. Realmente, las celdas de combustible de hidrógeno o el combustible diesel o ambos son mejores alternativas que los híbridos. El costo de los automóviles híbridos es superior al costo de los automóviles de gasolina con un tamaño similar así que los consumidores que deseen automóviles ecológicos tienen que pagar $2,500 y $4,000 dólares más. Otro gran problema con los híbridos es que un precio más elevado significa una menor demanda y menos probabilidades de que las compañías automotrices recuperen los dólares de desarrollo. Basta con mirar a Europa para tener una idea de la poca demanda de híbridos. Los precios de la gasolina son mucho más altos allí que en los Estados Unidos, pero no se ha producido un movimiento masivo de automóviles de gasolina de híbridos. No todos los híbridos son iguales, lo que causa discrepancias sobre su accesibilidad para un gran mercado de compradores. Algunos híbridos funcionan mejor que otros en términos de consumo de combustible y eficiencia eléctrica, y algunos sistemas de calefacción y aire acondicionado no funcionan cuando el motor de gasolina se detiene. Además de los problemas de control de temperatura, no muchos modelos vienen con una tercera fila de asientos, lo que los hace inadecuados para familias numerosas. En mi opinión estos grandes híbridos no ofrecen un buen rendimiento de combustible con relación a otros híbridos.

Paso 1: Haga una lluvia de ideas y tome notas

El primer paso para desarrollar un ensayo de respuesta extendida es hacer una lluvia de ideas relevantes para el tema. Tenga en cuenta cuánto espacio ocupan las notas en la pizarra blanca borrable porque solo hay una. Para decidir qué punto de vista cree que se puede sustentar major, y para presentar ideas para su respuesta comparativa, debe considerar lo siguiente:

- Evidencia que presenta cada autor
- Conclusiones que saca cada autor
- Actitud que adopta cada autor
- Idioma que usa cada autor

Cuando piense en las ideas, no intente filtrar lo que cree que podrían ser razones poco convincentes o ejemplos débiles. Simplemente deje que todas sus ideas fluyan en su tablero de notas borrable, sin ningún orden en particular. (Puede ordenarlas durante los pasos 2 y 3.) Este es un ejemplo de notas sobre el tema después de unos minutos de pensar:

PASAJE 1

Reducción del consumo de gasolina

Disminución de la contaminación

Ahorro de combustible

Controles de emisiones

Bueno en el tráfico pesado

Lenguaje claro

Se vuelve técnico respecto a los frenos

Se vuelve técnico respecto a los frenos

CONCLUSIÓN: A favor de híbridos

PASAJE 2

Las baterías de combustible de hidrógeno y el combustible diesel son mejores que los híbridos Los híbridos son demasiado caros

Las empresas no recuperarán el dinero

Los híbridos no se venden en Europa

No todos los híbridos son iguales

Malo para familias numerosas

Lenguaje claro

Punto de vista en primera persona

CONCLUSIÓN: El autor está claramente en contra de híbridos

Observe que algunas notas se agrupan para reflejar un tren de pensamiento. Otras notas reflejan ideas variadas y aleatorias. Las notas no están bien organizadas, pero está bien. El objetivo de la lluvia de ideas es solo generar un montón de ideas—la materia prima para su ensayo. Deje que sus ideas fluyan libremente y tendrá mucho material para su ensayo.

Paso 2: Revise sus notas y determine cuál pasaje es el más eficaz

Decida qué pasaje apoyará en su ensayo. Sus notas del paso 1 deberían ayudarle a decidir. Revise las ideas que anotó, y luego pregúntese qué punto de vista puede defender.

Elija las tres o cuatro ideas de sus notas que mejor sustenten su punto de vista. Deben ser ideas que cree que tienen sentido y sobre las cuales sabe suficiente para escribir al menos algunas oraciones. Ponga una marca de verificación junto a esas ideas para indicar que estas son las que está seguro de que desea usar en su ensayo. Si no tiene suficientes ideas, intente elaborar más una o dos de sus ideas existentes. Piense en los elementos que pueden estar relacionados, agregue detalles o ejemplos, y utilícelos para completar su lista.

Paso 3: Organice sus ideas en un esquema

Luego, decida una secuencia para las ideas. Deben fluir natural y lógicamente de una a otra. Una vez que haya decidido una secuencia para sus ideas, enumérelas en sus notas. En este punto, es posible que desee crear un esquema separado, o puede transformar sus notas del paso 1 en un esquema. Use la estructura de esquema que mejor funcione para usted; puede que le parezcan los números y viñetas más fáciles y rápidos que la jerarquía tradicional de números y letras romanas.

Por ejemplo, si decide que está de acuerdo con que los automóviles híbridos ofrecen la mejor solución a corto plazo para algunos problemas a largo plazo, su esquema podría verse así:

PROS:

(1) Ahorrar en dinero de gasolina

(2) Mejor para el medio ambiente

    • Menos combustible usado

    • Disminución de la contaminación

(3) Dura mucho tiempo (menos reparaciones)

    • Los frenos se regeneran

    • Las baterías duran mucho tiempo

(4) Sin pruebas de humo

(5) Buena práctica para desarrollar automóviles impulsados por hidrógeno

EN CONTRA:

(1) Cuestan más

(2) Los combustibles de hidrógeno o diésel son mejores que la combinación de gasolina/electricidad

(3) Las empresas pierden dinero

(4) Algunos no tienen control del aire acondicionado eficiente mientras operan con electricidad

(5) No es lo suficientemente grande para familias numerosas

Como se mencionó anteriormente, es posible que prefiera crear un esquema separado con base en sus notas. Hacerlo no debería llevar mucho tiempo, y le dará otra oportunidad de pensar sobre sus ideas y cómo debe organizarlas en párrafos. Así es como se vería un esquema con base en sus notas iniciales:

Los automóviles híbridos son un invento útil: los pros son más que los contras.

(1) El dinero ahorrado en gasolina compensará el gasto adicional de comprar el automóvil.

(2) Además, las empresas pueden perder dinero por adelantado, pero serán pioneros en la tecnología y generarán ganancias a largo plazo.

(3) Aunque pueden no ser los más eficientes, son los mejores en el mercado en este momento:

- Menos combustible usado, por lo que no se necesita prueba de smog

- Disminución de la contaminación

- Al hacer autos híbridos podemos aprender sobre el desarrollo de mejores modelos. La práctica hace la perfección.

- Los que tienen una tercera fila lo suficientemente grande como para una familia numerosa, no obtienen tan buen rendimiento de combustible como otros híbridos, pero aún así obtienen un mejor rendimiento de combustible que los automóviles estándar.

(4) Duran mucho tiempo (menos reparaciones)

- Los frenos se regeneran.

- Las baterías duran mucho tiempo.

- Algunos no tienen aire acondicionado eficiente mientras operan con electricidad, así que se debe investigar para elegir entre los híbridos. . . en zonas templadas esto no sería un problema.

(5) El pasaje 1 usa un tono más neutral que el pasaje 2, cuyo punto de vista está en primera persona. Esto hace que el pasaje 1 parezca más objetivo.

Tenga en cuenta que hemos combinado algunos puntos, anotamos las ideas en secuencia y llenamos las notas un poco.

Siguiendo este esquema, el mejor plan de acción es componer cuatro párrafos de cuerpo, uno para cada punto numerado. (El *cuerpo* de un ensayo incluye todos los párrafos, excepto un párrafo introductorio y uno de conclusión.) No hay un número "correcto" o "mejor" de párrafos de cuerpo para un ensayo de respuesta extendida. Tres o cuatro párrafos de cuerpo es un número manejable para un ensayo de 45 minutos. La indicación en sí puede ayudarlo a decidir cuántos párrafos de cuerpo incluir. Pero no importa qué indicación reciba, asegúrese de incluir *al menos* dos párrafos de cuerpo.

Paso 4: Escriba un breve párrafo introductorio

Una vez que haya pasado unos cinco minutos planeando su ensayo, es hora de escribirlo. Comenzará con un breve párrafo introductorio. En su párrafo inicial, intente lograr lo siguiente:

- Demuestre que comprende ambos lados del argumento.
- Demuestre que tiene una visión clara de por qué eligió un lado como mejor sustentado que el otro.
- Brinde una idea de cómo sustentará las ideas de su ensayo.

Probablemente pueda lograr los tres objetivos en dos o tres oraciones. No entre en detalles aún enumerando razones específicas o ejemplos que respalden su opinión. Para eso están los párrafos del cuerpo del ensayo. Además, no comience su párrafo introductorio repitiendo la indicación del ensayo palabra por palabra. Demuestre que desde la primera oración está pensando de forma autónoma. Aquí hay un buen párrafo introductorio para el tema del ensayo proporcionado:

> Con el cada vez más popular movimiento ecologista y la controversia en torno al calentamiento global, las personas son cada vez más conscientes de su efecto sobre la Tierra. Las personas respetuosas con el medio ambiente buscando soluciones a corto plazo y tambien al a largo plazo piensan que los automóviles híbridos son un buen paso hacia un mundo más saludable. Sin embargo, otros sostienen que los automóviles híbridos son una solución débil para un problema grave. Cada uno de los dos pasajes defiende posiciones opuestas en este debate, aunque uno presenta evidencias más efectivas que el otro. El párrafo inicial es una parte importante del ensayo, así que tenga mucho cuidado al escribirlo. Para ayudar a garantizar que sea lo mejor posible, considere escribir primero un borrador del párrafo en su pizarra blanca borrable.

Paso 5: Escriba los párrafos del cuerpo de su ensayo

Durante el paso 5 su tarea es pasar sus puntos de apoyo de la mente y de su pizarra blanca borrable al lugar asignado para su respuesta extendida. Esto es lo que debe tener en cuenta al escribir:

- Asegúrese de que la primera oración de cada párrafo comience un tren de pensamiento distinto y transmita claramente la esencia del párrafo.
- Organice sus párrafos para que su ensayo fluya de manera lógica y persuasiva de un punto al siguiente. Intente seguir su esquema, pero sea flexible.

- Intente dedicar al menos dos, pero no más de tres o cuatro oraciones a cada punto principal de su esquema.

- No se desvíe del tema en cuestión, ni siquiera de los puntos que intenta demostrar. Asegúrese de mantenerse bien enfocado en ambos.

Los siguientes son los párrafos del cuerpo de una respuesta de este tema. Estos párrafos se basan en nuestras notas del paso 3, pero hay algunas diferencias.

Uno de los mayores argumentos en contra de los automóviles estándar es el agotamiento de los combustibles fósiles, también conocidos como gasolina. Este es un argumento tan fuerte que el autor de Pasaje 2 ni siquiera intenta refutarlo. El autor del Pasaje 1 argumenta que al comprar un automóvil híbrido, se usará menos de este combustible precioso y los propietarios de automóviles híbridos podrán ahorrar dinero. El autor del Pasaje 2 argumenta que comprar tales vehículos es más costoso, pero el dinero ahorrado en gasolina compensará el gasto inicial. Aunque las compañías pueden perder dinero inicialmente al crear los automóviles, estas compañías son pioneras en la tecnología: los objetivos financieros a largo plazo pueden resultar rentables a medida que se prueban las teorías y se perfeccionan los modelos.

El autor de Pasaje 2 tiende a enfocarse demasiado en el gasto de los automóviles híbridos, al no abordar suficientemente sus beneficios ambientales. Según el Pasaje 1, debido a que los híbridos usan menos gasolina, hay una disminución de la contaminación. Esto no solo es bueno para el medio ambiente, sino que también significa que algunos estados no requieren que los automóviles híbridos pasen por una prueba de emisiones. El autor del pasaje 1 menciona que así los propietarios de híbridos pueden ahorrar aún más dinero y con eso asesta otro golpe a la obsesión del autor del pasaje 2 respecto al costo de los automóviles híbridos.

El Pasaje 1 también tiene un argumento sólido para los híbridos en su discusión sobre cómo es posible que no necesiten reemplazar los frenos o la batería con tanta frecuencia como los automóviles estándar. Según el pasaje, los frenos híbridos están diseñados para ser regenerativos, lo que significa que usan la energía creada al frenar en lugar de desperdiciarla, lo cual daña los frenos. En términos de baterías, la mayoría de los modelos híbridos están protegidos por amplias garantías: los automóviles híbridos que se analizaron cuando alcanzaron las 200,000 millas según los informes, funcionan tan bien como los nuevos modelos de la misma marca, algo que los automóviles estándar no pueden cumplir. Este es otro tema clave en términos de los beneficios ambientales y financieros de poseer un automóvil híbrido que el Pasaje 2 no aborda. En cambio, presenta un argumento débil sobre cómo los híbridos pueden ser demasiado pequeños para familias numerosas que podrían requerir tres filas de asientos en lugar de las dos filas mucho más comunes.

La evidencia relativamente débil del Pasaje 2 también se presenta con menos eficacia debido al lenguaje más personal del autor. Si bien las ideas del pasaje pudieron haber sido bien investigadas, el uso del autor de frases como creo y "en lo que a mí concierne" hace que algunos de los detalles del pasaje parezcan más opiniones personales que evidencia neutral. El Pasaje 1 usa un tono más neutral y autoritario, haciendo que sus argumentos parezcan en menor medida meras opiniones del autor y más hechos indiscutibles.

Paso 6: Escriba un breve resumen o párrafo final

Asegúrese de que su ensayo tenga un final claro. Reserve tiempo para terminar su ensayo. Transmita sus ideas principales de sustentación de una manera clara, concisa y contundente. Dos o tres oraciones deberían ser suficientes para este propósito. Si se le ocurre una conclusión especialmente perspicaz, la oración final de su ensayo es un buen lugar para escribirla.

Aquí hay un párrafo final breve pero efectivo para la respuesta al tema. Tenga en cuenta que este breve resumen no presenta ningún motivo o ejemplo nuevo. En cambio, simplemente proporciona una recapitulación rápida, que es todo lo que necesita lograr con su párrafo final.

> El Pasaje 1 presenta un argumento claro y bien respaldado sobre cómo los automóviles híbridos son más eficientes en el uso de combustible, reducen el efecto que los humanos tienen en el medio ambiente y pueden ahorrar dinero a los conductores si están comprometidos con los esfuerzos a largo plazo del proyecto. El argumento contra los híbridos del pasaje 2 enfatizando el costo de comprar uno de ellos no excluye las conclusiones del pasaje 1, y el tono más personal del pasaje 2 tampoco ayuda a su argumentación. El argumento de aquel autor de que algún día se lanzará algo mejor que un automóvil híbrido puede tener cierta validez, pero hasta que eso suceda, estos automóvils son fuertes competidores para una solución a corto plazo que puedan enseñar a los creadores cómo desarrollar y perfeccionar modelos futuros.

De principio a fin (incluidos los párrafos introductorio, del cuerpo y final), el ensayo de muestra anterior tiene menos de 650 palabras. Por lo tanto, no es especialmente largo. Tampoco es una obra maestra literaria. Sin embargo, expresa un punto de vista claro, respalda el punto de vista con razones y ejemplos relevantes, está bien organizado y está escrito de manera clara y efectiva. En resumen, contiene todos los elementos de un ensayo de respuesta extendida del examen de Razonamiento a través de las artes del lenguaje GED de alto puntaje.

Paso 7: Revise para encontrar errores que pueda corregir fácilmente

Guarde los últimos minutos para corregir su ensayo de principio a fin para hallar problemas mecánicos que pueda solucionar rápida y fácilmente, como errores de ortografía, puntuación y elección de palabras.

DESARROLLAR Y CONECTAR SUS PÁRRAFOS

Un ensayo de respuesta extendida eficaz contendrá mucho más que una serie de declaraciones generales. Idealmente, tendrá solo unas pocas declaraciones generales, y la mayoría del escrito se tratará de crear detalles específicos que respalden su premisa.

Oraciones temáticas

Cada párrafo de su ensayo debería ayudar a explicar y apoyar la idea central de su ensayo de respuesta extendida, por supuesto. Pero cada párrafo del ensayo también debe tener su propia idea central, que debe expresarse en una **oración temática**. La oración principal de cada párrafo debe ser un punto importante para sustentar la idea central. Las otras oraciones del párrafo deben relacionarse directamente con la oración del tema, proporcionando información que explique o respalde la idea de la oración temática.

Las oraciones que forman un párrafo deben presentarse en un orden lógico. Se dice que un ensayo que fluye lógicamente de un párrafo a otro para que sus ideas se entiendan fácilmente es coherente. Los párrafos de su ensayo deben fluir y sustentar la idea central, así como fluir lógicamente de uno a otro. A medida que presenta nuevas ideas, use una estructura consistente de un párrafo al siguiente. Repetir palabras o frases clave, o usar variaciones de las mismas frases, puede ser especialmente útil. Aquí hay un ejemplo:

Primer párrafo del ensayo:

Una forma en la que pasar demasiado tiempo en internet puede ser perjudicial . . . .

Segundo párrafo del ensayo:

Un segundo problema con pasar demasiado tiempo en internet es . . . .

Tercer párrafo del ensayo:

Un último problema con el uso excesivo de internet es . . . .

Intente desarrollar su propio arsenal de palabras y frases que conecten ideas para que fluyan. Ciertas palabras y frases hacen avanzar el ensayo de respuesta extendida e implican la construcción de una idea o pensamiento. Ciertas otras palabras y frases funcionan para comparar ideas o sacar conclusiones de los pensamientos anteriores. A continuación hay varias listas de palabras y frases que los escritores suelen usar como puentes entre ideas.

Palabras y frases que ayudan a conectar ideas de *igual peso*:

primero, segundo . . .	finalmente	del mismo modo
adicionalmente	más adelante	lo siguiente
además	más aún	después
igualmente importante	adicionalmente	que más

Palabras y frases que indican *comparación* y *contraste*:

a pesar de que	a la inversa	de otra forma
pero	sin embargo	en vez
en comparación	a diferencia de	de lo contrario
por la misma razón	a pesar de	aunque
en comparación con	más importante	mientras

Las palabras y frases utilizadas para *calificar* o señalar la *excepción* de una afirmación:

dependiendo de	en casos raros	a veces
a pesar de	en algunas circunstancias	todavía
con poca frecuencia	sin embargo	aún

Palabras y frases que indican la *secuencia* (cronológica, lógica o retórica):

Primero, segundo, tercero, ...	concurrentemente	previamente
	consecuentemente	simultáneamente
después	finalmente	posteriormente
de antemano	siguiente	luego

Palabras y frases que indican el uso de un *ejemplo* de apoyo:

se puede obrsevar	en otro caso	un posible escenario
considere	en este caso	es el caso de
por ejemplo	en esta situación	demostrar
un ejemplo	en esta ocasión	para ilustrar

Palabras y frases que señalan una *conclusión*:

de acuerdo	por lo tanto	por ende
en consecuencia	como resultado se deduce que	así

Use estas frases para el *párrafo final* o resumen:

todas las cosas consideradas	en esencia	para hacer un balance
en pocas palabras	en breve	en general
en resumidas cuentas	en suma	resumiendo
en conclusión	en el análisis final	para recapitular

Se necesita práctica para desarrollar la habilidad de escribir párrafos que usen palabras de conexión de manera efectiva. Asegúrese de completar los tres ítems de respuesta extendida en las pruebas de práctica proporcionadas.

ESTILO DE ESCRITURA

El estilo de escritura hace referencia a las palabras y frases que elige usar y cómo las usa, cómo estructura sus oraciones y la voz y el tono general que usa en la escritura. Para asegurarse una alta puntuación en la pregunta de respuesta extendida, esfuércese por escribirla de una manera que sea:

- apropiada en tono y "opinión" para la escritura académica.
- clara y concisa (fácil de entender y directa, ni rimbombante ni charlatanería).
- variada en extensión y estructura de las oraciones (para agregar interés y variedad y también para demostrar madurez en el estilo de escritura).
- correcta y apropiada en la elección y en el uso de palabras.

Todo esto es más fácil de decir que hacer, por supuesto. No se preocupe si no le es natural escribir el tipo de prosa apropiada para el examen GED. Puede mejorar su escritura para el examen, incluso tiene poco tiempo. Comience leyendo las sugerencias y pautas que siguen. Pero tenga en cuenta: mejorar la escritura se consigue principalmente con la práctica. Por lo tanto, también deberá aplicar lo que aprende aquí a las pruebas de práctica de este libro y a las indicaciones de escritura complementarias que se proporcionan al final de esta lección.

Tono general y voz

En general, debe tratar de mantener un tono formal a lo largo de su respuesta. Una respuesta que parece informal o conversacional—como un correo electrónico personal o una entrada de blog—es probablemente demasiado informal para el examen GED. Aquí hay algunas pautas específicas:

- El tono general debe ser analítico, lo que significa que debe ser una explicación detallada de su punto de vista. No exagere su punto de vista u opinión mediante el uso de un lenguaje extremo o áspero que apela a las emociones.

- Cuando se trata de las ideas principales, una voz muy directa, incluso contundente, es perfectamente aceptable. Simplemente no se exceda.

- Es perfectamente aceptable, aunque opcional, referirse a usted de vez en cuando en su ensayo. Solo sea consistente. Por ejemplo, asegúrese de no mezclar frases como *no estoy de acuerdo con o, en mi opinión,* con frases como *no podemos asumir eso.*

- Evite juegos de palabras, doble sentido, y otras formas de humor. El sarcasmo también es completamente inapropiado para el ensayo de respuesta extendida. El motor de puntuación automatizado no se dará cuenta de que está tratando de ser gracioso, y su comentario puede ser confuso.

Escritura clara y concisa

Con suficientes palabras, cualquiera puede explicar un punto; pero se requiere habilidad y esfuerzo para expresar un punto con frases concisas. Antes de escribir cualquier oración que tenga en mente, pregúntese si puede expresar la misma idea de manera más concisa y clara. Puede usar su tablero de notas borrable para escribir un borrador de la oración u oraciones que no está seguro de cómo escribir, o puede revisarlas mientras escribe su ensayo.

Extensión de la oración y variedad

Las oraciones que varían en longitud hacen el análisis más interesante. Sus oraciones deben ser variadas en estilo y extensión. Las oraciones breves pueden ser apropiadas para exponer puntos cruciales, pero un párrafo entero escrito con oraciones cortas y entrecortadas distrae y sugiere una cierta inmadurez. Compare los siguientes dos pasajes:

Poco efectivo:

Algunos programas de televisión tienen demasiada violencia. Esto no es bueno para los niños pequeños. Pueden aprender a ser violentos ellos mismos. Ven demasiadas peleas y disparos en la televisión.

Más efectivo:

Los programas de televisión que tienen demasiada violencia pueden no ser buenos para los niños pequeños. La lucha y el tiroteo en estos programas puede enseñarle a los niños a ser violentos.

Uso efectivo del lenguaje

Para obtener un puntaje alto en su ensayo, deberá demostrar que puede usar el español de manera correcta y clara. Por supuesto use un vocabulario fuerte, pero no recurra a vocabulario oscuro y de alto nivel solo para querer impresionar. También evite las expresiones **coloquiales** (p. ej. jerga y lengua vernácula). En lugar de dar en el clavo, su ensayo será flojo, la suerte le abandonará y le saldrá el tiro por la culata. (¿Captó las cuatro expresiones coloquiales en la oración anterior?)

Su **dicción**—su elección de palabras, así como la forma en que las usa—también se evaluará en su ensayo de respuesta extendida. Cuando comete un error de dicción, puede estar confundiendo una palabra con otra porque las dos palabras se ven o suenan similares. O puede estar usando una palabra que no es la mejor opción para transmitir la idea que tiene en mente. Aunque es imposible proporcionar una revisión de dicción adecuada en estas páginas, aquí hay algunas pautas:

- Si no está seguro del significado de una palabra que piensa usar en su respuesta, no la use. ¿Por qué arriesgarse a cometer un error de dicción solo por usar una palabra de vocabulario de alto nivel?
- Si una frase le suena mal cámbiela hasta que le parezca correcta.
- Si usa menos palabras comete menos errores de dicción. Entonces, en caso de duda, elija una frase relativamente breve que logre expresar su punto.

Escritura persuasiva

Como se señaló al comienzo de esta lección, el ítem de respuesta extendida del examen de Razonamiento a través de las artes del lenguaje GED le pedirá que lea dos puntos de vista opuestos y seleccione el que tenga el argumento más efectivo. Para que su ensayo sea efectivo, debe ser persuasivo. La mejor manera de persuadir al lector, por supuesto, es proporcionar buenas ideas respaldadas por razones sólidas y ejemplos relevantes, todo presentado en una secuencia lógica. Pero también puede persuadir al lector a través de su estilo de escritura. El arte de la escritura persuasiva (o habla) se conoce como retórica. La escritura retórica efectiva resalta sus puntos de manera clara y contundente al poner el énfasis apropiado en diferentes ideas.

La forma principal de construir un argumento retórico de manera efectiva es usar conectores apropiados entre ideas. En el primer ejemplo que sigue, observe que es difícil determinar el argumento del escritor debido a una estructura que le da a ambas ideas el mismo peso. El segundo y tercer ejemplos aclaran el argumento usando conectores apropiados (en cursiva), así como algunas otras correcciones.

Igual peso en ambas ideas (inefectivo):

Tratamos de planificar cada detalle de nuestras vidas. A menudo cambiamos los planes debido a eventos que no previmos.

Mayor énfasis en una idea (efectivo):

Es inútil intentar planificar cada detalle de nuestras vidas, ya que a menudo terminamos cambiando nuestros planes debido a eventos que no previmos.

Mayor énfasis en la otra idea (efectivo):

Las personas a menudo cambian sus planes debido a eventos que no previeron. Sin embargo, la mayoría de las personas continúan intentando, a menudo en vano, planificar cada detalle de sus vidas.

Otra forma de enfatizar un punto es mediante el uso de una oración corta y abrupta. Las buenas oraciones temáticas para párrafos a menudo se escriben con este estilo. Solo asegúrese de que las oraciones que apoyan ese argumento sean más largas; de lo contrario, se perderá el énfasis. No debería tener ningún problema en identificar la oración breve y contundente del tema en cualquiera de los dos párrafos siguientes.

El énfasis retórico en la última oración:

Mientras que las personas más ricas de nuestro país encuentran formas de aumentar su propia riqueza, miles de personas mueren en las calles de nuestra nación cada día, y miles más pasan hambre o sufren condiciones de vida casi intolerables. Millones tienen seguro médico inadecuado y millones más no tienen seguro médico en absoluto. En resumen, tenemos una crisis de empatía.

El énfasis retórico en la primera oración:

Las corporaciones no son malas. Las personas que las dirigen simplemente intentan maximizar las ganancias para los propietarios de la corporación. Entonces, cuando escuche quejas sobre un CEO que recorta los beneficios de los empleados o subcontrata trabajos, recuerde que el CEO solo está haciendo su trabajo, que es lo que quieren los propietarios de la empresa.

También puede usar la puntuación para lograr el énfasis retórico. Para enfatizar una idea en particular, puede terminar una oración con un signo de exclamación en lugar de un punto. Además, puede enfatizar una palabra en particular poniéndola en cursiva. Pero use estos dos recursos retóricos con *mucha* moderación; ¡uno de cada uno en su ensayo es suficiente! (Observe el uso de ambos recursos en la oración anterior.)

Las oraciones que plantean preguntas también pueden proporcionar énfasis retórico. Al igual que las oraciones cortas y abruptas, las **preguntas retóricas** pueden ayudar a persuadir al lector—o al menos ayudarlo a expresar su argumento. Pueden ser bastante efectivas. También agregan interés y variedad. Sin embargo, ¿cuántos estudiantes GED piensan incorporarlos en sus ensayos? (Por cierto, la pregunta anterior es retórica.) Simplemente no exagere: una pregunta retórica es suficiente para un ensayo. Y asegúrese de responder a su pregunta.

Finalmente, puede enfatizar un argumento usando palabras y frases retóricas como *innegablemente, absolutamente, claramente, sin duda, el hecho es, y cualquiera estaría de acuerdo con eso.* Por sí mismas, estas palabras y frases significan muy poco; para ser verdaderamente efectivas, deben estar respaldadas por ideas sólidas, razones y ejemplos convincentes. Pero pueden ayudar a agregar un toque retórico a su ensayo. Simplemente no las use en exceso.

SUGERENCIAS PARA ESCRIBIR Y EVALUAR SU RESPUESTA EXTENDIDA

Para mejorar su escritura, no hay sustituto para la práctica. Comience usando las indicaciones de ensayo en las pruebas de práctica de este libro.

Practique siempre con las condiciones del examen. Limite su tiempo a 45 minutos. Use un tablero de notas borrable para notas, contornos y borradores de oraciones particulares según sea necesario, pero escriba el documento final en la computadora. Experimente dividiendo su tiempo entre sus diversas tareas:

- Lluvia de ideas (toma de notas)
- Organizar sus ideas (bosquejo)
- Escribir borradores
- Escribir el documento final
- Revisar y solucionar problemas

Siga practicando hasta que aprenda a distribuir su tiempo de la manera que mejor le convenga.

Asegúrese de evaluar cada respuesta de práctica que escriba. Sea crítico. Intente identificar sus debilidades para que pueda concentrarse en eliminarlas. Una buena manera de mejorar las debilidades es reescribir un ensayo de práctica completo. No gaste más de 25 minutos para escribir su versión revisada; enfóquese principalmente en corregir los problemas más evidentes de su borrador anterior.

Es posible que le resulte difícil juzgar su propia escritura objetivamente, así que considere pedirle a un amigo, familiar, compañero de trabajo o maestro que también lea y evalúe sus respuestas. Le sorprenderá lo útiles que pueden ser sus comentarios. En cualquier caso, use la siguiente lista de verificación de 3 puntos para evaluar sus respuestas de práctica. Esta lista proporciona todos los elementos de una respuesta extendida del examen GED efectiva y de alto puntaje.

1. ¿La respuesta discute cada pasaje presentado y explica por qué es bueno o malo el argumento de cada cual?

2. ¿La respuesta está bien organizada? (¿Las ideas se presentan en una secuencia lógica, de modo que puedan seguirse fácilmente? ¿Las transiciones de un punto al siguiente son naturales y lógicas? ¿La respuesta muestra conciencia del propósito al exponer los argumentos? ¿Posee vocabulario apropiado? ¿Tiene un final claro, o parece que se le acabó el tiempo?)

3. ¿Su respuesta demuestra fluidez según las convenciones de la gramática editada del español, la estructura de las oraciones, la elección de palabras, la puntuación y la ortografía?

Su ítem de respuesta extendida se puntuará según cuán bien cumpla con los rasgos descritos en cada apartado. Las respuestas se puntúan en una escala de 6 puntos; cada apartado vale hasta dos puntos. El puntaje bruto final en el ítem de respuesta extendida se pondera dos veces para que represente 12 puntos de puntaje bruto del examen general de lectura y de las artes del lenguaje GED. Al evaluar su respuesta de práctica, observe los diversos puntos del apartado. Si su ensayo muestra todas las características de la celda de 2 puntos del apartado, obtendrá 2 puntos para ese rasgo; si cumple con todas las características de la celda de 1 punto, obtendría 1 punto; y si muestra las características de la celda de 0 puntos, obtendrá 0 puntos para ese rasgo. Para obtener un puntaje alto de 12, su respuesta debe coincidir con la descripción de la celda de 2 puntos de cada apartado.

ESTRATEGIAS GENERALES PARA TOMAR EL EXAMEN

Estas son algunas estrategias generales para redactar la respuesta extendida del examen de Razonamiento de las artes del lenguaje GED. La mayoría reitera los puntos clave de los consejos formulados anteriormente en esta lección. Aplique estas estrategias a las pruebas de práctica y luego revise esta lista nuevamente justo antes del día del examen.

Organice sus ideas antes de escribir.

Use su tablero de notas borrable para tomar notas y construir un esquema de los puntos principales y ejemplos de apoyo. Antes de comenzar a escribir el documento final, considere escribir un borrador que tenga al menos los párrafos introductorios y los primeros del cuerpo. Solo asegúrese de dejar suficiente tiempo para escribir su documento final.

Exprese una visión clara con base en la evidencia respaldada por los pasajes.

La indicación le pedirá que analice los textos y seleccione el que tenga el mejor argumento. Cualquiera sea su posición, tendrá que argumentarla lógicamente con base en el lenguaje propio de los textos. Recuerde: al escribir su respuesta, no hay una respuesta "correcta" o "mejor".

Desarrolle cada punto principal de su esquema con razones y/o ejemplos.

Afirmar sus puntos de vista y opiniones sin explicarlos o justificarlos no es suficiente (o persuasivo) y no obtendrá una puntuación alta. Desarrolle su análisis y sustente cada punto principal con razones sólidas y ejemplos relevantes. De hecho, la instrucción le indicará que haga precisamente eso.

Manténgase bien enfocado en el tema en cuestión.

No se desvíe del tema específico que se presenta. Su idea central debe abordar el tema directamente, y cada párrafo del cuerpo debe relacionarse directamente con un aspecto de los textos que se analizan.

Apele a la razón, no a la emoción.

El ítem de respuesta extendida es un ejercicio intelectual. Es perfectamente apropiado criticar comportamientos o puntos de vista particulares. Pero no use el ensayo como un foro para "predicar" sobre el tema o hacer un llamado emocional. Evite los extremos de tono y actitud. En particular, no proporcione ni siquiera un indicio de prejuicio racial o jingoismo (patriotismo excesivo).

Hágalo de forma sencilla.

No haga que la tarea de respuesta extendida sea más difícil de lo necesario para que obtenga una puntuación sólida. Mantenga sus oraciones claras y simples. Use una estructura simple y directa para su respuesta. Evite usar palabras elegantes solo para impresionar.

Demuestre que es organizado y en control de la tarea.

Demuestre que sabe cómo presentar sus pensamientos de manera organizada. Presente sus puntos principales en una secuencia lógica y fácil de seguir, utilizando saltos de párrafo lógicos entre los principales puntos de apoyo. Use una voz y un tono consistente a lo largo de su ensayo. Sus párrafos introductorios y finales son especialmente clave para verse organizado y en control. Asegúrese de incluir ambos, y asegúrese de que ambos dejen en claro su idea central.

Es la calidad, no la cantidad, lo que cuenta.

Las únicas limitaciones para su respuesta son el límite de tiempo y la cantidad de espacio provisto. Necesita esforzarse por la calidad, no por la extensión. Asegúrese de incorporar a su respuesta todos los elementos recomendados en esta lección, y la extensión de su respuesta saldrá sola.

No pierda de vista sus objetivos principales.

Durante el tiempo que tenga que producir su respuesta, recuerde sus tres objetivos principales:

1. Desarrolle su análisis utilizando evidencia sólida y ejemplos relevantes de los textos provistos.
2. Presente sus ideas de manera lógica y bien organizada.
3. Exprese sus ideas a través de una escritura simple y clara que sea correcta en gramática, dicción, ortografía y puntuación.

Nunca pierda de vista estos tres objetivos. Cumpla con todos ellos, y podrá estar seguro de que ha producido una respuesta extendida del examen GED sólida y de alto puntaje.

EN RESUMEN

- El componente de respuesta extendida del examen de Razonamiento a través de las artes del lenguaje GED evalúa su capacidad para comunicar sus pensamientos e ideas por escrito. Se le pedirá que analice dos documentos que contienen puntos de vista opuestos y que presente su opinión o explique por qué uno presenta un mejor argumento que el otro. No se le dará la opción de elegir los temas de ensayo que desea y solo debe escribir sobre las ideas que se presentan en los documentos proporcionados.

- Tendrá 45 minutos para planificar, escribir y revisar su respuesta. Se proporcionarán tableros de notas borrables para tomar notas, pero debe escribir su respuesta extendida en el espacio provisto.

- No hay una respuesta correcta o una mejor respuesta y no hay una estructura o un número correctos de párrafos para una respuesta extendida. **Se espera** que la respuesta use párrafos, y las siguientes páginas indican claramente que necesita al menos un párrafo introductorio, un párrafo de desarrollo y un párrafo de conclusión. (Se sugiere un mínimo de dos párrafos de desarrollo).

- Un motor de puntuación automatizado calificará su respuesta en una escala de 0–6 en función de qué tan bien cumple con los rasgos de los tres apartados, cada uno enfatiza un aspecto diferente de la respuesta, de la siguiente manera:

    o Apartado 1: Creación de argumentos y uso de evidencia

    o Apartado 2: Desarrollo de ideas y estructura organizacional

    o Apartado 3: Claridad y dominio de las convenciones estándar del español

- El puntaje bruto final (0–6) del ítem de la Respuesta Extendida tiene doble ponderación; representará hasta 12 puntos de puntaje bruto del examen general de Razonamiento a través de las artes del lenguaje GED.

- Al practicar su escritura—y durante la prueba real—asegúrese de recordar los siguientes pasos importantes:

    o Lluvia de ideas (toma de notas)

    o Organizar las ideas (esquema)

    o Escribir el borrador aproximado

    o Escribir el documento final

    o Revisar y corregir problemas

PRÁCTICA DE LA RESPUESTA EXTENDIDA

Instrucciones: Trabaje con el siguiente pasaje por su cuenta. Ingrese su respuesta en las hojas de respuesta provistas. Puede dedicar hasta 45 minutos para planificar, redactar y editar su respuesta.

Debatir el uso autorizado de los teléfonos inteligentes en el aula

Los siguientes pasajes representan dos puntos de vista sobre el valor de permitir teléfonos inteligentes en el salon de clase. Analice ambas posiciones presentadas para determinar cuál está mejor sustentada. Use evidencia relevante y específica de ambos pasajes para respaldar su respuesta.

Pasaje 1

Las estadísticas revelan que los estudiantes tienden a revisar sus teléfonos inteligentes más de 11 veces durante el día escolar. Así que estoy seguro de que estará de acuerdo en que caracterizar los teléfonos inteligentes como una distracción es lo mínimo. Como profesor,

Línea llamaría a los teléfonos inteligentes en el aula francamente algo antiético para la educación. La

5 idea de que mi escuela no haya instaurado una política que impida a los niños usar teléfonos inteligentes en el aula es algo absurdo.

No hay ninguna ventaja en permitir smartphones en las clases. Los estudiantes pierden el tiempo de clase riendo de tonterías que sacan del internet, se distraen de la lección al enfocarse en sus dispositivos en lugar de la pizarra, creando un zumbido ruidoso tan fuerte como un

10 enjambre de abejas asesinas mientras sus teléfonos vibran sin parar durante toda la clase. La presencia de los teléfonos inteligentes no son más que un obstáculo para el aprendizaje de los estudiantes y mi capacidad para enseñarles.

Para ser claros, tengo autoridad para prohibir el uso de teléfonos inteligentes en mi clase. La escuela no tiene una política que impida que los maestros la usen a discreción personal

15 cuando se trata del uso del teléfono durante el horario de clase. El problema es que muchos profesores no la ejercen correctamente permitiendo a los estudiantes que compartimos seguir un hábito que es imposible de cambiar. Cuando a un estudiante se le permite usar su móvil con la frecuencia que quiera en la clase de Ciencia de la Sra. X, ¿qué cree que ese estudiante hará después de la pausa y cuando se siente en mi clase?

20 Prohibir los teléfonos inteligentes en Grant High School eliminará este problema. Los estudiantes no pueden continuar con los malos hábitos cuando no hay oportunidad de construir esos hábitos. Con apoyo de mis compañeros maestros, creo que podemos inspirar un cambio de política en nuestra escuela que facilitará que los maestros hagan su trabajo y que los estudiantes hagan el suyo.

Pasaje 2

Al parecer, los estudiantes revisan sus teléfonos inteligentes 11 veces al día durante la escuela. Según mi propia experiencia como profesor, no puedo decir que esta estadística no sea convincente. Sin embargo, creo que lo que inicialmente puede parecer negativo puede

Línea transformarse en positivo con un poco de pensamiento creativo y adaptabilidad por parte de

5 mis compañeros maestros.

No argumentaré que enviar mensajes de texto y enviar correos electrónicos a los estudiantes no es una molestia. Los jóvenes ciertamente son adictos a sus teléfonos inteligentes. Sin embargo, esperar que todos se vuelvan "fríos" durante el tiempo de clase no es realista. Prohibir los teléfonos inteligentes simplemente provocará que más estudiantes se burlen de

10 las reglas y llenen los asientos de las sesiones de detención después de la escuela.

Quizás la solución sea pensar en formas de incorporar teléfonos inteligentes en nuestras lecciones diarias. Los teléfonos inteligentes son esencialmente mini computadoras personales. Piénselo: una computadora en cada escritorio ... y en el bolsillo de cada estudiante sin costo adicional para la escuela. Una gran cantidad de aplicaciones de aprendizaje de calidad está

15 al alcance de todos los estudiantes que usan un teléfono inteligente. Los estudiantes pueden usar sus teléfonos para investigar y comunicarse entre ellos de manera creativa mientras colaboran en proyectos.

Naturalmente, los estudiantes no pueden simplemente utilizar los teléfonos todo el día, todos los días. Debería haber horas designadas para usar los móviles durante las clases. Si los

20 estudiantes saben que está permitido—o incluso se espera que lo hagan—usar sus móviles en un momento determinado durante la clase, será menos probable que los usen en momentos inapropiados.

Por lo tanto, no estoy de acuerdo con la antigua idea de que los teléfonos inteligentes son un mal del mundo moderno que debe ser desterrado de las clases. Más importante aún, la

25 mayoría de los estudiantes tampoco lo harán. Al permitir que nuestras lecciones se adapten al tiempo moderno, no tendremos que presentar nuevas reglas que los estudiantes probablemente no seguirán en ningún caso y a lo mejor podemos lograr que esos estudiantes comiencen a aprender de manera más efectiva que nunca.

Respuesta extendida

_____

_____

_____

_____

_____

_____

_____

_____

_____

_____

_____

_____

_____

_____

_____

_____

_____

_____

_____

_____

_____

_____

_____

_____

_____

_____

_____

_____

_____

EJEMPLOS DE RESPUESTAS Y ANÁLISIS

Análisis de alto puntaje

Para bien o para mal, parece que los teléfonos inteligentes forman gran parte de nuestras vidas para siempre. Por todas partes se puede ver personas de todas las edades y orígenes revisando sus móviles y enviando un montón de mensajes o navegando por internet. Es lo mismo en el santuario de aprendizaje: la clase. Junto con sus otras tareas multitudinarias, los profesores también deben competir con los estudiantes que están más interesados en actualizar Instagram que en aprender. La pregunta es: ¿deberían los profesores prohibir los teléfonos inteligentes de la clase completamente o adaptarse a una nueva era y encontrar formas creativas de incorporar los teléfonos inteligentes en las lecciones?

Esa pregunta está en el centro de las dos posiciones del debate en los pasajes 1 y 2. El pasaje 1 declara que es necesario prohibir los teléfonos inteligentes en la clase. El pasaje 2 adopta un enfoque más medido, sugiriendo que se debe proporcionar un tiempo establecido para que los estudiantes utilicen los teléfonos inteligentes durante las clases. Aunque los dos autores exponen sus puntos de vista con claridad, creo que los dos presentan problemas de forma significativa.

Curiosamente, ambos argumentos se basan en la misma estadística para presentar sus puntos de vista: el hecho aparente de que "los estudiantes tienden a revisar sus teléfonos inteligentes más de 11 veces durante el día escolar". No hay citas para esta estadística y eso podría ser una señal de alerta de que el pasaje 1 podría basarse en información poco confiable. El autor del pasaje 2 califica esta estadística con la palabra "aparentemente" y eso indica que el autor lo cuestiona, pero no indica por qué. Los dos pasajes podrían usar más detalles para fortalecer sus argumentos.

También podrían usar más soporte que no se base únicamente en la experiencia personal. Después de presentar esta estadística sin cita, el autor del pasaje 1 se detiene en sus propias experiencias en la clase para hacer generalizaciones como "no hay ningún beneficio en permitir móviles en las clases". El autor del pasaje 2 presenta algunos argumentos sólidos para lo contrario, aunque la referencia a "una gran cantidad de aplicaciones de aprendizaje de calidad" también exige más especificidad.

Aunque valoro la versión más matizada de los teléfonos inteligentes en la clase del pasaje 2, tuve un problema con un detalle deslumbrante que está ausente. ¿Qué pasa con los estudiantes que no pueden comprar teléfonos inteligentes? Parece que el autor da por sentado que hoy todos los jóvenes tienen teléfonos inteligentes, que sería la única forma de usarlos en las lecciones diarias. Sin embargo, esto es poco realista. ¿Qué pasa con los estudiantes de familias de bajos recursos o estudiantes cuyos padres no permiten los teléfonos inteligentes? ¿Tendrían que ahorrar dinero para comprar teléfonos inteligentes si estos dispositivos fueran esenciales para las lecciones?

Teniendo en cuenta que nuestra sociedad es adicta a los teléfonos inteligentes, el debate sobre si se puede o si no se puede permitirlos en las clases es justificado. Sin embargo, los argumentos para las dos opiniones necesitan mayor atención al detalle y sensibilidad que los presentados. El pasaje 2 ciertamente muestra un pensamiento menos extremo que el pasaje 1, pero el argumento final a favor o en contra de permitir los teléfonos inteligentes en la clase necesita más elaboración.

Explicación

Este análisis recibiría un puntaje alto porque genera un argumento con base en los textos y usa evidencia relevante de los pasajes para respaldarlo, contiene ideas que están organizadas y bien desarrolladas, y demuestra un dominio de las convenciones estándar del español. Específicamente, este ensayo crítica ambos lados del debate citando información de los pasajes y detalles que les faltan. El pasaje muestra una progresión lógica y reflexiva de ideas. El ensayo demuestra fluidez en español estándar y utiliza una estructura de oraciones variada.

Análisis de puntaje medio

Estoy de acuerdo con la conclusión del primero de los dos pasajes. No se deben permitir teléfonos inteligentes en las aulas. Esto me parece evidente; algo que ni siquiera merece ser debatido. Pero como se debatió en estos pasajes, vale la pena señalar que el primer argumento es el más convincente de los dos.

Como revela el autor, los estudiantes revisan sus teléfonos con un promedio de 11 veces durante el día escolar. Esa es una tremenda distracción cuando deberían estar aprendiendo. El otro autor cita la misma evidencia y ni siquiera le da la vuelta para que respalde su argumento. Entonces es una especie de autodestrucción. ¿Cuál es el punto? No lo sé.

Realmente no puedo defender nada del segundo pasaje. No solo es absurdo citar evidencia que funciona en contra de su propio argumento, sino que los otros argumentos también son débiles. La idea de que los estudiantes deberían usar sus teléfonos inteligentes en clase es absurda. No hay nada que puedan hacer con sus teléfonos inteligentes que no se pueda hacer con menos medios de distracción. Creo que si sacan sus teléfonos una vez para hacer una tarea en clase, los mantendrán fuera el resto del tiempo y continuarán jugando con ellos. Solo mire a toda la gente con un teléfono inteligente y dígame que esto no es cierto. El autor lo deja en claro al escribir que "Cuando a un estudiante se le permite usar su móvil con la frecuencia que quiera en la clase de Ciencia de la Sra. X, ¿qué cree que ese estudiante hará después de la pausa y cuando se siente en mi clase?"

El primer pasaje está escrito por un maestro experimentado, pues el maestro sabe de qué está hablando. El otro pasaje también fue escrito por un maestro, pero supongo que este maestro no tiene mucha experiencia. Si la tuviera, no presentaría el extraño argumento de que a los estudiantes se les debería permitir usar sus móviles en clase.

Solo hay una posición posible respecto a este debate y el autor del primer pasaje toma la posición correcta. ¡No usar teléfonos inteligentes en clase! No puedo aceptar ninguna otra solución.

Explicación

Este análisis recibiría un puntaje de nivel medio porque genera un argumento con base principalmente en el texto, y usa alguna evidencia relevante de los pasajes como apoyo, contiene ideas que están bastante organizadas y bien desarrolladas, y demuestra un dominio razonable de convenciones del español estándar. Sin embargo, el argumento tiene algunas deficiencias importantes como cuando el escritor usa una cita de un pasaje para sustentar una idea con la cual no tiene relación. También hay demasiadas opiniones personales y el pasaje podría ser más largo.

Análisis de bajo puntaje

El pasaje 2 definitivamente presenta el mejor argumento. Deben permitirse los teléfonos inteligentes en el aula, punto. Se pueden usar para ayudar con el aprendizaje, como lo muestra el autor.

El pasaje 1 no es tan bueno porque solamente ve su posición. Piensa que los teléfonos inteligentes son malos, punto. Ni siquiera considera que pueda haber cosas positivas sobre usar teléfonos inteligentes para aprender.

Creo que es bastante extremo que los niños revisen sus móviles 11 veces durante la clase. Eso es demasiado. Tal vez deberían ser expulsados de la clase.

Por eso sigo pensando que el pasaje 2 es mejor. Muestra que los teléfonos inteligentes no tienen que ser prohibidos. Piense en todas las excelentes aplicaciones que se pueden usar para enseñar a los estudiantes que usan teléfonos inteligentes. Estas aplicaciones pueden convertirse en una parte vital de la experiencia de aprendizaje. Si tan solo los profesores comenzaran a pensar de una manera más moderna en lugar de la antigua opinión de que todo lo moderno debe mantenerse fuera de la clase. Eso es lo que pensé cuando leí el pasaje 1.

Aun así, ese escritor es un profesor. Si aprendemos una cosa en clase, es que los profesores saben de lo que están hablando. Entonces su argumento puede tener cierta validez. Sigo pensando que el pasaje 2 tiene una actitud más positiva. A lo mejor eso es lo que los estudiantes necesitan más que nada en el mundo.

Explicación

Este análisis recibiría una puntuación baja porque es demasiado corto, con un argumento que incluye poca o ninguna evidencia del pasaje para sustentarlo y oscila en su conclusión más de una vez. Contiene ideas que son confusas y no están claramente organizadas y demuestra un dominio mínimo de las convenciones del español estándar con varios errores y estructuras de oraciones poco variadas.

Repaso de escritura

DESCRIPCIÓN GENERAL

- Estructura de la oración
- Uso
- Tiempo verbal
- Caso del pronombre, referencia y concordancia
- Mecánica de escritura
- Ortográfica
- Lista de palabras peligrosas
- En resumen

ESTRUCTURA DE LA ORACIÓN

La estructura de la oración se refiere a cómo las partes de una oración se unen como un todo. En esta sección, aprenderá a detectar estos problemas y cómo corregir o revisar las oraciones en el examen de Razonamiento a través de las artes del lenguaje GED. También es importante comprender la estructura de la oración al responder el ítem de respuesta extendida.

Errores estructurales

Una oración en el examen podría estructurarse de una manera que resulte en uno de los siguientes errores gramaticales:

- Fragmentos de oraciones.
- Frases mal construidas y comas indebidas.
- Paralelismo defectuoso que involucra series.
- Paralelismo defectuoso que involucra correlativos.

No se preocupe si algunos de los términos enumerados anteriormente no le son familiares. Aprenderá lo que significan en las páginas siguientes.

Fragmentos de oraciones

Una oración completa debe incluir tanto un sujeto como un predicado. El **sujeto** de una oración es la palabra o frase que describe de qué se trata la oración. Un sujeto completo es un sustantivo o pronombre y cualquiera de las palabras directamente relacionadas con ese sustantivo o pronombre. El **predicado**, o verbo completo, incluye todas las palabras que, juntas, dicen algo sobre el sujeto.

Capítulo 6

Observe esta oración:

Aaron intentó encender su auto pero no pudo.

En esta oración, la palabra Aaron es el sujeto completo. El resto de la oración, que dice algo acerca de Aaron, es el predicado o verbo completo. La palabra intentó es el verbo que establece el predicado.

Una oración incompleta se llama fragmento de oración. En **el examen**, probablemente no tendrá ningún problema para reconocer y corregir un fragmento de oración corta como la siguiente, que carece de un predicado. En la oración completa observe que el verbo *ser* establece un predicado:

> **Fragmento (incorrecto):** Universidades privadas costosas, que para la mayoría de las familias están fuera del alcance financiero.

> **Oración completa (correcta):** Las universidades privadas costosas están fuera del alcance financiero para la mayoría de las familias.

Es más probable que un fragmento más largo escape su detección, especialmente si no está prestando mucha atención:

> **Fragmento (incorrecto):** Como la mayoría de los ingenieros y otros expertos han acordado, su responsabilidad para construir puentes seguros, así como para mantenerlos.

> **Oración completa (correcta):** Como la mayoría de los ingenieros y otros expertos han acordado, son responsables no solo de construir puentes seguros sino también de mantenerlos.

En la oración completa, el sujeto son ellos, y el predicado es el verbo ser y las palabras que siguen a ese verbo.

Si no está seguro de si una oración está completa, hágase las siguientes preguntas: ¿Cuál es el sujeto? ¿Dónde está el verbo que establece un predicado?

Frases mal construidas y comas indebidas

Una cláusula independiente es una parte de la oración que puede ser independiente como una oración completa. No hay nada de malo en combinar dos de estas cláusulas en una oración, siempre que se conecten correctamente.

Conectar dos cláusulas independientes sin usar un signo de puntuación o cualquier palabra para realizar la conexión da como resultado un error gramatical llamado oración de ejecución. Una forma de corregir el error es dividir la oración en dos usando un punto. Otra solución es agregar una coma, seguida de una palabra de conexión apropiada:

> **Mal construidas (incorrecto):** Dan se quedó sin suerte Mike continuó ganando.

> **Correcto:** Dan se quedó sin suerte. Mike continuó ganando.

> **Correcto:** Dan se quedó sin suerte, pero Mike continuó ganando.

Conectar dos cláusulas independientes únicamente con una coma, da como resultado un error conocido como **coma indebida**. Una forma de corregir el error es insertar una palabra de conexión apropiada después de la coma:

> **Coma indebida (incorrecto):** Dan se quedó sin suerte, Mike continuó ganando.

> **Correcto:** Dan se quedó sin suerte, aunque Mike continuó ganando.

Puede ser fácil pasar por alto una frase mal construida y una coma mal posicionada a menos que esté leyendo con atención. Aquí hay un ejemplo de un empalme de coma más largo:

> **Coma indebida:** Las islas Aleutianas de Alaska incluyen muchas islas cercanas a la tierra continental poblada, la mayoría de las islas están deshabitadas por humanos.

Al leer esta oración, no es hasta que se llega a "las islas están" el error de la coma se hace evidente. Una forma de corregir el error es eliminar la palabra *están*. Otra forma de corregir el error es transformar la segunda cláusula independiente en una cláusula *dependiente* cambiando la palabra *islas* por *ellas*.

Paralelismo defectuoso que involucra series

Los elementos de oración que son gramaticalmente iguales deben construirse de manera similar; de lo contrario, el resultado será lo que se conoce como **paralelismo defectuoso**. Por ejemplo, cada vez que vea una lista o serie de elementos en una oración, busque el uso inconsistente o mixto de:

- Preposiciones (como *en, con* o *sobre*).
- Gerundios (verbos con un –*ando* agregado al final).
- Infinitivos (verbos con terminaciones en –*ir,* –*ar* y –*er* y precedidos por *el*).
- Artículos (como *un* y *el*).

En la siguiente oración, la preposición *a* no se aplica de manera consistente a todos los elementos de la serie:

> **Defectuoso:** El vuelo 82 viaja primero a Boise, luego a Denver, luego Salt Lake City.

> (La preposición a precede únicamente a las dos primeras de las tres ciudades en esta lista).

> **Paralelo:** El vuelo 82 viaja primero a Boise, luego Denver, luego Salt Lake City.

> **Paralelo:** El vuelo 82 viaja primero a Boise, luego a Denver y luego a Salt Lake City.

En la siguiente oración, el gerundio *estando* no se usa consistentemente:

> **Defectuoso:** Estando bajo de personal, la falta de fondos y la superación de la competencia pronto dieron como resultado que la empresa cerrará.

> (Solo dos de los tres elementos enumerados comienzan con el gerundio *estando*).

> **Paralelo:** Sin personal, poco financiada y superada por los competidores,
>
> pronto la compania se fue a la quiebra.

> **Paralelo:** Como resultado de la escasez de personal, la insuficiencia de fondos y la superación de parte de sus competidores, la empresa cerró rápidamente.

En la siguiente oración, el artículo *el/las* no se usa consistentemente:

> **Defectuoso:** Entre las montañas, mar y el desierto, todavía nos falta explorar por completo el mar.

> **Paralelo:** Entre montañas, mar y desierto, todavía nos falta explorar por completo el mar.

> **Paralelo:** Entre las montañas, el mar y el desierto, todavía nos falta explorar por completo el mar.

Paralelismo defectuoso que implica correlativos

La sección anterior describe cómo una lista de elementos en una serie puede sufrir un paralelismo defectuoso. Un problema similar puede ocurrir en oraciones que contienen **correlativos**. Aquí están los más comunes:

> *ya sea . . . o . . .*

> *ninguno . . . ni . . .*

> *ambos . . . y . . .*

> *no solo . . . pero también . . .*

Cuando se utiliza un correlativo en una oración, el elemento que sigue inmediatamente al primer término correlativo debe ser gramaticalmente paralelo al elemento que sigue al segundo término.

> **Defectuoso:** Los estudiantes que deseen participar en el grupo de estudio deben contactarme *ya sea* por teléfono *o* deben enviarme un correo electrónico.

> **Paralelo:** Los estudiantes que deseen participar en el grupo de estudio deben contactarme por teléfono *o* enviarme un correo electrónico.

> **Defectuoso:** Los estudiantes que deseen participar en el grupo de estudio deben *ya sea* comunicarse conmigo por teléfono *o* correo electrónico.

> **Paralelo:** Los estudiantes que deseen participar en el grupo de estudio deben comunicarse conmigo *ya sea* por teléfono *o* correo electrónico.

Estructuras de oraciones incómodas y confusas

Sin embargo, una oración libre de errores podría estructurarse de manera que las ideas de la oración sean confusas, vagas, ambiguas o incluso sin sentido. Este tipo de problemas estructurales incluyen los siguientes:

- Coordinación o subordinación inadecuada.
- Mezcla de dos estructuras juntas en una oración.
- Omisión de una palabra clave necesaria para la lógica de la oración.
- Colocación incorrecta de modificadores.

- Modificadores colgantes.
- División inadecuada de una unidad gramatical.
- Unir demasiadas cláusulas subordinadas.

No se preocupe si algunos de los términos enumerados no le son familiares. Aprenderá lo que significan en las siguientes páginas.

Coordinación o subordinación inadecuada

Una oración que esté libre de errores gramaticales puede estructurarse de una manera que sobrevalore ciertas ideas, de modo que el lector omita el punto principal de la oración. Si una oración transmite dos ideas igualmente importantes, deben separarse como dos cláusulas distintas de longitud similar, para sugerir igual importancia.

> **Mixto y desequilibrado:** Julie y Sandy, *que* son gemelas, son voluntarias.

> **Separado pero desequilibrado:** Julie y Sandy fueron las primeras dos voluntarias para la campaña de recolección de fondos y son gemelas.

> **Separado y equilibrado:** Julie y Sandy son gemelas y ambas son voluntarias.

Por otro lado, si una oración involucra solo una idea principal, esa idea debería recibir más énfasis que las otras ideas en la oración, como cláusula principal.

> **Equilibrado:** Julie y Sandy, *que* son gemelas, fueron las primeras dos voluntarias para la campaña de recolección de fondos.

En la oración anterior, observe que la idea menos importante (que Julie y Sandy son gemelas) está contenida en una breve cláusula de modificación que describe a Julie y Sandy. Esta es una manera efectiva de enfatizar una idea que no es la idea principal de la oración.

Para sugerir similitud en las ideas, se debe usar un **conjuntivo coordinador** como *y*. Para sugerir diferencias, o contrastes, en las ideas, se debe usar un **conjuntivo subordinado** como *pero, aunque, mientras* o *mientras que*.

> **Ideas similares:** Julie y Sandy eran gemelas idénticas *y* a ambas les gustaba viajar.

> **Ideas similares:** Julie y Sandy eran gemelas idénticas, *al igual que* Tracy y Judy.

> **Ideas diferentes:** Julie y Sandy eran gemelas idénticas *pero* tenían ambiciones completamente diferentes.

> **Ideas diferentes:** Julie y Sandy eran gemelas idénticas, *mientras que* Tracy y Judy eran simplemente mellizas.

Mezcla de estructuras de oraciones

Si dos o más cláusulas en la misma oración expresan ideas paralelas, deberían ser gramaticalmente paralelas entre sí. De lo contrario, la oración puede ser incómoda y confusa.

Este problema a menudo ocurre cuando una oración mezcla la **voz activa** con la **voz pasiva**. En una oración expresada en la voz activa, el sujeto *actúa sobre* un objeto. Por el contrario, en una oración expresada en voz pasiva, el objeto *actúa sobre* el sujeto. Aquí hay unos ejemplos:

> **Mezclado:** Aunque *la casa fue construida por Gary, Kevin construyó el garaje.*

> **Paralelo (pasivo):** Aunque *la casa fue construida por Gary, el garaje fue construido por Kevin.*

> **Paralelo (activo):** Aunque *Gary construyó la casa, Kevin construyó el garaje.*

> **Mezclado:** Todos los libros de cubierta dura *deben clasificarse* hoy, pero *espere* hasta mañana *para clasificar los libros de cubierta blanda.*

> **Paralelo (pasivo):** Todos los libros de cubierta dura *deben clasificarse* hoy, pero los libros de cuebierta blanda *no deben clasificarse* hasta mañana.

> **Paralelo (activo):** *Clasifique todos los libros de cubierta dura hoy y clasifique los libros de cubierta blanda mañana.*

Lógica de las oraciones

Si una oración excluye una palabra necesaria, la omisión puede ocultar o confundir el significado de la oración. La omisión no intencional de palabras "pequeñas"—preposiciones, pronombres, conjunciones, en especial la conjunción *que*—puede hacer una gran diferencia:

> **Omisión:** Decidimos que después de ir al cine, tomaríamos un refrigerio.

> (¿Cuándo se tomó la decisión: antes o después de ver la película?)

> **Más claro:** Decidimos que, después de ir al cine, tomaríamos un aperitivo. (antes)

> **Más claro:** Después de ir a la película decidimos tomar un refrigerio. (después)

Esté atento especialmente a una omisión que resulte en una comparación ilógica, como en las siguientes oraciones. Puede pasarlas fácilmente de largo si no presta mucha atención:

> **Ilógico:** El color de la blusa es diferente de la falda.

> **Lógico:** El color de la blusa es diferente al de la falda.

> **Ilógico:** La población de China es mayor que la de cualquier país del mundo.

> (Esta oración dibuja una comparación ilógica entre una población y un país y sugiere ilógicamente que China no es un país).

> **Lógico:** La población de China es mayor *que la de* cualquier *otro* país del mundo.

En algunos casos, la palabra *que* puede ser evitada con pequeñas modificaciones de la oración, ya que se puede generar sentido con o sin ella.

> **Correcto:** Los humanos, según algunas teorías, comenzaron a caminar en una postura erguida principalmente porque necesitaban alcanzar las ramas de los árboles para obtener alimento.

> **Correcto:** Los humanos *que*, según algunas teorías, comenzaron a caminar en una postura erguida, *lo hicieron* principalmente porque necesitaban alcanzar las ramas de los árboles para obtener alimento.

Colocación incorrecta de modificadores

Un **modificador** es una palabra o frase que describe, restringe o califica otra palabra o frase. Las frases de modificación suelen comenzar con comas, y muchas de esas frases comienzan con un pronombre relativo (*cual, que, cuando, cuyo, quién*).

En general, los modificadores deben colocarse lo más cerca posible de las palabras que modifican. Posicionar un modificador en el lugar equivocado puede resultar en una oración confusa o incluso sin sentido:

> **Fuera de lugar:** Su muerte conmocionó a toda la familia, *lo que ocurrió de repente*.

> **Mejor:** Su muerte, *que ocurrió de repente*, conmocionó a toda la familia.

> **Fuera de lugar:** *Casi muerto*, la policía finalmente encontró a la víctima.

> **Mejor:** La policía finalmente encontró a *la víctima, que estaba casi muerta*.

> **Poco claro:** Bill golpeó a Carl *mientras usaba un protector bucal*.

> **Claro:** *Mientras usaba un protector bucal*, Bill golpeó a Carl.

Modificadores como *casi, por poco, apenas, justo* y *solo* deben preceder inmediatamente a la(s) palabra(s) que modifican, incluso si la oración suena correcta con las partes separadas. Por ejemplo:

> **Fuera de lugar:** Su hijo de 1 año casi pesa 40 libras.

> **Mejor:** Su hijo de 1 año pesa casi 40 libras.

Tenga en cuenta la posición de *solo* en las siguientes oraciones:

> **Incierto:** El asistente *solo* pudo detectar errores obvios.

> **Claro:** *Solo el asistente* pudo detectar errores obvios.

> **Incierto:** El asistente pudo *solo* detectar *errores obvios*.

> **Claro:** El asistente pudo detectar *solo errores obvios*.

La regla general sobre la colocación de modificadores cerca de las palabras que modifican se aplica la mayor parte del tiempo. Sin embargo, en algunos casos, tratar de colocar un modificador cerca de las palabras que modifica realmente confunde el significado de la oración, como con el modificador *sin sus anteojos* en las siguientes oraciones.

Confuso: Nathan puede leer el periódico y afeitarse *sin sus anteojos.*

(No está claro si *sin sus anteojos* se refiere solo al *afeitarse* o al *afeitarse y leer el periódico*).

Incierto: *Sin sus anteojos, Nathan* puede leer el periódico y afeitarse.

(Esta oración implica que estas son las dos únicas tareas que Nathan puede realizar sin sus anteojos).

Claro: *Incluso sin sus anteojos,* Nathan puede leer el periódico y afeitarse.

Por lo tanto, no aplique la regla sin verificar si la oración en su conjunto tiene sentido.

Modificadores colgantes

Un **modificador colgante** es un modificador que no se refiere a ninguna(s) palabra(s) en particular en la oración. La única forma de corregir un problema de modificador colgante es reconstruir la frase modificadora o la oración completa.

Colgante: *Iniciado por un pirómano,* los bomberos no pudieron salvar el edificio en llamas.

(¿Qué fue iniciado por un pirómano?)

Mejor: Los bomberos no pudieron salvar el edificio en llamas *del incendio por un pirómano.*

Colgante: *Al imponer restricciones de precios a los proveedores de petróleo,* estos se verán obligados a reducir los costos de producción.

(¿Quién impuso las restricciones de precio?)

Mejor: *Si se imponen restricciones de precios a los proveedores de petróleo,* estos se verán obligados a reducir los costos de producción.

A pesar de la regla contra los modificadores colgantes, un modificador colgante puede ser aceptable si es una **expresión idiomática**, lo que significa que se considera correcto porque ha sido de uso común durante un largo período de tiempo.

Aceptable: *A juzgar* por la cantidad de crímenes violentos cometidos cada año, nuestra nación está condenada.

(Esta oración no hace referencia a quien juzga, pero de todos modos es aceptable).

Aceptable: *Teniendo en cuenta* su gran distancia de la Tierra, el brillo de esa estrella es sorprendente. (Esta oración no hace referencia a quien esté considerando, pero de todos modos es aceptable).

División de una unidad gramatical

Dividir cláusulas o frases insertando otras palabras entre ellas a menudo resulta en una oración incómoda y confusa.

Dividido: El valor del dólar *no está*, en relación con otras monedas, *aumentando* universalmente.

Mejor: El valor del dólar *no está aumentando* universalmente en relación con otras monedas.

Dividido: El objetivo del gobierno este año es proporcionar a sus residentes más pobres *una red de seguridad económica*.

Dividido: *El objetivo del gobierno es* proporcionar una red de seguridad económica *este año* para sus residentes más pobres.

Mejor: *El objetivo del gobierno este año es* proporcionar una red de seguridad económica para sus residentes más pobres.

Cadenas de cláusulas subordinadas

Una **cláusula subordinada** es aquella que no se sostiene por sí sola como una oración completa. Unir dos o más cláusulas subordinadas puede resultar en una oración incómoda y confusa. Si es posible, estas oraciones deben ser reestructuradas para simplificarlas.

Incómodo: La especialización académica de Barbara es historia, *que* es un curso de estudio muy popular entre los estudiantes de artes liberales, *junto a la cual* la ciencia política es la especialidad más popular.

Mejor: La especialización académica de Bárbara es la historia, *que solo es superada* por la ciencia política como la especialidad más popular entre los estudiantes de artes liberales.

USO

El componente del examen de Razonamiento a través de las artes del lenguaje GED implica el *uso* de verbos y pronombres, es decir, si este tipo de palabras se usan correctamente en las oraciones. El examen cubre solo las siguientes áreas de uso:

- La concordancia de sujeto y verbo.
- El caso de pronombre, referencia y acuerdo.

En esta sección, se revisarán las reglas para estos aspectos de uso. También es importante comprender el uso al responder la respuesta extendida.

La concordancia de sujeto y verbo

Un verbo siempre debe coincidir en número—ya sea singular o plural—con su sujeto. Un sujeto singular necesita un verbo singular, mientras que un sujeto plural necesita un verbo plural:

Incorrecto (singular): El *desfile fueron* espectacular.

Correcto (singular): El *desfile fue* espectacular.

Incorrecto (plural): Los *desfiles fue* espectaculares.

Correcto (plural): Los *desfiles fueron* espectaculares.

En los ejemplos anteriores, es fácil saber si el sujeto es singular o plural. Pero en otros casos no es tan fácil, como aprenderá en las siguientes secciones.

Las frases de interrupción

No se deje engañar por ninguna palabra o frase que pueda separar el verbo de su sujeto. En cada oración a continuación, el verbo singular está de acuerdo con su sujeto, el sustantivo singular *desifle*:

Incorrecto: El *desfile* de autos *son* espectacular.

Correcto: El *desfile* de autos *es* espectacular.

Incorrecto: El *desfile* de autos y caballos *son* espectacular.

Correcto: El *desfile* de autos y caballos *es* espectacular.

Una frase interpuesta iniciada por comas puede servir como una "cortina de humo" especialmente efectiva para un error de concordancia entre sujeto-verbo. Preste mucha atención a lo que viene inmediatamente antes y después de la frase intermedia. Leer la oración sin la frase interpuesta a menudo revela un error de acuerdo sujeto-verbo.

Incorrecto: *John*, al igual que su hermana, *estuvieron* ausentes de la escuela ayer.

Correcto: *John*, al igual que su hermana, *estuvo* ausente de la escuela ayer.

Los pronombres de sujetos

Determinar si el sujeto de una oración es singular o plural no siempre es tan simple como se podría pensar. Se puede determinar fácilmente si un pronombre personal como *él, ellos* y *sus* es singular o plural. Pero otros pronombres no se identifican tan fácilmente como singular o plural. Aquí hay dos listas, junto con algunas oraciones de muestra, para ayudarlo a mantener estos pronombres en su mente:

Los pronombres singulares
cualquiera, cualquier cosa
cada uno/a
ninguno/a
todo/a
nadie, nadie, nada
que, lo que sea
quien, quien sea

Correcto: *Todas* las causas posibles *se han* investigado.

Correcto: *Cada* uno de los niños aquí *habla* francés con fluidez.

Correcto: *Ninguno* de los bolígrafos *tiene* tinta restante.

Correcto: *Lo que sea que* esté haciendo *es* muy efectivo.

Correcto: *Todo lo que* toca *se convierte* en oro.

Incluso cuando se refieren a un sujeto compuesto unido por *y*, los pronombres enumerados anteriormente permanecen en *singular*.

Correcto: *Cada adulto y niño* aquí *habla* francés con fluidez.

Correcto: *Cada causa y sospechoso* posible fue investigado.

Los pronombres plurales
ambos/as
pocos/as
muchos/as
otros/as
varios/as
algunos/as

Correcto: *Pocos piensan* que esa línea de razonamiento tiene sentido.

Correcto: *Muchos afirman* haber encontrado seres extraterrestres.

Correcto: *Algunos prosperan* con la conmoción, mientras que *otros necesitan* tranquilidad.

Los compuestos y otros tipos de sujetos

Es especialmente fácil pasar por alto un problema de concordancia sujeto-verbo en una oración que involucra un sujeto compuesto (múltiples sujetos unidos por conectores como la palabra *y* o la palabra *o*). Si está unido por *y*, un sujeto compuesto suele ser plural (y toma un verbo en plural). Pero si se une por *o, tampoco. . . o, o ni. . . ni*, el modo verbal depende de si el sujeto más cercano al verbo es singular o plural.

> **Plural:** El profesor y los alumnos están contentos.

> **Plural:** El profesor *o* los alumnos están contento.

> **Singular (por posición):** *Ni* los estudiantes *ni* el profesor están contentos.

En algunos casos, no se puede saber si un sujeto es singular o plural sin mirar cómo está siendo usado en la oración. Esto es cierto para los **sustantivos colectivos** y los **sustantivos de cantidad**. Estas situaciones especiales pueden requerir un verbo en singular o un verbo en plural, dependiendo de si el sustantivo se usa en sentido singular o plural.

> **Correcto:** La sal es mala para la salud. (*sal* usado en sentido singular)

> **Correcto:** Hay demasiada sal en la sopa, no me la puedo tomar. (*sal* usado en sentido plural)

Las cláusulas sustantivas se consideran singulares. Una **cláusula sustantiva** es aquella que comienza con un **gerundio** (un sustantivo que termina en *–ando*) o un **infinitivo** (un verbo que termina en *–ir/–ar* o *–er*). En cada una de las siguientes dos oraciones, la cláusula del sustantivo en cursiva va acompañada de un verbo singular (en negrita):

> **Correcto:** *Dominar varios instrumentos musicales* **requiere** muchos años de práctica.

> **Correcto:** Entre mis tareas menos favoritas *esta la de limpiar el baño.*

TIEMPO VERBAL

Si bien el tiempo verbal no se prueba específicamente como parte del componente del examen de Razonamiento a través de las artes del lenguaje GED, se espera de usted que en su muestra de escritura de respuesta extendida ilustre su dominio del uso apropiado de los tiempos verbales. Las siguientes secciones lo ayudarán a revisar este aspecto de la gramática e incorporar las reglas en su escritura.

El **tiempo verbal** se refiere a cómo la forma de un verbo indica el *marco de tiempo* (pasado, presente o futuro) de la acción de una oración. Esta sección se centraráá específicamente en los siguientes temas:

- Elegir un tiempo verbal.
- Formas verbales utilizadas para cada tiempo.
- Combinaciones y cambios de tiempo inadecuados.

Los primeros dos temas enumerados anteriormente proporcionan una base para el tercer tema, que es el principal problema verbal que examina el examen de Razonamiento a través de las artes del lenguaje GED.

Los tiempos verbales y formas verbales

Hay ocho tiempos verbales regulares en total. Una oración debe usar uno de los tres tiempos **simples—presente, pasado** o **futuro**—para "simplemente" indicar uno de los tres marcos temporales.

Presente simple: *Tienen* suficiente dinero para comprar un automóvil.

Futuro perfecto: *Tendrán* suficiente dinero para comprar un automóvil.

Pretérito imperfecto: *Tenían* suficiente dinero para comprar un automóvil.

Pretérito indefinido: *Tuvieron* suficiente dinero para comprar un automóvil.

Futuro perfecto: *Habré perdido* la cabeza por amor.

Pretérito perfecto: *He perdido* la cabeza por amor.

Pretérito pluscuamperfecto: *Había perdido* la cabeza por amor.

Pretérito anterior: *Hube perdido* la cabeza por amor.

El tiempo **pretérito perfecto** se usa para acciones que comenzaron en el pasado y continuaron hasta el presente:

Presente: Él *ha comido* suficiente comida (pero *ha seguido* comiendo de todos modos).

Presente: Ella *ha tratado* de perder peso (durante el año pasado).

El tiempo **pretérito pluscuamperfecto** se usa para acciones que comenzaron en el pasado y continuaron hasta un momento más reciente en el pasado:

Pretérito imperfecto: Él *había comido* suficiente comida (pero *había seguido comiendo* de todos modos).

Pretérito imperfecto: Ella *había tratado* de perder peso (hasta hace poco).

El tiempo **futuro perfecto** se usa para acciones que comienzan en el futuro y continúan hasta un punto más distante en el futuro:

Futuro: Él *habrá comido* suficiente comida (una vez que *haya terminado de comer* el postre).

Futuro: Para el fin de año, ella *habrá tratado* de perder peso (desde hace casi seis meses).

Para todos los tiempos, con muchos verbos se usa la misma forma y se le agrega la terminación correspondiente. Sin embargo, otros verbos toman formas distintas para tiempos diferentes. Observe cómo varían las formas de los siguientes tres verbos (en negrita), dependiendo del tiempo.

Tiempo	tener	ser	ver
presente	tiene (tienen)	es	ver
pretérito imperfecto	tenía	era	veía
pretérito perfecto	tuvo	fue	vio
futuro	tendrá	será	verá
pretérito perfecto	ha tenido (han tenido)	ha sido	ha visto
pretérito pluscuamperfecto	había tenido	había sido	había visto
pretérito anterior	hubo tenido	hubo sido	hubo visto
futuro perfecto	habré tenido	habrá sido	habré visto

Determinar la forma verbal correcta para cualquier tiempo es una cuestión de práctica y experiencia con el idioma español. Si una forma verbal suena incorrecta, es probable que su oído le esté diciendo lo correcto. Pruebe su oído escuchando las siguientes oraciones incorrectas mientras las lee.

Incorrecto: Todos *estar* demasiado lejos para dejarlo ahora; hemos *ido* el punto de no retorno.

Correcto: Todos *estamos* demasiado lejos para dejarlo ahora; hemos *pasado* el punto de no retorno.

Incorrecto: El piloto *habrá visto* la montaña pero *voló* demasiado bajo para evitar una colisión.

Correcto (presente): El piloto *ve* la montaña pero *vuela* demasiado bajo para evitar una colisión.

Correcto (pasado): El piloto *vio* la montaña pero *voló* demasiado bajo para evitar una colisión.

Correcto (pretérito pluscuamperfecto): El piloto *había visto* la montaña pero *había volado* demasiado bajo para evitar una colisión.

Incorrecto: Después *iremos* a la sesión de capacitación, *comenzamos* a trabajar en la tarea asignada.

Correcto (presente): *vamos* a la sesión de entrenamiento y *comenzamos* a trabajar en la asignación de trabajo.

Correcto (pasado): Después de que *fuimos* a la sesión de capacitación, *comenzamos* a trabajar en la tarea asignada.

Correcto (pretérito pluscuamperfecto): *Habíamos ido* a la sesión de entrenamiento y *habíamos comenzado* a trabajar en la asignación de trabajo.

Si tiene problemas para escuchar formas verbales incorrectas, consulte un libro de uso de español que contiene listas de verbos y sus conjugaciones (la palabra *conjugaciones* se refiere a formas verbales para diferentes tiempos).

Cambiar o mezclar tiempos verbales

Una oración no debe mezclar innecesariamente los tiempos verbales o cambiar el tiempo de un período a otro de manera confusa.

> **Incorrecto:** Si llueve mañana, *cancelar* nuestros planes.

> **Correcto:** Si llueve mañana, *cancelaremos* nuestros planes.

> **Incorrecto:** Cuando Bill *llegó*, Sal todavía *no comenzó* a descargar el camión.

> **Correcto:** Cuando Bill *llegó*, Sal todavía no *había comenzado* a descargar el camión.

El problema de mezclar y cambiar tiempos también se aplica a oraciones como estas:

> **Incorrecto:** *Ir* a la guerra es *haber viajado* al infierno.

> **Correcto:** *Ir* a la guerra es *ir* al infierno.

> **Correcto:** *Haber ido* a la guerra es *haber viajado* al infierno.

> **Incorrecto:** *Ver* el obstáculo le *habría permitido* alterar su curso.

> **Correcto:** *Haber visto* el obstáculo le *habría permitido* alterar su curso.

> **Correcto:** *Ver* el obstáculo le *permite* alterar su curso.

El tiempo condicional perfecto

Para indicar que algo se completará en algún momento (pasado, presente o futuro) si se cumple una determinada condición, se debe usar el tiempo **condicional perfecto**.

Para emplear el tiempo condicional perfecto correctamente, una oración usará terminaciones *–ra, –se*, así como las palabras *si, cuando, quizá*. Aquí hay tres pares de ejemplos (todas las oraciones son correctas):

> Si la universidad *quizá bajara* su matrícula, probablemente *me matricularía*.

> Si la universidad *hubiere bajado* su matrícula, *me matriculo* este semestre.

> Si él *hubiera conducido* más despacio, *habría* notado el nuevo edificio.

> De *haber conducido* más despacio, él *habría* notado el nuevo edificio.

> Ellos *podrían* haber llegado a casa a tiempo para cenar *si no fuera* por la repentina tormenta.

> *Cuando* no llueva, ellos *podrán* llegar a casa a tiempo para la cena.

Si una oración mezcla un tiempo verbal regular (simple o perfecto) con el tiempo condicional perfecto, entonces es gramaticalmente incorrecto. Por ejemplo, mire estas versiones incorrectas de los ejemplos anteriores:

Incorrecto: Si la universidad baja su matrícula, probablemente me matriculase.

(La primera cláusula usa el tiempo presente, pero la segunda cláusula implica el tiempo condicional perfecto).

Incorrecto: Si hubiera conducido más despacio, notará el nuevo edificio.

(La primera cláusula implica el tiempo condicional perfecto, pero la segunda cláusula usa el tiempo futuro).

Incorrecto: Habrán llegado a casa a tiempo para la cena, pero hay tormenta repentina.

(La primera cláusula usa el tiempo futuro perfecto, pero la segunda cláusula implica el tiempo condicional perfecto).

CASO DEL PRONOMBRE, REFERENCIA Y CONCORDANCIA

Los pronombres incluyen **pronombres personales** y **pronombres relativos**. Los pronombres personales (palabras como *ellos, me* y *suyos*) se refieren a personas, lugares y cosas específicas e indican si son singulares o plurales. Los pronombres relativos (palabras como *cuales* y *quienes)* no son específicos en su referencia.

El pronombre personal o relativo que debe usarse en una oración depende principalmente de: (1) dónde aparece el pronombre en la oración y (2) a qué sustantivo, si lo hay, se refiere el pronombre.

El caso de pronombre personal

Los pronombres personales toman diferentes formas, llamados *casos*, dependiendo de cómo se usen en una oración. Encontrará todos los casos en la siguiente tabla.

	Caso subjetivo	Caso posesivo	Caso objetivo	Caso reflexivo
primera persona del singular	yo	mío/a	mí	me
primera persona del plural	nosotros/as	nuestro/a	nosotros	nos
segunda persona del singular	tú, usted	tuyo/a, suyo/a	ti, usted	te, se
segunda persona del plural	vosotros/as, ustedes	vuestro/a	vosotros/as, ustedes	se
tercera persona del singular	él, ella, eso/a	su, suyo/a	se/le	se
tercera persona del plural	ellos/as	su, suyo/a	ellos/as	se

Generalmente puede confiar en su oído cuando se trata de detectar errores de pronombre personal. Sin embargo, en algunos casos, su oído puede traicionarlo, así que asegúrese de estar "sintonizado" con los siguientes usos de los pronombres.

Cualquier forma del verbo *ser* es seguida por un pronombre de sujeto, como *él*.

> **Incorrecto:** *Él* o Trevor *sería* el mejor portavoz de nuestro grupo.

> **Correcto:** Trevor o *él sería* el mejor portavoz de nuestro grupo.

> **Incorrecto:** El mejor portavoz de nuestro grupo *sería él* o Trevor.

> **Correcto:** El mejor portavoz de nuestro grupo *sería* Trevor *él*.

La forma **posesiva** se usa cuando el pronombre es parte de una cláusula sustantiva, como "su cooperación."

> **Incorrecto:** Uno no puede evitar admirar a *ellos* cooperando entre sí.

> **Correcto:** No se puede evitar admirar *su cooperación* entre ellos.

Un pronombre **reflexivo** se usa para referirse al sujeto de la oración.

> **Incorrecto:** Al tratar de comprenderte, veo más de mi yo.

> **Correcto:** Al tratar de comprenderte, me veo más a mí.

La elección del pronombre relativo

El idioma español contiene solo el siguiente puñado de pronombres relativos: *cual, quien, que, cuyo, cualquier, cualquiera* y *quién sea*. No se preocupe por lo que significa el término "pronombre relativo." En cambio, sólo recuerde las siguientes reglas sobre cuándo usar cada una.

Use *cual* para referirse a las cosas. Use *quien* o *quienes* para referirse a las personas.

> **Incorrecto:** Amanda, la *cual* fue la tercera intérprete, fue la mejor del grupo.

> **Correcto:** Amanda, *quien* fue la tercera intérprete, fue la mejor del grupo.

> **Correcto:** El primer empleado el *cual* no cumpla con su cuota de ventas será despedido.

> **Correcto:** El primer empleado *que* no cumpla con su cuota de ventas será despedido.

Si debe usar *cual* o *que* depende de lo que se supone que significa la oración.

> **Un significado:** La tercera página, *la cual* había sido asignada, contenía varios errores tipográficos.

> **Significado diferente:** La tercera página *que* había sido asignada contenía varios errores tipográficos.

Observe que la primera oración anterior simplemente describe la tercera página como destinada, mientras que la segunda oración también sugiere que la página que contiene los errores fue la tercera página asignada. Entonces las dos oraciones tienen dos significados diferentes.

Tildar o acentuar palabras

Si debe usar *que* o *quien*, fíjese que depende de la función gramatical de la persona(s) a la(s) que se refiere. Esta es un área complicada de la gramática española, y los creadores de los exámenes GED no quieren probarla. Pero debería estar preparado para ello de todos modos, así que aquí hay dos buenos ejemplos.

> Al referirse al sujeto de la oración, el pronombre relativo *que* es el que debe usars.
>
> **Incorrecto:** La autora *quien* escribió la novela ahora es actriz.
>
> **Correcto:** La autora *que* escribió la novela ahora es actriz.

> Al referirse al sujeto de la oración (cuando es una persona) en una oración explicativa, se puede usar el pronombre relativo *quien* o *que*.
>
> **Correcto:** Mi tío, *que* acaba de llegar de Francia, me trajo regalos.
>
> **Correcto:** Mi tío, *quien* acaba de llegar de Francia, me trajo regalos.

Concordancia con un antecedente

Un **antecedente** es simplemente el sustantivo al que se refiere un pronombre. En las oraciones que encuentre en el examen, asegúrese de que los pronombres coincidan en número (singular o plural) con sus antecedentes.

> **Singular:** Estudiar a otros artistas en realidad ayuda a un joven *pintor* a desarrollar su propio estilo.
>
> **Plural:** Estudiar a otros artistas en realidad ayuda a los *pintores* jóvenes a desarrollar *sus* propios estilos.

Los pronombres singulares se usan generalmente para referirse a antecedentes como *cada uno, cualquiera, ninguno* y *uno*.

> **Correcto:** *Ninguno* de los dos países impone un impuesto sobre la renta a sus ciudadanos.
>
> **Correcto:** *Uno* no puede ser demasiado amable con uno mismo.

Si un pronombre y su antecedente están muy separados, puede ser especialmente fácil pasar por alto un problema de concordamcia, como en este ejemplo:

> **Incorrecto:** *Ni* un *guión* de película brillante *ni* un *presupuesto* generoso pueden obtener elogios de la crítica sin un buen director para aprovechar*los* al máximo.

En la oración anterior, el antecedente de los (un pronombre plural) es *guión* o *presupuesto* (singular). Una forma de remediar la discordancia es reemplazar *los* por *lo*. Dado que el antecedente y el pronombre están muy separados, otra solución es reemplazar el pronombre con su antecedente, por ejemplo, con *ese guión o presupuesto*.

Las referencias de pronombres ambiguos y vagos

Los pronombres proporcionan una forma práctica y abreviada de referirse a sustantivos identificables. Pero a menos que la identidad del antecedente del pronombre sea clara, usar un pronombre dejará al lector adivinando cuál es el antecedente deseado. En otras palabras, *cada pronombre en una oración debe tener un antecedente claramente identificable.*

Aquí hay una oración en la que el pronombre podría referirse a uno de los dos sustantivos:

Ambiguo: Minutos antes de la reunión de Kevin con Paul, *su* esposa llamó con las malas noticias.

Según la oración, ¿de quién es la esposa que llamó? ¿La de Kevin o la de Paul? La respuesta no es clara. Para corregir este tipo de referencia de pronombre ambiguo, reemplace el pronombre con su antecedente o reconstruya la oración para aclarar la referencia.

Claro: Minutos antes de la reunión *de Kevin* con Paul, la esposa de Kevin llamó con las malas noticias.

Claro: La esposa *de Kevin* llamó con las malas noticias minutos antes de *su* reunión con Paul.

Otro tipo de referencia de pronombre ambiguo ocurre cuando una oración cambia de un pronombre a otro de una manera que deja al lector confundido. Aquí hay un ejemplo:

Ambiguo: Cuando *uno* se sumerge sin mirar hacia adelante, *tú* nunca sabes lo que sucederá.

En esta oración, *tú* puede referirse al buzo (*uno*), a alguien que lo observa o a cualquiera en general. Aquí hay dos formas alternativas de aclarar la ambigüedad:

Claro: *Uno* nunca sabe lo que sucederá cuando *uno* se zambulle sin mirar hacia adelante.

Claro: Cuando *tú* te sumerges sin mirar hacia adelante, *tú* nunca sabes lo que sucederá.

Si un pronombre no tiene ningún antecedente identificable, la oración debe ser modificada para eliminar dicho pronombre. Aquí hay una oración que hace este tipo de referencia de pronombre vago, seguida de una versión que soluciona el problema:

Incierto: Cuando los planetas están desalineados, *eso* puede ser desastroso.

(*Eso* no se refiere a ningún sustantivo).

Claro: Un desastre puede ocurrir cuando los planetas están desalineados.

MECÁNICA DE ESCRITURA

Parte del componente del examen de Razonamiento a través de las artes del lenguaje GED implica la mecánica de la escritura. El examen cubre solo los siguientes problemas mecánicos:

- El uso correcto de la puntuación.
- El uso de preposiciones y artículos.
- La capitalización (distinguir entre nombres propios y comunes, comienzos de oraciones).

En esta sección, se revisarán las reglas para estos aspectos de la mecánica de escritura, que también es importante tener en cuenta al escribir su respuesta extendida.

Además, se incluye una sección de ortografía para ayudarlo a refrescar su memoria con respecto a las reglas y para ayudarlo a distinguir entre palabras que a menudo se confunden.

Los usos apropiados e incorrectos de comas

Una coma indica una pausa que debería corresponder a una pausa en la lógica de la oración. Las comas dejan claro al lector que la lógica de la oración se está interrumpiendo (temporalmente). El examen de Razonamiento a través de las artes del lenguaje GED evalúa cuatro usos diferentes (y usos incorrectos) de la coma:

- El uso excesivo de la coma que resulta en la división de una unidad gramatical.
- Muy pocas comas, lo que resulta en una oración confusa.
- Las comas en una serie (una lista de tres o más elementos).
- Las comas usadas en pares para separar los apositivos (frases entre paréntesis).

Las comas que dividen una unidad gramatical

Las comas no deben separar innecesariamente partes de la oración que pertenecen juntas, como el sujeto y el verbo:

> **Incorrecto:** El ex Secretario de Estado Henry Kissinger, es autor de varios libros sobre la historia de la diplomacia.

En la oración anterior, el verbo no debe estar separado por una coma de su sujeto Henry Kissinger (a menos que intervenga una frase entre paréntesis, no es el caso aquí).

Del mismo modo, no debe haber una coma entre el verbo y un complemento de sujeto que pueda seguirlo:

> **Incorrecto:** Los exploradores del siglo XIX Lewis y Clark pueden ser, dos de las figuras históricas más admiradas de Estados Unidos.

Del mismo modo, una preposición no debe estar separada de su objeto por una coma:

> **Incorrecto:** A medida que la tormenta continuaba, pedazos de madera a la deriva, así como, grandes cantidades de arena fueron arrastradas hacia el porche delantero.

En la oración anterior, la preposición *así como* también debe permanecer conectada a su objeto, la frase "grandes cantidades de arena".

Cuando las comas se usan en exceso en el examen, generalmente estarán en oraciones como estos ejemplos, donde las comas separan de manera discordante partes de la oración que van juntas. Estos abusos son generalmente bastante fáciles de detectar.

Las comas para el sentido de la oración

Una tarea más difícil es decidir si una oración usa muy pocas comas, problema que puede confundir fácilmente al lector. Aquí está la pauta: una oración debe usar el número mínimo de comas necesarias para que un lector entienda el significado deseado de la oración:

> **Muy pocas comas:** Chandra está aprendiendo español aunque adquirir esta nueva habilidad no es una de sus tareas laborales.

> **Mejor:** Chandra está aprendiendo español, aunque adquirir esta nueva habilidad no es una de sus tareas laborales.

La primera oración es una oración continua, que conecta dos o más cláusulas independientes con una conjunción (como *pero*, *y*, o *aunque*) pero sin coma. Algunas frases mal construidas, como el ejemplo anterior, pueden repararse insertando una coma inmediatamente antes de la conjunción. Otros, como el siguiente ejemplo, se dividen mejor en dos oraciones:

> **Muy pocas comas:** Chandra está aprendiendo español pero adquirir esta nueva habilidad no es una de sus tareas laborales y no se le debe pagar por el tiempo que dedica a esta actividad.

> **Mejor:** Chandra está aprendiendo español, pero adquirir esta nueva habilidad no es una de sus tareas laborales. Por lo tanto, no se le debe pagar por el tiempo que dedica a esta actividad.

Las comas en una serie

Cuando se presentan tres o más palabras, frases o cláusulas en secuencia o serie, se debe usar una coma para separarlas. Aquí hay ejemplos de cada instancia:

> **Comas que separan una lista de palabras:** Las Islas Galápagos cuentan con algunas de las plantas, aves, mamíferos, reptiles y peces más inusuales del mundo.

> **Comas que separan una lista de frases:** Buscamos los guantes perdidos debajo del sofá, en el armario y detrás del tocador, pero nunca los encontramos.

> **Comas que separan una lista de cláusulas:** La trama de la película era familiar: el niño se encuentra con la niña, el niño pierde a la niña, el mutante del espacio exterior los devora a ambos.

Las comas para activar elementos introductorios

Las frases introductorias comunes como, *por ejemplo, y en primer lugar* deben ir seguidas de una coma; de lo contrario, la oración no tendrá sentido gramatical. Por ejemplo, eliminar la coma de cualquiera de las siguientes dos oraciones confundiría su significado:

> Para empezar, la nueva ordenanza no hace nada para proteger a los inquilinos.

> Sin embargo, decidimos conducir hacia el oeste en lugar de hacia el este.

Un elemento introductorio más largo, que generalmente es una cláusula dependiente, puede ser más difícil de detectar. Las cláusulas introductorias dependientes generalmente comienzan con palabras y frases como las siguientes:

Las cláusulas introductorias dependientes		
a pesar de que	cuando	respecto a
aunque	si	como para
a no ser que	con respecto a	ya que

Independientemente de la palabra o frase específica utilizada para comenzar la cláusula introductoria, una "pausa" (coma) probablemente será útil, y puede ser necesaria, al final de la cláusula para que el lector siga el flujo de ideas en el frase. Aquí hay dos ejemplos:

> Aparte del hecho de que sus pies estaban ampollados e hinchados, no había razón para que Jim no hubiera terminado la carrera.

> Sin configurar primero una cuenta, no podrá comprar ese artículo desde el sitio web.

Las comas para activar los apositivos

Un **apositivo** es un sustantivo o frase nominal que modifica un objeto o describe un sustantivo. Los apositivos deben ser separados por comas; de lo contrario, la oración no tendrá sentido gramatical. En el siguiente ejemplo, la frase "el gran lanzador zurdo de los Dodgers" es un apéndice que describe a Sandy Koufax. Tenga en cuenta que sin ambas comas, la oración es bastante confusa:

> **Confuso:** Sandy Koufax el gran lanzador zurdo de los Dodger fue el invitado de honor en el banquete del club deportivo de este año.

> **Sigue siendo confuso:** Sandy Koufax, el gran lanzador zurdo de los Dodgers fue el invitado de honor en el banquete del club deportivo de este año.

> **Claro:** Sandy Koufax, el gran lanzador zurdo de los Dodgers, fue el invitado de honor en el banquete del club deportivo de este año.

Un apositivo puede ser tan breve como unas pocas palabras. O puede ser bastante largo, como en este ejemplo:

> Me sorprendió saber que Paula, la ex novia de mi primo Frank y una conocida artista local, había decidido mudarse a Santa Fe.

Para determinar el uso correcto de comas en oraciones como las anteriores, intente este examen: Lea la oración sin la frase (el apositivo). Si todavía tiene sentido gramatical y el significado es básicamente el mismo, entonces la frase no es esencial (o está entre paréntesis) y debe aparecer con comas. Los dos ejemplos anteriores pasan el examen:

> Sandy Koufax ... fue la invitada de honor en el banquete del club deportivo de este año.

> Me sorprendió saber que Paula ... había decidido mudarse a Santa Fe.

Las tildes

Las **tildes**, o la acentuación, en español se usan para indicar la manera correcta de pronunciar ciertas palabras. También son una ayuda visual que sirven para diferenciar dos palabras con misma escritura, pero significado distinto. Las reglas para tildar o acentuar una palabra se basan en la categorización de las palabras en tres grupos, palabras **esdrújulas**, palabras **graves**, y palabras **agudas**. Para diferenciar estos grupos, se debe contar las sílabas de la palabra de atrás hacia adelante, considerando la última sílaba como la primera del conteo. Las sílabas se cuentan de la siguiente manera:

Pe-rí-me-tro

Para la palabra *perímetro*, *-tro* es la última sílaba de la palabra y será la primera sílaba que se cuenta, *-me* es la penúltima sílaba de la palabra y será la segunda sílaba que se cuenta, *-rí* es la antepenúltima sílaba de la palabra y será la tercera sílaba que se cuenta, y *pe* será la trasantepenúltima sílaba de la palabra y será la última sílaba que se cuenta.

- Las palabras **esdrújulas** son las que se acentúan en la antepenúltima sílaba (y en todas las sílabas después de esa, como la trasantepenúltima), como *brújula*, *perímetro*, *mágico*.
- Las palabras **graves** son las que se acentúan en la penúltima sílaba, como *árbol*, *azúcar*, *mármol*.
- Las palabras agudas son las que se acentúan en la última sílaba, como *hablarás*, *sofá*, *canción*.

Para saber cuándo tildar una palabra, siga las siguientes reglas:

- Las palabras **esdrújulas deben siempre** llevar tilde.
- Las palabras **graves** llevan tilde **únicamente** cuando **no** terminan en vocal, *-s* o *-n*.
- Las palabras **agudas** se tildan **únicamente** cuando terminan en vocal, *-s* o *-n*.

La capitalización de sustantivos propios

Por supuesto, la primera palabra en cada nueva oración está en mayúscula. Pero hay muchos casos en los que una palabra que cae en algún lugar dentro de la oración también debe escribirse en mayúscula, y estas son las palabras que cubre el examen GED. Aquí está la regla general para poner en mayúsculas las palabras:

> Ponga en mayúscula todos **los nombres** y las palabras comunes que pasan como nombres. No capitalice los **sustantivos comunes**. Un nombre propio es el nombre de una persona, lugar o cosa específica. Todos los otros sustantivos son sustantivos comunes.

Esta sección cubre los tipos de nombres propios que son más probable que encuentre en el examen GED.

Personas

El nombre de cualquier persona en particular está en mayúscula. Un título que acompaña al nombre de la persona también se escribe en mayúscula si se abrevia y si reemplaza a dicha persona. Los mosaicos que están detallados no se capitalizan. Estudie y compare las palabras en cursiva en estas oraciones:

Envíe copias de la carta al *Sr. y la Sra. Stefanski* y al *doctor Reed.*

o

Envíe copias de la carta al *señor y la señora Stefanski* y al *doctor Reed.*

Mientras estuvo en el Ejército de los EE. UU., el *cabo* Yates sirvió directamente bajo un capitán ambicioso que luego se convirtió en el *general* Eisenhower. Aquel *General* se convirtió en el *presiente* Eisenhower.

Peter Innis fue director de la compañía el año en que el *presidente Stanton* dimitió la presidencia de la junta.

Los títulos de los familiares nombrados están en mayúscula cuando son apodos, es decir, cuando reemplazan un nombre personal. De lo contrario, una palabra que identifica una relación familiar es considerada una palabra común. Estudie y compare las palabras en cursiva en estas oraciones:

Fuimos al museo de arte con *Papá* y *Tía Janice.*

Ayer mi *padre* nos llevó a mi hermana y a mí al museo de arte. Creo que cualquier *papá* debería llevar a su hijo a un museo de arte al menos una vez.

Instituciones, organizaciones y grupos

Los nombres de las escuelas, empresas y otras organizaciones están en mayúscula. Las oficinas, sucursales y agencias específicamente nombradas también se capitalizan. Estudie y compare las palabras en cursiva en estas oraciones:

Antes del cargo del Dr. Kingston como jefe de la *Oficina de Transporte*, se desempeñó como jefe de la *Escuela de Arquitectura* de la *Universidad de Drysdale.*

La directora financiera de *Unicost Corporation* asistió a la universidad más prestigiosa de este estado, donde se especializó en *Sociología.*

Después de graduarse de la *Secundaria Franklin*, fue a trabajar para el gobierno de los EE. UU., en la *Oficina de Impresión y Grabado.*

Si te unes al *Ejército de los EE. UU.*, el gobierno pagará tu matrícula universitaria. Aun así, me niego a unirme a un *ejército* que invade otros países.

Aunque los nombres de países y ciudades están en mayúscula, las palabras derivadas de los nombres de países y ciudades que identifican a grupos de personas por nacionalidad, etnia, religión, tribu u otra categoría no se escriben con mayúscula.

Sioux City, que es la capital de Iowa, lleva el nombre de la tribu *Sioux* de *indios americanos.*

Encontrarás que los *daneses* son los más hospitalarios, aunque los pasteles *daneses* valen la pena.

Obras artísticas y otras obras creativas

En títulos de obras literarias (libros, poemas, cuentos, tratados, etc.), así como revistas, películas, canciones, obras de arte visual y otras obras similares, solo la primera palabra del título está en mayúscula (a menos que un nombre propio sea parte del título).

> El nuevo número de *Time* incluye un interesante artículo titulado *"Trapos de películas para riquezas de películas"*.

> Aparentemente, *El Mago de Oz* no obtuvo ganancias hasta una década después del lanzamiento de la película.

Dependiendo del tipo, una obra artística con nombre también está en cursiva (o subrayada) o encerrada entre comillas. El examen GED no cubre estas reglas.

Los artefactos específicamente nombrados (documentos, tesoros, etc.) también se capitalizan.

> Cada estudiante de primaria en los Estados Unidos aprende a recitar la *Promesa de Lealtad*. Pero muy pocos estudiantes memorizan la *Declaración de Derechos* o el *Discurso de Gettysburg*.

> Los *Rollos del Mar Muerto* y el *Sudario de Turín* son temas de gran controversia entre los eruditos.

Períodos de tiempo y eventos

Los días festivos específicos se capitalizan (incluso cuando están precedidos por la palabra).

NO capitalice los nombres de los días de la semana o los meses del año.

> Este año, el *Día de Acción de Gracias* caerá un *jueves* y la *Navidad* caerá un *lunes*. Pero el año que viene ambos caerán el último *jueves* del mes.

> Llovió todos los *domingos* durante el mes de *abril*.

> El *4 de julio* es el *Día de la Independencia*.

Las estaciones del año no se capitalizan.

> Espero con ansias el *otoño* y el buen clima que traerá.

> La temperatura ha aumentado hasta los ochenta casi todos los días este *verano*.

Solo los eventos históricos, períodos y épocas nombrados específicamente se capitalizan.

> La rendición del *Sur* al *Norte* marcó el final de la *Guerra Civil*.

> La sangrienta *guerra civil* de la nación se cobró más de medio millón de vidas.

> Durante la *Gran Depresión*, el desempleo entre los hombres en edad laboral alcanzó el 25 por ciento.

> La recesión actual podría llegar a ser tan mala como la *depresión* de la década de 1930.

Las horas del día, como el *amanecer*, el *mediodía* y la *medianoche*, y la palabra en punto son sustantivos comunes (no en mayúscula).

Regiones geográficas

Las palabras que involucran la dirección de la brújula (Norte, Sur, Este, Oeste, Noreste, etc.) se escriben con mayúscula cuando se refieren a una sección o región geográfica específica (o, por ejemplo, cuando forman parte del nombre de una calle).

> El *Sudeste* es más húmedo que el *Sudoeste*.

> La *costa este* de *América del Norte* recibe más precipitaciones anuales que las del continente de la costa oeste.

> Este restaurante está ubicado en la calle *South Park*.

Pero estas palabras no se escriben con mayúscula cuando se usan simplemente para indicar la dirección.

> Sube por el flanco del *este* de la montaña y disfrutarás de una vista espectacular del valle.

> Gire hacia el *norte* cuando llegue a la señal de stop, luego busque la municipalidad en el lado *este* de la calle 75 *Oeste*.

Los nombres propios de las municipalidades bautizadas (ciudades, municipios y condados), estados, regiones y países se capitalizan. De lo contrario, palabras como *ciudad*, *condado* y *estado* no se escriben con mayúscula. Estudie y compare las palabras en cursiva en estas oraciones:

> Cuando conduzca por la carretera principal del *Condado de Thompson*, espere encontrar numerosas trampas de velocidad, especialmente dentro de los límites de la *ciudad de Hilltown*.

> Toda nuestra excursión por *Escandinava* fue una experiencia que valió la pena. Los fiordos a lo largo de la costa de *Noruega* eran magníficos.

Calles, monumentos y características geográficas

Solo las calles con nombres, carreteras calles, autopistas y otras con nombres específicos se capitalizan.

> Si conduce hacia el sur por *Skyline Parkway*, incorpórese a la *autopista* y luego busque la salida de *Lake Street*.

> Vivimos cerca de *Roosevelt Avenue*, que es paralela a *Park Lane*. Puedes tomar cualquier *calle* para llegar a nuestra casa.

Los edificios y otros puntos de referencia, parques y monumentos, montañas y valles, y cuerpos de agua (ríos, lagos, mares y océanos) se capitalizan. Estudie y compare las palabras en cursiva en estas oraciones:

> Ningún viaje a Washington, D.C., está completo sin una visita al *Capitolio* y *al Monumento a Lincoln*. Después de ver el *monumento*, asegúrese de dar un paseo por el *Río Potomac*.

> Los *Grandes Lagos* son los cuerpos de agua dulce más grandes del mundo. Entre los cinco *lagos*, el *Lago Superior* es el más grande.

> Al acercarse a la Tierra, la tripulación del transbordador pudo observar claramente la *Gran Muralla China* e incluso la *Presa de las Tres Gargantas*.

Cuerpos celestiales

Los cuerpos celestes específicamente nombrados (planetas, lunas, estrellas, etc.) también están en mayúscula. Estudie y compare las palabras en cursiva en estas oraciones:

> En un eclipse solar, *la Luna* viaja directamente entre la *Tierra* y *el Sol*. Durante este tipo de eclipse, la *Luna* bloquea casi toda *la luz solar*.

> Ganímedes es la *luna* más grande que orbita el planeta *Júpiter*.

> No pudimos cavar más profundo porque justo debajo de la *tierra* golpeamos una capa impermeable de Hardpan.

ORTOGRAFÍA

Esta sección sobre ortografía puede parecerle una revisión innecesaria, pero siempre es una buena idea familiarizarse con las reglas de ortografía al prepararse para cualquier examen. Las palabras son la base de cualquier idioma y actualizar sus habilidades de ortografía puede ayudarlo en el examen de GED cuando responda preguntas de revisión y cuando escriba su ensayo.

Esta sección se centra en las letras que componen las palabras del idioma español. Luego abordará brevemente las palabras que suenan de la misma manera, pero que están escritas de manera diferente, como las palabras *valla* y *vaya*. El desafío es conocer su significado y distinguirlos. Las reglas de ortografía aquí abordadas ayudarán a resolver el problema.

Uso de las letras *ll/y*

- Se escriben con *ll*:
    - las palabras que terminan en *-alle, -elle, -ello, -illa, -illo*: *valle, muelle, camello, vajilla, cigarrillo*. (A excepción de plebeyo, leguleyo).
    - las palabras que empiezan con las sílabas *fa-, fo-, fu-*: *falla, folleto, fuelle*.
- Se escriben con *y*:
    - las palabras cuyo sonido final es *i* precedido por otra vocal: *convoy, rey, muy*.
    - las palabras que contienen la sílaba *-yec-*: *proyección, inyectar*.
    - algunas formas de los verbos *creer, leer, poseer, oír, huir*: *creyeran, leyeron, poseyeran, oyó, huye*.

En algunos casos, las palabras cambian de sentido según se use *ll* o *y*, como en *calló* (del verbo *callar*) y *cayó* (del verbo *caer*). Consulte la **Lista de palabras peligrosas** que viene al final de la sección de ortografía.

Uso de las letras *r/rr*

- Use *r* a principio de palabra: *radio, rebaño, roca*; o en medio de palabra, después de *l, n, s* y, en algunos casos, *b* (cuando esta consonante no forma sílaba con la *r* siguiente): *alrededor, enredo, Israel, subrayar*.

- Use la *rr* en medio de la palabra y entre vocales, cuando la pronunciación es más fuerte que la de la *r* en la misma posición: *arriba, carro, zorro*. También se usa en palabras compuestas, cuando el segundo elemento comienza con *r*: *autorretrato, pelirrojo*. No se escribe rr al principio ni al final de una palabra.

Uso de las letras: *b/v/w*

- Se escriben con *b* las palabras en las que *b* va seguida de cualquier consonante: *sobre, blusa, objeto, abdicar, obstáculo*. Siempre se escribe *b* después de *m*: *cumbia, ámbar*. También se escriben con "*b*" las palabras que empiezan con **al-** y **ar–**: *árbol, albañil* (excepto *Álvaro, alveolo, arveja*).

- Siempre se escribe *v* después de *n*: *invitación, convento*. Se escriben con v las palabras que empiezan con **ad-, di-** (excepto *dibujo* y sus compuestos y derivados), **ob-** y **sub-**: *advertencia, diversión, obvio, subversivo*.

- En algunos casos, las palabras cambian de sentido, pero no de sonido según se use la *b* o la *v*. *Votar*, por ejemplo, suena igual que *botar*, pero *botar* se refiere a arrojar algo en la basura; mientras que *votar* se refiere a la acción de elegir a un representante. Consulte la **Lista de palabras peligrosas** que viene al final de la sección de ortografía.

- La *w* se usa a principio de palabra en palabras procedentes de otras lenguas: *waterpolo, watts, wagneriano*.

Uso de las letras *g/j*

- El dilema de ortografía con las letras *g* y *j* sólo puede surgir ante **-e** o **-i**, pues las secuencias **ge/je** y **gi/ji** se pronuncian igual.

- La *g* tiene un sonido suave delante de **-a** y **-o**, como en *gato* y *gota*. En las sílabas **gue** y **gui** la *g* también se pronuncia suavemente y la *u* no tiene sonido, como en: *guerra* y *guiando*. En las sílabas **güe** y **güi**, la *u* sí tiene sonido: *antigüedad* y *pingüino*.

- Se escriben con *g* las palabras en que este sonido va delante de cualquier consonante: *maligno, dogmático, glacial*.

- Se escriben con *g* las terminaciones **-gélico, -ginal, -ginoso, -gia, -gio, -gional, -gionario, -gioso** y **-gírico**: *angélico, original, vertiginoso, magia, regio, regional, legionario, contagioso, panegírico*.

- También se escriben con *g* las terminaciones: **-logía, -gogia, -gogía, -gente** y **-gencia**: *teología, demagogia, vigente, agencia*.

- Se escriben con *g* los verbos terminados en **-igerar, -ger** y **-gir**: *refrigerar, proteger, fingir* y sus correspondientes conjugaciones, excepto en el caso de los sonidos **ja** y **jo** que nunca se pueden representar con *g*: *proteja, finjo*.

- La *j* se usa ante cualquier vocal (sin que su sonido varíe) o en final de palabra: *jefe, jinete, reloj*.

- Se escriben con *j* las palabras que terminan en *-jería, -je, -aje, -eje, -uje, -jero*: *mensajería, monje, viaje, hereje, empuje, extranjero.*
- Se escriben con *j* los derivados y compuestos de palabras que llevan las sílabas *ja, jo, ju*: *caja/cajero/cajita, cojo/cojear, Juan/juanete.*

Uso de las letras *c/s/z*

- En casi todos los países del continente americano en los que se habla la lengua española no hay ninguna distinción en la pronunciación de la *c*, la *s* y la *z*. Es por eso que se cometen tantos errores al escribir palabras que llevan estas letras. Preste atención a las palabras cuando lea o escriba y memorice su ortografía y consulte la ***Lista de palabras peligrosas*** que viene al final de la sección de ortografía.
- Cuando la *c* precede a las vocales *a, o, u*; a otra consonante, o va al final de una palabra, suena como *k*: *cama, cueva, Jacobo, cruz, coñac.*
- Las combinaciones *ce* y *ci* suenan como *s*: *cerca, cielo.*
- La *s* representa un sonido muy frecuente en el español, pues sirve para marcar el plural. Puede presentarse al principio, en medio de la palabra o al final de ella: *sopas, espiral, tienes.*
- La *z* se escribe delante de *a, o, u*: *zapato, regazo, azúcar.* En estas sílabas, la *z* se pronuncia como *s* en América Latina.
- En algunas palabras se escribe la *z* antes de otra consonante y se también se escriben con *z* las palabras que terminan en *-azgo*: *izquierda, anzuelo, liderazgo, mayorazgo.*
- La *z* se escribe antes de *c* en algunas formas verbales cuyo infinitivo termina en *-acer, -ecer, -ocer, -ucir*: *nazco, aborrezco, produzca, traduzca.*
- La *z* también puede escribirse a final de palabra, como en *luz.* Los plurales de las palabras que terminan en *z* se escriben con la terminación *-ces*: *luz/ luces, vez/veces, actriz/actrices.*

Uso de la letra *h*

La *h* no se pronuncia en español. Aunque en algunas regiones de América Latina y en algunos pueblos de España ocurre que se pronuncia la *h* como una *j*, no se puede usar así en la expresión escrita.

- Existen varias reglas que se pueden usar de forma segura:
  - Se escriben con *h* las palabras que empiezan con *hie-, hue-, hui-*: *hierro, huevos, huída.*
  - Se escriben con *h* las palabras que empiezan con *hum-, horm-, horr-* seguidas por una vocal: *humo, hormiga, horripilante.*
  - La *h* se usa al interior de palabras compuestas cuyo segundo elemento empieza con *h*: *hueco/ahuecar, hijo/prohijar.*
  - La *h* también separa combinaciones vocálicas: *ahogar, vihuela, ahíto.*
  - Llevan *h* todas las formas de los verbos *haber, hacer, hablar, habitar, hallar* y las interjecciones *ah, eh, hurra, bah, hola, oh.*

Uso de las letras: *m/n*

- Use *m* antes de **p** y **b**, como en *embarcadero* o *empaquetar*.

- Se usa *m* antes de *n*, en palabras como *calumnia*, *columnista* o *inmediatamente*.

- La *m* nunca se duplica, a excepción de *gamma*, *Emmanuel*.

- La *m* se escribe al final de palabras cultas o procedentes de otras lenguas: *álbum*, *islam*.

- La *n* se escribe antes de las consonantes *v* y *f*: *inválido*, *confederación*.

- La *n* sí se duplica, como en: *innecesario*, *perenne*, *sinnúmero*.

Uso de la letra *x*

La *x* engloba los sonidos *k* y *s*. Sin embargo, en muchas ocasiones se pronuncia como *s* y eso puede ocasionar confusiones a la hora de escribir. Por ejemplo, muchas palabras que empiezan con **ex-** se pueden confundir con palabras que empiezan con **es-**, como en el caso de *expiar/espiar*, *contexto/contesto*. Distinga y memorice las palabras que se escriben con *x* para reconocerlas. Consulte la **Lista de palabras peligrosas** que viene al final de la sección de ortografía.

- Se escriben con *x* las palabras que llevan los prefijos latinos **extra-** y **ex-**, que significan "fuera": *extraordinario*, *exhumar*, *expatriar*.

- La *x* precede a la vocal y a la *h*: *examen*, *exhalación*, *exhibir*.

- Se escribe *x* antes de las sílabas **-pre-**, **-pri-**, **-pro-**: *expresión*, *exprimir*, *expropiar*.

LISTA DE PALABRAS PELIGROSAS

La práctica, o el uso constante de las reglas y de las palabras que aprenda, es una etapa fundamental para la adquisición de un buen vocabulario y un factor básico para el mejoramiento de su gramática.

Así, aunque no sea necesario que memorice la lista de palabras que sigue, le aconsejamos que se familiarice con la mayoría de ellas para reforzar los conocimientos adquiridos en este capítulo.

A

abrasar	acción	ahínco	arduo	automóvil
abrazar	acepción	ahogar	arpa	aviado
abrogar	aceptar	ahorrar	arrollo	aviar
abrupto	actriz	ahuyentar	arroyo	ávido
absceso	adherer	alcohol	ascensión	aviento
absolver	afligir	alioli	aserción	avispa
absorber	agobiado	aljibe	Asia	aya
abstemio	aguja	amnistía	asta	
abuela	ahí	antirreligioso	asunción	

Las siguientes expresiones se escriben separadas: *a menudo, a pesar, a través, a veces, ante todo.*

B

barahúnda	bello	bifurcación	bisturí	botar
basto	berenjena	billar	biznieto	brío
baúl	berrinche	bisabuelo/ bisabuela	boina	buzón

C

calavera	cayó	cigüeña	coerción	conyugar
calcetín	centena	cigüeñal	cohete	coñac
calló	centesimo	circulación	cohibir	coraje
carabela	cerilla	circular	columna	corrección
carácter	cesio	circunvalar	complexion	coser
caracteres	cesión	cirugía	compresión	crujir
carraspera	cidra	cobijar	cónica	cuenca
caviar	cifra	cocer	conmoción	cuota

D

dé	desecar	deshonesto	desván	deuda
(del verbo dar)	desechar	desmadejarse	desvancillo	dictadura
desayuno	deshielo	desmayarse	desvanecido	dictamen

E

el	energía	erupción	estribillo	exhibición
él	energiza	esotérico	excavación	exhortar
embalaje	envejecer	estáis	excéntrico	exótico
embestir	ermita	estiba	excepción	expropiar
enclavar	errar	estreñido	excesivo	extraer

F

fábula	fallida	fascista	fingir	fluidez
faccioso	fallo	ficción	flexión	fluido
fallecer				

G

gabán	gallo	gentil	gravados	guayaba
gabardine	garaje	gimnasia	Grávalos	gubernamental
galán	garbanzo	gimnasio	grecorromano	guerra
galleta	gargajear	gimnasta	grúa	guerrilla
gallina	gazpacho	gobierno	gruñir	guía
gallinero	gelatina	grabados	guatemalteca	guitarra

H

habilidoso	halagüeño	herbal	himno	huerta
habla	halla	herbívoro	hipnotizar	huésped
hacia	hasta	hiel	hojear	huevo
hacienda	haya	hielo	hojeada	humo
halagar	hebilla	hierba	huérfano	husmear
halaguen	hebillar	hierro		

I

ibero	imagen	injertar	innegable	instalar
iberoamericano	imbécil	inmolar	innovación	instigación
ídem	imbecilidad	inmóvil	inquilino	instilación
ignorancia	inhábil	innato	instalación	invasión
iguana				

J

jabalí	jerga	jirón	juicio	jurisdiccional
jabalina	jeringa	joya	juicioso	juvenil
jefe	jineta	juerga	jurisdicción	juzgado

K

kilogramo	kilométrico	kilómetro

L

labial	lavativa	lejía	levitar	litigio
labio	laxante	levantar	ligereza	longevidad
lavandera	legitimidad	levitando	ligero	loseta

Ll

llaga	llamativo	llanto	llave	llegada
llama	llanta			

M

madrastra	marroquí	mayúscula	mí	móvil
madurez	Marruecos	mejilla	mocoso	muchísimo
magnesia	mas	mellado	mohoso	mugir
magnetismo	más	mi	mojado	

N

nave	novato	novia	novio	nupcial
nova	novedad	noviazgo		

O

obeso	ojéala	orfandad	osamenta	oval
obvio	opción	originario	oscilando	ovario
ojal	opcional	orillas	ostentoso	oxígeno
ojeada				

P

pabellón	patrullando	peluquería	plagio	prevision
padrastro	payaso	perejil	precaver	prohibición
país	peligrosa	perenne	precoser	prohibitivo
paisaje	pellizco	perjuicio	prejuicio	provision
patrulla	peludos	plaga	prerrogativa	púa

Q

quechua	quemazón	quincallería	quiromancia	quisco
queja	quilas	quinceañera	quirúrgico	quizá
quejumbrosa	quimonos	quintal		

R

rábano	rebelión	rehúso	restablecimiento	rinconera
rail	recámara	rehusó	reuma	riñón
raíz	recambio	rehusar	reumatismo	rió
rayano	reflexión	reír	revelación	río
reacción	regimen	reloj	ríen	risa
reacio	regimiento	relojería	rincón	roído
reactivo	rehabilitación	reposar		

S

saliva	salvajismo	savia	servilleta	sexo

T

tejer	tóxico	trébol	trivial	tubular
termináis	traducción	tremol	tubería	turbina
toalla	transportación			

U

ubicuidad	ujier	úlcera	ungüento	uva

V

vaca	valvula	velludo	verbena	viuda
vaciamiento	vaquero	venda	verídico	visera
vacilar	vaselina	vendaje	verifico	voltaje
vagón	vasto	véndanla	verruga	voltea
vajilla	vaya	vendaval	vio	votación
valla	vejiga	veracidad	virar	votar

W

viuda	valvula	velludo	verbena	viuda
visera	vaquero	venda	verídico	visera
voltaje	vaselina	vendaje	verifico	voltaje
voltea	vasto	véndanla	verruga	voltea
votación	vaya	vendaval	vio	votación
votar	vejiga	veracidad	virar	votar

Y

yacimiento	yegua	yerro	yodo

Z

zafiro	zanahoria	zapato	zurcir	zutano
zambullendo	zapatazo	zarcillos		

EN RESUMEN

- **La estructura de la oración** se refiere a cómo las partes de una oración se unen como un todo. Las preguntas sobre la estructura de las oraciones representan una parte del componente del lenguaje del examen de Razonamiento a través de las artes del lenguaje GED.

- Las preguntas sobre la estructura de las oraciones en el examen de Razonamiento a través de las artes del lenguaje GED pueden presentar errores como:
    - Fragmentos de oraciones.
    - Frases mal construidas y coma indebida.
    - Paralelismo defectuoso que implica series.
    - Paralelismo defectuoso que implica correlativos.

- Parte del componente del lenguaje del examen de Razonamiento a través de las artes del lenguaje GED implica el uso de verbos y pronombres; es decir, si este tipo de palabras se usan correctamente en las oraciones.

- El examen cubre los siguientes componentes del lenguaje:
    - Concordancia sujeto-verbo y caso del pronombre.
    - Referencia.
    - Concordancia.

- Además de ser evaluado en el componente de lenguaje del examen de Razonamiento a través de las artes del lenguaje GED, estas habilidades también son importantes cuando se escribe la respuesta extendida.

- El componente de lenguaje del examen de Razonamiento en las artes del lenguaje GED también cubre los siguientes problemas de mecánica:
    - Uso de puntuación.
    - Uso de las tildes o acentos en las palabras.
    - Capitalización (distinguir entre sustantivos propios y comunes).

PARTE IV
EL EXAMEN DE ESTUDIOS SOCIALES

Dominar el examen de Estudios sociales

Capítulo 7

DESCRIPCIÓN GENERAL

- Todo sobre el examen de Estudios sociales
- Formatos utilizados para las preguntas del examen de Estudios sociales GED®
- Áreas temáticas para las preguntas del examen de Estudios sociales GED®
- Material de referencia para las preguntas del examen de Estudios sociales GED®
- Tipos de preguntas en el examen de Estudios sociales
- Preguntas basadas en representaciones visuales
- Estrategias generales para tomar el examen
- En resumen

EL EXAMEN DE ESTUDIOS SOCIALES EN POCAS PALABRAS

Tiempo permitido: 70 minutos

Número total de preguntas: 30–35 preguntas

Formato: cada pregunta se basa en un pasaje de texto y/o representación visual

Longitud de pasajes de texto: hasta 150 palabras

Número de preguntas por pasaje o visual: espere de 1 a 5 (1 o 2 es lo más común)

TODO SOBRE EL EXAMEN DE ESTUDIOS SOCIALES

El amplio campo académico de los **Estudios sociales** incluye una amplia variedad de materias, todas involucrando a humanos actividad y relaciones. Estos temas incluyen historia, civismo y gobierno, economía, sociología, antropología, psicología y geografía (así como algunas otras). El examen de Estudios sociales GED está diseñado para medir una variedad de habilidades dentro del contexto de solo cuatro de estas áreas temáticas: historia, ciencias políticas (civismo y gobierno), economía y geografía.

El examen consta de un rango de 30–35 preguntas de opción múltiple. Aquí hay un desglose aproximado en términos de las áreas temáticas que cubre la prueba (los porcentajes y los números pueden variar ligeramente):

50 %	Civismo y Gobierno
20 %	Historia de los Estados Unidos
15 %	Economía
15 %	Geografía

Las preguntas del examen *no* están agrupadas por área de contenido. Al contrario, las preguntas de todas las áreas enumeradas anteriormente están mezcladas. Responder a las preguntas en cada una de estas áreas le permitirá demostrar el siguiente conjunto de habilidades:

- Lectura y escritura en Estudios sociales (33 %)
- Conceptos de Estudios sociales (33 %)
- Razonamiento matemático en Estudios sociales (33 %)

Estas áreas de habilidades están diseñadas para medir sus capacidades en la comprensión de la información (memoria y comprensión), analizar información (extraer inferencias y conclusiones), evaluar información (sintetizar) y aplicar conceptos e ideas a una variedad de situaciones. Mantenga eso en mente, ya que, junto con el conocimiento previo de las áreas de contenido enumeradas anteriormente, puede esperar manejar las preguntas con mayor facilidad y confianza. Los materiales de revisión que aparecen más adelante en esta parte del libro están diseñados para ayudarle en este respecto.

FORMATOS UTILIZADOS PARA LAS PREGUNTAS DEL EXAMEN DE ESTUDIOS SOCIALES GED®

El examen de Estudios sociales GED utiliza un formato electrónico que proporciona una variedad de formatos de preguntas. La mayoría de sus preguntas se presentarán en un formato tradicional de opción múltiple, otros (como menús desplegables, seleccionar un área, arrastrar y soltar y rellenar los espacios en blanco) le permiten proporcionar una respuesta específica en ciertas áreas temáticas. Cada pregunta de opción múltiple será numerada con cuatro opciones. La mayoría de las preguntas se basará en breves pasajes de texto, que pueden variar en longitud: desde unas pocas oraciones hasta 150 palabras (aproximadamente un cuarto de página). Una pregunta que involucre el pasaje de texto puede referirse a él como un "pasaje" o como "información" o como "texto". El resto de las preguntas se basarán en mapas, cuadros, dibujos animados, diagramas y otras representaciones visuales. Algunas (pero no todas) las representaciones visuales irán acompañadas de un breve pasaje de texto. A veces, tendrá que analizar el texto en sí mismo en cuanto a identificación de hechos y opiniones, sesgos y elementos de propaganda. Finalmente, muchas de las preguntas se presentarán en grupos de dos a cinco con base en el mismo pasaje y/o representación visual.

Las preguntas desplegables consisten en pasajes con espacios en blanco que se pueden completar seleccionando la respuesta correcta en un menú desplegable. Este texto simulará esas preguntas, proporcionando pociones de respuestas similares a las de una pregunta de opción múltiple. Igualmente, las preguntas para completar el espacio en blanco incluirán un espacio en blanco para que pueda proporcionar la respuesta correcta. Las preguntas de arrastrar y soltar para seleccionar un área están basadas en mapas o gráficos. El primero lo reta a proporcionar el contenido correcto, mientras que el segundo lo reta a ubicar un área específica en un mapa.

ÁREAS TEMÁTICAS PARA LAS PREGUNTAS DEL EXAMEN DE ESTUDIOS SOCIALES GED®

Como se indicó anteriormente, las áreas temáticas que encontrará en el examen de Estudios sociales se limitan a la educación cívica y gobierno, historia, economía y geografía. Aunque puede revisar cada área con mayor profundidad más adelante en esta parte del libro, a continuación se muestra una encuesta inicial de cada uno.

Civismo y gobierno

Las preguntas sobre **civismo y gobierno**, que son aspectos de la ciencia política, explican alrededor del 50 % de la prueba. Puedee encontrar preguntas lidiando con cualquiera de los siguientes aspectos de civismo y gobierno:

- Tipos de gobiernos modernos e históricos
- Principios que han contribuido al desarrollo de la democracia constitucional estadounidense
- Estructura y diseño del gobierno de los Estados Unidos
- Derechos y responsabilidades individuales
- Partidos políticos, campañas y elecciones en la política estadounidense
- Políticas públicas contemporáneas

En el examen GED, muchas preguntas cívicas y gubernamentales se basarán en conceptos incorporados en los siguientes documentos importantes:

- La Declaración de Independencia de los Estados Unidos
- La Constitución de los Estados Unidos original (sin enmendar)
- Enmiendas a la Constitución de los Estados Unidos
- Los documentos federalistas
- Decisiones históricas de la Corte Suprema de los EE. UU.

Una pregunta relacionada con uno de estos documentos podría citar el documento, o podría parafrasear o resumir el documento.

Historia

La **historia** se puede definir como el registro de eventos pasados o como el tema que compone esos registros. En el examen GED, usted repasará hechos y registros históricos y obtendrá información de ellos aplicando habilidades de lectura comprensión y analíticas. Las preguntas no requerirán que recuerde hechos históricos como nombres, fechas u otra información trivial, por lo que solo necesita poder trabajar dentro de un contexto histórico para tener éxito al responder las preguntas de historia. Sin embargo, si tiene una buena fundación de historia, tendrá una ventaja al responder estas preguntas.

Las preguntas de historia representan aproximadamente el 20 % de la prueba. De estas preguntas, espere que tres o cuatro traten la historia de los Estados Unidos. Espere al menos una pregunta que trate las siguientes grandes eras de la historia de los Estados Unidos:

- Asentamiento europeo y población de las Américas
- Documentos históricos clave que han dado forma al gobierno constitucional estadounidense
- Períodos Revolucionarios y de la República Temprana
- La Guerra Civil Estadounidense y la Reconstrucción
- Derechos civiles
- 1ª y 2ª Guerra Mundial
- La Guerra Fría
- Política exterior estadounidense desde el 11 de septiembre

Economía

Preguntas de **economía**, o aquellas relacionadas con el estudio de cómo los humanos usan los recursos para satisfacer sus necesidades materiales, representarán aproximadamente el 15 % de la prueba. Algunas preguntas están basadas en cómo la economía se relaciona con la política del gobierno o eventos clave en la historia. Aquí están los aspectos generales de la economía que pueden incluir estas preguntas:

- Eventos económicos clave que han dado forma al gobierno y las políticas estadounidenses
- Relación entre libertades políticas y económicas
- Conceptos económicos fundamentales
- Macroeconomía y microeconomía
- Economía del consumidor
- Causas económicas e impactos de las guerras
- Impulsores económicos de la colonización y exploración
- Revoluciones científicas e industriales

Una pregunta de economía podría enfocarse en un contexto histórico (como la Gran Depresión de la década de 1930), o podría presentar un escenario hipotético en su lugar. Espere algunas preguntas de economía que se refieran a tablas, cuadros y gráficos. Finalmente, tenga en cuenta que algunas preguntas de este tema podrían incorporar ciertos conceptos de psicología, especialmente los relacionados con la publicidad o el comportamiento del consumidor.

Geografía

Espere que alrededor del 15 % de las preguntas de Estudios sociales se centren en la **geografía**, que es el estudio de las características físicas de la tierra y la forma en que los humanos se adaptan a esas características a través del desarrollo de culturas y comunidades. Entre los posibles temas para una pregunta de geografía del examen GED están los siguientes:

- Desarrollo de civilizaciones clásicas
- Relaciones entre el medio ambiente y el desarrollo social
- Fronteras entre pueblos y naciones
- Migración humana

En el examen de Estudios sociales GED, es probable que encuentre algunas preguntas de geografía basadas únicamente sobre información textual, mientras que otras preguntas incluirán una representación visual: un mapa, globo, gráfico, gráfico o tabla (además de, o en lugar de, texto).

MATERIAL DE REFERENCIA PARA LAS PREGUNTAS DEL EXAMEN DE ESTUDIOS SOCIALES GED®

La fundación del material para el examen de Estudios sociales GED incluye fuentes primarias y secundarias. Las **fuentes primarias** son aquellas que son originales y contemporáneas para cualquier evento o desarrollo de los documentos originales. Ejemplos de fuentes primarias incluyen documentos históricos, leyes, discursos, artículos periodísticos, caricaturas políticas y mapas. Las **fuentes secundarias** son aquellas que se basan en fuentes primarias u otras fuentes secundarias. Un libro de texto es un buen ejemplo de una fuente secundaria.

Una pregunta puede ser de una fuente textual, una fuente visual o una combinación de fuentes textuales y visuales. Independientemente de la fuente, recuerde que no necesitará reconocer o identificar ningún documento o la base de cualquier información. Por el contrario, su tarea será comprender, evaluar, analizar o aplicar la información que se le proporciona.

TIPOS DE PREGUNTAS EN EL EXAMEN DE ESTUDIOS SOCIALES

El examen de Estudios sociales mide sus habilidades en tres áreas principales: lectura y escritura, conceptos de Estudios sociales y Razonamiento matemático en Estudios sociales. Encontrará estas habilidades a lo largo del examen. En las próximas páginas, se examinará cada tipo de pregunta más de cerca. Tenga en cuenta que el tipo de preguntas del GED que se encuentran aquí están basadas en pasajes de texto, en lugar de en imágenes. En la próxima sección, aprenderá cómo manejar preguntas que involucran imágenes.

Preguntas de comprensión

Las preguntas de comprensión requieren que lea y recuerde la información contenida en un pasaje. En la mayoría de casos, también requieren que *usted comprenda e interprete*, en otras palabras, comprenda las ideas y conceptos que transmiten las palabras del pasaje. Algunas preguntas de comprensión requerirán que comprenda la idea principal de un pasaje, muy parecido a una pregunta de idea principal en el Razonamiento en las artes del lenguaje. Para manejar este tipo de preguntas, busque una respuesta que resuma el pasaje. En cambio, otras preguntas de comprensión se centran en los detalles del pasaje.

Aunque la opción de respuesta correcta podría repetir una frase del pasaje palabra por palabra, es más probable que parafrasee o proporcione una interpretación de la información del pasaje. En otras palabras, las preguntas de comprensión generalmente se centran en las *ideas* de un pasaje en lugar de cómo esas ideas están expresadas en la lectura. Las opciones de respuesta incorrectas a menudo contradicen la información del pasaje o proporcionan afirmaciones que no están respaldadas por el pasaje o que no responden a la pregunta específica que se está haciendo.

Para comprender cómo una pregunta de comprensión puede requerir interpretación, en lugar de simplemente recordar lo que ha leído en un pasaje, estudie los siguientes dos ejemplos:

La pregunta 1 hace referencia a la siguiente información.

Durante la década de 1700, los europeos cosecharon muchos beneficios de la revolución agrícola. Nuevos métodos de la agricultura aumentaron la producción y variedad de alimentos en muchas granjas. Los nuevos alimentos que fueron añadidos eran muy necesarios para la variedad de las dietas de muchos europeos. Dietas más grandes y equilibradas reforzaron el sistema inmunológico de muchos europeos y les ayudó a ser más fuertes y saludables.

1. ¿Qué desarrollo ocurrió en Europa del siglo XVIII?
   A. La sobreexplotación dejó el suelo infértil para las demás generaciones.
   B. Los avances en la tecnología agrícola mejoraron la salud de la población.
   C. Las sequías severas causaron hambruna en la agricultura y otras áreas rurales.
   D. La industrialización dejó a Europa con relativamente pocos agricultores.

Tenga en cuenta que la opción B no simplemente repite una parte particular del pasaje, palabra por palabra. En vez, combina y parafrasea dos ideas estrechamente relacionadas: primero, que los nuevos métodos de cultivo aumentaron la variedad de alimentos y, segundo, que esa mayor variedad de alimentos condujo a mejorar la salud de muchos europeos. El pasaje no incluye la palabra *tecnología*, ni se basa en a la "población". Sin embargo, la opción B proporciona una buena interpretación de estas dos ideas estrechamente relacionadas del pasaje. Ninguna de las otras tres declaraciones son apoyadas por el pasaje. **La respuesta correcta es B.**

La pregunta 2 hace referencia a la siguiente información.

El comercio internacional se produce cuando los productos fabricados en un país se envían a otro lugar o *se exportan* para la venta, mientras que los bienes fabricados en otros lugares se los traen al país o *se los importan* para venta en el país. A menudo, los gobiernos pueden recaudar dinero imponiendo impuestos (aranceles) sobre los bienes importados de otros países. Aunque las tarifas son pagadas por los fabricantes de bienes, el costo del impuesto generalmente se incluye en el costo del producto en sí, lo que significa que el impuesto se pasa al consumidor. Un fabricante a menudo puede obtener ganancias al producir un exceso de bienes y luego exportando el excedente. Cuando el fabricante puede hacer esto, el costo de producción suele reducirse en cada unidad producida, por lo que el precio final se reduce para los productos vendidos en el país de producción.

2. Los precios más bajos en productos manufacturados se obtienen cuando un fabricante puede | Seleccione ▼ |

   A. imponer un tarifa a los bienes importados.

   B. importar materiales que se necesitan para fabricar sus productos.

   C. pasar una tarifa a los consumidores.

   D. exportar un excedente de bienes.

La opción D esencialmente proporciona el punto de las dos últimas oraciones del pasaje: al producir más unidades, un fabricante a menudo puede reducir su costo por unidad y luego pasar los ahorros a los consumidores domésticos mientras cobran más por ventas excedentes en países extranjeros. Aunque el pasaje no declare explícitamente que así es como se realiza el precio más bajo en productos manufacturados, usted puede interpretar la información de esta manera.

La opción A contradice el pasaje: es un gobierno, no un fabricante, el que impone aranceles. La opción B no está respaldada por el pasaje; un fabricante puede ahorrar dinero importando materiales dependiendo del costo de esos materiales. La opción C indica una actividad que los fabricantes pueden hacer, de acuerdo al pasaje. Pero la opción C es incorrecta porque pasar un impuesto no es la mejor forma de bajar un precio. Entonces la opción C no responde la pregunta. **La respuesta correcta es D.**

Como ilustra el segundo de los dos ejemplos anteriores, al manejar preguntas de comprensión que incluyen pasajes más largos, asegúrese de enfocarse en la parte del pasaje sobre el que se hace la pregunta. Algunas de las opciones de respuesta incorrecta probablemente involucran otras partes del pasaje; partes que no son relevantes para la pregunta en cuestión.

La pregunta 3 hace referencia a la siguiente información.

Los críticos y defensores de la guerra de Vietnam eran ruidososs y expresivos, y sus opiniones llevaron a una ola de protestas y teorías sobre las verdaderas intenciones de Estados Unidos de involucrarse en otra gran pelea en el extranjero. Los defensores de la guerra afirmaron que la participación estadounidense fue necesaria para detener la propagación del comunismo en Vietnam y los países vecinos. Los que se opusieron a la guerra afirmaron que se trataba de una extralimitación inútil del poder y la influencia estadounidense, y que condujo a la pérdida innecesaria de vidas estadounidenses y vietnamitas.

3. ¿Cuál de las siguientes opciones es una hipótesis informada sobre el motivo de participación en la guerra de Vietnam?

    A. Estados Unidos entró en la guerra para asegurar el acceso al negocio de producción de arroz en Vietnam del Norte.

    B. Estados Unidos quería tomar el poder político en Vietnam del Sur cuando decidió entrar en la guerra.

    C. Estados Unidos fue inicialmente intimidado por el poder militar vietnamita cuando estaba considerando entrar en la guerra.

    D. Estados Unidos quería ayudar a detener la propagación del comunismo en Vietnam del Sur.

Las opciones A, B y C son afirmaciones no respaldadas con respecto a la participación estadounidense en Vietnam, ya que no hay evidencia creíble para apoyar estas nociones. La opción D es la única razonable y una hipótesis informada—que fue apoyada por el gobierno estadounidense en el momento en que el país entró en la guerra, cuando proporcionó su justificación para entrar. **La respuesta correcta es D.**

Las preguntas de comprensión pueden ayudarlo a distinguir entre reclamos no respaldados e hipótesis informadas sobre una amplia gama de eventos históricos claves, algunos de los cuales están inmersos en controversia.

Preguntas de análisis

Las preguntas de análisis van más allá de comprender la información en un pasaje o imagen. El análisis involucra organizar la información; explicando cómo las ideas, hechos o datos se conectan entre sí; patrones de información, y reconocer inferencias, conclusiones y significados más allá de lo que se establece. Algunas preguntas de análisis pueden requerir que *infiera* causas o efectos históricos o económicos (inferir es dibujar una conclusión razonable basada en cierta información). Otras preguntas de análisis pueden requerir que detecte similitudes y diferencias entre dos eventos, épocas, sistemas u otros fenómenos. Otras preguntas de análisis pueden requerir que distinga los hechos de las opiniones. Estas son solo algunas de las muchas posibilidades de preguntas de análisis.

La pregunta 4 hace referencia a la siguiente información.

Determinar la intención de los Padres Fundadores de los Estados Unidos cuando redactaron el léxico contenido en la Segunda Enmienda (*"Una milicia bien regulada es necesaria para la seguridad de un estado libre, no se infringirá en el derecho de las personas a mantener y armas".*) sigue siendo importante en el fuerte debate sobre el control de armas. Los que apoyan las armas sin restricciones dicen que la Segunda Enmienda proporciona directa y explícitamente a los ciudadanos la libertad y el derecho a poseer armas como mejor les parezca, mientras que algunos defensores del control de armas afirman que el léxico de la Segunda Enmienda no niega al gobierno el derecho para regular la propiedad o legislar leyes de control de armas que evolucionan para reflejar los tiempos e innovaciones en la tecnología de armas (los Padres Fundadores apenas podrían haber imaginado el poder y capacidad de las armas disponibles hoy en día en comparación con las disponibles en el momento en que la enmienda fue escrita).

4. ¿Cuál de los siguientes refleja un hecho con respecto al lenguaje contenido en la Segunda Enmienda de la Constitución de los Estados Unidos?
   A. Los Padres Fundadores creían que la seguridad de un estado libre requería una milicia bien regulada.
   B. Los Padres Fundadores creían que todos los ciudadanos deberían poder conservar y mantener armas.
   C. Los Padres Fundadores creían que una nación sin armas nunca puede ser verdaderamente segura.
   D. Los Padres Fundadores creían que se deberían fabricar todo tipo de armas disponibles a la venta para los ciudadanos Estadounidenses.

Hay muchas opiniones en el continuo debate sobre el control de armas, con defensores vocales en ambas partes, que ofrecen sus puntos de vista sobre la intención de los Padres Fundadores al redactar el léxico contenido en la Segunda Enmienda de la Constitución de los Estados Unidos. Sin embargo, entre las opciones de respuestas proporcionadas existen un hecho irrefutable: que los Padres Fundadores creían que la seguridad de un estado libre requería una milicia bien regulada (*"Una milicia bien regulada es necesaria para la seguridad de un estado libre …"*). Las otras opciones de respuesta reflejan opiniones sobre el léxico contenido en la enmienda. **La respuesta correcta es A.**

Espere encontrar preguntas que cuestionen su capacidad de distinguir entre hechos, opiniones y razonamientos en un documento de fuente primario, como una Enmienda a la Constitución, y esté listo para analizar la precisión de las interpretaciones de significado e intención de fuentes secundarias.

La pregunta 5 hace referencia a la siguiente información.

Los países industrializados necesitan suministros ininterrumpidos de petróleo para que sus economías puedan funcionar. La Organización de Países Exportadores de Petróleo (OPEP) ha realizado importantes avances para ayudar a ciertos países menos industrializados a ser más autosuficientes. Porque esos países tienen un monopolio virtual sobre la exportación de petróleo, han podido subir los precios sustancialmente.

5. ¿Por qué algunas naciones industrializadas se oponen a la OPEP?
   A. No quieren competencia en la producción de petróleo.
   B. Los precios más altos del petróleo pueden aumentar el costo de administrar una economía.
   C. Algunas naciones no industrializadas tienen pocas o ninguna reserva de petróleo.
   D. La OPEP no es miembro de las Naciones Unidas.

Para responder a la pregunta, debe inferir un efecto, o consecuencia, de lo que ha logrado la OPEP. Debido a que el petróleo es un bien valioso en casi todas las áreas de la economía de una nación industrializada, el costo de operar una economía así aumentaría proporcionalmente al costo del petróleo, perjudicando la economía de las naciones (que obviamente es un resultado que ninguna nación querría para sí misma). **La respuesta correcta es B.**

La pregunta 6 hace referencia a la siguiente información.

El *comunismo* es un sistema político y económico en el que los principales medios de producción y la distribución de bienes y productos son compartidos en común por todas las personas. En su forma más pura, el comunismo significa incluso compartir toda la propiedad. El término se utiliza generalmente para describir los sistemas económicos en la Rusia soviética y China. El *socialismo* es un sistema económico en el que la mayoría de los recursos productivos, tanto humanos como naturales, son propiedad del estado o sus agencias, y controlados por ellos. Se supone que la producción es más equitativa (más justa) y más eficiente bajo el socialismo, porque la producción se divide entre la población, que bajo el capitalismo de estilo occidental.

6. ¿Qué tienen el comunismo y el socialismo en común?
   A. La propiedad privada de los recursos
   B. La competencia en los negocios
   C. Que los dos son considerados tanto políticos, así como sistemas económicos
   D. La división de la producción entre todas las personas

Para responder a esta pregunta, debe tener en cuenta las similitudes y diferencias entre los dos sistemas. Ni el comunismo ni el socialismo promueven la propiedad privada de los recursos (opción A) ni promueven la competencia en los negocios (opción B). Solo el comunismo es considerado tanto político, como un sistema económico (opción C). Sin embargo, ambos sistemas creen en la división de la producción entre todas las personas (opción D). La forma en que se realiza la división puede diferir, pero ambos respaldan la teoría de que esa división de producción es buena. **La respuesta correcta es D.**

La pregunta 7 hace referencia a la siguiente información.

Después de la Gran Guerra, más tarde conocida como la Primera Guerra Mundial, los Estados Unidos, Gran Bretaña y Francia unieron fuerzas y redactaron términos para la Alemania derrotada. Los términos, conocidos como el Tratado de Versalles, reflejaban la posición de los aliados de que Alemania tenía la culpa de la guerra. En consecuencia, el tratado disponía que Alemania tenía prohibido tener una fuerza aérea militar y que el ejército y la marina Alemanas debían ser estrictamente limitadas en tamaño. Además, bajo el tratado, Alemania debía pagar 132 mil millones de marcos de oro en reparaciones a las naciones que había dañado durante la guerra. Alemania no tuvo más remedio que cumplir con todos estos términos.

7. ¿Cuál de las siguientes es una opinión, más que un hecho, sobre la conclusión e inmediatamente después de la Primera Guerra Mundial?
   A. Alemania tenía poco o nada que decir sobre los términos del tratado.
   B. El castigo de Alemania fue injusto ya que otras naciones habían dañado a Alemania también.
   C. Después de la Gran Guerra, Alemania se quedó sin una fuerza aérea para defenderse.
   D. Francia fue una de las naciones que participó en la Gran Guerra.

Según la información del pasaje, las opciones C y D son claramente precisas, por lo que las puede eliminar. La opción A no es un hecho previsto en el pasaje. Entonces, ¿esto significa que la declaración de la opción A es simplemente una opinión? No. El pasaje deja claro que el tratado fue redactado por los países que se habían opuesto a Alemania, y que Alemania "no tuvo más remedio que cumplir" los términos del tratado. Entonces se puede inferir que Alemania tenía poco o nada que decir en las negociaciones del tratado. En contraste, la opción B es simplemente por opinión. Si los términos del tratado son justos puede depender de la perspectiva de uno en la guerra. **La respuesta correcta es B.**

También se le puede pedir que analice las relaciones entre textos que ofrecen diferentes perspectivas u opiniones sobre un tema de Estudios sociales.

Las preguntas 8 y 9 hacen referencia a la siguiente información.

Documento 1

"... Así, el pacto constituido ha sido deliberadamente roto y descartado por los estados en contra de la esclavitud, y la consecuencia es que Carolina del Sur queda eximida de su obligación ...

... Nosotros, por lo tanto, el pueblo de Carolina del Sur, por nuestros delegados en la Convención reunida, apelando al Juez Supremo del mundo por la rectitud de nuestras intenciones, hemos declarado solemnemente que la Unión existente hasta ahora entre este Estado y otros Estados de América del Norte, se disuelve, y que el Estado de Carolina del Sur ha retomado su posición entre las naciones del mundo, como un estado separado e independiente; con pleno poder para imponer la guerra, concluir la paz, contraer alianzas, establecer comercio y hacer todos los demás actos y cosas que los Estados independientes pueden hacer por derecho."

Fuente: Declaración de causas inmediatas que inducen y justifican la secesión de Carolina del Sur de la Unión Federal. 1860. De Docsteach.org

Documento 2

"... Sostengo que, en la contemplación del derecho universal, y de la Constitución, la Unión de estos Estados es perpetuo. La perpetuidad está implícita, si no se expresa, en la ley fundamental de todos los gobiernos nacionales. Es seguro afirmar que ningún gobierno en sí tuvo una disposición en su ley orgánica para su terminación propia. Continuar ejecutando todas las disposiciones expresas de nuestra Constitución Nacional, y la Unión perdurará para siempre; es imposible destruirla excepto por alguna acción no prevista en el instrumento mismo ...

... De estos puntos de vista se deduce que ningún estado, por su propia moción, puede salir legalmente de la Unión; que las resoluciones y ordenanzas a tal efecto son legalmente nulas; y que los actos de violencia, dentro de cualquier estado o estados, contra la autoridad de los Estados Unidos, son insurreccionales o revolucionarios, según las circunstancias."

Fuente: Dirección inaugural. 1860. Folleto de los discursos de [del presidente Abraham] Lincoln. 1912. De Docsteach.org

8. ¿Estos dos documentos llevaron a cuál de los siguientes eventos en la historia de los Estados Unidos?
    A. La Guerra Franco-India
    B. La Revolución Estadounidense
    C. La Guerra de Estados Unidos-México
    D. La Guerra Civil Estadounidense

La secesión de Carolina del Sur y otros estados del sur comenzaría una guerra civil de cuatro años en Estados Unidos, que dividió el país en dos. Mientras que la Guerra de Franco-India (opción A), la Revolución Estadounidense (opción B), y la Guerra de Estados Unidos-México (opción C) involucró al pueblo de los Estados Unidos de América, solo la Guerra Civil Estadounidense enfrentó a las personas en contra de ellos mismos, lo que resultó en la muerte de más de 620,000 hombres, más que cualquier otra guerra en la historia estadounidense. **La respuesta correcta es D.**

9. ¿El autor del primer documento cree en qué tipo de teoría sobre la secesión?
- **A.** Contrato
- **B.** Pacto
- **C.** Ley natural
- **D.** Constitucional

Esta pregunta requiere un conocimiento general de las teorías políticas relacionadas con el desarrollo de constituciones federales. En su discurso inaugural, Abraham Lincoln afirmó su creencia en la teoría de contrato, lo que significa que todas las personas firmaron un acuerdo con la Constitución, no los estados, y por lo tanto los estados no tenían derecho a separarse. En contraste, Carolina del Sur argumentó que la teoría del pacto justificaba su secesión, cuando los estados se unieron o "pactaron" para formar la unión y, por lo tanto, tenían derecho a determinar si el gobierno había sobrepasado sus límites de autoridad según lo establecido en el pacto. **La respuesta correcta es B.**

Preguntas de Evaluación

La evaluación implica recurrir a su comprensión y capacidades analíticas para hacer una evaluación, juicio o crítica o para sacar una conclusión. Una pregunta de evaluación puede hacerle caracterizar un evento, era o sistema descrito o resumido en un pasaje. O podría pedirle que reconozca un posible beneficio o inconveniente de una política económica o política, o con una ley particular. Una pregunta de evaluación puede presentar un punto de vista, junto con declaraciones numeradas que reflejan o se oponen a ese punto de vista. Una evaluación puede pedirle que determine si las declaraciones hechas en un pasaje son hechos u opiniones, o si el autor de un pasaje parece ser un experto confiable o alguien con opiniones sesgadas. Las preguntas de evaluación a menudo incluyen citas y documentos históricos.

Al manejar estas preguntas, es tan importante reconocer una evaluación justa de la información, como lo es reconocer evaluaciones y juicios injustos. Esté atento a las opciones de respuestas incorrectas que especulan demasiado o que saltan a conclusiones o juicios que no son razonables basados únicamente en la información proporcionada.

La pregunta 10 hace referencia a la siguiente información.

"La causa aparente de la guerra fue el tema de la esclavitud. Sin embargo, la esclavitud fue solo uno de muchos problemas que abrieron una brecha entre las dos partes. Uno de los puntos principales de contención entre las dos partes era la cuestión de los derechos de los estados. Otro problema fue el favoritismo mostrado en el Congreso hacia el norte. Sin embargo, la gota que colmó el vaso fue la elección de Abraham Lincoln, un candidato que no recibió un verdadero mandato del pueblo en función del número de votos que recibió."

10. La guerra a la que se referían las palabras citadas fue la Guerra Civil de los Estados Unidos. ¿Cuál de los siguientes es **más probable** que sea cierto sobre el autor de las palabras citadas?

El autor
A. simpatizaba con el sur.
B. se opuso a la esclavitud.
C. vio muchas causas de la guerra.
D. participó en la guerra.

La pregunta le pide que haga una evaluación o saque una conclusión sobre lo que el autor escribió. Por lo tanto, debe comprender los puntos específicos de la cita, así como los puntos amplios del autor. Porque el autor identifica varios factores posibles contribuyentes que conducen a la Guerra Civil, es justo concluir que el autor, de hecho, reconoció que la guerra tenía muchas causas, aunque algunos de los puntos que el autor hace podrían ser los mismos que un simpatizante del sur podría haber hecho. Es injusto concluir, basándose únicamente en el pasaje, que el autor simpatizaba con el sur. **La respuesta correcta es C.**

La pregunta 11 hace referencia a la siguiente información.

La Decimocuarta ¿a o de la? Constitución de los Estados Unidos dice en parte: "…(C) Ninguna persona deberá ser senador o representante en el Congreso, o elector de presidente y vicepresidente, u ocupar cualquier cargo, civil o militar, en los Estados Unidos o en cualquier estado que, habiendo jurado previamente, como miembro del Congreso o como funcionario de los Estados Unidos, o como miembro de cualquier legislatura estatal, o como funcionario ejecutivo o judicial de cualquier estado, para apoyar la Constitución de los Estados Unidos, haya participado en insurrecciones o rebeliones contra el mismo, o dado ayuda o consejos a los enemigos del mismo. Pero el Congreso puede por votación de dos tercios de cada Cámara, eliminar dicha discapacidad…."

11. ¿Cuál es la intención de esta parte de la Decimocuarta Enmienda?
    A. Alentar el enjuiciamiento penal de los funcionarios electos.
    B. Asegurar la lealtad del partido en todos los niveles de gobierno.
    C. Mejorar la seguridad de la nación y sus estados.
    D. Alentar a los ciudadanos patrióticos a postularse para el Congreso.

La pregunta requiere que evalúe y caracterice la parte citada de la Decimocuarta Enmienda. La parte enumera una serie de oficinas gubernamentales y luego prohíbe a cualquier persona que representa una amenaza para el gobierno tener cualquiera de las oficinas públicas mencionadas. La opción C proporciona una buena caracterización de lo que esta pretendía lograr. Observe que las opciones A y D van demasiado lejos. El propósito de la parte citada de la Decimocuarta Enmienda es más limitada de lo que la opción A o la opción D sugieren. La opción B es incorrecta porque la disposición se basa en a lealtad a los gobiernos estatales y federales, no a ningún partido político. **La respuesta correcta es C.**

Preguntas de solicitud

Las preguntas de solicitud requieren que use la información de un pasaje (o imagen) de una manera que sea diferente de la forma en que se le presenta. En otras palabras, su tarea es aplicar las ideas a nuevas situaciones y contextos. Utilice su comprensión del concepto descrito en el pasaje, junto con sentido común, para identificar la respuesta correcta.

La pregunta 12 hace referencia a la siguiente información.

Durante un período de recesión económica, el producto nacional bruto (PNB) de la nación está en disminución, lo que significa que la economía en su conjunto está produciendo menos bienes y proporcionando menos servicios que antes.

12. ¿Cómo es **menos probable** que una pequeña empresa se comporte durante una recesión económica?
    A. Poniendo sus productos a la venta
    B. Dando a los empleados leales un aumento de sueldo
    C. Limitando los tipos de productos que vende
    D. Agotando su inventario de bienes

Esta pregunta requiere que no solo comprenda la definición de una recesión, sino que también aplique el concepto a una situación no descrita específicamente en el pasaje. Cuando hay menos bienes y servicios producidos, todos ganan menos dinero y, a su vez, todos tienen menos dinero para gastar. Los comportamientos descrito en las opciones A, C y D tienen sentido en esta situación. Elimine esas elecciones. **La respuesta correcta es B.**

La pregunta 13 hace referencia a la siguiente información.

Un *cabildero* es una persona que representa a un grupo de personas y cuyo trabajo es trabajar para intereses especiales de ese grupo. Un cabildero se comunicará con los miembros del Congreso para asegurarse de que se asigne dinero para el trabajo del grupo. El cabildero intentará persuadirlos de que los intereses que representa son más dignos que otros para recibir una parte de recursos financieros.

13. ¿Qué actividad estaría **más** relacionada con el cabildeo?
  A. Explicar a un legislador por qué él o ella deben postularse para la reelección
  B. Solicitar al ayuntamiento que apruebe una ley que prohíba fumar en lugares públicos
  C. Convencer al jefe de organizar una fiesta en la oficina que mejorará la moral de los trabajadores.
  D. Organizar una huelga sindical en protesta por los salarios injustamente bajos

La opción C es la única que describe un interés en común de un grupo de personas (empleados), y donde alguien que representa al grupo intenta obtener un beneficio (una fiesta) para el grupo de alguien en condiciones de dárselo (el jefe), persuadiendo a esa persona de los beneficios de hacer dicha acción (mejora en la moral de los trabajadores). **La respuesta correcta es C.**

La pregunta 14 hace referencia a la siguiente información.

El 2 de agosto de 1990, el presidente iraquí Saddam Hussein invadió Kuwait, estado vecino rico en petróleo, aproximadamente del tamaño de Nueva Jersey, y encendió un conflicto que, en última instancia, llevaría a su caída. Hasta ese momento, Estados Unidos se había hecho de la vista gorda a las políticas represivas del régimen de Saddam. Las directivas de seguridad nacional aconsejaron "incentivos económicos", como suministros de alimentos, para incitar a Iraq hacia políticas más humanas. Tras la invasión iraquí de Kuwait, la administración de Bush denunció la "agresión desnuda" de las acciones de Irak, incluso cuando temía una invasión de la Arabia Saudita rica en petróleo. Se emitieron sanciones económicas, pero Saddam no retiró sus fuerzas de Kuwait. En noviembre, los Estados Unidos apelaron al Consejo de Seguridad de las Naciones para autorizar una intervención militar. En la Resolución 678, el Consejo de Seguridad dio a Iraq hasta el 15 de enero de 1991 para retirarse. Saddam Hussein prometió que la invasión militar resultaría en la "madre de todas las batallas" y los críticos en casa advirtieron de una guerra larga y sangrienta. El presidente Bush había afirmado que una orden de él para una invasión estadounidense para liberar Kuwait no requería la aprobación del Congreso, pero cambió la política y solicitó autorización del Congreso, aprobación que recibió el 12 de enero. Estados Unidos comenzó una guerra aérea contra Bagdad y los puntos de apoyo iraquíes en Kuwait. Cuando Irak respondió atacando a Israel, la administración Bush proporcionó misiles Patriot operados por personal estadounidenses. Cuando Irak incendió los campos petroleros de Kuwait, las fuerzas estadounidenses invadieron Kuwait el 23 de febrero; invasión que duró 100 horas. Miles de iraquíes fueron asesinados y decenas de ellos se rindieron o huyeron al norte. El 27 de febrero, el presidente Bush declaró que Kuwait había sido liberado.

14. Según el autor, la decisión del Presidente George H.W. Bush de invadir Kuwait
    A. se hizo sin la aprobación del Congreso.
    B. revirtió la política estadounidense anterior hacia Irak.
    C. incurrió la desaprobación generalizada de las Naciones Unidas.
    D. fue ignorado por Saddam Hussein.

En los primeros años de la presidencia de Bush, su administración había utilizado incentivos económicos y medios diplomáticos para intentar influir en la política iraquí. En una inversión de la política anterior, Bush finalmente decidió invadir Kuwait, que ocurrió con la aprobación del Congreso y el apoyo de la ONU. Irak respondió a las advertencias iniciales prometiendo una guerra sangrienta y tomó represalias contra los bombardeos estadounidenses con ataques aéreos contra Israel e incinerando campos petroleros de Kuwait. **La respuesta correcta es B.**

La pregunta 15 hace referencia a la siguiente información.

El discurso político que siguió a la invasión estadounidense de Irak en 2003 fue especialmente intenso e incluyó una amplia gama de puntos de vista (algunos de los cuales se vieron reforzados por evidencias concretas y otros por teorías no fundamentadas). Entre las teorías más extremas, que muchos expertos argumentan que carece de evidencia creíble, es la noción de que la administración de Bush planeó e inició el ataque del 11 de septiembre para incentivar a la población a que apoyara al ejército, "justificando" la invasión de Irak, que el gobierno usó para beneficiarse de las reservas de petróleo en la región así como en los esfuerzos de reconstrucción basados en contratos y para avanzar su agenda política en el extranjero.

15. ¿Cuál de las siguientes es una fuente creíble de información sobre la guerra de Irak después de los acontecimientos del 11 de septiembre de 2001?
    A. Un blog personal dedicado a descubrir conspiraciones en todo el mundo
    B. Un ensayo de estudiante que refleja su opinión sobre la guerra y sus consecuencias
    C. Documentación que detalla la guerra liberada directamente por la CIA
    D. El boletín de un grupo anarquista, que se centra en criticar las estructuras de poder existentes en el mundo

Esta pregunta le pide que evalúe la credibilidad de los autores en el discurso político histórico y contemporáneo, un tema común en el examen. La única fuente de información creíble y verificable con respecto a la guerra de Irak después de los eventos del 11 de septiembre de 2001, entre las opciones de respuesta, es la documentación directa de un departamento gubernamental, como la CIA. Las fuentes secundarias entre las otras opciones de respuesta no son fuentes de información creíbles. **La respuesta correcta es C.**

PREGUNTAS BASADAS EN REPRESENTACIONES VISUALES

Aproximadamente el 40 % de las preguntas en el examen de Estudios sociales GED se basan en una representación visual de algún tipo o en un breve pasaje de texto acompañado de una representación visual. Lo "visual" puede ser un cuadro, gráfico o tabla; o puede ser una caricatura política, una foto u otra ilustración; o podría ser un mapa, diagrama o línea de tiempo.

Las preguntas basadas en imágenes están diseñadas para medir su capacidad de interpretar el significado de la imagen (así como el texto que lo acompaña, si lo hay). Incluso si no reconoce el elemento visual o no entiende inicialmente, aún puede encontrar la mejor respuesta buscando pistas o cosas que sí reconozca.

En las siguientes páginas, examinará los tipos de imágenes que aparecen con mayor frecuencia en la prueba. Verá algunos ejemplos de cada tipo y aprenderá a manejarlos.

Dibujos y/o caricaturas editoriales

Las caricaturas en el examen de Estudios sociales GED no son del tipo que encontrará en la sección de cómics de un periódico. En cambio, son del tipo que aparece en la sección editorial de un periódico, que contiene artículos, ensayos y dibujos animados que expresan opiniones sobre eventos actuales. Estas caricaturas editoriales a veces se les conoce como *dibujos animados polític*os, a pesar de que a menudo tratan con una tema mucho más amplio de preguntas, desde políticas y económicas hasta sociales y culturales.

Los caricaturistas editoriales no se preocupan por proporcionar información. En cambio, a través de sus dibujos animados, expresan sus opiniones y perspectivas (su "inclinación") sobre los eventos actuales y los problemas del día. Sus caricaturas llevan mensajes que generalmente son críticos de las ideas predominantes, instituciones bien establecidas, e individuos influyentes—especialmente figuras políticas en el ojo público del momento. Los dibujantes editoriales suelen emplear humor, sarcasmo e ironía para transmitir sus mensajes.

En cuanto a cómo estos dibujantes transmiten sus mensajes, sus caricaturas a menudo muestran personajes parecidos a los humanos, que el artista suele usar para representar una figura pública específica y conocida (por ejemplo, un presidente o candidato presidencial, un dictador o líder de otro país, un gobierno de alto rango oficial, o incluso un comentarista influyente de los medios de comunicación). El dibujante editorial generalmente retrata a la persona específica como una caricatura, que exagera las características físicas prominentes de la persona.

Por supuesto, cuando una caricatura editorial muestra una caricatura de una persona específica y conocida, usted sabe que el mensaje de la caricatura tiene que ver con esa persona. Pero los caricaturistas editoriales a menudo usan un estilo de personajes humanos, animales e incluso objetos para representar o *simbolizar* algo más, como lo siguiente:

- Un grupo de individuos específicos—por ejemplo, la Corte Suprema o un cuerpo legislativo. (como el Senado de los Estados Unidos)
- Una entidad definida geográficamente—por ejemplo, un estado o nación en particular, el Norte o el Sur (como durante la Guerra Civil de los EE. UU.), O la Unión Europea

- Una organización o alianza—por ejemplo, un partido político, las Naciones Unidas, un cartel petrolero como OPEP, cabilderos políticos o grandes empresas
- Una idea abstracta, una ideología o una causa—por ejemplo, capitalismo de libre mercado, fundamentalismo religioso, bienestar social, ambientalismo, la llamada "guerra contra el terror" o control de armas

Estos son solo algunos de los símbolos que se usan con frecuencia en las caricaturas editoriales:

- Un águila, para representar la democracia o la libertad
- Una hoz y martillo, para representar el comunismo
- Un burro, para representar al partido político demócrata
- Un elefante, para representar al partido político republicano
- Un soldado, para representar a uno de los países involucrados en una guerra
- Un juez, para representar el concepto de justicia
- Un mendigo, para representar el bienestar social
- Un montón de dinero, para representar la avaricia o el capitalismo

A veces, individuos específicos se asocian tan estrechamente con una ideología, causa o concepto que un dibujante usará una caricatura de esa persona como símbolo, especialmente si el lector es lo suficientemente sofisticado como para entender el simbolismo. Por ejemplo:

- Lenin ha llegado a representar el comunismo al estilo soviético.
- Theodore Roosevelt ha llegado a representar la oposición a los monopolios y las grandes empresas.
- Adolf Hitler ha llegado a representar la persecución e incluso es visto como la encarnación del mal.
- Franklin D. Roosevelt ha llegado a representar al estilo New Deal, o el llamado "gran" gobierno.
- Richard Nixon ha llegado a representar el escándalo político, el secreto y la política sucia.

Mientras examina los personajes y objetos en una caricatura editorial, busque pistas sobre lo que representan. El dibujante puede escribir una palabra o frase breve sobre los personajes (especialmente su ropa), así como en otros objetos representados, para ayudar al público a comprender el simbolismo. Busque cuidadosamente esas pistas, ya que generalmente aparecen en letra pequeña. Recuerde: si el dibujante se tomó la molestia de escribir palabras en cualquier parte de la caricatura, esas palabras sin duda serán útiles para entender la idea que el dibujante intentaba transmitir.

También preste mucha atención a cómo aparecen los personajes y lo que están haciendo o diciendo. Un personaje podría ser dibujado para parecer noble y victorioso o agresivo y malvado; o se puede dibujar un personaje que parezca derrotado, herido o victimizado. Puede parecer que dos personajes están peleando o enojados el uno con el otro, o pueden parecer amigables el uno con el otro. Posturas corporales, expresiones faciales, los modos de vestir, los objetos transportados o sostenidos, y otras pistas visuales pueden ser útiles para comprender un mensaje en las caricaturas. Además, los diálogos —generalmente escritos en burbujas sobre los personajes—son aún más cruciales para ese mensaje.

Finalmente, las caricaturas editoriales a veces vienen con **leyendas** (palabras que aparecen debajo de la ilustración). Un título puede indicar lo que dice un personaje, o puede proporcionar una pista sobre cómo interpretar o evaluar la caricatura. Si la caricatura incluye un título, puede estar seguro de que es crucial para entender el mensaje de una caricatura.

La pregunta 16 hace referencia a la siguiente caricatura.

¿Cuánto será que les dura la luna de miel?

16. ¿Qué idea está tratando de transmitir el artista que creó la caricatura? Hitler y Stalin
   A. deben ser socios porque tienen mucho en común.
   B. estaban en términos hostiles antes de formar una sociedad.
   C. han formado una alianza que esperan mantener en secreto de sus enemigos mutuos.
   D. han formado una sociedad cuyas perspectivas son inciertas.

Su conocimiento de la historia del siglo XX puede ser útil para interpretar la caricatura, pero no es necesario para responder la pregunta en cuestión. Puede que no haya reconocido a Stalin en la caricatura, pero observe el símbolo de la hoz y el martillo, junto con la esvástica, en el pastel de bodas. Estos símbolos proporcionan una pista sobre la identidad de ambos personajes. En cualquier caso, la pregunta proporciona esta información.

En esta pregunta, el título es crucial para entender el mensaje. Planteando la pregunta "¿Cuánto será que les dura la luna de miel?" sugiere que un nuevo matrimonio, aunque feliz al principio, podría volverse agrio con el tiempo. La caricatura implica que la relación es buena al comienzo, pero el futuro de la relación es incierto (opción D). La opción A es incorrecta porque la caricatura muestra que Hitler y Stalin ya son socios. Las opciones B y C pueden o no proporcionar información histórica precisa, pero dado que la caricatura no proporciona pistas sobre la relación pasada entre Hitler y Stalin (opción B), o si su alianza fue secreta (opción C), puede descartar ambas opciones. De nuevo: si una caricatura proporciona un título, puede estar seguro de que es crucial para comprender la intención del caricaturista. **La respuesta correcta es D.**

Mapas

Durante el examen de Estudios sociales, encontrará al menos una o dos preguntas de geografía y/o historia basada en mapas. No espere encontrar los tipos de mapas que usa en su vida diaria para ayudarle a encontrar su camino a través de la ciudad o de una ciudad a otra. En cambio, es probable que vea cualquiera de los siguientes tipos de mapas, dependiendo del tipo de información que el mapa esté destinado a proporcionar:

- **Mapa político**: Este es el tipo de mapa más familiar para la mayoría de las personas. Muestra fronteras políticas de ciudades, estados y países, así como capitales y otras ciudades importantes. Sobre el examen de Estudios sociales GED, un mapa de este tipo podría cubrir una región de varios estados, todo un país, una región de varios países o un continente entero (y posiblemente los mares y océanos alrededor).

- **Mapa topográfico**: Este tipo de mapa muestra las ubicaciones de características naturales como ríos, lagos, mares, cordilleras y desiertos. También puede centrarse en las ubicaciones de recursos como minerales, madera (bosques) y otras formas de vegetación o cultivos, e incluso vida animal. Un mapa topográfico también puede proporcionar elevaciones (altitud) en varios lugares.

- **Mapa histórico**: Este tipo de mapa proporciona una línea de tiempo de eventos históricos claves según donde tuvieron lugar. Los mapas históricos a menudo proporcionan rótulos, que enumeran eventos y/o fechas y señalan los lugares en el mapa donde ocurrieron los eventos.

Las tres categorías enumeradas anteriormente no son mutuamente excluyentes. Por ejemplo, un mapa puede proporcionar limites de política, así como características geográficas. Los mapas históricos generalmente muestran regiones definidas políticamente como colonias, provincias, naciones, territorios, reinos e incluso imperios.

Independientemente del tipo de mapa que implique una pregunta de prueba, debe comenzar leyendo el título del mapa. El título proporcionará pistas sobre qué información transmite el mapa. Luego, ubique la clave del mapa, o **leyenda** (si existe). La leyenda a menudo se encuentra a un lado o en la parte inferior del mapa. Esta explicará los símbolos utilizados en el mapa, así como cualquier color o sombreado utilizado en el mapa. La leyenda también puede contener una escala del mapa que indica distancias en el mapa. Aquí hay un ejemplo típico de una leyenda de un mapa:

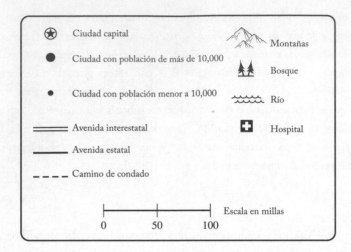

Dado que los mapas se pueden usar para mostrar cualquier tipo de información geográfica, antropológica o histórica específica, una gran cantidad de tipos de mapas especializados son posibles. Recuerde, la opción de seleccionar un área o un dibujo y soltar las funciones interactivas le permite determinar exactamente en qué parte del mapa ocurrió un evento específico o en dónde se puede verificar información específica. Los siguientes dos mapas sirven para ilustrar, cada uno va acompañado de dos preguntas de estilo del examen GED.

Las preguntas 17 y 18 hacen referencia al siguiente mapa.

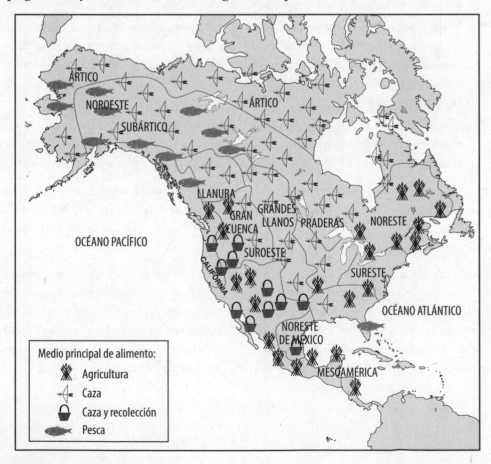

17. Haga clic en el mapa para indicar en qué región de América del Norte la mayoría de los nativos estadounidenses pescaban para su sustento.

En le examen GED virtual, hará clic para indicar su respuesta. Para esta versión en papel, escriba su respuesta en el mapa. Refiriéndose a la leyenda del mapa, puede ver que la pesca, representada por el símbolo del pez, tuvo lugar principalmente en la parte noroeste del continente. Un conocimiento elemental de la geografía y las direcciones son suficientes aquí para identificar la parte noroeste de América del Norte. **La respuesta correcta es el Noroeste.**

18. ⬜ estaban disponibles para los primeros nativos americanos de la Gran Basin como medio de sustento.

Al tomar el examen GED virtual, escribirá su respuesta en el cuadro. Para esta prueba en papel, por favor escríbalo sobre el espacio en blanco. Para responder esta pregunta, debe ubicar el área del Gran Basin en el mapa (en la región central izquierda del mapa). En esa área, encontrará los símbolos para la agricultura, la caza y la recolección y caza. **La respuesta correcta es la caza, la recolección y la agricultura.**

Las preguntas 19 y 20 hacen referencia al siguiente mapa.

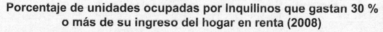

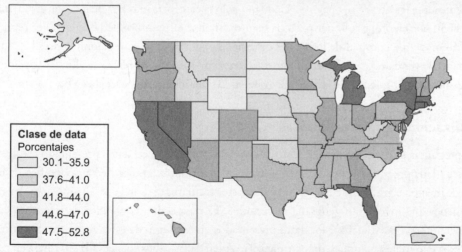

Porcentaje de unidades ocupadas por Inquilinos que gastan 30 % o más de su ingreso del hogar en renta (2008)

Clase de data
Porcentajes
- 30.1–35.9
- 37.6–41.0
- 41.8–44.0
- 44.6–47.0
- 47.5–52.8

Estados Unidos: 45.9 % estimado, márgen de error +/- 0.1 %
Fuente: Oficina de censo de EE. UU., 2006-2008 Encuesta de la comunidad estadounidense

19. ¿En cuántos estados, incluidos Alaska y Hawái, se encuentra el porcentaje de hogares que alquilan su residencia en lugar de poseerla entre el 30.1 a 41.0 por ciento?
  A. 11
  B. 15
  C. 46
  D. No se proporciona suficiente información.

Esta pregunta ilustra la importancia de leer el título de un mapa. Según el título de este mapa, el mapa proporciona solamente la relación entre renta-ingreso en cada estado, que es completamente diferente de la relación entre inquilinos y propietarios. No se proporciona suficiente información para responder esta pregunta. **La respuesta correcta es D.**

20. ¿El mapa respalda **mejor** cuál de las siguientes conclusiones?

- **A.** En promedio, los inquilinos de EE. UU. pagan más por el alquiler que por el resto de sus gastos de vida combinados.
- **B.** La vivienda de alquiler en Arizona es menos accesible que la vivienda de alquiler en la mayoría de los otros estados.
- **C.** El alquiler promedio en Georgia es mayor que en la mayoría de los otros estados.
- **D.** Los estados con la proporción más alta de renta-ingreso tienen el porcentaje más alto de dueños de casa.

Esta es una pregunta relativamente difícil. Centrándose en la opción B, la relación de alquiler e ingreso para los residentes de Arizona está en la segunda categoría más alta (44.6–47.0 por ciento) entre los cinco provistos en la leyenda. Estimando el número total de estados en las dos categorías principales, encontrará que el total es mucho menor de la mitad de 51 (el número total de estados, así como Puerto Rico). Interpretar la relación entre renta e ingreso es una indicación de "asequibilidad", Arizona es claramente menos asequible que la mayoría de los estados cuando se trata de vivienda de alquiler (opción B).

Ahora considere las otras tres opciones. Dado que solo la categoría más alta de relación renta-ingreso excede el 50 por ciento, y solo por poco, es seguro concluir que, en promedio, el alquiler representa *menos* (no más) que la mitad de los gastos de vivienda para inquilinos estadounidenses (opción A). El mapa y la leyenda no proporcionan información sobre los montos reales de alquiler (opción C) o sobre las tasas de propiedad de la vivienda (opción D). **La respuesta correcta es B.**

Visualizaciones gráficas de datos

Varias preguntas sobre el examen de Estudios sociales se basarán en datos presentados en formato de gráficas. Una pregunta de este tipo puede basarse en una tabla, gráfico de barras, gráfico de líneas, gráfico de imagen o gráfico circular (gráfico pie). Estos formatos se usan generalmente para preguntas de exámenes que involucran geografía y economía. El repaso de matemática de este libro explica cómo leer, interpretar y analizar los datos presentados en cada uno de estos formatos. Asegúrese de revisar esos materiales cuando se prepare para el examen de Estudios sociales GED. Tenga en cuenta, sin embargo, que, en el examen de Estudios sociales, el énfasis no está en el cálculo de números, sino, más bien, en las siguientes habilidades:

- Comprender qué pretende mostrar el gráfico
- Leer e interpretar los datos
- Comprender la importancia de los datos
- Sacar conclusiones generales de los datos

Aunque es posible que deba realizar tareas aritméticas simples, como contar o sumar no tendrá que calcular porcentajes, proporciones o promedios precisos (estas habilidades se miden en la prueba de matemática y razonamiento.) Además de las preguntas de opción múltiple, los elementos de la tabla y el gráfico pueden pedirle que use la función interactiva de arrastrar y soltar.

Las siguientes dos preguntas de estilo del examen GED se basan en el mismo gráfico e ilustran el enfoque de las preguntas de visualización de datos en el examen de Estudios sociales, que se centra mucho más en comprender e interpretar gráficos en un contexto de Estudios sociales que en la aplicación de las matemáticas.

Las preguntas 21 y 22 hacen referencia a los siguientes gráficos.

El boom económico de la guerra, 1940–1945

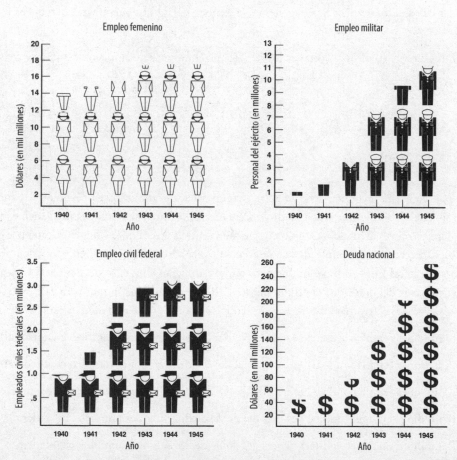

21. ¿Qué conclusión puede sacar de la información presentada en los gráficos?

   Desde 1940 hasta 1945:

   A. La tasa de empleo entre los hombres fue mayor que entre las mujeres.

   B. Todo el personal militar de los Estados Unidos era hombres.

   C. Un aumento en el empleo civil federal contribuyó al aumento de gastos del gobierno.

   D. El mayor aumento en el empleo fue entre las mujeres.

Centrándose en la opción C, las gráficas superior derecha e inferior izquierda muestran que el empleo militar y el empleo civil federal aumentaron en el transcurso de la guerra. El cuadro inferior derecho muestra que la *deuda* del gobierno aumentó en el transcurso de la guerra. Juntos, los tres cuadros apoyan firmemente la inferencia de el aumento del empleo civil federal (así como el aumento del empleo militar) contribuyó al aumento del gasto público. Aunque no pueda sacar esta conclusión con absoluta certeza, los datos lo respaldan firmemente.

Ahora considere las otras tres opciones. Observe que el cuadro superior izquierdo expresa el empleo femenino en términos de *dólares* (en mil millones), no en términos de la cantidad de mujeres empleadas. Entonces no se puede llegar a cualquier conclusión sobre cuántas mujeres fueron empleadas desde 1940 hasta 1945, lo que elimina las opciones A y D. En cuanto a la opción B, aunque los símbolos utilizados en el cuadro superior derecho se parecen más a los hombres que las mujeres, es injusto sacar conclusiones sobre el género basadas únicamente en estos símbolos (mantenga en cuenta esta lección cuando analice gráficos de imágenes en el examen GED.) **La respuesta correcta es C.**

22. ¿Durante cuántos de los años mostrados fue el número de empleados militares más del doble del número de empleados civiles federales?
    A. Uno
    B. Dos
    C. Tres
    D. Cuatro

Para responder a esta pregunta, debe analizar y comparar los gráficos inferior izquierdo y superior derecho (puede ignorar los otros dos cuadros). Para cada año, mire la altura de la imagen, luego mire a la izquierda para ver el número de empleo que representa la altura de la imagen. Comience con el año 1940. Observe que los empleados civiles federales (cuadro inferior izquierdo) y el número de empleados militares (gráfico superior derecho) ambos sumaban alrededor de 1 millón. El segundo número no es más del doble que el primer número. Realice un análisis similar para cada año subsecuente (observe que aproximar los números será suficiente, y muy poca matemática está involucrada):

1941: 2.0 millones (empleo militar) *no* es más del doble de 1.5 millones (empleo civil federal).

1942: 3.5 millones (empleo militar) *no* es más del doble de 2.6 millones (empleo civil federal).

1943: 8.0 millones (empleo militar) es más del doble de 3.0 millones (empleo civil federal).

1944: 10.5 millones (empleo militar) es más del doble de 3.2 millones (empleo civil federal).

1945: 12.0 millones (empleo militar) es más del doble de 3.3 millones (empleo civil federal).

Como puede ver, durante tres de los seis años, el empleo militar fue más del doble del empleo civil federal. **La respuesta correcta es C.**

ESTRATEGIAS GENERALES PARA TOMAR EXAMEN

Estas son algunas estrategias generales para abordar el examen de Estudios sociales GED en su totalidad. Estos puntos de consejo generalmente se aplican a todo tipo de preguntas. Aplique estas estrategias en las pruebas de práctica en este libro, y luego repáselas nuevamente justo el día antes del examen.

Primero, lea la(s) pregunta(s) basada(s) en un pasaje de un texto o una representación visual.

Antes de mirar una imagen visual o leer incluso un breve pasaje, lea la parte principal de la pregunta (la pregunta en sí, pero no las opciones de respuesta). Si el pasaje o elemento visual viene con más de una pregunta, lea toda las preguntas primero. Esta tarea sólo debe tomar de 10 a 15 segundos. La(s) pregunta(s) puede(n) proporcionar pistas en cuanto a lo que debe enfocarse y pensar al leer el texto o analizar lo visual.

Lea un pasaje de texto directamente antes de responder cualquier pregunta basada en él.

Si una pregunta o grupo de preguntas se basa en a un pasaje de texto, lea el pasaje de principio a fin sin interrupción. Preste atención especial a cómo se conectan las ideas. Piense en el mensaje general, o la idea principal, del texto. También piense si las ideas conducen naturalmente a alguna conclusión o inferencia. Si lo hace, es muy probable que la(s) pregunta(s) se centre(n) en esta característica.

Use su tablero de notas mientras lee un pasaje más largo.

Los pasajes pueden ser de hasta 150 palabras de largo (aproximadamente un cuarto de página), lo suficientemente largos como para merecer tomar notas mientras lee. Anote palabras y frases claves que le ayuden a pensar activamente mientras lee, lo cual lo ayudará a responder las preguntas sobre el pasaje.

Al leer cuadros, gráficos, mapas y líneas de tiempo, no se atasque en cada detalle.

Algunas representaciones visuales contendrán más información de la que necesitará para responder a la(s) pregunta(s) basada(s) en ellos. De hecho, una de las habilidades en las que lo están evaluando es su capacidad para clasificar esa información y para determinar qué es relevante (y qué no es relevante) para la pregunta en cuestión. Así que no pierda el tiempo analizando cada detalle en una representación visual. En cambio, concentre su atención en lo que la pregunta le está pidiendo.

Lea cualquier título o leyenda que acompañe a un mapa, cuadro, gráfico o dibujo.

Muchas veces, el título o leyenda le dará una pista sobre el verdadero significado de lo visual. Usted puede luego usar esta pista para aclarar la pregunta y eliminar respuestas incorrectas.

Aplique sentido común.

Muchas preguntas, especialmente sobre economía y geografía, pueden resultar desconocidas a primera vista. Sin embargo, recuerde que usted usa y toma decisiones sobre economía y geografía cada día. Use sus habilidades prácticas de economía y geografía en la vida real para ayudarle en el examen.

Si es posible, formule su propia respuesta a una pregunta antes de leer las opciones de respuesta.

Para cada pregunta, intente formular su propia respuesta y *luego* escanee las opciones en busca de algo que se asemeje a su respuesta formulada. Esta técnica evitará que se confunda y se distraiga por opciones de respuesta incorrectas.

Mantenga un ritmo adecuado.

Tiene 70 minutos para responder todas las preguntas en el examen de Estudios sociales GED. Las preguntas no se presentan en ningún orden de dificultad establecido. Entonces, después de 35 minutos, debería haber respondido aproximadamente 18 preguntas, si se está quedando atrás, acelere. En cualquier caso, intente responder todas las preguntas con al menos cinco minutos de sobra, para que pueda regresar y reconsiderar cualquier respuesta sobre la que no estaba seguro.

EN RESUMEN

- Las preguntas el examen de Estudios sociales GED evalúan su conocimiento de principios, conceptos importantes, eventos y relaciones. Las preguntas cubren historia, civismo y gobierno, economía, y geografía.

- El examen de Estudios sociales contiene hasta 35 preguntas, incluyendo de menú desplegable, completar el espacio en blanco, arrastrar y soltar, y dos preguntas para seleccionar un área.

  ○ El examen de Estudios sociales se enfoca en tres áreas de habilidades principales: lectura y escritura, conceptos de estudios sociales y razonamiento matemático en estudios sociales.

- La mayoría de las preguntas se basan en breves pasajes de texto, que varían en longitud de unas pocas oraciones hasta 150 palabras (aproximadamente un cuarto de página).

  ○ Una pregunta que involucra un pasaje de texto podría referirse a él como un "pasaje" o como "información" o "texto".

- Otras preguntas se basan en mapas, gráficos, caricaturas, dibujos, diagramas y otros elementos visuales.

  ○ Algunas representaciones visuales también van acompañadas de un breve pasaje de texto.

- El examen de Estudios sociales GED requiere que demuestre que puede hacer lo siguiente:

  ○ Comprender el material

  ○ Sacar inferencias y conclusiones

  ○ Evaluar la información

  ○ Aplicar conceptos e ideas a otras situaciones

- La mejor manera de obtener buenos resultados en esta prueba es leer la sección de la portada de un artículo confiable, un periódico o fuente de noticias todos los días, mire las noticias en la televisión, escuche debates serios de los eventos actuales en la radio pública, y piense en los problemas actuales. También puede ser útil que visite su biblioteca local y mire los atlas, mapas y revistas de noticias.

Repaso de Estudios sociales

DESCRIPCIÓN GENERAL

- **Historia de los Estados Unidos**
- **Civismo y gobierno**
- **El gobierno de los Estados Unidos**
- **Economía**
- **Geografía**
- **Documentos históricos en el examen de Estudios sociales GED®**
- **En resumen**
- **Preguntas de práctica**
- **Clave de respuestas y explicaciones**

El examen de Estudios sociales GED está diseñado para medir las habilidades de pensamiento crítico en lugar del conocimiento. Sin embargo, si tiene cierta familiaridad previa con las cuatro áreas de contenido cubiertas en el examen (historia, civismo y gobierno, economía y geografía), puede esperar manejar las preguntas con mayor facilidad y confianza. Los materiales de revisión en esta parte del libro están diseñados para ayudarle con eso. Tenga en cuenta que este repaso solo pretende resaltar los cuatro contenidos de las áreas enumeradas anteriormente, de ninguna manera pretende ser un examen exhaustivo de estas áreas.

Se proporcionarán preguntas a lo largo de esta revisión de estudios sociales. A medida que las responda, tenga en cuenta que los pasajes de texto en los que se basan son más largos que los del examen de Estudios sociales GED. También hay, más adelante en a revisión, resúmenes claves de documentos históricos de EE. UU. cubiertos en el examen de Estudios sociales.

HISTORIA DE LOS ESTADOS UNIDOS

Esta historia se centra principalmente en la historia de los EE. UU., aunque parte de esta historia se presenta en el contexto de los asuntos mundiales y las relaciones entre los Estados Unidos con otras naciones. Comienza con la colonización europea de las Américas e incluye preguntas sobre la población de nativos americanos que viveron en América del Norte. Finaliza con la política exterior estadounidense después del 11 de septiembre.

Asentamiento europeo y población del Nuevo Mundo

A finales del siglo XIV, los exploradores europeos se embarcaron en una serie de expediciones de descubrimiento y conquista. Sus objetivos eran acumular grandes riquezas conquistando pueblos indígenas, para dar fama a sus monarcas y a ellos mismos por sus audaces hazañas, y para traer el cristianismo a las regiones que exploraron y explotaron. Los primeros exploradores fueron motivados por cuentos fabulosos de Oriente traídos por Marco Polo y otros comerciantes italianos, y especialmente por los valiosos productos que trajeron consigo, como especies, seda, oro y plata. El príncipe Enrique de Portugal buscó una ruta marítima a la India alrededor de África para que los comerciantes portugueses pudieran evitar los intermediarios italianos que habían monopolizado el comercio de lujo oriental. Bajo su dirección, los exploradores portugueses exploraron gran parte de la costa africana y establecieron puestos comerciales rentables en el Delta del Níger y más al sur en Angola. Finalmente, los exploradores portugueses llegaron al comercio del sur de las ciudades Indias. En sólo 50 años, Portugal controlaba esencialmente el Océano Índico con puestos comerciales estratégicamente ubicados y con poderío militar naval.

Mientras Portugal apuntaba a dominar el Océano Índico, España también comenzó a explorar y buscar colonias. **Cristóbal Colón**, que era un comerciante italiano y que tenía experiencia en navegación de barcos que se utilizaron para el comercio portugués en el Océano Índico, intentó viajar a través del Atlántico hasta la India y romper el monopolio comercial de Portugal. Colón desembarcó en las Bahamas, no en la India, aunque él pensó que había llegado a la India.

A final del siglo XV, España y Portugal dominaban el comercio y los territorios en Asia y las Américas. Portugal controlaba la mayor parte del comercio del Océano Índico, así como las plantaciones de especias en Indonesia, mientras que España controlaba extensas partes de América Central y del Sur. Temiendo una guerra entre los dos rivales, el papa Alejandro VI (Rodrigo Borgia) ayudó a negociar el Tratado de Tordesillas, que esencialmente dividió el mundo a la mitad, con ambos países recibiendo derechos exclusivos en sus hemisferios respectivos. Inglaterra, Francia y los Países Bajos se negaron a cumplir con el Tratado de Tordesillas y comenzaron a explorar y establecer sus propias colonias en las Américas.

Francia fundó colonias en gran parte del este de América del Norte, en varias islas del Caribe, y en América del Sur, principalmente como puestos comerciales para la exportación de productos como pescado, azúcar y pieles. A través de los exploradores Cartier y Champlain, Francia estableció un puesto de comercio de pieles en 1608 que crecería en la ciudad de Quebec. Extendiendo su alcance, los franceses reclamaron un gran territorio en Canadá y la región de los Grandes Lagos. Entonces "Nueva Francia" creció al oeste de los Grandes Lagos hasta Wisconsin y al sur hasta el golfo de México. En 1682 toda la cuenca del Río Mississippi fue reclamada por Francia, nombrada Luisiana. Le dio a Francia el control del Valle del Mississippi y las Grandes Planicies aparte de sus retenciones en los Grandes Lagos y en Canadá.

NOTA

En el examen actual de Estudios sociales GED, usted tendrá que hacer clic en la pantalla de la computadora para seleccionar su respuesta del menú desplegable proporcionado. Para su facilidad de uso de este libro, y consultar sus respuestas, nosotros le hemos proporcionado opciones de respuestas como A, B, C y D.

> **1.** Los exploradores europeos de los siglos XIV y XV fueron motivados por todas las siguientes razones con la posible excepción de
>
> | Seleccione ▼ |
>
> **A.** convertir a los pueblos nativos a su religión.
>
> **B.** adquirir nuevas tierras para sus países.
>
> **C.** la posibilidad de fama personal.
>
> **D.** proclamaciones del papa para salir y explorar.

Los exploradores europeos fueron alistados y apoyados en sus exploraciones por sus monarcas. Ellos no estaban siguiendo ninguna dirección del papa. **La respuesta correcta es D.**

El Nuevo Mundo

En 1700, los portugueses, españoles, franceses y británicos habían establecido colonias en el Nuevo Mundo. En 1607, Jamestown, Virginia, se convirtió en el primer asentamiento británico permanente en el Nuevo Mundo. Jamestown y otros primeros asentamientos y colonias se crearon como compañías conjuntas. Las compañías conjuntas eran empresas comerciales en las que una gran cantidad de personas invirtieron pequeñas cantidades de dinero, permitiendo que los inversionistas evitaran el riesgo de perder grandes sumas de dinero. Un total de 13 colonias británicas aparecieron en la costa este de América del Norte durante los siguientes 125 años, cada una con su propia identidad. Los británicos patrocinaron las colonias y los viajes de los colonizadores porque esperaban crear ingresos comerciales a través del comercio con las colonias. Los colonizadores de Inglaterra que navegaron al Nuevo Mundo buscaron la libertad de culto, una voz en su gobierno y un nuevo comienzo con tierra propia. Algunos colonizadores, muchos de ellos en Georgia, por ejemplo, buscaron refugio de la ley en el nuevo mundo. En 1763, después de un conflicto armado con los franceses (conocido en América como la Guerra Franco-india y conocida en Europa como la Guerra de los Siete Años), los británicos controlaban una gran parte del continente norteamericano. Desafortunadamente para estos nativos americanos que ocupaban las tierras de América del Norte antes de la llegada de los europeos, la colonización significaba el fin de muchas de sus culturas. En parte por conflictos armados y en parte por la introducción de enfermedades europeas en América del Norte, los europeos causaron la muerte de muchos, muchos nativos americanos.

Nativos americanos

Muchos miles de años antes de la llegada de los europeos, los nativos americanos formaron asentamientos en distintas regiones de todo el continente. Cada tribu o nación tenía una cultura, idioma, sistema de gobierno diferente, religión y vestimenta, así como sus propios tipos de viviendas y costumbres, como fiestas.

Las tribus de los bosques del noreste vivían en enormes casas largas, cazaban y cultivaban maíz, frijoles y calabaza. En la costa opuesta, las tribus de la región costera del noroeste construyeron casas de cedro y cazaban, pescaban y recolectaban plantas y almejas. Los nativos americanos que vivían en las Grandes Llanuras vivían en tipis portátiles, y cosechaban plantas, cazaban búfalos y domaban caballos. Las tribus en el suroeste vivían en casas de adobe de varios pisos, cultivos, pavos criados y cazados. En el sureste, las tribus construían casas con techos de paja, también cultivaban, cazaban, pescaban y recolectaban bayas y nueces.

> 2. Era importante que los tipis se trasladaran fácilmente a diferentes lugares para que las tribus pudieran
>   A. pescar en las corrientes del noroeste.
>   B. criar pavos en todo el suroeste.
>   C. comerciar en todo el noreste.
>   D. cazar búfalos a través de las Grandes Llanuras.

Las tribus que vivían en las Grandes Llanuras vivían en tipis que se podían desmontar y reubicar rápidamente. Estas tribus tenían un estilo de vida nómada, siguiendo manadas de búfalos que eran su fuente principal de alimento. **La respuesta correcta es D.**

> 3. Las variaciones regionales afectaron todos los siguientes aspectos de la vida de los nativos americanos, EXCEPTO:
>   ┌─────────────────┐
>   │ Seleccione ▼ │
>   └─────────────────┘
>   A. Estilo de vivienda
>   B. Tipo de cultivos producidos
>   C. Comercio con colonizadores blancos
>   D. Especies de animales cazados

Diferentes tipos de viviendas, cultivos y especies animales caracterizaron a los nativos americanos en diferentes regiones; sin embargo, el comercio con los colonizadores no dependía de la ubicación. **La respuesta correcta es C.**

La lucha por la Independencia Americana

La secuencia de eventos que llevó a los colonizadores en el "Nuevo Mundo" de América del Norte a galvanizar y colectivamente rebelarse contra el gobierno autoritario del Imperio Británico en última instancia, condujo al nacimiento de los Estados Unidos:

- 1754–1763: La guerra Franco-india: esta guerra terminó con el Tratado de París y Francia, con el que cedía su control sobre partes orientales clave de América del Norte a Gran Bretaña.

- 1765: Ley del sello: las grandes pérdidas sufridas como resultado de la guerra Franco-india, condujo directamente a la creación de nuevos impuestos draconianos sobre los colonizadores, como la Ley del sello, que enfureció a los colonizadores.

- 1767: Las leyes de Townshend: estas leyes fueron aprobadas en un intento por el Imperio Británico de afirmar su autoridad y disminuir la representación de los colonizadores en el gobierno.

- 1770: Masacre de Boston: un pequeño grupo de tropas británicas en América del Norte reaccionó a manifestantes y detractores coloniales al matar a cinco personas, lo que encendió aún más las tensiones.

- 1773: El Motín del té: una protesta del impuesto al té por parte de los bostonianos, sus acciones resultaron en la aprobación de las leyes intolerables por el Parlamento británico.

- 1774: se convoca el Primer Congreso Continental.

- 1775: se pelean las batallas de la Revolución de las Trece Colonias.

- 1776: se firma y se adopta la Declaración de Independencia.

- 1783: se firma el Tratado de París, que termina efectivamente la guerra por la independencia de los Estados Unidos.

---

4. ¿Cuál de los siguientes eventos en la historia de Estados Unidos precedió a la formación del Primer Congreso continental?

    A. La firma de la Declaración de Independencia

    B. Las leyes de Townshend

    C. La Revolución de las Trece Colonias

    D. La firma del Tratado de París

La pregunta le pide que identifique la secuencia adecuada de eventos relacionados con la lucha de Estados Unidos por la independencia; específicamente, está buscando el evento que precedió u ocurrió antes de la formación del Primer Congreso Continental. Un conocimiento sólido de la historia de los Estados Unidos lo llevará a la conclusión de que las leyes de Townshend precedieron a la formación del Primer Congreso Continental. **La respuesta correcta es B.**

Entre el momento de su llegada al Nuevo Mundo y los años anteriores a la Guerra de los Estados Unidos por su independencia, los colonizadores desarrollaron sus propias ideas sobre la forma en que deberían gobernarse las colonias. Por lo tanto, muchos de los colonizadores no estaban de acuerdo con la forma en que los británicos gobernaban las colonias. Entre estos puntos de contención estaba el problema de los impuestos sin representación. En otras palabras, a los colonizadores no les gustaba el hecho de que los obligaran a pagar impuestos británicos crecientes, pero nunca se les permitió opinar sobre la forma en que los británicos gobernaban las colonias. Muchos de los colonizadores también resentían la presencia de tropas británicas en todas las colonias. Estos desacuerdos, entre otros, causaron tensión entre las colonias y el gobierno británico y condujeron a uno de los eventos más monumentales en la historia, la Guerra por la Independencia de los Estados Unidos (también conocida como la Guerra de la Revolución de los Estados Unidos o Guerra Revolucionaria).

5. ¿Por qué los británicos patrocinaron expediciones y colonizadores en el Nuevo Mundo?
   A. La explosión de la población británica obligó a los británicos a buscar alivio de la alta densidad poblacional enviando parte de su población a otra parte.
   B. Los británicos alentaron a las expediciones y colonizadores para que los colonizadores pudieran escapar de la hambruna generalizada que enfrentaban las islas británicas.
   C. Los británicos querían establecer colonias y encontrar nuevos bienes para reforzar la economía británica.
   D. El gobierno británico quería dar a los colonizadores la oportunidad de experimentar con nuevas religiones.

Los británicos vieron los beneficios económicos potenciales de establecer colonias y apoyar las expediciones de exploración basadas en los ejemplos de los españoles y portugueses. **La respuesta correcta es C.**

6. ¿Cuál fue el punto principal de discusión de los colonizadores con el gobierno británico?
   A. Impuestos sin que se les permita una opinión en el gobierno de las colonias
   B. La brutalidad de los soldados británicos contra los nativos americanos
   C. Los altos impuestos sobre el té
   D. Las lentas comunicaciones entre el gobierno británico y las colonias

Los colonizadores pensaron que era injusto que pagaran impuestos al gobierno británico, y aún así no pudieran opinar sobre la forma en que eran gobernados por los británicos. **La respuesta correcta es A.**

Entre 1765 y 1776, los británicos impusieron una serie de impuestos a las colonias que los colonizadores vieron como injusto. Algunos de los artículos gravados por los británicos incluían azúcar, naipes, periódicos y té. En muchos casos, los colonizadores mostraron su disgusto y enojo al quemar efigies de funcionarios, molestarlos y disgustar a los oficiales e incluso arrojar grandes cantidades de té a los puertos británicos. En respuesta, el gobierno británico trató de limitar y controlar el comercio de las colonias americanas. En otros intentos por evitar que las colonias se alejaran demasiado del dominio británico, los británicos intentaron reducir el poder de las asambleas legislativas estadounidenses. Para desalentar aún más la protesta, la legislatura británica aprobó proyectos de ley especiales dirigidos a colonizadores problemáticos específicos para su encarcelamiento y despojarlos de su riqueza, que luego fue entregada a la Corona.

Después de mucho debate dentro de las colonias, los líderes coloniales, con el apoyo de muchos de los colonizadores, decidieron cortar los lazos con Gran Bretaña y declarar la independencia de las colonias del dominio británico. Sin embargo, algunos de los colonizadores, conocidos como leales, no querían separarse del país madre; todavía tenían un sentido del deber y lealtad hacia Inglaterra. En 1776, los líderes coloniales firmaron la **Declaración de Independencia**, que declaró oficialmente que las colonias ya no estaban bajo el dominio británico. El vocabulario cuidadosamente considerado y efectivamente ejecutado de la Declaración de la independencia capturó perfectamente el deseo de sus creadores: liberarse de la tiranía de los británicos, gobernar y establecer estados soberanos independientes con la libertad de elegir sus propios destinos. Los británicos se negaron a reconocer la independencia de las colonias. Como resultado, estalló la guerra en las colonias entre los colonizadores estadounidenses y los soldados británicos.

7. ¿Cuál de los siguientes extractos de la Declaración de Independencia deja en claro que las colonias se unieron en su deseo de liberarse del duro gobierno británico?
   A. "Sostenemos que estas verdades son evidentes, que todos los hombres son creados iguales"
   B. "Él ha rechazado su asentimiento a las leyes, lo más saludable y necesario para el bien público"
   C. "La prudencia, de hecho, dictará que los gobiernos establecidos desde hace mucho tiempo no deben ser cambiados por causas ligeras y transitorias"
   D. "Y para el apoyo de esta Declaración, con una firme dependencia de la protección de la divina Providencia, comprometemos mutuamente nuestras vidas, nuestras fortunas y nuestro sagrado honor"

De las agitadas líneas de apertura del documento ("Cuando en el curso de eventos humanos, se convierte necesario que un pueblo disuelva las bandas políticas que los han conectado con otro, y asumir entre los poderes de la tierra, la estación separada e igual a la que las leyes de la naturaleza y el Dios de la naturaleza les dan derecho, un respeto decente a las opiniones de la humanidad requiere que deberían declarar las causas que los impulsan a la separación") a su afirmación de que las colonias permanecen firmemente unidas en la oración final ("Y por el apoyo de esta Declaración, con un firme confiando en la protección de la divina Providencia, comprometemos mutuamente nuestras vidas, nuestra fortunas y nuestro Sagrado Honor"), la Declaración de Independencia es una expresión vívida y poderosa del hambre por los derechos humanos básicos y la libertad compartida por sus creadores. **La respuesta correcta es D.**

Los colonizadores reunieron un ejército compuesto por muchos milicianos, o soldados ciudadanos, pero muy pocos soldados profesionales. Por el otro lado, los británicos desplegaron un ejército de soldados entrenados profesionalmente con una marina formidable. Aunque el ejército revolucionario fue superado en número y quizás sobrepasado, tenían algunas ventajas. Los revolucionarios tenían un gran liderazgo, luchaban desde la posición defensiva, y creían apasionadamente en la causa por la que luchaban. Con la ayuda de los franceses, holandeses y españoles—todos ellos enemigos de los británicos—los estadounidenses ganaron una improbable victoria sobre los británicos y obtuvieron su independencia. Curiosamente, al final de la guerra, las colonias eran solo una preocupación menor para los británicos, ya que también estaban en medio de un conflicto global, luchando contra las naciones de Francia, Holanda y España. Cansados de la guerra, se reunieron diplomáticos estadounidenses y británicos en París y firmaron el **Tratado de París de 1783**, en el que Gran Bretaña reconoció la independencia de las colonias. Después de que el polvo se asentó, las 13 colonias se mantuvieron unidas como los Estados Unidos de América.

> **8.** De la Declaración de Independencia: "La historia del actual Rey de Gran Bretaña es una historia de lesiones y usurpaciones repetidas, todas teniendo como objetivo directo el establecimiento de una Tiranía absoluta sobre estos Estados".
>
> Todas las siguientes son "lesiones y usurpaciones" a las que hace referencia la Declaración de Independencia, EXCEPTO:
>
> **A.** Control del comercio
>
> **B.** Limitar la autoridad legislativa
>
> **C.** Encarcelar a los manifestantes
>
> **D.** Prohibición de la asamblea pública

Los británicos participaron en las actividades descritas en las opciones A y C. Sin embargo, no prohibieron las reuniones públicas. **La respuesta correcta es D.**

> **9.** ¿Cuál de las siguientes conclusiones se puede sacar con respecto a la guerra por la independencia americana?
>
> **A.** Los estadounidenses podrían no haber ganado la guerra sin la ayuda de países extranjeros.
>
> **B.** Los británicos habrían perdido las colonias en América incluso si los franceses y los españoles no le hubieran declarado la guerra a los británicos.
>
> **C.** Todos los colonizadores querían independizarse del dominio británico.
>
> **D.** Casi ningún colonizador quería independencia del dominio británico.

Si Francia, España y Holanda no hubieran suministrado dinero y provisiones, y si estos países no hubieran declarado la guerra a los británicos, las colonias podrían haber perdido la guerra y permanecer bajo el control británico. **La respuesta correcta es A.**

El primer gobierno de los Estados Unidos

Durante los siguientes años, los estados trabajaron duro para resolver sus diferencias y acordar un sistema de gobierno que mejor se adaptara a todos los estados. Desde 1781, las colonias habían operado bajo los **artículos de la Confederación**, la primera constitución de los Estados Unidos. Según los artículos, las colonias estaban unidas bajo una unión libre de estados, el Congreso tenía la mayoría del poder político, y allí no había rama ejecutiva del gobierno. Todo el gobierno nacional era débil. En 1787, los líderes de cada uno de los estados se reunieron en la Convención Constitucional y describieron un plan para un nuevo gobierno. Algunos abogaron por un gobierno central débil que fuera diferente del gobierno británico, mientras que otros abogaron por un gobierno central muy fuerte. Finalmente, los estados se pusieron de acuerdo. El plan resultante fue la **Constitución de los Estados Unidos.**

En muchos sentidos, la nueva Constitución de los Estados Unidos fue un vívido reflejo de cómo los líderes pueden efectivamente comprometerse y trabajar juntos para lograr un propósito mayor y objetivos colectivos. Demostró cómo un conjunto diverso de estados con diferentes necesidades podría

CONSEJO

Analizando cómo varios eventos históricos, procesos e ideas se desarrollan e interactúan dentro del vocabulario de un documento histórico es una habilidad que debe afilar mientras se prepara para tomar el examen de Estudios sociales GED.

acordar la construcción fundamental de un gobierno nacional prevaleciente, con tres ramas distintas pero interconectadas (la ejecutiva, la legislativa y la judicial), que se verificaron y equilibraron entre sí, además de proteger las libertades individuales y libertades de las personas. De las palabras iniciales del documento (*Nosotros, la gente ...*), sus redactores dejaron en claro que el país recién formado se mantuvo unido en su esfuerzo por crear "una Unión más perfecta". Los redactores de la Constitución también sabían que el documento debía ser lo suficientemente flexible como para evolucionar con el tiempo, a medida que se desarrollaran nuevos eventos e ideas históricas y permitiera modificaciones para ser incluidas (desde su creación, la Constitución ha sido modificada 27 veces).

10. ¿Cuál de los siguientes NO refleja la voluntad de los redactores de la Constitución de los Estados Unidos para crear una unión fuerte y "más perfecta", a pesar de las diversas necesidades de los estados?

   A. El lenguaje de apertura del documento: "*Nosotros, la gente ...*"

   B. La capacidad de agregar enmiendas a la Constitución

   C. La formación de tres ramas del gobierno que controlan y equilibran el uno al otro

   D. Tener una fecha de vencimiento para las 10 enmiendas originales a la constitución

El desarrollo de la Constitución reflejó el deseo de sus redactores de crear una nación fuerte, con un gobierno central unificado. Para ayudar a fomentar esta "unión más perfecta", los creadores del documento incluyeron lenguaje unificador (opción A) y la capacidad de enmendar la constitución según sea necesario (opción B), y preveían la creación de tres ramas del gobierno que se verifican y se equilibran entre sí (opción C). Sin embargo, no hay fecha de vencimiento para las 10 enmiendas originales a la Constitución. **La respuesta correcta es D.**

Finalmente, todos los estados ratificaron o aprobaron la Constitución o el plan de gobierno; se convirtió en el plan oficial de gobierno en 1789. En 1791, los Estados Unidos adoptaron 10 enmiendas, o cambios a la Constitución. Estos cambios, conocidos como la **Declaración de Derechos**, protegieron los derechos de individuos.

Casi al mismo tiempo, los primeros partidos políticos de la nación se formaron como resultado de desacuerdos sobre las políticas y las finanzas apropiadas para la nueva nación. Los dos partidos que surgieron fueron los **Federalistas** y **Republicanos**. Los federalistas, que fueron dirigidos por los ricos y educados, buscaron un gobierno central fuerte dirigido por la élite. Los republicanos, por otro lado, creían en la capacidad de la gente común para gobernarse a sí mismos. Los líderes republicanos como James Madison y Thomas Jefferson quería limitar los poderes del gobierno federal y proteger los derechos de los estados. Los dos partidos también diferían en el área de la política exterior. Los republicanos apoyaron a la Revolución francesa, mientras que los federalistas pensaban que la Revolución francesa era un acto aterrador contra un gobierno establecido. Las disputas entre los federalistas y los republicanos llegaron a nuevas alturas en la elección de 1800. El candidato republicano Thomas Jefferson fue elegido presidente. Esta elección mostró que el pueblo estadounidense creía en el poder del pueblo para determinar el curso que tomaría el país. Los federalistas, aunque habían ganado las elecciones de 1796, nunca ganaron otra elección presidencial.

11. ¿Los que se oponían a un gobierno central fuerte en los primeros días de los Estados Unidos estaban **más** preocupados por cuál de los siguientes?

    A. La posibilidad de que el gobierno se volviera opresivo de la manera en que el Rey George había sido con los colonizadores

    B. La posibilidad de que no se encontraran buenos candidatos para dirigir dicho gobierno

    C. La posibilidad de que los estados no pudieran ponerse de acuerdo sobre un líder para tal gobierno

    D. La idea de que los estados tuvieran que ser parte de una sola nación en lugar de cada uno formando su propio país

Los anti federalistas no querían un gobierno con el potencial de oprimir a sus electores de la manera en la que el rey había sido con los colonizadores. **La respuesta correcta es A.**

12. El desacuerdo sobre el camino correcto que debía tomar el nuevo gobierno resultó en la Seleccione ▼

    A. Guerra Civil de los Estados Unidos.

    B. creación de los dos primeros partidos políticos estadounidenses.

    C. Declaración de Derechos.

    D. Artículos de la Confederación.

Había dos ideas predominantes sobre la dirección en la que debía ir el nuevo gobierno. Los políticos eligieron bandos, y esos dos bandos se convirtieron en federalistas y republicanos. **La respuesta correcta es B.**

Expansión estadounidense y los dolores del crecimiento

Una de las decisiones más importantes que Jefferson tomó como presidente fue expandirse hacia el oeste. Jefferson adquirió una gran cantidad de tierra; la adquisición se conoció como la **Compra de Luisiana.** Por precio de ganga, Jefferson le compró a Francia toda la tierra entre el Río Mississippi en el este y las Montañas Rocosas en el oeste, desde el Golfo de México en el sur hasta la frontera con Canadá en el norte. Por solo $15 millones, Estados Unidos duplicó el tamaño de su territorio. Finalmente, Estados Unidos crearía catorce estados más en la tierra de la Compra de Luisiana. El crecimiento del tamaño de los Estados Unidos ayudó a ganar respeto internacional. La expansión hacia el oeste de los Estados era una tarea difícil. Los colonizadores enfrentaron tierras inexploradas, climas hostiles y nativos americanos que no dieron la bienvenida a quienes podrían expulsarlos de su tierra natal. Sin embargo, los estadounidenses presionaron y gradualmente se adaptaron a la vida en las fronteras.

A medida que la nueva nación continuó creciendo y volviéndose más autosuficiente, luchó con las políticas relativas al comercio internacional. Estados Unidos aprobó una legislación que perjudicó el comercio entre Estados Unidos y Gran Bretaña y Francia. Los británicos se opusieron a esto y respondieron con animosidad. La marina británica hizo una práctica común de detener los barcos estadounidenses en alta mar, alegando que estaba buscando desertores, aquellos que habían abandonado ilegalmente la marina británica. A menudo los británicos capturaron a estadounidenses en estos barcos y los obligaron a ingresar a la marina británica. También confiscaron barcos y bienes estadounidenses. Estas acciones, junto con informes de ayuda británica a hostiles nativos americanos, movieron al Congreso para declarar la guerra a los británicos. Conocida como la **Guerra de 1812**, este conflicto no resolvió ninguno de los problemas que le dieron inicio, pero Estados Unidos salió victorioso. La guerra unió a la nación y se ganó el respeto de los Estados Unidos a los ojos de muchos Países europeos. El período que siguió a la guerra se caracterizó por una expansión continuada, con Florida como adición y una mayor función estadounidense en la diplomacia y política internacional. El presidente Monroe emitió la **Doctrina Monroe** y declaró que Estados Unidos no permitiría cualquier otra colonización o expansión europea en el hemisferio occidental. Como los Estados Unidos ganó una reputación como una nación prometedora, pudo aumentar su comercio con otras naciones. Esto ayudó a estimular la economía del país y la de cada uno de los estados. Los estados del norte se concentraron en la fabricación y la producción, mientras que los estados del sur se centraron en la agricultura, o la cosecha. Los estados del norte, la mayoría de cuya población era urbana (en ciudades), se convirtieron en una sociedad centrada en la industria y las grandes empresas. Los estados del sur, la mayoría de cuya población era rural (del campo), se convirtieron en una sociedad centrada en las plantaciones y la producción de cultivos como el algodón y azúcar. Grandes plantaciones crecieron en todo el Sur y se convirtieron en la columna vertebral de la economía de esa zona. Aunque todos los estados mantuvieron la lealtad a la nación, las regiones Norte y Sur a menudo eran muy competitivas. Las dos secciones del país compitieron por el poder político dentro del Congreso y para la presidencia. Como resultado de esta competencia, junto con otros problemas importantes como la esclavitud, crecieron las tensiones entre el norte y el sur.

En el oeste, Estados Unidos continuó expandiéndose anexando Texas y Oregón. La **anexión** de estas dos regiones despertó una gran emoción. Agregar Texas a la Unión significó la adición de un territorio que creía en la esclavitud. Esta posibilidad enfureció a muchos en el norte hasta que la posible incorporación de Oregón a la Unión presentaba una oportunidad de compromiso: si Estados Unidos agregaba Oregón, un territorio de no esclavos, podría agregar Texas, un territorio esclavo, y mantener el equilibrio entre los estados esclavos y Estados no esclavos. Para 1846, ambos territorios se agregaron a los Estados Unidos. Sin embargo, México fue a la guerra con los Estados Unidos por Texas. Finalmente, Estados Unidos negoció un tratado con México que agregó California, Nuevo México y parte de Arizona a las propiedades estadounidenses a cambio de $15 millones. El tema de la **esclavitud** se movió al frente y al centro nuevamente, tanto en el Norte como en el Sur se discutió sobre si los nuevos territorios deberían permitir la esclavitud. En un intento de desviar o retrasar problemas entre el Norte y el Sur, los políticos aprobaron leyes como el **Compromiso de 1850**, que aseguró que el número de estados libres y esclavos permaneciera igual mientras nuevos estados fueron agregados a la nación. Después de 1850, algunos de los nuevos territorios prohibieron la esclavitud, mientras que otros territorios permitieron el asentamiento tanto de los que tenían esclavos como de los que no. Estados Unidos luego aprobó leyes de esclavos fugitivos, que requerían que los esclavos fugitivos fueran devueltos a sus propietarios. Luego, la Corte Suprema emitió **la decisión *Dred Scott***, que abrió todos los territorios nuevos a la esclavitud. La decisión también determinó que estos afroamericanos con antepasados de haber sido importados y vendidos como esclavos, esclavos o libres, no podían ser ciudadanos estadounidenses y, por lo tanto, no tenían derecho a demandar. El Sur sintió que el Norte estaba intentado abolir la esclavitud, un acto que los estados del sur vieron como una violación de sus derechos estatales.

CONSEJO

En el examen de Estudios sociales GED, se espera que usted analice problemas históricos clave relacionados con sesgos o con propaganda.

Al argumentar en contra de la noción de soberanía popular, negar la libertad de un esclavo y su familia, quienes residían en un territorio liberado, y declarar que los afroamericanos no tendrían derechos como ciudadanos de los Estados Unidos, la decisión de *Dred Scott*—a menudo criticada duramente por los estudiosos del derecho—reflejó el sesgo de la Corte Suprema de los Estados Unidos en el momento en que se emitió la decisión.

13. La decisión de *Dred Scott* reveló que al tiempo de tomar esta decisión la Corte Suprema de los Estados Unidos,

    A. tenía una parcialidad conservadora que tendía a apoyar las opiniones del Sur de que la esclavitud era aceptable.

    B. tenía una parcialidad progresiva que tendía a apoyar las opiniones antiesclavistas del Norte.

    C. no quería juzgar cuestiones relacionadas con la esclavitud.

    D. se componía de jueces que no estaban de acuerdo en cuanto a cuestiones clave.

En los años previos a la Guerra Civil, la composición de la Corte Suprema, bajo el juez presidente Roger B. Taney, reflejó una parcialidad conservadora que tendía a apoyar las opiniones del Sur de que la esclavitud era aceptable, lo que ayudó a intensificar la tensión entre el Norte y el Sur. Además de la decisión de *Dred Scott*, varias decisiones claves de Taney y, en ese momento, de la corte—que incluyó declarar el Compromiso de Missouri como ser inconstitucional con el argumento que su prohibición de la esclavitud violó la Quinta Enmienda al privar a los individuos de la propiedad privada sin el debido proceso de ley—reflejaban una parcialidad que persistía hasta que el presidente Lincoln nombró a Salmon P. Chase como juez presidente en 1864. **La respuesta correcta es A.**

14. La mayoría del nuevo territorio agregado a los Estados Unidos se agregó mediante

    ☐ .

NOTA

En el examen actual de Estudios sociales GED, escribirá su respuesta en el espacio proporcionado. Para propósitos de este libro, escriba su respuesta en la caja provista.

Aunque algunos territorios estadounidenses llegaron como botín de guerra, la mayoría de las tierras se compraron a otros países. La Compra de Luisiana es un buen ejemplo de tal adquisición. **La respuesta correcta es *compras*.**

15. El tema probablemente **más** controvertido sobre los nuevos territorios agregados a los Estados Unidos era si el nuevo territo ⎾Seleccione ▼⏌

    A. era federalista o republicano.

    B. era industrial o agrícola.

    C. era hostil o amigable con los indios americanos.

    D. permitía o prohibía la esclavitud.

Los estados esclavistas querían que la esclavitud estuviera permitida en todos los nuevos territorios, mientras que los estados no esclavistas querían que la esclavitud estuviera prohibida en los nuevos territorios. **La respuesta correcta es D.**

La Guerra Civil y la Reconstrucción

Las ideas diametralmente opuestas de la nación con respecto a la esclavitud, revelaron una fuerte división interna dentro del país. Hubo diferencias claves en la composición sociocultural, política y económica entre los estados del norte y del sur que reforzaron la oposición con respecto a la esclavitud. El industrialismo de los estados del norte dependían menos del trabajo de los esclavos para alimentar los motores de la prosperidad económica que las economías más agrícolas del sur; además, la esclavitud era un aspecto entretejido en el tejido cultural del sur, mientras que en el norte estaba en gran parte prohibido. Debido a estos puntos de vista opuestos, tomaría muchas décadas —y una guerra civil— para que la nación comienzara a sanar y unirse como una unión.

En las **elecciones presidenciales de 1860**, el tema de la esclavitud llegó a un punto crítico. Los demócratas del Sur se dividieron en dos facciones, o grupos, y presentaron dos candidatos diferentes, cada uno con creencias diferentes, aunque ambos eran pro–esclavitud. Los republicanos nominaron a Abraham Lincoln, un candidato que no quiso apoyar la idea de la esclavitud en los nuevos territorios. Un cuarto partido presentó otro candidato más. Con los votos estadounidenses dispersos entre los cuatro candidatos, Lincoln ganó las controvertidas elecciones con menos del 40 por ciento del voto popular. Después de que Lincoln ganara, Carolina del Sur se separó o se retiró de la Unión. Poco después, otros 10 estados sureños siguieron a Carolina del Sur y crearon **los Estados Confederados de América**.

Lincoln dejó en claro que no tenía intención de permitir que ningún estado se separará de la Unión. Él convocó tropas de los estados leales restantes y fue a la guerra para preservar la Unión. En 1861 el Sur estaba en desventaja en la **Guerra Civil** porque carecía del poder de fabricación y transporte que tenía el norte. Además, la mayoría de los combates se hicieron en el sur. Después de cuatro años de lucha sangrienta, en lo que a menudo se conoció como la Guerra entre los Estados, el Sur se rindió. La esclavitud terminó y Estados Unidos sobrevivió. Aunque Estados Unidos sufrió muchas bajas tanto en el norte como en el sur, la guerra resolvió dos cuestiones importantes: primero, la autoridad del gobierno federal tenía prioridad sobre los estados, segundo, la esclavitud fue abolida en los Estados Unidos.

Lincoln, agradecido de que la Unión todavía estaba intacta, tenía la intención de permitir que los estados del sur volvieran a entrar a la Unión con términos relativamente fáciles. Sin embargo, fue asesinado antes de poder poner su plan en efecto. Después de la muerte de Lincoln, un Congreso vengativo inició un período conocido como Reconstrucción, durante el cual el Sur vivió en condiciones muy opresivas. La Unión se había salvado, pero el Sur sentía un gran resentimiento contra el Norte por el duro trato que sufrió después de la guerra. Muchos sureños estaban especialmente resentidos de tener que permitir que los afroamericanos votaran y ocuparan un cargo público. Estos sentimientos permanecieron en los estados del sur durante varias generaciones después de la guerra.

16. ¿Cuál de las siguientes fue una diferencia económica clave entre los estados del norte y el sur que reforzaron la oposición con respecto a la esclavitud?

    A. La economía industrializada del Sur dependía del trabajo de esclavos.

    B. La economía agrícola del Sur dependía del trabajo del esclavo.

    C. La economía del Norte era demasiado débil para pagar a los trabajadores algún salario.

    D. El Norte rechazó el plan del Sur de industrializar todo el país.

Una diferencia principal entre los estados del norte y del sur era su composición económica: el Norte industrializado dependía menos del trabajo de esclavos que el Sur agrícola, lo que ayudó a contribuir a la oposición del Sur que quería erradicar la esclavitud. **La respuesta correcta es B.**

17. ¿Cuál de las siguientes afirmaciones es verdadera?

    A. El Sur se separó de la Unión porque las personas del sur temían la Reconstrucción.

    B. El Sur se separó de la Unión debido a la cuestión de la esclavitud.

    C. El Sur se separó de la Unión debido a la cuestión de la esclavitud, su preocupación sobre los derechos de los estados y otros asuntos.

    D. El Sur se separó de la Unión porque el Norte amenazó con tomar todo poder político lejos del sur.

Los problemas de la esclavitud, los derechos de los estados, la amenaza de nuevos territorios libres que alteran el equilibrio, y otros temas jugaron un papel en la secesión del Sur. **La respuesta correcta es C.**

18. El presidente Lincoln decidió ir a la guerra con el Sur para

    | Seleccione ▼ |

    A. acabar con la esclavitud.

    B. castigar al Sur por tener esclavos.

    C. confiscar su riqueza.

    D. preservar la Unión.

Lincoln se negó a permitir que la nación se disolviera por cualquier problema, por lo que envió tropas al Sur para preservar la Unión. **La respuesta correcta es D**.

La Reconstrucción

Después de que terminó la Guerra Civil, Estados Unidos entró en un período de Reconstrucción desde 1865 hasta 1877. Aunque la guerra había terminado, el Norte y el Sur aún estaban divididos. La Reconstrucción ayudó a reparar la frágil unión del país, ya que todos los antiguos estados confederados prometieron su lealtad a los Estados Unidos y a su gobierno; estos estados también reconocieron la legitimidad de la Decimotercera, Decimocuarta y decimoquinta enmiendas a la Constitución de los Estados Unidos. Durante este período, los estados del sur que habían formado la Confederación derrotada se integraron a la Unión para intentar reconstruir el Sur. Los estados del sur, que intentaban reconstruirse después de la devastación causada por la guerra, vieron la Reconstrucción como una sanción irrazonable.

La forma en que la nación se acercó al concepto de Reconstrucción reflejó aún más la profunda división entre los Estados. Estas diferencias ideológicas tuvieron un profundo efecto sobre cómo se desarrollaría la Reconstrucción. Como resultado, la Reconstrucción condujo a varios avances claves, así como a desafíos, que persistieron en las secuelas de una de las guerras más devastadoras de la historia estadounidense.

La fuerza impulsiva detrás de la Reconstrucción fueron los casi cuatro millones de esclavos que habían sido liberados después de la guerra civil. Los problemas relacionados con la esclavitud demostraron ser desafiantes y finalmente previnieron que la Reconstrucción lograra todos sus objetivos. Las asociaciones socioculturales de la esclavitud en el Sur estaban profundamente arraigadas en su cultura, y tomó mucho más tiempo conseguir los derechos de los esclavos recién liberados en los estados del sur, ya que el sentimiento y la legislación antiprogresista sirvieron para suprimir la transformación en formas clave.

El presidente Abraham Lincoln recomendó que se permitiera a los esclavos afroamericanos del Sur votar. Sin embargo, fue asesinado antes de que sus planes se pusieran en práctica. El sucesor de Lincoln, el presidente Andrew Johnson, vetó la Ley de Derechos Civiles de 1866 que el Congreso había aprobado, aunque su veto fue anulado. Los estados del sur promulgaron leyes llamadas "códigos negros" que limitaban las actividades de los negros liberados, enfureciendo a la gente del Norte.

Durante el período de Reconstrucción, el Congreso aprobó una Ley de Reconstrucción en 1867 que temporalmente dividió 10 estados confederados en 5 distritos militares. La ley requería que estos estados ratificaran el Decimocuarta enmienda a la Constitución, que establece que todas las personas nacidas en los Estados Unidos son ciudadanos a los que se les otorga la misma protección legal, incluido el derecho al voto, independientemente de la raza. Los estados del sur fueron readmitidos en la Unión en 1870, aunque la Reconstrucción no culminó sino hasta 1877, cuando Rutherford B. Hayes se convirtió en presidente.

19. ¿En cuál de las siguientes afirmaciones se puede resumir la Reconstrucción?

A. Los estados del sur que se habían separado durante la Guerra Civil se reorganizaron bajo el Congreso y luego restauraron a la Unión.

B. Los esclavos liberados en el Sur tuvieron igualdad de oportunidades de empleo en toda la región.

C. Los estados del norte no reconocieron los derechos de los antiguos esclavos del Sur.

D. El presidente Lincoln rechazó la Ley de Derechos Civiles de 1866.

La antigua Confederación, compuesta por 11 estados del sur que se separaron de los Estados Unidos, fue readmitida en la Unión durante el período de Reconstrucción. **La respuesta correcta es A**.

20. ¿Cuál de las siguientes es una razón por la cual la Reconstrucción después de la Guerra Civil fue solo parcialmente exitosa?
    A. La Unión se negó a ayudar a financiar iniciativas de reconstrucción en el Sur.
    B. Las raíces de la esclavitud eran fuertes en el Sur.
    C. El Norte se negó a reconocer la legitimidad de los estados del sur.
    D. El país carecía de un gobierno central después de la guerra.

La reconstrucción enfrentó una serie de desafíos clave en los años posteriores a la Guerra Civil: entre ellos estaba el tema de la esclavitud. La fuerte tradición de la esclavitud era parte de la estructura económica y sociocultural del Sur y complicó conseguir resoluciones para este problema, e intensificó las divisiones profundas entre el Norte y el Sur. **La respuesta correcta es B**.

21. ¿Qué define la Decimocuarta Enmienda?
    A. Cuántos términos se le permite servir al presidente
    B. Qué rama del gobierno puede recaudar el impuesto sobre la renta
    C. Lo que significa ser ciudadano estadounidense
    D. A qué edad las personas pueden votar

La Decimocuarta Enmienda define lo que significa ser ciudadano de los Estados Unidos y protege los derechos de los afroamericanos a la ciudadanía. **La respuesta correcta es C**.

CONSEJO

Aprenda a reconocer relaciones de causa y efecto históricas clave, incluyendo aquellas con múltiples factores, para prepararse para el examen.

Primera y Segunda Guerra Mundial

El comienzo del siglo XX vio más reformas en muchas áreas de la vida en los Estados Unidos. Los fideicomisos, o combinaciones de compañías que redujeron la competencia, quedaron bajo el escrutinio del gobierno. Las condiciones en las fábricas llamaron mucho la atención y el gobierno respondió aprobando leyes que demandaron a las empresas que limpiaran las condiciones insalubres. Estas leyes mejoraron las condiciones laborales para los trabajadores de la fábrica y de la planta de envasado de alimentos e hizo que los productos fueran más seguros para los consumidores. El gobierno reservó muchos acres de tierra para parques nacionales y reservas de vida silvestre. Los Estados Unidos también comenzó la construcción del **Canal de Panamá** para unir los océanos Atlántico y Pacífico; esto permitiría que los barcos pasaran por el canal en lugar de rodear todo el continente sudamericano.

A principios del siglo XX, Estados Unidos dedicó mucho tiempo y energía a la diplomacia internacional. La política exterior de los Estados Unidos basada en la máxima del presidente Theodore Roosevelt, "Hable suavemente y lleve un gran garrote", significaba que el país permitió que sus políticas e intenciones se conocieran a través de la diplomacia, y que tuviera el respaldo de intervenciones militares cuando fuera necesario. Este enfoque de la política exterior, que comprendió un esfuerzo por negociar pacíficamente con potencias extranjeras siempre que fuera posible, mientras se poseía la capacidad de defender y proteger vigorosamente, ha sido una piedra angular de la política exterior estadounidense.

22. ¿Cuál de los siguientes ejemplos de políticas refleja **mejor** la máxima de Roosevelt para los Estados Unidos de "hablar suavemente y llevar un gran garrote"?

    A. Despliegue de buques de guerra en un área estratégica clave cerca de un país que amenaza con retirarse de negociaciones críticas para reducir las tensiones entre las naciones.

    B. Atacar a un país con un asalto aéreo por negarse a firmar un acuerdo para reducir sus aranceles comerciales.

    C. Ignorar las atrocidades de violación de los derechos humanos dentro de un país devastado por la guerra.

    D. Proporcionar a cada estadounidense una vara protectora para que lo lleve cuando salga de su casa.

CONSEJO

Comprender el significado e intención de palabras clave y frases dentro de su propio contexto histórico, es un intento frecuente del componente del examen de Estudios sociales GED.

Interacutar de manera significativa y reflexiva con otras naciones mientras se protege la libertad y los intereses del país—en su patria y en paises extranjeras—es lo que Roosevelt quería decir cuando describió su visión de la política exterior como "el ejercicio de previsión inteligente y de acción decisiva que está suficientemente preperado a cualquier crisis". Desplegar buques navales de los Estados Unidos a un área estratégica clave cerca de un país que amenaza retirarse de negociaciones críticas para reducir conflictos entre naciones (un claro impulso de continuar las negociaciones para evitar una escalamiento) es un ejemplo de esta visión de la política exterior. **La respuesta correcta es A.**

Cuando la Primera Guerra Mundial, o la Gran Guerra como se la conocía entonces, surgió en Europa, los Estados Unidos se enfrentaron a un dilema: el presidente Wilson quería mantenerse **neutral** en la guerra. Sin embargo, después de que los submarinos alemanes hundieron la *Lusitania*, un barco de pasajeros británico que transportaba 128 pasajeros estadounidenses, los Estados Unidos entraron en la guerra apoyando la Triple Entente (Gran Bretaña, Francia y Rusia). Los Estados Unidos entraron a la guerra del lado de la Triple Entente (Gran Bretaña, Francia y Rusia), y las tropas estadounidenses regresaron a casa victoriosas. Al concluir la Primera Guerra Mundial, los Estados Unidos lideraron un intento fracasado de establecer la **Liga de las Naciones** como organización internacional de mantenimiento de la paz; el Congreso de los Estados Unidos no permitió a los Estados Unidos entrar, por lo que la Liga resultó ineficaz.

En los años posteriores a la guerra, Estados Unidos disfrutó de un período de gran prosperidad. Los negocios y la industria crecieron y se expandieron. Las personas invirtieron mucho y gastaron grandes sumas de dinero en cosas como eventos deportivos, fiestas, películas, clubs nocturnos y otras formas de entretenimiento. Políticamente, Estados Unidos implementó muchos aranceles nuevos a las importaciones para proteger sus intereses en el país. El gobierno comenzó a regular los servicios públicos y las tarifas que le cobraran tanto a las empresas como a los consumidores. El gobierno utilizó una enmienda constitucional para prohibir la producción y venta de bebidas alcohólicas; este período fue conocido como la **Prohibición**. Otra enmienda constitucional dio a las mujeres el derecho de votar por primera vez en los Estados Unidos. Millones de inmigrantes llegaron en los Estados Unidos desde Europa, devastada por la guerra, buscando nuevas oportunidades financieras.

Durante esta era de prosperidad, muchas personas compraron acciones colocando un pequeño porcentaje del precio de compra de acciones y tomando prestado el resto del precio de compra de un corredor de bolsa. Esta era una estrategia de inversión muy arriesgada. Los precios de las acciones continuaron subiendo y los inversores continuaron pidiendo prestado dinero para comprar acciones.

Luego, en 1929, el mercado de valores se derrumbó y los bancos fallaron en los Estados Unidos y en Europa. En otras palabras, los inversores aterrados comenzaron a vender sus acciones de alto precio a un ritmo bastante rápido. No solo había un estado de pánico en los Estados Unidos sino también en el resto del mundo. Al principio del año 1932, muchos bancos habían fallado, fábricas cerraron, trabajadores perdieron sus trabajos y muchos perdieron sus casas y otras propiedades por ejecución hipotecaria. Soportando desempleo a un nivel alto y dificultades económicas, los estadounidenses eligieron a **Franklin D. Roosevelt** como presidente en 1932. Él instituyó reformas y programas de recuperación económica en su **New Deal**. Los programas *New Deal* de Roosevelt incluyeron ayuda para empresas e individuos utilizando nuevas agencias gubernamentales que dieron trabajo a las personas en proyectos publicos de obras. Estas medidas, junto con el inicio de la Segunda Guerra Mundial, eventualmente ayudaron a los Estados superar la Gran Depresión.

El 7 de diciembre de 1941, los japoneses atacaron la base militar estadounidense en Pearl Harbor en Hawái. Casi inmediatamente, Estados Unidos entró en la **Segunda Guerra Mundial** del lado de los Aliados—Gran Bretaña y la Unión de Repúblicas Socialistas Soviéticas (URSS) contra los Poderes del Eje (Alemania, Italia y Japón). El esfuerzo de guerra masivo estimuló la economía y creó millones de empleos para los estadounidenses. En 1945, después de cuatro años de feroces combates contra las Potencias del Eje en Europa y el Pacífico, Estados Unidos arrojó dos **bombas atómicas** sobre Japón. Poco después terminó la guerra y Estados Unidos salió victorioso junto a las otras potencias aliadas. Estados Unidos surgió de la Segunda Guerra Mundial no solo como una potencia mundial legítima, sino como una superpotencia. Después de la guerra, con la influencia y liderazgo de los Estados Unidos, los líderes mundiales dividieron a Alemania en diferentes zonas de influencia, establecieron las Naciones Unidas y lanzaron esfuerzos para ayudar a reconstruir las naciones devastadas por la guerra. Estados Unidos se unió a la Corte Internacional de Justicia, lanzó el Consejo de Seguridad Nacional, y estableció la CIA, o Agencia Central de Inteligencia.

En los años que siguieron a la Segunda Guerra Mundial, Estados Unidos se encontró en un desacuerdo ideológico con la Unión Soviética y el Bloque del Este, o naciones de Europa del Este bajo la influencia de comunismo en la Unión Soviética. Estados Unidos se comprometió a detener la propagación de ideas comunistas y, finalmente, se convirtió en el enemigo de la Unión Soviética y sus aliados. Por años, Estados Unidos permaneció estancado en una Guerra Fría, o una guerra de retórica y mala voluntad, con la Unión Soviética. El miedo al holocausto nuclear y al comunismo marcaron los siguientes 45 años.

Las tropas estadounidenses no se quedaron en casa mucho después de que regresaron de la Segunda Guerra Mundial. Solo cinco años después se desplegaron tropas estadounidenses en Corea del Sur para luchar contra las amenazas comunistas planteadas por los norcoreanos en una guerra no declarada (la **Guerra de Corea**) que terminó en 1953, en la cual no hubo un verdadero ganador. Luego, en la década de 1960, Estados Unidos desplegó más tropas en **Vietnam** en otra guerra controvertida y no declarada. Las tropas estadounidenses finalmente fueron llevadas a casa en 1975, y Vietnam cayó ante los comunistas. Cada vez que las tropas regresaban a casa después de luchar en Vietnam, tuvieron dificultades para adaptarse a la vida civil. Para la gente estas tropas no lo fueron, de la misma forma que las tropas de la Segunda Guerra Mundial y Corea eran héroes y muchos de los soldados enfrentaron problemas emocionales como resultado de sus experiencias en el extranjero.

23. ¿Por qué se formó la Liga de las Naciones después de la Primera Guerra Mundial?

A. Para promover el comercio entre naciones

B. Para evitar otra guerra mundial

C. Para presionar a Alemania a que se rindiera a las Fuerzas Aliadas

D. Para prevenir la propagación del comunismo

Al final de la Primera Guerra Mundial, el presidente de los Estados Unidos, Wilson, insistió en que todos los países que firmaran el Tratado de Versalles aceptaban formar la Liga de las Naciones con el propósito de mantener la paz mundial a través de disuasión para que otra guerra mundial no volviera a suceder (el Congreso, que según la Constitución debe ratificar todos los tratados en los que entra el presidente, no aceptó que los Estados Unidos fuera miembro de la Liga.) **La respuesta correcta es B.**

24. ¿La Gran Depresión siguió cuál de las siguientes eras?

A. Planificación financiera cuidadosa por individuos, pero no por negocios

B. Corrupción generalizada en las corporaciones de ahorro y préstamo

C. Estilos de vida despreocupados, inversiones arriesgadas y mala gestión financiera por parte de corredores

D. Guerra mundial

Fue una era de estilos de vida despreocupados, inversiones arriesgadas y mala gestión financiera. Los inversores especularon y los acreedores emitieron imprudentemente crédito a personas que querían comprar una gran cantidad de acciones. **La respuesta correcta es C.**

Derechos civiles

La década de 1950 fue una década tumultuosa en los Estados Unidos, ya que muchos estadounidenses reaccionaron a la lucha por los derechos civiles. Un despertar cultural progresivo comenzó a ocurrir, trayendo consigo un deseo por la igualdad de derechos y trato para los afroamericanos y todos los ciudadanos. La acción ejecutiva y judicial en ese momento ayudó a marcar el camino, dando forma al deseo de los Estados Unidos de una reforma. El presidente Truman estableció el Comité de Derechos Civiles del Presidente y en 1948 firmó una orden ejecutiva para desagregar la fuerza militar. Este cambio ideológico ayudó a dar forma a las decisiones políticas posteriores y facilitó el camino para la importante progresión social y cultural.

25. ¿Cuál de los siguientes es un ejemplo del cambio ideológico de Estados Unidos hacia la expansión de los derechos básicos para todos los ciudadanos?

A. La Decimoctava Enmienda a la Constitución, que prohibió la venta del alcohol

B. *Smith vs. Allwright*, en el cual la Corte Suprema falló contra la noción de una primaria demócrata totalmente blanca, que ayuda a reducir la privación de derechos de votantes afroamericanos

C. La guerra de Vietnam, que a menudo se describe como un esfuerzo por detener el flujo del comunismo alrededor del mundo

D. La creación del sistema del colegio electoral en el proceso de votación de los Estados Unidos

Al reducir la privación de votos de los afroamericanos, el fallo de la Corte Suprema en *Smith vs. Allwright* reflejó el deseo de la corte—y de la nación—de promover los derechos y libertades civiles de ciudadanos estadounidenses, un poderoso cambio ideológico de mediados del siglo XX. **La respuesta correcta es B.**

En 1954, la Corte Suprema desegregó las escuelas por la decisión histórica del caso *Brown vs. Junta de Educación de Topeka*. El movimiento de derechos civiles se basó en esa dinámica. Mientras personas como Rosa Parks y Martin Luther King, Jr. dirigieron el **movimiento de derechos civiles** de manera digna y pacífica, grupos como el Ku Klux Klan promovieron la violencia contra los afroamericanos y aquellos que lucharon por los derechos de los afroamericanos y personas como el gobernador de Arkansas, Orval Faubus, inhibieron el progreso hacia la igualdad de derechos para los ciudadanos estadounidenses. En 1957, el Congreso creó la Comisión de Derechos Civiles que investigó violaciones de derechos civiles. Como resultado de las investigaciones de la comisión, el gobierno designó a funcionarios para proteger los derechos de voto de los afroamericanos.

La Guerra Fría

La década de 1960 vio un aumento de las tensiones entre los Estados Unidos y la Unión Soviética, llegando a un punto ardiente durante la **crisis de los misiles cubanos**. Las dos potencias mundiales se acercaron peligrosamente a la guerra de energía nuclear cuando el presidente Kennedy obligó a los soviéticos a retirar misiles de Cuba. Luego, en 1963, al horror de la nación, el presidente Kennedy fue asesinado. El resto de la década estuvo marcado por problemas internos relacionados con el despliegue de tropas en Vietnam para luchar contra el comunismo. Muchos estadounidenses no estaban de acuerdo con la participación estadounidense allí, y salieron a las calles en protesta. La situación de los derechos civiles mejoró durante la década de 1960 con la aprobación de la Vigésima Cuarta Enmienda, que eliminó el impuesto de votación y la **Ley de derecho al voto de 1965**, que ayudó a los afroamericanos en el proceso de votación. La década de 1960 terminó con un fenómeno cultural conocido como Woodstock, un concierto masivo gratuito en Nueva York, donde miles de jóvenes estadounidenses pasaron días disfrutando del arte, las drogas, el sexo y el rock and roll.

Muchos estadounidenses desconfiaron del gobierno cuando los funcionarios corruptos y la escasez de petróleo marcaron la década de 1970. El **presidente Nixon** renunció luego de un escándalo en el que varias personas fueron arrestadas por irrumpir la sede nacional demócrata en el hotel Watergate en Washington, DC. Nixon y sus consejeros sabían del robo y del espionaje telefónico ilegal. En 1973, el vicepresidente Spiro Agnew fue acusado de evasión de impuestos y soborno, dañando aún más la confianza de los ciudadanos en el gobierno. La tensión entre los Estados Unidos y la URSS disminuyó en la década de 1970 en lo que se conoció como distensión (o détente). Económicamente, el final de la década de 1970 trajo más recesión, un balance desfavorable de comercio, un alto desempleo y una tasa de inflación muy alta.

En la década de 1980, la dirección de los republicanos conservadores, guiados por el presidente Ronald Reagan, luchó por menos inversión en el gobierno y más inversiones militares. La economía se recuperó, pero el déficit del gobierno causó que la deuda nacional se disparara. Las relaciones con los soviéticos volvieron a tensarse a medida que Estados Unidos dio a conocer su programa "Star Wars", un sistema de defensa antimisiles. A finales de la década, EE. UU. y los líderes soviéticos acordaron reducir las existencias de armas nucleares y propusieron no crear futuras reservas. Durante la década de 1990, Estados Unidos disfrutó del final de la Guerra Fría y celebró el colapso de la

CONSEJO

Asegúrese de familiarizarse con cómo el contexto histórico da forma a los puntos de vista de líderes pensadores, autores, activistas y políticos responsables.

Unión Soviética. Sin embargo, la década de 1990 también vio el uso liberal del poder militar estadounidense en muchos lugares de todo el mundo, incluidos Panamá, Irak, Bosnia y Somalia. Finalmente, el gobierno recortó el gasto militar, junto con algunos programas sociales, en un intento por reducir la deuda nacional. La administración del **presidente Bill Clinton** (1993–2001) estuvo marcada por un escándalo personal cuando terminó el milenio.

Política exterior estadounidense desde el 11 de septiembre

Junto con el nuevo milenio había una elección presidencial que los Estados Unidos jamás habían visto. Por un margen muy controvertido de muy pocos votos, **George W. Bush** derrotó a **Al Gore**. Menos de un año después ocurrieron los ataques terroristas en el Pentágono, el World Trade Center y Pensilvania. Inmediatamente después del evento "9/11", Estados Unidos envió fuerzas a Afganistán para expulsar a Osama Bin Laden y a su grupo terrorista. Poco después, la administración de Bush convenció al Congreso que para evitar nuevos ataques terroristas en el territorio estadounidense y para detener el desarrollo de armas nucleares por parte de enemigos dictadores, los Estados Unidos deberían invadir Irak y derrocar al régimen de Saddam Hussein. En abril de 2003, los Estados Unidos invadieron Irak y en diciembre de ese año, Hussein fue finalmente capturado.

La ocupación estadounidense de Irak se volvió controversia en los próximos años. Abuso de prisioneros iraquíes que fueron capturado por las fuerzas estadounidenses fue ampliamente publicitado y generosos contratos "sin licitación" otorgados a compañías estadounidenses leales a la administración Bush sometieron a la ocupación a un creciente escrutinio y crítica. Mientras tanto, Osama bin Laden, el aparente cerebro de los ataques terroristas del 11 de septiembre, permaneció suelto y redes de organizaciones terroristas proliferaban en todo el Medio Oriente, especialmente en Afganistán. En noviembre de 2008, Barack Obama fue elegido presidente y al final de la década, los Estados Unidos habían comenzado a tomar medidas afirmativas para sacar al país de Irak y volver a una política de diplomacia en lugar de una acción militar unilateral contra estados que fueran posibles enemigos. Al mismo tiempo, aumentaba la presencia de los Estados Unidos en Afganistán con el propósito de derrotar las organizaciones terroristas que representaban una amenaza para la seguridad de los Estados Unidos.

En el frente económico, la primera década del nuevo milenio vio políticas económicas federales que fueron decididamente favorables para las grandes empresas. El Banco de la Reserva Federal bajó las tasas de interés a niveles históricamente bajos, para sacar a la nación de la recesión que siguió al colapso de la era "punto-com" y los acontecimientos de septiembre de 2001. Las bajas tasas de interés alentaron el gasto y los préstamos, estimulando el crecimiento económico. Sin embargo, el crecimiento económico real se mantuvo estancado en todo momento durante la década. El único crecimiento ocurrió en los sectores de salud, financiero e inmobiliario. Al mismo tiempo, la producción real disminuyó. Los trabajos tradicionales de manufactura continuaron moviéndose al extranjero, dejando a los estadounidenses de clase media en peor situación económica al final de la década que cuando comenzó.

Al mismo tiempo, a los bancos autorizados federalmente se les permitió participar por primera vez en inversiones apalancadas de alto riesgo y alto rendimiento. Una combinación de estándares de préstamos laxos para préstamos hipotecarios (hipotecas), sobre los cuales dependían muchas de las inversiones de los bancos, y las bajas tasas de interés crearon una "burbuja" de deuda en el que los consumidores y las grandes empresas no podrían pagar sus deudas. A finales de 2008, la economía de

EE. UU. estaba al borde del colapso—un colapso que solo se evitó por una infusión masiva de crédito del gobierno federal para salvar a los grandes bancos comerciales. A medida que la década llegaba a su fin, una crisis de ejecución hipotecaria y una tasa de desempleo en aumento dejó a la administración del **presidente Barack Obama** sin otra opción más que participar en un gasto masivo, o estímulo, campaña para crear nuevos empleos, impulsar el sector manufacturero, ayudar a los propietarios en dificultades, y controlar las inversiones imprudentes y las prácticas crediticias de años anteriores.

26. La Vigésima Cuarta Enmienda, que fue ratificada en 1964, prohibió el uso de un impuesto como condición previa para votar en cualquier elección federal. Dado el contexto histórico en que la Vigésima Cuarta Enmienda se convirtió en ley, ¿de quiénes eran los derechos por los que los defensores de la enmienda más se preocupaban por proteger?
    A. Evasores de impuestos
    B. Madres solteras
    C. Delincuentes condenados
    D. Afroamericanos

Fue durante la década de 1960 que la lucha por los derechos civiles por parte de los afroamericanos llegó a un punto crítico, dirigida por individuos como Martin Luther King, Jr. Los impuestos de votación requeridos por ciertos estados del sur causaron el efecto de privar de derechos a las personas pobres, que en el Sur significó que a un desproporcionado número de afroamericanos se le negó efectivamente el derecho al voto. **La respuesta correcta es D**.

27. ¿Cuál fue el responsable del colapso de la Unión Soviética a fines de la década de 1980 y principios de la década de 1990?
    A. Guerra civil entre sus estados
    B. Derrocamiento del gobierno central por una alianza de Europa del Este
    C. La decisión de los líderes soviéticos de que un gobierno democrático funciona mejor
    D. Cargas económicas y militares que debilitaron internamente a la Unión Soviética

A mediados de la década de 1980, la economía centralizada o de comando de la Unión Soviética también se estaba volviendo pesada y costosa de manejar. Al mismo tiempo, los soviéticos estaban agotando sus recursos, librando una guerra perdida en Afganistán. Finalmente, la Unión Soviética se derrumbó bajo el peso de estas cargas que se había puesto sobre sí misma. **La respuesta correcta es D**.

CIVISMO Y GOBIERNO

En pocas palabras, la **ciencia política** es el estudio del gobierno, los métodos de gobierno y aquellos quienes lideran los gobiernos. Mientras la gente se haya organizado en estados, la gente ha necesitado un gobierno para mantener el orden. La forma de gobierno que cada sociedad ha utilizado a lo largo de la historia ha dependido de una serie de factores, incluyendo el tamaño del estado y las tradiciones del estado.

Sin embargo, muchas de las formas de gobierno utilizadas a lo largo de la historia se han visto directamente afectadas o influenciadas por los medios que el líder suele asumir el liderazgo de un gobierno. Aunque hay muchos tipos diferentes de gobierno, existen algunos sistemas políticos básicos en los que todos los gobiernos pueden ser clasificados.

Tipos de gobiernos modernos e históricos

Un sistema político muy antiguo es la **democracia**. Democracia significa "gobierno del pueblo." En una democracia, la gente toma decisiones en asuntos de gobierno. La democracia se remonta a la antigua Grecia y ha cambiado solo un poco desde su nacimiento hace ya años. Hay dos tipos de democracias: una verdadera democracia y una democracia representativa. En una **verdadera democracia**, también llamada democracia directa o democracia pura, el pueblo toma todas las decisiones. Una verdadera democracia solo es posible dentro de un área geográfica pequeña, como un país pequeño o una ciudad pequeña, porque en un área grande el intercambio de información es lento e ineficiente. En una democracia **representativa**, el pueblo elige representantes para tomar decisiones por ellos. Una república es una democracia representativa. Los Estados Unidos es un buen ejemplo de una democracia representativa.

Otro sistema político muy antiguo, incluso más antiguo que la democracia, es una **monarquía**. Monarquía significa "regla por monarca", que puede ser un rey o una reina. En una monarquía, el derecho a gobernar es hereditario, lo que significa que el derecho se transmite de generación en generación a través de la familia de un rey o una reina. Existen algunos tipos de monarquías. Una **monarquía absoluta** es aquella en la que el monarca controla cada aspecto de la vida dentro de su reino. El monarca absoluto controla todas las facetas de la economía, la política, la diplomacia y, a menudo, la religión y la cultura. Luis XIV de Francia era el epítome de un monarca absoluto. Una **monarquía constitucional**, como Gran Bretaña, es un gobierno monárquico en el que el poder del monarca está limitado por una constitución, leyes y cuerpos legislativos como un parlamento.

La **dictadura** es una tercera forma de gobierno. El gobernante de una dictadura, un dictador, tiene completa autoridad sobre su estado. A menudo, el dictador asume el control del estado después de una toma militar de gobierno y luego mantiene el control a través de la fuerza militar. Un dictador generalmente gobierna estrictamente y controla la mayoría de los aspectos del gobierno, a menudo hasta el punto de ser opresivo. Cuba bajo Fidel Castro e Irak bajo Saddam Hussein son buenos ejemplos de dictaduras.

Un cuarto sistema político es una **oligarquía**. Oligarquía significa "gobernar por unos pocos". Los "pocos" suelen ser un grupo de personas que lideran al estilo de un dictador. Este grupo no es un grupo elegido. Más bien, el grupo generalmente toma el control de la misma manera que un dictador, después de una toma militar. También como un dictador, una oligarquía mantiene el control con los militares. Si el grupo toma el control después de una revolución, el grupo se conoce como junta. La antigua Esparta, una sociedad muy militarista, mantuvo una oligarquía.

Una forma de gobierno que rara vez se ve es la **aristocracia**. Una aristocracia, gobernada por aristócratas, es un sistema en el que aquellos que se presume son los más adecuados para gobernar tienen el poder de gobernar. El más adecuado para gobernar, según los aristócratas, son aquellos de nacimiento privilegiado y bien educados. Por lo general, los aristócratas tienen una gran riqueza y grandes cantidades de tierra.

28. ¿La forma más eficiente de gobierno en tiempos de crisis probablemente es cuál de las siguientes?
   A. Dictadura
   B. Oligarquía
   C. Democracia
   D. Aristocracia

Porque una persona con control total de un gobierno puede tomar decisiones mucho más rápido que cualquier otro tipo de gobierno, una dictadura es la más eficiente, especialmente en tiempos de guerra u otra emergencia. **La respuesta correcta es A**.

29. ¿Cuál de los siguientes sistemas políticos brinda a la gente del común la mayor cantidad de oportunidades para participar en el proceso político?
   A. Dictadura
   B. Oligarquía
   C. Democracia
   D. Aristocracia

La democracia es el sistema político construido sobre la idea de que la gente debe controlar al gobierno. **La respuesta correcta es C**.

EL GOBIERNO DE LOS ESTADOS UNIDOS

El gobierno de los Estados Unidos puede clasificarse como una **república**, una democracia indirecta. Los hombres que crearon los fundamentos del gobierno de los EE. UU. creían que el gobierno debería establecerse cuidadosamente en un plan escrito o constitución. Según la Constitución, el gobierno de los EE. UU es un **gobierno federal**. En otras palabras, el poder y la autoridad del gobierno se divide entre el gobierno nacional, gobiernos estatales y gobiernos locales. Cada nivel de gobierno tiene cierta autoridad y responsabilidades. Además, de acuerdo con la Constitución, cada nivel de gobierno se divide en tres ramas, cada una con deberes separados. Las tres ramas incluyen la rama legislativa, rama ejecutiva y rama judicial. Esto se conoce como **separación de poderes**. Los fundadores de los Estados Unidos dividieron deliberadamente todo el poder entre los diferentes niveles y las diferentes ramas del gobierno para que ninguna persona o parte del gobierno pueda asumir demasiado poder. Además, los fundadores se aseguraron de que cada rama del gobierno tuviera la autoridad para limitar el poder de las otras dos ramas. Esto también fue una medida preventiva en contra de que cualquier rama se vuelva demasiado poderosa.

Los tres poderes del gobierno

Como ya ha aprendido, la Constitución divide al gobierno en tres ramas, cada una con sus propias responsabilidades y deberes. El **poder legislativo** hace las leyes, el **poder ejecutivo** hace cumplir las leyes, y el **poder judicial** interpreta las leyes. Examinemos cada una de las tres ramas más de cerca.

El poder legislativo

Según el artículo I de la Constitución, el poder de hacer leyes pertenece al poder legislativo del gobierno. La palabra *legislativo* significa "hacer leyes", por lo que la rama legislativa del gobierno es la que hace las leyes. La legislatura, o el cuerpo legislativo, es el Congreso de los Estados Unidos. El Congreso de los Estados Unidos es conocido como una legislatura bicameral. En otras palabras, el Congreso tiene dos partes, o casas, que son la Cámara de Representantes y el Senado. Aunque sus poderes son prácticamente los mismos la Cámara de Representantes, a veces denominada la Cámara, es la cámara baja, mientras que el Senado es la cámara alta de la legislatura. Los legisladores, en la **Cámara de Representantes** son en total 435. Los miembros representan a cada uno de los 50 estados y el número de representantes de cada estado se basa en su población de ese estado. Cada estado tiene garantizado al menos un representante, independientemente de su población. Cada representante es elegido de un distrito dentro de su estado natal. Los representantes cumplen un mandato de dos años, y todos los representantes son elegidos en sus estados cada dos años. Para postularse a la oficina del Representante del Congreso de los Estados Unidos, una persona debe cumplir con tres criterios o calificaciones. El candidato debe

- tener al menos 25 años de edad.
- haber sido ciudadano de los Estados Unidos durante al menos siete años.
- vivir en el estado que tiene la intención de representar.

No hay límites en la cantidad de términos que un representante puede cumplir.

El **Senado** es ligeramente diferente de la Cámara de Representantes. Hay 100 senadores en el Senado, dos de cada estado, independientemente de cuán grande o pequeña sea la población de un estado. Los senadores sirven términos de seis años, y un tercio de los senadores son elegidos cada dos años. Para ser senador de los Estados Unidos, un candidato debe cumplir unos requisitos más estrictos que los de un candidato a la Cámara. Un candidato para el Senado de los Estados Unidos debe

- tener al menos 30 años de edad.
- haber sido ciudadano de los Estados Unidos por al menos nueve años.
- ser residente del estado que tiene la intención de representar.

Actualmente, no hay límite en el número de términos que puede servir un senador.

Como acaba de aprender, la rama legislativa del gobierno hace leyes. Veamos exactamente cómo la legislatura crea una ley. Primero, un legislador debe presentar una idea para una ley potencial en forma de **cuenta**. Después de que el legislador—senador o representante—redacta el proyecto de ley, el proyecto de ley va al secretario de la Cámara o el secretario del Senado, donde el proyecto de ley recibe un nombre y un número. A partir de aquí, el proyecto de ley viaja a un comité. Un comité es un pequeño grupo de miembros del Congreso que se especializan en un área particular de la legislación. Por ejemplo, el Comité de Servicios Armados trata específicamente con legislación sobre las fuerzas armadas de los Estados Unidos. Si al comité no le gusta el proyecto de ley, puede "encasillarlo" o "ponerlo en una mesa" dejándolo a un lado y no volviéndolo a tratar. Si esto sucede, se dice que el proyecto de ley murió en comisión. Si al comité le gusta el proyecto de ley, lo envía a la Cámara y Senado, donde los miembros del Congreso debaten el proyecto de ley, hacen los cambios que consideran necesarios, y luego votan sobre el proyecto de ley. Si cualquiera de las cámaras vota en contra del proyecto de ley o lo derrota, el proyecto de ley muere. Si la mayoría de ambas cámaras aprueban el proyecto de ley, el proyecto de ley se somete a votación de todo el Congreso. Si la mayoría del Congreso aprueba el proyecto de ley, se presenta ante el presidente para su aprobación. El presidente puede firmar el proyecto de ley y hacerlo legal, o él puede vetar o matar el proyecto de ley. Sin embargo, otro voto de la mayoría en el Congreso puede anular el veto y promulgar la ley. Este proceso puede parecer lento e ineficiente, pero este lento proceso impide que el gobierno tome decisiones apresuradas.

La Constitución otorga al Congreso una serie de poderes claramente definidos en lo textual. Estos poderes se conocen como poderes enumerados, poderes expresados o poderes delegados. Algunos de estos poderes incluyen la autoridad para gravar y recaudar impuestos del pueblo estadounidense, hacer monedas o imprimir dinero, declarar la guerra a otro país, pedir dinero prestado y mantener una defensa nacional adecuada con un ejército y una armada. Algunos poderes del Congreso están limitados a una sola casa u otra. Por ejemplo, solo la Cámara puede destituir o presentar cargos formales contra el presidente, pero solo el Senado puede celebrar un juicio para el presidente. Además, solo el Senado puede aprobar tratados con otros países. La Constitución otorgó al Congreso otros poderes sin nombre a través de la Cláusula elástica, que le permite al Congreso cierta flexibilidad para lidiar con los nuevos problemas que los fundadores no podían prevenir.

30. ¿Cuál de los siguientes puntos puede indicar que el Senado es la cámara alta de la legislatura de los Estados Unidos?
    A. Los senadores deben tener títulos de posgrado.
    B. Los candidatos deben ser abogados antes de ser elegidos para el Senado.
    C. Los requisitos para los candidatos al Senado son un poco más estrictos que los requisitos para aquellos que buscan un asiento en la casa.
    D. Hay menos senadores que representantes.

El hecho de que los candidatos senatoriales deban cumplir con requisitos más exigentes indica que los fundadores de los Estados Unidos querían que los senadores estuvieran más calificados que los representantes. Esto indica que el Senado debe haber tenido un mayor respeto en un momento de la historia. **La respuesta correcta es C**.

31. ¿Cuál de las siguientes es una razón por la cual California puede tener más influencia que Alaska en la Cámara de Representantes?
    A. California cubre una región geográfica más grande que Alaska.
    B. California se encuentra dentro de los Estados Unidos continentales y Alaska no.
    C. Alaska no ha sido parte de los Estados Unidos desde California.
    D. California tiene una población más grande que Alaska.

Los asientos en la Cámara se asignan a los estados según la población. Si un estado tiene más representantes que otro estado, es probable que también tenga más influencia que ese estado. **La respuesta correcta es D**.

El poder ejecutivo

El artículo II de la Constitución establece los poderes del poder ejecutivo del gobierno. Es la responsabilidad del poder ejecutivo ver que las leyes de la tierra se cumplan o se hagan cumplir. El jefe del poder ejecutivo es el presidente. Debajo del presidente están el vicepresidente y todos los departamentos y agencias necesarios para asegurar que las leyes se cumplan y administren adecuadamente.

Según el Artículo II, un candidato a presidente debe cumplir sólo tres cualificaciones o requisitos. El candidato presidencial debe:

- ser un ciudadano nativo (no naturalizado).
- tener al menos 35 años de edad.
- haber sido residente de los Estados Unidos por al menos 14 años.

Las elecciones presidenciales se celebran cada cuatro años. Aunque el pueblo estadounidense vota por el presidente (y vicepresidente), el Colegio es quien en realidad elige al presidente. La Colegio Electoral consta de electores de cada estado que emiten sus votos para los candidatos presidenciales un mes después de la elección popular. Originalmente, ninguna ley establece un límite en el número de mandatos, aunque George Washington sugirió que ningún presidente sirva más de dos mandatos para no construir y mantener demasiado poder. La Vigésima Segunda Enmienda, ratificada en 1951, estableció que el límite de términos es dos.

El presidente desempeña tres funciones principales durante su mandato. Primero, el presidente sirve como el director. Como **Jefe Ejecutivo**, el presidente es responsable de garantizar que todas las leyes de la tierra se cumplan correctamente. Obviamente, una persona no puede hacer cumplir todas las leyes, por lo tanto, el presidente debe nombrar funcionarios para dirigir las agencias ejecutivas y departamentos para llevar a cabo y hacer cumplir las leyes. Las personas en las cabezas de los departamentos ejecutivos son miembros del **gabinete** del presidente. Los miembros del gabinete se encuentran entre los asesores más cercanos del presidente, y le ofrecen consejos sobre cuestiones dentro de sus departamentos. Como director ejecutivo, el presidente puede emitir órdenes ejecutivas. Una orden ejecutiva es una directiva o comando que tiene el peso de la ley, pero no requiere aprobación ya sea del Congreso o de la Corte Suprema. Muy a menudo, las órdenes ejecutivas se emiten durante momentos de guerra, crisis o emergencia. En segundo lugar, el presidente sirve como **Jefe Diplomático**. Como el jefe diplomático, el presidente tiene la responsabilidad de nombrar embajadores, reunirse y saludar extranjeros dignatarios, y hacer tratados. Sin embargo, el Senado debe aprobar cualquier nombramiento o tratado. El tercer papel principal del presidente es el de **Comandante en Jefe** del ejército. Aunque el presidente no puede declarar la guerra, puede desplegar tropas en tierras extranjeras o activar tropas dentro de los Estados Unidos para ayudar en tiempos de emergencia. Durante la guerra, el presidente es comandante más alto rango de todas las fuerzas armadas de los Estados Unidos.

Además de estas responsabilidades principales, el presidente también desempeña muchos papeles más pequeños. Como el líder legislativo, el presidente a menudo introduce legislación en el Congreso, influye en la dirección de legislación y veta o rechaza la legislación propuesta. Como líder del partido, el presidente promueve su partido político, nombra posiciones de liderazgo dentro del partido y respalda a los candidatos del partido que están buscando elecciones. Como líder judicial, el presidente nombra a los jueces de la Corte Suprema y otros tribunales federales. Además, el presidente puede conceder un perdón a alguien condenado por un delito. Finalmente, como Jefe de Estado, el presidente sirve como símbolo del pueblo estadounidense. Por ejemplo, el presidente puede visitar otro país en nombre de los Estados Unidos o emitir una declaración pública en nombre de los Estados Unidos.

El asistente inmediato del presidente es el **vicepresidente**. El vicepresidente es el único otro miembro del poder ejecutivo mencionado en el artículo II de la Constitución. Si por alguna razón el presidente muere, deja el cargo o se vuelve incapaz de cumplir con los deberes presidenciales, el vicepresidente se convierte en el nuevo presidente. En 1947, el Congreso decidió diseñar un plan para saber exactamente quién es el próximo en línea para la presidencia en caso de alguna emergencia. Después del vicepresidente, el presidente de la Casa de Representantes es el siguiente en la fila, seguido por el Presidente Pro Tempore del Senado, el Secretario de Estado, Secretario del Tesoro, Secretario de Defensa, el Fiscal General y los demás miembros del gabinete.

Como aprendió anteriormente, los asesores más cercanos del presidente son los miembros de su gabinete. Ellos son los jefes de los departamentos ejecutivos. Algunos de los departamentos incluyen lo siguiente: Departamento de Estado, que lleva a cabo la política exterior de la nación; Departamento de Tesorería, que recauda impuestos e imprime dinero; Departamento de Defensa, que controla las fuerzas armadas de los Estados Unidos; Departamento de Justicia, que dirige la policía nacional, y Departamento de Educación, que guía y proporciona fondos para las escuelas de la nación. En total, actualmente hay 15 puestos en el gabinete. Los miembros del gabinete reciben nombramientos del presidente. Luego, los miembros del gabinete eligen otros candidatos dignos para ocupar puestos dentro de los departamentos ejecutivos que supervisan.

La última parte de la rama ejecutiva es la colección de agencias conocidas como agencias ejecutivas. Dentro de cada departamento ejecutivo, existen muchas agencias más pequeñas. Algunas de estas agencias incluyen la Agencia Central de Inteligencia (CIA), la Administración Nacional de Aeronáutica y del Espacio (NASA), y la Agencia de Protección Ambiental (EPA). Algunas de estas agencias, incluida la Reserva del Sistema General y la Junta Nacional de Relaciones Laborales se denominan comisiones reguladoras. Algunas de las agencias, como el Servicio Postal de los Estados Unidos, son corporaciones gubernamentales.

32. Los poderes del presidente incluyen todo, EXCEPTO:
    A. El poder de introducir legislación
    B. El poder de vetar la legislación
    C. El poder de enviar tropas a un país
    D. El poder de declarar la guerra

Solo el Congreso puede declarar la guerra a otro país. **La respuesta correcta es D**.

33. ¿Cuál de las siguientes sería responsabilidad de un miembro del gabinete?
    A. Anular una orden ejecutiva
    B. Encabezar un departamento dentro de la rama ejecutiva del gobierno
    C. Declarar la guerra
    D. Aprobar o rechazar una cita presidencial

Cada miembro del gabinete encabeza uno de los departamentos ejecutivos dentro de la rama ejecutiva **La respuesta correcta es B**.

El poder judicial

La tercera rama del gobierno de los Estados Unidos, descrita en el Artículo III de la Constitución, es la rama judicial. La Constitución establece la **Corte Suprema** como el jefe de la rama judicial. La responsabilidad principal de la Corte Suprema es escuchar los casos apelados ante los tribunales inferiores. Sin embargo, la otra responsabilidad de la Corte Suprema es determinar la constitucionalidad de las leyes y acciones de otras ramas del gobierno y tribunales inferiores. Este es el poder de la revisión judicial. La Corte Suprema, tiene ocho jueces, son nombrados por el presidente y un presidente de la Corte Suprema, también designado por el presidente. Aunque el presidente puede nombrar a cualquiera para estar una Corte Suprema de Justicia, el Senado tiene el poder de rechazar la nominación de un presidente. Los jueces mantienen sus asientos en la Corte Suprema de por vida.

La Corte Suprema tiene la autoridad de escuchar, o tiene jurisdicción sobre, casos criminales y civiles que han sido apelados ante el tribunal superior. Los casos penales son aquellos relacionados con delitos, mientras que los casos civiles son aquellos que se ocupan de disputas entre dos o más partes. La Corte Suprema tiene jurisdicción original sobre casos en los que está involucrado un diplomático extranjero o en los que está involucrado un estado. Es decir, estos dos tipos de casos pueden originarse en la Corte Suprema en lugar de ser apelados por la Corte Suprema. La Corte Suprema es la corte más alta de los Estados Unidos, mientras que la más baja son las cortes federales en los Estados Unidos, que se conocen como cortes del Distrito Federal. Las cortes de Distrito son en donde comienzan o se originan juicios y juicios federales. Las cortes del Distrito Federal escuchan ambos casos penales y civiles. Si una de las partes involucradas en un caso a nivel de la corte de Distrito cree que se produjo un error durante el juicio, el caso puede ser apelado ante un Tribunal Federal de Apelaciones. Si una de las partes involucradas en el caso apelado aún cree que el caso necesita ser escuchado por un tribunal superior, la parte puede apelar el caso ante la Corte Suprema. Tribunales federales de apelaciones y la Corte Suprema pueden decidir escuchar un caso o desestimar un caso y dejarlo como está.

34. ¿Cuál de los siguientes es verdad de la Corte Suprema?

   A. Solo escucha casos civiles.

   B. Solo escucha casos criminales.

   C. Es la corte más alta de los Estados Unidos.

   D. Puede ser anulada por un veto presidencial.

Una vez que el caso ha sido resuelto por la Corte Suprema, no hay más tribunales en los que el caso pueda ser apelado. **La respuesta correcta es C.**

35. ¿Cuál es la responsabilidad principal de la Corte Suprema?

   A. Escuchar y decidir casos apelados

   B. Escuchar y decidir casos entre países extranjeros

   C. Representar a los Estados Unidos en la corte internacional

   D. Declarar inconstitucionales los actos presidenciales

La mayor responsabilidad de la Corte Suprema es escuchar y decidir los casos que han sido apelados de los tribunales inferiores. **La respuesta correcta es A.**

Cheques y saldos

Como aprendió anteriormente, los redactores de la Constitución dividieron al gobierno de los Estados Unidos en tres ramas (la legislativa, ejecutiva y judicial) para que ninguna parte del gobierno desarrollara demasiado poder. También incluyeron en el plan de gobierno otro sistema de salvaguardas contra una rama que domina cualquier otra rama. Esto se conoce como el **sistema de cheques y saldos.** Cada rama del gobierno tiene la capacidad de verificar el poder de las otras dos ramas y eso ayuda a equilibrar los poderes de las ramas.

Veamos algunos ejemplos de algunos de los controles que cada rama tiene sobre las demás. La rama ejecutiva puede verificar el poder de la rama legislativa vetando la legislación y puede verificar el poder de la rama judicial al nombrar jueces. La rama legislativa puede verificar el poder de la rama ejecutiva anulando vetos, rechazando nombramientos o nominaciones presidenciales, e impugnando al presidente. La rama legislativa puede verificar el poder de la rama judicial al juzgar a los jueces y rechazar los nombramientos judiciales. La rama judicial puede verificar el poder la rama ejecutiva al declarar inconstitucionales los actos del presidente. La rama judicial puede verificar el poder de la rama legislativa declarando leyes inconstitucionales. Este sistema puede parecer como si pudiera causar ineficiencia en el gobierno, pero ayuda a mantener un equilibrio de poder saludable entre las tres ramas.

El sistema federal de los Estados Unidos

Cuando las 13 colonias se unieron bajo los Artículos de la Confederación, todavía se gobernaban a sí mismas. Una vez que se unieron permanentemente como los Estados Unidos de América, los estados conservaron la capacidad de continuar gobernándose a sí mismos en algunos casos y hasta cierto punto. El gobierno del país se convirtió en responsabilidad compartida del gobierno nacional y los gobiernos estatales. Cuestiones tales como las leyes de matrimonio, las normas educativas y las leyes electorales quedaron a discreción de los estados. Además, algunos poderes también se reservaron para los gobiernos locales. Esta división del gobierno en múltiples niveles se conoce como **federalismo**.

Gobiernos estatales y locales

Los poderes guardados específicamente para los estados se conocen como poderes reservados y se proporcionan en la **Décima Enmienda**. Para evitar cualquier conflicto entre las leyes estatales y federales, los redactores de la Constitución se aseguraron de incluir en el Artículo VI una disposición que establece que la Constitución y las leyes creadas por el Congreso tienen prioridad sobre las leyes estatales o locales. Esta cláusula en el Artículo VI es conocida como la Cláusula de Supremacía.

Los Estados Unidos exigen que cada estado tenga una forma republicana de gobierno. En otras palabras, cada estado debe operar como una república. No hay más requisitos para los gobiernos estatales que ese. Sin embargo, la mayoría de los estados utilizaron la Constitución de los Estados Unidos como modelo para sus constituciones estatales. Por lo tanto, la mayoría de los gobiernos estatales son muy similares a los del gobierno de EE. UU., aunque no tienen que serlo. Todos los estados tienen un gobernador que sirve como jefe de la rama ejecutiva en su estado. Todos los estados, con la excepción de Nebraska, tienen dos cámaras legislativas en su legislatura (Nebraska tiene un sistema unicameral, con una sola cámara legislativa). Cada estado tiene su propio sistema judicial, aunque hay muchas variaciones de las estructuras del sistema judicial.

La Constitución exige que los gobiernos estatales y el gobierno federal trabajen juntos. Por ejemplo, una agencia de cumplimiento de la ley estatal puede trabajar con una agencia de cumplimiento de la ley federal en un caso especial. La Constitución también facilita la cooperación entre los estados. La "plena fe y cláusula de crédito" de la Constitución requiere que los estados acepten las decisiones y documentos legales de cada uno. Eso es la "cláusula de plena fe y crédito" que garantiza que cada estado reconocerá las licencias de matrimonio o licencias de conducir de otros estados. Los estados también cooperan a través del proceso de extradición. Extradición es cuando un estado envía a un presunto criminal de vuelta al estado en el que el sospechoso es acusado de cometer un delito.

Aunque los gobiernos estatales tienden a ser muy similares al gobierno federal, los gobiernos locales variar mucho. Algunos gobiernos locales están encabezados por un alcalde o un director ejecutivo, elegido por la gente de la ciudad o pueblo. En estas municipalidades, un ayuntamiento a menudo ayuda al alcalde en la administración del gobierno local. En otras municipalidades, se elige un consejo y luego un gerente de la ciudad es contratado para manejar las operaciones comerciales. Otras municipalidades son administradas por comisionados elegidos; cada comisionado es responsable de cierta área de operación, como agua o seguridad pública.

36. ¿Cuál de los siguientes fue proporcionado por los redactores de la Constitución en su plan de gobierno para asegurar que ninguna rama del gobierno se volviera demasiado poderosa?

   A. Monitores gubernamentales que vigilan la corrupción

   B. Elecciones de la Corte Suprema

   C. Tres divisiones separadas de gobierno, cada una con diferentes responsabilidades

   D. Dos casas en la legislatura

Con el poder político dividido de tres maneras, ninguna parte del gobierno tiene la capacidad de dominar políticamente. **La respuesta correcta es C.**

37. De acuerdo con la Constitución, los gobiernos estatales deben:

   A. Establecer una democracia pura

   B. Establecer una forma republicana de gobierno

   C. Establecer un sistema federal a nivel estatal

   D. Exigir a las municipalidades que tengan una forma republicana de gobierno

El único requisito que debe cumplir un gobierno estatal de acuerdo con la Constitución es tener un forma republicana de gobierno. **La respuesta correcta es B.**

Partidos políticos, campañas y elecciones en la política estadounidense

Desde los primeros días de los Estados Unidos, los estadounidenses han tenido opiniones diferentes sobre la forma en que el país debe ser gobernado. Estas diferencias de opiniones en los años formativos de la nación llevaron al desarrollo de los dos primeros partidos políticos, los federalistas y los republicanos. Un partido político es un grupo de personas con valores similares e ideas similares sobre el liderazgo adecuado del gobierno. A menudo, las personas forman o se unen a partidos políticos basados en creencias sobre cuán débil o fuerte debe ser el gobierno central, cuánto o cuán poco debe gravar o gastar o cómo se debe gastar el dinero federal. Tanto los partidos políticos como sus miembros pueden ser clasificados en función de sus ideas sobre el gobierno. Por un lado, los liberales, que a menudo son referidos como estando en la izquierda, generalmente abogan por el cambio político y el progreso social. Los conservadores por otro lado, generalmente abogan por un cambio muy lento, si lo hay, al orden político y social existente. A los conservadores se les suele llamar de derecha. Aquellas personas que caen en algún lugar entre liberales y conservadores les llama a menudo como moderados.

El objetivo básico de un partido político es influir en las políticas públicas de una manera que esté en línea con su ideología. Para hacerlo, los partidos intentan que sus candidatos sean elegidos para un cargo público. Los partidos políticos también tienen otra función importante en el sistema político estadounidense. Además de influir en las políticas del gobierno, los partidos políticos fortalecen aún más el sistema de controles y equilibrios. Los partidos vigilan de cerca las acciones de las otras partes en el poder y ayudan a garantizar que no haya abuso dentro del sistema. Además, los partidos políticos dan a los ciudadanos un sentido de pertenencia a la política y dan a los ciudadanos una voz en todos los niveles de la política.

Como acaba de aprender, los partidos políticos quieren que sus candidatos sean elegidos para el cargo. Para elegir un candidato, el partido político y el candidato deben pasar por un largo proceso. En muchas elecciones los candidatos deben primero ganar una elección preliminar llamada primaria. Cada partido celebra una elección primaria en la que los votantes eligen a un candidato para representar a su partido en las elecciones principales. Por ejemplo, en una elección primaria republicana, los republicanos eligen de una lista de posibles candidatos republicanos. El ganador de las primarias republicanas se enfrentará a candidatos de otros partidos en las elecciones principales. Algunas elecciones primarias, conocidas como primarias abiertas, están abiertas a todos los votantes. Las primarias cerradas son elecciones primarias en las que los votantes deben declarar un partido y elegir entre los candidatos de ese partido. Una de las formas en que los candidatos son elegidos es promocionando sus plataformas. Una plataforma es una lista de creencias, valores o ideas que un candidato particular o partido político tiene como propio. Los votantes usualmente usan las plataformas de los candidatos para evaluar y elegir al candidato que desean para ocupar en el cargo.

Las personas que no se contentan simplemente con participar en un partido político a menudo forman o se unen a grupos de presión. Los grupos de presión son aquellos con una agenda particular o una lista de necesidades y deseos. Estos grupos de presión trabajan diligentemente para persuadir a los legisladores en el proceso legislativo. Esta persuasión activa de los legisladores se conoce como cabildeo. Los cabilderos a menudo intentan reunirse con legisladores para influirlos de una forma u otra durante el proceso legislativo. Por ejemplo, un cabildero ambiental trataría de persuadir a los legisladores para que aprueben una legislación que busque mejorar el medio ambiente.

38. Las personas pueden unirse a un partido político por cualquiera de las siguientes razones, EXCEPTO:

A. Expresar una opinión colectiva en lugar de individualmente

B. Descubrir ideas de gobierno diferentes a las propias

C. Promover a un candidato en particular en una elección

D. Votar en una primaria cerrada

La gente no se une a los partidos políticos para encontrar ideas nuevas y diferentes. **La respuesta correcta es B.**

39. ¿Cuál de las siguientes opciones probablemente contrataría a un cabildero para persuadir a los legisladores de aprobar una nueva ley?

A. Los Boy Scouts de América

B. Una iglesia en Georgia

C. Una empresa tabacalera en Carolina del Norte

D. Una madre soltera con prestaciones sociales

Una compañía tabacalera querría que se aprobaran ciertas leyes o que se cambiaran ciertas leyes, y podrían pagar para contratar cabilderos para tratar de lograr ese objetivo. **La respuesta correcta es C.**

ECONOMÍA

Macroeconomía y microeconomía

El estudio de la **economía** es el estudio de la forma en que la sociedad utiliza recursos limitados para cumplir con sus necesidades materiales. Para ser más específicos, la economía se ocupa de la producción, distribución y consumo de bienes. El campo de la economía generalmente se puede dividir en dos áreas principales: **microeconomía** y **macroeconomía**. La microeconomía, también conocida como teoría de precios, examina cómo la oferta, la demanda y la competencia causan diferencias en precios, ganancias, salarios y otros aspectos de la economía. En el área de microeconomía, los economistas suponen que los propietarios o empresarios buscan aprovechar el máximo beneficio posible y que los consumidores gastan su dinero mientras buscan el mayor valor posible. La macroeconómica mira la imagen más amplia de la economía y examina cosas como el empleo y el ingreso nacional. La macroeconomía se desarrolló después de la publicación de un libro llamado *Teoría general del empleo, el interés y el dinero* en 1935 por un economista británico llamado John Maynard Keynes.

Aunque la economía ha sido una parte vital de la vida de cada estado en la historia, el campo académico de la economía no cobró vida propia hasta que un filósofo moral escocés, Adam Smith, escribió *La riqueza de las naciones* en 1776. El trabajo histórico de Smith sigue siendo utilizado hoy por economistas y estudiantes de economía. Lo más importante para la teoría económica de Smith era la idea de la "mano invisible". Smith creía que el gobierno debería estar directamente involucrado lo menos posible en la economía. Argumentó que si los consumidores se quedaran solos para actuar por su cuenta, intereses y en su propio nombre, una fuerza natural—una mano invisible, por así decirlo—pondría a la economía nacional en una dirección que beneficiaría al mayor número de personas. Como resultado, Smith fue un crítico de la política económica del mercantilismo. El **mercantilismo**, una práctica popular del gobierno durante ese tiempo, fue un sistema en el cual toda la política económica nacional estaba dirigida con el objetivo de autosuficiencia nacional. En otras palabras, una nación mercantilista buscaba mejorar su economía mediante depender cada vez menos de los bienes de otras naciones. Las naciones mercantilistas intentaban almacenar oro y plata, para mantener los salarios lo más bajo posible y para mantener a la población en crecimiento. Smith no estuvo de acuerdo con esta política de manipulación gubernamental de la economía.

Un grupo de economistas franceses, conocidos como fisiócratas, reaccionaron a los mercantilistas abogando por **comercio liberal** y un enfoque de **laissez-faire** a la economía. Laissez faire es un término que significa que el gobierno adopta un enfoque de "no intervención" en la política económica. El libre comercio significa que el gobierno permite que se den importaciones y exportaciones libremente. Los fisiócratas creían en un impuesto único para recaudar dinero para el estado en lugar de la manipulación de la economía; Smith estuvo de acuerdo con sus ideas.

Otros economistas notables incluyen a Thomas Malthus, David Ricardo y John Stuart Mill. A pesar de que estos economistas tenían algunas diferencias filosóficas, todos básicamente estaban de acuerdo en algunos principios importantes. Todos creían en una economía de mercado libre, el derecho a la propiedad privada y la capacidad de competencia para impulsar una economía. Otro economista fue Karl Marx. Marx tomó un diferente enfoque de la teoría económica. Sin embargo, Marx, un socialista, creía que aquellos que poseían los medios de la producción históricamente había explotado a la clase trabajadora. Por lo tanto, Marx abogó por la eliminación de la propiedad privada y la propiedad colectiva de propiedad e industria. Marx describió sus teorías económicas en el histórico *Manifesto Comunista*, en coautoría de Frederick Engels.

Conceptos básicos de economía

Factores de producción

Cuando los economistas hablan de producción dentro de un sistema económico, deben considerar los tres factores de producción. Estos factores son los recursos naturales, el capital y el trabajo. Por lo general, los factores de la producción no pueden satisfacer completamente las demandas de los consumidores o las personas que usan los bienes producidos. Los **recursos naturales** son las materias primas necesarias para la producción de bienes. Por ejemplo, la árboles son necesarios para la producción de casas, papel y muebles de madera.

El **capital** puede ser cualquier equipo, fábrica o propiedad necesaria para la conversión de materias primas en productos terminados. Este tipo de capital se conoce como **capital fijo**. El capital también puede referirse al dinero que se invierte para apoyar la producción de bienes. Este tipo de capital, llamado **capital circulante**, pueden ser salarios pagados a los trabajadores o materias primas utilizadas en la producción. Cualquier capital que se pueda vender por efectivo se considera **capital líquido**, mientras que el capital que no se puede convertir fácilmente en efectivo se conoce como **capital congelado**.

En economía, el término **trabajo** se usa para describir el trabajo que se necesita para convertir las materias primas en bienes y servicios. El trabajo puede referirse a las personas que realmente hacen el trabajo procesando las materias primas y produciendo los bienes. Los trabajadores pueden ser trabajadores de la línea de ensamblaje de fábrica, conductores de camiones, agentes de ventas, u otras personas involucradas en la producción y distribución de bienes. El trabajo de parto puede incluso referirse a personas en una industria de servicios, como médicos o maestros que brindan servicios a terceros.

Al considerar la productividad, los economistas también consideran la **ley de rendimientos decrecientes**. Los factores de producción, cuando se usan juntos en las proporciones correctas, producirán un resultado final suficiente para una sociedad. Sin embargo, de acuerdo con la ley de rendimientos decrecientes, en cierto punto, cualquier recurso adicional (materias primas, mano de obra o capital) no puede producir un producto adicional con un valor acorde con el costo de los recursos adicionales. De hecho, según la ley, en cierto punto, los recursos adicionales pueden incluso producir menos producción que antes de que se se agregaran recursos adicionales.

40. ¿Los recursos naturales necesarios para construir una casa de madera incluyen cuáles de los siguientes?
    A. Árboles, tierra y obreros de la construcción
    B. Jornaleros de la tierra y obreros de la construcción
    C. Árboles
    D. Árboles y tierra

Los árboles son el único recurso natural enumerado entre las opciones de respuesta porque la tierra se considera capital y los jornaleros de la tierra y obreros de la construcción se consideran trabajadores. **La respuesta correcta es C.**

41. ¿Cuál de las siguientes situaciones podría aplicarse a la ley de rendimientos decrecientes?

    A. Se aumentan los sueldos de los trabajadores de las fábricas.

    B. Se suministran nuevas materias primas a una fábrica para producir un producto nuevo.

    C. El número de trabajadores de la línea de ensamblaje en una fábrica eficiente se reduce a la mitad para reducir el gasto de la empresa.

    D. El número de trabajadores de la línea de montaje en una fábrica eficiente se duplica mientras que la cantidad de materias primas sigue siendo la misma.

Con el doble de trabajadores en una fábrica ya eficiente, los trabajadores probablemente incomodarían a los demás y reducirían la eficiencia y la producción. **La respuesta correcta es D**.

Oferta y demanda

La fuerza principal y uno de los principios básicos de la economía es la **oferta y la demanda**. La oferta se puede definir como todos los bienes disponibles independientemente del precio. La demanda se puede definir como el deseo de los consumidores de comprar bienes. Los productores suministran bienes con la esperanza de que los consumidores exigirán bienes. Los productores deben fijar los precios de los productos lo suficientemente altos como para que se genere un beneficio después de pagar todos los costos de producción. Los consumidores buscan pagar el precio más bajo posible para obtener los bienes. Los productores deben establecer la cantidad de producción en función de la demanda de bienes. El precio y la disponibilidad de bienes determina la demanda. Estos factores trabajando juntos conforman el principio de oferta y demanda.

Si un artículo determinado, un automóvil, por ejemplo, tiene una alta rentabilidad, un gran número de productores estarán interesados en la producción de dicho bien. Los productores de los automóviles competirán por una parte del mercado. Si el mercado está inundado de automóviles y la oferta de automóviles es mayor que la demanda, los compradores no pueden o no comprarán todo el suministro de automóviles. Si esto sucede, habrá un excedente que luego causará que bajen los precios de los automóviles. Esto puede aumentar la demanda de los automóviles. Si un artículo, como un automóvil, tiene un precio que es lo suficientemente bajo como para que los consumidores quieran el artículo, tendrá demanda. Si el precio del automóvil cae demasiado, puede haber tanta demanda que los productores no puedan suministrar el artículo lo suficientemente rápido como para satisfacer la demanda. Si la demanda excede la oferta, los precios subirán.

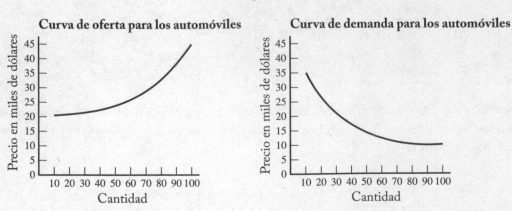

Para hacer un mercado estable, los productores deben determinar exactamente la cantidad de bienes que los consumidores exigirán y el precio que los consumidores pagarán por esos bienes. Cuando se alcanza este punto, se llama **equilibrio**. En el siguiente cuadro, el punto de equilibrio es el punto en el que las dos curvas se cruzan. Cuando el precio de los bienes sube por encima del equilibrio, hay una disminución de la demanda y, por lo tanto, habrá más bienes de los que desean los consumidores. Esto crea un excedente. Si sucede lo contrario, es decir, si el precio cae por debajo del equilibrio, la demanda aumenta y habrá escasez. Estos son las leyes de la oferta y la demanda.

Equilibrio para automóviles

Cabe señalar que las leyes de la oferta y la demanda son válidas sólo en un sistema económico en el que los mercados están relativamente imperturbados por el gobierno. Porque la oferta y la demanda dependen de condiciones del mercado, una economía en la cual el gobierno controla el mercado no seguiría las leyes de la oferta y la demanda. Por ejemplo, durante tiempos de guerra en los Estados Unidos o en cualquier momento en la antigua URSS, los mercados fueron de alguna manera manipulados por el gobierno. Eso invalida los mecanismos de oferta y demanda en esos lugares.

42. ¿Qué conclusión se puede sacar de los principios de oferta y demanda?
   A. Cuanto menor sea la ganancia que genera un artículo, más productores estarán interesados en produciendo ese artículo.
   B. Cuanto mayor sea el precio de un artículo, mayor será la demanda de ese artículo.
   C. Mientras más consumidores demanden un artículo, más bajos serán los precios.
   D. Mientras más consumidores demanden un artículo, más altos serán los precios.

Si hay una gran demanda entre los consumidores de un artículo, el productor puede cobrar un precio más alto y los consumidores seguirán comprando el artículo. **La respuesta correcta es D.**

43. La estabilidad del mercado ocurrirá cuando siguientes ocurre:
   A. Los precios suben por encima del punto de equilibrio.
   B. Los productores producen la cantidad de bienes que los consumidores quieren al precio que los consumidores quieren pagar.
   C. Se crea un excedente.
   D. Se crea una escasez.

La estabilidad ocurre cuando los productores producen la cantidad de bienes que los consumidores quieren a un precio que los consumidores sienten que es justo. **La respuesta correcta es B.**

Gobierno y política económica

Estados Unidos tiene una economía de **libre mercado,** aun así, el gobierno todavía juega un papel vital en la dirección esa economía. Mediante el uso de impuestos, el gobierno puede crear ingresos para su propio uso o para controlar la inflación. La **inflación** puede definirse como un aumento de los precios o una devaluación del dinero, lo que resulta en disminución del poder adquisitivo de los consumidores. Al reducir los gastos del gobierno o al ajustar la tasa de impuestos el gobierno puede ayudar a controlar o corregir la inflación. Los impuestos también se pueden usar para aumentar o disminuir el gasto del consumidor. Al aumentar la tasa de impuestos el gobierno puede desalentar el gasto del consumidor, desacelerando así la economía. Al disminuir la tasa de impuestos, el gobierno puede estimular o alentar el gasto del consumidor, la inversión y las transacciones comerciales, porque las personas tienen más dinero para gastar e invertir. Sin embargo, debe tenerse en cuenta que no toda la inflación es mala. Lenta y gradual, la inflación es normal e incluso buena para una economía, pero la inflación del 10 por ciento anual se combina con altos aumentos de precios, causaría preocupación a los economistas. El gobierno también controla las redes sociales, programas como asistencia social, beneficios de desempleo, seguridad médica y seguridad social. El Gobierno gestiona los fondos utilizados para operar estos programas y los distribuye a los ciudadanos que necesitan asistencia. Todas estas prácticas son parte de la estrategia monetaria del gobierno conocida como **política fiscal.** La práctica de aumentar los impuestos o restringir el gasto público se llama **política fiscal contractiva.** La práctica de reducir los impuestos y estimular el gasto público se conoce como **política fiscal expansiva.**

Dinero, política monetaria e instituciones financieras

El uso del dinero es el método de intercambio empleado en los sistemas económicos en lugar del trueque. Cualquier moneda que use un sistema económico es su dinero. La oferta monetaria de una nación es principalmente monedas y billetes, o billetes, junto con depósitos en bancos. El uso del dinero en una economía es controlado a través de la política monetaria. En los Estados Unidos, la **Junta de la Reserva Federal** controla la política monetaria. La Junta de la Reserva Federal dirige la política monetaria regulando el dinero y crédito disponibles para usar en el país. Lo hace estableciendo la relación de reserva y estableciendo la tasa de descuento. El **índice de reserva** es la cantidad de dinero que las instituciones de crédito pueden prestar y la cantidad de dinero que deben mantener en reserva. Al establecer la relación de reserva, la Junta de la Reserva Federal controla el suministro de dinero disponible para bancos y asociaciones de ahorro y préstamo para prestar a los consumidores. La Junta de la Reserva Federal ajusta la oferta de dinero al aumentar la proporción de la reserva. Por otro lado, la Junta de la Reserva Federal afloja la oferta de dinero al dejar caer la proporción de reservas. La **tasa de descuento** es la tasa de interés que la Junta de la Reserva Federal cobra a los bancos que son miembros para pedir prestado dinero. Luego, los bancos cobran a los consumidores una tasa de interés más alta sobre los préstamos de lo que pagan a la Reserva Federal. Cuanto más dinero quieran pedir prestados los bancos, más cuesta pedir prestado dinero. El aumento en el costo desalienta a los bancos a pedir más préstamos y reduce la demanda bancaria de dinero extra de reserva. La Junta de la Reserva Federal también establece el requisito de margen que determina la cantidad de efectivo que un comprador debe pagar por adelantado al comprar acciones; esto ayuda a disuadir la especulación, como en el tipo que condujo a la Gran Depresión.

Relaciones laborales

Como aprendió anteriormente, cuando se habla dentro del ámbito de la economía, el trabajo hace referencia a las personas que en realidad hacen el trabajo y producen bienes, o las personas que brindan servicios a otros. Todos los tratos entre el trabajo y la gerencia sobre asuntos laborales se llaman **relaciones laborales**. Hace muchos años, los trabajadores luchaban constantemente por mejores salarios y condiciones de trabajo, a menudo con poco o ningún éxito. La razón de la falta de éxito durante la América preindustrial fue porque los empleadores trataban directamente con empleados individuales. Sin embargo, a medida que la industrialización se hizo cargo, los empleadores se enfrentaron a muchos empleados en lugar de solo a unas pocas personas. Las regulaciones gubernamentales finalmente establecieron límites en la cantidad de horas los trabajadores tenían que trabajar y el salario mínimo que los trabajadores podían recibir. Estas regulaciones ayudaron a frenar condiciones de trabajo peligrosas. El trabajo, aun así, permaneció en gran medida desorganizado.

En la década de 1930, la Ley Wagner permitió a los trabajadores organizarse y negociar con la gerencia algunas disputas. Las organizaciones laborales se conocieron como **sindicatos**, y estas negociaciones se hicieron conocidas como **negociación colectiva**. La negociación colectiva ocurre cuando los líderes de los sindicatos se reúnen con empleadores y la gerencia para negociar salarios, horas, condiciones, beneficios u otros asuntos. La negociación colectiva a menudo es exitosa. Muchas veces, árbitros independientes manejan las negociaciones entre los dos lados. Sin embargo, cuando la negociación colectiva no funciona, los trabajadores pueden continuar con un a huelga. Cuando los trabajadores hacen huelga, o dejan de trabajar, el gobierno puede intervenir y terminar la huelga, o el gobierno puede ayudar a facilitar negociaciones exitosas. La amenaza de una huelga es más exitosa durante las negociaciones cuando la tasa de desempleo es relativamente baja. Si hay muchos desempleados trabajadores que están dispuestos a reemplazar a los huelguistas, la huelga pierde su efectividad.

44. ¿El gobierno puede controlar aspectos de la economía en cuál de los siguientes ámbitos?
    A. Desempleo
    B. Cuentas corrientes y de ahorro
    C. Topes salariales
    D. Fiscalidad

La imposición es la opción correcta porque una tasa de impuestos más alta desacelera la economía, mientras que una tasa de impuestos más baja estimula la economía. **La respuesta correcta es D.**

45. ¿La Junta de la Reserva Federal es vital para la economía debido a sus políticas sobre cuál de los siguientes?
    A. Conflictos laborales
    B. Seguridad social
    C. Tasas de interés
    D. Acuñación e impresión de nuevas monedas y billetes

Las políticas de la Junta de la Reserva Federal sobre el índice de reservas y la tasa de descuento afectan directamente tasas de interés de la nación. **La respuesta correcta es C.**

Economía del consumidor

Históricamente, personas de todo el mundo utilizaron el sistema de trueque para intercambiar bienes y servicios por otros bienes y servicios que necesitaban. Sin embargo, surgieron problemas con el trueque. Cada comerciante necesitaba tener bienes o servicios que el otro comerciante deseara. El comercio puede ser difícil y requerir de mucho tiempo. También podría ser injusto, como cuando los colonos adoptaron la costumbre de los nativos americanos de comercio con wampum. Estas pequeñas cuentas hechas de conchas eran fáciles de producir para los colonos, e hicieron tantas que el wampum disminuyó en valor de compra.

El dinero facilita un intercambio justo de bienes y servicios. También tiene la ventaja de ser portátil. y aceptado en todo el mundo intercambiando una unidad monetaria de un país por una unidad de otro país. Hoy en día, los consumidores usan moneda, monedas, cheques y tarjetas de crédito y débito para pagar bienes y servicios. El uso de "plástico", o tarjetas de débito o crédito como forma de pago en lugar de efectivo o cheques, ha llevado a la espiral de la deuda del consumidor y la bancarrota. El sistema de trueque está regresando en nuestra sociedad casi sin efectivo, pero los consumidores aún necesitan aprender a tomar decisiones financieras acertadas.

Las mercancías que se envían de un país a otro país se conocen como **exportaciones**; los bienes traídos a un país de otro país se llaman **importaciones**. Para mantener una economía saludable, el objetivo de un país es exportar más bienes de los que importa. Los economistas llaman a este hecho una favorable balanza comercial. Para proteger los bienes nacionales, los países a menudo agregan un impuesto especial, llamado **tarifa**, a las importaciones para que los bienes nacionales tengan un precio más competitivo. Si las tarifas son demasiado altas, el país cuyas importaciones están siendo gravadas tomará represalias con sus propias tarifas sobre los bienes importados. Otra forma en que los países protegen sus intereses es mediante el uso de cuotas de importación. Las cuotas de importación limitan la cantidad de bienes extranjeros particulares que pueden ingresar a un país. Las cuotas son a menudo muy exitosas en revertir los desequilibrios comerciales. En ocasiones, las normas de salud o seguridad del gobierno impiden que los bienes extranjeros ingresen al mercado interno. El apoyo gubernamental a las industrias nacionales proporciona ventajas adicionales para esas industrias y pone a los competidores extranjeros en desventaja. Es muy importante que los gobiernos gestionen cuidadosamente su comercio exterior; muchos trabajadores en cada país dependerá de la producción de bienes para el comercio exterior.

46. ¿Cuál de los siguientes podría ocurrir como resultado de depender demasiado de "plástico"?
    A. El precio de los bienes estaría inflado.
    B. El sistema cambiario colapsaría.
    C. El país iría a la quiebra.
    D. El consumidor se vería tentado a comprar sin pensar.

El atractivo de las tarjetas de débito y crédito a veces hace que las personas compren bienes y servicios sin tener en cuenta que deben pagar sus deudas. **La respuesta correcta es D.**

> **47.** ¿Por qué los nativos americanos tenían una desventaja cuando los colonizadores comenzaron a comerciar con wampum?
>   - **A.** Las conchas para hacer wampum se volvieron difíciles de localizar.
>   - **B.** Los colonizadores hicieron innumerables cuentas, por lo que disminuyeron en valor.
>   - **C.** Los nativos americanos prefirieron comerciar con divisas.
>   - **D.** Las cuentas no se podían usar para comprar comida.

Después de que los colonizadores produjeron un suministro abundante de wampum, el valor de compra de estas cuentas disminuyó. **La respuesta correcta es B.**

El papel de la economía en los eventos sociales e históricos

A lo largo de la historia, la economía ha desempeñado un papel en la exploración y colonización de nuevos territorios. Durante la era de la exploración, un período que comenzó a principios del siglo XV y duró hasta el siglo XVII, los exploradores europeos zarparon de sus hogares en el Viejo Mundo—Portugal, España, Gran Bretaña, Francia y Holanda. Los gobernantes de estas naciones financiaron los viajes de los exploradores, pagaron barcos, suministros y tripulaciones. Todos ellos anticiparon la riqueza resultante de su inversión. La economía europea dependía del oro y la plata, sin embargo, estos metales altamente valorados eran un recurso raro.

Junto con los metales preciosos, los exploradores europeos estaban buscando una nueva ruta hacia el lejano oriente donde floreció el rentable comercio de especias. La nuez moscada, por ejemplo, valía más que un producto comparable en la misma cantidad de oro. Antes de la era del descubrimiento, Venecia había sido el puerto comercial de especias cosechadas en el este y enviadas a Europa. Esta ciudad se hizo rica al cobrar tarifas exorbitantes para las especias. Los exploradores, liderados por los portugueses, circunnavegaron África y navegaron a la India, donde accedieron a especias sin los altos aranceles adicionales impuestos por los intermediarios a lo largo de las rutas comerciales terrestres. Siguieron otros exploradores de diferentes países, y estalló el conflicto en una lucha por el control del comercio de especias.

Al mismo tiempo, exploradores como Cristóbal Colón exploraron nuevas regiones que los europeos luego colonizarían. Los inversores en la Europa del siglo XVI establecieron empresas autorizadas para alentar el comercio y exploración en el extranjero en nuevos territorios como África, Asia, el Caribe, India y Norteamérica. La compañía ganaría un monopolio comercial en esa región; los colonos luego establecerían asentamientos en la costa para facilitar el comercio.

La economía también es la motivación detrás de innumerables guerras, ya que el poder sobre nuevos territorios conduce al control de productos valiosos, como minerales. Aunque la victoria puede conducir a una mayor riqueza y comercio, las guerras también pueden ser costosas e interrumpir el comercio. Los suministros escasean, y la escasez provoca que los alimentos sean racionado y los precios se disparen a medida que los niveles de vida caigan. Las consecuencias de la guerra pueden ser medidos en términos económicos. El gasto militar puede estimular el crecimiento económico o, en el otro extremo de el espectro, puede resultar en una economía devastada. Después de la Primera Guerra Mundial, por ejemplo, Alemania sufrió una derrota agotadora, de la que intentó recuperarse imprimiendo enormes cantidades de dinero. Esta táctica fracasó y condujo a una inflación extrema y al aumento del desempleo. El pobre estado económico lanzó a Hitler a una posición poderosa basada en su promesa de crecimiento económico.

Las guerras también pueden conducir a innovaciones científicas e industriales. Nuevas tecnologías desarrolladas por los militares, puede llevar a consecuencias económicas positivas cuando los ciudadanos comunes usan una invención de manera comercial. Para citar un ejemplo moderno, el dispositivo de navegación GPS fue desarrollado por los militares y hoy se ha convertido en un producto de consumo popular.

GEOGRAFÍA

La geografía es más que estados y capitales o latitud y longitud. La **geografía** es el estudio de las características físicas de la Tierra y la forma en que las personas se han adaptado a estas características físicas. La geografía se ocupa no solo de las características geográficas físicas sino también de las características geográficas culturales. Las características geográficas físicas incluyen cosas como tierra, agua, montañas y llanuras. Las características geográficas culturales incluyen cosas como la arquitectura humana o los cambios hechos por el hombre en las características físicas de la Tierra. El estudio de la geografía también puede incluir cómo se desarrollaron las primeras civilizaciones dentro de sus entornos, así como las formas en que las sociedades continúan desarrollándose en relación con sus ambientes, incluso cuando las condiciones ambientales requieren que las personas migren a otros lugares. La ciencia de la geografía se puede dividir en dos ramas: sistemática y regional. La **geografía sistemática** se ocupa de elementos individuales de las características físicas y culturales de la Tierra. La **geografía regional**, por otro lado, se ocupa de las características físicas y culturales dentro de una región particular o área de la superficie de la Tierra. La geografía sistemática incluye varios campos diferentes dentro del ámbito de la geografía física. Parte de la geografía física es la cartografía o la cartografía. Otra parte importante de la geografía física es la oceanografía, o el estudio de los océanos de la Tierra; la climatología examina los patrones climáticos de la Tierra, y la geomorfología observa la forma en que ha cambiado la superficie de la Tierra. Otras áreas de geografía física incluyen la biogeografía, o el estudio de la distribución de plantas y animales, y la geografía del suelo, o el estudio de la distribución del suelo y la conservación del suelo.

La geografía sistemática también incluye un número de campos dentro del ámbito de la geografía cultural, o el estudio de cómo la vida social y cultural del ser humano afecta la geografía. La geografía económica, por ejemplo, examina cómo las empresas y la industria tienen afectado el entorno geográfico. La geografía política analiza naciones, estados, ciudades y otras áreas artificiales y examina cómo la geografía influye en estas unidades políticas; a menudo también implica algo de ciencia política. La geografía militar es el estudio de cómo la geografía de un área particular puede afectar las operaciones militares, y hoy es especialmente importante a la luz de los eventos en el Medio Oriente. La geografía histórica estudia cómo ha cambiado la geografía de la Tierra con el tiempo y el papel que las civilizaciones humanas han jugado en ese cambio.

Desarrollo de civilizaciones clásicas

Comienzos y primeras civilizaciones

En general, se cree que, al comienzo de la Edad de Hielo más reciente, que ocurrió hace aproximadamente 20,000 hasta hace unos 12,000 años, la población humana total del mundo era menos de 1 millón. Su existencia giraba en torno a la caza y la recolección en lugar de cultivar plantas o criar animales para la alimentación. Las familias cazadoras-recolectoras pertenecían a grupos más grandes de tribus. Aunque las bajas temperaturas de la Edad de Hielo mataron a algunas tribus, otras se movieron hacia el ecuador, buscando temperaturas más cálidas Sin embargo, al final de la Edad de Hielo, los humanos encontraban la vida aún más difícil. A medida que aumentaron las temperaturas y el nivel del mar, la vida vegetal y animal de la Tierra disminuyó. Para sobrevivir, los humanos aprendieron a controlar el desarrollo de varias especies de plantas y animales. Cultivando pequeñas parcelas de tierra a través de lo que se llama **horticultura**, las familias humanas podrían acumular alimentos excedentes, y criar animales de acuerdo con los rasgos que encontraron deseables, podrían crecer una fuente predecible de carne y otros productos animales.

Alrededor de 4500 a. C., la **agricultura** comenzó a incursionar rápidamente en cinco áreas en todo el mundo. Estas cinco áreas a veces se llaman hogares culturales debido a su papel en el establecimiento de la cultura y civilización en sus regiones del mundo. Cuatro de estas áreas llegaron a existir en los valles de los ríos. Una de las áreas era Egipto, en la que el Río Nilo se convirtió en un país jardín bastante temprano. La segunda región fue Mesopotamia, ubicada en el valle del Río Tigris y Éufrates. La tercera área era el Valle del Río Indo en India, y la cuarta área estaba en China. La quinta región era Mesoamérica, o lo que ahora es el sur de México y América Central. Esta área siguió un patrón sustancialmente diferente de los otros cuatro. No tenía grandes sistemas fluviales en los que construir sistemas agrícolas elaborados. Aquí, la agricultura surgió de la horticultura, ya que los jardines se necestiaban para mantener a las poblaciones locales que se hicieron más y más grandes.

Conocido como el antiguo Cercano Oriente, las áreas de Egipto y Mesopotamia se consideran cuna de la civilización occidental. Los habitantes del Cercano Oriente fueron los primeros en practicar agricultura durante todo el año. Produjeron el primer sistema de escritura, inventaron la rueda de alfarero y luego ruedas de vehículos y molinos, y crearon los primeros gobiernos centralizados, códigos de leyes e imperios. La gente del Cercano Oriente también introdujo la estratificación social, la esclavitud y la guerra organizada, y sentaron las bases para los campos de la astronomía y las matemáticas.

Entre 5000 a. C. y 500 a. C., el Cercano Oriente fue el hogar de sucesivas oleadas de culturas, préstamos y cooperaciones entre sí por recursos, ideas y cultura, así como competencias militares entre sí por tierra y prestigio. El Cercano Oriente es donde aparecieron las primeras ciudades. En la confluencia de los ríos Tigris y Éufrates, varias ciudades-estado compitieron por tierra, poder y prestigio mientras se defendían de los bárbaros. Estas ciudades-estado se convirtieron en la antigua Grecia de la región, proporcionando lenguaje escrito, arquitectura, religión y normas culturales a las sociedades que siguieron. Babilonia, ubicada no lejos de la actual Bagdad, fue la primera ciudad-estado en reunir un verdadero reino a su alrededor en Mesopotamia. Los babilonios usaban las vías fluviales para comunicarse y para controlar su amplio imperio, que se extendió por los valles de los ríos.

En el área de Grecia, alrededor de 3000 a 1100 a. C., la civilización minoica habitó la isla egea de Creta y, alrededor de 1600 hasta 1100 a. C., la cultura micénica dominó el continente. La civilización micénica comenzó con la llegada de muchas tribus, que alrededor de 1600 a. C. se habían establecido como unidades políticas. Los micénicos posiblemente vivieron bajo dominio minoico hasta alrededor de 1400 a. C., cuando conquistaron Creta. En algún momento alrededor de 1100 a. C., la tribu Dorian del norte invadió y destruyó la civilización micénica. Grecia posteriormente fue arrojada a una Edad Oscura, de la que tardó varios siglos en recuperarse. Durante la Edad Media la ciudad-estado comenzó a desarrollarse.

Alrededor del Río Nilo, incluso en el año 6000 a. C., se desarrollaron prácticas agrícolas avanzadas, al igual que construcciones de edificios a gran escala. Alrededor de 3000 a. C., Egipto se había unido como un reino bajo un solo monarca, marcando el comienzo de un período de mil años de gran orden y estabilidad. Protegido de fuerzas externas por un desierto impasible, e inmune al cambio debido a lo ordenado y predecible por la naturaleza de la vida, Egipto prosperó y avanzó en todos los aspectos de la cultura, desde la religión y el arte, hasta el idioma, costumbres y calidad de vida en general. Fue durante este tiempo que las dinastías egipcias erigieron las pirámides como monumentos a sus reyes dioses. Alrededor de 1500 a. C., Egipto se había convertido en un poder internacional, solidificando su poder a escala regional.

Tradiciones clásicas, imperios y religiones

Las civilizaciones clásicas (aproximadamente del primer milenio antes de Cristo) diferían de las civilizaciones anteriores en que su necesidad básica de agua y comida fue satisfecha. Liberadas de una preocupación por su supervivencia, las civilizaciones de este período podían dedicar más atención a las artes, la arquitectura, la religión y la filosofía y para desarrollar sistemas de ley y gobierno que dividieran el poder de decisión. También podían dirigir su atención hacia afuera, hacia el comercio exterior y hacia la expansión de sus territorios por fuerza militar. Aun así, las civilizaciones clásicas se desarrollaron de muchas maneras en términos del entorno físico que las rodeaba.

El ascenso de Roma

A principios del siglo IX a. C., las siete colinas que se alzaban de la tierra pantanosa en la costa este del Río Tíber estaba ocupada por personas en comunidades de aldeas que mantenían granjas en las áreas bajas y se retiraron a sus cimas para defenderse. Una vez que las siete aldeas se unieron, construyeron un muro alrededor de su territorio y comenzaron a cobrar un peaje por el uso de un vado (y más tarde el puente) a través de las tierras bajas pantanosas. Este peaje fue una fuente temprana de la riqueza de Roma. La ciudad de la propia Roma fue fundada en algún momento entre 850 y 700 a. C. Siguió siendo una ciudad menor por unos cien años más o menos, hasta que los etruscos—una confederación de pueblos del norte—se hicieron cargo de la ciudad, de manera relativamente pacífica alrededor del 640 a. C. Una serie de reyes gobernaron la ciudad durante más de un siglo después de eso. En 509 a. C., los romanos expulsaron a su rey y establecieron una República que gobernaba Roma por los siguientes cuatro siglos. La República era en esencia una oligarquía amplia, con los aristócratas de la ciudad dominando la política, la economía y la vida social. Los romanos desarrollaron efectivas políticas militares y extranjeras, que les permitieron conquistar Italia, y luego, entre 394 y 290 a. C., participar en tres guerras con otra superpotencia temprana, Cartago, por el control del oeste del mar Mediterráneo.

El surgimiento de la Grecia clásica desde su Edad Oscura

Poco se sabe con certeza sobre la antigua Grecia durante su Edad Oscura, ya que las tribus Dorias, que habían destruido y reemplazado a la civilización micénica, no tenían lenguaje escrito. Ellos eran un pueblo en guerra, que se dedicó a desarrollar herramientas para la batalla (reemplazaron el bronce con un material más ligero, hierro, para armamento y armadura, lo que marca el comienzo de la Edad del Hierro). Durante la Edad Oscura, la región era una colección de ciudades-estado en guerra llamadas *poleis* (singular: *polis*). Dos de las poleis más importantes fueron Atenas y Esparta, que hablaban diferentes dialectos del griego, y tenía diferentes bases culturales e historias. En última instancia, estas diferencias se expresaron en distintas formas de gobierno (a Atenas se le atribuye la creación de la democracia: un gobierno igualitario para todos los ciudadanos).

A pesar de sus formas beligerantes y las montañas que los separaron, las diferentes poleis independientes de la antigua Grecia desarrollaron similitudes en cultura, idioma, religión y gobierno. Durante este período de tiempo, los griegos comenzaron a identificarse a sí mismos y a los demás como helenos. A pesar de sus rivalidades, se unieron culturalmente. Contribuyendo a este sentido de unidad laxa se crearon los Juegos Olímpicos, que comenzaron en 776 a. C. y presentaron atletas de las distintas poleis que compitieron unos contra otros como en un ritual religioso. Finalmente, alrededor del año 600 a. C., la Edad Oscura de Grecia llegó a su fin, y lo que siguió fue una explosión de la cultura griega.

La cultura griega clásica tenía un conjunto distinto de ideales con respecto a la belleza, la vida y el mundo en general. Durante la era clásica, los dramaturgos y poetas griegos llegaron a expresar las duras realidades de la condición humana a través de varios dioses y diosas. Los ideales griegos encontraron expresión física en arquitectura y arte que enfatizaban la simplicidad y el realismo. Eruditos griegos establecieron un estudio de historia enfatizando una identidad comunal entre la humanidad. Y los filósofos sentaron las bases para ideas modernas de gobierno, ley y justicia, que enfatizaban la razón, la investigación intelectual y la búsqueda de la sabiduría sobre la superstición y la religión.

Mientras florecía culturalmente, la polis griega perdió interés en mantener un fuerte y unificado poder milita. Las ciudades-estado independientes griegas y las confederaciones sueltas no fueron rival contra Felipe de Macedonia o su hijo Alejandro Magno. También fueron ineficaces contra el creciente poder de Roma, que, bajo sus generales, eventualmente vendría a conquistar Grecia. Pero los romanos llegarían a adaptar la cultura griega clásica, manteniéndola viva.

El descenso y la caída de Egipto

La sequía, el hambre y el surgimiento de una aristocracia ayudaron a causar el fin del Antiguo Reino de gobierno dinástico en Egipto, y marcaron el comienzo de un período de nueva prosperidad, en el que los nobles y los ciudadanos comunes comenzaron a compartir la riqueza de Egipto. La aparición de invasores extranjeros, los hicsos, también renovó la cultura egipcia. El resurgimiento del poder egipcio después de los faraones de la decimosexta dinastía expulsó a los hicsos y condujo al imperialismo egipcio y a importantes programas de construcción que proclamó el poder de los faraones y los dioses que los vigilaban.

Sin embargo, las nuevas ideas en la religión y los cambios políticos en el mundo en general tendían a limitar el poder egipcio de maneras inesperadas. Las sucesivas oleadas de invasión hicieron de Egipto una tierra de liderazgo exterior y plebeyos que miraban hacia adentro, y amplió la división entre los gobernadores y los gobernados. Egipto se convirtió en el granero de dos imperios sucesivos, pero la naturaleza misma de su riqueza—en agricultura y productos críticos—lo convirtieron en un objetivo tentador para los árabes persas e islamizados por igual. Al mismo tiempo, carente de otros recursos materiales que necesitaba (particularmente hierro y madera recta), Egipto no tuvo más remedio que importar estos artículos, agotando así su riqueza y perdiendo el control de las rutas comerciales África-Asia. Los conflictos regulares con otros estados minaron los recursos militares de Egipto. Finalmente, en el siglo VI a. C., Egipto cayó ante el Segundo Imperio Babilónico. Los persas añadieron Egipto a su imperio en el siglo V a. C., Alejandro Magno conquistó Egipto en el siglo III a. C., y luego Julio César y Octavio Augusto César anexaron Egipto al Imperio Romano en el siglo I a. C. Egipto no lograría la independencia de fuerzas externas hasta el siglo VII d. C.

48. ¿Los orígenes del Imperio Romano se pueden rastrear a cuál característica romana?

[   ] .

Las comunidades de las aldeas de Roma podrían mantener granjas en las zonas bajas a lo largo del este de las orillas del Río Tíber mientras se retiraban a sus cimas para defenderse. Además, una vez que se unieron y construyeron un puente a través de las tierras bajas pantanosas, comenzaron a acumular riqueza cobrando un peaje por acceder a las montañas desde el río. **La respuesta correcta es *la geografía*.**

49. Un estudiante de literatura griega clásica **más probablemente** leería un/a

[Seleccione ▼]

    A. poema sobre la caída del imperio romano.

    B. cuento de batalla escrito por un guerrero dorian.

    C. ensayo filosófico sobre el sentido de la vida.

    D. balada que cantaban trovadores en toda Europa.

La literatura griega clásica incluye obras filosóficas de Platón, Sócrates, Aristóteles y sus contemporáneos sobre las preguntas más importantes de la vida. **La respuesta correcta es C.**

África: La cuna de la civilización

A menudo se hace referencia a África como la cuna de la civilización, que dio origen al antiguo Egipto. Nómadas se asentaron a lo largo de las orillas del Río Nilo, que se inundaba anualmente y dejaba un rico limo. El ascenso y caída del río hizo que la tierra pasara de fértil a árida. Esto se reflejó en la creencia de los egipcios en muerte y renacimiento. Preservaron a los muertos a través de la momificación y enterraron los cuerpos junto con "bienes funerarios", como alimentos, herramientas y armas para ayudar en el viaje al más allá. Los faraones egipcios fueron sepultados en enormes tumbas triangulares de piedra, como las pirámides de Giza, que son las más antiguas de las siete maravillas del mundo antiguo.

Los antiguos egipcios formaron una sociedad avanzada con cultura y costumbres. Crearon artes decorativas incluyendo la cerámica pintada con jeroglíficos, una forma antigua de escritura usando símbolos e imágenes. También utilizaron herramientas metálicas y esculpidas en piedra. Los antiguos egipcios también construyeron barcos, realizaron cirugías y desarrollaron arados para cosechar trigo y cebada.

China: Un trío de dinastías

En la antigua China, tres dinastías—la Zhou, Qin y Han—gobernaron durante siglos. Miembros de estas dinastías se clasificaron en una jerarquía, desde reyes y nobles hasta plebeyos y esclavos. En la antigua China, los chinos se asentaron a lo largo del Huang He, el segundo río más largo del país, que se conoce como la cuna de la civilización china.

Los antiguos chinos crearon arte decorativo como cerámica, e inventaron la seda y la rueda. Ellos también crearon calendarios y religiones como el confucianismo, que hace hincapié en el autocontrol y en el orden social y político. También se destacaron en tecnología, inventando la brújula, el papel, la pólvora y relojes mecánicos.

India: Dos religiones principales

La India clásica abarcaba dos religiones principales. El hinduismo, una de las religiones más antiguas del mundo, que se caracteriza por una creencia en la reencarnación. Budismo, una religión mundial basada en las enseñanzas de un príncipe llamado Buda, que alienta un estado de iluminación al rechazar los deseos mundanos. Artistas crearon santuarios budistas llamados *stupas*. Los antiguos indios también hicieron importantes descubrimientos, como el concepto matemático del cero, la primera universidad del mundo, y hornos para fabricar productos de acero.

América Latina y América del Sur: Tres culturas antiguas

Tres culturas antiguas vitales florecieron en América Latina y América del Sur: maya, azteca e inca. Cada una de estas civilizaciones creó sociedades y logros distintos.

Los mayas construyeron pirámides y templos, usaron un sistema de escritura jeroglífica y desarrollaron calendarios precisos. Del mismo modo, los aztecas sobresalieron en matemáticas y ciencias, especialmente en astronomía. Su piedra de calendario sofisticada contiene símbolos pictóricos de los 12 meses y 365 días del año. Ellos también usaban remedios herbales curativos recolectados de plantas centroamericanas. En la misma línea, los incas ganaron fama por sus hazañas de ingeniería agrícola. Construyeron niveles de terrazas arriba de laderas de las montañas para cultivar maíz, papas y otros cultivos.

50. ¿Cuál de los siguientes NO caracterizó a la cultura de los antiguos latinos y sudamericanos?

   A. Calendarios precisos

   B. Tejidos de seda

   C. Medicamentos a base de hierbas

   D. Cultivo en terrazas

La antigua cultura china era conocida por desarrollar telas de seda. Sedas de lujo fueron reservadas para la realeza. **La respuesta correcta es B.**

51. Los antiguos egipcios reforzaron su creencia en la muerte y el renacimiento mediante todo lo siguiente: con la posible EXCEPCIÓN de | Seleccione ▼ |

    A. practicando el canibalismo.

    B. sepultura en pirámides.

    C. preservar a través de la momificación.

    D. enterrar objetos con los muertos.

Los egipcios creían en una vida futura después de la muerte; por lo tanto, trataron al difunto con dignidad para asegurar la vida eterna. No practicaban el canibalismo. **La respuesta correcta es A.**

Medio ambiente y desarrollo social

Desarrollo social

El Creciente Fértil es conocido como la cuna de la civilización porque las primeras culturas conocidas se originaron allí. Ubicada en el Medio Oriente de hoy en día, esta área de tierra en forma de media luna era un rebanada exuberante y fértil en una región árida. Aquí, los ríos Tigris y Éufrates convergieron, y esta fuente de agua irrigaba la tierra para ayudar a los cultivos a crecer. Esta región antigua, conocida como Mesopotamia, fue el sitio de una sociedad avanzada con organización cultural y social.

La primera civilización en Mesopotamia fue Sumer, donde sus residentes, los sumerios, subieron al poder y prosperidad alrededor de 3000 a. C. Una docena de ciudades-estado tenían ciudades y pueblos amurallados separados hasta que un rey los unió luego de una gran inundación. Los sumerios fueron prolíficos inventores. Inventaron nuevas tecnologías, como el reloj de sol, el torno de alfarero y los carros y carretas con ruedas. Construyeron embalses para almacenar agua y canales para llevarla a tierras de cultivo. También crearon la escritura cuneiforme, el primer sistema de escritura, en el que los personajes en forma de cuña se hicieron en tabletas de arcilla. Además, esta civilización avanzada creó los primeros códigos de ley. Sumer enfrentó frecuentes invasiones de comunidades vecinas. Cayó en declive alrededor de 1760 a. C., cuando fue absorbida por Babilonia.

Otras civilizaciones, incluida Babilonia, se hicieron cargo del Creciente Fértil. Su líder más famoso fue Hammurabi, quien estableció un código de leyes que trata con varios aspectos de la cultura babilónica. Escribió numerosas leyes sobre los derechos del agua, que fueron cruciales en una región que dependía de la agricultura de riego.

Como en la antigua Mesopotamia, la topografía del mundo sigue influyendo en las fronteras regionales, con muchas fronteras delineadas por características naturales como desiertos, ríos y montañas. Por ejemplo, el Río Grande forma parte de la frontera entre México y los Estados Unidos.

Migración humana

Los humanos a menudo se mueven de un país a otro en respuesta a problemas ambientales. La gente se ha visto obligada a migrar desde sus territorios de origen debido a cambios en su entorno. La desertificación, las sequías, los terremotos, las inundaciones, el calentamiento global y el aumento del nivel del mar pueden desencadenar la migración. Todos estos problemas pueden tener un efecto perjudicial en la producción de alimentos y pueden provocar escasez de agua.

Los científicos especulan que hace unos 12,000 años, los humanos emigraron de Asia a América del Norte pasando sobre el estrecho de Bering por un puente terrestre temporal. Según los arqueólogos, la razón más probable por la que estos primeros nativos americanos abandonaron el continente asiático para caminar hacia una nueva tierra se debió al cambio climático. Las temperaturas que suben o caen en picada afectarían la supervivencia humana. Los cazadores-recolectores migratorios pueden haber rastreado manadas de criaturas con pezuñas desde Siberia hasta Alaska, asegurando que su suministro de alimentos continuaría.

La comida también fue el factor motivador de la emigración irlandesa de la década de 1840. En 1845, un hongo destructivo se extendió por toda Irlanda, destruyendo el cultivo de papa que formó la columna vertebral de la dieta de los irlandeses y por lo tanto, su economía. Más de un millón de personas murieron de hambre durante la hambruna irlandesa de la papa. Aproximadamente dos millones de irlandeses emigraron a nuevos países, y una cuarta parte de ese número se estableció en los Estados Unidos.

52. Los antiguos sumerios eran conocidos por todos los siguientes inventos, EXCEPTO:

   A. Guitarra clásica

   B. Lenguaje escrito

   C. Reservorios

   D. Vehículos con ruedas

Cuneiformes, embalses y carretas con ruedas, todos fueron inventos sumerios; sin embargo, ellos no inventaron la guitarra. **La respuesta correcta es A.**

53. La migración masiva puede ser causada por todos los siguientes factores, EXCEPTO:

   A. Escasez de alimentos

   B. Desertificación

   C. Aumento del nivel del mar

   D. Agua potable segura

La escasez de alimentos, la desertificación y el aumento del nivel del mar debido a los cambios climáticos podrían causar millones de personas a emigrar. Sin embargo, el agua potable no es una causa, aunque un suministro de agua inseguro conduciría a una migración masiva. **La respuesta correcta es D.**

DOCUMENTOS HISTÓRICOS EN EL EXAMEN DE ESTUDIOS SOCIALES GED®

El examen de Estudios sociales contendrá extractos de al menos uno de los siguientes documentos históricos clave relacionados con la forma constitucional estadounidense de gobierno: la Declaración de Independencia, la Constitución de los Estados Unidos, los documentos federalistas o los casos emblemáticos de la Corte Suprema. Para ayudarle a convertirse más familiarizado con cada uno de estos documentos, los examinaremos de cerca aquí. Antes de tomar el examen de Estudios sociales, tómese el tiempo para leer algunos de estos documentos solo para familiarizarse con el lenguaje y el estilo de cada uno.

La Declaración de Independencia

El 4 de julio de 1776, los miembros del Congreso de Filadelfia adoptaron una moción que decía "las colonias son, y deberían ser, estados libres e independientes". Thomas Jefferson dirigió un comité designado para escribir una declaración declarando a las 13 colonias oficialmente libres del reinado británico. El documento resultante fue la Declaración de Independencia. La tarea de Jefferson no fue fácil; necesitaba aclarar el propósito de las colonias en la lucha contra Gran Bretaña. Él tuvo éxito, y al conseguirlo hizo un llamado a otras colonias para declarar su independencia y alentó a otras naciones a apoyar a las colonias en contra de Gran Bretaña.

Jefferson comienza la Declaración de Independencia afirmando que todas las personas tienen derechos sobre los cuales tienen acceso por naturaleza. Afirma que los gobiernos están establecidos para proteger esos derechos, y cuando un gobierno no lo hace, la gente debería abolirlo y crear un nuevo gobierno que proteja sus derechos. La Declaración de Independencia adquiere un tono más personal, afirmando que el Rey de Gran Bretaña, George III, ha usado mal su poder de varias maneras específicas. Básicamente, la mitad de la declaración se dedica a enumerar las formas en que el rey Jorge abusó de su poder. Señalando sus intentos anteriores de obligar al rey a respetar los derechos humanos habían fallado, Jefferson afirma que, lógicamente, los estadounidenses hicieron lo único que podían hacer para preservar los derechos de todas las personas: declararon su independencia de Gran Bretaña. La Declaración, un documento en movimiento, tenía el deseado efecto y atrajo un gran apoyo para la guerra en contra de Gran Bretaña.

La Constitución de los Estados Unidos

El Preámbulo

"Nosotros, el pueblo de los Estados Unidos, para formar una Unión más perfecta, establecemos Justicia, aseguramos Tranquilidad doméstica, preveemos la defensa común, promover el Bienestar general y asegurar la Bendición de libertad para nosotros y nuestra posteridad, ordenamos y establecemos esta Constitución para Estados Unidos de América". Un preámbulo es una declaración de propósito. El preámbulo de la Constitución parafrasea el propósito de la constitución. Responde a la pregunta de por qué se creó la Constitución.

Artículos de la Constitución

Los artículos de la Constitución describen el plan para el gobierno bajo el cual los ciudadanos estadounidenses actualmente viven. Como se discutió anteriormente, tres ramas del gobierno, el ejecutivo, el legislativo y el judicial, dividen el poder y evitan que una parte del gobierno domine a otra. Cada rama mantiene un control sobre las demás, por lo tanto, los términos "separación de poderes" y "controles y equilibrios" equilibran el poder de las tres ramas del gobierno, cada una tiene un "cheque" para limitar los poderes de las otras dos. Por ejemplo, aunque el Congreso puede aprobar un proyecto de ley, el presidente tiene el poder de vetar eso. Sin embargo, el Congreso puede anular un veto presidencial por un voto mayoritario de dos tercios. Finalmente, La Corte Suprema puede declarar una ley inconstitucional. Estos poderes se nombran o enumeran en Artículos I, II y III de la Constitución. Veamos más de cerca cada uno de estos artículos.

ARTÍCULO I. PODER LEGISLATIVO

El poder legislativo se describe en el artículo I de la Constitución. La legislatura de los Estados Unidos, llamada Congreso, está compuesta por dos cámaras: la Cámara de Representantes y el Senado. Ambas cámaras están compuestas de representantes elegidos de los estados. La representación de la Cámara de Representantes se basa en la población del estado, mientras que el Senado se compone de dos senadores de cada estado. Los representantes son elegidos para términos de dos años, mientras que los senadores son elegidos para períodos de seis años. El poder legislativo "crea" la ley bajo el cual somos gobernados.

ARTÍCULO II. PODER EJECUTIVO

El artículo II de la Constitución detalla el poder ejecutivo del gobierno. El poder ejecutivo consiste en el presidente, el vicepresidente y varias agencias y departamentos que administran y hacer cumplir las leyes. El presidente cumple un mandato de cuatro años y no puede cumplir más de dos mandatos. El presidente y el vicepresidente son elegidos por un voto del pueblo. Sin embargo, hay un proceso conocido como el Colegio Electoral, a través del cual deben certificarse los resultados de la elección popular. Un presidente puede, aunque es raro, recibir la mayoría del voto popular y aún perder las elecciones debido a las elecciones del voto electoral. El poder ejecutivo "hace cumplir" las leyes bajo las cuales vivimos.

ARTÍCULO III. PODER JUDICIAL

El artículo III de la Constitución establece que el "poder judicial pertenece a los tribunales federales". Este artículo establece que se crean la Corte Suprema y los tribunales inferiores o bajos. Como ya aprendió, la Corte Suprema "verifica" las otras dos ramas del gobierno al declarar ciertas leyes inconstitucional. La Corte Suprema tiene el poder de decidir sobre casos que involucran a un estado y un ciudadano de otro estado, disputas entre estados, entre ciudadanos de diferentes estados, entre un estado y sus ciudadanos, o entre un estado extranjero y ciudadanos estadounidenses. También puede considerar conflictos que surjan en el mar o sobre patentes y derechos de autor. La mayoría de las veces, la Corte Suprema escucha "apelaciones" de decisiones hechas por tribunales "inferiores". Sin embargo, la Corte tiene jurisdicción "original", o el derecho a escuchar un caso original y no un caso apelado, en algunos casos. Estos incluyen casos que involucran embajadores u otros ministros públicos, cónsules y aquellos casos en que un estado es parte.

Aunque originalmente se creó con un presidente de la Corte Suprema y cinco jueces asociados, la Corte Suprema está ahora compuesta por nueve jueces, cada uno designado de por vida por el presidente con la aprobación del Senado. La Corte actúa emitiendo decisiones que explican por qué la Corte toma decisiones particulares. El poder judicial interpreta la ley.

ARTÍCULO IV. RELACIONES DE LOS ESTADOS ENTRE ELLOS

El objetivo de este artículo es promover el respeto entre los estados, también conocido como "plena fe y crédito". Requiere que los ciudadanos de diferentes estados sean tratados de manera similar. También requiere que los estados honren las decisiones legales y documentos legales de otros estados.

ARTÍCULO V. EL PROCESO DE ENMIENDA

Este artículo explica la forma en que la Constitución puede ser enmendada o modificada.

ARTÍCULO VI. PROVISIONES GENERALES

El artículo VI señala que Estados Unidos asumió deudas de la Confederación, confirma que la Constitución, las leyes federales y los tratados "son la ley suprema de la tierra", y requiere que los oficiales del gobierno federal y estatales presten juramento para apoyar la Constitución.

ARTÍCULO VII. RATIFICACIÓN DE LA CONSTITUCIÓN

Los autores de la Constitución escribieron este artículo con miras a poner la Constitución en acción. El Artículo VII establece que la Constitución entrará en vigencia cuando sea ratificada por las convenciones de nueve (de los trece) estados.

Las enmiendas

En los años posteriores a la ratificación o aprobación de la Constitución, muchos líderes querían asegúrese de que los derechos de las personas estuvieran protegidos. La Constitución no enumera específicamente esos derechos protegidos, por lo que los líderes de los estados decidieron agregar enmiendas o cambios y adiciones a la Constitución. Las primeras diez enmiendas se conocen colectivamente como la **Declaración de Derechos**. Se añadieron enmiendas periódicamente a medida que surgió la necesidad a lo largo de la historia estadounidense. Veamos cada una de esas enmiendas.

LA DECLARACION DE DERECHOS

Las primeras diez enmiendas a la Constitución se conocen como la Declaración de Derechos. Muchos estados ratificaron la Constitución solo porque creían que sería enmendada para incluir los derechos descritos en el proyecto de Declaracion de Derechos.

Primera Enmienda—Libertad religiosa y política: la Primera Enmienda impide al Congreso interferir con la libertad de religión, expresión y prensa. También incorpora el derecho reunir y solicitar al gobierno.

Segunda Enmienda—Derecho a portar armas: esta enmienda otorga a los ciudadanos un derecho limitado a armarse ells mismos, o mantener armas. Existe cierto debate sobre si este derecho hace referencia al derecho de los estados o el derecho de los individuos.

Tercera Enmienda—Acuartelamiento de las tropas: el propósito de la Tercera Enmienda era detener soldados de apropiarse de las casas para su propio uso sin el consentimiento del propietario. La enmienda establece que tal "acuartelamiento" o "alojamiento y comida" puede ocurrir "de una manera prescrita por la ley".

Cuarta Enmienda—Búsquedas e incautaciones: la Cuarta Enmienda prohíbe "búsquedas irrazonables" y la emisión de órdenes de detención sin "causa probable", o una buena razón.

Quinta Enmienda—Derecho a la vida, libertad y propiedad: la Quinta Enmienda garantiza los derechos de los ciudadanos durante el juicio, así como los derechos a la vida, la libertad y la propiedad. Cuando alguien se niega a testificar en el juicio y "toma a quinta", se dice que invocan sus derechos según lo establecido en el Quinta Enmienda. También se le llama un derecho contra la autoinculpación. También establece que un individuo no debe ser detenido por cometer un delito sin ser "acusado". Además, la Quinta Enmienda protege contra "doble peligro" o el riesgo de ser juzgado dos veces por el mismo delito. También garantiza los derechos del "debido proceso" de las personas, o la derecho a ser trasladado a través del sistema de justicia penal de manera adecuada.

Sexta Enmienda—Protección en los juicios penales: se garantiza a los ciudadanos el derecho a un pronto juicio, un jurado imparcial y el derecho a un abogado en la Sexta Enmienda. El acusado también tiene derecho a "confrontar testigos" contra él o ella en el juicio.

Séptima Enmienda—Litigios bajo el derecho consuetudinario: si hay una disputa sobre algo valorado en $20 o más, entonces la Séptima Enmienda establece que los ciudadanos tienen derecho a un juicio con jurado en la corte del gobierno federal. Sin embargo, este tipo de caso normalmente no se escucha en la corte federal actualmente.

Octava Enmienda—Fianza y castigo: la Octava Enmienda prohíbe multas y castigos que, en esencia, "no encajan en el crimen". Se dice que es "cruel e inusual" sentenciar a alguien injustamente, y la Octava Enmienda prohíbe esto.

Novena Enmienda—Considerar los derechos no enumerados: con el temor de que la enumeración de ciertos derechos conduciría a la exclusión, u omisión, de otros derechos, los autores de la Declaración de los derechos incluyeron la Novena Enmienda, que establece que los ciudadanos no están limitados a los derechos específicamente enumerado en la Constitución.

Décima Enmienda—Poderes reservados a los estados y a las personas: similar a la justificación detrás la Novena Enmienda, la Décima Enmienda fue creada para tranquilizar a los estados que ellos retendrían el poder en aquellas áreas no específicamente otorgadas al Gobierno Federal.

LAS OTRAS ENMIENDAS

Undécima Enmienda—Demandas contra un estado: la Undécima Enmienda aclara la original jurisdicción de la Corte Suprema con respecto a una demanda presentada contra un estado por un ciudadano de otro estado.

Duodécima Enmienda—Elección del presidente y vicepresidente: va Duodécima Enmienda explica cómo el Colegio Electoral elige al presidente y al vicepresidente. También establece que los dos deberían trabajar juntos, y que el vicepresidente debería convertirse en presidente si el presidente ya no puede estar en el cargo.

Decimotercera Enmienda—Prohibición de la esclavitud: la esclavitud fue abolida en los Estados Unidos por la Decimotercera Enmienda.

Decimocuarta Enmienda—Derechos civiles para los ex esclavos y otros: la Decimocuarta Enmienda garantiza que todos los ciudadanos de todos los estados disfruten de derechos a nivel estatal y federal. También se ha interpretado que proporciona el "debido proceso" a nivel estatal.

Decimoquinta Enmienda—Sufragio para los negros: esta enmienda prohíbe el uso de la raza como requisito o descalificación para votar.

Decimosexta Enmienda—Impuestos a la renta: la Decimosexta Enmienda autoriza la recaudación de impuestos a la renta.

Decimoséptima Enmienda—Elección directa de senadores: antes de la Decimoséptima Enmienda, los senadores eran seleccionados por las legislaturas de los diversos estados. Desde su aprobación, son elegidos por los votos de los ciudadanos.

Decimoctava Enmienda—Prohibición nacional: esta enmienda prohíbe la venta o la fabricación de alcohol en los Estados Unidos. Más tarde fue derogada por la Vigesimoprimera Enmienda.

Decimonovena Enmienda—Sufragio femenino: así como la Decimoquinta Enmienda prohíbe el uso de raza como criterio para votar, la Decimonovena Enmienda prohíbe el uso del género como requisito o descalificación para votar.

Vigésima Enmienda—Términos presidenciales y del congreso: la Vigésima Enmienda establece nuevas fechas de inicio para los términos del Congreso y también aborda qué hacer si un presidente muere antes de haber hecho el juramento para el cargo.

Vigesimoprimera Enmienda—Prohibición derogada: la Vigesimoprimera Enmienda derogó la Decimoctava Enmienda, que había prohibido la venta o fabricación de alcohol en los Estados Unidos.

Vigesimosegunda Enmienda—Enmienda Anti-Tercer Mandato: Esta enmienda limita a un presidente a dos términos de cuatro años en el cargo. Hay una excepción para un vicepresidente que se hace cargo porque el presidente no puede continuar. En ese caso, el límite es un total de 10 años como presidente.

Vigesimotercera Enmienda—Voto del distrito de Columbia: esta enmienda le dio a Washington, DC, representación en el Colegio Electoral.

Vigesimocuarta Enmienda—Impuesto de encuesta: la Vigesimocuarta Enmienda prohíbe cobrar un impuesto por votar en una elección federal.

Vigesimaquinta Enmienda—Sucesión presidencial y discapacidad: esta enmienda establece la orden de sucesión si el presidente no puede continuar ocupando el cargo.

Vigesimosexta Enmienda—Reducción de la edad para votar: los ciudadanos que tengan 18 años pueden votar después de la aprobación de esta enmienda.

Vigesimoséptima Enmienda—Aumentos salariales del congreso: la Vigesimoséptima Enmienda requiere que cualquier ley que aumente el salario de los legisladores no entre en vigencia hasta después de las próximas elecciones.

Los documentos federalistas

Los documentos federalistas son una colección de 85 ensayos escritos por John Jay, James Madison y Alexander Hamilton. Se consideran una de las contribuciones más importantes hechas al pensamiento político de los estadounidenses. Los documentos tenían la intención de persuadir a los estados, particularmente a Nueva York, a adoptar la Constitución.

Los delegados que firmaron la Constitución estipularon que entraría en vigencia únicamente después de su aprobación al ratificar convenciones en nueve de trece estados. Porque Nueva York y Virginia eran grandes y poderoso, un voto en contra de la ratificación de cualquiera de ellos hubiera sido desastroso. El gobernador de Nueva York, George Clinton, se opuso claramente a la Constitución.

Con la esperanza de persuadir a la convención de Nueva York para que ratificara la Constitución, Jay, Madison y Hamilton escribieron una serie de cartas defendiendo la Constitución a los periódicos de Nueva York bajo el seudónimo de Publio. Estas cartas se conocen colectivamente como *Los documentos federalistas*. El historiador Clinton Rossiter dijo: "En el mensaje de Los documentos federalistas dice: no hay felicidad sin libertad, no hay libertad no hay autogobierno, sin autogobierno sin constitucionalismo, sin constitucionalismo sin moralidad, y no hay ninguno de estos grandes bienes sin estabilidad y orden".

Casos emblemáticos de la Corte Suprema

La Corte Suprema ha emitido muchos fallos de importancia histórica que han afectado directamente nuestros derechos como individuos. Veamos un resumen de algunos de esos casos "emblemáticos" que definitivamente cambiaron derechos en los Estados Unidos.

Marbury vs. Madison — 1803

Antes de su muerte, el presidente John Adams intentó llenar una serie de vacantes judiciales. Algunas de las comisiones no fueron entregadas a los nombrados antes de la muerte de Adams. Uno de los nombrados que no recibió su comisión, William Marbury, demandó al Secretario de Estado James Madison para obtener su comisión como juez de paz.

Esta cuestión se presentó ante la Corte en su "jurisdicción original" (es decir, no fue apelada por un corte inferior), y colocó a la corte en una posición difícil. Si la Corte emitiera un mandamiento judicial o una orden, obligando a Madison a entregar la comisión, y él lo rechaza, el poder de la corte se debilitaría. Por otro lado, negarse a emitir el mandamiento judicial podría ser percibido como debilidad o miedo al poder ejecutivo.

Finalmente, la Corte declaró que Madison debía haber entregado la comisión a Marbury, pero sostuvo que no tenía el poder de emitir una orden judicial. La Corte declaró que tal poder excedió su autoridad según lo otorgado en el Artículo III de la Constitución. La autoridad de la orden judicial había sido otorgada a la Corte por la Ley Judicial de 1789, una ley del congreso. Así, la Corte declaró inconstitucional una ley del Congreso. Irónicamente, al declarar que no tenía el poder de ordenar a Madison que entregara la comisión, la Corte fortaleció efectivamente su poder sobre las otras dos ramas del gobierno.

Este caso ejemplifica el poder de la Corte como la "última palabra" sobre el significado de la Constitución. Eso estableció la rama judicial como un poder igual en las tres ramas del gobierno. El poder declarar inconstitucionales las leyes del Congreso es algo que la Corte ha usado con moderación a lo largo de los años. Sin embargo, la legislatura siempre es consciente de que la Corte podría declarar una ley como inconstitucional.

Dred Scott vs. Sandford — 1857

Dred Scott era un esclavo negro que vivió en tierras libres (sin esclavitud) con su dueño durante varios años. Intentó, sin éxito, demandar en la corte estatal por su libertad. Luego presentó una demanda en un tribunal federal. La base de su pretensión de establecer su libertad era que había vivido en suelo libre durante más de cinco años en un área del país donde el Compromiso de Missouri de 1820 prohibió la esclavitud.

La Corte Suprema dictaminó que Scott era un esclavo y no un ciudadano y, por lo tanto, no tenía el derecho a demandar en un tribunal federal. El derecho a presentar una demanda es un derecho limitado a los ciudadanos en el Artículo III de la Constitución. La mayoría de la Corte sostuvo eso, porque un esclavo era propiedad privada de su maestro, el Compromiso de Missouri tomó inconstitucionalmente la propiedad del dueño del esclavo sin el debido proceso de ley. Por lo tanto, un esclavo podría ser llevado a cualquier territorio y retenido allí. ¿La razón? La quinta enmienda claramente prohíbe al Congreso de privar a las personas de sus propiedades sin el debido proceso. Permitir a Scott su libertad sería privar a su dueño de su "propiedad". La Corte determinó que Compromiso de Missouri inconstitucional, y Dred Scott siguió siendo un esclavo.

Plessy vs. Ferguson — 1896

Homer Adolph Plessy era residente de Luisiana y ciudadano de los Estados Unidos. Él era de ascendencia africana parcial. Pagó un boleto de primera clase en el East Luisiana Railway, un tren de pasajeros que corría por Luisiana. Cuando subió al tren, Plessy encontró un asiento en un auto que estaba lleno de gente blanca y había sido designado para pasajeros blancos. El conductor del tren informó a Plessy que tendría que encontrar un asiento en un automóvil no designado para personas blancas o sería obligado a abandonar el tren. Plessy se negó y fue arrestado.

Plessy fue declarado culpable de violar una ley estatal que requería que los trenes de pasajeros proporcionaran "por separado, pero igual" alojamiento para personas blancas y negras. El estatuto también impuso castigo criminal a aquellos pasajeros que se negaran a cumplir. Plessy demandó desafiando el estatuto de Luisiana como una violación inconstitucional de sus derechos de debido proceso bajo la Decimocuarta Enmienda. La Corte Suprema sostuvo que el estatuto que requería instalaciones "separadas pero iguales" era constitucional, racionalizando que las instalaciones separadas para negros y blancos satisfacen la Decimocuarta Enmienda siempre y cuando fueran iguales. En otras palabras, la Corte Suprema determinó que la segregación no constituye en sí misma discriminación ilegal.

Brown vs. Junta de Educación de Topeka, Kansas — 1954

Linda Brown, una estudiante negra de tercer grado, caminó una milla todos los días para llegar a su escuela "negra", incluso aunque una escuela designada para niños blancos estaba mucho más cerca de su hogar. El padre de Linda trató de inscribirla en la escuela "blanca", pero la escuela se negó a aceptar a Linda como estudiante. Los Brown consiguieron ayuda de la Asociación Nacional para el Avance de las Personas de Color (NAACP) y demandaron a la junta escolar. La Corte Suprema, al escuchar el caso en apelación, ordenó argumentos orales en el caso dos veces antes de llegar a una decisión. La pregunta ante el tribunal: "¿La segregación de niños en las escuelas públicas únicamente en función de la raza, a pesar de que las instalaciones físicas y otros factores "tangibles" pueden ser iguales, privan a los niños del grupo minoritario de igualdad de oportunidades educativas?"

Por lo tanto, la cuestión de "separado, pero igual" fue una vez más ante la Corte. La decisión del la Corte en *Plessy vs. Ferguson*, un hallazgo de que las instalaciones separadas no son inconstitucionales mientras sean iguales, parecía tener la respuesta en este caso también. Sin embargo, habían pasado 58 años, y esta vez, el fallo de la Corte fue bastante diferente. Significativamente, la opinión de la Corte fue unánime. La decisión: "Concluimos que, en el campo de la educación pública, la doctrina de 'separado, pero igual' no tiene lugar. Las instalaciones educativas separadas son inherentemente desiguales".

La decisión de Brown no abolió la segregación en otras áreas que no sean las escuelas públicas, pero fue un comienzo para integrar las razas en muchas áreas de la vida. La Corte no anuló a *Plessy vs. Ferguson* porque limitó la decisión en Brown a las escuelas públicas. El fallo, aun así, tuvo un importante impacto en la segregación de las razas en muchas instalaciones públicas. Poco a poco, comenzó la integración. Solo imagine cuán diferente podría haber sido la integración si la decisión de la Corte con *Plessy* unos 100 años atrás hubiera tenido instalaciones separadas para ser "inherentemente desiguales".

Miranda vs. Arizona — 1966

Ernesto Miranda fue arrestado por violar a una niña de 18 años. La policía llegó a la casa de Miranda por la noche y le pidió que fuera con ellos a la estación de policía. Miranda, alegando que no se dio cuenta de que tenía opción, fue con la policía. Después de dos horas de interrogatorio, Miranda confesó el crimen.

En apelación ante la Corte Suprema, Miranda argumentó que no habría confesado el crimen si le hubieran informado de su derecho a guardar silencio y tener un abogado. En una decisión 5-4, la

Corte determinó que un sospechoso debe ser advertido antes del interrogatorio de custodia de su derecho a permanecer en silencio, que cualquier declaración que haga puede usarse en su contra y que tiene derecho a un abogado.

Específicamente, la Corte declaró: "Debe ser advertido antes de cualquier interrogatorio de que tiene derecho a guardar silencio, que todo lo que diga puede ser usado en su contra en un tribunal de justicia, que tiene el derecho a la presencia de un abogado, y que, si no puede pagar un abogado, se le nombrará uno antes de cualquier pregunta si así lo desea". Por lo tanto, se crearon las controvertidas advertencias "Miranda".

Roe vs. Wade — 1973

Roe era una mujer soltera y embarazada que presentó una demanda para desafiar la constitucionalidad de las leyes de Texas que hicieron que abortar o realizar un aborto sea ilegal. Las leyes permitieron excepciones por esos abortos realizados por consejo médico para salvar la vida de la madre.

La Corte sostuvo que la ley violaba la cláusula del debido proceso de la Decimocuarta Enmienda, que protege el derecho a la privacidad contra la acción del estado. Este derecho, según la Corte, incluye el derecho cualificado de una mujer para interrumpir su embarazo. La Corte reconoció que el estado tiene un legítimo interés en proteger tanto la salud de la mujer embarazada como la potencialidad de la vida humana, y colocó esos derechos en una escala que apunta más a los intereses del estado a medida que avanza el embarazo.

Durante el primer trimestre, la Corte declaró que la decisión debería dejarse en manos del médico tratante. Después de eso, el estado podría regular el procedimiento de aborto de manera "razonablemente relacionada" con la salud de la madre. Después de la "viabilidad", o la capacidad del bebé de vivir fuera del útero, la Corte sostuvo que el estado podría regular el aborto e incluso prohibirlo, excepto cuando sea necesario para salvar la vida de la madre. Muchos casos de aborto han seguido a Roe, pero este fue el primero en sostener que el derecho de una mujer a la privacidad supera el interés del estado de proteger su salud y el feto.

Nixon vs. Estados Unidos — 1974

Durante la elección presidencial de 1972, ladrones irrumpieron en la sede de el Comité Nacional Demócrata en el hotel Watergate de Washington, DC. Un gran jurado federal acusó al abogado General y a otros, alegando conspiración y obstrucción de la justicia. El gran jurado nombró al presidente Richard Nixon como co-conspirador.

Las investigaciones revelaron que Nixon grabó muchas conversaciones que tuvieron lugar en la oficina oval. Les citaron las cintas y Nixon lanzó transcripciones editadas, pero se negó a publicar nada más, reclamando "privilegio ejecutivo". El privilegio ejecutivo protege al presidente de ser obligado por la rama judicial a entregar material confidencial de la rama ejecutiva.

La pregunta ante la Corte: ¿tiene el presidente el derecho bajo el privilegio ejecutivo de rechazar entregar material a la corte federal? En unanimidad (8-0, el juez Rehnquist no participó) de decisión, la Corte sostuvo que Nixon tenía que entregar las cintas. La Corte declaró:"[N]i la doctrina de Separación de poderes ni la necesidad de confidencialidad de comunicaciones de alto nivel, sin ninguna otra razón, pueden sostener un privilegio ejecutivo de inmunidad absoluto e incondicional ante procesos jurídicos, bajo todas las circunstancias. La necesidad del presidente de una total franqueza y objetividad por parte de los asesores pide una gran consideración de los tribunales. Sin embargo, cuando el privilegio depende únicamente del amplio, indiferenciado reclamo de interés público en la confidencialidad de tales conversaciones, surge una confrontación con otros valores. En ausencia de un reclamo de necesidad de proteger a militares, diplomáticos o secretos sensibles de seguridad nacional, nos resulta difícil aceptar el argumento de que incluso el muy importante interés en la confidencialidad de las comunicaciones presidenciales se vea disminuido a causa de la producción de tal material dispuesto para inspección de cámara, con toda la protección que una Corte de distrito está obligada a proporcionar". Con esta decisión, la Corte limitó el uso del presidente de "privilegio ejecutivo" a la necesidad de proteger secretos militares, secretos diplomáticos o seguridad nacional. La justificación se basa en la idea de que los tribunales protegerán la información y la tratarán como confidencial.

Revista Hustler, Inc. vs. Falwell — 1988

El reverendo Jerry Falwell presentó una demanda contra la revista Hustler porque la revista publicó una caricatura que retrató a Falwell como entablando una relación incestuosa con su madre en una letrina.

La Corte Suprema sostuvo que, para proteger el flujo libre de ideas y opiniones, la Primera y la decimocuarta enmienda prohíbe que las figuras públicas y los funcionarios públicos se resarcen por "imposición no intencional de angustia emocional" cuando el discurso que causa la angustia no puede ser razonablemente tomado como que implica la verdad. En esencia, porque la caricatura era obviamente una broma, y porque Falwell era una "figura pública", *Hustler* tenía derecho a imprimir la caricatura bajo la Primera Enmienda a la Constitución. Si un individuo se coloca en una posición para ser conocido por el público, entonces toma el riesgo de ser el tema de los chistes.

Los Boy Scouts de América vs. Dale — 2000

Los Boy Scouts revocaron la posición de Dale como asistente de jefe de exploradores en una tropa de Nueva Jersey después de aprender que era homosexual. Dale demandó, alegando violación de una ley estatal que prohíbe la discriminación en la base de la orientación sexual. La Corte Suprema sostuvo que no se podía exigir a los Boy Scouts querer incluir a Dale en su organización. La Corte declaró que para exigir la inclusión obligatoria de los individuos no deseados en la organización, violarían el derecho de la Primera Enmienda de Boy Scouts de "libertad de asociación". La membresía forzada, según la Corte, es inconstitucional si afecta la capacidad del grupo para defender sus puntos de vista colectivos. Porque los Boy Scouts creían que un estilo de vida homosexual entraba en conflicto con sus filosofías, la inclusión de Dale habría obstaculizado la capacidad de los Boy Scouts para enseñar sus puntos de vista. Por lo tanto, para proteger los derechos de la Primera Enmienda de los Boy Scouts, no podría ser forzado incluir a Dale en su membresía.

EN RESUMEN

- El examen de Estudios sociales GED® está diseñado para medir las habilidades de pensamiento crítico en lugar de conocimiento.

- Revisar las siguientes cuatro áreas de contenido cubiertas en el examen lo ayudará a manejar el preguntas con mayor facilidad y confianza:

  1. Historia
  2. Civismo y gobierno
  3. Economía
  4. Geografía

- La revisión de **historia** se centra principalmente en la historia de los EE. UU., aunque parte de esa historial se presenta en el contexto de los asuntos mundiales y las relaciones entre los Estados Unidos y otras naciones.

- La revisión de **civismo y gobierno** se centra en los tipos de gobiernos modernos e históricos, ramas del gobierno de los Estados Unidos, el sistema federal de los Estados Unidos, los gobiernos estatales y locales, partidos políticos, campañas y elecciones en la política estadounidense. Para los examinados canadienses, se proporciona una visión general de la estructura del gobierno canadiense.

- La revisión de **economía** proporciona información sobre macroeconomía y microeconomía, así como la cobertura de conceptos económicos básicos como oferta y demanda; producción; política gubernamental, económica y monetaria; relaciones laborales, y economía del consumidor.

- La revisión de **geografía** se centra en el desarrollo de civilizaciones clásicas, así como desarrollo ambiental y social.

- Se incluirá un extracto de al menos uno de los siguientes documentos históricos en el examen. Lea partes (si no la totalidad) de cada uno de estos documentos para familiarizarse con su lenguaje y estilo:

  - Declaración de independencia
  - Constitución de los Estados Unidos
  - Papeles federalistas
  - Casos emblemáticos de la Corte Suprema

PREGUNTAS DE PRÁCTICA

Instrucciones: Las siguientes preguntas de práctica cubrirán conceptos generales de estudios sociales. Las preguntas se basan en breves pasajes de texto e información visual (gráficos, tablas, mapas, dibujos, caricaturas y otras figuras). Algunas preguntas se basan tanto en texto como en información visual. Estudie la información proporcionado y responda la(s) pregunta(s) que le siguen, refiriéndose a la información según sea necesario.

La mayoría de las preguntas están en formato de opción múltiple. Otras están destinadas a prepararlo para las preguntas de tecnología mejorada que encontrará en el examen, como preguntas desplegables, mapas de selección de un área y rellenar los espacios en blanco.

La pregunta 1 hace referencia a la siguiente información.

Después de la Guerra Civil, los afroamericanos vieron cambios económicos, políticos y sociales. Con la aprobación de la Decimotercera Enmienda, la esclavitud fue prohibida en los Estados Unidos, pero los afroamericanos de ninguna manera fueron tratados como iguales. Las leyes de Jim Crow crearon segregación legal de las razas, y los códigos negros restringieron la libertad política y económica de los negros, obligando a los afroamericanos a una economía laboral de bajos salarios.

1. ¿Cuál de los siguientes es un ejemplo de "Jim Crow"?
   A. Aparcería
   B. Separar las fuentes de agua blanca y negra
   C. La oficina de los libertos
   D. Oportunistas

La pregunta 2 hace referencia a la siguiente información.

"Entonces, antes que nada, permítanme afirmar mi firme creencia de que lo único que debemos temer es el miedo mismo—terror sin nombre, irracional e injustificado que paraliza los esfuerzos necesarios para convertir la retirada en progreso. En cada hora oscura de nuestra vida nacional se ha reunido un liderazgo de franqueza y vigor con ese entendimiento y apoyo de la gente misma que es esencial para la victoria. Y estoy convencido de que nuevamente brindará este apoyo al liderazgo en estos días críticos.

Con tal espíritu de mi parte y de los suyos, enfrentamos nuestras dificultades comunes, que se referen, gracias a Dios, solo a cosas materiales. Los valores se han reducido a niveles fantásticos; los impuestos han aumentado; nuestra capacidad de pago ha disminuido; el gobierno de todo tipo se enfrenta a una seria reducción de los ingresos; los medios de intercambio están congelados en las corrientes comerciales; las hojas marchitas de la empresa industrial se encuentran en todos lados; los agricultores no encuentran mercados para sus productos; y los ahorros de muchos años en miles de familias se han ido".

—Extracto del primer discurso inaugural de FDR del 4 de marzo de 1933.

2. ¿Cuál de los siguientes resume **mejor** el contexto del discurso del presidente?

   A. Estados Unidos estaba en medio de una Gran Depresión.

   B. Estados Unidos estaba en medio de una Gran Guerra Mundial.

   C. Estados Unidos estaba en medio de un renacimiento religioso.

   D. Estados Unidos estaba en medio de una revolución política.

Las preguntas 3 y 4 hacen referencia a la siguiente información.

La Guerra Fría entre los Estados Unidos y la Unión Soviética (URSS) fue una diferencia en ideologías posteriores a la Segunda Guerra Mundial. Los países habían luchado como aliados contra las potencias Axis, pero después de la guerra se involucraron en múltiples conflictos que expresaron en su economía y diferencias políticas. Estados Unidos, una democracia que cree en el capitalismo, se opuso a la difusión del comunismo soviético en todo el hemisferio oriental. Si bien ninguno de estos conflictos fueron directos, ofrecerían resultados en la participación de estos países en guerras de poder que simbolizaba la competencia de sus filosofías.

3. ¿Cuál de los siguientes NO sería un ejemplo de conflicto en la Guerra Fría?

   A. La guerra de Corea

   B. La carrera espacial

   C. La crisis de los misiles cubanos

   D. La revolución bolchevique

4. ¿Cuál de las siguientes opciones resume **mejor** cómo la disponibilidad de los mercados tuvo influencia sobre el conflicto creado durante la Guerra Fría?

   A. La competencia entre países se intensificó cuando se descubrió petróleo en el Medio Este.

   B. Ambos países querían socios económicos para protegerse de caer en otra Gran Depresión.

   C. Cuando se cerró la puerta abierta del comercio, ambos países lucharon por encontrar otro gran socio comercial para sus productos.

   D. Estados Unidos tenía el monopolio mundial del comercio y estaba siendo desafiado por la Unión Soviética.

La pregunta 5 hace referencia a la siguiente información.

"Las islas pequeñas, que no son capaces de protegerse, son los objetos apropiados para que los reinos tomen bajo su cuidado; pero hay algo absurdo en suponer que un continente sea perpetuamente gobernado por una isla".

—Thomas Paine, *Sentido común*

5. ¿Cuál de los siguientes fue el catalizador más probable para el extracto anterior?

    A. La intrusión de las potencias europeas en las tierras de los nativos americanos durante los primeros años del siglo XVI.

    B. Los intentos de Gran Bretaña de gobernar las colonias a mediados del siglo XVIII.

    C. El fracaso de los Artículos de la Confederación a fines del siglo XVIII.

    D. El gobierno mexicano que se negó a otorgar la anexión de Texas a mediados del siglo XIX.

6. Complete la información que falta en el cuadro a continuación.

Poder de Gobierno	Miembro(s)
Ejecutivo	Presidente, Vicepresidente
Legislativo	Senado, ☐
Judicial	Corte Suprema

7. ¿Cuál de los siguientes define **mejor** el tipo de gobierno bajo la Constitución de los Estados Unidos?

    A. Monarquía constitucional

    B. Oligarquía

    C. República

    D. Confederación

8. ¿Cuál de las siguientes cualificaciones para un senador es incorrecta?

    A. Debe tener al menos 30 años de edad

    B. Debe haber sido ciudadano de los Estados Unidos por al menos nueve años

    C. Debe ser residente del estado que tiene la intención de representar

    D. Debe servir por menos de seis mandatos en el cargo

La pregunta 9 hace referencia a la siguiente información.

ENMIENDA XXII SECCIÓN 1

"Ninguna persona será elegida para el cargo de presidente más de dos veces, y ninguna persona que ha ocupado el cargo de presidente, o ha actuado como presidente, durante más de dos años de mandato para el cual otra persona fue elegida presidente será elegido para el cargo de presidente más de una vez. Pero este artículo no se aplicará a ninguna persona que ocupe el cargo de presidente cuando este artículo fue propuesto por el Congreso, y no impedirá a ninguna persona que pueda ocupar el cargo de presidente, o actuar como presidente, durante el período dentro del cual este artículo se vuelva operativo al ocupar el cargo de presidente o al actuar como presidente durante el resto de dicho término".

9. ¿Por qué razón la Constitución habría instituido esta disposición?

A. Temor de que una persona se vuelva demasiado poderosa y gobierne como un monarca

B. Creer que tener más de dos términos favorecería demasiado a un estado

C. Para evitar la formación de un sistema de partido único, eliminando así la democracia del gobierno

D. Asegurar que un vicepresidente se convierta en presidente

La pregunta 10 hace referencia a la siguiente información.

Dred Scott era un esclavo negro que vivió en tierras libres (sin esclavitud) con su dueño durante varios años. Intentó, sin éxito, demandar en la corte estatal por su libertad. Luego presentó una demanda en un tribunal federal. La base de su pretensión de establecer su libertad era que había vivido en suelo libre por más de cinco años en un área del país donde el Compromiso de Missouri 1820 prohibió la esclavitud.

10. Seleccione la enmienda que se utilizó para respaldar el fallo en el caso de *Dred Scott vs. Sandford*.

A. Primera Enmienda

B. Quinta Enmienda

C. Décima Enmienda

D. Decimotercera Enmienda

Las preguntas 11 y 12 hacen referencia a la siguiente información.

El Artículo Dos de la Constitución de los Estados Unidos requiere que el Presidente de los Estados Unidos nomine a jueces de la Corte Suprema y, con la confirmación del Senado, requiere que los jueces sean designados: "él nominará, y por y con el Consejo y Consentimiento del Senado, deberá nombrar ... Jueces de la Corte Suprema ..."

11. Según la información proporcionada en el pasaje anterior, ¿cuál de las siguientes es verdad?

A. El presidente tiene poder total para nombrar por unanimidad a cualquier persona con el título de Justicia.

B. El Senado puede rechazar la nominación del presidente.

C. La selección de los jueces de la Corte Suprema es meramente una formalidad.

D. El proceso de Revisión Judicial fue creado por el Artículo Dos.

12. ¿El pasaje sirve como evidencia de qué elemento clave del gobierno de los Estados Unidos como establecido por la Constitución?

A. Federalismo

B. Aristocracia

C. Legislatura bicameral

D. Verificaciones y saldos

13. Arrastre cada opción al lugar correcto dentro de la tabla. (*Nota: al tomar el examen GED®* *en la computadora, arrastrará y soltará sus respuestas en la tabla. Para esta versión en papel, por* *favor escríbalas*).

	Una elección preliminar
	Elección donde los votantes deben declarar un partido y elegir entre esos candidatos
	Una lista de creencias, valores o ideas
	Trabaja para persuadir a los legisladores en el proceso de legislación

Opciones:

- Plataforma

- Grupo de presión

- Primaria

- Primaria cerrada

La pregunta 14 hace referencia a la siguiente información.

La cuestión de "separado, pero igual" fue una vez más ante la Corte en el caso de *Brown vs. Junta de* *Educación*. La decisión de la Corte en *Plessy vs. Ferguson*, un hallazgo que las instalaciones separadas no son inconstitucionales siempre y cuando sean iguales, parecían sostener la respuesta en este caso también. Sin embargo, habían pasado 58 años, y esta vez el fallo de la Corte era bien diferente. Significativamente, la opinión de la Corte fue unánime.

14. ¿Cuál de las siguientes explica **mejor** la razón del fallo en el caso de *Brown vs.* *Junta de Educación*?

   A. El racismo permaneció en el país, y el fallo resultó en la continuación de la segregación legal en las escuelas.

   B. El creciente movimiento de derechos civiles en el país puso de manifiesto la injusticia de la doctrina "separado, pero igual" establecida por *Plessy vs. Ferguson*.

   C. El caso anterior fue desestimado debido a un tecnicismo.

   D. Las escuelas públicas y privadas habían sido consideradas desiguales durante mucho tiempo y la Corte abordó este problema.

La pregunta 15 hace referencia a la siguiente información.

El presidente de los Estados Unidos cumple tres funciones principales durante su tiempo en el cargo: el presidente es responsable de asegurar que todas las leyes de la tierra se cumplan correctamente, de nombrar embajadores al tiempo que se reúne con dignatarios extranjeros, y es responsable de hacer tratados.

15. Seleccione el tercer papel principal del presidente, que está ausente de la descripción anterior.
    A. Jefe Ejecutivo
    B. Jefe Diplomático
    C. Comandante en Jefe
    D. Jefe de Personal

16. El Departamento de Estado, el Departamento del Tesoro, el Departamento de Defensa, el Departamento de Justicia, y el Departamento de Educación serían considerados miembros de qué del presidente ⬚ .

La pregunta 17 hace referencia al siguiente gráfico.

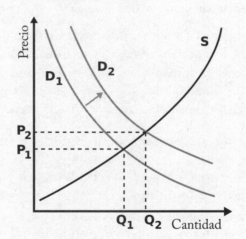

17. Seleccione el punto en el gráfico que se consideraría equilibrio.
    A. D_1
    B. D_2
    C. S
    D. $Q_1 - P_1$

18. ¿Cuál de los siguientes NO se consideraría un factor de producción?
    A. Oferta y demanda
    B. Recursos naturales
    C. Capital
    D. Trabajo

19. A medida que aumenta el uso de mano de obra, aumenta la producción total. Pero si el uso de mano de obra aumenta de nuevo por la misma cantidad, la producción aumenta en menos, lo que implica [   ] en el uso de mano de obra como una entrada.

La pregunta 20 hace referencia a la siguiente información.

"... protegiendo el ejercicio por parte de los trabajadores de la plena libertad de asociación, autoorganización, y designación de representantes de su propia elección, con el fin de negociar los términos y condiciones de su empleo u otra ayuda o protección mutua".

—Extracto de la Ley Wagner de 1935

20. ¿Cuál de los siguientes es correcto sobre el extracto anterior?
    A. Fue declarado inconstitucional como parte de la agenda de empaque de la corte de FDR.
    B. A los sindicatos se les permitió organizarse y negociar con la gerencia en lo que se conoce como *negociación colectiva*.
    C. Las huelgas quedaron obsoletas ya que los trabajadores ahora disfrutaban de mayores libertades y protecciones bajo la ley federal.
    D. El desempleo disminuyó considerablemente como resultado de las nuevas prácticas de contratación creadas por dicha ley.

La pregunta 21 hace referencia a la siguiente información.

La migración humana es el movimiento de personas de un lugar a otro, a menudo como resultado de cuestiones ambientales. Muy a menudo, los problemas tienen efectos perjudiciales en la producción de alimentos, llevando incluso a la escasez. El cambio climático también puede ser un factor para forzar la migración de humanos de un lugar a otro.

21. ¿Cuál de los siguientes se considera un ejemplo de cambio climático que resulta en migración de humanos?
    A. Tasa de desempleo
    B. Calentamiento global
    C. Escasez de alimentos
    D. Huracán

22. ¿Cuál de los siguientes se consideraría una contribución romana clave para civilizaciones más adelante?
    A. Su establecimiento de una República
    B. Su establecimiento de los juegos olímpicos
    C. Su descubrimiento del concepto matemático de cero
    D. Su logro de construir las pirámides

La pregunta 23 hace referencia a la siguiente información.

Campo de geografía	Subcampos o explicación
Física	Cartografía, oceanografía
Cultural	El efecto de la vida social y cultural humana en la geografía
Economía	Efecto económico de la empresa y la industria en el entorno geográfico
Político	La influencia de la geografía en las unidades políticas de las naciones, ciudades y estados
Militar	Efectos de la geografía en las operaciones militares
Climatología	Patrones climáticos

23. ¿Cuál de los siguientes campos está colocado incorrectamente en el cuadro de arriba?

    A. Cultural

    B. Político

    C. Militar

    D. Climatología

24. Seleccione el **mejor** ejemplo de lo que se consideraría geografía política.

    A. Un examen de las tres ramas del gobierno y su separación de poderes

    B. Un mapa colocando tribus individuales y sus gobernantes en diferentes áreas y la proximidad entre ellos

    C. Una línea de tiempo de diferentes reyes de las primeras civilizaciones y su duración de gobierno

    D. Un examen de los cambios hechos por el hombre al gobierno a lo largo del tiempo

CLAVE DE RESPUESTAS Y EXPLICACIONES

1. B	**7.** C	**13.** Vea la explicación	**19.** rendimientos decrecientes
2. A	**8.** D	**14.** B	**20.** B
3. D	**9.** A	**15.** C	**21.** B
4. B	**10.** B	**16.** el gabinete	**22.** A
5. B	**11.** B	**17.** D	**23.** D
6. la Cámara de Representantes	**12.** D	**18.** A	**24.** B

1. **La respuesta correcta es B.** Las leyes de segregación legitimada, o de separación de las razas entre instalaciones blancas y negras, fueron conocidos como Jim Crow. Un ejemplo de esta práctica era separando las fuentes de agua para blancos y negros. La aparcería (opción A) es un ejemplo más cercano a los códigos negros. La oficina de los libertos (opción C) era una organización que fue creada para ayudar a los estadounidenses africanos a combatir la discriminación. Los oportunistas (opción D) buscaban elecciones políticas (generalmente viajando desde el norte al sur) en un distrito que no era su hogar.

2. **La respuesta correcta es A.** FDR se convirtió presidente durante la Gran Depresión e intentó dirigirse a las personas con respecto la crisis económica que enfrentaron. Estados Unidos no entraría en guerra (opción B) hasta más adelante en el término de FDR. La religión (opción C) no era un problema abrumador en ese momento. Mientras que los partidos políticos cambiaron con la elección de FDR, la opción D es incorrecta porque el gobierno vio un cambio en la filosofía, pero no una remoción y revisión total.

3. **La respuesta correcta es D.** La revolución bolchevique tuvo lugar en 1917 y no fue una fuente de conflicto entre los Estados Unidos y la Unión Soviética durante el periodo de la Guerra Fria. Las opciones A, B y C son todas ejemplos de conflicto durante la Guerra Fría entre los Estados Unidos y la URSS.

4. **La respuesta correcta es B.** El deseo de obtener mercados extranjeros para el comercio después de una la depresión mundial fue una fuente importante de conflicto entre el capitalista Estados Unidos y la Unión Soviética comunista. El petróleo en el Medio Oriente (opción A) no era una fuente de gran conflicto entre los países durante el período de la Guerra Fría. La opción C es incorrecta porque Rusia había rechazado la puerta abierta mucho antes que la Guerra Fría y el comercio se convirtió en un tema separado entre el Estados Unidos y China. Mientras que los Estados Unidos era un gran benefactor del comercio, no tenía el monopolio (opción D).

5. **La respuesta correcta es B.** Paine escribió que era "sentido común" para las colonias declarar independencia de la isla de Gran Bretaña tras sus repetidos intentos de ponerle tarifas injustamente a los colonizadores. Las opciones A, C, y D son incorrectas porque no son del contexto en el que Paine estaba escribiendo.

6. **La respuesta correcta es la Cámara de representantes.** El poder legislativo consiste de 100 senadores y 435 miembros de la Cámara de representantes, conocidos colectivamente como "Congreso".

7. **La respuesta correcta es C.** La Constitución de los Estados Unidos creó una república, o una democracia indirecta. La opción A no es la mejor respuesta porque Estados Unidos no tiene un monarca. La opción B es

incorrecta porque el Estados Unidos está gobernado por las personas que eligen sus representantes, no por un pequeño grupo de personas que gobiernan como un dictador. La opción D es no es la mejor respuesta porque una confederación fue reemplazada por la Constitución.

8. **La respuesta correcta es D.** Los senadores, como miembros de la Cámara de Representantes, actualmente no tienen límites de mandato en los Estados Unidos. Las opciones A, B y C son todas calificaciones apropiadas para senadores estadounidenses.

9. **La respuesta correcta es A.** El miedo a una tiranía ejecutiva consumió el país después de la Segunda Guerra Mundial, y políticos ordenaron la tradición de Washington de dos términos. El favoritismo estatal (opción B) no fue una preocupación, y hubo casos de presidentes consecutivos procedentes del mismo estado previo. Preocupación por el surgimiento de un sistema de gobierno de un solo partido (opción C) no fue la razón por la que esta enmienda fue instituida, era más preocupación por darle al presidente demasiado poder. El límite de mandato no aseguraría que el actual vicepresidente se convirtiera en presidente (opción D); a menos que el vicepresidente asuma el cargo por sucesión, elección en el cargo es la única manera de convertirse en presidente.

10. **La respuesta correcta es B.** La Quinta Enmienda fue citada en la prohibición del Congreso de privar a las personas de sus propiedades (esclavos) sin el debido proceso. La opción A es incorrecta porque la libertad de expresión y religión (la Primera Enmienda) no fue citada en el caso. La opción C es incorrecta porque los poderes reservado al Estado y al Pueblo (el Décima Enmienda) no fue citada. La opción D es incorrecta porque la prohibición de la esclavitud (la Decimotercera Enmienda) no había ocurrido y no sería aplicable.

11. **La respuesta correcta es B**. El Senado debe confirmar o consentir la selección de un juez, lo que significa que también tiene el poder de rechazar la selección. La opción A es incorrecta porque el presidente debe recibir apoyo y aprobación del Senado. La opción C es incorrecta porque el Senado se reserva la derecho de rechazar o cuestionar el selección. La opción D es incorrecta porque la revisión judicial se estableció en el caso *Marbury vs. Madison* de 1803.

12. **La respuesta correcta es D.** La separación de poderes por la capacidad del presidente de "verificar" el poder judicial al nombrar a sus jueces es una parte importante del gobierno creado por la Constitución. Federalismo (opción A) es la división del poder entre múltiples niveles de gobierno, como entre federal y estatal. Una aristocracia (opción B) da poder a los presuntos más adecuados para gobernar, como la élite. Una legislatura de dos cámaras (opción C) es parte del Congreso y se estableció como parte de otro artículo en la constitución.

13. **Respuesta correcta:**

Primaria	Una elección preliminar
Primaria cerrada	Elección donde los votantes deben declarar un partido y elegir entre esos candidatos
Plataforma	Una lista de creencias, valores o ideas
Grupo de presión	Trabaja para persuadir a los legisladores en el proceso de legislación

14. **La respuesta correcta es B.** Los derechos civiles del movimiento de la década de 1950 fueron reforzados por el fallo que inició la integración en escuelas públicas y, por extensión, dirigió la segregación en instalaciones públicas. La opción A es incorrecta porque la segregación legal en las escuelas fue considerada inconstitucional. La opción C es incorrecta porque el caso original no fue desestimado; *Brown vs. Junta de Educación* lo volcó. La opción D es inexacta y no era el foco de la sentencia.

15. **La respuesta correcta es C.** El presidente es considerado Comandante en Jefe de la milicia y es responsable de desplegar tropas a tierras extranjeras o tropas activadoras en los Estados Unidos. Como Jefe Ejecutivo (opción A), el presidente se asegura de que todas las leyes de la tierra se lleven a cabo adecuadamente, mientras que como Diplomático Jefe (opción B), el presidente nombra embajadores, se reúne con dignatarios extranjeros, y hace tratados. El Jefe de Gabinete (opción D) trabaja con el presidente para ejecutar las operaciones del día a día.

16. **La respuesta correcta es el gabinete.** El presidente elige sus propios asesores que son los jefes de departamentos ejecutivos.

17. **La respuesta correcta es D.** El equilibrio es el punto en el que dos curvas se cruzan, haciendo $P_1 - Q_1$ y $P_2 - Q_2$ puntos de equilibrio. D_1 (opción A) y D_2 (opción B) son curvas de demandas, mientras que S (opción C) es una curva de oferta.

18. **La respuesta correcta es A.** Oferta y demanda es un principio primario de la economía que es un resultado, no un factor, de producción. Recursos naturales (opción B), capital (opción C) y trabajo (opción D) son factores de producción.

19. **La respuesta correcta es rendimientos decrecientes.** La ley de rendimientos decrecientes establece que en cierto punto, cualquier recurso adicional (materias primas, capital o mano de obra) no producen producto adicional con un valor que es proporcional con el costo de los recursos adicionales.

20. **La respuesta correcta es B.** La negociación colectiva fue protegida como parte de la Ley Nacional de Relaciones Laborales (o Ley Wagner) y se convirtió en una fuerte de herramientas de negociación para trabajadores y sindicatos. La opción A es incorrecta porque el acto no se consideró inconstitucional. La opción C es incorrecta porque las huelgas fueron (y son) todavía utilizadas por los sindicatos como herramientas de negociación. La opción D es incorrecta porque las tarifas de desempleo y prácticas de contratación no eran parte de la ley.

21. **La respuesta correcta es B.** El cambio en patrones climáticos que provoca el aumento de las temperaturas sería considerado una razón de la migración relacionada con el clima. Desempleo (opción A) y escasez de alimentos (opción C) son razones por las cuales los humanos migran de un lugar a otro, pero no están relacionadas con el clima, y mientras la intensidad y severidad de un huracán (opción D) puede verse afectado por cambios en el clima, el huracán mismo no es un ejemplo de cambio climático.

22. **La respuesta correcta es A.** La República romana, aunque no completamente recreada, creó precedentes importantes de cómo los gobiernos futuros se ejecutarían con éxito. La opción B es incorrecta porque los griegos establecieron los juegos olímpicos. La opción C es incorrecta porque India descubrió el concepto de cero. La opción D es incorrecta porque los mayas de América Latina y Sudamérica construyeron las pirámides.

23. La respuesta correcta es D. El estudio de patrones climáticos, climatología, se clasifica como un subcampo de la geografía física. Las opciones A, B y C son todos ejemplos de campos de geografía.

24. La respuesta correcta es B. La ubicación y su impacto en la creación de gobernantes dentro de numerosas tribus serían consideradas un ejemplo de geografía política. Las opciones A, C y D son incorrectas porque simplemente examinan líderes gubernamentales o gobernantes sin analizar el impacto de la geografía.

PARTE V
EL EXAMEN DE CIENCIA

Dominar el
examen de Ciencia

DESCRIPCIÓN GENERAL

- Todo sobre el examen de Ciencia
- Lo que se evalúa y lo que no
- Formatos utilizados para las preguntas del examen de Ciencia GED®
- Áreas temáticas para las preguntas del examen de Ciencia GED®
- Tipos de preguntas basadas en las tres áreas de habilidades
- Entendiendo las preguntas sobre conceptos científicos
- Utilizar números y gráficos en las preguntas de Ciencia
- Estrategias generales para tomar el examen
- En resumen

RESUMEN DEL EXAMEN DE CIENCIA

Tiempo total permitido: 90 minutos

Número total de preguntas: 30–35 preguntas

Formato: Cada pregunta se basa en un pasaje de texto y/o gráfico. Los tipos de preguntas incluyen preguntas de opción múltiple y potenciadas por tecnología.

Longitud de los pasajes de texto: Hasta 250 palabras (pero la mayoría son de 2 a 4 oraciones)

Número de preguntas por pasaje o gráfico: 1 a 4 (1 o 2 es el más común)

TODO SOBRE EL EXAMEN DE CIENCIA

El amplio campo académico de la ciencia incluye una amplia variedad de asignaturas que involucran las **ciencias naturales** (en oposición a las ciencias sociales, que están cubiertas en el examen de Estudios sociales). Estos temas incluyen ciencias de la vida (biología), ciencias de la Tierra (geología y oceanografía), ciencias del espacio (astronomía) y ciencias físicas (química y física). El examen de Ciencia GED está diseñado para medir una variedad de habilidades dentro del contexto de todas estas áreas temáticas. El examen consiste en una serie de 30 a 35 preguntas. Aquí hay un desglose aproximado en términos de las áreas temáticas que el examen cubre (los porcentajes y los números puedan variar ligeramente):

40 %	Ciencias de la vida (biología)
20 %	Ciencias de la Tierra y ciencias del espacio
40 %	Ciencias físicas (química y física)

Las preguntas del examen *no* se agrupan por área de contenido. En cambio, las preguntas de todas las áreas aparecen mezcladas.

LO QUE SE EVALÚA Y LO QUE NO

El punto más importante a tener en cuenta sobre el examen de Ciencia GED es que no es principalmente un examen de conocimiento. Independientemente del área de contenido—ciencias de la vida, ciencias de la Tierra y ciencias del espacio, o ciencias físicas, se proporcionará toda la información básica que necesitará para responder cada pregunta. Dicho esto, el examen asume, o presupone, un cierto nivel de conocimiento general sobre el mundo físico a nuestro alrededor. Por ejemplo:

- Todos los animales requieren alimentos, que convierten en energía, para crecer y sobrevivir.
- La gravedad nos mantiene con los pies en la tierra y la Tierra tiene una atmósfera de aire que se hace más delgada con la altitud.
- La luna gira alrededor de la Tierra, la cual gira alrededor del sol en 365 días.
- El agua se congela (o derrite) y se vaporiza (hierve) a diferentes temperaturas.
- Empujar un objeto por una pendiente empinada requiere más fuerza total que empujarlo por un terreno plano.

Pero más allá de este tipo de hechos cotidianos, que la mayoría de las personas conoce por observación y experiencia, no se requiere ningún conocimiento específico de ciencia para desempeñarse bien en el examen. (A este respecto, el examen de Ciencia GED se parece mucho a los exámenes de Estudios sociales y Razonamiento a través de artes del lenguaje GED). En lugar de demostrar conocimiento de la materia, su tarea principal durante el examen de Ciencia será aplicar las siguientes habilidades de razonamiento científico:

- Comprensión lectora en ciencias
- Comprensión de los conceptos científicos
- Uso de números y gráficas en ciencias

Aproximadamente el 30 % de las preguntas en el examen involucra comprensión lectora en ciencia, el 40 % involucra comprensión de los conceptos de ciencia, y el 30 % restante involucra el uso de números y gráficos en ciencia. Aunque el examen de Ciencia está diseñado para medir habilidades en lugar de conocimientos, tenga en cuenta que, con un conocimiento previo de las áreas temáticas cubiertas en el examen, podrá manejar las preguntas con mayor facilidad y confianza.

FORMATOS UTILIZADOS PARA LAS PREGUNTAS DEL EXAMEN DE CIENCIA GED®

El examen de Ciencia GED consta de preguntas de opción múltiple (presentadas con cuatro opciones de respuesta) y los siguientes formatos de preguntas potenciadas por tecnología:

- **Seleccionar un área:** Haga clic en un valor en una gráfica o escala numérica para indicar una respuesta numérica a una pregunta, o haga clic en un área de un diagrama para indicar la respuesta correcta a una pregunta.
- **Arrastrar y soltar:** Use el puntero del mouse para mover objetos, palabras o números a través de la pantalla a las posiciones que responden la pregunta.

- **Completar el espacio en blanco:** Escriba palabras o números en uno o más espacios en blanco para completar correctamente una afirmación.

- **Menú desplegable:** Utilice un menú desplegable incrustado en el texto para seleccióne la opción necesaria para completar correctamente una afirmación.

La mayoría de las preguntas que encontrará en esta examen se basan en breves pasajes de texto que varían en longitud, desde unas pocas oraciones hasta 250 palabras (aproximadamente un tercio de página). Una pregunta que involucra un pasaje de texto puede referirse a él como un "pasaje" o como "información" o "texto". También encontrará preguntas que se basan en gráficas, cuadros, tablas, diagramas, ilustraciones y otros materiales visuales. Algunos irán acompañados de un breve pasaje de texto. Finalmente, algunas de las preguntas se presentarán en grupos de dos a cuatro (dos es lo más común); todas las preguntas en un grupo se basan en el mismo pasaje y/o gráfica.

ÁREAS TEMÁTICAS PARA LAS PREGUNTAS DEL EXAMEN DE CIENCIA GED®

Como se describió anteriormente, las áreas temáticas que encontrará en el examen de Ciencia incluyen ciencias de la vida (biología), ciencias de la Tierra y el espacio, y ciencias físicas (química y física). Aquí le brindamos una breve reseña.

No se deje intimidar por la magnitud de estas áreas temáticas, ni por la terminología técnica y conceptos complejos que a menudo involucran. Tenga la seguridad de que el GED cubre solo los conceptos más básicos enseñados en clases básicas de ciencia de secundaria. Como se señaló anteriormente, se le proporcionarán todas las definiciones técnicas y demás información necesarias para responder las preguntas. Recuerde: el examen de Ciencia GED no es una prueba de curiosidades o conocimiento de ciencia; más bien, su propósito principal es medir su lectura, pensamiento crítico y habilidades de razonamiento dentro del contexto de la materia de ciencia.

Ciencias de la vida (biología)

La **biología** puede definirse como el estudio científico de los organismos vivos, incluidas las plantas y los animales. La biología es un campo amplio y profundo, por lo que una gran parte de las preguntas de ciencia del GED involucra a la biología más que cualquiera de los otros campos. Una forma de desglosar este vasto campo de estudio es en sus tres ramas principales:

1. **La zoología:** el estudio científico de los animales, incluidas sus características estructurales, fisiología (funciones vitales para el crecimiento, sustento y desarrollo), reproducción y patología (enfermedades)

2. **La botánica:** el estudio científico de las plantas, incluidas sus características estructurales, fisiología (funciones vitales para el crecimiento, sustento y desarrollo), reproducción y patología (enfermedades)

3. **La ecología:** el estudio científico de cómo las plantas y los animales interactúan con su entorno.

Otra forma de desglosar el campo de la biología es por escala:

- **La biología celular** involucra a la célula como la unidad estructural básica de la materia viva.

- **La biología molecular** implica la estructura y las acciones de proteínas y enzimas nucleicas así como la herencia y la forma en que los organismos procesan la energía necesaria para sostener la vida.

- **La biología de organismos** explora las formas de vida individuales (por ejemplo, un roble o un ser humano).

- **La biología de población** estudia al organismo como miembro de una comunidad y como parte de un medio ambiente o ecosistema.

Las preguntas de biología representan aproximadamente el 40 % del examen de Ciencia: alrededor de 12 a 14 preguntas. Entre estas preguntas, no hay un número establecido para cada rama mencionada anteriormente, aunque usted puede esperar una distribución bastante uniforme.

Ciencias de la Tierra y el espacio

La ciencia de la tierra es el estudio de los orígenes, la composición y las características físicas de la tierra. Como las ciencias de la vida (biología), las ciencias de la Tierra se pueden dividir en varias ramas:

- **Geología:** el estudio científico de rocas, minerales, formas terrestres, y sus procesos desde el origen de la Tierra

- **Oceanografía:** el estudio científico de las características físicas y composición de los océanos, el movimiento de sus aguas y la topografía de los fondos oceánicos; la oceanografía también incluye el estudio de la vida oceánica (aquí, la oceanografía y la biología se superponen)

- **Meteorología:** el estudio científico de la atmósfera terrestre y de las condiciones atmosféricas (tiempo y clima)

- **Mineralogía:** una rama de la geología que involucra el estudio de minerales: su composición y propiedades, así como dónde su ubicación y extracción

Las ciencias del espacio hace referencia a los siguientes dos campos relacionados:

- **Astronomía:** el estudio científico del universo y del tamaño, composición, movimiento y evolución de cuerpos celestes (estrellas, planetas, galaxias y nebulosas)

- **Astrofísica:** una rama de la astronomía que se ocupa de los procesos físicos y químicos que ocurren en el universo y en el espacio interestelar, incluida la estructura, la evolución y las interacciones de estrellas y sistemas de estrellas

En el GED, las preguntas sobre las ciencias de la Tierra y el espacio representan aproximadamente el 20 por ciento del examen (6 o 7 preguntas). Espere encontrar más preguntas relacionadas con las ciencias de la Tierra que con la ciencia del espacio, aunque no exista una proporción fija.

Ciencias físicas (química y física)

La ciencias físicas incluyen los campos de la química y la física. **La química** es el estudio científico de la composición, propiedades e interacciones (o reacciones) de elementos y compuestos (combinaciones de elementos), y de los cambios que sufren los elementos y compuestos.

La física es el estudio científico de la materia, la energía, el espacio y el tiempo, y sus interrelaciones. La física está estrechamente relacionada con todos los demás campos de la ciencia, ya que sus leyes son universales. Los sistemas vivos de biología están hechos de partículas de materia que siguen las leyes de la física. La química explora cómo los átomos, pequeñas unidades de materia, interactúan para formar moléculas de acuerdo con las leyes de la física. Y, en gran medida, el estudio de la geología y la astronomía se ocupa de la física de la Tierra y los cuerpos celestes, respectivamente.

Las preguntas de química y física representan aproximadamente el 40 por ciento del examen (12 a 14 preguntas). Espere aproximadamente el mismo número de preguntas en cada uno de estos dos campos.

TIPOS DE PREGUNTAS BASADAS EN LAS TRES ÁREAS DE HABILIDADES

Para tener éxito en el examen de Ciencia GED, deberá demostrar su competencia en tres habilidades de razonamiento: comprensión lectora en ciencias, comprensión de conceptos científicos y uso de números y gráficas en ciencia. Utilizará las tres habilidades a lo largo del examen. En las próximas páginas podrá examinar cada habilidad más de cerca. Tenga en cuenta que las preguntas de ejemplo al estilo GED en las siguientes dos secciones se basan en pasajes de texto, en lugar de gráficas. Más adelante en el capítulo, aprenderá cómo manejar preguntas relacionadas con gráficas.

Comprensión lectora en ciencias

La comprensión lectora en las preguntas de ciencia requiere que lea y recuerde la información contenida en un pasaje. El material a comprender puede incluir textos científicos, datos, ilustraciones o símbolos. En la mayoría de los casos, también requieren que *comprenda e interprete* esa información— en otras palabras, captar o entender—las ideas y conceptos que transmiten las palabras del pasaje. Algunas lecturas para las preguntas de significado requerirán que comprenda la idea principal de un pasaje, similar a las preguntas de comprensión de lectura del examen de Razonamiento a través de las artes del lenguaje. Para manejar este tipo de preguntas, busque una opción de respuesta que resuma el pasaje. No obstante, la mayoría de comprensión lectora en el examen de Ciencia se centra en los detalles del pasaje.

La comprensión lectora en las preguntas de ciencia generalmente involucra pasajes de texto que son más largos que el promedio: al menos cuatro o cinco oraciones y, algunas veces, más de un párrafo. Podrá notar que necesita leer el pasaje más de una vez para responder estas preguntas. No debe preocuparse, dado que el tiempo total permitido para tomar el examen (90 minutos), debería ser suficiente para leer los pasajes más de una vez.

Aunque es posible que la respuesta correcta reformule una frase del pasaje palabra por palabra, es más probable que la parafrasee o proporcione una interpretación de la información del pasaje. En otras palabras, las preguntas de comprensión lectora se centran normalmente en las ideas de un pasaje más que en la forma exacta en que se expresan esas ideas. Las respuestas incorrectas a menudo contradicen la información del pasaje o proporcionan afirmaciones que no están respaldadas por el pasaje o que no responden a la pregunta específica que se hace.

No vuelva las preguntas de comprensión lectora más difíciles de lo que son. Estas preguntas no están destinadas a engañarle, a probar su capacidad para encontrar significados subyacentes, "ocultos" dentro del lenguaje del texto, o para averiguar quiénes poseen un conocimiento profundo de las complejidades del tema científico en cuestión. Al estudiar las siguientes preguntas de ejemplo, notará que las preguntas de comprensión lectora solo requieren comprender e interpretar lo que leyó en el pasaje. Ambas preguntas se basan en un breve pasaje sobre física.

Las preguntas 1 y 2 hacen referencia a la siguiente información.

La luz viaja en ondas compuestas de campos eléctricos y magnéticos vibratorios. Las vibraciones más fuertes causan un aumento del brillo. Las frecuencias de las ondas también pueden ser diferentes. La luz azul, por ejemplo, tiene una frecuencia más alta que la luz roja, y la distancia entre sus vibraciones, o su longitud de onda, es más corta que la longitud de onda de la luz roja. El negro es la ausencia de luz, y la luz blanca es la mezcla de todos los colores. Cuando la luz blanca pasa a través de un prisma, se divide en una banda de colores llamada espectro.

1. ¿Qué enunciado se sustenta **mejor** con la información proporcionada?
   A. Las ondas cortas tienen un campo magnético más fuerte que las ondas más largas.
   B. Las ondas de luz vibran con más fuerza y a una frecuencia más alta que las ondas de sonido.
   C. La luz blanca, que carece de color, no tiene una longitud de onda o frecuencia de onda medible.
   D. Las ondas cortas tienen frecuencias más altas que las ondas más largas.

Esta pregunta se centra en la idea de que las frecuencias entre los diferentes colores de las ondas de luz varían. Para ilustrar esta idea, el pasaje señala que una onda de luz azul tiene una frecuencia más alta y una longitud más corta que una onda roja. La opción D proporciona una manera más general de demostrar este punto. En otras palabras, captura la idea transmitida en la tercera y cuarta oración.

Examinemos brevemente las otras tres opciones de respuesta. El pasaje no hace ninguna conexión entre magnetismo y frecuencia de ondas (opción A), y nunca menciona las ondas de sonido (opción B).

La opción C contradice el pasaje, que nos dice que la luz blanca es una mezcla de todos los colores, no que es la ausencia color. Además, el pasaje no afirma, ni sugiere, que la frecuencia o la longitud de una onda de luz blanca no puede ser medida. **La respuesta correcta es D.**

2. ¿Cuál de las siguientes explica por qué ocurre un arco iris cuando las gotas de auga actúan como un prisma?
   A. Un arco iris está hecho de luz blanca.
   B. Hay varias frecuencias involucradas.
   C. La luz blanca del sol se dispersa a través de las gotas.
   D. Los campos eléctricos y magnéticos tienen fuertes vibraciones.

Para responder a esta pregunta es necesario leer y comprender la última frase del pasaje. No deje que el hecho de que la pregunta involucre un arco iris, que no se menciona en el pasaje, lo confunda. La pregunta simplemente requiere que interprete el arco iris como una forma de ver el espectro de colores, la banda de colores mencionada en la última frase del párrafo. Las gotas de agua actúan como un prisma cuando la luz blanca del sol se dispersa a través del agua; las gotas dividen la luz en bandas de color. Por supuesto, para responder a esta pregunta necesita saber cómo es un arco iris. Pero este es el tipo de conocimiento general y cotidiano que el examen de Ciencia GED presupone que tiene. La opción C parece dar una buena explicación.

Examinemos las otras tres opciones de respuesta. La opción A es incorrecta porque todos sabemos que un arco iris muestra muchos colores. La opción B proporciona una afirmación precisa en que las diferentes bandas de color del espectro tienen diferentes frecuencias, pero no explica por qué ocurre esto, en otras palabras, no responde a la pregunta. La opción D es incorrecta porque el pasaje no hace ninguna conexión entre un campo magnético (mencionado sólo en la primera frase) y un prisma. **La respuesta correcta es C.**

Las dos preguntas anteriores demuestran el tipo de respuestas incorrectas que hay que buscar en las preguntas de comprensión lectora. Esté atento a cualquier elección de respuesta que contradiga la información del pasaje, se salga del tema del pasaje, o proporcione información verdadera que sin embargo no responde la pregunta específica que se hizo.

ENTENDIENDO LAS PREGUNTAS SOBRE CONCEPTOS CIENTÍFICOS

Casi la mitad de las preguntas del examen de Ciencia GED (40 %) son preguntas de comprensión de conceptos científicos. Estas preguntas van más allá de la simple comprensión lectora y pueden pedirle que analice, sintetice y evalúe, o aplique la información y conceptos científicos presentados en un pasaje. Hay muchas tareas posibles que se engloban en este tipo de preguntas, como sacar conclusiones, identificar errores experimentales, o usar la información de una manera diferente a la que se presenta. Vamos a aprender más sobre cada uno de estos tipos de preguntas.

Preguntas de análisis

Las preguntas de análisis van más allá de la comprensión de la información en un pasaje o gráfico. El análisis implica organizar la información; explicar cómo se conectan las ideas, los hechos o los datos; identificar patrones, y sacar inferencias y conclusiones de la información dada. Muchas preguntas de análisis requerirán que se infiera la causa o el efecto en términos de un proceso biológico, químico o físico. (Inferir es sacar una conclusión razonable basada en cierta información). Otras preguntas de análisis requerirán señalar similitudes y diferencias entre dos o más tipos de organismos, procesos u otros fenómenos científicos. También se le puede pedir que identifique las fuentes de error en una investigación o citar evidencia para respaldar una afirmación científica. Estas son solo algunas de las muchas posibilidades para analizar las preguntas. La siguiente pregunta se basa en un pasaje relacionado con la botánica (el estudio científico de las plantas). Para analizar la pregunta, primero debe comprender diferentes hechos y luego conectar esos hechos para sacar una conclusión lógica de ellos.

La pregunta 3 hace referencia a la siguiente información.

Toda la energía de la tierra se produce a través de la fotosíntesis, que es el proceso por el cual las plantas verdes, las algas, y algunas bacterias toman la luz del sol y la convierten en energía química. Solo los organismos que contienen clorofila pueden hacer fotosíntesis. La clorofila es el pigmento que hace que las plantas sean verdes. El proceso de fotosíntesis generalmente ocurre en las hojas de las plantas.

3. ¿Qué puede concluir de la información proporcionada?
   A. Si una planta no tiene hojas, no puede producir energía.
   B. Si una planta no es verde, no puede producir energía.
   C. En días nublados, no se produce la fotosíntesis.
   D. La fotosíntesis no ocurre en el invierno.

El párrafo no responde a esta pregunta explícitamente. Para responder la pregunta, debe realizar un inferencia, o conclusión, de la información proporcionada. Según el párrafo, sólo los organismos con clorofila pueden someterse a la fotosíntesis—el proceso por el cual las plantas producen energía—y es la clorofila la que da a las plantas su color verde. Por lo tanto, puede concluir que solo las plantas verdes producen energía. Dicho de otra manera, este proceso no puede ocurrir en otra cosa que no sea una planta verde (opción B).

En comparación con la opción B, las otras opciones de respuesta proporcionan conclusiones poco razonables y poco respaldadas, basándose en la información proporcionada. La opción A va demasiado lejos, al asumir que la clorofila sólo existe en las hojas de las plantas. Pero el párrafo no dice que sea así, y nuestras observaciones cotidianas sugieren lo contrario. Por ejemplo, la mayoría de nosotros hemos observado el color verde en los cactus, que no tienen hojas. Para que la opción C o la opción D sean correctas, hay que asumir que no hay absolutamente ninguna luz disponible para la fotosíntesis en días nublados (opción C) o durante el invierno (opción D). Estas no son suposiciones razonables, ya que violan el sentido común así como nuestra experiencia cotidiana. **La respuesta correcta es B.**

Las dos preguntas siguientes le piden que analice experimentos que pueden o no contener errores de diseño. Al leer un experimento dado en el examen, tenga en cuenta del montaje y si el experimentador ha cometido un error. Incluso si un experimento es técnicamente correcto, a menudo hay momentos en los que se podría reforzar ajustando ciertos elementos.

Las preguntas 4 y 5 hacen referencia a la siguiente información.

El grupo de laboratorio de Hannah cree que un gen particular del gusano *C. elegans* produce una proteína en respuesta a la anoxia, la ausencia de oxígeno. La proteína produce el químico X, que produce una fuerte señal UV-Vis a una longitud de onda poco común de 460 nm. El grupo de Hannah decide incubar el tejido de *C. elegans* en presencia (nivel atmosférico normal) y en ausencia de oxígeno, luego lisar (reventar) las células y medir la señal UV-Vis a 460 nm de la solución resultante para determinar cuán fuerte es la expresión del gen. Se realizaron dos ensayos en presencia de oxígeno y en ausencia de oxígeno. Los resultados se muestran a continuación:

	Señal UV-Vis (460 nm) en Ausencia de Oxígeno	Señal UV-Vis (460 nm) en Presencia de Oxígeno
Examen 1	0.30	0.29
Examen 2	0.34	0.75
Promedio	0.32	0.52
Desviación Estándar	0.0283	0.325

4. ¿Cuál de las siguientes representa una fortaleza del experimento?

   A. La cantidad de proteína se midió directamente, aumentando la fiabilidad.

   B. Se utilizaron células de una variedad de organismos diferentes, aumentando la diversidad de la muestra.

   C. La longitud de onda medida era exclusiva de la sustancia química medida, aumentando la especificidad.

   D. Se eliminó el exceso de materiales en la solución después de reventar las células, reduciendo la señal de fondo.

Este ejemplo le pide que lea un experimento y analice sus puntos fuertes. Veamos las opciones de respuesta. La opción A podría representar una fortaleza de un experimento, pero no es aplicable para este experimento en particular. La proteína no se mide directamente, sino que se mide la cantidad de la sustancia química X, producida por la proteína. La opción B es incorrecta porque el procedimiento indica que todas las muestras de tejido fueron tomadas del mismo organismo, *C. elegans*. La opción D es un poco más compleja, pero hace referencia a un paso que no sé tomó en el procedimiento, por lo que no es correcta. El procedimiento indica que la señal se midió a 460 nm porque es una señal poco común específica del químico X. **La respuesta correcta es C.**

5. Hannah notó que la desviación estándar de los datos en presencia de oxígeno era mucho más alta que en ausencia de oxígeno. ¿Cuál de los siguientes cambios resolvería este problema?

   A. Repetir el experimento usando el mismo gen en tejidos humanos.

   B. Cambiar la longitud de onda UV-Vis que se mide.

   C. Repetir el experimento en presencia de una mayor concentración de oxígeno.

   D. Aumentar el número de pruebas para cada condición.

Este ejemplo le pide que seleccione una mejora para el experimento en función de la información proporcionada. La opción A describe un experimento completamente diferente en lugar de una mejora al actual. La opción B es incorrecta porque este cambio ya no mediría la sustancia química X, la base del experimento. La opción C puede mejorar el experimento al proporcionar información adicional, pero no resolvería el problema específico descrito en la pregunta. En las dos pruebas en presencia de oxígeno, los dos números obtenidos son completamente diferentes, por lo que ensayos adicionales podrían confirmar qué valor (mayor o menor) es correcto. Esto, a su vez, mejoraría la desviación estándar al suministrar más números y potencialmente permitiría la eliminación de un valor atípico. **La respuesta correcta es D.**

La siguiente pregunta se basa en un pasaje relacionado con la astronomía. Para analizar la pregunta, primero necesita comprender y organizar varios hechos sobre dos cosas diferentes. En ese caso debe analizar las diferencias entre esas dos cosas.

La pregunta 6 hace referencia a la siguiente información.

Como la Tierra, Mercurio, el planeta más pequeño, gira alrededor del sol. A Mercurio le lleva casi 88 días dar la vuelta alrededor del sol. A la Tierra le lleva 365 días completar una vuelta alrededor del sol. La Tierra completa una vuelta en su propio eje en 24 horas, o un día. Mercurio, por otro lado, tarda 58.5 días terrestres en hacer un giro lento sobre su eje.

6. Basado en la información, ¿cuál es la distinción exacta entre Mercurio y la Tierra?

    A. Cualquier punto del ecuador de Mercurio está iluminado por el sol más tiempo que cualquier punto del ecuador de la Tierra.

    B. La Tierra pasa por delante de Mercurio mientras ambos giran alrededor del sol.

    C. La órbita de Mercurio alrededor del sol es circular, mientras que la órbita de la Tierra es elíptica.

    D. Mercurio orbita alrededor del sol a una velocidad menor que la de la Tierra.

Cualquier punto de la superficie del ecuador de Mercurio está expuesto al sol por períodos más largos de tiempo porque a Mercurio le toma 58.5 días terrestres hacer un giro sobre su eje. (Un punto en el ecuador de Mercurio está expuesto al sol por aproximadamente 29 horas cada vez, mientras que en la Tierra el máximo es de aproximadamente 12 horas). Así que la opción A es una buena respuesta.

Examinemos las otras tres opciones. La opción B contradice la información del pasaje. La opción C no se apoya en absoluto en el pasaje, que nunca habla sobre la forma de las dos órbitas.

La opción D es más difícil de evaluar que las otras. Sabemos por el párrafo que Mercurio orbita el sol en menos días que la Tierra. Pero, ¿esto significa que Mercurio se mueve más rápido o más lento que la Tierra? No podemos saberlo con la información proporcionada. La respuesta depende no sólo del tiempo de una órbita alrededor del sol, sino también de la distancia recorrida durante una de esas órbitas. El pasaje no da suficiente información para comparar la velocidad de los dos planetas. **La respuesta correcta es A.**

Las preguntas anteriores demuestran el tipo de opciones de respuesta que hay que tener en cuenta al manejar preguntas de análisis:

- Una opción que contradice la información del pasaje.
- Una opción que se basa en hechos cruciales que el pasaje no proporciona.
- Una opción que viola el sentido común o la lógica.
- Una opción que es inconsistente con sus observaciones y experiencias diarias.

Preguntas de síntesis y evaluación

Las preguntas de síntesis y evaluación implican la extracción de análisis y conclusiones generales a partir de información específica. "Sintetizar" la información científica es entender lo que significan las diversas piezas de información cuando se consideran todas juntas, como un todo. En el contexto del examen de Ciencia, una pregunta de síntesis podría pedirle que caracterice un fenómeno, proceso o sistema descrito en un pasaje. Una pregunta de evaluación podría pedirle que reconozca un posible beneficio o inconveniente de una nueva tecnología científica, o de cómo se aplica esta tecnología. O podría pedirle que reconozca un error en una afirmación o hipótesis científica, posiblemente relacionada con un determinado experimento, o que evalúe las características de un diseño experimental. Otras posibles preguntas de síntesis podrían requerir el razonamiento de los datos a las pruebas, hacer una predicción basada en los datos, evaluar una teoría o reconciliar múltiples hallazgos.

Cuando trate estas preguntas, es igual de importante reconocer una evaluación o conclusión razonable como reconocer las evaluaciones y conclusiones que no aplican. Esté atento a las opciones de respuesta incorrectas que especulan demasiado u, opciones de respuesta que saltan a conclusiones injustificadas basadas únicamente en la información proporcionada.

He aquí una pregunta de síntesis basada en un pasaje sobre mineralogía, una de las ciencias de la Tierra.

La pregunta 7 hace referencia a la siguiente información.

Hay tres tipos de rocas en la superficie de la Tierra: ígneas, metamórficas y sedimentarias. Las rocas ígneas se forman por el enfriamiento del magma fundido cuando las temperaturas son extremadamente altas. Las rocas metamórficas se forman por la compresión de rocas más antiguas. Se forman bajo la superficie de la Tierra donde tanto la temperatura como la presión son altas. Las rocas sedimentarias se forman por la erosión o los restos de organismos vivos. Estas se forman en la superficie de la Tierra a bajas presiones.

7. Basado en la información, ¿cuál de las siguientes afirmaciones es **más** probable que sea cierta sobre los tres tipos de rocas?
   Los tres tipos de rocas
   A. sólo se pueden encontrar en la Tierra.
   B. son muy parecidas.
   C. se encuentran en diferentes lugares.
   D. son todas aproximadamente de la misma edad.

Esta pregunta no se centra sólo en una parte del pasaje. Para responderla, es necesario leer y comprender todos los detalles, y luego sintetizarlos para formar una perspectiva más amplia. El pasaje nos dice que algunas rocas se forman bajo la superficie de la Tierra, que algunas provienen de los volcanes, y que otras son el resultado de la erosión o de los restos de organismos vivos que se han encontrado en diferentes lugares. Debido a que los tres tipos de rocas se forman de forma diferente bajo diferentes condiciones, no pueden encontrarse todas en el mismo lugar. La opción C es una buena respuesta.

Examinemos las otras opciones de respuesta. El pasaje no menciona nada sobre si estos tipos de rocas se encuentran en otros cuerpos celestes (opción A), sobre cómo se ven los tres tipos (opción B), o sus edades relativas (opción D). **La respuesta correcta es C.**

A continuación, mire una pregunta de evaluación basada en un pasaje sobre meteorología, otra de las ciencias de la Tierra.

La pregunta 8 hace referencia a la siguiente información.

El agua se mueve a través de un ciclo natural de evaporación, formación de nubes, precipitaciones, recolección y evaporación. En este ciclo, el agua se auto purifica. Por lo tanto, el humo de las zonas industriales que la lluvia deja en la tierra no es un problema porque el agua se purifica a sí misma de los contaminantes.

8. ¿Cuál de las siguientes afirmaciones, de ser ciertas, debilitaría la afirmación de que el agua se purifica a sí misma a través del ciclo descrito anteriormente?

    A. Los contaminadores que crean el humo industrial son reticentes a reducir la cantidad de su contaminación.

    B. Cuando los contaminantes entran en las nubes, gran parte de ellos se quedan allí.

    C. Muchos de los contaminantes se evaporan en el aire desde el auga subterránea.

    D. El vapor de agua que contiene contaminantes industriales puede viajar grandes distancias a través del aire.

Esta pregunta le pide que evalúe o critique la afirmación hecha en el breve pasaje. Su tarea es reconocer evidencia adicional que debilitaría la conclusión de que el humo no es un problema porque el agua se purifica sola. El pasaje describe un ciclo de auto purificación. Pero si el humo de los sitios industriales son devueltos a la tierra por la lluvia y luego se evaporan con el agua, lo hará volver a las nubes donde se convierte en parte del ciclo. En este caso, el agua no se purificará correctamente. Entonces, la opción C proporciona información que, de ser cierta, debilitaría la conclusión en el pasaje.

Examinemos las otras opciones de respuesta. La opción A es incorrecta porque el hecho de que la contaminación industrial continúe no niega la afirmación de que el agua se deshace de esta. La declaración en la opción B, si es cierta, en realidad facilita el ciclo de purificación, ya que los contaminantes no formarían parte del ciclo junto con el agua. La opción D es incorrecta porque la distancia que recorren los contaminantes antes de caer a la tierra a través de la lluvia no tiene nada que ver con el proceso de evaporación: el agua puede evaporarse en cualquier lugar. **La respuesta correcta es C.**

Preguntas de aplicación

Las preguntas de aplicación requieren que use la información en un pasaje (o gráfico) de una manera diferente de la forma en que se presenta. Por ejemplo, una pregunta podría ser sobre el efecto de un proceso biológico o químico en particular, o una ley de la física bajo condiciones específicas. O bien podrían pedirle identificar un ejemplo o un uso práctico de un concepto, principio o proceso también podrían pedirle aplicar técnicas de muestreo, modelos, teorías, fórmulas o análisis estadísticos para resolver un problema o hacer una predicción. Estas son solo algunas de las posibilidades. Use su comprensión de la información en el pasaje, junto con su experiencia cotidiana y sentido común, para identificar la respuesta correcta.

Aquí hay dos preguntas de aplicación relacionadas con la física.

La pregunta 9 hace referencia a la siguiente información.

Un fluido puede ejercer una fuerza de empuje, ayudando a un objeto a flotar, pero también puede ejercer una fuerza de compresión debido al peso del fluido sobre él. El traje de un buzo se asemeja a una armadura rígida que es hermética y puede mantener una presión interna de 1 atmósfera.

9. ¿Por qué los buzos de aguas profundas usan trajes rígidos y herméticos?
   A. Los protegen de altos niveles de presión externa circundante.
   B. Hacen que los buzos floten más en el agua.
   C. Permiten que los buzos desafíen la gravedad.
   D. Protegen a un buzo del ahogamiento al ser a prueba de filtraciones.

La información que debe tomarse del pasaje y aplicarse es que la presión aumenta con la profundidad. Es lógico que esto sea peligroso para un buzo. La única protección contra la presión externa sería un traje rígido y hermético. Es útil observar la similitud con el diseño de los submarinos. La explicación proporcionada por la opción A tiene sentido.

Examinemos las otras tres opciones de respuesta. El traje puede hacer que el buzo sea más boyante (opción B), lo que significa que ayudaría al buzo a flotar. Pero los buceadores de aguas profundas quieren sumergirse en el agua en lugar de flotar, por lo que no tiene sentido que un traje de buceo se use principalmente para flotar. Puede eliminar la opción C por la misma razón. La opción D afirma un hecho cierto: el traje está diseñado para evitar filtraciones, pero esta función no tiene nada que ver con la presión externa del agua que, según el pasaje, es la razón del diseño de este tipo de traje. **La respuesta correcta es A.**

La pregunta 10 hace referencia a la siguiente información.

Primera ley de Newton: un objeto permanecerá en movimiento o en estado de reposo a menos que algo lo influya y cambie su curso. (Esta propiedad se conoce como inercia).

Segunda ley de Newton: el cambio de movimiento es proporcional a la fuerza del cambio. (Cuanto mayor sea la fuerza aplicada, mayor será el cambio de movimiento).

Tercera ley de Newton: por cada acción (o fuerza aplicada) hay una reacción igual y opuesta.

10. ¿Cuál es un ejemplo de la segunda ley de Newton?
    A. Dos carros de compras colisionan en una tienda de comestibles
    B. El latigazo cervical que experimentarás en un automóvil al frenar repentinamente
    C. Un automóvil que se detiene en una señal de alto
    D. Permitir que el aire escape de un globo

La fuerza aplicada por los frenos provoca un cambio en el movimiento del automóvil, por lo que la opción C parece un ejemplo adecuado de la segunda ley de Newton.

Examinemos las otras opciones de respuesta. La opción A es un ejemplo de la primera ley, mientras que las opciones B y D son ejemplos de la tercera ley. **La respuesta correcta es C.**

UTILIZAR NÚMEROS Y GRÁFICOS EN LAS PREGUNTAS DE CIENCIA

El examen de Ciencia GED es más visual que el resto de exámenes GED. Casi la mitad de las preguntas del examen de Ciencia se basa en un gráfica o representación visual de algún tipo. Algunas de estas preguntas también irán acompañadas de un breve pasaje de texto. El "gráfico"podría ser una tabla, gráfica o cuadro que muestre información cuantitativa (datos); como diagrama de flujo que muestre un sistema o proceso biológico o químico; un diagrama o cuadro que organice información en clases, categorías o características; una secuencia de ilustraciones que muestre múltiples pasos, fases o etapas en un proceso biológico, geológico o químico, o un dibujo, foto o caricatura que muestre la ciencia tal como se aplica a nuestra vida cotidiana.

Las preguntas basadas en gráficos están diseñadas para medir su capacidad para comprender lo que estos representan y significan, analizar la información que contienen y aplicarlos a situaciones del mundo real. Incluso si no reconoce un gráfico o no lo entiende inicialmente, puede averiguar la mejor respuesta a la pregunta si busca pistas en el gráfico, el texto que lo acompaña (si lo hay) y la propia pregunta.

En las siguientes páginas, examinará algunos de los tipos de gráficos que aparecen con frecuencia en el examen. Verá algunos ejemplos de cada tipo y aprenderá a manejarlos. Al final de esta sección aprenderá más sobre cómo usar los números y las matemáticas en el examen de Ciencia GED.

Ejemplos que incluyen símbolos de flecha

El símbolo de flecha se usa ampliamente en el examen de Ciencia. Las flechas se usan en preguntas de física para mostrar la dirección del flujo físico o el viaje, como de una fuente de luz o de sonido, y para mostrar la dirección de presión o otra fuerza sobre un objeto. En las preguntas de astronomía, las flechas se usan para mostrar la dirección del viaje, rotación y órbita. En las preguntas de ciencias de la Tierra y biología, se usan para indicar el flujo y circulación en los océanos, la atmósfera, los sistemas de órganos y los ecosistemas. En las preguntas de química, se usan para indicar reacciones químicas.

Preste especial atención a las flechas en una ilustración: puede estar seguro de que van a ser cruciales para responder la pregunta. Observe si la flecha apunta:

- Hacia arriba (contra la gravedad) o hacia abajo (tirado por la gravedad)
- Hacia o lejos de un objeto (posiblemente sugiere la dirección de una fuerza)
- En una línea recta versus una línea doblada (lo que podría sugerir *reflexión, desviación* o *refracción*)
- A través de una abertura versus una membrana o pared (lo que podría sugerir *permeabilidad*)
- En un patrón circular de una sola dirección (posiblemente sugiere *rotación* o un *ciclo* continuo)
- En dos direcciones opuestas (posiblemente sugiere un *intercambio* de energía, gases, líquidos, etc.)
- En una sola línea continua versus una línea que se divide en diferentes direcciones (lo que podría sugerir un patrón de dispersión en ondas de luz o sonido, o la *dispersión* de átomos o moléculas)

Las preguntas 11 y 12 hacen referencia a la ilustración y breve pasaje de texto a continuación.

El siguiente diagrama ilustra tres tipos de palancas. Las tres dependen del esfuerzo (E), la carga (L) y el punto de apoyo (F). Se dice que una palanca está en equilibrio cuando la carga y el esfuerzo se equilibran entre sí.

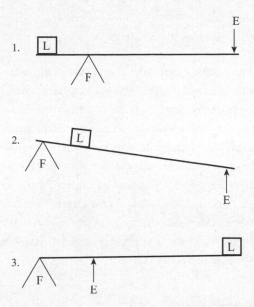

11. ¿Qué principio general demuestran las tres ilustraciones?

   A. La función de un punto de apoyo es equilibrar el esfuerzo y la carga.

   B. El esfuerzo y la carga son fuerzas físicas iguales.

   C. Una carga es arrastrada hacia la tierra por el esfuerzo y la gravedad.

   D. El esfuerzo y la carga son fuerzas físicas opuestas.

Para responder a esta pregunta, debe comparar las imágenes y observar sus similitudes y diferencias. En las tres imágenes, el punto de apoyo proporciona un punto de rotación fijo para el tablón y la carga. Aplique su sentido común y su experiencia cotidiana para visualizar lo que sucede en cada imagen. Las imágenes 2 y 3 muestran el esfuerzo empujando hacia *arriba* para contrarrestar el peso de la carga. La imagen 1 muestra un esfuerzo hacia *abajo* que sirve para empujar la carga hacia *arriba*, como en un balancín. Entonces, en las tres imágenes, el esfuerzo y la carga son fuerzas físicas opuestas. La opción D es una buena respuesta, pero examinemos las otras tres. Solo en la Imagen 1 el punto de apoyo equilibra el esfuerzo y la carga, por lo que la opción A es un principio general incorrecto. Ninguna de las tres imágenes supone que el esfuerzo y la carga son igual en fuerza, por lo que la opción B proporciona una generalización errónea. La opción C es solo parcialmente correcta. Es cierto que la gravedad trabaja para empujar la carga hacia abajo; sin embargo, las tres imágenes muestram que el esfuerzo busca levantar la carga hacia arriba. **La respuesta correcta es D.**

> **12.** ¿Cuál de los siguientes proporciona un ejemplo de cada uno de los tres tipos de palancas que aparecen en las tres imágenes, en el orden en que se muestran?
>
> **A.** Alicates, trampolín, grúa
>
> **B.** Martillo, cuña, balancín
>
> **C.** Palanca, carretilla, bate de béisbol
>
> **D.** Sierra, carretilla elevadora, abrebotellas

Para responder a esta pregunta, debe interpretar lo que sucede en cada una de las tres imágenes aplicando su sentido de cómo operan las fuerzas físicas en el mundo real. Observe que la imagen 1 muestra un tipo de palanca de balancín: aplica un esfuerzo hacia abajo en un extremo del objeto rígido y mueve la carga al otro lado del punto de apoyo hacia arriba. Una palanca funciona de la misma manera. La imagen 2 se parece a una carretilla, donde el punto de apoyo es la rueda. Al levantar desde el extremo derecho, donde se encuentran las manijas, se reduce el esfuerzo necesario para elevar la carga del suelo. Ahora, en la Imagen 3, imagínese que aplica esfuerzo cerca del punto de apoyo pivotante, aumentando así la velocidad con la que el otro extremo del objeto rígido se mueve en la misma dirección que su esfuerzo. Así funcionan herramientas como martillos y bates de béisbol. A medida que su agarre del martillo o el bate se acerca a la carga (el clavo o la bola), la magnitud de su esfuerzo disminuye. **La respuesta correcta es C.**

Visualización de gráficas de datos

Varias preguntas en el examen de Ciencia se basan en datos presentados en formato gráfico. Una cuestión de este tipo puede basarse en una tabla, un diagrama de barras, una gráfica lineal o una gráfica circular (gráfico de pastel). Estas representaciones pueden usarse para cualquiera de las áreas temáticas cubiertas por el examen.

La sección de matemáticas de este libro explica cómo leer, interpretar y analizar los datos presentados en cada de estos formatos Asegúrese de revisar esos materiales cuando se prepare para el examen de Ciencia GED. Tenga en cuenta, sin embargo, que en el examen de Ciencia el énfasis no está en el cálculo de números sino en las siguientes habilidades:

- Comprender qué pretende mostrar la representación gráfica
- Leer e interpretar los datos
- Comprender la importancia de los datos
- Sacar conclusiones generales de los datos
- Aplicar las ideas que transmiten las gráficas a escenarios específicos

Aunque es posible que deba realizar tareas aritméticas simples, como contar o sumar, no necesitará calcular porcentajes, proporciones o promedios precisos. (En su lugar, estas habilidades se miden en el examen de Razonamiento matemático).

Las siguientes dos preguntas al estilo GED demuestran que el enfoque de las preguntas de visualización de datos en el examen de Ciencia se trata más de entender e interpretar datos científicos que de hacer matemática con los datos.

La pregunta 13 hace referencia a los siguientes gráficos.

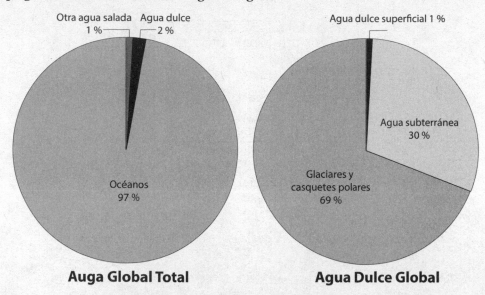

13. Las fuentes de agua dulce que los humanos pueden usar son el agua dulce superficial y el agua subterránea. ¿Cuánto porcentaje del agua total de la Tierra constituyen las fuentes de agua dulce que pueden utilizar los humanos?

A. 2 %

B. 31 %

C. 31 % of 69 %, o 21 %

D. 31 % of 2 %, o 0.62 %

Según el gráfico de la derecha, el agua dulce superficial constituye el 1 % del agua dulce global, mientras que el agua subterránea representa el 30 % de ella. Juntos representan el 31 % del agua dulce global. Sin embargo, según el gráfico de la izquierda, el agua dulce representa solo el 2 % de toda el agua de la Tierra. Por lo tanto, el agua dulce que los humanos pueden usar constituye el 31 % del 2 % de toda el agua de la Tierra, o (0.31) (2 %) = 0.62 %. **La respuesta correcta es D.**

Tenga en cuenta que la pregunta tiene que ver más con la comprensión de lo que muestra cada gráfico y cómo sus números están relacionados entre sí y no con hacer matemáticas; las opciones de respuesta hacen los cálculos por usted.

La pregunta 14 hace referencia a la información y tabla a continuación.

El metabolismo celular, la creación de energía mediante el procesamiento de glucosa y otros azúcares a nivel celular, se puede lograr 1) en presencia de oxígeno, a través del proceso de respiración aeróbica, o 2) sin oxígeno, a través del proceso de respiración anaeróbica.

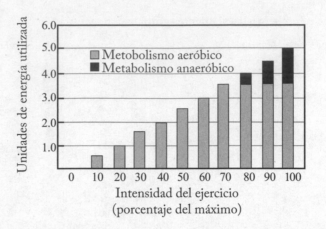

14. ¿Qué puede deducirse de la información presentada en el pasaje anterior?

A. El ejercicio intenso usa más energía metabolizada anaeróbicamente que el ejercicio ligero.

B. La mayor parte de la energía que uno gasta es a través del ejercicio.

C. Cuanto más ejercicio se hace, más combustible se metaboliza anaeróbicamente.

D. El ejercicio intenso requiere menos oxígeno que el ejercicio moderado.

Esta pregunta requiere la aplicación de la información mostrada en el gráfico de la actividad física diaria. Sólo la opción A tiene la posibilidad de alcanzar una alta intensidad. Algunos de los otros usan una gran cantidad de energía total, pero ninguno de ellos tiene la posibilidad de alcanzar una alta intensidad. **La respuesta correcta es A.**

Ilustraciones que muestran relaciones espaciales

Algunas preguntas en el examen de Ciencia se centran en cómo el mundo físico que nos rodea (como también en nuestro interior) se organiza espacialmente. La mejorar manera de mostrar dónde se encuentran objetos o masas distintas en relación a otras es en forma de gráfico, y este podría presentar, por ejemplo:

- Lugares y distancias que involucran cuerpos celestes.

- Capas de la atmósfera de la Tierra.

- Estratificación (superposición) de rocas, minerales y sedimentos que forman la tierra.

- Configuraciones de compuestos químicos, en los cuales las moléculas se unen de maneras específicas.

- Separación de gases, líquidos o sólidos, ya sea de forma natural o en un experimento de laboratorio.

- Capas de células y tejidos en una planta o animal.

Estas son solo algunas de las posibilidades. La siguiente pregunta al estilo GED involucra ciencias de la Tierra así como física. Como con la mayoría de preguntas basadas en información textual y gráfica, necesitará de ambas para responder la pregunta.

La pregunta 15 hace referencia al diagrama y la información siguientes.

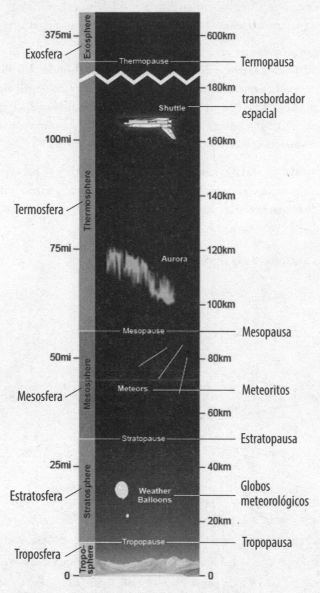

Administración Nacional Oceánica y Atmosférica

Los niveles de temperatura disminuyen desde el nivel del suelo hasta la parte superior de la troposfera, pero luego aumentan con la altitud en la estratosfera.

15. ¿Cuál de las siguientes afirmaciones, suponiendo que sea cierta, explicaría **mejor** el aumento de la temperatura?

    A. La troposfera bloquea los rayos del Sol.

    B. La superficie de la Tierra se está calentando gradualmente.

    C. El aire es más liviano en altitudes altas que en las bajas.

    D. Los gases en la estratosfera superior atrapan el calor radiante de la Tierra.

Se sabe por experiencia que la temperatura disminuye con la altitud. Las fotos de montañas nevadas en los trópicos confirman esto. Debe haber algo diferente sobre los gases en la estratosfera para revertir esta tendencia, como sugiere la opción D. Así que la opción D es una buena respuesta.

Examinemos las otras opciones de respuesta. La opción C no responde a la pregunta porque no explica por qué la tendencia de la temperatura se revertiría en las altitudes superiores. La opción A es incorrecta porque la troposfera está debajo de la estratosfera (como muestra la figura) y, por lo tanto, no puede interferir con la cantidad de luz solar que llega a la estratosfera. La opción B es incorrecta porque el calentamiento global tendría sentido como *resultado* y no como causa del calor atrapado en la atmósfera. **La respuesta correcta es D.**

La siguiente pregunta al estilo GED tiene que ver con astronomía y se basa únicamente en información gráfica. No se preocupe si contiene pocas palabras que lo ayuden a interpretarla. Tenga la seguridad de que todo lo que necesita para responder a la pregunta, aparte de su sentido común y su experiencia cotidiana, está en la imagen.

La pregunta 16 hace referencia a la siguiente ilustración.

Eclipse solar

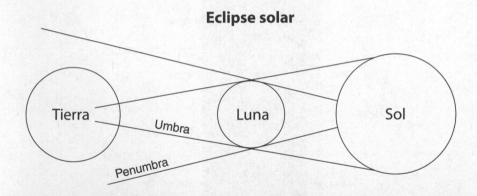

16. Refiriéndose a la ilustración, ¿qué es verdad durante un eclipse solar?
    A. La luna parece más brillante dentro de los límites de la penumbra.
    B. El lado de la luna que no se ve desde la Tierra está sumida en oscuridad.
    C. La luz solar es más tenue dentro del campo denominado umbra.
    D. La sombra proyectada por la Tierra oculta la luna de nuestra vista.

Si no está familiarizado con los eclipses solares, use su experiencia cotidiana para descubrir qué ocurre en la ilustración. Se sabe que cuando cualquier objeto se ilumina desde una dirección, proyecta una sombra en la dirección opuesta. Use este conocimiento común junto con la ilustración para descubrir qué sucede durante un eclipse solar. La luna se ubica entre la Tierra y el Sol, proyectando así una sombra en la Tierra. Tiene sentido que el área en el centro de la sombra (identificada en la ilustración como la umbra) sea más oscura, mientras que la sombra alrededor de su periferia (la penumbra) sea algo más clara. La opción C es una buena respuesta.

Examinemos las otras opciones de respuesta. La opción A contradice lo que muestra la ilustración: la Luna proyecta una sombra dentro de los límites del campo etiquetado como penumbra. La opción B también contradice lo que muestra la ilustración: el lado de la Luna opuesta a la Tierra es iluminada directamente por el Sol. La opción D es incorrecta porque la ilustración muestra la sombra de la luna proyectada sobre la tierra, no de la otra manera. **La respuesta correcta es C.**

En el ejemplo anterior, ¿notó que la ilustración iba acompañada de un título? Recuerde, algunas (pero no todas) de las ilustraciones en el examen de Ciencia vendrán con un título o leyenda descriptiva que pueden ayudarle a comprender e interpretar la ilustración.

Matemáticas y el examen de Ciencia GED®

Como se señaló anteriormente, aunque algunas preguntas del examen de Ciencia involucrarán números, no se le pedirá calcular proporciones precisas, porcentajes o promedios o hacer cualquier cálculo numérico. Esas habilidades se miden en la prueba de Razonamiento matemático. Por ejemplo, considere la siguiente tabla, que involucra a los ocho planetas dentro de nuestro sistema solar:

	Mercurio	Venus	Tierra	Marte	Júpiter	Saturno	Urano	Neptuno
Años para girar alrededor del Sol	0.24	0.62	1	1.88	11.86	29.46	84	164.79
Radio (Tierra=1)	0.38	0.45	1	0.53	11.2	9.42	4.01	3.88

Una pregunta del examen de Razonamiento matemático basada en los datos de esta tabla podría pedirle calcular una relación de un radio a otro, o una diferencia de tiempo (medido tal vez en días de la Tierra) entre el año de un planeta y el año de otro. Pero el examen de Ciencia no plantea este tipo de preguntas. En cambio, una pregunta del examen de Ciencia podría preguntarle cuántos de los planetas distintos de la Tierra tienen un radio mayor o un año más largo que el de la Tierra. O podrían preguntarle qué tipo de conclusiones puede o no puede sacar de los datos. (Por ejemplo, la tabla no proporciona información sobre la rotación, la distancia entre planetas o la distancia desde el Sol).

Pero esto no significa que las matemáticas no tengan absolutamente ningún papel en el examen de Ciencia. Espere realizar algunas operaciones aritméticas como contar o sumar números, al menos en ciertas preguntas. Por ejemplo, una pregunta de química podría pedir la masa total de un compuesto químico, en cuyo caso usted tendría que sumar las masas atómicas de los elementos que lo conforman, contando el número de moléculas por elemento. (No se preocupe: la pregunta le proporcionará toda la información que necesita).

Una pregunta de física podría pedirle que aplique la definición de una unidad de medida a una situación. Aquí hay un ejemplo al estilo GED que involucra hercios, la unidad de medida utilizada para frecuencia de ondas sonoras. Como puede ver, se le proporciona toda la información sobre ondas sonoras que necesita para responder a la pregunta.

La pregunta 17 hace referencia a la siguiente información.

La frecuencia de una onda sonoras se mide en unidades denominadas hercios. Un hercio es igual a una onda por segundo, y 1 kilohercio es igual a 1,000 hercios. Si sintoniza su dial de radio en 89.0, ese número significa la frecuencia de la estación de radio en kilohercios.

17. ¿Cuál es la frecuencia de las ondas de radio recibidas en 98.6 del dial de radio?
   A. 9,800 ondas por segundo
   B. 98,600 ondas por segundo
   C. 98.6 hercios
   D. 98,600 hercios

Si el dial de radio está sintonizado a 98.6, esto significa que las ondas viajan a 98,600 ondas por segundo porque 1 kilohercio es igual a 1,000 ondas por segundo: $1,000 \times 98.6 = 98,600$. **La respuesta correcta es B.**

Una pregunta del examen de Ciencia podría pedirle que aplique una de las fórmulas simples que expresa las leyes básicas de la física. Estas son solo algunas de esas fórmulas:

$v = \dfrac{d}{t}$ velocidad = distancia ÷ tiempo

$a = \dfrac{9.80 \text{ m}}{s^2}$ aceleración durante caída libre = 9.80 m/(número de segundos)^2

$F = m \cdot a$ fuerza = masa × aceleración

$w = F \cdot d$ trabajo = fuerza × desplazamiento

$v = l \cdot f$ velocidad = longitud de onda × frecuencia

$P = \dfrac{W}{t}$ Potencia = trabajo ÷ tiempo

No se preocupe: no necesitará memorizar ninguna fórmula para el examen. Si una pregunta requiere que utilice una fórmula, se le proporcionará esa fórmula, junto con los números que necesita para responder la pregunta.

18. Un objeto de masa m está en reposo hasta que una fuerza, F, actúa sobre él durante un período de 10 segundos. ¿Qué expresión muestra la velocidad promedio del objeto durante esos 10 segundos?
   A. $5F$
   B. $10Fm$
   C. $\dfrac{5F}{m}$
   D. $\dfrac{10F}{m}$

$F = ma$, entonces $a = \dfrac{F}{m}$. $v = at$, y $t = 10$, entonces finalmente $v = 10a = \dfrac{10F}{m}$. Porque la aceleración

es constante, el promedio $v =$ final $\dfrac{v}{2} = \left(\dfrac{1}{2}\right)\dfrac{10F}{m} = \dfrac{5F}{m}$. **La respuesta correcta es C.**

ESTRATEGIAS GENERALES PARA TOMAR EL EXAMEN

Aquí hay algunas estrategias generales para abordar el examen de Ciencia. Ponga estas estrategias en marcha en los exámenes de práctica en este libro y revíselas nuevamente antes de la fecha del examen.

Primero lea la(s) pregunta(s) basadas en un pasaje de texto o gráfico.

Antes de mirar un gráfico o incluso leer un breve pasaje, lea la raíz de la pregunta (la pregunta en sí, sin las opciones de respuesta). Si el pasaje o el gráfico viene con más de una pregunta, lea primero todas las preguntas. Esta tarea le debería tomar unos diez segundos. Las preguntas pueden proporcionar pistas sobre en qué debe concentrarse y pensar al leer el texto o analizar el gráfico.

Lea el pasaje de texto completo antes de responder cualquier pregunta basada en él.

Si una pregunta o grupo de preguntas se refieren a un pasaje de texto, lea el pasaje de principio a fin sin interrupción. Preste especial atención a las definiciones. Si se define más de un término, preste atención especial a cualquier diferencia entre los dos conceptos, procesos o características definidas. Piense si la información en el pasaje conduce lógicamente a una conclusión o inferencia particular. Si lo hace, es muy probable que se le pregunte sobre esta.

Tome notas cuando lea pasajes más largos.

Se le dará un tablero de notas borrable antes de comenzar el examen. Úselo para anotar palabras y frases clave y otras notas. Le ayudará a encontrar información en el pasaje que necesita mientras contesta la(s) pregunta(s).

Al examinar gráficos que proporcionan información cuantitativa, no se atasque en los datos.

Una pregunta del examen de Ciencia puede referirse a una tabla, cuadro o gráfico que presenta información cuantitativa. Es muy posible que el gráfico contenga más datos de los que necesitará para responder las preguntas basadas en él. De hecho, una de las habilidades que se prueba es su capacidad de clasificar esos datos para determinar qué es relevante (y qué no) para la pregunta en cuestión. Así que no pierda el tiempo analizando cada pieza de datos en un gráfico. En cambio, centre su atención en lo que le preguntan.

Revise los diagramas e ilustraciones para obtener pistas útiles para responder las preguntas.

Muchos gráficos incluirán flechas que muestran causa y efecto, secuencia de eventos en un proceso, o dirección de movimiento, energía o fuerza. Preste especial atención a estas flechas, ya que a menudo son cruciales para analizar la pregunta en cuestión. También preste atención a las etiquetas de los objetos que se muestran en la ilustración. Finalmente, algunos gráficos vendrán con un título o leyenda descriptivos, que debe usar para interpretar el gráfico, comprender la pregunta y eliminar respuestas incorrectas.

Haga suposiciones realistas al interpretar ilustraciones.

Algunas preguntas incluirán ilustraciones que representan aspectos del mundo físico, pero de manera simplificada. Haga suposiciones de sentido común al interpretar estas figuras. Por ejemplo, se puede suponer que las líneas que parecen rectas tienen como objetivo representar líneas rectas, que las fuerzas naturales de la gravedad, el movimiento y la energía operan normalmente, y así sucesivamente. En otras palabras, no busque defectos intentando ser más listo que los fabricantes de pruebas buscando fallas, esto solo lo perjudicará.

Aplique su sentido común y su experiencia en el mundo real, hasta cierto límite.

Muchas de las preguntas del examen de Ciencia—ya sea que involucren física, ciencias de la Tierra, ecología, biología, química, e incluso astronomía—hacen referencia a fenómenos que la mayoría de nosotros hemos observado o experimentado en nuestras propias vidas. Utilice sus experiencias de vida, junto con su sentido común, para responder estas preguntas. Pero no use sus conocimientos externos como un sustituto de leer y entender el texto y/o la representación gráfica proporcionada. Más bien, use ese conocimiento para evitar selecciones respuestas contrarias al sentido común y a la experiencia de la vida real; en otras palabras, respuestas que simplemente no tienen sentido.

Tenga cuidado al manejar las preguntas que figuran en negativo.

Algunas preguntas pueden formularse en negativo en lugar de afirmativo. Estas preguntas probablemente usen palabras en mayúscula en frases como "NO exacto", "EXCEPTO cuál" o en negrita texto, como **"menos probable"**. Estas preguntas no tienen la intención de engañarlo, pero pueden ser confusas. Tenga mucho cuidado de no darle vueltas a estas preguntas en su cabeza al responderlas.

Use su tiempo adecuadamente.

Tiene 90 minutos para responder las 30–35 preguntas. Las preguntas del examen de Ciencia GED no se presentan en cualquier orden de dificultad establecido. Entonces, después de 30 minutos, debería haber respondido al menos 12 preguntas y después de 60 minutos, debería haber respondido al menos 24 preguntas. Si se está quedando atrás, tome el ritmo. En cualquier caso, intente responder a todas las 30–35 preguntas con al menos 5 minutos de sobra, para que así pueda regresar y reconsiderar cualquier respuesta sobre la que no estaba seguro.

EN RESUMEN

- El examen de Ciencia GED consta de preguntas de opción múltiple y preguntas potenciadas por tecnología. Las áreas temáticas cubiertas incluyen ciencias de la vida (biología), ciencias de la Tierra y el espacio, y ciencias físicas (química y física).

- Las preguntas del examen de Ciencia GED requieren que lea pasajes y comprenda o analice el material presentado en los pasajes, junto con los cuadros, diagramas, gráficas, ilustraciones, tablas y otros gráficos.

- El examen de Ciencia GED es más visual que cualquiera de los otros exámenes en la serie de GED. Preste especial atención a las flechas en una ilustración; puede estar seguro de que serán cruciales para responder la pregunta en cuestión.

- La comprensión de las preguntas sobre conceptos científicos implica extraer valoraciones y conclusiones generales de información específica. Deberá reconocer valoraciones y conclusiones injustas: estas son opciones de respuestas incorrectas que saltan a conclusiones injustificadas dada la información proporcionada.

- No necesitará memorizar ninguna fórmula para el examen de Ciencia GED. Si una pregunta requiere que aplique una fórmula, se le proporcionará esa fórmula, junto con los números que necesita para responder la pregunta.

- Algunas preguntas del examen de Ciencia GED incluirán números, pero no se le pedirá que calcule proporciones, porcentajes o promedios precisos, o hacer un cálculo numérico complicado.

- Muchas preguntas en el examen de Ciencia GED tratan fenómenos que ha observado o experimentado en su vida cotidiana. Use sus experiencias, junto con su sentido común, para responder dichas preguntas.

Repaso de ciencias

DESCRIPCIÓN GENERAL

- Lo que encontrará en esta revisión
- Ciencia y método científico
- Ciencias de la vida: Biología
- Ciencias de la Tierra y del espacio
- Química
- Física
- En resumen
- Preguntas de práctica
- Clave de respuestas y explicaciones

LO QUE ENCONTRARÁ EN ESTA REVISIÓN

El examen de Ciencia GED está diseñado principalmente para medir las habilidades de pensamiento crítico en lugar del conocimiento. Sin embargo, con cierta familiaridad previa con las tres áreas de contenido cubiertas en la prueba (ciencias de la vida, ciencias de la Tierra y el espacio y ciencias físicas), puede esperar manejar las preguntas con mayor facilidad y confianza. Los materiales de revisión en esta parte del libro están diseñados para ayudarle en este respecto. Tenga en cuenta que esta revisión solo pretende resaltar las áreas de contenido que aparecen en la lista de arriba. De ninguna manera pretende ser un examen exhaustivo de estas áreas.

Se proporcionan preguntas de revisión a lo largo de esta revisión. A medida que las responda, tenga en cuenta que las secciones de texto en las que se basan son más largas que las selecciones de texto en el examen real de Ciencia GED.

Capítulo 10

CIENCIA Y MÉTODO CIENTÍFICO

Desde los albores de la humanidad, la gente ha buscado explicaciones de por qué el mundo físico a su alrededor es como es. Las primeras explicaciones se basan con mayor frecuencia en creencias religiosas e ideas supersticiosas. La **ciencia** intenta proporcionar explicaciones para los fenómenos naturales a través de la investigación, más específicamente, a través de la observación y la experimentación, así como a través de la explicación teórica.

Para diferenciar las explicaciones irrazonables de las plausibles, los científicos usan la lógica y el sentido común mediante un proceso llamado **método científico**. Este método está compuesto por cuatro pasos fundamentales:

1. **Observación:** durante este primer paso, el científico observa cuidadosamente un fenómeno en particular, ya sea directamente (mediante el uso de los cinco sentidos) o con la ayuda de cualquier número de herramientas, como telescopios, microscopios, medidores de temperatura y presión, y otros registros y dispositivos de medición.

2. **Hipótesis:** durante este segundo paso, el científico piensa en el conjunto de hechos obtenido a través de la observación, y formula una declaración (la hipótesis) o una serie de declaraciones que parecen explicar lógicamente el conjunto de hechos de manera unificada. Una buena hipótesis es una declaración simple destinada a aplicarse a un conjunto general de circunstancias.

3. **Experimento:** durante el tercer paso, el científico diseña y realiza experimentos para determinar si la hipótesis es aceptable o si debe ser rechazada o modificada; en otras palabras, para probar la hipótesis.

4. **Conclusión:** durante el cuarto paso, el científico analiza los resultados de los experimentos realizados durante el tercer paso. Los resultados podrían apoyar la hipótesis, o podrían sugerir que la hipótesis debe ser rechazada o modificada.

La conclusión correcta (el paso final descrito anteriormente) depende de si los resultados experimentales son consistentes con la hipótesis. Si la hipótesis es rechazada o necesita ser modificada para ajustarse a los resultados experimentales, se diseñan y realizan nuevos experimentos para probar una hipótesis modificada o nueva tras los resultados experimentales. Es a través de un ciclo continuo de nuevas observaciones, nuevas hipótesis y más experimentación, que los científicos llegan a las mejores respuestas a sus preguntas sobre el mundo natural.

La mayoría de las personas, incluyendo a los no científicos, aplican el método científico en su vida cotidiana, a menudo sin darse cuenta. Por ejemplo, asuma que está experimentando una sensación de picadura en el estómago (*una observación*). Probablemente querrá saber su causa para poder remediar el problema. Podría *formular la hipótesis* de que la causa es el consumo de café. Para probar su hipótesis, podría *experimentar* evitando el consumo de café por un período de días y monitoreando los resultados. Entonces llegaría a una *conclusión* basada en los resultados.

Las conclusiones científicas fiables dependen de experimentos correctamente diseñados y realizados. En el experimento anterior, por ejemplo, supongamos que usted ha interrumpido el consumo de café y alcohol y ha observado que sus molestias estomacales desaparecen después de una semana. No podría concluir con seguridad que fue el café (en lugar del alcohol o una combinación de café y alcohol) lo que le causó el malestar estomacal. Una buena prueba de su hipótesis requeriría que todos los factores posibles aparte del consumo de café permanecieran inalterados, o constantes, durante el experimento. Los investigadores hacen referencia a tales factores como los **controles**, y hacen referencia a los factores que se cambian para probar la hipótesis como **variables**.

La pregunta 1 hace referencia a la siguiente información.

Una investigadora combina cantidades iguales de tres líquidos claros diferentes (X, Y y Z) en un vaso de precipitados, y observa que la mezcla se vuelve de color azul. La investigadora tiene la hipótesis de que el líquido X se vuelve azul cuando se combina con cualquier otro líquido.

1. ¿Cuál es la **mejor** manera de probar la hipótesis?
   A. Repetir el experimento, pero cambiar las proporciones de los tres líquidos.
   B. Combinar el líquido X con un líquido que no sea Y o Z.
   C. Realizar de nuevo el mismo experimento.
   D. Calentar el líquido X por sí mismo y observar su respuesta de color.

El líquido X es el control, y los otros líquidos son las variables. Cambie la variable para probar la hipótesis. **La respuesta correcta es B.**

CIENCIAS DE LA VIDA: BIOLOGÍA

La biología es el estudio científico de los organismos vivos, incluyendo las plantas y los animales. Este campo está compuesto por tres ramas principales: *zoología* (el estudio de los animales), *botánica* (el estudio de las plantas) y *ecología* (el estudio de cómo las plantas y los animales interactúan entre sí y con su entorno).

Teoría celular

La célula es la unidad básica de estructura y función de la mayoría de los seres vivos. Las células surgen de células preexistentes por auto-reproducción independiente. Todos los organismos vivos están compuestos de una o más células. Las células varían en tamaño, forma y función. Una célula bacteriana, por ejemplo, es invisible a simple vista. Las bacterias se hacen visibles sólo cuando aparecen como colonias de millones de células. En el otro extremo, una sola célula muscular puede alcanzar 9 pulgadas de longitud (alrededor de un millón de veces más grande que una célula bacteriana). Se estima que el cuerpo humano está compuesto por unos 100 mil millones de células.

Estructura celular

Las células son la base de la vida, la herencia, la estructura y la función de cada organismo. Cada célula contiene una variedad de diferentes estructuras llamadas **orgánulos** ("pequeños órganos"). El **núcleo** de una célula es uno de los organelos más importantes. El núcleo es el centro de control de toda la actividad celular. Dentro del **nucleoplasma** de un núcleo hay fibras largas y delgadas llamadas **cromatina** en las que se encuentran los genes, que contienen toda la información genética de cada célula (este tema se examina con mayor detalle más adelante en esta revisión).

Cada célula tiene una **membrana** que la contiene y es selectivamente permeable a lo que entra y sale. Dentro de la membrana, los orgánulos están incrustados en una sustancia gelatinosa llamada **cito-plasma**, que llena la célula. El citoplasma es el área de fabricación de la célula y contiene pequeñas **vacuolas**, que son áreas de almacenamiento; **mitocondrias**, que liberan energía para las operaciones de la célula, y **ribosomas**, que combinan aminoácidos en proteínas.

Las células se clasifican como **procariotas** (antes de un núcleo) y **eucariotas** (que poseen un núcleo verdadero). Las células procariotas carecen de una membrana nuclear y de orgánulos unidos a la membrana. Son organismos unicelulares, principalmente microscópicos, como las bacterias y las cianobacterias. Se estima que las procariotas aparecieron hace unos 3,500 millones de años, y muchos científicos tienen la hipótesis de que los organismos procariotas evolucionaron hasta convertirse en células eucarióticas. Los eucariontes incluyen todas las células de los animales y las plantas, así como las de los **protistas** (organismos unicelulares que pueden ser similares a las plantas o a los animales en formas únicas). Las células eucariotas se caracterizan por un verdadero núcleo que está unido a una membrana y a orgánulos subcelulares rodeados por una membrana. Los eucariontes pueden ser unicelulares, como en el caso de la ameba, o multicelulares, como se ve en los humanos. Las células eucariotas poseen muchos orgánulos para llevar a cabo procesos celulares como la producción de energía, la eliminación de desechos, el transporte celular y la producción de productos.

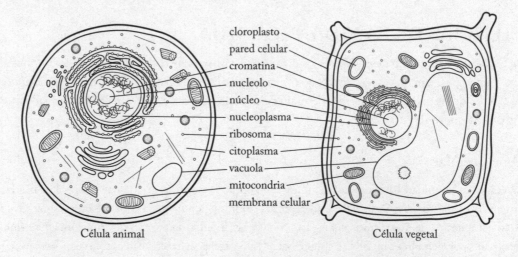

Célula animal   Célula vegetal

Aunque todas las células eucariotas son similares en estructura, las células vegetales difieren de las células animales en tres aspectos importantes:

1. Las células vegetales tienen una barrera exterior firme llamada **pared celular**. Esta pared apoya y protege la célula vegetal.

2. Las vacuolas (áreas de almacenamiento) en la célula vegetal son mucho más grandes que las de la célula animal.

3. Dentro del citoplasma, muchas células vegetales contienen pequeñas estructuras verdes llamadas cloroplastos. Estos **cloroplastos** contienen **clorofila**, que permite que la célula vegetal produzca alimento.

Membrana celular y transporte

Como se señaló anteriormente, las membranas celulares controlan el movimiento de los materiales dentro y fuera de la célula. La membrana celular es semipermeable y permite que solo ciertos materiales entren y salgan de la célula.Una membrana celular es una lámina similar a un fluido que está impregnada con proteínas y cadenas de carbohidratos. Esta lámina crea una barrera efectiva contra los lípidos (grasas), mientras que las proteínas y los carbohidratos de la lámina actúan como receptores o identificadores del movimiento de moléculas de fuentes externas.

Si bien son necesarios muchos factores para la supervivencia celular, el **transporte celular** (el movimiento de partículas dentro y fuera de la célula) es uno de los más importantes. El transporte celular puede ser pasivo o activo. El movimiento por **transporte pasivo** se logra a través de la **difusión**, por la cual las partículas se mueven desde un área de alta concentración a un área de menor concentración hasta alcanzar el equilibrio. La difusión del agua (el mayor componente del citoplasma celular) a través de una membrana semipermeable se conoce más específicamente como **ósmosis**. La difusión es una forma "pasiva" de transporte porque no requiere energía. En cambio, el **transporte activo** se utiliza cuando una célula necesita trasladar una sustancia de una zona de menor concentración a otra de mayor concentración; para ello, la célula debe utilizar energía.

Funciones celulares: metabolismo y vías de energía

Todas las células requieren una fuente constante de energía. La recopilación, almacenamiento y uso de esta energía se conoce como el **metabolismo** de una célula. Consumimos nutrientes para proveer a nuestros cuerpos con los bloques de construcción necesarios para sintetizar los nuevos materiales que necesitan nuestras células. A diferencia de las plantas y algunos organismos microscópicos, los humanos y otros animales no podemos simplemente absorber energía a través de nuestra piel. En su lugar, las células animales tienen que descomponer los alimentos para liberar la energía almacenada en ellos.

Tanto las células vegetales como las animales dependen de las vías metabólicas para convertir las sustancias en formas de energía que pueden ser utilizadas por cada célula. Estas conversiones se controlan a través de **enzimas,** que son proteínas que actúan como catalizadores biológicos. Lo que esto significa es que las enzimas aceleran la velocidad de una reacción al reducir la cantidad de energía de activación necesaria. Sin las enzimas, tomaría semanas, incluso meses, que los alimentos se descompusieran completamente.

Las enzimas también son necesarias para que ocurran las reacciones celulares vitales de la **fotosíntesis** y de la **respiración**.

Las células son el primer nivel de la jerarquía de niveles de organización en un organismo. Estos niveles están formados por células que forman tejidos, que, a su vez, forman órganos los cuales, a su vez, forman organismos. Las células que componen los tejidos están especializadas en realizar una función específica. Por ejemplo, las células musculares pueden liberar grandes cantidades de energía necesaria para contraer un músculo. Los músculos hechos de dichas células son parte del sistema musculoesquelético.

Funciones de energía para la vida

La fotosíntesis es el proceso de fabricación de alimentos por el cual las plantas verdes convierten el dióxido de carbono (CO_2) del aire y el agua (H_2O) del suelo en glucosa ($C_6H_{12}O_6$), que es un azúcar simple y en oxígeno (O_2). Los azúcares que produce la planta a través de la fotosíntesis pueden usarse para producir otros compuestos necesarios para que la planta se sostenga y crezca. El pigmento verde en las plantas, llamado **clorofila**, captura la energía luminosa del sol, que impulsa este proceso de fabricación. El oxígeno es un subproducto de esta reacción y se libera a la atmósfera o se usa en la respiración celular (ver abajo). Aquí está la ecuación química para la fotosíntesis:

$$6CO_2 + 6H_2O \rightarrow C_6H_{12}O_6 + 6O_2$$

Tenga en cuenta que una molécula de glucosa (azúcar) combinada con seis moléculas de oxígeno forman seis moléculas de dióxido de carbono y seis moléculas de agua. La célula utiliza la energía producida por esta reacción.

La respiración celular se usa para liberar energía química de las moléculas de glucosa para hacer el trabajo biológico. Existen muchos tipos de respiración, pero la más familiar es la **respiración aeróbica**, que convierte carbohidratos (glucosa) en dióxido de carbono, agua y moléculas de trifosfato de adenosina de alta energía (**ATP**), que es la fuente de energía para muchos procesos metabólicos. Aquí está la ecuación química para la respiración aeróbica:

$$C_6H_{12}O_6 + 6O_2 \rightarrow 6CO_2 + 6H_2O + ATP$$

La respiración comienza en el citoplasma de la célula en un proceso conocido como **glucólisis** (ruptura del azúcar). Los productos de la glucólisis luego se trasladan a las mitocondrias, donde se convierten en moléculas de ATP ricas en energía. Las reacciones catabólicas, como la respiración, producen energía por la descomposición de grandes moléculas.

La respiración celular también ocurre fuera de condiciones aeróbicas. La **fermentación** y otras formas de la **respiración anaeróbica** ocurren diariamente en hongos, bacterias e incluso en el cuerpo humano. Aunque gran parte de los insumos y productos de la respiración celular están presentes en la respiración anaeróbica, la falta de oxígeno es crítica para este proceso.

La forma más conocida de fermentación se realiza mediante el uso del hongo común, la levadura (Saccharomyces). En esta forma de respiración celular, la glucosa se descompone a través de reacciones catabólicas para proporcionar energía al hongo. Sin embargo, el subproducto de esta forma de respiración no es agua, sino etanol: alcohol consumible. La fórmula para esta reacción se ve así:

$$C_6H_{12}O_6 \rightarrow 2C_2H_5OH + 2CO_2 + 2ATP$$

Las levaduras y otros fermentadores convierten azúcares como la glucosa en etanol y dióxido de carbono (tenga en cuenta la falta de agua como subproducto). Este proceso se utiliza en las industrias de alimentos y alcohol.

Nuestros cuerpos también pueden fermentar el azúcar cuando falta oxígeno, aunque solo por cortos períodos de tiempo. Cuando la respiración celular normal ocurre en un ambiente con falta de oxígeno, la descomposición de la glucosa se detiene en un azúcar de tres carbonos (piruvato). El piruvato se convierte en un ácido carboxílico (ácido láctico). La fórmula para esta reacción se ve así:

$$C_6H_{12}O_6 \rightarrow 2C_3H_6O_3 + 2ATP$$

La generación del ácido láctico puede durar solo un corto período de tiempo en animales, ya que la necesidad de oxígeno es esencial para la vida. Sin embargo, el proceso puede ser sostenido por breves intervalos. Este proceso realmente ocurre cada vez que una persona se ejercita más allá de su nivel de acondicionamiento. A medida que el cuerpo se estresa por el oxígeno, la acumulación de ácido láctico aumenta. Esta acumulación causa dolor muscular y los efectos de la falta de oxígeno se puede sentir por días después del ejercicio. A medida que aumenta el acondicionamiento, el cuerpo tarda más en comenzar el proceso de fermentación.

Otra forma importante de respiración anaeróbica es la **metanogénesis**. Como su nombre indica, esto es un proceso que crea metano. Hay varias especies de bacterias que pueden convertirse en moléculas de metano orgánicas. Dos ejemplos de metanogénesis son la conversión de dióxido de carbono y la conversión de ácido acético:

$$CO_2 + 4H_2 \rightarrow CH_4 + 2H_2O$$

$$CH_3COOH \rightarrow CH_4 + CO_2$$

A diferencia de otras formas de respiración celular, las bacterias responsables de la metanogénesis (*los metanógenos*) no comienzan su respiración con azúcares, sino con productos de la respiración celular de otros organismos. Estas bacterias a menudo viven en relaciones simbióticas con otros animales dentro del tracto digestivo de esos animales. Por ejemplo, los metanógenos pueden vivir dentro de las vacas y ayudar en la digestión de la celulosa (el azúcar que forma las paredes celulares de las plantas). Esta relación puede producir hasta 250 litros (aproximadamente 66 galones) de metano al día.

Las preguntas 2 y 3 hacen referencia en el siguiente diagrama y en la información en la página siguiente.

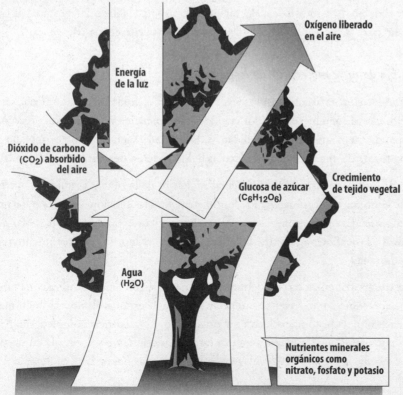

El oxígeno producido por la fotosíntesis es necesario para la respiración celular y el dióxido de carbono producido por la respiración es necesario para la fotosíntesis. En resumen, la fotosíntesis y la respiración celular son el yin y el yang de la energía: son dos partes complementarias de un ciclo de energía que es necesario para que la vida exista.

---

2.   ¿Cuál de los siguientes exhibe transporte celular pasivo en una planta?

    A.   Los cloroplastos de la planta absorben la energía de la luz del sol.

    B.   Las hojas de la planta emiten oxígeno como producto de desecho, que termina en el aire.

    C.   Las raíces de la planta absorben agua del suelo cercano.

    D.   El tallo de la planta entrega moléculas de ATP a las hojas de la planta.

El transporte pasivo implica un proceso de difusión natural, por el cual el agua se mueve desde un área de mayor concentración a una de menor concentración hasta alcanzar el equilibrio. Cuando se riega una planta, las raíces absorben el agua a través de la ósmosis, una forma de difusión, para llevarla a las partes más secas de la planta. **La respuesta correcta es C.**

---

3.   ¿Qué NO se requiere para que una planta realice la fotosíntesis?

    A.   Dióxido de carbono

    B.   Glucosa

    C.   Agua

    D.   Clorofila

La glucosa es un producto de la fotosíntesis. El dióxido de carbono, la luz solar, el agua y la clorofila son todos esenciales para el proceso de fotosíntesis. **La respuesta correcta es B.**

Mitosis, meiosis, y la base molecular de la herencia

La estructura y composición de los organismos vivos varía mucho, desde bacterias unicelulares hasta organismos multicelulares complejos con tipos celulares diferenciados y sistemas de órganos interconectados. Independientemente de la complejidad, cada entidad viviente contiene un plano para su construcción en la forma de una cadena de moléculas llamada **ácido desoxirribonucleico** (**ADN**).

En todos los organismos vivos, este ADN se encuentra dentro de la célula (la unidad encerrada en la membrana) que contiene la maquinaria y los suministros para las funciones vitales o los procesos metabólicos de la célula. Las procariotas alojan su ADN en una región de la célula poco definida llamada **nucleoide**. Las eucariotas aíslan su ADN dentro de un **núcleo**, un compartimiento separado y unido a una membrana.

El ADN es una estructura química sorprendentemente simple, sin embargo contiene una biblioteca entera de información sobre cómo hacer, mantener y reproducir un organismo; también mantiene un registro de pistas sobre la historia evolutiva del organismo. La secuencia completa del ADN en un organismo se llama **genoma**. La huella genética tan cuidadosamente preservada en un genoma se almacena en la secuencia lineal de moléculas de ADN, llamadas **bases**. Una cadena de ADN se construye con cuatro bases **nucleotídicas** diferentes: **adenina (A)**, **guanina (G)**, **citosina (C)** y **timina (T)**. Dos cadenas de nucleótidos colocadas una al lado de la otra están conectadas por pares químicos de bases complementarias (coincidentes): pares de adenina (A) con timina (T), y pares de guanina (G) con citosina (C). Los enlaces entre estas moléculas imponen una fuerza de torsión en la estructura y hacen que esta se enrolle ligeramente, como una escalera de caracol. Esto crea la familiar forma de **doble hélice** de una molécula de ADN.

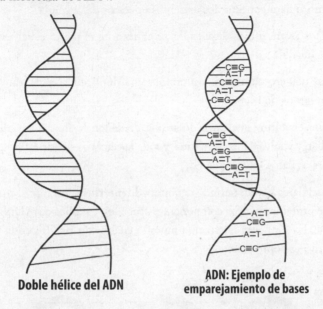

Doble hélice del ADN　　　**ADN: Ejemplo de emparejamiento de bases**

La duplicación del ADN de una célula es necesaria tanto para la replicación celular (para reponer las células moribundas) y para la reproducción. En organismos unicelulares, estos dos procesos son iguales. El ADN está duplicado antes de que la célula se divida para producir dos organismos separados, cada uno con la cantidad original de ADN. Este método de reproducción asexual se conoce como **fisión binaria**.

En organismos multicelulares, se utiliza un proceso similar llamado **mitosis** para reponer las células perdidas. Sin embargo, la reproducción es más compleja y comienza con células especializadas llamadas **gametos** (óvulos y esperma en animales), cada uno de los cuales proporciona sólo la mitad del ADN contenido en otras células.

Mitosis

Todas las células deben tener un mecanismo de perpetuación, crecimiento, mantenimiento y reparación. Si alguna vez tuvo un mal corte de pelo o quemaduras solares dolorosas, con el tiempo su cabello volvió a crecer y su piel se despegó para revelar nueva piel. Puede agradecer a la división celular por esto.

Este proceso comienza primero con la división nuclear; incluso antes de que el resto de la célula se divida. En células de organismos eucariotas, el núcleo normalmente lleva dos conjuntos de información genética. En este caso se dice que la célula es **diploide**. Si una célula lleva solo un conjunto de información genética, se dice que es **haploide**. Para comenzar la división celular, el ADN no organizado sale del núcleo en forma de una cadena llamada **cromatina**. Una vez que una célula está lista para dividirse, esta cromatina se enrolla y se condensa en estructuras llamadas **cromosomas**, que llevan unidades de herencia llamadas **genes**. Un cromosoma en una célula que no se divide existe en un estado duplicado donde dos copias (**cromátidas** hermanas) se unen en un punto central. La célula humana no reproductiva contiene 46 cromosomas en tota—23 pares de cromátidas.

El proceso de mitosis consta de cuatro etapas secuenciales:

1. **Profase:** la envoltura nuclear se disuelve, la cromatina se organiza en cromosomas, se forma un huso fibroso para conectar los extremos opuestos de la célula.

2. **Metafase:** los cromosomas duplicados se alinean en el plano ecuatorial de la célula, a lo largo de los husillos.

3. **Anafase:** las dos cromátidas de un cromosoma duplicado se separan y se mueven hacia extremos opuestos de la célula.

4. **Telofase:** una envoltura nuclear se desarrolla alrededor de una célula "hija", los cromosomas se desenrollan y vuelven a la cromatina, y toda la célula se divide en dos. Esta división de la célula entera se llama citocinesis.

Entre las divisiones celulares hay un período denominado **interfase**, durante el cual la célula aumenta de volumen, produce proteínas y otros componentes cruciales, y replica su ADN, preparándose para dividirse nuevamente. La siguiente ilustración muestra cuáles son las diferentes fases de la mitosis, incluida la interfase, así es como se ve:

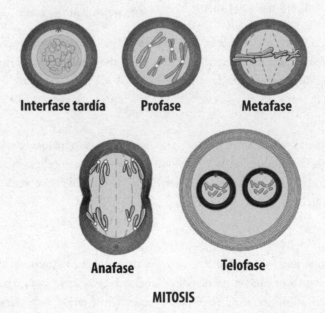

La división celular animal es similar a la división celular vegetal, pero hay algunas diferencias. En células animales, la citocinesis da como resultado un **surco de división** (que se muestra a continuación), que divide el citoplasma. En las células vegetales, se forma una **placa celular** en el centro que progresa hacia la membrana celular. El resultado es una pared celular que separa las dos células.

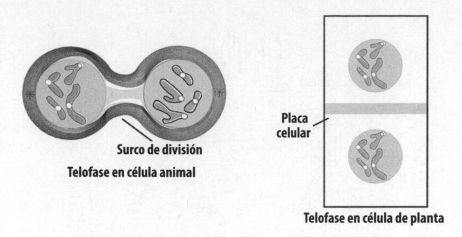

Surco de división

Telofase en célula animal

Placa celular

Telofase en célula de planta

Después de que se completa la mitosis en una célula animal, la célula ha replicado la misma información genética inicialmente donada por el óvulo y los espermatozoides. Excepto por mutaciones aleatorias, todas las células de un organismo producidas por mitosis tienen los mismos genes. Las primeras células creadas por la mitosis se denominan **células madre**. Luego, las células se diferencian en células especializadas al activar ciertos genes mientras reprimen otros. Por ejemplo, las células musculares producen proteínas contráctiles, mientras que las células tiroideas producen hormonas que controlan el metabolismo. Cada uno de estos tipos de células tiene una función específica, pero no puede realizar la función de otro tipo de célula. El proceso de diferenciación es crucial, ya que explica por qué las células ciliadas reemplazan a las células ciliadas mientras las células de la piel reemplazan a las células de la piel.

Meiosis

El proceso de división celular conocido como **meiosis** ocurre solo en células reproductoras especializadas de eucariotas de las plantas y animales. En los animales, los órganos llamados **gónadas** producen estas células reproductivas, que se llaman **gametos**. En los humanos, los testículos producen esperma y los ovarios producen óvulos.

Las células humanas no reproductivas contienen 23 pares de cromosomas, como se señaló anteriormente. De estos 23 pares, 22 no están relacionados con el sexo o son **autosómicos**, mientras que el par 23 es el único responsable de determinar el sexo (masculino o femenino) y rasgos relacionados con el sexo. Sin embargo, una célula reproductiva (esperma u óvulo) no lleva un duplicado de cualquiera de los 23 cromosomas. En cambio, contiene un total de solo 22 cromosomas individuales y un cromosoma de un *solo* sexo, siendo 23 cromosomas en total (el complemento genético se restaura una vez que un óvulo es fertilizado por una célula de esperma.)

La meiosis, como la mitosis, es un proceso multifásico. Sin embargo, la meiosis implica dos divisiones (**la meiosis I** y **meiosis II**) en lugar de solo una, y las *cuatro* células hijas resultantes son genéticamente diferente de la célula principal. Esta importante distinción explica, en última instancia, por qué usted es excepcionalmente diferente de cada uno de sus dos padres.

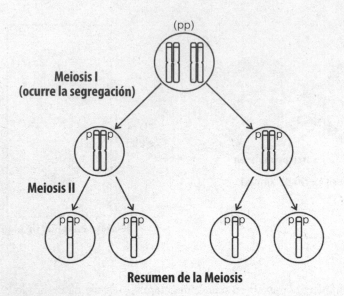

Resumen de la Meiosis

El primer paso en la meiosis I es la **interfase** durante la cual el ADN se replica en preparación para la división. La cromatina se organiza en cromosomas, exactamente en 46, que consisten en dos cromátides idénticas (diploides), al igual que en las células a punto de experimentar la mitosis. Luego viene la **profase I**, durante la cual la envoltura nuclear se disuelve y los cromosomas **homólogos** (que tienen genes para el mismo rasgo) se emparejan e intercambian material genético en un proceso llamado "cruce". Este proceso no ocurre durante la mitosis. Luego viene la **metafase I**, durante la cual los cromosomas se alinean como una unidad a lo largo de una línea ecuatorial.

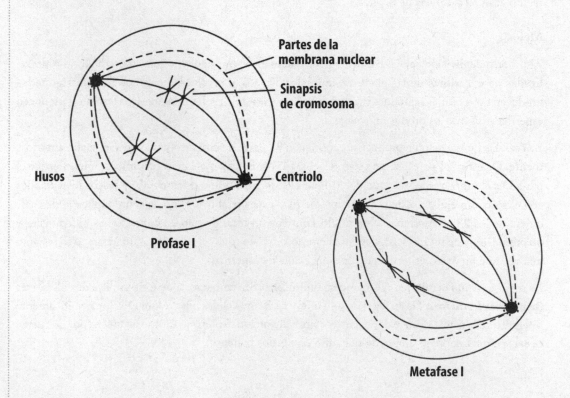

En la siguiente fase, **anafase I**, cada par de cromosomas se separa, sus dos cromátidas hermanas se mueven hacia los polos opuestos de la célula, por lo que 23 cromosomas terminan en un extremo de la célula y 23 terminan en el otro extremo. Durante la fase final, **telofase I**, se forma una envoltura nuclear alrededor de cada nuevo núcleo hijo, y la célula misma se divide. Cada una de las dos células hijas tiene un conjunto de 23 cromosomas. Sin embargo, cada cromosoma todavía consta de dos cromátidas en este punto. En otras palabras, cada una de las dos células hijas es diploide.

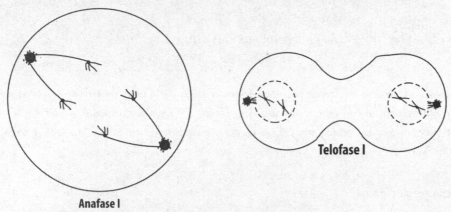

Anafase I

Telofase I

Inmediatamente después de la meiosis I, las dos células hijas se someten a la segunda división meiótica (meiosis II) Esta segunda división es similar a la mitosis. Las cromátidas de cada uno de los 23 cromosomas se separan y se mueven a polos opuestos, y luego cada una de las dos células hijas se divide. Las 23 cromátidas en cada una de las cuatro nuevas células forman los cromosomas de esas células. En este punto, cada célula hija es haploide.

Las cuatro nuevas células se convierten en gametos (células reproductivas), cada una con 23 cromosomas que varían genéticamente de la célula original de los padres. En una mujer humana, solo una de estas nuevas células reproductivas puede convertirse en un gameto funcional (un óvulo). En el varón humano, sin embargo, las cuatro nuevas células se convierten en células espermáticas viables. La unión del óvulo y uno de los espermatozoides restaura el complemento completo de 46 cromosomas en la célula humana fertilizada, o **cigoto**.

4. ¿En qué se diferencia la reproducción en los organismos unicelulares de la reproducción en organismos multicelulares?

   A. Los organismos unicelulares se reproducen simplemente reemplazando las células moribundas.

   B. Los organismos unicelulares se dividen antes de que se duplique su ADN.

   C. Los organismos unicelulares dependen de la fertilización del huevo para la reproducción.

   D. Los organismos unicelulares duplican su ADN antes de dividirse en organismos separados.

Antes de dividirse en dos organismos separados, un organismo unicelular duplica su ADN. En cambio, los organismos multicelulares no sólo duplican su ADN, sino que combinan una mitad y la otra mitad del ADN de dos gametos diferentes, como un espermatozoide y un óvulo. **La respuesta correcta es D.**

> **5.** ¿En términos de reproducción celular, cuál de los siguientes ayuda a explicar las diferencias genéticas entre un niño y sus padres?
>
> **A.** Los pares de cromosomas intercambian genes antes de que ocurra la primera división celular meiótica.
>
> **B.** Las células reproductivas crean nuevos cromosomas, que son exclusivos del niño.
>
> **C.** Después de la división celular meiótica inicial, todos los cromosomas se separan y reconfiguran de manera aleatoria.
>
> **D.** Durante la segunda división meiótica, cada par de cromosomas se fusionan para convertirse en uno.

En la meiosis, el proceso de "cruce" que ocurre justo antes de la primera división celular meiótica resulta en un intercambio de genes entre cada uno de los 23 pares de cromosomas. Este intercambio es lo que asegura que las células hijas difieran genéticamente de su célula "madre". **La respuesta correcta es A.**

Herencia genética

La **genética** es el estudio de los principios de la herencia y la variación de los rasgos heredados entre los organismos relacionados. Estos principios, en los que se basa el campo de la genética moderna, se establecieron en el siglo XIX por el monje austriaco Gregor Mendel. En 1866, Mendel realizó una serie de experimentos de reproducción, simples pero ingeniosos, con plantas de guisantes de jardín y observó patrones consistentes y predecibles en términos de qué rasgos se transmiten de generación en generación. Mendel entendió que en el proceso estaba involucrado algún tipo de factor hereditario.

Herencia Mendeliana

Ahora sabemos que los rasgos (o **fenotipos**) que Mendel descubrió están controlados por **genes**. Los genes existen como unidades heredables en un cromosoma. Un cromosoma puede poseer miles de genes. Ya que cada humano es un producto de la combinación de los cromosomas maternos y paternos (los 23 del óvulo y los 23 de la esperma) tenemos genes de ambos padres. Los genes juegan un papel importante en nuestro desarrollo físico y mental, y dictan todas nuestras características o rasgos individuales, todo desde el color de ojos y cabello hasta el tipo de sangre y la capacidad de enrollar la lengua. Los genes vienen en formas alternativas llamadas **alelos**. Recibimos un alelo de cada padre. Estos **alelos** determinan cómo se expresa cada fenotipo específico (como el color de los ojos). Por ejemplo, el gen que rige el color de los ojos puede tomar la forma de un alelo para ojos marrones o un alelo para ojos azules.

Mendel propuso que un gen puede ser un alelo **dominante** para cierto rasgo o un alelo **recesivo** por ese rasgo. La distinción entre ellos es clave para entender la herencia: los alelos dominantes son expresados, lo que significa que en realidad se muestran como un rasgo. Además, los alelos dominantes pueden "enmascarar" la expresión de alelos recesivos. Los alelos recesivos se pueden expresarse solo cuando están en el estado **homocigoto**, lo que significa que los alelos de ambos padres son iguales (un estado **heterocigoto** existe cuando los alelos son diferentes).

Hoy se hace referencia a estos principios, establecidos por Mendel con base en sus observaciones de las plantas de guisantes, como las leyes de herencia de Mendel:

Principio de segregación: cada alelo poseído por un padre se pasará por gametos separados (por ejemplo, óvulos y espermatozoides en animales) durante la meiosis.

Principio de la transmisión independiente: en cada gameto, los alelos de un gen se separan independientemente de todos los demás genes, lo que permite nuevas combinaciones de alelos mediante recombinación.

Principio de uniformidad: cada gen tiene dos alelos, uno heredado de cada padre. Los alelos son dominantes o recesivos en su expresión; los alelos **dominantes** "enmascaran" la expresión de alelos **recesivos**.

Estadísticas de predicciones de herencia individual

Según los patrones de herencia que observó Mendel, es posible hacer predicciones sobre la probabilidad de que un alelo particular se transmita a un descendente sobre la expresión fenotípica de un alelo en la próxima generación.

Todos los genes que dictan la expresión de los fenotipos de una persona se denominan colectivamente como **genotipo** de la persona. Cuando ciertos genotipos de los padres son conocidos por un rasgo específico, un simple diagrama llamado un **cuadro de Punnett** se puede usar para predecir la probabilidad de que el rasgo se exprese en su descendencia. Considere, por ejemplo, un cruce genético entre los genes de dos padres que involucran un solo rasgo: la capacidad de enrollar los lados de la lengua para formar una "U". Designaremos **R** como el alelo dominante, que representa la capacidad de enrollar la lengua, y **r** como el alelo recesivo que representa falta de habilidad para enrollar la lengua. Supongamos, por ejemplo, que el genotipo de uno de los padres es **RR** y el genotipo del otro padre es **rr**. Para construir un cuadro de Punnett para una cruce como este, los genes de un progenitor se colocan a lo largo del lado del cuadro y los genes del otro progenitor se colocan a lo largo de la parte superior:

(Padres) $\quad$ **RR** × **rr**

El cuadro de Punnett para este cruce:

	R	R
r	**Rr**	**Rr**
r	**Rr**	**Rr**

Todos los descendientes resultantes de este cruce son heterocigotos dominantes (**Rr**); este es su genotipo. Como resultado, todos los descendientes podrán enrollar la lengua (esta es la expresión de su fenotipo). Ahora, miembros de esta segunda generación se pueden cruzar para evaluar la probabilidad de que sus hijos puedan enrollar la lengua si producen descendencia con un individuo que también es heterocigoto dominante:

(Padres) $Rr \times Rr$

El cuadro Punnet para este cruce:

	R	r
R	RR	Rr
r	Rr	rr

Observe en este cruce que tres de los cuatro cuadrados son dominantes, ya sea **RR** o **Rr**. Esto significa que existe una probabilidad del 75 % de que cualquier miembro de esta generación puedan enrollar la lengua. Esto es una probabilidad fenotípica, por supuesto, ya que implica la expresión real del rasgo.

También puede determinar las probabilidades fenotípicas examinando el cuadro:

Homocigoto dominante (**RR**): 25 % de probabilidad

Heterocigoto dominante (**Rr**): 50 % de probabilidad

Homocigoto recesivo (**rr**): 25 % de probabilidad

En genética, las probabilidades fenotípicas y genotípicas a menudo se expresan como proporciones. Refiriéndonos al anterior cuadro de Punnett, la relación fenotípica para enrollar la lengua es de 3:1, mientras que la relación genotípica para enrollar la lengua es de 1:2:1.

Un cuadro de Punnett también se puede usar para cruces que involucran dos rasgos que son independientes entre sí. El número de combinaciones posibles es mayor, pero el método es el mismo. Considere, por ejemplo, la textura y el color de las plantas de guisantes. Supongamos que un guisante amarillo arrugado se cruza con un guisante verde liso. El color amarillo (**Y**) es dominante al verde (**y**), y la textura lisa (**S**) es dominante a la arrugada (**s**). Un cruce entre una planta de guisante liso verde de pura raza y una planta de guisante amarillo arrugado da los siguientes resultados:

(Padres) $SSYY \times ssyy$

Cuadro de Punnet para este cruce:

	SY	SY	SY	SY
sy	SsYy	SsYy	SsYy	SsYy
sy	SsYy	SsYy	SsYy	SsYy
sy	SsYy	SsYy	SsYy	SsYy
sy	SsYy	SsYy	SsYy	SsYy

Todos los descendientes de este cruce serán verdes y lisos (estos son sus fenotipos). Genotípicamente, todos serán heterocigotos dominantes para ambos rasgos (**Ss** y **Yy**). Si cruzamos dos guisantes heterocigotos uno con el otro, sin embargo, la descendencia no se verá igual. En el siguiente cruce, observe todos los diferentes genotipos producidos:

SsYy × SsYy

	SY	Sy	sY	sy
SY	SSYY	SSYy	SsYY	SsYy
Sy	SSYy	SSyy	SsYy	Ssyy
sY	SsYY	SsYy	ssYY	ssYy
sy	SsYy	Ssyy	ssYy	ssyy

Al calcular cada fenotipo diferente, encontrará cuatro tipos específicos diferentes, en una proporción de 9:3:3:1:

- 9 casillas muestran dominancia de ambos rasgos (**SYYY, SSYy, SsYY,** o **SsYy**).
- 3 casillas muestran que un rasgo es dominante y que el otro es recesivo (**SSyy** o **Ssyy**).
- 3 casillas muestran que un rasgo es recesivo y que el otro es dominante (**ssYY** o **ssYy**).
- 1 casilla muestra que ambos rasgos son recesivos (**ssyy**).

A medida que pasan varias generaciones, es importante tener en cuenta qué individuos portan o tienen un rasgo específico. Esto puede ayudar a desarrollar una comprensión del rasgo, así como permitir a los científicos estimar la posibilidad de que se transmitirá un rasgo. Cuando se crea un mapa de varias generaciones, lo llamamos **pedigrí**. Un pedigrí es un cuadro que muestra a los miembros de la familia directa y extendida y destaca quién tiene un rasgo específico. En medicina, los asesores genéticos usan pedigríes para ayudar a los padres que esperan entender la probabilidad de que un niño pueda tener un rasgo específico. Al observar los antecedentes familiares, el asesor puede aconsejar a los padres sobre estos rasgos heredables.

El siguiente diagrama es un ejemplo de pedigrí. Para entender cómo funciona un pedigrí, es importante comprender los símbolos utilizados: los cuadrados representan machos, los círculos representan hembras, en blanco las formas indican una falta del rasgo, mientras que las formas sombreadas indican tener un rasgo; algunos pedigríes también tienen formas a media sombra que indican las personas que son portadoras del rasgo. Las líneas en un pedigrí también son significativas. Las líneas horizontales que conectan directamente un macho y una hembra indican que estos dos individuos tienen hijos juntos, mientras que las formas que están conectadas a través de líneas verticales a un línea horizontal común indica que estos individuos son hermanos. Estos hermanos se enumeran desde la izquierda (el más antiguo) a la derecha (el más joven).

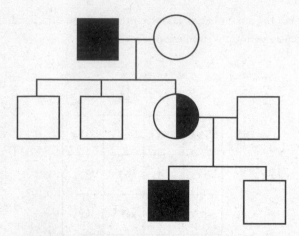

> **6.** Suponga que dos padres son heterocigotos para un determinado rasgo físico, que puede estar presente o ausente en su expresión. ¿Cuál es la relación genotípica esperada entre su descendencia?
>
> **A.** 1:1
>
> **B.** 2:1
>
> **C.** 1:2:1
>
> **D.** 3:1

Dado que ambos padres son heterocigotos, el cruce sería **Tt** × **Tt** (donde **T** = dominante y **t** = recesivo). La construcción de un cuadro de Punnett revelaría lo siguiente: **TT** (una posibilidad), **Tt** (dos posibilidades), y **tt** (una posibilidad). La relación es 1:2:1. **La respuesta correcta es C.**

Desviaciones de los patrones mendelianos clásicos

Desde los descubrimientos de Mendel, se han identificado otros patrones de expresión génica que se desvían de los patrones dominantes/recesivos mendelianos "clásicos". Entre estos destacan los siguientes:

Co-dominancia: en esta desviación, ninguno de los dos alelos diferentes que rigen el mismo rasgo es dominante sobre el otro, y ambos se expresan. Por ejemplo, tres alelos (**A**, **B** y **O**) determinan el tipo de sangre humana. Las personas con el genotipo **AB** son fenotípicamente distintas (sangre tipo **AB**) de individuos con el genotipo **AA** o **AO** (tipo **A**), **BB** o **BO** (tipo **B**) y **OO** (tipo **O**).

Dominancia incompleta: en esta desviación, ninguno de los dos alelos diferentes que rigen el mismo rasgo es dominante sobre el otro, y el heterocigoto es un intermedio entre los dos fenotipos homocigotos; por ejemplo, una mezcla o híbrido de dos colores. Una flor boca de dragón homocigoto para un alelo rojo (**RR**) tiene una flor roja, y una que es homocigoto para un alelo blanco (**WW**) tiene una flor blanca. Pero un cruce heterocigoto (**RW**) resulta en una flor rosa.

Enlace sexual: uno de nuestros 23 pares de cromosomas determina nuestro sexo, ya sea masculino (**X**) o femenino (**Y**). La combinación **XX** da como resultado una hembra, mientras que **XY** da como resultado un macho. Estos cromosomas sexuales llevan los genes que gobiernan el desarrollo de los órganos sexuales, así como las características sexuales secundarias como la forma del cuerpo, el vello corporal, etc. El cromosoma **X** es mucho más grande que el cromosoma **Y**. Como resultado, una variedad de alelos recesivos en un cromosoma **X** no tienen alelos dominantes en el cromosoma **Y** para enmascararlos. Esto explica por qué solo los hombres experimentan daltonismo o calvicie de patrón masculino: estos alelos son recesivos pero siempre se expresarán porque no pueden ser enmascarados por los alelos dominantes no daltónicos o no calvos de la mujer.

Mutaciones: en esta desviación, algo sale mal durante la replicación genética. Durante la mitosis los genes de una célula no se replican adecuadamente, causando un cambio en el código genético de la nueva célula. Este efecto puede ser fatal para la célula o fatal para el organismo. Si esta mutación continúa al replicarse, puede no hacer nada al organismo o la célula, o puede crear un nuevo gen dentro del organismo o célula. Hay varios tipos diferentes de mutación genética que pueden ocurrir. Los tres más comunes son la eliminación, inserción y sustitución de bases. Como su nombre indica, en **mutaciones de eliminación**, la parte mutada del ADN se elimina de la secuencia. Cuando ocurren **mutaciones de inserción**, se agrega una porción de material genético. Mientras tanto, en **mutaciones de sustitución bases**, las bases de nucleótidos (**C, G, T** o **A**) se cambian.

Rasgos de alteración ambiental: hay dos formas diferentes de esta desviación: una en la que eventos climáticos afectan el gen y otra en la que un agente en el medio ambiente, a menudo un químico, causa alguna forma de mutación. Se puede ver un ejemplo de la primera desviación en el zorro ártico. Durante los períodos de invierno, cuando las temperaturas pueden estar muy por debajo de cero, el pelaje del zorro es todo blanco, lo que permite que el zorro se mezcle con su entorno. Sin embargo, a medida que se acerca el verano (y el clima cálido) el cambio de temperatura altera los genes del color del pelaje, y el pelo del zorro adquiere un color marrón-rojizo.

Un mutágeno (un agente que causa una mutación) puede causar un gran daño, incluso mortal, al individuo. La radiación (incluso tan común como la radiación solar) y el solvente común benceno son dos de esos agentes. Mientras que uno ocurre naturalmente y el otro no (o al menos no está tan fácilmente disponible), ambos atacan el código genético y pueden provocar alteraciones en el código.

Cruce cromosómico: en esta desviación, porciones de dos cromosomas no hermanos son intercambiados. Este evento ocurre casi exclusivamente durante la profase I de la meiosis. Un cromosoma no hermano es un cromosoma homólogo que no es parte del otro cromosoma. Por ejemplo, partes del primer cromosoma 21 pueden intercambiarse con parte del segundo cromosoma 21. Esto puede crear nuevos rasgos que no están presentes, incluso en forma de portador, en ninguno de los padres.

Epigenética: *la epigenética* literalmente significa "fuera de la genética" y es una forma de expresión génica donde los rasgos se expresan de manera diferente a la célula madre, pero la secuencia de ADN permanece igual. En esta desviación, una reacción bioquímica dentro del ADN provoca ligeros cambios en el ADN; esto puede ser la adición de un grupo metilo o un cambio en una proteína. A pesar de la alteración, los pares de bases de ADN no se alteran. Esto deja un conjunto idéntico de secuencia de ADN con un rasgo completamente diferente expresado. Un cambio epigenético es hereditario y reversible.

7. Cuando ninguno de los dos alelos diferentes que gobiernan el mismo rasgo es dominante sobre el otro, ¿cuál podría ser el resultado (cada opción considerada individualmente)?

I. Ambos alelos se expresarán claramente.

II. Los alelos se expresarán como un híbrido.

III. Una mutación genética se expresará de una manera única.

IV. Ninguno de los alelos se expresará.

A. I y II solamente

B. II y III solamente

C. III y IV solamente

D. I, II, III y IV

Los alelos pueden ser codominantes, en cuyo caso ambos se expresarán claramente, como se señala en la declaración I. O pueden ser dominancia incompleta, en cuyo caso se producirá una mezcla o híbrido, como se señala en la declaración II. **La respuesta correcta es A.**

Transmisión de enfermedades y patógenos

A partir de esta sección, esta revisión amplía la escala en la que se examina la vida biológica desde el nivel molecular del organismo individual. En este nivel, un buen punto de partida es con dos de las formas más pequeñas: bacterias y virus.

Bacterias y virus

Las **bacterias**, también conocidas como microbios o gérmenes, son organismos microscópicos que se reproducen principalmente asexualmente. La mayoría de los otros organismos, incluidos los humanos, están cubiertos por dentro y por fuera con lo que se conoce como una **flora** normal de poblaciones bacterianas. Los **virus** difieren de las bacterias en su cuerpo de simple estructura y composición, su modo de replicación y su dependencia de una célula huésped viva para replicación.

Tipos de bacterias

Las bacterias no son ni animales ni plantas, sino que ocupan su propia casilla en el moderno sistema de clasificación de la vida biológica (el sistema se describe más adelante en este examen). Las bacterias pueden ser **autótrofos** (sintetizan alimentos al convertir la luz en energía química) o **heterótrofos** (que requieren que otros organismos sirvan como fuente de alimento). Las bacterias se pueden clasificar por su forma, la naturaleza de sus paredes celulares, motilidad, metabolismo y modo de reproducción.

Las **eubacterias** (bacterias verdaderas) vienen en tres formas: coccus (esférico), bacilo (en forma de bastón) y spirillum (en forma de espiral). Un ejemplo de eubacteria es *Escherichia coli*, o *E. coli*, una bacteria que crece en pequeñas cantidades como parte de la flora natural de la piel humana, el tracto intestinal y el tracto genital. Sin embargo, bajo un sistema inmunitario comprometido, el crecimiento excesivo de esta bacteria puede provocar enfermedades o incluso la muerte.

Las **cianobacterias** realizan la fotosíntesis para convertir la energía de la luz en energía química para alimentarse. Las cosas verdes y pegajosas que a veces se ven en piscinas de agua estancada (también conocida como escoria de estanque) son ejemplo de cianobacterias.

Las **bacterias** tienen estructuras simples. Como son procariotas, carecen de un núcleo unido a la membrana y de orgánulos unidos a la membrana. El siguiente diagrama muestra el plan básico del cuerpo de una bacteria típica. Una célula bacteriana contiene cadenas de ADN, una membrana plasmática, una pared celular y una cápsula. Esta estructura simple permite la división rápida de la bacteria, generalmente por medio de fisión binaria (una forma de reproducción asexual).

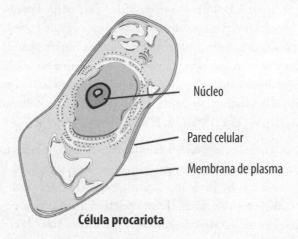

Núcleo

Pared celular

Membrana de plasma

Célula procariota

Las **bacterias** que son parásitas se llaman **patógenos**, lo que significa que son causantes de enfermedades. Las bacterias patógenas invaden los tejidos sanos. Sus procesos metabólicos liberan enzimas que destruyen la fisiología normal de este tejido. Las enfermedades humanas causadas por bacterias patógenas incluyen lepra, sífilis, gonorrea, tuberculosis, faringitis estreptocócica y enfermedad de Lyme, por mencionar solo algunas. A través de su metabolismo bacteriano, otros patógenos producen toxinas que son venenosas para los humanos. El botulismo, por ejemplo, es causado por una toxina que infecta los alimentos y los líquidos. Cuando se ingiere, puede causar enfermedades e incluso la muerte.

Para combatir los patógenos, los científicos han desarrollado una variedad de diferentes tipos de **antibióticos** que interrumpen el metabolismo bacteriano. Un antibiótico funciona debilitando y rompiendo la pared celular de una bacteria, matando así la célula. Pero las bacterias a menudo desarrollan inmunidad a un antibiótico en particular, especialmente cuando el antibiótico se usa en exceso. A medida que las bacterias se dividen rápidamente, pueden convertirse en cepas nuevas y más virulentas. Por ejemplo, los antibióticos como la penicilina ahora son ineficaces contra las cepas más resistentes de algunas bacterias. Los investigadores están desarrollando continuamente antibióticos nuevos y más fuertes para combatir la capacidad de las bacterias de desarrollar inmunidad a los antibióticos existentes.

Virus

Un **virus** no puede reproducirse por sí solo o realizar tareas celulares básicas como la síntesis de proteínas, y por eso la mayoría de los científicos no los consideran organismos vivos independientes. Un virus es simplemente una cadena de material genético, ya sea ADN o ARN, encapsulada en una cubierta de proteína externa. Los virus actúan como parásitos intracelulares en todo tipo de organismos. Solo pueden reproducirse dentro de una célula viva. Una vez dentro de la célula huésped, los virus se hacen cargo de la maquinaria de replicación de la célula huésped. Ellos transfieren su genoma a la célula del organismo huésped, integran su secuencia de ADN en el ADN del huésped, y dejan que la célula huésped se replique, trascriba y traduzca los genes del virus. Los genomas virales contienen genes para dirigir la replicación y el empaquetado de copias completas del virus, para que eventualmente la célula huésped se abra y libere nuevos virus para infectar otras células.

El huésped vivo del que los virus dependen absolutamente para la replicación puede ser vegetal, bacteriano, o de origen animal. Los virus son específicos del huésped ya que invaden solo un tipo de célula, lo que proporciona **los sitios receptores** necesarios para que el virus se adhiera. Por ejemplo, el virus que causa la polio se adhiere a las neuronas, el virus responsable de las paperas se adhiere a las glándulas salivales y el virus que causa la varicela se adhiere a las células de la piel. Aunque son los agentes infecciosos más pequeños conocidos por los humanos, lo que les falta en tamaño lo compensan con más poder destructivo. Son responsables de una amplia variedad de enfermedades humanas devastadoras, como el VIH/SIDA, la hepatitis B y el herpes.

Para tratar las infecciones virales, la prevención es la clave. Investigaciones tempranas sobre la propagación de la enfermedad, en particular la viruela, impulsó el desarrollo de **vacunas**. En 1796, el Dr. Edward Jenner descubrió que las sirvientas que contrajeron la viruela de las vacas mostraron una inmunidad natural contra la cepa virulenta. De este descubrimiento, nació una nueva forma de prevención de enfermedades. Las vacunas son desarrolladas mediante el uso de cepas no patógenas de virus o cepas virales muertas. Se introduce la vacuna en un organismo, y luego el sistema inmunitario del organismo produce anticuerpos para combatir a los virus inactivos. Más tarde, si el organismo encuentra estas partículas nuevamente, ya ha desarrollado una defensa, o inmunidad a ellos.

A través de la ingeniería genética en las últimas décadas, los científicos han ideado formas para que organismos distintos del infectado produzcan de manera independiente componentes inactivos de un virus. Por ejemplo, plantas como los plátanos pueden ser manipuladas para convertirse en "vacunas comestibles" uniendo los genes de una bacteria o virus con una bacteria que se encuentra de forma natural en el suelo en el que crece la planta de plátano. La bacteria en el suelo entonces infecta la planta en crecimiento, transfiriendo el gen extraño en el proceso. Los científicos esperan que de esta manera se puedan producir grandes cantidades de vacunas a bajo costo y distribuirlas a las zonas del mundo que carecen de atención sanitaria convencional. A través de esta y otras investigaciones innovadoras esperan ganar eventualmente la batalla en curso contra estos invisibles y potencialmente mortales invasores.

8. Las bacterias se reproducen a mayor velocidad que cualquier otro organismo. ¿Qué permite que las bacterias se puedan replicar tan rápido?

    A. Su estructura celular es muy simple.

    B. Se alimentan de organismos huéspedes sin proporcionar ningún beneficio a cambio.

    C. Las vacunas son generalmente ineficaces para matar bacterias.

    D. Pueden reproducirse en casi cualquier entorno, sin importar cuán hostil sea.

La estructura celular simple de las bacterias es la clave de su capacidad para replicarse tan rápidamente. **La respuesta correcta es A.**

> **9.** Una vacuna previene una infección viral al
> - **A.** estimular el sistema inmunitario con vitaminas que combaten los virus.
> - **B.** introducir una bacteria que encuentra y mata el virus.
> - **C.** estimular la producción de anticuerpos para combatir el virus.
> - **D.** fortalecer las paredes celulares para que el virus no pueda ingresar a las células.

Una vacuna introduce una cepa inactiva del virus. El sistema inmunitario del cuerpo produce anticuerpos para luchar contra el virus inactivo. Si el cuerpo luego se expone a una cepa patógena del virus, los anticuerpos apropiados ya están ahí para combatirlo. **La respuesta correcta es C.**

Relaciones de especies

Simbiosis

Las bacterias proporcionan una ilustración ideal de la **simbiosis** en acción. Se dice que dos tipos diferentes de organismos tienen una relación **simbiótica** cuando existe una asociación continua y estrecha entre ellos. Una relación simbiótica puede ser **mutualista** o **parasitaria**. En una relación mutualista, cada organismo obtiene un beneficio de su asociación con el otro. En una relación parasitaria, un organismo obtiene un beneficio mientras el otro organismo se ve perjudicado por la relación (en un tercer tipo de simbiosis, llamado **comensalismo**, un organismo se beneficia mientras que el otro no se beneficia ni se perjudica).

Las bacterias mantienen relaciones mutualistas con muchas especies diferentes de plantas. Por ejemplo, las raíces de las plantas de frijol forman una relación mutualista con bacterias que son capaces de convertir el nitrógeno atmosférico en una forma utilizable, que no solo beneficia a la planta, sino también al suelo que rodea a las plantas. Este proceso se conoce como **fijación de nitrógeno**.

Las bacterias también mantienen relaciones mutualistas con los animales, incluidos los humanos. Por ejemplo, el sistema digestivo en humanos depende de las bacterias intestinales para ayudar en la digestión y para producir antibióticos que evitan el crecimiento de bacterias patógenas. Otro ejemplo involucra herbívoros, como vacas, que carecen de la enzima necesaria para digerir la celulosa y, por lo tanto, dependen de ciertos microbios bacterianos para convertir sus alimentos en azúcares simples.

Las bacterias no son las únicas especies que forman relaciones simbióticas. Por ejemplo, los líquenes se forman por una simbiosis mutualista entre hongos y algas. Los dos crecen y viven juntos en forma de líquenes en algunos de los ambientes terrestres más hostiles del planeta. Su relación simbiótica les permite anclarse en rocas y árboles, suministrarse nutrientes y sobrevivir al clima hostil. Las especies de hormigas también forman una serie de relaciones mutualistas. Algunas especies de hormigas crían y cuidan a los pulgones para que las hormigas puedan alimentarse del rocío que producen los pulgones. Las rémoras y los tiburones también comparten una relación simbiótica mutualista. Las rémoras se adhieren al fondo de un tiburón y comen trozos de comida que el tiburón pierde o que queda atrapada en el tiburón. Mientras tanto, el tiburón es limpiado por rémoras.

Las relaciones parasitarias se clasifican en tres tipos (aunque algunas se clasifican hasta en cinco): **endoparásitos, ectoparásitos** y **parásitos de cría**. Los endoparásitos viven dentro de sus anfitriones.

Ejemplos de estos incluyen la tenia, la lombriz intestinal, el *Tripanosoma* (el protozoo responsable de la malaria) e incluso algunas moscas, como los éstridos. Algunos parásitos, como la tenia y la lombriz intestinal, apenas dañan al huésped mientras ellos se alimentan. Otros, como el tripanosoma, eventualmente matarán a sus anfitriones mientras se reproducen dentro del cuerpo. Algunos, como la mosca botánica, solo pasan su etapa larval dentro de los vertebrados donde crecen y comen.Una vez madura, la mosca botánica vuela y vive como otras moscas. Los ectoparásitos viven fuera del cuerpo. Por ejemplo, la garrapata muerde y mete la cabeza en la piel de su huésped, extrayendo sangre para alimentarse. Otros ejemplos incluyen pulgas, ácaros, mosquitos y piojos.

Los parásitos de cría son animales que dejan que sus huevos sean criados por otros organismos estrechamente relacionados. Dada la oportunidad, el tordo saca los huevos del nido de un pájaro anfitrión y pone sus propios huevos antes de que regrese el anfitrión. Si el anfitrión no nota el cambio, criará a la cría del parásito como suyo. Las aves cuco y las avispas cuco tienen un método similar para criar a sus crías.

El último tipo de simbiosis se conoce como comensalismo. En una relación comensalista, un miembro de la relación se beneficia, mientras que el otro no se ve afectado. Por ejemplo, los percebes son crustáceos sedentarios que, cuando son adultos, se adhieren a los objetos de por vida. Los percebes se adhieren a numerosos animales, entre ellos ballenas y almejas, sin afectar al huésped. Otro ejemplo es la relación entre el pez payaso y las anémonas. El pez payaso, que es inmune al aguijón de la anémona, encuentra seguridad y refugio de los depredadores dentro de los tentáculos de la anémona. Mientras tanto, la anémona no se ve afectada por el pez payaso.

Cabe señalar que algunos científicos no consideran que los dos últimos tipos de simbiosis, el parasitismo y el comensalismo, sean formas reales de simbiosis. Estos científicos citan el mutualismo como la única forma de simbiosis porque el prefijo *sym-* significa "juntos" o "unidos". Dado que el parasitismo y el comensalismo benefician sólo a un miembro de la relación, estas especies no están juntas o unidas.

Depredador y presa

Las **interacciones depredador y presa** ocurren en todos los niveles tróficos a lo largo de una red alimentaria. Por ejemplo, el ratón en un hábitat de pastizales puede ser la presa de una serpiente que a su vez es cazada por un halcón. Ese mismo ratón también se alimenta de insectos, gusanos y larvas. En una relación depredador-presa simple, tal como la de la liebre y el lince, se puede ver la interdependencia de sus poblaciones. Si la población de conejos baja, no hay suficientes alimentos para el lince y su población se mantendrá relativamente baja. Si la población de conejos aumenta, la población de linces también aumentará rápidamente. El aumento de la población de linces luego será seguido por una disminución en la población de liebres, y el ciclo se repetirá.

Los cambios en la población de una sola especie pueden dar lugar a la alteración de las poblaciones de otras especies mediante un proceso conocido como **cascada trófica**. Este efecto fue evidente cuando el lobo gris fue reintroducido en el Parque Nacional de Yellowstone. Cuando el lobo, un **depredador ápice**, se extinguió en esa región, toda la red alimenticia se alteró. La población principal de presas de los lobos grises, el alce, aumentó rápidamente en número. Esto afectó el crecimiento de muchos árboles, como el álamo, y las poblaciones de otros herbívoros como los castores. Un depredador menor, el coyote, también aumentó su población. Poco después de la reintroducción del lobo en 1995, la población de alces regresó a su nivel anterior. Las poblaciones de álamos, castores y coyotes también volvieron a sus niveles anteriores.

Sin embargo, el equilibrio de un ecosistema saludable puede verse afectado de varias maneras. Dos formas generales en las que la estabilidad de un ecosistema puede verse afectada son los eventos climáticos/estructurales y de organismos. En este último, se agregan o eliminan especies, lo que interrumpe la cadena alimentaria. Por ejemplo, especies invasoras son especies que no son nativas de un ecosistema particular. Pueden ser muy similares a otras especies en el ecosistema, pero como no son nativas de este ecosistema, a menudo no tienen la presión que tiene una especie nativa. Por ejemplo, la planta vitícola kudzu se introdujo en el sur de Estados Unidos hace años como planta de prevención de erosión. Crece rápidamente y se adapta a climas cálidos y húmedos. Sin embargo, como no es nativa del área, no hay, o hay pocos, organismos que se alimenten del kudzu. Debido a esta falta de presión en la planta, ha crecido y ha asfixiado a otras plantas y árboles hasta eliminarlos por la falta de mecanismo, fuera de la interacción humana, para frenar su crecimiento. El kudzu ahora corre desenfrenado en el Sur, y su rango está creciendo. Otros ejemplos de especies invasoras son los mejillones cebra, las carpas voladoras, los peces cabeza de serpiente y las mantis chinas.

Los cambios climáticos y estructurales también pueden alterar un ecosistema. Estos eventos pueden incluir inundaciones, desertificación y destrucción del hábitat. En eventos climáticos como inundaciones y desertificación, el ambiente **biogeoclimático** (el clima que involucra el suelo y la comunidad biótica) de la región está alterado y ya no puede ser compatible con la ecología que una vez estuvo presente. Las inundaciones matan plantas y muchos animales por ahogamiento, mientras que la desertificación, marcada por condiciones climáticas áridas y una pérdida de fertilidad del suelo, mata por deshidratación. Cambios estructurales como la deforestación y la destrucción del hábitat en general destruyen un ecosistema que puede haber tardado entre cientos y varios miles de años en establecerse. Esto requiere que el ecosistema cambie o comience de nuevo.

Ascendencia común y cladogramas

Además de la competencia entre especies e intraespecies como la depredación y la búsqueda de pareja, las poblaciones animales también se ven afectadas por enfermedades. Algunas enfermedades matan solo unas pocas especies cada año. Por ejemplo, la enfermedad de desgaste crónico, CWD, es una enfermedad infecciosa de las proteínas (prión) que afecta a los cérvidos como el alce, el ciervo cola blanca y el ciervo bura. La enfermedad siempre es mortal y convierte a un animal normalmente sano en un animal que muere lentamente de hambre. No se conoce una cura ni un método de transmisión. Aunque esta enfermedad siempre es mortal, afecta poco a la población en general. Mientras tanto, algunas enfermedades, como la enfermedad del olmo holandés, han tenido efectos perjudiciales en la población de olmos desde que se introdujo en América a finales de los años 20. Una vez que la enfermedad, una forma de hongo propagado por el escarabajo del olmo, infectó el primer olmo nativo americano, se propagó rápidamente. Desde su introducción, casi 40 millones de olmos en América del Norte han muerto a causa de la enfermedad, devastando la población natural de olmos.

Los intentos de categorizar o clasificar todas las formas de vida se remontan a la antigüedad. Nuestro actual sistema de clasificación se basa en el desarrollado por Carolus Linnaeus, quien en el 1700 dio un gran paso para poner orden en el mundo natural. Él sentó las bases de la **taxonomía** moderna, nuestro sistema de clasificación y nomenclatura (denominación). Linnaeus usó el latín para nombrar los organismos, para que todos los involucrados en el campo de la ciencia pudieran usar un lenguaje universal para los nombres de los organismos. Luego creó un sistema de **nomenclatura binomial**, que utiliza un nombre en dos partes que ilustra las características especiales de cada organismo. El binomio evolucionó más tarde en el **género** y la **especie** de la clasificación taxonómica moderna (véase el siguiente pasaje).

Nuestro moderno esquema de clasificación comienza con tres grandes grupos llamados **dominios**. Esta es la categoría de agrupación más grande. A medida que la clasificación continúa, se vuelve cada vez más específica. Los ocho niveles jerárquicos principales en este sistema de clasificación son los siguientes (nótese que en las plantas se utiliza el término *división* en lugar de *filo*):

<u>**Taxonomía moderna**</u>
Dominio
Reino
Filo
Clase
Orden
Familia
Género
Especie

Los tres dominios son **Bacteria, Archaea** y **Eukarya**. Los organismos en los dominios Bacteria y Archaea son **procariotas** (organismos unicelulares que carecen de un núcleo celular y de organelos unidos a la membrana). Los organismos en el dominio Eucariota (**eucariotas**) pueden ser simples o multicelulares; las células de los organismos en este dominio tienen un núcleo y organelos unidos a la membrana.

La siguiente es una breve descripción de los seis reinos: **Archaebacteria, Eubacteria, Protista, Fungi, Plantae** (plantas) y **Animalia** (animales).

El reino arqueobacterias (Archaea)

Las Archaea o arqueas son organismos microscópicos unicelulares. Anteriormente clasificadas como bacterias, se descubrió que las arqueas tiene características moleculares distintas de las bacterias y ahora se clasifican con un dominio y reino para ellos solos. Las arqueas se caracterizan por su capacidad de sobrevivir en hábitats extremos y ambientes tóxicos. Las arqueas se pueden clasificar por los entornos en los que prospera:

- Los **acidófilos** viven en ambientes altamente ácidos.
- Los **alkaliphiles** viven en ambientes muy básicos.
- Los **barófilos** crecen mejor bajo alta presión.
- Los **halófilos** son tolerantes a ambientes de alta concentración de sal.
- Los **metanógenos** producen metano como subproducto metabólico.
- Los **psicrófilos** viven en temperaturas extremadamente bajas.
- Los **termófilos** y los **hipertermófilos** son tolerantes al calor extremo.

El reino Eubacterias

Las **Eubacterias** son organismos microscópicos simples y unicelulares y son los más primitivos y antiguos de todas las formas de vida. Carecen de un núcleo celular distinto, y su ADN no está organizado en cromosomas. Las Eubacterias juegan una variedad de roles en el mundo biológico:

- Algunos son patógenos (causantes de enfermedades).

- Algunos sirven para descomponer el nitrógeno gaseoso en compuestos inorgánicos que son biológicamente utilizables (a través de un proceso llamado **fijación de nitrógeno**).

- Algunos sirven para descomponer la materia orgánica, de modo que puedan enriquecer el suelo y nutrir la vida de las plantas.

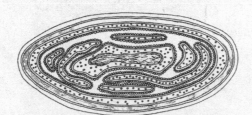

Célula procariota típica

Los miembros del reino Eubacterias incluyen **bacterias y cianobacterias** (una forma especial de bacteria). Hay más de 4,800 tipos conocidos de bacterias. La mayoría necesita oxígeno para vivir, pero otras no. Dentro del último grupo, algunas pueden soportar pequeñas cantidades de oxígeno, mientras que para otras el oxígeno es venenoso y morirían si se somete a grandes cantidades (las bacterias se examinan con más detalle en otra parte de esta revisión).

Las cianobacterias son un tipo especial de bacterias que son autótrofas y fotosintéticas, lo que significa que fabrican sus propios alimentos aprovechando la luz del sol y absorbiendo sustancias inorgánicas como el dióxido de carbono y el amoniaco. Las cianobacterias más comunes son las algas verdeazuladas (aunque pertenecen a un reino diferente que otros tipos de algas). Si un cuerpo de agua contiene nutrientes apropiados y abundantes, puede ocurrir una explosión de crecimiento de algas azul-verdes, creando una "alfombra flotante" o floración de algas. Gran parte, quizás la mayoría, del oxígeno de la Tierra es atribuible a la actividad fotosintética de estas grandes masas de cianobacterias, que se encuentran en casi 8,000 especies conocidas.

El reino Protista

Muchos miembros de este reino son unicelulares y se mueven libremente como organismos individuales. Otros, sin embargo, forman colonias con otros organismos de su tipo. Estas últimas son células eucariotas, que tienen un núcleo distinto, así como otras estructuras que se encuentran en las células más avanzadas.

Protozoos

Los **protozoos** se distinguen de otros Protista por su capacidad locomotora y por cómo obtienen comida. Dos protozoos comunes son la ameba y el paramecio. Una **ameba** es una célula sin forma. que usa **seudópodos** para moverse y obtener comida simplemente envolviéndola. Un **paramecio** se mueve mediante el uso de **cilios** que parecen cabello, que también son utilizado por el paramecio para dirigir una corriente de agua conteniendo alimentos en el esófago del organismo (como una boca y estómago, todo en uno).

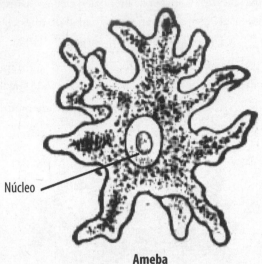

Ameba

Algunos protozoos son patógenos. Los diferentes tipos de protozoos son responsables de enfermedades graves como disentería amebiana, malaria, y enfermedad del sueño africana (una enfermedad debilitante y degenerativa).

Algas (Autótrofos de tipo vegental)

Las algas se clasifican en el reino Protista, pero las algas son bastante diferentes de las amebas y la paramecia. Las algas son autótrofas (contienen cloroplastos con pigmento para la fotosíntesis) e incluyen algas verdes, marrones, rojas y doradas, así como diatomeas, euglena y dinoflagelados. La mayoría de algas marinas son una colección de células de algas. Debido al alto valor nutricional de las algas, representa un importante porción de la dieta humana en muchas partes del mundo, especialmente cerca de las costas de Asia.

- **Diatomeas**: se usan ampliamente de manera comercial por la naturaleza reflectiva y abrasiva de sus conchas. Las pinturas utilizadas para marcar carriles de carreteras a menudo contienen tierra de **diatomeas,** y muchos tipos de pasta de dientes contienen conchas de diatomeas debido a su calidad abrasiva.

- **Euglena:** son quizás las más curiosas de las diversas formas de algas. Las Euglena son normalmente autótrofos (contienen cloroplastos con pigmento para la fotosíntesis). Sin embargo, bajo poca luz o ausencia de luz, pueden cambiar a un modo heterotrófico, lo que significa que pueden obtener su energía consumiendo otros organismos. Se mueven por flagelos, que es más característico de los protozoos.

- **Dinoflagelados:** son uno de los componentes principales del plancton. Algunas de sus especies pueden sufrir crecimiento demográfico explosivo, creando mares de color rojo o marrón llamados "marea roja" y produciendo grandes cantidades de neurotoxinas que matan la vida marina y humana.

Mohos de limo (Heterótrofos tipo hongo)

Es posible que haya visto mohos de limo cuando acampa o hace senderismo. Estas células tipo ameba habitan en la oscuridad (áreas cálidas y húmedas) en suelo húmedo o en materia vegetal en descomposición, como hojas y troncos podridos, y se mueven, a menudo en colonias similares a babosas, cuando la comida se vuelve escasa. Durante una parte de su ciclo de vida, un tipo de moho de limo se convierte en una estructura multicelular que produce y libera esporas. En esta forma, un moho de limo se asemeja a un hongo, que se discute a continuación.

El reino Fungi

Los miembros del reino Fungi son principalmente organismos heterotróficos no móviles, no fotosintéticos. Lo que esto significa es que no tienen medios independientes de movilidad, y obtienen la energía que necesitan al consumir otros organismos. La mayoría de los Fungi (hongos), incluidos los mohos y las setas, son multicelulares. Sin embargo, este reino también incluye algunos tipos unicelulares, como la levadura. Los hongos sobreviven y se propagan produciendo y liberando esporas, que se producen sexualmente o asexualmente. Al ser liberadas, las esporas son transportadas por el viento o el agua y pueden viajar cientos de millas desde su punto de origen.

Los hongos pueden ser **saprófitos** o **simbióticos**. Los saprófitos absorben nutrientes de organismos muertos. Los hongos simbióticos son parásitos (causando, por ejemplo, el pie de atleta y la tiña) o mutualistas. Los líquenes son una forma de hongo mutualista; brindan protección a las algas y cianobacterias a cambio de la energía alimentaria que proporcionan las algas y las cianobacterias.

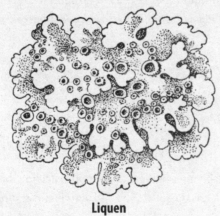

Liquen

Una variedad de alimentos comerciales (setas, queso azul, cerveza y salsa de soya, por nombrar algunos) son productos de hongos.

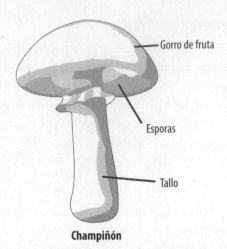

Champiñón

> **10.** De las siguientes clasificaciones, ¿cuál es la **más** específica?
>
> **A.** Una clase
>
> **B.** Familia
>
> **C.** Filo
>
> **D.** Orden

En orden jerárquico, las opciones de clasificación enumeradas son Filo, Clase, Orden y Familia. Recuerde que a medida que continúa la clasificación taxonómica moderna, se vuelve cada vez más específica. Por lo tanto, la Familia es la más específica. **La respuesta correcta es B.**

> **11.** ¿Qué tienen en común todos los Protista?
>
> **A.** Son una fuente de alimento para los humanos que viven cerca del océano.
>
> **B.** Deben consumir materia orgánica para sobrevivir.
>
> **C.** Pueden reproducirse asexualmente o sexualmente.
>
> **D.** Habitan en agua o en tejidos acuosos de organismos.

Los protozoos y las algas son habitantes del agua, y los mohos del limo habitan en los tejidos húmedos de las hojas o troncos podridos. Las opciones A, B y C describen alguno, pero no a todos los Protista. **La respuesta correcta es D.**

El reino Plantae (plantas)

Los organismos en los tres reinos discutidos previamente son muy simples en comparación con los organismos en el reino Plantae (plantas). Todas las plantas son multicelulares y todas son autótrofas, lo que significa que generan su propia comida. Casi todas las plantas lo hacen usando su pigmento fotosintético, la **clorofila**, que se encuentra en los organelos llamados **cloroplastos**.

Plantas no vasculares y plantas vasculares

Las plantas se han adaptado para vivir en prácticamente todo tipo de ambiente. Evolucionaron en forma, actividad, y función durante millones de años. La multitud de plantas dentro de este reino es asombrosa. Pero todas se dividen en dos grandes grupos de plantas: no vasculares y vasculares. De lejos, la más simple de las dos formas son las **no vasculares** (división *Bryophyta*). Las plantas no vasculares no tienen raíces, tallos u hojas verdaderas. Al carecer de estas estructuras, están limitadas de dos maneras. Primero, no pueden crecer muy alto, solo pocas pulgadas de altura, en promedio. En segundo lugar, pueden vivir solo en un ambiente consistentemente húmedo. Las plantas no vasculares incluyen musgos, hepáticas y hornabeques. Entre estas formas, solo los musgos contienen tejidos especializados para transportar agua u otros nutrientes de una parte de la planta a otra, y solo en un grado limitado.

Una planta **vascular** es aquella que contiene tejidos especializados para transportar agua, nutrientes disueltos, y comida de una parte de la planta a otra. Las plantas vasculares representan la gran mayoría de las plantas. Sus complejos tejidos vasculares muestran que se han adaptado con éxito a vivir en tierra. Son principalmente diploides a lo largo de su ciclo de vida, lo que significa que se reproducen sexualmente (un par de los cromosomas de cada padre son heredados por la planta descendente).

Las plantas vasculares generalmente tienen raíces, tallos y hojas. Las **raíces** anclan a la planta en el suelo, y son desde donde la planta extrae agua y nutrientes a través de la ósmosis. Los humanos comen una variedad de raíces, incluidas las zanahorias y rábanos, por nombrar solo algunas. Los **tallos** sostienen las hojas y transportan las materias primas desde las raíces hasta las hojas, y alimentos sintetizados desde las hojas hasta las raíces y otras partes de la planta. Los humanos comen los tallos de una variedad de plantas, incluido el apio, la caña de azúcar y varias otras.

Las **hojas** son la porción fotosintética principal de una planta. Su clorofila (el pigmento que da a la planta su aspecto verde) recibe luz solar, mientras que la parte inferior de la hoja absorbe dióxido de carbono a través de pequeñas aberturas llamadas **estomas**. La planta luego combina el dióxido de carbono con agua para producir energía en forma de glucosa. Como un producto de desecho del proceso, el oxígeno es entonces liberado a través de los poros de la hoja. El proceso por el cual una hoja intercambia gases de esta manera se llama **transpiración**.

Las partes principales de una hoja típica son las siguientes:

- **Epidermis:** capa externa de estomas y células ciliadas, así como una cutícula cerosa que previene pérdida de agua.
- **Células protectoras:** células epidérmicas que cambian de forma según la cantidad de agua en una hoja; crea pequeñas aberturas llamadas estomas, que se cierran o abren para controlar la tasa de pérdida de agua e intercambio de gases.
- **Capa de empalizada:** contiene cloroplastos, dispuestos verticalmente para una fotosíntesis óptima.
- **Capa esponjosa:** cloroplastos sueltos que permiten la circulación de agua, oxígeno y dióxido de carbono.
- **Paquetes vasculares:** tejidos de xilema y floema en paquetes.

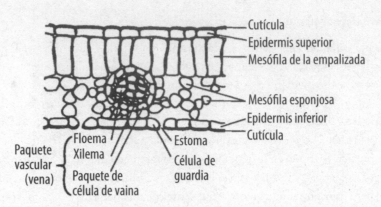

Sección transversal de una hoja típica

Los haces vasculares de xilema y floema también están presentes en la mayoría de las otras partes de una planta vascular. El **xilema** de una planta consiste en células huecas que forman tubos para transportar el agua desde el suelo a las raíces y para transportar el agua a las porciones de la planta sobre el suelo. El **floema** de una planta consisten en el engrosamiento de células similares a un tamiz que transportan moléculas orgánicas producidas en una parte de la planta a regiones de almacenamiento en otra parte (por ejemplo, los azúcares producidos por la fotosíntesis en la hoja se mueven a la raíz para almacenamiento).

Plantas vasculares sin semillas y portadoras de semillas

Algunas plantas vasculares no tienen semillas. Estas plantas se propagan produciendo y diseminando esporas. Los ejemplos incluyen musgos, colas de caballo y helechos. Otras plantas vasculares son productoras de semillas. Una **semilla** es en realidad un órgano reproductor, una estructura especializada que contiene un embrión encerrado en una cubierta protectora externa. En las condiciones adecuadas y con agua, la semilla puede germinar y convertirse en una planta adulta.

Las plantas vasculares productoras de semillas incluyen gimnospermas y angiospermas. Traducida literalmente como "semilla desnuda", las **gimnospermas** producen semillas en las superficies de estructuras leñosas con forma de hoja llamadas conos. El pino es un ejemplo bien conocido de una gimnosperma. Los conos de gimnospermas son estructuras reproductivas: los conos masculinos producen polen y los conos femeninos producen óvulos en el mismo árbol. Durante el proceso de polinización, el polen es transferido por el viento, los insectos o la lluvia desde un cono macho a los óvulos del cono hembra.

Las **angiospermas** producen frutas, que atraen a los animales que se comen la fruta y luego dispersan sus semillas. Este grupo de plantas se considera el mayor orden de evolución en el reino vegetal. Diferente a las gimnospermas, las angiospermas producen semillas recubiertas que están encerradas por los tejidos de un ovario, que es parte de la flor de la planta. El ovario y otros tejidos se desarrollan en la estructura madura que es la fruta. Cuando come una fruta, en realidad está consumiendo el ovario maduro de una planta.

Hay aproximadamente 300,000 variedades de plantas que producen flores, frutas y semillas. Todas las plantas con flores se consideran angiospermas. Las dos categorías principales de angiospermas son **monocotiledóneas** y **dicotiledóneas**. La distinción entre las dos implica una estructura llamada **cotiledón**. El cotiledón contiene el embrión y almacena nutrientes para la germinación del embrión. La semilla de una monocotiledónea contiene sólo un cotiledón. Los ejemplos incluyen orquídeas y hierbas como centeno, maíz, trigo y arroz. La semilla de una dicotiledónea contiene dos cotiledones. Las dicotiledóneas representan la mayoría de las angiospermas (alrededor de 180,000 variedades) incluidas la mayoría de las plantas herbáceas (no leñosas), arbustos en flor y árboles. Los ejemplos de dicotiledóneas incluyen legumbres (frijoles), manzanas y robles.

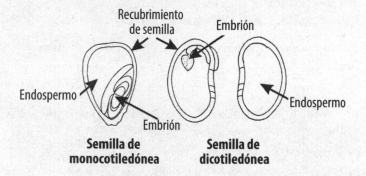

Las **flores** son los órganos reproductores especializados para las plantas que las tienen. Contienen las porciones masculinas y femeninas de la planta, como se muestra y describe en el siguiente diagrama:

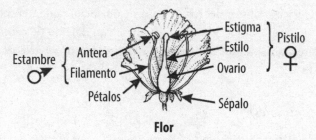

Flor

- **Pétalos:** las porciones foliares de la planta, generalmente adornadas para atraer polinizadores.

- **Pistilo:** las partes reproductivas femeninas (estigma, estilo, ovario)
  - Estigma, la porción en la que cae el polen.
  - Estilo, la porción delgada en forma de tubo entre el estigma y el ovario.
  - Ovario, contiene el óvulo y el sitio de fertilización; el ovario madura en la fruta con semillas.

- **Estambre:** las partes reproductivas masculinas (anteras, filamentos).
  - Antera: produce polen
  - Filamento: el tallo en el que se sienta la antera

- **Sépalos:** la porción protectora de la flor sin abrir.

En una angiosperma, la polinización ocurre cuando el polen se transfiere de la antera al estigma. Algunas las angiospermas pueden autopolinizarse, mientras que otras dependen de insectos, pájaros o del viento para transportar el polen de una planta al estigma de otra.

12. Todas las siguientes características distinguen claramente las plantas vasculares de las plantas no vasculares EXCEPTO:
   A. Las plantas vasculares pueden crecer en dirección vertical.
   B. Las plantas vasculares pueden obtener agua y nutrientes de debajo de la tierra.
   C. Las plantas vasculares pueden fabricar sus propios alimentos.
   D. Las plantas vasculares pueden sobrevivir por un tiempo sin humedad en su ámbiente inmediato.

Todas las plantas, tanto vasculares como no vasculares, pueden fabricar sus propios alimentos. **La respuesta correcta es C.**

13. ¿Qué afirmación acerca de una planta vascular típica es menos precisa?
   A. Las raíces almacenan agua y otros nutrientes.
   B. Las hojas intercambian dióxido de carbono por oxígeno.
   C. El xilema regula la ingesta de agua de la planta.
   D. El xilema transporta glucosa de las hojas a las raíces.

El xilema es la porción hueca y tubular del haz vascular de una planta que transporta agua desde el sistema de raíces hasta las hojas, donde el agua se combina con dióxido de carbono para producir glucosa. El floema es responsable del transporte de glucosa de una parte de la planta a otra. **La respuesta correcta es D.**

El reino Animalia (animales)

Los animales se han adaptado para vivir en prácticamente todos los ambientes de la Tierra. Desde el hábitat hasta el tamaño y desde la forma hasta el color, los animales muestran una variedad increíble. Hay al menos 4 millones de especies conocidas de animales. Pero todos son multicelulares; y todos son heterotróficos, lo que significa que deben obtener alimentos consumiendo otros organismos. Todos los miembros del reino animal comparten las siguientes características:

- Son móviles, lo que significa que pueden moverse de un lugar a otro durante al menos una parte de su vida; también pueden mover una parte de su cuerpo con respecto a las otras partes.

- No son fotosintéticos (no producen su propia energía, sino que la obtienen al consumir otros organismos).

- Se reproducen sexualmente (aunque algunos también pueden reproducirse asexualmente).

- Consisten en múltiples células (son multicelulares), muchas de las cuales se organizan en tejidos y luego en sistemas de órganos complejos.

Dentro del reino animal hay diferentes filos (el siguiente nivel en el sistema de clasificación taxonómica). Las siguientes son las principales características y miembros representativos de cada filo. Tenga en cuenta que los filos enumerados aquí comienzan con las formas más básicas y avanzan a formas más complejas. El filo Chordata, el último enumerado aquí, se examina con mayor detalle que los demás.

Filo Porifera (esponjas)

- **Características:** organismos estacionarios (sésiles) como adultos; contienen poros para la circulación de agua y comida.
- **Miembros:** esponjas marinas y de agua dulce.

Filo Cnidaria (cnidarios)

- **Características:** secreta una cubierta dura y protectora que rodea el organismo; tienen un ciclo de vida de dos formas (un *pólipo* estacionario o sésil produce una *medusa* flotante); tiene simetría radial (el cuerpo se forma simétrico alrededor de un centro); tentáculos punzantes rodean una boca que se usa tanto para ingerir alimentos como para eliminar desperdicios.
- **Miembros representativos:** hidra, medusa, corales, anemona de mar.

Filo Platyhelminthes (gusanos plano)

- **Características:** carnívoros no segmentados de vida libre con un sistema digestivo de tipo saco.
- **Miembros representativos:** planarios, tenias, duelas. Las tenias son parásitos segmentados que viven en el tracto digestivo de los vertebrados y no tienen sistema digestivo, las duelas son parásitos externos e internos con cuerpos aplanados que viven de los fluidos de su huésped.

Filo Aschelminthes (gusanos redondos)

- **Características:** tienen cuerpos cilíndricos y un tracto digestivo completo; no segmentado puede ser libre o parásito, especialmente útil para reciclar en hábitats del suelo.
- **Miembros representativos:** nematodos, oxiuros.

Filo Annelida (gusanos segmentados)

- **Características:** ocupar ambientes marinos (excepción: lombrices de tierra); cuerpos segmentados; puede ser parásito (ejemplo: sanguijuela chupa sangre), han desarrollado sistemas de órganos, incluidos los sistemas circulatorio, muscular, digestivo y nervioso.
- **Miembros representativos:** lombriz, sanguijuela, poliquetos.

Filo Artrópoda (artrópodos)

- **Características:** algunos poseen cabeza, tórax y abdomen (insectos, arañas); tienen apéndices tales como patas articuladas, antenas, piezas bucales y alas; armadura exoesqueleto externo; metamorfosis de huevo, larva, y pupa a adulto, la mayoría son terrestres, pero algunos son habitantes marinos (clase *Crustacea*).
- **Miembros:** clase *Insecta* (insectos), clase *Arácnida* (arañas), clase *Diplopoda* (milpiés), clase *Chilopoda* (ciempiés), clase *Crustacea* (crustáceos).

Filo Mollusca (moluscos)

- **Características:** cuerpos blandos (algunos están protegidos por conchas); algunos tienen un pie ventral y musculoso(ejemplo: bivalvos, en los que dos conchas están articuladas juntas); tienen sistemas circulatorios y nerviosos bien desarrollados.
- **Miembros representativos:** bivalvos (almejas, mejillones), calamares, caracoles, pulpos.

Filo Echinodermata (equinodermos)

- **Características:** vivienda marina; poseen pies tubulares y un sistema de circulación de agua; esqueleto enrejado interno y generalmente una cubierta externa dura y espinosa, los adultos exhiben simetría de cuerpo radial (una forma de cuerpo de cinco puntas).
- **Miembros representativos:** Estrella de mar, dólar de arena, pepino de mar, erizo de mar.

Filo Chordata Vertebrata (vertebrados)

Este es el filo más avanzado en términos de desarrollo evolutivo. Tres desarrollos evolutivos hacen que el filo de Chordata sea tan avanzado:

- Un *notocordio*: una varilla flexible que proporciona soporte estructural.
- Una *cuerda nerviosa dorsal* en la superficie posterior o superior, que en algunos animales se diferencia en el cerebro y médula espinal.
- Una o más *hendiduras branquiales de las branquias* para el intercambio de dióxido de carbono/oxígeno (en animales superiores, estas rendijas pueden aparecer como conductos que van desde la nariz y la boca hasta el esófago).

El filo Chordata incluye varias clases diferentes (el siguiente nivel descendente del sistema taxonómico) como se enumera y se describe brevemente a continuación. Los animales en las primeras cuatro clases son **ectotérmicos** (de *sangre fría*), lo que significa que su temperatura corporal interna varía directamente con la temperatura externa. Los animales en las dos clases restantes son **endotérmicos** (de *sangre caliente*), lo que significa que normalmente mantienen una temperatura corporal interna constante (tenga en cuenta que aquí solo se enumeran dos de varias clases de peces).

- **Clase *Chondrichthyes* (pez cartilaginoso)**
  - **Características:** de sangre fría; esqueleto y aletas del cartílago.
  - **Miembros:** tiburones y rayas.
- **Clase *Osteichthyes* (pez óseo)**
  - **Características:** de sangre fría; esqueleto óseo, aletas y escamas; usa branquias para procesar el oxígeno del agua, fertilización principalmente externa.
  - **Miembros:** trucha, lubina, carpa.
- **Clase *Amphibia* (anfibios)**
  - **Características:** de sangre fría; piel húmeda sin escamas; fertilización externa; sufren metamorfosis (cambio dramático de forma de pez a forma terrestre de cuatro patas y respiración aérea) durante el desarrollo después del nacimiento o la eclosión, corazón de tres cámaras.
  - **Miembros:** rana, salamandra, sapo.
- **Clase *Reptilia* (reptiles)**

- ◦ **Características:** de sangre fría; cobertura corporal de escamas y cuernos, fertilización interna del huevo.
- ◦ **Miembros:** serpiente, tortuga, cocodrilo, lagarto.
- **Clase *Aves* (pájaros)**
  - ◦ **Características:** de sangre caliente; alas y extremidades anteriores; pico duro que cubre la mandíbula; cubierta de plumas; fertilización interna; huevos encerrados en cáscara enriquecida con calcio, corazón de cuatro cámaras.
  - ◦ **Miembros:** pollo, cuervo, ágila.
- **Clase *Mammalia* (mamíferos)**
  - ◦ **Características:** de sangre caliente; con cabello que cubre el cuerpo; alimenta a los jóvenes con glándulas mamarias; fertilización interna, corazón de cuatro cámaras.
  - ◦ **Miembros:**
    - ⊚ *Monotremas* (puesta de huevos primitiva): ornitorrinco.
    - ⊚ *Marsupiales* (la madre lleva crías en la bolsa del cuerpo): canguro.
    - ⊚ *Roedores* (dientes incisivos que crecen continuamente): rata, ardilla, ratón.
    - ⊚ *Cetáceos* (marinos; extremidades anteriores modificadas a aletas): delfines, marsopas, ballenas.
    - ⊚ *Carnívoros* (carnívoros): perro, lobo, gato.
    - ⊚ *Primates* (cerebro grande; estar erguido, capacidad de agarrar y sostener objetos): humano, mono, simio, lémur.

14. ¿Los animales pertenecientes a cuál de las siguientes filos tienen formas corporales que exhiben simetría radial?
    - I.   Cnidaria (cnidarios)
    - II. Aschelminthes (gusanos redondos)
    - III. Artrópoda (artrópodos)
    - IV. Equinodermata (equinodermos)
    - **A.** I y II solamente
    - **B.** I y IV solamente
    - **C.** II y III solamente
    - **D.** II, III y IV solamente

Todos los cnidarios y equinodermos tienen formas corporales que exhiben simetría radial. En esta forma, el cuerpo se extiende simétricamente hacia afuera desde una boca central u otra abertura. **La respuesta correcta es B.**

15. ¿Qué clase de phylum Chordata podría caracterizarse como un "híbrido", que exhibe una combinación de características de otras dos clases?
    - **A.** Peces cartilaginosos
    - **B.** Anfibios
    - **C.** Reptiles
    - **D.** Pájaros

Los anfibios se someten a una metamorfosis después del nacimiento o la eclosión, comenzando por la respiración del agua, como animales semejantes a peces, y luego se transforman en animales terrestres que respiran aire con cuatro patas. A este respecto, son un híbrido de peces y reptiles, los cuales también son de sangre fría. **La respuesta correcta es B.**

Para comprender mejor la relación de una clase de animales con otra, los científicos utilizan un método de mapeo conocido como **cladograma**. Un cladograma esencialmente crea un árbol genealógico evolutivo. La base de un cladograma representa un antepasado común de los animales representados. A medida que se mueve el cladograma hacia arriba, se disparan ramas, que representan grupos de animales que se separaron del antepasado común; estas ramas comienzan desde los organismos más tempranos o menos evolucionados y se mueven hacia arriba hacia los organismos más evolucionados. Los cladogramas pueden ser muy generales y abarcar todo un reino animal, o muy específicos, cubriendo solo un solo género. La mayoría de los cladogramas se basan en diferencias fisiológicas, como escamas, plumas y glándulas mamarias. Sin embargo, con el aumento en el mapeo genético, los cladogramas basados en las relaciones genéticas también son usados en algunas ocasiones. El siguiente cladograma muestra la ascendencia de los humanos.

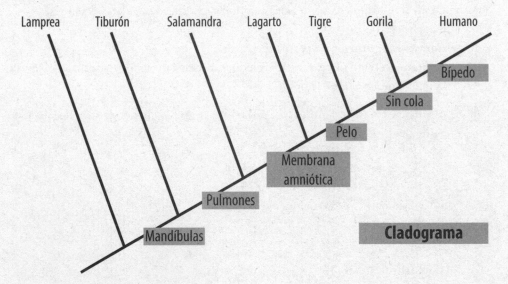

Selección natural y Adaptación

La **evolución** es el proceso por el cual las especies de plantas y animales surgen de formas de vida anteriores y experimentan cambios con el tiempo. Nuestra comprensión de la evolución se basa en gran medida en las teorías del científico del siglo XIX Charles Darwin. Basado en sus observaciones de diferentes rasgos entre ciertas especies animales, Darwin teorizó que las especies evolucionan como resultado de la **selección natural**: un proceso por el cual los más fuertes o "más aptos" entre los descendientes sobreviven para reproducirse, pasando a la siguiente generación rasgos que los ayudaron a sobrevivir. Cuando el entorno de una especie cambia, los miembros que han heredado rasgos que los ayudan a sobrevivir al cambio tienen más probabilidades de sobrevivir. Estos rasgos de supervivencia se llaman **adaptaciones**. La teoría de Darwin ha sido verificada por estudios del registro fósil y por estudios de ADN. La **selección artificial** hace referencia a la manipulación humana de rasgos en una especie mediante reproducción selectiva. Esto se hace con mayor frecuencia para producir los rasgos deseados en cultivos, ganado y especies de mascotas. A lo largo de muchas generaciones, los rasgos genéticos que ayudan a una especie a adaptarse a su entorno se vuelven cada vez más comunes entre los individuos, mientras que los rasgos menos útiles se marchitan.

Desde entonces, las teorías de la evolución y la selección natural de Darwin se han refinado para adaptarse a las teorías del equilibrio puntuado, la selección sexual y la deriva genética.

- **Equilibrio puntuado:** Darwin propuso que la evolución de las especies es un proceso gradual, casi constante. Sin embargo, investigaciones recientes que involucran evidencia fósil sugieren que la evolución ocurre en brotes (**puntuaciones**), entre los cuales se encuentran largos períodos de estabilidad (**equilibrio**) cuando no ocurre ningún cambio en la especie. Los eventos ambientales como los cambios climáticos repentinos y dramáticos, que sabemos que han ocurrido muchas veces a nivel mundial y regional a lo largo de la historia de nuestro planeta, respaldan esta idea: es cuando una especie se enfrenta a un cambio ambiental repentino que se ve obligada cambiar mediante la evolución para adaptarse a ello.

- **Selección sexual:** este tipo de selección ocurre cuando los individuos de una población no compiten por recursos y supervivencia, sino por compañeros. Por ejemplo, machos con características, como la agresividad, el gran tamaño, la fuerza o las plumas de colores podrían tener más éxito en atraer parejas, y por lo tanto sus rasgos genéticos finalmente sobrevivirán durante muchas generaciones.

- **Deriva genética:** estudiando poblaciones aisladas y relativamente pequeñas, los investigadores han demostrado que ciertos rasgos genéticos a veces sobreviven o se marchitan con el tiempo por casualidad. Como tirar dados genéticos y obtener el mismo rasgo muchas veces seguidas, en comparación con las estadística es probable que una especie pueda evolucionar de una manera sin rumbo o a la deriva, que no tiene nada que ver con la supervivencia del más apto.

Dado que las poblaciones evolucionan continuamente, ¿en qué punto una población evoluciona hacia una nueva especie? La definición generalmente aceptada del concepto de especie biológica es una población de organismos que está aislada reproductivamente de todas las demás poblaciones. Esta definición generalmente se acepta para las especies de vertebrados, aunque existen otras definiciones alternativas legítimas que tienen en cuenta la diversidad de la biología reproductiva (sexual, asexual, incipiente, etc.), y las historias naturales y los ciclos de vida.

La **especiación** ocurre en tres etapas:

1. **Una población queda aislada.** La especiación comienza cuando un grupo de individuos se separa en una población aislada que ya no intercambia individuos con la población madre. Las barreras físicas o geográficas que impiden la migración pueden ocurrir por cambios en el medio ambiente,como una nueva corriente resultante de una tormenta, creando especies alopátricas (que viven por separado). El aislamiento también puede deberse a un cambio en un rasgo, como el comportamiento o la coloración que impide que los individuos se crucen con individuos diferentes en la población, incluso si viven juntos en la misma área geográfica.

2. **La población aislada evoluciona independientemente.** Una vez aislados, los individuos acumularán naturalmente mutaciones aleatorias, pero también estarán sujetos a un conjunto de presiones selectivas y/o procesos evolutivos diferentes a los de la población original, y por lo tanto evolucionarán de manera diferente a la población parental.

3. **Los mecanismos de aislamiento reproductivo evolucionan.** Finalmente, las poblaciones separadas evolucionarán hasta un punto en el que ya no podrán cruzarse debido a los mecanismos de aislamiento reproductivo. Estos se agrupan en dos categorías: los **mecanismos** precigóticos impiden la reproducción e incluyen mecanismos físicos que impiden la copulación o fertilización exitosa; mecanismos de comportamiento que evitan la captación sexual exitosa de una pareja, o mecanismos temporales en los que las estaciones de apareamiento o los patrones de fertilidad ya no están sincronizados. Los **mecanismos postcigóticos** resultan en descendencia con combinaciones de genes que son fatales, causan esterilidad, o, de lo contrario, evitan la reproducción.

---

16. ¿Cuál de las siguientes opciones es **menos probable** que contribuya al desarrollo de una nueva especie?

    A. Actividad volcánica que reforma el paisaje de una región

    B. Un cambio en los criterios de selección sexual de una población

    C. Una respuesta adaptativa a la aparición de un nuevo depredador

    D. Un cambio climático local que altera la temporada de reproducción de la población

---

La opción C simplemente describe la selección natural, mediante la cual los rasgos de los individuos más aptos y más adaptables de una especie son los que se transmiten a las generaciones posteriores. En sí misma, la selección natural no causa especiación. **La respuesta correcta es C.**

Flujos de energía en ecosistemas

La **ecología** es el estudio científico de las interacciones entre organismos y entre comunidades de organismos y el medio ambiente. Todas estas interacciones determinan dónde se encuentran los organismos, en qué números se encuentran y por qué se encuentran dónde están. En esta sección, exploramos brevemente los conceptos principales en este campo de estudio.

La biosfera

El término **biosfera** hace referencia a toda la parte de la tierra que sustenta la vida. La biosfera consiste en la superficie de la tierra, por supuesto, pero también abarca la litosfera (la corteza rocosa de tierra), la atmósfera (el aire que respiramos, que consiste principalmente en nitrógeno y oxígeno), y la hidrosfera (toda el agua en la tierra). Esta sección examina la parte de la biosfera que aparece en la superficie de la tierra. La litosfera, la atmósfera y la hidrosfera se examinan en la revisión de ciencias de la Tierra.

Ambientes, ecosistemas y biomas

Los ecologistas definen un **ambiente** como cualquier factor externo que puede influir en un organismo durante su vida útil. Estas influencias ambientales se pueden dividir en dos categorías:

- **Factores bióticos:** seres vivos que afectan a un organismo.

- **Factores abióticos:** cosas no vivas, como el agua, el aire, la geología y el sol, que pueden afectar a un organismo.

Los factores bióticos y abióticos están interrelacionados. Por ejemplo, las plantas dependen de muchos factores abióticos, como la lluvia y la temperatura, para un crecimiento adecuado. Si alguno cambia dramáticamente en una región particular, el crecimiento de las plantas disminuirá, lo que a su vez reducirá las fuentes de alimentos y hábitats para los animales.

El término **ecosistema** hace referencia a toda una comunidad de organismos, su entorno físico y las interacciones entre esa comunidad y entre la comunidad y ese entorno.

Flujo de energía y materia en ecosistemas

Los ecosistemas están estructurados de acuerdo con la principal fuente de alimentos de cada organismo. Los **productores** son autótrofos: fabrican sus propios alimentos a partir de sustancias inorgánicas. Los autótrofos incluyen plantas verdes y bacterias fotosintéticas, las cuales usan la energía solar para convertir los nutrientes en glucosa (los autótrofos también incluyen otros tipos de bacterias). Los consumidores son heterótrofos, lo que significa que dependen de otros organismos como fuente de alimento. Hay tres subtipos de consumidores:

- **Consumidores primarios** (herbívoros) que se alimentan directamente de los productores.
- **Consumidores secundarios** (carnívoros) que se alimentan solo de consumidores primarios.
- **Consumidores terciarios** (carnívoros) que se alimentan de consumidores secundarios.

Los **descomponedores** son heterotróficos, pero se alimentan de desechos o material muerto: plantas muertas de todo tipo, desechos fecales y animales muertos; reciclan materias primas para el ecosistema. Una ruta de alimentación simple entre organismos en un ecosistema se puede mostrar en una **cadena alimentaria**. Aquí hay un ejemplo de una cadena alimentaria simple:

Humanos (consumidor secundario) $\rightarrow$ pescado (consumidor primario) $\rightarrow$ plancton (productor)

Las cadenas alimentarias representan una transferencia de energía de un organismo a otro. Todos los organismos necesitan una fuente de alimentos para sobrevivir, por lo que todos los organismos participan en las cadenas alimentarias. La energía (comida) se mueve a través de una serie de niveles (del productor a herbívoro a carnívoro). Estos niveles se llaman **niveles tróficos** (la palabra trófico significa "alimentación"). El siguiente diagrama muestra la jerarquía de los niveles de alimentación:

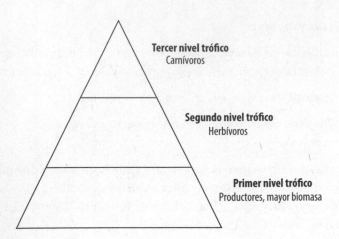

Los productores representan la porción principal de la **biomasa**, la cantidad total de alimentos disponibles para consumo en el ecosistema. En promedio, los productores transfieren solo alrededor del 1 % de su biomasa a los consumidores primarios, que a su vez transfieren aproximadamente el 10 % de su biomasa a los consumidores secundarios. En cada nivel superior, nuevamente, aproximadamente el 10 % de la biomasa se pasa al siguiente nivel trófico. La gran mayoría de la biomasa no se consume, sino que se convierte en energía utilizada para el crecimiento y la supervivencia.

Por supuesto, los humanos no comen solo pescado, las poblaciones de herbívoros no comen solo un tipo de planta y las poblaciones de carnívoros no consumen solo un tipo de herbívoro. Por lo tanto, la cadena alimentaria simple es una simplificación excesiva para la mayoría de los ecosistemas. Un modelo más completo es una **red alimentaria**, que une muchas cadenas alimentarias juntas en una matriz que representa relaciones complejas de alimentación.

La energía no se recicla, pero la materia sí. Este ciclo generalmente se estudia en términos de las rutas de varios elementos químicos que se encuentran en los compuestos orgánicos. Por ejemplo, los productores toman carbono como dióxido de carbono y lo convierten en glucosa. Los consumidores extraen energía de la glucosa y liberan carbono a la atmósfera como dióxido de carbono, donde nuevamente está disponible para los productores. El carbono también toma viajes largos y complicados, como cuando se convierte en combustible fósil durante millones de años, pero nunca desaparece. Otros elementos, como el nitrógeno y el oxígeno, también tienen ciclos complejos. Estos se explican con mayor detalle en las páginas sobre ciencia de la Tierra.

Como se mencionó anteriormente, las relaciones energéticas entre los niveles tróficos casi nunca pueden describirse completamente mediante cadenas alimentarias lineales simples e individuales. Para ver la imágen completa, debemos construir una red alimentaria que contenga los intercambios de energía entre todos los productores, consumidores y descomponedores. En la red alimentaria que se muestra aquí, las flechas muestran la dirección de la transferencia de energía.

Elija cualquier miembro de la red alimentaria y piense qué sucedería si esa especie fuera eliminada o si su población cambiara. Tome el ratón, por ejemplo. Una disminución en la población de ratones significa una disminución en la población de serpientes, pero también una disminución en la población de lagartos, porque las serpientes tendrán que aprovecharse más de ellos. Esto conducirá a un aumento en la población de insectos, y así sucesivamente. Si usted continúa con esta línea de razonamiento, verá que cambiar la población de cualquier especie en un ecosistema afecta a las poblaciones de todas las demás especies.

17. ¿Cuál de las siguientes opciones ayuda a explicar por qué las estructuras de alimentación en la mayoría de los ecosistemas se describen mejor como "redes" de alimentos en lugar de "cadenas" de alimentos?

A. Muchos tipos diferentes de plantas pueden existir en la misma comunidad.

B. Sin una fuente de alimento suficiente, los animales se mudarán a otra comunidad.

C. Si la vida animal desaparece, también lo hace la vida vegetal.

D. Muchos animales consumen plantas y otros tipos de animales.

El modelo simple de "cadena" alimentaria lineal no tiene en cuenta el hecho de que el mismo animal podría ser un consumidor primario (devorador de plantas) en una cadena *y* un consumidor secundario (devorador de carne) en otra cadena. Una "red" en la que varias cadenas están interconectadas representa mejor la estructura de alimentación completa de una comunidad. **La respuesta correcta es D.**

Hábitats y nichos

Las relaciones de alimentación dominan la estructura de un ecosistema. Sin embargo, un ecosistema no es solo un gigante "la ley del más fuerte" caracterizado por una severa competencia entre especies por alimentos. Cada población deanimales ocupa un hábitat particular: un lugar particular como una comunidad forestal o una llanura árida y cubierta de hierba en la que una especie es la más adecuada para vivir según sus adaptaciones biológicas. Diferentes especies pueden incluso convertirse en "especialistas" dentro de sus hábitats al ocupar un **nicho**. Un nicho hace referencia a todos los elementos bióticos y abióticos específicos que un organismo incorpora para su supervivencia, como la alimentación, ubicación, fuente de alimento, horario de alimentación, fuente de refugio y lugar de anidación. Por ejemplo, muchas aves pueden ocupar un hábitat forestal, pero algunas comen semillas y otras comen gusanos e insectos; algunas aves comen en lo alto de un árbol y otras más cerca del suelo. En otras palabras, varios tipos de aves en el mismo hábitat ocupan nichos diferentes.

Capacidad de carga

Una **población** es un grupo de individuos de la misma especie que ocupa la misma región geográfica.

El crecimiento de una población depende en gran medida de la proporción entre machos y hembras, y de la porción de la población que está en edad de procrear o por debajo de esa edad. Con muy pocos individuos capaces de reproducirse, el crecimiento de la población se ralentizará o incluso disminuirá.

Así como la tasa de crecimiento de cualquier población es limitada, también lo es su tamaño. Un entorno dado tiene pocos recursos para mantener a una población. La población máxima de un organismo particular que un entorno dado puede soportar se denomina **capacidad de carga**. Los factores limitantes más importantes en la capacidad de carga son los recursos alimenticios y el espacio físico. Una población puede exceder su capacidad de carga temporal si la tasa de natalidad es extremadamente alta, aunque eventualmente la población disminuirá para reflejar la escasez de recursos alimenticios y/o espacio.

18. Una colonia de termitas se alimentan del marco de madera de una casa antigua durante varios años, pero luego la colonia desaparece. Asumiendo que las termitas no fueron exterminadas por humanos, ¿qué es lo que **más probablemente** pasó?

    Eventualmente, la población de termitas
    A. excedió su vida útil.
    B. fue consumida por consumidores secundarios.
    C. agotó toda su biomasa disponible.
    D. excedió su capacidad de carga.

El ambiente de las termitas (el marco de madera de la casa) contenía una cantidad limitada de recursos alimenticios para apoyar a la creciente población de termitas. Una vez que se superó esta capacidad de carga, es totalmente probable que las termitas se extinguieron. **La respuesta correcta es D.**

Sistemas corporales

Los sistemas de órganos del cuerpo trabajan juntos de muchas otras maneras. La mejor manera de comprender estas conexiones es examinar cada uno de los sistemas de órganos, uno por uno. Esta sección describe brevemente la estructura, los componentes y las funciones de los diversos sistemas de órganos del cuerpo, así como también cómo funcionan junto con uno o más de los otros sistemas.

El sistema tegumentario

El sistema tegumentario incluye piel, glándulas sudoríparas, glándulas sebáceas, cabello y uñas. La piel es el órgano más grande del cuerpo. Nuestra piel es una barrera entre nuestro cuerpo y el medio ambiente externo. Previene pérdida de agua, daño mecánico y químico e invasión microbiana. La piel se compone de dos regiones distintas: la **epidermis** y la **dermis**. Estas dos regiones se dividen, además, en varias capas funcionales. La tercera región justo debajo de la piel es la **hipodermis**. No se considera parte de la piel, pero cumple una función protectora similar a la piel.

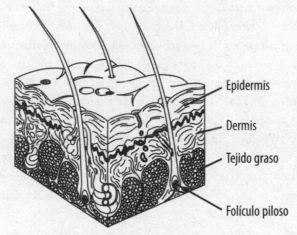

Epidermis

Dermis

Tejido graso

Folículo piloso

Sección transversal de la piel humana

El sistema esquelético

El sistema esquelético es el soporte del cuerpo y actúa como un sistema de palanca para los músculos, creando movimiento en las articulaciones. Este sistema contiene **huesos**, por supuesto, que proporcionan movimiento y soporte. Pero los huesos también sirven como depósito de minerales. Además, la médula, ubicada en el centro de los huesos, es donde se forman nuevas células sanguíneas. Los 206 **huesos** del cuerpo humano normal se pueden dividir en dos grupos principales: el esqueleto axial (80 huesos que corren a lo largo del eje del esqueleto) y el esqueleto apendicular (126 huesos que incluyen las extremidades y las cinturas escapular y pectoral).

Los huesos se articulan o se juntan entre sí en las articulaciones. El **cartílago** recubre las articulaciones para evitar que los huesos se froten entre sí. Dependiendo del tipo de movimiento en una articulación, el cartílago puede proporcionar una superficie articular lisa o una fuerte adhesión entre los huesos. Los **ligamentos**, tejidos conectivos en forma de banda, ayudan a estabilizar las articulaciones móviles. Finalmente, los **tendones** unen los músculos al hueso en las articulaciones.

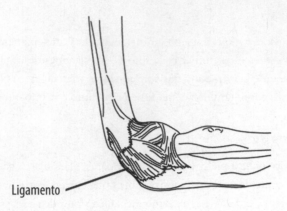

Ligamento

El sistema muscular

Los más de 600 músculos del cuerpo humano se presentan en tres tipos: esquelético, cardíaco y liso. Los **músculos esqueléticos** son responsables del movimiento del cuerpo y están unidos al hueso en cada extremo, a nivel microscópico, por tendones. Las fibras que forman los músculos esqueléticos son células alargadas, cilíndricas, multinucleadas que están encerradas por un **sarcolema**: una membrana similar a la membrana celular de otras células que contienen un solo núcleo. Un músculo está compuesto por muchas de estas fibras que trabajan juntas. Cada vez que un músculo se contrae y se acorta, mueve la parte del cuerpo a la que está unido. El **músculo cardíaco** se encuentra en las paredes del corazón. Este músculo permite la fuerte acción de bombeo de los ventrículos del corazón. El **músculo liso** se encuentra en las paredes de los órganos huecos, como el estómago y los intestinos. Los músculos cardíacos y lisos se coordinan con el sistema nervioso de una manera completamente diferente que los músculos esqueléticos. El movimiento del músculo esquelético es voluntario, usted tiene control consciente sobre él. Sin embargo, los músculos cardíacos y lisos se mueven involuntariamente, no puede controlarlos conscientemente; funcionan sin que siquiera lo piense.

El sistema nervioso

El sistema nervioso, junto con el sistema endocrino (leerá sobre esto a continuación), es responsable de coordinar todos los procesos fisiológicos en el cuerpo. El sistema nervioso responde rápidamente a estímulos externos y a mensajes del cerebro. Regula una gran cantidad de acciones, desde la respiración y la digestión hasta el parpadeo de un ojo y el latido del corazón.

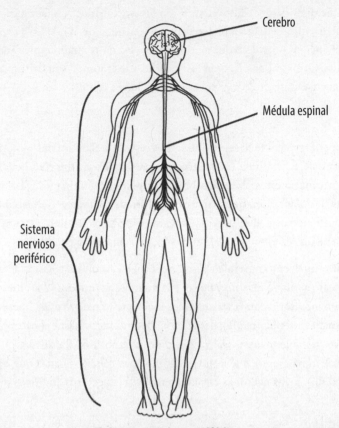

El sistema nervioso periférico

El **sistema nervioso periférico** se extiende desde la columna vertebral hasta las extremidades. Lleva impulsos desde las neuronas sensoriales hasta el **sistema nervioso central,** que consiste en el cerebro y la médula espinal. El cerebro procesa la información sensorial entrante y la traduce en instrucciones. Luego envía esas instrucciones a los órganos apropiados para que el cuerpo pueda responder a la información sensorial inicial. La **neurona** es la unidad funcional del tejido nervioso que utilizan los sistemas nervioso, central y periférico.

El gusto, la visión, la audición, el equilibrio y el olfato son partes integrales del sistema nervioso. Nos permiten interactuar e interpretar estímulos externos, así como monitorear cambios internos de naturaleza química o física. Diferentes animales utilizan estos sentidos en diferentes grados. Además, algunos animales no humanos poseen sentidos de los que los humanos carecen por completo. Por ejemplo, algunas especies de pájaros detectan el campo magnético de la tierra; las abejas ven la luz ultravioleta, y las serpientes de cascabel detectan la radiación infrarroja de los objetos a distancia.

El ojo

La percepción visual en humanos es como una lente de cámara. La luz ingresa a través de una lente ajustable que enfoca la imagen en un receptor llamado **retina**, al igual que en una cámara, la imagen se enfoca en una película o (en una cámara digital) o en una matriz de sensores de imagen. Dentro de la retina hay fotorreceptores especializados llamados **varillas y conos**, que detectan diferentes propiedades de la luz. Los conos permiten la visión del color y la agudeza visual, y los bastones responden en condiciones de poca luz. Algunos de los organismos más simples, como la euglena, usan manchas oculares que simplemente detectan la intensidad de la luz. Los artrópodos, como los saltamontes, poseen un ojo compuesto que permite que la luz entre en diferentes ángulos; esto mejora su vista con poca luz. Otros animales, como los venados y los ratones, son daltónicos (como muchas personas) y no pueden distinguir de manera confiable ciertos colores.

La oreja

En los animales superiores, el oído se subdivide en tres regiones: el oído externo, el medio y el interno. El oído externo consiste en el **pinna** (una estructura cartilaginosa en forma de embudo), el **meato auditivo externo** (el canal auditivo) y la **membrana timpánica** (el tímpano). El oído medio contiene los tres huesecillos del oído: el **malleus** (martillo), el **incus** (yunque) y el **estribo**. La **trompa de Eustaquio** en el oído medio se abre hacia la garganta y permite la estabilización de la presión. El oído interno contiene los receptores para la audición, el balance y el equilibrio.

La audición es tanto un evento mecánico como neuronal. Las ondas sonoras se canalizan hacia el oído a través del meato auditivo externo y llegan a la membrana timpánica. La membrana timpánica envía el movimiento vibratorio con la misma frecuencia que se recibió a los huesecillos del oído. El movimiento se transfiere al oído medio, desde el malleus al incus hasta el estribo. El estribo envía esta energía a través de la ventana oval hasta el oído interno. Los fluidos en el oído interno son desplazados por este movimiento, que a su vez estimula las células ciliadas que hacen sinapsis con las neuronas sensoriales. Estas neuronas envían mensajes a los centros auditivos del cerebro.

El sistema endocrino

El **sistema endocrino** está compuesto por órganos especializados llamados **glándulas**, que secretan mensajeros químicos llamados **hormonas**. Estas hormonas son transportadas por todo el cuerpo por el sistema circulatorio, pero solo tienen respuestas en un sitio específico y pueden unirse únicamente a moléculas receptoras reconocidas de ciertas células. El tiempo de respuesta de las hormonas varía según el resultado que se necesite. Por ejemplo, la epinefrina y la noradrenalina (liberadas de la glándula suprarrenal) pueden causar una respuesta rápida del comportamiento conocida como la respuesta de "lucha o huida". Esto hace que aumenten la frecuencia cardíaca, la presión arterial y la frecuencia respiratoria, además de dirigir sangre al músculo esquelético. La siguiente tabla enumera cada glándula principal, las principales hormonas que liberan y su función.

Glándulas endocrinas principales y funciones

Glándula endocrina	Hormonas liberadas	Función
Pituitaria (tanto anterior como posterior)*	• Hormona del crecimiento • Hormona antidiurética	• Regulación de músculos, huesos, y crecimiento del tejido conectivo • Aumenta la reabsorción de agua en la sangre desde los tubos renales, aumenta la presión de la sangre
Tiroides	• Tiroxina • Calcitonina	• Regula el metabolismo celular • Disminuye los iones de calcio en la sangre
Paratiroides	• Hormona de la paratiroide	• Incrementa los iones de calcio en la sangre
Páncreas	• Insulina • Glucagón	• Disminuye los niveles de azúcar en la sangre, incrementa la tasa de metabolismo de azúcar almacenado • Incrementa los niveles de azúcar al convertir glicógeno en glucosa, sintetiza la glucosa y libera glucosa a la sangre desde las células del hígado
Glándulas suprarrenales	• Corticosteroides • Epinefrina	• Disminuye la excreción de iones de sodio; influencia el metabolismo celular y proporciona estresores de resistencia, contribuye a las características sexuales secundarias durante la pubertad • Aumenta el nivel de azúcar en la sangre, el ritmo cardíaco y el ritmo respiratorio; desvía la sangre al músculo esquelético, mobiliza el sistema nervioso simpático para estresores a corto plazo o emergencias
Testículos	• Testosterona	• Comienza la maduración de los órganos reproductivos masculinos, características sexuales secundarias en la pubertad, e impulso sexual
Ovarios	• Estrógeno • Progesterona	• Inicia la maduración de los órganos reproductivos femeninos y las características sexuales secundarias en la pubertad, y el impulso sexual • Promueve el desarrollo de las mamas y el ciclo mestrual

* La glándula pituitaria tiene efecto en todas las glándulas principales. Los pocos enumerados en esta tabla no representan el número total de hormonas liberadas de la pituitaria.

19. ¿Cuál de las siguientes es la **mejor** analogía para el sistema nervioso?
    A. Un motor
    B. Una transmisión de radio
    C. Una computadora
    D. Una colmena de abejas

Una computadora recibe una entrada, que se transmite a un procesador central, que luego proporciona instrucciones sobre la respuesta adecuada a esta entrada. El sistema nervioso funciona de manera similar. **La respuesta correcta es C.**

El sistema cardiovascular

Muchos organismos multicelulares, como los humanos, consisten en billones de células que necesitan una forma rápida y eficiente de satisfacer sus necesidades fisiológicas. Durante el metabolismo celular, las células toman nutrientes, crean desechos y almacenan, fabrican y usan moléculas (todo lo cual necesita ser transportado a otras partes del cuerpo). El sistema cardiovascular proporciona transporte mediante el uso de varias partes integradas. El corazón bombea sangre a las arterias, que distribuyen la sangre a los órganos. La sangre se bombea a **arterias** sucesivamente más pequeñas hasta que ingresa en vasos de paredes delgadas llamados **capilares**. La sangre se difunde a través de lechos capilares para que el material pueda intercambiarse entre la sangre y los tejidos orgánicos. Luego, la sangre se filtra a través de los lechos capilares hacia las **venas**, que se fusionan gradualmente con las venas más grandes hasta que la sangre regresa al corazón.

Fisiología cardiaca

El lado inferior derecho del corazón, el **ventrículo derecho**, bombea sangre a los pulmones, que están cerca del corazón. El **ventrículo izquierdo** más grande envía sangre a la **aorta**, la arteria principal que transporta sangre al resto del cuerpo. El ventrículo izquierdo debe contraerse con mayor fuerza, y esta fuerza crea una mayor presión en las arterias. Cada contracción del corazón se refleja en los latidos del corazón (cuando se toma el pulso, en realidad está midiendo su frecuencia cardíaca).

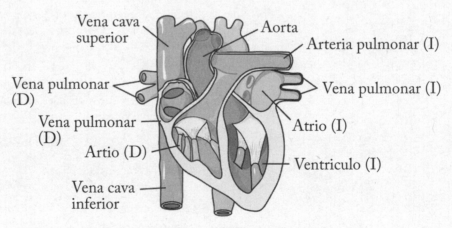

El corazón y los vasos asociados a él

La **presión sanguínea** se mide a través de los latidos del corazón. Hay dos fases en el latido del corazón. La primera se denomina **presión sistólica** y es el resultado de la fuerte contracción de los ventrículos al bombear la sangre a la aorta. La segunda fase es la **presión diastólica**, que es el resultado de la relajación ventricular.

Sangre

El componente más grande de la sangre es una matriz fluida llamada **plasma**. El plasma sanguíneo, que es principalmente agua, transporta una gran cantidad de materiales, incluidos desechos, nutrientes, hormonas, electrolitos y proteínas, células, y calor de una región del cuerpo a otra. En particular, dentro del plasma hay eritrocitos (glóbulos rojos), leucocitos (glóbulos blancos) y trombocitos (plaquetas), cada uno de los cuales realiza una función única:

- Los **glóbulos rojos** consisten principalmente en **hemoglobina**, que son las moléculas que transportan oxígeno en todo el torrente sanguíneo.

- **Los glóbulos blancos** sirven como mecanismo de defensa contra enfermedades, tumores, parásitos, toxinas, y bacterias; se mueven de la sangre a los tejidos y producen anticuerpos como protección a largo plazo.

- Las **plaquetas** son células diminutas en forma de disco que sellan pequeñas rupturas en los vasos sanguíneos y ayudan a la coagulación de la sangre.

La sangre humana se clasifica en cuatro tipos (A, B, AB, y O), según el tipo de antígenos presentes en la superficie de los glóbulos rojos de una persona (las letras A y B representan diferentes tipos de antígenos.) Un **antígeno** es una sustancia que estimula la producción de un **anticuerpo** cuando se introduce en el cuerpo. Los anticuerpos que circulan por el torrente sanguíneo de una persona normalmente reconocen antígenos en la sangre de esa misma persona y no reaccionan con ellos. Sin embargo, si un tipo de sangre es transfundido con otro tipo de sangre, los anticuerpos en la sangre nueva pueden reaccionar con los antígenos extraños al unirse a ellos, lo que resulta en aglomeración de la sangre. Por lo tanto, una **transfusión de sangre** segura requiere que los antígenos de la sangre del donante coincidan con los de la sangre del receptor:

- El tipo de sangre O no contiene antígenos y, por lo tanto, puede usarse de manera segura para cualquier transfusión de sangre, independientemente del tipo de sangre de la persona que recibe la transfusión. Por otra parte, las personas con sangre tipo O pueden recibir transfusiones solo de donantes con sangre tipo O.

- El tipo de sangre AB contiene ambos antígenos A y B y, por lo tanto, puede transfundirse de forma segura con cualquier otro tipo de sangre, pero no se puede donar para transfusiones con ningún otro tipo de sangre.

- Los tipos de sangre A y B se pueden donar para transfusión con el tipo de sangre AB.

La sangre humana que contiene un antígeno especial conocido como **factor Rh** se considera **Rh positivo**, mientras que la sangre que carece de este antígeno se considera **Rh negativa**. Si recibe una transfusión de sangre del donante Rh positivo, una persona Rh negativa puede producir anticuerpos que destruyen los glóbulos rojos. Sin embargo, el feto de una madre Rh negativa puede ser Rh positivo, en cuyo caso la sangre de la madre producirá estos anticuerpos, amenazando así la vida del feto. Bajo esta circunstancia, una transfusión de sangre de un donante Rh positivo puede salvar la vida del feto.

El sistema respiratorio

El intercambio cíclico de gases respiratorios dentro de un organismo se conoce como **respiración**. La mayoría de los vertebrados usan los pulmones para el intercambio de gases, aunque los animales como las ranas usan tanto el pulmón como la piel húmeda para intercambiar gases.

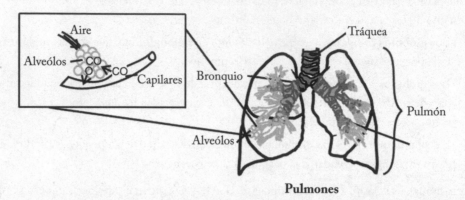

Pulmones

Los mamíferos tienen los sistemas respiratorios más complejos de todos los animales, con tubos de tubos ramificación sucesivamente más pequeños que se abren en sacos vascularizados. El oxígeno ingresa a los pulmones a través de los **bronquios** (dos tubos grandes que se ramifican de la tráquea) que se transforman en **bronquiolos** más pequeños, que luego terminan en **sacos alveolares**. Estos sacos están cubiertos con capilares para facilitar el intercambio de gases a través de las delgadas paredes de los **alvéolos**.

El sistema digestivo

Las células necesitan un suministro constante de nutrientes para obtener energía y para usarlos como bloques de construcción para ensamblar macromoléculas. El **sistema digestivo** asigna y procesa estos nutrientes. El sistema digestivo humano, en todas sus funciones complejas, no es más que un tubo muscular largo que se extiende desde la boca hasta el ano. A lo largo de este camino hay varias bolsas y segmentos modificados para realizar tareas específicas, incluyendo la ingesta de nutrientes, los procesos mecánicos y químicos de digestión, la absorción de nutrientes y la eliminacion de material no digerido.

Cuando la comida llega al estómago, las funciones mecánicas y químicas se encargan de ello. Los músculos en las paredes del estómago se agitan, mezclando la comida con jugo gástrico y pepsina, que digiere las proteínas. La mayor parte de la digestión química y la absorción de nutrientes ocurre en el **intestino delgado**. Para ayudar con este proceso, el **páncreas** administra varias enzimas: la **tripsina**, que rompe polipéptidos grandes en aminoácidos; **amilasa**, que cambia los polisacáridos a formas más simples, y **lipasa**, que descompone la grasa en glicerol y ácidos grasos. El **hígado** ayuda produciendo **bilis**, que emulsiona físicamente las grasas para mejorar la digestión. Prácticamente toda la absorción de nutrientes ocurre en el intestino delgado donde los nutrientes pasan a través de las paredes hacia los vasos sanguíneos. La sangre cargada de nutrientes es llevada al hígado y luego al tejido del cuerpo.

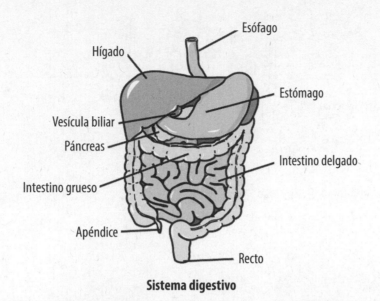

Sistema digestivo

No todos los alimentos se digieren, por supuesto. Algunos se mueven hacia **el intestino grueso** para ser procesados. Cualquier agua y los minerales disponibles de los alimentos se absorben en los vasos sanguíneos de las paredes del intestino grueso y vuelven a la circulación. La acción bacteriana produce vitamina K, que también se absorbe en los vasos sanguíneos y vuelve a la circulación. El resto de bacterias y formas de alimentos no digeridos son el componente principal de las heces, que se eliminan como desecho del cuerpo.

El sistema renal

El metabolismo celular de todo organismo produce productos de desecho fluidos, como la urea y los desechos nitrogenados, que deben separarse de los productos útiles, como el agua, y luego desecharse. Los organismos simples realizan esta tarea difundiendo los desechos directamente en su entorno. Los organismos más complejos, por otro lado, utilizan un sistema de tubos, o **sistema renal**, para excretar los desechos líquidos.

Los vertebrados tienen uno de los sistemas renales más complejos de todos los organismos. Se centra en el **riñón**, que es responsable de varias funciones:

- Filtración de sangre (los riñones separan el filtrado de los componentes celulares dentro de la sangre).
- Monitoreo de las concentraciones de desechos en la sangre.
- Reabsorción del filtrado.
- Devolución de los componentes reutilizables a la sangre.
- Secreción para la eventual eliminación del filtrado.

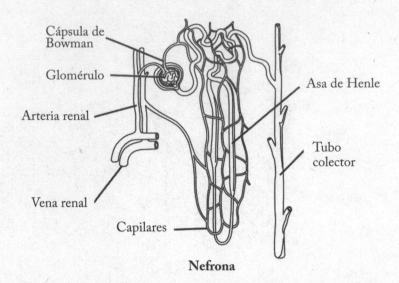

Cápsula de Bowman

Glomérulo

Arteria renal

Vena renal

Capilares

Asa de Henle

Tubo colector

Nefrona

Cada riñón está compuesto por más de 2 millones de unidades especializadas llamadas **nefronas**, que juegan un gran papel en el mantenimiento de la homeóstasis al retener sustancias útiles y eliminar los productos de desecho. Cualquier molécula utilizable, incluida el agua, se reabsorbe y vuelve a la circulación. Lo que queda después de este proceso de reabsorción son los residuos, que se mueven a través del uréter hasta la vejiga, donde esperan a ser expulsados del cuerpo.

El sistema reproductivo

El objetivo principal del sistema reproductivo es la continuación de una especie. Hay muchas formas de reproducción, pero el grado de complejidad de un organismo es un buen indicador de cómo se reproduce. La **reproducción asexual** no requiere ninguna de las estructuras complejas utilizadas por las células eucariotas. La **fisión binaria** es un tipo de reproducción asexual que utilizan las células procariotas como las bacterias. Estas células simplemente replican un bucle simple de ADN y luego se someten a citocinesis. La **fragmentación**, como se ve en la filo Porifera (esponjas), es otra forma de reproducción asexual. De esta forma, una parte del cuerpo se desprende y madura en una forma más grande.

Los vertebrados se reproducen sexualmente produciendo **gametos** (óvulos y espermatozoides) a través de sus órganos reproductores, llamados **gónadas**. Las hembras producen óvulos, o huevos, dentro de sus principales estructuras reproductivas, los ovarios. Una hormona liberada por la glándula pituitaria estimula la producción de **óvulos**. Se desarrolla un **embrión** del **cigoto** inicial (un óvulo fertilizado). Si no se produce la fecundación, el óvulo y su revestimiento uterino recién creado se desprenden de las paredes del útero y se trasladan fuera del cuerpo. Los machos fabrican esperma dentro de su principal órgano reproductivo, los **testículos**. La hormona **testosterona** señala y mantiene la producción de espermatozoides. Al igual que el sistema reproductivo femenino, una hormona pituitaria estimula la producción de espermatozoides.

20. ¿Cuál de los siguientes es responsable del transporte de oxígeno por todo el cuerpo?

  A. Nefronas en los riñones

  B. Capilares y venas

  C. Sacos alveolares en los pulmones

  D. Hemoglobina en glóbulos rojos

Los glóbulos rojos consisten principalmente en moléculas de hemoglobina, que son responsables del transporte de oxígeno en todo el cuerpo a través del torrente sanguíneo. **La respuesta correcta es D.**

21. ¿Dónde ocurre **la mayor** absorción de nutrientes en el cuerpo?

  A. El intestino delgado

  B. El estómago

  C. El hígado

  D. El intestino grueso

Es a través del revestimiento del largo y serpenteante intestino delgado que los nutrientes de los alimentos que comemos son absorbidos por el torrente sanguíneo y transportados a las células de todo el cuerpo. **La respuesta correcta es A.**

Homeostasis

El cuerpo es un notable complejo de varios sistemas de órganos que funcionan juntos al unísono, como los componentes de una máquina bien calibrada y bien engrasada. Por ejemplo, los sistemas de órganos trabajan juntos de manera natural para garantizar que las condiciones internas del cuerpo permanezcan estables y, si las condiciones se desvían de sus rangos normales, para que vuelvan a la normalidad. Las respuestas apropiadas de los órganos a los cambios internos ayudan a asegurar la temperatura corporal estable, la presión arterial y la composición química de los fluidos del cuerpo. La tendencia del cuerpo a mantener la estabilidad de estas y otras condiciones internas se conoce como **homeostasis**.

Existen muchos mecanismos homeostáticos dentro del cuerpo, incluida la temperatura y la regulación del agua. Cuando el cuerpo se sobrecalienta, las glándulas sudoríparas se activan y el cuerpo libera agua. A medida que el aire se mueve sobre el agua que se libera a través de los poros, el agua se evapora, enfriando el cuerpo. Por el contrario, cuando el cuerpo está demasiado frío, los músculos comienzan a contraerse involuntariamente, haciendo que el cuerpo tiemble. Estas pequeñas contracciones musculares crean calor a través del movimiento. Al sudar o temblar, el cuerpo intenta permanecer dentro del rango homeostático hasta que ya no pueda hacerlo o hasta que las condiciones ambientales cambien.

Otro mecanismo homeostático es la regulación del agua, que se realiza principalmente en los riñones. Las nefronas filtran la sangre por exceso de agua y nutrientes y luego elimina este exceso en forma de orina. Dependiendo de la proporción de nutrientes a agua en la sangre, las nefronas regularán la cantidad de cada una que elimina de la sangre. Cuando el cuerpo está ligeramente deshidratado, la orina está más concentrada, y cuando el cuerpo tiene mucha agua, la orina está menos concentrada. Este es un intento de mantener niveles adecuados de agua en todo el cuerpo.

22. ¿Cuál de los siguientes ayuda a asegurar la homeostasis en el cuerpo humano?

    A. Músculos cardíacos, que bombean más sangre a los músculos esqueléticos cuando siente peligro

    B. Conos retinianos, que le permiten ver la diferencia entre las luces de tráfico rojas y verdes

    C. Glándulas sudoríparas, que ayudan a enfriar su cuerpo en un caluroso día de verano

    D. Receptores del oído interno, que lo ayudan a mantener el equilibrio durante un partido de tenis

A través del proceso de homeostasis, su cuerpo busca mantener estados óptimos, incluida una temperatura corporal interna óptima. Cuando su cuerpo se calienta demasiado, el sistema tegumentario se pone a trabajar para secretar sudor, lo que ayuda a reducir la temperatura corporal. **La respuesta correcta es C.**

Para realizar funciones básicas y mantener la homeostasis, el cuerpo debe tener combustible. Este combustible viene en forma de alimentos. Pero no todos los alimentos son iguales nutricionalmente. Los alimentos se dividen en tres categorías básicas: **carbohidratos, proteínas y grasas**. Comparativamente, las grasas tienen más del doble de calorías por gramo (9 calorías por gramo) que los carbohidratos o las proteínas (4 calorías por gramo cada uno). Para poner esto en perspectiva, el Departamento de Agricultura de los Estados Unidos (USDA) recomienda una ingesta diaria de aproximadamente 2,600 calorías para un hombre moderadamente activo y aproximadamente 2,000 calorías para una mujer moderadamente activa. Rara vez una persona come un alimento que es completamente carbohidrato, proteína o grasa. Debido a que los alimentos pueden tener una mezcla de estos grupos básicos, el USDA divide todos los alimentos en seis categorías: granos, vegetales, frutas, leche/lácteos, aceites, y carne y legumbres (proteínas). Cada grupo está etiquetado con las cantidades de porción recomendadas para una dieta equilibrada. Estas cantidades de porciones son: 6 oz. de granos, 5.5 onzas de proteínas, 2 tazas de fruta, 2.5 tazas vegetales, 3 tazas de lácteos, y una cantidad moderada de aceites. Una dieta basada en estas porciones le proporciona a la persona aproximadamente 2,000 calorías. MyPlate del USDA ilustra las cantidades relativas de los diversos grupos alimentos.

Al comer una variedad de alimentos dentro de estas pautas, una persona también es más propensa a ingerir vitaminas y minerales esenciales. Las vitaminas se dividen en dos grupos: solubles en agua e insolubles en agua. Las **vitaminas solubles** en agua incluyen la vitamina C y las vitaminas B. La vitamina C se encuentra en frutas cítricas como las naranjas, entre otros alimentos. Si bien ningún alimento tiene las ocho vitaminas del complejo B, se encuentran en una variedad de alimentos, que van desde verduras de hoja verde hasta carnes y legumbres, y papas. Las **vitaminas insolubles en agua** incluyen a, d, e y k, y también se encuentran en una variedad de alimentos, desde verduras de hoja verde hasta carnes y granos.

Los minerales también se dividen en dos grupos: **macronutrientes** y **micronutrientes**. Esta división no se basa en el tamaño del mineral en sí, sino en la cantidad necesaria para que el cuerpo funcione correctamente. Los macronutrientes, de los cuales el cuerpo puede requerir hasta 1 o 2 gramos diarios, incluyen sodio, potasio, calcio y cloruro. En contraste, el cuerpo solo puede requerir unos pocos microgramos por día de micronutrientes, también conocidos como **minerales traza**. Estos incluyen cromo, cobre, hierro y zinc. Al comer una variedad de alimentos, el cuerpo puede ingerir todas las vitaminas y nutrientes que necesita para operar a niveles óptimos.

CIENCIA DE LA TIERRA Y DEL ESPACIO

El estudio de nuestro planeta y del espacio exterior abarca varios campos de la ciencia. La **geología** se ocupa de la composición de la tierra y de los eventos pasados y presentes (tanto interiores como exteriores) que la han formado. La **oceanografía** involucra física, biología, química y geología en lo relacionado con los procesos del océano. La **meteorología** es el estudio de la atmósfera, el clima y el clima de la tierra. La **astronomía** es el estudio del universo y los objetos en él, incluidas las estrellas, los planetas, las nebulosas (partículas de polvo), etc.

La historia de la Tierra

Entre los físicos, la teoría que prevalece hoy sobre la formación de la Tierra es que nuestro sistema solar nació de una nube giratoria de polvo y gas, una **nebulosa**, que se aplastó en un disco, rotó y luego se contrajo bajo la influencia de la gravedad. Esta teoría explicaría cómo las órbitas de los planetas se ubican en casi el mismo plano a medida que se mueven alrededor del sol. Los científicos creen que la gravedad tardó más de mil millones de años en provocar que la Tierra se asentara y contrajera. Una vez que esto ocurrió, se llevó a cabo un proceso de clasificación llamado **diferenciación**, en el que los materiales que constituyen los protoplanetas en formación se clasificaron por densidades. Los materiales con densidades más pesadas se hundieron para convertirse en el material central, y los materiales más ligeros salieron a la superficie. La superficie exterior se enfrió y se convirtió en la corteza.

La historia de la Tierra

Según la evidencia radiométrica, se estima que la Tierra tiene 4,500 millones de años. La historia de la Tierra se ha dividido en eras. Puede estar familiarizado con algunas de estas épocas. Estas son las cuatro eras geológicas más importantes de la historia de la Tierra:

1. **Precámbrico:** hace aproximadamente 4 mil millones de años no habia vida en tierra; la vida floreció en el océano, primero con bacterias, luego esponjas, corales, medusas y gusanos.

2. **Paleozoico:** hace 545 a 245 millones de años, definido por el advenimiento, la evolución y la extinción de cualquier forma de vida, la vida comenzó a moverse del agua a la tierra cuando la tierra emergió y se formó; surgieron las primeras plantas y anfibios.

3. **Mesozoico:** desde 245 a 66 millones de años, ocurrieron los períodos Triásico, Jurásico y Cretáceo. Cada período tiene características únicas, pero un elemento unificador es la presencia de dinosaurios, que aparecieron por primera vez en el período Triásico pero experimentaron una extinción masiva al final del período Cretácico.

4. **Cenozoico:** desde hace 66 millones de años hasta el presente, caracterizado por una extensa evolución y selección natural, muchas especies distintas comenzaron a formarse; los homínidos (una rama de animales que incluye humanos modernos) comenzaron a desarrollarse por primera vez.

Datación por radiocarbono

Gran parte de lo que sabemos sobre las formas y épocas de vidas pasadas se ha recopilado a partir de evidencia fósil. Los **fósiles** representan los restos de seres vivos conservados en capas de rocas antiguas o **estratos**. Los fósiles pueden ser petrificados cuando minerales depositados reemplazan al organismo original; la madera petrificada es un ejemplo. Se crean otros fósiles cuando se forman impresiones a través de la compresión, dejando una película carbonosa del organismo. A veces se conserva una planta u organismo completo, como cuando un pedazo de ámbar (savia de árbol petrificado) atrapa a un insecto. Cuando los estratos están expuestos, como lo están en las paredes del Gran Cañón, los fósiles se pueden poner en orden cronológico. Esto se basa en la ley de **superposición**, que es simplemente que entre más profunda es la capa, más antigua es.

Los fósiles proporcionan pruebas de que diferentes formas de vida han existido en diferentes momentos en toda la historia de la Tierra. Los geólogos pueden usar las muestras minerales y biológicas en varios estratos para determinar la edad de las capas de roca a través de un método denominado **datación absoluta** o **datación por radiocarbono**. En general, este método de datación involucra el elemento carbono, que se encuentra en toda la vida biológica. Carbono-12, la forma normal del elemento, contiene 6 protones y 6 neutrones. Sin embargo, el isótopo del carbono-14 contiene 8 neutrones y, por lo tanto, es inestable. Se desintegra radiactivamente en otros elementos a una velocidad determinada. El tiempo requerido para que el 50 % de una muestra pura de un isótopo radiactivo, como carbono-14, entre en descomposición se conoce como la **vida media** del isótopo. A través de la datación por radiocarbono, la cantidad de un isótopo radiactivo particular en una muestra puede medirse y usarse para determinar la edad de la muestra.

Composición de la Tierra

La Tierra consta de varias capas. La **litosfera** de la tierra, o capa externa, está hecha de la corteza y manto superior. La **corteza** es la capa más externa y más delgada, y muestra el mayor grado de variación; el grosor promedio de la corteza es de 3 a 25 millas. Se compone de rocas enriquecidas con silicio, potasio y sodio. La corteza oceánica es más densa que la corteza continental.

El **manto** es una capa intermedia que se extiende hasta la mitad del centro de la Tierra a una profundidad de 1,800 millas está compuesto de silicato enriquecido con magnesio y hierro y es ligeramente más denso que la corteza. Debido a altas temperaturas y presión, las rocas en el manto tienden a ser fluidas.

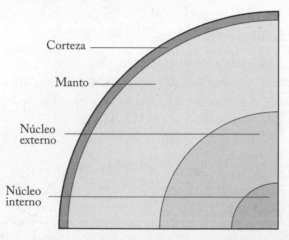

El **núcleo**, que es la capa más interna, consta de un **núcleo externo** y uno interno. El núcleo externo está principalmente fundido y consiste en níquel, hierro y azufre. Tiene 1,400 millas de espesor. El **núcleo interno** es sólido y está compuesto de hierro y níquel. El núcleo es mucho más denso que el manto o la corteza.

23. ¿Cuál de los siguientes es un posible objetivo de la datación por radiocarbono?
    A. Determinar la composición de capas profundas debajo de la superficie de la Tierra
    B. Comparar la duración de una era geológica con otra
    C. Determinar la edad de las especies extintas de animales
    D. Determinar la edad de la Tierra

Los fósiles son restos de organismos vivos y contienen carbono que se descompone con el tiempo. Al determinar la extensión de la descomposición a través de la datación por radiocarbono, es posible calcular en qué momento vivió el organismo. **La respuesta correcta es C.**

24. ¿Cuál de las siguientes afirmaciones sobre la composición de la Tierra es **verdadera**?

    A. La corteza exterior es uniforme en su espesor.

    B. El núcleo de la tierra es una bola ardiente y gaseosa.

    C. Las capas más profundas son más frías porque reciben menos calor del sol.

    D. Las capas más profundas son más densas que las capas más cercanas a la superficie.

El núcleo de la tierra es más denso que el manto (la capa media), que es más denso que la corteza. **La respuesta correcta es D.**

Rocas, suelo, y cambios en la Tierra

Las rocas se componen de combinaciones de diferentes minerales. Como se describe a continuación, hay tres categorías básicas de rocas: **ígneas**, **sedimentarias** y **metamórficas**. A medida que la Tierra sufre cambios graduales, cada tipo de roca se transforma constante pero lentamente en uno de los otros tipos en un proceso continuo llamado **ciclo de la roca**.

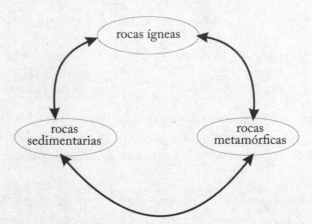

La **roca ígnea** se forma a partir del enfriamiento y la solidificación de la roca fundida, o magma, que se convierte en lava una vez que alcanza la superficie de la tierra. La roca ígnea intrusiva, como el granito, se forma a partir del magma enfriándose lentamente debajo de la superficie de la tierra. Esto permite un mayor tamaño de cristal. La roca ígnea extrusiva se forma cuando el magma se enfría rápidamente en la superficie de la tierra, dando como resultado una textura más fina. La roca volcánica en la forma de basalto es un ejemplo de roca ígnea extrusiva.

La **roca sedimentaria** aparece como pequeños fragmentos de roca formados a partir de la deposición de sedimentos debido a erosión o meteorización, o por procesos químicos. Estos pequeños fragmentos se pueden transportar a los cuerpos de agua (por viento o lluvia), donde se hunden hasta el fondo y se depositan en capas. La roca sedimentaria se puede clasificar en los siguientes tres tipos:

- Las rocas **clásticas** están formadas por fragmentos de roca previamente existentes. Las piezas pueden ser pequeñas como arena o más grandes como guijarros. La piedra arenisca es un ejemplo de roca clástica.
- Las rocas **orgánicas** se forman a partir de formas de vida previamente vivientes.
- Las rocas **químicas** se forman a partir de minerales disueltos que quedan del agua evaporada. La roca caliza y la tiza son ejemplos de rocas químicas.

La **roca metamórfica**, como los otros tipos, se forma a partir de roca preexistente. La característica única de la roca metamórfica es que se forma cuando las rocas están sujetas a altas temperaturas y presión,que cambian químicamente la roca original a un nuevo material. El mármol es un ejemplo de roca metamórfica.

Meteorización

La meteorización abarca una variedad de eventos mecánicos y químicos que se desintegran lentamente y descomponen rocas. **Eventos mecánicos** como la congelación y descongelación del agua dentro de las grietas de las rocas puede hacer que las rocas se expandan y agrieten. Las rocas también pueden ser desgastadas mecánicamente por el movimiento del viento. Las partículas de arena fina actúan como abrasivos y desgastan las rocas con el tiempo. El agua que fluye continuamente sobre las rocas también puede provocar meteorización mecánica. Las partículas de roca se raspan una contra la otra en el flujo de agua en un lago o río, alejándose unas de las otras.

Las rocas también pueden gastarse por el resultado de **eventos químicos** que actúan para disolverlas. Un ejemplo de tal evento implica **lluvia ácida**, que ocurre cuando los contaminantes artificiales en la atmósfera se combinan con agua de lluvia y se vuelven ácidos. Los compuestos ácidos que se forman, incluido el ácido sulfúrico, pueden ser lo suficientemente fuertes como para erosionar las rocas.

Suelo

El suelo se crea a partir de rocas erosionadas. Hay dos tipos principales de suelo. El **suelo residual** se encuentra en la parte superior de la roca de la que se formó. El **suelo transportado** se ha movido desde su roca de origen, por lo que puede no parecerse a la roca subyacente. Otro tipo de suelo, el **humus**, se crea a partir de organismos muertos como animales (especialmente gusanos, insectos, bacterias y hongos) y materia vegetal en descomposición. Esta forma de suelo es muy importante para el crecimiento de las plantas. Entonces el suelo es en realidad una mezcla de roca erosionada y material orgánico, y, por lo tanto, varía según el tipo de roca a partir de la cual se formó y los organismos en el suelo.

Fuerzas de erosión y deposición

La **erosión** es una fuerza importante que es responsable del cambio gradual del paisaje de la Tierra. La erosión ocurre cuando las rocas y el suelo se mueven de un lugar y finalmente se depositan en otro lugar. La erosión puede ser causada por una variedad de fuerzas, que incluyen agua, viento, gravedad y glaciares.

Agua

El agua producida como escorrentía por la lluvia fluye cuesta abajo, llevando consigo partículas a medida que se mueve, y cuando va hacia la tierra, puede erosionarla y crear barrancos. Las regiones áridas que no tienen mucha vegetación para retener el suelo (por raíces) o para absorber el agua, experimentan aun más erosión. Los barrancos pueden llegar a ser lo suficientemente profundos como para formar corrientes que causen una mayor erosión por la abrasión de los sedimentos en movimiento contra las rocas. El agua que se mueve rápidamente puede transportar una gran cantidad de sedimento, y con el tiempo puede cambiar completamente un paisaje. Las laderas que carecen de vegetación muestran los efectos más pronunciados de la erosión hídrica. El Gran Cañón se formó de esta manera en el curso de muchos milenios.

El término **aluvión** hace referencia al limo, arcilla, arena, grava y otros materiales sedimentarios depositados por agua que fluye. El aluvio se puede depositar en los cauces o en las desembocaduras de los ríos para formar **deltas**. Eso también puede extenderse a través de una llanura en forma de abanico, que se conoce como **abanico aluvial**.

Viento

El viento transporta sedimentos por muchas millas, y sus efectos abrasivos pueden crear nuevos sedimentos.

Gravedad

La fuerza de gravedad es una constante en la Tierra, y juega un papel en la erosión. Así como somos arrastrados por la gravedad, también lo son las masas de tierra. La gravedad tira de las rocas y el suelo, enviándolas por las laderas en una acción llamada **desperdicio de masa**. El rápido desperdicio de masa se produce en forma de deslizamientos de tierra y de lodo. Los deslizamientos se producen cuando los terremotos aflojan el suelo o cuando el agua de lluvia empuja las rocas por una pendiente.

Glaciares

El tamaño de los glaciares facilita la comprensión de cómo pueden causar erosión. Los glaciares son como enormes ríos de hielo que se mueven lentamente a través de un paisaje y empujan grandes rocas sobre una capa de hielo y barro. Esto da como resultado una fuerte abrasión glacial. Los glaciares también dejan grandes rocas o partículas extrañas de diferentes regiones atrás mientras se derriten y se mueven. Un ejemplo de abrasión glaciar es el valle de Yosemite en California.

25. ¿Cuál NO se consideraría una causa de erosión?
   A. Compresión a altas temperaturas
   B. La congelación del agua en grietas entre rocas
   C. Finas partículas de arena arrastradas por el viento
   D. Agua que fluye rápidamente, como en un río

La fuerza de compresión no ayuda en la desintegración de las rocas. Por el contrario, en las altas temperaturas de compresión se forman rocas metamórficas como el mármol. Las opciones B, C y D son causas de erosión rocosa. **La respuesta correcta es A.**

> **26.** ¿Cómo se formó el Gran Cañón?
>   **A.** Por erosión del suelo
>   **B.** Por el ciclo natural de la roca
>   **C.** Por abrasión glacial
>   **D.** Por erosión hídrica

El Gran Cañón se formó por el flujo continuo de agua cuesta abajo que se llevó los sedimentos rocosos, lo que resultó en barrancos que se hicieron más y más profundos con el tiempo. **La respuesta correcta es D.**

Cambio global, placas tectónicas y formas

Hace aproximadamente 225 o 250 millones de años, los continentes se unieron como un continente importante llamado Pangea. Esta masa de tierra finalmente se dividió en varias masas de tierra más pequeñas que se separaron hasta convertirse en los siete continentes de hoy. En un mapa o globo, los continentes parecen encajar, como piezas de un rompecabezas. Esta y otras pruebas dieron origen a la teoría de la **deriva continental**, donde los científicos están convencidos de que los continentes continúan cambiando, impulsados por las interacciones entre las placas tectónicas.

Las **placas tectónica** es la teoría científica que explica el movimiento de la corteza terrestre. Como se mencionó anteriormente, la litosfera de la Tierra, o capa externa, está hecha de la corteza y el manto superior. La corteza se separa en siete platos principales y docenas de platos menores. La ubicación donde se unen dos platos se llama **límite de placas**. Un límite de placas también se conoce como **falla**, que se define como una fractura en la roca donde ha habido movimiento y desplazamiento. Es importante señalar aquí que mientras que los límites de las placas son fallas, las fallas pueden ocurrir y ocurren en otros lugares de la corteza terrestre.

El movimiento de las placas tectónicas es probablemente causado por las corrientes de **convección** en la roca fundida del manto de la tierra debajo de la corteza. Dentro del manto superior, las diferencias de temperatura causa que se formen corrientes. El **magma** calentado por el núcleo se eleva hacia la corteza, mientras que el magma cercano a la corteza se enfría y se hunde. El resultado de este ciclo son las corrientes de convección que separan o comprimen las placas, transfiriendo calor de un lugar a otro mediante el movimiento en masa de un fluido como agua, aire o roca fundida.

Hay cuatro tipos básicos de movimiento que pueden ocurrir entre placas adyacentes:

1. La **colisión** ocurre cuando dos placas continentales se juntan. Estos límites convergentes pueden producir terremotos, pero su efecto más gradual es la formación de montañas. Las fuerzas de compresión hacen que las dos placas se eleven y formen montañas. El Himalaya, las montañas en Asia Central, proporcionan la demostración de la colisión más llamativa de placas de la Tierra.

2. La **subducción** ocurre cuando una placa más densa (como la corteza oceánica) se desliza debajo de otra placa que es menos densa (como una placa continental). A medida que la placa más densa se empuja hacia abajo, se derrite y, eventualmente, el material fundido entra en erupción y sube la superficie de la tierra. La erupción de 1980 del monte Saint Helens en el estado de Washington es un buen ejemplo de una erupción causada por subducción.

3. La **dispersión** ocurre cuando dos placas se alejan una de la otra. Estos límites divergentes crean una zona de fisura, un área que se define por la alta actividad volcánica. Las corrientes de convección pueden mover el magma a la superficie, separando la superficie y creando un hueco que se llena con material fundido. El Cuerno de África es una zona de fisura en la tierra, y la Dorsal del Atlántico Medio es una zona de fisura submarina profunda.

4. El **cizallamiento** ocurre cuando dos placas se deslizan gradualmente sin tocarse. Conocido como un límite de transformación, este movimiento deslizante puede causar terremotos poco profundos y crestas volcánicas. La falla de San Andrés en California es un excelente ejemplo de este tipo de movimiento lateral.

Echemos un vistazo más de cerca a cómo las fuerzas de las placas tectónicas transforman la superficie de la tierra.

Montañas

Las **montañas plegadas** se desarrollan por la lenta compresión de capas de roca sedimentaria y/o volcánica. Este proceso da como resultado montañas que son onduladas, parecen una alfombra que ha sido empujada. Ejemplos de este tipo de cordillera incluyen los Apalaches, Los Alpes y las Montañas Rocosas del Norte. Las **montañas de fallas** se desarrollan cuando se ejerce fuerza de tracción a lo largo de una grieta en la corteza. Con el tiempo, se forma una montaña con un lado delimitado por una falla normal de un ángulo medio-alto. La propagación de los segmentos de la corteza por la fuerza de tracción causa agrietamiento, y la corteza se levanta. Un ejemplo de este tipo de formación montañosa es la cordillera Sierra-Nevada en California.

Volcanes

Los volcanes están formados por la actividad ígnea (el enfriamiento y el endurecimiento del magma) debajo de la litosfera. Cuando el magma caliente debajo de la litosfera está bajo una gran presión y altas temperaturas, entra en erupción hacia la superficie y forma un volcán. Cuando el magma alcanza la superficie de la litosfera, se llama **lava**. No toda la actividad volcánica es igual. Algunas erupciones son violentas, mientras que otras son tranquilas. La mayoría de las principales erupciones volcánicas, así como los grandes terremotos, ocurren en tres zonas principales del mundo donde se encuentran la mayoría de las placas terrestres.

Temblores

Las presiones acumuladas dentro de la tierra también pueden provocar **terremotos**. Cuando la corteza se mueve y cambia, se crean vibraciones de diversos grados, llamados terremotos. Como se señaló anteriormente, las placas tectónicas se mueven a lo largo de límites. Las placas pueden juntarse, separarse o deslizarse entre sí. Estos movimientos reducen la tensión y las fuerzas de compresión creadas por las corrientes de convección dentro del manto superior. La tensión liberada es el terremoto.

La fuerza de los terremotos se mide y compara en función de la amplitud de las ondas que crean, llamadas **ondas sísmicas**. Estas ondas se dividen en tres tipos:

1. **Las ondas primarias** (ondas P o longitudinales) son ondas comprimidas que viajan muy rápido, especialmente a través de materiales más densos de naturaleza sólida, líquida o gaseosa. El daño que causan es moderado.

2. **Las ondas secundarias** (ondas S o transversales) son ondas de lado a lado que viajan a velocidades más lentas que las ondas P. Las ondas S sólo viajan a través de los sólidos y causan más daño que las ondas P. Sabemos que el núcleo externo de la Tierra está fundido porque estas ondas se pierden en el análisis sismógrafo.

3. **Las ondas superficiales** (ondas L, o Love y Rayleigh) provocan un desplazamiento y un temblor en la corteza terrestre, tanto hacia arriba como hacia abajo y de lado a lado. Las ondas L son las ondas más lentas, pero causan el daño más severo.

Un terremoto o una erupción volcánica que ocurre en el fondo del océano puede causar olas masivas llamadas **tsunamis**.

27. La teoría de las placas tectónicas explica todos los siguientes fenómenos, EXCEPTO:
    A. la dirección de las corrientes oceánicas.
    B. actividad sísmica.
    C. erupciones volcánicas.
    D. la formación de cordilleras.

Las corrientes oceánicas no tienen nada que ver con las placas tectónicas. Por otro lado, el desplazamiento de las placas que conforman la corteza terrestre es lo que hace que la tierra tiemble, los volcanes erupcionen, las cadenas montañosas se formen, y los continentes se muevan. **La respuesta correcta es A.**

28. ¿Qué fuerza actúa tanto en terremotos como en erupciones volcánicas?
    A. Subducción
    B. Gravedad
    C. Presión
    D. Corte

Las corrientes de convección se crean cuando el magma más cerca del núcleo se calienta y se eleva mientras el magma más cerca de la corteza se enfría y se hunde. Estas corrientes crean compresión (presión), así como tensión (tracción) en las placas, resultando en terremotos. Cuando el magma debajo de la litosfera se calienta lo suficiente, puede acumularse suficiente presión para causar una erupción volcánica. **La respuesta correcta es C.**

Recursos naturales

Un **recurso natural** es todo lo que obtenemos del medio ambiente natural para satisfacer nuestras necesidades básicas de alimentos, energía, vestimenta y refugio. Los recursos renovables, como el aire y el agua, se reponen en el medio ambiente a través de ciclos naturales. Muchos recursos naturales son finitos o no renovables; cuando se agota el suministro, desaparecen para siempre. Los recursos no renovables incluyen cobre, hierro, petróleo, carbón y gas natural.

Energía renovable

Las fuentes de energía renovables se pueden reponer en un corto período de tiempo. Los cinco tipos de fuentes renovables que se utilizan con mayor frecuencia son los siguientes:

1. **Biomasa:** la biomasa es un material orgánico que ha almacenado la luz solar en forma de energía química. Incluye madera, paja y estiércol.

2. **Solar:** la energía solar es la radiación solar del sol que llega a la tierra. Se puede convertir directa o indirectamente en otras formas de energía, como calor y electricidad.

3. **Energía hidroeléctrica:** la energía hidroeléctrica se crea cuando el agua en movimiento, como un río o una cascada, se dirige, encausa o canaliza. El agua fluye a través de una tubería y luego gira las aspas en una turbina para hacer girar un generador que produce electricidad.

4. **Viento:** los humanos han usado el viento como fuente de energía durante miles de años. Por ejemplo, las velas capturan el viento para impulsar los botes, y las turbinas eólicas usan el viento para generar electricidad.

5. **Geotérmica:** cuando el vapor y el agua caliente han quedado atrapados naturalmente en la corteza terrestre, los ingenieros perforan la corteza y permiten que el calor escape, ya sea como vapor o agua muy caliente. El vapor hace girar una turbina que genera electricidad. Esto se conoce como energía geotérmica.

Energía no renovable

Las fuentes de energía no renovables se extraen de la tierra como líquidos, gases y sólidos. El petróleo, el carbón y el gas natural se denominan **combustibles fósiles** porque se crean a partir del carbono en los restos enterrados de plantas y animales que vivieron hace millones de años.

- **Petróleo:** el petróleo se forma a partir de los restos de animales marinos y plantas que han sido cubiertas por capas de lodo. El calor y la presión de estas capas convierten los restos en petróleo crudo. Después de que el petróleo se retira del suelo, se envía a una refinería, donde las diferentes partes del petróleo crudo se separan en productos utilizables que van desde gasolina para motores y propano, hasta tinta, goma de mascar y jabón para lavar platos.

- **Carbón:** los lechos de carbón se encuentran cerca de la superficie del suelo. Las centrales eléctricas queman carbón para producir vapor; el vapor hace girar las turbinas para generar electricidad. Los ingredientes separados del carbón (como el metanol y el etileno) se utilizan para fabricar plásticos, alquitrán y fertilizantes. El carbón también juega un papel integral en el proceso de fabricación de acero.

- **Gas natural:** al igual que el petróleo y el carbón, el gas natural se forma cuando los restos vegetales y animales se descomponen y están cubiertos de barro y tierra. La presión y el calor cambian este material orgánico a gas natural. El ingrediente principal en el gas natural es el metano. Se utiliza para calentar hogares y es un material esencial para productos como pinturas, fertilizantes y anticongelantes.

El **mineral de uranio** es la fuente de combustible para los reactores nucleares, que se extrae y se convierte en combustible. El uranio no es un combustible fósil. Las **centrales nucleares** producen energía a través de la fisión o división de átomos de uranio, lo que crea calor. Ese calor hierve agua para producir el vapor que hace girar una turbina-generador. La parte de la planta donde se produce el calor se llama núcleo del reactor.

La distinción entre recursos renovables y no renovables se explica en la sección de energía de la ciencia física. Para los recursos renovables, también es importante tener en cuenta la diferencia entre uso sostenible e insostenible. Si un recurso renovable se está utilizando más rápidamente de lo que se está renovando, se está utilizando de manera insostenible. En algunos lugares de la Tierra, el agua, la madera y el suelo se utilizan de manera insostenible.

29. ¿Cuál de los siguientes está involucrado en el proceso de conversión de recursos naturales renovables y no renovables en energía?
    A. Vapor
    B. Carbono
    C. Viento
    D. Fósiles

La energía geotérmica se produce cuando se libera vapor (un recurso renovable) de la corteza terrestre, la energía se produce a partir del carbón (un recurso no renovable) al quemar el carbón para producir vapor, y la fisión nuclear produce energía cuando el calor de la fisión hierve el agua para producir vapor. En los tres procesos, el vapor se utiliza para impulsar turbinas que generan energía eléctrica. **La respuesta correcta es A.**

Oceanografía

Los océanos cubren poco más del 70 % de la superficie terrestre y representan aproximadamente el 97 % del agua total del planeta. A nivel mundial, la composición del agua del océano incluye una variedad de iones, incluidos cloruro, sodio, sulfato, magnesio, calcio, potasio y bicarbonato. La salinidad promedio (concentración de sal) del agua del océano en todo el mundo es de 3.5 %.

Los océanos producen **corrientes** que tienen patrones predecibles en todo el mundo (ver el mapa a continuación). Estas corrientes, que se desarrollan a partir de los patrones globales del viento y las diferencias de temperatura del agua, ayudan a determinar las temperaturas dentro de los océanos, así como en la atmósfera.

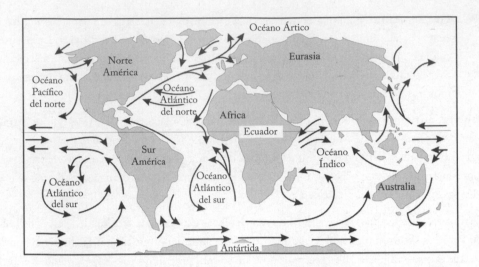

Los **márgenes continentales** son áreas donde los continentes se encuentran con los océanos. Los márgenes continentales están formados por plataformas continentales, que son extensiones de la corteza continental sumergidas debajo de los océanos. La **plataforma continental** se proyecta hacia afuera desde la costa a una profundidad de aproximadamente 100 metros (325 pies). Se cree que la plataforma continental pudo haber sido tierra seca en un momento en que los océanos eran más pequeños que sus tamaños actuales. La plataforma continental da paso a la pendiente continental, que desciende abruptamente hasta el fondo del océano. La **plataforma continental** se convierte en la llanura abisal del fondo oceánico profundo. La **llanura abisal** está a unos 4,000 o 5,000 metros bajo el nivel del mar. Esta profundidad no lo hace habitable para la mayoría de las formas de vida marina. De hecho, la llanura abisal es como un desierto árido. La mayoría de la vida marina y la vegetación se agrupan más cerca de las aguas costeras poco profundas donde la luz solar es más abundante.

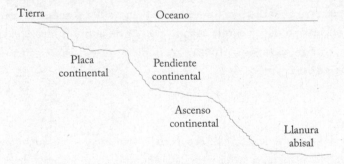

Las características topográficas notables del fondo marino incluyen las siguientes:

* **Montes submarinos:** picos volcánicos submarinos que, sobre el nivel del mar, forman islas (Hawái es un ejemplo de monte submarino).

* **Crestas del océano medio:** muros lineales largos que pueden elevarse aproximadamente 1.5 millas sobre el fondo del océano circundante y están formados por una actividad sísmica y volcánica pronunciada (cuando el fondo del océano se separa y se crea una nueva corteza oceánica).

* **Zanjas:** depresiones estrechas y empinadas en el fondo del océano que pueden alcanzar profundidades de más de 7 millas.

La pregunta 30 hace referencia al siguiente mapa.

30. ¿Cuál de los siguientes ayuda a explicar los patrones de corriente oceánica que se muestran en el mapa de arriba?

    A. La lluvia es más fuerte cerca del ecuador y más ligera cerca de los polos.

    B. Los vientos globales generalmente soplan de norte a sur.

    C. Los puntos estrechos del océano entre algunos continentes aumentan la velocidad actual.

    D. El agua fría tiende a hundirse, mientras que el agua tibia tiende a subir.

El agua fría es más densa que el agua tibia, por lo que el agua cerca de los polos se hunde mientras que el agua más cálida cerca del ecuador se eleva. Este hundimiento y ascenso simultáneos facilita un patrón de circulación que luego es dirigido por los vientos predominantes, que varían de una región a otra. **La respuesta correcta es D.**

31. ¿Cuál es la razón principal por la que la vida marina NO PUEDE prosperar cerca del fondo del océano profundo?

    A. El agua está muy fría.

    B. No hay suficiente luz solar.

    C. La corriente oceánica es demasiado fuerte.

    D. La presión del agua de arriba es demasiado grande.

Las profundidades del océano prácticamente no reciben luz solar. Las plantas verdes necesitan luz solar para producir sus propios alimentos a través de la fotosíntesis, y la vida animal en el mar depende de esas plantas para alimentarse. Por lo tanto, la vida no puede prosperar cerca de los fondos oceánicos profundos. **La respuesta correcta es B.**

Meteorología

La **meteorología** es el estudio científico de la atmósfera y las condiciones atmosféricas de la Tierra, especialmente en lo relacionado con el tiempo y el clima. La atmósfera de la Tierra no solo sustenta la vida, sino que también actúa como un escudo que filtra la radiación dañina y los meteoritos pequeños. La atmósfera está dominada por dos gases principales, nitrógeno al 78 % y oxígeno al 21 %.

Atmósfera terrestre

La atmósfera de la Tierra tiene cuatro capas: la **troposfera**, la **estratosfera**, la **mesosfera** y la **termosfera** (consulte la siguiente figura). En términos generales, tanto la presión del aire como la temperatura disminuye a medida que aumenta la altitud (distancia desde la superficie terrestre). Sin embargo, a ciertas altitudes, las temperaturas aumentan, como se discute a continuación.

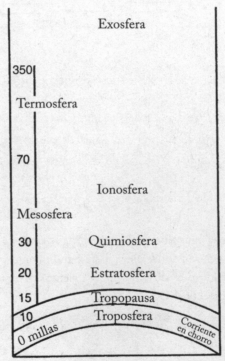

La troposfera

La **troposfera** es la capa más baja y representa aproximadamente el 80 % de la atmósfera de la Tierra en peso. Desde el nivel del suelo, se extiende a una altitud que varía de 4 a 10 kilómetros (6.2 millas). La troposfera es la capa principal de circulación atmosférica. La porción más baja de la troposfera (la "corriente en chorro" en la figura) es donde ocurre la mayor parte del clima de la Tierra.

La estratosfera

La **estratosfera** está por encima de la troposfera. Aunque la temperatura del aire generalmente cae con la altitud, en la estratosfera permanece constante y en realidad aumenta hasta la mesosfera. La razón del aumento es que los gases de efecto invernadero en este nivel atrapan el calor que irradia desde la superficie de la Tierra (discutido con más detalle en "Gases de efecto invernadero, calentamiento global y agotamiento de la capa de ozono").

La mesosfera

La **mesosfera** se encuentra por encima de la estratosfera y es la capa donde los meteoros comienzan a arder al entrar en la atmósfera. La frontera entre la mesosfera y la estratosfera marca el límite exterior de la alta concentración de ozono, por lo que es en esta frontera donde la temperatura nuevamente comienza a disminuir a medida que aumenta la altitud.

La termosfera

Por encima de la mesosfera y con un rango de 311 a 621 millas sobre la superficie de la tierra, se encuentra la **termosfera**. El aire a este nivel es delgado y altamente reactivo a la radiación solar entrante. Dentro de esta capa, las temperaturas aumentan nuevamente a medida que las moléculas de aire absorben la radiación de onda corta producida por el viento **solar**. El viento solar es una corriente de gases ionizados expulsados del sol a velocidades supersónicas. Durante períodos de velocidad máxima, la temperatura en la termosfera puede alcanzar hasta 1,225 °C (2,237 °F), mientras que durante los períodos de baja actividad del viento solar, las temperaturas pueden caer hasta 225 °C (437 °F). Estas fluctuaciones de temperatura se deben a la naturaleza delgada del aire a esta altitud, ya que hay pocas moléculas presentes para absorber y distribuir el calor.

La ionosfera

La **ionosfera** no es una capa atmosférica distinta; más bien, es una región de la atmósfera superior de la Tierra que incluye la termosfera y partes de la mesosfera y la exosfera, la capa más alta de la Tierra. La ionosfera está ionizada (de ahí su nombre) por la radiación solar que se forma en la termosfera.

Gases de efecto invernadero, calentamiento global y agotamiento de la capa de ozono

Además del nitrógeno y el oxígeno, la atmósfera de la Tierra también contiene trazas de otros gases. Uno de estos gases traza es el dióxido de carbono (CO_2). Lo que le falta a este gas en abundancia (es solo aproximadamente el 0.035 % de la atmósfera total) compensa en impacto. El dióxido de carbono, junto con el vapor de agua y el metano, forman lo que se conoce como **gases de efecto invernadero**, que también se producen naturalmente en la atmósfera de la Tierra. Cuando la superficie de la Tierra absorbe la luz solar, se calienta y emite rayos infrarrojos (ondas de calor). Gran parte de esta energía térmica no puede pasar a través de los gases de efecto invernadero y calienta la atmósfera. En otras palabras, el efecto ocurre porque la atmósfera es transparente a los rayos de luz visibles pero no a los rayos infrarrojos. El calor global resultante, llamado **efecto invernadero**, juega un papel vital en el mantenimiento del clima hospitalario de la Tierra y sus frágiles ecosistemas. De hecho, sin estos gases, la Tierra sería un poco más fría, resultando en un planeta helado no apto para muchas formas de vida.

Desde principios del siglo XX, y especialmente en las últimas décadas, las emisiones contaminantes de automóviles, fábricas y hogares han aumentado la cantidad de dióxido de carbono en la atmósfera. Debido a que el dióxido de carbono atrapa el calor, los científicos creen que existe una relación directa de causa y efecto entre el aumento de dióxido de carbono y el aumento de las temperaturas en todo el mundo. Este fenómeno se conoce como **calentamiento global** o, más generalmente, como **cambio**

climático. Las tendencias actuales indican que las temperaturas atmosféricas están en aumento. Al mismo tiempo que los humanos han estado produciendo más y más gases de efecto invernadero a través de la industrialización, han estado despojando los bosques del mundo. Los árboles y otras plantas absorben CO_2 durante la fotosíntesis y luego emiten el oxígeno que respiramos como desecho. Menos bosques significa más acumulación de dióxido de carbono en la atmósfera, lo que contribuye aún más al calentamiento global.

Junto con el calentamiento global, existe otro problema atmosférico inducido por el ser humano conocido como **agotamiento de la capa de ozono**. La capa de ozono de la Tierra actúa como un filtro natural en la estratosfera, protegiendo la vida en la Tierra de la sobreexposición a la dañina radiación ultravioleta del sol. Sin embargo, la capa de ozono de la estratosfera se ha visto comprometida por el uso humano de productos químicos nocivos, especialmente un grupo de productos químicos llamados **clorofluorocarbonos (CFC)**, que se utilizan en refrigerantes, espumas, solventes y propulsores. El uso excesivo de CFC ha causado que aparezcan "agujeros" en la capa de ozono. Recientemente el problema ha alcanzado un nivel alarmante, y la mayoría de las naciones desarrolladas del mundo han acordado por tratado limitar drásticamente su uso y producción de CFC.

> **32.** ¿Qué explica el aumento de las temperaturas en la termosfera?
>   **A.** Fricción de meteoros entrantes
>   **B.** Variaciones en la presión del aire
>   **C.** Exposición a radiación solar de onda corta
>   **D.** Una alta concentración de ozono

Como la capa más externa de la atmósfera, la termosfera absorbe la radiación de onda corta del sol (viento solar), lo que puede aumentar dramáticamente las temperaturas en esa zona. **La respuesta correcta es C.**

> **33.** ¿Cuál es una declaración precisa sobre los gases de efecto invernadero?
>   **A.** Nos protegen de la radiación nociva del sol.
>   **B.** Son tóxicos para la mayoría de los humanos y, por lo tanto, representan una amenaza para nuestra especie.
>   **C.** Mantienen la tierra lo suficientemente caliente como para sostener la vida.
>   **D.** Son perjudiciales para muchas plantas de las que dependen los humanos para alimentarse.

Los gases de efecto invernadero atrapan parte de la radiación solar después de que se refleja en la superficie de la Tierra, lo que ayuda a mantener la Tierra lo suficientemente caliente como para propiciar la vida tal como la conocemos. **La respuesta correcta es C.**

Tiempo y clima

Aunque el sol golpea la tierra en todas partes, la energía solar es más fuerte en la línea ecuatorial, donde los rayos de luz se reciben más directamente, y más débil en los polos, donde las ondas de luz del sol golpean la superficie en una inclinación. El aire en la atmósfera de la tierra circula, lo que tiene el efecto de hacer que las temperaturas sean menos extremas. Es esta circulación la que inicia lo que llamamos **clima**: las muchas condiciones atmosféricas en cualquier lugar en un período de tiempo determinado.

Presión atmosférica (aire)

La atmósfera de la tierra tiene una masa de 5 mil millones de toneladas. La mayor parte de esto se encuentra en la troposfera, a menos de 18 kilómetros (11 millas) de la superficie del planeta. La gravedad mantiene esta masa en una envoltura que rodea la tierra. La masa de la atmósfera aplica presión, llamada **presión atmosférica**. Cuanto mayor es la densidad del aire, mayor es la presión atmosférica. La presión disminuye con la altitud porque la densidad disminuye. La temperatura y la humedad también afectan la presión del aire. Las temperaturas más frías producen aire más denso y mayor presión de aire; el aire húmedo tiene una menor densidad y presión que el aire seco.

Masas de aire

Las **masas de aire** son grandes cuerpos de aire que se distinguen por su temperatura, presión y humedad, y se desarrollan debido a las condiciones locales en su lugar de origen. Por ejemplo, si se desarrolla una masa de aire sobre los trópicos, será cálida. Si se desarrolla una masa de aire sobre los polos, será fría.

Cuando dos masas de aire de diferentes características chocan y se mezclan, se producen condiciones climáticas fluctuantes. Esta reunión de dos masas de aire se llama un **frente**. Se desarrolla un **frente frío** cuando el aire frío y seco empuja por debajo al aire más cálido y húmedo, lo que obliga al aire más cálido ir hacia arriba. Se desarrolla un **frente cálido** cuando el aire cálido y húmedo empuja hacia abajo al aire más frío y seco. En cualquier caso, el aire cálido, que es más liviano que el aire frío, se eleva y se enfría, luego se condensa a lo largo del límite entre ambos, lo que resulta en precipitaciones como lluvia o nieve. Las tormentas eléctricas a menudo se asocian con frentes fríos. Otros tipos de frente incluyen un **frente estacionario** (cuando las masas de aire se mueven paralelas entre sí sin mezclarse) y el **frente ocluído** (cuando un frente frío de rápido movimiento supera a un frente cálido).

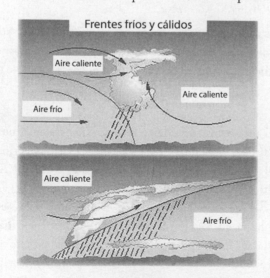

Frentes fríos y cálidos

Aire caliente

Aire caliente

Aire frío

Aire caliente

Aire frío

Humedad

La **humedad** aumenta cuando la energía del sol calienta un cuerpo de agua, y luego el agua se evapora en el aire. A cualquier temperatura dada, el aire puede contener solo una cantidad limitada de humedad. Si se supera el punto de saturación, el vapor de agua se condensa y vuelve a la tierra como precipitación (lluvia o nieve).

La **humedad relativa** hace referencia a la relación entre la cantidad de vapor de agua en el aire y la cantidad máxima de vapor de agua que el aire puede retener sin que se condense, a una temperatura dada. La relación se expresa como un porcentaje: a medida que la humedad relativa alcanza el 100 %, la precipitación se vuelve más probable debido a que el aire no puede contener vapor de agua adicional. El aire caliente puede retener más vapor de agua que el aire frío, lo que explica por qué la humedad generalmente se asocia con temperaturas cálidas, especialmente cerca de grandes cuerpos de agua.

La temperatura a la que el vapor de agua se condensa y se convierte en líquido se llama punto de rocío. En el punto de rocío, pueden aparecer grandes gotas de agua en las superficies en forma de rocío, mientras que también pueden quedar gotas más pequeñas suspendidas en el aire en forma de niebla. Como se sugirió, el aire húmedo, que generalmente es cálido, tiene un punto de rocío más alto que el aire seco. Esto explica por qué el rocío y la niebla tienden a formarse cuando la temperatura del aire es relativamente fría.

Formación de nubes

Las **nubes** se forman cuando el aire caliente sube y luego se enfría por debajo del punto de rocío, formando pequeñas gotas de agua o partículas de hielo suspendidas en la atmósfera. Las nubes casi siempre se forman a lo largo de los frentes meteorológicos, donde masas de aire frío y cálido chocan. Las **cúmulos de nubes**, que parecen hinchados, son el tipo más frecuentemente asociado con las condiciones climáticas inestables de los frentes climáticos. Al observar el movimiento de cúmulos, es posible evaluar el movimiento de los frentes. El sufijo—*nimbo* significa un cierto tipo de nube de tormenta. Por ejemplo, las nubes de cumulonimbos son nubes de cúmulos que pueden producir tormentas eléctricas violentas.

También hay otros tipos de nubes. Los dos tipos más comunes son **cirrus** y **stratus**. Las nubes cirrus son tenues y se componen principalmente de cristales de hielo. Las nubes stratus son relativamente planas y ocurren en aire húmedo y estable; estas nubes están compuestas de gotas de agua.

Viento

El viento se crea cuando el aire se mueve desde un área de alta presión atmosférica a una de menor presión atmosférica. Los patrones de viento a gran escala en la Tierra son principalmente el resultado del calentamiento desigual de la superficie de la Tierra causado por el sol. Se recibe más radiación solar cerca de la línea ecuatorial que en los polos, a medida que aumenta el aire caliente en esa área, crea una zona de baja presión que atrae el aire. Después el aire cálido sube, se mueve hacia los polos, enfriándose en el camino hasta que sea lo suficientemente denso como para descender, a medio camino entre la línea ecuatorial y los dos polos. A partir de ahí, parte del aire continúa hacia los polos, donde se encuentra con el aire frío y seco que fluye desde los polos hacia la línea ecuatorial. De esta manera, se crea un ciclo continuo de corrientes de aire entre los polos y la línea ecuatorial.

Por supuesto, los patrones de viento globales son en realidad un poco más complejos de lo que se acaba de describir. La rotación de la Tierra es el factor adicional más significativo en estos patrones. Cuando los vientos que descienden cerca del Trópico de Cáncer y del Trópico de Capricornio alcanzan la superficie de la tierra, son desviados hacia el este por la rotación de la Tierra, creando vientos **predominantes del oeste**, que se mueven de oeste a este (en meteorología, la dirección del viento está indicada por la fuente direccional del viento, no por la dirección en que se mueve el viento). Por el contrario, los vientos que regresan de los polos a la línea del ecuador, se desvían hacia el oeste. Estos vientos **predominantes del este** generalmente soplan desde aproximadamente 30° al norte de la línea ecuatorial hasta 30° al sur línea ecuatorial. Los patrones de viento a gran escala también están determinados en menor medida por otros factores, como las corrientes oceánicas, la disposición de los continentes, océanos y topografía.

Clima

El clima hace referencia a las condiciones climáticas generales de una región, como la temperatura, los vientos y las precipitaciones. El clima de una región se ve afectado principalmente por la **latitud** (distancia desde la línea ecuatorial). En general, las regiones ubicadas en o cerca de la línea ecuatorial experimentan un calentamiento continuo y altas precipitaciones y prácticamente no tienen estaciones. Las regiones más arriba y debajo de esta línea, se vuelven más estacionales, con veranos cálidos o calurosos e inviernos fríos o helados. Cerca de los polos, los inviernos se hacen cada vez más largos.

La latitud no es el único factor determinante en el clima de una región. Los patrones de viento a gran escala también juegan un papel importante, al igual que las diferencias de temperatura entre la tierra y el mar. Las corrientes oceánicas cálidas afectan el clima de las regiones cercanas al océano. En general, las regiones costeras experimentan temperaturas más moderadas que las regiones del interior. El agua relativamente tibia cerca de estas regiones calienta el aire sobre el agua, lo que a su vez eleva las temperaturas del aire sobre la tierra cercana.

La topografía de una región también juega un papel en la determinación de su clima. La elevación es especialmente significativa. No es raro ver montañas cubiertas de nieve en regiones cercanas a la línea ecuatorial. Cuanto mayor sea su elevación, es más probable que una región esté expuesta al aire, lo que no retiene bien el calor.

Ciclos de la materia

El ciclo del agua

El proceso que comienza cuando la energía del sol calienta un cuerpo de agua hasta el punto de evaporación y termina cuando el vapor se condensa y regresa a la Tierra se conoce como el **ciclo del agua**. El agua se mueve a la atmósfera por **evaporación** en forma de vapor de agua. Si el aire es más cálido, se eleva a través de la atmósfera, donde se enfría. La **condensación** ocurre cuando este aire enfriado se satura y el vapor de agua se condensa en gotas de agua o partículas de hielo, que luego regresan a la superficie de la Tierra como **precipitación**.

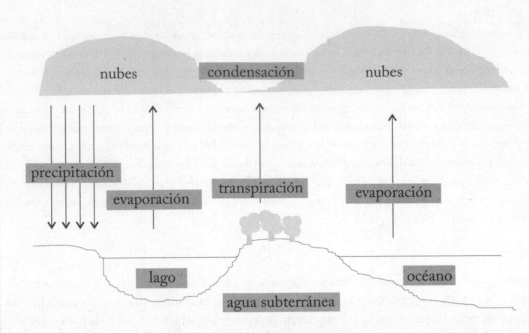

Junto a este componente del ciclo del agua hay un segundo componente que involucra a las plantas. El agua subterránea es absorbida por las raíces de las plantas, que hacen uso de los nutrientes contenidos en el agua. Entonces, a través del proceso de **transpiración**, la planta emite vapor que contiene agua y productos de desecho. El vapor de agua sube, se enfría y se condensa, lo que resulta en una precipitación que devuelve el agua a la Tierra, y el ciclo se repite.

Otros ciclos

Además del agua, se reciclan varios elementos importantes. El carbono y el oxígeno se reciclan continuamente por los procesos de fotosíntesis y respiración. Estos ciclos también incluyen varios viajes largos que pueden llevar millones de años. Las plantas y los animales muertos pueden hundirse en el fondo del océano, donde pasan largos períodos como el petróleo, el carbón o las rocas sedimentarias.

Peligros naturales

Muchos desastres naturales se originan en la atmósfera de la Tierra, incluidos huracanes, tornados, inundaciones y tormentas de nieve. Los desastres naturales como estos pueden causar lesiones y muertes generalizadas entre los humanos, además de causar suficientes daños a la propiedad como para afectar la economía nacional. Los tornados, inundaciones y huracanes generalmente ocurren a finales de la primavera y los meses de verano, cuando las temperaturas aumentan y las capas de nieve se derriten. Hay una temporada de huracanes designada, desde finales de junio hasta octubre, durante la cual los huracanes ocurren típicamente.

Para mitigar el daño y la pérdida de vidas, los gobiernos han implementado regulaciones de seguridad y planes de evacuación. Por ejemplo, Florida, que es propensa a los huracanes, tiene códigos de construcción especiales para techos y marcos. Estos incluyen correas de huracán para cerchas de techo, anclajes de placas especiales y correas para vigas de esquina y clavos adicionales en tejas. El estado de Florida también ha establecido rutas de evacuación bien definidas para ayudar a trasladar a un gran número de personas de las zonas costeras como Miami a las zonas del interior. En el Medio Oeste, donde prevalecen los tornados, las sirenas de advertencia están ubicadas alrededor de las ciudades para advertir a las personas sobre la llegada de tornados. Otros preparativos para desastres naturales pueden incluir diques, compuertas de inundación, y refugios para tormentas municipales y privados. Esto, junto con los avances en los modelos de predicción meteorológica, puede ayudar a reducir el daño de estos desastres naturales.

Los desastres naturales causados por procesos por debajo de la tierra no son tan predecibles. Estos incluyen terremotos, erupciones volcánicas y tsunamis. Los terremotos y tsunamis (que resultan de terremotos en el océano) pueden estar precedidos por terremotos más pequeños y menos intensos, pero los terremotos grandes también pueden ocurrir sin previo aviso. Las erupciones volcánicas, hasta cierto punto, emiten señales de advertencia que pueden incluir humo y cenizas que salen del volcán. Por ejemplo, en 1980, cuando estalló el Monte Saint Helens, fue precedido por pequeñas actividades sísmicas y varios días de humo y cenizas. Esto sirvió como advertencia, y la mayoría de las personas evacuaron. Nuestro creciente conocimiento de la actividad volcánica ha ayudado a prevenir algunas pérdidas de vidas.

Se han instalado sistemas de alerta temprana para tsunamis para ayudar a las personas a evacuar las zonas costeras. Incluso con las presencias de estas alertas, algunos lugares, especialmente las islas pequeñas, no son completamente seguros. En la historia reciente, el tsunami del Océano Índico de 2004 y el tsunami de 2011 en Japón provocaron una devastación generalizada que resultó en la muerte de cientos de miles de personas. Para reducir el daño a la propiedad, los gobiernos han modificado los códigos de construcción para que las estructuras puedan resistir terremotos. Estos cambios de diseño generalmente hacen que un edificio sea menos rígido, lo que le permite balancearse y moverse con los golpes sísmicos. Las medidas preventivas, como los códigos de construcción y los sistemas de advertencia combinados con la preparación individual (almacenamiento de suministros de emergencia y aprendizaje de las rutas de evacuación), han hecho que las personas estén en mejores condiciones para hacer frente a los desastres naturales.

34. El aire cálido y húmedo generalmente se asocia con ¿cuál de los siguientes?
   A. Baja presión de aire
   B. Vientos orientales
   C. Cirros
   D. Un frente estacionario

El aire caliente es menos denso que el aire más frío, y el aire húmedo es menos denso que el aire seco. La densidad del aire está relacionada directamente con la presión del aire: cuanto mayor es la densidad, más pesado es el aire y más presión ejerce hacia abajo. **La respuesta correcta es A.**

35. ¿Cuál de los siguientes NO contribuye a los patrones de viento a gran escala de la Tierra?
- **A.** Temperaturas del aire
- **B.** La presencia o ausencia de nubes
- **C.** Presión atmosférica
- **D.** La rotación de la tierra sobre su eje

La presencia o ausencia de nubes es en parte el resultado más que la causa de los patrones de viento. Cada una de las otras opciones de respuesta proporciona un factor contribuyente en los patrones de viento a gran escala de la Tierra. **La respuesta correcta es B.**

Astronomía

La **astronomía** es el estudio científico del universo y del tamaño, composición, movimiento y evolución de los cuerpos celestes: estrellas, planetas, galaxias y nebulosas (partículas finas de gas y polvo). La **astrofísica**, es una rama de la astronomía, que se ocupa de los procesos físicos y químicos que ocurren en el universo y en el espacio interestelar, incluidas la estructura, evolución e interacciones de las estrellas con los sistemas de estrellas.

El universo

Las teorías actuales proponen que el universo comenzó hace unos 14,400 millones de años en un evento llamado **Big Bang**. Los científicos han llegado a esta edad extrapolando hacia atrás de la radiación de fondo que se cree que quedó de ese evento. El universo comenzó como un punto infinitamente pequeño y se ha expandido rápidamente hacia afuera desde entonces. Los astrofísicos creen que esta expansión continua es impulsada por lo que llaman **energía oscura**. Esta es energía que es indetectable, pero que debe estar allí porque de no ser así, la atracción gravitacional de toda la masa en el universo haría que este se redujera en lugar de expandirse.

Órbita, rotación e inclinación de la Tierra

La Tierra exhibe dos tipos de movimiento: **rotación y revolución**. La rotación es la acción giratoria de la Tierra sobre su **eje** (una línea imaginaria que se extiende de polo a polo a través del centro de la Tierra), y la hace girar una vez cada 24 horas. Esto produce ciclos diarios de luz diurna y nocturna. El día y la noche existen porque solo la mitad del planeta puede enfrentar al Sol en un momento dado. La **traslación** es el movimiento de la Tierra alrededor del Sol. La Tierra tarda unos 365 días en completar una vuelta alrededor del sol a una distancia de 93 millones de millas. Esta órbita está en un patrón ovalado o **elíptico**. Los planetas más cercanos al sol tardan menos en orbitar el sol que los planetas más alejados. Por ejemplo, la órbita completa de Mercurio toma solo ochenta y ocho "días terrestres", mientras que la órbita completa de Júpiter tarda unos doce "años terrestres". La atracción gravitacional del sol mantiene a los planetas dentro de sus rutas orbitales.

Término	Definición	Diagrama
Rotación	el giro de un cuerpo en su axis, como una peonza	el axis
Traslación	el movimiento de un cuerpo alrededor de otro cuerpo	Tierra — Sol

Las variaciones estacionales experimentadas entre la zona de la línea ecuatorial y cada uno de los dos polos se deben principalmente a la inclinación rotacional de la Tierra. El eje de la Tierra no es perpendicular al plano elíptico que define su órbita alrededor del sol, está inclinado a una inclinación de aproximadamente 23° desde la perpendicular. Esta **inclinación** hace que algunas partes de la tierra reciban más luz solar y otras partes reciban menos, explicando las diferentes estaciones del año.

La Luna

Excepto Mercurio y Venus, todos los planetas de nuestro sistema solar tienen satélites o **lunas**. La luna de la Tierra (referida simplemente como "la Luna") está a unas 238,000 millas de la Tierra y orbita alrededor de ella una vez cada veintiocho días en una órbita ligeramente elíptica. La velocidad de rotación de la Luna mientras orbita alrededor de la Tierra es tal que desde la Tierra solo vemos la misma mitad. El llamado "lado oscuro" de la Luna siempre mira hacia el lado opuesto de la Tierra.

La Luna no emite su propia luz; más bien, refleja la luz del Sol. A medida que la Luna gira alrededor de la Tierra, parece recorrer una serie de **fases** a medida que el Sol la ilumina en diferentes ángulos en relación con la posición de la Tierra. En las noches en que no vemos ninguna parte de la Luna iluminada por el sol, el lado de ella que mira al planeta está completamente oscuro. Esto se llama luna nueva. A medida que la Luna continúa su órbita de 28 días en la Tierra, se vuelve más visible para nosotros. Cuando la mitad de la cara circular de la Luna es visible, se conoce como un **cuarto de luna**. Cuando toda la cara circular de la Luna es visible, se conoce como **luna llena**. Durante la segunda mitad de cada mes, vemos cada vez menos la cara de la Luna, hasta que, al final de un ciclo de 28 días, la porción iluminada por el sol está completamente fuera de nuestra vista, y el ciclo se renueva con la luna nueva.

La gravedad en la Luna es aproximadamente un sexto de la de la Tierra. Es la atracción gravitacional de la Luna y, en menor medida, del sol, lo que causa las **mareas** aquí en la Tierra. Las mareas más altas ocurren cuando la Luna y el Sol están en la misma dirección desde la Tierra, de modo que sus tirones gravitacionales se refuerzan entre sí. Las mareas altas más bajas ocurren cuando la Luna y el Sol están en ángulo recto en relación con la Tierra, de modo que sus fuerzas gravitacionales se contrarrestan entre sí.

Eclipses solares y lunares

El Sol y la Luna parecen ser aproximadamente del mismo tamaño en nuestro cielo. Esto se debe a que el Sol es aproximadamente 400 veces más ancho que la Luna y está aproximadamente 400 veces más lejos que la Luna de la Tierra. Cuando la Luna se posiciona directamente entre el Sol y la Tierra, bloquea nuestra visión del Sol. Esta alineación infrecuente del sol, la Luna y la Tierra se conoce como **eclipse solar**. Durante este tipo de eclipse, la Luna proyecta una sombra sobre la Tierra. En el centro de la sombra, donde el Sol está completamente oculto a la vista, la sombra es más oscura (esta área se conoce como la **umbra**). Más lejos del centro de la sombra, donde solo una parte del Sol está oculta a la vista, la sombra es más clara (esta área se conoce como **penumbra**). Un eclipse solar es el único evento durante el cual las estrellas son claramente visibles en el cielo durante el día. Dado que la Luna y la Tierra viajan en órbitas elípticas, se acercan más durante algunos eclipses solares que durante otros. La duración de un eclipse solar es mayor cuando la Luna está más cerca de la Tierra. La duración máxima de un eclipse solar total es de entre 7 y 8 minutos. Un **eclipse lunar** ocurre cuando la Tierra se coloca directamente entre el Sol y la Luna de modo que la sombra de la Tierra se proyecta sobre la Luna.

El sistema solar

Nuestro **sistema solar** incluye todos los cuerpos celestes que orbitan alrededor del Sol. Los planetas de nuestro sistema solar se pueden dividir en dos categorías según sus características físicas. Los **planetas terrestres** incluyen Mercurio, Venus, la Tierra y Marte. Están compuestos de los mismos materiales de roca básicos, de ahí el nombre de "terrestre". Los planetas **Jovianos** (como Júpiter) son Júpiter, Saturno, Urano y Neptuno. Están hechos principalmente de gases como hidrógeno, helio y metano.

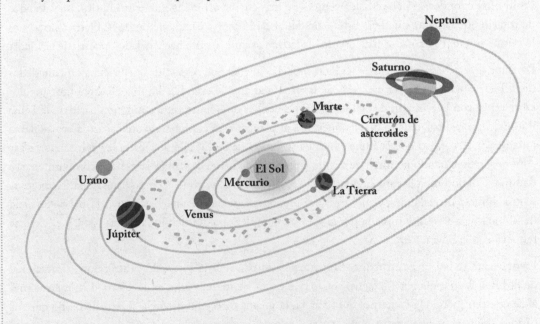

Debido principalmente a las diferencias en tamaño y distancia del sol, los dos tipos de planetas (terrestres y jovianos) difieren en sus características básicas. Debido a que los planetas terrestres son mucho más pequeños que los planetas jovianos, tienen campos gravitacionales más débiles, lo que explica sus atmósferas más ligeras. Los planetas terrestres tienen altas densidades y consisten principalmente en una corteza mineral sólida con metales, junto con algunos gases y hielo. Los planetas jovianos se caracterizan por densidades más bajas porque consisten principalmente en emisiones gaseosas y concentraciones variables de hielo.

Entre Marte y Júpiter hay un gran **cinturón de asteroides**, como se muestra en la ilustración anterior. El más grande de estos cuerpos rocosos de forma irregular tiene aproximadamente 620 millas de diámetro. El número total de asteroides en este cinturón puede ser tan alto como un millón, pero se cree que su masa total es menos del 3 % de la masa de la Luna. Generalmente se piensa que durante la formación de nuestro sistema solar, una gran cantidad de planetas más pequeños fueron arrastrados hacia afuera por la atracción gravitacional de Júpiter. A través de frecuentes colisiones entre ellos, se fragmentaron en cuerpos más pequeños y luego establecieron su propio cinturón de órbita alrededor del Sol, justo dentro de la órbita de Júpiter.

Las **cometas** son otro tipo de objeto que orbita alrededor del Sol. Son pequeños en comparación con los planetas y las lunas y están compuestos de hielo y otros materiales. Los cometas viajan en órbitas elípticas muy alargadas, con un extremo cerca del Sol y el otro más allá de las órbitas de los planetas. A medida que se acercan al Sol, comienzan a brillar y exhiben una larga cola en forma de cono. Los cometas regresan después de un período de tiempo predecible. Uno de los cometas más conocidos es el cometa Halley, que regresa cada 76 años.

> **36.** ¿Cuál de los siguientes es el resultado de la inclinación del eje de la Tierra en relación con la órbita elíptica de la Tierra alrededor del Sol?
>
> **A.** El flujo y reflujo de las mareas a lo largo de las costas oceánicas y marinas
>
> **B.** La diferencia de temperaturas entre las regiones ecuatoriales y las regiones polares
>
> **C.** Diferencias en las acumulaciones glaciares totales entre los dos casquetes polares
>
> **D.** Patrones climáticos claramente estacionales a medio camino entre la región ecuatorial y cada polo

Como resultado de la inclinación de la Tierra, cada hemisferio, el norte y el sur, recibe la luz solar más directa durante los meses de verano y la menor durante los meses de invierno. **La respuesta correcta es D.**

Nuestro sol y otras estrellas

La esfera brillante que vemos durante el día y llamamos **Sol** está compuesta por aproximadamente 90 % de hidrógeno y 10 % de helio, con pequeñas cantidades de otros elementos. Las reacciones de fusión nuclear que involucran estos elementos crean temperaturas de 15,000,000 °C en el centro del Sol y 6,000 °C en su superficie. La asombrosa cantidad de energía que genera el Sol a través de este proceso proporciona todo el calor y la luz necesarios para mantener la vida en la Tierra.

El Sol está a unos 93 millones de millas de distancia, y su masa es aproximadamente 330,000 veces la de la Tierra. En comparación con otras estrellas, es en realidad de tamaño mediano. Parece mucho más grande para nosotros solo porque está mucho más cerca que cualquier otra estrella. La siguiente estrella más cercana está a años luz de distancia (un año luz se define como la distancia que recorre la luz en un año terrestre).

Características y ciclos de vida de las estrellas

Los científicos ahora pueden medir y analizar estrellas para distinguir entre diferentes tipos según diversas características. La siguiente es una versión del **diagrama de Hertzsprung-Russell (H-R)**, llamado así por sus creadores. El diagrama H-R organiza y presenta las características clave de las estrellas en forma de gráfica. El diagrama traza las estrellas de acuerdo con la luminosidad (brillo), la temperatura de la superficie y la clase espectral (color). La magnitud absoluta y la luminosidad miden el mismo fenómeno, excepto que la magnitud absoluta se mide en una escala invertida (observe que los números en el lado derecho *disminuyen* a medida que sube la escala). La escala de temperatura se muestra en la parte superior del diagrama. Observe que las temperaturas disminuyen de izquierda a derecha, por lo que las estrellas con las temperaturas superficiales más altas se trazan en el extremo *izquierdo* del diagrama.

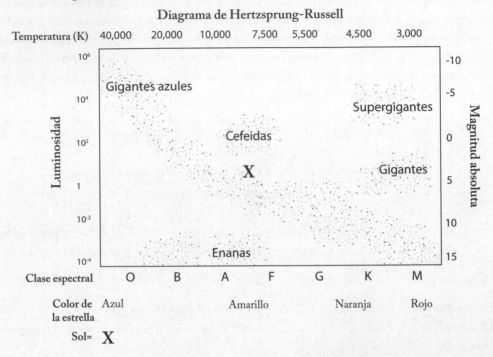

El diagrama de Hertzsprung-Russell muestra la mayoría de las estrellas trazadas en un gran cúmulo que se extiende desde la esquina superior izquierda del diagrama hasta la esquina inferior derecha. Esta franja de estrellas, se conoce como la **secuencia principal**, sugiere que las estrellas más brillantes son generalmente más calientes y, por el contrario, que las estrellas más oscuras son más frías. El Sol, marcado por una X en el diagrama, se clasifica como una estrella amarilla de secuencia principal. Tenga en cuenta que el Sol es una estrella bastante promedio en términos de temperatura y brillo. En relación con la secuencia principal, las estrellas clasificadas como **gigantes y supergigantes** son relativamente brillantes en comparación con su temperatura. Por el contrario, las estrellas clasificadas como **enanas** son relativamente oscuras en comparación con su temperatura.

La vida de una estrella se mantiene por las reacciones termonucleares en su núcleo. La energía producida por estas reacciones evita el colapso gravitacional del núcleo sobre su propio centro. En referencia al diagrama H-R, se cree que las estrellas de secuencia principal se encuentran en la fase media de su desarrollo, cuando las reacciones nucleares de una estrella son estables y sus fluctuaciones de temperatura y luminosidad son menores.

A medida que la estrella aumenta en edad, el combustible nuclear de su núcleo se agota y finalmente se agota. En este punto, se piensa, la estrella se mueve fuera de la secuencia principal y puede convertirse en una enana blanca, una gigante o una supergigant, dependiendo de la masa de la estrella:

- **Las estrellas de masa baja** (abajo a la derecha en la secuencia principal) continúan ardiendo hasta que se usa todo el combustible y luego colapsan en **enanas blancas**.

- **Las estrellas de masa media** (centro de la secuencia principal) se expanden temporalmente en **gigantes rojas** a medida que su energía gravitacional se convierte en calor. Una vez que la gigante roja haya agotado su energía restante, también se reducirá a una enana blanca. En algunos casos, el gas liberado cuando una gigante roja se derrumba, crea una esfera brillante de gas llamada **nebulosa planetaria**.

- **Las estrellas de gran masa** (arriba a la izquierda en la secuencia principal) colapsan, liberando una tremenda cantidad de energía. Esto crea una rápida expansión a medida que la estrella se convierte en una **supergigante**, y muere en una espectacular explosión conocida como **supernova**.

El colapso de una estrella que sigue al agotamiento de su combustible es causado por la fuerza de la gravedad. En una estrella activa, esta fuerza se equilibra con la fuerza externa de sus reacciones de fusión nuclear. Si la estrella tiene suficiente masa, las nubes de electrones de sus átomos colapsan hasta que su materia es neutrones sólidos. Si una estrella tiene aún más masa, se colapsa aún más, pero como realmente no hay lugar concebible para ella, el resultado es un agujero negro. Un **agujero negro** es un área de espacio en la que las fuerzas gravitacionales son tan grandes que nada puede escapar, ni siquiera la luz. Como la luz no puede escapar, no se puede ver un agujero negro, solo se hipotetiza.

37. ¿Cuál de los siguientes NO es un efecto de las tormentas climáticas que ocurren en la superficie del Sol?
    A. Interrupciones de telecomunicaciones en la Tierra
    B. Erupciones explosivas de hidrógeno
    C. Reacciones entre los núcleos de hidrógeno y helio
    D. Ionización de átomos en la atmósfera terrestre

La opción C describe la fusión nuclear, que es el proceso mediante el cual se produce la energía del Sol. En otras palabras, la fusión nuclear es la causa más que un efecto de las tormentas climáticas del Sol. **La respuesta correcta es C.**

La pregunta 38 hace referencia al siguiente diagrama.

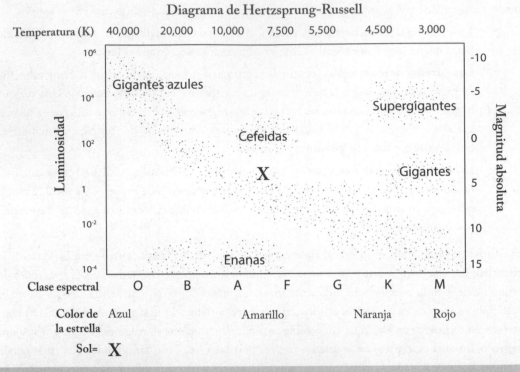

38. Según el diagrama de Hertzsprung-Russell que se muestra, ¿cómo se pueden caracterizar las estrellas de secuencia principal?

Las estrellas de secuencia principal son

A. similares entre sí en temperatura.

B. relativamente brillantes en comparación con su edad.

C. de tamaño medio para su edad.

D. estables en temperatura y luminosidad.

Se cree que las estrellas de secuencia principal se encuentran en la fase media de su desarrollo, cuando las reacciones nucleares de una estrella son estables y sus fluctuaciones de temperatura y luminosidad son menores. **La correcta respuesta es D.**

Ciencia física

Propiedades y estados físicos de la materia

La **materia** describe todo lo que ocupa espacio y tiene masa (definido a continuación). Se encuentra en todo, pero no toda la materia es igual. Por ejemplo, compare la materia encontrada en el concreto con la materia en una rebanada de queso. Ambas se consideran materia, pero cada una tiene propiedades que la hacen única y diferente. Hay tres propiedades básicas que son compartidas por toda la materia (aunque estos son conceptos de física, también son esenciales en química):

1. La **masa** es una medida de la cantidad de materia en un objeto. En el lenguaje cotidiano, la masa es "material". La masa da peso a los objetos porque el peso es causado por la atracción gravitacional. La fuerza de la gravedad es la fuerza de atracción entre las masas de dos objetos. Su propio peso, por ejemplo, es la fuerza de atracción entre su masa y toda la masa del planeta Tierra. Su masa es constante, pero su peso no. Si estuviera en un planeta con una masa diferente, tendría la misma masa pero un peso diferente. En la Tierra, la masa se puede convertir en peso multiplicando por la constante g, la aceleración debida a la gravedad, que equivale a 9.80 m/s^2. La relación es $w = gm$.

2. El **volumen** es la medida del espacio que ocupa algo. Un vaso vacío puede contener una cantidad específica de líquido y, cuando está vacío, puede contener aire. Cuando el espacio del vidrio está ocupado por el fluido o el aire, representa el volumen.

3. La **densidad** es una medida de la cantidad de masa contenida en un volumen dado y se mide en unidades de masa divididas por unidades de volumen. La densidad se expresa con mayor frecuencia en gramos por centímetro cúbico, g/cm^3. La densidad se calcula mediante la fórmula simple:

$$D = \frac{\text{masa}}{\text{volumen}}$$

Algunas otras propiedades comunes de la materia son forma, color, dureza, conductividad térmica y eléctrica, punto de fusión, punto de ebullición, viscosidad, maleabilidad y ductilidad.

Hay cuatro estados físicos posibles de la materia:

1. **Gas:** la materia en estado gaseoso (p. ej., vapor) depende de su contenedor tanto para la forma como para el volumen.

2. **Líquido:** la materia en estado líquido (p. ej., agua) toma la forma de cualquier recipiente en el que se coloque. Sin embargo, un líquido tiene un volumen definido que no depende del recipiente en el que se coloca.

3. **Sólido:** la materia en estado sólido (p. ej., hielo) tiene una forma y un volumen definidos independientemente del contenedor.

4. **Plasma:** un estado único de la materia que aparenta ser sólido, pero, en realidad, es un gas ionizado (ionizar un átomo o una colección de átomos es darle una carga eléctrica ya sea agregando o eliminando uno o más electrones.)

Los estados de gas, líquido y sólido pueden entenderse mejor considerando los estados de movimiento de las partículas (átomos y moléculas) que forman los materiales. En estado sólido, las partículas están muy juntas y vibran de un lado a otro, pero no pueden cambiar de posición. Esto explica por qué un sólido no puede tomar la forma de su contenedor.

En un líquido, las partículas aún están juntas, pero pueden cambiar de posición, lo que explica por qué los líquidos toman la forma de su recipiente.

En un gas, las partículas están mucho más separadas, pueden cambiar de posición y moverse mucho más rápido. Las partículas de gas no están lo suficientemente cerca como para ser atraídas entre sí, lo que explica por qué los gases ocupan tanto espacio como se les da.

La materia puede cambiar tanto física como químicamente. Un **cambio físico** es un cambio en la forma, el tamaño o el estado de una sustancia. Ninguna reacción química está involucrada con un **cambio físico**. Las partículas que forman la sustancia permanecen esencialmente iguales. Entonces, un diamante que se pulveriza en polvo de diamante o una papa que se machaca son ejemplos de un cambio físico. En cada caso, el diamante y la papa adquieren una apariencia diferente, pero todavía están hechos de las mismas partículas.

Un **cambio químico** es un poco diferente. Cuando la materia experimenta un cambio químico, en realidad se transforma en una nueva sustancia con diferentes propiedades de su composición anterior. Por ejemplo, cuando rompe una cáscara de huevo, el huevo sale translúcido y fluido. Sin embargo, cuando revuelve el huevo en una sartén y comienza a cocinar, el huevo se vuelve amarillo y se vuelve sólido. Ha cambiado químicamente y no puede volver a su composición anterior.

39. ¿Cuál de los siguientes ilustra los cambios químicos en lugar de físicos en la materia?
    I.   Un chasis de automóvil oxidado por sobreexposición al agua
    II.   Mantequilla derritiéndose en una sartén
    III. Gasolina ardiendo y convirtiéndose en vapor
    IV. El vapor de agua condensado que se convierte en lluvia

    A. I y II solamente

    B. I y III solamente

    C. II y IV solamente

    D. II, III y IV

La mantequilla derretida se puede enfriar para devolverla a su estado sólido anterior. El agua de lluvia se puede hervir para devolverla a su estado gaseoso anterior (vapor de agua). Por otro lado, el agua reacciona químicamente con el hierro en el chasis de un automóvil para desintegrarse y, a medida que la gasolina se quema, se convierte en oxígeno y dióxido de carbono que no se puede recombinar para formar gasolina. **La respuesta correcta es B.**

40. Suponga que vertió dos líquido (uno verde y otro amarillo) en un vaso. Luego, no importa cuánto revuelva la mezcla, el líquido verde se deposita en el fondo y el líquido amarillo se eleva en la parte superior. ¿Qué puede concluir de manera confiable de esta observación?

    A. Los dos líquidos son incapaces de reaccionar químicamente entre sí.

    B. El líquido verde es más denso que el líquido amarillo.

    C. El líquido verde tiene más masa que el líquido amarillo.

    D. El líquido verde contiene materia sólida, mientras que el líquido amarillo no.

La densidad de un líquido determina si flotará o se hundirá cuando se mezcle con otro líquido. Esto significa que puede concluir de manera confiable que el líquido verde es más denso que el líquido amarillo. No se proporciona suficiente información para concluir confiablemente las observaciones dadas en las opciones A, C y D. **La respuesta correcta es B.**

QUÍMICA

La **química** es el estudio de la composición, interacciones, propiedades y estructura de la materia y los cambios que experimenta. Implica buscar formas de separar las sustancias y volver a unir sus partes de nuevas maneras. Por ejemplo, los científicos pueden crear sustancias tan variadas como aleaciones metálicas, pinturas, plásticos, medicamentos y perfumes mediante la manipulación de elementos y compuestos.

El universo del átomo

Toda la materia está compuesta de **átomos**. El átomo es la partícula de materia más pequeña que no puede dividirse en partes más pequeñas mediante procesos químicos. La palabra átomo se deriva del griego átomos, que significa "indivisible". Aunque las teorías sobre los átomos se remontan a las ideas propuestas por los filósofos griegos antiguos, pasarían otros 2,000 años antes de que los investigadores desarrollaran una teoría atómica demostrable. En el siglo XVIII, basándose en el trabajo de sus contemporáneos, John Dalton propuso que la diferencia esencial entre los átomos es su masa. Dalton propuso la Ley de Conservación de la Masa y construyó la primera tabla de pesos atómicos relativos y postuló la Ley de Proporciones Múltiples. Durante el siglo XIX, el científico ruso Dmitri Mendeleev ordenó correctamente los átomos según su masa. A principios del siglo XX, Ernest Rutherford descubrió la naturaleza "vacía" de los átomos, lo que significa que la masa de un átomo se concentra en un núcleo central cargado positivamente, al que llamó núcleo. Y en 1913, el científico danés Niels Bohr propuso que los niveles de energía de un átomo eran como las órbitas de los planetas, que condujo al modelo del átomo del "sistema solar". Si bien algunas de las propuestas y teorías de estos científicos han sido refutadas desde entonces, fueron invaluables para avanzar en la teoría atómica moderna, al proporcionar los fundamentos sobre los cuales sus sucesores podrían construir.

Estructura atómica

Toda la materia está compuesta de átomos, y todos los átomos están formados por partículas subatómicas: **electrones**, **protones** y **neutrones**. Las tres partículas tienen masa:

- Los protones y los neutrones tienen aproximadamente la misma masa.
- La masa de un electrón es sólo aproximadamente $\frac{1}{2,000}$ de la de un protón o neutrón.

Las partículas subatómicas se pueden diferenciar por sus cargas:

- Los electrones tienen carga negativa (-).
- Los protones tienen carga positiva (+).
- Los neutrones no tienen carga.

Los electrones y protones pueden repeler y atraerse entre sí sin tocarse físicamente. Las cargas opuestas se atraen (electrón a protón) y las cargas similares se repelen (protón a protón o electrón a electrón).

Cada átomo tiene una disposición específica para sus partículas subatómicas. El núcleo de un átomo, o núcleo central, contiene protones y neutrones. Los electrones ocupan varios niveles de energía alrededor del núcleo. En el pasado, los científicos pensaban que estos niveles de energía orbitaban el núcleo como los planetas orbitan alrededor del Sol. Hoy, la ubicación de un electrón en un átomo se describe como una "nube", en función de las probabilidades calculadas de que un electrón esté en varias ubicaciones. Las partes más densas de la nube son los lugares donde es más probable que se encuentre el electrón. Es experimental y matemáticamente imposible determinar la velocidad exacta y la posición exacta de un electrón en un punto dado en el tiempo. Este problema se llama *principio de incertidumbre de Heisenberg*. La incertidumbre surge del hecho de que no podemos decir cómo se comporta realmente algo porque el acto de observarlo cambia su comportamiento.

Configuración electrónica

El término **configuración electrónica** hace referencia a la distribución de electrones entre los niveles disponibles de un átomo. Los electrones residen en niveles de energía llamados **orbitales atómicos**. El número y la ubicación de los electrones en cualquier átomo determinan cómo los átomos de un elemento reaccionan químicamente con otros átomos. Los diferentes tipos de átomos varían en su número de niveles de energía. El nivel de energía más externo también se llama **electrones de valencia**. Un átomo buscará completar su capa de valencia externa al reaccionar o unirse a otros átomos:

- El primer nivel de energía (nivel 1) se completa cuando contiene 2 electrones.
- El segundo nivel de energía (nivel 2) se completa cuando contiene 8 electrones.
- El tercer nivel de energía (nivel 3) se completa cuando contiene 18 electrones.

La siguiente figura muestra ejemplos de modelos de Bohr para cuatro tipos de átomos que tienen estructuras relativamente simples (el círculo interno representa el núcleo, donde residen los protones y los neutrones):

P = protón

N = neutrón

e- = electrón

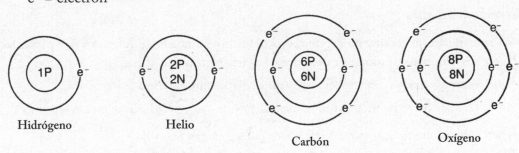

Hidrógeno   Helio   Carbón   Oxígeno

Observe que los átomos de hidrógeno y helio tienen un solo nivel de energía, mientras que el carbono y el oxígeno tienen dos niveles de energía. Observe también que de los cuatro tipos de átomos, solo el helio tiene un electrón de valencia completo. Los otros tres tipos (hidrógeno, carbono y oxígeno) buscarán completar sus electrones de valencia externos reaccionando o uniéndose a otros átomos.

Protones, neutrones, masa atómica e isótopos

Un **elemento** es una sustancia que no puede descomponerse en sustancias más simples mediante procesos químicos. El número de protones en un átomo define el átomo como un elemento específico. Por ejemplo, el núcleo de un átomo de carbono *siempre* contiene seis protones, y este número de protones es único y exclusivo del carbono. El número de protones se puede usar como marcador de identificación para un elemento. Este marcador se conoce como el **número atómico** de un elemento. La siguiente tabla clasifica los primeros 22 elementos por su **número** atómico, es decir, por el número de protones. Para cada elemento, la tabla también muestra el símbolo del elemento y la distribución de electrones entre los orbitales.

NÚMERO ATÓMICO	ELEMENTO	SÍMBOLO	DISTRIBUCIÓN ELECTRÓNICA
1	Hidrógeno	H	1
2	Helio	He	2
3	Litio	Li	2 - 1
4	Berilio	Be	2 - 2
5	Boro	B	2 - 3
6	Carbono	C	2 - 4
7	Nitrógeno	N	2 - 5
8	Oxígeno	O	2 - 6
9	Flúor	F	2 - 7
10	Neón	Ne	2 - 8
11	Sodio	Na	2 - 8 - 1
12	Magnesio	Mg	2 - 8 - 2
13	Aluminio	Al	2 - 8 - 3
14	Silicio	Si	2 - 8 - 4
15	Fósforo	P	2 - 8 - 5
16	Azufre	S	2 - 8 - 6
17	Cloro	Cl	2 - 8 - 7
18	Argón	Ar	2 - 8 - 8
19	Potasio	K	2 - 8 - 8 - 1
20	Calcio	Ca	2 - 8 - 8 - 2
21	Escandio	Sc	2 - 8 - 9 - 2
22	Titanio	Ti	2 - 8 - 10 - 2

Todos los átomos neutros de un elemento tienen el mismo número de protones (que están cargados positivamente) y electrones (que están cargados negativamente). Sin embargo, no necesariamente tienen el mismo número de neutrones. Cuando los átomos de un elemento específico difieren en la cantidad de neutrones en sus núcleos, se dice que son **isótopos** de ese elemento. Por ejemplo, aquí hay tres isótopos del elemento hidrógeno:

Forma neutra del hidrógeno (*Hidrógeno*): 1 protón, sin neutrones.

Un isótopo de hidrógeno (*Deuterio*): 1 protón, 1 neutrón.

Otro isótopo de hidrógeno (*Tritio*): 1 protón, 2 neutrones.

Los neutrones no tienen carga, pero tienen la misma masa que los protones. La **masa atómica**, o **número de masa**, de un átomo es el número de protones más el número de neutrones (la unidad de medida se llama Dalton). Por ejemplo, el hidrógeno tiene una masa atómica de 1, mientras que el deuterio y el tritio tienen masas atómicas de 2 y 3, respectivamente.

41. Si el átomo X tiene una masa atómica de 19, ¿cuál de las siguientes es una posible combinación de partículas dentro de ese átomo?

    A. 19 electrones, 19 protones y 8 neutrones

    B. 9 electrones, 9 protones y 18 neutrones

    C. 10 electrones, 9 protones y 9 neutrones

    D. 9 electrones, 9 protones y 10 neutrones

La masa atómica es la suma del número de protones y neutrones. Solo en la opción D esos dos números suman 19. **La respuesta correcta es D.**

42. ¿Cuál es la característica distintiva de cada uno de los elementos?

    A. La cantidad de protones que contiene

    B. El número de neutrones que contiene

    C. La cantidad de átomos que contiene

    D. El número total de protones y neutrones que contiene

El número de protones es lo que distingue a cada elemento de todos los demás. **La respuesta correcta es A.**

Elementos y compuestos

Como se mencionó anteriormente, un elemento es una sustancia que no puede descomponerse en sustancias más simples mediante procesos químicos. Los elementos unidos por enlaces químicos en ciertas proporciones forman un **compuesto**.

Elementos

A partir de 2019, hay 118 elementos conocidos; se sabe que 92 de estos elementos se dan en la naturaleza. Los elementos incluyen sustancias tales como hidrógeno, carbono, potasio y plomo. A cada elemento se le ha asignado un símbolo de una o dos letras. La mayoría de estos símbolos incluyen la primera letra del nombre del elemento, aunque algunos no. Por ejemplo, el símbolo de carbono es **C** y el símbolo del hierro es **Fe**. Cada elemento está compuesto de átomos que tienen el mismo **número atómico**, lo que significa que cada átomo contiene el mismo número de protones que todos los demás átomos de ese elemento. Los átomos de cada elemento también comparten las mismas configuraciones de electrones.

La **tabla periódica moderna de elementos** clasifica todos los elementos de acuerdo con el número atómico y los organiza en **familias** basadas en propiedades químicas y físicas similares. Cada fila horizontal en la tabla periódica se llama **período**. Moviéndose de izquierda a derecha en una fila, los elementos en un período pasan de metales a no metales, y los números atómicos y la masa aumentan.

Todos los elementos en cada columna se llaman un grupo. Los grupos contienen elementos que tienen el mismo número de electrones en su nivel de energía más externo (capa de valencia).

La siguiente figura muestra una parte izquierda y derecha de la tabla periódica. Observe que el hidrógeno (H), el litio (Li), el sodio (Na) y el potasio (K) están en la columna (grupo) del extremo izquierdo porque cada uno tiene un solo electrón de valencia. Observe también que los gases en el grupo de la derecha han completado las capas exteriores de valencia. Estos gases se llaman **gases nobles** y son completamente inertes, lo que significa que rara vez reaccionan o se unen con otros tipos de átomos. Esto se debe a que los átomos de estos elementos tienen una capa de valencia completa, que es una configuración muy estable. Finalmente, observe que cada elemento tiene su propia "tarjeta de presentación" en la tabla periódica, que muestra su símbolo, distribución de electrones, peso atómico y número atómico.

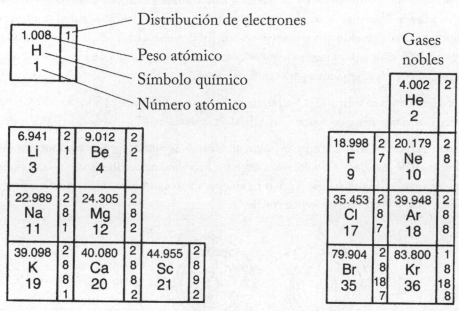

Los elementos se dividen en tres categorías principales: **metales**, **no metales** y **metaloides**.

1. Los **metales** conducen electricidad, son maleables y se pueden estirar en alambres o aplanar en láminas. Los metales también se pueden pulir para obtener brillo y tienen altos puntos de fusión (aunque el mercurio se vuelve líquido a temperatura ambiente). Elementos como el cobre, la plata y el hierro son solo algunos ejemplos de metales.

2. Los **no metales** (como el carbono, el fósforo y el azufre) no son adecuados para conducir electricidad, y no son brillantes. Además, algunos no metales sólidos no son muy maleables y pueden romperse en caso de impacto. Finalmente, los no metales tienen puntos de fusión más bajos que los metales. Ocupan la esquina superior derecha de la tabla periódica.

3. Los **metaloides** son elementos como el silicio y el boro que tienen propiedades similares tanto a los metales como a los no metales.

Un desglose común y más detallado de los elementos incorpora estas tres categorías principales en los siguientes grupos de elementos: metales alcalinos, metales alcalinotérreos, lantánidos, actínidos, metales de transición, metales posteriores a la transición, metaloides, no metales, halógenos y gases nobles.

Compuestos y enlaces

Hay dos tipos principales de enlaces que forman los átomos: **enlaces iónicos y enlaces covalentes**. En esta sección, aprenderá lo que significa cada término, y aprenderá las leyes relacionadas con estas relaciones.

Iones: formación y compuestos

Las fuerzas eléctricas de atracción mantienen la materia unida. Sin embargo, como se señaló anteriormente, los átomos de un elemento son eléctricamente neutros, pero un átomo buscará cambiar su estado neutral (es decir, llenar su valencia externa) transfiriendo o uniendo sus electrones con otros átomos para formar **compuestos**. Cuando los átomos reorganizan sus electrones de esta manera, están "reaccionando" a otros átomos y ya no se les llama "átomos". En este punto, se convierten en **iones**. Un ion es un átomo con una carga, ya sea positiva o negativa. El estado neutral se altera porque el átomo ha ganado o perdido uno o más electrones. En la nomenclatura de la química, un ion con una carga positiva mantiene el mismo nombre que los átomos de los que se hizo, mientras que un ion con carga negativa se renombra para terminar con *-ide*.

Ahora es el momento de aclarar algunos términos: los átomos, los iones y las moléculas son tipos de **partículas**. Los elementos y compuestos son tipos de **materiales**.

Los iones de cargas opuestas se atraen fuertemente. Cuando se juntan, forman **compuestos iónicos**. Considere la sal de mesa, por ejemplo. Normalmente, los elementos padres, sodio (Na) y cloro (Cl), no se pueden juntar. Sin embargo, pueden producirse ciertos cambios en sus configuraciones de electrones, creando el compuesto iónico NaCl.

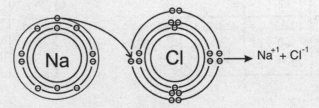

Formación de iones

Como muestra la ilustración anterior, el electrón individual en el nivel de energía más externo en el ion de sodio (Na) se transfiere a la capa de valencia externa del ion de cloro (Cl). La capa exterior de valencia del ion de cloruro gana un electrón del ion de sodio. Esto forma un enlace iónico estable con una formación de octetos (cuatro pares de dos electrones en la capa de valencia externa). Los átomos e iones cuya capa de valencia contiene ocho electrones disfrutan de mayor estabilidad que los que carecen de ocho electrones a este nivel.

Porque al igual que las cargas se repelen, todos los nuevos iones de sodio se alejan unos de otros. Lo mismo es cierto para todos los iones de cloruro. Pero los iones de cloruro y sodio se atraen entre sí, convirtiéndose así en un compuesto estable que conocemos como cloruro de sodio o sal de mesa. La fuerza neta de atracción entre los iones con carga opuesta se llama **enlace iónico**.

Reacciones redox y compuestos iónicos

La reacción simple que impulsa la formación de compuestos iónicos es una *reacción redox*. Esta reacción toma su nombre de dos eventos químicos importantes que ocurren durante la transferencia de electrones:

- *Reducción:* la ganancia de electrones.
- *Oxidación:* la pérdida de electrones.

En una reacción redox, una sustancia es el **oxidante**, que causa la oxidación de la otra sustancia al aceptar electrones de ella. La otra sustancia es el **reductor**, que reduce una sustancia al darle electrones En la sal de mesa, el sodio es el reductor porque le da electrones al átomo de cloro, que produce el ion cloruro. El cloro es el oxidante; al aceptar electrones del sodio, hace que se oxiden los átomos de sodio y que se vuelvan iones. El agente oxidante es el que siempre es reducido. Mire otro ejemplo:

$$2Mg \quad + \quad O_2 \quad \rightarrow \quad 2MgO$$

configuración de electrones   configuración de electrones   óxido de magnesio

2 8 ②   2 ⑥

En este ejemplo, el magnesio (Mg) es el agente reductor. Reduce el oxígeno y pierde dos electrones, convirtiéndose en Mg^{2+}, un ion de magnesio. El oxígeno (O) es el agente oxidante. Oxida el magnesio y gana dos electrones, convirtiéndose en O^{2-}, un ion de óxido. Aquí hay algunos ejemplos adicionales de compuestos iónicos:

Fluoruro de sodio (NaF): previene las caries.

Cloruro de plata (AgCl): película fotográfica.

Sulfato de magnesio ($MgSO_4$): laxante.

Carbonato de calcio ($CaCO_3$): antiácido.

Moléculas: formación, compuestos y covalencia

Hay algunos no metales cuyos átomos no pueden convertirse en iones por la transferencia de electrones (como se describe en la sección anterior). Por lo tanto, debe ocurrir alguna otra forma de unión. Los compuestos que están conformados únicamente por no metales, consisten en **moléculas** en lugar de iones. Las moléculas son pequeñas partículas de carga neutra, consisten en al menos dos átomos y tienen suficientes electrones para hacer el sistema neutro (sin carga neta). Un compuesto formado por moléculas se llama **compuesto molecular**.

Sin embargo, tenga en cuenta que algunos elementos existen con dos átomos por cada molécula; en otras palabras, reaccionan consigo mismos. Estas se llaman **moléculas diatómicas** y contienen átomos de un solo elemento. Los ejemplos notables incluyen lo siguiente (la columna de la derecha muestra cómo se ilustra la molécula):

Cl_2	$Cl{-}Cl$
O_2	$O{=}O$
N_2	$N{\equiv}N$
I_2	$I{-}I$
Br_2	$Br{-}Br$
F_2	$F{-}F$
H_2	$H{-}H$

Los **enlaces covalentes** se forman al compartir pares de electrones entre los átomos. Un electrón de valencia de cada átomo puede compartirse entre sus núcleos atómicos. Los siguientes diagramas muestran dos formas en que se pueden representar los enlaces covalentes en la molécula de tricloruro de fósforo (PCl_3):

$$:\ddot{C}l : \ddot{P} : \ddot{C}l: \qquad\qquad :\ddot{C}l - \ddot{P} - \ddot{C}l:$$
$$:\ddot{C}l: \qquad\qquad\qquad\qquad :\ddot{C}l:$$

El diagrama de la izquierda muestra una configuración de electrones en forma de puntos, donde solo se muestran los electrones externos. El diagrama de la derecha muestra la estructura de la línea de enlace. Si cuenta el par compartido para cada átomo en la molécula PCl_3, observará que cada uno tiene ocho electrones en el nivel de energía más externo (la capa de valencia externa). Los átomos cuya capa de valencia externa contiene ocho electrones son más estables.

En la lista de fórmulas de moléculas diatómicas, las líneas dobles entre los átomos de oxígeno indican que comparten dos pares de electrones, lo que se llama un **doble enlace**. Del mismo modo, las tres líneas en la fórmula del nitrógeno indican que se comparten tres pares de electrones para formar un **triple enlace**. Los átomos de elementos no metálicos difieren en su capacidad para compartir electrones. El oxígeno puede formar dos enlaces, el nitrógeno puede formar tres enlaces y el carbono puede formar cuatro enlaces. El término **valencia** hace referencia al número de electrones de la capa de valencia que un átomo de un elemento puede compartir para formar enlaces de una manera que completará la capa de valencia. En la mayoría de los casos, la capa externa contiene ocho electrones, por lo que esto se llama la **regla del octeto**. La excepción es el hidrógeno, que tiene dos electrones en su capa de valencia; tiene una valencia de 1 porque completa su capa exterior al compartir su único electrón. Aquí hay cuatro familias de elementos diferentes y el número de valencia de cada uno:

Familia de carbono: 8 – 4 = valencia de 4.

Familia de nitrógeno: 8 – 5 = valencia de 3.

Familia de oxígeno: 8 – 6 = valencia de 2.

Familia halógena: 8 – 7 = valencia de 1.

Equilibrio de ecuaciones químicas

Las reacciones químicas obedecen la ley de conservación de la masa. Esto significa que no solo la masa de los reactivos es igual a la masa de los productos, sino que el número de átomos de cada elemento involucrado es el mismo en ambos lados de la ecuación para una reacción. Considere la reacción de sodio metal (Na) con cloro gaseoso (Cl_2), $Na + Cl_2 \rightarrow NaCl$.

Esta ecuación no está equilibrada porque hay dos átomos de Cl a la izquierda y solo uno a la derecha. Esto se arregla agregando coeficientes, es decir, los números antes de los símbolos que indican el número de átomos de ese elemento.

$$2Na + Cl_2 \rightarrow 2NaCl$$

Para verificar si una ecuación está equilibrada, cuente el número de átomos de cada elemento en ambos lados de la ecuación. Considere un ejemplo más complicado:

$$2Al(OH)_3 + 3H_2SO_4 \rightarrow Al_2(SO_4)_3 + 6H_2O$$

El subíndice después de un paréntesis significa que todo lo que está dentro de los paréntesis se multiplica por ese número. Ahora cuente los átomos de cada elemento:

Al: 2 izquierda = 2 derecha

O: 6 + 12 izquierda = 12 + 6 derecha

H: 6 + 6 izquierda = 12 derecha

S: 3 izquierda = 3 derecha

Reactivo limitante

¿Qué pasa si los reactivos no están presentes en la proporción indicada por la ecuación? El carbón vegetal, que es principalmente carbono (C), reacciona con el oxígeno (O_2) en el aire de acuerdo con la ecuación simple: $C + O_2 \rightarrow CO_2$. La cantidad de dióxido de carbono (CO_2) producida depende solo del carbono disponible porque la cantidad de oxígeno es prácticamente ilimitada. El carbono es el reactivo limitante.

Si conocemos la masa de cada reactivo, podemos calcular cuál es el limitante y cuánto producto se producirá. En tales cálculos, las masas se convierten en moles (mol). Un mol es la masa atómica o molecular expresada en gramos. Lo que es cierto para las relaciones atómicas es cierto para las relaciones molares. Mire la ecuación previa para la reacción de sodio y cloro. Suponga que 23 g de Na reaccionaron con 71 g de Cl_2. La masa atómica de Na es 23 g/mol y la masa molecular de Cl_2 es 71 g/mol. Esto significa que tenemos 1 mol de Na y 1 mol de Cl_2. La ecuación balanceada muestra que cada mol de Cl_2 requiere 2 moles de Na, pero solo tenemos uno. Por lo tanto, Na es el reactivo limitante, y quedará Cl_2 sobrante. Además, solo se producirá 1 mol de NaCl, que es igual a 58.5 g.

43. ¿Cuál es la diferencia entre un átomo y un ion?

    A. Un átomo tiene carga positiva, pero un ion tiene carga negativa.

    B. Un átomo es neutro, pero un ion tiene una carga eléctrica.

    C. Un átomo tiene una carga eléctrica, pero un ion no.

    D. Un átomo tiene carga negativa, pero un ion tiene carga positiva.

Un átomo tiene el mismo número de protones que electrones, por lo que no tiene carga neta (es neutro). Cuando un átomo gana o pierde un electrón a un átomo diferente, se convierte en un ion, ya sea con una carga positiva o negativa. **La respuesta correcta es B.**

44. ¿Cuál de las siguientes explica mejor por qué los átomos de carbono forman enlaces covalentes con átomos de muchos otros elementos?

    A. El carbono es el único elemento que tiene suficientes electrones para unirse con más de otros cuatro átomos.

    B. La valencia de carbono de 4 conduce a varias formas posibles para completar su capa exterior.

    C. El carbono está presente en todo tipo de organismo vivo en la Tierra.

    D. Un átomo de carbono contiene el mismo número de protones que los electrones de la capa externa.

El carbono tiene una valencia de 4, lo que significa que buscará agregar cuatro electrones adicionales para su capa externa. Son posibles varias combinaciones, por ejemplo: 4, 3 + 1, 2 + 2 o 1 + 1 + 1 + 1. Por lo tanto, los átomos con una valencia de 1, 2, 3 o 4 son todos candidatos para la unión covalente con el carbono. **La respuesta correcta es B.**

Mezclas, soluciones y solubilidad

Una **solución** es una mezcla uniforme de dos o más sustancias que se mezclan a nivel molecular. El agua salada es un buen ejemplo de solución. Esta solución consiste en NaCl (sal de mesa) y agua. La sal parece desaparecer en el agua, pero todavía está allí. Podría separarlos físicamente evaporando el agua, dejando atrás la sal.

Las soluciones son **mezclas homogéneas**. Los materiales, como la tierra, que no se mezclan uniformemente se denominan **mezclas heterogéneas**.

Solubilidad

El **soluto** de una solución es la sustancia que se disuelve. Un soluto puede ser un líquido, un gas o un sólido. El **disolvente** es el medio en el que se disuelve el soluto. En química, el agua se conoce como el "solvente universal", lo que significa que las propiedades del agua le dan la capacidad de disolver muchas sustancias. En el caso del agua salada, la sal es el soluto que se disuelve en agua, el solvente.

Soluble hace referencia a la capacidad de un soluto para disolverse en un solvente bajo ciertas condiciones, como una temperatura o presión dada. Si se puede disolver un soluto adicional en un volumen de disolvente, entonces la solución aún no ha alcanzado la **saturación**. La cantidad máxima de soluto que se disuelve en un volumen dado de solvente se llama **solubilidad**. La solubilidad generalmente se mide en moles de soluto por litro de solvente y también en gramos de soluto por cien gramos de solvente. En soluciones saturadas, se ha alcanzado un punto en el que no se puede disolver más soluto en el disolvente.

En algunos casos, crear una solución puede provocar un cambio neto de temperatura. Por ejemplo, el cloruro de calcio libera calor al disolverse. Por otro lado, el nitrato de amonio disminuye en temperatura, volviéndose más frío al disolverse. Los procesos químicos que liberan calor (aumentan la temperatura) se denominan reacciones **exotérmicas**, y los que absorben calor (disminuyen la temperatura) se denominan **reacciones endotérmicas**. Esta es la química detrás de muchas de las compresas frías y calientes que se usan para aliviar la inflamación del tejido y aliviar los músculos tensos.

En ambos casos, se debe agregar una cierta cantidad de energía, llamada **energía de activación**, para iniciar la reacción. En el caso de una reacción exotérmica, después de haber superado la "joroba", la reacción produce su propia energía de activación. Esto explica por qué se necesita una cerilla para encender una vela, pero se puede quitar después de que la mecha comience a arder. Si resta la energía de los productos de la energía de los reactivos, la diferencia es la energía liberada por una reacción exotérmica. Para una reacción endotérmica, el resultado será un número negativo igual a la energía absorbida.

La temperatura y la presión pueden afectar la solubilidad. Para la mayoría de los solutos sólidos, un aumento en la temperatura conducirá a un aumento en la solubilidad. Para los gases, el efecto de la temperatura es opuesto: los gases se vuelven menos solubles a temperaturas más altas. Es por eso que las bebidas carbonatadas se sirven con hielo para mantenerlas frescas por más tiempo; la temperatura más fría disminuye la formación de burbujas de dióxido de carbono. Los cambios en la presión tienen un efecto muy pequeño sobre la solubilidad de un líquido o un sólido, pero para los gases, un aumento en la presión aumenta la solubilidad.

El aumento de la temperatura no solo aumenta la solubilidad, sino que también aumenta la velocidad en la que se disuelve un soluto. La agitación y el aumento de la superficie también aumentan la velocidad de disolución, pero no cambian la solubilidad.

45. Se agrega una sustancia en polvo al agua caliente pura y parece desaparecer. La mezcla permanece clara pero ahora tiene un olor distinto. ¿Qué conclusión se puede sacar de esta observación?

    A. El agua aún no ha alcanzado el punto de ebullición.

    B. El agua no está más allá de la saturación total con el polvo.

    C. Cualquier polvo adicional se deposita en el fondo del agua.

    D. La mezcla ha absorbido calor y ahora está más fría.

El hecho de que el polvo desaparezca, dejando agua clara, sugiere fuertemente que se ha disuelto en el agua. Por lo tanto, la mezcla es una solución que no ha superado su punto de saturación a la temperatura actual del agua. **La respuesta correcta es B.**

FÍSICA

La **física** es el estudio científico de la materia, la energía, el espacio y el tiempo, y cómo están interrelacionados. La física está estrechamente relacionada con todos los demás campos de la ciencia, ya que sus leyes son universales. Los sistemas vivos de biología están hechos de partículas de materia que siguen las leyes de la física. La química explora cómo los átomos, pequeñas unidades de materia, interactúan para formar moléculas de acuerdo con las leyes de la física. Y el estudio de la geología y la astronomía se ocupa en gran medida de la física de la Tierra y otros cuerpos celestes.

Movimiento: velocidad, masa y momento

Nuestro universo está lleno de objetos en movimiento. El **movimiento** se describe en términos de celeridad (rapidez), velocidad y aceleración. La **celeridad** (rapidez) hace referencia a la tasa de movimiento y puede ser instantánea, según lo registrado por el el velocímetro de un coche, por ejemplo, o una tasa media durante un período de tiempo. La celeridad puede ser expresada de muchas maneras, por ejemplo, como kilómetros por hora (km/h) o centímetros por segundo (cm/seg). La **velocidad** hace referencia a la celeridad en *una dirección dada*: por ejemplo, 50 millas por hora al este. La velocidad puede cambiar si cambia la celeridad (rapidez) o la dirección. Así que un cuerpo en movimiento a lo largo de un camino curvo está experimentando un cambio continuo de velocidad, tanto si la velocidad está cambiando como si no. La **aceleración** es la celeridad con la que cambia la velocidad. La aceleración se determina dividiendo el cambio en la velocidad por el cambio en el tiempo:

$$a = \frac{V_2 - V_1}{T}$$

Un aumento de la velocidad durante un período de tiempo se denomina **aceleración positiva**, mientras que una disminución de la velocidad a lo largo del tiempo se denomina **aceleración negativa**. En referencia a la fórmula anterior, si la velocidad inicial (V_1) es mayor que la velocidad posterior (V_2), entonces la aceleración en el tiempo T es negativa. Dado que la aceleración se expresa en términos de velocidad, cualquier cambio en la dirección también es un cambio en la aceleración. Un cuerpo en movimiento a lo largo de un camino curvo está experimentando un cambio continuo en la aceleración, ya sea que la celeridad cambie o no.

Masa y momentum

El término *masa* no significa lo mismo que el término peso. La **masa** hace referencia a la cantidad de materia contenida en un objeto o cuerpo particular. El **peso** es la fuerza de atracción entre la masa del planeta Tierra y un objeto cerca de su superficie. La masa de un objeto es constante; su peso cambia si cambia la fuerza de gravedad.

El **momentum** o **cantidad de movimiento** se define como la masa multiplicada por la velocidad (*masa × velocidad*) y permanece constante a menos que una fuerza externa (como la fricción) actúe sobre ella. En otras palabras, para cambiar el impulso de un objeto, se requiere una fuerza. Por ejemplo, en el vacío (un "sistema cerrado"), un objeto de 10 libras que se mueve en una ruta recta a 50 metros por segundo tiene el mismo impulso que un objeto de 25 libras que se mueve en la misma ruta recta a una velocidad de 20 metros por segundo.

El momentum se conserva durante las colisiones, de acuerdo con la ecuación

$$m_{A1}v_{A1} + m_{B1}v_{B1} = m_{A2}v_{A2} + m_{B2}v_{B2},$$

donde m y v son las masas y velocidades de los objetos A y B antes (1) y después (2) de una colisión. Supongamos que un patinador de 60 kg que rueda a 6 $\frac{m}{s}$ supera a un patinador de 50 kg que viaja a 4 m $\frac{m}{s}$. Se toman de las manos y continúan rodando juntos. ¿Cuál es su velocidad final? Dado que $v_{A2} = v_{B2}$, la ecuación se puede reorganizar y resolver para v_2, la velocidad final.

$$v_2 = \frac{\left(m_{A1}v_{A1} + m_{B1}v_{B1}\right)}{\left(m_{A2} + m_{B2}\right)}$$

$$v_2 = \frac{\left(60 \cdot 6 + 50 \cdot 4\right)}{\left(60 + 50\right)} = 5.1 \text{ m/s}$$

Los objetos en movimiento bajo la influencia de la gravedad están en caída libre. Los objetos liberados del reposo, arrojados hacia arriba o hacia abajo, están en caída libre una vez liberados. Todos los objetos en un vacío cercano, independientemente de su masa, aceleran a la misma velocidad de 9.8 m/seg². Esta es una constante en o cerca de la superficie de la Tierra. Se llama aceleración debido a la gravedad y se le da el símbolo g. Es la constante de proporcionalidad utilizada para convertir masa, m, a peso, w: $w = mg$.

Energía y trabajo

Hay dos tipos principales de energía. **La energía potencial** es la energía que resulta de la posición o condición de un objeto, y no de su movimiento. En general, la energía potencial es energía almacenada e incluye energía química y nuclear. Un resorte en espiral, una batería cargada o un peso sostenido sobre el suelo son ejemplos de esta energía potencial. En contraste, **la energía cinética** hace referencia a la energía que posee un objeto (u onda) debido a su movimiento. La cantidad de energía cinética depende de la velocidad y la masa del objeto (o, en el caso de las ondas, la velocidad, frecuencia y amplitud de la onda). **La energía térmica** es básicamente energía cinética porque es la energía del movimiento de átomos y moléculas.

Fuentes de energía

La mayoría de las fuentes de energía se remontan al Sol. Las plantas convierten la energía solar en energía química y la almacenan en forma de carbohidratos. A corto plazo, esta energía puede usarse como energía alimentaria, energía de biomasa y leña. A muy largo plazo, las plantas se convierten en combustibles fósiles: carbón, petróleo, y gas natural. El Sol también impulsa los vientos que alimentan las turbinas eólicas, y alimenta el ciclo del agua que llena las represas hidroeléctricas con agua. Las células fotovoltaicas capturan la energía solar directamente. Solo la energía geotérmica y nuclear no proviene del Sol.

Los combustibles fósiles no son renovables y son la fuente de problemas de contaminación. El combustible para la energía nuclear tampoco es renovable, pero las reservas son mucho mayores que las de los combustibles fósiles. Existen preocupaciones sobre la seguridad de la energía nuclear y sobre qué hacer con los productos de desechos radiactivos. La energía eólica, geotérmica, solar, hidroeléctrica y biomasa son renovables. La disponibilidad y el costo a veces son el problema de las fuentes renovables. La cantidad de energía que puede derivarse de una masa dada de combustible (densidad de energía) varía ampliamente.

Trabajo

En física, la palabra *trabajo* hace referencia a la transferencia de energía de un objeto a otro. La energía potencial se puede transferir a la energía cinética. En la mayoría de los casos, el trabajo se realiza para mover otro objeto a una distancia. Para realizar el trabajo, se requiere la aplicación de la **fuerza**. Empujar un cortacésped a través del césped, levantar un balde de agua y abrir la puerta del refrigerador son ejemplos de trabajo. En cada caso, se transfiere su energía potencial a otro objeto aplicando fuerza sobre él. Por supuesto, aplicar una fuerza sobre un objeto no siempre resulta en un trabajo realizado sobre ese objeto. Por ejemplo, empujar una pared estacionaria no produce trabajo porque la pared no se mueve.

El trabajo es igual a la cantidad de fuerza multiplicada por la distancia sobre la cual se aplica:

$$\text{Trabajo} = \text{Fuerza} \times \text{Distancia}$$

El trabajo y la energía generalmente se miden en una unidad llamada *julio* o *joule* (J), aunque también se usan otras unidades, dependiendo de las formas de energía involucradas, por ejemplo, luz, calor, química, mecánica, o eléctrica.

La potencia (P) es la velocidad a la que se realiza el trabajo y se mide en julios por segundo (J/s). 1 J/s = 1 vatio (W). Como Trabajo = Fuerza × Distancia, $P = fd/t$. Si un hombre de 600 N sube una escalera de 3-m en 6 s, genera 300 W de potencia. $P = (600)(3)/(6)$. Si el mismo hombre corre escaleras arriba en 3 s, genera el doble de energía, pero hace la misma cantidad de trabajo.

46. ¿Qué es **más probable** que ocurra si un paquete suelto de plumas y una pelota de golf, cada uno con una masa de 1 kilogramo, se arroja hacia arriba con igual pero poca fuerza desde la superficie de la luna?
    - **A.** La pelota de golf caerá a la superficie de la luna antes que las plumas.
    - **B.** Las plumas caerán a la superficie de la luna antes que la pelota de golf.
    - **C.** Ninguno de los objetos volverá a la superficie de la luna.
    - **D.** Caerán en la superficie de la luna al mismo tiempo.

Los dos objetos tienen la misma masa y velocidad, por lo que tienen el mismo impulso constante. Sin la fricción del aire atmosférico para alterar el impulso de cualquiera de los dos, ambos mantendrán la mismo velocidad independientemente de su forma o aspecto. Eventualmente, sin embargo, ambos caerán a la superficie de la luna (y al mismo tiempo), pero solo debido a la atracción gravitacional de la luna. **La respuesta correcta es D.**

La pregunta 47 hace referencia al siguiente gráfico.

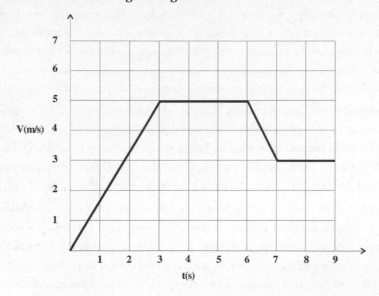

47. El gráfico muestra a un atleta de atletismo corriendo una carrera a lo largo de una pista recta. La velocidad en función del tiempo se muestra durante los primeros 9 segundos de la carrera. ¿Qué ocurre entre los 3 y 6 segundos en la carrera?

A. Aceleración negativa

B. Aceleración positiva

C. Velocidad constante

D. Un cambio de dirección

Hasta el segundo 3, el corredor está acelerando (la velocidad está aumentando). Desde el segundo 3 hasta el segundo 5, la velocidad es constante a 5 metros por segundo. Durante el segundo 6, se produce una aceleración negativa, y durante los segundos 7 a 9, la velocidad vuelve a ser constante. **La respuesta correcta es C.**

Inercia, fuerza y las leyes del movimiento

La **fuerza** hace referencia a cualquiera de una variedad de factores que hacen que un objeto cambie de velocidad o dirección. Puede ser un empuje o un tirón que comienza, se detiene o cambia la dirección en la que un objeto puede estar viajando. Usted aplica la fuerza cuando levanta una lata de refresco a su boca o cuando cierra una puerta de golpe. El movimiento o un cambio de dirección solo ocurre cuando hay una *fuerza neta* distinta de cero. Por ejemplo, si dos (2) personas tiran de los lados opuestos de una cuerda, ambas aplicando la misma fuerza, no se produce movimiento porque la fuerza neta es cero (0). La fuerza más omnipresente en la naturaleza es la gravedad; para pararse, una persona debe aplicar continuamente una fuerza opuesta para contrarrestar la gravedad.

Sir Isaac Newton, un físico inglés del siglo XVII, propuso tres leyes fundamentales sobre la relación entre fuerza, movimiento, masa e inercia. Estas leyes proporcionaron la base para la mecánica clásica y se conocen como las **tres leyes del movimiento** de Newton:

1. La primera ley del movimiento de Newton, también conocida como la **ley de la inercia**, establece que los objetos en reposo y los objetos en movimiento uniforme permanecerán en reposo o en movimiento a una velocidad constante a menos que actúe una fuerza externa como la gravedad, la fricción, u otra resistencia. Cuanto mayor es la inercia, mayor es la fuerza requerida para iniciar, detener o cambiar la dirección de movimiento del objeto. Un objeto de gran masa tiene mas inercia que un objeto de menor masa.

2. La segunda ley de movimiento de Newton establece que la fuerza neta que actúa sobre un objeto es igual a su masa multiplicada por su aceleración, o $F = m \times a$. Esta ley también se llama **ley de la fuerza**. La unidad de fuerza se conoce como *newton* (N). En esta fórmula, m es la masa del objeto, medida en kilogramos, y a es la aceleración en metros por segundo por segundo (m/s^2). Por lo tanto, una fuerza de 1 newton (N) = 1 kg $\cdot$ m/s^2.

3. La tercera ley de movimiento de Newton establece que para cada acción hay una reacción igual y opuesta. En otras palabras, cuando un objeto ejerce una fuerza sobre un segundo objeto, el segundo objeto ejerce una fuerza igual sobre el primero en una dirección opuesta. Esta ley también se llama la **ley de acción y reacción**. Por ejemplo, cuando golpea una pelota de tenis con una raqueta, la raqueta ejerce una fuerza hacia adelante sobre la pelota mientras que la pelota ejerce una fuerza hacia atrás igual sobre la raqueta. Otra forma de ver la tercera ley es entender que una fuerza nunca aparece de la nada, actuando sola. Más bien, las fuerzas siempre ocurren en pares.

Como se explicó en la discusión de propiedades, masa no es lo mismo que peso. La masa de un objeto es constante, pero el peso cambia si cambia la fuerza de gravedad. La atracción de la gravedad sobre la masa (m) le da a un objeto su peso (w), de acuerdo con la ecuación $w = mg$, donde g es la aceleración debida a la gravedad, igual a 9.80 m/s^2 en la superficie de la Tierra.

La fuerza de la gravedad es la fuerza de atracción entre las masas de dos objetos. Si las masas de los objetos A y B son m_A y m_B, que están separadas por una distancia, d entonces la fuerza de atracción gravitacional entre los objetos viene dada por:

$$F = \frac{G\left(m_A m_B\right)}{d^2}$$

donde G es una constante universal igual a 6.67×10^{-11} Nm^2/kg^2. Esta es la ley de Newton de la gravitación universal. La distancia al cuadrado en el denominador muestra que la fuerza gravitacional disminuye muy rápidamente con la distancia. Por ejemplo, si la Luna estuviera dos veces más lejos de la Tierra, la atracción gravitacional entre estos dos cuerpos solo sería un cuarto de grande.

48. ¿Qué fuerza debe ejercer un bate de béisbol sobre una pelota de béisbol con una masa de 0.2 kg para darle una aceleración de 8,500 m/seg2?

    A. 42.5 newtons

    B. 170 newtons

    C. 425 newtons

    D. 1,700 newtons

Aplique la ecuación $F = m \times a$.

$F = 0.2 \times 8,500 = 1,700$ newtons. **La respuesta correcta es D.**

49. ¿Cuál de lo(s) siguiente(s) demuestra(n) la primera ley de movimiento de Newton?
 I. El empuje de un motor de cohete durante el despegue
 II. El esfuerzo de un levantador de pesas presionando una barra sobre la cabeza
 III. La inclinación de un motociclista en la dirección de un giro
 IV. El esfuerzo necesario para detenerse después de bajarse de un autobús en movimiento

A. II solamente
B. Solo IV
C. I y IV solamente
D. III y IV solamente

Una motocicleta en movimiento y un pasajero de autobús en movimiento tienen inercia; tienden a permanecer en movimiento en la misma dirección y a la misma velocidad. Se requiere fuerza para cambiar la dirección de una motocicleta, o para detener el movimiento hacia adelante después de saltar de un autobús en movimiento. El escenario I demuestra la tercera ley de Newton, y el escenario II muestra la segunda ley de Newton. **La respuesta correcta es D.**

Calor y termodinámica

El calor hace referencia a la energía que fluye de un cuerpo de temperatura más alta a uno de temperatura más baja. La tendencia física es que la energía continúe fluyendo en esta dirección hasta que se alcance el **equilibrio térmico**, en otras palabras, hasta que las temperaturas de los dos sistemas sean iguales. Por ejemplo, si mezcla dos vasos de agua de temperaturas desiguales, la porción más cálida se enfría hasta que toda la mezcla tenga la misma temperatura. El calor es energía que se transfiere. La energía misma se llama correctamente **energía térmica**.

Un objeto tiene energía térmica debido al movimiento de sus átomos y moléculas. Cuanto más rápido se mueven, más energía térmica tiene el objeto. La energía térmica, entonces, es realmente una forma de energía cinética. La energía térmica de un objeto es igual a la energía cinética total de sus partículas. La temperatura de un objeto es una medida de la energía cinética promedio de sus moléculas. La unidad estándar de calor es la **caloría**, definida como la cantidad de calor requerida para aumentar la temperatura de 1 gramo de agua en 1° Celsius (otro tipo de calorías, la caloría alimentaria, se define como 1,000 calorías). La unidad de medida preferida para la energía térmica en la mayoría de las aplicaciones científicas es el julio o joule (J): una caloría equivale a 4.186 J.

Transferencia de calor

El estudio científico de la transferencia de calor se llama **termodinámica**. Entre las cuatro leyes de la termodinámica, las dos primeras son las más fundamentales. La primera ley establece que la cantidad de energía agregada a un sistema es igual a la suma de su aumento de energía térmica y el trabajo realizado en el sistema. La segunda ley establece que la energía térmica no puede transferirse de un cuerpo de una temperatura más baja a un cuerpo de una temperatura más alta sin energía adicional.

El calor se puede transferir de tres maneras:

1. La **conducción** es la transferencia de calor a través de un material sólido. En conducción, la energía cinética se transfiere de moléculas más rápidas a moléculas más lentas por contacto directo. Pero las posiciones de las moléculas cambian muy poco, si es que cambian, por lo que el material sólido (el conductor) mantiene su estructura. La conducción explica cómo se calienta el mango de una sartén para cocinar o la porción de una cucharadita que sobresale de una taza de té caliente, aunque el mango o la cuchara no estén en contacto directo con la fuente de calor. Los diferentes materiales sólidos varían mucho en su capacidad para conducir el calor. Los conductores pobres absorben más calor del que transfieren y, por lo tanto, son buenos aislantes térmicos.

2. La **convección** hace referencia a la transferencia de calor a través de un fluido (ya sea líquido o gas). El líquido o gas cerca de la fuente de calor se calienta y luego se expande hacia afuera de la fuente, lo que genera corrientes. El líquido o gas calentado (menos denso) se eleva, y el líquido o gas más frío (más denso) se mueve hacia adentro hacia la fuente de calor, donde luego se calienta. Es este proceso circulatorio el que se da en hornos de convección y muchas corrientes oceánicas.

3. La **radiación** es la transferencia de calor por ondas electromagnéticas. Las moléculas de una sustancia que recibe estas ondas de energía absorben esa energía, aumentando así su propia energía cinética y, por lo tanto, la temperatura de la sustancia. La energía radiante se usa ampliamente en la vida cotidiana. Por ejemplo, los microondas proporcionan la energía para calentar los alimentos en un horno microondas, y las ondas ultravioleta proporcionan la energía que puede broncear y quemar la piel.

Las sustancias a menudo experimentan cambios de estado: sólido a líquido (o viceversa) o líquido a gas (o viceversa). Durante el tiempo que ocurre un cambio de estado, una sustancia absorbe o libera calor mientras que la temperatura en realidad permanece constante. Este tipo de calor se llama **calor latente**. El calor latente absorbido por el aire cuando el agua se condensa es lo que está detrás del poder de las tormentas eléctricas y los huracanes. Una bebida fría con cubitos de hielo se mantiene a 0 °C hasta que todo el hielo se derrita. Esto se debe al calor latente de la fusión. El hielo absorbe calor del entorno para liberar a las moléculas de agua de su disposición rígida en estado sólido.

50. ¿Cuál de las siguientes afirmaciones NO es precisa?
   A. El calor solo puede fluir de un cuerpo de temperatura más alta a uno de temperatura más baja.
   B. La energía térmica es producida por las vibraciones de las moléculas.
   C. La energía cinética en una sustancia sólida se transfiere de moléculas más rápidas a moléculas más lentas por contacto directo.
   D. El equilibrio térmico ocurre cuando la temperatura bajo un árbol de sombra cae a medida que el aire circundante se calienta.

Las declaraciones en las opciones A, B y C son precisas. La declaración en la opción D, sin embargo, contradice la primera ley de la termodinámica. **La respuesta correcta es D.**

> **51.** Una cuchara de acero y una cuchara de plata se ponen en una taza de café caliente al mismo tiempo. La cuchara de plata se acerca rápidamente a la temperatura del café, mientras que la cuchara de acero aumenta su temperatura ligeramente. ¿Qué explica la diferencia?
>
> **A.** La cuchara de acero tiene un calor específico más bajo.
>
> **B.** La cuchara de plata tiene un calor específico más bajo.
>
> **C.** La cuchara de acero retiene más calor latente que la cuchara de plata.
>
> **D.** La cuchara de plata retiene más calor latente que la cuchara de acero.

La cuchara de acero tiene una capacidad térmica más baja, medida por el calor específico. **La respuesta correcta es B.**

Ondas

El concepto de **onda** es uno de los más importantes en física. Una onda puede ser una oscilación o vibración que crea una perturbación en un medio (como el agua o el aire), como en el caso de las ondas sonoras. Una onda también puede ser una serie de valores cuantitativos que se mueven a través del espacio, como en el caso de las ondas electromagnéticas.

Los científicos miden las ondas de varias maneras, y estas mediciones se utilizan para identificar fenómenos como la visibilidad y el color de la luz, el tono y el volumen de un sonido y la fuerza de una onda electromagnética. Estas mediciones se basan en las diversas características de cualquier onda, como se muestra en el siguiente diagrama.

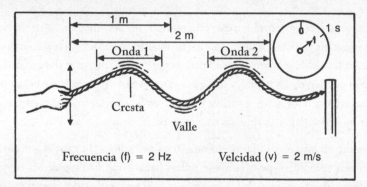

Como puede ver en este diagrama, la **cresta** de una onda es su parte superior, y el **valle** de la onda es su parte inferior. La **amplitud** de una onda es la mitad de la distancia vertical desde el pico hasta el valle y se usa para medir la fuerza o magnitud de una onda. La **longitud de onda** es la distancia entre valles consecutivos o crestas consecutivas. Refiriéndose al diagrama, suponga que la longitud de onda es de 1 metro. Visualice las ondas moviéndose de izquierda a derecha a 2 metros por segundo, que es la velocidad de la onda. El número de crestas que pasan un cierto punto por unidad de tiempo (un "ciclo") es la **frecuencia** de una onda. A una velocidad de onda dada, cuanto más corta es la longitud de onda, mayor es la frecuencia. Cada una de las siguientes dos ecuaciones expresa la frecuencia de una onda:

$$\text{frecuencia} = \frac{\text{velocidad}}{\text{longitud de onda}}$$

$$\text{frecuencia} = \frac{\text{ciclos de ondas}}{\text{unidad de tiempo}}$$

La longitud de onda generalmente se mide en metros, mientras que la frecuencia se mide en **hercios** (1 hercio = 1 ciclo por segundo). Las ondas electromagnéticas varían en longitud de onda y frecuencia, pero en el vacío todas viajan a la velocidad de la luz, que es 3×10^8 m/seg. Tenga en cuenta que la cuerda solo se mueve hacia arriba y hacia abajo, no hacia la derecha o hacia la izquierda. Esto ilustra el hecho de que todas las ondas transfieren energía, pero las ondas nunca transfieren materia. Esto es incluso cierto para las olas, como las olas del océano, que parecen moverse hacia la orilla.

Ondas de luz

La luz viaja en ondas. Las variaciones de colores que vemos son el resultado de diferentes rangos de frecuencia de luz. El espectro de luz abarca desde ondas de radio largas hasta rayos gamma cortos. Los humanos solo pueden ver el color dentro de un rango particular llamado **espectro visible**. El espectro visible para los humanos varía desde ondas rojas de baja frecuencia hasta ondas violetas de alta frecuencia.

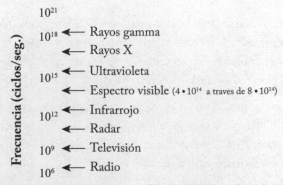

Como se muestra arriba, el espectro invisible está compuesto por muchos rayos diferentes, cada uno marcado por un rango de frecuencia distinto. Los rayos infrarrojos son detectables, pero como calor; los rayos X viajan a través de la materia y se utilizan para ver estructuras debajo de la piel; los rayos ultravioleta del Sol pueden dañar la piel, y los rayos gamma (los rayos más cortos) se originan a partir de sustancias radiactivas. Los rayos gamma y los rayos X son los más peligrosos porque su alta frecuencia les da mucha energía, lo que los hace más penetrantes.

La luz normalmente se mueve a lo largo de una línea recta llamada **rayo**. Cuando un rayo de luz golpea una superficie como un espejo, la luz se refleja hacia atrás. El rayo de luz que se mueve hacia el espejo es el **rayo incidente**. El rayo de luz que rebota es el **rayo reflejado**. Como muestra la siguiente figura, el ángulo del rayo incidente y el ángulo del rayo reflejado son iguales.

Refexión

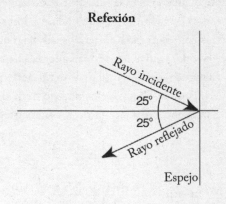

Ondas sonoras

Las **ondas sonoras** son creadas por vibraciones de una fuente como cuerdas vocales o altavoces. A diferencia de las ondas de luz, las ondas de sonido requieren un medio como el aire, el agua o un sólido elástico a través del cual viajar. Las vibraciones en la fuente del sonido alejan el aire u otro medio de la fuente, lo que resulta en variaciones de presión, densidad e incluso temperatura. Son estas variaciones las que nuestros oídos perciben como sonidos distintos.

Al igual que otros tipos de ondas, las ondas sonoras varían en frecuencia. Las ondas sonoras de alta frecuencia tienen un tono más alto que las ondas de baja frecuencia. La frecuencia de una onda de sonido se mide en hercios, donde 1 hercio (Hz) = un ciclo por segundo. El rango normal para la audición humana es entre 20 y 20,000 Hz. Los perros generalmente pueden escuchar frecuencias de 50,000 Hz. La tecnología de ultrasonido utiliza una frecuencia muy alta de 106 Hz. Las ondas sonoras también varían en amplitud. Cuanto mayor es la amplitud de la onda, más "fuerte" es el sonido, medido en **decibelios**. Vuelva al diagrama de la cuerda para ver una ilustración gráfica de la amplitud.

52. ¿En qué aspectos las ondas ultravioleta y los rayos X difieren entre sí?
    A. Longitud de onda
    B. Amplitud
    C. Velocidad
    D. Ángulo de reflexión

La distinción clave entre varios tipos de ondas en el espectro de luz involucra sus frecuencias, que dependen de la longitud de onda. Todos viajan a la misma velocidad, por lo que cuanto más larga sea la longitud de onda, menor es la frecuencia. **La respuesta correcta es A.**

53. Una estación determinada de radio AM emite a una frecuencia de 550 kHz. ¿Qué significa esto en términos de la onda de radio que transporta la transmisión de la estación?
    A. La longitud de onda es de 0.55 metros.
    B. La longitud de onda es de 0.55 milímetros.
    C. La onda es recibida por las radios a una velocidad de 550 ciclos por segundo.
    D. La onda es recibida por las radios a una velocidad de 550,000 ciclos por segundo.

Un kilohercio = 1,000 hercio. (550 × 1,000 = 550,000) Entonces la frecuencia de onda es de 550,000 ciclos por segundo. **La respuesta correcta es D.**

Máquinas simples

Los dispositivos mecánicos que nos permiten realizar tareas cotidianas se denominan máquinas. Los dispositivos cotidianos, como las perillas de las puertas, las cremalleras y las tijeras, se basan en ciertos principios mecánicos básicos. La mayoría de los dispositivos mecánicos se componen de variaciones en las seis **máquinas simples** que se describen a continuación. Estas máquinas proporcionan una **ventaja mecánica**, lo que significa que al usarlas adecuadamente, se reduce la fuerza requerida para mover un objeto en una distancia determinada. En otras palabras, facilitan el trabajo. Tenga en cuenta que las máquinas no reducen la cantidad de trabajo; solo cambian la cantidad de fuerza y el tiempo necesario para hacer el trabajo.

La palanca

Una **palanca** consiste en una barra o poste que descansa sobre un objeto en un punto fijo llamado **fulcro**. El objeto a levantar se denomina **carga** y se puede colocar en varias posiciones con respecto al punto de apoyo. Existen tres tipos de palancas basadas en la ubicación del fulcro, como se ilustra y describe aquí:

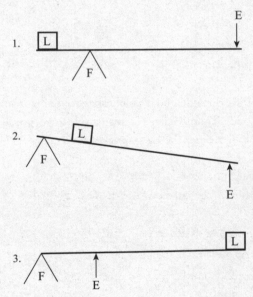

1. Las **palancas de primera** clase tienen un punto de apoyo que se coloca centralmente, entre la carga (lo que se está levantando) y la **fuerza** (el esfuerzo aplicado para hacer el levantamiento). Los ejemplos de esta clase de palanca incluyen un balancín, tijeras, alicates y una palanca.

2. Las **palancas de segunda clase** tienen un punto de apoyo en un extremo, la fuerza en el otro extremo y la carga en el medio. Una carretilla es un buen ejemplo de este tipo de palanca.

3. Las **palancas de tercera clase** tienen un punto de apoyo y fuerza en un extremo y la carga en el otro. Los ejemplos de este tipo de palanca incluyen un bate de béisbol, un hacha y un martillo.

La ventaja mecánica (*VM*) de una palanca se puede calcular de dos maneras:

1. La fuerza de carga dividida por la fuerza de esfuerzo: $VM = L \div E$.

2. La distancia esfuerzo-fulcro dividida por la distancia carga-fulcro: $EF \div LF$.

La polea

Una **polea** altera la dirección en que una fuerza mueve una carga, de modo que la carga se mueve hacia arriba a medida que la fuerza se aplica hacia abajo. La polea básica consiste en una sola rueda sobre la cual se coloca una correa, cadena o cuerda para cambiar la dirección del tirón de la carga.

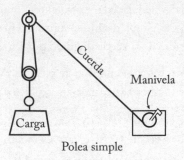

Polea simple

Como se muestra arriba, un sistema de polea que consta de dos o más ruedas reduce aún más la fuerza necesaria para levantar una carga al distribuir el trabajo sobre una longitud más larga de correa, cuerda o cadena. La cantidad total del trabajo que se debe hacer para levantar la carga una distancia dada es lo mismo que con una polea de una sola rueda. Sin embargo, el trabajo se distribuye a una distancia mayor, por lo que se requiere menos fuerza (esfuerzo). La ventaja mecánica de un sistema de poleas es simplemente el número de cables unidos a la carga. La ventaja mecánica también es la longitud de la cuerda que se debe tirar, dividida por la distancia que la carga se eleva.

El plano inclinado, el tornillo y la cuña

Un **plano inclinado** (que se muestra a continuación) es simplemente una rampa. Los objetos pesados se pueden mover a una posición más alta más fácilmente empujándose o haciéndolos subir una rampa en lugar de levantarlos verticalmente. Cuanto más gradual sea la inclinación, menos fuerza se requiere para mover la carga, pero más distancia debe moverse la carga para llegar a la cima. En cualquier caso, el trabajo total requerido es el mismo. Un camino inclinado y una escalera son dos ejemplos de planos inclinados.

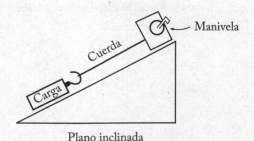

Plano inclinada

Un **tornillo** es un plano inclinado en espiral en lugar de una configuración de trayectoria recta. Taladrar un trozo de madera en el ángulo gradual de las roscas del tornillo requiere menos fuerza (esfuerzo) que martillar un clavo directamente en la madera. Una **cuña** es otro plano inclinado especializado, en realidad son dos planos inclinados consecutivos. Cuando se usa una cuña, se aplica fuerza al plano para moverlo debajo de la carga, elevando así la carga sobre el plano (la cuña). Los ejemplos de una cuña incluyen un abrecartas y un hacha. La ventaja mecánica de un plano inclinado es igual a la longitud de la superficie de la rampa dividida por la altura de elevación de la carga.

La rueda y el eje

La ventaja mecánica de una máquina de **rueda y eje** es dada por el gran diámetro de la rueda en comparación con el del eje. La trayectoria circular de la rueda es mayor, pero se requiere menos fuerza para rotarla que para rotar el eje más pequeño. Los ejemplos de una máquina simple de rueda y eje incluyen un pomo de puerta, pedales de bicicleta, un volante y un destornillador. Las bielas que se muestran en los diagramas anteriores también son máquinas de ruedas y ejes. La ventaja mecánica de una rueda y un eje es igual al radio de la rueda dividido por el radio del eje.

La rueda y el eje también se pueden ver como un tipo de palanca. Ahora, los seis tipos de máquinas simples se pueden reducir a solo tres tipos básicos: palanca, polea y plano inclinado.

54. ¿Cómo podría mejorar la ventaja mecánica de una palanca de primera clase?
  A. Acercando el fulcro a la carga que se va a levantar.
  B. Aumentando la carga y disminuyendo la fuerza.
  C. Moviendo el punto de apoyo más cerca de donde se aplicará la fuerza.
  D. Acortando la barra que descansa sobre el punto de apoyo.

Acercar el fulcro a la carga (y más lejos de donde se aplica la fuerza) aumenta el apalancamiento, se requiere menos fuerza para levantar la carga. **La respuesta correcta es A.**

55. ¿Qué tienen en común una polea de doble rueda, un plano inclinado, un tornillo, una cuña y un dispositivo de rueda y eje?
  Cada tipo de máquina proporciona una ventaja mecánica al
  A. aplicar fuerza más directamente sobre un objeto a mover.
  B. distribuir el mismo trabajo a una distancia mayor.
  C. reducir la resistencia de un objeto por movimiento circular en lugar de movimiento en línea recta.
  D. disminuir la distancia sobre la cual se debe mover un objeto.

Cada tipo de máquina reduce la fuerza requerida para mover un objeto distribuyendo el trabajo total a una distancia mayor. **La respuesta correcta es B.**

EN RESUMEN

- El examen de Ciencia GED mide las habilidades de pensamiento crítico en lugar del conocimiento. Sin embargo, una revisión de las tres áreas de contenido (**ciencia de la vida, ciencias de la Tierra y del espacio y ciencia física**) le ayudará a manejar las preguntas del examen con mayor facilidad y confianza.

- La **ciencia** intenta proporcionar explicaciones para los fenómenos naturales a través de la investi-gación. Para diferenciar las explicaciones irrazonables de las plausibles, los científicos aplican la lógica y el sentido común mediante el **método científico**, que implica cuatro pasos fundamentales: observación, hipótesis, experimento y conclusión.

- La **biología** es el estudio científico de organismos vivos, incluidas plantas y animales, y consta de tres ramas principales: **zoología, botánica** y **ecología**. Esta revisión comenzó examinando la vida biológica a nivel celular y molecular; luego, los organismos biológicos fueron examinados en términos de sistemas de órganos y como individuos. La revisión concluyó examinando organismos individuales como miembros de una comunidad y como parte de un ecosistema.

- La **geología** se ocupa de la composición de la tierra y de los eventos pasados y presentes (tanto interiores como exteriores) que la han formado. La **oceanografía** implica física, biología, química y geología en lo que respecta a los procesos relacionados con el océano. La **meteorología** es el estudio de la **atmósfera**, el tiempo y el clima de la Tierra. La **astronomía** es el estudio del universo y los objetos en él.

- La **química** es el estudio de la composición, interacciones, propiedades y estructura de la materia y los cambios que la materia experimenta. Implica buscar formas de separar las sustancias y volver a unir las partes de nuevas maneras.

- La **física** es el estudio científico de la materia, la energía, el espacio y el tiempo; y cómo están relacionados entre sí. La física está estrechamente relacionada con todos los demás campos de la ciencia, ya que sus leyes son universales. Los sistemas vivos de la biología están hechos de partículas de materia que siguen las leyes de la física. La química explora cómo los átomos, pequeñas unidades de materia, interactúan para formar moléculas de acuerdo con las leyes de la física. El estudio de la geología y la astronomía trata en gran medida con la física de la tierra y otros cuerpos celestes.

PREGUNTAS DE PRÁCTICA

Instrucciones: Las siguientes preguntas de práctica cubrirán conceptos generales de ciencias. Las preguntas se basan en breves pasajes de texto e información visual (cuadros, gráficos, diagramas y otras figuras). Algunas preguntas se basan tanto en texto como en información visual. Estudie la información proporcionada y responda las preguntas que siguen, refiriéndose a la información según sea necesario.

Las preguntas 1 y 2 hacen referencia a la siguiente ilustración y breve pasaje de texto.

El siguiente pedigrí muestra la ocurrencia de daltonismo en una familia. Los círculos representan hembras y los cuadrados representan machos. Los símbolos abiertos representan individuos que no tienen la condición, mientras que los símbolos rellenos representan a los daltónicos.

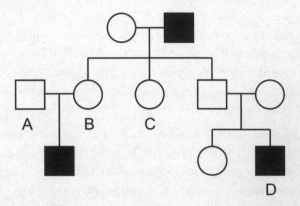

1. ¿Cuál es el sexo y el estado del individuo D?

    A. Hombre, no daltónico

    B. Macho, daltónico

    C. Hembra, no daltónica

    D. Hembra, daltónica

2. ¿Qué individuos son hermanos?

    A. A y B

    B. A y C

    C. B y C

    D. B y D

3. Se descubre una nueva especie de bacteria en el océano profundo, en un ambiente sin luz solar, oxígeno o azúcares. ¿Qué tipo de metabolismo es **más probable** que use esta bacteria?

    A. Respiración aeróbica

    B. Fermentación

    C. Metanogénesis

    D. Fotosíntesis

4. ¿Cuál de los siguientes es un ejemplo de una relación mutualista?

   A. Bacterias que viven en intestinos de termitas que consumen celulosa de los alimentos de las termitas y las descomponen en azúcares más simples que las termitas pueden usar

   B. Las tenias que viven en tripas de cerdo que consumen nutrientes de la comida del cerdo, privando al cerdo de esos nutrientes

   C. Garrapatas que cavan en la piel de un venado y chupan su sangre, debilitando al venado

   D. Leones que cazan y comen cebras, controlando su población

5. Con el tiempo, los elefantes marinos machos han evolucionado gradualmente a un tamaño corporal enorme y a narices bulbosas y carnosas más grandes para competir mejor y atraer a sus parejas. Las hembras de elefante marino son mucho más pequeñas y no tienen narices grandes. La forma del cuerpo de los elefantes marinos machos **probablemente** evolucionó a través de

   A. deriva genética.

   B. selección artificial.

   C. equilibrio puntuado.

   D. selección sexual.

6. Un investigador quiere probar cómo el bloqueo de los estomas de una planta afecta su crecimiento. ¿Cuál de los siguientes sería el **mejor** procedimiento experimental para el investigador?

   A. Cubrir la parte inferior de las hojas con cera impermeable.

   B. Cubrir el tallo de la planta con cera impermeable.

   C. Retirar las hojas de la planta.

   D. Cortar las puntas de las raíces de la planta.

7. Un animal recién descubierto es de sangre caliente, cubierto de pelo y lleva a sus crías en una bolsa pegada al cuerpo. Es **más probable** que sea un

   A. roedor.

   B. monotrema.

   C. pájaro.

   D. marsupial.

La pregunta 8 hace referencia a la siguiente ilustración.

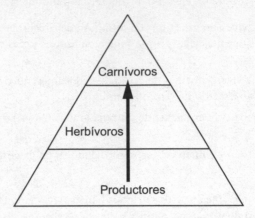

8. En el diagrama de niveles tróficos en un ecosistema, la flecha representa el flujo de

    A. desperdicio.

    B. energía.

    C. oxígeno.

    D. consumidores.

9. La mayoría de los científicos no consideran que los virus sean organismos vivos porque

    A. no contienen material genético.

    B. no pueden insertar su material genético en una célula huésped.

    C. no pueden reproducirse solos.

    D. contienen una cubierta de proteína externa.

10. La prolactina es secretada por una glándula en el cerebro y se une a los receptores en las glándulas mamarias. ¿Este proceso es **más probablemente** parte de qué sistema del cuerpo?

    A. Cardiovascular

    B. Endocrino

    C. Nervioso

    D. Reproductivo

11. Los planetas de nuestro sistema solar se encuentran en casi el mismo plano porque se condensaron de una nube de polvo y gas que tenía la forma de un

    A. disco.

    B. esfera.

    C. línea.

    D. sol.

12. En el siguiente diagrama del ciclo de la roca, ¿qué significan las flechas?

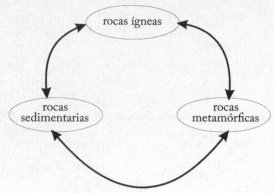

A. La roca sedimentaria se puede transformar en roca ígnea pero no en roca metamórfica.

B. La roca ígnea se puede transformar en roca sedimentaria pero no en roca metamórfica.

C. La roca metamórfica se puede transformar en roca ígnea pero no en roca sedimentaria.

D. La roca sedimentaria puede transformarse en roca metamórfica y la roca metamórfica se puede transformar en roca sedimentaria.

13. Una línea de evidencia para la deriva continental es cómo los continentes encajan como piezas de un rompecabezas. Cuando los continentes son encajados, ¿cuál de las siguientes pruebas también apoyaría la teoría de la deriva continental?

A. La presencia de los mismos tipos de plantas vivas en todos los continentes.

B. La presencia de rocas sedimentarias en todos los continentes.

C. Fósiles que solo se encuentran en un continente.

D. Cordilleras que comienzan en un continente y continúan en otro.

14. Si la llanura abisal es como un desierto árido, entonces, ¿qué parte del océano es como una selva tropical y llena de vida?

A. Las aguas costeras poco profundas

B. La plataforma continental

C. La pendiente continental

D. El ascenso continental

15. La diferencia entre el clima y el tiempo es que

A. la circulación del aire afecta el tiempo pero no el clima.

B. el tiempo se ve afectado por la latitud pero el clima no.

C. el clima describe las condiciones atmosféricas a largo plazo, mientras que el clima es a corto plazo.

D. la cantidad de energía solar recibida por una región afecta su clima pero no su tiempo.

16. ¿Cuál de los siguientes compuestos es **más probable** que sea iónico?

    A. NH_3

    B. KCl

    C. CO

    D. PCl_3

17. Para equilibrar la siguiente ecuación, ¿qué coeficiente debe colocarse antes de Br_2?

    $2Al + \_\_Br_2 \rightarrow 2AlBr_3$

    A. 1

    B. 2

    C. 3

    D. 6

18. Cuando el azúcar se disuelve en agua, se crea un/a nuevo/a [   ].

    A. elemento

    B. compuesto

    C. mezcla homogénea

    D. mezcla heterogénea

19. Los orbitales atómicos dentro de un solo átomo pueden diferir en

    A. el tipo de partícula subatómica que contienen.

    B. la cantidad de protones que contienen.

    C. la cantidad de neutrones que contienen.

    D. la cantidad de electrones que contienen.

20. ¿Cuál de los siguientes procedimientos sería la **mejor** manera de medir el volumen de líquido que un vaso puede contener?

    A. Pesar el vaso vacío.

    B. Llenar el vaso con agua y pesar el vaso lleno.

    C. Colocar el vaso en un vaso grande graduado que esté lleno hasta la mitad con agua y calcular cuánta agua desplazó el vidrio.

    D. Llenar el vaso con agua y medir cuántos mililitros de agua se necesitaron para llenar el vaso.

21. ¿Cuál de las siguientes es una descripción precisa de la velocidad de un objeto?

    A. 70 metros por minuto al sur

    B. 120 kilómetros por hora

    C. 6 metros por segundo al cuadrado

    D. 55 centímetros por minuto

22. ¿Cuál de los siguientes es un ejemplo de algo que posee energía potencial?

    A. Una pelota rodando cuesta abajo

    B. Una persona parada al borde de un trampolín

    C. Un pájaro volando por el aire

    D. Un martillo que se clava en un clavo en la pared

23. Cuando una persona sale de la bañera al piso de baño con azulejos, el pie de la persona se siente frío porque el calor se transfiere del pie al piso. Esto es un ejemplo de transferencia de calor por

    A. aceleración.

    B. conducción.

    C. convección.

    D. radiación.

24. En el diagrama a continuación, ¿qué letra indica la longitud de onda?

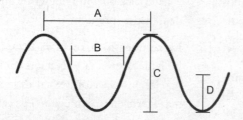

    A. A

    B. B

    C. C

    D. D

25. ¿El tornillo y la cuña son versiones especializadas de qué tipo básico de una máquina simple?

    A. Palanca

    B. Polea

    C. Plano inclinado

    D. Rueda y eje

CLAVE DE RESPUESTAS Y EXPLICACIONES

1. B	**6.** A	**11.** A	**16.** B	**21.** A
2. C	**7.** D	**12.** D	**17.** C	**22.** B
3. C	**8.** B	**13.** D	**18.** C	**23.** B
4. A	**9.** C	**14.** A	**19.** D	**24.** A
5. D	**10.** B	**15.** C	**20.** D	**25.** C

1. **La respuesta correcta es B.** Los cuadrados representan a los machos y los símbolos rellenos representan a los individuos daltónicos. Por lo tanto, el individuo D es un macho daltónico.

2. **La respuesta correcta es C.** En un pedigrí, los individuos conectados por líneas verticales a una línea horizontal común son hermanos. Está línea horizontal común estará conectada por otra línea vertical a una línea horizontal que conecta directamente a sus padres. Los individuos B y C están conectados por líneas verticales a una línea horizontal común, por lo que son hermanos (hermanas, para ser exactos). Los individuos A y B (opción A) están directamente conectados por una línea horizontal, pero solo el individuo B tiene una línea vertical ascendente que se conecta a los padres. Las personas A y C (opción B) no están conectadas por ninguna línea. El individuo A es el cuñado del individuo C. Las personas B y D (opción D) no están en la misma generación. El individuo B es la tía del individuo D.

3. **La respuesta correcta es C.** La bacteria vive en un ambiente sin luz solar, por lo que no puede usar la fotosíntesis (opción D). También vive en un ambiente sin oxígeno, por lo que no puede usar la respiración aeróbica (opción A). Finalmente, también vive en un ambiente sin azúcares, por lo que no puede usar la fermentación (opción B), aunque la fermentación no requiere oxígeno. Por lo

tanto, la bacteria debe usar metanogénesis, que no requiere luz solar, oxígeno o azúcares.

4. **La respuesta correcta es A.** Las termitas comen material vegetal que contiene mucha celulosa, un azúcar complejo. No pueden usar la celulosa directamente como fuente de energía. Sin embargo, las bacterias que viven en sus intestinos pueden comer la celulosa y descomponerla en azúcares más simples que la termita puede usar. Tanto la termita como la bacteria se benefician, haciendo de esta una relación mutualista. Las opciones B y C son relaciones parásitas: un organismo se beneficia (la tenía y la garrapata) mientras que el otro se ve perjudicado (el cerdo y el venado). La opción D describe una relación depredador-presa.

5. **La respuesta correcta es D.** Cuando los individuos en una población compiten por parejas, la selección sexual es la influencia más fuerte en su evolución. Las características que ayudan a los animales a atraer parejas, como el gran tamaño del cuerpo y la nariz en las focas elefantes, se seleccionan en poblaciones sometidas a selección sexual. La selección sexual a menudo conduce a diferencias en individuos masculinos y femeninos de la misma especie, un fenómeno llamado dimorfismo sexual. La deriva genética (opción A) ocurre al azar, y está claro que las características de los elefantes marinos machos son beneficiosas para el apareamiento y no ocurren debido al azar. La selección artificial (opción B) es realizada por humanos,

que no se mencionan en la pregunta. No hay evidencia dada que la evolución de las focas elefantes ocurriera en saltos rápidos o equilibrio puntuado (opción C). De hecho, el tallo afirma que las focas elefante macho evolucionaron gradualmente sus formas corporales distintivas.

6. **La respuesta correcta es A.** Los estomas se encuentran en la parte inferior de las hojas de una planta y son aberturas que controlan el intercambio de agua y gas con el medio ambiente. Al recubrir la parte inferior de las hojas con cera, los estomas se bloquearán y se pueden estudiar los efectos de este bloqueo. Recubrir el tallo de la planta con cera (opción B) no afectará los estomas porque no hay estomas en el tallo de una planta. Retirar las hojas por completo (opción C) no aislará los estomas; el investigador estudiará lo que sucede cuando una planta no tiene hojas, no solo estomas. Cortar las puntas de las raíces de la planta (opción D) no es el mejor procedimiento porque no hay estomas en las raíces.

7. **La respuesta correcta es D.** El animal recién descrito es un mamífero, ya que es de sangre caliente y está cubierto de pelo. Esto elimina la opción C; ya que aunque las aves son de sangre caliente, están cubiertas de plumas, no de pelo. Los marsupiales son los únicos mamíferos que llevan a sus crías en bolsas corporales. Los roedores (opción A) no llevan a sus crías en bolsas corporales y se caracterizan por dientes incisivos cada vez mayores. Los monotremas (opción B) son mamíferos primitivos que ponen huevos y no llevan a sus crías en bolsas.

8. **La respuesta correcta es B.** La flecha en el diagrama trófico representa el flujo de energía desde los niveles tróficos inferiores a los niveles tróficos superiores. Cuando los herbívoros comen a los productores, la energía de los productores fluye hacia los herbívoros, y cuando los carnívoros comen a los herbívoros, la energía fluye hacia los carnívoros. Los desechos y el oxígeno (opciones A y C) no fluyen entre los niveles tropicales. *Los consumidores* (la opción D) es un término que describe herbívoros y carnívoros.

9. **La respuesta correcta es C.** Los virus son parásitos intracelulares que dependen de una célula huésped para realizar tareas celulares básicas como la síntesis de proteínas y la reproducción. No pueden reproducirse solos y no están hechos de células, por lo que la mayoría de los científicos no los consideran seres vivos. Los virus contienen material genético, ya sea ADN o ARN, por lo que la opción A no es cierta. Los virus pueden insertar su material genético en una célula huésped; así es como se reproducen. Por lo tanto, la opción B tampoco es cierta. Si bien los virus contienen una cubierta de proteína externa, esta no es una característica que determina si están vivos o no, por lo que la opción D es inco-rrecta.

10. **La respuesta correcta es B.** En el sistema endocrino, los glóbulos químicos llamados hormonas son secretados por las glándulas y transportados en el torrente sanguíneo a objetivos distantes, donde se unen a receptores específicos y generan un efecto. En este caso, la glándula endocrina está en el cerebro (la glándula pituitaria, para ser exactos), la prolactina es la hormona y el objetivo es una glándula mamaria. Si bien el sistema cardiovascular (opción A) participa en este proceso al administrar la hormona a su objetivo, el proceso general es parte del sistema endocrino. Aunque la glándula fuente se encuentra en el cerebro, este proceso es parte del sistema endocrino, no del sistema nervioso (opción C). El sistema reproductivo (opción D) está involucrado en la generación de descendencia, y aunque las hormonas están involucradas en muchos de sus procesos, este proceso específico es parte del sistema endocrino.

11. **La respuesta correcta es A.** La teoría moderna de la formación del sistema solar establece que el Sol y los planetas se formaron a partir de una rotación disco de polvo y gas. Debido a que se formaron a partir del mismo disco, se encuentran en casi el mismo plano en el espacio. Si los pla-netas se formaran a partir de una esfera (que también tiene la forma de un sol), estarían en diferentes planos a la misma distancia del Sol, por lo que las opciones B y D son incorrectas. La nube de polvo y gas no tenía la forma de una línea, y esto sería imposible de mantener bajo las leyes de la física si se formaran los planetas, por lo que la opción C es incorrecta.

12. **La respuesta correcta es D.** Las flechas de doble punta en el diagrama del ciclo de la roca indican que cada tipo de roca se puede transformar en los otros dos tipos, y las reacciones inversas también pueden ocurrir. Por lo tanto, la roca sedimentaria se puede transformar en roca metamórfica, y lo contrario también es cierto: la roca metamórfica se puede transformar en roca sedimentaria. La roca sedimentaria también se puede transformar en roca ígnea y viceversa. Por lo tanto, las otras opciones de respuesta son inco-rrectas.

13. **La respuesta correcta es D.** El hecho de que los continentes encajen como piezas de un rompecabezas, sugiere que una vez se agruparon en un solo continente que luego se alejó y se separó. Entonces, cuando los continentes se vuelven a unir, grandes características como cadenas montañosas pueden comenzar en un continente y continuar en otro. La cordillera también se rompió cuando los continentes se separaron. Las plantas vivas no proporcionarán ninguna pista sobre el pasado, por lo que la opción A no respalda la teoría. Las rocas sedimentarias son una categoría de roca tan amplia que su presencia en todos los continentes no daría ninguna pista sobre sus posiciones pasadas, por

lo que la opción B tampoco respalda la teoría. Si se encuentran secuencias específicas de rocas sedimentarias distintivas en dos continentes diferentes en los puntos de unión, entonces eso sería evidencia de la deriva continental. Los fósiles que se encuentran en un solo continente (opción C) no proporcionaron evidencia de parientes en posiciones de otros continentes.

14. **La respuesta correcta es A.** La llanura abisal es la parte más profunda del fondo del océano, por lo que es completamente oscura y soporta muy poca vida. En contraste, las aguas costeras poco profundas están bien iluminadas por la luz solar y pueden mantener a muchas especies de organismos. Las aguas poco profundas también son ricas en nutrientes que se han arrastrado desde la tierra, lo que respalda aún más la vida. La plataforma continental, la pendiente y el ascenso (opciones B, C y D) son partes cada vez más profundas del margen continental (el borde del continente donde el océano se encuentra con la tierra) y no sostienen tanta vida como las aguas costeras poco profundas.

15. **La respuesta correcta es C.** El clima describe las condiciones climáticas generales a largo plazo de un área de la Tierra. El tiempo es el día de hoy, condiciones atmosféricas localizadas en un lugar determinado. El clima se determina a partir de las condiciones climáticas promedio de un lugar durante muchos años, pero el tiempo en cualquier día es impredecible. El hecho de que llueva un día no significa que una región tenga un clima lluvioso. La circulación del aire, la latitud y la cantidad de energía solar recibida afectan tanto el clima, como el tiempo, por lo que las otras opciones son incorrectas.

16. **La respuesta correcta es B.** Los compuestos iónicos están formados por elementos con cargas opuestas. El potasio (K) está en la primera columna de la tabla periódica, por lo que tiene un electrón de valencia. Es

probable que pierda ese electrón de valencia y se convierta en un ion con una carga de +1 para tener un octeto estable como caparazón de valencia. El cloro (Cl) está en la penúltima columna de la tabla periódica, por lo que tiene siete electrones de valencia. Es probable que gane un electrón de valencia para formar un octeto estable y convertirse en un ion con una carga de −1. Por lo tanto, K^+ y Cl^- podrían compartir electrones fácilmente y formar el compuesto iónico KCl. Como regla general, los compuestos formados completamente por no metales no son iónicos porque sus elementos no forman iones o forman iones con la misma carga. En estos compuestos no metálicos, se forman enlaces covalentes entre los elementos. Las otras opciones de respuesta están formadas por no metales, por lo que ninguno de ellos son compuestos iónicos.

17. **La respuesta correcta es C.** En el lado derecho de la ecuación, hay $2 \times 3 = 6$ átomos de Br (hay 3 átomos de Br en cada molécula de $AlBr_3$). Para obtener 6 átomos de Br en el lado izquierdo, necesitamos multiplicar Br_2 por 3, ya que hay 2 átomos de Br en cada molécula de Br_2. Por lo tanto, el coeficiente que se debe colocar antes de Br_2 es 3.

18. **La respuesta correcta es C.** Cuando el azúcar se disuelve en agua, sus moléculas se mezclan entre sí a nivel molecular y forman una solución, pero aún conservan sus propiedades individuales y no cambian químicamente. El azúcar y el agua aún se pueden separar permitiendo que el agua se evapore. Forman una mezcla homogénea porque se mezclan completa y uniformemente. Una mezcla heterogénea (opción D), como la mezcla de suelo o tierra, no se mezcla uniformemente como una solución. Como el azúcar y el agua no cambian químicamente, no se forma un nuevo elemento (opción D) ni un nuevo compuesto (opción B).

19. **La respuesta correcta es D.** Los orbitales atómicos, o niveles de energía, dentro de un solo átomo pueden diferir en la cantidad de electrones que contienen. El nivel de energía más interno puede contener un máximo de 2 electrones, el segundo nivel de energía puede contener hasta 8 y el tercer nivel de energía puede contener hasta 18. Los orbitales atómicos solo contienen electrones, no protones o neutrones, por lo que las otras opciones de respuesta son incorrectas.

20. **La respuesta correcta es D.** El volumen de líquido que puede contener un vaso también se considera como el volumen del vaso; cuando se llena con agua, la cantidad de agua que contiene es su volumen. El volumen se mide en unidades cúbicas como cm^3 o en litros y sus subdivisiones, como mililitros. Las opciones que implican pesar cosas, le darán la masa de esa cosa, no su volumen. Pesar el vaso vacío (opción A) solo le daría la masa del vaso, y pesar el vaso lleno (opción B) le daría la masa del vaso más el agua dentro. Colocar el vaso en un vaso de precipitados grande que esté lleno hasta la mitad de agua y ver cuánta agua se desplaza (opción C) le dará el volumen del vaso vacío en sí, es decir, cuánto material forma el vaso. Esto no es lo mismo que el volumen de líquido que puede contener el vaso.

21. **La respuesta correcta es A.** La velocidad es la velocidad de movimiento en una dirección dada. La velocidad de movimiento también se conoce como celeridad, por lo que la velocidad es la celeridad en una dirección dada. La celeridad es la distancia recorrida por unidad de tiempo. La única opción de respuesta que especifica una dirección es la opción A, por lo que esta es la única opción que es una velocidad. Las opciones B y D solo dan la distancia recorrida por unidad de tiempo, por lo que ambas son celeridads, no velocidades. La opción C es una descripción de la aceleración, que es la velocidad multiplicada por el tiempo.

22. **La respuesta correcta es B.** Una persona parada en el borde de un trampolín contiene energía almacenada, energía potencial, que puede usarse para generar movimiento. Esta energía potencial existe debido a la posición de la persona por encima del agua. Una vez que saltan del trampolín, su energía potencial se convierte en la energía cinética del movimiento a medida que caen hacia el agua. Las otras opciones son todos objetos que están en movimiento, por lo que todos poseen energía cinética, no energía potencial.

23. **La respuesta correcta es B.** La conducción es la transferencia de calor a través del contacto directo entre materiales sólidos. El pie está en contacto directo con el piso y transfiere calor al piso, por lo que este es un ejemplo de conducción. La aceleración (opción A) no es un método de transferencia de calor; es una medida de qué tan rápido algo aumenta su velocidad. La convección (opción C) es la transferencia de calor a través de fluidos, por lo que no se aplica en este caso. La radiación (opción D) es la transferencia de calor por ondas electromagnéticas, por lo que tampoco se aplica en este caso.

24. **La respuesta correcta es A.** La longitud de onda de una onda es la distancia entre dos crestas o valles consecutivos. La opción B indica solo la mitad de una longitud de onda. La opción C es dos veces la amplitud de la onda. La opción D es la amplitud de la onda.

25. **La respuesta correcta es C.** Un tornillo es un plano inclinado dispuesto en espiral en lugar de una línea recta. Una cuña son dos planos inclinados colocados uno al lado del otro. La rueda y el eje (opción D) es un tipo de palanca (opción A). Las poleas (opción B) son el tercer tipo básico de máquina simple y no están relacionadas con tornillos y cuñas.

PARTE VI

EL EXAMEN DE RAZONAMIENTO MATEMÁTICO

Dominar el examen de Razonamiento matemático

Capítulo 11

DESCRIPCIÓN GENERAL

- Todo sobre el examen de Razonamiento matemático
- Formato y características del examen de Razonamiento matemático
- Medidas y el examen de Razonamiento matemático
- Uso de la calculadora TI-30XS de Texas Instruments
- Preguntas de formato alternativo
- Estrategias para resolver problemas matemáticos
- Análisis de datos gráficos (gráficos, gráficos de barras y tablas)
- Redondear, simplificar y comprobar cálculos
- Estrategias generales para tomar el examen
- En resumen

EL EXAMEN DE RAZONAMIENTO MATEMÁTICO—RESUMEN

Tiempo permitido: 115 minutos

Número total de preguntas: 46

TODO SOBRE EL EXAMEN DE RAZONAMIENTO MATEMÁTICO

El examen de Razonamiento matemático GED se basa en los Estándares Estatales Comunes de Matemáticas y Principios y Estándares para las Matemáticas Escolares. El examen está diseñado para medir una variedad de habilidades, que incluyen:

- Comprender y aplicar conceptos y fórmulas matemáticas.
- Razonamiento cuantitativo y resolución de problemas.
- Traducir el lenguaje verbal a términos matemáticos.
- Manipulación y evaluación de expresiones aritméticas y algebraicas.
- Análisis e interpretación de datos gráficos (cuadros, gráficos, tablas).

Para medir estas habilidades, el contenido se centrará en:

- Resolución cuantitativa de problemas (aproximadamente 45 %)
  - Demostrar fluidez con operaciones usando números racionales.
  - Usar números racionales para formular soluciones a problemas establecidos en contextos del mundo real.
  - Resolver problemas proporcionales con números racionales.
  - Interactuar con figuras geométricas en una variedad de presentaciones gráficas.
  - Interactuar con estadísticas descriptivas en una variedad de presentaciones gráficas.
  - Usar fórmulas o descomposición para calcular el perímetro, el área, el área de superficie y el volumen de figuras.
- Resolución de problemas algebraicos (aproximadamente 55 %)
  - Escribir expresiones matemáticas lineales y ecuaciones que corresponden a situaciones concretas.
  - Evaluar las expresiones para valores específicos de la variable.
  - Resolver ecuaciones lineales, desigualdades y sistemas de ecuaciones lineales y encontrar la ecuación de una línea con criterios variables.
  - Interpretar la pendiente de una línea como tasa de cambio o tasa unitaria.
  - Comprender y aplicar el concepto de una función.
  - Usar notación de función.
  - Traducir una variedad de representaciones de una función, incluidas tablas y ecuaciones.
  - Resolver ecuaciones cuadráticas.
  - Interpretar características clave de funciones lineales y no lineales.

Estas dos áreas temáticas cubren una variedad de temas sobre los que se le interrogará, que incluyen:

- Operaciones básicas con números.
- Números enteros, divisibilidad, factorización y múltiplos.
- Signos numéricos, valor absoluto, la recta numérica y ordenamiento.
- Decimales, valor posicional y notación científica.
- Porcentajes y fracciones.
- Exponentes (potencias) y raíces.
- Cantidad y proporción.
- Expresiones numéricas indefinidas.
- Medidas de tendencia central (media, mediana, moda y rango).
- Distribución de frecuencias.
- Probabilidad.
- Configuración y evaluación de expresiones algebraicas.
- Ecuaciones lineales y sistemas de ecuaciones.
- Problemas verbales de álgebra.

- Desigualdades algebraicas.

- Expresiones cuadráticas por factorización.

- Relaciones funcionales, incluidas series y patrones.

- Líneas paralelas, transversales y líneas perpendiculares.

- Propiedades de triángulos, cuadriláteros y otros polígonos.

- Propiedades de los círculos (área, circunferencia, medidas de grado interior).

- El teorema de Pitágoras.

- Trigonometría del triángulo rectángulo.

- Figuras tridimensionales (sólidos rectangulares, cilindros derechos, pirámides cuadradas, conos).

- Geometría coordinada.

- Sistemas de medición de longitud, área, volumen, peso y masa.

Tenga en cuenta que muchas de estas preguntas involucrarán más de una de las áreas mencionadas anteriormente. Por ejemplo, resolver un problema geometríco puede requerir álgebra también.

FORMATO Y CARACTERÍSTICAS DEL EXAMEN DE RAZONAMIENTO MATEMÁTICO

El examen de Razonamiento matemático GED consta de 46 preguntas, y tendrá 115 minutos para contestarlas. El contenido del examen se divide en dos categorías: el 45 % del examen se enfoca en resolución cuantitativa de problemas, mientras que el otro 55 % está compuesto por resolución algebraica de problemas.

Tiene que responder cinco preguntas sin la ayuda de una calculadora. Para el resto de las preguntas se le permite usar una calculadora en pantalla. La calculadora científica que usará es la TI-30XS Multiview Calculadora (examinará sus funciones a partir de la página siguiente). También se le proporcionará una hoja de fórmulas en pantalla para la totalidad del examen, así como una herramienta de símbolos, que le permitirá ingresar símbolos matemáticos para resolver problemas en blanco.

Una gran parte de las preguntas del examen de Razonamiento matemático son preguntas de opción múltiple con cuatro opciones. Las preguntas restantes requerirán que proporcione su propia respuesta usando formatos alternativos: seleccionar un área, rellenar el espacio en blanco, menú desplegable, y arrastrar y soltar. Este tipo de preguntas se utilizan para una variedad de temas y se abordarán más adelante en los capítulos de matemáticas.

Estas son algunas características adicionales de el examen de Razonamiento matemático:

- Muchas de las preguntas se presentan en escenarios del "mundo real" que implican situaciones prácticas y cotidianas.

- Espere que al menos un tercio de las preguntas se refiera a tablas, gráficos, cuadros y figuras geométricas. Estas figuras están dibujadas a escala a menos que se indique lo contrario.

Al igual que con cualquier otra parte de el examen GED, se le proporcionará un tablero de notas borrable para tomar notas y hacer cálculos. También podrá acceder a la misma lista de fórmulas en pantalla como la que aparece antes de cada una de las pruebas de práctica de Razonamiento matemático en este libro. Usted puede o no necesitar todas las fórmulas durante el examen.

Finalmente, durante cada parte del examen de Razonamiento matemático, generalmente aparecen preguntas más fáciles antes de preguntas más desafiantes. Esta es solo una regla general; es posible que algunas del la preguntas anteriores sean más difíciles que las posteriores.

MEDIDAS Y EL EXAMEN DE RAZONAMIENTO MATEMÁTICO

Durante el examen de Razonamiento matemático, resolverá problemas relacionados con la medición de moneda (dinero), tiempo, longitud, peso, volumen y posiblemente masa. Algunas de estas preguntas requerirán que convierta una unidad de medida en otra. Se espera que conozca las tasas de conversión más utilizadas, las que las personas de Estados Unidos utilizan en su vida cotidiana y que se enumeran a continuación.

NOTA: Un asterisco (*) significa que la pregunta de prueba puede proporcionar la tasa de conversión.

Conversiones de moneda (dinero):

100 centavos = 1 dólar

*10 centavos (*dimes*) = 1 dólar

*20 centavos (*níqueles*) = 1 dólar

*4 cuartos = 100 centavos = 1 dólar

Conversiones de tiempo:

60 segundos (seg.) = 1 minuto (min.)

60 minutos = 1 hora (hr.)

24 horas = 1 día

7 días = 1 semana (semanas)

12 meses (mes) = 1 año (año)

365 días = 1 año

Conversiones de longitud:

12 pulgadas (pulg.) = 1 pie (pies)

3 pies = 1 yarda (yd.)

Conversiones de peso:

16 onzas (oz.) = 1 libra (lb)

* 2,000 libras = 1 tonelada (T)

Conversiones de medida líquida:

* 8 onzas (oz.) = 1 taza

* 2 tazas = 1 pinta (pt.)

* 2 pintas = 1 cuarto de galón (qt.)

* 4 cuartos = 1 galón (gal.)

Para responder a una pregunta de prueba puede que tenga que convertir los números de un sistema de medición a otro, especialmente al sistema métrico y viceversa. No se espera que conozca este tipo de medidas de conversión. La pregunta en cuestión proporcionará la tasa que debe usar.

USO DE LA CALCULADORA TI-30XS DE TEXAS INSTRUMENTS

Durante el examen de Racionamiento matemático GED, se permitirá una calculadora para todas las preguntas menos cinco. No se requiere el uso de una calculadora, pero para evitar errores de cálculo descuidados, se sugiere usar una calculadora para todos los cálculos menos los simples.

Se le proporcionará una calculadora científica en pantalla, con múltiples vistas. La facilidad de uso de la calculadora TI-30XS de Texas Instruments la ha convertido en una herramienta matemática estándar utilizada en los cursos de matemáticas de la escuela media y secundaria. No se le permitirá traer y usar su propia calculadora durante la prueba. Se recomienda que se familiarice con la TI-30XS antes de la fecha del examen.

Tiene permitido usar la calculadora para 41 de las 46 preguntas. Cuando se encuentre con una pregunta en la cual necesite usar la calculadora, haga clic en "calculadora" en la esquina superior izquierda de la pantalla. La TI-30XS en pantalla aparecerá como una ventana emergente para usar en sus cálculos para esa pregunta. Puede mover la ventana emergente haciendo clic sostenido y arrastrando la ventana con el ratón. Para cerrar la calculadora, haga clic en la X en la esquina superior derecha de la ventana emergente. El botón "calculadora" no se activará durante las cinco preguntas que debe responder sin la ayuda de una calculadora.

Cuando aparezca la calculadora, estará encendida y lista para usar en la configuración estándar. Para ingresar números o símbolos de operaciones, use su ratón para hacer clic en las teclas. Haga clic en la tecla **intro** para ver la respuesta de cálculo, que se encuentra en la esquina inferior derecha de la ventana de la calculadora.

Operaciones Básicas

Para sumar o restar números, ingrese los números y use las teclas + o −.

Para multiplicar o dividir, use las teclas × o ÷.

Para usar paréntesis en su cálculo, haga clic en las teclas que indican paréntesis en el orden en que ve el problema escrito.

Para ingresar un número negativo, haga clic en la tecla − ubicada a la izquierda de la tecla intro.

Para encontrar la raíz cuadrada de un número, haga clic en la tecla x^2 ubicada a la izquierda de la tecla 7.

Uso de la segunda tecla

Mirando la TI-30XS, verá símbolos, letras y funciones amarillas alrededor de las teclas más grandes, blancas o negras. Si desea utilizar estas funciones, primero debe hacer clic en la segunda tecla amarilla en la esquina superior izquierda de la calculadora, y luego en la tecla ubicada debajo de la función. Las dos funciones que involucran esta secuencia que son más probable que use son *el porcentaje* y *la raíz cuadrada*.

El símbolo de porcentaje (%) se encuentra encima del botón de paréntesis izquierdo. Para mostrar un número como porcentaje, haga clic en el número, luego en la segunda tecla y luego en el paréntesis izquierdo.

La función de raíz cuadrada se encuentra por encima de la tecla x^2. Para encontrar la raíz cuadrada de un número, ingrese el número, luego haga clic en la segunda tecla y luego en la tecla x^2.

Despejar la memoria

Para realizar un nuevo cálculo, tendrá que borrar el anterior. Para hacer esto, presione la tecla para borrar, ubicada encima de la tecla de división y debajo de las flechas de navegación. Al hacer clic en esta tecla borrará la memoria de la calculadora de todos los cálculos anteriores.

PREGUNTAS DE FORMATO ALTERNATIVO

La última edición del examen de Razonamiento matemático GED incluye preguntas mejoradas por la tecnología, como de arrastrar y soltar, seleccionar un área, menú desplegable y para rellenar los elementos en blanco. Las preguntas de arrastrar y soltar requerirán que arrastre los "tokens de arrastre" y los coloque o más bien "suelte los objetivos". Se utilizarán elementos de seleccionar un área para que pueda seleccionar su respuesta haciendo clic o graficando un punto en un sensor designado para gráficos, mapas o diagramas. Las preguntas de menú desplegables requerirán que elija la respuesta correcta de una lista de opciones en un menú desplegable. Las preguntas de completar el espacio en blanco requerirá que escriba una palabra o frase en un cuadro para completar una oración.

ESTRATEGIAS PARA RESOLVER PROBLEMAS MATEMÁTICOS

Alrededor del 50 % de las preguntas en el examen de Razonamiento matemático involucrarán resolución de problemas; en variables (como x e y). En esta sección, aprenderá estrategias específicas para resolver problemas. La mayoría de estas estrategias se aplican solo a preguntas de opción múltiple, que representan el 80 % de todas las preguntas en el examen.

Los ejemplos que verá aquí abarcan toda la gama en términos de los conceptos cubiertos. Si no entiende totalmente un concepto ilustrado aquí, puede volver y revisarlo más tarde.

Escanee las opciones de respuesta en busca de pistas

Explore las opciones de respuesta para ver qué tienen en común todas o la mayoría de ellos, como signos radicales, exponentes, expresiones factorizables o fracciones. Luego intente formular una solución que se parezca a las opciones de respuestas.

EJEMPLO 1 (MÁS FÁCIL):

Si $a \neq 0$ o 2, entonces ¿la expresión $\dfrac{\frac{1}{a}}{2-a}$ es equivalente a cuál de las siguientes?

A. $\dfrac{1}{2a - a^2}$

B. $\dfrac{2}{a - 2}$

C. $\dfrac{1}{a^2}$

D. $\dfrac{2}{2a - 1}$

Observe lo que todas las opciones de respuesta tienen en común: cada una es una fracción en la que el denominador contiene la variable a, pero el numerador no. Y no hay fracciones en el numerador o el denominador. Esa es una pista de que su trabajo es manipular la expresión dada en la pregunta para que el resultado incluya estas características. Multiplicar la fracción del numerador por el recíproco del denominador le dará un resultado que tiene estas características:

$$\frac{\frac{1}{a}}{2-a} = \frac{1}{a} \times \frac{1}{2-a} = \frac{1}{2a - a^2}$$

La respuesta correcta es A.

EJEMPLO 2 (MÁS DIFÍCIL):

Un equipo de arqueólogos e ingenieros planea construir una pirámide utilizando construcciones, materiales y métodos antiguos. Como se muestra a continuación, la base de la pirámide debe ser cuadrada, y cada uno de los cuatro ángulos en el vértice de la pirámide debe medir 90°.

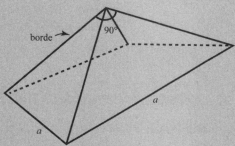

Si la base de la pirámide mide a metros a cada lado, ¿cuál de las siguientes representa la longitud de cualquiera de los cuatro bordes que se extienden desde la base de la pirámide hasta su ápice?

A. $\dfrac{a}{3}\sqrt{2}$

B. $\dfrac{a}{2}\sqrt{2}$

C. $\dfrac{3}{4}a$

D. $\dfrac{12}{13}a$

Observe que $\sqrt{2}$ aparece en dos de las cuatro expresiones enumeradas entre las opciones de respuesta. Con conocimiento suficiente del teorema de Pitágoras, reconocerá este valor como la hipotenusa de cierta forma de triángulo rectángulo. Con esta pista en mente, puede dividir en dos cualquier cara triangular de la pirámide en dos triángulos rectángulos más pequeños, como se muestra a continuación.

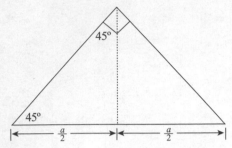

La longitud de cada cateto de un triángulo más pequeño es $\frac{a}{2}$. Del teorema de Pitágoras, sabe que la longitud de la hipotenusa de cualquier triángulo 90°-45°-45° es el producto de $\sqrt{2}$ y la longitud de cualquier cateto. Entonces, en este caso, la hipotenusa, o "borde" de la pirámide, mide $\frac{a}{2}\sqrt{2}$ metros. **La respuesta correcta es B.**

No se deje atraer por opciones de respuesta obvias

Espere ser tentado por respuestas incorrectas que son el resultado de errores comunes en el razonamiento, en el cálculo y en la composición y resolución de ecuaciones. Nunca asuma que su solución es correcta solo porque la ve entre las opciones de respuesta.

> **EJEMPLO 3 (MÁS FÁCIL):**
>
> ¿Cuál es el valor de $(8 + 8)^2 - (7 + 7)^2$?
>
> **A.** 30
>
> **B.** 60
>
> **C.** 256
>
> **D.** 452

Cada elección de respuesta incorrecta es el resultado de un error común:

Si comete el error de distribuir la potencia de cada término entre paréntesis, puede seleccionar la opción A: $8^2 + 8^2 - 7^2 - 7^2 = 64 + 64 - 49 - 49 = 30$.

Si comete el error de distribuir el signo de resta a los 7 al cuadrado, puede seleccionar la opción C: $(8 + 8)^2 - (7 - 7)^2 = 16^2 - 0 = 256$.

Si comete el error de sumar en lugar de restar, puede seleccionar la opción D: $(8 + 8)^2 + (7 + 7)^2 = 16^2 + 14^2 = 256 + 196 = 452$.

Aquí está el cálculo correcto: $16^2 - 14^2 = 256 - 196 = 60$.

La respuesta correcta es B.

EJEMPLO 4 (MÁS DIFÍCIL):

El promedio de seis números es 19. Cuando se quita uno de esos números, el promedio de los cinco números restantes es 21. ¿Qué número se retiró?

A. 2

B. 6.5

C. 9

D. 20

En este ejemplo, dos de las opciones de respuesta incorrecta son especialmente atractivas. La opción A sería la respuesta correcta a la pregunta: "¿Cuál es la diferencia entre 19 y 21?" Pero esta pregunta es algo completamente diferente. La opción D es la otra opción demasiado obvia. 20 es simplemente 19 + 21 dividido por 2. Si esta solución le parece demasiado simple, tiene buenos instintos. Puede resolver este problema rápidamente simplemente comparando las dos sumas. Antes de quitar el sexto número, la suma de los números son 114 (6 × 19). Después de quitar el sexto número, la suma de los números restantes es 105 (5 × 21). La diferencia entre las dos sumas es 9, que debe ser el valor del número quitado. **La respuesta correcta es C.**

Evalúe la pregunta para reducir sus opciones

Si una pregunta de opción múltiple solicita un valor numérico, probablemente pueda limitar las opciones de respuesta estimando el tamaño y el tipo de número que está buscando. Al manejar problemas de palabras, use su sentido común y su experiencia en el mundo real para formular estimaciones "aproximadas". También tenga en cuenta que, si las opciones de respuesta son solo números, se enumerarán en orden, por lo menos desde el valor mayor. Esta característica puede ayudarlo a concentrarse en opciones viables.

EJEMPLO 5 (MÁS FÁCIL):

Stephanie depositó $1,000 en una cuenta que gana 5 % de interés compuesto. Si ella no hizo depósitos adicionales, ¿cuál será el saldo de la cuenta de Stephanie después de dos años?

A. $1,050

B. $1,100

C. $1,102.50

D. $1,152.25

Si entiende que el interés compuesto es una tasa anual que aplica intereses no solo a saldo de capital, sino también también a cualquier interés previo ganado, y si sabe que el 5 % de $1,000 es $50, entonces puede reducir sus opciones. La cuenta ganó $50 en intereses el primer año, pero un poco más $50 el segundo año porque devengó intereses sobre el interés del primer año. Entonces la respuesta correcta debe ser un poco mayor que $1,100. Puede eliminar las opciones A y B. Todo lo que queda es realizar el cálculo:

$$5 \text{ % de } \$1,050 = 0.05 \times \$1,050 = \$52.50$$

Agregue esta cantidad de interés a los $50 ganados durante el primer año:

$1,000 (depósito inicial) + $50 (interés del año 1) + $52.50 (interés del año 2) = $1,102.50

La respuesta correcta es C.

EJEMPLO 6 (MÁS DIFÍCIL):

Un recipiente contiene 10 litros de una solución que es 20 % de ácido. Si 6 litros de ácido puro son agregados al contenedor, ¿qué porcentaje de la mezcla resultante es ácido?

A. 20

B. $33\frac{1}{3}$

C. 40

D. 50

El sentido común debería decirle que cuando agrega más ácido a la solución, el porcentaje de la solución que es ácida aumentará. Entonces, está buscando una respuesta que sea un porcentaje mayor que 20. Solo las opciones B, C o D se ajustan a la cuenta. Si necesita adivinar en este punto, sus probabilidades son una de cada tres de responder la pregunta correctamente. Aquí se explica cómo resolver el problema:

La cantidad original de ácido es (10) (20 %) = 2 litros. Después de agregar 6 litros de ácido puro, la cantidad de ácido aumenta a 8 litros, mientras que la cantidad de solución total aumenta de 10 a 16 litros. La nueva solución es $\frac{8}{16}$, o 50 %, ácido. **La respuesta correcta es D.**

Sepa cuando insertar números para variables

Si las opciones de respuesta contienen variables como x i y, la pregunta podría ser un buen candidato para la estrategia de "complemento". Elija números simples (para que las matemáticas sean fáciles) y sustitúyalos por las variables. Necesitará su lápiz y papel (y su tablero de notas borrable el día del examen) para esta estrategia.

EJEMPLO 7 (MÁS FÁCIL):

Si un dólar puede comprar m hojas de papel, ¿cuántos dólares se necesitan para comprar una resma de papel p? [1 resma = 500 hojas de papel]

A. $\dfrac{500}{p+m}$

B. $\dfrac{m}{500p}$

C. $\dfrac{500p}{m}$

D. $\dfrac{p}{500m}$

Puede resolver este problema convencionalmente o utilizando la estrategia de complemento.

La forma convencional: la pregunta es esencialmente preguntarse "¿1 es para m lo que qué es para p?" Establezca una proporción (igualar dos tasas o fracciones). Luego convierta cualquiera de las hojas de papel en resmas (divida m entre 500) o resmas en hojas (multiplique p por 500). El segundo método de conversión se usa a continuación. Multiplicación cruzada para resolver por x:

$$\frac{1}{m} = \frac{x}{500p}$$

$$mx = 500p$$

$$x = \frac{500p}{m}$$

La estrategia del complemento: elija valores fáciles de usar para m y p. Probemos $m = 500$ y $p = 1$. A \$1 las 500 hojas, obviamente se necesita exactamente \$1 para comprar una resma de papel. Comience a conectar estos valores con cada una de las cinco expresiones a su vez. La elección correcta proporcionará un valor de 1. La opción A no funciona, y tampoco la opción B. Pero la opción C funciona:

$$\frac{500p}{m} = \frac{500(1)}{500} = 1$$

No hay necesidad de probar la opción D. **La respuesta correcta es C.**

EJEMPLO 8 (MÁS DIFÍCIL):

Si un tren viaja $r + 2$ millas en h horas, ¿cuál de los siguientes representa el número de millas que viaja el tren en 1 hora y 30 minutos?

A. $\dfrac{3r + 6}{2h}$

B. $\dfrac{3r}{h + 2}$

C. $\dfrac{r + 2}{h + 3}$

D. $\dfrac{r}{h + 6}$

Este es un problema de palabras algebraicas que involucra la velocidad de movimiento (celeridad). Como en el problema anterior, usted puede resolver este problema de manera convencional o mediante el uso de la estrategia de complemento.

La forma convencional: observe que todas las opciones de respuesta contienen fracciones. Esta es una pista de que debería intentar crear una fracción a medida que resuelva el problema. Dado que el tren viaja $r + 2$ millas en h horas, puede expresar su tasa en millas por hora como $\dfrac{r + 2}{h}$. En $\dfrac{3}{2}$ horas, el tren viajaría $\left(\dfrac{3}{2}\right)\left(\dfrac{r + 2}{h}\right) = \dfrac{3r + 6}{2h}$ millas.

La estrategia del complemento: elija valores fáciles de usar para r y h. Probemos $r = 8$ y $h = 1$. Dados estos valores, el tren viaja 10 millas (8 + 2) en 1 hora. Entonces, en $1\frac{1}{2}$ horas, el tren viajará 15 millas. Comience a conectar estos valores r y h en las opciones de respuesta. Para esta pregunta, no necesitará ir más allá de la opción A: $\dfrac{3r + 6}{2h} = \dfrac{3(8) + 6}{2(1)} = \dfrac{30}{2}$, or 15.

La respuesta correcta es A.

La estrategia de complemento puede ser muy útil cuando no sabe cómo estructurar la expresión algebraica o ecuación que requiere el problema. Pero tenga en cuenta que esta estrategia puede llevar mucho tiempo si la respuesta correcta está muy abajo en la lista de opciones. Úselo solo si no sabe cómo estructurar la expresión o ecuación algebraica correcta.

Sepa cuándo (y cuándo no) trabajar en reversa

Si una pregunta de opción múltiple solicita un valor numérico, y si dibuja un espacio en blanco sobre cómo establecer arriba y resolver el problema, no se asuste. Es posible que trabajar en reversa, probando las opciones de respuesta, cada una a la vez.

En el examen de Razonamiento matemático GED, las opciones de respuesta numérica siempre se enumeran en orden de valor, de menor a mayor. Así que, al trabajar en reversa desde las opciones de respuesta, el mejor lugar para comenzar es con la opción C, que proporciona un valor cercano al medio. Si la opción C proporciona un número que es demasiado alto, entonces la respuesta correcta debe ser la opción A o la opción B. Por el contrario, si la opción C proporciona un número que es demasiado pequeño, entonces la respuesta correcta debe ser la opción D.

EJEMPLO 9 (MÁS FÁCIL):

Se cae una pelota desde 192 pulgadas sobre el nivel del suelo. Después del segundo rebote, se eleva a una altura de 48 pulgadas. Si la altura a la que se eleva la pelota después de cada rebote es siempre la misma fracción de la altura alcanzada en su rebote anterior, ¿cuál es esta fracción?

A. $\frac{1}{8}$

B. $\frac{1}{4}$

C. $\frac{1}{3}$

D. $\frac{1}{2}$

La ruta más rápida para una solución es incluir una respuesta; pruebe la opción C y mire lo que pasa. Si la pelota rebota $\frac{1}{3}$ tan alto como empezó, como la opción C, entonces después del primer rebote se elevará $\frac{1}{3}$ tan alto como 192 pulgadas, o 64 pulgadas. Después de un segundo rebote, se elevará $\frac{1}{3}$ de alto, o alrededor de 21 pulgadas. Pero el problema es que la pelota sube hasta 48 pulgadas después del segundo rebote, así que la opción C no puede ser la respuesta correcta. Podemos ver que la pelota debe estar rebotando a más de un tercio del camino; eso elimina las opciones A y B y deja una sola respuesta posible. Intente incluir la opción D, y verá que funciona: $\frac{1}{2}$ de 192 es 96, y $\frac{1}{2}$ de 96 es 48. **La respuesta correcta es D**.

Aunque sería posible desarrollar una fórmula para responder la pregunta del ejemplo, hacerlo no tendría sentido, considerando lo rápido y fácil que puede trabajar en reversa desde las opciones de respuesta.

Trabajar en reversa desde las opciones de respuesta numérica funciona bien cuando los números son fáciles y se requieren pocos cálculos, como en la pregunta anterior. En otros casos, aplicar álgebra podría ser un mejor enfoque.

EJEMPLO 10 (MÁS DIFÍCIL):

¿Cuántas libras de nueces que se venden por 70 centavos por libra deben mezclarse con 30 libras de nueces que se venden a 90 centavos por libra para hacer una mezcla que se venda por 85 centavos la libra?

A. 8.5

B. 10

C. 15

D. 16.5

¿La ruta más fácil para hallar la solución es probar las opciones de respuesta? Veamos. Antes que nada, calcule el costo total de 30 libras de nueces a 90 centavos por libra: 30 × 0.90 = $27. Ahora, comience con la opción C. A los 70 centavos por libra, 15 libras de nueces cuestan $10.50. El costo total de esta mezcla es $37.50, y el peso total es de 45 libras. Ahora deberá realizar una división larga. El costo promedio de la mezcla resulta estar entre 83 y 84 centavos, demasiado bajo para el promedio de 85 centavos dado en la pregunta. Por lo tanto, al menos puede eliminar la opción C.

Ahora debería darse cuenta de que probar las opciones de respuesta podría no ser la forma más eficiente de abordar esta pregunta. Además, hay amplias oportunidades para errores de cálculo. En vez de eso, intente resolviendo este problema algebraicamente escribiendo y resolviendo un sistema de ecuaciones. Aquí le explicamos cómo hacerlo:

El costo (en centavos) de las nueces que se venden por 70 centavos por libra se puede expresar como $70x$, siendo x igual al número que se le pide determinar. Luego agregue este costo al costo de los frutos secos más caros (30 × 90 = 2,700) para obtener el costo total de la mezcla, que puede expresar como 85 (x + 30). Puede indicar esto algebraicamente y resolver x de la siguiente manera:

$$70x + 2{,}700 = 85(x + 30)$$
$$70x + 2{,}700 = 85x + 2{,}550$$
$$150 = 15x$$
$$10 = x$$

A 70 centavos por libra, se deben agregar 10 libras de nueces para hacer una mezcla que se venda por 85 centavos por libra. **La respuesta correcta es B.**

Busque la ruta más simple a la respuesta

Para muchas preguntas del examen de Razonamiento matemático GED, hay un camino largo y uno corto para llegar a la respuesta correcta. Cuando parece que enfrenta una larga serie de cálculos o un sistema complejo de ecuaciones, siempre pregúntese si hay una manera más fácil e intuitiva de responder la pregunta.

EJEMPLO 11 (MÁS FÁCIL):

Escriba su respuesta en el cuadro. Puede usar números y/o un punto decimal (.) en su respuesta.

¿Cuál es el valor de $\dfrac{150}{450} \times \dfrac{750}{300} \times \dfrac{450}{1{,}500}$? [   ]

Si utiliza o no una calculadora para esta pregunta, multiplicar y dividir estos números grandes es innecesariamente lento. Es más, cuantos más cálculos haga, más probable es que cometa un error de cálculo. Mire cuidadosamente los números involucrados. Tenga en cuenta que puede factorizar todos estos números en fracciones. Después de factorizar, las tres fracciones que quedan pueden ser combinadas fácilmente. Aquí hay una posibilidad:

$$\frac{150}{450} \times \frac{750}{300} \times \frac{450}{1{,}500} = \frac{1}{1} \times \frac{1}{2} \times \frac{1}{2} = \frac{1}{4}$$

La respuesta correcta es 1/4 o 0.25. Para recibir mérito por una respuesta correcta, debe ingresar **1/4** o **0.25** en el cuadro en blanco.

EJEMPLO 12 (MÁS DIFÍCIL):

¿Cuál es la diferencia entre la suma de todos los **pares** enteros positivos menores que 32 y la suma de todos los **impares** enteros positivos menores que 32?

A. 0

B. 1

C. 15

D. 16

¿Para responder a esta pregunta, debe sumar dos largas series de números en su papel de anotaciones o con la calculadora? No. En este caso, es una pérdida de tiempo y corre el riesgo de cometer errores de cálculo en el camino. Un examinado inteligente notará un patrón y lo usará como acceso directo. Compare los términos iniciales de cada secuencia:

pares enteros: 2, 4, 6, . . . , 30

impares enteros: 1, 3, 5, . . . , 29, 31

Observe que, para cada término sucesivo, el entero impar es uno menos que el entero par correspondiente. Hay un total de 15 enteros correspondientes, por lo que la diferencia entre las sumas de todos estos enteros es 15. Pero la secuencia de enteros impares incluye un entero adicional: 31. Entonces la diferencia es 31 – 15 = 16. **La respuesta correcta es D.**

Tenga en cuenta: las preguntas del examen de Razonamiento matemático GED no están diseñadas para medir su capacidad de hacer cálculos largos y repetitivos en su tablero de notas o con la calculadora. Combinar tres o cuatro números que usan operaciones básicas probablemente será el límite de lo que se espera de usted. Así que, de nuevo, si se enfrenta a una larga serie de cálculos, especialmente con grandes números, busque una manera más rápida y fácil de responder la pregunta.

Resuelva problemas comenzando con lo que sabe

Es fácil perderse en un problema matemático complejo que requiere varios pasos para ser resuelto. Si está perdido en cuanto a en dónde comenzar, comience con la información que conoce. Luego pregúntese qué puede deducir de esa información. Es muy probable que este enfoque lo lleve, paso a paso, a la solución.

> **EJEMPLO 13 (MÁS FÁCIL):**
>
> Escriba su respuesta en el cuadro. Puede usar números y/o un punto decimal (.) en su respuesta.
>
> Cassie puede ensamblar 4 computadoras en una hora, y Hillary pueden ensamblar 12 computadoras en una hora. Trabajando al mismo tiempo, Cassie, Hillary y un tercer trabajador, Jodie, pueden ensamblar 192 computadoras durante un turno de 8 horas. ¿Cuántas computadoras puede Jodie ensamblar en una hora?

Dos de los números se dan como una tasa de trabajo por hora, y el otro número se da como una tasa de trabajo por turno de 8 horas. Un buen lugar para comenzar es convertir una tasa a la otra. Intentemos convertir la tasa total de trabajo por turno a una tarifa por hora: 192 ÷ 8 = 24. Así sabe que Hillary, Jodie y Cassie pueden armar 24 computadoras en una hora. Ahora pregúntese qué más sabe. Usted sabe que la tasa de trabajo por hora de Cassie es 4 y la tasa de trabajo por hora de Hillary es 12. Ahora pregúntese qué deduce de esta información. Si resta esos dos números del 24, encontrará la tasa de trabajo por hora de Jodie, que es la respuesta a la pregunta:

$$24 - 4 - 12 = 8$$

La respuesta correcta es 8. Para recibir mérito por una respuesta correcta, debe ingresar **8** en el cuadro en blanco.

> **EJEMPLO 14 (MÁS DIFÍCIL):**
>
> En un grupo de 20 cantantes y 40 bailarines, el 20 % de los cantantes son menores de 25 años de edad, y el 40 % de todo el grupo tiene menos de 25 años. ¿Qué porción de los bailarines son menores de 25 años?
> A. 20 %
> B. 24 %
> C. 40 %
> D. 50 %

Para responder a esta pregunta, debe conocer la cantidad total de bailarines y la cantidad de bailarines menores de 25 años. La pregunta proporciona el primer número: 40. Para encontrar el segundo número, comience con lo que proporciona la pregunta y descubra qué más sabe. Siga adelante y eventualmente llegará a su destino. Del grupo total de 60, 24 tienen menos de 25 años (el 40 % de 60 es 24) De los 20 cantantes, el 20 %, o 4 cantantes, tienen menos de 25 años. Por lo tanto, las 20 personas restantes menores de 25 años deben ser bailarines. Ese es el segundo número que necesita para responder la pregunta: 20 es 50 % de 40. **La respuesta correcta es D.**

Buscar pistas en figuras geométricas

Algunas preguntas de geometría del examen de Razonamiento matemático GED irán acompañadas de figuras. Están ahí por una razón: la información que proporciona una figura puede llevarlo, paso a paso, a la respuesta.

EJEMPLO 15 (MÁS FÁCIL):

Así es como verá la pregunta redactada en el examen GED en línea. Para esta versión impresa, marque la cuadrícula para mostrar las coordenadas correctas.

$\overline{PQ}$ tiene un punto medio M. $\overline{PM}$ es congruente con $\overline{MQ}$. Haga clic en la cuadrícula para mostrar las coordenadas correctas (x, y) del punto M.

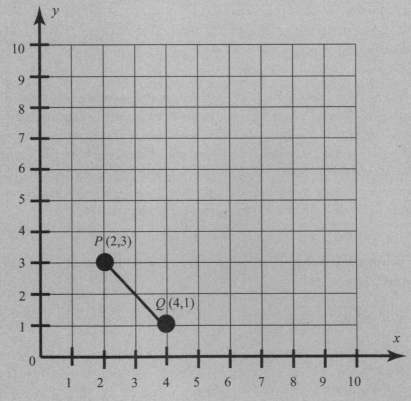

Para responder la pregunta, debe examinar las coordenadas específicas proporcionadas en la figura. Dado que $\overline{PM}$ es congruente, o igual en longitud, a $\overline{MQ}$, la coordenada x del punto M es la mitad de la distancia horizontal de 2 a 4 (P a Q), en 3. De manera similar, la coordenada y del punto M es la mitad de la distancia vertical de 3 a 1 (P a Q), en 2. Las coordenadas (x, y) del punto M son (3, 2). **La respuesta correcta es (3, 2).**

EJEMPLO 16 (MÁS DIFÍCIL):

Escriba su respuesta en el cuadro.

El punto O se encuentra en el centro del círculo que se muestra en la figura.

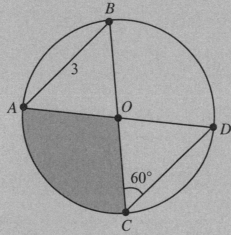

¿Cuál es el área de la región sombreada del círculo, expresada en unidades cuadradas?

☐ π

Aquí se pregunta el área de una porción del círculo definida por un ángulo central. Para responder a la pregunta, necesitará determinar el área de todo el círculo así como qué porción (fracción o porcentaje) de esa área está sombreada. Busque en la figura información que pueda proporcionar un punto de partida. Si observa el ángulo de 60° de la figura, debe reconocer que ambos triángulos COD y AOB son equiláteros (todos sus ángulos son de 60°) y, extendidos a sus arcos, forman dos segmentos, cada $\frac{1}{6}$ del tamaño del círculo completo. Lo que queda son los dos segmentos más grandes, cada uno de los cuales tiene el doble del tamaño de un segmento pequeño. Así que el área sombreada debe dar cuenta de $\frac{1}{3}$ del área del círculo.

Ahora ha reducido el problema a la simple mecánica de calcular el área del círculo, y luego dividirlo por 3. En un triángulo equilátero, todos los lados son congruentes. Examinando la figura una vez más, nota la longitud 3, que es también el radio del círculo (la distancia desde su centro a su circunferencia). El área de cualquier círculo es πr^2, donde r es el radio del círculo. Por lo tanto, el área del círculo es 9π. La parte sombreada representa $\frac{1}{3}$ del área del círculo, o 3π. **La respuesta correcta es 3.**

Como muestran los ejemplos anteriores, las figuras de geometría del examen de Razonamiento matemático GED están destinadas a proporcionar información útil para resolver el problema, pero no están destinados a *proporcionar* la respuesta a través de medición visual. Asegúrese de resolver el problema trabajando con los números y las variables proporcionadas, no simplemente mirando las proporciones de la figura.

Dibuje su propia figura geométrica

Un problema de geometría que no proporciona una figura podría resolverse más fácilmente si tuviera una. Intente dibujar una figura basada en la información proporcionada; será más fácil que intentar visualizarlo en su mente.

EJEMPLO 17 (MÁS FÁCIL):

La línea *A* es perpendicular a la línea *B*, y en la intersección de la línea *B* y la línea *C* se forma un ángulo de 35°. ¿Qué afirmación sobre la relación entre la línea *A* y la línea *C* es correcta?

A. La línea *A* es perpendicular a la línea *C*.

B. La intersección de la línea *A* y la línea *C* forma un ángulo de 35°.

C. La intersección de la línea *A* y la línea *C* forma un ángulo de 125°.

D. La intersección de la línea *A* y la línea *C* forma un ángulo de 145°.

Es difícil visualizar todas las líneas y ángulos en su cabeza para responder esta pregunta. Así que primero dibuje las líneas perpendiculares *A* y *B*. Luego dibuje la línea *C* a través de la línea *A* en un ángulo agudo de aproximadamente 35° (una aproximación será suficiente) y marque esa medida de ángulo. Ahora puede ver un triángulo *rectángulo* con ángulos interiores de 90°, 35° y 55°. Tenga en cuenta que ángulos interiores de cualquier triángulo suman 180° en medida.

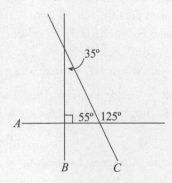

Como 55° no se encuentra entre las opciones de respuesta, debe determinar la medida de ángulo, que es *complementario* al ángulo de 55° (esto significa que los dos ángulos se combinan para formar un recta, línea de 180°). Cualquiera de los dos ángulos exteriores adyacentes al ángulo de 55° debe medir 125° (180° – 55°). **La respuesta correcta es C.**

EJEMPLO 18 (MÁS DIFÍCIL):

En el plano de coordenadas *xy*, los puntos *R* (7, –3) y *S* (7, 7) son los puntos finales de la cuerda más larga posible de un cierto círculo. ¿Cuál es el área del círculo?

A. 7π

B. 16π

C. 20π

D. 25π

Hay muchos 7 en esta pregunta, lo que podría desviar sin al menos una imagen aproximada. Para mantener su pensamiento encaminado, dibuje su propia cuadrícula xy aproximada y trace los dos puntos. Vea que R está ubicado directamente debajo de S, entonces la cuerda $\overline{RS}$ es vertical.

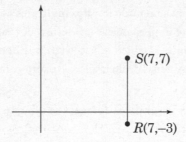

En consecuencia, la longitud de $\overline{RS}$ es simplemente la distancia vertical de −3 a 7, que es 10. Por definición, la cuerda más larga posible de un círculo es igual en longitud al diámetro del círculo. En este caso, el diámetro del círculo es 10, y por lo tanto su radio es 5. El área del círculo es $\pi(r)^2 = 25\pi$. **La respuesta correcta es D.**

ANÁLISIS DE DATOS GRÁFICOS (GRÁFICOS, GRÁFICOS DE BARRAS Y TABLAS)

Las preguntas de análisis de datos del examen de Razonamiento matemático GED se basan con mayor frecuencia en los siguientes tipos de visualizaciones de datos:

- Gráficos de barras
- Gráficos de líneas
- Gráficos de imagen
- Gráficos circulares (tortas)
- Tablas

Las preguntas de análisis de datos están diseñadas para medir su capacidad de leer, comparar e interpretar cuadros, gráficos y tablas, así como para calcular números como porcentajes, raciones, fracciones y promedios basado en datos presentados en un formato gráfico. Estas son algunas características de las preguntas de análisis de los datos del examen de Razonamiento matemático GED sobre las que debe saber.

- **El número de visualizaciones por pregunta y de preguntas por visualización puede variar.** Las preguntas generalmente vienen en conjuntos de 2 o 3, y cada pregunta en un conjunto hace referencia a los mismos datos gráficos. Algunas preguntas o conjuntos pueden involucrar solo un cuadro, gráfico o tabla; otras preguntas o conjuntos puede involucrar *dos o más* cuadros, gráficos o tablas.

- **Se puede proporcionar información adicional importante.** Cualquier información adicional que usted pueda necesitar saber para interpretar la visualización gráfica se indicará arriba, abajo o a un lado ¡Asegúrese de leer esta información!

- **Algunas preguntas pueden pedir una aproximación.** Los fabricantes de pruebas están tratando de evaluar su capacidad de interpretar datos gráficos, no su capacidad de agrupar números en el sitio del decimal "*enésimo*".

- **Responder una pregunta a menudo implica múltiples pasos.** Aunque una pregunta más fácil podría simplemente implica ubicar un cierto valor numérico en un cuadro o gráfico, la mayoría de las preguntas también le hacen realizar uno o más cálculos. Igualmente es posible que deba referirse a más de un gráfico o cuadro para responder una pregunta, lo que implica pasos adicionales.

- **Los gráficos de barras y los gráficos de líneas se dibujan a escala.** *La estimación* visual es parte de lo que se requiere para analizar los datos gráficos de un gráfico de barras o gráfico de líneas. Pero no están dibujados para evaluar su vista. En cambio, están diseñados para un margen cómodo de error en la agudeza visual. Sólo no redondee hacia arriba o hacia abajo demasiado lejos.

- **Para gráficos de imágenes, gráficos circulares y tablas, la escala visual no es importante.** Interpretar estos gráficos se basa estrictamente en los números proporcionados.

Gráficos de barras

Un gráfico de barras tiene el mismo aspecto que su nombre indica: consiste en una serie de barras verticales u horizontales que representan valores numéricos. Cuanto más alta (o más larga) sea la barra, mayor será el valor numérico.

Un gráfico de barras incluye un **eje vertical** y un **eje horizontal**. Cada escala muestra una medida diferente u otra variable. Examine el siguiente gráfico: la escala vertical indica un número expresado en miles, los números en esta escala vertical varían de 0 a 22,000; la escala horizontal indica edades que van de 25 a 65+ (lo que significa 65 años y más). Tenga en cuenta que las edades se muestran en intervalos de cinco años; las edades que caen entre estos intervalos no están representadas.

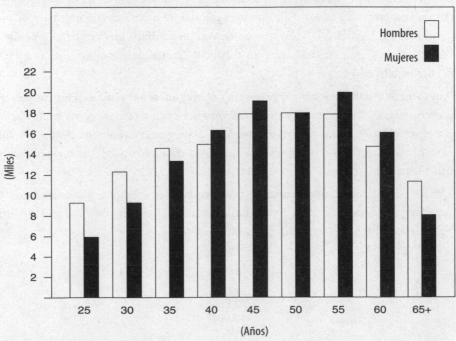

Dentista en Kansas por edad y sexo, 2017

Pero, ¿qué implican los "miles" (escala vertical) y las edades (escala horizontal)? Examine la información sobre la ilustración. La etiqueta, o título, del gráfico le dice que la escala vertical indica el número de *dentistas* (en miles), mientras que la escala horizontal indica categorías de edad de los dentistas También le dice que estos números involucran a solo un estado durante un año: Kansas en 2017.

Finalmente, ¿cuál es la distinción entre una barra blanca y una barra negra? Examine la **leyenda** en la esquina superior derecha. Le dice que, para cada intervalo de edad, la barra blanca representa el número de dentistas que son hombres, y la barra negra representa el número de dentistas que son mujeres.

Entonces, al examinar la altura de una barra blanca (o negra) en cada categoría de edad, puede "ver" la cantidad aproximada de dentistas hombres (o mujeres) en cada intervalo de edad:

- Aproximadamente 15,000 dentistas eran hombres de 40 años.

- Aproximadamente 20,000 dentistas eran mujeres de 55 años.

- Un poco más de 8,000 dentistas eran mujeres de 65 años o más.

Tenga en cuenta que estos números son aproximaciones o estimaciones. Recuerde: al analizar el examen de Razonamiento matemático GED y gráficos de barras, no necesitará proporcionar valores precisos para los números que aparecen en escalas como la escala vertical en este ejemplo.

Ahora responda algunas preguntas que involucran un poco más que identificar un solo valor en el gráfico:

¿En qué edad era igual el número de dentistas masculinos y femeninos?

Mire el gráfico y vea donde las barras blancas y negras son iguales, luego mire el número en la parte inferior de la tabla para ver la edad. El número de dentistas masculinos y femeninos era igual a los 50 años.

¿Cuántos más dentistas hombres que mujeres había a la edad de 30 años?

La barra para dentistas hombres a los 30 años alcanza aproximadamente 12,500, y la barra para mujeres dentistas alcanzaba aproximadamente 9,500.

Ahora mire dos preguntas de estilo del examen de Razonamiento matemático GED que hacen referencia al mismo gráfico.

EJEMPLO 19 (MÁS FÁCIL):

Según el gráfico, ¿qué afirmación NO es precisa?

A. Entre las edades de 40 y 60 años, el número total de mujeres dentistas fue mayor que el de dentistas hombres.

B. En general, hay más dentistas hombres que dentistas mujeres.

C. El número de mujeres dentistas disminuyó entre las edades de 60 y 65+ años.

D. La única vez que el número de dentistas hombres es mayor que el de mujeres es antes de los 40 años.

Todas las afirmaciones son verdaderas de acuerdo con el gráfico, excepto la opción D. Al examinar el gráfico cuidadosamente, el número de dentistas hombres también es mayor que el de las dentistas mujeres en el grupo de más de 65 años. **La respuesta correcta es D.**

EJEMPLO 20 (MÁS DIFÍCIL):

¿A qué edad aumentó menos el número de dentistas hombres sobre el número de dentistas mujeres?

A. A los 30 años

B. A los 35 años

C. A los 45 años

D. A los 65+ años

Primero, observe que en el grupo de 45 años había más dentistas mujeres que dentistas hombres, por lo tanto, puede eliminar la opción C solo sobre esta base. No se necesitan cálculos al comparar las opciones A, B y D. Para cada uno de estos grupos de edad (30, 35 y 65+), examine la diferencia de altura entre dos barras. La pregunta pide el *menor* aumento en la edad de los 30 y mayores de 65 años, las diferencias en la altura de las barras es claramente mayor a los 35 años. Por lo tanto, las opciones A y D pueden eliminarse. El único grupo restante es de 35 años, donde la diferencia entre el número de hombres y mujeres dentistas es pequeño. **La respuesta correcta es B.**

Gráficos de líneas

Un **gráfico de líneas** consta de una o más líneas que se ejecutan de izquierda a derecha. Los gráficos de líneas son construidos primero trazando puntos a intervalos regulares, luego conectando esos puntos con **líneas de tendencia** (líneas que sugieren aumentos y disminuciones de un intervalo al siguiente). Los únicos datos que sabe con seguridad son los indicados por los puntos en sí, y no por las líneas. Cuanto más alto sea el punto en una línea, mayor es el valor numérico que representa el punto.

Al igual que los gráficos de barras, los gráficos de líneas incluyen un eje vertical y un eje horizontal, cada uno mostrando una medida diferente u otra variable. Examine el siguiente gráfico de líneas. La escala vertical indica un número expresado en miles. Los números en esta escala vertical varían de 0 a 45,000. La escala horizontal indica los meses del año; los 12 meses están representados.

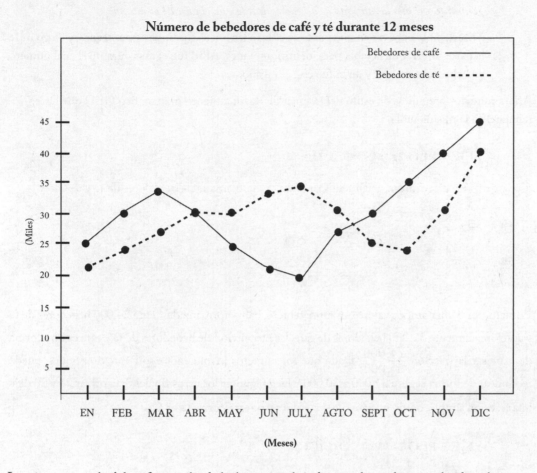

Número de bebedores de café y té durante 12 meses

La etiqueta o título del gráfico, arriba de la ilustración, le indica que la escala vertical indica el *número de miles de bebedores de café y té*. La leyenda en la esquina superior derecha le dice que la línea continua representa a los bebedores de café, mientras que la línea punteada representa a los bebedores de té. Al examinar la altura de la línea continua (o punteada) en cada punto, puede "ver" la cantidad aproximada de bebedores de café (o té) para ese mes. Por ejemplo:

- El número de bebedores de café en mayo fue de aproximadamente 25,000.

- El número de bebedores de té en noviembre fue de aproximadamente 32,000.

Estos números son aproximaciones o estimaciones. Al igual que con los gráficos de barras, analizar los gráficos de línea del examen de Razonamiento matemático GED no requerirá la identificación de valores precisos para números que aparecen en escalas como la escala vertical en este ejemplo.

Ahora responda algunas preguntas que involucran un poco más que identificar un solo valor numérico en el gráfico:

¿Durante qué mes fue mayor el número de bebedores de café?

Mire la línea continua y sígala hasta el punto más alto (punto) en el gráfico. Entonces mire la parte inferior de la tabla para ver el mes. Diciembre tuvo la mayor cantidad de bebedores de café:

¿Durante qué mes la cantidad de bebedores de café y de té fue casi la misma?

Mire la tabla para ver en qué punto se cruzan las líneas continuas y punteadas, y luego mire la parte inferior de la tabla para identificar el mes. Abril fue el mes durante el cual número de bebedores de café y de té fue casi el mismo.

Ahora mire dos preguntas de estilo del examen de Razonamiento matemático GED que hacen referencia a la misma tabla.

EJEMPLO 21 (MÁS FÁCIL):

Durante febrero, ¿cuál fue la proporción aproximada de bebedores de té y de café?

A. 2 a 5

B. 2 a 3

C. 4 a 5

D. 5 a 3

Primero, aproximar ambos valores: durante febrero, había aproximadamente 24,000 bebedores de té y aproximadamente 31,000 bebedores de café. La proporción de bebedores de té y café es otra forma de expresar la fracción $\frac{24,000}{31,000}$. Dado que los números involucrados son aproximaciones, puede redondear de forma segura 31,000 a 30,000 y luego ignorar los ceros finales. Factorizar 24 y 30 deja una fracción simple, o una relación de 4 a 5. **La respuesta correcta es C.**

EJEMPLO 22 (MÁS DIFÍCIL):

¿Durante qué mes fue más bajo el número total de bebedores de café y té?

A. Enero

B. Mayo

C. Agosto

D. Septiembre

Su tarea aquí es sumar la cantidad de bebedores de café y de té. Pero no hay necesidad de realizar cálculos para cada uno de los meses enumerados. En cambio, concéntrese en los meses en que el número tanto de los bebedores de café como de té eran bajos; en otras palabras, donde ambos puntos son bajos en el gráfico. Enero es una opción viable, y también lo es septiembre. Combine números *aproximados* para cada uno de estos dos meses:

Enero: 21,000 (té) + 25,000 (café) = 46,000

Septiembre: 20,000 (té) + 30,000 (café) = 50,000

Entonces, enero tiene el consumo combinado más bajo. **La respuesta correcta es A.**

Gráficos Circulares

Los **gráficos circulares** a veces se denominan **gráficos de torta**. Muestran las partes o segmentos de un todo. Muy a menudo, las partes se expresan como porcentajes del todo. Las partes del todo suman 100 %. La lectura de gráficos circulares no debe incluir una estimación visual. Confíe solo en los números proporcionado, no en el tamaño visual de ningún segmento en relación con el todo. Aquí hay un ejemplo de un gráfico circular:

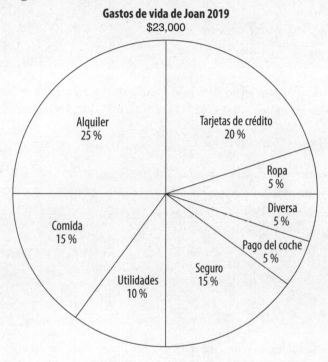

Gastos de vida de Joan 2019
$23,000

La etiqueta o título sobre el gráfico le dice que cada segmento en el gráfico representa un porcentaje del total de los gastos de vida de Joan ($23,000) para 2019. Para determinar los gastos para cada categoría, usted multiplicaría el porcentaje por el total de los gastos de vida.

Ahora responda algunas preguntas simples que involucran los datos en este gráfico:

¿Cuánto gastó Joan en el seguro?

El seguro representaba el 15 % de los gastos de vida de Joan. Convierta 15 % a un número decimal, luego multiplique: Joan gastó $23,000 × 0.15 = $3,450 en seguros.

¿Cuánto gastó Joan en total entre servicios públicos y alquiler?

Puede agregar los dos porcentajes primero: 25 % (alquiler) + 10 % (servicios públicos) = 35 %. Calcule el monto combinado en dólares: Joan gastó $23,000 × 0.35 = $8,050 en alquiler y servicios públicos.

Ahora mire dos preguntas de estilo del examen de Razonamiento matemático GED que hacen referencia a la misma tabla.

EJEMPLO 23 (MÁS FÁCIL):

¿Cuánto más gastó Joan en comida que en ropa?

A. $560

B. $1,150

C. $2,300

D. $3,450

Primero, reste 5 % del 15 %. Joan gastó 10 % más de sus gastos totales en comida que en ropa. Luego exprese 10 % como un monto en dólares: $23,000 × 0.10 = $2,300. **La respuesta correcta es C.**

EJEMPLO 24 (MÁS DIFICIL):

Suponga que los gastos de vida totales de Joan aumentan en un 10 % cada año y que sus gastos de tarjeta de crédito aumentan en un 5 % cada año. ¿Aproximadmente qué porción del total de los gastos de subsistencia de Joan en 2020 se destinaron a tarjetas de crédito?

A. 18 %

B. 19 %

C. 20 %

D. 21 %

Esta pregunta requiere múltiples pasos, dejando muchas oportunidades para errores de cálculo. Sin embargo, puede aumentar fácilmente sus probabilidades al reducir las opciones. Si los gastos de vida totales de Joan aumentan cada año a una tasa mayor que sus gastos de tarjeta de crédito, el 20 % inicial que constituye solo la porción de la tarjeta de crédito disminuirá con cada año que pase. Entonces la respuesta correcta debe ser inferior al 20 %. Elimine las opciones C y D. Para decidir entre las opciones A y B, calcule los gastos de tarjeta de crédito de Joan en el 2020 y sus gastos de vida totales de 2020. Esta pregunta probablemente aparecería en la parte II del examen, para que pueda usar la calculadora para los siguientes cálculos.

Gastos de tarjeta de crédito 2020:

$4,600 + (0.05) ($4,600) = $4,830

Gastos de vida totales de 2020:

$23,000 + (0.10) ($23,000) = $25,300

Para determinar los gastos de la tarjeta de crédito de Joan en 2020 como un porcentaje de sus gastos de vida totales, debe dividir. La pregunta solicita un porcentaje aproximado, para que pueda redondear un poco su respuesta:

$$\frac{4,830}{25,300} \approx 0.19, \text{ o } 19\%.$$

La respuesta correcta es B.

Tablas

Una **tabla** consta de filas y columnas de datos. Al lado de cada fila y encima de cada columna hay un encabezado que dice lo que significan los números en la fila o columna. La mayoría de nosotros leemos tablas todos los días: televisión, autobuses y horarios de trabajo; menús, e incluso los calendarios son ejemplos cotidianos de tablas. Usted también debería tener pocos problemas para leer las tablas del examen de Razonamiento matemático GED. Sin embargo, las tablas en el examen serán desconocidas para usted, y algunas de las preguntas pueden ser un poco más desafiantes de lo que podría esperar.

Mire la siguiente tabla.

Resort	Nevada (2017)	Nevada (2018)	No. de visitantes (2017)	No. de visitantes (2018)
Blue Mountain	14.8 pies	18.6 pies	28,300	31,350
High Top	12.8 pies	19.0 pies	12,720	11,830
Crystal Hill	20.6 pies	15.3 pies	22,440	25,100
Snow Ridge	21.2 pies	16.4 pies	9,580	12,360

Tenga en cuenta que, para cada uno de los cuatro resorts, se proporcionan dos datos de los años: 2017 y 2018. Esta tabla no viene con un título u otra información explicativa, pero usted no necesita ninguno para entender la tabla. Ahora responda algunas preguntas simples relacionadas con los datos tabulares:

> *¿Qué resort tuvo menos nevadas en 2017?*

High Top solo tuvo 12.8 pies de nevadas en 2017. Los otros tres resorts tuvieron más de que ese.

> *¿Cuánta nieve de más cayó en High Top que en Crystal Hill en 2018?*

Reste la cantidad en Crystal Hill (15.3) de la cantidad en High Top (19.0). La diferencia es de 3.7 pies.

> *¿Cuántos visitantes más llegaron a Crystal Hill en 2018 que en 2017?*

Reste el número en 2017 (22,440) del número en 2018 (25,100). La diferencia es 2,660.

Ahora mire dos preguntas del estilo del examen de Razonamiento matemático GED que hacen referencia a la misma tabla.

EJEMPLO 25 (MÁS FÁCIL):

¿Qué resort experimentó el mayor cambio porcentual en el número de visitantes de 2017 a 2018?

- **A.** Blue Mountain
- **B.** High Top
- **C.** Crystal Hill
- **D.** Snow Ridge

Para responder la pregunta, no es necesario calcular cambios porcentuales precisos. En cambio, compare cambios entre los resorts por estimación aproximada. Tenga en cuenta que para cada uno de los tres resorts (Blue Mountain, Crystal Hill y Snow Ridge) el cambio fue de aproximadamente 3,000 (para High Top, el cambio es por lejos menor, para que pueda descartar la opción B). Observe también que los números reales son más bajos para Snow Ridge, lo que significa que el cambio *porcentual* en Snow Ridge fue el más alto. **La respuesta correcta es D.**

> ### EJEMPLO 26 (MÁS DIFÍCIL):
>
> Según los datos de 2017 y 2018, ¿qué se puede inferir sobre los cuatro resorts?
> - **A.** Cuanto mayor sea la elevación de un resort, mayor será la nevada en ese resort.
> - **B.** Los cuatro resorts recibieron más visitantes en total en 2017 que en 2018.
> - **C.** El número de visitantes no estuvo constantemente relacionado con las cantidades de nieve.
> - **D.** Los cuatro centros turísticos recibieron en total más nevadas en 2018 que en 2017.

Los datos en la tabla contradicen las declaraciones B y D, y la tabla no contiene datos sobre la elevación (opción A). En contraste, los datos apoyan firmemente la opción C. Solo en Blue Mountain el número de los visitantes varían directamente con la cantidad de nevadas (en ambos aumentaron de 2017 a 2018). En cada uno de los otros tres centros turísticos, las dos variables varían *inversamente*. En High Top, las nevadas aumentaron de 2017 a 2018, pero el número de visitantes disminuyó de un año a otro. En Crystal Hill y Snow Ridge, las nevadas disminuyeron de 2017 a 2018, pero el número de visitantes aumentó de uno año para el próximo. **La respuesta correcta es C.**

REDONDEAR, SIMPLIFICAR Y COMPROBAR CÁLCULOS

Ningún examinado GED es inmune a cometer errores de cálculo numérico con o sin calculadora. En esta sección, aprenderá a aproximar y redondear números para ayudarlo a resolver problemas con rapidez. También aprenderá a simplificar ciertos tipos de operaciones para hacer los números de cálculo más fáciles. Finalmente, aprenderá cuándo es mejor usar la calculadora durante la parte II, así como cuál es la mejor manera de comprobar sus cálculos.

Aproximaciones y redondeo

Algunas preguntas de opción múltiple indicarán claramente que un valor aproximado será suficiente. Por ejemplo, una pregunta podría preguntar qué opción es "más parecida a" una expresión dada, o podría preguntar por "el área aproximada" de cierta figura geométrica. Lea la pregunta cuidadosamente para encontrar frases como estas. Si ve este tipo de frase, sabrá que puede redondear algunos de sus cálculos; aun así, trabaje para encontrar una solución que esté más cerca del valor proporcionado como la respuesta correcta.

Cómo redondear un número

Cuando redondea un número, elimina uno o más de los dígitos del extremo derecho del número. Pero esto no significa que ignore esos dígitos. Considere el número **4,834.826**. Si simplemente ignora todos los dígitos a la derecha del punto decimal, le quedan 4,834. Pero no ha redondeado el número a la unidad más cercana, porque ".826" está más cerca de 1 que de 0. En este caso, redondear este número a la unidad más cercana requiere aumentar el dígito "uno" de 4 a 5, de modo que todo el número redondeado sería **4,835**. Para el registro, aquí está el mismo número redondeado a todos los números posibles:

4,834.826 redondeado a:	**igual:**	**lo que hemos hecho:**
la centésima más cercana	4,834.83	redondear .826 hasta .830
la décima más cercana	4,834.8	redondear .82 hasta .80
la unidad más cercana	4,835	redondear 4.8 hasta 5.0
el diez más cercano	4,830	redondear 34 hasta 30
el centenar más cercano	4,800	redondear 834 hasta 800
el mil más cercano	5,000	redondear 4,834 hasta 5,000
el diez mil más cercano	0	redondear 4,834 hasta 0

Pero, ¿qué hay de redondear el número 5, que se encuentra a medio camino entre 0 y 10. ¿Se redondea hacia arriba o hacia abajo? No importa. No se preocupe: la respuesta correcta a una pregunta matemática del examen GED no dependerá únicamente de si redondea el número 5 hacia arriba o hacia abajo. Por ejemplo, si la solución para un problema es 4.5, no se le pedirá que elija entre 4 y 5 como la aproximación más cercana.

Números con posiciones decimales no repetidas

Muchos números, especialmente las raíces cuadradas, incluyen un número infinito de decimales no repetidos. $\sqrt{2}$, $\sqrt{3}$, y π son tres ejemplos que aparecen con frecuencia en el examen de Razonamiento matemático GED porque son esenciales para ciertas fórmulas de geometría. Entonces, ¿cómo debe manejarlos? Encontrará que las opciones de respuestas a menudo expresan esos números "tal cual" en lugar de sus equivalentes decimales o fraccionarios, valores con los que no tendrá que lidiar en lo absoluto. Pero si una pregunta requiere que estime los valores de tales números, redondearlo a la décima más cercana generalmente será suficientes, a menos que la pregunta le indique el valor aproximado que debe usar en su cálculo. Aquí hay un ejemplo simple que involucra el valor de π.

EJEMPLO 27:

¿Cuál de los siguientes se aproxima más al área de un círculo con un radio de 3 centímetros?

A. 18 cm^2

B. 28 cm^2

C. 30 cm^2

D. 36 cm^2

La frase "aproximación más cercana" le dice que puede redondear algunos números y aún así estrechar las opciones para la respuesta correcta. Observe que las opciones de respuesta son enteras, una pista más de que probablemente pueda redondear su cálculo y trabajar en la solución correcta. El área de un círculo es igual a πr^2, donde r representa el radio del círculo. A la décima más cercana, $\pi = 3.1$. Sustituya 3.1 por π:

$$\text{Área} = 3.1 \times 3^2 = (3.1)(9) = 27.9$$

Si no se siente cómodo redondeando π a solo un decimal, use un valor un poco más preciso para π. Al centésimo más cercano, $\pi = 3.14$. Sustituya 3.14 por π en la misma ecuación:

$$\text{Área} = 3.14 \times 3^2 = (3.14)(9) = 28.26$$

Como puede ver, el valor redondeado (3.1 o 3.14) lo lleva a la aproximación más cercana entre cinco opciones. **La respuesta correcta es B.**

En el ejemplo anterior, ¿qué pasaría si los dos valores más cercanos entre las opciones de respuesta fueran 28 y 28.5? Usar 3.1 como un valor aproximado de π habría resultado en una respuesta incorrecta. 27.9 está más cerca de 28 que a 28.5, mientras que 28.26 está más cerca de 28.5 que a 28. No se preocupe; no se le pedirá que corte los números de esta manera tan precisa en el examen.

Numeradores de redondeo y denominadores

En ninguna parte el redondeo es más valioso que en el tratamiento de fracciones. Supongamos, por ejemplo, que unas ciertas preguntas para las cuales no puede usar la calculadora requieren que divida 47 por 62. El cociente se puede expresar como la fracción $\frac{47}{62}$. Como 47 es un número primo, no puede simplificar la fracción o la división. Y si aplica una división larga, le resultará lento encontrar el cociente preciso:

$$62\overline{)47} = 0.7580645$$

Pero este no es el tipo de número que se le pedirá que calcule en el examen de Razonamiento matemático GED, con o sin una calculadora Si enfrenta una operación como esta, una aproximación casi siempre basta con responder la pregunta. Si tiene una pregunta para la que no se puede usar la calculadora, decida si redondear los números hacia arriba o hacia abajo y en qué medida. Pero asegúrese de redondear ambos números en *la misma dirección* (hacia arriba o hacia abajo), para minimizar el cambio en el valor general de la fracción.

Por ejemplo, al realizar la operación $47 \div 62$, puede redondear 47 *a* 45 y 62 *a* 60, o puede redondear 47 *hasta* 50 y 62 *hasta* 65. Cualquiera de los métodos dará como resultado una aproximación lo suficientemente cercana del cociente 0.7580645:

$$\frac{47}{62} \approx \frac{45}{60} = \frac{3}{4} \text{ , o } 0.75$$

$$\frac{47}{62} \approx \frac{50}{65} = \frac{10}{13} \text{ , o aproximadamente } 0.77$$

Redondear hacia arriba o hacia abajo depende de lo fácil que sea dividir el numerador revisado por el denominador. En la operación $47 \div 62$, *redondear* es más fácil porque puede simplificar la fracción resultante. Para subrayar esta idea, considere la fracción $\frac{42}{83.8}$. Puede redondear ambos números hacia arriba, y luego simplificar:

$$\frac{42}{83.8} \approx \frac{45}{85} = \frac{9}{17}$$

Incluso, mejor aún, puede redondear ambos números hacia *abajo*:

$$\frac{42}{83.8} \approx \frac{40}{80} = \frac{1}{2}$$

El segundo resultado es una fracción más fácil de trabajar y podría ser suficiente si las opciones de respuesta son expresadas solo en la media unidad más cercana.

Técnicas para combinar números

Aquí aprenderá algunas técnicas de agrupación que pueden ayudarlo a sumar, restar y multiplicar números eficientemente. También aprenderá a simplificar la multiplicación y división de números que contienen "ceros finales". Estas técnicas pueden ser especialmente útiles para preguntas en las cuales el uso de la calculadora no está permitido. Pero también puede aplicarlos a preguntas que permitan la calculadora para verificar el trabajo de su calculadora.

Cancelar números si es posible (suma y resta)

Cuando combine una serie de números por suma y/o resta, busque pares de números o grandes grupos que "se cancelan", en otras palabras, que sumen 0 (cero). Considere esta serie de números:

$$17 + 10 - 14 - 3$$

El método convencional es agregar cada término al siguiente, de izquierda a derecha. Pero ya que −14 - 3 = −17, esos dos términos cancelan el número 17. En otras palabras, los tres números suman 0 (cero). Entonces sabe que los cuatro números deben sumar 10.

Combine números de signos similares primero (suma y resta)

Otra técnica para combinar por suma y resta es sumar números positivos y negativos por separado, y luego reste la segunda suma a la primera. Considere esta serie de números:

$$23 - 12 - 14 + 7 - 8$$

El método convencional es restar 12 de 23, luego restar 14, luego sumar 7, luego restar 8 en otras palabras, moverse de izquierda a derecha. Si está presionado por el tiempo, es notablemente fácil pasar por alto signos de menos y sumar cuándo debería restar. Entonces, en su lugar (o para verificar el trabajo que realizó de la forma convencional), combine los números positivos y negativos por separado, luego reste las sumas de la siguiente manera:

$$23 + 7 = 30 \text{ (suma de términos positivos)}$$
$$12 + 14 + 8 = 34 \text{ (suma de términos negativos)}$$
$$30 - 34 = -4 \text{ (suma total)}$$

Redondear un número hacia arriba y otro hacia abajo (suma y resta)

Otro método más de combinar por suma o resta es redondear un número hacia arriba y otro hacia abajo por la misma cantidad. Por ejemplo, 89 es 11 menos que 100, mientras que 111 es 11 más que 100. Entonces 89 + 111 es lo mismo que 100 + 100 = 200. Aquí hay un ejemplo con cuatro términos en lugar de solo dos:

$$251 + 423 + 749 + 77$$

Observe que 251 + 749 es lo mismo que 250 + 750 = 1,000. Observe también que 423 + 77 es lo mismo que 425 + 75 = 500. Entonces, el cálculo se reduce a 1,000 + 500 = 1,500, que se puede realizar rápido pero con precisión.

Multiplicar números en la secuencia más fácil

Puede multiplicar tres o más números juntos de manera más eficiente buscando pares de números que combinen fácilmente Considere la siguiente expresión:

$$25 \times 3\frac{1}{2} \times 16$$

Para combinar los tres números, puede comenzar con cualquier par. Pero la operación 25 × 16 es la más fácil con la cual comenzar: 100 × 16 = 1,600, por lo que 25 × 16 debe ser igual a un cuarto de 1,600, o 400. Ahora realice la segunda operación:

$$400 \times 3\frac{1}{2} = (400 \times 3) + \left(400 \times \frac{1}{2}\right) = 1,400$$

Elimine los ceros finales al multiplicar o dividir

Cuando se enfrentan a una multiplicación que involucra grandes números que terminan en ceros, llamados "ceros finales", muchos de los examinados incluirán los ceros en su cálculo (ya sea usando la calculadora o lápiz y papel). Pero este método puede resultar fácilmente en un error de cálculo. En su lugar, elimine los ceros finales antes de hacer las matemáticas.

Considere la operación 4,200 × 6,000. Siga estos tres pasos para asegurarse de manejar los ceros correctamente:

1. Ignore todos los ceros finales (consecutivos) al final de los números.
2. Multiplique los números restantes: 42 × 6 = 252.
3. Vuelva a agregar los ceros al final de su producto. En este ejemplo, ignoramos cinco ceros, entonces la respuesta es 252 con cinco ceros a la derecha: 25,200,000.

Ahora considere los mismos dos números, excepto que la operación es división: 4,200 ÷ 6,000. Siga estos tres pasos para asegurarse de manejar los ceros correctamente:

1. Ignore los ceros y divida lo que queda: 42 ÷ 6 = 7.
2. Cancele (tache) cada cero al final del numerador para el que también haya un cero al final en el denominador. En este ejemplo, todos los ceros se cancelan, excepto un cero en el denominador.

3. Por cada cero extra en el denominador, mueva el punto decimal en su cociente un lugar a la izquierda. En este caso, tome el cociente 7 y mueva el punto decimal un lugar a la izquierda. **La respuesta es 0.7.**

o

por cada cero adicional en el numerador, mueva el punto decimal a la derecha un lugar (este paso no se aplica a este ejemplo en particular, pero vea a continuación).

Intentemos este método nuevamente, esta vez invirtiendo el numerador y el denominador (6,000 ÷ 4,200):

1. Ignore los ceros y divida lo que queda: $\frac{6}{42} = \frac{1}{7}$, o aproximadamente 0.14.
2. Cancele los ceros finales en el numerador y el denominador.
3. Le queda un cero extra en el numerador, así que mueva el punto decimal un lugar a la derecha. La respuesta es aproximadamente 1.4. Para expresar la respuesta como una fracción, agregaría el cero extra al numerador: $\frac{10}{7}$.

Recuerde: puede ignorar los ceros finales, pero solo temporalmente. Tendrá que volver a marcarlos en su número final. Y no puede ignorar ceros entre números distintos de cero (como 308).

Usar la calculadora para su ventaja

Como se señaló anteriormente, tendrá acceso en línea a la calculadora TI-30XS y debe asegurarse de estar completamente familiarizado con esta calculadora antes de realizar el examen. Para muchas preguntas, la calculadora puede ser útil. Para algunas de estas preguntas, sin embargo, usar la calculadora puede ser innecesario o realmente puede ralentizarlo. En cualquier caso, recuerde que una calculadora es solo una herramienta para evitar errores informáticos; no puede tomar su lugar de entender cómo estructurar y resolver un problema matemático.

Aquí hay una pregunta para la cual una calculadora podría ser útil:

El precio de una docena de rosas es de $10.80. A esta tasa, ¿cuál es el precio de 53 rosas?

La forma más sencilla de abordar esta pregunta es dividir $10.80 por 12, lo que le da el precio de una rosa, luego multiplique ese precio por 53:

$$\$10.80 \div 12 = \$0.90$$
$$\$.90 \times 53 = \$47.70$$

Aunque la aritmética es bastante simple, usar una calculadora podría mejorar su velocidad y precisión. Pero en algunas preguntas que involucran números, usar la calculadora en realidad podría ralentizarlo porque la pregunta está configurada para ser resuelta de una manera más rápida e intuitiva. Aquí hay un ejemplo:

Si, $x = \frac{1}{2} \times \frac{1}{3} \times \frac{3}{2} \times \frac{4}{81}$, ¿cuál es el valor de $\sqrt{x}$?

Para responder a esta pregunta, puede usar una calculadora para realizar todos los pasos:

    1. Multiplicar los numeradores.

    2. Multiplicar los denominadores.

    3. Dividir el producto de los numeradores por el producto de los denominadores.

    4. Calcular la raíz cuadrada.

Pero usar una calculadora aquí es mucho más problema que ventaja. El problema está configurado para que todos los números, exepto el 81 se cancelen, por lo que se resuelve de manera más rápida y fácil de esta manera (sin una calculadora):

$$x = \frac{1}{\cancel{2}} \times \frac{1}{\cancel{3}} \times \frac{\cancel{3}}{\cancel{2}} \times \frac{\cancel{4}}{81} = \frac{1}{81} \; ; \sqrt{\frac{1}{81}} = \frac{1}{9}$$

Comprobar sus cálculos

Los errores de cálculo son la causa principal de respuestas incorrectas en el examen de Razonamiento matemático GED. Tome este hecho como su señal para verificar su trabajo en cada pregunta antes de pasar a la siguiente. Si responder una pregunta implicaba solo un cálculo simple, entonces, por supuesto, realice el cálculo de nuevo; solo le tomará unos segundos de su tiempo.

Para preguntas que involucran cálculos múltiples, verificar su trabajo no necesariamente significa ir a través de todos los pasos en la misma secuencia por segunda vez. Es menos probable que repita el mismo error si usa algún otro enfoque. Intente invertir el proceso computacional. Si ha agregado dos números juntos, verifique su trabajo restando uno de los números de la suma:

$$56 + 233 = 289$$
$$289 - 233 = 56 \;\; \text{(verificación)}$$

Si ha restado un número de otro, verifique su trabajo agregando el resultado al número restaste:

$$28.34 - 3.8 = 24.54$$
$$24.54 + 3.8 = 28.34 \;\; \text{(verificación)}$$

Si ha multiplicado dos números, verifique su trabajo dividiendo el producto por uno de los números:

$$11.3 \times 6.65 = 75.145$$
$$75.145 \div 11.3 = 6.65 \;\; \text{(verificación)}$$

Si ha dividido un número por otro, verifique su trabajo multiplicando el cociente por el segundo número:

$$789 \div 3 = 263$$
$$263 \times 3 = 789 \;\; \text{(verificación)}$$

Y si simplemente no tiene tiempo para volver a calcular, ya sea hacia adelante o hacia atrás, es posible que aún tenga tiempo de volver a calcular el dígito más pequeño (el más alejado a la derecha) para asegurarse de que sea correcto. Está verificación es rápida y fácil ya que no tiene que pensar en los números que lleva. Por ejemplo:

$$289 - 233 + 4{,}722 \;\; \text{(el último dígito debe ser 8)}$$
$$11.3 \times 6.65 \;\; \text{(el último dígito debe ser 5)}$$

ESTRATEGIAS GENERALES PARA TOMAR EL EXAMEN

Estas son algunas estrategias generales para abordar el examen de Razonamiento matemático GED. Algunos de los puntos de asesoramiento encapsulan estrategias específicas que aprendió en las páginas anteriores. Aplique todas las estrategias de esta lección a las pruebas de práctica en este libro, y luego revíselas nuevamente justo antes del día del examen.

Evalúe cada pregunta para idear un plan para manejarla.

Después de leer una pregunta, escanee las opciones de respuesta (si las hay) y elabore un plan de acción para responder la pregunta. Decida qué operaciones u otros pasos son necesarios para resolver el problema. Después de algún pensamiento breve, si aún no sabe por dónde comenzar, intente hacer una suposición razonable y luego muévase a la siguiente pregunta. Recuerde: no será penalizado por respuestas incorrectas.

Asegúrese de saber cuál es la pregunta.

En la examen de Razonamiento matemático, la lectura descuidada es una causa principal de respuestas incorrectas. Así que asegúrese doblemente de contestar la pregunta precisa que se le hace. Por ejemplo, ¿la pregunta pide la media o la mediana?, ¿circunferencia o área?, ¿una suma o una diferencia?, ¿un perímetro o una longitud de un lado solamente?, ¿un total o un promedio?, ¿pies o pulgadas?, ¿galones o litros? Las preguntas de opción múltiple a menudo tienen un cebo con opciones de respuesta incorrectas que brindan la respuesta *correcta*, pero a la pregunta *incorrecta*. No caiga en esta trampa: sepa lo que le están preguntando.

Mire a su alrededor en busca de pistas sobre cómo responder cada pregunta.

Asegúrese de leer *toda* la información relacionada con la pregunta. Esto incluye no solo la pregunta en sí, sino también las opciones de respuesta y toda la información arriba, abajo y al lado de una cuadro, gráfico, tabla o figura de geometría. Aunque es posible que no necesite toda la información proporcionada para responder la pregunta en cuestión, revisarlo todo ayuda a garantizar que no pase por alto lo que necesita.

No dude en utilizar su tablero de notas borrable.

Se le dará un tablero de notas borrable; ¡aprovéchelo!. Para dibujar diagramas para problemas geométricos que no los tiene. Dibujar un diagrama a menudo le ayuda a visualizar no solo el problema, sino también la solución. Anote las fórmulas u otras ecuaciones necesarias para responder la pregunta en cuestión. Recuerde también que no se le permitirá usar la calculadora para cinco de las preguntas. Para esas preguntas, use el tablero de notas para todos los cálculos, excepto los más simples (inmediatamente después del examen, el administrador recogerá los tableros de notas y borrará su escritura, así que nada de lo que anote en el tablero de notas afectará su puntaje o será leído por cualquiera).

Ahorre tiempo estimando y redondeando.

Si una pregunta solicita un valor aproximado, puede redondear sus cálculos de forma segura. Solo asegúrese de que no redondear demasiado lejos o en la dirección equivocada. La pregunta en sí o las opciones de respuesta deberían decirle hasta dónde puede redondear. Incluso si la pregunta no solicita un valor aproximado, puede ser capaz de usar la estimación y redondear a cero en la respuesta correcta, o al menos eliminar las opciones que están demasiado fuera de lugar.

Tome la ruta más fácil hacia la respuesta correcta.

Para algunas preguntas de opción múltiple, puede ser más fácil trabajar en reversa o devolviéndose desde las opciones de respuesta. Para algunos problemas verbales de álgebra, podría ser más fácil insertar números para variables en lugar de establecer y resolver ecuaciones. Cuando enfrente una larga serie de cálculos, trate de pensar en un atajo. Evite cálculos precisos cuando bastarán estimaciones aproximadas. En resumen, sea flexible en su enfoque: use cualquier método que pueda revelar la respuesta.

Revise su antes de dejar cualquier pregunta.

Los errores más comunes en las pruebas de matemáticas resultan no de la falta de conocimiento sino del descuido, y el examen de Razonamiento matemático GED no es una excepción. Entonces, antes de grabar cualquier respuesta en su hoja de respuestas:

- Haga una verificación de la realidad. Pregúntese si su solución tiene sentido para la pregunta (esta verificación es especialmente apropiada para problemas de palabras).

- Asegúrese de utilizar los mismos números que se proporcionaron en la pregunta y de que no cambió números u otras expresiones sin darse cuenta.

- Para preguntas que requieren que resuelva ecuaciones algebraicas, conecte su solución a la ecuación (es) para asegurarse de que funciona.

- Confirme *todos* sus cálculos. Es increíblemente fácil cometer errores incluso en los más simples cálculos, especialmente bajo presión. Usar un tablero de notas borrable la primera vez hace esta tarea más fácil.

Tranquilícese adecuadamente.

No se le penalizará por respuestas incorrectas, por lo cual no pase demasiado tiempo con ninguna pregunta. Use su tiempo para responder todas las preguntas que no le resulten difíciles, y luego regrese y trabaje en las más difíciles si le queda tiempo.

EN RESUMEN

- Tendrá 115 minutos para responder las 46 preguntas en el examen de Razonamiento matemático.

- El examen de Razonamiento matemático mide las siguientes habilidades:
  - Comprender y aplicar conceptos matemáticos y fórmulas.
  - Razonamiento cuantitativo y resolución de problemas.
  - Traducir el lenguaje verbal a términos matemáticos.
  - Manipulación y devaluación de expresiones aritméticas y algebraicas.
  - Analizar e interpretar datos gráficos (cuadros, gráficos, tablas).

- La calculadora que usará durante esta prueba es la calculadora en pantalla TI-30XS. GED proporciona materiales impresos y tutoriales en línea para ayudarlo a familiarizarse con las funciones de la calculadora para que se sienta cómodo con esta herramienta el día del examen.

- Hay cinco preguntas en el examen en las que NO podrá usar una calculadora. Para el resto de las preguntas, puede usar una calculadora cuando se indica mediante el ícono en el que puede hacer clic. Los íconos no aparecerán con preguntas para las que no puede usar una calculadora.

- Se le dará un tablero de notas borrable en el sitio de prueba para anotar notas y cálculos; se recogerán al final del examen y sus cálculos escritos a mano no tendrán ningún efecto en su puntaje.

- También recibirá una lista de fórmulas a las que puede o no necesitar hacer referencia durante la prueba.

- Las siguientes son estrategias útiles para resolver problemas matemáticos:
  - Analizar las opciones de respuesta en busca de pista.
  - No se deje engañar por opciones de respuesta obvias.
  - Calcular la pregunta para limitar sus opciones.
  - Saber cuándo insertar números para variables.
  - Saber cuándo y cuándo no trabajar en reversa.
  - Buscar la ruta más simple a la respuesta.
  - Resolver problemas comenzando con lo que sabe.
  - Buscar figuras geométricas en busca de pistas.
  - Dibujar su propia figura geométrica.

- Algunas preguntas de opción múltiple en el examen de matemáticas indicarán claramente que es suficiente un valor aproximado. Redondear y simplificar números le ayudará a resolver problemas matemáticos rápidamente y hacer cálculos más fáciles.

Repaso de matemáticas: números

DESCRIPCIÓN GENERAL

- **Lo que encontrará en este repaso**
- **Orden y leyes de operaciones**
- **Signos numéricos y las cuatro operaciones básicas**
- **Números enteros y las cuatro operaciones básicas**
- **Factores, múltiplos y divisibilidad**
- **Números decimales, fracciones y porcentajes**
- **Razón y proporción**
- **Razones que involucran más de dos cantidades**
- **Exponentes (potenciación) y notación científica**
- **Raíces cuadradas (y otras raíces)**
- **En resumen**
- **Preguntas de práctica**
- **Clave de respuestas y explicaciones**

LO QUE ENCONTRARÁ EN ESTE REPASO

Este repaso se centrará en:

- **Propiedades** de los números (signos, números enteros, valor absoluto y divisibilidad).
- **Formas** de números (fracciones, números mixtos, números decimales, porcentajes, raciones, números exponenciales y expresiones radicales).
- **Operaciones** de números (las cuatro operaciones básicas y operaciones de números exponenciales y expresiones radicales).

Aunque esta revisión es más básica que las dos siguientes en esta parte del libro, no la omita. Las áreas de conocimiento cubiertas aquí son bloques de construcción básicos para todos los tipos de preguntas del examen de Razonamiento matemático GED.

Las preguntas del examen GED a lo largo de esta revisión son de opción múltiple. El examen real también incluye preguntas en un formato alternativo en el que se proporciona la respuesta numérica a la pregunta.

ORDEN Y LEYES DE OPERACIONES

Las siguientes reglas se aplican a todas las operaciones con números, así como con variables (como x e y).

Capítulo 12

Orden de operaciones

1. Operaciones entre paréntesis
2. Operaciones con raíces cuadradas y exponentes
3. Multiplicación y división
4. Suma y resta

Ejemplos:

$(2 + 4) \times (7 - 2) = 6 \times 5$ (operación entre paréntesis antes de multiplicar)

$3 \times 4^2 = 3 \times 16$ (aplicación de exponente antes de multiplicar)

$5 + 7 \times 3 - 2 = 5 + 21 - 2$ (multiplicación antes de sumar o restar)

$6 - 8 \div 2 + 3 = 6 - 4 + 3$ (división antes de sumar o restar)

La Ley Conmutativa (suma y multiplicación *exclusivamente*)

$a + b = b + a$

$a \times b = b \times a$

Ejemplos:

$3 + 4 = 4 + 3$

$3 \times 4 = 4 \times 3$

La Ley Asociativa (suma y multiplicación *exclusivamente*)

$(a + b) + c = a + (b + c)$

$(ab)c = a(bc)$

Ejemplos:

$(6 + 2) + 5 = 8 + 5 = 13$

$6 + (2 + 5) = 6 + 7 = 13$

$(3 \times 2) \times 4 = 6 \times 4 = 24$

$3 \times (2 \times 4) = 3 \times 8 = 24$

La Ley Distributiva

$a(b + c) = ab + ac$

$a(b - c) = ab - ac$

Ejemplos:

$2(3 + 4) = 2 \times 7 = 14$

$(2)(3) + (2)(4) = 6 + 8 = 14$

$9(4 - 2) = 9 \times 2 = 18$

$(9)(4) - (9)(2) = 36 - 18 = 18$

Domine el™ examen GED® primera edición

SIGNOS NÚMERICOS Y LAS CUATRO OPERACIONES BÁSICAS

Un **número positivo** es cualquier número *mayor que cero*, y un **número negativo** es cualquier número *menor que cero*. El **signo** de un número indica si es positivo (+) o negativo (–).

Asegúrese de conocer el signo, ya sea positivo o negativo, de un número distinto a cero que resulte de la combinación de números utilizando las cuatro operaciones básicas (suma, resta, multiplicación y división). Aquí hay una tabla que incluye todas las posibilidades. El signo del número se indica entre paréntesis. Un signo de interrogación (?) indica que el signo depende de qué número es mayor.

Suma:

$(+) + (+) = +$

$(-) + (-) = -$

$(+) + (-) = ?$

$(-) + (+) = ?$

Ejemplos:

$5 + 3 = 8$

$-5 + (-3) = -8$

$5 + (-3) = 2$ pero $3 + (-5) = -2$

$-5 + 3 = -2$ pero $-3 + 5 = 2$

Resta:

$(+) - (-) = (+)$

$(-) - (+) = (-)$

$(+) - (+) = ?$

$(-) - (-) = ?$

Ejemplos:

$6 - (-1) = 7$

$-6 - 1 = -7$

$6 - 1 = 5$ pero $1 - 6 = -5$

$-6 - (-1) = -5$ pero $-1 - (-6) = 5$

Multiplicación:

$(+) \times (+) = +$

$(+) \times (-) = -$

$(-) \times (-) = +$

Ejemplos:

$7 \times 2 = 14$

$7 \times (-2) = -14$

$(-7) \times (-2) = 14$

División:

$(+) \div (+) = +$

$(+) \div (-) = -$

$(-) \div (+) = -$

$(-) \div (-) = +$

Ejemplos:

$8 \div 4 = 2$

$8 \div (-4) = -2$

$-8 \div 4 = -2$

$-8 \div (-4) = 2$

Multiplicar y dividir términos negativos

La multiplicación o división que involucra términos negativos en cualquier número par le dará un número positivo. Por otro lado, la multiplicación o división que involucra cualquier número de términos negativos impares le dará un número negativo.

Ejemplos (un número *par* de términos negativos):

$(5) \times (-4) \times (2) \times (-2) = +80$ (dos términos negativos)

$(-4) \times (-3) \times (-2) \times (-1) = +24$ (cuatro términos negativos)

Ejemplos (un número *impar* de términos negativos):

$(3) \times (-3) \times (2) = -18$ (un término negativo)

$(-4) \times (-4) \times (2) \times (-2) = -64$ (tres términos negativos)

Valor absoluto

El **valor absoluto** de un número se refiere a su distancia en la recta de números reales desde cero (el origen). El valor absoluto de x se representa como $|x|$. El valor absoluto de cualquier número que no sea cero es siempre un número positivo. El concepto de valor absoluto se reduce a estas dos afirmaciones:

1. Si $x \geq 0$, entonces $|x| = x$

   Ejemplo: $|3| = 3$

   Ejemplo: $|0| = 0$

2. Si $x < 0$, entonces $|x| = -x$

   Ejemplo: $|-2| = -(-2) = 2$

Las preguntas del examen de Razonamiento matemático GED en donde es necesario combinar números con signos suelen centrarse en el concepto de valor absoluto.

> **EJEMPLO 1 (MÁS FÁCIL):**
>
> ¿Cuál es el valor de $|-2-3| - |2-3|$?
>
> A. -2
>
> B. -1
>
> C. 1
>
> D. 4

Recuerde, el valor absoluto de cualquier número que no sea cero siempre es un número positivo, por lo que $|-2-3| = |-5| = 5$ y $|2-3| = |-1| = 1$. Si se realiza la resta: $5 - 1 = 4$. **La respuesta correcta es D.**

EJEMPLO 2 (MÁS DIFÍCIL):

El número M es el producto de siete números negativos. El número N es el producto de seis números negativos y un número positivo.

¿Cuál de las siguientes afirmaciones es verdadera para todos los valores posibles de M y N?

A. $M - N > 0$

B. $M \times N < 0$

C. $N + M < 0$

D. $N \times M = 0$

El producto de siete números negativos siempre es negativo (M es un número negativo). El producto de seis números negativos siempre es un número positivo, y el producto de dos números positivos es siempre un número positivo (N es un número positivo). Por lo cual, el producto de M y N debe ser un número negativo. Las opciones A y C pueden ser verdaderas o no, dependiendo de los valores específicos de M y N. La opción D no puede ser cierta. **La respuesta correcta es B.**

NÚMEROS ENTEROS Y LAS CUATRO OPERACIONES BÁSICAS

Un **número entero** es cualquier número que no sea una fracción en la recta numérica: $\{\ldots -3, -2, -1, 0, 1, 2, 3, \ldots\}$. Excepto el número cero (0), cada entero es positivo o negativo y par o impar. Cuando se combinan enteros utilizando una operación básica que el resultado sea un entero impar, un entero par, o un no entero depende de los números que se combinen. Aquí están las posibilidades:

Suma y Resta:

- entero ± entero = entero
- entero par ± entero par = entero par (o posiblemente cero)
- entero par ± entero impar = entero impar
- entero impar ± entero impar = entero par (o posiblemente cero)

Multiplicación y División:

- entero × entero = entero
- entero ÷ entero distinto de cero = entero, pero solo si el numerador es divisible por el denominador (si el resultado es un cociente sin resto)
- entero impar × entero impar = entero impar
- entero par × entero distinto de cero = entero par
- entero par ÷ 2 = entero
- entero impar ÷ 2 = no entero

Las preguntas del examen de Razonamiento matemático GED que evalúa las reglas anteriores a veces parecen problemas de álgebra, pero en realidad no lo son. Sólo aplique la regla apropiada. Si no está seguro de la regla, coloque números sencillos al cero en la respuesta correcta.

EJEMPLO 3 (MÁS FÁCIL):

Los números M y N son enteros. Sin conocer los valores de M y N, ¿qué fórmula siempre determinará la distancia correcta entre M y N en un número en la recta real?

A. $M - N$

B. $N - M$

C. $|M - N|$

D. $|M| - |N|$

La distancia entre dos puntos en una recta numérica se expresa como un número positivo. La distancia se encuentra restando el número menor del número mayor. Dado que los valores de M y N son desconocidos, las opciones A y B no proporcionan forma de estar seguros de que se restaron en el orden correcto. Saber que se requiere un valor positivo es una indicación de que debe aplicar un valor absoluto. La opción D no es una buena opción porque usa un valor absoluto para hacer que ambos números sean positivos antes de restarlos, lo que puede resultar en un número negativo si $|N| > |M|$. Sabemos que la distancia debe ser positiva. La opción C resta correctamente un valor del otro y luego hace que ese valor sea positivo tomando el valor absoluto. **La respuesta correcta es C.**

EJEMPLO 4 (MÁS DIFÍCIL):

Si P es un entero impar, y si Q es un entero par, ¿cuál de las siguientes expresiones NO PUEDE representar un número entero par?

A. $3P - Q$

B. $3P \times Q$

C. $2Q \times P$

D. $3Q - 2P$

Como 3 y P son números enteros impares, su producto ($3P$) también debe ser un número entero impar. Restando un entero par (Q) de un entero impar da como resultado un entero impar en todos los casos, excepto donde $3Q = P$, en en cuyo caso el resultado es 0 (cero). **La respuesta correcta es A.**

FACTORES, MÚLTIPLOS Y DIVISIBILIDAD

Un **factor** (de un número entero n) es cualquier número entero que se puede multiplicar por otro número entero para un producto de n. Los factores de cualquier número entero n incluyen 1, así como n en sí. Averiguar si un número (f) es un factor de otro (n) es simple: simplemente divida n entre f. Si el cociente es un número entero, entonces f es un factor de n (y n es **divisible** por f). Si el cociente no es un entero, entonces f no es un factor de n, y tendrá un **residuo** después de dividir.

Por ejemplo, 2 es un factor de 8 porque $8 \div 2 = 4$, que es un número entero. Por otro lado, 3 no es un factor de 8 porque $8 \div 3 = \frac{8}{3}$, o $2\frac{2}{3}$, que no es un entero (el residuo es 2, el cual se pone sobre el divisor, para formar $\frac{2}{3}$). Tenga en cuenta estas reglas básicas sobre los factores, que se basan en su definición:

REGLA 1: cualquier número entero es un factor en sí mismo.

REGLA 2: 1 y –1 son factores de todos los enteros (excepto 0).

REGLA 3: el entero cero (0) no tiene factores y no es un factor de ningún entero.

REGLA 4: el factor más grande de un entero positivo (que no sea él mismo) nunca será mayor que la mitad del valor del entero.

Por otro lado, los factores son **múltiplos**. Si f es un factor de n, entonces n es un múltiplo de f. Por ejemplo, 8 es un múltiplo de 2 por la misma razón que 2 es un factor de 8: porque $8 \div 2 = 4$, que es un número entero. Un número primo es un entero positivo que es divisible por solo dos enteros positivos: él mismo y 1. Cero (0) y 1 no se consideran números primos; 2 es el primer **número primo**. Aquí están todos los números primos menores de 50:

2 3 5 7

11 13 17 19

23 29

31 37

41 43 47

Como puede ver, los factores, los múltiplos y la divisibilidad son simplemente aspectos diferentes del mismo concepto. Entonces, una pregunta del examen GED sobre factorización o números primos también se trata de múltiplos y divisibilidad.

EJEMPLO 5 (MÁS FÁCIL):

¿El número 24 es divisible por cuántos enteros positivos diferentes a 1 y 24?

A. tres

B. cuatro

C. cinco

D. seis

La pregunta solicita el número de factores diferentes de 24 (que no sean 1 y 24). Una buena manera de responder a la pregunta es comenzar con 2 y avanzar hasta el factor más grande posible, 12, que es la mitad del valor de 24:

$2 \times 12 = 24$

$3 \times 8 = 24$

$4 \times 6 = 24$

Si continúa de esta manera, verá que ya ha contabilizado todos los factores de 24, que incluye 2, 3, 4, 6, 8 y 12. **La respuesta correcta es D.**

EJEMPLO 6 (MÁS DIFÍCIL):

Si $n > 6$, y si n es un múltiplo de 6, ¿cuál de los siguientes es siempre un factor de n?

A. $n + 6$

B. $\dfrac{n}{3}$

C. $\dfrac{n}{2} + 3$

D. $\dfrac{n}{2} + 6$

Pruebe el primer múltiplo de 6 mayor que 6, que es 12. Esto elimina la opción A porque es mayor de 12 y por lo tanto no puede ser un factor. Puede eliminar las opciones C y D porque el factor más grande de cualquier número positivo (que no sea el número en sí) es la mitad del número, que en este caso es $\dfrac{n}{2}$. **La respuesta correcta es B**.

Cada vez que trabaje con fracciones, debe prestar atención a los denominadores. Porque no se puede dividir por cero, cualquier expresión que tenga cero en el denominador se considera indefinida. Por ejemplo, puede ver una pregunta que sea "¿Para qué valores de x la expresión racional está indefinida?" Lo que se le pide que encuentre son los valores de x que resultarán en un denominador de 0. Una fracción como $\dfrac{x}{5}$ siempre estará definida, mientras que $\dfrac{x}{0}$ estará indefinida.

El **máximo factor común** de una lista de números enteros es el mayor número entero que puede ser dividido equitativamente en cada número de la lista, y el **mínimo común múltiplo** es el número entero más pequeño en el que cada número de la lista se divide de manera uniforme. Por ejemplo, el máximo factor común de {18, 36, 63} es 9, y el mínimo común múltiplo es 504.

La propiedad distributiva y el máximo factor común pueden usarse juntos para reescribir expresiones numéricas de diferentes maneras. Por ejemplo, $(24 + 54) = (6 \times 4 + 6 \times 9) = (6)(4 + 9)$.

Eche un vistazo a un ejemplo más complicado que implica el uso de la propiedad conmutativa de la multiplicación (es decir, el hecho de que el orden de un producto se puede cambiar sin afectar el resultado):

$$(18 + 24) \cdot (35 + 15) = \underbrace{(6 \cdot 3 + 6 \cdot 4)}_{6 \cdot (3+4)} \cdot \underbrace{(5 \cdot 7 + 5 \cdot 3)}_{5 \cdot (7+3)}$$
$$= \left[6 \cdot (3 + 4)\right] \cdot \left[5 \cdot (7 + 3)\right]$$
$$= 6 \cdot 5 \cdot (3 + 4)(7 + 3)$$

NÚMEROS DECIMALES, FRACCIONES Y PORCENTAJES

Cualquier número puede expresarse en forma de un número decimal, una fracción o un porcentaje. Usted usa **números decimales** en la vida diaria cada vez que realiza una compra en una tienda. La mayoría de nosotros estamos familiarizados con decimales en términos de dinero. Cuando tiene $5.87, tiene 5 dólares enteros, 8 décimas (o 8 décimas de dólar) y 7 centavos (o 7 centésimas de dólar).

Cuando un número se escribe en forma decimal, todo a la izquierda del punto decimal es un número entero, y todo a la derecha del punto decimal representa una parte del todo (una décima, centésima, milésima, etc.). Agregar ceros al final de un número decimal no cambia su valor. Por ejemplo, el número decimal 0.5 es lo mismo que 0.50 o 0.5000. Pero agregar un cero al frente (la izquierda) del número cambiará el valor del número. Por ejemplo, 0.5 significa "cinco décimas", pero 0.05 significa "cinco centésimas".

Una **fracción** es parte de un todo. Hay 10 monedas de diez centavos en cada dólar, por lo que una moneda de diez centavos es la décima parte de un dólar: una de diez partes iguales. Así se escribe la fracción que representa una décima parte: $\frac{1}{10}$. El número superior de una fracción se llama **numerador**, y el número inferior se llama **denominador**. Una **fracción adecuada** es aquella en la cual el numerador es menor que el denominador. Una **fracción impropia** es una en la que el numerador es igual o mayor que el denominador. $\frac{1}{10}$ es una fracción propia, pero $\frac{12}{10}$ es una fracción impropia. A veces se encontrará con un número entero y una fracción juntos. Esto es llamado un **número mixto**. $4\frac{3}{5}$ es un ejemplo de un número mixto.

Un **porcentaje (%)** es una fracción o número decimal escrito en una forma diferente. 25 % escrito como número decimal es 0.25. Un porcentaje expresado como fracción es el número dividido por 100. Por ejemplo, 25 % escrito como una fracción es $\frac{25}{100}$. El número antes del signo de porcentaje es el numerador de la fracción.

Conversión de una forma de número a otra

Las preguntas del examen de Razonamiento matemático GED que involucran fracciones, números decimales o porcentajes a menudo requieren que convierta de una forma a otra como parte de la solución del problema en cuestión. Debe saber cómo hacer conversiones rápidamente y con confianza. Para las conversiones de porcentaje a decimales, mueva el punto decimal dos lugares a la *izquierda* (y no incluya el signo de porcentaje). Para las conversiones de decimales a porcentajes, mueva el punto decimal dos lugares a la *derecha* (y añada el signo de porcentaje). Los porcentajes superiores a 100 se convierten en números superiores a 1.

Ejemplos (convertir porcentajes a números decimales)
9.5 % = 0.095
95 % = 0.95
950 % = 9.5

Ejemplos (convertir números decimales a porcentajes)
0.004 = 0.4 %
0.04 = 4 %
0.4 = 40 %
4.0 = 400 %

Para las conversiones de porcentaje a fracción, *divida* por 100 (y no incluya el signo de porcentaje). Para conversiones de fracción a porcentaje, *multiplique* por 100 (y agregue el signo de porcentaje). Los porcentajes mayores de 100 se convierten en números mayores de 1.

Ejemplos (convertir porcentajes en fracciones)

$$8.1\% = \frac{8.1}{100}, \text{ o } \frac{81}{1000}$$

$$81\% = \frac{81}{100}$$

$$810\% = \frac{810}{100} = \frac{81}{10}, \text{ o } 8\frac{1}{10}$$

Ejemplo (convertir fracciones a porcentajes)

$$\frac{3}{8} = \frac{300}{8}\% = \frac{75}{2}\%, \text{ o } 37\frac{1}{2}\%$$

Para convertir una fracción en un número decimal, divida el numerador por el denominador, usando la división larga o su calculadora. Tenga en cuenta que el resultado podría ser un valor preciso, o podría ser un aproximación con una cadena interminable de decimales. Compare estos tres ejemplos:

$\frac{5}{8} = 0.625$ El número decimal equivalente es preciso después de tres lugares de decimales.

$\frac{5}{9} \approx 0.555$ El número decimal equivalente solo puede ser aproximado (el dígito 5 se repite indefinidamente).

$\frac{5}{7} \approx 0.714$ El número decimal equivalente solo puede ser aproximado; no hay patrón repetitivo si se lleva el cálculo a lugares decimales adicionales.

EJEMPLO 7 (MÁS FÁCIL):

¿Cuál es la suma de $\frac{3}{4}$ 0.7 y 80 %?

A. 1.59

B. 1.62

C. 2.04

D. 2.25

Dado que las opciones de respuesta se expresan en términos decimales, exprese todos los términos como decimales:

$$\frac{3}{4} = 0.75 \text{ y } 80\% = 0.8.$$

Luego sume:

$$0.75 + 0.7 + 0.8 = 2.25.$$

La respuesta correcta es D.

> **EJEMPLO 8 (MÁS DIFÍCIL):**
>
> ¿Cuál es el 150 % del producto de $\frac{1}{8}$ y 0.4?
>
> **A.** 0.075
>
> **B.** 0.25
>
> **C.** 0.75
>
> **D.** 2.5

Una forma de resolver el problema es expresar primero $\frac{1}{8}$ como su equivalente decimal 0.125. Luego multiplicar: $0.125 \times 0.4 = 0.05$. Luego, expresar 150 % como un número decimal 1.5 y calcular el producto: $1.5 \times 0.05 = 0.075$. **La respuesta correcta es A.**

Equivalencias entre fracción, decimal y porcentaje

Ciertas equivalencias de fracción, decimal y porcentaje aparecen en el examen de Razonamiento matemático GED más a menudo que otras. Los números en las siguientes tablas son especialmente comunes. Debería memorizar esta tabla, para que pueda convertir estos números rápidamente durante el examen.

Porcentaje	Decimal	Fracción		Porcentaje	Decimal	Fracción
50 %	0.5	$\frac{1}{2}$		$16\frac{2}{3}$ %	$0.16\frac{2}{3}$	$\frac{1}{6}$
25 %	0.25	$\frac{1}{4}$		$83\frac{1}{3}$ %	$0.83\frac{1}{3}$	$\frac{5}{6}$
75 %	0.75	$\frac{3}{4}$		20 %	0.2	$\frac{1}{5}$
10 %	0.1	$\frac{1}{10}$		40 %	0.4	$\frac{2}{5}$
30 %	0.3	$\frac{3}{10}$		60 %	0.6	$\frac{3}{5}$
70 %	0.7	$\frac{7}{10}$		80 %	0.8	$\frac{4}{5}$
90 %	0.9	$\frac{9}{10}$		$12\frac{1}{2}$ %	0.125	$\frac{1}{8}$
$33\frac{1}{3}$ %	$0.33\frac{1}{3}$	$\frac{1}{3}$		$37\frac{1}{2}$ %	0.375	$\frac{3}{8}$
$66\frac{2}{3}$ %	$0.66\frac{2}{3}$	$\frac{2}{3}$		$62\frac{1}{2}$ %	0.625	$\frac{5}{8}$
				$87\frac{1}{2}$ %	0.875	$\frac{7}{8}$

Números decimales y valor posicional

El **valor posicional** se refiere al valor específico de un dígito en un número decimal. Por ejemplo, en el número decimal 682.793:

El dígito 6 está en el lugar de los "cientos".

El dígito 8 está en el lugar de las "decenas".

El dígito 2 está en el lugar "enteros".

El dígito 7 está en el lugar de las "décimas".

El dígito 9 está en el lugar de las "centésimas".

El dígito 3 está en el lugar de "milésimas".

Entonces puede expresar 682.793 de la siguiente manera: $600 + 80 + 2 + \dfrac{7}{10} + \dfrac{9}{100} + \dfrac{3}{1,000}$.

EJEMPLO 9 (MÁS FÁCIL):

El número 40.5 es 1,000 veces más grande que cuál de los siguientes números:

A. 0.405

B. 0.0405

C. 0.0450

D. 0.00405

Para encontrar la solución, divida 40.5 por 1,000 moviendo el punto decimal 3 lugares a la izquierda. **La respuesta correcta es B.**

EJEMPLO 10 (MÁS DIFÍCIL):

La letra M representa un dígito en el número decimal $0.0M$, y la letra N representa un dígito en el número decimal $0.0N$. ¿Qué expresión es equivalente a $0.0M \times 0.0N$?

A. $\dfrac{1}{10,000} \times M \times N$

B. $0.000MN$

C. $0.00MN$

D. $\dfrac{1}{100} \times M \times N$

Supongamos que los dígitos M y N son ambos 1. Para encontrar el producto de 0.01 y 0.01, multiplique 1 por 1 ($N \times M$), luego sume los lugares decimales en los dos números. Hay cuatro lugares en total, así que el producto sería 0.0001, que es equivalente a $\dfrac{1}{10,000}$. Por lo tanto, cualesquiera que sean los valores de N y M, $0.0M \times 0.0N = \dfrac{1}{10,000} \times (M \times N)$. **La respuesta correcta es A.**

Simplificación de fracciones

Una fracción puede simplificarse hasta sus términos más bajos si el número de su numerador y el número de su denominador comparten un factor común. Aquí hay algunos ejemplos simples:

$$\frac{6}{9} = \frac{(3)(2)}{(3)(3)} = \frac{2}{3} \quad \text{(puede "cancelar" o "factorizar" el factor común 3)}$$

$$\frac{21}{35} = \frac{(7)(3)}{(7)(5)} = \frac{3}{5} \quad \text{(puede "cancelar" o "factorizar" el factor común 7)}$$

Antes de realizar cualquier operación con una fracción, siempre verifique si puede simplificarla primero. Al reducir una fracción a sus términos más bajos, simplificará cualquier operación que realice con ella.

Sumar y restar fracciones

Para combinar fracciones por suma o resta, combine numeradores sobre un **denominador común**. Si las fracciones ya tienen el mismo denominador, simplemente sume (o reste) numeradores:

$$\frac{3}{4} + \frac{2}{4} = \frac{3+2}{4} = \frac{5}{4} \quad \text{(las dos fracciones comparten el denominador común 4)}$$
$$\frac{1}{7} - \frac{3}{7} = \frac{1-3}{7} = \frac{-2}{7}, \text{ o } -\frac{2}{7} \quad \text{(las dos fracciones comparten el denominador común 7)}$$

Si las fracciones aún no tienen un denominador común, deberá encontrar uno. Siempre puede multiplicar todos los denominadores juntos para encontrar un denominador común, pero puede ser un número grande con el cual es difícil trabajar. Así que en lugar de eso, intente encontrar **el mínimo (o más bajo) común denominador (MCD)**, trabajando con múltiplos del máximo denominador dado. Para los denominadores 6, 3 y 5, por ejemplo, pruebe con múltiplos sucesivos de 6 (12, 18, 24...), y llegará al MCD cuando llegue a 30.

Cuando combine fracciones por suma o resta, preste mucha atención a los signos + y −. Además, no deje que los numeradores comunes lo engañe para que piense que puede sumar o restar sin un denominador común.

EJEMPLO 11 (MÁS FÁCIL):

La ecuación $\frac{5}{3} - \frac{5}{6} + \frac{5}{2}$ es igual a

Seleccione ▼

A. $\frac{5}{2}$

B. $\frac{15}{6}$

C. $\frac{10}{3}$

D. $\frac{15}{3}$

Para encontrar el MCD, pruebe múltiplos sucesivos de 6 hasta que encuentre uno que sea también un múltiplo de 3 y 2. El MCD es el 6 en sí mismo. Multiplique cada numerador por el mismo número por el cual multiplicaría el denominador de la fracción para obtener el MCD de 6.

$$\frac{5}{3} - \frac{5}{6} + \frac{5}{2} = \frac{5(2) - 5 + 5(3)}{6} = \frac{10 - 5 + 15}{6} = \frac{20}{6}, \text{o } \frac{10}{3}$$

La respuesta correcta es C.

> **EJEMPLO 12 (MÁS DIFÍCIL):**
>
> Si $\frac{x}{3}, \frac{x}{7}$, y $\frac{x}{9}$ son todos enteros positivos, ¿cuál es el **menor** valor posible de x?
>
> **A.** 42
>
> **B.** 54
>
> **C.** 63
>
> **D.** 72

La respuesta a la pregunta es el menor valor de x que es un múltiplo de los tres denominadores. En otras palabras, la pregunta pide el mínimo común denominador. Ascendiendo en múltiplos del denominador más grande, 9, encontrará que 63 es el múltiplo más bajo que también es un múltiplo de ambos 7 y 3. Por lo tanto, $x = 63$. **La respuesta correcta es C.**

Multiplicar y dividir fracciones

Para combinar fracciones con multiplicación, multiplique los numeradores y los denominadores. Los denominadores no necesitan ser iguales.

$$\frac{1}{2} \times \frac{5}{3} \times \frac{1}{7} = \frac{(1)(5)(1)}{(2)(3)(7)} = \frac{5}{42}$$

Para dividir una fracción por otra, primero invierta el divisor (el número después del signo de división) al cambiar su numerador y denominador (esta nueva fracción se llama el **recíproco** del original). Luego, combine multiplicando.

$$\frac{\frac{2}{5}}{\frac{3}{4}} = \frac{2}{5} \times \frac{4}{3} = \frac{(2)(4)}{(5)(3)} = \frac{8}{15}$$

Para simplificar la multiplicación o división, cancele los factores comunes a un numerador y un denominador antes de combinar fracciones. Puede cancelarlos entre fracciones. Tomemos, por ejemplo, la operación $\frac{3}{4} \times \frac{4}{9} \times \frac{3}{2}$. Mirando solo las dos primeras fracciones, puede factorizar 4 y 3, por lo que la operación se simplifica a $\frac{{}^{1}\cancel{3}}{{}^{1}\cancel{4}} \times \frac{{}^{1}\cancel{4}}{{}^{3}\cancel{9}} \times \frac{3}{2}$. Ahora, mirando solo la segunda y tercera fracción, puede factorizar 3, y la operación se vuelve aún más simple: $\frac{1}{1} \times \frac{1}{{}^{1}\cancel{3}} \times \frac{{}^{1}\cancel{3}}{2} = \frac{1}{2}$.

Aplique las mismas reglas de la misma manera a las variables (letras) que a los números.

EJEMPLO 13 (MÁS FÁCIL):

¿Qué expresión es igual a $\dfrac{2}{a} \times \dfrac{b}{4} \times \dfrac{a}{5} \times \dfrac{8}{c}$?

A. $\dfrac{10b}{9c}$

B. $\dfrac{8}{5}$

C. $\dfrac{16b}{5ac}$

D. $\dfrac{4b}{5c}$

Como solo se trata de multiplicación, busque factores y variables (letras) en cualquier numerador que coincidan con los de cualquier denominador. Anular factores comunes deja $\dfrac{2}{1} \times \dfrac{b}{1} \times \dfrac{1}{5} \times \dfrac{2}{c}$.

Combinar numeradores y combinar denominadores le da la respuesta $\dfrac{4b}{5c}$.

La respuesta correcta es D.

EJEMPLO 14 (MÁS DIFÍCIL):

¿Cuál es una forma simplificada de la fracción compleja $\dfrac{\frac{3}{5} + \frac{3}{4}}{\frac{3}{4} - \frac{3}{5}}$?

A. $\dfrac{27}{10}$

B. 5

C. $\dfrac{27}{4}$

D. 9

Convierta las cuatro fracciones en fracciones con el mínimo común denominador, 20. Luego, sume las dos fracciones del numerador y las dos fracciones del denominador.

$$\frac{\frac{3}{5} + \frac{3}{4}}{\frac{3}{4} - \frac{3}{5}} = \frac{\frac{12}{20} + \frac{15}{20}}{\frac{15}{20} - \frac{12}{20}} = \frac{\frac{27}{20}}{\frac{3}{20}}$$

Luego, multiplique la fracción del numerador resultante por el recíproco del denominador de la fracción resultante:

$$\frac{\frac{27}{20}}{\frac{3}{20}} = \left(\frac{27}{20}\right)\left(\frac{20}{3}\right) = \frac{27}{3} = 9$$

La respuesta correcta es D.

Números mixtos

Como se señaló anteriormente, un **número mixto** consiste en un número entero junto con una fracción simple. El número $4\frac{2}{3}$ es un ejemplo de un número mixto. Antes de combinar fracciones, es posible que deba convertir números mixtos en fracciones impropias. Para hacerlo, siga estos tres pasos:

1. Multiplique el denominador de la fracción por el número entero.

2. Agregue el producto al numerador de la fracción.

3. Coloque la suma sobre el denominador de la fracción.

Por ejemplo, aquí se explica cómo convertir el número mixto en una fracción:

$$4\frac{2}{3} = \frac{(3)(4) + 2}{3} = \frac{14}{3}$$

Para sumar o restar números mixtos, puede convertir cada uno en una fracción, luego encontrar su MCD y combinarlos. O bien, puede sumar los números enteros y sumar las fracciones por separado. Para realizar múltiples operaciones, realice siempre la multiplicación y división antes de realizar suma y resta.

EJEMPLO 15 (MÁS FÁCIL):

¿Cuál es la suma de $2\frac{1}{6}$, $3\frac{1}{5}$, y $2\frac{1}{15}$?

A. $7\frac{13}{30}$

B. $7\frac{4}{5}$

C. $11\frac{3}{10}$

D. $12\frac{17}{20}$

Una forma de combinar estos números mixtos es convertir primero los números mixtos en fracciones:

$$2\frac{1}{6} + 3\frac{1}{5} + 2\frac{1}{15} = \frac{13}{6} + \frac{16}{5} + \frac{31}{15}$$

Pero como puede ver, para combinar numeradores en un MCD, tendrá que lidiar con grandes números. El método más fácil es sumar los números enteros y sumar las fracciones por separado:

$$\left(2 + 3 + 2\right) + \frac{1}{6} + \frac{1}{5} + \frac{1}{15} = 7 + \frac{5 + 6 + 2}{30} = 7\frac{13}{30}$$

La respuesta correcta es A.

EJEMPLO 16 (MÁS DIFÍCIL):

Si resta $3\frac{2}{3}$ de $\dfrac{4\frac{1}{2}}{1\frac{1}{8}}$, ¿cuál es la fracción resultante?

A. $\dfrac{1}{4}$

B. $\dfrac{1}{3}$

C. $\dfrac{11}{6}$

D. $\dfrac{17}{6}$

Primero, convierta todos los números mixtos a fracciones. Luego, elimine la fracción compleja multiplicando la fracción del numerador por el recíproco de la fracción del denominador (cancele dentro de las fracciones antes multiplicar):

$$\frac{\frac{9}{2}}{\frac{9}{8}} - \frac{11}{3} = \left(\frac{9}{2}\right)\left(\frac{8}{9}\right) - \frac{11}{3} = \left(\frac{1}{1}\right)\left(\frac{4}{1}\right) - \frac{11}{3} = \frac{4}{1} - \frac{11}{3}$$

Luego, exprese cada fracción usando el común denominador 3. Finalmente, reste:

$$\frac{4}{1} - \frac{11}{3} = \frac{12 - 11}{3} = \frac{1}{3}$$

La respuesta correcta es B.

Las fracciones y los números decimales se pueden organizar en orden creciente a lo largo de una recta numérica de la misma manera que los números enteros. Si a, b, c y d son enteros positivos, decimos $\frac{a}{b} < \frac{c}{d}$ si $ad < bc$. Por ejemplo, $\frac{2}{3} < \frac{4}{5}$ porque $2\,(5) = 10$ es menor que $3\,(4) = 12$. Entonces $\frac{2}{3}$ se encuentra a la izquierda de $\frac{4}{5}$ en la recta numérica. Cuando se comparan dos números mixtos, el que tiene la parte entera más grande es el número mayor; si dos números mixtos tienen la misma parte entera, el que tiene la parte fraccionaria más grande (determinado como arriba) es el mayor de los dos números.

Los números decimales se pueden comparar comparando metódicamente los dígitos en los lugares respectivos hasta llegar a un lugar en el que los dígitos son diferentes; en tales casos, el que tiene el dígito más grande tiene el valor más grande y se encuentra más a la derecha a lo largo de la recta numérica. Por ejemplo, 2.5561 es menor que 2.55634 porque, mientras que la parte entera y los dígitos en los décimos, centésimos y milésimos lugares son los mismos, los dígitos en los lugares de diez milésimas son diferentes, con 2.5561 teniendo el dígito más pequeño en ese lugar.

Las fracciones y los números decimales también se pueden comparar. En tales casos, convierta todos los números a la misma forma y luego haga la comparación como se describió anteriormente.

Problemas con procentajes

Una pregunta que involucra porcentajes podría involucrar una de estas tres tareas:

1. Encontrar el porcentaje de un número.

2. Encontrar un número cuando se da un porcentaje.

3. Encontrar qué porcentaje es un número de otro.

Independientemente de la tarea, involucra a cuatro números distintos: la parte, el todo, el porcentaje y 100. El problema le dará tres de los números, y su trabajo es encontrar el cuarto. Una manera fácil de lidiar con problemas de porcentaje es establecer una cuadrícula para decidir qué número falta, y luego resolver ese número faltante. Organice la cuadrícula de la siguiente manera:

parte	porcentaje
todo	100

La columna izquierda es en realidad una fracción que es igual a la fracción de la columna derecha (piense en la línea horizontal del medio como una barra de fracción). Las dos fracciones tienen el mismo valor. Una vez que haya establecido el problema de esta manera, puede resolverlo siguiendo estos pasos:

1. Simplifique la fracción conocida, si es posible.

2. Multiplique los números situados en diagonal que conoce.

3. Divida el producto por el tercer número que conoce.

Para ver cómo se hace esto, estudie los siguientes tres ejemplos.

Encontrar el porcentaje

¿Qué porcentaje es 30 de 50?

En esta pregunta, 50 es el todo y 30 es la parte. Su tarea es encontrar el porcentaje que falta:

30	?
50	100

Primero, simplifique la fraccion de la izquierda $\frac{30}{50}$ a $\frac{3}{5}$. Luego, multiplique los dos números situados en diagonal que conoce: $3 \times 100 = 300$. Finalmente divida entre el tercer número que conoce: $300 \div 5 = 60$. Esta es la respuesta a la pregunta. **La respuesta correcta es 30 es el 60 % de 50.**

Encontrar la parte

¿Qué número es el 25 % de 80?

En esta pregunta, 80 es el todo y 25 es el porcentaje. Su tarea es encontrar la parte:

?	25
80	100

Primero, simplifique la fracción de la derecha $\frac{25}{100}$ a $\frac{1}{4}$.

?	1
80	4

Luego multiplique los dos números en diagonal que conoce: $1 \times 80 = 80$. Finalmente, divida por el tercer número que conoce: $80 \div 4 = 20$. **La respuesta correcta es el 25 % de 80 es 20.**

Encontrar el todo

¿El 75 % de qué número es 150?

En esta pregunta, 150 es la parte y 75 es el porcentaje. Su tarea es encontrar el todo:

150	75
?	100

Primero, simplifique la fracción de la derecha $\frac{75}{100}$ a $\frac{3}{4}$.

150	3
?	4

Luego, multiplique los dos números en diagonal que conoce: $150 \times 4 = 600$. Finalmente, divida por el tercer número que conoce: $600 \div 3 = 200$. **La respuesta correcta es el 75 % de 200 es 150.**

Porcentaje de aumento y disminución

El concepto de cambio porcentual es familiar para todos. Por ejemplo, interés de inversión, impuesto a las ventas, y los precios de descuento implican un cambio porcentual. Aquí está la clave para responder a las preguntas del examen de Razonamiento matemático GED que involucran este concepto: el cambio porcentual siempre se relaciona con el valor antes del cambio. Aquí hay dos ejemplos simples:

¿10 aumentado a qué porcentaje es 12?

1. La cantidad del aumento es 2.

2. Compare el cambio (2) con el número original (10).

3. El cambio en porcentaje es, $\frac{2}{10}$, o 20 %.

¿12 disminuido a qué porcentaje es 10?

1. El monto de la disminución es 2.

2. Compare el cambio (2) con el número original (12).

3. El cambio es $\frac{2}{12}$, o $\frac{1}{6}$ (o $16\frac{2}{3}$ %).

Observe que el porcentaje de aumento de 10 a 12 (20 %) no es lo mismo que el porcentaje de disminución de 12 a 10 ($16\frac{2}{3}$ %). Eso es porque el número original (antes del cambio) es diferente en las dos preguntas.

Los problemas de cambio porcentual generalmente implican impuestos, intereses, ganancias, descuentos o ponderación. En el manejo de estos problemas, es posible que deba calcular más del uno por ciento de cambio.

EJEMPLO 17 (MÁS FÁCIL):

Una computadora con un precio original de $500 tiene un descuento del 10 %, luego otro de 10 %.

¿Cuál es el precio de la computadora después del segundo descuento, al dólar más cercano?

A. $400

B. $405

C. $425

D. $450

Después del primer 10 % de descuento, el precio era de $450 ($500 menos el 10 % de $500). Después del segundo descuento, que se calcula en función del precio de $450, el precio de la computadora es de $405 ($450 menos el 10 % de $450). **La respuesta correcta es B.**

> **EJEMPLO 18 (MÁS DIFÍCIL):**
>
> Un comerciante descuenta un artículo de 80 dólares en un 25 %. Más tarde, el comerciante vuelve a descontar el artículo, esta vez a $48. ¿De qué *porcentaje* fue el segundo descuento?
>
> **A.** 20
>
> **B.** 25
>
> **C.** 27.5
>
> **D.** 30

Después del primer descuento, el precio era de $60 (la diferencia entre $80 y 25 % de $80 [$80 – $20]). El segundo descuento fue de $12 (la diferencia entre $60 y $48). Calcule la tasa de descuento usando el precio *antes* del *segundo* descuento, $\frac{12}{60} = \frac{1}{5}$, o 20 %. **La respuesta correcta es A.**

RAZÓN Y PROPORCIÓN

Una **razón** expresa proporción o tamaño comparativo: el tamaño de una cantidad *en relación* con el tamaño de otro. Escriba una razón colocando dos puntos (:) entre los dos números. Lea los dos puntos como la palabra "A". Por ejemplo, lea la proporción 3: 5 como "3 a 5." Al igual que con las fracciones, puede reducir las razones al mínimo término cancelando factores comunes. Por ejemplo, dada una colección de 28 mascotas que incluye 12 gatos y 16 perros:

- La razón de gatos a perros es 12:16, o 3: 4 ("3 a 4").
- La razón de perros a gatos es 16:12, o 4: 3 ("4 a 3").
- La razón de gatos con respecto al número total de mascotas es 12:28, o 3: 7 ("3 a 7").
- La razón de perros con respecto al número total de mascotas es 16:28, o 4: 7 ("4 a 7").

Otra forma de decir que dos razones (o fracciones) son equivalentes es decir que son **proporcionales**. Por ejemplo, la razón 12:16 es proporcional a la razón 3:4. Del mismo modo, la fracción $\frac{12}{16}$ es proporcional a la fracción $\frac{3}{4}$.

Determinación de cantidades a partir de una razón

Puede pensar en una razón como partes que suman un todo. En la razón 5:6, por ejemplo, 5 partes + 6 partes = 11 partes (el total). Si la cantidad total real fuera 22, multiplicaría cada elemento por 2:10 partes + 12 partes = 22 partes (el total). Tenga en cuenta que las proporciones son las mismas. En otras palabras, 5:6 es la misma razón que 10:12.

Otra forma de pensar en una razón es como una fracción. Como puede expresar cualquier razón como fracción, usted puede establecer dos razones equivalentes o iguales entre sí, como fracciones. Entonces la razón 16:28 es proporcional a la razón 4:7 porque $\frac{16}{28} = \frac{4}{7}$. Si falta uno de los cuatro términos en la ecuación (la proporción), puede resolver el término faltante utilizando el mismo método que aprendió resolviendo problemas porcentuales:

1. Simplifique la fracción conocida, si es posible.

2. Multiplique los números en diagonal que conoce.

3. Divida el producto por el tercer número que conoce.

Por ejemplo, si la razón 10:15 es proporcional a 14:?, puede encontrar el número que falta (?) Primero realizando la siguiente cuadrícula (que expresa una ecuación con dos fracciones):

10	14
15	?

Leyendo la proporción 10:15 como una fracción, simplifíquela a $\frac{2}{3}$.

2	14
3	?

Luego, multiplique los dos números situados diagonalmente que conoce: $3 \times 14 = 42$. Finalmente, divida por el tercer número que conoce: $42 \div 2 = 21$. La razón 10:15 es equivalente a la razón 14:21.

En una pregunta de razón, incluso si las cantidades parecen inicialmente difíciles de trabajar, es una buena apuesta decir que hacer los cálculos serán más fáciles de lo que podría parecer.

EJEMPLO 19 (MÁS FÁCIL):

Una clase de estudiantes contiene solo estudiantes de primer año y segundo año. 18 de los estudiantes son estudiantes de segundo año. Si la razón entre el número de estudiantes de primer año y el número de estudiantes de segundo año en la clase es 5:3, ¿cuántos estudiantes hay en total en la clase?

A. 30

B. 40

C. 48

D. 56

Aplicamos un análisis de la parte por el todo para responder esta pregunta. Mire primero la razón y la suma de sus partes: 5 (estudiantes de primer año) + 3 (estudiantes de segundo año) = 8 (total de estudiantes). Estas no son las cantidades reales, pero son proporcionales a esas cantidades. Con 18 estudiantes de segundo año en total, los estudiantes de segundo año representan 3 partes, cada una de ellas con 6 estudiantes. En consecuencia, el número total de estudiantes debe ser $6 \times 8 = 48$. **La respuesta correcta es C.**

EJEMPLO 20 (MÁS DIFÍCIL):

¿Si 3 millas equivalen a 4.83 kilómetros, entonces 11.27 kilómetros equivalen a cuantas millas?

A. 8.4

B. 7.0

C. 5.9

D. 1.76

Los números decimales pueden parecer desalentadores, pero se simplifican muy bien. Esta característica es típica para el examen de Razonamiento matemático GED. La pregunta esencialmente cuestiona: "una razón de 3 a 4.83 es equivalente a una razón de cuanto a 11.27?" Establezca una cuadrícula de proporciones (que expresa una ecuación con dos fracciones):

3	?
4.83	11.27

Puede notar que la razón (o fracción) $\frac{3}{4.83}$ se simplifica a $\frac{1}{1.61}$. Usar esta relación simplificada podría ayudarle a multiplicar y dividir los números con precisión. De lo contrario, primero multiplique los números situados en diagonal que conoce: 3 × 11.27 = 33.81. Luego, divida por el tercer número que conoce: 33.81 ÷ 4.83 = 7. Una proporción de 3 a 4.83 es equivalente a una razón de 7 a 11.27. Una relación de 3 a 4.83 es equivalente a una relación de 7 a 11.27. **La respuesta correcta es B.**

RAZONES QUE INVOLUCRAN MÁS DE DOS CANTIDADES

Un problema de razón más complejo podría involucrar una razón entre tres (o posiblemente más) cantidades. La mejor manera de abordar estos problemas es con un enfoque de la parte por el todo, donde el "todo" consiste en más de dos "partes".

EJEMPLO 21 (MÁS FÁCIL):

La máquina X, la máquina Y, y la máquina Z producen widgets. La tasa de producción de la Máquina Y es un tercio de la de la Máquina X, y la tasa de producción de la Máquina Z es el doble de la de la Máquina Y. Si la Máquina Y puede producir 35 widgets por día, ¿cuántos widgets pueden producir las tres máquinas por día trabajando simultáneamente?

A. 105

B. 180

C. 210

D. 224

La clave para abordar esta pregunta es convertir las razones en partes fraccionarias que sumen 1. La razón de la tasa de X a la tasa de Y es de 3 a 1, y la razón de la tasa de Y a la tasa de Z es de 1 a 2. Puede expresar la razón entre los tres como 3:1:2 (X:Y:Z). En consecuencia, la producción de Y representa $\frac{1}{6}$ del total de widgets que las tres máquinas pueden producir por día. Dado que, Y puede producir 35 widgets por día, las tres máquinas pueden producir (35)(6) = 210 widgets por día. **La respuesta correcta es C.**

EJEMPLO 22 (MÁS DIFÍCIL):

Tres ganadores de la lotería, Alan, Brenda y Carl, comparten un premio gordo de la lotería. Alan comparte una quinta parte de la participación de Brenda y una séptima parte de la participación de Carl. Si el total del premio mayor es de $195,000, ¿cuál es el monto en dólares de la participación de Carl?

A. $15,000

B. $35,000

C. $75,000

D. $105,000

A primera vista, este problema no parece involucrar razones (¿dónde están los dos puntos?), pero sí lo hace. La razón de la participación de Alan con respecto a la de Brenda es de 1:5, y la razón de la participación de Alan con la de Carl es de 1:7. Entonces puede establecer la relación triple: A:B:C = 1:5:7.

Las ganancias de Alan representan 1 de 13 partes iguales (1 + 5 + 7) del premio total. $\frac{1}{13}$ de $195,000 es $15,000. En consecuencia, la participación de Brenda es 5 veces esa cantidad, o $75,000, y la participación de Carl es 7 veces esa cantidad, o $105,000. **La respuesta correcta es D.**

Problemas de proporción con conversión de unidades

Los problemas de proporción o razón a menudo involucran unidades de medida, como pulgadas, onzas o galones. Estos problemas a veces requieren que se convierta una unidad a otra, por ejemplo, pies a pulgadas, libras a onzas, o cuartos a galones. El problema proporcionará la tasa de conversión si no es comúnmente conocida.

El problema podría pedir nada más que una conversión. Para resolverlo, establezca una proporción y luego multiplique y divida. Aquí hay dos ejemplos para repasar:

¿4.8 onzas equivalen a cuantas libras? [1 libra = 16 onzas]

Establezca la proporción $\frac{4.8}{x} = \frac{16}{1}$. Multiplique (diagonalmente) lo que sabe: 4.8 × 1 = 4.8. Luego divida por el tercer número: 4.8 ÷ 16 = 0.3. (4.8 onzas es equivalente a 0.3 libras).

Si Trevor recorrió 13.6 kilómetros, ¿cuántas millas caminó? [1 milla = 1.6 kilómetros]

Establece la proporción $\frac{1}{1.6} = \frac{?}{13.6}$. Multiplique (diagonalmente) lo que sabe: 13.6 × 1 = 13.6. Luego divida por el tercer número: 13.6 ÷ 1.6 = 8.5. (Trevor caminó 8.5 millas).

No todas las preguntas sobre la tasa de conversión en el examen son tan simples como los dos ejemplos anteriores. Una pregunta podría requerir *dos* conversiones, o podría usar *letras* en lugar de números; para enfocarse en proceso en lugar del resultado. Aunque estos problemas pueden parecer intimidantes, en realidad no son muy difíciles. Puede resolverlos fácilmente aplicando el mismo método que usaría para resolver de manera más simple problemas de tasa de conversión.

EJEMPLO 23 (MÁS FÁCIL):

La distancia de la ciudad 1 a la ciudad 2 es de 840 kilómetros. En un mapa preciso que muestra ambas ciudades, 1 centímetro representa 75 kilómetros. ¿En el mapa cuantos milímetros separa a la ciudad 1 y la ciudad 2? [1 centímetro = 10 milímetros]

A. 11

B. 45

C. 89

D. 112

Primero, establezca la proporción $\frac{1 \text{ cm}}{75 \text{ km}} = \frac{?}{840}$. Luego multiplique (diagonalmente) lo que sabe: $840 \times 1 = 840$. Luego divida por el tercer número: $840 \div 75 = 11.2$. En el mapa, la distancia desde Ciudad 1 a Ciudad 2 = $840 \div 75 = 11.2$ centímetros. Pero 11.2 *no* es la respuesta a la pregunta. El último paso es convertir centímetros a milímetros. El problema brinda la tasa de conversión: $11.2 \times 10 = 112$. **La respuesta correcta es D.**

EJEMPLO 24 (MÁS DIFÍCIL):

Una tienda de dulces vende dulces solo en cajas de media libra. A c centavos por caja, ¿cuál de los siguiente es el costo de a onzas de dulces? [1 libra = 16 onzas]

A. $\dfrac{ac}{8}$

B. $\dfrac{a}{16c}$

C. $\dfrac{c}{a}$

D. $\dfrac{8c}{a}$

Esta pregunta plantea: "c centavos son a una caja como *cuántos centavos* son a onzas?" Establezca una proporción, dejando que "?" represente el costo de a onzas. Debido a que la pregunta pide el costo de las *onzas*, convierta 1 caja a 8 onzas (media libra): $\frac{c}{8} = \frac{?}{a}$. A continuación, multiplique (aplicando la regla de tres) los dos términos que se dan (en este caso, son variables en lugar de números): $c \times a = ca$. Luego divida por el tercer término que es previsto: $\frac{ca}{8}$ (la expresión ca, que significa $c \times a$, es igual a ac, que significa $a \times c$). **La respuesta correcta es A.**

Tarifas unitarias

Una **tasa unitaria** es una relación en la que se compara un valor con 1. En palabras, representa "cuánto por una unidad."

Supongamos que le dan una bolsa de papas fritas que tiene 1,305 calorías y contiene aproximadamente 9 porciones. Vamos a escribir una ecuación que expresa el número de calorías y para x porciones.

El número de calorías, y, es directamente proporcional al número de porciones, x. Entonces la ecuación tiene la forma $y = kx$. La pendiente, k, es el cociente $\frac{1,305}{9} = 145$. La ecuación es $y = 145x$.

EXPONENTES (POTENCIACIÓN) Y NOTACIÓN CIENTÍFICA

Un **exponente** hace referencia a la cantidad de veces que se multiplica un número (denominado **número base**) por sí mismo. En el número exponencial 2^4, el número base es 2 y el exponente es 4. Para calcular el valor de 2^4 significa: $2^4 = 2 \times 2 \times 2 \times 2 = 16$. Un exponente también se conoce como **potencia**. También puede expresar el número exponencial 2^4 como "2 a la 4ª potencia".

En el examen GED, las preguntas que involucran exponentes generalmente requieren que combine dos o más números exponenciales usando una de las cuatro operaciones básicas. Para hacerlo, debe conocer ciertas reglas. ¿Puede combinar números base *antes* de aplicar exponentes a los números? La respuesta depende de qué operación está realizando.

Combinar exponentes en suma o resta

Las reglas para combinar números exponenciales por suma o resta son muy restrictivas. Puede combinar números exponenciales si los números base y las potencias (exponentes) son todos iguales. Esta es la regla general, junto con un ejemplo simple que muestra dos formas de combinar los números:

$$a^x + a^x + a^x = 3(a^x)$$

$$3^2 + 3^2 + 3^2 = (3)(3^2) = 3 \times 9 = 27$$

$$3^2 + 3^2 + 3^2 = 9 + 9 + 9 = 27$$

De lo contrario, no puede combinar números base o exponentes. Es tan simple como eso. Esta es la regla en forma simbólica que se aplica a los diferentes números base:

$$a^x + b^x \neq (a + b)^x$$

$$a^x - b^x \neq (a - b)^x$$

Sustituir algunos números simples por a, b y x ilustra la regla. En los siguientes dos ejemplos, observe que obtiene un resultado diferente dependiendo de lo que haga primero: combinar números base o aplicar cada exponente a su número base.

Combinar por suma:

$(4 + 2)^2 = 6^2 = 36$

$4^2 + 2^2 = 16 + 4 = 20$

Combinar por resta:

$(4 - 2)^2 = 2^2 = 4$

$4^2 - 2^2 = 16 - 4 = 12$

EJEMPLO 25 (MÁS FÁCIL):

¿$a^7 + a^7 + a^7$ es equivalente a cuál de los siguientes?

A. a^{21}

B. $3^7 \times a^7$

C. $3 \times a^7$

D. $21a$

Puede combinar términos aquí porque los números base y los exponentes son todos iguales. Sumar 3 de cualquier cantidad es igual a 3 *veces* esa cantidad. **La respuesta correcta es C.**

EJEMPLO 26 (MÁS DIFÍCIL):

Si $x = -2$, ¿cuál es el valor de $x^5 - x^2 - x$?

A. -70

B. -58

C. -34

D. 26

No puede combinar exponentes aquí, aunque el número base sea el mismo en los tres términos. En cambio, debe aplicar cada exponente, a la vez, al número base, luego restar:

$$x^5 - x^2 - x = (-2)^5 - (-2)^2 - (-2) = -32 - 4 + 2 = -34$$

La respuesta correcta es C.

Combinar exponentes con multiplicación o división

Siga dos reglas básicas para combinar números exponenciales por multiplicación y división.

REGLA 1: puede combinar números base primero, pero solo si los exponentes son los mismos. Aquí esta la regla en forma simbólica:

$$a^x \times b^x = (ab)^x$$

$$a^x \div b^x = (a \div b)^x \text{ o } \frac{a^x}{b^x} = \left(\frac{a}{b}\right)^x$$

La sustitución de algunos números simples por a, b, y x ilustra la regla 1. En los siguientes dos ejemplos, observe que obtiene el mismo resultado si combina o no los números base primero.

Combinandos por multiplicación:

$(4 \times 2)^2 = 8^2 = 64$

$4^2 \times 2^2 = 16 \times 4 = 64$

Combinandos por división:

$(10 \div 2)^2 = 5^2 = 25$

$10^2 \div 2^2 = 100 \div 4 = 25$

REGLA 2: puede combinar exponentes primero, pero solo si los números base son los mismos. Al multiplicar estos términos, sume los exponentes. Al dividirlos, resta el exponente denominador del exponente numerador:

$$a^x \times a^y = a^{(x+y)}$$

$$a^x \div a^y = a^{(x-y)} \quad \text{o} \quad \frac{a^x}{a^y} = a^{(x-y)}$$

La sustitución de algunos números simples por a, b y x ilustra la regla 2. En los siguientes dos ejemplos, observe que obtiene el mismo resultado si combina o no los exponentes primero.

Combinandos por multiplicación:

$2^3 \times 2^2 = 8 \times 4 = 32$

$2^{(3+2)} = 2^5 = 2 \times 2 \times 2 \times 2 \times 2 = 32$

Combinandos por división:

$2^5 \div 2^2 = 32 \div 4 = 8$

$2^{(5-2)} = 2^3 = 2 \times 2 \times 2 = 8$

Cuando el mismo número base aparece en un problema de división, o en numerador y denominador de una fracción, puede factorizar (cancelar) el número de exponentes comunes a ambos. Para ilustrar, considere la operación $9^6 \div 9^4$, o su fracción equivalente $\frac{9^6}{9^4}$. Para encontrar el cociente, puede combinar exponentes, aplicando la regla 2, o puede factorizar (cancelar) 9^4 de cada término:

Combinar exponentes primero:

$$\frac{9^6}{9^4} = 9^{(6-4)} = 9^2 = 81$$

Cancelar primero los factores comunes:

$$\frac{9^6}{9^4} = \frac{9^4 \times 9^2}{9^4} = \frac{9^2}{1} = 81$$

EJEMPLO 27 (MÁS FÁCIL):

Cuando divide $\frac{a^2 b}{b^2 c}$ por $\frac{a^2 c}{bc^2}$, ¿cuál es el resultado?

A. $\frac{1}{b}$

B. 1

C. $\frac{b}{a}$

D. $\frac{c}{b}$

Primero, cancele los factores comunes en cada término. Entonces verá que el numerador y el denominador son lo mismo, lo que significa que el cociente debe ser igual a 1:

$$\frac{a^2b}{b^2c} \div \frac{a^2c}{bc^2} = \frac{a^2}{bc} \div \frac{a^2}{bc} = 1$$

La respuesta correcta es B.

EJEMPLO 28 (MÁS DIFÍCIL):

¿Cuál es el valor de $\dfrac{x^3 - y^4}{x^3 y^4}$, donde $x = 2$ e $y = -2$?

A. $-\dfrac{1}{16}$

B. $\dfrac{1}{32}$

C. $\dfrac{1}{16}$

D. 1

Una forma de responder a esta pregunta es simplificar la fracción distribuyendo el denominador a cada término en el numerador, luego cancelar los factores comunes. Pero una manera más fácil de resolver el problema es conectar los valores x y y que se proporcionan y hacer los cálculos:

$$\frac{x^3 - y^4}{x^3 y^4} = \frac{2^3 - (-2)^4}{2^3 \times (-2^4)} = \frac{8 - 16}{8 \times 16} = \frac{-8}{128} = -\frac{1}{16}$$

La respuesta correcta es A.

Reglas adicionales para exponentes

Para el examen GED, también debe tener en cuenta estas tres reglas adicionales para exponentes.

1. Al elevar un número exponencial a una potencia, multiplique exponentes:

    Regla: $\left(a^x\right)^y = a^{xy}$

    Ejemplo: $\left(2^2\right)^3 = 2^{(2)(3)} = 2^6 = 64$

2. Cualquier número que no sea cero (0) elevado a la potencia de 0 (cero) es igual a 1:

    Regla: $a^0 = 1 \ [a \neq 0]$

    Ejemplo: $13^0 = 1$

3. Elevar un número base a un exponente negativo es equivalente a 1 dividido por el número base elevado al valor absoluto del exponente:

    Regla: $a^{-x} = \dfrac{1}{a^x}$

    Ejemplo: $4^{-2} = \dfrac{1}{4^2} = \dfrac{1}{16}$

Estas tres reglas son válidas para el examen GED. De hecho, una pregunta del examen GED puede requerir que aplique más de una de estas reglas.

> **EJEMPLO 29 (MÁS FÁCIL):**
>
> ¿Cuál es el valor de $5 - 2 \times 5 - 1 \times 5^0$?
>
> A. -125
>
> B. $-\dfrac{1}{25}$
>
> C. 0
>
> D. $\dfrac{1}{125}$

Reescriba cada uno de los dos primeros términos bajo el numerador 1, pero con un exponente positivo. Luego multiplique:

$$\frac{1}{5^2} \times \frac{1}{5} \times 1 = \frac{1}{25} \times \frac{1}{5} \times 1 = \frac{1}{125}$$

La respuesta correcta es D.

> **EJEMPLO 30 (MÁS DIFÍCIL):**
>
> ¿Cuál es el valor de $\left(2^3\right)^2 \times 4^{-3}$?
>
> A. $-\dfrac{1}{8}$
>
> B. 1
>
> C. $\dfrac{3}{2}$
>
> D. 16

Multiplique los exponentes en el primer término. Reescriba el segundo término debajo del numerador 1, pero con un exponente positivo:

$$\left(2^3\right)^2 \times 4^{-3} = 2^{(2)(3)} \times \frac{1}{4^3} = \frac{2^6}{4^3} = \frac{2^6}{\left(2^2\right)^3} = \frac{2^6}{2^6} = 1.$$

La respuesta correcta es B.

Exponentes y recta numérica real

Elevar los números a potencias puede tener efectos sorprendentes en el tamaño y/o signo (negativo versus positivo) del número. Es necesario considerar los cuatro planos separados de la línea de números reales.

Para números mayores que 1 (a la derecha de 1 en la recta numérica):

Elevar el número a una potencia mayor que 1 da un valor más alto. Cuanto mayor es la potencia, mayor es el valor. Por ejemplo:

$$9^2 < 9^3 < 9^4 \text{ (y así sucesivamente)}$$

Para números menores que −1 (a la izquierda de −1 en la recta numérica):

Si el número se eleva a una potencia par (como 2, 4 o 6), el resultado es un número mayor que 1. Cuando el poder es mayor, mayor es el valor. Por ejemplo:

$$-3 < -3^2 < -3^4 < -3^6 \text{ (y así sucesivamente)}$$

Si el número se eleva a una potencia **impar** (como 3, 5 o 7), el resultado es un número menor que −1. Cuanto mayor la potencia, menor es el valor (más a la *izquierda* en la recta numérica). Por ejemplo:

$$-2 > -2^3 > -2^5 > -2^7 \text{ (y así sucesivamente)}$$

Para números fraccionarios entre 0 y 1:

Elevar el número a una potencia mayor que 1 da un *valor positivo menor*. Cuanto mayor es la potencia, menor es el valor. Por ejemplo:

$$\frac{2}{3} > \left(\frac{2}{3}\right)^2 > \left(\frac{2}{3}\right)^3 > \left(\frac{2}{3}\right)^4 \ldots > 0$$

Para números fraccionarios entre −1 y 0:

Elevar el número fraccionario a una potencia **impar** mayor que 1 da *un mayor valor negativo*. Cuanto mayor es la potencia, mayor es el valor (cercano a cero). Por ejemplo:

$$-\frac{2}{3} < \left(-\frac{2}{3}\right)^3 < \left(-\frac{2}{3}\right)^5 \ldots < 0$$

Elevar el número fraccionario a una potencia **par** *mayor* que 1 da un valor fraccional positivo entre 0 y 1. Cuanto mayor es la potencia, menor es el valor positivo (cercano a cero). Por ejemplo:

$$-\frac{2}{3} < 0, \text{ but } > \left(-\frac{2}{3}\right)^4 \ldots > 0$$

Las preguntas del examen GED que involucran exponentes y la recta numérica pueden ser confusas. Sin embargo, pueden ser bastante manejables si tiene en cuenta las cuatro regiones diferentes de la recta numérica.

EJEMPLO 31 (MÁS FÁCIL):

Si $-1 < x < 0$, ¿cuál de los siguientes debe ser verdadero?

A. $x^4 < -1$

B. $x^4 > 1$

C. $0 < x^4 < 1$

D. $x^4 = 1$

Esta pregunta pone a prueba la regla de que un valor fraccionario negativo elevado a una potencia par (en este caso 4), da como resultado un número positivo fraccionario, entre 0 y 1. **La respuesta correcta es C.**

EJEMPLO 32 (MÁS DIFÍCIL):

Si $x^2 > 1 > y^2$, ¿cuál de los siguientes debe ser verdadero?

A. $x > y$

B. $x^3 < y^3$

C. $x < y$

D. $-1 < y^2 < 1$

Dado que $x^2 > 1$, sabemos que x es o mayor que 1 o menor que -1. También sabemos que y debe ser una fracción menor que 1 si y^2 es menor que 1, pero y también tiene que ser una fracción negativa mayor que -1 para que y^2 sea > -1. Hay varias situaciones en las que la opción A sería falsa, como si $x = -5$ y $y = -\frac{1}{2}$. Las opciones B y C serían falsas si $x = 2$ y $y = -\frac{1}{2}$. La opción D es la única respuesta que puede ser verdad. **La respuesta correcta es D.**

Exponentes que debe saber

Para el examen GED, memorice los valores exponenciales en la siguiente tabla. Estos son los que es más probable que vea en el examen.

Potencia y valor correspondiente

Base	2	3	4	5	6	7	8
2	4	8	16	32	64	128	256
3	9	27	81	243			
4	16	64	256				
5	25	125	625				
6	36	216					

Notación científica

La **notación científica** es un sistema para escribir números extremadamente grandes o extremadamente pequeños. En la notación científica, un número entero o decimal entre 1 y 10 se escribe a la potencia de 10. Por ejemplo, el número 380,000,000 se puede escribir como 3.8×10^8. El número entre el 1 y el 10 con el que está trabajando es el 3.8. Cuando cuenta el número de ceros más el número a la derecha del punto decimal, puede ver que hay 8 dígitos. Eso significa que el exponente es 8. Un exponente negativo significa un número fraccionario.

Para ilustrar más, aquí hay una lista de números decimales relacionados y sus equivalentes en notación científica:

$$837,000 \quad = 8.37 \times 10^5 \text{ (el punto decimal se desplaza 5 lugares a la izquierda).}$$

$$8,370 \quad = 8.37 \times 10^3 \text{ (el punto decimal se desplaza 3 lugares a la izquierda).}$$

$$837 \quad = 8.37 \times 10^2 \text{ (el punto decimal se desplaza 1 lugar a la izquierda).}$$

8.37	$= 8.37 \times 10^0$ (punto decimal sin cambios en la posición).
0.837	$= 8.37 \times 10^{-1}$ (el punto decimal se desplaza 1 lugar a la derecha).
0.0837	$= 8.37 \times 10^{-2}$ (el punto decimal se desplaza 2 lugares a la derecha).
0.000837	$= 8.37 \times 10^{-4}$ (el punto decimal se desplaza 4 lugares a la derecha).

Una pregunta del examen GED podría pedirle que simplemente convierta un número a un formulario de notación científica, u otro camino alrededor.

EJEMPLO 33 (MÁS FÁCIL):

Una computadora puede procesar datos a una velocidad de 3.9×10^8 bits por segundo. ¿Cuántos bits puede procesar la computadora en 0.02 segundos?

A. 7.8×10^4

B. 7.8×10^6

C. 1.95×10^7

D. 7.8×10^8

Para responder la pregunta, primero multiplique la velocidad por la cantidad de segundos: $(0.02)(3.9 \times 10^8) = 0.078 \times 10^8$. Dado que las opciones de respuesta están en notación científica adecuada, desplace el punto decimal a la derecha dos lugares y baje la potencia en consecuencia: 7.8×10^6.

La respuesta correcta es B.

EJEMPLO 34 (MÁS DIFÍCIL):

Una partícula viaja a una velocidad de 52,500 metros por segundo. Expresado en milímetros, ¿qué tan lejos viajará la partícula en 7×10^{-7} segundos?

[1 metro = 1,000 milímetros]

A. 0.3675

B. 3.675

C. 7.5

D. 36.75

Exprese 52,500 en notación científica: 5.25×10^4. Para convertir este número de metros a milímetros, multiplique por 1,000 (or 10^3):

$$(5.25 \times 10^4)(10^3) = 5.25 \times 10^7.$$

Para responder la pregunta, debe aplicar la siguiente formula: distancia = velocidad × tiempo.

$$
\begin{aligned}
D &= (5.25 \times 10^7)(7.0 \times 10^{-7}) \\
&= (5.25)(7) \times 10^{(7-7)} \\
&= 36.75 \times 10^0 \\
&= 36.75 \times 1 \\
&= 36.75
\end{aligned}
$$

La respuesta correcta es D.

RAÍCES CUADRADAS (Y OTRAS RAÍCES)

La **raíz cuadrada** de un número n es un número que usted multiplica por él mismo o lo eleva a la potencia de 2 para obtener n. El **signo radical** significa raíz cuadrada y se ve así: $\sqrt{\ }$. Aquí hay un simple ejemplo de una raíz cuadrada:

$$2 = \sqrt{4} \text{ (la raíz cuadrada de 4) porque } 2 \times 2 \text{ (o } 2^2) = 4$$

La **raíz cubica** de un número n es un número que se eleva a la potencia de 3 (se multiplica por sí mismo dos veces) para obtener n. Usted determina raíces más altas (por ejemplo, la "cuarta raíz") de la misma manera. Excepto para las raíces cuadradas, el signo radical indicará la raíz que debe calcularse. Por ejemplo:

$$2 = \sqrt[3]{8} \text{ (la raíz cúbica de 8) porque } 2 \times 2 \times 2 \text{ (or } 2^3) = 8$$

$$2 = \sqrt[4]{16} \text{ (la cuarta raíz de 16) porque } 2 \times 2 \times 2 \times 2 \text{ (or } 2^4) = 16$$

Simplificar y combinar expresiones radicales

Para el examen GED, debe conocer las reglas para simplificar y combinar expresiones radicales. Busque la posibilidad de simplificar radicales moviendo lo que está debajo del signo radical hacia afuera de la señal. Revise dentro de los radicales de raíz cuadrada para ver si hay **cuadrados perfectos** (factores que son factores que son cuadrados de números ordenados agradables u otros términos). El mismo consejo se aplica a los cubos perfectos, etc. Estudie los siguientes tres ejemplos:

$$\sqrt{4a^2} = 2a$$

4 y a^2 son ambos cuadrados perfectos. Por lo tanto, puede eliminarlos de debajo del signo radical y cambiar cada uno a su raíz cuadrada.

$$\sqrt[3]{27a^6} = 3a^2$$

27 y a^6 ambos son cubos perfectos. Por lo tanto, puede eliminarlos de debajo del signo radical cúbico y cambiar cada uno a su raíz cúbica.

$$\sqrt{8a^3} = \sqrt{(4)(2)a^3} = 2a\sqrt{2a}$$

8 y a^3 contienen factores de cuadrado perfecto; elimine los cuadrados perfectos de debajo del signo radical, y cambie cada uno a su raíz cuadrada.

Las reglas para combinar términos que incluyen radicales son bastante similares a las de los exponentes. Mantenga las siguientes dos reglas en mente; una se aplica a la suma y la resta, mientras que la otra se aplica a multiplicación y división.

REGLA 1 (suma y resta): si un término debajo de un radical se suma o resta de un término debajo un radical diferente, no puede combinar los dos términos bajo el mismo radical.

$$\sqrt{x} + \sqrt{y} \neq \sqrt{x + y}$$

$$\sqrt{x} - \sqrt{y} \neq \sqrt{x - y}$$

$$\sqrt{x} + \sqrt{x} = 2\sqrt{x} \text{ , no } \sqrt{2x}$$

REGLA 2 (multiplicación y división): los términos bajo radicales diferentes se pueden combinar bajo un radical común si un término se multiplica o se divide por el otro, pero solo si el radical es el mismo.

$$\sqrt{x}\sqrt{x} = \left(\sqrt{x}\right)^2, \text{ o } x$$

$$\sqrt{x}\sqrt{y} = \sqrt{xy}$$

$$\frac{\sqrt{x}}{\sqrt{y}} = \sqrt{\frac{x}{y}}$$

$$\sqrt[3]{x}\sqrt{x} = ? \quad \text{(no se puede combinar)}$$

EJEMPLO 35 (MÁS FÁCIL):

¿$(2\sqrt{2a})^2\,(2\sqrt{2a})$ es equivalente a cuál de las siguientes expresiones?

A. $4a$

B. $4a^2$

C. $8a$

D. $8a^2$

Eleve al cuadrado cada uno de los dos términos, 2 y $\sqrt{2a}$, por separado. Luego combine sus cuadrados por multiplicación: $\left(2\sqrt{2a}\right)^2 = 2^2 \times \left(\sqrt{2a}\right)^2 = 4 \times 2a = 8a$. **La respuesta correcta es C.**

EJEMPLO 36 (MÁS DIFÍCIL):

¿$\sqrt{24} - \sqrt{16} - \sqrt{6}$ simplifica a cuál de las siguientes expresiones?

A. $\sqrt{6} - 4$

B. $4 - 2\sqrt{2}$

C. $\sqrt{6}$

D. $2\sqrt{2}$

Aunque los números bajo los tres radicales se combinan para igualar el 2, no se pueden combinar los términos de esta manera. En lugar de eso, simplifique los dos primeros términos, y luego combine el primero y el tercero:

$$\sqrt{24} - \sqrt{16} - \sqrt{6} = 2\sqrt{6} - 4 - \sqrt{6} = \sqrt{6} - 4$$

La respuesta correcta es A.

Raíces que debería conocer

Las raíces cuadradas, raíces cúbicas, etc., pueden ser expresadas usando exponentes fraccionarios. Se utiliza la siguiente notación:

$$\sqrt{a} = a^{\frac{1}{2}}$$

$$\sqrt[3]{a} = a^{\frac{1}{3}}$$

$$\vdots$$

$$\sqrt[n]{a} = a^{\frac{1}{n}}$$

Usando las reglas de los exponentes, tenemos la definición más general:

$$\sqrt[n]{a^m} = \left(a^m\right)^{\frac{1}{n}} = a^{\left(m \times \frac{1}{n}\right)} = \left(a^{\frac{1}{n}}\right)^m = a^{\frac{m}{n}}$$

Por ejemplo:

$$8^{\frac{2}{3}} = \left(8^{\frac{1}{3}}\right)^2 = (2)^2 = 4$$

$$16^{\frac{3}{2}} = \left(16^{\frac{1}{2}}\right)^3 = 4^3 = 64$$

La siguiente lista de raíces comunes es para su referencia. No necesita memorizar estas raíces para el examen GED. Sin embargo, para aquellas preguntas para las que no se puede usar una calculadora, puede ser útil memorizar las tres primeras raíces de cada columna. Observe que la raíz cúbica de un número positivo es positiva, y la raíz cúbica de un número negativo es negativa.

Raíces cuadradas de enteros "cuadrados perfectos":	Raíces cúbicas de números enteros positivos de "cubo perfecto":	Raíces cúbicas de números enteros negativos de "cubo perfecto":	Otras raíces que debería conocer:
$\sqrt{121} = 11$	$\sqrt[3]{8} = 2$	$\sqrt[3]{-8} = -2$	$\sqrt[4]{16} = 2$
$\sqrt{144} = 12$	$\sqrt[3]{27} = 3$	$\sqrt[3]{-27} = -3$	$\sqrt[4]{81} = 3$
$\sqrt{169} = 13$	$\sqrt[3]{64} = 4$	$\sqrt[3]{-64} = -4$	$\sqrt[5]{32} = 2$
$\sqrt{196} = 14$	$\sqrt[3]{125} = 5$	$\sqrt[3]{-125} = -5$	
$\sqrt{225} = 15$	$\sqrt[3]{216} = 6$	$\sqrt[3]{-216} = -6$	
$\sqrt{256} = 16$	$\sqrt[3]{343} = 7$	$\sqrt[3]{-343} = -7$	
$\sqrt{625} = 25$	$\sqrt[3]{512} = 8$	$\sqrt[3]{-512} = -8$	
	$\sqrt[3]{729} = 9$	$\sqrt[3]{-729} = -9$	
	$\sqrt[3]{1000} = 10$	$\sqrt[3]{-1000} = -10$	

EN RESUMEN

- Para el examen de Razonamiento matemático, es importante revisar las **propiedades** (signos, enteros, valor absoluto y divisibilidad), **formas** (fracciones, números mixtos, números decimales, porcentajes, razones, números exponenciales y expresiones radicales) y **operaciones** (las cuatro operaciones básicas y operaciones sobre números exponenciales y expresiones radicales). El conocimiento de las áreas que se cubren aquí son bloques de construcción básicos para todos los tipos de preguntas de matemática del examen GED.

- Las preguntas que involucran **fracciones**, **números decimales** o **porcentajes** a menudo requieren que convierta de una forma a otra como parte de la resolución del problema en cuestión. Haga su mejor esfuerzo para aprender cómo convertir de forma rápida y segura.

- Ciertos equivalentes **de fracción decimal porcentual** aparecen en el examen GED con más frecuencia que otros. Los números en las tablas de este capítulo son especialmente comunes. Intente memorizarlos para que pueda convertir estos números rápidamente durante el examen.

- Las preguntas que involucran porcentajes pueden involucrar una de las siguientes tareas:
  - Encontrar el porcentaje de un número.
  - Encontrar un número cuando se da un porcentaje.
  - Encontrar qué porcentaje es un número de otro.

- Los problemas de **razón** o **proporción** a menudo involucran unidades de medida, como pulgadas, onzas, o galones. Estos problemas a veces requieren que convierta una unidad a otra.

- Un **exponente** se refiere al número de veces que un número (referido como **el número base**) se multiplica por sí mismo, *más 1*. En el examen GED, las preguntas que involucran exponentes generalmente requieren combinar dos o más números exponenciales utilizando una de las cuatro operaciones básicas.

- Recuerde estas tres reglas para exponentes:
  - Al elevar un número exponencial a una potencia, multiplique los exponentes.
  - Cualquier número que no sea cero (0) elevado a la potencia de 0 (cero) es igual a 1.
  - Elevar un número base a un exponente negativo es equivalente a 1 dividido por el número base elevado al valor absoluto del exponente.

- Memorice los valores exponenciales en la tabla que aparece en este capítulo. Estos son los que más probablemente verá en el examen.

- Busque la posibilidad de simplificar los radicales moviendo lo que está bajo el signo radical al exterior del signo. Revise dentro de los radicales de **raíz cuadrada** para obtener cuadrados perfectos, factores que son cuadrados de números ordenados agradables u otros términos. El mismo consejo se aplica a los cubos perfectos, y así.

PREGUNTAS DE PRÁCTICA

Instrucciones: las siguientes preguntas de práctica cubrirán los conceptos generales de matemáticas y números que aparecerán en el examen de Razonamiento matemático GED. Elija la mejor respuesta a cada problema presentado.

1. Simplifique: $-(-5)^3 - 2^2(1 - 4)$

   MUESTRE SU TRABAJO AQUÍ

   A. -363

   B. -113

   C. 27

   D. 137

2. Calcule 300 % de 0.03.

   A. 0.009

   B. 0.09

   C. 3.03

   D. 9.0

3. ¿Cuál de estos dígitos puede ser sustituido por p en el número 45,2p8 para que el resultado sea un número divisible por 3 y 4?

   A. 2

   B. 3

   C. 4

   D. 5

4. Suponiendo que b no es igual a cero, ¿cuál de lo siguientes es equivalente a $\frac{a}{4} + \frac{3}{2b}$?

   A. $\dfrac{a + 3}{4 + 2b}$

   B. $\dfrac{a + 6}{4b}$

   C. $\dfrac{ab + 6}{4b}$

   D. $\dfrac{ab + 6b}{4b}$

5. Suponiendo que w y y no son iguales a cero, ¿cuál de estos es equivalente a

$$\frac{\left(w^{-3}\right)^{2} y^{-4}}{\left(w^{2} y^{-3}\right)^{-3}}?$$

MUESTRE SU TRABAJO AQUÍ

   A. $\dfrac{1}{y^{13}}$

   B. y^2

   C. $\dfrac{w^{12}}{y^{13}}$

   D. $w^{10}y^2$

6. ¿Qué condición en a asegura que la expresión $\dfrac{-2a^3}{1-a^2}$ es negativa?

   A. $-1 < a < 1$

   B. $-1 < a < 0$

   C. $a > 1$

   D. $0 < a < 1$

7. Simplifique: $\dfrac{\left|0.02 - 1.2\right| - \left|-0.08\right|}{-\left|1.01 - 1.11\right|}$

   A. -12.6

   B. -11

   C. 9.2

   D. 11

8. Suponiendo que $x, y,$ y z son positivas, ¿cuál de las siguientes expresiones es equivalente a

$$\sqrt{48x^5 \left(y^6 z^3\right)^3}?$$

   A. $4x^2 y^3 z \sqrt{xz}$

   B. $4x^2 y^{3\sqrt{2}} z^{2\sqrt{2}} \sqrt{3xz}$

   C. $4\sqrt{3}\, x^{\sqrt{5}} y^{3\sqrt{2}} z^3$

   D. $4x^2 y^9 z^4 \sqrt{3xz}$

9. Suponiendo que x y y no son iguales a cero, ¿cuál de estos es equivalente a $\dfrac{\dfrac{2}{x} - \dfrac{1}{y}}{\dfrac{2}{y} + \dfrac{1}{x}}$?

A. $\dfrac{1}{3}$

B. $\dfrac{3}{(x - y)(x + y)}$

C. $\dfrac{(2y - x)(2x + y)}{x^2 y^2}$

D. $\dfrac{2y - x}{2x + y}$

10. $2\dfrac{1}{4}$ pulgadas por minuto =

A. $\dfrac{5}{6}$ yardas por hora

B. $1\dfrac{21}{60}$ yardas por hora

C. $3\dfrac{3}{4}$ yardas por hora

D. $11\dfrac{1}{4}$ yardas por hora

11. Calcular: $\left(\dfrac{2}{3}\right)^{-2} - \left(\dfrac{1}{2}\right)^{-3}$

A. $-5\dfrac{3}{4}$

B. $-3\dfrac{1}{2}$

C. $\dfrac{1}{6}$

D. $\dfrac{1}{4}$

12. ¿Cuál de las siguientes expresiones es equivalente a $20\dfrac{1}{2}\%$ de la suma de $2\dfrac{3}{8}$ y $4\dfrac{3}{4}$?

A. 20.5×7.125

B. 0.205×7.125

C. 20.5×6.5

D. 0.205×6.5

13. Supongamos que n es un número entero positivo. ¿Cuál de los siguientes definitivamente NO es un número entero?

   A. $\dfrac{n}{2}$

   B. $3n - 1$

   C. n^{-1}

   D. $\sqrt{n^2}$

14. Calcular: $\dfrac{12 - 3(1 - 4)}{2\left(5 - 2^2\right) + 1}$

   A. -9

   B. 1

   C. $\dfrac{21}{19}$

   D. 7

15. ¿Cuál es el valor de $-a^2 + b^c$ si $a = -3, b = -2$, y $c = -3$?

   A. $-9\dfrac{1}{8}$

   B. -3

   C. $-\dfrac{9}{8}$

   D. $8\dfrac{5}{6}$

16. Un mapa usa la escala $\dfrac{1}{4}$ pulgadas $= 1\dfrac{1}{2}$ millas. ¿Si dos hitos históricos están a $3\dfrac{1}{8}$ pulgadas de separación en el mapa, a cúantas millas de distancia se encuentran?

   A. $2\dfrac{1}{4}$

   B. $4\dfrac{11}{16}$

   C. $12\dfrac{1}{2}$

   D. $18\dfrac{3}{4}$

17. ¿Cuál de los siguientes es el más pequeño?

    A. 10^3

    B. 1,000 %

    C. $\dfrac{1}{0.01}$

    D. $\dfrac{1}{10^{-2}}$

MUESTRE SU TRABAJO AQUÍ

18. Una exhibición botánica contiene cuatro tipos diferentes de orquídeas; a los que llamaremos tipos A, B, C y D. La relación del número de tipo A al número de tipo B al número de tipo C para el número de tipo D es 1:2:4:5. Si hay 200 orquídeas de tipo C, ¿cuántas orquídeas hay de tipo B?

    A. 50

    B. 100

    C. 250

    D. 600

19. Si el número entero m es divisible por 6 y el número entero n es divisible por 4, ¿cuál es el número entero más grande que debe dividir $\dfrac{mn}{3}$?

    A. 4

    B. 6

    C. 8

    D. 24

20. Resuelva m: $\dfrac{9 \times 10^m}{0.03} = 0.3$

    A. −4

    B. −3

    C. 1

    D. 3

21. Sandy compró un nuevo sistema de sonido en $900 el año pasado. A la misma fecha de este año, el sistema de sonido ha disminuido en valor en 18 % ¿Cuál de estas expresiones representa su valor actual?

    A. $900(1.18)

    B. 0.18($900)

    C. $900(1 − 0.18)

    D. $\dfrac{\$900}{1-0.18}$

22. ¿Cuál es el valor de $\dfrac{\frac{a}{b+c}+\frac{a}{b-c}}{abc}$ cuando $a = -3$, $b = 4$, y $c = -2$?

    A. $-\dfrac{3}{2}$

    B. $-\dfrac{1}{32}$

    C. $-\dfrac{1}{12}$

    D. $\dfrac{1}{24}$

23. Calcular: 25 % of 20 % de 2×10^{-2}

    A. 1×10^{-3}

    B. 9×10^{-3}

    C. 1×10^{-2}

    D. 9×10^{-2}

24. Una tienda cobra $50 por 4 yardas cuadradas de tejido de alfombra. ¿Cuál sería el costo de 369 pies cuadrados de alfombra?

    A. $170.83

    B. $512.50

    C. $1,476.00

    D. $4,612.50

25. ¿Cuál de estas expresiones es equivalente a

$$\left(\frac{a}{6b} - \frac{2b}{3a} \right)^{-2} ?$$

MUESTRE SU TRABAJO AQUÍ

A. $\dfrac{(a - 2b)^2}{(6b - 3a)^2}$

B. $\dfrac{(6b - 3a)^2}{(a - 2b)^2}$

C. $\dfrac{12ab}{a^2 - 4b^2}$

D. $\dfrac{36a^2 b^2}{\left(a^2 - 4b^2\right)^2}$

CLAVE DE RESPUESTAS Y EXPLICACIONES

1. D	**6.** D	**11.** A	**16.** D	**21.** C
2. B	**7.** B	**12.** B	**17.** B	**22.** C
3. A	**8.** D	**13.** C	**18.** B	**23.** A
4. C	**9.** D	**14.** D	**19.** C	**24.** B
5. A	**10.** C	**15.** A	**20.** B	**25.** D

1. **La respuesta correcta es D.** Use el orden de operaciones para simplificar:

$$-(-5)^3 - 2^2(1-4) = -(-125) - 4(1-4)$$
$$= -(-125) - 4(-3)$$
$$= 125 + 12$$
$$= 137$$

La opción A es incorrecta porque no hace usar el orden de las operaciones; hace que se deba calcular de izquierda a derecha. La opción B es incorrecta porque $-(-5)3 = 125$, no -125. La opción C es incorrecta porque $(-5)3 \neq -15$.

2. **La respuesta correcta es B.** 300 % es igual al decimal 3.0. Entonces 300 % de 0.03 es igual 3.0 (0.03) = 0.09. En la opción A, el punto del decimal está demasiados lugares a la izquierda. La opción C es incorrecta porque multiplica 3.0 y 0.03 para calcular el 300 % de 0.03; no los suma. La opción D es incorrecta porque el 300 % no es igual a 300; se debe mover el punto decimal dos lugares a la izquierda.

3. **La respuesta correcta es A.** Un número entero es divisible por 3 si la suma de dígitos (es decir, la suma de los dígitos que componen el número) es divisible por 3. Aquí, el dígito que suma es $4 + 5 + 2 + p + 8 = 19 + p$. Aquí, 2 o 5 ambos funcionan para p, lo que significa que usted puede eliminar las opciones B y C por ser incorrectas. Luego, un número entero es divisible por 4 si el número formado usando sus dos últimos dígitos es divisible por 4. Aquí, ese número es $p8$. Esto es divisible por 4 si $p = 2$ pero no si $p = 5$. La opción D puede ser eliminada y le queda la opción A como respuesta correcta.

4. **La respuesta correcta es C.** El mínimo común denominador es $4b$. Exprese ambas fracciones como equivalentes con este denominador y añada:

$$\frac{a}{4} + \frac{3}{2b} = \frac{a}{4} \times \frac{b}{b} + \frac{3}{2b} \times \frac{2}{2}$$
$$= \frac{ab}{4b} + \frac{6}{4b}$$
$$= \frac{ab+6}{4b}$$

La opción A es incorrecta porque no se pueden sumar numeradores y denominadores para sumar fracciones; primero se debe obtener un mínimo común denominador. La opción B es incorrecta porque no se multiplicó la primera fracción por b al convertir las fracciones a equivalentes con el mínimo común denominador $4b$. La opción D es incorrecta porque no se debe multiplicar la segunda fracción por b cuando convierte las fracciones a equivalentes con el mínimo común denominador $4b$.

5. **La respuesta correcta es A.** Aplique las reglas al exponente para simplificar de la siguiente manera:

$$\frac{\left(w^{-3}\right)^2 y^{-4}}{\left(w^2 y^{-3}\right)^{-3}} = \frac{w^{-6} y^{-4}}{w^{-6} y^9} = \frac{1}{y^4 y^9} = \frac{1}{y^{13}}$$

La opción B es incorrecta porque $\left(x^a\right)^b \neq x^{a+b}$. La opción C es incorrecta porque los términos w se cancelan, ya que la misma potencia de w aparece en el numerador y el denominador. La opción D es incorrecta porque los términos w se cancelan porque la misma potencia de w aparece en el numerador y el denominador y $\left(x^a\right)^b \neq x^{a+b}$.

6. **La respuesta correcta es D.** El denominador es positivo cuando $-1 < a < 1$ y negativo si $a < -1$ or $a > 1$. El numerador es positivo cuando $a < 0$ y negativo cuando $a > 0$. Para que la fracción dada sea negativa, el numerador y el denominador deben tener signos opuestos. Esto ocurre cuando $0 < a < 1$.

7. **La respuesta correcta es B.** Use el orden de operaciones con la definición de valor absoluto de la siguiente manera:

$$\frac{\left|0.02 - 1.2\right| - \left|-0.08\right|}{-\left|1.01 - 1.11\right|} = \frac{\left|-1.18\right| - \left|-0.08\right|}{-\left|-0.1\right|}$$

$$= \frac{1.18 - 0.08}{-0.1}$$

$$= \frac{1.1}{-0.1}$$

$$= -11$$

La opción A es incorrecta porque $-\left|-0.08\right| \neq 0.08$; el valor absoluto no se aplica al signo negativo que aparece antes de eso. La opción C es el resultado de un error de posicionamiento del punto decimal cuando se computa $0.2 - 1.2$. La opción D es incorrecta porque el signo está mal.

8. **La respuesta correcta es D.** Al calcular la raíz cuadrada de una expresión algebraica, cualquier factor del radicando que esté al cuadrado sale del radical como la expresión sin el cuadrado; las otras cantidades quedan como parte del radicando. Simplificar la expresión usando las reglas del exponente y luego aplicando este principio produce:

$$\sqrt{48x^5 \left(y^6 z^3\right)^3} = \sqrt{48 x^5 y^{18} z^9}$$

$$= \sqrt{16 \cdot 3 \cdot x^4 \cdot x \cdot y^{18} \cdot z^8 \cdot z}$$

$$= 4x^2 y^9 z^4 \sqrt{3xz}$$

La opción A no tiene en cuenta el exponente 3 al que se aumenta la cantidad $y^6 z^3$. Las opciones B y C son incorrectas porque $\sqrt{x^a} \neq x^{\sqrt{a}}$.

9. **La respuesta correcta es D.** Simplifique las expresiones en el numerador y denominador usando el mínimo común denominador xy. Luego, calcule el cociente:

$$\frac{\dfrac{2}{x} - \dfrac{1}{y}}{\dfrac{2}{y} + \dfrac{1}{x}} = \frac{\dfrac{2}{x} \times \dfrac{y}{y} - \dfrac{1}{y} \times \dfrac{x}{x}}{\dfrac{2}{y} \times \dfrac{x}{x} + \dfrac{1}{x} \times \dfrac{y}{y}}$$

$$= \frac{\dfrac{2y - x}{xy}}{\dfrac{2x + y}{xy}}$$

$$= \frac{2y - x}{xy} \div \frac{2x + y}{xy}$$

$$= \frac{2y - x}{xy} \times \frac{xy}{2x + y}$$

$$= \frac{2y - x}{2x + y}$$

Las opciones A y B son incorrectas porque no se suma ni resta fracciones agregando o restando los numeradores y denominadores; se debe obtener un mínimo común denominador. Además, la opción B es incorrecta porque el cociente no se convirtió a un producto equivalente volteando la fracción después del signo de división. La opción C es el resultado de hacer este mismo error.

10. **La respuesta correcta es C.** Use la conversión de factores de 1 hora = 60 minutos y 1 yarda = 36 pulgadas, y convierta el número mixto $2\frac{1}{4}$ a la fracción impropia $\frac{9}{4}$, para obtener el seguimiento:

$$\frac{\frac{9}{4}\text{ pulgadas}}{1\text{ minuto}} \cdot \frac{60\text{ minutos}}{1\text{ hora}} \cdot \frac{1\text{ yarda}}{36\text{ pulgadas}}$$

$$= \frac{\frac{9}{4} \cdot 60}{36}\text{ yardas por hora}$$

$$= \frac{15}{4}\text{ yardas por hora}$$

$$= 3\frac{3}{4}\text{ yardas por hora}$$

La opción A es el resultado de no interpretar el número mixto correctamente. La opción B es el resultado del uso de las conversiones correctas, pero usando incorrectamente sus recíprocos en la unidad de cálculo de conversión. La opción D es incorrecta porque 1 yarda equivale a 36 pulgadas, no 12 pulgadas.

11. **La respuesta correcta es A.** Aplique las reglas del exponente y simplifique, como se indica a continuación:

$$\left(\frac{2}{3}\right)^{-2} - \left(\frac{1}{2}\right)^{-3} = \left(\frac{3}{2}\right)^{2} - 2^{3}$$

$$= \frac{9}{4} - 8$$

$$= -\frac{23}{4}$$

$$= -5\frac{3}{4}$$

La opción B es incorrecta porque si una fracción se eleva a una potencia, debe aplicarse esa potencia tanto al numerador como al denominador. La opción C es incorrecta porque no se multiplica la base y el exponente cuando se calcula la potencia de una cantidad. La opción D es incorrecta porque primero se debe obtener un mínimo común denominador antes de restar las fracciones.

12. **La respuesta correcta es B.** Tenga en cuenta que $20\frac{1}{2}\% = 20.5\% = 0.205$ También,

$$2\frac{3}{8} + 4\frac{3}{4} = 2\frac{3}{8} + 4\frac{6}{8}$$

$$= 6\frac{9}{8}$$

$$= 7\frac{1}{8}$$

$$= 7.125$$

Entonces $20\frac{1}{2}\%$ de 7.125 es igual a 0.205 (7.125). La opción A es incorrecta porque se debe convertir $20\frac{1}{2}\%$ a un decimal. La opción C es incorrecta porque se debe convertir $20\frac{1}{2}\%$ a un decimal y se agregaron las fracciones incorrectamente. La opción D es incorrecta porque se agregaron las fracciones incorrectamente.

13. **La respuesta correcta es C.** Observe que $n^{-1} = \frac{1}{n}$. Como n es un número entero positivo, par, esto siempre es una fracción estrictamente entre 0 y 1 y, de hecho, nunca es un número entero. La opción A es incorrecta porque cada par entero es divisible por 2. La opción B es incorrecta porque un múltiplo de un entero es un entero y restar 1 de un entero también produce un entero. La opción D es incorrecta porque es igual a n, porque n es positivo.

14. **La respuesta correcta es D.** Use el orden de operaciones a resolver de la siguiente manera:

$$\frac{12-3(1-4)}{2(5-2^2)+1} = \frac{12-3(-3)}{2(5-4)+1}$$

$$= \frac{12-(-9)}{(2)(1)+1}$$

$$= \frac{21}{2+1}$$

$$= \frac{21}{3}$$

$$= 7$$

La opción A es el resultado de no aplicar el orden de operaciones correctamente en el numerador; restó $12 - 3$ primero, pero debería calcular primero $3\,(-3)$. La opción B es incorrecta debido a un error que implica signos negativos en el numerador. La opción C es incorrecta porque $5 - 2^2 \neq 5 + 4$; el exponente no se aplica al negativo.

15. **La respuesta correcta es A.** Sustituya los valores dados para a, b y c en la expresión y simplifique usando el orden de operaciones:

$$-a^2 + b^c = -(-3)^2 + (-2)^{-3}$$

$$= -9 + \frac{1}{(-2)^3}$$

$$= -9 + \frac{1}{-8}$$

$$= -9 - \frac{1}{8}$$

$$= -9\frac{1}{8}$$

La opción B es incorrecta porque no se multiplica la base y el exponente al calcular (-2) -3. La opción C es incorrecta porque en el último paso, no interpretó el número mixto correctamente; $-9\frac{1}{8} \neq -\frac{9}{8}$. La opción D es incorrecta porque $-(-3)2 = -9$, no 9, y $(-2)3 = -8$, no -6.

16. **La respuesta correcta es D.** Dejemos que x sea el número de millas entre los dos puntos de referencia. Establezca y resuelva la proporción:

$$\frac{\frac{1}{4}\text{pulgada}}{1\frac{1}{2}\text{ millas}} = \frac{3\frac{1}{8}\text{pulgadas}}{x\text{ millas}}$$

$$\left(\frac{1}{4}\right)x = \left(1\frac{1}{2}\right)\left(3\frac{1}{8}\right)$$

$$\frac{1}{4}x = \frac{3}{2} \times \frac{25}{8}$$

$$x = \frac{\frac{3}{2} \times \frac{25}{8}}{\frac{1}{4}}$$

$$x = \frac{75}{16} \times 4 = \frac{75}{4} = 18\frac{3}{4}$$

La opción A es el resultado de no interpretar el número mixto $3\frac{1}{8}$ correctamente; no es igual a $\frac{3}{8}$. La opción B es incorrecta porque se debe dividir por $\frac{1}{4}$. La opción C es el resultado de no usar $1\frac{1}{2}$ en el cálculo; se debe establecer una proporción.

17. **La respuesta correcta es B.** Observe que $\frac{1}{10^{-2}} = 100$, $1{,}000\% = 10$, $\frac{1}{0.01} = 100$, y $10^3 = 1{,}000$. Entonces $1{,}000\%$ es el más pequeño.

18. **La respuesta correcta es B.** Dejemos que x sea el número de orquídeas de tipo A. Entonces, hay $2x$ tipo B, $4x$ tipo C, y $5x$ tipo D. Esto nos da que $4x = 200$ y así, $x = 50$. Por lo tanto, el número de orquídeas de tipo B es $2(50) = 100$. La opción A es el número de tipo A. La opción C es el número de tipo D. La opción D es el número total de orquídeas en la exposición.

19. **La respuesta correcta es C.** Porque m es divisible por 6, debe haber algún número entero k para que $m = 6k$. Del mismo modo, porque n es divisible por 4, debe haber algún entero número l para que $n = 4l$. Entonces $\frac{mn}{3} = \frac{(6k)(4l)}{3} = 8kl = 8 \times$ (algún número entero). Entonces 8 debe de dividir esta cantidad.

20. **La respuesta correcta es B.** Simplifique lo dado en la ecuación de la siguiente manera:

$$\frac{9 \times 10^m}{0.03} = 0.3$$

$$\frac{9}{0.03} \times 10^m = 0.3$$

$$300 \times 10^m = 0.3$$

$$m = -3$$

La opción A es incorrecta porque pone el punto decimal demasiados lugares a la izquierda. La opción C es incorrecta porque $\frac{9}{0.03} = 300$, entonces m no puede ser 1. La opción D es incorrecta porque el signo es incorrecto; esto movería el punto decimal 3 unidades a la derecha.

21. **La respuesta correcta es C.** Una disminución del 18 % está representado por $1 - 0.18$. Para obtener el valor corriente, multiplique esto por la cantidad pagada inicialmente, que es de $900. Esto produce la expresión $900 (1 - 0.18)$. La opción A representa un aumento en valor en un 18 %. La opción B es la cantidad de la disminución. La opción D es incorrecta porque se debe multiplicar por $(1 - 0.18)$, no dividir entre $(1 - 0.18)$.

22. **La respuesta correcta es C.** Sustituya los valores dados en la expresión y simplifique utilizando el orden de las operaciones:

$$\frac{\frac{a}{b+c} + \frac{a}{b-c}}{abc} = \frac{\frac{-3}{4-2} + \frac{-3}{4-(-2)}}{(-3)(4)(-2)}$$

$$= \frac{\frac{-3}{2} + \frac{-3}{6}}{24}$$

$$= \frac{\frac{-3}{2} - \frac{1}{2}}{24}$$

$$= -\frac{2}{24}$$

$$= -\frac{1}{12}$$

La opción A es incorrecta porque es solo el numerador de la expresión, aunque sea como el resultado de agregar esas fracciones incorrectamente. La opción B es incorrecta porque no se agregaron fracciones agregando sus numeradores y denominadores. La opción D es incorrecta porque un $\frac{a}{b+c} \neq \frac{3}{2}$.

23. **La respuesta correcta es A.** Observe que $2 \times 10 - 2 = 2 \times 0.01 = 0.02$. Entonces 20 % de 0.02 es igual $0.2 (0.02) = 0.004$. Entonces el 25 % de esta cantidad es $0.25 (0.004) = 0.001$, que puede ser escrito como $10 - 3$. La opción B es incorrecta porque el 25 % del 20 % de una cantidad es diferente del 45 % de esa cantidad. La opción C es incorrecta porque se movió el punto decimal muy pocos lugares a la izquierda. La opción D es incorrecta porque el 25 % del 20 % de una cantidad es diferente del 45 % de esa cantidad, y se movió el punto del decimal muy pocos lugares a la izquierda.

24. **La respuesta correcta es B.** Antes de establecer la proporción, converta yardas cuadradas a pies cuadrados usando el factor de conversión 1 yarda cuadrada = $(3 \text{ pies})^2 = 9$ pies cuadrados. Entonces la tienda cobra $50 por $4(9) = 36$ pies cuadrados. Siendo x el costo por $369 pies cuadrados de alfombras, establezca esta proporción:

$$\frac{\$50}{36 \text{ pies cuadrados}} = \frac{\$x}{369 \text{ pies cuadrados}}$$

$$x = \frac{(\$50)(369)}{36}$$

$$x = \$512.50$$

La opción A es incorrecta porque 1 yarda cuadrada es igual a 9 pies cuadrados, no 27 pies cuadrados. La opción C es incorrecta porque el producto $4(369)$ no considera el costo ($50) por 36 pies cuadrados de alfombra; establece una proporción. La opción D es incorrecta porque no se convirtió yardas cuadradas a pies cuadrados.

25. **La respuesta correcta es D.** Combine las fracciones dentro de los paréntesis usando el mínimo común denominador $6ab$. Luego, aplique la potencia:

$$\left(\frac{a}{6b} - \frac{2b}{3a}\right)^{-2} = \left(\frac{a}{6b} \times \frac{a}{a} - \frac{2b}{3a} \times \frac{2b}{2b}\right)^{-2}$$

$$= \left(\frac{a^2}{6ab} - \frac{4b^2}{6ab}\right)^{-2}$$

$$= \left(\frac{a^2 - 4b^2}{6ab}\right)^{-2}$$

$$= \left(\frac{6ab}{a^2 - 4b^2}\right)^{2}$$

$$= \frac{(6ab)^2}{(a^2 - 4b^2)^2}$$

$$= \frac{36a^2b^2}{(a^2 - 4b^2)^2}$$

La opción A es incorrecta porque no se agregó las fracciones correctamente y no se aplicó la porción negativa del exponente correctamente. La opción B es incorrecta no se agregó las fracciones correctamente. La opción C es incorrecta porque no se multiplicó la base por el exponente cuando se computó una potencia.

Repaso de matemáticas: álgebra y estadística descriptiva

Capítulo 13

DESCRIPCIÓN GENERAL

LO QUE ENCONTRARÁ EN ESTE REPASO

Esta revisión se enfoca en álgebra y estadística descriptiva. Primero, repsará las siguientes habilidades de álgebra:

- Evaluar expresiones lineales, polinómicas y racionales.

- Resolver una ecuación lineal con una variable.

- Resolver un sistema de dos ecuaciones con dos variables por sustitución y suma o resta.

- Reconocer ecuaciones irresolubles.

- Manejar desigualdades algebraicas.

- Factorizar expresiones cuadráticas.

- Encontrar las raíces de ecuaciones cuadráticas con factorización.

- Manejo de funciones.

- Resolver problemas verbales relacionados con fórmulas (promedio ponderado, interés simple y tasa).

Más adelante, examinará los conceptos de media, mediana, rango, serie aritmética y probabilidad.

Las preguntas del examen de Razonamiento matemático GED a lo largo de esta revisión son preguntas de opción múltiple. El examen real también incluye preguntas en un formato alternativo, en el que se proporciona la respuesta numérica a la pregunta.

EVALUAR LAS EXPRESIONES

Expresiones lineales

Una **expresión lineal** tiene la forma $Ax + B$, donde A y B son números reales. Pueden ser sumados y restados combinando términos similares. Por ejemplo:

$$\left(\frac{2}{3}x - \frac{3}{4}\right) + \left(\frac{1}{6}x + \frac{5}{12}\right) = \left(\frac{2}{3}x + \frac{1}{6}x\right) + \left(-\frac{3}{4} + \frac{5}{12}\right)$$

$$= \left(\frac{4}{6}x + \frac{1}{6}x\right) + \left(-\frac{9}{12} + \frac{5}{12}\right)$$

$$= \frac{5}{6}x - \frac{4}{12}$$

$$= \frac{5}{6}x - \frac{1}{3}$$

Usando la propiedad distributiva, también podemos multiplicar una expresión lineal por un solo término:

$$1.4(0.3x - 1.4) = 1.4(0.3x) - 1.4(1.4) = 0.42x - 1.96$$

El uso de la propiedad distributiva dos veces seguidas nos permite multiplicar dos expresiones lineales. Una estrategia mnemotécnica que puede usar aquí es el método PEIÚ (Primeros, Exteriores, Interiores, Últimos), que significa que se comienza por multiplicar los primeros términos, luego los términos exteriores, después los términos interiores, y al final los últimos términos, para poder sumarlos. Por ejemplo:

$$\left(2x - \frac{1}{4}\right)\left(3x - \frac{5}{3}\right) = (2x)(3x) + (2x)\left(-\frac{5}{3}\right) + \left(-\frac{1}{4}\right)(3x) + \left(-\frac{1}{4}\right)\left(-\frac{5}{3}\right)$$

$$= 6x^2 - \frac{10}{3}x - \frac{3}{4}x + \frac{5}{12}$$

$$= 6x^2 + \left(-\frac{10}{3} - \frac{3}{4}\right)x + \frac{5}{12}$$

$$= 6x^2 + \left(-\frac{40}{12} - \frac{9}{12}\right)x + \frac{5}{12}$$

$$= 6x^2 - \frac{49}{12}x + \frac{5}{12}$$

Dichas expresiones surgen al modelar contextos del mundo real, y a menudo se obtiene la solución deseada evaluando la expresión en un valor específico de la variable.

Ejemplo:

Evaluar $\frac{3}{4}x - \frac{5}{6}$ at $x = -2$.

Para resolverlo, sustituya cada aparición de la variable por el número y simplifique la expresión aritmética utilizando el orden de las operaciones:

$$\frac{3}{4}(-2) - \frac{5}{6} = -\frac{3}{2} - \frac{5}{6} = -\frac{9}{6} - \frac{5}{6} = -\frac{14}{6} = -\frac{7}{3}$$

Aplicación en el mundo real

A veces, tendrá que formular una expresión lineal como parte de la solución de un problema de palabras. Solo tiene que buscar las palabras clave e interpretarlas en consecuencia. Aquí hay algunos ejemplos:

Escenario	Expresión lineal
Un cable tiene dos tercios de la longitud de la mitad de otra pieza.	La x representa la longitud de la segunda pieza. La palabra "de" significa multiplicar, así que la longitud del cable es $\frac{2}{3}\left(\frac{1}{2}x\right)$.
Caty es tres años mayor que el doble de la edad de su hermana.	La x es la edad de la hermana de Caty (en años). Así que, la edad de Caty es $(2x + 3)$ años.
La longitud de un rectángulo es de un metro más de un cuarto del ancho.	Que w sea el ancho del rectángulo (en metros). Entonces, la longitud es $\left(1 + \frac{1}{4}w\right)$ metros.

Expresiones polinomiales

Trabajar con expresiones polinómicas es como trabajar con expresiones lineales; la única diferencia es que hay más términos. Para sumar o restar expresiones polinómicas, simplemente se combinan términos similares (es decir, términos con el mismo término variable). Para multiplicar expresiones polinómicas, use la propiedad distributiva para garantizar que cada término de una expresión se multiplique por cada término de la otra. Luego, sume los resultados.

Ejemplo:

$$\left(3x^4 - 2x^2 + \frac{2}{3}x - 5\right) - \left(3x - 4x^2 + \frac{4}{3}x^3 - x^4\right)$$

$$= 3x^4 - 2x^2 + \frac{2}{3}x - 5 - 3x + 4x^2 - \frac{4}{3}x^3 + x^4$$

$$= \left(3x^4 + x^4\right) + \left(-\frac{4}{3}x^3\right)\left(-2x^2 + 4x^2\right) + \left(\frac{2}{3}x - 3x\right) + (-5)$$

$$= 4x^4 - \frac{4}{3}x^3 + 2x^2 - \frac{7}{3}x - 5$$

Ejemplo:

$$\left(3x - 2x^2\right)\left(x^3 - \frac{1}{4}\right) = \left(3x\right)\left(x^3\right) + \left(3x\right)\left(-\frac{1}{4}\right) + \left(-2x^2\right)\left(x^3\right) + \left(-2x^2\right)\left(-\frac{1}{4}\right)$$

$$= 3x^4 - \frac{3}{4}x - 2x^5 + \frac{1}{2}x^2$$

$$= -2x^5 + 3x^4 + \frac{1}{2}x^2 - \frac{3}{4}x$$

Al igual que con las expresiones lineales, los polinomios surgen al modelar contextos del mundo real. A menudo, la solución deseada se obtiene evaluando la expresión en un valor específico de la variable. Para ello, sustituya cada ocurrencia de la variable por el número y simplifique la expresión aritmética utilizando el orden de las operaciones.

Por ejemplo, para evaluar el polinomio $3x^4 - 2x^2 + \frac{2}{3}x - 5$ at $x = -1$, simplemente reemplace cada instancia de x con -1, luego resuelva:

$$3(-1)^4 - 2(-1)^2 + \frac{2}{3}(-1) - 5 = 3 - 2 - \frac{2}{3} - 5 = -4 - \frac{2}{3} = -\frac{14}{3}$$

Factorizar polinomios

La factorización de polinomios implica escribir una expresión polinómica como producto de polinomios más simples. Se utilizan varias técnicas para ello; las más comunes son la factorización de un **factor común mayor** (MFC), el uso de la fórmula de diferencia de cuadrados y la factorización de trinomios.

Primero veamos el polinomio $12x^3 + 24x$.

El término $12x$ es común a ambos términos. Usando la propiedad distributiva, se puede factorizar a partir de ambos términos:

$$12x^3 + 24x = 12x(x^2 + 2)$$

Cuando encuentre un polinomio, siempre verifique si es una diferencia de cuadrados. Tome el polinomio $4x^2 - 121$:

$$4x^2 - 121 = (2x)^2 - 121$$

Luego, usando la fórmula $a^2 - b^2 = (a - b)(a + b)$, esto se factoriza como $(2x - 11)(2x + 11)$.

¿Qué pasa con los trinomios? **Factorizar trinomios** es un poco más complicado. En general, tendrá que aplicar el método PEIÚ *a la inversa.*

Veamos el proceso con el trinomio $10x^2 + 21x - 10$.

Las relaciones entre la forma cuadrática general $ax^2 + bx + c$ y PEIÚ son las siguientes:

(**P**) es el primer término (ax^2)

(**E** + **I**) es el segundo término (bx)

(**Ú**) es el tercer término (c)

Para factorizar el trinomio $10x^2 + 21x - 10$, primero identifique sus componentes:

$(\mathbf{P}) = 10x^2$

$(\mathbf{E} + \mathbf{I}) = 21x$

$(\mathbf{Ú}) - 10$

Ahora, cree un "armazón" binomial para completar los números. En este ejemplo, dado que $(\mathbf{P})$ es $10x^2$, el primer término en cada binomio debe ser x y un factor de 10:

$$(5x + \ ?)(2x + \ ?)$$

Dado que $(\mathbf{Ú})$ es -10, el producto de los dos últimos términos (significados por "?") debe ser -10. Las posibilidades son 2 y -5, y -2 y 5. Probemos la primera combinación para ver si funciona:

$$\begin{aligned}(5x + 2)(2x - 5) &= (5x)(5) + (2)(2x) - (2)(5) \\ &= 10x^2 - 25x + 4x - 10 \\ &= 10x^2 - 21x - 10\end{aligned}$$

Como puede ver, esta no es la combinación correcta. Ahora intentemos -2 y 5 para ver si funciona:

$$\begin{aligned}(5x - 2)(2x + 5) &= (5x)(2x) + (5x)(5) - (2)(2x) + (-2)(5) \\ &= 10x^2 + 25x - 4x + 10 \\ &= 10x^2 + 21x - 10\end{aligned}$$

Esta segunda combinación funciona.

$$10x^2 + 21x - 10 = (5x - 2)(2x + 5)$$

En algunos casos, se debe descartar un MFC antes de intentar factorizar el trinomio. En el trinomio $12x^3 - 22x^2 + 6x$, $2x$ es común a los tres términos. Primero lo factoriza, luego factoriza el trinomio:

$$\begin{aligned}12x^3 - 22x^2 + 6x &= 2x(6x^2 - 11x + 3) \\ &= 2x(3x - 1)(2x - 3)\end{aligned}$$

Aplicación en el mundo real

Veamos ahora un ejemplo en el que para resolver un problema de palabras se requiere formular un polinomio más complicado.

Ejemplo:

Los bordes de una caja rectangular son tales que el lado más largo es el doble de largo que el más corto, y el tercer lado es dos metros más largo que el más corto. ¿Cuál es una expresión para el volumen de dicha caja?

Defina todas las partes de la situación dada. Que x sea la longitud del lado más corto (en metros), por lo tanto, el lado más largo tiene una longitud de $2x$ metros y el tercer lado tiene una longitud $(x + 2)$ metros. El volumen de una caja rectangular es el producto de estos tres bordes, a saber, $V = x(2x)(x + 2)$ metros cúbicos.

Expresiones racionales

Una **expresión racional** es una fracción en la que el numerador y el denominador son polinomios. La aritmética de las expresiones racionales imita la de las fracciones numéricas. Aquí hay algunas reglas básicas:

- Para **simplificar** una expresión racional, factorice el numerador y el denominador y cancele cualquier factor similar.

- Al **sumar o restar** expresiones racionales, primero obtenga un **mínimo común denominador** (MCD) de todas las expresiones racionales involucradas. Una vez que todas las expresiones racionales se convierten a equivalentes en los que el denominador es este MCD, simplemente sume/reste los numeradores como lo haría con cualquier polinomio.

- Para **multiplicar** expresiones racionales, es más fácil factorizar todos los numeradores y denominadores y cancelar cualquier factor que aparezca en el numerador en una de las expresiones racionales y también cancelar el denominador de uno (posiblemente) diferente. Una vez que todos esos factores comunes han sido eliminados, multiplique numeradores y multiplique denominadores para obtener el producto final.

- Para **dividir** dos expresiones racionales, comience por convertir el cociente en un producto reemplazando la expresión racional que sigue al signo de división por su recíproco. Luego, multiplique las expresiones racionales como se describió previamente.

Veamos cómo calcular algunas expresiones racionales.

Ejemplo: restar una expresión racional

Veamos la expresión racional $\dfrac{2}{x+2} - \dfrac{3}{x}$.

Esta expresión implica resta, por lo que primero debe encontrar el MCD. Para este ejemplo, el MCD es $x(x+2)$. Convierta ambas fracciones en equivalentes con este MCD y proceda:

$$\frac{2}{x+2} - \frac{3}{x} = \frac{2x}{x(x+2)} - \frac{3(x+2)}{x(x+2)} = \frac{2x - 3(x+2)}{x(x+2)} = \frac{2x - 3x - 6}{x(x+2)} = \frac{-x-6}{x(x+2)}$$

Ejemplo: multiplicar una expresión racional

Veamos la expresión $\dfrac{125x}{4x^2 - 1} \cdot \dfrac{6x^2 + 5x - 4}{25x^3}$.

Al multiplicar, no tiene que encontrar un MCD; simplemente factorizar, si es posible, cancelar términos para simplificar y multiplicar.

$$\frac{125x}{4x^2 - 1} \cdot \frac{6x^2 + 5x - 4}{25x^3} = \frac{25x \cdot 5}{(2x-1)(2x+1)} \cdot \frac{(2x-1)(3x+4)}{25x \cdot x^2} = \frac{5(3x+4)}{x^2(2x+1)} = \frac{15x + 20}{2x^3 + x^2}$$

Las expresiones racionales se pueden evaluar en cualquier valor de la variable que no haga el denominador igual a cero, ya que la división por cero no está permitida.

Ejemplo: evalúe la expresión

$$\frac{x-4}{x(x-3)(2x+1)}.$$

¿Puede evaluarla en $x = 4$?

Cuando iguala todas las instancias de x a 4, el valor no hace que el denominador sea igual a cero, para que pueda evaluar la expresión racional en $x = 4$. Al sustituirlo por un cero en el numerador, la fracción es igual a cero.

¿Puede evaluarla en $x = 3$?

Cuando iguala todas las instancias de x a 3, hace que el denominador sea igual a cero. Por lo tanto, la expresión racional no puede ser evaluada en $x = 3$ y es indefinida.

¿Puede evaluarlo en $x = -1$?

Este valor no hace que el denominador sea igual a cero, por lo que puede evaluar la expresión racional en $x = -1$. Sustituyéndola por lo siguiente:

$$\frac{-1-4}{-1(-1-3)(2(-1)+1)} = \frac{-5}{(-1)(-4)(-1)} = \frac{-5}{-4} = \frac{5}{4}$$

Aplicación en el mundo real

A veces, resolver un problema de palabras requiere que formule una expresión racional.

Ejemplo:

Un grupo de x amigos comparte un taxi. Si el viaje entero cuesta 50 dólares, ¿cuánto debe cada persona?

Para calcular el costo por persona, dividiría el costo total (dado como 50) por el número de personas que comparten la factura (dada solo como x). Aquí, esto se expresa como $\frac{50}{x}$.

ECUACIONES LINEALES CON UNA VARIABLE

Las expresiones algebraicas suelen utilizarse para formar **ecuaciones**, que establecen dos expresiones iguales entre sí. Las ecuaciones contienen al menos una **variable**: una letra como x o y que representa un número que puede *variar*. La mayoría de las ecuaciones que verá en la prueba son **ecuaciones lineales**, en las que las variables no vienen con exponentes.

Encontrar el valor de una variable de ecuación lineal (como x) es **resolver la ecuación**. Para resolver cualquier ecuación lineal que contiene solo una variable, su objetivo es siempre el mismo: aislar la variable en un lado de la ecuación. Para lograr esto, es posible que deba realizar uno o más de las siguientes operaciones en ambos lados, dependiendo de la ecuación:

1. Sumar o restar el mismo término en ambos lados.
2. Multiplicar o dividir ambos lados por el mismo término.
3. Borrar fracciones por multiplicación cruzada.
4. Eliminar los radicales elevando ambos lados a la misma potencia (exponente).

Cualquier operación que realice en un lado de una ecuación también debe realizarla en el otro lado; de lo contrario, las dos partes no serán iguales. Realizar cualquiera de estas operaciones en *ambos* lados no cambia la igualdad, simplemente repite la ecuación en una forma diferente.

Resolver una ecuación usando las cuatro operaciones básicas

Para encontrar el valor de la variable (para resolver x), es posible que deba agregar un término a ambos lados de la ecuación o restar un término de ambos lados. Aquí hay dos ejemplos:

Agregue el mismo número a ambos lados:

$$x - 2 = 5$$
$$x - 2 + 2 = 5 + 2$$
$$x = 7$$

Reste el mismo número de ambos lados:

$$\frac{3}{2} - x = 12$$

El objetivo es aislar la variable x. Para hacer esto, se deben combinar términos similares.

$$\frac{3}{2} - x = \quad 12$$
$$-\frac{3}{2} \qquad -\frac{3}{2}$$
$$\overline{\qquad\qquad\qquad}$$
$$-x = 10\frac{1}{2} \text{ (dividido por } -1 \text{ para volver la variable positiva)}$$
$$x = -10\frac{1}{2}$$

El primer sistema aísla x agregando 2 a ambos lados. El segundo sistema aísla x restando $\frac{3}{2}$ de ambos lados. En algunos casos, resolver x requiere que multiplique o divida ambos lados de la ecuación por el mismo término. Aquí hay dos ejemplos:

Multiplicar ambos lados en el mismo número:

$$\frac{x}{2} = 14$$
$$2 \times \frac{x}{2} = 14 \times 2$$
$$x = 28$$

Dividir ambos lados en el mismo número:

$$3x = 18$$
$$\frac{3x}{3} = \frac{18}{3}$$
$$x = 6$$

El primer sistema aísla x multiplicando ambos lados por 2. El segundo sistema aísla x dividiendo ambos lados por 3. Si la variable aparece en ambos lados de la ecuación, es necesario primero realizar cualquier operación para colocar la variable en un solo lado, ya sea a la izquierda o a la derecha. El próximo sistema coloca ambos términos x en el lado izquierdo restando $2x$ de ambos lados:

$$16 - x = 9 + 2x$$
$$16 - x - 2x = 9 + 2x - 2x$$
$$16 - 3x = 9$$

Ahora que x aparece en un solo lado, el siguiente paso es aislarlo restando 16 de ambos lados, y luego dividiendo ambos lados por −3:

$$16 - 3x = 9$$
$$16 - 3x - 16 = 9 - 16$$
$$-3x = -7$$
$$\frac{-3x}{-3} = \frac{-7}{-3}$$
$$x = \frac{7}{3}$$

EJEMPLO 1 (MÁS FÁCIL):

¿En qué valor de x $2x - 6$ es igual a $x - 9$?

A. −6

B. −3

C. 2

D. 6

Primero, escriba la descripción verbal como la ecuación $2x - 6 = x - 9$. Luego coloque ambos términos x en el mismo lado. Para colocarlos a ambos en el lado izquierdo, reste x de ambos lados. Luego combine los términos x:

$$2x - 6 - x = x - 9 - x$$
$$x - 6 = -9$$

Finalmente, aísle x agregando 6 a ambos lados:

$$x - 6 + 6 = -9 + 6$$
$$x = -3$$

La respuesta correcta es B.

Las ecuaciones lineales con coeficientes racionales se resuelven de la misma manera que aquellas con coeficientes enteros, ¡no se deje intimidar porque se ven más complejas! Solo manéjelas como lo haría con cualquier expresión racional. Veamos algunos ejemplos.

Ejemplo:

Digamos que le dan la siguiente ecuación:

$$\frac{2}{3}x - \frac{3}{2} = 3 - \frac{5}{6}x$$

Reúna los términos x en el lado izquierdo y los términos constantes en el derecho. Luego, proceda como a continuación:

$$\frac{2}{3}x - \frac{3}{2} = 3 - \frac{5}{6}x$$
$$\frac{2}{3}x + \frac{5}{6}x = 3 + \frac{3}{2}$$
$$\frac{9}{6}x = \frac{9}{2}$$
$$x = 3$$

Ejemplo:

Solución para x:

$$\frac{3}{4}\left(\frac{9}{2} - 2x\right) - 3\left(\frac{4}{3}x + 2\right) = -1$$

Este ejemplo puede parecer complicado, pero en realidad solo prueba su conocimiento al lidiar con expresiones racionales Primero, aplique la propiedad distributiva para simplificar el lado izquierdo. Luego, lleve los términos constantes hacia el lado derecho y resuelva de la siguiente maner:

$$\frac{3}{4}\left(\frac{9}{2} - 2x\right) - 3\left(\frac{4}{3}x + 2\right) = -1$$
$$\frac{27}{8} - \frac{3}{2}x - 4x - 6 = -1$$
$$\left(-\frac{3}{2} - 4\right)x = -1 + 6 - \frac{27}{8}$$
$$-\frac{11}{2}x = \frac{13}{8}$$
$$x = -\frac{2}{11} \cdot \frac{13}{8}$$
$$x = -\frac{13}{44}$$

EJEMPLO 2 (MÁS DIFÍCIL):

Si $12 = \dfrac{11}{x} - \dfrac{3}{x}$, entonces, ¿cuál es el valor de x?

A. $\dfrac{3}{11}$

B. $\dfrac{1}{2}$

C. $\dfrac{2}{3}$

D. $\dfrac{11}{3}$

Primero, combine los términos x: $12 = \dfrac{11-3}{x}$. Luego, borre la fracción multiplicando ambos lados por x:

$$12x = 11 - 3$$
$$12x = 8$$

Finalmente, aísle x dividiendo ambos lados por:

$$x = \frac{8}{12} \text{, o } \frac{2}{3}$$

La respuesta correcta es C.

Multiplicación cruzada y eliminación de radicales para resolver una ecuación

Si una ecuación equivale a dos fracciones, use la **multiplicación cruzada** para eliminar las fracciones. Combine cada numerador con el denominador en el otro lado multiplicando diagonalmente a través de la ecuación. Luego establezca un producto igual al otro. En efecto, la multiplicación cruzada es un método abreviado para multiplicar ambos lados de la ecuación por ambos denominadores. Aquí hay un ejemplo simple:

$$\frac{x}{3} = \frac{12}{2}$$
$$(2)(x) = (3)(12)$$
$$2x = 36$$
$$x = \frac{36}{2}, \text{ o } 18$$

Si la variable aparece debajo del signo radical de raíz cuadrada $\sqrt{}$, elimine ("borre") el signo radical elevando al cuadrado ambos lados de la ecuación. Use el mismo método para eliminar raíces cúbicas y otras raíces:

$$\sqrt[3]{2x} = 4$$
$$\left(\sqrt[3]{2x}\right)^3 = 4^3$$
$$2x = 64$$
$$x = 32$$

Tenga cuidado cuando eleve al cuadrado ambos lados de una ecuación. En algunos casos, hacerlo producirá una variable como x^2, en cuyo caso la ecuación es *cuadrática* en lugar de lineal. Esto significa que podría tener más de una solución. Examinará las ecuaciones cuadráticas más adelante en esta revisión.

EJEMPLO 3 (MÁS FÁCIL):

Si $3\sqrt{2x} = 2$, ¿cuál es el valor de x?

A. $\dfrac{1}{18}$

B. $\dfrac{2}{9}$

C. $\dfrac{1}{3}$

D. $\dfrac{5}{4}$

Primero, elimine el signo radical al elevar al cuadrado todos los elementos. Para eliminar los radicales, es necesario elevar el radical al índice del radical. Entonces el radical y su índice se cancelan mutuamente.

$$3\sqrt{2x} = 2$$
$$9(2x) = 2^2$$
$$18x = 4$$
$$x = \frac{4}{18} = \frac{2}{9}$$

La respuesta correcta es B.

EJEMPLO 4 (MÁS DIFÍCIL):

¿Cuál es el valor de a que hace $\dfrac{7a}{8}$ igual a $\dfrac{a+1}{3}$?

A. $\dfrac{8}{13}$

B. $\dfrac{7}{8}$

C. 2

D. $\dfrac{7}{3}$

Primero, multiplique en forma cruzada (multiplique diagonalmente a través de la ecuación) y equipare los dos productos:

$$(3)(7a) = (8)(a + 1)$$

Luego, combine los términos (distribuya 8 entre a y 1):

$$21a = 8a + 8$$

Luego, aísle los términos a en un lado restando $8a$ de ambos lados; luego combine los términos a:

$$21a - 8a = 8a + 8 - 8a$$
$$13a = 8$$

Finalmente, aísle a dividiendo ambos lados entre 13:

$$\frac{13a}{13} = \frac{8}{13}$$
$$a = \frac{8}{13}$$

La respuesta correcta es A.

Domine el™ examen GED® primera edición

ECUACIONES LINEALES CON DOS VARIABLES

En la sección anterior, se examinaron las ecuaciones lineales con una sola variable. Ahora considerraremos las ecuaciones lineales con dos variables x e y de la forma $Ax + By = C$, donde A, B y C son números reales. El lado izquierdo de la ecuación se llama **combinación lineal de x e y**. Antes supo cómo encontrar el valor de la variable aislándola en un lado de la ecuación. Sin embargo, esto no es así para una ecuación lineal con dos (o más) variables diferentes. Considere la siguiente ecuación, que contiene dos variables.

$$x + 3 = y + 1$$

¿Cuál es el valor de x? Depende del valor de y, ¿no? Del mismo modo, el valor de y depende del valor de x. Sin más información sobre x o y, simplemente no puede encontrar el otro valor. Sin embargo, puede expresar x en términos de y, y puede expresar y en términos de x:

$$x = y - 2$$
$$y = x + 2$$

Las dos ecuaciones mostradas anteriormente son realmente las mismas. No puede resolverla porque contiene dos variables. Mire un ejemplo más complejo: $4x - 9 = \frac{3}{2}y$.

Resuelva x en términos de y:

$$4x = \frac{3}{2}y + 9$$

$$x = \frac{3}{8}y + \frac{9}{4}$$

Resuelva y en términos de x:

$$\frac{4x - 9}{\frac{3}{2}} = y$$

$$\frac{2}{3}(4x - 9) = y$$

$$\frac{8}{3}x - 6 = y$$

Para determinar los valores numéricos de x y y, necesita un sistema de dos ecuaciones lineales con las mismas dos variables. Dado este sistema, hay dos métodos diferentes para encontrar los valores de las dos variables: el método de sustitución y el método de suma y resta.

El método de sustitución

Para resolver un sistema de dos ecuaciones usando el **método de sustitución**, siga estos pasos (usaremos x y y aquí):

1. En *cualquier* ecuación, aísle una variable (x) en un lado.

2. Sustituya la expresión que es igual a x en lugar de x en la otra ecuación.

3. Resuelva esa ecuación para y.

4. Ahora que conoce el valor de y, conéctelo a *cualquiera* de las ecuaciones para encontrar el valor de x.

Considere estas dos ecuaciones:

Ecuación A: $x = 4y$

Ecuación B: $x - y = 1$

En la ecuación B, sustituya $4y$ por x, y luego resuelva y:

$$4y - y = 1$$
$$3y = 1$$
$$y = \frac{1}{3}$$

Para encontrar x, sustituya $\frac{1}{3}$ por y en cualquiera de las ecuaciones. El valor de x será el mismo en cualquier ecuación.

Ecuación A: $x = 4\left(\frac{1}{3}\right) = \frac{4}{3}$

Ecuación B: $x - \frac{1}{3} = 1;\ \ x = \frac{4}{3}$

El método de suma y resta

Otra forma de resolver dos variables en un sistema de dos ecuaciones es con el **método de suma y resta**. Aquí están los pasos:

1. "Alinee" las dos ecuaciones enumerando las mismas variables y otros términos en el mismo orden. Coloque una ecuación sobre la otra.

2. Haga que el coeficiente de *cualquier* variable sea el mismo en ambas ecuaciones (puede ignorar el signo) multiplicando cada término en una de las ecuaciones (un **coeficiente** es el número de una variable. Por ejemplo, en el término $7x$, el coeficiente de x es 7).

3. Agregue las dos ecuaciones (trabaje en una suma para cada término), o reste una ecuación de la otra, para eliminar una variable.

Considere estas dos ecuaciones:

Ecuación A: $x = 3 + 3y$

Ecuación B: $2x + y = 4$

En la ecuación A, reste $3y$ de ambos lados, de modo que todos los términos en las dos ecuaciones "se alineen":

Ecuación A: $x - 3y = 3$

Ecuación B: $2x + y = 4$

Para resolver y, multiplique cada término en la ecuación A por 2, de modo que el coeficiente x sea el mismo en ambas ecuaciones:

Ecuación A: $2x - 6y = 6$

Ecuación B: $2x + y = 4$

Reste la ecuación B de la ecuación A, eliminando así x, y luego aísle y en un lado de la ecuación:

$$2x - 6y = 6$$
$$\underline{2x + y = 4}$$
$$0x - 7y = 2$$
$$-7y = 2$$
$$y = -\frac{2}{7}$$

¿Qué método debe usar?

El método que se debe usar, sustitución o suma y resta, depende de cómo se vean las ecuaciones antes que nada. Para entender este punto, mire este sistema de dos ecuaciones:

$$\frac{2}{5}p + q = 3q10$$
$$q = 10 - p$$

Observe que la segunda ecuación ya está bien establecida para el método de sustitución. Pero podría usar suma y resta en su lugar; primero tendría que reorganizar los términos en ambas ecuaciones:

$$\frac{2}{5}p - 2q = -10$$
$$p + q = 10$$

Ahora, mire el siguiente sistema:

$$3x + 4y = -8$$
$$x - 2y = \frac{1}{2}$$

Observe que el término x y el término y ya se alinean bien aquí. También tenga en cuenta que es fácil hacer coincidir los coeficientes de x o y: multiplique ambos lados de la segunda ecuación por 3 o 2. Este sistema es un candidato ideal para suma y resta. Para apreciar este punto, intente usar la sustitución en su lugar. Descubrirá que se necesitan muchos más cálculos numéricos.

En resumen, para resolver un sistema de dos ecuaciones lineales con dos variables, use la suma y la resta si puede eliminar rápida y fácilmente una de las variables. De lo contrario, use la sustitución.

EJEMPLO 5 (MÁS FÁCIL):

Si $q = \frac{p}{10}$ y $q = 4.4 - p$, ¿cuál es el valor de $\frac{p}{q}$?

A. -4.4

B. 1.1

C. 2.2

D. 10

Como la pregunta es por $\frac{p}{q}$ (en lugar de p o q), puede responder aplicando solo la primera de las dos ecuaciones:

$$q = \frac{p}{10}$$
$$10q = p$$
$$10 = \frac{p}{q}$$

La respuesta correcta es D.

EJEMPLO 6 (MÁS DIFÍCIL):

Si $3x + 4y = -8$, y si $x - 2y = \frac{1}{2}$, ¿cuál es el valor de x?

A. -12

B. 9

C. $\frac{14}{5}$

D. $-\frac{7}{5}$

Para resolver x, desea eliminar y. Puede multiplicar cada término en la segunda ecuación por 2, y luego sumar las ecuaciones:

$$3x + 4y = -8$$
$$\underline{2x - 4y = 1}$$
$$5x + 0y = -7$$
$$x = -\frac{7}{5}$$

La respuesta correcta es D.

Veamos juntos un problema gráfico.

$$\begin{cases} 3x - y = 1 \\ 4x - 2y = -1 \end{cases}$$

Resuelva el siguiente sistema de ecuaciones usando el método de representación gráfica:

Primero, resuelva ambas ecuaciones para y. Al hacerlo, coloque las ecuaciones en forma **de pendiente-intersección**, que es la forma a partir de la cual es más fácil graficar una recta.

$$\begin{cases} y = 3x - 1 \\ y = 2x + \frac{1}{2} \end{cases}$$

La primera línea tiene una intersección y de $(0, -1)$ y una pendiente de 3, mientras que la segunda línea tiene una intersección y de $\left(0, \frac{1}{2}\right)$ y una pendiente de 2. Los gráficos son los siguientes:

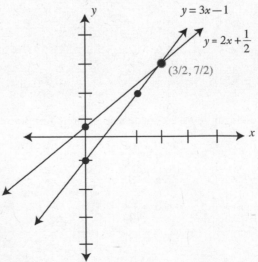

El punto de intersección de los gráficos es la solución del sistema. Este punto tiene coordenadas $x = \frac{3}{2}$, $y = \frac{7}{2}$.

ECUACIONES LINEALES QUE NO SE PUEDEN RESOLVER

Nunca suponga que una ecuación lineal con una variable es solucionable. Si puede reducir la ecuación a 0 = 0, entonces no puede resolverla. En otras palabras, el valor de la variable podría ser cualquier número real. Aquí hay un ejemplo simple:

$$3x - 4 = 5x - 4 - 2x$$
$$3x - 4 = 3x - 4$$
$$0 = 0$$

En algunos casos, lo que parece ser un sistema de dos ecuaciones en dos variables en realidad podría ser la misma ecuación expresada en dos formas diferentes. En otras palabras, con lo que realmente está tratando es con dos ecuaciones equivalentes, que no puede resolver. Considere estas dos ecuaciones:

Ecuación A: $x + 4y = 16$
Ecuación B: $y = 4 - \dfrac{x}{4}$

Si multiplica cada término en la ecuación B por 4, verá que las ecuaciones A y B son iguales:

Ecuación A: $x + 4y = 16$
Ecuación B: $4y = 16 - x$

Cada vez que encuentre una pregunta que requiera resolver una o más ecuaciones lineales, y una opción de respuesta proporciona algo más que una respuesta numérica, evalúe la ecuación para ver si es uno de estos dos tipos de problemas no tiene solución. Si es así, entonces ha encontrado su respuesta correcta.

EJEMPLO 7 (MÁS FÁCIL):

Si $-1 < x < 1$, y si $3x - 3 - 4x = x - 7 - 2x + 4$, entonces ¿cuántos números reales tiene la solución establecida para x?

A. 0

B. 1

C. 2

D. Infinitos

Todos los términos en ambos lados se cancelan:

$$3x - 3 - 4x = x - 7 - 2x + 4$$
$$-x - 3 = -x - 3$$
$$0 = 0$$

Por lo tanto, x podría ser igual a cualquier número real entre -1 y 1 (no solo el entero 0).
La respuesta correcta es D.

EJEMPLO 8 (MÁS DIFÍCIL):

$2b = 60 - 2a$, y $a + b = 30$. ¿Cuál es el valor de a?

A. -10

B. 10

C. 12

D. No hay solución posible.

Un examinado incauto podría asumir que los valores de a y b pueden determinarse con ambas ecuaciones juntas, porque a primera vista parecen proporcionar un sistema de dos ecuaciones lineales con dos incógnitas, pero no lo hacen. Puede reescribir la primera ecuación para que sea idéntica a la segunda:

$$2b = 60 - 2a$$
$$2b = 2(30 - a)$$
$$b = 30 - a$$
$$a + b = 30$$

Como puede ver, la ecuación $2b = 60 - 2a$ es idéntica a la ecuación $a + b = 30$. Por lo tanto, a y b podrían cada uno ser cualquier número real. No puede resolver una ecuación con dos variables.
La respuesta correcta es D.

RESOLVER DESIGUALDADES ALGEBRAICAS

Resuelva desigualdades algebraicas de la misma manera que las ecuaciones: aislar la variable en un lado de la ecuación, factorizando y cancelando siempre que sea posible. Sin embargo, una regla importante distingue las desigualdades de las ecuaciones:

REGLA: siempre que multiplique o divida por un número negativo, debe *revertir* el símbolo de desigualdad, expresado en forma simbólica: si $a > b$, entonces $-a < -b$.

El siguiente ejemplo simple demuestra esta importante regla:

$$12 - 4x < 8 \quad \text{(desigualdad original)}$$
$$-4x < -4 \quad \text{(reste 12 de ambos lados; desigualdad sin cambios)}$$
$$x > 1 \quad \text{(ambos lados divididos por } -4\text{; desigualdad revertida)}$$

Aquí hay algunas reglas adicionales para tratar las desigualdades algebraicas.

1. Sumar o restar cantidades desiguales a (o de) cantidades iguales:

   Si $a > b$, entonces $c + a > c + b$

2. Agregar cantidades desiguales a cantidades desiguales:

   Si $a > b$, y si $c > d$, entonces $a + c > b + d$

3. Comparar tres cantidades desiguales:

   Si $a > b$, y si $b > c$, entonces $a > c$

4. Combinar la misma cantidad **positiva** con cantidades desiguales por multiplicación o división:

   Si $a > b$, y si $x > 0$, entonces $xa > xb$

   Si $a > b$, y si $x > 0$, entonces $\dfrac{a}{x} > \dfrac{b}{x}$

   Si $a > b$, y si $x > 0$, entonces $\dfrac{x}{a} < \dfrac{x}{b}$

5. Combinar la misma cantidad **negativa** con cantidades desiguales por multiplicación o división:

   Si $a > b$, y si $x < 0$, entonces $xa < xb$

   Si $a > b$, y si $x < 0$, entonces $\dfrac{a}{x} < \dfrac{b}{x}$

   Si $a > b$, y si $x < 0$, entonces $\dfrac{x}{a} > \dfrac{x}{b}$

EJEMPLO 9 (MÁS FÁCIL):

Si $-2x > -5$, ¿cuál de las desigualdades es verdadera?

A. $x > \dfrac{5}{2}$

B. $x < \dfrac{5}{2}$

C. $x > -\dfrac{2}{5}$

D. $x < \dfrac{2}{5}$

Divida ambos lados de la ecuación por -2 e invierta la desigualdad:

$$-2x > -5$$
$$\frac{-2x}{-2} < \frac{-5}{-2}$$
$$x < \frac{5}{2}$$

La respuesta correcta es B.

Ahora que sabe cómo resolver las desigualdades, vayamos un paso más allá y trabajemos en graficarlas en una recta numérica.

Tome la siguiente desigualdad: $\frac{1}{2}\left(\frac{5}{2} - 4x\right) < -10$.

Primero, resuelva:

$$\frac{1}{2}\left(\frac{5}{2} - 4x\right) < -10$$

$$\frac{5}{4} - 2x < -10$$

$$5 - 8x < -40$$

$$-8x < -45$$

$$x > \frac{45}{8}$$

Tenga en cuenta que la desigualdad se invierte porque dividió ambos lados entre −8.

Luego, grafique la desigualdad en una recta numérica. El punto sobre los $\frac{45}{8}$ está vacío porque el signo de desigualdad es un >, no un ≥:

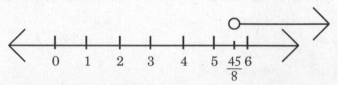

EJEMPLO 10 (MÁS DIFÍCIL):

Dave tiene $150 para gastar en boletos para ir a un juego de béisbol. El estadio cobra una tarifa de $12 por comprar boletos. La desigualdad $12 + 30n \leq 150$ representa el número de boletos, n, que Dave puede pagar. Grafique todos los números posibles de boletos que Dave puede comprar.

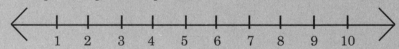

Para resolver la desigualdad $12 + 30n \leq 150$, reste el costo único de $12 de ambos lados de la desigualdad. Esto da como resultado una nueva desigualdad: $30n \leq 138$. Dividir ambos lados por 30 dará como resultado $n \leq 4.6$. Dado que los boletos solo se pueden comprar en cantidades enteras, el rango de respuestas válidas sería 1, 2, 3, 4 y graficado en una recta numérica como esta:

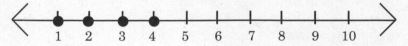

Las respuestas correctas son 1, 2, 3 y 4.

EJEMPLO 11 (MÁS DIFÍCIL):

Jennifer se muda de Boston a la ciudad de Nueva York, a una distancia de 220 millas. Ella necesita alquilar un camión para mover sus pertenencias. El alquiler de un camión es de $100 y el costo del combustible para este viaje es de $75. Dependiendo de dónde alquile el camión, habrá una tarifa variable por milla conducida. Si su presupuesto para la mudanza es de $400, ¿qué desigualdad de las que abajo muestra cuánto puede pagar en una tarifa por milla cuando alquila un camión?

A. $175x + 220 \geq 400$

B. $175x + 220 \leq 400$

C. $220x + 175 \geq 400$

D. $220x + 175 \leq 400$

Agregue los costos fijos de $175 (combustible + alquiler de camiones) al costo variable por milla (x) multiplicado por 220 y póngalo en una relación $\leq$ con el presupuesto total de $400. **La respuesta correcta es D.**

EXPRESIONES CUADRÁTICAS POR FACTORIZACIÓN (CON UNA VARIABLE)

Una **expresión cuadrática** incluye una variable al cuadrado, como x^2. Una ecuación es cuadrática si puede expresarse en la forma general $ax^2 + bx + c = 0$, y una desigualdad lineal es cuadrática si puede expresarse en la forma general $ax + bx < c$ (o con cualquiera de los otros tres signos de desigualdad), donde:

x es la variable

a, b, y c son enteros

$a \neq 0$

b puede ser igual a 0

c puede ser igual a 0

Ejemplos: observe que el término b y el término c no son esenciales; en otras palabras, b o c, o ambos, pueden ser iguales a 0.

Ecuación: $2w^2 = 16$

Forma cuadrática general: $2w^2 - 16 = 0$ (sin término b)

Ecuación: $x^2 = 3x$

Forma cuadrática general: $x^2 - 3x = 0$ (sin término c)

Ecuación: $3y = 4 - y^2$

Forma cuadrática general: $y^2 + 3y - 4 = 0$

Ecuación: $7z = 2z^2 - 15$

Forma cuadrática general: $2z^2 - 7z - 15 = 0$

Cada ecuación cuadrática tiene exactamente dos soluciones, llamadas **raíces** (las dos raíces pueden ser iguales). En el examen, probablemente encontrará las dos raíces al **factorizar**.

Para resolver cualquier ecuación cuadrática por factorización, siga estos tres pasos:

1. Ponga la ecuación en la forma estándar: $ax^2 + bx + c = 0$.
2. Factorice los términos en el lado izquierdo de la ecuación en dos expresiones lineales (sin exponentes).
3. Establezca cada expresión lineal (raíz) igual a cero y resuelva la variable en cada una.

Algunas expresiones cuadráticas son más fáciles de factorizar que otras. Si cualquiera de las dos constantes b o c es cero, factorizar es muy simple. De hecho, en algunos casos, no se necesita factorización en absoluto.

Una ecuación cuadrática por factorización sin término c:

$$2x^2 = x$$
$$2x^2 - x = 0$$
$$x(2x - 1) = 0$$
$$x = 0, \quad 2x - 1 = 0$$
$$x = 0, \frac{1}{2}$$

Una ecuación cuadrática por factorización sin término b:

$$2x^2 - 4 = 0$$
$$2(x^2 - 2) = 0$$
$$x^2 - 2 = 0$$
$$x^2 = 2$$
$$x = \sqrt{2}, -\sqrt{2}$$

Cuando se trata de una ecuación cuadrática, su primer paso generalmente es ponerla en la forma general $ax^2 + bx + c = 0$. Pero tenga en cuenta: el único término esencial ax^2.

Un **binomio** es una expresión algebraica que contiene *dos* términos. Puede reescribir el producto de dos binomios multiplicando cada término en un binomio por cada término en el otro, sumando los cuatro términos. Para organizar esta tarea, aplique el método **PEIÚ**:

(**P**) el producto de los **primeros** términos de los dos binomios.

(**E**) el producto de los términos **externos** de los dos binomios.

(**I**) el producto de los términos **internos** de los dos binomios.

(**Ú**) el producto de los **últimos** (segundos) términos de los dos binomios.

Aquí hay dos demostraciones simples del método PEIÚ:

$$(x + 2)(x + 3) = x^2 \ (\mathbf{P}) + 3x \ (\mathbf{E}) + 2x \ (\mathbf{I}) + 6 \ (\mathbf{Ú}) = x^2 + 5x + 6$$

$$(2x - 1)(x + 1) = 2x^2 \ (\mathbf{P}) + 2x \ (\mathbf{E}) - x \ (\mathbf{I}) - 1 \ (\mathbf{Ú}) = 2x^2 + x - 1$$

En ambos ejemplos, observe que los dos términos medios, (**E**) e (**I**), se pueden combinar.

El resultado es un **trinomio**, que es una expresión algebraica que contiene *tres* términos. En el examen, los trinomios cuadráticos son generalmente *factorizables* en dos binomios.

Factorizar trinomios a menudo implica un poco de prueba y error. Debe aplicar el método PEIÚ en reversa. Para realizar esta tarea, tenga en cuenta las siguientes relaciones entre la forma cuadrática que genera $ax^2 + bx + c$ y el método PEIÚ:

(**P**) es el primer término (ax^2) de la expresión cuadrática.

(**E + I**) es el segundo término (bx) de la expresión cuadrática.

(**Ú**) es el tercer término (c) de la expresión cuadrática.

Para factorizar la expresión cuadrática $x^2 + 3x + 2$, por ejemplo, primero identifique sus componentes:

(**P**) = x^2

(**E + I**) = $3x$

(**Ú**) = 2

Luego, cree un "armazón" binomial para completar los números a medida que los determine. Recuerde: en la forma cuadrática general, *a, b* y *c* son todos *enteros*, por lo que todos los coeficientes y otros números en ambos binomios deben ser enteros. En este ejemplo, dado que (**P**) es x^2, el primer término en cada binomio debe ser *x*:

$$(x + ?)(x + ?)$$

Como (**Ú**) es 2, el producto de los dos últimos términos (significados por "?") debe ser 2. Las únicas posibilidades son 2 y 1 o −2 y −1. Pruebe los dos:

$$(x + 2)(x + 1) = x^2 + 2x + x + 2$$

$$(x - 2)(x - 1) = x^2 - 2x - x + 2$$

Como puede ver, la primera opción es la que se simplifica a $x^2 + 3x + 2$.

Recuerde que en el examen de Razonamiento matemático GED, los trinomios cuadráticos probablemente estarán factorizados en dos binomios, por lo que puede aplicar el método **PEIÚ** para determinarlos.

EJEMPLO 12 (MÁS FÁCIL):

¿Cuál de los siguientes es un factor de $x^2 - x - 6$?

A. $(x + 1)$

B. $(x - 3)$

C. $(x - 2)$

D. $(x + 3)$

Tenga en cuenta que x^2 no tiene coeficiente. Esto facilita el proceso de factorización en dos binomios. Establesca los armazones binomiales: $(x +?) (x +?)$. El producto de los dos segundos términos faltantes (el término "Ú" bajo el método PEIÚ) es -6. Los posibles pares integrales que resultan en este producto son $(1, -6), (-1, 6), (2, -3,)$ y $(-2, 3)$. Observe que el segundo término en el trinomio es $-x$. Esto significa que la suma de los dos enteros cuyo producto es -6 debe ser -1. El par $(2, -3)$ se ajusta a la factura. Por lo tanto, el trinomio es equivalente al producto de los dos binomios $(x + 2)$ y $(x - 3)$. Para revisar su trabajo, multiplique los dos binomios, utilizando el método PEIÚ:

$$(x + 2)(x - 3) = x^2 - 3x + 2x - 6$$
$$= x^2 - x - 6$$

La respuesta correcta es B.

EJEMPLO 13 (MÁS DIFÍCIL):

¿Cuántos valores diferentes de x contiene la solución de la ecuación

$4x^2 = 4x - 1$?

A. Ninguno

B. Uno

C. Dos

D. Cuatro

Primero, exprese la ecuación en forma estándar: $4x^2 - 4x + 1 = 0$. Observe que el término c es 1. Los únicos dos pares integrales que resultan en este producto son $(1,1)$ y $(-1, -1)$. Como el término b $(-4x)$ es negativo, el par integral cuyo producto es 1 debe ser $(-1, -1)$. Establecer un armazón binomial:

$$(? - 1)(? - 1)$$

Observe que el término a contiene el coeficiente 4. Los posibles pares integrales que resultan en este producto son $(1, 4), (2, 2), (-1, -4)$ y $(-2, -2)$. Un poco de prueba y error revela que solo el par $(2, 2)$ funciona. Por lo tanto, en forma factorizada, la ecuación se convierte en $(2x - 1) (2x - 1) = 0$.

Para verificar su trabajo, multiplique los dos binomios, utilizando el método PEIÚ:

$$(2x - 1)(2x - 1) = 4x^2 - 2x - 2x + 1$$
$$= 4x^2 - 4x + 1$$

Como los dos factores binomiales son iguales, las dos raíces de la ecuación son iguales. En otras palabras, x tiene un solo valor posible. **La respuesta correcta es B.**

Aunque no necesita encontrar el valor de x para responder la pregunta, resuelva x en la ecuación $2x - 1 = 0$; $x = \dfrac{1}{2}$.

Al resolver ecuaciones cuadráticas con coeficientes racionales, es más efectivo eliminar primero las fracciones multiplicando ambos lados por el MCD de todas las fracciones involucradas. Luego, proceda a resolver la ecuación cuadrática resultante como lo haría con coeficientes enteros.

Por ejemplo, tome la ecuación cuadrática $\dfrac{3}{4}x^2 - \dfrac{5}{2}x - 2 = 0$.

Para resolverla, primero multiplique ambos lados por 4 para borrar las fracciones. Hacerlo produce la ecuación equivalente a $3x^2 - 10x - 8 = 0$. Ahora, factorice el lado izquierdo y resuelva:

$$3x^2 - 10x - 8 = 0$$
$$(3x + 2)(x - 4) = 0$$
$$x = -\frac{2}{3}, \; 4$$

EXPRESIONES CUADRÁTICAS POR FACTORIZACIÓN (CON DOS VARIABLES)

En el mundo de las matemáticas, resolver ecuaciones no lineales en dos o más variables puede ser *muy* complicado. Pero para el examen, todo lo que necesita recordar son estas tres formas generales:

Suma de dos variables, al cuadrado:

$(x + y)^2 = x^2 + 2xy + y^2$

Diferencia de dos variables, al cuadrado:

$(x - y)^2 = x^2 - 2xy + y^2$

Diferencia de dos términos elevados al cuadrado:

$x^2 - y^2 = (x + y)(x - y)$

Puede verificar estas ecuaciones utilizando el método PEIÚ:

$(x + y)^2$	$(x - y)^2$	$(x + y)(x - y)$
$= (x + y)(x + y)$	$= (x - y)(x - y)$	$= x^2 + xy - xy - y^2$
$= x^2 + xy + xy + y^2$	$= x^2 - xy - xy + y^2$	$= x^2 - y^2$
$= x^2 + 2xy + y^2$	$= x^2 - 2xy + y^2$	

Memorice las tres formas de ecuación enumeradas aquí. Cuando vea uno de estas formas en el examen, usted probablemente necesitará convertirla a otra forma.

EJEMPLO 14 (MÁS FÁCIL):

Si $x^2 - y^2 = 100$, y si $x + y = 2$, ¿cuál es el valor de $x - y$?

A. -2

B. 10

C. 20

D. 50

Si reconoce la diferencia de dos cuadrados cuando ve la forma, puede manejar esta pregunta con facilidad. Use la tercera ecuación que acaba de aprender, sustituyendo 2 por $(x + y)$, luego resolviendo $(x - y)$:

$$x^2 - y^2 = (x + y)(x - y)$$
$$100 = (x + y)(x - y)$$
$$100 = (2)(x - y)$$
$$50 = (x - y)$$

La respuesta correcta es D.

EJEMPLO 15 (MÁS DIFÍCIL):

Si $\dfrac{x + y}{x - y} = \dfrac{x + y}{x}$, ¿cuál de los siguientes expresa el valor de x en términos de y?

A. $-y$

B. y^2

C. $\dfrac{y}{2}$

D. $y - 1$

Aplique el método de productos cruzados para eliminar fracciones. Reescriba la ecuación en su forma no factorizada. (Si reconoce la diferencia entre dos elementos al cuadrado, volverá a escribir más rápidamente). Simplifique y luego resuelva x:

$$x(x + y) = (x - y)(x + y)$$
$$x^2 + xy = x^2 - y^2$$
$$xy = -y^2$$
$$x = -y$$

La respuesta correcta es A.

FUNCIONES

En una **función** o **relación funcional**, el valor de una variable depende del valor de otra variable, o es "una función de" esa otra variable. En matemáticas, la relación se expresa en la forma $y = f(x)$, donde y es una función de x.

Para encontrar el valor de la función para cualquier valor de x, simplemente sustituya el valor de x por x donde sea que aparezca en la función. En la siguiente función, por ejemplo, la función de 2 es 14, y la función de −3 es 4.

$$f(x) = x^2 + 3x + 4$$
$$f(2) = 2^2 + 3(2) + 4 = 4 + 6 + 4 = 14$$
$$f(-3) = (-3)^2 + 3(-3) + 4 = 9 - 9 + 4 = 4$$

Determine la función de una expresión variable de la misma manera: simplemente sustituya la expresión por x a lo largo de la función. En la siguiente función, así es como encontraría $f(2 + a)$:

$$f(2 + a) = (2 + a)^2 + 3(2 + a) - 4$$
$$= 4 + 4a + a^2 + 6 + 3a - 4$$
$$= a^2 + 7a + 6$$

Una pregunta desafiante con una función podría pedirle que aplique la misma función dos veces.

EJEMPLO 16 (MÁS FÁCIL):

Si $f(a) = 9$, ¿entonces en qué función $a = 6$?

A. $f(a) = 9a$

B. $f(a) = 3$

C. $f(a) = a + 3$

D. $f(a) = \dfrac{2}{3}a$

En cada opción de respuesta, sustituya 9 por $f(a)$ y sustituya 6 por a. De las cuatro funciones enumeradas, solo la de la opción C es verdadera: $9 = 6 + 3$. **La respuesta correcta es C.**

EJEMPLO 17 (MÁS DIFÍCIL):

Si $f(x) = 2x$, entonces ¿$\dfrac{1}{f(x)} \times f\left(\dfrac{2}{x}\right)$ es igual a cuál de las siguientes expresiones?

A. $\dfrac{1}{x}$

B. 1

C. $\dfrac{x^2}{2}$

D. $\dfrac{2}{x^2}$

Para reescribir el primer término, simplemente sustituya $2x$ por $f(x)$. Para reescribir el segundo término, sustituya $\dfrac{2}{x}$ por x en la función $f(x) = 2x$. Luego combine los términos por multiplicación:

$$\frac{1}{f(x)} \times f\left(\frac{2}{x}\right) = \left(\frac{1}{2x}\right)\left(2 \times \frac{2}{x}\right) = \frac{4}{2x^2} = \frac{2}{x^2}$$

La respuesta correcta es D.

Una función es una relación entre dos cantidades. Puede expresarse mediante una tabla de valores, una fórmula o un gráfico. Su dominio es el conjunto de entradas que pueden ser sustituidas en la variable y producen una salida significativa. Una función solo puede tener *una salida* por cada entrada. Las siguientes son ejemplos de relaciones entre dos variables que NO son funciones.

x	-1	2	-1	1	1	3	0
y	4	1	3	2	3	4	1

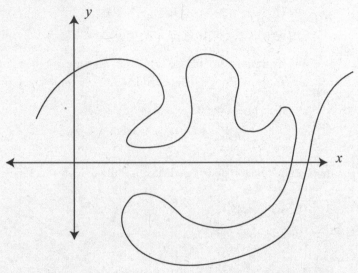

Si se le da una fórmula para una función, puede evaluarla en cualquier valor en su dominio. Una vez que sustituya un valor por la variable, simplemente simplifique la expresión numérica resultante usando el orden de operaciones.

Por ejemplo, para evaluar $f(x) = -2x + 5$ con $x = -3$, sustituya con -3 donde haya un término x y luego simplifique:

$$f(-3) = -2(-3) + 5 = 6 + 5 = 11$$

Para evaluar $g(x) = 3x^2 - 4x - 1$ con $x = -4$, sustituya con -4 donde haya un término x y luego simplifique:

$$g(-4) = 3(-4)^2 - 4(-4) - 1 = 3(16) + 16 - 1 = 48 + 16 - 1 = 63$$

Las funciones surgen cuando se modelan varias situaciones. Ciertas características de sus gráficos tienen un significado importante en los contextos aplicados. Aquí hay algunos que debería saber:

- **Lineal versus no lineal:** si todos los puntos se encuentran en *una línea* recta, el gráfico es lineal. De otra manera, el gráfico no es *lineal*.

- **Aumento versus disminución:** si el gráfico aumenta de izquierda a derecha, está *aumentando*. Si el el gráfico cae de izquierda a derecha, está *disminuyendo*.

- **Máximo versus mínimo:** el punto más alto que todos los demás es el *máximo*, mientras que el punto más bajo que todos los demás es el *mínimo*.

Veamos cómo podría aparecer esto en su examen. Digamos que la entrada a un teatro tiene forma de un arco parabólico descrito por la función cuadrática $f(x) = 8x - x^2$. Dibuje la entrada e indique la altura de la parte más alta de la entrada y la longitud de la base.

La función se puede escribir como $f(x) = x(8 - x)$; las intersecciones en x son 0 y 8, entonces la longitud de la base es de 8 pies. El vértice se produce a mitad de camino en $x = 4$; la altura a este valor es $f(4) = 8(4) - 4^2 = 16$ pies.

El gráfico es el siguiente:

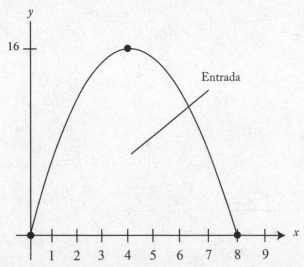

A menudo, necesita comparar dos funciones lineales o dos funciones cuadráticas expresadas en diferentes formas. Es decir, uno puede ser graficado, y el otro puede expresarse usando una tabla de valores o un fórmula explícita. Para hacer la comparación, debe extraer las características importantes de cada función. El primer ejemplo a continuación muestra cómo hacer una comparación para dos relaciones proporcionales. La segunda muestra cómo hacerlo para las funciones cuadráticas.

Compare los siguientes dos escenarios. ¿Qué automóvil habrá viajado más lejos después de 8 horas?

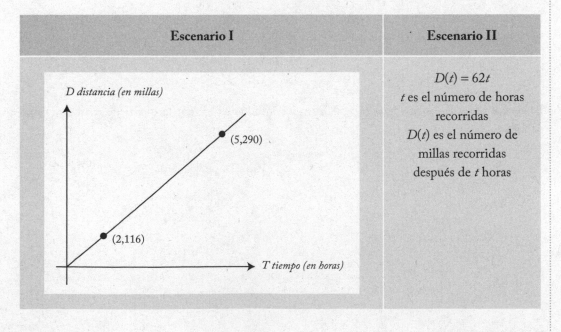

Dado que ambas funciones lineales tienen intersección en y $(0, 0)$, la pendiente (que da la velocidad) determinará qué coche viajó más lejos. La pendiente de la función lineal en el Escenario I es $\frac{290 - 116}{5 - 2} = \frac{174}{3} = 58$. La pendiente de la función lineal en el Escenario II es 62. Entonces, el automóvil en el Escenario II habrá viajado más lejos después de 8 horas.

¿Cuál de las siguientes funciones cuadráticas tiene el mínimo más pequeño?

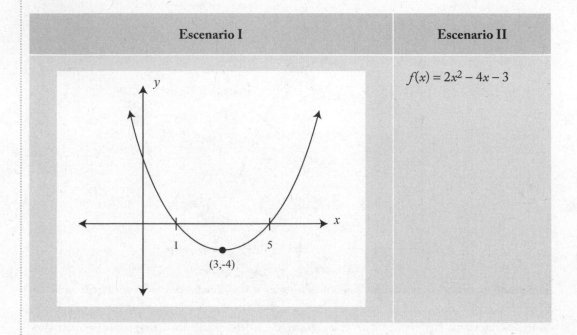

Escenario I	Escenario II
	$f(x) = 2x^2 - 4x - 3$

El mínimo de una función cuadrática que se abre hacia arriba es la coordenada y del vértice. Para el Escenario I, este valor mínimo es −4. Para el Escenario II, debe completar el cuadrado para encontrar el vértice:

$$\begin{aligned} f(x) &= 2x^2 - 4x - 3 \\ &= 2\left(x^2 - 2x\right) - 3 \\ &= 2\left(x^2 - 2x + 1\right) - 3 - 2 \\ &= 2(x - 1)^2 - 5 \end{aligned}$$

El vértice en el Escenario II es $(1, -5)$. Su valor mínimo es −5, por lo que tiene el mínimo más pequeño.

MEDIDAS DE TENDENCIA CENTRAL (MEDIA, MEDIANA Y RANGO)

La media aritmética (promedio simple), la mediana y el rango se refieren a diferentes formas de describir un conjunto de números con solo un número. Cada uno mide la **tendencia central** de un conjunto de números. Aquí está la definición de cada término:

Media aritmética (promedio simple): en un conjunto de n términos, es la suma de los términos divididos por n.

Mediana: en un conjunto de n términos, es el término medio en valor, o el promedio (media) de los dos términos medios si el número de términos es par.

Rango: es la diferencia de valor entre el término mayor y el menor en un conjunto.

Por ejemplo, dado un conjunto de seis números {8, –4, 8, 3, 2 y 7}:

$$\text{media} = 4\left(\frac{8-4+8+3+2+7}{6} = \frac{24}{6} = 4\right)$$

mediana = 5 (el promedio de 3 y 7, que son los dos términos medios en valor: {–4, 2, 3, 7, 8, 8})

rango = 12 (la diferencia en la recta numérica entre 8 y – 4)

La media y la mediana pueden ser las mismas, o pueden diferir entre sí (como en el caso del anterior ejemplo).

Las preguntas relacionadas con la media aritmética generalmente implican calcular la media aritmética sumando términos *(a + b + c +...)* y dividiendo la suma por el número de términos (*n*):

$$\text{media} = \frac{(a+b+c+...)}{n}$$

Pero una pregunta podría requerir que encuentre un término faltante cuando la media aritmética de todos los términos son conocidos. Para resolver este tipo de problema, inserte lo que sabe en la fórmula de la media aritmética. Luego, use álgebra para encontrar el número que falta.

Por ejemplo, si el promedio de 2 y otro número (*N*) es 5, de la siguiente manera encontraría el valor de *N*:

$$5 = \frac{2+N}{2}$$
$$10 = 2 + N$$
$$8 = N$$

Aborde los problemas de medias aritméticas que implican variables (como *a* y *b*) de la misma manera que los que implican solo números.

EJEMPLO 18 (MÁS FÁCIL):

¿Cuál es la media (promedio simple) de $\frac{1}{5}$, 25 % y 0.09?

A. 0.18

B. $\frac{1}{4}$

C. 0.32

D. $\frac{1}{3}$

Dado que las opciones de respuesta no se expresan todas en la misma forma, primero convierta los números a cualquier forma en que crea que sería más fácil trabajar cuando sume los números. En este caso, la forma más fácil de trabajar es probablemente la forma del número decimal. Entonces convierta los dos primeros números a forma decimal, y luego sume los tres números:

$$0.20 + 0.25 + 0.09 = 0.54$$

Finalmente, divida entre 3 para encontrar el promedio:

$$0.54 \div 3 = 0.18$$

La respuesta correcta es A.

EJEMPLO 19 (MÁS DIFÍCIL):

¿Si A es el promedio de P, Q y otro número, cuál de los siguientes representa el número faltante?

A. $\frac{1}{3}(A + P + Q)$

B. $3A - P + Q$

C. $A - P + Q$

D. $3A - P - Q$

Deje x = el número faltante. Resuelva x por la fórmula aritmética media:

$$A = \frac{P + Q + x}{3}$$
$$3A = P + Q + x$$
$$3A - P - Q = x$$

La respuesta correcta es D.

SERIE ARITMÉTICAS

En una **serie aritmética** de números, hay una diferencia constante (inmutable) entre números sucesivos en la serie. En otras palabras, todos los números en una serie aritmética están espaciados uniformemente en la recta de números reales. Todos los siguientes son ejemplos de series aritméticas:

- enteros sucesivos.

- números enteros sucesivos.

- enteros impares sucesivos.

- múltiplos sucesivos del mismo número.

- enteros sucesivos que terminan en el mismo dígito.

Una pregunta de una serie aritmética podría pedir la *media* (promedio) de una serie, o podría pedir la *suma*. Como los números están espaciados uniformemente, la media y la mediana de la serie son las mismas. Encuentre la media, en lugar de sumar todos los términos, y luego divida. Así puede encontrar la mediana o, aún más fácil, calcular el promedio del número menor y el número mayor (los puntos finales de la serie). Al calcular el promedio de una serie de números enteros uniformemente espaciados, puede acortar la suma. Estudie los siguientes ejemplos:

La media (y mediana) de todos los enteros *pares* 20 a 40 es $\frac{20 + 40}{2} = \frac{60}{2} = 30$.

La media (y mediana) de todos los enteros 20 es $\frac{-11 + 20}{2} = \frac{9}{2} = 4\frac{1}{2}$.

La media (y mediana) de todos los números positivos de dos dígitos que terminan en el dígito 5 es $\frac{15 + 95}{2} = \frac{110}{2} = 55$.

La media (y mediana) de todos los enteros mayores que −100 pero menores que 100 es $\frac{-99 + 99}{2} = 0$ (los números negativos y positivos del conjunto se cancelan).

Encontrar la suma de una serie de números aritméticos (espaciados uniformemente) requiere solo un paso adicional: multiplicar el promedio (que también es la mediana) por el número de términos en la serie. Cuando calcule la suma, tenga cuidado de contar correctamente el número de términos en la serie. Por ejemplo, la cantidad de enteros *impares* positivos menores que 50 es 25, pero la cantidad de enteros *pares* positivos menores que 50 es solo 24.

EJEMPLO 20 (MÁS FÁCIL):

¿Cuál es el promedio de los primeros 20 enteros positivos?

A. $7\frac{1}{2}$

B. $10\frac{1}{2}$

C. 15

D. 20

Como los términos están espaciados uniformemente (una serie aritmética), tome el promedio del primer término (1) y el último término (20):

$$\frac{1 + 20}{2} = \frac{21}{2}, \text{ or } 10\frac{1}{2}$$

La respuesta correcta es B.

> **EJEMPLO 21 (MÁS DIFÍCIL):**
>
> ¿Cuál es la suma de todos los enteros impares *entre* 10 y 40?
>
> **A.** 250
>
> **B.** 325
>
> **C.** 375
>
> **D.** 400

El promedio de los números descritos es $\frac{11 + 39}{2} = \frac{50}{2}$, o 25. El número de términos en la serie es 15 (el primer término es 11, y el último término es 39). La suma de la serie de enteros descritos $= 25 \times 15 = 375$. **La respuesta correcta es C.**

PROBABILIDAD

La probabilidad se refiere a las posibilidades estadísticas, o "probabilidades", de que un evento ocurra (o no ocurra). Por definición, la probabilidad varía de 0 a 1. La probabilidad nunca es negativa y nunca es mayor que 1.

Aquí está la fórmula básica para determinar la probabilidad:

$$\text{Probabilidad} = \frac{\text{número de formas en las que un evento puede ocurrir}}{\text{número total de ocurrencias posibles}}$$

La probabilidad se puede expresar como una fracción, un porcentaje o un número decimal. Cuanto mayor es la probabilidad, mayor será la fracción, porcentaje o número decimal.

Determinación de la probabilidad (evento único)

La probabilidad juega un papel integral en los juegos de azar, incluidos muchos juegos de casino. En el tiro de un solo dado, por ejemplo, la probabilidad de sacar un 5 es "uno de cada seis", o $\frac{1}{6}$, o $16\frac{2}{3}$ %. Por supuesto, la probabilidad de obtener cualquier número es la misma. Un mazo estándar de 52 cartas contiene 12 cartas de figuras. La probabilidad de seleccionar una carta de figura de un mazo completo es $\frac{12}{52}$, o $\frac{3}{13}$. La probabilidad de seleccionar una reina de un mazo completo es $\frac{4}{52}$, o $\frac{1}{13}$.

Para calcular la probabilidad de que NO ocurra un evento, solo reste la probabilidad de que ocurra el evento desde 1.

EJEMPLO 22 (MÁS FÁCIL):

Si selecciona aleatoriamente un dulce de un frasco que contiene dos caramelos de cereza, dos caramelos de regaliz y un caramelo de menta, ¿cuál es la probabilidad de seleccionar un caramelo de cereza?

A. $\frac{1}{6}$

B. $\frac{1}{3}$

C. $\frac{2}{5}$

D. $\frac{3}{5}$

Hay dos formas entre las cinco posibles ocurrencias de que se seleccione un caramelo de cereza. Por lo tanto, la probabilidad de seleccionar un caramelo de cereza es $\frac{2}{5}$. **La respuesta correcta es C.**

EJEMPLO 23 (MÁS DIFÍCIL):

Una bolsa de canicas contiene el doble de canicas rojas que canicas azules, y el doble de canicas azules como canicas verdes. Si estos son los únicos colores de canicas en la bolsa, ¿cuál es la probabilidad de escoger al azar de la bolsa una canica que NO sea azul?

A. $\frac{2}{9}$

B. $\frac{2}{5}$

C. $\frac{2}{7}$

D. $\frac{5}{7}$

Independientemente del número de canicas en la bolsa, la proporción de cánicas roja: azul: verde es 4:2:1. Como puede ver, las cánicas azules representan $\frac{2}{7}$ del número total de canicas. Por lo tanto, la probabilidad de elegir una canica que NO sea azul es de $1 - \frac{2}{7} = \frac{5}{7}$.

La respuesta correcta es D.

Determinación de probabilidad (dos eventos)

Para determinar la probabilidad que involucra dos o más eventos, es importante distinguir las probabilidades que involucran eventos **independientes** de un evento que **depende** de otro.

Dos eventos son independientes si ninguno de los eventos afecta la probabilidad de que ocurra el otro. Los eventos pueden involucrar la selección aleatoria de un objeto de *cada uno de dos o más grupos*. O pueden involucrar la selección aleatoria de un objeto de un grupo, luego *reemplazarlo* y *seleccionarlo* nuevamente (como en una "segunda ronda" u "otro turno" de un juego).

En cualquiera de los escenarios, para encontrar la probabilidad de que ocurran dos eventos, es decir, AMBOS, multiplique sus probabilidades individuales:

probabilidad de que ocurra el evento 1

×

probabilidad de que ocurra el evento 2

=

probabilidad de que ocurran ambos eventos

Por ejemplo, suponga que selecciona aleatoriamente una letra de cada uno de los dos conjuntos: $\{A, B\}$ y $\{C, D, E\}$. La probabilidad de seleccionar A y C = $\frac{1}{2} \times \frac{1}{3} = \frac{1}{6}$.

Para calcular la probabilidad de que NO ocurran AMBOS eventos, reste la probabilidad de que ambos eventos ocurran desde 1.

Ahora veamos la probabilidad dependiente. Dos acontecimientos distintos podrían estar relacionados en el sentido que uno de ellos afecta a la probabilidad de que ocurra el otro, por ejemplo, la selección aleatoria de un objeto de un grupo y la posterior selección de un segundo objeto del mismo grupo sin sustituir la primera selección. Quitar un objeto del grupo aumenta las probabilidades de seleccionar cualquier objeto particular de los que quedan.

Por ejemplo, suponga que selecciona aleatoriamente una letra del conjunto $\{A, B, C, D\}$. Entonces, de las restantes tres letras, selecciona otra letra. ¿Cuál es la probabilidad de seleccionar A y B? Para responder a esta pregunta, debe considerar cada una de las dos selecciones por separado.

En la primera selección, la probabilidad de seleccionar A o B es $\frac{2}{4}$. Pero la probabilidad de seleccionar el segundo de los dos es $\frac{1}{3}$. ¿Por qué? Porque después de la primera selección, solo quedan tres letras de las cuales seleccionar. Dado que la pregunta solicita las probabilidades de seleccionar tanto A como B (en lugar de solo una) multiplique las dos probabilidades individuales $\frac{2}{4} \times \frac{1}{3} = \frac{2}{12}$, o $\frac{1}{6}$.

EJEMPLO 24 (MÁS FÁCIL):

Un dado de juego es un cubo con números del 1 al 6 en sus caras, cada número en una cara diferente. En una tirada de dos dados de juego, ¿cuál es la probabilidad de que los dos números que están en la cara superior sumen 12?

A. $\frac{1}{64}$

B. $\frac{1}{36}$

C. $\frac{1}{12}$

D. $\frac{1}{9}$

La única combinación de dos números en el dado que puede sumar 12 es 6 + 6. La probabilidad de tirar 6 en cada dado es $\frac{1}{6}$. En consecuencia, la probabilidad de tirar 6 en ambos dados es $\frac{1}{6} \times \frac{1}{6} = \frac{1}{36}$.
La respuesta correcta es B.

EJEMPLO 25 (MÁS DIFÍCIL):

Se sacan al azar dos pares de calcetines de un cajón que contiene cinco pares: dos negro, dos blancos y uno azul. ¿Cuál es la probabilidad de eliminar primero un par negro y luego, sin reemplazarlo, sacar un par blanco del cajón?

A. $\frac{1}{10}$

B. $\frac{1}{5}$

C. $\frac{1}{3}$

D. $\frac{2}{5}$

Al eliminar el primer par, la probabilidad de que el par eliminado sea negro es $\frac{2}{5}$. Quedan cuatro pares de calcetines, dos de los cuales son blancos. La probabilidad de sacar un par de medias blancas de entre esos cuatro son $\frac{2}{4}$. Combine las dos probabilidades multiplicando:

$$\frac{2}{5} \times \frac{2}{4} = \frac{4}{20}, \text{ o } \frac{1}{5}$$

La respuesta correcta es B.

PRINCIPIOS DE CONTEO

Determinar el número *total* de posibles resultados en un experimento, ya sea arrojando una moneda 5 veces, lanzando un dado dos veces, o seleccionando al azar bolas de colores de un contenedor, es un paso importante para evaluar la probabilidad u oportunidad de obtener cada resultado posible. Responder a este tipo de pregunta requiere una forma sistemática de contar que incluye dos conceptos principales: combinaciones y permutaciones.

Una **permutación** de un conjunto de objetos es una disposición de esos objetos en la que cada objeto se utiliza una vez y solo una vez. Por ejemplo, si tiene objetos etiquetados como A, B, C, D y E, algunas permutaciones de estos objetos son ABCDE y DECBA. Cualquier orden único de las letras produce una permutación diferente. El número de formas de organizar *n* objetos de tal manera es *n*!.

A veces, queremos arreglar solo *algunos* de los objetos de un conjunto determinado. Es decir, ¿y si tuviéramos *n* letras pero solo quisiéramos ordenar *k* de ellas? Esta es una "permutación de *n* objetos tomados cada *k* veces." El número de tales arreglos se escribe como:

$$P(n, k) = \frac{n!}{(n-k)!}$$

Antes de ver un ejemplo, definamos *n*!.

$$n! = n \times (n-1) \times (n-2) \times \ldots \times 3 \times 2 \times 1.$$

Por ejemplo, $4! = 4 \times 3 \times 2 \times 1$. Veamos un ejemplo.

EJEMPLO 26:

¿De cuántas maneras se pueden organizar 4 libros de una colección de 7 en un estante?

A. 120

B. 210

C. 720

D. 840

Deseamos organizar 4 de los 7 libros, por lo que debemos calcular $P(7,4)$:

$$P(7,4) = \frac{7!}{(7-4)!} = \frac{7!}{3!} = \frac{7 \times 6 \times 5 \times 4 \times \cancel{3} \times \cancel{2} \times \cancel{1}}{\cancel{3} \times \cancel{2} \times \cancel{1}} = 7 \times 6 \times 5 \times 4 = 840$$

La respuesta correcta es D.

A veces, el orden en que se organizan los objetos no es relevante, como cuando se forma un comité de 4 personas de un grupo de 10 personas en el que todos los miembros del comité tienen la misma influencia, o simplemente seleccionando 5 cartas al azar de un mazo estándar de 52 cartas. Para determinar el número de tales selecciones, se requiere una **combinación**.

El número de formas de seleccionar k objetos de un grupo de n objetos cuyo orden NO importa, se llama el "número de combinaciones de n objetos tomados k a la vez". La fórmula es la siguiente:

$$C(n,k) = \frac{n!}{k!(n-k)!}$$

EJEMPLO 27:

Max encontró 10 libros usados en una caja de liquidación que le gustan por igual, pero solo tiene dinero para comprar 3 de ellos. ¿De cuántas maneras diferentes puede seleccionar 3 libros para comprar?

A. 120

B. 500

C. 720

D. 910

El orden no importa aquí porque Max simplemente está comprando una colección de libros no relacionados (no es, como en el ejemplo anterior, ordenarlos de cierta manera en un estante). Entonces usamos la fórmula de combinaciones con $n = 10$ y $k = 3$:

$$C(10,3) = \frac{10!}{3!(10-3)!} = \frac{10!}{3!7!} = \frac{10 \times 9 \times 8 \times \cancel{7}!}{(3 \times 2 \times 1) \times \cancel{7}!} = 120$$

La respuesta correcta es A.

GRAFICAR CONJUNTOS DE DATOS

Los conjuntos de datos numéricos se pueden visualizar de varias maneras. Tres tipos comunes de gráficos son **gráficos de puntos, histogramas** y **diagramas de caja**. Echemos un vistazo a cada uno ilustrando el conjunto de datos {1, 1, 1, 2, 3, 3, 6, 6, 6, 6, 6, 10} usando un diagrama de puntos, un histograma y un diagrama de caja.

Un diagrama de puntos es un diagrama obtenido al ilustrar cada miembro de un conjunto de datos como un punto por encima del punto de posición apropiada en una recta numérica, como se muestra a continuación:

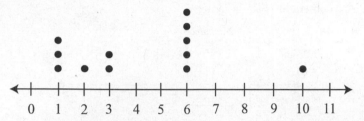

En un histograma, aparecen barras sobre cada valor del conjunto de datos. La altura de cada barra representa el número de veces que el valor de datos aparece en el conjunto. La apariencia se asemeja a un diagrama de puntos, pero las barras reemplazan las pilas de puntos. Las barras en un histograma siempre se tocan, pueden o no aparecer en una línea de números, y con mayor frecuencia tendrá etiquetas que identifican los ejes horizontales (x) y vertical (y).

Aquí hay un ejemplo de un histograma:

Un diagrama de caja requiere un poco más de información para construir, pero le dice mucho más sobre la propagación y centro de un conjunto de datos. Se necesitan cinco números para formar un diagrama de caja:

1. **Mínimo:** este es el número más pequeño en el conjunto de datos. Aquí, este número es 1.

2. **Primer cuartil:** este es el 25º percentil, o número para el cual el 25 % del conjunto de datos es menor o igual. Suponiendo que los datos están dispuestos en orden creciente, la posición del primer cuartil se obtiene dividiendo el número de valores del conjunto de datos (aquí, 12) por 4. Al hacerlo se obtiene 3. Así, el número en la tercera posición de la izquierda en la lista de datos es el primer cuartil. Aquí, este número es 1.

3. **Mediana:** este es el 50º percentil. Suponiendo que los datos están dispuestos en orden creciente, la posición de la mediana se obtiene promediando los dos valores de datos del medio, ya que hay un número par de datos en este conjunto (si hay un número impar de

NOTA

Aunque son similares en apariencia, los **gráficos de barras** e **histogramas** sirven para diferentes propósitos. Mientras que los histogramas se utilizan para representar la frecuencia de los rangos de datos numéricos, los gráficos de barras se utilizan para representar la frecuencia de las categorías de datos. Los datos en el eje *x* de un histograma *siempre* serán continuos y *siempre* serán valores numéricos. Los datos en el eje *x* de un gráfico de barras serán categorías distintas, cada una representada por una barra separada.

valores de datos, es el valor único en el medio del conjunto de datos). Los dos valores centrales son los que están en las posiciones 6 y 7, es decir, 3 y 6. El promedio es de 4.5.

4. **Tercer cuartil:** este es el 70º percentil. Suponiendo que los datos están organizados en orden creciente, la posición del primer cuartil se obtiene dividiendo el número de valores en el conjunto de datos (aquí, 12) por 4 y luego, multiplicándolo por 3. Al hacerlo da 9. Entonces el número en la novena posición desde la izquierda en la lista de datos es el tercera cuartil. Aquí, este número es 6.

5. **Máximo:** este es el número más grande en el conjunto de datos. Aquí, este número es 10.

El diagrama de caja obtenido es el siguiente:

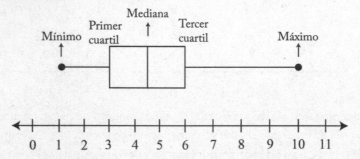

Un **diagrama de dispersión** es otro tipo de presentación visual que se usa para mostrar relaciones o tendencias en los datos. El diagrama de dispersión es un gráfico en el que el eje x representa los valores de una variable y el eje y representa los valores de la otra variable. Varios valores de una variable y los valores correspondientes de las otras variables se miden y se grafican en el diagrama.

Si dos variables tienen una relación tal que cuando una variable cambia, la otra cambia en una de manera predecible, las dos variables están **correlacionadas**. Normalmente hay tres tipos de correlación: positiva, negativa y sin correlación.

- Una **correlación positiva** ocurre cuando una variable aumenta y la otra variable aumenta también.

- Se produce una **correlación negativa** cuando una variable aumenta y la otra disminuye.

- **No hay correlación** cuando no hay una relación aparente entre las variables.

En general, cuanto más juntos están los puntos en un diagrama de dispersión, más fuerte es la relación. Si los puntos de datos se elevan de izquierda a derecha, decimos que la relación es positiva, mientras que, si caen de izquierda a derecha decimos que la tendencia es negativa.

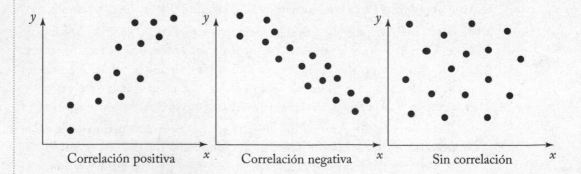

Si hay una fuerte correlación en los datos, es probable que haya una línea que se pueda dibujar en la gráfica de dispersión que se acerque a todos los puntos. Esta línea se conoce como **la línea de mejor ajuste**. Sin realizar ningún cálculo, es posible visualizar la ubicación de la línea de mejor ajuste, como muestran los siguientes diagramas:

Veamos algunos ejemplos.

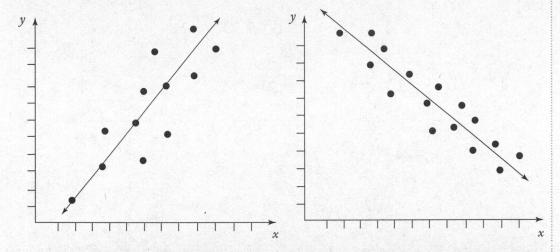

EJEMPLO 28 (MÁS FÁCIL):

A continuación, se muestra un diagrama de dispersión que representa la relación entre la variable a y la variable b.

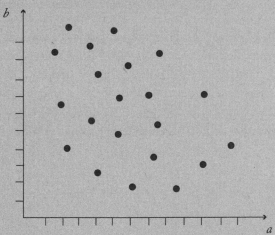

¿Cuál de las siguientes opciones describe **mejor la** relación representada en el gráfico?

A. Existe una fuerte correlación positiva entre las dos variables.

B. Existe una fuerte correlación negativa entre las variables.

C. Las dos variables no están correlacionadas.

D. Como el valor de a aumenta, el valor de b disminuye.

Los puntos en el diagrama de dispersión parecen estar dispuestos aleatoriamente en el gráfico. Esta es una indicación que los valores de a y b no están correlacionados. **La respuesta correcta es C.**

EJEMPLO 29 (MÁS DIFÍCIL):

El siguiente diagrama de disperción enseña el número medio de libros prestados cada semana en los años 2000–2009.

Si la tendencia continuara, ¿cuántos libros se habrían tomado prestados en 2010?

Use la pendiente de la línea para hacer predicciones sobre puntos de datos que no se muestran. De acuerdo a la pendiente, el número promedio de libros prestados semanalmente baja aproximadamente $0.6 \times 100 = 60$ libros todos los años. Multiplique por 100 porque, según el título del eje vertical, los números están en los cientos. El valor esperado para el número de libros prestados en 2009 fue de 400. La pendiente dice que deberíamos esperar que ese número disminuya en 60 cada año, para que pueda predecir que hubo 340 libros prestados en 2010. **La respuesta correcta es 340.**

PROBLEMAS VERBALES RELACIONADOS CON FÓRMULAS

Ciertos tipos de problemas de palabras requieren que aplique una fórmula. Aquí están los tres tipos de fórmulas que puede esperar aplicar durante el examen:

1. Promedio ponderado (basado en la fórmula para la media aritmética)

2. Interés simple (en una inversión monetaria)

3. Tasa

Las fórmulas para el interés simple y la tasa estarán en la hoja de fórmulas proporcionada durante el examen.

En las próximas páginas, aprenderá cómo manejar estos tres tipos de problemas de palabras. Recuerde: para cualquier tipo de problema de palabras, incluidos estos tres, es posible que también pueda trabajar en reversa desde las opciones de respuestas. Incluso si no, a menudo puede reducir sus opciones al estimar el tamaño de la respuesta.

Problemas de promedio ponderado

Resuelva los problemas de promedio ponderado usando la fórmula de la media aritmética, excepto que le debe dar a los términos del conjunto diferentes pesos. Por ejemplo, si un puntaje del examen final de 90 recibe el doble del peso de cada uno de dos puntajes de examen de mitad de período de 75 y 85, piense en el puntaje del examen final como dos puntajes de 90, y el número total de puntajes como 4 en lugar de 3:

$$WA = \frac{75 + 85 + (2)(90)}{4} = \frac{340}{4} = 85$$

Del mismo modo, cuando algunos números entre los términos pueden aparecer con más frecuencia que otros, debe darles el "peso" apropiado antes de calcular un promedio. Un problema promedio ponderado podría pedirle que encuentre el promedio, o podría proporcionar el promedio ponderado y solicitar uno de los términos. Estas preguntas a veces requieren la conversión de una unidad de medida a otra.

> **EJEMPLO 30 (MÁS FÁCIL):**
>
> Durante un viaje de 8 horas, Brigitte condujo 3 horas a 55 millas por hora y 5 horas a 65 millas por hora. ¿Cuál fue su tasa promedio, en millas por hora, para todo el viaje?
>
> **A.** 58.5
>
> **B.** 60
>
> **C.** 61.25
>
> **D.** 62.5

Determine el total de millas recorridas: $(3)(55) + (5)(65) = 490$. Para determinar el promedio de todo el viaje, divida este total por 8, que es el número de horas totales: $490 \div 8 = 61.25$. **La respuesta correcta es C.**

EJEMPLO 31 (MÁS DIFÍCIL):

Cierto huerto de olivos produce 315 galones de aceite al año, en promedio, durante cuatro años consecutivos. ¿Cuántos galones de aceite debe producir el huerto anualmente, en promedio, durante los próximos seis años, si la producción de aceite para todo el período de diez años es cumplir una meta de 378 galones por año?

A. 240

B. 285

C. 396

D. 420

En la fórmula del promedio ponderado, 315 galones anuales reciben un peso de 4, mientras que el promedio anual de galones para los próximos seis años (x) recibe un peso de 6:

$$378 = \frac{1,260 + 6x}{10}$$
$$3,780 = 1,260 + 6x$$
$$3,780 - 1,260 = 6x$$
$$420 = x$$

Esta solución (420) es el número promedio de galones necesarios por año, en promedio, durante los próximos seis años. **La respuesta correcta es D.**

Problemas de inversión

Los problemas de **inversión** en el examen de Razonamiento matemático GED implican intereses ganados (en cierta tasa de porcentaje) sobre dinero durante un cierto período de tiempo (generalmente un año). Para calcular el interés ganado, multiplique la cantidad original de dinero por la tasa de interés:

cantidad de dinero × tasa de interés = cantidad de interés sobre dinero

Por ejemplo, si deposita $1,000 en una cuenta de ahorros que gana 5 % de interés anualmente, el total del monto en la cuenta después de un año será de $1,000 + 0.05 ($1,000) = $1,000 + $50 = $1,050.

Una pregunta de inversión puede involucrar más que simplemente calcular el interés ganado en una cantidad de capital principal dada a una tasa dada. Podría requerir que establezca y resuelva una ecuación algebraica. Cuando esté manejando este tipo de problema, es mejor eliminar los signos de porcentaje.

EJEMPLO 32 (MÁS FÁCIL):

Gary desea tener $2,970 en una cuenta de ahorros al final del año. ¿Cuánto debe depositar Gary en su cuenta a principios de año si la cuenta le paga un 8 % de interés al año?

A. $2,575

B. $2,732

C. $2,750

D. $3,208

Si deja que x sea igual a la cantidad original depositada, establezca la siguiente ecuación: $x + 0.08x = 2,970$. Combine los términos en el lado izquierdo de la ecuación: $1.08x = 2,970$. Solución para x:

$$x = \frac{2,970}{1.08} = 2,750$$

Por lo tanto, Gary debe invertir $2,750 al comienzo del año para finalizar con $2,970. **La respuesta correcta es C.**

EJEMPLO 33 (MÁS DIFÍCIL):

Fiona deposita D dólares en una cuenta de ahorros que genera un 10 % de interés por año. Al finalizar un año, ella deposita el monto total en otra cuenta de ahorros, que gana 5 % por año.

¿Cuál de las siguientes representa la cantidad total en la cuenta después del período de dos años, en dólares?

A. $1.05D$

B. $1.155D$

C. $1.10D$

D. $1.5D$

El monto total en dólares después del primer año es $D + 0.10D$, o $1.1D$. Fiona deposita $1.1D$ en una cuenta en la que gana 5 %. Después de un año, su total es $1.1D + 0.05(1.10)D$, lo que equivale a $1.10D + 0.055D$, o $1.155D$. **La respuesta correcta es B.**

Problemas relacionados con tasas

Una tasa es una fracción que expresa una cantidad por unidad de tiempo. Por ejemplo, la tasa de viaje es expresada de esta manera:

$$\text{tasa de viaje} = \frac{\text{distancia}}{\text{tiempo}}$$

Del mismo modo, la velocidad a la que una máquina produce un determinado producto se expresa de esta manera:

$$\text{tasa de producción} = \frac{\text{número de unidades producidas}}{\text{tiempo}}$$

Una pregunta de tasa en el examen de Razonamiento matemático GED generalmente proporcionará dos de los tres términos, y luego le pedirá el valor del tercer término. Una pregunta de tasa también podría pedirle que convierta un número de una unidad de medida a otra.

EJEMPLO 34 (MÁS FÁCIL):

Si una impresora puede imprimir páginas a una velocidad de 15 páginas por minuto, ¿cuántas páginas puede imprimir en $2\frac{1}{2}$ horas?

A. 1,500

B. 1,750

C. 2,250

D. 2,500

Aplique la siguiente fórmula: $\text{tasa} = \dfrac{\text{\# de páginas}}{\text{tiempo}}$. La tasa se da en términos de minutos, así que convierta $2\frac{1}{2}$ horas a 150 minutos. Determine el número de páginas aplicando la fórmula a estos números:

$$15 = \frac{\text{\# de páginas}}{150}$$
$$(15)(150) = \text{\# de páginas}$$
$$2{,}250 = \text{\# de páginas}$$

La respuesta correcta es C.

EJEMPLO 35 (MÁS DIFÍCIL):

Un tren de pasajeros y un tren de carga salen de la misma estación al mismo tiempo. Durante 3 horas, el tren de pasajeros viaja 45 millas por hora más rápido, en promedio, que el tren de carga.

¿Cuál de los siguientes expresa la distancia combinada que los dos trenes han recorrido después de 3 horas, donde x representa el número de millas que el tren de carga recorrió por hora, en promedio?

A. $3x + 45$

B. $6x + 45$

C. $3x + 120$

D. $6x + 135$

Dado que x es igual a la tasa (velocidad) del tren de carga, puede expresar la tasa del tren de pasajeros como $x + 45$. Sustituya estos valores por tiempo y velocidad en la fórmula de cada tren:

Fórmula: tasa × tiempo = distancia

Pasajeros: $(x + 45)(3) = 3x + 135$

Carga: $(x)(3) = 3x$

La distancia combinada que los dos trenes recorrieron es $3x + (3x + 135) = 6x + 135$. **La respuesta correcta es D.**

Más problemas de palabras

Las ecuaciones lineales y cuadráticas deben formularse para resolver muchos tipos de problemas de palabras.

Veamos tres preguntas de práctica:

1. Los estudiantes en una clase de ciencias registran el crecimiento de una planta de frijol ancho. Una vez que la semilla brotó, se registró que la altura inicial de la planta era de 2 pulgadas y notaron que la planta creció aproximadamente 0.2 pulgadas por día. Escriba una ecuación lineal que exprese la altura de la planta en términos del número de días después de la medición inicial. Que y sea la altura de la planta y x el número de días después de que la medición inicial se toma.

   La intersección en y es la altura del día 0, que es la altura inicial; aquí, esto es 2 pulgadas. La tasa de crecimiento es pulgadas por día, que es 0.2; esta es la pendiente. Entonces, usando la forma de pendiente e intersección $y = mx + b$, la ecuación deseada es $y = 0.2x + 2$.

2. Dayle compra un libro de confección de quillts por \$18.50, que es un 25 % de descuento del precio regular. Escriba una ecuación que puede ser usada para encontrar el precio regular del libro.

   Que x sea el precio regular del libro. El precio pagado por el libro después del 25 % del descuento está dado por $x - 0.25x = 0.75x$. Dado que este precio es de \$18.50, tenemos la ecuación $0.75x = 18.50$.

3. La base de un triángulo es cuatro pulgadas menos que tres veces su altura. Formule una ecuación cuadrática que pueda ser resuelta para dar la altura y la base (que dará un área de 30 pulgadas cuadradas).

   Que x sea la altura del triángulo (en pulgadas). La base tiene una longitud $(3x - 4)$

   pulgadas. Utilizar la fórmula del área para un triángulo produce la ecuació

   $\frac{1}{2}x(3x - 4) = 30$. Simplifique los rendimientos la siguiente ecuación cuadrática en forma estándar:

$$\frac{1}{2}x(3x - 4) = 30$$
$$x(3x - 4) = 60$$
$$3x^2 - 4x = 60$$
$$3x^2 - 4x - 60 = 0$$

EN RESUMEN

- El examen de Razonamiento matemático GED evalúa las siguientes habilidades de álgebra:
  - Resolver una ecuación lineal en una variable.
  - Resolver un sistema de dos ecuaciones en dos variables mediante el método de sustitución y el método de suma y resta.
  - Reconocimiento de ecuaciones insolubles.
  - Manejo de desigualdades algebraicas.
  - Factorización de expresiones cuadráticas.
  - Encontrar las raíces de ecuaciones cuadráticas por factorización.
  - Manejo de funciones.
  - Identificación de medidas de tendencia central.
  - Reconocimiento de patrones de series aritméticas.
  - Resolver problemas verbales de fórmulas (promedio ponderado, interés simple y tasa).

- La mayoría de las ecuaciones algebraicas que verá en el examen son **lineales**. Recuerde las operaciones para aislar la incógnita en un lado de la ecuación. Resolver desigualdades algebraicas es similar a resolver ecuaciones: aísle primero la variable en un lado del símbolo de desigualdad.

- Los **problemas de promedio ponderado** y los **problemas de moneda** se pueden resolver utilizando la fórmula de media aritmética (promedio simple).

- Los problemas de inversión implican intereses ganados (a una cierta tasa porcentual) sobre dinero durante cierto período de tiempo (generalmente un año). Los **problemas de inversión y combinación** se pueden resolver utilizando lo que ha aprendido sobre proporciones y preguntas de porcentaje.

- Una **pregunta de tasa** (una tasa es una fracción que expresa una cantidad por unidad de tiempo) generalmente proporciona dos de los tres términos y luego le pedirá el valor del tercer término. Una de las preguntas de tasa también puede requerir que convierta un número de una unidad de medida a otro.

- Las **tasas de producción** y las **preguntas de viaje** se pueden resolver utilizando las estrategias que ha aprendido sobre problemas de fracciones.

PREGUNTAS DE PRÁCTICA

Instrucciones: las siguientes preguntas de prácticas cubrirán los conceptos de álgebra y estadística descriptiva que aparecerá en el examen de Razonamiento matemático GED. Elija la mejor respuesta para cada problema presentado.

1. Resuelva y: $4y + 3 = -9$

   MUESTRE SU TRABAJO AQUÍ

   A. -12

   B. -8

   C. -3

   D. -1.5

2. Si $f(x) = 2 - x(1 - x)$, calcule $f(-3)$.

   A. -10

   B. -4

   C. 2

   D. 14

3. Se entiende que a es un número real positivo. ¿Si (x,y) es la solución del siguiente sistema, cuál es el valor de $\frac{x}{y}$?

   $$\begin{cases} y = ax - 1 \\ 2ax - y = 2 + a \end{cases}$$

   A. $a + 1$

   B. $\dfrac{1}{a}$

   C. $\dfrac{a + 1}{a^2}$

   D. $\dfrac{1}{a - 1}$

4. Considere el conjunto de datos $\{0, 4, 2, 8, 4, 4, 13\}$, y responda ¿cuál de las siguientes es la relación correcta entre la moda, la mediana y la media?

   A. moda = mediana < media

   B. moda < media < mediana

   C. moda = mediana = media

   D. mediana = media > moda

5. Resuelva la desigualdad

$$3(2 - 4x) + 2(8x - 3) > -8.$$

MUESTRE SU TRABAJO AQUÍ

   A. $x < -4$

   B. $x < -2$

   C. $x > -\dfrac{11}{12}$

   D. $x > -2$

6. Supongamos que lanza un dado de 6 lados tres veces seguidas y registra el resultado cada vez. ¿Cuál es la probabilidad de que NO saque tres 5?

   A. $\dfrac{215}{216}$

   B. $\dfrac{35}{36}$

   C. $\dfrac{125}{216}$

   D. $\dfrac{1}{216}$

7. ¿Cuál de estas expresiones es equivalente a la suma de los primeros 30 enteros positivos?

   A. $30(31)$

   B. $29(30)$

   C. $15(31)$

   D. $15(29)$

8. Resuelva x: $\sqrt[3]{2x + 5} = -5$

   A. -65

   B. -60

   C. 10

   D. 15

9. Factorice completamente: $4x^2 - 169$

   A. $(4x - 13)(x + 13)$

   B. $(2x - 13)^2$

   C. $(2x - 169)(2x + 1)$

   D. $(2x - 13)(2x + 13)$

10. El impuesto a la propiedad de una casa que cuesta $252,000 es $4,200. A este ritmo, ¿cuál sería el impuesto a la propiedad de una casa que cuesta D dólares?

    A. $D + 60$ dólares

    B. $\dfrac{60}{D}$ dólares

    C. $\dfrac{D}{60}$ dólares

    D. $60D$ dólares

11. Jake asistió a un espectáculo de cartas de béisbol cuatro veces en el transcurso del año y ha ganado las siguientes cantidades en ventas: $450, $600, $240 y $1,060. ¿Cuánto necesitaría ganar en el próximo espectáculo para que su promedio de ganancia sea de $800?

    A. $587.50

    B. $800.00

    C. $850.00

    D. $1,650.00

12. Aaron gana $9.45 por hora más un adicional $140 en propinas trabajando como mesero el viernes en la tarde. Si gana al menos $185 esa noche, ¿cuál de estas desigualdades podría ser usada para determinar el menor número de horas, h, que necesitaría trabajar esa noche para ganar esta cantidad?

    A. $9.45(h + 140) \geq 185$

    B. $9.45h \geq 185$

    C. $9.45h + 140 \geq 185$

    D. $9.45 + 140h \geq 185$

13. Resuelva z: $\dfrac{2 - 3z}{2} = \dfrac{1}{4}z - \dfrac{z - 2}{4}$

    A. -8

    B. $\dfrac{1}{3}$

    C. 2

    D. 4

MUESTRE SU TRABAJO AQUÍ

14. Un banco ofrece 1.5 % de interés simple en una cuenta del mercado monetario. Si se depositan $8,000, ¿cuál de las siguientes expresiones es la cantidad que vale la cuenta después de un año?

    A. $8,000 + $8,000(0.015)

    B. $8,000 + $8,000(1.5)

    C. $8,000(0.015)

    D. $8,000(1.5)

15. Dos veces la suma de 3 y un número es igual a 10 menos seis veces ese número. ¿Cual es el número?

    A. –1

    B. $\dfrac{13}{4}$

    C. 4

    D. 12

16. Factorice: $18x^2 - 27xy + 4y^2$

    A. $(3x - 4y)(6x - y)$

    B. $(6x - 2y)(3x - 2y)$

    C. $(9x - 4y)(2x - y)$

    D. $(3x + 2y)(6x - 2y)$

17. Resuelva x: $2x^2 + x - 4 = 0$

    A. $\dfrac{1 \pm i\sqrt{31}}{4}$

    B. $\dfrac{-1 \pm \sqrt{33}}{4}$

    C. $\dfrac{1 \pm \sqrt{33}}{4}$

    D. $\dfrac{-1 \pm \sqrt{31}}{4}$

18. Katie recibió por su cumpleaños 20 dólares de su tío. Ahorró el dinero y le agregó 4 dólares cada semana durante 15 semanas consecutivas. Registró la cantidad al final de cada semana. ¿Cuál es la media de las cantidades que registró durante esas 15 semanas?

    A. $32

    B. $48

    C. $52

    D. $60

MUESTRE SU TRABAJO AQUÍ

19. ¿Cuál de estas condiciones relativas a a y b garantiza   MUESTRE SU TRABAJO AQUÍ
    que el siguiente sistema no tenga solución?

$$\begin{cases} 3y - ax = 1 \\ bx + 4y = 2 \end{cases}$$

A. $4a - 3b = 0$

B. $ab = 12$

C. $4a + 3b = 0$

D. $ab = -12$

20. Un jarrón contiene 14 claveles y 11 margaritas. Si se
    seleccionan dos flores al azar sin reemplazarlas, ¿cuál
    es la probabilidad de seleccionar dos margaritas?

A. $\dfrac{11}{25} \times \dfrac{10}{25}$

B. $\dfrac{11}{25} \times \dfrac{11}{25}$

C. $\dfrac{11}{14} \times \dfrac{10}{14}$

D. $\dfrac{11}{25} \times \dfrac{10}{24}$

21. Resuelva z: $\dfrac{\frac{1}{w} + z}{2 + z} = \dfrac{3}{w}$

A. $z = \dfrac{5}{w - 3}$

B. $z = \dfrac{7}{w + 3}$

C. $z = \dfrac{5}{w + 3}$

D. $z = \dfrac{7}{w - 3}$

22. ¿Cuál de las siguientes expresiones es

    equivalente a $\dfrac{x^3 \left(x^2 y^3\right)^3}{x^5 y}$?

A. $x^{13}y^8$

B. $x^6 y^{26}$

C. $x^{\frac{9}{5}} y^9$

D. $x^4 y^8$

23. Scott y Micah juegan racquetball dos veces en una semana. Hasta ahora, Micah ha ganado 13 de 22 partidos. ¿Qué ecuación se puede usar para determinar el número de partidos (z) que Micah debe ganar consecutivamente para mejorar su porcentaje de victoria al 90 %?

    A. $\dfrac{13 + z}{22 + z} = 0.90$

    B. $\dfrac{13 + z}{22} = 0.90$

    C. $\dfrac{z}{22 + z} = 0.90$

    D. $\dfrac{13}{22 + z} = 0.90$

24. Si $f(x) = 2x - 3x^2$, entonces ¿cuál es $f(x + 1)$?

    A. $-3x^2 + 4x + 2$

    B. $-3x^2 - 4x - 1$

    C. $-3x^2 + 2x - 1$

    D. $-3x^2 + 2x + 1$

25. En cierta escuela secundaria, el siguiente es el desglose de la participación en las clases junior en electivas este año académico: 40 % toma teatro, 22 % toma artes electrónicas, 10 % toma biología vegetal, 10 % toma escritura creativa, y 18 % toma alemán. ¿Cuál es la probabilidad que un junior elegido al azar NO eligió tomar biología vegetal o alemán como sus electivas?

    A. 0.28

    B. 0.72

    C. 0.82

    D. 0.90

CLAVE DE RESPUESTAS Y EXPLICACIONES

1. C	**6.** A	**11.** D	**16.** A	**21.** A
2. D	**7.** C	**12.** C	**17.** B	**22.** D
3. C	**8.** A	**13.** B	**18.** C	**23.** A
4. A	**9.** D	**14.** A	**19.** C	**24.** B
5. D	**10.** C	**15.** C	**20.** D	**25.** B

1. **La respuesta correcta es C.** Se debe restar 3 de ambos lados y luego dividir por 4:

$$4y + 3 = -9$$
$$4y = -12$$
$$y = -3$$

La opción A es incorrecta porque −12 es igual a 4y. En el primer paso, debe restar 3, no sumarlos, entonces −8 (opción B) es incorrecta. En el segundo paso, debe dividir entre 4, no sumarlo a ambos lados, entonces −1.5 (opción D) tampoco es correcta.

2. **La respuesta correcta es D.** Se debe sustituir en −3 para x y simplificar usando el orden de las operaciones:

$$f(-3) = 2 - (-3)(1 - (-3))$$
$$= 2 + 3(1 + 3)$$
$$= 2 + 3(4)$$
$$= 2 + 12$$
$$= 14$$

La opción A es incorrecta porque − (−3) = 3, no −3. La opción B es incorrecta porque 1 − (−3) = 1 + 3, no 1 − 3. La opción C es incorrecta porque para calcular 2 − 3 (−2), debe calcular el producto; aquí calculó 2 − 3 primero y luego multiplicó por −2.

3. **La respuesta correcta es C.** Se debe resolver el sistema utilizando el método de sustitución: sustituir la expresión para y dada por la primera ecuación en la segunda ecuación, y luego resolver x:

$$2ax - (ax - 1) = 2 + a$$
$$2ax - ax + 1 = 2 + a$$
$$ax = a + 1$$
$$x = \frac{a + 1}{a}$$

Ahora, sustituya esto por x en la primera ecuación para encontrar el valor de y:

$$y = a\left(\frac{a + 1}{a}\right) - 1$$
$$y = a + 1 - 1$$
$$y = a$$

Entonces $\dfrac{x}{y} = \dfrac{\frac{a + 1}{a}}{a} = \dfrac{a + 1}{a^2}$.

La opción A es xy. La opción B es incorrecta porque no puede cancelar términos similares en el numerador y denominador de una fracción; usted solo puede cancelar factores. La opción D es incorrecta porque al resolver la ecuación $ax = a + 1$, debe dividir ambos lados entre a, no lo reste de ambos lados.

4. **La respuesta correcta es A.** La moda es el valor más frecuente en los datos conjunto. Aquí, ese valor es 4. Para la mediana, primero organice los datos en orden creciente:

0, 2, 4, 4, 4, 8, 13

Como hay siete valores de datos, la mediana es el valor en la cuarta posición en esta lista, que es 4. La media es el promedio de los siete valores:

$$\frac{0 + 2 + 4 + 4 + 4 + 8 + 13}{7} = \frac{35}{7} = 5$$

Entonces moda = mediana < media.

5. **La respuesta correcta es D.** Use la propriedad distributiva, reúna los términos, y luego divida por el coeficiente de x:

$$3(2 - 4x) + 2(8x - 3) > -8$$
$$6 - 12x + 16x - 6 > -8$$
$$4x > -8$$
$$x > -2$$

La opción A es incorrecta porque solo revierte el signo de desigualdad cuando divide por un número negativo, y al resolver la desigualdad $4x > -8$, debe dividir ambos lados por 4, no sumarlo a ambos lados. La opción B es incorrecta porque solo invierte el signo de desigualdad cuando divide por un número negativo. La opción C es incorrecta porque no usó la propiedad distributiva al simplificar la expresión del lado izquierdo.

6. **La respuesta correcta es A.** Las tres tiradas son independientes entre sí, y cada una tiene 6 posibles resultados Entonces hay $(6)(6)(6) = 216$ posibles resultados de tres tiradas. Ahí hay solo una forma de obtener los 5. Entonces la probabilidad de NO obtener tres 5 es $\frac{215}{216}$. La opción B es la probabilidad de no obtener dos 5 cuando tira el dado dos veces. La opción C es la probabilidad de no sacar 5 en los tres intentos. La opción D es la probabilidad de sacar tres 5.

7. **La respuesta correcta es C.** La fórmula para la suma de los primeros n números enteros positivos es $\frac{n(n + 1)}{2}$. Sustituyendo $n = 30$ en la fórmula se obtiene $\frac{30(31)}{2} = 15(31)$. La opción A es incorrecta porque debe dividir esto entre 2. La opción B es un intento de calcular la suma de los primeros 29 números enteros positivos, pero olvidó dividir por 2. La opción D es la suma de los primeros 29 números enteros positivos.

8. **La respuesta correcta es A.** Se debe elevar al cuadrado los lados para deshacerse del radical, y luego resolver x como lo haría con cualquier ecuación lineal:

$$\sqrt[3]{2x + 5} = -5$$
$$2x + 5 = (-5)^3$$
$$2x + 5 = -125$$
$$2x = -130$$
$$x = -65$$

La opción B es incorrecta porque al resolver una ecuación de la forma $az + b = c$, resta b desde ambos lados, no lo suma. La opción C es incorrecta porque elevó al cuadrado ambos lados, pero eso no deshace una raíz cúbica; debe elevar ambos lados al tercer poder. La opción D es incorrecta porque elevó al cuadrado ambos lados, pero eso no deshace una raíz cúbica; debe elevar ambos lados a al tercera potencia. Además, al resolver una ecuación de la forma $az + b = c$, se resta b de ambos lados, no se suma.

9. **La respuesta correcta es D.** Esta es una diferencia de cuadrados, ya que se puede escribir en la forma $(2x)^2 - 13^2$. Esto se factoriza como $(2x - 13)(2x + 13)$. Las otras opciones son incorrectas porque mientras que el término al cuadrado y el término constante sean correctos, cada uno de ellos cuando se multiplican tienen un término medio no presente en la expresión original.

10. **La respuesta correcta es C.** Con x como la cantidad de impuesto a la pro para el costo de una casa D dólares, establezca la proporción $\frac{252,000}{4,200} = \frac{D}{x}$. Resolver x rendimientos $x = \frac{4,200D}{252,000} = \frac{D}{60}$ dólares. La opción A es incorrecta porque debe dividir entre 60, no sumar. La opción B es el recíproco de la expresión correcta. La opción D es incorrecta porque debe dividir entre 60, no multiplicar por el mismo.

11. **La respuesta correcta es D.** Con x como las ganancias necesitadas en el quinto espectáculo, calcule el promedio de las cinco cantidades y establezca esto igual a $800:

$$\frac{450 + 600 + 240 + 1,060 + x}{5} = 800$$

$$\frac{2,350 + x}{5} = 800$$

$$2,350 + x = 4,000$$

$$x = 1,650$$

Entonces debe ganar $1,650 en el quinto espectáculo. La opción A es incorrecta porque es solo el promedio de las ganancias de las primeras cuatro muestras. La opción B es incorrecta porque solo funciona si el promedio que muestra los primeros cuatro es igual a $800, que no es el caso. La opción C es incorrecta porque dividió las ganancias totales entre 4, no 5.

12. **La respuesta correcta es C.** La cantidad total ganada del salario por hora por h horas de trabajo es de $9.45h$ dólares. Así que el total ganado el viernes por la noche es de $9.45h + 140$ dólares. Esto debe ser mayor o igual a 185 dólares. Esto da la desigualdad $9.45h + 140 \geq 185$. La opción A es incorrecta porque no debe multiplicar la cantidad ganada en propinas por el salario por hora. La opción B es incorrecta porque no incluyó la cantidad ganada en propinas en la cantidad total ganada en el lado izquierdo de la desigualdad. La opción D es incorrecta porque debe intercambiar los 9.45 y 140.

13. **La respuesta correcta es B.** Primero, borre las fracciones multiplicando ambos lados por 4. Luego, simplifique ambos lados usando la propiedad distributiva y combinando términos similares. Luego, aísle los términos z en un lado y los términos constantes a la derecha. Finalmente, divida ambos lados entre el coeficiente de z:

$$4 \cdot \frac{2 - 3z}{2} = 4 \cdot \left(\frac{1}{4}z - \frac{z - 2}{4} \right)$$

$$2(2 - 3z) = z - (z - 2)$$

$$4 - 6z = z - z + 2$$

$$4 - 6z = 2$$

$$-6z = -2$$

$$z = \frac{1}{3}$$

La opción A es incorrecta porque para resolver una ecuación de la forma $ax = b$, debe dividir ambos lados entre a, no sumarlos. La opción C es incorrecta porque no usó la propiedad distributiva correctamente. La opción D es incorrecta porque para resolver una ecuación de la forma $ax = b$, debe dividir ambos lados entre a, no debe restarlos.

14. **La respuesta correcta es A.** El interés ganado en un año al 1.5 % en $8,000 es $8,000 (0.015). Sumar esto al depósito original de $8,000 muestra que la cuenta vale $8,000 + $8,000 (0.015) después de un año. La opción B es incorrecta porque el 1.5 % = 0.015. La opción C es solo la cantidad de interés ganado. La opción D es incorrecta porque el 1.5 % = 0.015, y la respuesta sería solo la cantidad de interés ganado.

15. La respuesta correcta es C. Traducir la oración en símbolos produce la siguiente ecuación, donde x es el número desconocido:

$$2(x + 3) = 6x - 10.$$

Resuelva x, de la siguiente manera:

$$2(x + 3) = 6x - 10$$
$$2x + 6 = 6x - 10$$
$$16 = 4x$$
$$4 = x$$

La opción A es incorrecta porque para resolver una ecuación de la forma $az + b = c$, debe restar b desde ambos lados, no sumarlo. La opción B es incorrecta porque al traducir la oración en símbolos, interpretó incorrectamente la frase "dos veces la suma de 3 y un número" como $2x + 3$; debería ser $2(x + 3)$. La opción D es incorrecta porque resuelve una ecuación de la forma $az = b$, dividió ambos lados entre a, no lo restó de ambos lados.

16. La respuesta correcta es A. Este es el único par de binomios que, cuando se expanden, producen el trinomio dado. Aplicar PEIÚ a $(3x - 4y)(6x - y)$ produce lo siguiente:

$$(3x)(6x) + (3x)(-y) + (-4y)(6x) + (-4y)(-y) =$$
$$18x^2 - 3xy - 24xy + 4y^2 = 18x^2 - 27xy + 4y^2$$

17. La respuesta correcta es B. Use la fórmula cuadrática $x = \dfrac{-b \pm \sqrt{b^2 - 4ac}}{2a}$ donde $a = 2$, $b = 1$, y $c = -4$ para encontrar las soluciones:

$$x = \frac{-1 \pm \sqrt{1 - 4(2)(-4)}}{2(2)} = \frac{-1 \pm \sqrt{33}}{4}$$

La opción A es incorrecta porque el número antes del signo "$\pm$" en la fórmula cuadrática es $-b$, no b, y cometió un error de signo al simplificar el radicando. La opción C es incorrecta porque el número antes del signo "$\pm$" en la fórmula cuadrática es $-b$, no b. La opción D es incorrecta porque cometió un error de signo al simplificar el radicando.

18. La respuesta correcta es C. La mediana de un conjunto de datos que contiene 15 valores organizados en orden creciente es el que está en el octavo puesto. Como Katie agrega 4 al valor anterior cada semana, si solo enumeramos la nueva cantidad total ahorrada cada semana, el conjunto de datos aumentará automáticamente en orden. Es como sigue: 24, 28, 32, 36, 40, 44, 48, 52 ... 80. Entonces la mediana es 52. La opción A es la cantidad que habría ahorrado para la octava semana, sin incluir la cantidad que recibió como un regalo de su tío. La opción B es el total de la séptima semana, que no es la mediana. La opción D es la cantidad total que ahorró por estas 15 semanas, sin incluir la cantidad que ella recibió como regalo de su tío.

19. La respuesta correcta es C. Resuelva ambas ecuaciones para y:

$$3y - ax = 1 \quad \Rightarrow \quad y = \frac{1}{3}ax + \frac{1}{3}$$
$$bx + 4y = 2 \quad \Rightarrow \quad y = -\frac{1}{4}bx + \frac{1}{2}$$

Como estas líneas tienen diferentes intersecciones en y, no se cruzarán si tienen la misma pendiente. En tal caso, el sistema no tendrá solución. Igualar las pendientes y simplificar produce lo siguiente:

$$\frac{1}{3}a = -\frac{1}{4}b$$
$$4a = -3b$$
$$4a + 3b = 0$$

La opción A es incorrecta porque el signo menos debería ser un más. La opción B es incorrecta porque esta condición garantizaría las líneas son perpendiculares, no paralelas y las líneas perpendiculares se cruzan en un punto, que corresponde a una solución del sistema. La opción D es incorrecta porque esto es cerca de la condición asegurando que las líneas estén perpendicular: falta un signo menos. Pero las líneas perpendiculares se cruzan en un punto, que corresponde a una solución del sistema.

20. **La respuesta correcta es D.** Hay 11 margaritas de 25 que podrían elegirse en la primera selección; la probabilidad de hacerlo es $\frac{11}{25}$. Una vez que se retira esta flor, hay 24 restantes en el jarrón, 10 de las cuales son margaritas. Entonces la probabilidad de elegir una segunda margarita es $\frac{10}{24}$. Como se realizan las selecciones en sucesión, multiplicamos las probabilidades. Entonces la probabilidad de aleatoriamente seleccionar dos margaritas es $\frac{11}{25} \times \frac{10}{24}$. La opción A es incorrecta porque el denominador de la segunda fracción en el producto debe ser reducida a 1, ya que la flor seleccionada primero no fue devuelta al florero. La opción B es incorrecta porque es el resultado si la primera flor fuera devuelta al florero antes de que se eligiera la segunda flor. La opción C es incorrecta porque la cantidad de flores en el florero no es 14; este es el número de claveles. Por el contrario, hay 11 + 14 = 25 flores en el jarrón para hacer la primera selección.

21. **La respuesta correcta es A.** Primero, multiplique en regla de tres. Luego simplifique cada lado usando la propiedad distributiva y aísle z, como sigue:

$$\frac{\frac{1}{w} + z}{2 + z} = \frac{3}{w}$$

$$\left(\frac{1}{w} + z\right)w = 3(2 + z)$$

$$1 + wz = 6 + 3z$$

$$wz - 3z = 5$$

$$z(w - 3) = 5$$

$$z = \frac{5}{w - 3}$$

Las otras opciones son incorrectas debido a errores al resolver ecuaciones de la forma $x + a = b$ y $ax = b$.

22. **La respuesta correcta es D.** Aplique las reglas de los exponentes, como se muestra:

$$\frac{x^3 \left(x^2 y^3\right)^3}{x^5 y} = \frac{x^3 x^{2 \cdot 3} y^{3 \cdot 3}}{x^5 y}$$

$$= \frac{x^3 x^6 y^9}{x^5 y}$$

$$= \frac{x^{3+6} y^9}{x^5 y}$$

$$= \frac{x^9 y^9}{x^5 y}$$

$$= x^{9-5} y^{9-1}$$

$$= x^4 y^8$$

La opción A es incorrecta porque $z^a \cdot z^b = z^{a+b}$, no $z^{a \cdot b}$. La opción B es incorrecta porque $\left(z^a\right)^b$ no es igual a z^{a^b}. La opción C es incorrecta porque $\frac{z^a}{z^b}$ no es igual a $z^{a/b}$.

23. **La respuesta correcta es A.** Se entiende que z es el número de partidos que Micah necesita ganar consecutivamente para aumentar su porcentaje de ganancias al 90%. Luego, después de jugar estos partidos z, habrá ganado 13 + z de 22 + z partidos jugados. Esto produce la relación $\frac{13 + z}{22 + z}$, que debe ser igual a 0,90. Esto produce la ecuación $\frac{13 + z}{22 + z} = 0.90$. La opción B es incorrecta porque también se debe sumar z al denominador, ya que habrá jugado 22 + z partidos. La opción C es incorrecta porque 13 debe sumarse al numerador. La opción D es incorrecta porque esta proporción asume que Micah perdió los siguientes z partidos.

24. La respuesta correcta es B. Sustituya $x + 1$ para x en la función $f(x) = 2x - 3x^2$ y simplifique:

$$f(x + 1) = 2(x + 1) - 3(x + 1)^2$$
$$= 2x + 2 - 3\left(x^2 + 2x + 1\right)$$
$$= 2x + 2 - 3x^2 - 6x - 3$$
$$= -3x^2 - 4x - 1$$

La opción A es incorrecta porque no usó la propiedad distributiva correctamente. La opción C es incorrecta porque $f(x + 1) \neq f(x) + f(1)$. La opción D es incorrecta porque $f(x + 1) \neq f(x) + 1$.

25. La respuesta correcta es B. La probabilidad es $1 - (0.10 + 0.18) = 1 - 0.28 = 0.72$. La opción A es la probabilidad de seleccionar un junior que eligió biología vegetal o alemán como su electiva. La opción C es incorrecta porque usted también debe excluir el porcentaje que eligió biología vegetal como su electiva. La opción D es incorrecto porque también debe excluir el porcentaje que eligió alemán como electiva.

Repaso de matemáticas: geometría

Capítulo 14

DESCRIPCIÓN GENERAL

- Lo que encontrará en este repaso
- Congruencia y semejanza
- Ángulos
- Triángulos
- Cuadriláteros
- Polígonos
- Círculos
- Figuras geométricas tridimensionales (3-D)
- Trigonometría del triángulo rectángulo
- Geometría coordinada
- Factores de escala
- En resumen
- Preguntas de práctica
- Clave de respuestas y explicaciones

LO QUE ENCONTRARÁ EN ESTE REPASO

En este repaso se estudiarán los temas de geometría abordados en el examen de Razonamiento matemático GED. Incluyen lo siguiente:

- Congruencia y semejanza.

- Ángulos, líneas paralelas, perpendiculares y transversales.

- Figuras bidimensionales (triángulos, cuadriláteros, polígonos y círculos).

- Figuras tridimensionales (cubos y otros prismas rectangulares, cilindros, conos y pirámides cuadradas).

- Trigonometría básica del triángulo rectángulo.

- Geometría de coordenadas (puntos, líneas y otras figuras en el plano cartesiano xy).

Las preguntas tipo examen GED que se encuentran a lo largo del repaso son preguntas de opción múltiple, así como preguntas potenciadas por tecnología. El examen real incluye ambos tipos de preguntas.

CONGRUENCIA Y SEMEJANZA

Se dice que dos figuras geométricas que tienen el mismo tamaño y forma son **congruentes**. El símbolo de la congruencia es ≅. Dos ángulos son congruentes su medida en grados (tamaño) es la misma. Dos segmentos de línea son congruentes si tienen la misma longitud. Dos triángulos son congruentes si los ángulos y los lados son todos idénticos en tamaño. (Lo mismo se aplica a figuras con más de tres lados).

Si una figura geométrica bidimensional, como un triángulo o un rectángulo, tiene exactamente la misma forma que otra, entonces las dos figuras son **semejantes**. Las figuras semejantes comparten las mismas medidas de los ángulos, y sus lados son proporcionales (aunque no de la misma longitud). Mire la siguiente figura.

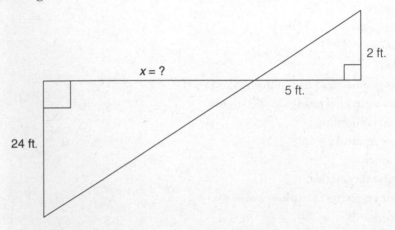

Para encontrar la longitud del lado correspondiente del triángulo más grande, debe establecer una proporción. Los triángulos son semejantes, por lo que sus lados están en proporción: $\frac{2}{5} = \frac{24}{x}$. Para resolver la proporción multiplique en cruz: $2x = 120$. Luego, para encontrar x, divida 120 entre 2: $120 \div 2 = 60$. El lado desconocido tiene 60 pies de longitud. (Se examinarán los triángulos con mayor detalle más adelante en este repaso).

ÁNGULOS

Los **ángulos** se denotan con el símbolo de ángulo ($\angle$). Se miden en **grados** (°). La letra "m" se usa para indicar la medida de un ángulo. Una línea que se extiende en una sola dirección desde un punto es llamada **rayo**. Las líneas, los rayos o los segmentos de una línea coinciden en un punto llamado **vértice**. Los ángulos generalmente se nombran con letras, como en la siguiente figura.

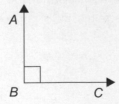

El nombre del ángulo anterior es ∠*ABC*. Este ángulo se llama **ángulo recto** porque m∠*ABC* = 90°. El pequeño cuadrado dibujado en el ángulo indica que es un ángulo recto. Cuando dos líneas se encuentran para formar un ángulo recto, se dice que son **perpendiculares** entre sí, como indica el símbolo ⊥. En la figura anterior, $\overrightarrow{BA} \perp \overrightarrow{BC}$.

Un ángulo que mide menos de 90° se llama ángulo agudo. ∠*VWX* la siguiente figura es un ángulo agudo. Un ángulo que mide más de 90° pero menos de 180° se llama ángulo **obtuso**. ∠*EFG* en la siguiente figura es un ángulo obtuso.

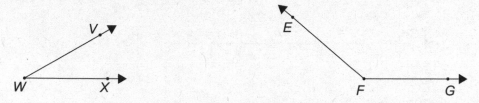

Un **ángulo llano** mide 180°. ∠*XYZ* abajo es un ángulo recto. Dos o más ángulos cuyas medidas suman 180° se llaman **suplementarios**. En la siguiente figura, ∠*DEG* forma una línea recta y por lo tanto mide 180°. ∠*DEF* y ∠*FEG* son ángulos suplementarios; sus medidas suman 180°.

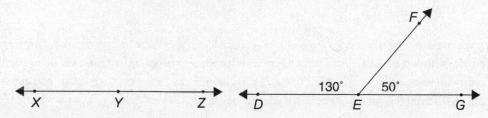

Dos ángulos se denominan ángulos complementarios cuando sus medidas suman 90° (un ángulo recto). En la siguiente figura, m∠*ABC* = 90°. ∠*ABE* y ∠*CBE* son complementarios porque sus mediciones suman 90°. También se sabe que m∠*ABD* = 90° porque ∠*ABD* y ∠*ABC* al combinarse forman una línea recta, que mide 180°.

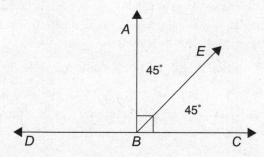

En geometría, el conjunto de puntos que conforma una superficie plana se conoce como **plano**. Cuando dos líneas en el mismo plano nunca se encuentran, no importa cuanto se extiendan, se llaman **líneas paralelas** y se denotan con el símbolo ‖. Si dos líneas paralelas se cruzan con una tercera línea, se forman ocho ángulos. Una línea que interseca dos líneas paralelas se llama transversal. Si una **transversal** se cruza con dos líneas paralelas perpendicularmente (en un ángulo de 90°), los ocho ángulos que se forman son ángulos rectos (90°). De lo contrario, algunos ángulos son agudos, mientras que otros son obtusos. Mire la siguiente figura.

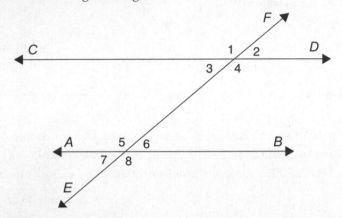

Como se señaló anteriormente, los ángulos que son iguales en grados se llaman ángulos congruentes (el símbolo ≅ indica congruencia). En la figura anterior, puede ver que se han formado ocho ángulos. Los cuatro ángulos agudos (∠2, ∠3, ∠6, y ∠7) son congruentes, y los cuatro ángulos obtusos (∠1, ∠4, ∠5, y ∠8) también son congruentes. Cada par de ángulos opuestos entre sí por un vértice (por ejemplo ∠2 and ∠3) se denominan **ángulos opuestos por el vértice**. Los ángulos opuestos por el vértice son siempre congruentes.

Cuatro ángulos formados por dos líneas que se cruzan suman 360°. En la misma figura de arriba, m∠1 + m∠2 + m∠3 + m∠4 = 360°. (Lo mismo es cierto para los ángulos 5, 6, 7 y 8.) En la figura, la medida de cualquiera de los cuatro ángulos agudos más la medida de cualquier ángulo obtuso es igual a 180°. Si conoce la medida de cualquier ángulo, puede determinar la medida de los otros siete ángulos.

Por ejemplo, si m∠2 = 30°, entonces ∠3, ∠6, y ∠7 también miden 30° mientras que ∠1, ∠4, ∠5, y ∠8 cada uno mide 150°.

Una pregunta de geometría podría implicar solo la intersección de las líneas y los ángulos que se forman. Para resolver este tipo de pregunta, recuerde cuatro reglas básicas sobre los ángulos formados por las líneas que se intersectan:

1. **Ángulos opuestos por el vértice**: los ángulos opuestos por el vértice (ángulos opuestos entre sí en relación con un vértice y formados por las mismas dos líneas) tienen la misma medida, y son congruentes (≅). En otras palabras, son del mismo tamaño.

2. **Ángulos adyacentes:** Si los ángulos adyacentes se combinan para formar una línea recta, sus medidas suman 180. De hecho, una línea recta es en realidad un ángulo de 180°.

3. **Líneas perpendiculares:** si dos líneas son perpendiculares (⊥) entre sí, al cruzarse forman ángulos rectos (90°).

4. **La suma de los ángulos:** la suma de todos los ángulos formados por la intersección de dos (o más) líneas en el mismo punto es 360°, independientemente de cuántos ángulos estén involucrados.

EJEMPLO 1 (MÁS FÁCIL):

La siguiente figura muestra tres líneas de intersección.

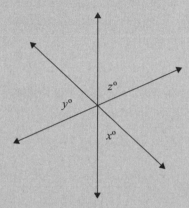

¿Cuál de los siguientes expresa el valor de $x + y$ en cada caso?

A. $2z$

B. $180 - z$

C. $360 - z$

D. $z + 90$

El ángulo opuesto por el vértice a aquel cuya medida se da como $z°$ también debe medir $z°$. Ese ángulo y los ángulos cuyas medidas son $x°$ e $y°$ se combinan para formar una línea recta (180°). En otras palabras, $x + y + z = 180$. En consecuencia, $x + y = 180 - z$. **La respuesta correcta es B.**

EJEMPLO 2 (MÁS DIFÍCIL):

La línea R cruza la línea P y la línea Q en un ángulo de 45°. ¿Qué afirmación debe ser verdadera?

A. La línea P es paralela a la línea Q.

B. La línea P se cruza con la línea Q en un ángulo de 45°.

C. La línea P es perpendicular a la línea Q.

D. La línea Q cruza la línea R en un ángulo de 135°.

Las líneas P y Q pueden o no ser paralelas. Pero cualesquiera dos líneas que se crucen en un ángulo de 45° también forman un ángulo de 135° en el vértice porque los ángulos adyacentes se combinan para formar una línea recta de 180°. **La respuesta correcta es D.**

TRIÁNGULOS

El **triángulo** es una figura de 3 lados. Todos los triángulos, independientemente de su forma o tamaño, comparten las siguientes cuatro propiedades:

1. **Longitud de los lados.** Cada lado es más corto que la suma de las longitudes de los otros dos lados. (De lo contrario, el triángulo colapsaría en una línea).

2. **Medidas de los ángulos.** Las medidas de los tres ángulos interiores suman 180°.

3. **Ángulos y lados opuestos.** El tamaño de los ángulos corresponden compartivamente con las longitudes comparativas de los lados opuestos a esos ángulos. Por ejemplo, el ángulo más grande de un triángulo es opuesto a su lado más largo (Los lados opuestos a dos ángulos congruentes también son congruentes).

4. **Área.** El área de cualquier triángulo es igual a la mitad del producto de su base y su altura (o "altitud"): Área = $\frac{1}{2}$ × base × altura. Puede usar cualquier lado como base para calcular el área.

La siguiente figura muestra tres tipos particulares de triángulos. Las preguntas del examen GED a menudo involucran estos tres tipos.

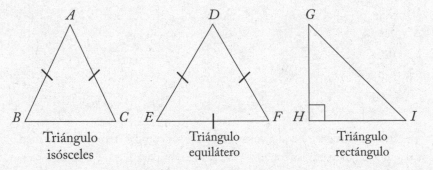

Triángulo isósceles   Triángulo equilátero   Triángulo rectángulo

Un **triángulo isósceles** tiene dos lados (y dos ángulos) congruentes. En la figura de arriba, ∠B y ∠C son congruentes, y los lados opuestos a esos dos ángulos, $\overline{AB}$ y $\overline{AC}$, son congruentes. En un **triángulo equilátero**, los tres ángulos son congruentes y los tres lados son congruentes. En un **triángulo rectángulo**, un ángulo es un ángulo recto y los otros dos ángulos son ángulos agudos. El lado más largo de un triángulo rectángulo (en este caso, $\overline{GI}$) se llama **hipotenusa**. En las páginas siguientes, examinará estos tres tipos de triángulos con mayor detalle.

EJEMPLO 3 (MÁS FÁCIL):

La longitud de un lado de un piso triangular es de 12 pies.

¿Cuáles de las siguientes NO PUEDE ser la longitud de los otros dos lados?

A. 1 pie y 12 pies

B. 8 pies y 4 pies

C. 12 pies y 13 pies

D. 16 pies y 14 pies

La longitud de cualquiera de los dos lados combinados debe ser mayor que la longitud del tercer lado. **La respuesta correcta es B.**

EJEMPLO 4 (MÁS DIFÍCIL):

En el triángulo *T*, la medida en grados de un ángulo interior es tres veces la de cada uno de los otros dos ángulos interiores. ¿Cuál es la medida del ángulo interior más grande del triángulo *T*?

A. 72°

B. 90°

C. 108°

D. 120°

La relación entre los tres ángulos es 3: 1: 1. Sea *x* = la longitud de cualquier lado corto:

$$x + x + 3x = 180$$
$$5x = 180$$
$$x = 36$$

El ángulo más grande mide 3 × 36 = 108°. **La respuesta correcta es C.**

Triángulos rectángulos y el teorema de Pitágoras

En un triángulo rectángulo, un ángulo mide 90° y, por supuesto, cada uno de los otros dos ángulos mide menos de 90°. El **teorema de Pitágoras** involucra la relación entre los lados de cualquier triángulo rectángulo y puede expresarse mediante la ecuación $a^2 + b^2 = c^2$. Como se muestra en la siguiente figura, las letras *a* y *b* representan las longitudes de las dos catetos (los dos lados más cortos) que forman el ángulo recto, y *c* es el longitud de la hipotenusa (el lado más largo, opuesto al ángulo recto).

Teorema de Pitágoras: $a^2 + b^2 = c^2$

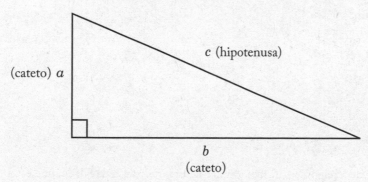

El teorema de Pitágoras está incluido en la hoja de fórmulas proporcionada durante el examen.

Para cualquier triángulo rectángulo, si conoce la longitud de dos lados, puede determinar la longitud del tercer lado aplicando el teorema de Pitágoras. Estudie los siguientes dos ejemplos:

Ejemplo:

Si los dos lados más cortos (los catetos) de un triángulo rectángulo tienen 2 y 3 pulgadas de largo, entonces la longitud del tercer lado del triángulo (la hipotenusa) es $\sqrt{13}$ pulgadas:

$$a^2 + b^2 = c^2$$
$$2^2 + 3^2 = c^2$$
$$4 + 9 = c^2$$
$$13 = c^2$$
$$\sqrt{13} = c$$

Ejemplo:

Si el lado más largo de un triángulo rectángulo (hipotenusa) tiene 4 pulgadas de largo, y si otro lado (uno de los catetos) es de 2 pulgadas de largo, entonces la longitud del tercer lado (el otra cateto) es $\sqrt{12}$ pulgadas:

$$a^2 + b^2 = c^2$$
$$a^2 + 2^2 = 4^2$$
$$a^2 + 4 = 16$$
$$a^2 = 12$$
$$a = \sqrt{12}$$

EJEMPLO 5 (MÁS FÁCIL):

En un triángulo rectángulo, un ángulo mide 90°. Si la hipotenusa de un triángulo rectángulo es c y un lado del triángulo es a, ¿cuál es la longitud del tercer lado en términos de a y c?

A. $\sqrt{a^2 + c^2}$

B. $\dfrac{a + c}{2}$

C. $\sqrt{a \times c}$

D. $\sqrt{c^2 - a^2}$

Use el teorema de Pitágoras para determinar la longitud del tercer lado, que es el otro cateto del triángulo. Llame la longitud del tercer lado b. El teorema de Pitágoras dice que $a^2 + b^2 = c^2$. Resolver para b:

$$b^2 = c^2 - a^2$$
$$b = \sqrt{c^2 - a^2}$$

La respuesta correcta es D.

EJEMPLO 6 (MÁS DIFÍCIL):

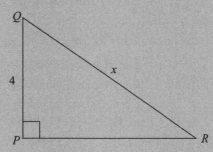

¿Cuál de los siguientes expresa la longitud de $\overline{PR}$ en la figura de arriba?

A. $\sqrt{x^2 - 4}$

B. $\sqrt{x + 16}$

C. $x - 4$

D. $\sqrt{x^2 - 16}$

La pregunta pide la longitud del lado $\overline{PR}$ en términos de los otros dos lados. Aplicar el teorema de Pitágoras (sea y = la longitud de $\overline{PR}$):

$$4^2 + y^2 = x^2$$
$$16 + y^2 = x^2$$
$$y^2 = x^2 - 16$$
$$y = \sqrt{x^2 - 16}$$

La respuesta correcta es D.

Terna pitagórica

Una **terna pitagórica** es cualquier relación entre tres lados que satisface el teorema de Pitágoras. En cada una de las siguientes ternas, los dos primeros números representan la relación entre las longitudes de las dos catetos (a y b), y el tercer número, el más grande, representa la longitud de la hipotenusa (c) en relación con las dos catetos:

Relación lateral	Teorema de Pitágoras
$(a{:}b{:}c)$	$(a^2 + b^2 = c^2)$
$1{:}1{:}\sqrt{2}$	$1^2 + 1^2 = \left(\sqrt{2}\right)^2$
$1{:}\sqrt{3}{:}2$	$1^2 + \left(\sqrt{3}\right)^2 = 2^2$
$3{:}4{:}5$	$3^2 + 4^2 = 5^2$
$5{:}12{:}13$	$5^2 + 12^2 = 13^2$
$8{:}15{:}17$	$8^2 + 15^2 = 17^2$
$7{:}24{:}25$	$7^2 + 24^2 = 25^2$

Cada terna que se muestra se expresa como una *relación* porque representa una proporción entre los lados del triángulo. Todos los triángulos rectos con lados que tienen la misma proporción, o razón, tienen la misma forma. Por ejemplo, un triángulo rectángulo con lados de 5, 12 y 13 es más pequeño pero tiene exactamente la misma forma (proporción) que un triángulo con lados de 15, 36 y 39.

Para ahorrar tiempo valioso en los problemas de triángulo rectángulo, aprenda a reconocer números (longitudes de los lados) que son múltiplos de las ternas pitagóricas.

EJEMPLO 7 (MÁS FÁCIL):

¿Cuál de los siguientes NO describe un triángulo rectángulo?

Un triángulo con lados de

A. 3 pulgadas, 4 pulgadas, y 5 pulgadas

B. 5 pulgadas, 12 pulgadas, y 13 pulgadas

C. 10 pulgadas, 24 pulgadas, y 26 ipulgadas

D. 6 pulgadas, 10 pulgadas, y 20 pulgadas

La opción A describe un triángulo 3:4:5. Las opciones B y C describen los triángulos 5:12:13. La opción D no describe un triángulo rectángulo ($6^2 + 10^2 \neq 20^2$). De hecho, al sumar los dos lados (6 pulgadas + 10 pulgadas) no tienen mayor longitud que el tercer lado (20 pulgadas), por lo tanto ni siquiera es un triángulo. **La respuesta correcta es D.**

EJEMPLO 8 (MÁS DIFÍCIL):

Dos barcos salen del mismo muelle al mismo tiempo, uno viaja hacia el oeste a 30 millas por hora y el otro hacia el norte a 40 millas por hora. Si mantienen esas velocidades, ¿a qué distancia están las embarcaciones después de tres horas?

A. 90 millas

B. 120 millas

C. 150 millas

D. 210 millas

La distancia entre los dos barcos después de tres horas forma la hipotenusa de un triángulo en el que los catetos son los caminos respectivos de los dos barcos. La relación de una cateto con el otro es 30:40, o 3:4. En ese caso se puede saber que se trata de un triángulo 3:4:5. El bote más lento viajó 90 millas (30 mph × 3 horas). El número 90 corresponde al número 3 en la relación 3:4:5, por lo que el múltiplo es 30 (3 × 30 = 90). 3:4:5 = 90:120:150. **La respuesta correcta es C.**

Terna pitagórica de ángulos

En dos (y sólo dos) de los triángulos especiales identificados en la sección anterior como ternas pitagóricas, todas las medidas de los ángulos son *enteros*:

Los ángulos de un triángulo 1:1:$\sqrt{2}$ son 45°, 45°, y 90°.

Los ángulos de un triángulo 1:$\sqrt{3}$:2 son 30°, 60°, y 90°.

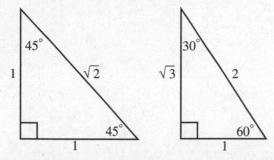

Si un ángulo agudo de un triángulo rectángulo es 45°, y sabe la longitud de un lado, entonces puede encontrar las longitudes de los otros lados. Por ejemplo:

Si un cateto es de 5, entonces el otro cateto también debe ser 5, mientras que la hipotenusa debe ser $5\sqrt{2}$.

Si la hipotenusa es 10, entonces cada cateto debe ser $\dfrac{10}{\sqrt{2}} = \dfrac{10}{\sqrt{2}} \times \dfrac{\sqrt{2}}{\sqrt{2}} = 5\sqrt{2}$

(divida la hipotenusa por $\sqrt{2}$ y elimine el radical del denominador).

Del mismo modo, si sabe que un ángulo agudo de un triángulo rectángulo es 30° o 60°, entonces dada la longitud de cualquier lado, puede encontrar las longitudes de los otros lados. Por ejemplo:

Si el lado más corto (opuesto al ángulo de 30°) es 3, entonces el otro tramo (opuesto al ángulo de 60°) debe ser $\sqrt{3}$, y la hipotenusa debe tener 6 unidades de largo (3 × 2).

Si la hipotenusa es 10, entonces el cateto más corto (opuesto al ángulo de 30°) debe ser 5 y el cateto más largo (opuesto al ángulo de 60°) debe ser $5\sqrt{3}$ (la longitud del cateto más corto multiplicado por $\sqrt{3}$).

Para ahorrar tiempo en problemas sobre el triángulo rectángulo, esté atento a cualquiera de las dos ternas de ángulos pitagóricos.

EJEMPLO 9 (MÁS FÁCIL):

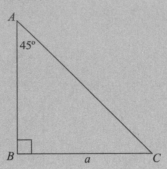

¿Cuál de las siguientes opciones expresa la longitud de $\overline{AC}$ en la figura de arriba?

A. $2a$

B. $a\sqrt{2}$

C. $a\sqrt{3}$

D. $2\sqrt{a}$

El ángulo de 45° establece que $\overline{AB}$ y $\overline{BC}$ son congruentes (de igual longitud). Entonces la relación de los tres lados es $1{:}1{:}\sqrt{2}$. Dado que cada cateto tiene una longitud de a, la relación es $a{:}a{:}a\sqrt{2}$. **La respuesta correcta es B.**

EJEMPLO 10 (MÁS DIFÍCIL):

Como se muestra en la siguiente figura, $\overline{AC}$ tiene 5 unidades de longitud, m$\angle ABD = 45°$, y m$\angle DAC = 60°$.

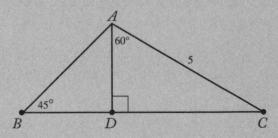

¿Cuál es la longitud de $\overline{BD}$?

A. $2\sqrt{2}$

B. $\dfrac{5}{2}$

C. $\dfrac{7}{2}$

D. $\dfrac{7}{3}$

Para encontrar la longitud de $\overline{BD}$, primero necesita encontrar la longitud de $\overline{AD}$. Tenga en cuenta que $\triangle ADC$ es un triángulo 30°-60°-90°. La relación entre sus lados es $1:\sqrt{3}:2$. Dado que $\overline{AC}$ es 5, $\overline{AD}$ debe ser $\frac{5}{2}$. (La relación 1:2 es equivalente a una relación de $\frac{5}{2}$ a 5.) Luego, observe que $\triangle ABD$ es un triángulo de 45°-45°-90°. La relación entre sus lados es $1:1:\sqrt{2}$. Ya sabe que $\overline{AD}$ tiene $\frac{5}{2}$ unidades de longitud. Por lo tanto, $\overline{BD}$ también debe tener $\frac{5}{2}$ unidades de longitud. **La respuesta correcta es B.**

Triángulos equiláteros e isósceles

Un triángulo *isósceles* tiene las siguientes propiedades especiales:

1. Dos de los lados son congruentes (de igual longitud).
2. Los dos ángulos opuestos a los dos lados congruentes son congruentes (iguales en tamaño o en la medida de sus grados).

Si conoce las medidas de dos ángulos de un triángulo, puede determinar si el triángulo es isósceles. Reste de 180 las dos medidas que conoce. Si el resultado es igual a una de las otras dos medidas, entonces el triángulo es isósceles. Por ejemplo:

Si dos de los ángulos miden 55° y 70°, entonces el tercer ángulo debe ser de 55°(180 − 55 − 70 = 55). El triángulo es isósceles, y los dos lados opuestos a los dos ángulos de 55° son congruentes.

Si dos de los ángulos miden 80° y 20°, entonces el tercer ángulo debe ser de 80°(180 − 80 − 20 = 80). El triángulo es isósceles, y los dos lados opuestos a los dos ángulos de 80° son congruentes.

En cualquier triángulo isósceles, las líneas que bisecan los tres ángulos del triángulo bisecan su lado opuesto. La línea que biseca el ángulo que conecta los dos ángulos congruentes biseca el triángulo en dos triángulos rectos congruentes.

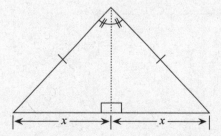

Entonces, si conoce las longitudes de los tres lados de un triángulo isósceles, puede determinar el área del triángulo aplicando el teorema de Pitágoras.

Todos los **triángulos equiláteros** comparten las siguientes tres propiedades:

1. Los tres lados son congruentes (de igual longitud).
2. La medida de cada ángulo es 60°.
3. Área $= \frac{s^2\sqrt{3}}{4}$ (s = cualquier lado)

La fórmula del área de un triángulo equilátero puede o no aparecer en la hoja de fórmulas proporcionada durante el examen. Si necesita encontrar el área de un triángulo equilátero, pero no recuerda la fórmula, puede bisecar el triángulo y combinar las dos áreas más pequeñas.

Como se muestra en el siguiente diagrama, cualquier línea que biseque uno de los ángulos de 60° divide un triángulo equilátero en dos triángulos rectángulos con medidas de ángulo de 30°, 60° y 90° (una de las dos ternas de ángulos pitagóricos). En consecuencia, la relación lateral de cada triángulo más pequeño es $1:\sqrt{3}:2$. El área de este triángulo equilátero es $\frac{1}{2}(2)\sqrt{3}$, o $\sqrt{3}$.

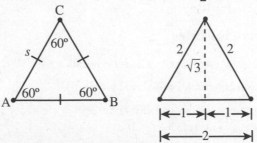

En el examen de Razonamiento matemático GED, los triángulos equiláteros a menudo aparecen en problemas que involucran *círculos*, que repasará más adelante en esta revisión.

EJEMPLO 11 (MÁS FÁCIL):

Como se muestra en la figura, $\overline{BC}$ tiene 6 unidades de longitud, m∠A = 70°, y m∠B = 40°.

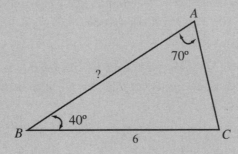

¿Cuál es la longitud de $\overline{AB}$?

A. 5

B. 6

C. 7

D. $5\sqrt{2}$

Como m∠A y m∠B suman 110°, m∠C = 70° (70 + 110 = 180), y sabe que el triángulo es isósceles. Como m∠A = m∠C, $\overline{AB} \cong \overline{BC}$. Dado que $\overline{BC}$ tiene 6 unidades de longitud tambien, $\overline{AB}$ debe tener 6 unidades de longitud. **La respuesta correcta es B.**

EJEMPLO 12 (MÁS DIFÍCIL):

Dos lados de un triángulo tienen cada uno 8 unidades de longitud, y el tercer lado tiene 6 unidades de longitud. ¿Cuál es el área del triángulo, expresada en unidades cuadradas?

A. 14

B. $12\sqrt{3}$

C. 18

D. $3\sqrt{55}$

Biseque el ángulo que conecta los dos lados congruentes ($\overline{BC}$ y $\overline{AC}$ en $\triangle ABC$ a continuación). La bisección de la línea es la altura del triángulo (h), y $\overline{AB}$ es su base, que tiene 6 unidades de largo.

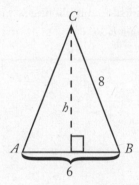

Puede determinar la altura del triángulo (h) aplicando el teorema de Pitágoras:

$$3^2 + h^2 = 8^2$$
$$h^2 = 64 - 9$$
$$h^2 = 55$$
$$h = \sqrt{55}$$

El área de un triángulo es la mitad del producto de su base y altura. Por lo tanto, el área de $\triangle ABC =$ $\frac{1}{2}(6)\sqrt{55} = 3\sqrt{55}$. **La respuesta correcta es D.**

CUADRILÁTEROS

Un **cuadrilátero** es cualquier figura de cuatro lados. El examen de Razonamiento matemático GED enfatiza cuatro tipos específicos de cuadriláteros: el cuadrado, el rectángulo, el paralelogramo y el trapecio.

Rectángulos, cuadrados y paralelogramos

Un **paralelogramo** es un cuadrilátero en el que los lados opuestos son paralelos. Un **rectángulo** es un tipo especial de paralelogramo en el que los cuatro ángulos son ángulos rectos (90°). Un **cuadrado** es un tipo especial de rectángulo en el que los cuatro lados son congruentes (de igual longitud).

Ciertas características se aplican a todos los rectángulos, cuadrados y paralelogramos:

- La suma de las medidas de los cuatro ángulos interiores es 360°.

- Los lados opuestos son paralelos.

- Los lados opuestos son congruentes (de igual longitud).

- Los ángulos opuestos son congruentes (del mismo tamaño o de igual medida en grados).

- Los ángulos adyacentes son suplementarios (sus medidas suman 180°).

Debe saber cómo encontrar el perímetro y el área de estos tres tipos de cuadriláteros. Las fórmulas para el área y el perímetro están incluidas en la hoja de fórmulas que se proporciona durante el examen.

El cuadrado

Para encontrar el perímetro de un cuadrado, multiplique cualquier lado por 4. Para encontrar el área, simplemente eleve al cuadrado cualquier lado.

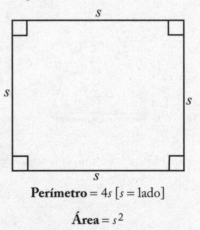

Perímetro $= 4s$ [$s =$ lado]

Área $= s^2$

Las preguntas que involucran cuadrados vienen en muchas variedades. Por ejemplo, es posible que deba determinar un área partiendo de un perímetro, o puede que deba hacer lo contrario, encontrar un perímetro partiendo de un área dada. Por ejemplo:

El área de un cuadrado con un perímetro de 8 es 4.

$s = 8 \div 4 = 2$; $s^2 = 4$

El perímetro de un cuadrado con área 8 es $8\sqrt{2}$.

$s = \sqrt{8} = 2\sqrt{2}$; $4s = 4 \times 2\sqrt{2}$

O, es posible que deba determinar un cambio de área como resultado de un cambio de perímetro (o viceversa). Estas son solo algunas de las posibilidades.

> ### EJEMPLO 13 (MÁS FÁCIL):
>
> Se han dispuesto nueve baldosas cuadradas, cada una con un área de 25 centímetros cuadrados, para formar un cuadrado más grande. ¿Cuál es el perímetro del cuadrado grande?
>
> **A.** 60 centímetros
>
> **B.** 100 centímetros
>
> **C.** 150 centímetros
>
> **D.** 225 centímetros

El lado de cada cuadrado = $\sqrt{25}$ o 5 cm. Alineados para formar un gran cuadrado, los azulejos forman tres filas y tres columnas, cada columna y fila con un lado de 5 × 3 = 15. El perímetro = 15 × 4 = 60. **La respuesta correcta es A.**

> ### EJEMPLO 14 (MÁS DIFÍCIL):
>
> Si los lados de un cuadrado se incrementan cada uno en un 50 %, ¿en qué porcentaje aumenta el área del cuadrado?
>
> **A.** 100 %
>
> **B.** 125 %
>
> **C.** 150 %
>
> **D.** 200 %

La forma más fácil de responder a esta pregunta es conectar números sencillos. Supongamos que la longitud lateral original del cuadrado es 1. Su área es también 1. Aumente la longitud lateral a 1,5, y luego eleve al cuadrado para encontrar el nuevo área: 1.5 × 1.5 = 2.25. Al comparar 1 a 2.25, el aumento porcentual es 125 %. También puede resolver el problema convencionalemente. Sea $\frac{3}{2}s$ = la longitud de cada lado después del aumento, la nueva área $\left(\frac{3}{2}s\right)^2 = \frac{9}{4}s^2$. El aumento de s^2 a $\frac{9}{4}s^2$ es de $\frac{5}{4}$, o 125 %. **La respuesta correcta es B.**

El rectángulo

Para encontrar el perímetro de un rectángulo, multiplique el ancho por 2, y multiplique el largo por 2, y luego sume los dos productos. Para encontrar el área, multiplique el largo por el ancho.

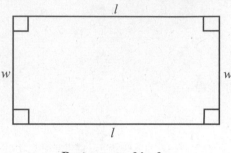

Perímetro $= 2l + 2w$

Área $= l \times w$

Las preguntas que involucran rectángulos no cuadrados también vienen en muchas variedades. Por ejemplo, una pregunta podría pedirle que determine el área en función del perímetro, o viceversa. Otra pregunta podría requerir que determine un perímetro o área combinada de rectángulos adyacentes.

EJEMPLO 15 (MÁS FÁCIL):

En la siguiente figura, todos los segmentos que se intersectan son perpendiculares.

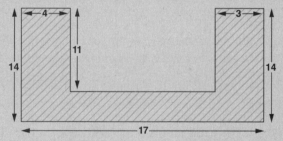

¿Cuál es el área de la región sombreada, en unidades cuadradas?

A. 84

B. 118

C. 128

D. 238

La figura proporciona los perímetros que necesita para calcular el área. Una forma de encontrar el área de la región sombreada es considerarla como lo que queda cuando se corta una forma rectangular de un rectángulo más grande. El área de la figura entera sin el "recorte" es 14 × 17 = 238. El rectángulo "recortado" tiene una longitud de 11, y su anchura es igual a 17 − 4 − 3 = 10. Por lo tanto, el área del recorte es 11 × 10 = 110. Por consiguiente, el área de la región sombreada es 238 − 110 = 128. **La respuesta correcta es C.**

Otra forma de resolver el problema es dividir la región sombreada en tres rectángulos más pequeños, como se muestra en la siguiente figura y sumar el área de cada uno.

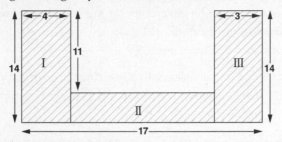

EJEMPLO 16 (MÁS DIFÍCIL):

El largo de un armario rectangular con un área de 12 metros cuadrados es tres veces el ancho del armario. ¿Cuál es el perímetro del armario?

A. 10 metros

B. 12 metros

C. 14 metros

D. 16 metros

La relación de largo y ancho es 3:1. La relación 6:2 es equivalente, y 6 × 2 = 12 (el área). Por lo tanto, el perímetro = (2) (6) + (2) (2) = 16. **La respuesta correcta es D.**

El paralelogramo

Para encontrar el perímetro de un paralelogramo, multiplique el ancho por 2, multiplique el largo por 2 y luego sume los dos productos. Para encontrar el área, multiplique la base por **la altura,** que es *la altura* del paralelogramo, no la longitud de ningún lado. (*Nota*: la base puede ser cualquiera de los cuatro lados de la figura; solo asegúrese de usar la altura que corresponde a la base que ha elegido).

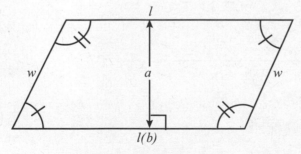

Perímetro = $2l + 2w$

Área = base (b) × altura (a)

De estas dos fórmulas, *sólo* la fórmula del área se incluye en la hoja de fórmulas proporcionada durante el examen.

Una pregunta sobre un paralelogramo no rectangular podría centrarse en las medidas de los ángulos. Estas preguntas son fáciles de responder. En cualquier paralelogramo, los ángulos opuestos son congruentes y los ángulos adyacentes son suplementarios. Sus medidas suman 180°. Entonces, si uno de los ángulos de un paralelogramo mide 65° el ángulo opuesto también debe medir 65°, mientras que los otros dos ángulos miden 115° cada uno.

Una pregunta más difícil sobre un paralelogramo no rectangular podría centrarse en el área. Para determinar la altitud del paralelogramo, es posible que deba aplicar el teorema de Pitágoras (o una de las ternas laterales o de ángulo).

EJEMPLO 17 (MÁS FÁCIL):

Si uno de los ángulos interiores de un paralelogramo mide $a°$, ¿cuál de los siguientes expresa las medidas combinadas de sus dos ángulos adyacentes?

A. $2a + 90$

B. $180 - a$

C. $180 + a$

D. $360 - 2a$

$\angle a$ es suplementario a sus dos ángulos adyacentes. Por lo tanto, la medida en grados de cada ángulo adyacente $= 180 - a$. Exprese el resultado sumando: $(180 - a) + (180 - a) = 360 - 2a$. **La respuesta correcta es D.**

EJEMPLO 18 (MÁS DIFÍCIL):

En la siguiente figura, $\overline{AB} \parallel \overline{CD}$, $\overline{AD} \parallel \overline{BC}$, y m$\angle B = 45°$.

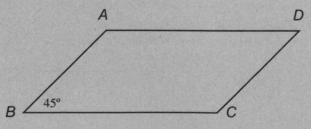

Si $\overline{BC}$ tiene 4 unidades de longitud y $\overline{CD}$ y 2 unidades de longitud, ¿cuál es el área del cuadrilátero $ABCD$?

A. $4\sqrt{2}$

B. 6

C. 8

D. $6\sqrt{2}$

Como *ABCD* es un paralelogramo, su área = base (4) × altura. Para determinar la altura (*a*), dibuje un segmento vertical que conecte el punto *A* a $\overline{BC}$, creando un triángulo de 45°-45°-90°.

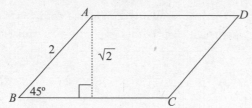

La relación entre la hipotenusa del triángulo y cada cateto es $\sqrt{2}$:1. La hipotenusa $\overline{AB}$ = 2. Por lo tanto, la altura (*a*) de *ABCD* es $\frac{2}{\sqrt{2}}$, o $\sqrt{2}$. En consecuencia, el área de *ABCD* = 4 × $\sqrt{2}$, o $4\sqrt{2}$. **La respuesta correcta es A.**

Trapecios

Un **trapecio** es un cuadrilátero con solo un par de lados paralelos. Todos los trapecios comparten estas cuatro propiedades:

1. Solo un par de lados opuestos es paralelo.
2. La suma de los cuatro ángulos es 360°.
3. Perímetro = la suma de los cuatro lados.
4. Área = la mitad de la suma de los dos lados paralelos, multiplicada por la altura (*a*).

La siguiente figura muestra un trapecio en el que $\overline{BC} \parallel \overline{AD}$.

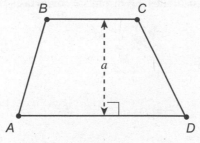

$$\textbf{Perímetro} = \overline{AB} + \overline{BC} + \overline{CD} + \overline{AD}$$

$$\textbf{Área} = \frac{\overline{BC} + \overline{AD}}{2} \times a$$

La fórmula del área del trapecio está incluida en la hoja de fórmulas proporcionada durante el examen.

Los problemas trapezoidales en el examen de Razonamiento matemático GED generalmente proporcionan todos menos uno de los valores para la fórmula del área y luego preguntan el valor que falta.

EJEMPLO 19 (MÁS FÁCIL):

Se debe ensamblar una lámina de metal en forma de trapecio a partir de una pieza cuadrada y una pieza triangular, como se muestra a continuación.

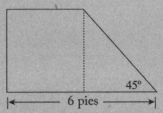

¿Cuál es el área del producto ensamblado?

A. 12 pies cuadrados

B. $13\frac{1}{2}$ pies cuadrados

C. 15 pies cuadrados

D. $17\frac{1}{2}$ pies cuadrados

Para responder esta pregunta, no necesita aplicar la fórmula del área. El ángulo de 45° le dice que los dos catetos del triángulo tienen la misma longitud, que también es la altura del cuadrado. Partiendo de que las dos piezas juntas son 6 pies de largo, cada pieza mide la mitad de esa longitud. Por lo tanto, la altura (línea punteada) es 3. El área del cuadrado = 3^2 = 9. El área del triángulo = $\frac{1}{2} \times 3^2 = \frac{9}{2}$. El área combinada es de $13\frac{1}{2}$ pies cuadrados. **La respuesta correcta es B.**

EJEMPLO 20 (MÁS DIFÍCIL):

Para cubrir el piso de un hall de entrada, se corta una tira de alfombra de 1 pie × 12 pies en dos piezas, que se muestran como las franjas sombreadas en la figura siguiente, y cada pieza está conectada a una tercera pieza de alfombra, como se muestra.

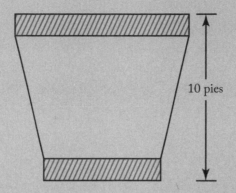

¿Si las tiras de 1 pie corren paralelas entre sí, cuál es el área total del piso alfombrado?

A. 48 pies cuadrados

B. 52.5 pies cuadrados

C. 56 pies cuadrados

D. 60 pies cuadrados

La altitud de la pieza trapezoidal es 8. La suma de los dos lados paralelos de esta pieza es 12' (la longitud de la tira de 1'× 12' antes de cortarla). Puede aplicar la fórmula trapezoidal para determinar el área de esta pieza:

$$A = 8 \times \frac{12}{2} = 48$$

El área total de las dos franjas sombreadas es de 12 pies cuadrados, por lo que el área total del piso es de 60 pies cuadrados. **La respuesta correcta es D.**

POLÍGONOS

Los **polígonos** incluyen todas las figuras bidimensionales formadas por segmentos. Los dos puntos más importantes sobre los polígonos a tener en cuenta son estas dos reglas recíprocas:

1. Si todos los ángulos de un polígono son congruentes (iguales en grados), todos los lados son congruentes (iguales en longitud).

2. Si todos los lados de un polígono son congruentes (de igual longitud), entonces todos los ángulos son congruentes (igual medida de sus grados).

Un polígono en el que todos los lados son congruentes y todos los ángulos son congruentes se llama **polígono regular.**

Puede usar la siguiente fórmula para determinar la suma de todos los ángulos interiores de *cualquier* polígono con ángulos que miden cada uno menos de 180° (n = número de lados):

$$(n - 2)(180°) = \text{suma de ángulos interiores}$$

Esta fórmula NO se incluye en la hoja de fórmulas proporcionada durante el examen. La pregunta del examen proporcionará la fórmula si es necesario.

Para polígonos regulares, el tamaño promedio del ángulo también es el tamaño de cada ángulo. Pero para *cualquier* polígono (excepto para aquellos con un ángulo superior a 180°), puede encontrar el tamaño promedio del ángulo dividiendo la suma de los ángulos por el número de lados. Una forma de acortar las matemáticas es memorizar las sumas de los ángulos y los promedios de los polígonos de tres a ocho lados:

3 lados: $(3 - 2)(180°) = 180° \div 3 = 60°$

4 lados: $(4 - 2)(180°) = 360° \div 4 = 90°$

5 lados: $(5 - 2)(180°) = 540° \div 5 = 108°$

6 lados: $(6 - 2)(180°) = 720° \div 6 = 120°$

7 lados: $(7 - 2)(180°) = 900° \div 7 = 129°$

8 lados: $(8 - 2)(180°) = 1,080° \div 8 = 135°$

Puede sumar las medidas de los ángulos conocidos para encontrar medidas de los ángulos desconocidos.

EJEMPLO 21 (MÁS FÁCIL):

El total de ángulos interiores de un polígono es $(n - 2)(180°)$, donde n = número de lados. ¿Si cuatro de los ángulos interiores de un polígono de cinco lados miden 100° cada uno, cuál es la medida del quinto ángulo interior?

A. 40°

B. 60°

C. 90°

D. 140°

El número total de grados del polígono = $(5 - 2)(180°) = 540°$. El total de los cuatro ángulos conocidos es 400°, entonces el quinto ángulo debe ser de 140°. **La respuesta correcta es D.**

EJEMPLO 22 (MÁS DIFÍCIL):

El octágono regular que se muestra a continuación mide 12 pulgadas por cada lado y se ha dividido en 9 piezas más pequeñas.

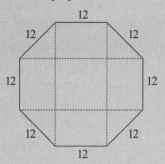

¿Cuál de las siguientes opciones **se aproxima más** al área del octágono?

A. 660 pulgadas cuadradas

B. 790 pulgadas cuadradas

C. 860 pulgadas cuadradas

D. 1,000 pulgadas cuadradas

El segmento central, un cuadrado, mide 12 pulgadas por cada lado y, por lo tanto, tiene un área de 144 pulgadas cuadradas. Cada uno de los cuatro triángulos es un triángulo rectángulo isósceles, con la hipotenusa dada como 12 pulgadas. La relación entre la longitud de la hipotenusa y la longitud de cada cateto es $\sqrt{2}$:1. Para determinar la longitud de cada base, hay que dividir 12 entre $\sqrt{2}$. Usando 1.4 como un valor aproximado para $\sqrt{2}$, la longitud de cada base es aproximadamente 8 pulgadas. El área aproximada de cada triángulo $= \frac{1}{2}(8)(8) = 32$ pulgadas cuadradas. El área aproximada del área de cada uno de los cuatro rectángulos no cuadrados es $8 \times 12 = 96$. Combine las áreas aproximadas de las nueve piezas del octágono:

$$144 + 4(32) + 4(96) = 144 + 128 + 384$$

$$= 656 \text{ pulgadas cuadradas}$$

Como la pregunta solicita la aproximación más cercana, la respuesta correcta sería 660 pulgadas cuadrados. **La respuesta correcta es A.**

CÍRCULOS

Para el examen de Razonamiento matemático GED, debe estar familiarizado con la siguiente terminología básica con respecto a los círculos:

- **circunferencia:** es la distancia alrededor del círculo (lo mismo que "perímetro", pero la palabra *circunferencia* se aplica solo a círculos, óvalos y otras figuras curvas)
- **radio:** es la distancia desde el centro de un círculo a cualquier punto a lo largo de la circunferencia del círculo
- **diámetro:** es la mayor distancia de un punto a otro de la circunferencia del círculo (dos veces la longitud del radio)
- **cuerda:** es un segmento de línea que conecta dos puntos de la circunferencia del círculo (la cuerda más larga posible de un círculo es el diámetro, que pasa por el centro del círculo)

Como se señaló anteriormente, el diámetro de un círculo es dos veces la longitud de su radio. La siguiente figura muestra un círculo con radio 6 y diámetro 12.

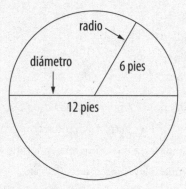

Durante el examen, aplicará una, o posiblemente las dos fórmulas básicas que involucran círculos (r = radio, d = diámetro):

Circunferencia = $2\pi r$, o πd

Área = πr^2

El valor de π es aproximadamente 3.14. Una aproximación expresada como fracción cercana a π es $\frac{22}{7}$.

Con las fórmulas de circunferencia y área, todo lo que necesita es un valor, área, circunferencia, diámetro, o radios, y puede determinar todos los demás. Refiriéndose al círculo que se muestra arriba:

Dado un círculo con un diámetro de 12:

radio = 6

circunferencia = 12π

área = $\pi(6)^2 = 36\pi$

Para el examen, no necesitará trabajar con un valor de π más preciso que 3.14 o $\frac{22}{7}$. De hecho, puede responder a una pregunta sobre círculos usando el símbolo π sin aproximar su valor.

EJEMPLO 23 (MÁS FÁCIL):

Si un círculo con radio r tiene un área de 4 pies cuadrados, ¿cuál es el área de un círculo cuyo radio es $3r$?

A. 6π pies cuadrados

B. 36 pies cuadrados

C. 12π pies cuadrados

D. 48 pies cuadrados

El área de un círculo con radio $r = \pi r^2$, que se da como 4. El área de un círculo con radio $3r = \pi(3r)^2 = 9\pi r^2$. Como $\pi r^2 = 4$, el área de un círculo con radio $3r = (9)(4) = 36$. **La respuesta correcta es B.**

EJEMPLO 24 (MÁS DIFÍCIL):

Si la circunferencia de un círculo es de 10 centímetros, ¿cuál es el área del círculo?

A. $\dfrac{25}{\pi}$ cm^2

B. 5π cm^2

C. 22.5 cm^2

D. 25 cm^2

Primero, determine el radio del círculo. Aplicando la fórmula de circunferencia $C = 2\pi r$, resuelva para r:

$$10 = 2\pi r$$

$$\frac{5}{\pi} = r$$

Luego, aplique la fórmula del área, con $\dfrac{5}{\pi}$ como valor de r:

$$A = \pi\left(\frac{5}{\pi}\right)^2$$

$$= \pi\left(\frac{25}{\pi^2}\right)$$

$$= \frac{25}{\pi^2} \cdot \frac{\pi}{1}$$

$$= \frac{25}{\pi}$$

La respuesta correcta es A.

Arcos y medidas de ángulos de un círculo

Un **arco** es un segmento de la circunferencia de un círculo. Un **arco menor** es el arco más corto que conecta dos puntos de la circunferencia de un círculo. Por ejemplo, en la figura que se muestra, el arco menor $\overset{\frown}{AB}$ está formado por el ángulo de 60° desde el centro del círculo (O).

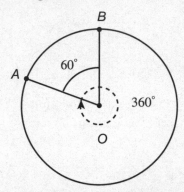

Un círculo, por definición, tiene un total de 360°. La longitud de un arco con respecto a la circunferencia del círculo es directamente proporcional a la medida del ángulo del arco como una fracción de la medida total del círculo de 360°. Por ejemplo, en la figura anterior, el arco menor $\overset{\frown}{AB}$ representa $\frac{60}{360}$, o $\frac{1}{6}$, de la circunferencia del círculo.

El arco de un círculo se puede definir como una longitud (una parte de la circunferencia del círculo) o como una medida de ángulo. En la figura anterior, $\overset{\frown}{AB} = 60°$. Si la circunferencia es 12π, entonces la longitud del arco menor $\overset{\frown}{AB}$ es $\frac{1}{6}$ de 12π, o 2π.

EJEMPLO 25 (MÁS FÁCIL):

El círculo O tiene diámetros $\overline{DB}$ y $\overline{AC}$, como se muestra en la figura a continuación.

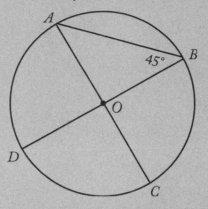

Si la circunferencia del círculo O es de 12 pulgadas, ¿cuál es la longitud del arco menor $\overparen{BC}$?

A. 3 pulgadas

B. $\dfrac{13}{4}$ pulgadas

C. $\dfrac{11}{3}$ pulgadas

D. 4 pulgadas

Como $\overline{AO}$ y $\overline{BO}$ ambos son radios, $\triangle AOB$ es isósceles y, por lo tanto, m$\angle BAO = 45°$. Resulta que m$\angle AOB = 90°$. Ese ángulo de 90° representa $\dfrac{1}{4}$ del círculo 360°. En consecuencia, el arco menor $\overparen{BC}$ representa el $\dfrac{1}{4}$ de la circunferencia de 12 pulgadas del círculo, o 3 pulgadas. **La respuesta correcta es A.**

EJEMPLO 26 (MÁS DIFÍCIL):

Un hexágono se inscribe en un círculo cuyo centro es O, como se muestra a continuación.

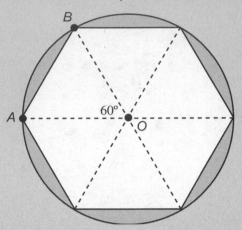

¿Cuántas unidades mide $\overline{AB}$, expresado en términos del diámetro (d) del círculo O?

A. $\dfrac{d}{3}$

B. $\dfrac{d}{\pi}$

C. $\dfrac{d}{2}$

D. $\dfrac{n}{d}$

Dado que ambos $\overline{AO}$ y $\overline{BO}$ son radios, el ángulo central de 60° le indica qu $\triangle ABO$ es equilátero. En consecuencia, la longitud de $\overline{AB}$ debe ser igual al radio del círculo, que es la mitad de su diámetro, o $\dfrac{d}{2}$. **La respuesta correcta es C.**

Círculos y líneas tangentes

Un círculo es **tangente** a una línea (o segmento de línea) si los dos se intersectan en un solo punto (llamado el **punto de tangencia**). Aquí está la regla clave para recordar acerca de las tangentes: una línea que es tangente a un círculo *siempre* es perpendicular a la línea que pasa por el centro del círculo y el punto de tangencia.

En la figura se muestra un círculo con el centro O inscrito en un cuadrado. El punto P es uno de los cuatro puntos de tangencia. Por definición, $\overline{OP} \perp \overline{AB}$.

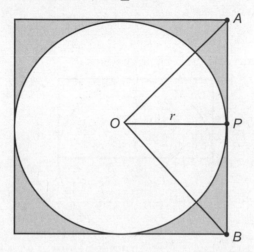

Además, observe las siguientes relaciones entre el círculo en la figura anterior y el cuadrado en el que está inscrito cuadrada (r = radio):

Cada lado del cuadrado tiene $2r$ de longitud.

El área del cuadrado es $(2r)^2$, o $4r^2$.

EJEMPLO 27 (MÁS FÁCIL):

Dos líneas paralelas son tangentes del mismo círculo. ¿Cuál es la distancia más corta entre las dos líneas?

A. El radio del círculo

B. El diámetro del círculo

C. La circunferencia del círculo

D. El producto del radio del círculo y π

Las dos líneas son perpendiculares a una cuerda que es el diámetro del círculo. Por lo tanto, la distancia más ecorto entre ellos es ese diámetro. **La respuesta correcta es B.**

> **EJEMPLO 28 (MÁS DIFÍCIL):**
>
> Un lado de un rectángulo forma el diámetro de un círculo. El lado opuesto del rectangulo es tangente al círculo. En términos del radio del círculo (r), ¿cuál es el perímetro del rectángulo?
>
> **A.** $2r$
>
> **B.** $4r$
>
> **C.** $6r$
>
> **D.** $8r$

La información del problema describe la siguiente figura:

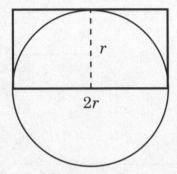

Dado el radio r, el perímetro del rectángulo = $2(2r) + 2(r) = 6r$. **La respuesta correcta es C.**

FIGURAS GEOMÉTRICAS TRIDIMENSIONALES (3-D)

Las figuras tridimensionales (3-D) que podrían aparecer en el examen de Razonamiento matemático GED incluyen cubos y otros prismas rectangulares (objetos con forma de caja), cilindros, conos y las llamados pirámides "cuadradas" (pirámides que tienen una base cuadrada).

Prismas rectangulares

Los **prismas rectangulares** son figuras con forma de caja en las cuales todas las esquinas forman ángulos rectos. Cualquier forma de caja tiene un total de seis lados o *caras*. La longitud de un lado generalmente se conoce como *arista*. Las preguntas sobre prismas rectangulares implicarán una o ambas fórmulas básicas (p = perímetro de base, B = área de base ($l \times w$), h = altura):

Volumen = Bh, o lwh

Área de superficial = $ph + 2B$

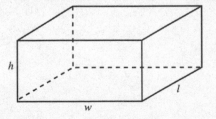

La fórmula del volumen estará incluida en la hoja de fórmulas proporcionada durante el examen.

Para responder una pregunta sobre un prisma rectangular, relacione lo que sabe con la fórmula, área de superficie o volumen, y luego encuentre el término que falta. Dependiendo de la pregunta, es posible que deba aplicar ambas fórmulas.

Por ejemplo, cuando se le da el área superficial de un cubo, puede encontrar la longitud de una de sus aristas. Por ejemplo, si un cubo tiene un área superficial de 294 pulgadas cuadradas. Como es un cubo, ya sabe que todas las aristas tienen la misma longitud. Llamemos a esa longitud e:

$$SA = ph + 2B$$
$$SA = 4e(e) + 2(e^2)$$
$$SA = 4e^2 + 2e^2$$

La fórmula para el área superficial de un cubo es $6e^2$. Para encontrar la longitud de una arista, resuelva la ecuación $6e^2 = 294$ para e, como sigue:

$$6e^2 = 294$$
$$e^2 = 49$$
$$e = 7$$

Cada arista de este cubo mide 7 pulgadas de largo.

EJEMPLO 29 (MÁS FÁCIL):

¿Cuál de las siguientes NO describe las dimensiones de una caja rectangular, cuya capacidad es de 120 pulgadas cúbicas?

A. 6 pulgadas, 6 pulgadas, y $3\frac{1}{3}$ pulgadas

B. 8 pulgadas 2 pulgadas, y $7\frac{1}{2}$ pulgadas

C. 5 pulgadas, 10 pulgadas, y $2\frac{2}{5}$ pulgadas

D. 9 pulgadas, 5 pulgadas, y $2\frac{1}{2}$ pulgadas

Para cada opción de respuesta, multiplique los tres números. Las únicas dimensiones que no son iguales a 120 pulgadas son $9 \times 5 \times 2\frac{1}{2}$, que son iguales a $112\frac{1}{2}$. **La respuesta correcta es D.**

EJEMPLO 30 (MÁS DIFÍCIL):

Una caja rectangular cerrada con una base cuadrada mide 5 pulgadas de altura. Si el volumen de la caja es de 45 pulgadas cuadradas, ¿cuál es el área superficial de la caja?

A. 66 pulgadas cuadradas

B. 78 pulgadas cuadradas

C. 81 pulgadas cuadradas

D. 90 pulgadas cuadradas

Primero, determine las dimensiones de la base cuadrada. La altura de la caja dada es 5. En consecuencia, el volumen de la caja (45) = 5lw, y lw = 9. Como la base es cuadrada, la base mide 3 pulgadas de largo por cada lado. Ahora puede calcular el área de superficie total:

$$2lw + 2wh + 2lh = (2)(9) + (2)(15) + (2)(15) = 78$$

La respuesta correcta es B.

Cubos

Un **cubo** es un prisma rectangular cuyo largo, ancho y altura son todos iguales, en otras palabras, las seis caras son cuadradas. Las fórmulas de volumen y área superficial son aún más simples que para otros prismas rectangulares (sea s = cualquier arista):

volumen = s^3 , o $s = \sqrt[3]{\text{Volumen}}$

área superficial = $6s^2$

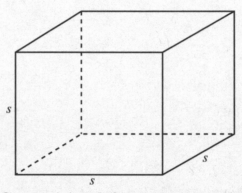

La fórmula del volumen NO está en la hoja de fórmulas proporcionada durante el examen.

Las preguntas que involucran cubos (u otras formas de caja) a veces se presentan como problemas de "embalaje". En este tipo de problemas, su tarea es determinar cuántas cajas pequeñas caben en una caja más grande. Otro tipo de pregunta con cubos se centra en las *proporciones* y medidas entre los elementos lineales, cuadrados, y cúbicos del cubo.

EJEMPLO 31 (MÁS FÁCIL):

¿Cuántas cajas con forma de cubo si cada caja mide 18 pulgadas de lado, se pueden empacar en una unidad de almacenamiento que mide 6 pies de largo, 6 pies de ancho y 5 pies de alto?

A. 36

B. 42

C. 48

D. 64

Primero convierta pulgadas a pies: 18 pulgadas = $1\frac{1}{2}$ pies. Puede empacar 3 niveles de 16 cajas en forma de cubo, dejando un espacio de medio pie en la parte superior de la unidad de almacenamiento. $3 \times 16 = 48$. **La respuesta correcta es C.**

EJEMPLO 32 (MÁS DIFÍCIL):

Si el volumen de un cubo es 8 veces mayor que el de otro, ¿cuál es la relación entre cualquier arista del cubo más grande y cualquier arista del cubo más pequeño?

A. 2 a 1

B. 4 a 1

C. 8 a 1

D. 16 a 1

La relación de los dos volúmenes es 8: 1. La relación de las aristas es la raíz cúbica de esta relación: $\sqrt[3]{8}$ a $\sqrt[3]{1}$, or 2:1. **La respuesta correcta es A.**

Cilindros

Un **cilindro** es una figura tridimensional con una base circular. El único tipo de pregunta sobre cilindros que puede aparecer en la prueba involucra un cilindro recto, en el que la altura y la base están en ángulos de 90°. El área superficial de un **cilindro recto** es la suma de tres áreas:

1. La base circular.

2. La tapa circular.

3. La superficie rectangular de la cara vertical del cilindro (visualice una etiqueta rectangular envuelta alrededor de una lata de sopa).

El área de la cara vertical es el producto de la circunferencia de la base circular (es decir, el ancho del rectángulo) y la altura del cilindro. El volumen de un cilindro recto es el producto del área de la base circular y la altura del cilindro. Dado un radio r y una altura h de un cilindro:

Área superficial (AS) $= 2\pi rh^2 + 2\pi r^2$

Volumen $= \pi r^2 h$

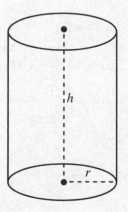

Las fórmulas de volumen y área superficial están incluidas en la hoja de fórmulas proporcionada durante el examen.

Un problema sobre cilindros requiere poco más que la aplicación directa de la fórmula de área superficial o la fórmula del volumen. Al igual que con las preguntas de prismas rectangulares, simplemente relacione lo que sabe con la fórmula, luego responda la pregunta. Un problema de cilindros más complejo puede requerir aplicar otros conceptos matemáticos, o la conversión de medidas métricas.

EJEMPLO 33 (MÁS FÁCIL):

¿Cuál es el volumen de un cilindro cuya base circular tiene un radio de 3 centímetros, y cuya altura es de 7 centímetros?

A. 21π cm^3

B. 42π cm^3

C. 63π cm^3

D. 81 cm^3

El volumen del cilindro = $\pi(3)^2(7) = 63\pi$ cm^3. **La respuesta correcta es C.**

EJEMPLO 34 (MÁS DIFÍCIL):

Se llena un valde cilíndrico con un diámetro de 14 pulgadas y una altura de 10 pulgadas a cuarto de su capacidad con agua. ¿Cuál de los siguientes se aproxima *más* al volumen del agua en el cubo? [231 pulgadas cúbicas = 1 galón]

A. 0.8 galones

B. 1.7 galones

C. 2.9 galones

D. 4.2 galones

El volumen del cubo = $\pi r^2 h \approx \dfrac{22}{7} \times 49 \times 10 = 22 \times 7 \times 10 = 1{,}540$ pulgadas cúbicas. La capacidad del cubo es de aproximadamente 1,540 ÷ 231, o aproximadamente 6.7 galones. Un cuarto de esa cantidad es de aproximadamente 1.7 galones. **La respuesta correcta es B.**

Conos y pirámides

Otras dos figuras tridimensionales que puede encontrar en el examen de Razonamiento matemático GED son el cono y la **pirámide cuadrada** (una pirámide de cuatro lados con una base cuadrada). Ambos se muestran a continuación, junto con sus fórmulas de volumen:

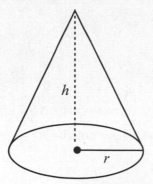
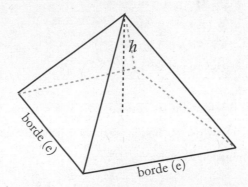

Volumen de un cono: $\frac{1}{3}\,\pi \times \text{radio}^2 \times \text{altura}$ ($\pi \approx 3.14$)

Volumen de una pirámide cuadrada: $\frac{1}{3} \times (\text{borde de base})^2 \times \text{altura}$

La hoja de fórmulas proporcionada durante el examen incluye ambas ecuaciones, por lo que no necesita memorizarlas. Observe que el volumen de un cono es simplemente un tercio del de un cilindro recto, y que el volumen de una pirámide cuadrada es simplemente un tercio del de un prisma rectangular.

EJEMPLO 35 (MÁS FÁCIL):

¿Cuál es el volumen de una pirámide con una altura de 24 pies y una base cuadrada que mide 10 pies por cada lado?

A. 240 pies cúbicos

B. 480 pies cúbicos

C. 760 pies cúbicos

D. 800 pies cúbicos

El volumen de la pirámide $= \frac{1}{3} \times \text{borde}^2 \times \text{altura} = \frac{1}{3} \times 100 \times 24 = 800$ pies cúbicos. **La respuesta correcta es D.**

EJEMPLO 36 (MÁS DIFÍCIL):

¿Cuál de los siguientes es la altura aproximada de un cono con un diámetro de 16 pulgadas y un volumen de 4,480 pulgadas cúbicas?

A.   36 pulgadas

B.   44 pulgadas

C.   56 pulgadas

D.   70 pulgadas

Dado el diámetro de 16, el radio es 8. Si h = altura, el volumen del cono $(4,480) = \frac{1}{3} \times \pi(8)^2(h) \approx \left(\frac{1}{3}\right)(3.14)(64)(h)$. Como la pregunta solicita una aproximación, intente cancelar 3.14 con un 3 en el denominador. Resuelva h:

$$4,480 \approx 64h$$
$$\frac{4,480}{64} \approx h$$
$$70 \approx h$$

La respuesta correcta es D.

Esferas

La **esfera** es la última figura tridimensional que puede encontrar en el examen de Razonamiento matemático GED.

El volumen y el área superficial de una esfera con radio r están representados por las siguientes fórmulas:

Volumen $= \frac{4}{3}\pi r^3$

Área superficial $= 4\pi r^2$

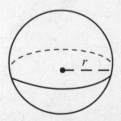

EJEMPLO 37:

¿Cuál es el volumen de una esfera con área superficial de 100π metros cuadrados?

A. $\frac{100}{3}\pi$ metros cúbicos

B. 166π metros cúbicos

C. $\frac{500}{3}\pi$ metros cúbicos

D. 500π metros cúbicos

Se debe determinar el radio para calcular el volumen. Su puede utilizar la fórmula del área superficial para esto.

$$4\pi r^2 = 100\pi$$
$$r^2 = 25$$
$$r = 5$$

Entonces el volumen de la esfera es $\frac{4}{3}\pi \cdot 5^3 = \frac{4}{3}\pi \cdot 125 = \frac{500}{3}\pi$ metros cúbicos.

La respuesta correcta es C.

TRIGONOMETRÍA DEL TRIÁNGULO RECTÁNGULO

La **trigonometría del triángulo** rectángulo involucra las proporciones entre los lados de los triángulos rectángulos y las medidas de los ángulos que corresponden a estas proporciones. Consulte el siguiente triángulo rectángulo, en el que los lados y los ángulos opuestos A, B, y C están etiquetados como a, b, y c, respectivamente (A y B son los dos ángulos agudos):

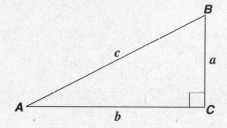

En referencia a $\triangle ABC$, se expresan y definen las seis funciones trigonométricas **seno, coseno, tangente, cotangente, secante** y **cosecante** para el ángulo A de la siguiente manera. Observe que cada función en la columna derecha es **el recíproco** o **inverso multiplicativo** de la función a la izquierda de la misma.

$$\sin A = \frac{a}{c} \qquad \csc A = \frac{c}{a}$$

$$\cos A = \frac{b}{c} \qquad \sec A = \frac{c}{b}$$

$$\tan A = \frac{a}{b} \qquad \cot A = \frac{b}{a}$$

Se expresan y definen las seis funciones para el ángulo B de manera similar. El seno, el coseno y la tangente son las funciones más importantes. Para el examen de Razonamiento matemático GED, debe memorizar las siguientes tres definiciones generales:

$$\text{seno} = \frac{\text{opuesto}}{\text{hipotenusa}}$$

$$\text{coseno} = \frac{\text{adyacente}}{\text{hipotenusa}}$$

$$\text{tangente} = \frac{\text{opuesto}}{\text{adyacente}}$$

Estas definiciones NO se incluyen en la hoja de fórmulas proporcionada durante el examen.

Tampoco encontrará tablas trigonométricas, que enumeren las medidas de los ángulos y sus valores correspondientes para las funciones trigonométricas. Aunque una pregunta puede proporcionar medidas de ángulo específicas, lo más común es expresar las soluciones a los problemas en términos de funciones trigonométricas. Si solo se dan las longitudes de dos lados, es posible que necesite usar el teorema de Pitágoras para encontrar la longitud del tercer lado. Por ejemplo, mire la siguiente figura:

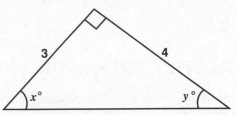

Debería reconocer la terna lateral pitagórica 3:4:5 en esta figura ($3^2 + 4^2 = 5^2$). La longitud de la hipotenusa es 5. Aplicando las definiciones de seno, coseno y tangente a los ángulos x e y, se obtienen los resultados:

$$\sin x = \frac{4}{5} \qquad\qquad \sin y = \frac{3}{5}$$

$$\cos x = \frac{3}{5} \qquad\qquad \cos y = \frac{4}{5}$$

$$\tan x = \frac{4}{3} \qquad\qquad \tan y = \frac{3}{4}$$

También debe tener en cuenta la siguiente identidad trigonométrica:

$$\text{tangente} = \frac{\text{seno}}{\text{coseno}}$$

Las relaciones entre las funciones seno, coseno y tangente dan como resultado las siguientes tres observaciones adicionales para un triángulo con ángulos agudos A y B:

1. Por definición, $\tan A \times \tan B = 1$.

2. Para todos los triángulos rectángulos, $\sin A = \cos B$ (y $\sin B = \cos A$). Para todos los demás triángulos, $\sin A \neq \cos B$ (y $\sin B \neq \cos A$).

3. En un triángulo isósceles recto (en el que A y B miden 45° cada uno), $\sin A = \sin B = \cos A = \cos B = \frac{\sqrt{2}}{2}$ (puede aplicar el teorema de Pitágoras para demostrar esta fracción).

EJEMPLO 38 (MÁS FÁCIL):

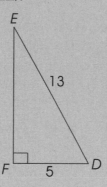

En $\triangle DEF$, ¿cuál es el valor de $\tan D$?

A. $\dfrac{3}{5}$

B. $\dfrac{12}{13}$

C. $\dfrac{12}{5}$

D. $\dfrac{13}{5}$

Puede encontrar la longitud de $\overline{EF}$ aplicando el teorema de Pitágoras. Tenga en cuenta que los lados se ajustan a la relación de la terna pitagórica 5:12:13 ($5^2 + 12^2 = 13^2$). La longitud de $\overline{EF}$ = 12. En $\triangle DEF$, $\tan D = \dfrac{\text{opuesto}}{\text{adyacente}} = \dfrac{12}{5}$. **La respuesta correcta es C.**

EJEMPLO 39 (MÁS DIFÍCIL):

Un cable de 50 pies está conectado a la parte superior de un poste eléctrico vertical y está anclado en el terreno. Si el cable se eleva en línea recta a un ángulo de 70° del suelo, ¿cuál es la altura del poste, en pies lineales?

A. $50\sin70°$

B. $50\cos70°$

C. $\dfrac{\cos70°}{50}$

D. $\dfrac{50}{\cos70°}$

Como se muestra en la figura, la altura del poste (x) es opuesta al ángulo de 70°, y la hipotenusa del triángulo (longitud del cable) es 50.

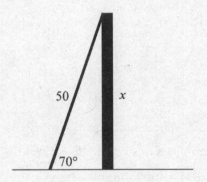

Aplique la función seno: seno = opuesto ÷ hipotenusa.

$$\frac{x}{50} = \sin70°$$

$$x = 50\sin70°$$

La respuesta correcta es A.

GEOMETRÍA COORDINADA

La **geometría de coordenadas** es el estudio de los puntos de un plano. Por lo general, se utiliza una cuadrícula para ello. La cuadrícula se divide en cuatro secciones. Cada sección se llama **cuadrante**. Las dos rectas numéricas que dividen la cuadrícula en cuadrantes se denominan *eje x* (eje horizontal) y *eje y* (eje vertical). El centro de la cuadrícula, donde se encuentran los dos ejes, se llama **origen**. Los puntos que se dibujan en la cuadrícula se identifican con **pares ordenados.** La coordenada *x* siempre se escribe primero. Observe la cuadrícula de abajo.

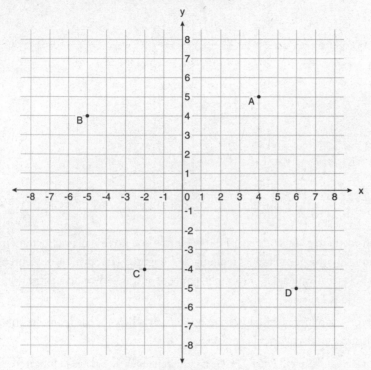

El par ordenado para el origen, en el medio de la cuadrícula, es (0, 0). Para determinar el par ordenado del punto *A*, comience en el origen y cuente cuatro cuadrados a la derecha sobre el eje *x*. Esto le da la coordenada para el primer número del par. Ahora, cuente 5 cuadrados sobre el eje *y*. El par ordenado del punto *A* es (4, 5).

¿Qué par ordenado expresa la ubicación del punto *C*? Ya que debe contar dos cuadrados a la *izquierda* del origen (0, 0) y cuatro cuadrados *abajo* del origen, el par ordenado del punto *C* es (−2, −4). El par ordenado del punto *B* es (−5, 4), y el par ordenado del punto *D* es (6, −5).

Encontrar la distancia entre dos puntos

Encontrar la distancia entre dos puntos que se ubican directamente horizontales o verticales entre sí se logra al contar el número de cuadrados que separan los puntos. En la siguiente cuadrícula, por ejemplo, la distancia entre los puntos *A* (2, 3) y *B* (7, 3) es 5. La distancia entre los puntos *C* (2, 1) y *D* (2, −4) tambien es 5.

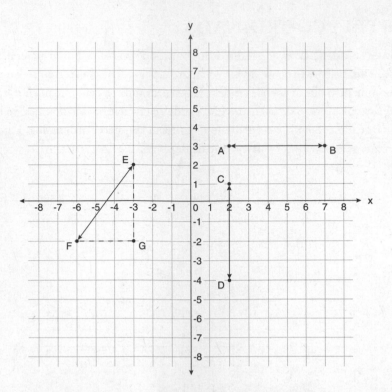

Si se le pide que encuentre la distancia entre dos puntos que no se hallan directamente horizontales o verticales el uno del otro, puede usar el teorema de Pitágoras. (La fórmula del teorema de Pitágoras se incluye en la hoja de fórmulas). Por ejemplo, para encontrar la distancia entre los puntos E y F en la cuadrícula anterior, siga estos pasos:

1. Dibuje un triángulo rectángulo en el que $\overline{EF}$ es la hipotenusa (como se muestra con líneas discontinuas en la cuadrícula anterior).

2. Determine la distancia entre E y G. Esa distancia es 4. Esta es la longitud de un cateto del triángulo rectángulo EFG.

3. Determine la distancia entre F y G. Esa distancia es 3. Esta es la longitud del otro cateto del triángulo rectángulo EFG.

4. Aplique el teorema de Pitágoras para encontrar la hipotenusa de ΔEFG, que es la distancia entre E y F:

$$4^2 + 3^2 = c^2$$
$$16 + 9 = c^2$$
$$25 = c^2$$
$$5 = c$$

Al aplicar el teorema de Pitágoras al plano cartesiano, es posible que desee utilizar la fórmula para determinar la distancia entre dos puntos, que es una forma más específica de expresar el teorema.

Distancia entre puntos $= \sqrt{\left(x_2 - x_1\right)^2 + \left(y_2 - y_1\right)^2}$, donde los dos puntos son (x_1, y_1) y (x_2, y_2)

La fórmula NO está incluida en la hoja de fórmulas proporcionada durante el examen. Aplique esta fórmula al ejemplo anterior, y obtendrá el mismo resultado:

$$\sqrt{\left(-6-(-3)\right)^2+\left(-2-2\right)^2}=\sqrt{\left(-3\right)^2+\left(-4\right)^2}=\sqrt{9+16}=\sqrt{25}=5$$

EJEMPLO 40 (MÁS FÁCIL):

En el plano cartesiano, la distancia entre el punto A y el punto B es de 8 unidades. Si las coordenadas del punto A son $(-4, 5)$, ¿cuál de las siguientes NO PUEDE ser la coordenada del punto B?

A. $(4, 5)$

B. $(-4, -3)$

C. $(-4, 13)$

D. $(4, -3)$

El punto 1 está a 8 unidades del punto A, directamente horizontal desde el punto A. Los puntos 2 y 3 están a 8 unidades del punto A, directamente verticales desde el punto A. El punto 4 está en diagonal al punto 8 y se encuentra a más de 8 unidades. (Graficar los dos puntos en el plano cartesiano demuestraque la distancia es mayor a 8 unidades; no hay necesidad de aplicar la fórmula.) **La respuesta correcta es D.**

EJEMPLO 41 (MÁS DIFÍCIL):

¿Cuál es la distancia entre $(-3, 1)$ y $(2, 4)$ en el plano cartesiano?

A. 5

B. $\sqrt{29}$

C. $\sqrt{34}$

D. 6

Aplique la fórmula para determinar la distancia entre dos puntos:

$\sqrt{(-3-2)^2+(1-4)^2}=\sqrt{25+9}=\sqrt{34}$. **La respuesta correcta es C.**

Encontrar el punto medio de un segmento

Para encontrar las coordenadas del punto medio (M) de un segmento, simplemente promedie los dos valores x y valores y de los puntos finales:

$$x_M=\frac{x_1+x_2}{2}\ y\ y_M=\frac{y_1+y_2}{2}$$

La fórmula del **punto medio** a menudo se usa para encontrar estas coordenadas:

$$M=\left(\frac{x_1+x_2}{2},\frac{y_1+y_2}{2}\right)$$

Estas fórmulas NO están incluidas en la hoja de fórmulas proporcionada durante el examen.

Una pregunta podría simplemente pedirle que encuentre el punto medio entre dos puntos dados. O, podría proporcionar el punto medio y un punto final, y luego pedirle que determine el otro punto final.

EJEMPLO 42 (MÁS FÁCIL):

Haga clic en el gráfico para ubicar el punto que representa el punto medio entre (–3, 1) y (–7, 5) en el plano cartesiano. Para esta versión impresa, utilice el gráfico para trazar el punto que representa el punto medio.

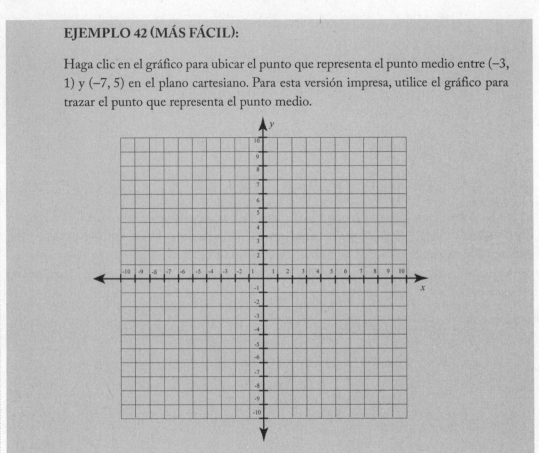

Primero aplique la fórmula a los dos valores de x: $\dfrac{-3 + (-7)}{2} = -\dfrac{10}{2} = -5$. Luego aplique la fórmula a los dos valores y: $\dfrac{1 + 5}{2} = \dfrac{6}{2} = 3$. El punto medio es $(-5, 3)$.

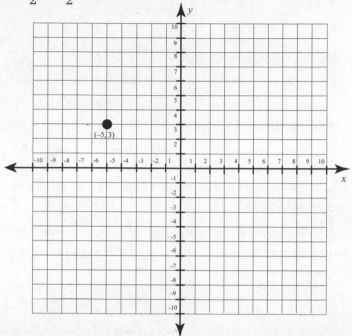

La respuesta correcta es (−5, 3).

EJEMPLO 43 (MÁS DIFÍCIL):

En el plano cartesiano, el punto M (−1, 3) es el punto medio de un segmento con puntos finales A (2, −4) y B. ¿Cuáles son las coordenadas xy del punto B?

A. (−3, 8)

B. (8, −4)

C. (5, 12)

D. (−4, 10)

Aplique la fórmula del punto medio para encontrar la coordenada x del punto B:

$$-1 = \frac{x + 2}{2}$$
$$-2 = x + 2$$
$$-4 = x$$

Aplique la fórmula del punto medio para encontrar la coordenada y del punto B:

$$3 = \frac{y + (-4)}{2}$$
$$6 = y - 4$$
$$10 = y$$

Por lo tanto, las coordenadas xy del punto B son (−4, 10). **La respuesta correcta es D.**

Definir una línea en el plano

Puede definir cualquier línea en el plano cartesiano mediante la siguiente ecuación general:

$$y = mx + b$$

En esta ecuación:

- La variable m es la **pendiente** de la línea.

- La variable b es la **intersección en y** de la línea (donde la línea cruza el eje y).

- Las variables x e y son las coordenadas de cualquier punto en la línea. Cualquier par (x, y) que determine un punto en la línea puede sustituir a las variables x e y.

Piense en la pendiente de una línea como una fracción en la cual el numerador indica el cambio vertical de un punto a otro en la línea (moviéndose de izquierda a derecha) que corresponde a un cambio horizontal dado, indicado con el denominador de la fracción. El término común utilizado para esta fracción es **razón de cambio.**

Puede determinar la pendiente de una línea a partir de dos pares de coordenadas (x, y) En general, si (x_1, y_1) y (x_2, y_2) se encuentran en la misma línea, se puede calcular la pendiente de la línea de acuerdo con la siguiente fórmula:

$$\text{pendiente } (m) = \frac{y_2 - y_1}{x_2 - x_1}$$

Esta fórmula está incluida en la hoja de fórmulas proporcionada durante el examen.

Al aplicar la fórmula, asegúrese de restar los valores correspondientes. Por ejemplo, una persona descuidada al calcular la pendiente podría restar y_1 de y_2 pero no restar x_2 de x_1. También asegúrese de calcular el cambio en y sobre el cambio en x, no al contrario.

Una pregunta podría pedirle que identifique la pendiente de una línea definida por una ecuación dada, en cuyo caso simplemente debe escribir la ecuación en la forma $y = mx + b$, luego identifique el término m. O podría pedírsele que determine la ecuación de una línea, o solo la pendiente de la línea (m) o la intersección en y (b), dadas las coordenadas de dos puntos en la línea.

Por ejemplo, suponga que los siguientes puntos se encuentran en la misma línea.

x	2	5	−1	−3
y	1	$-\dfrac{7}{2}$	$\dfrac{11}{2}$	$\dfrac{17}{2}$

Como los puntos se encuentran en la misma línea, puede usar cualquier par de puntos para determinar la pendiente. Por conveniencia, use los dos primeros:

$$m = \frac{y_2 - y_1}{x_2 - x_1} = \frac{-\dfrac{7}{2} - 1}{5 - 2} = \frac{-\dfrac{9}{2}}{3} = \frac{9}{2} \cdot \frac{1}{3} = -\frac{3}{2}$$

EJEMPLO 44 (MÁS FÁCIL):

En el plano cartesiano, ¿cuál es la pendiente de la línea definida por los dos puntos $P(2, 1)$ y $Q(-3, 4)$?

A. $-\dfrac{5}{3}$

B. -1

C. $-\dfrac{3}{5}$

D. $\dfrac{1}{3}$

Aplique la fórmula de la pendiente:

$$\text{pendiente}\,(m) = \frac{4-1}{-3-2} = \frac{3}{-5}, \text{ o } -\frac{3}{5}$$

La respuesta correcta es C.

EJEMPLO 45 (MÁS DIFÍCIL):

En el plano cartesiano, ¿en qué punto del eje vertical (el eje y) cruza la línea que pasa por los puntos $(2, 4)$ y $(-1, -5)$? Una vez que haya calculado la respuesta, marque el punto de intersección en el plano cartesiano.

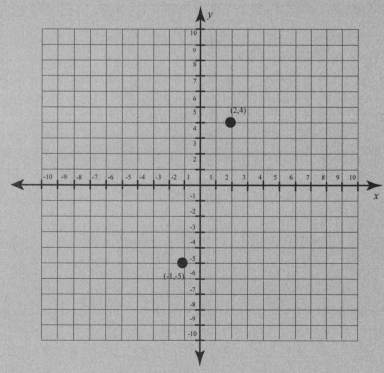

La pregunta pide la intersección en y de la línea (el valor de b en la ecuación general $y = mx + b$). Primero, determine la pendiente de la línea:

$$\text{pendiente }(m) = \frac{y_2 - y_1}{x_2 - x_1} = \frac{-5 \ -4}{-2 \ -1} = \frac{-9}{-3} = 3$$

En la ecuación general ($y = mx + b$), $m = 3$. Para encontrar el valor de b, sustituya cualquier valor (x,y) de un par coordinado para x e y, luego resuelva para b. Al reemplazar (x,y) por $(2, 4)$:

$$y = 3x + b$$
$$4 = 3(2) + b$$
$$4 = 6 + b$$
$$b = -2$$

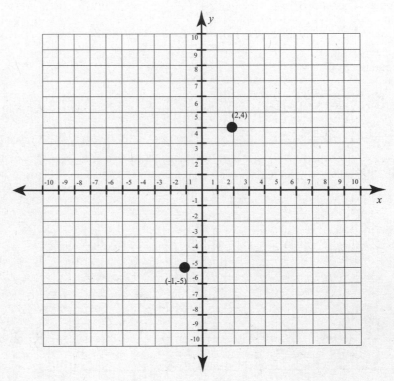

La respuesta correcta es –2.

La pendiente y un punto son necesarios para escribir la ecuación de una línea.

Digamos que se le pide que encuentre la ecuación de la línea con pendiente $-\frac{2}{3}$ que pasa por el punto $(-1, -3)$.

El método más eficiente es usar la ecuación punto-pendiente de la línea. Precisamente, una línea con pendiente m que pasa por el punto (x_1, y_1) tiene la ecuación $y - y_1 = m(x - x_1)$. Usando la información dada se obtiene la ecuación $y - y_1 = m(x - x_1)$. $y - (-3) = -\frac{2}{3}\big(x - (-1)\big)$. Esto se puede simplificar de diferentes maneras.

Forma pendiente-intersección:

$$y + 3 = -\frac{2}{3}(x + 1)$$

$$y = -\frac{2}{3}x - \frac{11}{3}$$

Forma estándar:

$$2x + 3y = -11$$

También puede escribir la ecuación de una línea cuando se le dan 2 puntos de esa línea. Por ejemplo, si sabe que la línea pasa por los puntos $(2, -5)$ y $(4, -1)$, primero, determine la pendiente de la línea:

$$m = \frac{-1 - (-5)}{4 - 2} = \frac{-1 + 5}{2} = \frac{4}{2} = 2$$

Ahora, use la fórmula punto-pendiente para escribir la ecuación. Puede usar cualquiera de los dos puntos, la ecuación será la misma. Al usar $(2, -5)$ resulta $y - (-5) = 2(x - 2)$ o, de manera equivalente, $y = 2x - 9$.

Dos líneas son paralelas si tienen la misma pendiente, mientras que son perpendiculares si el producto de sus pendientes es -1. Por ejemplo, la línea $y = 3x - 1$ es paralela a $y = 3x + 4$ porque ambas tienen pendiente 3.

Del mismo modo, la línea $y = -2x + 3$ es perpendicular a $y = \frac{1}{2}x - 1$ porque el producto de sus pendientes es $(-2)\left(\frac{1}{2}\right) = -1$.

Digamos que le dan la línea $2x - 4y = 1$ y sabe que pasa por el origen. ¿Cómo puede encontrar una línea paralela a esta línea dada?

Primero, encuentre la pendiente de la línea dada poniendo la ecuación en forma de pendiente-intersección; al hacerlo se obtiene el producto $y = \frac{1}{2}x - \frac{1}{4}$. Entonces la pendiente es $\frac{1}{2}$. Como las líneas paralelas tienen la misma pendiente, esta es la pendiente de la línea cuya ecuación buscamos. Usando la fórmula punto-pendiente con esta pendiente y el punto $(0, 0)$ resulta que $y = \frac{1}{2}x$.

Graficar una línea en el plano

Puede representar gráficamente una línea en el plano cartesiano si conoce las coordenadas de dos puntos cualquiera de la línea. Simplemente ubique los dos puntos y luego dibuje una línea que los conecte. También puede graficar una línea a partir de un punto de la línea, si conoce también la pendiente de la línea o su intersección con el eje y.

Una pregunta podría pedirle que encuentre el valor de la pendiente de una línea (m) en función del gráfico de la línea. Si el gráfico expresa las coordenadas precisas de dos puntos, puede determinar la pendiente exacta de la línea (y toda la ecuación de la línea). Incluso sin coordenadas precisas, puede estimar la pendiente de la línea por su apariencia.

Líneas con pendiente hacia arriba de izquierda a derecha:

- Una línea inclinada hacia *arriba* de izquierda a derecha tiene una pendiente positiva (*m*).

- Una línea con una pendiente de 1 se inclina hacia arriba de izquierda a derecha en un ángulo de 45° en relación con el eje *x*.

- Una línea con una pendiente fraccionaria entre 0 y 1 se inclina hacia arriba de izquierda a derecha, pero con un ángulo menor que 45° en relación con el eje *x*.

- Una línea con una pendiente mayor que 1 se inclina hacia arriba de izquierda a derecha en un ángulo de más de 45° en relación con el eje *x*.

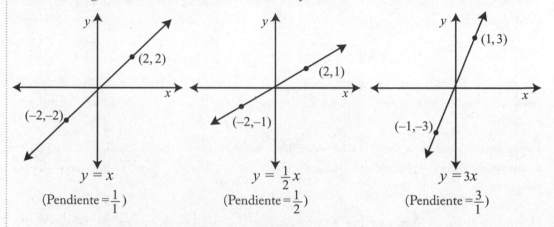

Líneas con pendiente hacia abajo de izquierda a derecha:

- Una línea con pendiente hacia *abajo* de izquierda a derecha tiene una pendiente negativa (*m*).

- Una línea con una pendiente de −1 se inclina hacia abajo de izquierda a derecha en un ángulo de 45° en relación con el eje *x*.

- Una línea con una pendiente fraccional entre 0 y −1 se inclina hacia abajo de izquierda a derecha, pero con un ángulo menor de 45° en relación con el eje *x*.

- Una línea con una pendiente inferior a −1 (por ejemplo, −2) se inclina hacia abajo de izquierda a derecha con un ángulo de más de 45° en relación con el eje *x*.

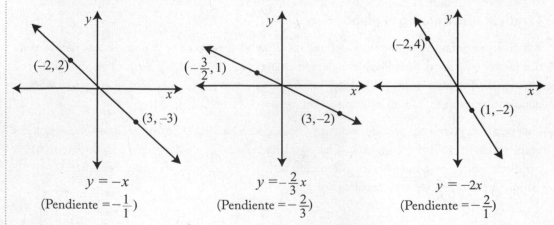

Líneas horizontales y verticales:

- Una línea horizontal tiene una pendiente de **cero** ($m = 0$, y $mx = 0$).

- Una línea vertical tiene una pendiente **indefinida** o **indeterminada** (el denominador de la fracción es 0), por lo que el término m en la ecuación se ignora.

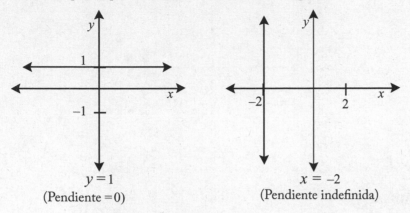

Las líneas paralelas tienen la misma pendiente (el mismo término m en la ecuación general). La pendiente de una línea que es perpendicular a otra es el recíproco negativo de la pendiente de la otra línea. El producto de las dos pendientes es 1. Por ejemplo, una línea con pendiente $\frac{3}{2}$ es perpendicular a una línea con pendiente. $-\frac{2}{3}$.

EJEMPLO 46 (MÁS FÁCIL):

La línea P se muestra en el plano cartesiano a continuación.

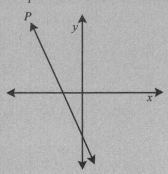

¿Cuál de las siguientes podría ser la ecuación de la línea P?

A. $y = -\dfrac{5}{2}x + \dfrac{5}{2}$

B. $y = \dfrac{5}{2}x - \dfrac{5}{2}$

C. $y = \dfrac{2}{5}x + \dfrac{2}{5}$

D. $y = -\dfrac{5}{2}x - \dfrac{5}{2}$

Observe que la línea P se inclina hacia abajo de izquierda a derecha en un ángulo mayor de $45°$ en relación con el eje x por lo tanto, la pendiente de la línea es (m en la ecuación $y = mx + b$) < -1. Observe también que la línea P cruza el eje y en un valor y negativo (debajo del eje x). La intersección en y de la línea (b en la ecuación $y = mx + b$) es negativo. Solo la opción D proporciona una ecuación que cumple ambas condiciones. **La respuesta correcta es D.**

También puede ir directamente al gráfico para resolver.

Por ejemplo, supongamos que se le pide que grafique la línea que pasa por el punto $(4, 0)$ que es perpendicular a la línea $2x - 4y = 1$.

Primero, necesita encontrar la pendiente de la línea que debe graficar. Para hacerlo, tenga en cuenta que la línea $2x - 4y = 1$ se puede escribir como $y = \dfrac{1}{2}x - \dfrac{1}{4}$. Como la línea que debe graficar es perpendicular a esta, su pendiente debe ser -2.

Luego, use la ecuación punto-pendiente de una línea para hallar que la ecuación de la línea es $y - 0 = -2\,(x - 4)$, que es equivalente a $y = -2x + 8$. A partir de aquí, vemos que la pendiente es -2 y la intersección en y es 8. Su gráfica aparecerá así:

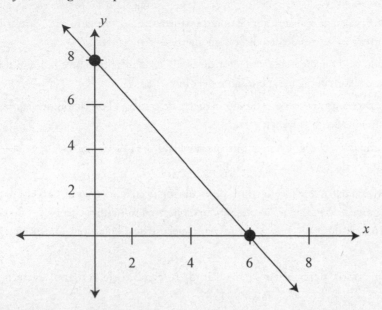

EJEMPLO 47 (MÁS DIFÍCIL):

Si la ecuación $x = \dfrac{y + 5}{2}$ se representa gráficamente como una línea en el plano cartesiano, ¿qué enunciado acerca de la línea es verdadero?

A. La línea cruza el eje y en $(3, 0)$.

B. La línea es vertical.

C. La línea cruza el eje x en $(0, -5)$.

D. La línea es horizontal.

Antes de reescribir la ecuación para encontrar la pendiente, pruebe rápidamente las declaraciones de las opciones A y C reemplazando el valor x y el valor y de cada par ordenado en la ecuación. Verá que la ecuación funciona para el par ordenado $(0, -5)$:

$$0 = \frac{-5 + 5}{2}$$

$(0, -5)$ es un punto de la línea, por lo que la opción C es verdadera. El punto $(3, 0)$ no está en la línea porque la ecuación no se cumple al sustituir estos valores, por lo que la opción A es incorrecta. Si quiere probar las opciones B y D, reescriba la ecuación en forma estándar:

$$x = \frac{y + 5}{2}$$
$$2x = y + 5$$
$$y = 2x - 5$$

La pendiente de la línea es 2, por lo que las opciones B y D no son verdaderas. **La respuesta correcta es C.**

FACTORES DE ESCALA

Un **factor de escala** es un número que se usa como multiplicador para escalar en 1, 2 o 3 dimensiones. Estrechamente ligado con la proporción, razón y porcentajes, un factor de escala ayuda a escalar dibujos u objetos, calcular la magnitud de una transformación de tamaño y encontrar las longitudes de los lados correspondientes de dos figuras geométricas semejantes.

- Cuando se dibuja a escala, el factor de escala es la relación entre la longitud del dibujo a escala y la longitud correspondiente del objeto real.

- En una transformación de tamaño, el factor de escala es la relación que expresa la cantidad de aumento de una figura a otra.

- Al comparar dos figuras geométricas semejantes, el factor de escala es la relación de las longitudes de los lados correspondientes.

Ejemplos de la vida real del uso de factores de escala incluyen aumentar una receta para alimentar a un grupo más grande de personas, la creación de réplicas en miniatura de objetos de tamaño real, el cálculo de la distancia entre dos puntos en un mapa, o el uso de un plano arquitectónico para construir un edificio.

Veamos cómo podría determinar la magnitud de cambio de tamaño, usando lo siguiente triángulos.

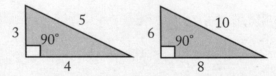

Tenga en cuenta que los triángulos que se muestran son semejantes, pero no están dibujados a escala. Si bien ayuda visualmente ver la magnitud de un cambio de tamaño, no es necesario mostrar las figuras geométricas a escala para que usted pueda encontrar el factor de escala.

El primer triángulo es un triángulo rectángulo estándar 3-4-5. Para este ejemplo, no necesita saber la fórmula matemática del factor de escala para encontrar la respuesta. Use la multiplicación simple para comparar lados correspondientes y ver cómo se relacionan.

$$3 \times ? = 6$$
$$4 \times ? = 8$$
$$5 \times ? = 10$$

Cada lado se puede multiplicar por 2, por lo que el factor de escala es 2 al ampliar el triángulo pequeño hacia el triángulo rectángulo más grande. Por el contrario, para reducir la escala, el factor de escala sería $\frac{1}{2}$.

Las fórmulas matemáticas reales para encontrar un factor de escala son las siguientes:

Para ampliar:

$$\text{factor de escala } (k) = \frac{\text{longitud mayor}}{\text{longitud menor}}$$

Para reducir la escala:

$$\text{factor de escala } (k) = \frac{\text{longitud menor}}{\text{longitud mayor}}$$

Ahora veamos cómo usar la fórmula del factor de escala para encontrar la longitud del lado faltante. Eche un vistazo a los siguientes triángulos:

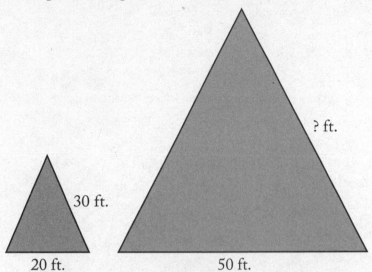

Los dos triángulos son semejantes y tenemos un lado correspondiente que se puede comparar para encontrar el factor de escala.

$$\text{factor de escala } (k) = \frac{\text{longitud mayor}}{\text{longitud menor}} = \frac{50}{20} = \frac{5}{2} \text{ o } 2.5$$

Ahora multiplique 30 pies por el factor de escala de 2.5 para encontrar el lado que falta en el triángulo más grande. La longitud del lado faltante es de 75 pies.

Examinemos algunos ejemplos más.

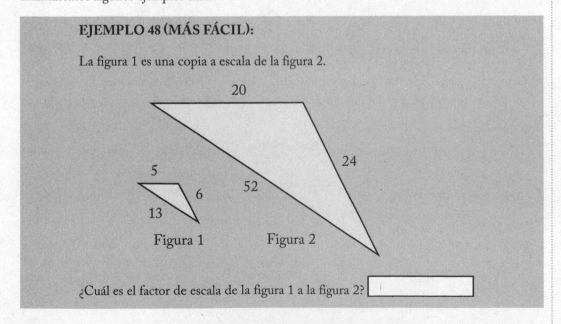

EJEMPLO 48 (MÁS FÁCIL):

La figura 1 es una copia a escala de la figura 2.

Figura 1
Figura 2

¿Cuál es el factor de escala de la figura 1 a la figura 2?

Las dos figuras son semejantes para que pueda comparar los lados correspondientes y ver cómo se relacionan. Así podrá saber el número por el cual multiplicar la longitud de cada lado de la figura 1 para obtener la longitud correspondiente de la figura 2.

$$5 \times 4 = 20$$
$$6 \times 4 = 24$$
$$13 \times 4 = 52$$

Los lados correspondientes en la figura 2 tienen 4 veces la longitud de la figura 1. **La respuesta correcta es 4.**

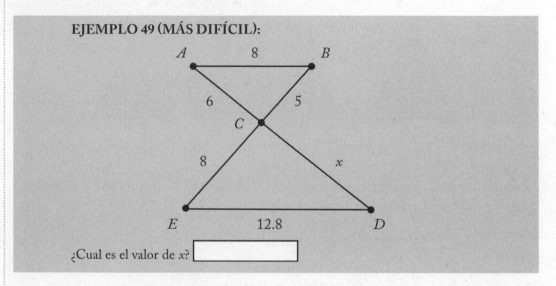

EJEMPLO 49 (MÁS DIFÍCIL):

¿Cual es el valor de x?

Primero encuentre el factor de escala comparando los lados correspondientes. Si los factores de escala coinciden, los triángulos son semejantes.

La línea AB corresponde a la línea ED, entonces $\frac{12.8}{8} = 1.6$.

La línea BC corresponde con la línea CE, entonces $\frac{8}{5} = 1.6$.

El factor de escala coincide en los lados comparables, lo que significa que estos triángulos son semejantes. Ahora multiplique el valor de la línea AC por el factor de escala de 1.6 para encontrar el valor faltante de x.

$$6 \times 1.6 = 9.6$$
$$x = 9.6$$

La respuesta correcta es 9.6.

EJEMPLO 50 (MÁS DIFÍCIL):

Los fines de semana de verano, Kyle patina 5 millas desde su casa hasta el parque de patinetas. Luego, patina 1.75 millas para llegar a la casa de su amigo. Al final de día, patina 4.25 millas para llegar a casa. Kyle registra su progreso en un afiche de un mapa en su habitación en el cual 1.25 pulgadas corresponden a 0.5 millas. ¿Cuánto llegó Kyle a patinar en términos de la escala más pequeña?

A. 11.0 pulgadas

B. 13.75 pulgadas

C. 20.25 pulgadas

D. 27.5 pulgadas

Debe determinar el número total de millas recorridas por Kyle y luego convertirlo a pulgadas usando el factor de escala dado. En total, Kyle patinó 11.0 millas. Sea x el número de pulgadas correspondiente a esta distancia. Establecemos la siguiente proporción:

$$\frac{11 \text{ millas}}{x \text{ pulgadas}} = \frac{0.5 \text{ millas}}{1.25 \text{ pulgadas}}$$

La multiplicación cruzada produce la ecuación $(11)(1.25) = 0.5x$, que es equivalente a $13.75 = 0.5x$. Al resolver x el resultado es 27.5 pulgadas. **La respuesta correcta es D.**

EN RESUMEN

- Las preguntas de geometría del examen de Razonamiento matemático GED cubren las siguientes áreas: **congruencia** y semejanza; ángulos, líneas paralelas, perpendiculares y transversales; figuras bidimensionales (triángulos, cuadriláteros, polígonos y círculos); **figuras tridimensionales** (cubos y otros prismas rectangulares, cilindros, conos, esferas y pirámides cuadradas); **trigonometría básica del triángulo rectángulo**; y **geometría coordinada** (puntos, líneas y otras figuras en el plano cartesiano xy).

- **Las línea**s y **los segmentos** son los elementos fundamentales en la mayoría de los problemas de geometría del examen, por lo que es importante familiarizarse con las reglas básicas de los ángulos formados por las líneas que se intersectan.

- **La mayoría de las fórmulas de geometría**, como el teorema de Pitágoras, **estarán incluidas en la hoja de fórmulas** que se le proporcionará durante el examen. Otras fórmulas, como las definiciones de las funciones seno, coseno y tangente, NO aparecerán en la hoja de fórmulas, y debería memorizarlas antes de tomar el examen.

- Asegúrese de **conocer las propiedades de todos los tipos básicos de triángulos**. No solo encontrará problemas de triángulos en el examen, también necesitará estas habilidades para resolver problemas con figuras de cuatro lados, figuras tridimensionales y círculos.

- Debe saber encontrar **el perímetro** y **el área** de **los cuadrados, rectángulos** y **paralelogramos**. Las preguntas del examen de Razonamiento matemático GED que involucran rectángulos no cuadrados pueden pedirle que determine el área con base en el perímetro, o viceversa.

- Familiarícese con la siguiente terminología básica respecto a los círculos: **circunferencia**, **radio**, **diámetro** y **cuerda**. Los problemas con círculos generalmente involucran otros tipos de figuras geométricas también, incluidos triángulos, cuadrados, rectángulos y líneas tangentes. Aprenda lo básico sobre los problemas con círculos, y estará un paso más adelante para resolver los problemas geométricos más avanzados.

  ○ No necesitará trabajar con un valor de π más preciso que 3.14 o $\frac{22}{7}$. De hecho, podrá responder las preguntas sobre círculos usando el símbolo π sin necesidad de hacer aproximaciones.

- Las preguntas del examen que involucran **cubos** (u otras formas de caja) a veces se presentan como problemas de "embalaje", donde deberá determinar cuántas cajas pequeñas caben en una caja más grande. Otro tipo de preguntas que involucran cubos se enfocan en las **proporciones** entre las medidas lineares, cuadradas y cúbicas del cubo.

- Un **problema sobre el cilindro** puede requerir solamente la aplicación directa de la fórmula del volumen o del área superficial. Al igual que con las preguntas de prismas rectangulares, simplemente reemplace lo que conoce en la fórmula, luego conteste lo que la pregunta le pide.

- **Las preguntas sobre coordenadas** involucran el plano cartesiano definido por el eje x horizontal y el eje y vertical. Necesitará saber cómo hallar la pendiente de una línea, así que recuerde calcularla utilizando la razón de cambio, cambio en y sobre cambio en x.

PREGUNTAS DE PRÁCTICA

Instrucciones: Las siguientes preguntas de práctica cubrirán los conceptos de geometría que aparecerán en el examen de Razonamiento matemático GED. Elija la mejor respuesta para cada problema.

1. Suponga que l es paralela a m. Encuentre el valor de y:

MUESTRE SU TRABAJO AQUÍ

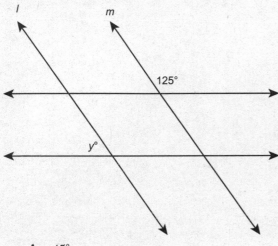

A. $45°$

B. $55°$

C. $90°$

D. $125°$

2. Supongamos que a y b son números reales. ¿Cuál es la distancia entre los puntos del plano cartesiano con las coordenadas $(2a, -b)$ y $(-a, 2b)$?

A. $3(a + b)$

B. $9a^2 + 9b^2$

C. $\sqrt{3a + 3b}$

D. $3\sqrt{a^2 + b^2}$

3. Encuentre z:

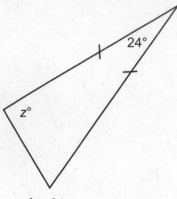

MUESTRE SU TRABAJO AQUÍ

    A. 24

    B. 78

    C. 90

    D. 156

4. ¿Cuál es la ecuación de la línea graficada?

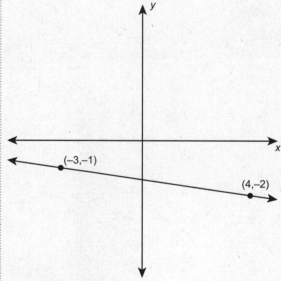

    A. $x + 7y = -10$

    B. $2x + 4y = -21$

    C. $y + 7x = -22$

    D. $y + 3x = -10$

5. ¿Cuál es la suma de los ángulos interiores de un decágono regular?

   A. 360

   B. 720

   C. 1,440

   D. 1,800

MUESTRE SU TRABAJO AQUÍ

6. Suponga que a y b son números reales positivos. Si el triángulo ABC es semejante al triángulo DEF, ¿cuál de las siguientes es la relación entre A y B?

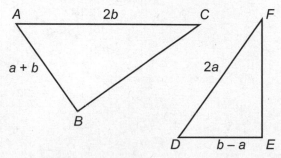

   A. $b^2 - a^2 - 2ab = 0$

   B. $2a^2 - 2b^2 + b + a = 0$

   C. $b^2 - a^2 - 4ab = 0$

   D. $a = b$

7. ¿Cuál es el área del siguiente paralelogramo?

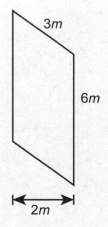

   A. 6 metros cuadrados

   B. 11 metros cuadrados

   C. 12 metros cuadrados

   D. 18 metros cuadrados

8. ¿Cuál de las siguientes expresiones es equivalente a *y*?

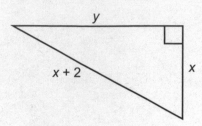

    A. $2\sqrt{x+1}$

    B. $4x + 4$

    C. 2

    D. $\sqrt{2x^2 + 4x + 4}$

9. El área superficial de un cubo es 13.5 pulgadas cuadradas. ¿Cuál es su volumen?

    A. 4.5 pulgadas cúbicas

    B. 1.5 pulgadas cúbicas

    C. 3.375 pulgadas cúbicas

    D. 2.25 pulgadas cúbicas

10. ¿Cuál es la medida del ángulo más grande del siguiente triangulo?

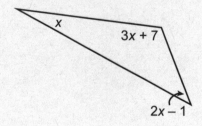

    A. 29°

    B. 57°

    C. 94°

    D. 117°

11. Calcule el área de la siguiente figura compuesta:

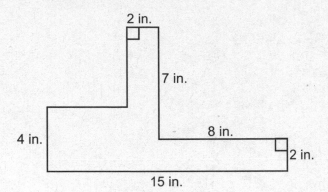

A. 38 pulgadas cuadradas

B. 43 pulgadas cuadradas

C. 54 pulgadas cuadradas

D. 70 pulgadas cuadradas

12. Encuentre el área de este triángulo:

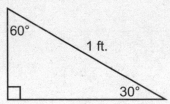

A. $\dfrac{3+\sqrt{3}}{2}$ pies cuadrados

B. $\dfrac{\sqrt{3}}{4}$ pies cuadrados

C. $\dfrac{1}{4}$ pies cuadrados

D. $\dfrac{\sqrt{3}}{8}$ pies cuadrados

13. ¿Cuál es la ecuación de la línea que pasa a través de los puntos $(0, -3)$ y $(-6, 0)$?

A. $y = -\dfrac{1}{2}x - 3$

B. $y = -\dfrac{1}{2}x - 6$

C. $y = -2x - 6$

D. $y = -2x - 3$

14. Suponga que x es un número real positivo menor que 3. Calcule $\cos \theta$.

   A. $\dfrac{3-x}{3}$

   B. $\dfrac{x}{3}$

   C. $\dfrac{\sqrt{9-x^2}}{3}$

   D. $\dfrac{3}{\sqrt{9-x^2}}$

15. Los lados de un cuadrado tienen una longitud de x pulgadas. Si se reducen en un 30 %, ¿cuál es el perímetro del cuadrado resultante?

   A.   0.49x pulgadas

   B.   0.70x pulgadas

   C.   1.20x pulgadas

   D.   2.80x pulgadas

16. Se erige una estatua en honor al alcalde de la ciudad en la plaza del pueblo. El siguiente diagrama muestra a una persona parada a 28 pies de la estatua con varias medidas. ¿Cuál es la altura de la estatua?

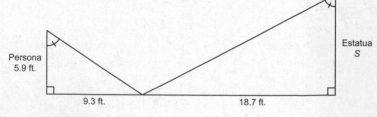

   A. $\dfrac{(5.9)(18.7)}{9.3}$ pies

   B. $\dfrac{(5.9)(9.3)}{18.7}$ pies

   C. $\dfrac{(9.3)(18.7)}{5.9}$ pies

   D. $(5.9)(18.7)(9.3)$ pies

17. Encuentre el área del siguiente trapecio:

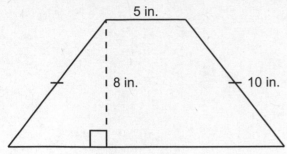

- **A.** 23 pulgadas cuadradas
- **B.** 42 pulgadas cuadradas
- **C.** 88 pulgadas cuadradas
- **D.** 176 pulgadas cuadradas

18. Suponga que a es un número real positivo. La diagonal de un cuadrado es un metro. Si la longitud de la diagonal se incrementa en un 40 %, ¿cuál sería el área del cuadrado resultante?

- **A.** a^2 metros cuadrados
- **B.** $0.98a^2$ metros cuadrados
- **C.** $0.36a^2$ metros cuadrados
- **D.** $1.96a^2$ metros cuadrados

19. El tobogán de un patio de recreo mide 9 pies de altura. La base del tobogán en el suelo mide 14 pies ¿Cuál de las siguientes es la longitud de del tobogán?

- **A.** $(14 - 9)$ pies
- **B.** $(14 + 9)$ pies
- **C.** $\sqrt{14^2 + 9^2}$ pies
- **D.** $\sqrt{14^2 - 9^2}$ pies

20. ¿Cuál es la circunferencia de un círculo con un área de $\sqrt{\pi}$ centímetros cuadrados?

- **A.** $\dfrac{1}{\pi^{1/4}}$ centímetros
- **B.** $2\pi^{1/2}$ centímetros
- **C.** $2\pi^{5/4}$ centímetros
- **D.** $2\pi^{3/4}$ centímetros

21. ¿Cuál de las siguientes ternas NO PUEDE ser la longitud de los lados de un triángulo?

   A. 3, 4, 6

   B. 2, 4, 4

   C. 1, 1, 2

   D. 5, 11, 13

22. El diámetro y la altura de una cilindro circular recto están en una proporción de 3:2. Si la altura es H pies, ¿cuál es el volumen del cilindro?

   A. $\dfrac{9}{16}\pi H^3$ pies cúbicos

   B. $\dfrac{3}{4}\pi H^2$ pies cúbicos

   C. $\dfrac{9}{4}\pi H^3$ pies cúbicos

   D. $\dfrac{3}{2}\pi H^2$ pies cúbicos

23. ¿Cuál es el área del siguiente triángulo?

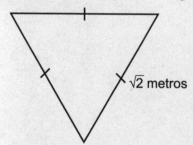

$\sqrt{2}$ metros

   A. $\dfrac{\sqrt{3}}{4}$ metros cuadrados

   B. $\dfrac{\sqrt{3}}{2}$ metros cuadrados

   C. 1 metro cuadrado

   D. $3\sqrt{2}$ metros cuadrados

MUESTRE SU TRABAJO AQUÍ

24. Un submarino que viaja a una profundidad de 0.6 millas se sumerge en un ángulo de 20° con respecto a la superficie del océano. Si recorre una distancia horizontal de 1.4 millas durante la inmersión, ¿cuál es la profundidad aproximada del submarino después de la inmersión?

A. 0.5 millas

B. 1.1 millas

C. 3.8 millas

D. 4.4 millas

25. Calcule el área de la región sombreada:

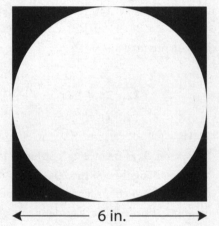

6 in.

A. 9π pulgadas cuadradas

B. $(36\pi - 36)$ pulgadas cuadradas

C. $(36 - 9\pi)$ pulgadas cuadradas

D. 36π pulgadas cuadradas

CLAVE DE RESPUESTAS Y EXPLICACIONES

1. B	**6.** A	**11.** C	**16.** A	**21.** C
2. D	**7.** C	**12.** D	**17.** C	**22.** A
3. B	**8.** A	**13.** A	**18.** B	**23.** B
4. A	**9.** C	**14.** C	**19.** C	**24.** B
5. C	**10.** C	**15.** D	**20.** D	**25.** C

1. **La respuesta correcta es B.** Los ángulos adyacentes al etiquetado como 125° miden cada uno 55° porque son ángulos suplementarios. Debido a que l es paralelo a y, el ángulo etiquetado como m es el ángulo correspondiente al que mide 55°, por lo que también mide 55°. La opción A es incorrecta debido a un error aritmético. La opción C es incorrecta porque no hay ángulos rectos marcados en el diagrama. La opción D es incorrecta porque el ángulo marcado como y no es un ángulo correspondiente al que mide 125°.

2. **La respuesta correcta es D.** Use la fórmula de distancia:

$$\sqrt{\left(2a - \left(-a\right)\right)^2 + \left(-b - 2b\right)^2}$$
$$= \sqrt{\left(3a\right)^2 + \left(-3b\right)^2}$$
$$= \sqrt{9a^2 + 9b^2}$$
$$= \sqrt{9\left(a^2 + b^2\right)}$$
$$= 3\sqrt{a^2 + b^2}$$

La opción A es incorrecta porque la raíz cuadrada de una suma no es igual a la suma de las raíces cuadradas de las partes individuales. La opción B es incorrecta porque falta la raíz cuadrada alrededor de toda la cantidad. La opción C es incorrecta porque las diferencias individuales en la fórmula de la distancia deben ser cuadradas.

3. **La respuesta correcta es B.** Los ángulos opuestos a los lados congruentes de un triángulo isósceles son congruentes. Al saber este hecho, y que la suma de los tres ángulos de un triángulo es de 180°, se obtiene la ecuación $z + z + 24 = 180$. Resuelva para z, de la siguiente manera:

$$z + z + 24 = 180$$
$$2z + 24 = 180$$
$$2z = 156$$
$$z = 78$$

La opción A es incorrecta porque el lado opuesto al ángulo con medida 24° no está marcado como congruente con el opuesto del ángulo de medida z. Entonces z no puede ser 24. La opción C es incorrecta porque no puede haber dos ángulos rectos en el mismo triángulo. La opción D es incorrecta porque 156 es $2z$.

4. **La respuesta correcta es A.** La pendiente de la línea es

$$m = \frac{-1 - (-2)}{-3 - 4}$$

$$= \frac{-1 + 2}{-7}$$

$$= -\frac{1}{7}$$

Aplicando la fórmula punto-pendiente de la ecuación de la línea, donde $y - y_1 = m(x - x_1)$ con el punto $(x_1, y_1) = (-3, -1)$ se obtiene:

$$y - (-1) = -\frac{1}{7}(x - (-3))$$

$$y + 1 = -\frac{1}{7}(x + 3)$$

$$-7(y + 1) = x + 3$$

$$-7y - 7 = x + 3$$

$$x + 7y = -10$$

La opción B es incorrecta porque la pendiente es incorrecta. La opción C es incorrecta por haber usado el recíproco de la pendiente; recuerde, es la diferencia en y dividida la diferencia en x de los pares de coordenadas. La opción D es incorrecta por haber sumado las coordenadas y, y las coordenadas x al calcular la pendiente cuando debían restarse.

5. **La respuesta correcta es C.** La suma de los ángulos interiores de un polígono regular con n lados es $(n - 2)180$. Un decágono tiene 10 lados. Entonces la suma de sus ángulos interiores es $(10 - 2)180 = 8(180)$ $= 1,440$. La opción A es incorrecta porque 360 es la suma de los ángulos exteriores. La opción B es incorrecta porque 720 es la mitad de la suma correcta. La opción D es incorrecta porque la fórmula es $180(n - 2)$, no $180n$.

6. **La respuesta correcta es A.** Ya que el triángulo ABC es semejante al triángulo DEF, las proporciones de los lados correspondientes son iguales. En particular $\frac{AB}{AC} = \frac{DE}{DF}$. Al saber este hecho, y tras simplificar, se obtiene:

$$\frac{a + b}{2b} = \frac{b - a}{2a}$$

$$2a(a + b) = 2b(b - a)$$

$$2a^2 + 2ab = 2b^2 - 2ba$$

$$a^2 + ab = b^2 - ab$$

$$b^2 - a^2 - 2ab = 0$$

La opción B es incorrecta porque no se usó la propiedad distributiva correctamente al simplificar la proporción simplificó la relación obtenida de la semejanza de los triángulos. La opción C es incorrecta porque al configurar la proporción obtenida de la semejanza de los triángulos, escribió al contrario una de las fracciones. La opción D es incorrecta porque una relación de $a = b$ requeriría que la base del triángulo DEF tuviera longitud cero.

7. **La respuesta correcta es C.** La altura y base utilizadas en la fórmula del área de un paralelogramo deben ser perpendiculares. Usando $2m$ como la altura y $6m$ como la base, se obtienen que el área es $(2m)(6m)$ $= 12$ metros cuadrados. La opción A es incorrecta porque los lados con longitudes de $3m$ y $2m$ no son perpendiculares. La opción B es incorrecta porque 11 es solo la suma de las tres medidas etiquetadas, no el área. La opción D es incorrecta porque los lados con longitudes de $3m$ y $6m$ no son perpendiculares.

8. **La respuesta correcta es A.** Aplique el teorema de Pitágoras:

$$y^2 + x^2 = (x + 2)^2$$
$$y^2 + x^2 = x^2 + 4x + 4$$
$$y^2 = 4x + 4$$
$$y = \sqrt{4x + 4}$$

La opción B es incorrecta porque falta la raíz cuadrada alrededor de la cantidad. La opción C es incorrecta porque $(x + 2)^2 \neq x^2 + 2^2$. La opción D es incorrecta porque tomó el lado de longitud y como la hipotenusa para el teorema de Pitágoras, pero este no es el lado opuesto al ángulo recto.

9. **La respuesta correcta es C.** Sea e la arista del cubo. La superficie es de $6e^2 = 13.5$. Resolver para e:

$$6e^2 = 13.5$$
$$e^2 = 2.25$$
$$e = \sqrt{2.25} = 1.5$$

Así que el volumen es $e^3 = (1.5)^3 = 3,375$ pulgadas cúbicas. La opción A es incorrecta porque no se multiplica la base y el exponente cuando se calcula una potencia. La opción B es incorrecta porque 1,5 pulgadas es la longitud de una arista del cubo. La opción D es incorrecta porque 2.25 pulgadas cuadradas es el área de una sola cara del cubo; el volumen es el cubo de una arista, no el cuadrado.

10. **La respuesta correcta es C.** La suma de los tres ángulos de un triángulo es 180°. Al saber esto, se obtiene lo siguiente:

$$x + (2x - 1) + (3x + 7) = 180$$
$$6x + 6 = 180$$
$$6x = 174$$
$$x = 29$$

Entonces los tres ángulos son 29°, 57° y 94°. La opción A es incorrecta porque 29° es el más pequeño de los tres ángulos. La opción B es incorrecta porque 57° es el mediano entre los tres ángulos. La opción D es incorrecta porque la suma de los ángulos de un triángulo es 180°, no 360°.

11. **La respuesta correcta es C.** Descomponer la figura en tres rectángulos más pequeños, como se muestra:

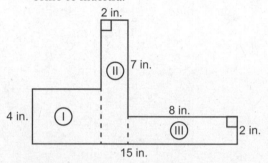

Para el rectángulo I, el lado adyacente al de longitud de 4 pulgadas tiene una longitud de $15 - (2 + 8) = 5$ pulgadas. Entonces el área es $(4)(5) = 20$ pulgadas cuadradas. Para el rectángulo II, el lado adyacente al lado con longitud de 2 pulgadas tiene longitud $(7 + 2) = 9$ pulgadas. Entonces el área es $(2)(9) = 18$ pulgadas cuadradas. Para el rectángulo III, el el área es $(2)(8) = 16$ pulgadas cuadradas. La suma de estas tres áreas, 54 pulgadas cuadradas, es el área de la figura compuesta. La opción A es incorrecta porque 38 es solo la suma de medidas etiquetadas en el diagrama. La opción B es incorrecta porque 43 pulgadas es el perímetro de la figura compuesta, no el área. La opción D es incorrecta porque parece haber dividido la figura horizontalmente pero inadvertidamente tomó el rectángulo inferior como si tuviera lados de 4 pulgadas y 15 pulgadas; esta solución incluye una porción que no está en la figura.

12. **La respuesta correcta es D.** Nombre los dos catetos del triángulo, como se muestra:

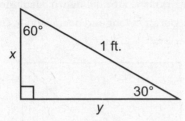

Use la trigonometría del triángulo rectángulo para determinar x e y:

$$x = \frac{x}{1} = \sin 30^{\circ} = \frac{1}{2}$$

$$y = \frac{y}{1} = \sin 60^{\circ} = \frac{\sqrt{3}}{2}$$

Entonces el área del triángulo es $\frac{1}{2}\left(\frac{1}{2}\right)\left(\frac{\sqrt{3}}{2}\right) = \frac{\sqrt{3}}{8}$ pies cuadrados. La opción A es incorrecta porque $\frac{3 + \sqrt{3}}{2}$ es el perímetro del triángulo. La opción B es incorrecta porque olvidó multiplicar por $\frac{1}{2}$ en la fórmula del área. La opción C es incorrecta porque usó la hipotenusa como uno de los catetos al calcular el área.

13. **La respuesta correcta es A.** La pendiente de la línea es $m = \frac{-3 - 0}{0 - (-6)} = -\frac{1}{2}$. Como la intersección en y es $(0, -3)$, sabemos que b en la forma pendiente-intersección es $y = mx + b$, es -3. Entonces la ecuación es $y = -\frac{1}{2}x - 3$. La opción B es incorrecta porque usó la intersección en x en lugar de la intersección en y para b en la forma pendiente-intersección, $y = mx + b$. La opción C es incorrecta porque usó la intersección en x en lugar de la intersección en y para b en la forma pendiente-intersección $y = mx + b$, y usó el reciproco de la pendiente. La opción D es incorrecta porque usó el recíproco de la pendiente.

14. **La respuesta correcta es C.** Primero, determine la longitud del cateto que falta usando el teorema de Pitágoras: $\sqrt{3^2 - x^2} = \sqrt{9 - x^2}$. Como el coseno de un ángulo es la longitud del lado adyacente al ángulo dividido por la hipotenusa, vemos que $\cos\theta = \frac{\sqrt{9 - x^2}}{3}$. La opción A es incorrecta porque la raíz cuadrada de una diferencia no es igual a la diferencia de las raíces cuadradas de los términos individuales. La opción B es incorrecta porque $\frac{x}{3}$ es $\sin\theta$. La opción D es incorrecta porque $\frac{3}{\sqrt{9 - x^2}}$ es el recíproco de la respuesta correcta.

15. **La respuesta correcta es D.** El nuevo lado (después de la reducción) tiene una longitud $x - 0.30x = 0.70x$. Entonces el perímetro del nuevo cuadrado es $4(0.70x) = 2.8x$ pulgadas. La opción A es incorrecta porque $0.49x$ es el área del nuevo cuadrado. La opción B es incorrecta porque 0.70 pulgadas es la longitud de un lado. La opción C es incorrecta porque usó $0.3x$ como la longitud del lado, pero $0.3x$ es la cantidad a ser restada de la longitud lateral original x para obtener la nueva longitud lateral.

16. **La respuesta correcta es A.** Los dos triángulos rectángulo son semejantes ya que sus ángulos correspondientes son congruentes. Así que sus lados son proporcionales. Esto produce la relación $\frac{5.9}{9.3} = \frac{s}{18.7}$, por lo cual $s = \frac{(5.9)(18.7)}{9.3}$. La opción B es incorrecta porque el 18.7 y el 9.3 deben ser intercambiados. La opción C es incorrecta porque el 9.3 y el 5.9 deben ser intercambiados. La opción D es incorrecta porque hay que dividir por 9.3, no multiplicar por tal número.

17. La respuesta correcta es C. Debe determinar la longitud de la base inferior para encontrar el área del trapecio. Para este fin, descomponga el trapecio de la siguiente manera:

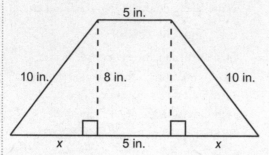

Los triángulos rectos son congruentes porque los lados diagonales del trapecio son congruentes. Utilice el teorema de Pitágoras para encontrar x:

$$10^2 = 8^2 + x^2$$
$$100 = 64 + x^2$$
$$x^2 = 36$$
$$x = 6$$

Entonces la longitud de la base inferior es $2x + 5 = 2(6) + 5 = 17$ pulgadas. Por lo tanto, el área del trapecio es $\frac{1}{2}(8)(5 + 17) = 88$ pulgadas cuadradas. La opción A es incorrecta porque 23 pulgadas cuadradas es solo la suma de las medidas etiquetadas en el diagrama. La opción B es incorrecta porque 42 pulgadas cuadradas es el perímetro del trapecio. La opción D es incorrecta porque se necesita multiplicar esta cantidad (176) por $\frac{1}{2}$.

18. La respuesta correcta es B. La longitud de la nueva diagonal es $a + 0.40a = 1.40a$. Para encontrar el área del nuevo cuadrado, debe encontrar la longitud de un lado, x, como se muestra:

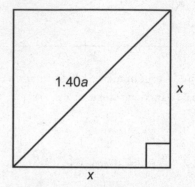

Use el teorema de Pitágoras:

$$x^2 + x^2 = (1.4a)^2$$
$$2x^2 = 1.96a^2$$
$$x^2 = 0.98a^2$$

Entonces el área es de $0.98a^2$ metros cuadrados. La opción A es solo el cuadrado de la longitud de la diagonal original. La opción C es incorrecta porque disminuyó la longitud de la diagonal a 0.60a en lugar de aumentarla. La opción D es incorrecta porque cuando usó el teorema de Pitágoras, no dividió por 2.

19. La respuesta correcta es C. El escenario se representa en el siguiente diagrama:

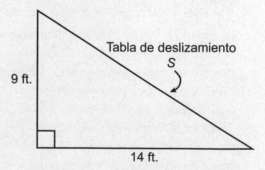

La aplicación del teorema de Pitágoras produce $s^2 = 14^2 + 9^2$, de modo que $s = \sqrt{14^2 + 9^2}$ pies. Las opciones A y B son incorrectas porque la raíz cuadrada de una diferencia/suma no es igual a la diferencia/suma de las raíces cuadradas de los términos individuales. La opción D es incorrecta por tomar la tabla deslizante como uno de los catetos del triángulo rectángulo en lugar de la hipotenusa.

20. **La respuesta correcta es D.** Usar la fórmula del área del círculo produce la ecuación $\pi R^2 = \sqrt{\pi}$, donde R es el radio. Resuelva R:

$$\pi R^2 = \sqrt{\pi}$$

$$R^2 = \frac{\sqrt{\pi}}{\pi} = \frac{1}{\sqrt{\pi}}$$

$$R = \sqrt{\frac{1}{\sqrt{\pi}}} = \left(\frac{1}{\pi^{1/2}}\right)^{1/2}$$

$$R = \frac{1}{\pi^{1/4}}$$

Entonces la circunferencia es $2\pi\left(\dfrac{1}{\pi^{1/4}}\right) = 2\pi^{3/4}$ centímetros. La opción A es incorrecta porque $\dfrac{1}{\pi^{1/4}}$ es el radio. La opción B es incorrecta por un error con las reglas de los exponentes. La opción C es incorrecta porque usó el recíproco del radio.

21. **La respuesta correcta es C.** La ley del triángulo dice que la suma de las longitudes de dos lados debe ser mayor que la longitud del tercer lado. La única opción para la cual esto no es cierto es la opción C, ya que 1 + 1 no es mayor que 2.

22. **La respuesta correcta es A.** La relación entre el diámetro y la altura producen la proporción $\dfrac{3}{2} = \dfrac{\text{diámetro}}{H}$. Al resolver el diámetro se obtiene que mide $\dfrac{3H}{2}$ pies. Entonces el radio de las bases del cilindro es $\dfrac{1}{2}\left(\dfrac{3H}{2}\right) = \dfrac{3H}{4}$ pies. Entonces el volumen del cilindro $\pi\left(\dfrac{3H}{4}\right)^2 H = \dfrac{9}{16}\pi H^3$ pies cúbicos. La opción B es incorrecta por haber elevado el radio al cuadrado. La opción C

es incorrecta porque usó el diámetro en lugar del radio. La opción D es incorrecta porque usó el diámetro en lugar del radio y no lo elevó al cuadrado.

23. **La respuesta correcta es B.** Trace un segmento desde el vértice inferior hasta el lado opuesto, perpendicularmente. Como el triángulo es equilátero, bisecará un lado. Etiquete la longitud de este segmento h, como se muestra:

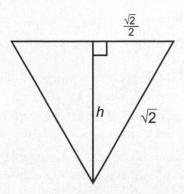

Use el teorema de Pitágoras para encontrar h:

$$h^2 + \left(\frac{\sqrt{2}}{2}\right)^2 = \left(\sqrt{2}\right)^2$$

$$h^2 + \frac{1}{2} = 2$$

$$h^2 = \frac{3}{2}$$

$$h = \sqrt{\frac{3}{2}}$$

El área es $\dfrac{1}{2}\left(\dfrac{\sqrt{3}}{\sqrt{2}}\right)\left(\sqrt{2}\right) = \dfrac{\sqrt{3}}{2}$ metros cuadrados. La opción A es incorrecta por usar $\dfrac{\sqrt{2}}{2}$ metros como la longitud de la base en lugar de $\sqrt{2}$ metros. La opción C es incorrecta porque $\sqrt{2}$ metros no se puede usar como altura, ya que no es perpendicular a la base. La opción D es incorrecta porque es el perímetro.

24. La respuesta correcta es B. Comience dibujando un diagrama:

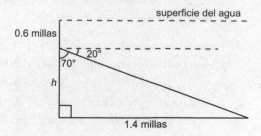

Observe que $\tan 70° = \dfrac{1.4 \text{ millas}}{h}$, así que $h = \dfrac{1.4 \text{ millas}}{\tan 70°} \approx$ millas. Entonces la profundidad de la inmersión, según lo dicho, es aproximadamente $(0.5 + 0.6) = 1.1$ millas. La opción A es incorrecta por no tener en cuenta la profundidad original de 0.6 millas.

La opción C es incorrecta porque se obtiene de $1.4 \tan 70°$; debería haber dividido por $\tan 70°$. Además, no tuvo en cuenta la profundidad original de 0.6 millas. La opción D es incorrecta porque esto se obtiene de $1.4 \tan 70°$; Debería haber dividido por $\tan 70°$.

25. La respuesta correcta es C. El área de la región sombreada es igual a la diferencia entre el área del cuadrado y el área del círculo. El área del cuadrado es $(6)(6) = 36$ pulgadas cuadradas. Como el círculo está inscrito en el cuadrado, el diámetro del círculo es igual a la longitud del lado del cuadrado; el diámetro es de 6 pulgadas. Por lo tanto, el radio es 3 pulgadas. Como tal, el área del círculo es $\pi(3)^2 = 9\pi$ pulgadas cuadradas. Entonces el área de la región sombreada es $(36 - 9\pi)$ pulgadas cuadradas. La opción A es incorrecta porque 9π pulgadas cuadradas es el área del círculo. La opción B es el resultado de usar el diámetro para calcular el área del círculo. La opción D es el resultado de usar el diámetro para calcular el área del círculo y no restarlo de la zona del cuadrado.

PARTE VII
EXAMEN DE PRÁCTICA

Examen de práctica 2

Examen de práctica 2

INSTRUCCIONES PARA TOMAR EL EXAMEN DE PRÁCTICA

Instrucciones: El examen de práctica del examen GED tiene cuatro subpruebas separadas: Razonamiento a través de las artes del lenguaje, Razonamiento matemático, Ciencia y Estudios sociales.

- Lea y siga las instrucciones al comienzo de cada prueba.

- Cumpla con los límites de tiempo.

- Marque sus respuestas a las preguntas de opción múltiple en el círculo apropiado en las hojas de respuestas proporcionadas. Respoda las preguntas potenciadas por tecnología en la hoja de respuestas de la siguiente forma:

  - **Las preguntas de rellenar los espacios en blanco** se designan con un cuadro vacío. Cuando vea este cuadro, escriba su respuesta en el espacio en blanco que corresponde al número de la pregunta.

  - **Las preguntas desplegables** aparecen con un ícono de menú desplegable. Para responder estas preguntas, escriba su respuesta (o la letra correspondiente) en el espacio en blanco que corresponde al número de la pregunta.

  - **Las preguntas de arrastrar y soltar** aparecerán con un diagrama; por ejemplo, un diagrama de Venn, un diagrama de flujo o una serie de cuadros. Para responder estas preguntas, ingrese las respuestas (o la letra correspondiente) en el espacio correcto en la hoja de respuestas.

  - **Las preguntas de seleccionar un área** aparecerán con una imagen en la que se le indica que haga "clic" o "seleccionar", como una línea numérica. Para responder estas preguntas, escriba la respuesta en el espacio en blanco que corresponde al número de la pregunta.

  - **Aparecerá una pregunta de respuesta extendida** en el examen de Razonamiento a través de las artes del lenguaje. Para responder a esta pregunta, escriba su respuesta en las páginas rayadas que se proporcionan en la hoja de respuestas.

- Cuando haya terminado la prueba completa, compare sus respuestas con las respuestas correctas que aparecen en la clave de respuestas y explicaciones al final de este examen de práctica.

- Recuerde revisar la sección "¿Está listo para tomar el examen GED?" para saber qué tan cerca está de aprobar el examen GED.

HOJA DE RESPUESTAS: EXAMEN DE PRÁCTICA 2

Razonamiento a través de las artes del lenguaje

Parte I

1. Ⓐ Ⓑ Ⓒ Ⓓ

2. Ⓐ Ⓑ Ⓒ Ⓓ

3. _____

4. Ⓐ Ⓑ Ⓒ Ⓓ

5. Ⓐ Ⓑ Ⓒ Ⓓ

6. Ⓐ Ⓑ Ⓒ Ⓓ

7. Ⓐ Ⓑ Ⓒ Ⓓ

8. Ⓐ Ⓑ Ⓒ Ⓓ

9. Ⓐ Ⓑ Ⓒ Ⓓ

10. _____

11. _____

12. _____

13. _____

14. _____

15. _____

16. _____

17. _____

18. Use el diagrama de abajo.

Parte II

Escriba su respuesta usando las páginas proporcionadas con esta hoja de respuesta.

Parte III

19. Ⓐ Ⓑ Ⓒ Ⓓ

20. Ⓐ Ⓑ Ⓒ Ⓓ

21. Ⓐ Ⓑ Ⓒ Ⓓ

22. Ⓐ Ⓑ Ⓒ Ⓓ

23. Use el diagrama de abajo.

24. Ⓐ Ⓑ Ⓒ Ⓓ

25. Ⓐ Ⓑ Ⓒ Ⓓ

26. Ⓐ Ⓑ Ⓒ Ⓓ

27. Ⓐ Ⓑ Ⓒ Ⓓ

28. Ⓐ Ⓑ Ⓒ Ⓓ

29. Ⓐ Ⓑ Ⓒ Ⓓ

30. _____

31. Ⓐ Ⓑ Ⓒ Ⓓ

32. Ⓐ Ⓑ Ⓒ Ⓓ

33. Ⓐ Ⓑ Ⓒ Ⓓ

34. Ⓐ Ⓑ Ⓒ Ⓓ

35. Ⓐ Ⓑ Ⓒ Ⓓ

36. Ⓐ Ⓑ Ⓒ Ⓓ

37. Ⓐ Ⓑ Ⓒ Ⓓ

38. Ⓐ Ⓑ Ⓒ Ⓓ

39. Ⓐ Ⓑ Ⓒ Ⓓ

40. Use el diagrama de abajo.

41. _____

42. _____

43. _____

44. _____

45. _____

46. _____

47. _____

48. _____

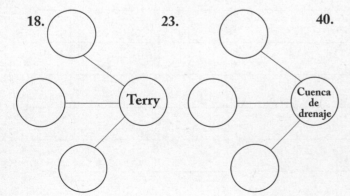

18. (diagrama con Terry)   23. (diagrama con Cuenca de drenaje)   40.

Vestimenta apropiada	Vestimenta inapropiada

hoja de respuestas

Respuesta extendida

_____

_____

_____

_____

_____

_____

_____

_____

_____

_____

_____

_____

_____

_____

_____

_____

_____

_____

_____

_____

_____

_____

hoja de respuestas

Razonamiento matemático

1. _____   17. Ⓐ Ⓑ Ⓒ Ⓓ   33. _____

2. Ⓐ Ⓑ Ⓒ Ⓓ   18. Ⓐ Ⓑ Ⓒ Ⓓ   34. _____

3. Ⓐ Ⓑ Ⓒ Ⓓ   19. Ⓐ Ⓑ Ⓒ Ⓓ   35. Ⓐ Ⓑ Ⓒ Ⓓ

4. Ⓐ Ⓑ Ⓒ Ⓓ   20. Ⓐ Ⓑ Ⓒ Ⓓ   36. Ⓐ Ⓑ Ⓒ Ⓓ

5. Ⓐ Ⓑ Ⓒ Ⓓ   21. _____   37. Ⓐ Ⓑ Ⓒ Ⓓ

6. Use el driagrama   22. Ⓐ Ⓑ Ⓒ Ⓓ   38. Ⓐ Ⓑ Ⓒ Ⓓ
   de abajo.
7. Ⓐ Ⓑ Ⓒ Ⓓ   23. _____   39. Ⓐ Ⓑ Ⓒ Ⓓ

8. _____   24. Ⓐ Ⓑ Ⓒ Ⓓ   40. Ⓐ Ⓑ Ⓒ Ⓓ

9. _____   25. Ⓐ Ⓑ Ⓒ Ⓓ   41. _____

10. Ⓐ Ⓑ Ⓒ Ⓓ   26. Ⓐ Ⓑ Ⓒ Ⓓ   42. _____

11. Ⓐ Ⓑ Ⓒ Ⓓ   27. Ⓐ Ⓑ Ⓒ Ⓓ   43. _____

12. Ⓐ Ⓑ Ⓒ Ⓓ   28. Ⓐ Ⓑ Ⓒ Ⓓ   44. Ⓐ Ⓑ Ⓒ Ⓓ

13. _____   29. _____   45. Ⓐ Ⓑ Ⓒ Ⓓ

14. Ⓐ Ⓑ Ⓒ Ⓓ   30. Ⓐ Ⓑ Ⓒ Ⓓ   46. _____

15. Ⓐ Ⓑ Ⓒ Ⓓ   31. Ⓐ Ⓑ Ⓒ Ⓓ

16. _____   32. Ⓐ Ⓑ Ⓒ Ⓓ

6.

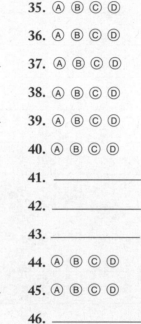

Ciencia

1. Ⓐ Ⓑ Ⓒ Ⓓ
2. Ⓐ Ⓑ Ⓒ Ⓓ
3. Ⓐ Ⓑ Ⓒ Ⓓ
4. Ⓐ Ⓑ Ⓒ Ⓓ
5. Ⓐ Ⓑ Ⓒ Ⓓ
6. _____
7. Ⓐ Ⓑ Ⓒ Ⓓ
8. Ⓐ Ⓑ Ⓒ Ⓓ
9. Ⓐ Ⓑ Ⓒ Ⓓ
10. Ⓐ Ⓑ Ⓒ Ⓓ
11. Ⓐ Ⓑ Ⓒ Ⓓ
12. Ⓐ Ⓑ Ⓒ Ⓓ
13. Ⓐ Ⓑ Ⓒ Ⓓ

14. Ⓐ Ⓑ Ⓒ Ⓓ
15. _____
16. Ⓐ Ⓑ Ⓒ Ⓓ
17. Ⓐ Ⓑ Ⓒ Ⓓ
18. Ⓐ Ⓑ Ⓒ Ⓓ
19. Ⓐ Ⓑ Ⓒ Ⓓ
20. Ⓐ Ⓑ Ⓒ Ⓓ
21. Ⓐ Ⓑ Ⓒ Ⓓ
22. Ⓐ Ⓑ Ⓒ Ⓓ
23. Ⓐ Ⓑ Ⓒ Ⓓ
24. Ⓐ Ⓑ Ⓒ Ⓓ
25. Ⓐ Ⓑ Ⓒ Ⓓ
26. Ⓐ Ⓑ Ⓒ Ⓓ

27. Ⓐ Ⓑ Ⓒ Ⓓ
28. Ⓐ Ⓑ Ⓒ Ⓓ
29. Ⓐ Ⓑ Ⓒ Ⓓ
30. Ⓐ Ⓑ Ⓒ Ⓓ
31. Ⓐ Ⓑ Ⓒ Ⓓ
32. Ⓐ Ⓑ Ⓒ Ⓓ
33. Ⓐ Ⓑ Ⓒ Ⓓ
34. Ⓐ Ⓑ Ⓒ Ⓓ
35. _____
_____
_____

hoja de respuestas

Estudios sociales

1. Ⓐ Ⓑ Ⓒ Ⓓ   13. _____   25. Ⓐ Ⓑ Ⓒ Ⓓ

2. Ⓐ Ⓑ Ⓒ Ⓓ   14. _____   26. Ⓐ Ⓑ Ⓒ Ⓓ

3. Ⓐ Ⓑ Ⓒ Ⓓ   15. _____   27. _____

4. _____   16. _____   28. Ⓐ Ⓑ Ⓒ Ⓓ

5. Ⓐ Ⓑ Ⓒ Ⓓ   17. Ⓐ Ⓑ Ⓒ Ⓓ   29. _____

6. Ⓐ Ⓑ Ⓒ Ⓓ   18. Ⓐ Ⓑ Ⓒ Ⓓ   30. Ⓐ Ⓑ Ⓒ Ⓓ

7. Ⓐ Ⓑ Ⓒ Ⓓ   19. Ⓐ Ⓑ Ⓒ Ⓓ   31. Ⓐ Ⓑ Ⓒ Ⓓ

8. Ⓐ Ⓑ Ⓒ Ⓓ   20. _____   32. Ⓐ Ⓑ Ⓒ Ⓓ

9. Ⓐ Ⓑ Ⓒ Ⓓ   21. Ⓐ Ⓑ Ⓒ Ⓓ   33. Ⓐ Ⓑ Ⓒ Ⓓ

10. _____   22. Ⓐ Ⓑ Ⓒ Ⓓ   34. Ⓐ Ⓑ Ⓒ Ⓓ

11. Ⓐ Ⓑ Ⓒ Ⓓ   23. Ⓐ Ⓑ Ⓒ Ⓓ   35. _____

12. Ⓐ Ⓑ Ⓒ Ⓓ   24. Ⓐ Ⓑ Ⓒ Ⓓ

RAZONAMIENTO A TRAVÉS DE LAS ARTES DEL LENGUAJE

150 minutos • 49 preguntas

Instrucciones: El examen de Razonamiento a través de las artes del lenguaje consta de pasajes de material de lectura de ficción y no ficción. Después de leer un pasaje, responda a las preguntas a continuación, refiriéndose al pasaje según sea necesario. Responda a todas las preguntas con base en lo que dice e implica cada pasaje.

La mayoría de las preguntas están en formato de opción múltiple. Otras preguntas están pensadas para prepararlo para las preguntas potenciadas por tecnología que encontrará en el examen, como menús desplegables, rellenar los espacios en blanco, y arrastrar y soltar. También hay una pregunta de respuesta extendida para la cual se requiere leer un par de pasajes que presentan dos puntos de vista sobre un tema y escribir un ensayo bien organizado que respalde uno de los puntos de vista. Registre sus respuestas en la sección Razonamiento a través de las artes del lenguaje en la hoja de respuesta proporcionada. Para repasar cómo responder a estas preguntas en la hoja de respuestas, por favor refiérase "Instrucciones para tomar el examen de práctica" en la página 771.

Parte I

Las preguntas 1–9 hacen referencia al siguiente pasaje.

Este pasaje es una adaptación de la novela Rilla of Ingleside *de L.M. Montgomery.*

La Sra. Blythe y su visitante, la Srta. Cornelia—alias la Sra. Marshall Elliott—estaban charlando cerca de la
Línea puerta abierta que llevaba a la terraza, a
5 través de la cual soplaba una brisa fresca y deliciosa, trayendo olores del perfume fantasmal del jardín, y encantadores ecos alegres del rincón de la bodega donde Rilla, la Srta. Oliver y Walter estaban
10 riendo y hablando. Dondequiera que Rilla Blythe estuviera, había risas.

Había otro ocupante del salón, acurrucado en un sofá, que no debía pasarse por alto, ya que era una criatura de
15 marcada individualidad, y, además, se distinguía por ser el único ser vivo que Susan odiaba realmente.

Todos los gatos son misteriosos, pero el Dr. Jekyll-Sr. Hyde—"Doc", para
20 abreviar—lo era tres veces. Era un gato con doble personalidad, o como Susan juró, estaba poseído por el diablo. Para empezar, había algo extraño en su existencia. Cuatro años antes, Rilla Blythe
25 había tenido un querido gatito, blanco como la nieve, con una esponjosa punta negra en la cola, al que llamaba Jack Frost. A Susan no le gustaba Jack Frost, aunque no pudo o no quiso dar ninguna razón
30 válida para ello.

"Créame, Sra. Dra. querida," solía decir sin querer, "ese gato no servirá para nada."

"Pero, ¿por qué lo cree?" La Sra. Blythe
35 preguntaba.

"No lo creo... lo sé," era la única respuesta que Susan le *vouchsafe*.

Para el resto de la gente de Ingleside, Jack Frost era el favorito; era un gato
40 limpio y bien arreglado, y nunca permitió que se viera una mancha en su hermoso traje blanco; tenía formas entrañables de ronronear y acurrucarse; era escrupulosamente honesto. Y luego una tragedia
45 doméstica ocurrió en Ingleside. ¡Jack

Frost tuvo gatitos! Sería vano tratar de imaginar el triunfo de Susan. ¿No había insistido siempre en que ese gato resultaría ser un engaño y una trampa? ¡Ahora podían verlo por sí mismos! Rilla se quedó con uno de los gatitos, uno muy bonito, con un pelaje peculiarmente liso y brillante de un amarillo oscuro cruzado por rayas naranjas, y grandes orejas doradas y satinadas. Lo llamó Goldie y el nombre le pareció bastante apropiado para la pequeña y juguetona criatura que, durante su infancia, no daba ninguna indicación de la naturaleza siniestra que realmente poseía. Susan, por supuesto, advirtió a la familia que no se podía esperar nada bueno de los descendientes de ese diabólico Jack Frost; pero los graznidos de Susan, como los de Cassandra, no fueron escuchados. Los Blythes estaban tan acostumbrados a considerar a Jack Frost un miembro del sexo masculino que no podían dejar el hábito. Así que continuamente usaban el pronombre masculino, aunque el resultado era ridículo. Los visitantes solían sentirse bastante electrizados cuando Rilla se refería casualmente a "Jack y su gatito," o le decía a Goldie severamente, "Ve con tu madre y haz que te lave el pelo."

"No es decente, Sra. Dra. Querida", diría la pobre Susan amargamente. Ella misma se comprometió a referirse siempre a Jack como "eso" o "la bestia blanca", y el corazón al menos no le dolió cuando "eso" fue envenenado accidentalmente al invierno siguiente. En un año, "Goldie" se convirtió en un nombre tan manifiestamente inadecuado para el gatito naranja que Walter, que estaba leyendo el cuento de Stevenson, lo cambió por Dr. Jekyll-Mr. Hyde. En el humor del Dr. Jekyll el gato era un gatito somnoliento, cariñoso, doméstico, amante de los cojines, al que le gustaba acariciar y se enorgullecía de que

lo cuidaran y acariciaran. Especialmente le gustaba acostarse de espaldas y que le acariciaran suavemente la garganta de color crema mientras ronroneaba con una satisfacción somnolienta. Era un ronroneador notable; nunca hubo un gato de Ingleside que ronroneara tan constantemente y con tanto éxtasis.

"Lo único que envidio a un gato es su ronroneo," comentó el Dr. Blythe una vez, escuchando la resonante melodía de Doc. "Es el sonido más satisfecho del mundo".

Doc era muy guapo; cada uno de sus movimientos era una gracia; sus poses eran magníficas. Cuando doblaba su larga y oscura cola alrededor de sus patas y se sentaba en la terraza para mirar fijamente al espacio por largos intervalos, los Blythe sentían que una esfinge egipcia no podría ser una estatua de pórtico más apropiada.

Cuando el humor de Mr. Hyde se le presentaba, lo que invariablemente ocurría antes de la lluvia o el viento, era una cosa salvaje con ojos cambiados. La transformación siempre llegaba de repente. Saltaba ferozmente de un ensueño con un gruñido salvaje y mordía cualquier mano que lo contuviera o lo acariciara. Su pelo parecía oscurecerse y sus ojos brillaban con una luz diabólica. Había realmente una belleza sobrenatural en él. Si el cambio ocurría en el crepúsculo, todos los habitantes de Ingleside sentían cierto terror de él. En esos momentos era una bestia temible y sólo Rilla lo defendía, afirmando que era "un gato tan agradable". Ciertamente él merodeaba.

Al Dr. Jekyll le encantaba la leche fresca; el Sr. Hyde no tocaba la leche y gruñía pidiendo carne. El Dr. Jekyll bajaba las escaleras tan silenciosamente que nadie podía oírle. El Sr. Hyde hacía que su paso fuera tan pesado como el de un hombre. Varias tardes, cuando Susan estaba sola en la casa, "la asustó

mucho", como ella declaró, haciendo esto. Se sentaba en medio del suelo de la cocina, con sus terribles ojos fijos en los de ella durante una hora. Esto causó
140 estragos en sus nervios, pero tenía a la pobre Susan demasiado asustada como para intentar echarlo. Una vez se atrevió a lanzarle un palo y él rápidamente dio un salto salvaje hacia ella. Susan salió
145 corriendo de la casa e intentó no volver a entrometerse con el Sr. Hyde, aunque le atribuyó sus fechorías al inocente Dr. Jekyll, persiguiéndole ignominiosamente fuera de sus dominios cada vez que se
150 atrevía a meter las narices le negaba ciertas cosillas sabrosas que anhelaba.

1. ¿Qué conclusión puede sacar del pasaje sobre Susan?

    A. Generalmente es una persona desconfiada.

    B. No le gusta ningún gatos, no solo Doc.

    C. Es infeliz trabajando para los Blythes.

    D. Tiene buenos presentimientos sobre el gato.

2. ¿Cómo reacciona la Sra. Blythe a la predicción sombría de Susan sobre Doc?

    A. Está completamente de acuerdo con Susan.

    B. Es escéptica de la aversión de Susan.

    C. No está de acuerdo con la declaración de Susan.

    D. Quiere deshacerse del gato.

3. La reacción de Susan ante el Sr. Hyde muestra que ella siente Seleccione ▼.

    A. asustada

    B. disgustada

    C. aliviada

    D. emocionada

4. ¿Qué nombre representa al gato en su humor gentil y adorable?

    A. Dr. Blythe

    B. Dr. Jekyll

    C. Sr. Hyde

    D. Jack Frost

5. ¿Qué figura retórica del pasaje describe mejor los extraños cambios de personalidad del gato?

    A. "una esfinge egipcia"

    B. "poseído por el diablo"

    C. "Los graznidos de Cassandra"

    D. "una belleza sobrenatural en él"

6. ¿Quién era el dueño de Jack Frost?

    A. Rilla

    B. Susan

    C. Srta. Cornelia

    D. Walter

7. Según el contexto, ¿qué es lo **más probable** que signifique *vouchsafe* (línea 37)? (*Vouchsafe* hace referencia a un modo de respuesta.)

    A. Grito

    B. Rechazo

    C. Oferta

    D. Silencio

8. ¿Qué reacción tienen los invitados al enterarse de que Jack Frost ha dado a luz a un gatito?

    A. Sorpresa

    B. Felicidad

    C. Ira

    D. Diversión

9. Según el pasaje, la declaración del Dr. Blythe de que el ronroneo de Doc es "Es el sonido más satisfecho del mundo"

  A. apoya la opinión de Susan sobre el Doc.

  B. contrasta con el comportamiento de Doc.

  C. ilustra la verdadera personalidad de Doc.

  D. compara a Doc con Jack Frost.

Las preguntas 10–18 hacen referencia al siguiente pasaje.

El siguiente pasaje contiene errores gramaticales, ortográficos y de puntuación. Para las preguntas 10–17, elija la opción del menú desplegable que complete o escriba correctamente la oración.

Querida señorita González:

(1) [Seleccione ▼] (2) [Seleccione ▼] me recomendó que me pusiera en contacto con usted, dada mi experiencia laboral y mis habilidades.

(3) Actualmente soy recepcionista en Best Roofing, Inc. (4) He trabajado allí durante tres años, y [Seleccione ▼] (5) Además de contestar los teléfonos y llevar los registros de visitas, trabajo en estrecha colaboración con el gerente de la oficina y los asistentes administrativos para coordinar los horarios de las visitas, las entregas y otras tareas de programación.

(6) Mi currículum adjunto habla más detalladamente acerca de mis [Seleccione ▼] (7) También incluye mi experiencia laboral pasada como pasante y representante de servicio al cliente. (8) Con mi historial de servicio de atención al cliente, sé lo importante que es llevar esa perspectiva de servicio a todo lo que hago: [Seleccione ▼] (9) También he desarrollado habilidades técnicas muy fuertes, y soy capaz de utilizar aplicaciones avanzadas de correo electrónico, calendario y seguimiento de tareas para asegurar la eficiencia. (10) [Seleccione ▼] también estoy muy acostumbrada a trabajar bajo presión y dentro de los plazos. (11) Sé cómo crear fuertes relaciones de trabajo con una variedad de personas. (12) En mi actual [Seleccione ▼], trabajo con gente de dieciséis departamentos diferentes, ¡lo que requiere un verdadero trabajo en equipo!

(13) Me encantaría tener la oportunidad de unirme al equipo de Anderson Consulting, y aportar mi experiencia en la gestión de los procesos diarios de oficina a su empresa. (14) Creo que [Seleccione ▼] las expectativas que tiene para este cargo. (15) Espero hablar más con usted sobre mi solicitud. (16) Si hay alguna otra información que pueda proporcionar, por favor, no dude en ponerse en contacto conmigo en cualquier momento. (17) Pueden contactarme en el (999) 777-2222, o por correo electrónico en TQFranklin@emaildomain.com. (18) ¡Gracias por su tiempo y consideración!

(19) Sinceramente,

(20) Terry Franklin

10. **Oración 1:** [Seleccione ▼]

  A. Estoy aplicando.

  B. Considere mi solicitud para el puesto de asistente administrativo abierto en Anderson Consulting.

  C. Usted trabaja para Anderson Consulting, y me gustaría trabajar allí.

  D. Por favor considere mi sorprendente y ganadora solicitud para el trabajo de asistente administrativo en su fantástica compañía, Anderson Consulting, sobre la cual he escuchado tantas cosas maravillosas.

11. **Oración 2:** Seleccione ▼ me recomendó que me pusiera en contacto con
usted, dada mi experiencia laboral y mis
habilidades.

    A. Mi ex colega Vanessa Smith que
trabaja en su departamento de
Marketing

    B. Mi ex colega; Vanessa Smith; quien
trabaja en su departamento de
Marketing;

    C. Mi ex colega Vanessa Smith, que
trabaja en su departamento de
Marketing,

    D. Mi ex colega Vanessa Smith (ella
trabaja en su departamento de
Marketing)

12. **Oración 4:** He trabajado allí durante tres
años, y Seleccione ▼

    A. durante ese tiempo, he desarrollado
sólidas habilidades de organización
y administración.

    B. mis habilidades de organización han
crecido y durante ese tiempo se han
desarrollado.

    C. He crecido durante ese tiempo.

    D. los desarrollos y crecimiento de mis
habilidades administrativas y
organizativas son bien conocidos.

13. **Oración 6:** Mi currículum adjunto
habla más detalladamente acerca de mis
Seleccione ▼

    A. tareas diarias de trabajo y lo logrado.

    B. deberes y logros laborales diarios.

    C. trabajo diario, mis deberes y
mis logros.

    D. deberes y logro laborales diarios.

14. **Oración 8:** con mi historial de servicio de
atención al cliente, sé lo importante que es
llevar esa perspectiva de servicio a todo lo
que hago: Seleccione ▼

    A. ya sea trabajando, interactuando o
manejando equipos internos, clientes
o proveedores.

    B. si eso es trabajar en equipo internos,
trabajar con clientes o trabajar con
proveedores.

    C. ya sea cuando trabaje con equipos
internos o cuando interactuo con
clientes o manejé a proveedores.

    D. si eso es trabajar con equipos
internos, interactuar con clientes o
manejar proveedores.

15. **Oración 10:** Seleccione ▼ también
estoy muy acostumbrada a trabajar bajo
presión y dentro de los plazos.

    A. Como una empresa mediana
ocupada,

    B. Con mi experiencia en una empresa
medianamente ocupada,

    C. Una empresa atareada, de tamaño
medio,

    D. La vida en una empresa mediana
ocupada no es fácil,

16. **Oración 12:** En mi actual Seleccione ▼ ,
trabajo con gente de dieciséis departamentos diferentes, ¡lo que requiere un
verdadero trabajo en equipo!

    A. rollo

    B. ruta

    C. rol

    D. fila

examen de práctica 2 — Razonamiento a través de las artes del lenguaje

17. Oración 14: Creo que [Seleccione ▼]
las expectativas que tiene para este cargo.

    A. puedo: cumplir y exceder

    B. puedo, cumplir y exceder

    C. puedo ... cumplir y exceder

    D. puedo cumplir y exceder

18. En cuál de las siguientes habilidades Terry tiene experiencia? Arrastre y suelte las opciones en los círculos en blanco. (Ingrese las opciones en los espacios en blanco provistos en la hoja de respuestas).

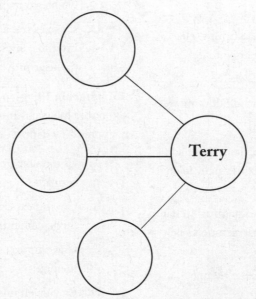

    A. contestar teléfonos

    B. gestión de pasantes

    C. servicio al cliente

    D. diseño de presentaciones

    E. coordinar horarios

    F. planificación de eventos

Parte II

Los siguientes pasajes presentan dos puntos de vista sobre el aumento del salario mínimo federal a $15 por hora. Analice ambas posiciones presentadas para determinar cual esta mejor sustentado. Use evidencia especifica y relevante de los pasajes para escribir su respuesta. Use razones y ejemplos para apoyar su posicion.

Tome 45 minutos para planear, redactar y editar su respuesta.

¿El salario mínimo universal debería ser $15?

Pasaje I

Un Salario mínimo debe ser un salario digno

Se supone que tener un salario mínimo federal garantiza que los estadounidenses que trabajan duro tengan cierta seguridad financiera, y sus empleadores sin escrúpulos no puedan aprovecharse de ellos. Originalmente fue diseñado para ayudar a mantener a las personas trabajadoras por encima de la línea de pobreza, pero ahora se ha estancado en un número que ya no es viable para las familias trabajadoras. Aumentar el salario mínimo federal a $15 ayudaría a compensar esa brecha y pondría a los trabajadores en una posición más sólida.

Desde que se introdujo el salario mínimo federal en la década de 1930, se ha aumentado 22 veces, de 0.25 por hora en 1938 a $7.25 por hora en 2019, donde permanece hasta el día de hoy. Han pasado más de diez años desde el último aumento de sueldo, y el costo de vida en los Estados Unidos ha continuado incrementando. Por ejemplo, en un estudio reciente, los economistas descubrieron que no hay un solo condado en los EE. UU. donde se pueda mantener a una familia de cuatro con un salario mínimo.

Ajustado por la inflación, el salario mínimo federal alcanzó su punto máximo en 1968, cuando era el equivalente a $11.68 en dólares de hoy. Que ni siquiera hayamos seguido el ritmo de los estándares de 1968 es alarmante. Además, la mayoría de los Estados Unidos están a favor de aumentar el salario mínimo; Según una encuesta de 2016, el 71 % de los Estados Unidos favoreció el aumento del salario mínimo. Aunque el salario mínimo federal se mantiene bajo, 29 estados han creado sus propios salarios mínimos más altos, creando una discrepancia a nivel estatal y federal. Es hora de que el gobierno federal se comprometa aumente el salario mínimo, para garantizar un salario justo para toda la población activa.

Pasaje 2

El salario mínimo de $15 suena genial, pero duele a la larga

En las noticias y en los debates políticos, a menudo escuchamos que aumentar el salario mínimo a $15 será la solución económica que nuestros trabajadores necesitan. Aunque suena bien en teoría, hay inconvenientes que debemos considerar antes de hacer un cambio tan drástico en la economía a nivel federal.

En los estados y ciudades que han aumentado los salarios mínimos independientemente del salario mínimo federal, comenzamos a ver resultados mixtos. Por ejemplo, según un estudio, en Seattle (que fue una de las primeras ciudades importantes del país en adoptar el salario mínimo de $15) los trabajadores más jóvenes son expulsados de trabajos poco calificados a medida que los trabajadores mayores toman empleos en el servicio de alimentos o industrias similares. Entonces, si bien el aumento del salario mínimo podría

examen de práctica 2 — Razonamiento a través de las artes del lenguaje

sumar unos pocos dólares a los cheques
25 de algunos trabajadores, el futuro de
otros trabajadores podría verse más
sombrío, en tanto los trabajadores más
jóvenes luchan por desarrollar habilidades y experiencia.

30   Además, las llamadas para aumentar
el salario mínimo pasan por alto un
factor muy importante: los empleadores.
Un salario mínimo más alto afecta el
presupuesto y las ganancias de cualquier
35 empresa. Muchas empresas pequeñas,
mamá y papá, se las arreglan con los
márgenes de ganancia pequeños, y un
gran cambio en los costos de empleo
podría sacarlas del mercado. Las com-
40 pañías más grandes pueden absorber un
salario mínimo mayor más fácilmente, y
encontrarán formas de evitar los costos.
Eso podría significar precios más altos
para los consumidores (para recuperar el
45 dinero de los empleados que tienen que
comprar estos bienes y servicios).

     El aumento de los costos del salario
mínimo también puede significar que
haya menos empleos disponibles. Muchas
50 empresas, como los restaurantes de comida
rápida, están encontrando formas de
automatizar e informatizar su trabajo.
Eso lleva a menos empleos abiertos para
los trabajadores humanos y un mayor
55 desempleo. Alternativamente, las compañías pueden comenzar a subcontratar
trabajadores de otros países, donde el
costo de hacer negocios es más bajo.

     Si bien aumentar el salario mínimo
60 parece una solución simple para mantener a los estadounidenses fuera de la
pobreza, es un problema mucho más
complejo. Antes de sumergirnos y tener
un salario mínimo de $15 en la ley
65 federal, es importante dar un paso atrás
y considerar cuál podría ser el resultado

Parte III

Las preguntas 19–24 hacen referencia al siguiente pasaje.

Este pasaje es una adaptación de las memorias del autor Mark Twain, Life on the Mississippi, *donde relata su época como piloto de un barco de vapor en el río Misisipi.*

Vale la pena leer sobre el Misisipi. No es
un río común, por el contrario es notable
en todos los sentidos. Considerando
Línea el Missouri como su rama principal,
5 es el río más largo del mundo, cuatro
mil trescientas millas. Parece seguro
decir que también es el río más sinuoso
del mundo, ya que en una parte de su
recorrido utiliza mil trescientas millas
10 para cubrir el mismo terreno que a un
cuervo le tomaría seiscientos setenta y
cinco, al vuelo. Descarga tres veces más
agua que el San Lorenzo, veinticinco
veces más que el Rin, y trescientos treinta
15 y ocho veces más que el Támesis. Ningún
otro río tiene una cuenca de drenaje tan
vasta: obtiene su suministro de agua
de veintiocho estados y territorios; de
Delaware, en la costa atlántica, y de
20 todo el país desde allí hasta Idaho en
la vertiente del pacífico, una extensión
de cuarenta y cinco grados de longitud.
El Misisipi recibe y transporta al Golfo
agua desde cincuenta y cuatro ríos sub-
25 ordinados que son navegables en barcos
de vapor, y desde unos cientos que son
navegables por cascos y quillas. El área
de su cuenca de drenaje es tan grande
como las áreas combinadas de Inglaterra,
30 Gales, Escocia, Irlanda, Francia, España,
Portugal, Alemania, Austria, Italia y
Turquía; y casi toda esta amplia región es
fértil; el valle del Misisipi, propiamente
dicho, es excepcional.

35   Es un río notable en esto: que en lugar de ensancharse hacia su desembocadura, se hace más angosto; se vuelve más fino y profundo. Desde el cruce de Ohio hasta un punto a mitad de camino hacia el mar,
40 el ancho promedia una milla en aguas altas: desde allí hasta el mar, el ancho disminuye constantemente, hasta que, en los 'Pases', por encima de la desembocadura, tiene poco más de media milla. En
45 la confluencia del Ohio, la profundidad del Misisipi es de ochenta y siete pies; la profundidad aumenta gradualmente, llegando a ciento veintinueve justo arriba de la desembocadura.

50   La diferencia en el ascenso y la caída también es notable, no en la parte alta, sino en la parte baja del río. El ascenso es tolerablemente uniforme hasta Natchez (trescientas sesenta millas arriba de la
55 desembocadura), unos cincuenta pies. Pero en Bayou Lafourche el río sube solo veinticuatro pies; en Nueva Orleans solo quince, y justo por encima de la desembocadura solo dos y medio.

60   Un artículo del New Orleans 'Times-Democrat' con base en informes de ingenieros capaces, afirma que el río anualmente derrama cuatrocientas seis millones de toneladas de lodo en el
65 Golfo de México, lo que recuerda el rudo nombre del Capitán Marryat para el Misisipi: La gran alcantarilla. Este barro, solidificado, tendría una masa de una milla cuadrada y doscientos cuarenta
70 y un pies de altura.

    El depósito de lodo extiende gradualmente la tierra, pero sólo gradualmente; No se ha extendido ni un tercio de milla en los doscientos años transcurridos
75 desde que el río obtuvo su lugar en la historia. La creencia de la gente científica es que la desembocadura solía estar en Baton Rouge, donde cesan las colinas, y

que las doscientas millas de tierra entre
80 allí y el Golfo fueron construidas por el río. Esto nos da la edad de ese pedazo de país, sin ningún problema, ciento veinte mil años. Sin embargo, es la parte más joven del país en cualquier lugar.

19. ¿Cuántos pies de altura tendría una estructura hecha de lodo del río Misisipi?

  A. 87

  B. 241

  C. 4,300

  D. 675

20. El autor siente que el río Misisipi es

  A. ordinario.

  B. aburrido.

  C. impresionante.

  D. aterrador.

21. ¿Qué es lo que **más probablemente** describe el autor con la frase "cascos y quillas" (línea 27)?

  A. Diferentes tipos de embarcaciones

  B. La geografía del cauce del río

  C. El flujo del agua

  D. La estrechez del río

22. ¿Cuál es el efecto de comparar el río Misisipi con los ríos mundiales en el párrafo 1, líneas 12-22?

  A. Muestra cuán inferiores son los ríos americanos.

  B. Prueba que no hay dos ríos iguales.

  C. Describe qué tan lejos corre el río Misisipi.

  D. Ilustra las cualidades superiores del Misisipi.

23. ¿Cuáles de las siguientes naciones están incluidas en la lista de aquellas cuyas áreas combinadas son iguales al área de la cuenca de drenaje del Misisipi? Arrastre y suelte las opciones en los círculos en blanco. (Ingrese las opciones en los espacios en blanco provistos en la hoja de respuestas).

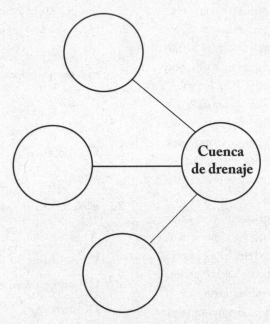

   A. Irlanda

   B. Alemania

   C. Turquía

   D. México

   E. Canadá

24. ¿Qué revela este pasaje sobre la relación del autor con el río Misisipi?

   A. Lo respeta.

   B. Quiere conquistarlo.

   C. Le tiene miedo.

   D. No quiere viajar.

Las preguntas 25–32 hacen referencia al siguiente pasaje.

El siguiente pasaje es una adaptación de un artículo de la NASA sobre métodos globales para lidiar con el cambio climático.

Responder al cambio climático

El cambio climático es uno de los problemas más complejos que enfrentamos hoy. Involucra muchas dimensiones

Línea
—ciencia, economía, sociedad, política
5 y cuestiones morales y éticas—y es un problema global, sentido a escala local, que existirá durante décadas y siglos por venir. El dióxido de carbono, el gas de efecto invernadero que atrapa el calor
10 causante del reciente calentamiento global, permanece en la atmósfera durante cientos de años, y el planeta (especialmente los océanos) tarda un tiempo en responder al calentamiento.
15 Así que, incluso si dejamos de emitir todos los gases de efecto invernadero hoy, el calentamiento global y el cambio climático continuarán afectando a las generaciones futuras. De esta manera,
20 la humanidad está "comprometida" con algún nivel de cambio climático.

¿Cuánto será el cambio climático? Estará determinado por la forma en que continúen las emisiones y también por la
25 manera exacta en que el sistema cómo nuestro sistema climático responda a esas emisiones. A pesar de la creciente conciencia del cambio climático, las emisiones de gases de efecto invernadero
30 continúan en un aumento incesante. En 2013, el nivel diario de dióxido de carbono en la atmósfera superó las 400 partes por millón por primera vez en la historia de la humanidad. La última vez que los
35 niveles fueron tan altos fue hace unos tres o cinco millones de años, durante la era del Plioceno.

Debido a que ya estamos involucrados con algún nivel de cambio climático,
40 responder al cambio climático implica un enfoque doble:

- Reducción las emisiones de gases de efecto invernadero que atrapan el calor en la atmósfera y estabilizar los niveles de los mismos ("mitigación");
45

- Adaptación al cambio climático ya en proceso ("adaptación").

La mitigación, reducción del cambio climático, implica reducir el flujo de gases
50 de efecto invernadero que atrapan el calor en la atmósfera, ya sea reduciendo las fuentes de estos gases (por ejemplo, la quema de combustibles fósiles para electricidad, calor o transporte) o mejo-
55 rando los "sumideros" que acumulan y almacenan estos gases (como los océanos, los bosques y el suelo). El objetivo de la mitigación es evitar la interferencia humana significativa con el sistema
60 climático y "estabilizar los niveles de gases de efecto invernadero en un plazo sufi- ciente para permitir que los ecosistemas se adapten naturalmente al cambio climático, garantizar que la producción de
65 alimentos no se vea amenazada y permitir que el desarrollo económico proceda de manera sostenible".

La adaptación, adustarse al clima futuro real o esperado, implica adaptarse
70 al clima futuro real o esperado. El objetivo es reducir nuestra vulnerabilidad a los efectos nocivos del cambio climático (como la invasión del nivel del mar, los fenómenos meteorológicos extremos más
75 intensos o la inseguridad alimentaria). También incluye aprovechar al máximo las posibles oportunidades beneficiosas asociadas con el cambio climático (por ejemplo, temporadas de cultivo más
80 largas o mayor productividad en algunas regiones).

A lo largo de la historia, las per- sonas y las sociedades se han adaptado a los cambios climáticos y a situaciones

85   extremas, y los han enfrentado con diversos grados de éxito. El cambio climático (la sequía en particular) ha sido al menos en parte responsable del auge y la caída de las civilizaciones. El clima de la Tierra

90   ha sido relativamente estable durante los últimos 12,000 años y esta estabilidad ha sido crucial para el desarrollo de nuestra civilización moderna y nuestra vida tal como la conocemos. La vida moderna se

95   adapta al clima estable al que nos hemos acostumbrado.

     A medida que el clima cambia, tendremos que aprender a adaptarnos. Cuanto más rápido cambie el clima, más

100   difícil podría ser.

     Si bien el cambio climático es un problema global, se siente a escala local. Por lo tanto, las ciudades y los municipios están en la primera línea de la adaptación.

105   En ausencia de una dirección de política climática nacional o internacional, las ciudades y las comunidades locales de todo el mundo se han centrado en resolver sus propios problemas climáticos. Están

110   trabajando para construir defensas contra inundaciones, prever olas de calor y temperaturas más altas, instalar pavimentos permeables al agua para lidiar mejor con inundaciones y aguas pluviales y mejorar

115   el almacenamiento y uso del agua.

25. ¿Cuál de los siguientes enunciados expresa **mejor** la idea principal del pasaje?

    A. El cambio climático tiene dos soluciones simples: mitigación y adaptación.

    B. El cambio climático es un problema complejo que requiere soluciones complejas.

    C. Es probable que el cambio climático se resuelva en el futuro cercano.

    D. El cambio climático es algo que debe manejarse a nivel global, no local.

26. Según el pasaje, el nivel de dióxido de carbono en la atmósfera

    A. aumenta.

    B. disminuye.

    C. permanece igual.

    D. no es importante.

27. ¿La frase "adjustarse al clima futuro real o esperado" hace referencia a qué enfoque del cambio climático?

    A. Mitigación

    B. Adaptación

    C. Reducción de la sequía

    D. Detener los gases de efecto invernadero

28. El autor **muy probablemente** cree que

    A. podemos resolver el cambio climático cortando todas las emisiones de gases de efecto invernadero.

    B. no hay nada que los humanos puedan hacer para reducir los efectos del cambio climático.

    C. las soluciones al cambio climático mejor se dejan a los economistas, no a los científicos.

    D. los humanos pueden alterar el clima futuro de alguna manera tomando medidas hoy.

29. El autor sostiene que hasta hace poco, el clima de la Tierra ha sido

    A. caótico.

    B. estable.

    C. de cambio rápido.

    D. extremo.

30. En el párrafo 6, ¿cómo afecta la descripción del cambio climático a lo largo de la historia a la comprensión del pasaje por parte del lector? Elija su respuesta del menú desplegable.

Seleccione ▼

- **A.** Crea una sensación de urgencia y un llamado a la acción.
- **B.** Muestra que no hay razón para actuar ahora sobre el cambio climático.
- **C.** Agrega un tono humorístico al pasaje.
- **D.** Hace que el lector se pregunte si el cambio climático es real.

31. Según el pasaje, ¿cuál de las siguientes opciones NO es una solución local para adaptarse al cambio climático?

- **A.** Crear políticas a gran escala
- **B.** Planificación de olas de calor
- **C.** Manejo de aguas pluviales
- **D.** Mejora del almacenamiento de agua

32. ¿Cuál de los siguientes podría ser un título alternativo para el pasaje?

- **A.** Adaptación a los climas del futuro
- **B.** Como mitigar el cambio climático
- **C.** Una historia del cambio climático
- **D.** Soluciones sensatas para el cambio climático

Las preguntas 33–40 hacen referencia al siguiente pasaje.

El siguiente pasaje es una adaptación de un documento de código de vestimenta corporativo.

Política de vestimenta de Universal Inc.

[1]

Universal Inc. se esfuerza por mantener un ambiente laboral que sea productivo, profesional, respetuoso y libre de distracciones y molestias innecesarias. Como parte de ese esfuerzo, la compañía espera y exige que los empleados mantengan una apariencia limpia, ordenada y
Linea profesional que sea apropiada para la oficina y para el trabajo que se realiza. En consecuencia,
5 la gerencia y los líderes del equipo de Universal Inc. pueden determinar y hacer cumplir las pautas de vestimenta y el aseo apropiados para el lugar de trabajo en sus departamentos según lo consideren apropiado.

Descripción general

[2]

Se espera que todos los empleados y contratistas de Universal Inc. presenten una imagen profesional y formal a los clientes, visitantes, consumidores y al público. La apariencia personal
10 aceptable, como el mantenimiento adecuado de las zonas de trabajo, es un requisito continuo de empleo por parte de Universal Inc.

[3]

Los supervisores deben comunicar cualquier vestimenta de trabajo y pautas de aseo específicas del departamento a los miembros del personal durante los períodos de orientación y evaluación de nuevos empleados. Cualquier pregunta sobre las pautas del departamento para
15 la vestimenta debe discutirse con el supervisor inmediato del empleado.

[4]

Cualquier empleado que no cumpla con los estándares de vestimenta o aseo establecidos por su departamento estará sujeto a medidas correctivas y se le puede pedir que abandone las instalaciones para cambiarse de ropa. Los miembros del personal remunerados por hora no serán compensados por el tiempo de trabajo perdido debido al incumplimiento de las
20 normas de vestimenta y aseo personal designadas en el lugar de trabajo. Los empleados que violen estas normas repetidamente pueden estar sujetos a medidas correctivas más severas, que pueden incluir el despido.

[5]

Todos los miembros del personal deben portar o usar su credencial de identificación de Universal Inc. en todo momento mientras están en el trabajo.

Normas

[6]

25 Formal o formal-informal es el atuendo estándar esperado para los empleados de Universal Inc. En circunstancias especiales, se puede permitir que los miembros del personal se vistan de manera más informal de lo que normalmente se requiere. En estas ocasiones, aún se espera que los miembros del personal presenten una apariencia ordenada y no se les permitirá usar ropa rasgada, deshilachada o desaliñada, ni ropa deportiva. Del mismo modo, no se permite
30 la vestimenta ajustada, reveladora o inapropiada para el lugar de trabajo.

Atuendo informal

[7]

Los departamentos pueden adoptar días informales o de disfraces, a discreción del jefe del departamento.

[8]

Las siguientes pautas se aplican a la vestimenta informal:

- Los pantalones, jeans o faldas deben estar limpios y libres de huecos, raspaduras y deshi-
35 lachados no pueden ser excesivamente apretados o reveladores. No se permiten shorts, pero se aceptan pantalones cortos y capris.

- Las camisas deben tener mangas (se aceptan mangas cortas) y un collar. Las camisas con el logotipo de la empresa siempre son apropiadas.

- Los pantalones de tiro bajo, las camisas de corte bajo y las blusas sin cintura no son
40 apropiadas.

- Los zapatos informales son aceptables, pero las zapatillas deportivas y las sandalias abiertas no son apropiadas.

- La ropa deportiva (incluidos los leggings y sudaderas) y la ropa de playa no son prendas aceptables.

Traje de negocios

[9]

45 Las siguientes pautas se aplican a la vestimenta de negocios:

- Para los hombres, la vestimenta de negocios incluye una camisa de vestir de manga larga, corbata y un abrigo deportivo en la medida que se use con pantalones de vestir (no de color caqui) y zapatos de vestir.

- Para las mujeres, la vestimenta de negocios incluye trajes de pantalón a medida, vestidos

50 profesionales, prendas de vestir combinadas que se usan con o sin blazer y zapatos conservadores de punta cerrada.

Cómo abordar la vestimenta laboral y los problemas de higiene

[10]

Las violaciones de la política pueden variar desde prendas de vestir inapropiadas hasta perfumes molestos y olores corporales. Si un miembro del personal viene a trabajar con una vestimenta inapropiada, se le pedirá que se vaya a su casa, que se vista con un atuendo conforme

55 o que se prepare adecuadamente y regrese al trabajo.

[11]

Si la falta de higiene de un miembro del personal o el uso de demasiado perfume/colonia es un problema, el supervisor debe discutir el problema con el miembro del personal en privado y señalar las áreas específicas que se deben corregir. Si el problema persiste, los supervisores deben seguir el proceso normal de acción correctiva.

33. Según el pasaje, ¿cuándo pueden los empleados usar ropa informal?

A. Todos los viernes

B. Cuando quieran

C. Cuando los supervisores decidan que es apropiado

D. En eventos sociales de la oficina o actividades fuera de esta

34. El propósito del código de vestimenta es

A. limitar la individualidad de los empleados.

B. castigar a las personas por vestirse ofensivamente.

C. construir espíritu de equipo entre los empleados.

D. respaldar cómo se ve la empresa en público.

35. ¿Qué significa la oración "Los empleados que violen estas normas repetidamente pueden estar sujetos a medidas correctivas más severas, que pueden incluir el despido" (párrafo 4)?

A. Las consecuencias por romper el código de vestimenta pueden incluir el despido.

B. Las personas pueden violar las reglas muchas veces antes de meterse en problemas.

C. Las pautas del código de vestimenta son solo recomendaciones y no son vinculantes.

D. Las personas que infrinjan el código de vestimenta serán despedidas de inmediato.

36. ¿Cuál de las siguientes NO sería una violación del código de vestimenta?

    A. Usar chanclas en un viernes informal

    B. Usar colonia fuerte

    C. Usar una camiseta con el logo de Universal Inc.

    D. Usar una camisa sin mangas en un caluroso día de verano

37. El pasaje sugiere que Universal Inc. valora su

    A. actitud relajada.

    B. imagen profesional.

    C. mantenimiento de zonas de trabajo.

    D. atractivo de los empleados.

38. Según el pasaje, ¿qué significa *conforme* (línea 54)?

    A. Inapropiado

    B. Negocios

    C. Original

    D. Adecuado

39. ¿Cuál de las siguientes pautas adicionales concuerda **mejor** con las del código de vestimenta?

    A. Una guía que desalienta a los empleados a usar sombreros en el trabajo

    B. Una directriz que describe qué hacer si los empleados experimentan acoso laboral

    C. Una guía que describe el proceso anual de revisión del desempeño laboral

    D. Una directriz que establece reglas sobre el usó personal del correo electrónico en el trabajo

40. Según el código de vestimenta que se describe en el pasaje, decida qué prendas de vestir serían apropiadas y cuáles serían inapropiadas. Arrastre y suelte las prendas en la ubicación correcta del gráfico. (Ingrese las letras correspondientes de las opciones en la hoja de respuestas).

Ropa Apropiada	Ropa Inapropiada

    A. Pantalones de yoga

    B. Zapatillas de deporte

    C. Pantalones cortos Cargo

    D. Blazer

Las preguntas 41–44 hacen referencia al siguiente pasaje.

El siguiente pasaje contiene errores gramaticales, ortográficos y de puntuación. Para las preguntas 41–44, elija la opción del menú desplegable que complete o redacte correctamente la oración.

Asunto: seguimiento de Donaghy Design

De: Jeffrey Donaghy

Para: Miriam Jefferson

(1) Hola Miriam,

(2) [Seleccione ▼]   (3) Disfruté de nuestra conversación sobre los playoffs (¡vamos Cardenales!), Y me alegré de saber que desean encontrar un nuevo socio de diseño para su empresa. (4) Según lo solicitado, me gustaría contarle un poco más sobre lo que mi empresa, Donaghy Design, puede ofrecerle.

(5) Como propietario de una pequeña empresa, sé cuánto significa tener ese toque personal con todos los clientes. (6) Mi firma de diseño comenzó conmigo y mi computadora portátil hace unos seis años; ahora veinte personas conforman el [Seleccione ▼] con empresas de todos los tamaños. (7) Con este equipo, brindamos servicios de diseño [Seleccione ▼], que incluyen:

- Logotipos de la empresa y materiales de marca.
- Diseño y creación del sitio web.
- Diseño de páginas de redes sociales.
- Impresión de folletos, carteles y plantillas

(8) También me gusta pensar en nosotros como una firma de diseño de extremo a extremo, que le ayuda a poner la marca de su empresa en todo lo que necesita, desde las tarjetas de presentación más pequeñas hasta el recubrimiento con logotipos en las camionetas de su empresa.

(9) Ya sea que esté buscando una sencillez genial o un destello brillante, trabajaremos con usted para establecer el tono de escritura de su diseño. (10) [Seleccione ▼]

(11) Para ver algunas muestras de nuestro trabajo, visite nuestro sitio en DonaghyDesign.org. (12) Me encantaría tener un tiempo para hablar con usted sobre su empresa y sus necesidades de diseño específicas, y mostrarle algunos planes de precios y contratos de muestra. (13) Avíseme a qué hora le queda mejor a usted en las próximas semanas, y lo pondremos en marcha.

(14) Saludos,

Jeffrey

41. Oración 2: Seleccione ▼

  A. Nos encontramos en la fiesta de Andrew el otro día, ¡fue muy agradable!

  B. ¡Fue un placer conocerla en la fiesta de Andrew el otro día!

  C. ¡Fue muy agradable cuando yo y tú nos conocimos en la fiesta de Andrew el otro día!

  D. ¡En la fiesta de Andrew el otro día, ¡fue muy agradable!

42. Oración 6: Mi firma de diseño comenzó conmigo y mi computadora portátil hace aproximadamente seis años; ahora veinte personas conforman el Seleccione ▼ con empresas de todos los tamaños.

  A. equipo, y trabajamos

  B. equipo; trabajamos

  C. equipo y trabajamos

  D. equipo. Y trabajamos

43. Oración 7: Con este equipo, brindamos servicios de diseño Seleccione ▼ , que incluyen:

  A. o digital o impreso

  B. digital o impreso

  C. ya sea digital e impresa

  D. tanto digital como impreso

44. Oración 10: Seleccione ▼

  A. Innovador y creativo, mis diseñadores cumplirán sus más altos estándares.

  B. Mis diseñadores innovadores y creativos saben cómo cumplir con los más altos estándares, y también con sus más altos estándares.

  C. Mis diseñadores son creativos e innovadores, y saben cómo cumplir con sus más altos estándares.

  D. Innovador y creativo es cómo mis diseñadores cumplen con los más altos estándares.

Las preguntas 45–48 hacen referencia al
siguiente poema.

Un sueño dentro de un sueño
por Edgar Allan Poe

¡Toma este beso en la frente!

Y al ahora dejarte,

Déjame confesarte lo siguiente—

Línea   No te equivocas cuando consideras

5   Que mis días han sido un sueño;

Y si la esperanza se ha desvanecido

En una noche o en un día,

En una visión o en ninguna,

¿Es por ello menos *ida*?

10   *Todo* lo que vemos o nos parece ver

No es más que un sueño en un sueño.

Yo permanezco en el rugido

De una orilla atormentada por las olas,

Y aprieto con mi mano

15   Granos de arena dorada—

¡Cuán pocos! y cómo se escurren

Entre mis dedos al abismo,

Mientras lloro—mientras lloro!

¡Oh, Dios! ¿no puedo yo tomarlos

20   Con mano mas firme?

¡Oh, Dios! ¿no puedo salvar

A *uno*, de la despiadada ola?

¿*Todo* lo que vemos o nos parece ver

No es más que un sueño dentro de
un sueño?

—*Traducción de Diego Cahuvin*
Texto autorizado

45. ¿Cuál de las siguientes alternativas describen mejor el contenido de la primera estrofa (líneas 1–14)?

   A. Todos soñamos algún día.

   B. Somos el sueño de alguien.

   C. La vida es un sueño dentro de otro sueño.

   D. Mi amor por ti fue sólo un sueño.

46. ¿A qué o a quién hacen referencia la líneas 21 a 22? (¿no puedo salvar/A *uno*, de la despiadada ola?)

   A. A un barco

   B. A un niño abandonado

   C. A un indefenso animalito

   D. A un grano de arena

47. La voz lírica expresa sus sentimientos en un momento de crisis ¿Cuál?

   A. Despedida

   B. Enfermedad

   C. Muerte

   D. Agonía

48. Los signos de interrogación (¿?) y de exclamación (¡!) que se utilizan en casi todo el texto, sirven para

   A. esperar una respuesta de su amada.

   B. expresar el dolor por la separación.

   C. soñar que es un sueño.

   D. pedir perdón.

examen de práctica 2 ■ Razonamiento a través de las artes del lenguaje

RAZONAMIENTO MATEMÁTICO

115 minutos • 46 preguntas

Instrucciones: El examen de Razonamiento matematico tiene preguntas que prohiben el uso de calculadoras y preguntas que permiten el uso de calculadoras. El icono de la calculadora va a estar disponible para las preguntas que permiten el uso de la calculadora. En este examen, no se permite el uso de calculadoras en las primeras cinco preguntas.

La mayoria de las preguntas son de opcion multiple, pero para responder algunas preguntas se requiere llenar los espacios en blanco, arrastrar y soltar, y seleccionar las respuestas en una gráfica proporcionada. Registre sus respuestas en la sección Razonamiento matemático de la hoja de respuesta proporcionada. Para repasar cómo responder a estas preguntas en la hoja de respuestas, por favor refiérase "Instrucciones para tomar el examen de práctica" en la página 771.

Para responder algunas preguntas, deberá aplicar una o más fórmulas matemáticas. Las fórmulas proporcionadas en la siguiente página lo ayudarán a responder esas preguntas. Algunas preguntas se refieren a tablas, gráficos y figuras. A menos que se indique lo contrario, los cuadros, gráficos y figuras se dibujan a escala.

Hoja de fórmulas matemáticas

El examen de Razonamiento matemático GED contiene una hoja de fórmulas que muestra fórmulas relacionadas con la medición geométrica y ciertos conceptos de álgebra. Las fórmulas se proporcionan a quienes toman el examen para que puedan concentrarse en la *aplicación*, en lugar de la *memorización* de las fórmulas.

Área de un:

Paralelogramo	$A = bh$
Trapecio	$A = \dfrac{1}{2}h\,(b_1 + b_2)$

Área superficial de:

Prisma rectangular/recto	$SA = ph + 2B$	$V = Bh$
Cilindro	$SA = 2\pi rh + 2\pi r^2$	$V = \pi r^2 h$
Pirámide	$SA = \dfrac{1}{2}ps + B$	$V = \dfrac{1}{3}Bh$
Cono	$SA = \pi rs + \pi r^2$	$V = \dfrac{1}{3}\pi r^2 h$
Esfera	$SA = 4\pi r^2$	$V = \dfrac{4}{3}\pi r^3$

(p = perímetro de la base B; $\pi \approx 3.14$)

Álgebra

Pendiente de una recta	$m = \dfrac{y_2 - y_1}{x_2 - x_1}$
Ecuación de una recta en su forma pendiente-intersección	$y = mx + b$
Ecuación de la recta en su forma punto-pendientea	$y - y_1 = m(x - x_1)$
Forma estándar de una ecuación cuadrática	$y = ax^2 + bx + c$
Fórmula cuadrática	$x = \dfrac{-b - \sqrt{b^2 - 4ac}}{2a}$
Teorema de Pitágoras	$a^2 + b^2 = c^2$
Interés simple	$I = prt$

(I = interés, p = principal, r = tasa, t = tiempo)

1. El precio inicial de una copia de una novela clásica con un error de imprenta en la portada en una subasta fue de $400. El precio aumentó un 160 % hasta que finalmente se vendió la novela. ¿Por cuánto vendió la novela?

MUESTRE SU TRABAJO AQUÍ

2. Calcule: $-1 - [3(4 - 7) - (-3)(-2)]$

  A. 15

  B. 16

  C. 14

  D. 4

3. Evalúe $\left(\dfrac{x}{y} - \dfrac{y}{x}\right)^{-1}$ cuando $x = \dfrac{1}{2}$ e $y = -2$.

  A. $-\dfrac{4}{15}$

  B. $\dfrac{15}{4}$

  C. $\dfrac{4}{15}$

  D. $-\dfrac{15}{4}$

4. ¿A cuál de estas expresiones

$\dfrac{2x-1}{x+2} - \dfrac{2x}{2x+1}$ es equivalente?

  A. $-\dfrac{4x+1}{5x+2}$

  B. $-\dfrac{1}{x}$

  C. $-\dfrac{1}{1-x}$

  D. $\dfrac{2x^2 - 4x - 1}{2x^2 + 5x + 2}$

5. Carl invirtió $750 en una cuenta que paga 3 % de interés por año y $500 en una cuenta que paga 2.5 % de interés por año. ¿Cuál es el interés total ganado al final de un año?

  A. $12.50

  B. $22.50

  C. $35.00

  D. $68.75

MUESTRE SU TRABAJO AQUÍ

6. ¿Cuáles son las intersecciones en x de la gráfica de la función $f(x) = 6x^2 - 9x$? Trácelos en el plano xy-a continuación:

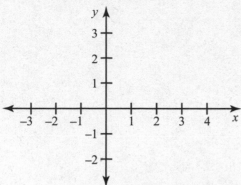

7. El volumen de un cilindro circular derecho cerrado con una base de radio de $\sqrt{2}$ metros es de 8π metros cúbicos. ¿Cuál es el área de superficie del cilindro?

   A. $\pi\left(1 + 4\sqrt{2}\right)$ metros cuadrados

   B. $4\pi\left(1 + 2\sqrt{2}\right)$ metros cuadrados

   C. $8\sqrt{2}\,\pi$ metros cuadrados

   D. $2\pi\left(1 + 4\sqrt{2}\right)$ metros cuadrados

8. Dos tercios de un grupo de cachorros en un centro de adopción son machos. De ellos, tres quintos son perros de raza mixta. Y de estos, cuatro novenos son parte Pastor. ¿Qué proporción de los cachorros satisfacen las tres condiciones? Ingrese números enteros en cada cuadro para formar una fracción simplificada:

9. ¿Cuál es la pendiente de cualquier línea paralela a la línea con la ecuación $0.4 (1.1 - 0.2y) = 0.8x$?

10. ¿Para qué valor de A, si lo hay, este sistema no tiene solución?

$$\begin{cases} x = -\dfrac{1}{2}y + 1 \\ Ay - \dfrac{1}{2}x = -1 \end{cases}$$

A. $-\dfrac{1}{4}$

B. -4

C. -2

D. No existe tal valor de A

11. Rick obtuvo los siguientes puntajes en un campo de mini golf: 16, 11, 18, 16, 15. ¿Cuál de los siguientes NO PUEDE ser su puntaje del sexto juego si la mediana de los seis puntajes es 15.5?

A. 8

B. 12

C. 15

D. 16

12. Suponga que $x > 2$. ¿Cuál de los siguientes puede ser un número entero negativo?

A. $-\dfrac{2}{x}$

B. $\dfrac{1}{x-2}$

C. $2 - x$

D. $2x$

13. Suponga que z es un entero negativo menor que -1. Arrastre y suelte las siguientes expresiones en los cuadros apropiados para crear una comparación correcta:

$$-z \qquad 3z \qquad z^2 \qquad \dfrac{1}{z}$$

$$\boxed{} < \boxed{} < \boxed{} < \boxed{}$$

14. ¿Cuál es el área de la región que se muestra?

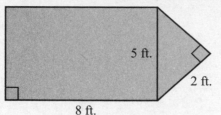

5 ft.

2 ft.

8 ft.

A. $\left(40 + \sqrt{21}\right)$ pies cuadrados

B. 40 pies cuadrados

C. 26 pies cuadrados

D. $\left(26 + \sqrt{21}\right)$ pies cuadrados

15. A Kyle le toma 3 horas lijar un piso de madera. Tom puede hacer el mismo trabajo en 2.5 horas. ¿Qué ecuación se puede usar para determinar la cantidad de horas, x, que Kyle y Tom necesitan para completar el trabajo si lo realizan juntos?

A. $3 + 2.5 = x$

B. $\dfrac{1}{3} + \dfrac{2}{5} = \dfrac{1}{x}$

C. $\dfrac{x}{3 + 2.5} = 1$

D. $\dfrac{1}{3} + \dfrac{2}{5} = x$

16. Si $f(x) = 1 - \left[x(1 - 2x)\right]^3$, calcule $f(-1)$.

17. El diámetro del interior de una cúpula hemisférica de un planetario es de 400 pies. Cuesta $25 por pie cuadrado instalar la pantalla de proyección en este domo. ¿Cuánto cuesta cubrir todo el interior del domo con la pantalla de proyección?

A. 160,000π dólares

B. 640,000π dólares

C. 4,000,000π dólares

D. 16,000,000π dólares

18. Cuatro discos están dispuestos en línea recta, cada uno tangente a sus vecinos. Luego se circunscribe un rectángulo alrededor del arreglo de discos, como se muestra.

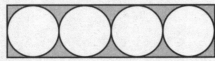

Si el diámetro de un disco es de $\dfrac{3}{4}$ de pulgada, encuentre el área de la región dentro del rectángulo entre los discos.

A. $\left(\dfrac{9}{4} - \dfrac{\pi}{16}\right)$ pulgadas cuadradas

B. $\dfrac{9}{4}\left(1 - \dfrac{\pi}{4}\right)$ pulgadas cuadradas

C. $\left(\dfrac{9}{4} - \dfrac{9}{4}\pi\right)$ pulgadas cuadradas

D. $\left(\dfrac{9}{4} - \dfrac{9}{64}\pi\right)$ pulgadas cuadradas

19. Si la circunferencia de un círculo es $\pi\sqrt{2}$ metros, ¿cuál es el área del círculo?

A. 2π metros cuadrados

B. $\dfrac{\pi}{2}$ metros cuadrados

C. $\sqrt{2}\,\pi$ metros cuadrados

D. $\dfrac{\sqrt{2}}{2}\pi$ metros cuadrados

20. Marty tiene como máximo $450 para gastar en comestibles y artículos para el hogar. Gastó $\dfrac{2}{5}$ del dinero en artículos para el hogar y 60 % de la cantidad restante de comestibles. ¿Cuánto dinero le queda después de estos gastos?

A. $108

B. $162

C. $270

D. $390

21. Un nuevo programa de *reality show* tuvo 7.1×10^7 espectadores para el episodio piloto y luego 8.2×10^6 espectadores para el segundo episodio. ¿Cuántos espectadores menos hubo para el segundo episodio? Ingrese un número exacto con dos cifras decimales en el primer cuadro y un número entero como la potencia de 10 para expresar su respuesta usando la notación científica adecuada:

$$\boxed{} \times 10^{\boxed{}}$$

MUESTRE SU TRABAJO AQUÍ

22. La longitud de una caja de almacenamiento de cubierta rectangular es de 2.5 pies. La altura y el ancho miden m pies, como se muestra:

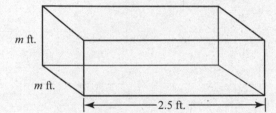

m ft.

m ft.

2.5 ft.

Si el volumen de la caja es 5.625 pies cúbicos, ¿cuál es el área de la parte superior de la caja?

A. 1.5 pies cuadrados

B. 2.25 pies cuadrados

C. 3.75 pies cuadrados

D. 4.00 pies cuadrados

23. Un comerciante de accesorios para teléfonos celulares tiene cinco tipos diferentes de accesorios a la venta. Este gráfico circular describe la fracción que cada tipo de accesorio representa en su inventario completo:

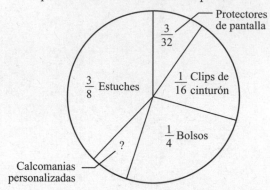

Si el comerciante tiene 6,400 artículos individuales en venta, ¿cuántos de ellos son calcomanías personalizadas?

┌─────────────────────┐
│   │
└─────────────────────┘

24. Tres dados de 6 caras tienen caras etiquetadas del 1 al 6. Se lanzan simultáneamente. ¿Cuál es la probabilidad de que los tres dados muestren el mismo número?

A. $\dfrac{1}{216}$

B. $\dfrac{1}{36}$

C. $\dfrac{1}{6}$

D. $\dfrac{1}{3}$

25. ¿A cuál de estas expresiones es equivalente este producto?

$$\sqrt[4]{27z^2w^5} \cdot \sqrt[4]{3z^6w^2}$$

A. $w^3 \cdot \sqrt[4]{3z^2w}$

B. $3z^2w \cdot \sqrt[4]{w^3}$

C. $3z^4w^3 \cdot \sqrt[4]{w}$

D. $3zw \cdot \sqrt[4]{3z^2w^2}$

MUESTRE SU TRABAJO AQUÍ

26. Resolver para x: $\frac{1}{3}\left(\frac{5}{2}x - 2\right) \geq \frac{1}{6} + x$

   A. $x \leq -\frac{3}{11}$

   B. $x \leq -5$

   C. $x \geq -5$

   D. $x \geq -\frac{3}{11}$

27. Una saltadora de puenting comienza su descenso desde la cima de un acantilado a 2,000 pies sobre un lago. Desciende a una velocidad de 40 pies por segundo. ¿Qué expresión representa la altura sobre el lago segundos después de saltar?

   A. $2{,}000 + 40s$

   B. $40(2{,}000 - s)$

   C. $40s$

   D. $2{,}000 - 40s$

28. ¿Cuál de los siguientes NO es equivalente a $6(1 - x^2) + 3x(x^2 - 1)$?

   A. $3(2 - x)(1 - x^2)$

   B. $3(x - 2)(x - 1)(x + 1)$

   C. $(6 + 3x)(x^2 - 1)$

   D. $(3x - 6)(x^2 - 1)$

29. Evalúe la expresión $\left(\dfrac{x}{3x - \dfrac{1}{3}}\right)^2$

   en $x = -\frac{2}{3}$. Ingrese su respuesta como una fracción simplificada:

30. ¿Cuál de los siguientes es el conjunto de soluciones de la desigualdad $x \leq \frac{1}{2}y + 1$?

MUESTRE SU TRABAJO AQUÍ

A.

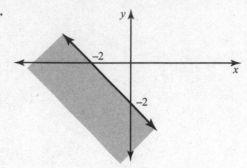

B.

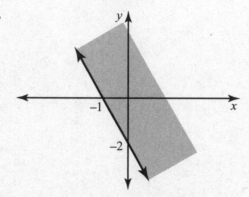

C.

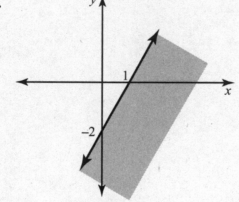

D.

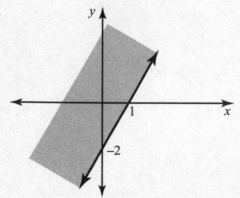

31. Un calefactor puede aumentar la temperatura ambiente de 55 °F a 72 °F en 3 horas trabajando solo. Un segundo calefactor espacial más potente puede hacerlo en 2 horas por sí solo. ¿Qué ecuación se puede usar para determinar la cantidad de horas, h, que les toma elevar la temperatura juntos?

A. $\dfrac{1}{3}h + \dfrac{1}{2}h = 1$

B. $2h + 3h = 1$

C. $\dfrac{1}{3h} + \dfrac{1}{2h} = 1$

D. $\dfrac{3}{h} + \dfrac{2}{h} = 1$

32. La longitud, l, de una ventana es $\dfrac{1}{2}$ pies más larga que el doble del ancho, w. Si el área de la ventana debe estar entre 6 pies cuadrados y 8 pies cuadrados, ¿qué desigualdad se puede usar para determinar los posibles valores del ancho de la ventana?

A. $6 \leq w^2 \leq 8$

B. $12 \leq 1 + 6w \leq 16$

C. $12 \leq w + 4w^2 \leq 16$

D. $6 \leq 1 + 4w \leq 8$

33. ¿Cuál es la intersección en x de la función lineal $f(x) = 0.5(1.3 - 2.8x) - 1$?

$\boxed{}$, $\boxed{}$.

34. Seleccione el valor de la lista $\{-17, -3, 1, 17\}$ para completar la siguiente oración:

La función $f(x) = -2x^2 - 12x - 17$ tiene un valor máximo de $\boxed{}$.

35. ¿Cuál es el dominio de la función

$g(x) = \dfrac{x(x+2)}{(x^2+9)(x-5)}$?

MUESTRE SU TRABAJO AQUÍ

   A. Todos los números reales excepto 5

   B. Todos los números reales excepto −3, 3 y 5

   C. Todos los números reales excepto −3, −2, 3 y 5

   D. Todos los números reales excepto −3, −2, 0, 3 y 5

36. ¿Cuál es la tasa de cambio promedio de la función $f(x) = \dfrac{x}{x+1}$ en el intervalo $[1,4]$?

   A. 1

   B. $\dfrac{1}{10}$

   C. $\dfrac{3}{10}$

   D. 3

37. ¿Cuál de estos gráficos NO representa una
función con variable independiente *x*?

A.

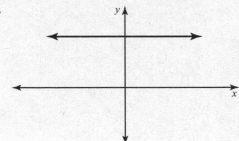

B.

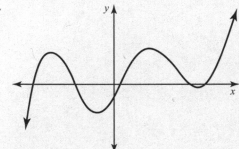

C.

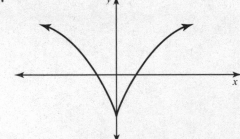

D.

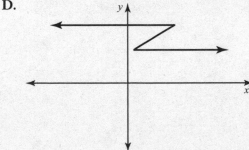

38. Si $\frac{1}{2}$ taza de sopa contiene 15 mg de sodio, ¿cuánto sodio hay en $2\frac{3}{8}$ tazas de sopa?

A. $\dfrac{2 \times 15}{2\frac{3}{8}}$ mg

B. $2 \times \left(2\frac{3}{8}\right) \times 15$ mg

C. $\dfrac{2 \times \left(2\frac{3}{8}\right)}{15}$ mg

D. $\dfrac{\left(2\frac{3}{8}\right) \times 15}{2}$ mg

39. Suponga que $10 < y < 100$. ¿Cuál de estos los números deben ser mayores que 100?

A. $y + 10$

B. $\dfrac{100}{y}$

C. $\dfrac{y}{0.1}$

D. $0.1y$

40. ¿Cuál de estos es el más pequeño?

A. 0.5 % de 10,000

B. 1,000 % de 0.5

C. 1 % de 5,000

D. 500 % de 0.10

41. Un rollo de papel etiqueta mide 6 pulgadas de alto, cuando se desenrolla, mide 6.525 pulgadas de largo. Las latas para las cuales se usan estas etiquetas tienen las siguientes dimensiones:

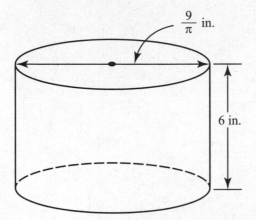

$\frac{9}{\pi}$ in.

6 in.

¿Cuántas latas se pueden etiquetar con un solo rollo?

42. El propietario de un pequeño gimnasio valorado en $750,000 paga $4,500 en impuestos a la propiedad cada año. Con la misma tasa impositiva, el propietario de un gimnasio más grande valorado en $1,100,000 debería pagar la cantidad del impuesto a la propiedad. Sea p los impuestos a la propiedad pagados por el gimnasio de $1,100,000. Complete los cuadros a continuación para configurar una proporción que pueda usarse para determinar p:

$$\frac{\square}{\square} = \frac{\square}{p}$$

43. En promedio, un solo cabello humano crece aproximadamente 0.50 pulgadas por mes. Según esto ¿Cuánto tiempo crecería un cabello en 3 años?

44. Hace dos temporadas, dos corredores de un equipo de fútbol americano universitario corrieron 1,728 yardas combinadas. Un corredor corrió tres veces más yardas que el otro. ¿Qué sistema se puede usar para determinar la cantidad de yardas corridas por cada uno de los corredores?

A. $\begin{cases} x\,y = 1,728 \\ y + 3x = 0 \end{cases}$

B. $\begin{cases} x + y = 1,728 \\ y + 3x = 0 \end{cases}$

C. $\begin{cases} x + y = 1,728 \\ y = 3x \end{cases}$

D. $\begin{cases} x + 3y = 1,728 \\ y = 3x \end{cases}$

45. Un yoyo sube y baja a lo largo de un camino vertical a un ritmo constante. La siguiente gráfica describe la posición y del yoyo (en pulgadas) debajo de la mano de la persona (que se supone que está en $y = 0$) durante los primeros 6 segundos de su movimiento:

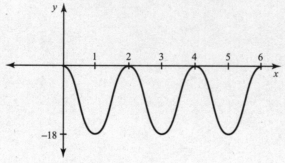

¿Cuántas pulgadas recorre el yoyo en los primeros cuatro segundos?

A. 18 pulgadas

B. 36 pulgadas

C. 72 pulgadas

D. 90 pulgadas

46. Glenn quiere construir una pasarela de 2 pies de ancho a lo largo del perímetro de su estanque, como se muestra.

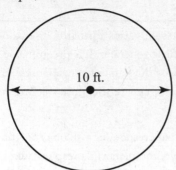

10 ft.

Los adoquines cuestan $8 por pie cuadrado. Aproximadamente, cuál es el costo de instalar tal pasarela redondeando al dólar más cercano?

$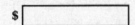

examen de práctica 2— Razonamiento matemático

CIENCIA

90 minutos • 35 preguntas

> **Instrucciones:** El examen de Ciencia consta de preguntas en varios formatos diseñados para medir su conocimiento de los conceptos conceptos científicos generales. Las preguntas se basan en breves pasajes de texto e información visual (tablas, gráficos, diagramas y otras figuras). Estudie la información proporcionada y responda las preguntas que siguen, refiriéndose a la información según sea necesario.
>
> La mayoría de las preguntas son de opción múltiple, pero para responder a algunas preguntas, se le pedirá seleccionar una respuesta de un menú desplegable, completar una respuesta en blanco, arrastrar y soltar las respuestas correctas, y seleccionar las respuestas en un gráfico dado. Registre sus respuestas en la sección Ciencia de la hoja de respuesta proporcionada. Para repasar cómo responder estas preguntas en su hoja de respuestas, refiérase "Instrucciones para tomar el examen de práctica" en la página 773.

La pregunta 1 hace referencia a la siguiente información.

Hay tres tipos principales de rocas: ígneas, sedimentarias y metamórficas, que se clasifican en función de cómo se forman. Las rocas que están hechas de pequeños pedazos de roca, como la arena, se llaman sedimentarias. Las pequeñas piezas se empaquetan juntas con el tiempo. A veces, capas adicionales de sedimentos se acumulan en la parte superior de las rocas existentes, dando una apariencia de rayas. Las rocas sedimentarias tardan muchos años en formarse. Las rocas ígneas se forman cuando la roca fundida, llamada magma que se encuentra dentro de la tierra, se enfría y forma rocas sólidas. El magma puede enfriarse lentamente dentro de la tierra para formar rocas ígneas. Pero a veces el magma es expulsado a la superficie de la tierra, generalmente a través de erupciones volcánicas o en lugares donde el fondo marino se separa. Una vez que el magma llega a la superficie, se llama lava y puede enfriarse rápidamente para formar roca ígnea. El tercer tipo de roca, metamórfica, se forma cuando la estructura de una roca existente se modifica mediante fuerzas, como el calor y la presión. Cualquier tipo de roca (sedimentaria, ígnea o incluso una roca metamórfica existente) puede convertirse en una roca metamórfica si se somete a suficiente calor y presión. Las condiciones que forman la roca metamórfica generalmente ocurren en las profundidades de la tierra.

1. Según la información del pasaje, ¿qué tipo de roca es **más probable** que se encuentre al costado de un volcán un mes después de que ocurra una erupción?

   A. Sedimentaria

   B. Ígnea

   C. Metamórfica

   D. Magma

La pregunta 2 hace referencia a la siguiente información y diagrama.

Un diagrama de red alimentaria ilustra las relaciones de alimentación entre los organismos en un ecosistema. Las redes alimenticias pueden ser complicadas; incluso unos pocos organismos pueden tener múltiples relaciones superpuestas. Hay tres categorías principales de organismos: 1. productores, que crean sus propios alimentos a partir de la energía solar; 2. consumidores, que obtienen energía al comer otros organismos; y 3. descomponedores, que descomponen los cuerpos de otros organismos, tanto plantas como animales. Dentro de la categoría de consumidor, hay diferentes niveles tróficos; el nivel primario solo come plantas, mientras que el nivel del ápice puede comer prácticamente cualquier otra cosa en el ecosistema. Cada fila en un diagrama de red alimentaria indica un nivel trófico diferente.

La siguiente ilustración es un diagrama de una red alimentaria simple. Una flecha que apunta de un organismo a otro indica que el primer organismo es consumido por el segundo organismo. Por ejemplo, la flecha que apunta de escarabajos a libélulas indica que las libélulas comen escarabajos.

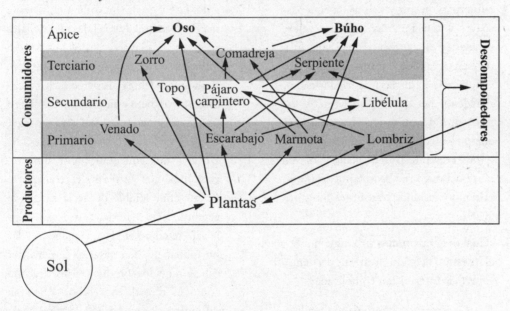

2. ¿Qué relación de alimentación cruza el mayor número de niveles tróficos?

   A. Las plantas que obtienen energía del sol

   B. Descomponedores que descomponen a los consumidores

   C. Osos que comen bayas

   D. Búhos que comen marmotas

La pregunta 3 hace referencia a la siguiente información.

Los alimentos que se consumen se abren paso a través del esófago hacia el estómago, donde se descomponen y se digieren parcialmente por varias enzimas. El quimo, una mezcla espesa de alimentos, agua y enzimas revueltos, sale del estómago al intestino delgado. El intestino delgado es aproximadamente cuatro veces más largo que el intestino grueso, pero el intestino grueso tiene mayor circunferencia. El revestimiento interno del intestino delgado está cubierto con proyecciones pequeñas, suaves y estacionarias llamadas vellosidades, y hay proyecciones aún más pequeñas que se ramifican desde las vellosidades llamadas microvellosidades. Alrededor del 80-90 % del agua y los nutrientes del quimo se absorben en el cuerpo a medida que el quimo se mueve a través del intestino delgado; la mayor parte del resto se absorbe mientras que el quimo restante transita el intestino grueso.

3. ¿Cuál es la razón **más probable** por la que el intestino delgado es tan largo y tiene una superficie interior tan complicada?

   A. La estructura continúa moliendo físicamente el quimo.

   B. La estructura mueve el quimo eficientemente a través del intestino delgado.

   C. La estructura evita que el quimo se mueva hacia atrás en el estómago.

   D. La estructura proporciona un área de superficie adicional para la absorción de agua.

Las preguntas 4 y 5 hacen referencia a la siguiente información.

El cerebro es tan importante para el funcionamiento del cuerpo que está aislado de la mayor parte del sistema circulatorio por la barrera hemato-encefálica (BHE). (Algunas partes del cerebro, como la glándula pineal que produce la hormona melatonina, no están tras el BHE, por lo que pueden liberar hormonas directamente en el torrente sanguíneo). Esta barrera está compuesta principalmente de células endoteliales que recubren los capilares a lo largo de la mayoría del sistema nervioso central. Las células endoteliales recubren la mayoría de los vasos sanguíneos, sirviendo como límite entre los fluidos circulantes y la pared de los vasos sanguíneos, pero estas células adquieren una importancia adicional para proteger el cerebro. Las células endoteliales del BHE están conectadas por uniones estrechas que impiden el transporte de material soluble desde la sangre al cerebro. Los materiales necesarios en la sangre como el agua, el oxígeno y las hormonas pueden pasar al cerebro por difusión, y los productos de desecho como el dióxido de carbono pueden difundirse desde el tejido cerebral hacia la sangre. Las proteínas de transporte, proteínas que abarcan toda la membrana de las células endoteliales, pueden mover nutrientes como la glucosa a través del BHE mediante el transporte activo. Otras moléculas y partículas en la sangre, particularmente bacterias y otros patógenos, no pueden cruzar la barrera, por lo que las enfermedades sistémicas del cuerpo generalmente evitan el cerebro. Las infecciones del cerebro pueden ser muy graves y difíciles de erradicar, ya que los anticuerpos y las células inmunes no pueden cruzar la barrera para combatir la infección. Es difícil administrar medicamentos o antibióticos al cerebro, ya que la mayoría de estos también se detienen en el BHE. En última instancia, es una compensación necesaria que debe evitar que algunos productos químicos útiles entren al cerebro para garantizar que las sustancias nocivas no puedan cruzar el BHE.

4. Según el pasaje, ¿cuál es el propósito principal de la barrera hematoencefálica?

   A. Mantener la sangre y el sistema nervioso completamente separados

   B. Prevenir la enfermedad autoinmune en el cerebro

   C. Controlar el flujo de hormonas al cerebro

   D. Evitar que los patógenos entren al cerebro

5. ¿Dónde se encuentran las células endoteliales?

   A. En todos los tejidos del cuerpo

   B. En el revestimiento de los vasos sanguíneos

   C. Solo en la barrera hematoencefálica

   D. Solo en el sistema nervioso central

6. La segunda ley de movimiento de Newton describe la relación entre la masa de un objeto y la fuerza requerida para acelerar ese objeto. La ley generalmente está representada por la ecuación $F = ma$, donde F es la fuerza que actúa sobre el objeto (en newtons, N), m es la masa del objeto (en kilogramos, kg) y a es la tasa de aceleración del objeto (en m/s^2). La aceleración es la velocidad a la que el objeto, una vez en movimiento, toma velocidad. Suponiendo que no hay fricción, cuando se aplica una fuerza de 24 N a un objeto que acelera a una velocidad de m/s^2, ¿cuál es la masa del objeto en kilogramos (kg)?

   ☐ kg

La pregunta 7 hace referencia a la siguiente información.

En los últimos años, los científicos han encontrado evidencia creciente de que las bacterias que viven en el intestino humano juegan un papel importante en nuestra salud. Esta comunidad de microorganismos se conoce como el microbioma. La investigación ha demostrado posibles vínculos entre el microbioma y aspectos importantes de la salud, como la digestión adecuada, respuestas inmunes saludables, el mantenimiento del peso corporal y tal vez incluso el bienestar emocional. El microbioma de cada persona está influenciado por una variedad de factores, incluida la dieta y las condiciones presentes cuando nació el individuo. Sin embargo, no todas las bacterias intestinales son útiles. La clave es la composición del microbioma; se necesita una población saludable de bacterias buenas en el intestino para controlar la propagación de bacterias malas que pueden causar enfermedades.

Durante mucho tiempo se pensó que el apéndice, un pequeño bolsillo ubicado fuera del intestino grueso cerca del lugar donde se unen los intestinos delgado y grueso, era inútil. Investigaciones más recientes sugieren que su función puede estar conectada al microbioma intestinal. Investigadores médicos estudiaron a personas que habían sido tratadas con un poderoso antibiótico que elimina prácticamente todas las bacterias en el intestino. Después de comparar a los pacientes que todavía tenían su apéndice (grupo A) con los pacientes cuyo apéndice había sido extirpado (grupo B), los investigadores concluyeron que el apéndice podría almacenar bacterias buenas para repoblar el intestino después de una enfermedad.

7. ¿Qué evidencia respalda **mejor** la conclusión de los investigadores?

   A. Hay una respuesta inmune especial que defiende específicamente el apéndice.

   B. Una semana después del tratamiento, el grupo A tenía un microbioma pequeño pero saludable.

   C. Una semana después del tratamiento, todos los pacientes del grupo B se enfermaron.

   D. Los pacientes de cada grupo desarrollaron diferentes microbiomas.

La pregunta 8 hace referencia a la siguiente información y diagrama.

A veces, cuando los humanos necesitan mover un objeto, usan una máquina para proporcionar algo de fuerza adicional para ayudar. Cualquier fuerza adicional proporcionada por el mecanismo se llama ventaja mecánica. Una palanca de primer grado es una máquina simple que puede ayudar a levantar. Consiste en una barra rígida que descansa sobre un pivote llamado fulcro. La carga es el objeto a levantar; el pivote está entre la carga y la fuerza que se aplica para levantarla. Cuando la carga y la fuerza son iguales, están en equilibrio, como dos pesos iguales a cada lado de una balanza. La longitud de la barra a través del pivote determina la ventaja mecánica ideal (VMI) disponible para una palanca específica, de acuerdo con la fórmula

$$(VMI) = \frac{L_e}{L_r}$$

donde L es la longitud de la barra entre el fulcro y la fuerza, y L es la longitud de la barra entre el fulcro y la carga. Cuanto más lejos tenga que moverse la fuerza en relación con la distancia recorrida por

la carga, se requiere menos fuerza para mover la carga.

El siguiente diagrama muestra una palanca de primer grado.

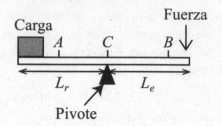

8. Para lograr la mayor ventaja mecánica, ¿cómo se debe colocar la palanca?

   A. Mover el punto de apoyo a la posición A.

   B. Mover el punto de apoyo a la posición B.

   C. Mover la carga a la posición B.

   D. Mover la fuerza a la posición C.

Las preguntas 9 y 10 hacen referencia a la siguiente información.

La luz es una forma de radiación electromagnética que toma la forma de una onda. Su velocidad parece instantánea a simple vista, pero la velocidad a la que viaja la luz se puede medir con precisión. La velocidad de la luz puede estar influenciada por factores externos como las moléculas de materia en su camino, por lo que, para mayor precisión, la velocidad de la luz siempre se mide en el vacío, o en un área donde no hay otra materia, ni siquiera aire. Viajando a través de un vacío, la velocidad de la luz siempre es constante y es de aproximadamente 186,000 millas/segundo. La velocidad de la luz se usa en muchas ecuaciones físicas, denotadas por c.

Según la teoría de la relatividad de Einstein, nada puede ir más rápido que la velocidad de la luz, pero eso no significa que solo la luz pueda viajar a *c*. Existen diferentes tipos de radiación y ciertas partículas que también pueden viajar tan rápido como la luz. Algunos científicos teorizan que una partícula especial llamada taquión puede viajar más rápido que la luz, pero su existencia aún no se ha demostrado. La materia, como una nave espacial, una persona o cualquier objeto sólido, nunca puede viajar a la velocidad de la luz, ya que se necesitaría energía infinita para que esto ocurra, y la energía infinita es imposible.

Velocidades tremendas como *c* incluso pueden afectar el tiempo. A medida que la velocidad aumenta hacia *c*, el tiempo a alta velocidad se ralentiza en relación con un objeto estacionario. Por ejemplo, si fuera posible enviar un reloj a la velocidad de la luz lejos de la Tierra durante un año, de acuerdo con el reloj de alta velocidad, sólo pasarían unos pocos momentos, mientras que un reloj idéntico en la Tierra habría avanzado un año entero. Esta diferencia horaria se ha probado utilizando pares de relojes extremadamente precisos, manteniendo uno en la Tierra y enviando al otro a la órbita. Un cohete en órbita no viaja a *c*, pero sí viaja lo suficientemente rápido como para que un reloj en órbita sea mucho más lento que uno estacionario. No importa la distancia recorrida a la velocidad de la luz, pasará muy poco tiempo mientras viaja.

9. Según el pasaje, ¿cuál de las siguientes afirmaciones es verdadera?

   A. Solo la luz puede viajar a la velocidad de la luz.

   B. La velocidad de la luz es constante en el vacío.

   C. La materia puede viajar a la velocidad de la luz.

   D. Los taquiones son más rápidos que la luz.

10. La estrella más cercana a la Tierra es Alpha Centauri, a unos 4,3 años luz (la distancia que la luz puede viajar en un año) de distancia. Si un reloj pudiera enviarse a la velocidad de la luz a Alpha Centauri mientras un reloj idéntico permanecía en la Tierra, ¿cuánto tiempo pasaría en el reloj en movimiento?

   A. unos minutos

   B. 2.3 años

   C. 4.3 años

   D. 186,000 segundos

La pregunta 11 hace referencia a la siguiente información.

En la genética mendeliana, los rasgos particulares de un organismo, como el color de los ojos o la forma de la hoja, están controlados por un solo gen. Cada gen tiene dos variantes, llamadas alelos, y cada organismo tiene dos alelos, uno heredado de cada padre. El término *genotipo* describe los alelos del organismo para un rasgo; *fenotipo* hace referencia a cómo se ve realmente el rasgo. En muchos casos, un alelo es dominante sobre otro, donde el alelo dominante determina el fenotipo final. Solo una copia de un alelo dominante es suficiente para darle a un organismo el fenotipo dominante. Los alelos generalmente se denotan con letras, los alelos dominantes escritos como letras mayúsculas y alelos no dominantes, o recesivos, denotados con letras minúsculas.

Dado que cada organismo obtiene un alelo de cada padre, si se conoce el genotipo de cada padre, es posible predecir los posibles fenotipos de una descendencia dada. Un cuadro de Punnett es una herramienta para ayudar a predecir los posibles fenotipos para un rasgo dado. El genotipo de la madre está escrito en la parte superior del cuadrado, y el del padre a la izquierda. El rasgo es ojos rojos en moscas, donde la combinación de alelos *R* (*RR* o *Rr*) será el fenotipo de ojos rojos, y rr será el fenotipo de ojos blancos. Cada cuadrado representa un posible genotipo en la descendencia.

Use el cuadro de Punnett para responder la siguiente pregunta. El primer cuadro ha sido completado.

	R	*r*
R	*RR*	
r		

11. ¿Qué proporción de descendencia de dos padres con el genotipo *Rr* se esperaría que tenga los ojos rojos?

    A. $\frac{1}{4}$

    B. $\frac{1}{2}$

    C. $\frac{3}{4}$

    D. Todos tendrán ojos rojos.

La pregunta 12 hace referencia a la siguiente información.

La energía se puede dividir en dos categorías principales: energía potencial y energía cinética. La energía cinética es la energía del movimiento, o la energía que se encuentra en los objetos en movimiento. Cuanto mayor sea la fuerza aplicada a un objeto, mayor será la energía cinética que tendrá. Sin embargo, antes de que un objeto tenga energía cinética, tiene energía potencial. La energía potencial se almacena, y la no utilizada está lista para convertirse en energía cinética. Cualquier cosa que pueda moverse o pueda mover tiene energía cinética.

12. La siguiente imagen muestra a un bateador a punto de golpear una pelota durante un juego de béisbol. ¿Qué número indica mejor una fuente de energía potencial?

    A. 1

    B. 2

    C. 3

    D. 4

La pregunta 13 hace referencia a la siguiente información.

Las minas a menudo se cavan en áreas en las que el suelo está saturado de agua, por lo que el agua debe bombearse constantemente de las minas, o se inundarán. En minas especialmente húmedas o abandonadas, el agua puede reaccionar con los minerales y formar un líquido tóxico llamado drenaje ácido de minas (AMD). El AMD más común se forma cuando la pirita (FeS_2, también conocida como oro de los tontos) reacciona con oxígeno y agua y se descompone en iones de hierro (II) (Fe^{2+}) y ácido sulfúrico (H_2SO_4):

$$2FeS_2 + 7O_2 + 2H_2O \rightarrow 2Fe^{2+} + H_2SO_4$$

Los iones de hierro (II) se pueden oxidar en iones de hierro (III) en esta solución ácida:

$$4Fe^{2+} + O_2 + 4H^+ \rightarrow 2Fe^{3+} + 2H_2O$$

Los iones de hierro (III) son solubles en AMD, pero cuando el pH de la AMD aumenta por encima de 3, como cuando se encuentra con una fuente de agua natural que diluye su acidez, forma hidróxido de hierro (III) insoluble, que es de un color amarillo-naranja brillante.

13. El Río Tinto en España fluye a través de un área donde las minas han estado operando por casi 5,000 años. En esta área, el agua es de color naranja brillante. Según la información del pasaje, ¿cuál es la explicación **más probable** para el color del río?

   A. El río forma AMD que contiene iones de hierro disuelto (II).

   B. El AMD se diluye en el río y forma hidróxido de hierro (III).

   C. El río forma AMD que contiene iones de hierro disuelto (III).

   D. El ácido sulfúrico en el AMD está presente en el río.

14. La corteza terrestre se divide en varias placas enormes que flotan en el manto de la tierra. Las áreas donde estas placas se separan se llaman bordes de placas divergentes. En partes del este de África, estos bordes divergentes han formado valles profundos llamados el Gran Valle del Rift que se encuentran entre las tierras altas montañosas. Un científico quiere determinar qué tan rápido se separan estas placas. ¿Qué procedimiento experimental sería la **mejor** opción para calcular la velocidad de movimiento de la grieta?

   A. Identificar el centro del borde y medir el ancho del valle en esa ubicación.

   B. Observar las tasas de movimiento históricas en otros bordes divergentes.

   C. Colocar un conjunto de marcadores a cada lado del borde y medir regularmente la distancia entre estos.

   D. Colocar varios juegos de marcadores a cada lado del borde y medir regularmente la distancia entre cada juego.

La pregunta 15 hace referencia la siguiente información.

En una montaña rusa, la primera colina es la más alta, y cada subida y bajada, o bucle, es más bajo que los anteriores. Esto se debe a que las montañas rusas dependen de la gravedad para comenzar a moverse y de una fuerza llamada inercia para mantenerlas en movimiento. El único motor de una montaña rusa controla el cabrestante que lleva el carro a la cima de la primera colina más alta; una vez que se libera el carro, la gravedad proporciona toda la fuerza y la aceleración necesarias para moverlo. Una vez que ha comenzado, la inercia mantiene el carro avanzando. La inercia es la tendencia de un objeto en movimiento a permanecer en movimiento de la misma manera y a la misma velocidad en ausencia de una fuerza que altere su movimiento o velocidad. Una vez que se mueve, el carro también tiene impulso, que es la masa del tren multiplicada por su velocidad. El impulso permite que el carro aumente la velocidad a medida que baja la colina y supera la gravedad para subir las colinas posteriores en la vía.

15. Según el pasaje, el carro de la montaña rusa sube los bucles y vueltas de la vía debido a

   Seleccione ▼ .

   A. la gravedad

   B. la inercia

   C. el impulso

   D. la velocidad

La pregunta 16 hace referencia a la siguiente información.

El tinte permanente para el cabello (tinte que no se lava del cabello) es una mezcla compleja de químicos que juegan diferentes roles. El color del cabello se debe a la proteína melanina. El cabello sin melanina es blanco o gris. Cuando se aplica tinte permanente para el cabello, el peróxido de hidrógeno, el amoníaco y el persulfato de amonio abren primero las células externas del mechón de cabello y descomponen la melanina natural. Esto permite que el tinte penetre en el mechón de cabello y lo decolora para que el tinte pueda verse más fácilmente. El tinte comienza como pequeñas moléculas incoloras (monómeros) que caben dentro del cabello abierto. Estos monómeros reaccionan con sustancias químicas llamadas acopladores que unen los monómeros para formar moléculas de tinte intermedias (polímeros) más grandes que no se pueden eliminar fácilmente del cabello. Los oxidantes después reaccionan con los polímeros para crear el color final del tinte.

16. Las personas que desean evitar el fuerte olor a amoníaco a menudo optan por un tinte para el cabello sin amoníaco. Sin embargo, la mayoría de los tintes para el cabello sin amoníaco no son permanentes. ¿Por qué es necesario el amoníaco para que el color del cabello sea permanente?

A. Une los monómeros de tinte y forma polímeros más grandes.

B. Reacciona con los polímeros de tinte intermedios para crear el color final del tinte.

C. Abre las células externas del mechón de cabello para permitir que las moléculas de tinte entren en el cabello.

D. Crea grandes moléculas intermedias de tinte que no se pueden lavar fácilmente del cabello.

La pregunta 17 hace referencia a la siguiente información y gráfico.

El siguiente gráfico se llama escala de tiempo geológico. Este es un gráfico de todo el tiempo geológico dividido en secciones según los tipos de fósiles encontrados en rocas de determinada edad.

Escala de tiempo geologico

EON	ERA	PERIODO	Millones de años atrás
Farenozoico	Cenozoico	Cuaternario	--- 1.6 ---
		Terciario	66
	Mesozoico	Cretácico	138
		Jurácico	205
		Triásico	240
	Paleozoico	Pérmico	290
		Pensilvánico	330
		Misisipiano	360
		Devónico	410
		Silúrico	435
		Ordovicico	500
		Cámbrico	570
Proterozoico	Protozoico tardío Protozoico medio Protozoico temprano		2500
Arcaico	Arcaico tardío Arcaico medio Arcaico Temprano		3800?
Prearcaico			

Fuente: https://archive.usgs.gov/archive/sites/geomaps.wr.usgs.gov/parks/gtime/timescale.html

17. Según el gráfico, ¿qué división de tiempo tuvo lugar hace 316 millones de años?

A. Período Pérmico

B. Era Mesozoica

C. Período Pensilvánico

D. Período Misisipiano

Las preguntas 18 y 19 hacen referencia a la siguiente información.

Los planetas fuera de nuestro sistema solar se llaman exoplanetas. Estos planetas están tan lejos que no pueden ser observados directamente con un telescopio. En cambio, los astrónomos deben confiar en medios indirectos de detección, o detectar las formas en que un planeta puede impactar a otros objetos cercanos. Por ejemplo, Neptuno, el planeta más externo de nuestro sistema solar, se descubrió por primera vez después de que los astrónomos se dieron cuenta de que la órbita del planeta Urano era afectada por un gran planeta desconocido. Poco después, los astrónomos observaron a Neptuno a través de un telescopio. En relación con Urano, Neptuno es bastante masivo, pero los objetos distantes que son más fáciles de observar son las estrellas. El movimiento de objetos masivos, como las estrellas, no se ven afectados fácilmente, pero cuando cambia el movimiento de una estrella, la luz emitida por esa estrella también puede verse diferente. Este fenómeno, llamado bamboleo, permite a los astrónomos registrar cambios en la luz de la estrella e inferir que un planeta invisible tiene un efecto sobre el movimiento de la estrella. El brillo de las estrellas oscurece los objetos cercanos más pequeños, como los planetas, por lo que a menudo se conoce la existencia de un nuevo planeta pero sin poderse confirmar directamente.

18. Según el pasaje, ¿qué tipo de planetas se puede inferir que se detectan típicamente con el bamboleo?

A. Planetas pequeños (en diámetro) y oscuros

B. Planetas pequeños (en diámetro) y brillantes

C. Planetas grandes (en diámetro) y brillantes

D. Planetas masivos (de gran masa)

19. ¿Cuál de los siguientes es un posible método directo de observación de un exoplaneta?

A. Medición de la luz del bamboleo de las estrellas

B. Medición de la luz estelar atenuada por la sombra de un planeta frente a una estrella

C. Uso de software para oscurecer el brillo de una estrella

D. Uso de un telescopio para ver un exoplaneta

La pregunta 20 hace referencia a la siguiente información.

Los iones de cerio (IV) (Ce^{4+}) extraen electrones de los iones de hierro (II) (Fe^{2+}) en la siguiente reacción:

$$Ce^{4+} + Fe^{2+} \rightarrow Ce^{3+} + Fe^{3+}$$

La velocidad inicial de esta reacción se mide con diferentes concentraciones iniciales de los reactivos. Los datos se proporcionan en la tabla a continuación.

$[Ce^{4+}]$ (mol/L)	$[Fe^{2+}]$ (mol/L)	Rate (mol/L·s)
1.0×10^{-5}	2.0×10^{-5}	2.0×10^{-7}
1.0×10^{-5}	3.0×10^{-5}	3.0×10^{-7}
3.0×10^{-5}	3.0×10^{-5}	9.0×10^{-7}

20. ¿Qué enunciado describe la relación entre tasa y concentración observada en los datos?

   A. La tasa aumenta en el mismo factor que $[Fe^{2+}]$ aumenta cuando $[Ce^{4+}]$ se mantiene constante.

   B. La tasa aumenta en dos veces el factor por el que $[Ce^{4+}]$ aumenta cuando $[Fe^{2+}]$ se mantiene constante.

   C. La tasa no se ve afectada por los cambios en la concentración de Ce^{4+} o Fe^{2+}.

   D. La tasa disminuye a la mitad el factor por lo que $[Fe^{2+}]$ aumenta cuando $[Ce^{4+}]$ se mantiene constante.

Las preguntas 21 y 22 hacen referencia a la siguiente información y gráficos.

El crecimiento de la población de una especie en el medio ambiente sigue algunos patrones predecibles. Los gráficos A y B muestran dos de los modelos de crecimiento poblacional más comunes. El gráfico A muestra un crecimiento exponencial, donde una población crece a un ritmo creciente independientemente del tamaño de la población. Las poblaciones que crecen exponencialmente tienden a colapsar con la misma rapidez, entrando en períodos de rápido crecimiento y disminución. El gráfico B muestra el modelo de crecimiento logístico, donde el crecimiento es inicialmente rápido pero comienza a disminuir antes de eventualmente estabilizarse. En todos los casos, el tamaño de la población (N) está limitado por los recursos disponibles; la población máxima que puede soportar un área se llama capacidad de carga, K.

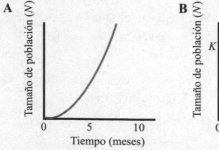
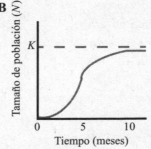
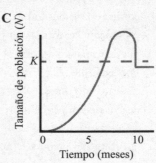

21. Si $K = 5,000$, ¿cuál sería la población aproximada después de 9 meses si la población sigue el modelo de crecimiento logístico?

    A. 2,500

    B. 4,900

    C. 5,000

    D. 10,000

22. ¿Cuál es la **mejor** interpretación de la curva de crecimiento que se muestra en el gráfico C?

    A. Crecimiento puramente exponencial

    B. Crecimiento puramente logístico

    C. Crecimiento exponencial y logístico

    D. Crecimiento excesivo seguido del colapso de la población

La pregunta 23 hace referencia a la siguiente información.

El ADN, o el modelo genético para cada organismo, es una molécula compuesta por dos hebras que se enrollan entre sí en una forma especial llamada doble hélice. Cuando una célula se divide (se divide en dos), necesita replicar su ADN para que las dos células hijas tengan un plano genético completo. El ADN se replica cuando una enzima llamada helicasa desenrolla la molécula bicatenaria. Cada cadena sirve entonces como plantilla para replicar otra cadena complementaria. Este proceso se llama replicación semiconservadora.

23. La replicación semiconservadora del ADN significa que cuando se complete la replicación, ¿qué productos habrá?

    A. 2 cadenas simples de ADN replicado

    B. 2 moléculas de ADN de doble cadena, cada una con una cadena original y una cadena replicada

    C. 2 moléculas de doble cadena, una con ambas cadenas originales y otra con dos cadenas replicadas

    D. 4 cadenas individuales de ADN, ambos originales más 2 copias replicadas

La pregunta 24 hace referencia a la siguiente información.

La siguiente tabla enumera los cambios de temperatura en la estratosfera, el segundo nivel más bajo de la atmósfera de la Tierra.

Altitud (km)	Altitud (millas)	Temperatura (°F)
15	9	−75
20	12	−75
25	15.5	−57
30	19	−40
35	22	−22
40	25	−4
45	28	13
50	31	?

24. Dada la información en la tabla, ¿cuál será la temperatura aproximada a una altitud de 31 millas?

    A. -75 °F

    B. -39 °F

    C. 30 °F

    D. 50 °F

Las preguntas 25 y 26 hacen referencia a la siguiente información.

Los dinoflagelados son organismos marinos pequeños y unicelulares. Son fotosintéticos, lo que significa que pueden crear carbohidratos utilizando la luz solar, el agua y el dióxido de carbono. Tienen muchas similitudes con las algas, pero se consideran una categoría aparte.

Los dinoflagelados pueden vivir como nadadores libres, pero también pueden vivir en cooperación con un anfitrión. Un cierto tipo de dinoflagelado, llamado zooxantelas, se involucra con otro organismo en un mutualismo, que es una relación mutuamente beneficiosa entre organismos. La relación entre dos organismos que se asocian en proximidad física cercana se llama simbiosis. Las zooxantelas viven dentro de los tejidos de ciertos invertebrados marinos como corales, medusas, nudibranquios, anémonas de mar e incluso almejas gigantes. Pueden ingresar a una célula huésped cuando la célula huésped es joven, o algunas veces las zooxantelas tienen una etapa de nado libre de su ciclo de vida antes de ingresar en un huésped. Algunos corales incluso liberan químicos que atraen zooxantelas de natación libre hacia ellos para comenzar su mutualismo.

Las zooxantelas proporcionan al huésped y a ellos mismos nutrientes a través de la fotosíntesis, a veces proporcionando hasta el 90 % de la nutrición del huésped. El resto se obtiene cuando el huésped adquiere alimentos directamente a través de la alimentación. A cambio, las zooxantelas reciben protección, así como las materias primas para la fotosíntesis, de la respiración del huésped y una posición más favorable en el agua, más cercana a la luz del sol de la que podrían tener por su cuenta. Los pigmentos fotosintéticos en las zooxantelas les dan los colores rojo y amarillo que comparten sus anfitriones. Las zooxantelas son sensibles al aumento de la temperatura del agua, y un aumento brusco puede matarlas. Si las condiciones favorables no regresan o el huésped no puede atraer zooxantelas de reemplazo, el huésped no conseguirá nutrientes suficientes y eventualmente morirá.

25. Según el pasaje, ¿cuál es la diferencia **más probable** entre mutualismo y simbiosis?

   A. Solo el mutualismo requiere un beneficio mutuo entre los organismos.

   B. Solo la simbiosis requiere una proximidad cercana entre los organismos.

   C. La simbiosis es solo entre organismos marinos.

   D. No hay diferencia entre mutualismo y simbiosis.

26. Los corales son organismos coloniales que construyen esqueletos elaborados de piedra caliza a medida que crecen. ¿Cómo se vería una colonia de coral inmediatamente después de un fuerte aumento en la temperatura del agua?

   A. Blanca

   B. Roja o amarila

   C. Delgada o encogida

   D. Muerta

La pregunta 27 hace referencia a la siguiente información.

El agua se comporta de manera diferente a la mayoría de los líquidos. Cuando el agua se congela, ocupa un volumen mayor que cuando está en forma líquida. Además, un volumen de agua se congela de arriba hacia abajo. En otras palabras, en un volumen de agua en enfriamiento, primero se forma una capa de hielo sólido en la superficie, mientras que el agua debajo permanece líquida.

27. La densidad es la masa de una sustancia dividida por su volumen. ¿Cómo explican las diferencias de densidad entre agua líquida y sólida por qué la parte superior de un volumen de agua se congela primero?

    A. El agua líquida es más densa que el hielo, por lo que el agua líquida flota hacia la superficie.

    B. El hielo es más denso que el agua líquida, por lo que el hielo se hunde hasta el fondo.

    C. El agua líquida es menos densa que el hielo, por lo que el agua líquida se hunde hasta el fondo.

    D. El hielo es menos denso que el agua líquida, por lo que el hielo flota hacia la superficie.

La pregunta 28 hace referencia a la siguiente información.

Una solución hace referencia a un soluto disuelto en un solvente. Las propiedades coligativas son propiedades de una solución que dependen del número de partículas de soluto presentes, pero no de la identidad del soluto. Las propiedades coligativas dependen de la identidad del disolvente. Una propiedad coligativa bien conocida es la depresión del punto de congelación. Las soluciones con un solvente particular tienen un punto de congelación más bajo que el solvente puro. Por ejemplo, una solución de NaCl en agua se congela a una temperatura más baja que el agua pura. Esta es una propiedad coligativa porque si la concentración de moléculas de soluto o iones en solución es la misma, la cantidad que disminuye el punto de congelación es la misma, no importa cuál sea el soluto. Por lo tanto, una solución acuosa de NaCl 1 M se congelará a la misma temperatura que una solución acuosa de KCl 1 M. Ambas sales se descomponen en dos iones en agua, haciendo que ambas soluciones tengan la misma concentración de iones (2 moles de iones por litro de solución). Sin embargo, una solución de etanol en agua 1 M tendrá un punto de congelación diferente que una solución de etanol en benceno 1 M porque los solventes son diferentes.

28. ¿Cuál de las siguientes soluciones tendrá el mismo punto de congelación que una solución de Na_2SO_4 1 M en agua?

    A. Solución 1 M de $CaCl_2$ en agua

    B. Solución de Na_2SO_4 0.1 M en agua

    C. Solución de $MgSO_4$ 1 M en agua

    D. Solución de Na_2SO_4 1 M en H_2O_2

La pregunta 29 hace referencia al siguiente gráfico.

El siguiente gráfico muestra la vida media de los mamíferos de diferentes tamaños. Los números sobre cada barra representan el peso promedio de esa especie en libras.

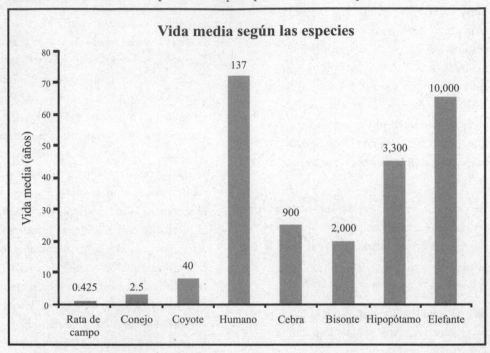

29. Según la gráfico, ¿qué especie tiene la vida útil más corta en relación con el tamaño del cuerpo?

    A. Humano

    B. Cebra

    C. Bisonte

    D. Elefante

La pregunta 30 hace referencia a la siguiente información.

En la parte posterior del ojo de los vertebrados se encuentra la retina, una capa nerviosa responsable de detectar la luz y crear los impulsos nerviosos que se envían al cerebro a través del nervio óptico. Dentro de la retina hay una región que contiene las células fotorreceptoras que realmente reciben los fotones de luz y proporcionan agudeza visual. Hay dos tipos principales de fotorreceptores en la retina, varillas y conos, que reciben su nombre por su forma general. Generalmente hay muchas más varillas que conos. Las varillas se pueden activar con solo unos pocos fotones, lo que les da a los humanos la capacidad de ver con poca luz. Las varillas perciben menos detalles y no perciben el color. Los conos vienen en tres variedades, conos S conos M y conos L, que corresponden a las diferentes longitudes de onda de luz que los activan; cada tipo de cono corresponde a un rango diferente de percepción del color. Múltiples fotorreceptores deben estar activos para proporcionar visión en color. Los conos también son responsables de percibir detalles finos y relaciones espaciales en nuestra visión; Un mayor número de conos se corresponde con una mayor agudeza visual.

30. Según el pasaje, ¿cuál es la **mejor** explicación de por qué los humanos solo ven en blanco y negro a bajos niveles de luz?

A. Solo unos pocos fotones activan los fotorreceptores con poca luz.

B. Solo un tipo de fotorreceptor se activa con poca luz.

C. Los humanos no poseen fotorreceptores para ver el color.

D. La relación de varillas activadas a conos es más alta con poca luz.

Las preguntas 31 y 32 hacen referencia a la siguiente información.

Los plásticos modernos generalmente están hechos de polímeros de moléculas de hidrocarburos. Los hidrocarburos, como su nombre indica, son moléculas compuestas principalmente de átomos de carbono e hidrógeno. Los polímeros son cadenas largas del mismo tipo de hidrocarburo. Por ejemplo, el polietileno, que se usa para fabricar botellas, recipientes de comida y juguetes, consta de decenas de miles de moléculas de etileno unidas entre sí. (Las líneas punteadas en los extremos de la molécula de polietileno indican que la molécula se repite muchas, muchas veces más en cada extremo).

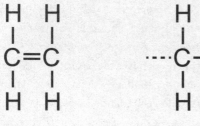

Etileno

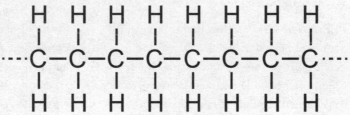

Polietileno

Debido a que las moléculas de polímero de plástico son tan largas, a menudo se disponen de forma aleatoria, no uniforme, también conocida como estructura amorfa. En algunas áreas, las moléculas pueden estar en una disposición más ordenada o cristalina. Los plásticos con mayores cantidades de estructura cristalina tienden a ser más rígidos y opacos, mientras que los plásticos que son más amorfos tienden a ser más flexibles y transparentes.

31. ¿Cuál de las siguientes declaraciones haya sustento en el pasaje?

A. Los lentes de contacto están hechos de un plástico con un alto grado de cristalinidad.

B. Las bolsas de plástico para sándwich están hechas de un plástico que es altamente amorfo.

C. Las moléculas de polímero en un automóvil de juguete de polietileno están dispuestas en forma aleatoria.

D. Las moléculas de polímero en una cubierta de asiento transparente están dispuestas de manera ordenada.

32. ¿Cómo cambia el etileno cuando se convierte en parte de una molécula de polímero de polietileno?

A. Cada átomo de carbono pierde un átomo de hidrógeno.

B. Cada átomo de carbono gana otro átomo de hidrógeno.

C. El doble enlace entre sus dos átomos de carbono se convierte en un enlace simple.

D. Un átomo de carbono está conectado a un nuevo carbono, mientras que el otro está conectado a otro átomo de hidrógeno.

La pregunta 33 hace referencia a la siguiente información.

La capa más interna de la tierra se conoce como el núcleo. El núcleo está dividido en un núcleo interno, que está hecho de hierro extremadamente caliente pero mayormente sólido, y un núcleo externo hecho de hierro líquido caliente mezclado con algunos otros metales.

El núcleo externo líquido no es estático. A medida que se enfrían partes del núcleo líquido, se solidifican y se hunden hacia el núcleo interno. Al mismo tiempo, las partes más cálidas se elevan hacia el núcleo externo. El movimiento hacia arriba y hacia abajo en el núcleo externo crea corrientes de convección circulares. Estas corrientes en el núcleo de metal líquido crean corrientes eléctricas, que conducen a campos magnéticos. La fuerza creada por la tierra girando sobre su eje, llamada fuerza de Coriolis, hace que todos los campos magnéticos más pequeños se alineen en la misma dirección, creando un enorme campo magnético para la tierra.

33. Según la información del pasaje, ¿cuál es la causa subyacente del campo magnético de la tierra?

A. La rotación del núcleo interno sólido

B. Diferencias de temperatura y densidad en el núcleo externo

C. La rotación de la tierra alrededor de su eje

D. La temperatura precisa del núcleo externo

La pregunta 34 hace referencia a la siguiente información y tabla.

El escorbuto es una enfermedad resultante de la insuficiencia de vitamina C. Los síntomas incluyen daños en las encías, hematomas, debilidad y fatiga; eventualmente causa la muerte si la deficiencia persiste. La vitamina C se adquiere a través de frutas y verduras frescas en la dieta. En la época de los barcos de vela, cuando los viajes por mar podrían llevar meses y la refrigeración no existía, los marineros en el mar tenían muy poco acceso a frutas y verduras frescas. En esas circunstancias, los marineros sufrieron altas tasas de lesiones y muerte por escorbuto. En ese momento, nadie sabía sobre vitaminas ni entendía las causas del escorbuto.

En 1740, el médico escocés James Lind realizó un experimento para probar si comer cítricos, como naranjas o limas, podría curar la enfermedad, a pesar de que no entendía la verdadera causa del escorbuto. Seleccionó a 12 marineros, todos con síntomas de escorbuto. Los dividió en 6 grupos de 2 y los puso en dietas idénticas, excepto por las acciones que se muestran en la tabla a continuación. Solo los marineros del Grupo 5 se recuperaron.

Grupo	Acción
1	Beber 1 litro de sidra de manzana/día
2	Beber 25 gotas de ácido sulfúrico/día
3	Tomar 6 cucharadas de vinagre/día
4	Beber media pinta de agua de mar/día
5	Comer 2 naranjas y un limón/día
6	Tomar 3 cucharadas de pasta de especias y agua de cebada/día

34. Según los estándares modernos, ¿cuál sería un grupo o grupos de control válidos para este experimento?

A. Grupo 1 solamente

B. Grupos 1, 2 y 3

C. Un grupo que recibe solo 1 naranja al día

D. Un grupo que no recibe intervención

La pregunta 35 hace referencia a la siguiente información.

Los ácidos y las bases se pueden definir de varias maneras diferentes. La definición más utilizada es la definición de Brønsted-Lowry, que establece que un ácido de Brønsted-Lowry es un químico que puede donar un ion de hidrógeno (H^+) y una base de Brønsted-Lowry es un químico que puede aceptar un ion de hidrógeno. Por ejemplo, el ácido de Brønsted-Lowry HCl dona H^+ al agua base de Brønsted-Lowry (H_2O) en una solución, formando un nuevo ácido (H_3O^+) y una nueva base (Cl^-).

$$HCl + H_2O \rightarrow H_3O^+ + Cl^-$$
$$\text{ácido1} \quad \text{base 1} \quad \text{ácido2} \quad \text{base 2}$$

Un ácido sin su H^+ se llama base conjugada del ácido, y una base después de aceptar H^+ se llama ácido conjugado de la base. Por lo tanto, Cl^- es la base conjugada de HCl, mientras que H_3O^+ es el ácido conjugado de H_2O.

35. Considere la siguiente reacción entre un ácido y base de Brønsted-Lowry.

$$H_2SO_4 + OH^- \rightarrow HSO_4^- + H_2O$$

Arrastre y suelte la molécula, ión o palabra correcta en los cuadros apropiados en la siguiente afirmación. (Ingrese las respuestas correctas en la hoja de respuestas).

H_2SO_4 es un Brønsted-Lowry ⬚ y ⬚ conjugado/a es su

⬚ . (Ingrese sus opciones en los espacios en blanco provistos en la hoja de respuestas).

H_2O ácido

HSO_4^- base

OH^-

ESTUDIOS SOCIALES

70 minutos • 35 preguntas

Instrucciones: El examen de Estudios sociales consta de preguntas en varios formatos diseñados para evaluar su conocimiento de los conceptos de estudios sociales general. Las preguntas se basan en breves pasajes de texto e información visual (tablas, gráficos, diagramas y otras figuras). Estudie la información proporcionada y responda a las preguntas que siguen, revisando la información según sea necesario.

La mayoría de las preguntas están en formato de opción múltiple, pero para responder a algunas preguntas, se le pedirá seleccionar una respuesta de un menú desplegable, completar los espacios en blanco, arrastrar y soltar la respuesta correcta, o seleccionar la respuesta en un área. Registre sus respuestas en la sección de Estudios Sociales de la hoja de respuestas provista. Para repasar cómo responder estas preguntas en su hoja de respuestas, por favor refierase "Instrucciones para tomar el examen de práctica" en la página 773.

La pregunta 1 hace referencia a la siguiente tabla.

Senador (Artículo I, Sección 3)	Representante de la Cámara (Artículo I, Sección 2)	Presidente (Artículo II, Sección 1)
• al menos 30 años de edad • ciudadano estadounidense por al menos nueve años al momento de la elección al Senado • un residente del estado es elegido como representante en el Senado	• al menos 25 años de edad • ciudadano estadounidense por al menos siete años antes de las elecciones a la Cámara • un residente del estado es elegido como representante en la Cámara	• al menos 35 años de edad • ciudadano estadounidense nacido en Estados Unidos • debe haber vivido en los Estados Unidos por al menos 14 años

1. Según la tabla, los requisitos compartidos entre todos los cargos políticos incluyen todos los siguientes EXCEPTO:

   A. Edad

   B. Ciudadanía

   C. Residencia en los Estados Unidos

   D. Residencia del Estado

La pregunta 2 hace referencia al siguiente mapa.

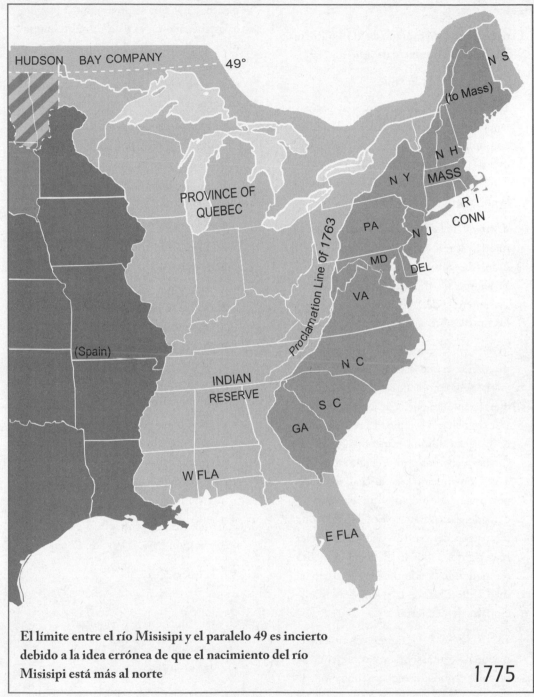

HUDSON   BAY COMPANY

49°

(to Mass)

N S

PROVINCE OF
QUEBEC

N H

N Y   MASS

R I

PA   CONN

N J

Proclamation Line of 1763

MD

DEL

VA

(Spain)

N C

INDIAN
RESERVE

S C

GA

W FLA

E FLA

**El límite entre el río Misisipi y el paralelo 49 es incierto
debido a la idea errónea de que el nacimiento del río
Misisipi está más al norte**

1775

2. Según el mapa, ¿cuál de los siguientes NO fue una colonia británica original?

   A. Massachusetts

   B. Virginia

   C. Maine

   D. Pensilvania

Las preguntas 3 y 4 hacen referencia al siguiente pasaje.

Este extracto está tomado de la Plataforma del Partido Popular, 4 de julio de 1892.

Declaramos, por lo tanto:

Primero.— Que la unión de las fuerzas laborales de los Estados Unidos que se consuma hoy será permanente y perpetua; que su espíritu estará en todos los corazones para la salvación de la República y la elevación de la humanidad.

Segundo.— La riqueza le pertenece al que la crea, y cada dólar extraído de la industria sin un equivalente es un robo. Si alguno no trabaja, tampoco comerá. Los intereses del trabajo rural y cívico son los mismos; sus enemigos son idénticos.

Tercero.— Creemos que ha llegado el momento en que las corporaciones ferroviarias serán propietarias de la gente salvo que la gente sea dueña de los ferrocarriles, y si el gobierno se embarca en el trabajo de poseer y administrar todos los ferrocarriles, debemos favorecer una enmienda a la Constitución por la cual todas las personas involucradas en el servicio del gobierno serán colocadas bajo una regulación del servicio civil del carácter más rígido, a fin de evitar el aumento del poder de la administración nacional mediante el uso de tales empleados adicionales del gobierno.

FINANZAS. — Exigimos una moneda nacional, segura, sólida y flexible, emitida solo por el gobierno general, una moneda de curso legal completo para todas las deudas, públicas y privadas, y que sin el uso de corporaciones bancarias, sea justa, equitativa y que tenga medios eficientes de distribución directos a las personas,

con un impuesto que no exceda el 2 por ciento anual, que se proporcionará según lo establecido en el plan de subtesorería de la Alianza de Agricultores, o un sistema mejor; también mediante pagos en cumplimiento de sus obligaciones de mejoras públicas.

1. Exigimos monedas gratuitas e ilimitadas de plata y oro en la proporción legal actual de 16 a 1.

2. Exigimos que la cantidad de medio circulante se incremente rápidamente a no menos de $50 per cápita.

3. Exigimos un impuesto sobre la renta gradual.

4. Creemos que el dinero del país debe mantenerse lo más posible en manos de la gente, y por lo tanto, exigimos que todos los ingresos estatales y nacionales se limiten a los gastos necesarios del gobierno, administrados económica y honestamente.

5. Exigimos que el gobierno establezca bancos de ahorros postales para el depósito seguro de las ganancias de las personas y para facilitar el intercambio.

3. ¿Cuál de los siguientes NO es un área de preocupación para el Partido Popular?

   A. Ferrocarriles

   B. Banca

   C. Distribución de la riqueza.

   D. Creación de una oficina de correos

4. La Plataforma del Partido Popular se considera una ilustración importante en la creación del tipo de partido político conocido como partido [   ].

Las preguntas 5–7 hacen referencia a la siguiente información.

"Todos tendrán en cuenta este sagrado principio, que aunque la voluntad de la mayoría debe prevalecer en todos los casos, esa voluntad, para ser legítima, debe ser razonable; que la minoría posee sus mismos derechos, que las leyes iguales deben proteger, y violarlas sería una opresión. Entonces, conciudadanos, unámonos en corazón y mente, restauremos en las relaciones sociales la armonía y afecto sin los cuales la libertad, e incluso la vida misma, no son más que cosas tristes. Y reflejemos que habiendo desterrado de nuestra tierra esa intolerancia religiosa bajo la cual la humanidad sangró y sufrió durante tanto tiempo, todavía hemos ganado poco si soportamos una intolerancia política, tan despótica, tan perversa y capaz de persecuciones tan amargas y sangrientas …[E] muchas diferencias de opinión no son una diferencia de principios. Todos somos republicanos: todos somos federalistas. Si hay alguno entre nosotros que desearía disolver esta Unión, o cambiar su forma republicana, que permanecen imperturbables como monumentos de la seguridad con la que se puede tolerar el error de opinión, donde la razón queda libre para combatirlo".

—*Thomas Jefferson,*
Discurso inaugural, 1801

5. Según Jefferson, ¿qué debe tener en cuenta la nación?

   A. Todos deben ser republicanos.

   B. La voluntad de la mayoría siempre debe seguirse.

   C. Los derechos de todas las personas deben ser reconocidos.

   D. La minoría debe ser consciente de la opresión.

6. Jefferson estaba hablando de un problema mayor que afectaba a la joven nación. ¿Cuál fue el problema?

   A. La división creada por los partidos políticos

   B. La gran deuda federal que enfrentó la nación

   C. La amenaza de invasión extranjera

   D. Los problemas con los Artículos de la Confederación

7. ¿Cuál fue la causa **más probable** del mensaje de Jefferson?

   A. Temor a que se disuelva la Unión.

   B. Ira por la falta de protecciones otorgadas a aquellos en minoría

   C. Amenazas de rebelión de la población minoritaria

   D. Su elección como Presidente por un margen estrecho

examen de práctica 2 — Estudios sociales

Las preguntas 8 y 9 hacen referencia a la siguiente imagen.

Fuente: Administración Nacional de Archivos y Registros, no. 594360.

8. ¿Cuál de los siguientes sería el período de tiempo más probable para la imagen de arriba?

   A. A principios de los años 50

   B. Finales de los años 60

   C. Finales de los años 80

   D. A principios de los años 90

9. ¿Cuál de las siguientes opciones describe **mejor** el contexto de la imagen?

   A. El contraste de manifestantes y soldados contra la guerra durante una guerra controvertida

   B. La opresión del pueblo a manos de los militares

   C. La transición pacífica del poder de un grupo a otro

   D. La disposición de una generación a perdonar a otra por sus acciones de guerra

La pregunta 10 hace referencia al siguiente pasaje.

El orden actual de sucesión presidencial fue establecido por la Ley de Sucesión Presidencial de 1947 y proporciona un plan para la oficina ejecutiva en el caso de lo siguiente: incapacidad, muerte, renuncia o destitución. La línea de sucesión actual sigue el orden de: Vicepresidente, Presidente de la Cámara, Presidente pro tempore del Senado, Secretario de Estado, Secretario del Tesoro, Secretario de Defensa …

10. Según el pasaje, en caso de fallecimiento del Presidente, la renuncia del Vicepresidente, la incapacidad del Presidente de la Cámara y el Presidente pro tempore, [_____] se convertiría en Presidente.

La pregunta 11 hace referencia al siguiente pasaje.

Ahora, el [...] derecho de propiedad de un esclavo se afirma clara y expresamente en la Constitución. [...] Sobre estas consideraciones, es la opinión de la corte que el acto del Congreso que prohíbe que un ciudadano tenga y posea propiedades de este tipo en el territorio de los Estados Unidos al norte de la línea [36° N 36' de latitud] mencionada allí, no está garantizado por la Constitución y, por lo tanto, es nulo.

—*Dred Scott contra Sandford,*
60 Estados Unidos en 451–52.11.

11. ¿Qué resultó del fallo de la Corte Suprema citado anteriormente?

   A. La esclavitud se hizo legal.

   B. El Compromiso de Missouri fue invalidado.

   C. La Constitución no protegió el derecho a poseer esclavos.

   D. La esclavitud era válida solo en ciertos territorios.

La pregunta 12 hace referencia a la caricatura política.

Caballería sureña: discusión contra palos

Fuente: https://commons.wikimedia.org/wiki/File:Southern_Chivalry.jpg

12. ¿La caricatura refleja cuál de las siguientes circunstancias a mediados del siglo XIX?

   A. Los debates sobre la esclavitud se intensificaron.

   B. Indignación por la secesión meridional de la Unión.

   C. Los extremos a los que llegaron las campañas políticas para ganar una elección.

   D. La violencia continua que golpeó a los miembros del partido minoritario.

Las preguntas 13–16 hacen referencia a la siguiente tabla.

Ventas de casas existentes en EE.UU., inventarios y suministro de los meses
Diciembre 2005 - Junio 2009

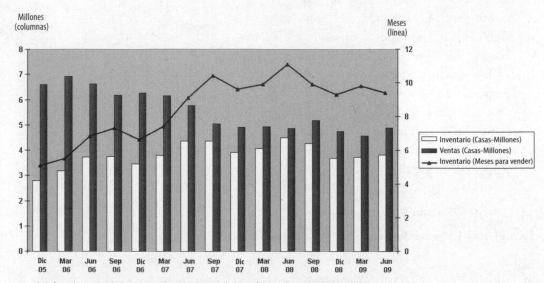

Cada figura de inventario(roja o primera columna) representa el número de casas a la venta en un punto del tiempo.
Cada figura de venta (azul o segunda columna) es anualizada según la tasa de venta del mes más reciente.
Los meses del inventario por vender (línea negra) es cuántos meses tomará vender el inventario existente según la tasa más reciente de ventas.

Fuente de datos: Asociación Nacional de Agentes Inmobiliarios

Fuente: Farcaster en Wikipedia en inglés. Este trabajo está licenciado bajo Creative Commons Attribution-ShareAlike 3.0 Unported License (http://creativecommons.org/licenses/by-sa/3.0/).

13. Seleccione el **mejor** mes y año para vender una casa. (Ingrese su respuesta en la hoja de respuestas).

14. Seleccione el mes y el año **más** difícil para vender una casa. (Ingrese su respuesta en la hoja de respuestas).

15. Seleccione el mes y el año que le darían al comprador el **mayor** poder de negociación al comprar una casa. (Ingrese su respuesta en la hoja de respuestas).

16. Seleccione el mes y el año que **más** le costaría a un comprador comprar una casa. (Ingrese su respuesta en la hoja de respuestas).

Las preguntas 17 y 18 hacen referencia al siguiente mapa.

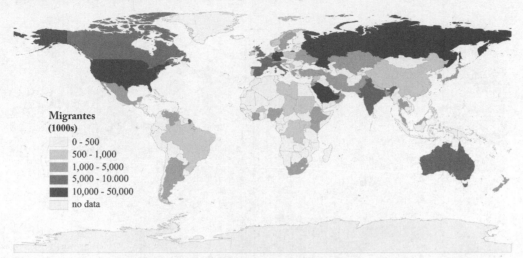

Migrantes (1000s)
0 - 500
500 - 1,000
1,000 - 5,000
5,000 - 10.000
10,000 - 50,000
no data

17. ¿Cuál de los siguientes tenía el mayor número de migrantes?

   A. Brasil

   B. Egipto

   C. Rusia

   D. Canadá

18. Según el mapa, si alguien migrase a la parte sur de Asia, ¿a qué país migraría con **mayor probabilidad**?

   A. India

   B. China

   C. Vietnam

   D. Japón

19. Se aprobó una ley y dicha ley no fue vetada. La ley es controvertida y está siendo debatida por los ciudadanos porque creen que viola la cláusula de protección igualitaria de la Decimocuarta Enmienda. ¿Cuál de las siguientes ramas del gobierno tiene la capacidad de revocar la ley utilizando los fundamentos de la Constitución?

   A. Legislativo

   B. Ejecutivo

   C. Judicial

   D. Estado

20. Una persona ha decidido votar por su candidato favorito en función de sus opiniones políticas compartidas. El político está a favor de la pena de muerte, cree en una economía de libre mercado, apoya el derecho de las personas a portar armas y apoya impuestos más bajos con un gobierno más pequeño. El político sería considerado un ⬚ .

La pregunta 21 hace referencia al siguiente mapa electoral de una elección presidencial.

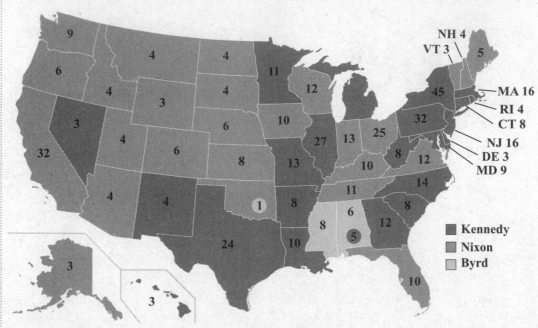

Fuente: https://en.wikipedia.org/wiki/File:ElectoralCollege1960.svg

21. ¿Los resultados electorales reflejan una victoria electoral para qué candidato?

    A. Richard Nixon

    B. John F. Kennedy

    C. Harry F. Byrd

    D. No hubo victoria electoral; la elección pasó a la Cámara de Representantes

Las preguntas 22–24 hacen referencia al siguiente pasaje.

Que los diversos estados que componen los Estados Unidos de América no están unidos bajo el principio de la sumisión ilimitada al gobierno general; pero que, mediante un pacto, bajo el estilo y título de una Constitución para los Estados Unidos, y de enmiendas a la misma, constituyeron un gobierno general para fines especiales, delegando a dicho gobierno ciertos poderes definidos, reservándose, cada estado para sí mismo, la masa residual del derecho a su propio autogobierno; y que cuando el gobierno general asume poderes no delegados, sus actos son no autorizados, nulos y sin fuerza; que a este pacto cada estado se adhirió como estado y es parte integrante, del cual forman parte sus co-estados tanto como el mismo, la otra parte; que este gobierno, creado por este pacto, no fue hecho juez exclusivo o final de la extensión de los poderes delegados a sí mismo, ya que eso habría hecho a su discreción, y no por la Constitución, la medida de sus poderes; pero que, como en todos los otros casos de pacto entre poderes que no tienen un juez común, cada parte tiene igual derecho a juzgar por sí misma, tanto las infracciones como el modo y medida de reparación.

—*Resolución de Kentucky*, 1798

22. ¿La Resolución de Kentucky fue una respuesta a cuál de las siguientes opciones?

    A. Las Leyes de Extranjería y Sedición

    B. La Resolución de Virginia

    C. La cuestión de la esclavitud

    D. La creación de una Constitución

23. ¿El argumento del pasaje refleja cuál de las siguientes enmiendas?

    A. La Primera Enmienda

    B. La Segunda Enmienda

    C. La Sexta Enmienda

    D. La Décima Enmienda

24. Según el pasaje, ¿qué creó la Unión?

    A. Los estados

    B. La gente

    C. La Constitución

    D. Las enmiendas

Las preguntas 25–27 hacen referencia la siguiente información.

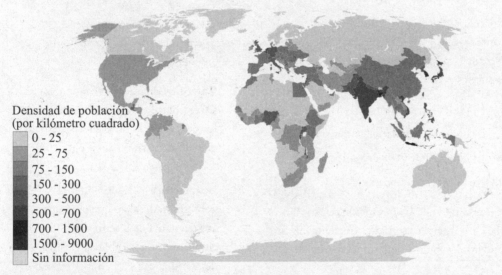

Densidad de población (por kilómetro cuadrado)
- 0 - 25
- 25 - 75
- 75 - 150
- 150 - 300
- 300 - 500
- 500 - 700
- 700 - 1500
- 1500 - 9000
- Sin información

Fuente: https://commons.wikimedia.org/wiki/File:Population_density_countries_2017_world_map,_people_per_sq_km.svg

25. Los países que tienen una densidad de población relativamente baja (0-25) incluyen todos los siguientes, EXCEPTO:

    A. Canadá

    B. China

    C. La mayoría de los países de América del Sur

    D. Arabia Saudita

26. ¿Cuál de los siguientes países tiene **más** personas por kilómetro cuadrado?

    A. Estados Unidos

    B. Canadá

    C. India

    D. Brasil

27. Seleccione la ubicación del hemisferio oriental debajo del ecuador con la mayor densidad de población. (Ingrese su respuesta en la hoja de respuestas).

Las preguntas 28–30 hacen referencia a la siguiente tabla.

	Los Artículos de la Confederación	La Constitución de los EE. UU.
Impuestos de recaudación	El Congreso puede solicitar a los estados que paguen impuestos	El Congreso tiene derecho a recaudar impuestos de las personas
Tribunales federales	No hay sistema judicial federal	Los problemas entre los estados y los ciudadanos serán regulados por el sistema judicial federal y la Corte Suprema
Regulación del comercio	No hay disposiciones para la regulación del comercio interestatal	El Congreso tiene derecho a regular el comercio entre los estados
Levantar un ejército	El Congreso no puede reclutar tropas; los estados contribuyen con la milicia	El Congreso puede formar un ejército

28. Según la tabla, los Artículos de la Confederación y la Constitución de los Estados Unidos comparten ¿cuáles de los siguientes poderes?

    A. El poder de impuestos

    B. El poder de regular el comercio.

    C. El poder de formar una milicia

    D. No comparten poderes.

29. Según la tabla, la Constitución de los EE. UU. intentó abordar la creciente deuda del gobierno federal mediante

    [   ] .

30. ¿Por cuál de las siguientes razones fueron reemplazados los Artículos de la Confederación?

    A. Carecen del poder adecuado para hacer cumplir las leyes o recaudar fondos, creando un gobierno federal que era demasiado débil para sobrevivir.

    B. Le dieron demasiado poder al gobierno federal, lo que creó una amplia gama de temores entre los ciudadanos que acababan de escapar de la monarquía de Gran Bretaña.

    C. Fue el primer gobierno verdadero para la nueva nación, y la intención siempre fue revisarlo y reemplazarlo después de la Guerra Revolucionaria.

    D. Demasiado poder se dividió entre las tres ramas del gobierno, creando un gobierno que no pudo gobernar de manera efectiva.

La pregunta 31 hace referencia a la siguiente información.

La Gran Recesión 2008–2009 afectó fuertemente a la economía de los Estados Unidos. Según la Oficina de Estadísticas Laborales (BLS), el número de estadounidenses desempleados aumentó de 6.8 millones en mayo de 2007 a 15.4 millones en octubre de 2009. Durante ese tiempo, la Oficina del Censo de los Estados Unidos estimó que aproximadamente 170,000 pequeñas empresas cerraron. Los despidos masivos alcanzaron su punto máximo en febrero de 2009 cuando los empleadores dieron aviso a 326,392 trabajadores. La productividad y la producción también disminuyeron. La pérdida de empleos, la disminución del valor de las viviendas, la disminución de los ingresos y la incertidumbre sobre el futuro hicieron que los gastos de consumo disminuyeran. Según el BLS, el gasto de los hogares cayó un 7.8 %.

Las ejecuciones hipotecarias y el colapso en los mercados financieros de EE. UU., exigieron una acción inmediata por parte del Congreso, el Presidente y el Banco de la Reserva Federal. Por ejemplo, el gobierno implementó programas como la Ley de Reinversión y Recuperación de los Estados Unidos para ayudar a millones de personas al proporcionar créditos fiscales para compradores de vivienda, pagar efectivo por chatarra y extender los beneficios de desempleo. Desde la reducción del gasto, la solicitud de subsidios de desempleo y la pérdida de viviendas, millones de personas se vieron afectadas por la recesión.

31. Según el pasaje, ¿cuál de los siguientes NO fue la causa de la recesión?

A. Falta de acción del Congreso

B. Desempleo

C. Disminución de ingresos

D. Disminución del gasto del consumidor

Las preguntas 32 y 33 hacen referencia al siguiente pasaje.

ESTADOS UNIDOS vs. NIXON, PRESIDENTE DE ESTADOS UNIDOS, ET AL.

Luego de una acusación formal que alegó la violación de los estatutos federales por parte de ciertos miembros del personal de la Casa Blanca y partidarios políticos del Presidente, el Fiscal Especial presentó una moción ante la Fed. Regla Crim. Proc. 17 (c) para una citación duces tecum para la producción de ciertas cintas y documentos relacionados con conversaciones y reuniones identificadas con precisión entre el Presidente y otros, antes del juicio. El Presidente, reclamando el privilegio ejecutivo, presentó una moción para anular la citación. El Tribunal de Distrito, después de tratar el material de la citación como presuntamente privilegiado, concluyó que el Fiscal Especial había hecho una demostración suficiente para refutar la presunción, y de que los requisitos de la Regla 17 (c) se habían cumplido. Posteriormente, el tribunal emitió una orden para un examen a puerta cerrada del material citado, al rechazar las afirmaciones del Presidente (a) de que la disputa entre él y el Fiscal Especial no se justificaba como un conflicto intra-ejecutivo y (b) que el poder judicial carecía de autoridad para revisar la afirmación del presidente de privilegio ejecutivo. El tribunal suspendió su orden hasta la revisión de la apelación, que el Presidente solicitó en la Corte de Apelaciones. Luego, el Fiscal Especial presentó ante este Tribunal una petición de una orden de certiorari antes del fallo (No. 73-1766) y el Presidente presentó una petición cruzada por dicha orden que rebatía la acción del gran jurado (No. 73-1834). El Tribunal otorgó ambas peticiones.

32. ¿Cuál de los siguientes eventos es el contexto **más probable** de la declaración anterior?

    A. El temor rojo

    B. Las elecciones de 1960

    C. La guerra de Vietnam

    D. El escándalo de Watergate

33. ¿Cuál de las siguientes opciones es la fuente **más probable** del pasaje original?

    A. La Corte Suprema

    B. El poder ejecutivo

    C. Un periódico local

    D. Un libro de texto de historia

La pregunta 34 hace referencia al siguiente pasaje.

Han escuchado mucho sobre Obamacare, como se le conoce. Han oído mucho sobre eso en los seis años y medio desde que lo promulgué. Y algunas de las cosas que escucharon podrían ser ciertas. Pero una cosa con la que quiero comenzar es recordarles a las personas por qué luchamos por la reforma de salud en primer lugar. Porque fue uno de las motivaciones clave de mi campaña.

—Barack Obama, octubre de 2016

34. El término Obamacare se convirtió en sinónimo de la aprobación de ⬚ y fue utilizado como una connotación negativa por los detractores del presidente Obama.

La pregunta 35 hace referencia a la siguiente tabla.

Gasto Federal (Promedio Anual % PIB)	
Carter (1979–1981)	20.62
Reagan (1982–1989)	21.63
Bush, George H.W. (1990–1993)	21.27
Clinton (1994–2001)	18.79
Obama (2010–2017)	21.53

35. ¿Cuál de las siguientes es la causa **más probable** de mayores niveles de gasto federal bajo el presidente Reagan?

    A. Mayor financiamiento para gastos de defensa

    B. Mayor financiamiento para programas ambientales

    C. Aumento de impuestos

    D. Aumentos en la regulación gubernamental

CLAVE DE RESPUESTAS Y EXPLICACIONES

Razonamiento a través de las artes del lenguaje

Parte I

1. D
2. B
3. A
4. B
5. B
6. A
7. C
8. A
9. B
10. Considere mi solicitud para el puesto de asistente administrativo abierto en Anderson Consulting. (B)
11. Mi ex colega Vanessa Smith, que trabaja en su departamento de Marketing, (C)
12. durante ese tiempo, he desarrollado sólidas habilidades de organización y administración. (A)
13. deberes y logros laborales diarios. (B)
14. si eso es trabajar con equipos internos, interactuar con clientes o manejar proveedores. (D)
15. Con mi experiencia en una empresa atareada, de tamaño medio, (B)
16. rol (C)
17. puedo cumplir y exceder (D)
18. contestar teléfonos, servicio al cliente y coordinar horarios

Parte II

Ver explicación

Parte III

19. B
20. C
21. A
22. D
23. Irlanda, Alemania, Turquía
24. A
25. B
26. A
27. B
28. D
29. B
30. A
31. A
32. D
33. C
34. D
35. A
36. C
37. B
38. D

39. A
40. Ropa apropriada: D; Ropa inapropiada: A, B, C
41. ¡Fue un placer conocerla en la fiesta de Andrew el otro día! (B)
42. fuertes y trabajamos (C)
43. tanto digital como impreso (D)
44. Mis diseñadores son creativos e innovadores, y saben cómo cumplir con sus más altos estándares. (C)
45. C
46. D
47. A
48. B

Parte I

1. **La respuesta correcta es D.** Resulta que el gato tiene una personalidad difícil, por lo que la desconfianza de Susan hacia el gato está bien fundada. No se proporciona suficiente información sobre Susan para concluir que desconfía de algo más que del gato (opción A). Debido a que su disgusto se describe sólo en cuanto a Doc, no hay suficiente información para saber si le disgustan tanto todos los gatos (opción B). Nada en el pasaje indica que Susan no esté contenta con su empleo (opción C).

2. **La respuesta correcta es B.** La Sra. Blythe es escéptica de la aversión de Susan por

Doc. En las líneas 34-35, se revela que la Sra. Blythe le pregunta repetidamente a Susan por qué se siente así, sugiriendo que la Sra. Blythe no está de acuerdo con Susan (opción A) y no necesariamente quiere deshacerse del gato (opción D). Tampoco hay suficiente información sobre los sentimientos personales de la Sra. Blythe sobre el gato para que el lector sepa si está totalmente en desacuerdo con Susan (opción C), o si la Sra. Blythe solo quiere saber más sobre por qué Susan se siente así.

3. **La respuesta correcta es A.** El último párrafo detalla cómo la personalidad de Sr. Hyde del gato la asustó mucho, *asustada* es la respuesta correcta.

4. **La respuesta correcta es B.** En las líneas 87-91, el gato en su "estado de ánimo Dr. Jekyll" se describe como "un gatito somnoliento, cariñoso, doméstico, amante de los cojines", pero en su "estado de ánimo Mr. Hyde" (opción C), se describe como una "cosa salvaje" con un "gruñido salvaje". El Dr. Blythe (opción A) es un miembro de la familia (humana), y Jack Frost (opción D) es el gato que dio a luz a Doc.

5. **La respuesta correcta es B.** Las personas que exhiben un comportamiento violento y errático a menudo atribuyen su comportamiento a la posesión demoníaca, por lo que describir un gato con los cambios de personalidad de Jekyll-y-Hyde como poseído por el diablo es la mejor opción. Comparar al gato con una esfinge egipcia (opción A) describe al gato en su modo tranquilo pero no describe cómo cambia su personalidad. Los graznidos de Cassandra (opción C) describen las declaraciones de Susan sobre el gato, no al gato en sí. Decir que el gato tiene una belleza sobrenatural en él (opción D) describe la apariencia física del gato, no su personalidad.

6. **La respuesta correcta es A.** Las líneas 24-27 describen al gato original de Rilla, Jack Frost. Susan (opción B) vive en la casa, pero parece que no le gustan los gatos. Miss Cornelia (opción C) es una visitante, pero no parece tener nada que ver con ninguno de los gatos específicamente. Walter (opción D) ayuda a nombrar al gatito de Jack Frost, pero no parece ser el dueño directo del gato.

7. **La respuesta correcta es C.** Aunque *vouchsafe* es probablemente una palabra desconocida hace referencia al modo de una respuesta, y según el contexto, *oferta* es la mejor opción. No hay indicacion del tono de las palabras de Susan, por lo que *gritar* (opción A) no es una opción apropiada. Tanto el *rechazo* (opción B) como el *silencio* (opción D) no encajan, porque Susan está pronunciando las palabras.

8. **La respuesta correcta es A.** La palabra *electrizados* (línea 72) se usa para describir la reacción de los visitantes, y de las opciones dadas, *sorpresa* es la palabra más cercana en significado. Si bien los visitantes pueden haber sentido felicidad (opción B) o diversión (opción D), ninguna palabra tiene la misma connotación que *electrizados*. Sentir enojo (opción C) por la llegada del gatito no sería lógico.

9. **La respuesta correcta es B.** Hay suficientes detalles sobre el cambio de comportamiento y personalidad de Doc para sugerir que la afirmación del Dr. Blythe es inexacta y no ilustra la verdadera personalidad de Doc (opción C). Susan no ve a Doc como un animal contento, por lo que la opción A no es una conclusión precisa. La oración tampoco compara a Doc específicamente con ningún otro gato, por lo que la opción D también es incorrecta.

10. **La respuesta correcta es *Considere mi solicitud para el puesto de asistente administrativo abierto en Anderson***

Consulting. **(B).** La oracion inicial debe ser clara y precisa, y la opción B es la mejor y más directa. La opción A es demasiado breve y no explica para que está aplicando el remitente. La opción C tampoco deja claro qué trabajo está solicitando el remitente, y tambien es redundante, dado que el destinatario ya sabe que trabaja en Anderson Consulting. La opción D tiene demasiados adjetivos.

11. **La respuesta correcta es** *Mi ex colega Vanessa Smith, que trabaja en su departamento de Marketing,* **(C).** Una frase apositiva (como que trabaja en su departamento de Marketing) debe escribirse entre comas. A la opción A le faltan todos los signos de puntuación y es una oración interminable. La opción B usa incorrectamente el punto y coma en lugar de comas. La opción D usa paréntesis en lugar de comas, pero asume un tono demasiado informal al usar *ella* en lugar de *que.*

12. **La respuesta correcta es** *durante ese tiempo, he desarrollado sólidas habilidades de organización y administración.* **(A).** Como está escrito en la opción A, la segunda mitad de esta oración completa el punto del autor y presenta la información correcta y sucintamente. La opción B está redactada torpemente, con "durante ese tiempo" insertado en la oración de una manera confusa. La opción C no cuenta con la información necesaria y hace que la oración sea vaga. En la opción D hay una falta de estructura paralela en el sujeto compuesto (*desarrollo* y *crecimiento*), y la oración cambia a la voz pasiva.

13. **La respuesta correcta** *es deberes y logros laborales diarios.* **(B).** Los sustantivos listados deberían concordar, y en este caso significa escribir ambos en plural. La opción B lo escribe correctamente. La opción A

pone *logro* como un sustantivo. La opción C crea una lista redundante, agregando innecesariamente *mis* varias veces en la oración. La opción D tiene incorrectamente el sustantivo singular *logro.*

14. **La respuesta correcta es** *si eso es trabajar con equipos internos, interactuar con clientes o manejar proveedores.* **(D).** Lo importante en esta oración es presentar los elementos de la lista de manera clara y concisa. La opción D lo hace con tres frases claras y separadas, con verbo y sustantivo, en las que todos los verbos y sustantivos concuerdan. La opción A crea confusamente dos listas diferentes, y no está claro qué términos se supone que coinciden. La opción B usa *en* en lugar de *con* lo que es incorrecto según el contexto y utiliza la palabra *equipo* en singular e *interno* en plural lo que causa discordancia. La opción C cambia de tiempos verbales.

15. **La respuesta correcta es** *Con mi experiencia en una empresa atareada, de tamaño medio,* **(B).** Esté atento a los modificadores fuera de lugar. El escritor no es una empresa mediana (que se sugiere en las opciones A y C). Más bien, está tratando de decir que actualmente trabaja para una empresa mediana (opción B). La opción D evita esto al desarrollar la cláusula, pero crea una oración interminable al unir la segunda parte.

16. **La respuesta correcta es** *rol* **(C).** *Un rollo* (opción A) y *rol* son palabras comunmente confundidas; dado que Terry esta hablando de su trabajo actual, *rol es el* sinónimo correcto. *Ruta* (opción B) y *fila* (opción D) no tienen sentido con el contexto de la oración.

17. **La respuesta correcta es** *puedo cumplir y exceder* **(D).** En realidad no hay puntuación necesaria aquí. Los dos puntos (opción A) establecen incorrectamente las expectativas

de una lista. La coma (opción B) divide incorrectamente la oración. Los puntos suspensivos (opción C) sugieren que hay una pausa al hablar o que se ha eliminado el texto. Tampoco es el caso en esta oración.

18. **Las respuestas correctas son contestar teléfonos, servicio al cliente y coordinar horarios.** No hay mención en el pasaje de gestión de pasantes, diseño de presentaciones o planificación de eventos.

Parte II

Respuesta extendida. Las respuestas variarán. Encontrará dos análisis de muestra en las páginas 854-855.

Parte III

19. **La respuesta correcta es B.** El párrafo cuatro (líneas 60-69) expresa la altura de una masa de lodo del Misisipi como de doscientos cuarenta y un pies de altura. La profundidad del río en el cruce con el Ohio es de 87 pies (opción A). La longitud (en millas) del río Misisipi es de 4,300 (opción C). La opción D (675) es la cantidad de millas de tierra que el río cubriría si tuviera un camino recto.

20. **La respuesta correcta es C.** El uso repetido de la palabra *notable* sustenta que el autor siente que el río es impresionante. *Notable* es lo contrario de *ordinario* (opción A) y *aburrido* (opción B). No se proporciona suficiente información para sugerir que el autor teme al río (opción D).

21. **La respuesta correcta es A.** En la parte anterior de la oración, el autor habla sobre los barcos de vapor, por lo que es muy probable que los cascos y las quillas sean diferentes tipos de barcos, y no que describan la geografía del cauce del río (opción B), el flujo del agua (opción C) o la estrechez de la desembocadura del río (opción D).

22. **La respuesta correcta es D.** Al comparar las cantidades de agua descargada por los diferentes ríos del mundo, el autor demuestra cuánto más grande es la cuenca de drenaje del río Misisipi. De esta manera ilustra su superioridad, pero no ofrece una opinión sobre la superioridad o inferioridad de los ríos americanos (opción A). Aunque existe un contraste entre el Misisipi y estos otros ríos, no se proporciona suficiente información para demostrar que no hay dos ríos iguales (opción B). Este párrafo no menciona cuánto mide el río Misisipi (opción C).

23. **Las respuestas correctas son Irlanda, Alemania y Turquía.** México se menciona sólo como parte del Golfo de México, y Canadá no se menciona en absoluto.

24. **La respuesta correcta es A.** Casi todos los hechos dados sobre el río Misisipi muestran cuán notable es, lo que sugiere que el autor está fascinado por él. Aunque no hay opiniones en primera persona dadas en el pasaje, puede usar el tono de la información para determinar cómo se siente el autor sobre el tema. Las otras opciones de respuesta no coinciden con el tono del pasaje.

25. **La respuesta correcta es B.** La primera oración dice que el cambio climático es uno de los problemas más complejos que enfrentamos hoy, por lo que tendría sentido que la idea principal del pasaje refleje que un problema complejo requerirá soluciones complejas. La opción A clasifica incorrectamente el cambio climático como un problema con soluciones simples, cuando el primer párrafo establece que es un problema complejo. La opción C contradice el pasaje, que describe acciones a largo plazo. La opción D no funciona porque el pasaje establece que si bien el cambio climático es un problema global, se siente a escala local.

26. **La respuesta correcta es A.** El segundo párrafo (líneas 22-37) describe cómo los niveles de dióxido de carbono han estado en un aumento incesante, lo que significa que el dióxido de carbono en la atmósfera está aumentando, no disminuyendo (opción B) ni permanece igual (opción C). El artículo trata sobre la importancia del cambio climático, por lo que la opción D no tiene sentido.

27. **La respuesta correcta es B.** El quinto párrafo (líneas 68-81) describe el proceso de adaptación, que incluye la adaptación a diferentes climas. La mitigación implica la reducción de los gases de efecto invernadero, eliminando las opciones A y D. Si bien la sequía figura como un ejemplo del cambio climático, no es uno de los enfoques del autor para abordar el cambio climático.

28. **La respuesta correcta es D.** Debido a que la mayor parte del pasaje involucra al autor que describe las opciones y planes establecidos para combatir el cambio climático, se puede inferir que el autor cree que el cambio es posible. En el primer párrafo (líneas 1-21), la detención de los gases de efecto invernadero se usa como un ejemplo de lo que *podría* suceder, pero no hay indicios de que el autor crea que es posible detener todas las emisiones (opción A). En la segunda oración del segundo párrafo (líneas 22-37), el autor menciona cómo las personas pueden afectar la magnitud del cambio climático, por lo que la opción B no se ajusta al contexto. El primer párrafo establece que el cambio climático involucra muchas disciplinas diferentes, por lo que es poco probable que él crea que los economistas (opción C) pueden resolver el problema solos.

29. **La respuesta correcta es B.** En las líneas 86-94, el autor describe el clima a lo largo de la historia y revela que el clima fue estable durante 12,000 años.

30. **La respuesta correcta es A.** Al ilustrar cómo el cambio climático ha afectado a las civilizaciones históricas y al mostrar que el clima se ha vuelto menos estable, la descripción le da al lector la sensación de que hay que hacer algo pronto, creando un sentido de urgencia y un llamado a la acción. Lo opuesto a la opción B es cierto. La descripción no es graciosa, por lo que la opción C es incorrecta. El pasaje proporciona información que respalda que el cambio climático es real, por lo que la opción D no puede ser correcta.

31. **La respuesta correcta es A.** En el séptimo párrafo (líneas 101-115), la planificación de las olas de calor (opción B), el tratamiento de las aguas pluviales (opción C) y la mejora del almacenamiento de agua (opción D) se incluyen como formas en que las ciudades y los gobiernos locales se están adaptando al cambio climático. El pasaje no discute la creación de políticas a gran escala.

32. **La respuesta correcta es D.** Las opciones A y B son demasiado limitadas, dado que el autor habla de un "enfoque doble" que incluye tanto "mitigación" como "adaptación". La opción C sugiere que el pasaje se trata solo de la historia de los cambios climáticos, cuando una de las ideas principales es cómo prepararse para el futuro.

33. **La respuesta correcta es C.** El párrafo 7 establece que el jefe del departamento decide cuándo los empleados pueden vestirse de manera informal. No se menciona un momento específico, por lo que la opción A es incorrecta. El párrafo 6 establece que la vestimenta informal solo se permite en circunstancias especiales, por lo que la opción B es incorrecta. Los eventos sociales de la oficina o actividades fuera de ella (opción D) pueden contar como "circunstancias especiales", pero no hay suficiente información para llegar a esta conclusión.

34. La respuesta correcta es D. El párrafo 2 explica que Universal Inc. está tratando de transmitir una imagen profesional específica con su política de código de vestimenta. Los empleados pueden vestirse como quieran (dentro de las pautas generales), por lo que la opción A no encaja. Aunque el pasaje incluye información sobre los castigos por violar el código de vestimenta, no es la idea principal del pasaje, por lo que la opción B es incorrecta. No hay información en el pasaje que sugiera que la política está destinada a crear un sentimiento especial para los empleados, por lo que la opción C también es incorrecta.

35. La respuesta correcta es A. La oración les dice a los empleados qué *puede* pasar si rompen el código de vestimenta más de una vez. "...pueden incluir el despido" sugiere que hay consecuencias que pueden ir hasta a ser despedido, si las violaciones ocurren varias veces. La opción B simplifica demasiado la oración; la oración original sugiere que los castigos se vuelven más severos a medida que aumenta el número de violaciones. La opción C es incorrecta porque la oración muestra que hay consecuencias por romper las reglas. La opción D es incorrecta porque la oración menciona que los empleados que violen "repetidamente" las reglas enfrentarán castigos cada vez más duros.

36. La respuesta correcta es C. De acuerdo con la lista con viñetas en el párrafo 8, las camisetas con el logotipo de la empresa siempre son apropiadas. Sin embargo, las sandalias abiertas como chanclas (opción A) y camisas sin mangas (opción D) se consideran inapropiadas en el lugar de trabajo. El párrafo 11 menciona específicamente la colonia (opción B) como una posible violación del código de vestimenta.

37. La respuesta correcta es B. Los párrafos introductorios explican que la empresa se esfuerza por crear una imagen corporativa específica utilizando la apariencia de sus empleados. No es necesario que los empleados sean atractivos (opción D), solo que se vistan de manera ordenada y profesional. La política describe que se permite la vestimenta informal sólo en ciertas circunstancias, de modo que el tono esta en desacuerdo con la opción A. El mantenimiento de las zonas de trabajo (opción C) se menciona como un ejemplo de cómo las apariencias son valiosas para la empresa, pero en ello no se centra el pasaje.

38. La respuesta correcta es D. *Conforme* se usa como un adjetivo para describir la ropa que sigue las pautas del código de vestimenta; en otras palabras, ropa adecuada. *Inapropiado* (opción A) y *original* (opción C) tienen significados que son lo opuesto a *conforme*. *De negocios* (opción B) puede ser tentador porque la política describe la vestimenta comercial formal, pero de negocio no significa lo mismo que *conforme*.

39. La respuesta correcta es A. Solo la opción A describe una regla relacionada con la vestimenta. Las otras serían irrelevantes para el código de vestimenta y no apoyan la información en el pasaje.

40. Ropa adecuada: blazer. Ropa inapropiada: pantalones de yoga, zapatillas de deporte, pantalones cortos de Cargo. Según la lista con viñetas en la sección Vestimenta informal, la ropa deportiva, como los pantalones de yoga (opción A) y los zapatos informales como las zapatillas de deporte (opción B) no son prendas de trabajo apropiadas. No se permiten pantalones cortos (opción C) de ningún tipo.

41. **La respuesta correcta es** *¡Fue un placer conocerla en la fiesta de Andrew el otro día!* **(B).** La opción A divide torpemente este saludo en dos cláusulas, cuando podría ser mucho más limpio. La opción B hace lo mismo con una oración clara y sucinta. La opción C pone primero el pronombre *yo* y este uso es incorrecto. La opción D omite información importante (que Jeffrey disfrutó conociendo a Miriam).

42. **La respuesta correcta es** *equipo y trabajamos* **(C).** La opción C usa la conjunción *y* para conectar el fragmento, conectando el sujeto *nosotros* (tácito) con el predicado compuesto en plural *(trabajamos)*. Los predicados compuestos no requieren comas (opción A), por lo que la coma se omite correctamente. Agregar un punto y coma (opción B) crea una oración subordinada innecesaria. Comenzar una nueva oración con *y* (opción D) crea un fragmento de oración.

43. **La respuesta correcta es** *tanto digital como impreso* **(D).** En esta oración, busque el paralelismo correcto entre los correlativos (*o...y, o...o, tanto...como*). La opción A usa incorrectamente *las dos veces o.* La opción B usa correctamente *con* o, pero este es en realidad el significado opuesto de lo que pretende el autor. Está tratando de demostrar que su equipo realiza diseños digitales e impresos, por lo que la opción B es incorrecta en general. La opción C usa incorrectamente *ya sea* con *y*.

44. **La respuesta correcta es** *Mis diseñadores son creativos e innovadores, y saben cómo cumplir con sus más altos estándares.* **(C).** La opción C crea una oración clara en la que el lector sabe que los diseñadores son creativos e innovadores y que cumplirán con los estándares del cliente. La opción A contiene un modificador fuera de lugar. "Innovador y creativo" describe a los diseñadores, no los estándares. La opción B resuelve este problema, pero crea una oración redundante al usar los "más altos estándares" dos veces. La opción D está estructurada de manera extraña, lo que da como resultado que los adjetivos *innovadores* y *creativos* se usen incorrectamente.

45. **La respuesta correcta es C.** Hasta la línea 9 el poeta (voz lírica) expresa algunos sentimientos como la tristeza, el amor, el alejamiento. Para él la vida y lo vivido ha sido un sueño. En la línea 11 concluye diciendo que todo no es más que un sueño en un sueño.

46. **La respuesta correcta es D.** Las líneas 4 a 6 expresan la desesperación por atrapar los granos de arena y la desesperación de verlos escurrirse, escaparse entre los dedos. No hay posibilidad de salvar a ninguno de ellos porque la ola se los lleva.

47. **La respuesta correcta es A.** La línea 2 dice claramente Y al ahora dejarte. Es en ese momento que comienza a expresar sus sentimientos y razonamientos acerca de la esperanza y de la realidad en la que vivimos o de las cosas que vemos.

48. **La respuesta correcta es B.** En la línea 2 el poeta dice que es el momento de la separación, del alejamiento. A partir de ese momento, utiliza los signos exclamativos para llamar o invocar a Dios o para expresar su frustración ante la imposibilidad de atrapar los granos de arena. Utiliza los signos de interrogación en preguntas retóricas, que nadie va a responder. Son simples cuestionamientos que él hace para sí mismo.

Respuesta Extendida: Ensayos de Muestra

Análisis de Alto Puntaje

Aunque ambos pasajes tienen argumentos válidos sobre el salario mínimo y lo que significa para los empleados, los empleadores y la economía, encontré que el argumento del Pasaje 1 es más convincente. El Pasaje 1 demuestra efectivamente que cambiar el salario mínimo, incluso con un aumento drástico, es algo que debe suceder más temprano que tarde.

El argumento más convincente del Pasaje 1 es la línea de tiempo de los aumentos del salario mínimo a lo largo de la historia estadounidense. Al describir los orígenes y enfatizar que el salario mínimo realmente aumentó muy poco en los últimos 100 años, el escritor muestra cómo el salario mínimo le ha fallado al trabajador estadounidense. Esta brecha entre las intenciones originales y cómo funciona, en realidad, para los trabajadores estadounidenses hace pensar. Lo considero un argumento muy fuerte para obligar al salario mínimo a ponerse al día con los tiempos modernos.

Concuerdo en parte con el argumento del Pasaje 2 de que se debe tener cuidado al realizar cambios repentinos en gran parte de la economía laboral estadounidense. Sin embargo, considero que el escritor no explica satisfactoriamente por qué el salario mínimo de $15 no funcionará. Por ejemplo, si se advierte a la gente sobre algo malo que se avecina pero no se proporciona suficientes detalles, ¿cómo pueden prepararse? El Pasaje 2 simplemente no proporciona evidencia suficiente para disuadir al lector del salario mínimo más alto. Para tomar una decisión informada y apoyar el Pasaje 2, me gustaría saber cuántos empleos se pierden cuando los salarios son más altos, y la cantidad de ganancias que las compañías pierden al pagar más a sus empleados. Los detalles de apoyo eran demasiado escasos.

En segundo lugar, según la información del Pasaje 1 sobre la historia del salario mínimo en los Estados Unidos, la información del Pasaje 2 parece no evaluar correctamente las prioridades. El Pasaje 2 hace referencia a las necesidades de los empleadores, mientras que el Pasaje 1 se centra en los empleados. Creo que los empleados tienen un enfoque más convincente, especialmente porque el autor del Pasaje 1 mostró cuántas brechas hay en el sistema, que crean injusticia. En particular, la estadística de que no hay un solo condado en los EE. UU. donde se pueda mantener a una familia de cuatro personas con el ingreso único de un salario mínimo fue reveladora, y fue un excelente punto a destacar.

Del mismo modo, el primer pasaje explica bien por qué se necesita tomar una acción ahora. Tiene un tono más urgente que el segundo pasaje no muestra. Se siente más como un llamado a la acción, y no solo como un caso para pensar hasta que las cosas empeoren. El escritor del Pasaje 1 sabe que el cambio es necesario sin importar qué, y utiliza mejores hechos y estadísticas para mostrar por qué el cambio del salario mínimo es válido. Esta urgencia es efectiva, altamente efectiva y me hace querer aprender más sobre cómo cambiar el salario mínimo a nivel federal.

Explicación

Esta respuesta es un análisis de alto puntaje porque demuestra la comprensión de los argumentos formulados en ambos pasajes. El escritor de la respuesta ha elegido uno y no el otro debido a los detalles y puntos de apoyo hallados en el pasaje. El escritor de la respuesta también explica qué tipo de información le gustaría conocer para que el Pasaje 2 tenga un mejor argumento, lo que demuestra el análisis y las habilidades de estructuración. Hay algunos errores gramaticales a lo largo de la respuesta, pero en general el escritor muestra una gran comprensión de las convenciones estándar del español.

Análisis de Bajo Puntaje

En el Pasaje 1, el escritor argumenta que el salario mínimo existe para los trabajadores estadounidenses, y proporciona detalles específicos sobre cuánto ha sido el salario mínimo a lo largo de la historia estadounidense.

En el Pasaje 2, el escritor argumenta que aunque el cambio puede ser necesario, debemos pensar dos veces sobre el daño causado a la economía y a los empleadores.

Entonces, ¿cuál es el correcto? Ambos tienen respuestas válidas. Me gusta más el segundo pasaje. Mi tía es dueña de una pequeña empresa y ¿por qué debería pagarles más a sus empleados solo porque creen que merecen más? Si desea ganar $15 por hora, puede buscar un segundo trabajo o volver a la escuela para aprender mejores habilidades laborales. No hay cheque de pago mágico.

Explicación

Esta es una respuesta de bajo puntaje porque el escritor se esfuerza muy poco para llegar a un análisis detallado de cualquiera de los pasajes. La respuesta es demasiado corta, y sus dos primeros párrafos son meras reformulaciones de los pasajes originales. No se discuten los matices de ninguno de los pasajes, ni se examina cómo cada pasaje respalda los puntos de su escritor. Aunque el autor de la respuesta intenta usar una anécdota personal para tomar una postura sobre el tema, tiene poco que ver con ninguno de los pasajes. También describe sus opiniones personales sin vincularlas con la información presentada en los pasajes. La respuesta extendida debe ser un análisis detallado de la información presentada, no solo un resumen de los pasajes y una declaración de opiniones personales.

Razonamiento matemático

1. $1,040	**17.** C	**33.** $(-0.25, 0)$
2. C	**18.** B	**34.** 1
3. C	**19.** B	**35.** A
4. D	**20.** A	**36.** B
5. C	**21.** 6.28×10^7	**37.** D
6. $x = 0$ y $x = \frac{3}{2}$	**22.** C	**38.** B
7. B	**23.** 1,400	**39.** C
8. $\frac{8}{45}$	**24.** B	**40.** D
9. -10	**25.** B	**41.** 725
10. A	**26.** B	**42.** $\frac{750,000}{4,500} = \frac{1,100,000}{p}$
11. D	**27.** D	
12. C	**28.** C	**43.** 18 pulgadas
13. $3z < \frac{1}{z} < -z < z^2$	**29.** $\frac{4}{49}$	**44.** C
14. A	**30.** D	**45.** C
15. B	**31.** A	**46.** $276
16. 28	**32.** C	

1. **La respuesta correcta es $1,040.** 160 % de $400 es 1.6($400) = $640. Según esta información, el precio de venta final es de $400 + $640 = $1,040.

2. **La respuesta correcta es C.** Use el orden de las operaciones para calcular:

$$-1 - \left[3(4 - 7) - (-3)(-2)\right]$$
$$= -1 - \left[3(-3) - (-3)(-2)\right]$$
$$= -1 - \left[-9 - 6\right]$$
$$= -1 - [-15]$$
$$= -1 + 15$$
$$= 14$$

La opción A representa el valor de la expresión dentro de los corchetes. La opción B es el resultado de un error de signos en el último paso. La opción D es el resultado de un error aritmético.

3. **La respuesta correcta es C.** Sustituya $x = \frac{1}{2}$ e $y = -2$ en $\left(\frac{x}{y} - \frac{y}{x}\right)^{-1}$ y simplifique:

$$\left(\frac{\frac{1}{2}}{-2} - \frac{-2}{\frac{1}{2}}\right)^{-1} = \left(-\frac{1}{4} + 4\right)^{-1}$$
$$= \left(\frac{-1 + 4(4)}{4}\right)^{-1}$$
$$= \left(\frac{15}{4}\right)^{-1}$$
$$= \frac{4}{15}$$

La opción A tiene el signo equivocado. La opción B es el recíproco de la respuesta correcta, que es el resultado de no manejar el exponente externo -1 correctamente. La opción D tiene el signo incorrecto y el exponente externo -1 no se manejó correctamente.

4. **La respuesta correcta es D.** Para restar expresiones racionales con denominadores distintos, primero encuentre el mínimo común denominador (MCD), que es $(x + 2)(2x + 1)$. Reescriba la fracción usando el MCD.

$$\frac{2x - 1}{x + 2} - \frac{2x}{2x + 1}$$
$$= \frac{(2x - 1)(2x + 1)}{(x + 2)(2x + 1)} - \frac{(2x)(x + 2)}{(x + 2)(2x + 1)}$$
$$= \frac{(2x - 1)(2x + 1) - (2x)(x + 2)}{(x + 2)(2x + 1)}$$

Luego, reste y simplifique como se muestra:

$$\frac{(2x - 1)(2x + 1) - (2x)(x + 2)}{(x + 2)(2x + 1)}$$
$$= \frac{4x^2 - 1 - 2x^2 - 4x}{(x + 2)(2x + 1)}$$
$$= \frac{2x^2 - 4x - 1}{2x^2 + 5x + 2}$$

La opción A es el resultado de cancelar incorrectamente el término $2x^2$ en la parte superior e inferior de la expresión racional $\frac{2x^2 - 4x - 1}{2x^2 + 5x + 2}$. La opción B es el resultado de cancelar incorrectamente términos en lugar de fracciones en las expresiones racionales, y luego agregar incorrectamente los numeradores y denominadores. La opción C es incorrecta porque no puede restar fracciones restando sus numeradores y denominadores; debe encontrar un denominador común y luego restar los numeradores.

5. **La respuesta correcta es C.** El interés ganado en la cuenta del 3 % es $750(0.03)$ = \$22.50, y el interés ganado en la cuenta del 2.5 % es $500(0.025)$ = \$12.50. Entonces, el interés total ganado es de \$35.00. La opción A representa el interés ganado en la cuenta del 2.5 %. La opción B representa el interés ganado en la cuenta del 3 %. La opción D es el resultado de sumar los dos porcentajes para obtener 5.5 % y luego calcular ese porcentaje del total de \$1,250.

6. **La respuesta correcta es $x = 0$ y $x = \frac{3}{2}$, representada a continuación.**

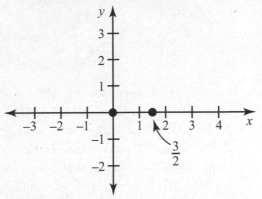

Para encontrar las intersecciones en x, establezca $f(x) = 0$ y resuelva para

$$6x^2 - 9x = 0$$
$$3x(2x - 3) = 0$$
$$x = 0, \frac{3}{2}$$

7. **La respuesta correcta es B.** Sea h la altura del cilindro. Usando la fórmula de volumen $V = \pi r^2 h$ con $r = \sqrt{2}$ y $V = 8\pi$ metros cúbicos, vemos lo siguiente:

$$8\pi = \pi\left(\sqrt{2}\right)^2 (h)$$
$$8\pi = 2\pi h$$
$$h = 4$$

Luego, dado que el cilindro está cerrado, la fórmula del área de superficie es $SA = 2\pi r^2 + 2\pi rh$. Evalúe esto cuando $r = \sqrt{2}$ y $h = 4$

$$SA = 2\pi\left(\sqrt{2}\right)^2 + 2\pi\sqrt{2} \times 4$$
$$= 4\pi + 8\sqrt{2}\pi$$
$$= 4\pi\left(1 + 2\sqrt{2}\right) \text{ metros cuadrados.}$$

La opción A es el resultado de calcular la altura incorrectamente. La opción C es parte de la fórmula del área de superficie, y el área de superficie lateral. La opción D es el resultado de una factorización incorrecta.

8. **La respuesta correcta es** $\dfrac{8}{45}$. Multiplique las tres fracciones para obtener la proporción deseada:

$$\frac{2}{3} \times \frac{3}{5} \times \frac{4}{9} = \frac{8}{45}$$

9. **La respuesta correcta es** −10. Una línea paralela a la línea con la ecuación $0.4(1.1 - 0.2y) = 0.8x$ debe tener la misma pendiente. Escriba esta ecuación en forma de pendiente-intersección para identificar la pendiente:

$$0.4\left(1.1 - 0.2\,y\right) = 0.8x$$
$$0.44 - 0.08\,y = 0.8x$$
$$0.08\,y = -0.8x + 0.44$$
$$y = -\frac{0.8}{0.08}x + \frac{0.44}{0.08}$$

La pendiente es $-\dfrac{0.8}{0.08} = -10$.

10. **La respuesta correcta es A.** Para que un sistema lineal de dos ecuaciones no tenga solución, las líneas deben ser paralelas. Entonces las pendientes de las dos líneas deben ser iguales *y* las intersecciones en *y* deben ser diferentes. Para determinar el valor de *A*, escriba ambas ecuaciones en forma de pendiente-intersección:

$$x = -\frac{1}{2}\,y + 1$$
$$x - 1 = -\frac{1}{2}\,y$$
$$y = -2x + 2$$

$$Ay - \frac{1}{2}x = -1$$
$$Ay = \frac{1}{2}x - 1$$
$$y = \frac{1}{2A}x - \frac{1}{A}$$

Iguale las pendientes y resuelva para *A*: $-2 = \dfrac{1}{2A}$ para $A = -\dfrac{1}{4}$. Dado que este valor de *A* no da como resultado que las dos líneas tengan las mismas intersecciones en *y*, el sistema no tiene solución. La opción B representa el valor de $\dfrac{1}{A}$. La opción C representa el valor de $\dfrac{1}{2A}$. La opción D es incorrecta porque hay un valor de *A* para el cual las dos líneas que forman este sistema tienen la misma pendiente.

11. **La respuesta correcta es D.** Si el sexto puntaje es 16, entonces la lista ordenada de puntajes sería 11, 15, 16, 16, 16, 18. La mediana es el promedio de los puntajes tercero y cuarto, es decir, 16. Para todas las demás opciones, la mediana se mantendría en 15.5.

12. **La respuesta correcta es C.** Si $x > 2$, entonces $2 - x$ debe ser negativo. Será un número entero siempre que *x* sea un número entero, por ejemplo $x = 3$. La opción A será negativa, pero no puede ser un número entero porque el denominador es más grande que el numerador, lo que significa que será una fracción entre −1 y 0. La opción B no puede ser negativa porque el numerador y el denominador son positivos para cualquier opción de $x > 2$. La opción D es incorrecta porque $2x$ es positivo para cualquier opción de $x > 2$.

13. **La respuesta correcta es** $3z < \dfrac{1}{z} < -z < z^2$. La más pequeña de estas expresiones es aquella cuyo valor es el más negativo. Solo $3z$ y $\dfrac{1}{z}$ son negativos. De estas dos expresiones, $3z$ es más negativo porque $-1 < \dfrac{1}{z} < 0$, ya que *z* es un entero negativo menor que −1. A continuación, tanto −*z* como z^2 son positivos. Como $z < -1$, se deduce que $-z < z^2$.

14. La respuesta correcta es A. El área del rectángulo es $(5)(8) = 40$ pies cuadrados. Para encontrar el área de la porción del triángulo rectángulo, necesita el tercer lado; para este ejemplo, lo llamaremos h. El uso del teorema de Pitágoras resulta en $2^2 + h^2 = 5^2$, de modo que $h = \sqrt{21}$. Entonces, el área del triángulo es $\frac{1}{2}(2)\left(\sqrt{21}\right) = \sqrt{21}$ pies cuadrados. Por lo tanto, el área de la región sombreada es $(40 + \sqrt{21})$ pies cuadrados. La opción B representa el área del rectángulo. La opción C representa el perímetro del rectángulo. El valor en la opción D usa el perímetro del rectángulo en lugar del área.

15. La respuesta correcta es B. En 1 hora, Kyle completa $\frac{1}{3}$ del trabajo y Tom completa $\frac{1}{\frac{5}{2}} = \frac{2}{5}$ del trabajo. Si trabajan juntos luego, en 1 hora, completan $\frac{1}{x}$ del trabajo. Esto debe ser igual a $\frac{1}{3} + \frac{2}{5}$. La opción A es incorrecta porque cada una de las tres cantidades (3, 2.5 y x) debe reemplazarse por sus recíprocos. La opción C es incorrecta porque esta afirmación es equivalente a la ecuación $3 + 2.5 = x$, y en esta ecuación cada una de las tres cantidades (3, 2.5 y x) debe reemplazarse por sus recíprocos. La opción D es incorrecta porque el lado derecho de la ecuación debe ser $\frac{1}{x}$.

16. La respuesta correcta es 28. Sustituya $x = -1$ en la expresión y simplifique usando el orden de las operaciones:

$$f(-1) = 1 - \left[(-1)(1 - 2(-1))\right]^3$$
$$= 1 - \left[-(1 + 2)\right]^3$$
$$= 1 - \left[-3\right]^3$$
$$= 1 - (-27)$$
$$= 1 + 27$$
$$= 28$$

17. La respuesta correcta es C. El radio, r, es la mitad del diámetro, es decir, 200 pies. Entonces el área de superficie es $S = 4\pi(200)^2 = 160,000\ \pi$ pies cuadrados. Entonces, el costo de todo el trabajo es de $\$25(160,000\ \pi) = \$4,000,000\pi$. La opción A representa el área de superficie, no el costo del trabajo. El valor en la opción B sería el área de superficie, no el costo del trabajo, si usó incorrectamente el diámetro en lugar del radio en el cálculo. La opción D es el resultado de usar incorrectamente el diámetro en lugar del radio al calcular el área de superficie.

18. La respuesta correcta es B. La longitud del rectángulo es de $4\left(\frac{3}{4}\right) = 3$ pulgadas y el ancho es de $\frac{3}{4}$ de pulgada. Entonces el área del rectángulo es $3\left(\frac{3}{4}\right) = \frac{9}{4}$ de pulgadas cuadradas. Como el radio de un disco es de $\frac{3}{8}$ de pulgada, el área de un disco es $\pi\left(\frac{3}{8}\right)^2 = \frac{9}{64}\pi$ pulgadas cuadradas. Como hay cuatro discos dentro del rectángulo, el área de la región sombreada es

$$\frac{9}{4} - 4\left(\frac{9}{64}\pi\right) = \frac{9}{4} - \frac{9}{16}\pi$$
$$= \frac{9}{4}\left(1 - \frac{\pi}{4}\right) \text{ pulgadas cuadradas}$$

La opción A es el resultado de usar el radio incorrecto del disco. La opción C es el resultado de calcular 8^2 como 16, en vez de 64. La opción D es el resultado de restar incorrectamente el área de un disco, en vez de cuatro.

19. La respuesta correcta es B. Sea r el radio del círculo. Use la circunferencia de la ecuación $2\pi r = \pi\sqrt{2}$, de modo que $r = \dfrac{\sqrt{2}}{2}$ metros. Entonces el área es $\pi\left(\dfrac{\sqrt{2}}{2}\right)^2 = \dfrac{\pi}{2}$ metros cuadrados. La opción A es el resultado de no identificar correctamente el radio. La opción C es el resultado de multiplicar la base y el exponente al simplificar $\left(\dfrac{\sqrt{2}}{2}\right)^2$. La opción D es incorrecta porque el radio no se elevó al cuadrado cuando se calculó el área.

20. La respuesta correcta es A. La cantidad gastada en artículos para el hogar es $\dfrac{2}{5}(\$450) = \$180$. La cantidad que queda después de este gasto es de $\$450 - \$180 = \$270$. El sesenta por ciento de $\$270$ es $\dfrac{3}{5}(\$270) = \$162$. El monto restante es de $\$270 - \$162 = \$108$. La opción B representa el 60 % de $\$270$. La opción C representa la cantidad que queda después del gasto de los artículos del hogar. La opción D es el resultado de identificar el 60 % como 60 y restarlo a $\$450$.

21. La respuesta correcta es 6.28×10^7. Reste las dos cantidades:

$$\left(7.1 \times 10^7\right) - \left(8.2 \times 10^6\right)$$
$$= \left(71 \times 10^6\right) - \left(8.2 \times 10^6\right)$$
$$= (71 - 8.2) \times 10^6$$
$$= 62.8 \times 10^6$$
$$= 6.28 \times 10^7$$

22. La respuesta correcta es C. El volumen es $2.5m^2 = 5.625$. Entonces $m^2 = 2.25$ y $m = 1.5$ pies. Por lo tanto, el área de la parte superior de la caja es $(1.5)(2.5) = 3.75$ pies cuadrados. La opción A representa el valor de m, y la opción B representa el valor de m^2. La opción D es el resultado de calcular el área de la parte superior de la caja sumando el ancho y el largo, en lugar de multiplicarlos.

23. La respuesta correcta es 1,400. Primero, encuentre la fracción de elementos que corresponde a las etiquetas personalizadas:

$$1 - \left(\dfrac{3}{8} + \dfrac{3}{32} + \dfrac{1}{16} + \dfrac{1}{4}\right) = 1 - \dfrac{25}{32} = \dfrac{7}{32}$$

Entonces, el número de pegatinas es $\dfrac{7}{32}(6,400) = 1,400$.

24. La respuesta correcta es B. Dado que hay tres dados de 6 lados, el número de resultados totales es $6^3 = 216$. De estos resultados, hay seis formas en que los tres dados se posaran en el mismo número. Por lo tanto, la probabilidad es $\dfrac{6}{216} = \dfrac{1}{36}$. La opción A representa la probabilidad de cualquier resultado individual. La opción C representa la probabilidad de cualquier resultado para un dado, no tres. La opción D es el resultado de multiplicar incorrectamente la base y el exponente ($6 \times 3 = 18$) y luego calcular la probabilidad como $\dfrac{6}{18} = \dfrac{1}{3}$.

25. La respuesta correcta es B. Combine los radicales usando las reglas de los exponentes, luego simplifique:

$$\sqrt[4]{27z^2w^5} \cdot \sqrt[4]{3z^6w^2}$$
$$= \sqrt[4]{\left(27z^2w^5\right) \cdot \left(3z^6w^2\right)}$$
$$= \sqrt[4]{81z^8w^7}$$
$$= 3z^2w \cdot \sqrt[4]{w^3}$$

El valor en la opción A tiene las expresiones fuera del radical y dentro del radical invertidas. Las opciones C y D son el resultado de calcular incorrectamente la la raíz cuarta de una potencia. Como es una raíz cuarta, debe sacar grupos de variables elevadas a la cuarta potencia del radical. Por ejemplo, $w^7 = w^4 \cdot w^3$. Un grupo de 4 sale del radical, y w^3 queda en el radical.

26. La respuesta correcta es B. Resuelva para x:

$$\frac{1}{3}\left(\frac{5}{2}x - 2\right) \geq \frac{1}{6} + x$$

$$\frac{5}{6}x - \frac{2}{3} \geq \frac{1}{6} + x$$

$$5x - 4 \geq 1 + 6x$$

$$-5 \geq x$$

Las opciones A y D son el resultado de no cancelar los términos correctamente en el último paso de la desigualdad. Debe agregar el opuesto de un número o expresión a ambos lados de una desigualdad para cancelarlo en un lado. La expresión en la opción C usa el signo de desigualdad incorrecto.

27. La respuesta correcta es D. La intersección en y es 2,000 y la pendiente es −40 ya que ella está descendiendo (la altura se está volviendo más pequeña). Por lo tanto, la altura sobre el suelo después de s segundos es de $2,000 - 40s$. La opción A representa un aumento en la altura, no una disminución. La opción B es incorrecta porque no debe multiplicar la altura inicial por 40. La opción C representa la distancia que descendió la saltadora de puenting después de s segundos.

28. La respuesta correcta es C. La expresión $(6 + 3x)(x^2 - 1)$ no es equivalente a $6(1 - x^2) + 3x(x^2 - 1)$ porque le falta un factor de −1. Para todas las demás opciones, si las multiplica y compara con la original, verá que son equivalentes.

29. La respuesta correcta es $\frac{4}{49}$. Sustituya

$x = -\frac{2}{3}$ en $\left(\dfrac{x}{3x - \frac{1}{3}}\right)^2$ para obtener:

$$\left(\frac{-\frac{2}{3}}{3\left(-\frac{2}{3}\right) - \frac{1}{3}}\right)^2 = \left(\frac{-\frac{2}{3}}{-2 - \frac{1}{3}}\right)^2$$

$$= \left(\frac{-\frac{2}{3}}{-\frac{7}{3}}\right)^2$$

$$= \left(\frac{2}{7}\right)^2$$

$$= \frac{4}{49}$$

30. La respuesta correcta es D. Resuelva la desigualdad para y:

$$x \leq \frac{1}{2}y + 1$$

$$x - 1 \leq \frac{1}{2}y$$

$$2x - 2 \leq y$$

La intersección en y de la línea es −2, y su pendiente es 2, por lo que se eleva de izquierda a derecha. Además, la región por encima de la línea debe estar sombreada.

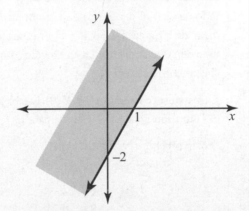

La línea en la opción A no se eleva de izquierda a derecha, y está sombreada debajo. La línea en la opción B no se eleva de izquierda a derecha. La línea en la opción C es correcta, pero está sombreada debajo, no arriba.

31. La respuesta correcta es A. La parte del trabajo que el calefactor menos potente completa en h horas es $\frac{1}{3}h$; el más potente completa $\frac{1}{2}h$ del trabajo en h horas. Sumar estos debería dar 1. Entonces, la ecuación que puede usarse para resolver h es $\frac{1}{3}h + \frac{1}{2}h = 1$.

La opción B es incorrecta porque debería dividir h entre 3 y h entre 2 en lugar de multiplicarlos antes de sumarlos. La opción C es incorrecta porque la h debe estar en el numerador de las fracciones en el lado izquierdo. La opción D es incorrecta porque cada una de las dos expresiones en el lado izquierdo de la ecuación debe reemplazarse por su recíproco.

32. **La respuesta correcta es C.** La longitud, l, es $\frac{1}{2} + 2w$, lo que significa que el área es $w\left(\frac{1}{2} + 2w\right) = \frac{1}{2}w + 2w^2$. Como el área debe estar entre 6 y 8 pies cuadrados, tenemos la desigualdad:

$$6 \leq \frac{1}{2}w + 2w^2 \leq 8$$
$$12 \leq w + 4w^2 \leq 16$$

A la opción A le falta un término en la fórmula del área. La opción B es el resultado de usar el perímetro de la ventana en lugar de su área. La opción D es el resultado de calcular el área del rectángulo como si el ancho, w, fuera 2.

33. **La respuesta correcta es (−0.25, 0).** Establezca la función igual a 0 y resuelva para x:

$$0.5(1.3 - 2.8x) - 1 = 0$$
$$0.5(1.3 - 2.8x) = 1$$
$$1.30 - 2.8x = 2$$
$$-2.8x = 0.7$$
$$x = -\frac{0.7}{2.8}$$
$$x = -0.25$$

34. **La respuesta correcta es 1.** Complete el cuadrado para encontrar el vértice de la gráfica de esta función cuadrática; entonces, el valor y es el valor máximo.

El vértice es $(-3, 1)$ y, por lo tanto, el valor máximo es 1.

35. **La respuesta correcta es A.** El dominio de una función racional es el conjunto de todos los números reales que no hacen que el denominador sea igual a 0. El único número real que hace que el denominador sea 0 es 5. Entonces, el dominio es el conjunto de todos los números reales excepto 5. La opción B es incorrecta porque −3 y 3 no hacen que el denominador sea 0 y, por lo tanto, no deben excluirse del dominio. La opción C es incorrecta porque −3, −2 y 3 no hacen que el denominador sea 0 y, por lo tanto, no deben excluirse del dominio.

La opción D también es incorrecta porque 0 no hace que el denominador sea 0 y, por lo tanto, no debe excluirse del dominio.

36. **La respuesta correcta es B.** El valor promedio de f en $[1, 4]$ es:

$$\frac{f(4) - f(1)}{4 - 1} = \frac{\frac{4}{5} - \frac{1}{2}}{3} = \frac{\frac{3}{10}}{3} = \frac{1}{10}$$

La opción A es el resultado de olvidar el denominador en el cálculo final. La opción C es incorrecta porque el valor debe dividirse por la duración del intervalo. La opción D representa la duración del intervalo.

37. **La respuesta correcta es D.** Este gráfico no pasa la prueba de la línea vertical (lo que significa que hay al menos una línea vertical que intersecta el gráfico en más de un punto), por lo que no es una función.

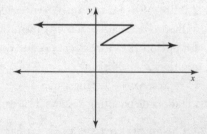

Todas las demás representaciones hacen coincidir cada valor x con exactamente un valor y, lo que significa que son funciones.

38. **La respuesta correcta es B.** Sea x la cantidad de sodio en $2\frac{3}{8}$ tazas de sopa establezca y resuelva la siguiente proporción:

$$\frac{\frac{1}{2}}{15} = \frac{2\frac{3}{8}}{x}$$
$$\frac{1}{2}x = \left(2\frac{3}{8}\right)(15)$$
$$x = 2 \cdot \left(2\frac{3}{8}\right) \cdot (15)$$

La opción A es incorrecta porque debe multiplicar por $\left(2\frac{3}{8}\right)$, no dividir. La opción C es incorrecta porque debe multiplicar por 15, no dividir. La opción D es incorrecta porque debe multiplicar por 2, no dividir.

39. **La respuesta correcta es C.** Observe que $\frac{y}{0.1} = 10\,y$. Como $y > 10$, multiplique ambos lados de esta desigualdad por 10 para obtener $10y > 100$. La opción A puede ser menor que 100 si $y = 20$, por ejemplo. La opción B nunca puede ser mayor que 100 porque está dividiendo 100 por un número mayor que 1. La opción D es incorrecta porque $0.1y = \frac{y}{10}$ y dado que $10 < y < 100$ el resultado será menos de 10 para todas las opciones de y.

40. **La respuesta correcta es D.** Para resolver, calcule las cuatro cantidades y elija la más pequeña.

    Opción A: 0.5 % de 10,000 es igual a $0.005\,(10,000) = 50$

    Opción B: 1,000 % de 0.5 es igual a $10\,(0.5) = 5$

    Opción C: 1 % de 5,000 es igual a $0.01\,(5,000) = 50$

    Opción D: 500 % de 0.10 es igual a $5\,(0.10) = 0.5$

41. **La respuesta correcta es 725.** Debe encontrar la circunferencia de la base de la lata; esta es la longitud de una etiqueta para una sola lata. La circunferencia es $2\pi\left(\frac{9}{2\pi}\right) = 9$ pulgadas. Según esta información, la cantidad de latas que se pueden etiquetar con un solo rollo es de $\frac{6,525}{9} = 725$.

42. **La respuesta correcta es** $\frac{750,000}{4,500} = \frac{1,100,000}{p}$. Como p está en el denominador, el numerador de la fracción en el lado izquierdo es 750,000 y el denominador es 4,500. Del mismo modo, el numerador de la fracción en el lado derecho es 1,100,000.

43. **La respuesta correcta es 18 pulgadas.** Como 1 año tiene 12 meses, se deduce que 3 años es $12\,(3) = 36$ meses. Multiplique por 0.5 pulgadas para obtener la longitud del cabello, que es $36\,(0.5) = 18$ pulgadas.

44. **La respuesta correcta es C.** Sea x el número de yardas recorridas por el corredor que corrió menos yardas. Entonces, el número de yardas recorridas por el otro, y, es $3x$. Entonces, una de las ecuaciones del sistema es $y = 3x$. Dado que juntos los dos corredores corrieron un total de 1,728 yardas, la otra ecuación es $x + y = 1,728$. Esto le da el sistema que se muestra en la opción C. La opción A es incorrecta porque los términos en el lado izquierdo de la primera ecuación deben sumarse, no multiplicarse, y el $3x$ debe estar en el lado derecho de la segunda ecuación. La opción B es incorrecta porque el $3x$ debe estar en el lado derecho de la segunda ecuación. La opción D es incorrecta porque el $3y$ en la primera ecuación debe reemplazarse solo por y.

45. **La respuesta correcta es C.** El yoyo recorre 18 pulgadas en un segundo. Entonces, en 4 segundos, recorre $4\,(18) = 72$ pulgadas. La opción A representa la distancia que recorre en un segundo. La opción B representa la distancia que recorre en dos segundos. La opción D representa la distancia que recorre en cinco segundos.

46. **La respuesta correcta es $276.** La pasarela se muestra a continuación:

    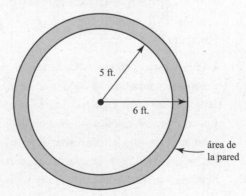

    El área de la pasarela es $\pi(6)^2 - \pi(5)^2 = 11\pi$ pies cuadrados. El costo es $8(\,11\pi\,)$, que es de aproximadamente $276.

Ciencia

1. B	**11.** C	**21.** B	**31.** B
2. C	**12.** C	**22.** C	**32.** C
3. D	**13.** B	**23.** B	**33.** B
4. D	**14.** D	**24.** C	**34.** D
5. B	**15.** la inercia (B)	**25.** B	**35.** H_2SO_4 es un ácido de Brønsted-Lowry y HSO_4^- es su base conjugada.
6. 6 kg	**16.** C	**26.** A	
7. B	**17.** C	**27.** D	
8. A	**18.** D	**28.** A	
9. B	**19.** C	**29.** D	
10. A	**20.** A	**30.** B	

1. **La respuesta correcta es B.** El pasaje establece que las rocas ígneas se forman cuando la roca fundida, o magma, se enfría y pasa a su forma sólida. Si bien es cierto que el pasaje también establece que el magma (opción D), que se encuentra solo debajo de la superficie de la tierra, puede alcanzar la superficie de la tierra a través de una erupción volcánica, esta no es la mejor respuesta porque un mes después de una erupción, la roca fundida (lava) habrá tenido tiempo de enfriarse y volverse roca ígnea. Un mes no es tiempo suficiente para que se forme roca sedimentaria (opción A). El pasaje afirma que la roca metamórfica (opción C) generalmente se forma en lo profundo de la tierra.

2. **La respuesta correcta es C.** Los osos son organismos superiores y pueden comer casi cualquier otra cosa en la red si así lo desean. Los osos pueden comer a otros consumidores, pero también pueden alimentarse de todos los niveles de los consumidores para comer bayas, que provienen de las plantas. Incluso si el sol se considerara parte de la red alimentaria, el sol se conecta directamente a los productores sin nada intermedio, por lo que la opción A es incorrecta. La opción B es incorrecta por la misma razón; No hay niveles entre los descomponedores y otros consumidores. La opción D cruza muchos niveles, desde los depredadores principales hasta los consumidores primarios, pero los osos pueden alimentarse aún más lejos en la red alimentaria que los búhos.

3. **La respuesta correcta es D.** Compare las estructuras y funciones de los intestinos grueso y delgado. El intestino grueso es más corto que el intestino delgado y no se menciona una estructura interior compleja en el intestino grueso. Como la mayor parte del agua se absorbe en el intestino delgado, y la principal diferencia entre el intestino delgado y el grueso es la longitud y la complejidad del intestino delgado, es lógico que su superficie interna (cubierta de vellosidades y microvellosidades) ayude a absorber agua y nutrientes. Las vellosidades del intestino delgado se describen como blandas y estacionarias, inadecuadas para descomponer físicamente el material, por lo que la opción A es incorrecta. Dado que el quimo se mueve a través del intestino grueso sin ninguna ayuda de las vellosidades, la opción B no es la mejor respuesta. También tiene poco sentido tener un intestino delgado extra largo solo para ayudar al quimo a moverse. El intestino grueso no tiene vellosidades, sin embargo, el movimiento inverso hacia el intestino delgado no se discute como un problema, por lo que evitar que el quimo se mueva hacia atrás en el estómago (opción C) no es el propósito de las vellosidades.

4. **La respuesta correcta es D.** La barrera hematoencefálica (BHE) bloquea las moléculas y partículas dañinas, especialmente los patógenos, al tiempo que permite la entrada de sustancias necesarias para la supervivencia del cerebro. El inconveniente es que los anticuerpos y las células inmunes no pueden cruzar la barrera para combatir cualquier infección o enfermedad que ingrese al cerebro, lo que puede provocar problemas graves. Dado que hay transporte de algunos gases y otras sustancias a través del BHE, no se produce una separación completa del cerebro y el sistema circulatorio (opción A). Es poco probable que las respuestas inmunes fuera de control afecten al cerebro ya que los productos inmunes no pueden cruzar el BHE, pero la prevención de enfermedades autoinmunes en el cerebro (opción B) no es el propósito principal del BHE. El pasaje establece que las hormonas pasan libremente al cerebro a través de la difusión, por lo que controlar el flujo (opción C) no es el propósito del BHE.

5. **La respuesta correcta es B.** El pasaje describe cómo las células endoteliales recubren el interior de los vasos sanguíneos de todo el cuerpo. Las células endoteliales forman un componente clave de la barrera hematoencefálica, pero también se encuentran en otros vasos sanguíneos, no exclusivamente en la barrera (opción C). El pasaje establece que las células endoteliales recubren los vasos sanguíneos de todo el cuerpo, no en todos los tejidos del cuerpo (opción A). Si bien las células endoteliales se encuentran dentro de los vasos sanguíneos que sirven al sistema nervioso central, como en el cerebro, se encuentran en todos los vasos sanguíneos en todos los sistemas, no exclusivamente en el sistema nervioso central (opción D).

6. **La respuesta correcta es 6 kg.** Fuerza $F = 24$ N y aceleración $a = 4$ m/s^2. Al reemplazar esos números en $F = ma$, obtiene:

$$24 \text{ N} = m(4 \text{ m/s}^2)$$

Para resolver m, divida F entre a:

$$m = \frac{F}{a} = \frac{24}{4} = 6 \text{ kg}$$

7. **La respuesta correcta es B.** Una semana después del tratamiento, solo el grupo A, que todavía tiene su apéndice, tenía un microbioma saludable, lo que sugiere que las bacterias buenas están conectadas al apéndice de alguna manera. Esta evidencia no confirma completamente la conclusión, pero es la mejor opción entre las proporcionadas. Una respuesta inmune específica que defiende el apéndice (opción A) implica que el apéndice es importante para el cuerpo, pero no da ninguna indicación de la función del apéndice o si esa función está relacionada con la restauración de las bacterias intestinales. La opción C implica que puede haber algún beneficio para la salud del apéndice, pero no lo vincula específicamente con el microbioma. La opción D no respalda la conclusión de los investigadores; el microbioma se ve afectado por la dieta y el nacimiento, pero el pasaje no dice si estos factores son similares en ambos grupos, por lo que no hay forma de vincular las diferencias con el apéndice.

8. **La respuesta correcta es A.** Para maximizar la ventaja mecánica, la relación de L_e a L_r debe ser la mayor posible, dando a la palanca un mango más largo. La posición A está lo más cerca posible de la carga, por lo que L_e es lo más largo posible y L_r es lo más corto posible, dando el valor máximo posible de VMI en la ecuación $\text{VMI} = \frac{L_e}{L_r}$.

Mover el punto de apoyo a la posición B (opción B) coloca el punto de apoyo justo al lado de la fuerza, por lo que L_r se vuelve mucho más largo que L_e VMI es menos de uno. Mover la carga a la posición B (opción C) coloca la carga justo al lado de la fuerza, por lo que no hay ninguna ventaja mecánica. Al mover la fuerza a la posición C (opción D), se coloca la fuerza justo encima del punto de apoyo, por lo que el valor de L_e se convierte en cero, lo que hace que VMI también sea cero.

9. **La respuesta correcta es B.** El pasaje establece que la velocidad de la luz, c, debe medirse en el vacío para que su velocidad no se vea afectada por la materia o cualquier otro aspecto del medio por el que está pasando. Medir la luz a través del vidrio o el aire puede cambiar los resultados, por lo que la velocidad de la luz se mide en el vacío para garantizar que c sea constante. La opción A es incorrecta ya que otros tipos de radiación y partículas también pueden viajar a la velocidad de la luz. El pasaje establece que la materia nunca puede viajar a la velocidad de la luz sin energía infinita y que es imposible lograr energía infinita, por lo que la opción C es incorrecta. La opción D es incorrecta ya que no es seguro que los taquiones existan realmente. Además, como nadie ha observado un taquión, sus propiedades no pueden confirmarse, incluida la velocidad a la que viaja.

10. **La respuesta correcta es A.** El tiempo se ralentiza a la velocidad de la luz en relación con un objeto estacionario, sin importar qué tan lejos esté viajando el objeto. Para un observador que viaja a la velocidad de la luz durante 4.3 años (el reloj es el observador en este caso), sólo pasarán unos minutos. Siempre pasará un tiempo muy corto a la velocidad de la luz; 4.3 años (opción B) podrían ser precisos para un reloj que viaja aproximadamente a la mitad de la velocidad de la luz. La opción C es incorrecta

porque 4.3 años es la cantidad de tiempo que pasará en el reloj estacionario en relación con el reloj que se mueve a la velocidad de la luz. La opción D es incorrecta ya que 186,000 millas/segundo es la velocidad de la luz o la velocidad del reloj en este caso, no una cantidad de tiempo medida.

11. **La respuesta correcta es C.** Siempre que el cuadro de Punnett se complete correctamente, es fácil determinar los posibles resultados para cada combinación posible de los alelos de los padres. Como se muestra en el cuadro que se rellenó inicialmente, combine cada uno de los alelos del padre con cada uno de los alelos de la madre, de esta manera:

	R	r
R	RR	Rr
r	Rr	rr

Tres de cada cuatro de los cuadrados tienen al menos un alelo R, y de acuerdo con la descripción del dominio, cualquier combinación que incluya al menos un alelo R tendrá los ojos rojos. La cuarta posibilidad, que debería ocurrir una de cada cuatro veces, solo tiene alelos r y será de ojos blancos. Las otras opciones de respuesta son proporciones incorrectas basadas en los genotipos que se cruzan.

12. **La respuesta correcta es C.** El jugador transformará la energía potencial en energía cinética tan pronto como mueva el bate, pero son sus músculos tensos los que realmente retienen la energía potencial. Son sus brazos los que realmente harán que el bate se mueva. La pelota entrante (opción A), está en movimiento y tiene energía cinética. El bate (opción B) funciona simplemente como una extensión de los brazos. El bate no tiene energía hasta que los brazos se balancean. La base del bateador (opción D) no tiene energía cinética o potencial en esta situación. No se va a mover.

13. **La respuesta correcta es B.** El pasaje establece que el hidróxido de hierro (III) es de un color amarillo anaranjado brillante, por lo que debe estar presente si el Río Tinto es de color naranja brillante. Además, el pasaje menciona que la AMD a menudo se diluye cuando fluye hacia fuentes de agua naturales (como un río), y es entonces que su pH cae lo suficiente como para que se forme hidróxido de hierro (III). Las opciones A y C son incorrectas porque los iones de hierro disuelto (II) y hierro (III) no son de color naranja brillante; el óxido de hierro (III) insoluble (naranja) es de color naranja brillante. Mientras que el ácido sulfúrico en AMD está presente en el río en forma diluida, la opción D es incorrecta porque el ácido sulfúrico es incoloro y no es responsable del color naranja brillante del río.

14. **La respuesta correcta es D.** La cantidad de movimiento se puede determinar midiendo cuánto aumenta la distancia entre un conjunto de marcadores a cada lado del borde con el tiempo. Al medir los movimientos entre los marcadores a lo largo del borde en diferentes lugares, un investigador puede descubrir la velocidad de movimiento a lo largo de toda la grieta en caso de que no se separe exactamente a la misma velocidad en cada punto. Una medición (opción A) no es suficiente para determinar la velocidad de movimiento, y las ubicaciones exactas de los bordes del valle podrían verse afectadas por otras fuerzas, como la erosión. Dado que los bordes divergentes pueden moverse a diferentes velocidades, el uso de sus mediciones (opción B) no proporcionará resultados precisos. El uso de un solo conjunto de marcadores (opción C) medirá la velocidad de movimiento en un solo lugar en particular. Medir en diferentes puntos a lo largo de la grieta proporcionará resultados más precisos.

15. **La respuesta correcta es *la inercia* (B).** La inercia es la tendencia de un objeto en movimiento a mantenerse en curso a menos que su movimiento sea alterado por alguna otra fuerza. Una vez que el carro desciende, la inercia lo mantiene avanzando, mientras que la vía guía su dirección. La inercia permite que el carro siga moviéndose a lo largo de la vía. La gravedad (opción A) es la fuerza que hace que el carro se mueva, pero no afecta su trayectoria una vez que ha comenzado a moverse. El impulso (opción C) afecta la forma en que se mueve el carro. Determina si el carro podrá seguir moviéndose contra la fricción, la resistencia del aire y la gravedad en las partes cuesta arriba, pero no afecta el movimiento del carro en sí. La velocidad (opción D) es un componente del impulso. La inercia moverá un objeto a la misma velocidad a menos que se interrumpa, pero la velocidad no determina a dónde se esta moviendo.

16. **La respuesta correcta es C.** El pasaje establece que el amoníaco, junto con el peróxido de hidrógeno y el persulfato de amonio, abre las células externas de la hebra capilar, lo que permite que el tinte penetre y permanezca dentro de la hebra capilar, coloreando permanentemente el cabello. Las opciones A y D son incorrectas porque los acopladores, no el amoníaco, unen los monómeros de tinte en moléculas de tinte intermedias más grandes (polímeros). La opción B es incorrecta porque los oxidantes, no el amoníaco, reaccionan con los polímeros para crear el color final del tinte.

17. **La respuesta correcta es C.** Según la escala de tiempo geológico, el período Pensilvánico comenzó hace 320 millones de años (Ma) y terminó alrededor de 286 Ma. La fecha de 316 (Ma) cae directamente dentro del período Pensilvánico. El Período Pérmico (opción A) comenzó hace 286 Ma, que es posterior a 316 Ma. La Era Mesozoica (opción B) comenzó hace 245 Ma,

que es posterior a 316 Ma. El período Misisipiano (opción D) terminó hace 320 Ma, que es anterior a 316 Ma.

18. **La respuesta correcta es D.** El pasaje señala que las estrellas son objetos masivos, y además señala que se necesita un objeto masivo (Neptuno) para alterar los movimientos de otro objeto masivo (Urano). Solo un planeta con una gran masa puede detectarse a través del bamboleo; los planetas pequeños no tienen suficiente masa para tener un efecto medible en una estrella. Las opciones A y B son incorrectas ya que los planetas pequeños no tendrán suficiente masa para tener efecto sobre una estrella, y el brillo de un planeta no es relevante para este método. La opción C es incorrecta, ya que el diámetro del planeta es menos importante que su masa, y nuevamente el brillo es irrelevante. Cualquier planeta lo suficientemente masivo como para tener efecto sobre una estrella puede ser detectado a través del bamboleo, independientemente de su brillo.

19. **La respuesta correcta es C.** El pasaje afirma que las estrellas son tan brillantes que oscurecen los objetos cercanos y más tenues, como los planetas en órbita. Si fuera posible bloquear el resplandor de la estrella (piense en usar su mano para bloquear el resplandor del sol en el cielo), entonces los objetos más tenues podrían volverse visibles. En este caso, sería una observación directa del planeta, no una observación indirecta de la influencia del planeta en los objetos cercanos. Algunos planetas han sido descubiertos y observados con este método. Las opciones A y B son observaciones de la influencia de un planeta en una estrella, no observaciones directas del planeta en sí. La opción D no es posible; el comienzo del pasaje establece que los exoplanetas están tan lejos que no se pueden observar directamente.

20. **La respuesta correcta es A.** Mirando los datos en la tabla, cuando $[Fe^{2+}]$ pasa de 2.0×10^{-5} mol/L a 3.0×10^{-5} mol/L ya que $[Ce^{4+}]$ se mantiene constante, la tasa va de 2.0×10^{-7} mol/L·s a 3.0×10^{-7} mol/L·s. En otras palabras, como $[Fe^{2+}]$ aumenta 1.5 veces, la tasa también aumenta 1.5 veces. Por lo tanto, la tasa aumenta en el mismo factor que $[Fe^{2+}]$ aumenta cuando $[Ce^{4+}]$ se mantiene constante. La opción B es incorrecta porque la tasa también aumenta con el mismo factor que $[Ce^{4+}]$ aumenta cuando $[Fe^{2+}]$ se mantiene constante. Cuando $[Ce^{4+}]$ se triplica de 1.0×10^{-5} mol/L a 3.0×10^{-5} mol/L, la tasa también se triplica de 3.0×10^{-7} mol/L·s a 9.0×10^{-7} mol/L·s. La opción C es incorrecta porque ya hemos visto que la tasa se ve afectada por los cambios en la concentración de los dos reactivos. La opción D es incorrecta porque hemos visto que la tasa aumenta, no disminuye, con el mismo factor que $[Fe^{2+}]$ aumenta cuando $[Ce^{4+}]$ se mantiene constante.

21. **La respuesta correcta es B.** A los 9 meses, la población se ha nivelado justo debajo de K en el gráfico B, que muestra el modelo de crecimiento logístico. Si K es 5,000, a los 9 meses esta población es de alrededor de 4,900. La opción A es aproximadamente el nivel de población a los 5 meses. La opción C es incorrecta ya que la línea discontinua representa K, y la población se nivela por debajo de K. La opción D es incorrecta, ya que 10,000 sería la población del gráfico A, no del gráfico B, si el crecimiento continuará exponencialmente.

22. **La respuesta correcta es C.** La parte inicial de esta curva de crecimiento parece un crecimiento exponencial, ya que la población aumenta a un ritmo cada vez mayor. Alrededor de los 6 meses, la población supera K, lo que significa que la población es demasiado alta para el medio ambiente. La población luego disminuye a un nivel que

puede ser soportado, justo debajo de *K*. En este punto, la población se nivela, como en el crecimiento logístico. Las opciones A y B son incorrectas, ya que el crecimiento que se muestra no se ajusta directamente al crecimiento exponencial (gráfico A) o logístico (gráfico B). La opción D a primera vista parece plausible, ya que el crecimiento supera rápidamente los recursos disponibles. Sin embargo, aunque la población se corrige a un nivel manejable, no colapsa por completo y no llega a cero.

23. **La respuesta correcta es B.** La molécula original de doble cadena se separa, y luego cada una de las cadenas sirve como plantilla para una nueva cadena. Por lo tanto, el proceso da como resultado 4 hilos: 2 originales y 2 copias. Como cada original hace una copia, cada molécula de doble cadena resultante contiene una cadena original de la célula original y una copia. Las opciones A y D son incorrectas ya que cada célula hija necesita tener un conjunto completo de ADN. Dado que el ADN está doblemente transpuesto, si cualquiera de las células hijas recibiera solo cadenas individuales, no conectadas, no tendría un modelo genético completo. La opción C es incorrecta ya que cada original sirve como plantilla para una nueva copia, emparejandose con la copia.

24. **La respuesta correcta es C.** En altitudes superiores a 20 km, la temperatura aumenta aproximadamente 17 grados por cada aumento de altitud de 5 km. Si esa tendencia continúa, el siguiente valor de temperatura en la serie (31 millas o 50 km) debería estar alrededor de 30 °F. Si bien la temperatura se mantiene estable alrededor de -75 °F hasta alcanzar una altitud de 20 km, por encima de 20 km la temperatura comienza a aumentar de manera constante, por lo que la opción A es incorrecta. La

opción B es incorrecta porque -39 °F es la temperatura a 31 km, no a 31 millas. La opción D representa un salto de temperatura mucho mayor que el aumento constante observado entre 20 y 45 km.

25. **La respuesta correcta es B.** El pasaje afirma que la simbiosis depende de la proximidad física cercana entre organismos, mientras que define mutualismo como cualquier relación entre organismos donde ambos organismos se benefician. No dice que una relación simbiótica no puede ser también mutualista, ni dice que todos los mutualismos deben tener lugar en la proximidad. Dado que una relación simbiótica también puede ser mutualista, como en el caso de las zooxantelas, la opción A es incorrecta. El pasaje no establece que las simbiosis son solo marinas (opción C). La opción D contradice la información del pasaje, que establece la diferencia entre mutualismo y simbiosis.

26. **La respuesta correcta es A.** El pasaje afirma que el aumento rápido de la temperatura puede matar las zooxantelas. Si mueren las zooxantelas, sus pigmentos rojos o amarillos ya no estarán presentes, dejando solo los organismos coralinos disminuidos y el esqueleto liso de piedra caliza. Esta situación se llama "blanqueamiento" de los corales y puede tener graves consecuencias para los arrecifes de coral. El rojo y el amarillo (opción B) son los colores de pigmento de las zooxantelas vivas, pero las zooxantelas son destruidas por los fuertes aumentos de temperatura. Incluso si las zooxantelas mueren, el esqueleto de piedra caliza todavía permanece y la piedra no se contrae (opción C). Las zooxantelas proporcionan la mayoría, pero no todos los nutrientes del huésped. Sin reemplazar las zooxantelas, el huésped eventualmente morirá (opción D), pero no morirá de inmediato.

27. La respuesta correcta es D. La densidad es la masa de una sustancia dividida por su volumen. Para ilustrar, considere que 1 gramo (g) de agua que ocupa 1 mililitro (ml) de volumen cuando es líquido tiene una densidad de 1 g/ml. Cuando el agua se congele, tendrá un mayor volumen. Incluso si no conoce el volumen real del hielo, la misma masa dividida por un número mayor le dará una densidad menor. (En realidad, su volumen congelado será de 1.1 mL, lo que significa que la densidad del hielo = 1 g ÷1.1 mL = 0.9 g/mL). El hielo es menos denso que el agua líquida, lo que significa que flotará hacia la superficie a medida que se congela. Los materiales menos densos flotan en materiales más densos, mientras que los materiales más densos se hunden. Según esta información, las opciones A, B y C son incorrectas.

28. La respuesta correcta es A. Na_2SO_4 se descompone en 3 iones en agua: 2 iones Na^+ y 1 ion SO_4^{2-}. Entonces, una solución de Na_2SO_4 1 M tiene 3 moles de iones por litro de solución. De las opciones dadas, solo $CaCl_2$ también se divide en 3 iones: 1 ion Ca^{2+} y 2 iones Cl^-. Dado que esta solución también es una solución 1 M, también tiene 3 moles de iones por litro de solución. Y debido a que también está en agua, tendrá el mismo punto de congelación que una solución de Na_2SO_4 1 M en agua. Aunque la opción B es el mismo soluto, no tiene la misma concentración, por lo que no tendrá el mismo punto de congelación. La opción C es incorrecta porque el $MgSO_4$ se descompone en 2 iones en el agua: 1 ion Mg^{2+} y 1 ion SO_4^{2-}. Por lo tanto, no tendrá la misma concentración de iones y no se congelará a la misma temperatura. Aunque la concentración de soluto en la opción D es la misma, el disolvente es diferente. El pasaje establece que el solvente *es importante* para las propiedades coligativas. El agua es H_2O; H_2O_2 es peróxido de hidrógeno.

29. La respuesta correcta es D. La pregunta requiere que eche un vistazo rápido al gráfico y compare la esperanza de vida y el peso relativo de las cuatro opciones de respuesta. Los humanos (opción A) tienen la vida útil más larga y el peso más bajo de las cuatro posibilidades y, por lo tanto, claramente tienen la vida útil más larga en relación con el tamaño del cuerpo. Las cebras (opción B) pesan mucho menos que el bisonte, pero tienen una vida útil más larga, por lo que podemos concluir que las cebras tampoco tienen la vida útil más corta en relación con el tamaño del cuerpo. La comparación del bisonte (opción C) con los elefantes revela que los elefantes viven aproximadamente tres veces más que el bisonte, pero pesan cinco veces más. Eso significa que, si bien los elefantes tienen una vida útil larga, su peso mucho mayor les da la vida útil más corta en relación con su peso.

30. La respuesta correcta es B. El pasaje establece que se debe activar más de un tipo de fotorreceptor para la visión en color. Con poca luz, solo se activan las varillas, por lo que los humanos pueden ver solo en blanco y negro bajo estas condiciones. Si bien es cierto que solo unos pocos fotones activan los fotorreceptores con poca luz (opción A), este hecho no explica por qué los humanos solo ven en blanco y negro a bajos niveles de luz. El pasaje indica que los tipos de fotorreceptores que se activan son responsables de la visión del color, no del número de fotones que activan los fotorreceptores. También es cierto que la proporción de varillas activadas a conos es más alta con poca luz (opción D), pero es el hecho de que solo las varillas están activas con poca luz lo que inhibe la visión del color en condiciones de poca luz. La opción C no es verdadera; Los humanos poseen fotorreceptores para ver el color, pero no se activan con poca luz.

31. **La respuesta correcta es B.** El pasaje establece que los plásticos claros (transparentes) y flexibles tienden a ser amorfos. Las bolsas plásticas tipo sándwich son transparentes y flexibles, por lo que su material es amorfo. Del mismo modo, los lentes de contacto son transparentes y flexibles, por lo que su material es amorfo, no cristalino (opción A). Un automóvil de juguete es rígido, por lo que su material es más cristalino y ordenado, no aleatorio (opción C). Una cubierta de asiento transparente es flexible, por lo que tendrá una estructura amorfa aleatoria, no una estructura ordenada (opción D).

32. **La respuesta correcta es C.** El etileno tiene dos átomos de carbono que están unidos entre sí, y cada átomo de carbono también está unido a dos átomos de hidrógeno. Cuando las moléculas de etileno se unen para formar polietileno, el doble enlace entre los dos átomos de carbono se convierte en un enlace sencillo. Cada átomo de carbono todavía está unido a dos átomos de hidrógeno, por lo que las opciones A y B son incorrectas. Cada átomo de carbono está unido a dos átomos de carbono y dos átomos de hidrógeno en la molécula de polímero de polietileno, por lo que la opción D es incorrecta.

33. **La respuesta correcta es B.** Las diferencias de densidad, causadas por la temperatura, crean y sostienen las corrientes de convección en el núcleo exterior. A medida que el material más denso se hunde, el material más ligero se eleva y su movimiento combinado crea las corrientes eléctricas que generan los campos magnéticos que forman el campo magnético global de la Tierra. El núcleo interno no está directamente involucrado en la creación de las corrientes en el núcleo externo, ni el núcleo interno gira (opción A). La rotación de la tierra (opción C) ayuda principalmente a alinear el campo magnético, mientras que la convección en el núcleo externo es el generador primario. Como lo único que importa es que el núcleo externo está lo suficientemente caliente como para ser líquido a presión ambiente y que hay gradientes de temperatura presentes, la temperatura exacta del núcleo externo (opción D) no es importante mientras se cumplan esas condiciones.

34. **La respuesta correcta es D.** Para evaluar si los cítricos pueden curar a los marineros afectados por el escorbuto, Lind comparó los efectos de comer cítricos con otros tratamientos sin cítricos. Como Lind mantuvo constantes otros aspectos de la vida de los marineros, la única variable es el tratamiento asignado a cada grupo. Si todas las demás condiciones se mantienen constantes, los grupos sin cítricos pueden usarse para ver si los cítricos son la variable que beneficia a los marineros. El problema con la configuración de Lind es que cada grupo recibió algún tipo de intervención, por lo que no sabría qué hubiera pasado si hubiera dejado a los marineros sin tratar. Un verdadero grupo de control dejaría la dieta constante pero no daría a los marineros del grupo ningún tipo de tratamiento. Un grupo que ingiere menos cítricos (opción C) es demasiado similar al grupo experimental 5 para contar realmente como control.

35. **La respuesta correcta es H_2SO_4 es un ácido de Brønsted-Lowry y HSO_4^- es su base conjugada.** H_2SO_4 dona iones de hidrógeno a OH^-, formando su base conjugada, HSO_4^-. H_2O es el ácido conjugado de OH^-. Por lo tanto, H_2SO_4 es un ácido de Brønsted-Lowry y HSO_4^- es su base conjugada. OH^- es una base de Brønsted-Lowry y H_2O es su ácido conjugado.

Estudios Sociales

1. D	**11.** B	**20.** republicano (o conservador)	**30.** A
2. C	**12.** A	**21.** B	**31.** A
3. D	**13.** diciembre de 2005	**22.** A	**32.** D
4. populista	**14.** junio de 2008	**23.** D	**33.** A
5. C	**15.** junio de 2008	**24.** A	**34.** Ley del Cuidado de la Salud a Bajo Precio (o Ley de Protección al Paciente y Atención Asequible)
6. A	**16.** diciembre de 2005	**25.** B	
7. D	**17.** C	**26.** C	
8. B	**18.** A	**27.** Java, Indonesia	
9. A	**19.** C	**28.** D	
10. el secretario de Estado		**29.** recaudar impuestos	**35.** A

1. **La respuesta correcta es D.** La residencia del Estado no es un requisito para ser presidente; por lo tanto, no se comparte entre todos los cargos elegidos. La edad (opción A), la ciudadanía (opción B) y la residencia en los EE. UU. (opción C) son requisitos compartidos.

2. **La respuesta correcta es C.** Maine no era una de las colonias británicas originales y no se puede encontrar etiquetada en el mapa. Massachusetts (opción A), Virginia (opción B) y Pensilvania (opción D) se pueden encontrar etiquetadas en el mapa como colonias británicas originales.

3. **La respuesta correcta es D.** La creación de una oficina de correos no se menciona en el pasaje; por lo tanto, no era una preocupación del partido. Los ferrocarriles (opción A), la banca (opción B) y la distribución de la riqueza (opción C) se abordan en el pasaje.

4. **La respuesta correcta es *populista*.** El Partido Popular se hizo conocido como el Partido Populista durante la década de 1890 como resultado de su disposición a aceptar muchos grupos diferentes, como aquellos

con intereses agrarios, en su lucha contra los monopolios y el patrón oro.

5. **La respuesta correcta es C.** Jefferson discute la necesidad de que la mayoría sea consciente de la creación de una regla opresiva, mientras que la minoría debe entender que se hará la voluntad de la mayoría. La opción A es incorrecta porque Jefferson cree que el partido no debe dividir el país. Jefferson relata que la voluntad de la mayoría debe prevalecer, pero que debe ser legítima, razonable y legal, lo que implica que si no es así, no siempre se puede seguir, por lo que la opción B es incorrecta. Jefferson cree que la mayoría, no la minoría, debe ser consciente de la opresión que puede crear (opción D).

6. **La respuesta correcta es A.** Jefferson creía que la lucha creada entre los federalistas y los republicanos demócratas estaba dividiendo a la nación y causaba una tensión considerable sobre temas como el Banco Nacional, los impuestos y la política exterior. Jefferson no aborda la deuda (opción B) en su discurso. La invasión extranjera (opción C) no es un problema

al que Jefferson aludió en su discurso. Cualquier problema con los Artículos de la Confederación (opción D) ya no era un problema, ya que los Artículos habían sido reemplazados al momento del discurso de Jefferson.

7. **La respuesta correcta es D.** La elección de Jefferson fue un empate virtual con Aaron Burr y tuvo que resolverse en la Cámara de Representantes, es decir que cuando Jefferson asumió el cargo de presidente, una gran parte de la nación no lo apoyaba directamente. Aunque Jefferson alude a una Unión en disolución (opción A), lo hace solo en teoría y no cree que sea una amenaza real. Jefferson no cree que la minoría carezca de protecciones (opción B), solo que la mayoría debe tener en cuenta sus derechos. Jefferson no sostiene que haya una rebelión en el horizonte (opción C) y cree que su discurso refleja la necesidad de comprender todas las partes.

8. **La respuesta correcta es B.** La imagen, especialmente el uso de la flor, refleja el conflicto entre manifestantes y soldados durante la Guerra de Vietnam. No hay conexiones en la imagen con los eventos de inicios de los años 50 (opción A), específicamente no hay evidencia del conflicto coreano. El tipo de protesta contra la guerra representada es específica de las de Vietnam y no de ningún conflicto de fines de los años 80 (opción C) o principios de los 90 (opción D).

9. **La respuesta correcta es A.** La imagen muestra a los manifestantes usando símbolos de paz frente a los soldados cuyo trabajo es luchar en una guerra sin popularidad. No hay evidencia de opresión (opción B), ya que los soldados mantienen su posición pero no atacan la protesta. La imagen no muestra una transición de poder (opción C) ni de ningún otro tipo. Si bien hay símbolos de paz y falta de violencia, el contexto de la imagen no sugiere perdón (opción D), sólo la voluntad de llegar a una solución pacífica.

10. **La respuesta correcta es el *Secretario de Estado*.** Siguiendo la progresión, el Secretario de Estado sigue al Presidente pro tempore del Senado.

11. **La respuesta correcta es B.** El fallo declaró que la esclavitud podría extenderse a cualquier parte del país; por lo tanto, el Compromiso de Missouri, que restringía la esclavitud por debajo de la línea de 36° 30', ya no era válido. La esclavitud ya era legal (opción A); se fortaleció en cierto sentido porque podría extenderse a todo el país. La opción C es incorrecta porque el fallo utilizó la constitución para apoyar la esclavitud. La opción D es incorrecta porque el fallo afirmaba que la esclavitud era legal y podía extenderse a cualquier territorio de la nación.

12. **La respuesta correcta es A.** La voluntad de los miembros del Congreso de usar la violencia al debatir sobre la esclavitud fue un reflejo de la creciente intensidad del debate. Cuando se creó este dibujo, el Sur aún no había abandonado la Unión (opción B). No hay elecciones (opción C) en la imagen, solo violencia en relación a la esclavitud. No hay pruebas para la opción D de que una de las partes era minoritaria en comparación con la otra; conocer el contexto de la imagen respalda la afirmación de que el problema estaba relacionado con la esclavitud.

13. **La respuesta correcta es *diciembre de 2005*.** En este punto de la gráfica, las ventas eran altas, el inventario bajo, y los meses necesarios para vender estaban al mínimo, por lo que era ideal para vender una casa. Las ventas de viviendas se ubican en el segundo lugar más alto en toda la tabla, pero debido al

corto tiempo de venta y (falta de) inventario, lo mejor era vender en este momento por el mejor precio y vender rápido.

14. **La respuesta correcta es *junio de 2008*.** Este es el punto en el que tomaría más tiempo vender una casa, de acuerdo con los meses en inventario. Junto con la cantidad de inventario casi igual a la cantidad de ventas, este lo haría un mercado de compradores en el cual sería difícil vender una casa por el mejor precio.

15. **La respuesta correcta es *junio de 2008*.** Los compradores tienen más poder cuando el valor de venta para el mes es alto y el inventario también es alto. En junio de 2008, ambos valores estaban en su punto más alto. En este punto, los compradores tenían a su disposición el mercado, y los vendedores tuvieron que competir dentro de un mercado abarrotado.

16. **La respuesta correcta es *diciembre de 2005*.** En este punto del gráfico, las ventas eran altas, el inventario era bajo y los meses en inventario para vender estaba en su nivel más bajo. Por lo tanto, debido a la pequeña cantidad de opciones y al hecho de que los vendedores pudieron terminar las existencias rápidamente, los compradores tuvieron que competir por las existencias disponibles, lo que significa que los vendedores podían aumentar sus tarifas.

17. **La respuesta correcta es C.** Rusia tenía el mayor número de migrantes según la leyenda, ya que el país se encuentra en la región superior de Asia, en el hemisferio oriental (esquina superior derecha) y tiene el sombreado más oscuro de las opciones. Ni Brasil (opción A), Egipto (opción B) ni Canadá (opción D) están sombreados tan oscuros o más oscuros que Rusia, como lo indica la leyenda.

18. **La respuesta correcta es A.** India se encuentra en Asia y tiene el sombreado más oscuro de las opciones, por lo que se podría concluir que es el destino para la mayoría de los migrantes. China (opción B), Vietnam (opción C) y Japón (opción D) no están tan sombreados como la India, lo que significa que se encuentran menos inmigrantes en estos países que en la India.

19. **La respuesta correcta es C.** La rama judicial, o la Corte Suprema, puede usar la revisión judicial para revocar las leyes. El legislativo (opción A) puede aprobar otro proyecto de ley para eliminar la ley, pero no la revocaría utilizando la constitución. El poder ejecutivo (opción B) y los estados (opción D) no pueden revocar las leyes y deben llevar su caso a la Corte Suprema.

20. **La respuesta correcta es *republicano (o conservador)*.** Las descripciones proporcionadas en la pregunta reflejan a un republicano conservador que se encuentra del lado derecho del espectro político.

21. **La respuesta correcta es B.** Kennedy ganó más votos electorales (303) y estados aunque ganó por poco el voto popular, lo que lo convirtió en el presidente electo. Nixon (opción A) ganó 219 votos electorales, y Byrd (opción C) ganó 15 votos electorales. Debido a que Kennedy cumplió con los criterios de mayoría de votos electorales (más de 270), se convirtió en presidente de los Estados Unidos sin que la elección pasara a la Cámara de Representantes (opción D).

22. **La respuesta correcta es A.** La aprobación de las Leyes de Extranjería y Sedición en 1798 por el presidente Adams conllevó a una respuesta de anulación por parte de Virginia y Kentucky. La Resolución de Virginia (opción B) apoyó la Resolución de Kentucky al rechazar las Actas. La esclavitud (opción C) no fue mencionada

en el pasaje, solo abusos de poder. La Constitución se redactó en 1789 (opción D) y se utilizó para apoyar los reclamos de Kentucky.

23. **La respuesta correcta es D.** La Décima Enmienda otorga a los estados los poderes no otorgados al gobierno federal, y Kentucky argumenta que el poder federal se crea solo a través del pacto (o unión) de los estados. La libertad de expresión (opción A) no es el asunto central de este pasaje específico, aunque fue un problema relacionado con la Ley de Sedición. El derecho a portar armas (opción B) no se menciona en el pasaje. El derecho a un juicio justo (opción C) no se menciona en el pasaje.

24. **La respuesta correcta es A.** Según el pasaje, el pacto (o unión) de los estados al firmar la Constitución es lo que formó la Unión. La gente (opción B), la Constitución (opción C) y sus enmiendas (opción D) son componentes que ayudan a gobernar los Estados Unidos, pero fue la voluntad de los estados, que representan al pueblo, firmar la Constitución que formó la Unión.

25. **La respuesta correcta es B.** De las opciones dadas, solo China tiene una densidad de población mayor de 0-25 por kilómetro cuadrado. Canadá (opción A), la mayoría de los países de América del Sur (opción C) y Arabia Saudita (opción D) son los más claros, lo que representa una baja densidad de población.

26. **La respuesta correcta es C.** India está sombreada como la más oscura, lo que la convierte en la más densamente poblada según la leyenda. Los Estados Unidos (opción A), Canadá (opción B) y Brasil (opción D) no están tan sombreados como la India.

27. **La respuesta correcta es _Java, Indonesia_.** Según el mapa, la región de Java, Indonesia, es la más densamente poblada; Su

sombreado representa una población de entre 700 y 1,000 personas por kilómetro cuadrado.

Java, Indonesia

28. **La respuesta correcta es D.** Los dos documentos no comparten poderes similares, según el cuadro. La Constitución se redactó para abordar los problemas presentes en los Artículos, incluidos todos los mencionados en el cuadro.

29. **La respuesta correcta es _recaudar impuestos_.** Al gobierno federal, bajo la Constitución, se le otorgó el poder de poner impuestos para aumentar los ingresos en lugar de tener que solicitarlos a los estados en virtud de los Artículos.

30. **La respuesta correcta es A.** Los Artículos luchaban por proporcionar un gobierno competente para los Estados Unidos, endeudándole con poco respeto por las potencias extranjeras o la capacidad de regular el comercio interestatal o la milicia. Después de la rebelión de Shays, los Artículos de la Confederación fueron reemplazados por una Constitución que tenía una rama ejecutiva fuerte, controles y balances, y un gobierno federal con el poder de poner impuestos. Según los Artículos, el gobierno federal tenía poco o ningún poder debido al temor de que se convirtiera en Gran Bretaña, por lo que la opción B es incorrecta. La opción C es incorrecta porque

el gobierno originalmente no tenía la intención de fracasar, y hubo llamadas solo para revisar el documento, no para reemplazarlo, durante la Convención Constitucional. La opción D es incorrecta porque solo había una rama del gobierno, la Legislativa, según los Artículos.

31. **La respuesta correcta es A.** El Congreso actuó después de la recesión, pero el pasaje no culpa al poder legislativo por la falta de acción previa a la recesión. El desempleo (opción B), la disminución de los ingresos (opción C) y la disminución del gasto del consumidor (opción D) fueron todas las causas económicas de la recesión.

32. **La respuesta correcta es D.** La falta de voluntad del presidente Nixon para proporcionar grabaciones de su participación en el escándalo de Watergate se menciona en el pasaje. No hay ninguna referencia en el pasaje del temor rojo (opción A), la elección de 1960 (opción B) o la Guerra de Vietnam (opción C), y el contexto del caso hace que todas sean elecciones inapropiadas.

33. **La respuesta correcta es A.** La fuente es una citación judicial típica y la información proporcionada en el pasaje, incluidas las referencias numéricas de los precedentes legales, sustentan mejor esta respuesta. La opción B es incorrecta porque se hace referencia al presidente en tercera persona, y este no haría referencia a su propio caso de esta manera. Un periódico (opción C) no se escribiría en este tono ni usaría referencias numéricas de precedentes legales como en el pasaje. Un libro de texto de historia (opción D) no se escribiría en este tono y, aunque el pasaje se podría encontrar dentro de un libro de texto de historia, no sería una fuente original, sino secundaria.

34. **La respuesta correcta es *la Ley del Cuidado de la Salud a Bajo Precio (o la Ley de Protección al Paciente y Atención Asequible).*** El presidente Obama se propuso aprobar la Ley del Cuidado de Salud a Bajo Precio durante su administración, que también aumentó el monto de la deuda del gobierno federal durante su segundo mandato. Fue visto muy negativamente por sus oponentes y etiquetado como "Obamacare" para vincularlo directamente al programa.

35. **La respuesta correcta es A.** Un retorno a las altas tensiones al final de la Guerra Fría durante la Presidencia de Reagan resultó en un aumento del financiamiento de defensa y los presupuestos militares, lo que aumentó el gasto federal general. Reagan disminuyó los fondos para programas ambientales (opción B), y disminuyó los impuestos (opción C) y la regulación gubernamental (opción D).

¿ESTA LISTO PARA TOMAR EL EXAMEN GED®?

Ahora que ha invertido una gran cantidad de tiempo y esfuerzo estudiando para el examen GED y tomando este examen de práctica, es de esperar que esté bien preparado para tomar el examen GED. Pero, es mejor asegurarse de estar completamente listo. Compare sus puntajes del examen de práctica con la tabla a continuación para ver dónde se encuentra.

	Todo listo— bien preparado	Posiblemente listo	Necesita más preparación
Razonamiento a través de las artes del lenguaje	37–49	25–36	0–24
Razonamiento matemático	34–36	23–33	0–22
Ciencia	26–33	18–25	0–17
Estudios sociales	26–35	18–25	0–17

Si sus puntajes están en la columna Todo listo—bien preparado, probablemente esté listo para tomar el examen GED real, y debe presentar la solicitud para tomar el examen pronto. Si algunos de sus puntajes están en la columna Posiblemente listo, debe centrar su estudio en aquellas áreas en las que necesita mejorar. Posiblemente listo significa que probablemente esté lo suficientemente preparado para obtener un diploma GED, pero no es una mala idea pasar un poco más de tiempo repasando para mejorar sus posibilidades de aprobar el examen GED real.

Si alguno de sus puntajes cayó en la categoría más baja, tómese el tiempo para revisar los capítulos pertinentes en este libro, y en los libros de texto de la escuela secundaria, si es necesario. ¡Buena suerte!

respuestas examen de práctica 2

PARTE VIII
APÉNDICES

Lista de palabras

A

abandonado (adjetivo) descuido en el deber de uno. *Los accidentes de tren fueron atribuidos a un trabajador que se había abandonado, se quedó dormido mientras estaba en deber.* **abandono** (sustantivo).

abigarrado (adjetivo) manchado con diferentes colores. *El aspecto brillante y abigarrado de las mariposas las hace populares entre los coleccionistas.* **abigarramiento** (sustantivo).

abrasivo (adjetivo) irritante, agobiante, tormentoso. *El director es muy grosero, tiene una manera abrasiva de criticar a los trabajadores lo que es muy malo para la moral.* **abrasión** (sustantivo).

abrazar (verbo) tomar una causa; adoptarla. *Hoy en día, ningún político de Estados Unidos abraza abiertamente el racismo, aunque algunos se comportan y hablancon prejuicios raciales.*

abreviar (verbo) hacer más breve, acortar. *Porque el tiempo se estaba acabando, el presentador tuvo que abreviar sus puntos.* **abreviación** (sustantivo).

absolver (verbo) Poner en libertad, exonerar. *El jurado criminal absolvió a Mr. Callahan de la muerte de su vecino.* **absolver** (sustantivo).

abstener (verbo) desistir, dejar de. *Después de su ataque al corazón, el doctor le dijo a William que se abstuviera de fumar, beber, y comer mucho.* **abstenerse** (sustantivo), **abstemio** (adjetivo).

acelerar (verbo) llevar a cabo con prontitud. *Con la inundación las aguas subieron, el gobernador ordenó a las agencias estatales para acelerar sus esfuerzos de rescate.*

acentuar (verbo) enfatizar, intensificar. *El cielo está nublado con vientos fríos solamente para acentuar una emoción melancólica.*

acertijo (sustantivo) un enigma, rompecabezas o problema. *La pregunta de por qué un todopoderoso y amoroso Dios permite que el mal exista es un enigma sobre el cual muchos filósofos han reflexionado.*

acrimonioso (adjetivo) mordaz, áspero, cáustico. *La campaña electoral se tornó acrimoniosa, ya que los candidatos intercambiaron insultos y acusaciones.* **acrimonia** (sustantivo).

actitud insular (adjetivo) estrecha o aislada desde el punto de vista. *Los estadounidenses son famosos por sus actitudes insulares; parecen pensar que nada importante ha sucedido fuera de su país.* **insularidad** (sustantivo).

acumulativo (adjetivo) compuesto de sucesivas adiciones. *La viruela fue eliminada solamente a través de los esfuerzos acumulativos de varias generaciones de doctores y científicos.* **acumulación** (sustantivo), **acumular** (verbo).

adaptable (adjetivo) poder cambiar según un nuevo propósito. *Algunos científicos dicen que los mamíferos vivieron más que los dinosaurios porque eran más adaptables al cambio del clima.* **adaptar** (verbo), **adaptacion** (sustantivo).

adecuación (sustantivo) idoneidad. *El director cuestionó cuán adecuada fue la discusión que la profesora tuvo con sus alumnos sobre la adicción al juego de otro profesor.*

adivinación (sustantivo) el arte de predecir el futuro. *En la antigua Grecia, las personas que querían saber su destino visitaban a los sacerdotes en Delfos, supuestamente expertos en adivinación.* **adivinar** (verbo).

adornado (adjetivo) altamente decorado, elaborado. *La arquitectura barroca es a menudo muy adornada, con superficies talladas, sinuosas curvas y escenas pintadas.*

adulación (sustantivo) admiración extrema. *La joven actriz recibió una gran adulación de las críticas y los fanáticos después de su actuación en Broadway.* **adular** (verbo), **adulador** (adjetivo).

adulador (sustantivo) alguien que adula a un superior con la esperanza de ganar favor; un adulador. *¡No puedo soportar los aduladores!, declaró el magnate de la película. "Dame a alguien que me diga la verdad: ¡incluso si le cuesta su trabajo!"* **adular** (verbo).

adversario (sustantivo) un enemigo o un oponente. *Cuando la Unión Soviética se convirtió en aliada Americana, los Estados Unidos perdieron su mayor adversario.* **adversario** (adjetivo).

adversidad (sustantivo) desgracia. *Es muy fácil ser paciente y generoso cuando las cosas están bien; el verdadero carácter de una persona se revela cuando hay adversidad.* **adverso** (adjetivo).

afectado (adjetivo) falso, artificial. *Hace un tiempo, a las mujeres Japonesas les enseñaban a hablar con una voz afectada alta, porque pensaban que era más femenina y atractiva.* **afectar** (verbo), **afectación** (sustantivo).

ágil (adjetivo) flexible y elegante. *La bailarina de ballet era casi tan ágil como un gato.*

agresivo (adjetivo) con fuerza, energético y atacador. *Algunos piensan que un jugador de fútbol Americano necesita un estilo de juego más agresivo que un jugador de fútbol.* **agresión** (sustantivo).

alegar (verbo) decir algo sin tener prueba. *Algunos han alegado que Foster fue asesinado, pero toda la evidencia apunta a un suicidio.* **alegato** (sustantivo).

aliviar (verbo) hacer más suave, o más aguantable. *Aunque no hay ninguna cura para HIV los doctores pueden aliviar el sufrimiento de los enfermos.* **aliviar** (sustantivo).

amable (adjetivo) amigable, pacífico. *Aunque ellos acordaron divorciarse, la división de bienes fue amable y siguieron siendo amigos.*

ambiguo (adjetivo) tener dos o más significados posibles. *La frase "Hablemos de eso después," algunos piensan que significa "hablemos ahora," aunque otros piensan que significa "hablemos más adelante."* **ambigüedad** (sustantivo).

ambivalente (adjetivo) tener dos o más actitudes o sentimientos contradictorios; incierto. *Ella sentía una ambivalencia en su matrimonio; a veces quería seguir con él pero a veces quería terminarlo.* **ambivalente** (sustantivo).

amplificar (verbo) agrandar, expandir, aumentar. *Ante la incertidumbre de si entendían, pidieron que se utilizara un megáfono para amplificar la voz.* **amplificador** (sustantivo).

anacrónico (adjetivo) fuera de tiempo apropiado. *La referencia de Julio César en Shakespeare "el reloj apunta a las doce" es anacrónica, porque había relojes que señalaran la hora en la antigua Roma.* **anacronismo** (sustantivo).

anarquía (sustantivo) sin ley y sin orden. *Por muchos meses después de que el gobierno Nazi fue destruido, no había un gobierno efectivo en partes de Alemania, y la anarquía era la ley.* **anarquía** (sustantivo).

anodino (adjetivo) sin cualidades distintivas; monótono. *La ropa del ladrón de bancos era indescriptible por anodina. Ninguno de los testigos pudo recordar su color o estilo.*

anomalía (sustantivo) Algo diferente o irregular. *El pequeño Plutón, orbitando al lado de los gigantes Júpiter, Saturno, y Neptuno, parecía una anomalía.* **anómalo** (adjetivo).

antagonismo (sustantivo) hostil, conflictivo, oposición. *Mientras Cada vez más reporteros averiguaban el escándalo de Watergate, el antagonismo entre Nixon y la prensa crecía.* **antagónico** (adjetivo), **antagonizar** (verbo).

antiséptico (adjetivo) Combate la infección; extremadamente limpio. *Una herida debe de ser lavada con una solución antiséptica. Todas las oficinas blancas son básicas y casi antisépticas por su crudeza.*

apatía (sustantivo) falta de interés, preocupación, o emoción. *La apatía de Tom hacia su trabajo puede verse en su dureza, su trabajo mediocre, y su mala actitud.* **apático** (adjetivo).

aplacar (verbo) para calmar o apaciguar. *El camarero trató de aplacar al cliente enojado con la oferta de un postre gratis.* **aplacador** (adjetivo).

arable (adjetivo) Que se puede arar para cultivar. *La rocosa Nueva Inglaterra tiene muy pocas tierras arables.*

arbitrario (adjetivo) con base en el azar o simplemente sin preferencia personal. *Las dos computadoras cuestan lo mismo y tiene las mismas características, entonces al final tomé una decisión arbitraria sobre cual comprar.*

árbitro (sustantivo) alguien que ayuda a solucionar conflictos; un juez. *El público es el último árbitro del valor comercial; decide qué se vende y qué no.*

arcano (adjetivo) poco conocido, misterioso, secreto. The Waste Land *de Eliot está llena de tradiciones arcanas, incluyendo dichos en Latín, Griego, Francés, Alemán y Sánscrito.* **arcanos** (sustantivo, plural).

ardor (sustantivo) un sentimiento fuerte de pasión, energía o celos. *El joven revolucionario proclamó su convicción con un ardor que emocionó a la multitud.* **ardor** (adjetivo).

árido (adjetivo) muy seco; aburrido y sin sentido. *El clima árido de Arizona hace la siembra muy difícil. Algunos encuentran que las leyes son un tema fascinante, pero para mi es muy árido.* **aridez** (sustantivo).

arrasar (verbo) destruir por completo; demoler. *El antiguo edificio del Coliseo pronto será arrasado para hacer espacio para un nuevo hotel.*

arrogante (adjetivo) demasiado orgulloso. *La modelo de ropa caminó por la pasarela, meneando sus caderas y con una expresión arrogante, como una burla, en su cara.* **arrogancia** (sustantivo).

ascético (adjetivo) practicar una disciplina estricta por razones morales y espirituales. *Los supuestamente llamados Padres del Desierto eran eremitas que llevaban una vida ascética en ayuno, estudiando y en oración.* **ascetismo** (sustantivo).

asiduo (adjetivo) Trabajo con cuidado, atención y diligencia. *Aunque Karen no es naturalmente inteligente para las matemáticas, con un asiduo trabajo logró obtener una A en trigonometría.* **asiduidad** (sustantivo).

astuto (adjetivo) Observador, inteligente, y sagaz. *El reportero gracias a sus años de experiencia en Washington y a sus amigos con influencias en la política se volvió un reportero astuto en política.*

atenuar (verbo) hacer menos grave. *La culpa de Jeannie se ve atenuada por el hecho de que ella solo tenía 12 cuando cometió el robo.* **atenuante** (adjetivo), **atenuación** (sustantivo).

atípico (adjetivo) no típico; inusual. *En* Hyde Park *en el Hudson,* Bill Murray, *el mejor actor cómico, dio una presentación atípica.*

atroz$_1$ (adjetivo) muy malvado, odioso. *La masacre de Pol Pot de más de un millón de camboyanos es uno de los crímenes del siglo XX más atroces.*

atroz₂ (adjetivo) obvio, conspicuo, flagrante. *Es difícil imaginar cómo podría el editor permitir que aparezca un error tan atroz.*

audaz (adjetivo) valiente, atrevido, aventurero. *Su plan para cruzar el Atlántico sin ayuda en un velero de 12 pies era audaz, si no temerario.* **audacia** (sustantivo).

audible (adjetivo) capaz de ser escuchado. *A pesar de que susurró, su voz fue recogida por el micrófono y sus palabras fueron audibles en todo el teatro.* **audible** (sustantivo).

auspicioso (adjetivo) que promete buena fortuna; propicio. *La noticia de que un equipo de británicos escaladores habían llegado a la cumbre del Everest parecía un signo auspicioso para el reinado de los recién llegados tras la reciente coronación de la reina Isabel II.*

autoritario (adjetivo) que favorece o exige obediencia ciega como líder. *A pesar de que los estadounidenses creen en la democracia, el gobierno estadounidense ha apoyado regímenes autoritarios en otros países.* **autoritarismo** (sustantivo).

B

benevolente (adjetivo) que desea o hace el bien. *En la vejez, Carnegie usó su riqueza para propósitos benevolentes, donando grandes sumas para fundar bibliotecas y escuelas.* **benevolencia** (sustantivo).

bombástico (adjetivo) inflado y pomposo, de moda. *Los bombásticos discursos políticos de antes no funcionan en televisión, que exige un estilo de comunicación más íntimo.* **bombástico** (sustantivo).

burguesa (adjetivo) de clase media o con valores de clase media. *Los dadaístas de la década de 1920 produjeron arte diseñado deliberadamente para ofender a los coleccio-nistas de arte burgués, con su gusto por las fotos respetables, refinadas y no controvertidas.* **burgués** (sustantivo).

C

calmar (verbo) 1. acallar, suprimir. *Se necesitó un enorme número de policías para calmar los disturbios.* 2. (verbo) relajar o despreocuparse; apaciguar. preocupación; para apaciguar. *Samantha trató de calmar al cliente enojado prometiéndole un reembolso completo.*

camaradería (sustantivo) un espíritu de amistad. *Tras pasar largos días y noches juntos en el camino, los miembros del grupo de teatro Desarrollaron un fuerte sentido de camaradería.*

cándido (adjetivo) sin astucia; inocente. *La personalidad cándida de Deborah y su completa honestidad le hacen difícil sobrevivir en el duro mundo de la política.*

caos (sustantivo), confusión, desorden. *Los primeros momentos después de la explosión fueron puro caos: nadie estaba seguro de lo que había sucedido, y la zona estaba llena de gente corriendo y gritando.* **caótico** (adjetivo).

caprichoso (adjetivo) Que sigue sus antojos, despreocupado; impulso o idea repentina; deseoso, juguetón. *El Book of Bad Songs de Dave Barry está lleno del tipo de bromas tontas que son típicas de su caprichoso sentido del humor.* **capricho** (sustantivo).

carente (adjetivo) carente o privado de algo. *Carentes de amor parental, los huérfanos a veces crecen con inseguridad.*

carnívoro (adjetivo) que come carne. *Por los largos dientes en forma de cuchillo del Tyrannosaurus es evidente que se trataba de un dinosaurio carnívoro.* **carnívoro** (sustantivo).

casualidad (sustantivo) coincidencia, suerte, que sucede por accidente. *Los inventos a veces aparecen tras una investigación deliberada y duro trabajo, a veces por pura casualidad.* **casual** (adjetivo).

catalizador (adjetivo) que provoca, causa o produce un resultado. *Las condiciones para la revolución existían en América en 1765; Las disputas sobre impuestos que surgieron más tarde fueron los catalizadores que provocaron la rebelión.* **catalizar** (verbo).

cáustico (adjetivo) ardiente, corrosivo. *Nadie estaba seguro cuando el satírico H. L. Mencken desataba su ingenio cáustico.*

cautivar (verbo) encantar, atraer. *La cantante sueca Jenny Lind cautivó al público estadounidense del siglo XIX con su belleza y talento.*

celebrar (verbo) alabar de una manera muy emotiva. *Ese crítico es tan fanático de Toni Morrison que seguro celebrará la próxima novela de la escritora.* **celebrado** (adjetivo).

chivo expiatorio (sustantivo) alguien que lleva la culpa por los actos de otros; alguien que es odiabo sin razón aparente. *Aunque el error de Buckner fue solo una de las razones por las que perdieron los Medias Rojas, muchos de los fanáticos lo convirtieron en el chivo expiatorio, abucheándolo sin piedad.*

circunloquio (sustantivo) No hablar directamente; palabrería. *Los documentos legales a menudo contienen circunlocuciones que de los hacen difíciles de comprender.*

circunscribir (verbo) inscribir; definir por un límite o perímetro. *Originalmente, el papel de la rama ejecutiva del gobierno estaba claramente circunscrita, pero ese papel se ha expandido enormemente ahora.* **circunscripción** (sustantivo).

clandestino (adjetivo) secreto, subrepticio. *Como miembro del subterráneo, Balas participó en reuniones clandestinas para discutir formas de sabotear las fuerzas Nazis.*

coacción (sustantivo) compulsión o restricción. *Con miedo de que la policía lo golpeara, él confesó el crimen, no voluntariamente sino bajo coacción.*

cohesivo (adjetivo) pegado, unificado. *Una unidad militar efectiva debe ser un equipo cohesivo, todos sus miembros trabajando juntos por un objetivo común.* **cohesionar** (verbo), **cohesión** (sustantivo).

colaborar (verbo) trabajar juntos. *Para crear una película verdaderamente exitosa, el director, escritores, actores, y muchos otros deben colaborar de cerca.* **colaboración** (sustantivo), **colaborativo** (adjetivo).

coloquial (adjetivo) lenguaje informal, conversacional. *Algunas expresiones de Shakespeare, como el uso de él y de ti, suena formal hoy pero era inglés coloquial en el tiempo de Shakespeare.*

competente$_1$ (adjetivo) hábil, experto. Un cartista competente, *Louise bosquejó rápidamente y exactamente la escena.* **competencia** (sustantivo).

competente$_2$ (adjetivo) que tiene la habilidad y conocimiento necesario para una tarea particular; capaz. *Cualquier abogado competente puede redactar una petición.* **competencia** (sustantivo).

complaciente (adjetivo) petulante, satisfecho de sí mismo. *Hasta hace poco, los fabricantes de automóviles estadounidenses eran complacientes, creyendo que continuarían teniendo éxito con poco esfuerzo.* **complacencia** (sustantivo).

compostura (sustantivo) calma, confianza personal. *El presidente de la compañía logró mantener la compostura durante su discurso incluso cuando el TelePrompter se rompió, dejándolo sin un guión.*

comprometer (verbo) poner en peligro. *Los ataques terroristas comprometen la frágil paz en el Medio Oriente.* **comprometido** (adjetivo).

conciliar (verbo) hacer coincidir, o volver armonioso. *La grandeza de FDR como líder se puede ver en su capacidad de conciliar las necesidades y valores de los variados grupos que lo apoyaron.* **conciliación** (sustantivo).

conciliatorio (adjetivo) de búsqueda, compromiso o reconciliación. *Como un gesto conciliador, los líderes sindicales acordaron posponer la huelga y continuar las negociaciones con la gerencia.* **conciliar** (verbo), **conciliación** (sustantivo).

conciso (adjetivo) expresado breve y simplemente; sucinto. *Con menos de una página de largo, el Bill of Derechos es una declaración concisa de las libertades de todos los estadounidenses.* **concisión** (sustantivo).

condescendiente (adjetivo) actitud de superioridad hacia otro; protector. *"¡Qué pequeño coche tan lindo!", Comentó ella en un estilo condescendiente "Supongo que es el mejor que alguien como tú podría tener!"* **condescendencia** (sustantivo).

confidente (sustantivo) alguien a quien se le ha confiado los secretos de otro. *Nadie sabía acerca del compromiso de Jane excepto Sarah, su confidente.* **confiar** (verbo), **confidencial** (adjetivo).

conformidad (sustantivo) acuerdo con o adherencia a una medida o regla. *En mi escuela secundaria, la conformidad era la regla: todos vestían lo mismo, hablaban igual y escuchaban la misma música.* **conformarse** (verbo), **conformista** (sustantivo, adjetivo).

consciente (adjetivo) despierto, atento. *Consciente del hecho de que se estaba haciendo tarde, el maestro de ceremonias interrumpió el último discurso.* **conocimiento** (sustantivo).

consenso (sustantivo) acuerdo general entre un grupo. *Entre los Quakers, no se vota por tradición, la discusión continúa hasta que todo el grupo llega a consenso.*

consternación (sustantivo) conmoción, asombro, sorpresa. *Cuando una voz en la parte de atrás de la iglesia gritó: "Sé por qué no deberían casarse" toda la gente se consterno.*

consuelo (sustantivo) alivio o calma en el dolor o sufrimiento. *Aunque extrañamos mucho a nuestro perro, es un consuelo saber que murió rápido, sin sufrimiento.* **consolar** (verbo).

consolar (verbo) aliviar o ayudar. *Poco pudo decir el rabino para consolar al marido después de la muerte de su esposa.* **consuelo** (sustantivo).

consumar (verbo) completar, terminar o perfeccionar. *El acuerdo fue consumado con un apretón de manos y el pago de lo acordado.* **consumado** (adjetivo), **consumación** (sustantivo).

contaminar (verbo) hacer impuro. *Los productos químicos desechados en un bosque cercano se infiltraron en el suelo y contaminaron el suministro de agua local.* **contaminación** (sustantivo).

contemporáneo (adjetivo) moderno, actual; al mismo tiempo. *Prefiero muebles anticuados en lugar de los estilos contemporáneos. El compositor Vivaldi fue más o menos contemporáneo.* **contemporáneo** (sustantivo).

contradecir (verbo) hacer algo falso o contrario en apariencia. *La apariencia juvenil de Lena Horne contradecía su larga y distinguida carrera en el negocio del espectáculo.*

contrafuerte (sustantivo) una estructura saliente de mampostería o madera que refuerza un muro, también llamado estribo. *El contrafuerte del muro sur del castillo medievalempezaba a desmoronarse.*

contrito (adjetivo) arrepentido por errores pasados. *El público a menudo está dispuesto a perdonar una celebridad involucrada en algún escándalo, siempre que parezca contrito.* **contrición** (sustantivo).

convergencia (sustantivo) el Unión, encuentro o similitud. *Un ejemplo notable de convergencia evolutiva se puede ver en el tiburón y el delfín, dos criaturas marinas que se desarrollaron desde diferentes orígenes para convertirse en formas similares.* **converger** (verbo).

convincente (adjetivo) contundente y que convence. *Los miembros del comité aceptaron el proyecto gracias a los convincentes argumentos del presidente.* **convencer** (verbo).

corresponder (verbo) dar y recibir mutuamente. *Si vigilas a mis hijos esta noche, corresponderé cuidando el tuyo mañana.* **correspondencia** (sustantivo).

corroborado (adjetivo) sustentado con evidencia; confirmado. *Una niña había presenciado el crimen y con su testimonio quedó corroborada la presencia de la persona acusada.* **corroborar** (verbo).

corrosivo (adjetivo) que desgasta, come o destruye. *Años de pobreza y trabajo duro tuvieron un efecto corrosivo en su belleza.* **corroer** (verbo), **corrosión** (sustantivo).

cortar (verbo) recortar. *La ronda de apertura del torneo de golf fue cortada por la severa tormenta.*

credulidad (sustantivo) voluntad de creer, incluso con poca evidencia. *Los estafadores engañan a la gente aprovechando su credulidad.* **crédulo** (adjetivo).

crédulo (adjetivo) fácil de engañar. *Cuando se sorteó el formulario de inscripción llegó con el mensaje, "¡Puedes ser un ganador!", Mi vecino crédulo, intentó reclamar un premio.* **credulidad** (sustantivo).

criterio (sustantivo) un estándar de medida o juicio. *Al elegir un diseño para los nuevos taxis, la fiabilidad será nuestro criterio principal.* **criterios** (plural).

crítica (sustantivo) análisis, apreciación. *El editor dio una crítica detallada del manuscrito, explicando sus fortalezas y debilidades.* **crítica** (verbo).

culpable (adjetivo) merecedor de culpa, responsable. *Aunque cometió el crimen, dado que estaba mentalmente enfermo no debería ser considerado culpable por sus acciones.* **culpabilidad** (sustantivo).

D

decoroso (adjetivo) que tiene buen gusto; apropiado. *Antes de su visita al Palacio Buckingham, la joven fue instruida para demostrar el comportamiento más decoroso.* **decoro** (sustantivo).

deducción (sustantivo) una conclusión lógica, especialmente una conclusión específica sustentada sobre principios generales. *Con base en lo que se sabe sobre los efectos de los gases ambientales en la temperatura atmosférica, los científicos han hecho varias deducciones sobre la probabilidad del calentamiento global.* **deducir** (verbo).

degradado (adjetivo) rebajado en calidad, carácter, o estima. *La calidad del periodismo televisivo ha sido degradada por los muchos nuevos estilos de programas de entrevistas.* **degradar** (verbo).

delegar (verbo) otorgar autoridad o responsabilidad. *El presidente delega al vicepresidente la representación de la administración en las conversaciones de paz.* **delegación** (sustantivo).

delinear (verbo) trazar una línea o describir. *Los naturalistas habían sospechado durante mucho tiempo el hecho de la evolución, pero Darwin fue el primero en delinear el proceso: la selección natural, a través de la cual la evolución podría ocurrir.* **delineación** (sustantivo).

demagogo (sustantivo) un líder que juega deshonestamente con los prejuicios y las emociones de sus seguidores. *El senador Joseph McCarthy fue un demagogo que usó la paranoia anti comunista de 1950 como medio para hacerse con la fama y poder en Washington.* **demagogia** (sustantivo).

denigrar (verbo) criticar o menospreciar. *El nuevo presidente trató de explicar sus planes para mejorar la empresa sin denigrar el trabajo de su predecesor.* **denigración** (sustantivo).

denunciar (verbo) acusar o condenar. *Los trabajadores continuaron denunciando la falta de seguridad en su fábrica.*

deponer (verbo) remover del ejercicio, especialmente de un trono. *Irán fue gobernado alguna vez por un monarca llamado Shah, quien fue depuesto en 1979.*

depredador (adjetivo) que vive de matar y comer otros animales; explotar a otros para ganancia personal. *El tigre es el depredador más grande nativo de Asia. Microsoft ha sido acusado de prácticas comerciales depredadoras que impiden a otras compañías de software competir con ellos.* **depredación** (sustantivo), **depredador** (sustantivo).

derivada (adjetivo) tomada de una fuente particular. *Cuando una persona escribe poesía por primera vez, los poemas tienden a ser derivados de la poesía que más le gusta leer.* **derivación** (sustantivo), **derivar** (verbo).

desacreditar (verbo) causar incredulidad sobre la precisión de alguna declaración o la fiabilidad de una persona. *Aunque muchas personas todavía creen en Ovnis, entre los científicos, los informes de "encuentros extraterrestres" han sido completamente desacreditados.*

desagradable (adjetivo) sin gracia, sin gusto. *Aunque estoy de acuerdo con el candidato sobre muchos problemas, no puedo votar por él porque encuentro su posición sobre la pena capital desagradable.*

descaro (sustantivo) audacia desvergonzada. *El mundo del deporte se escandalizó cuando un jugador profesional de baloncesto tuvo el descaro de estrangular a su entrenador durante una sesión de entrenamiento.*

desconocido (adjetivo) poco conocido, inesperado. *En un año de megaproducciones de gran presupuesto y muy publicitadas, esta película extranjera desconocida ha sorprendido a todos con su popularidad.*

desdén (sustantivo) desprecio. *El profesor no pudo ocultar su desdén por los estudiantes que siempre llegaban tarde a su clase.* **desdeñar** (verbo), **desdeñoso** (adjetivo).

deseable (adjetivo) atractivo. *Inteligente, encantadora, y talentosa, tiene todas las cualidades deseables de una potencial estrella de cine.*

desenmascarar (verbo) exponer como falso o sin valor. *Al mago James Randi le encanta desenmascarar a los psíquicos, médiums, clarividentes y otros que dicen tener poderes sobrenaturales.*

desolado (adjetivo) vacío, sin vida y desierto; sin esperanza, sombrío. *Robinson Crusoe naufragó y tuvo que aprender a sobrevivir solo en un isla desolada. El asesinato de su esposo dejó a Mary Lincoln desolada.* **desolación** (sustantivo).

despilfarrar (verbo) gastar sin cuidado, desperdiciar. *Quienes hicieron donaciones a la caridad se indignaron al saber que su director había despilfarrado millones en cenas elegantes y viajes de primera clase.*

desviarse (verbo) apartarse de un estándar o norma. *Tras acordar un presupuesto de gastos para la empresa, no debemos desviarnos de este; si lo hacemos, pronto se nos acabará el dinero.* **desviación** (sustantivo).

detractor (sustantivo) alguien que menosprecia o subestima. *El famoso cantante tiene muchos detractores que consideran su música aburrida, estúpida, y sentimental.* **detractar** (verbo).

didáctico (adjetivo) destinado a enseñar, instructivo. *El programa de televisión para niños Sesame Street está diseñado para ser entretenido y didáctico.*

difidente (adjetivo) vacilante, reservado, tímido. *Alguien con una personalidad diferente debería buscar una carrera que implique poco contacto con el público.* **difidente** (sustantivo).

difuso (verbo) dispersarse. *El tinte rojo se difundió rápidamente a través del agua, convirtiéndose en un rosa muy pálido.* **difusión** (sustantivo).

dilatoria (adjetivo) que demora, posterga. *El abogado usó varias tácticas dilatorias, esperando que su oponente se cansara de esperar un juicio y dejara el caso.*

diligente (adjetivo) que trabaja duro y constantemente. *Con esfuerzos diligentes, la gente del pueblo fue capaz de limpiar los escombros de la inundación en cuestión de días.* **diligencia** (sustantivo).

diminuto (adjetivo) inusualmente pequeño, pequeño. *Los niños son aficionados a los ponis de Shetland porque su tamaño diminuto los hace fáciles de manejar.* **diminuto** (sustantivo).

discernir (verbo) detectar, entender, notar u observar. *Pude discernir la forma de una ballena de a estribor de la proa, pero estaba demasiado lejos para determinar su tamaño o especie.* **discernimiento** (sustantivo).

díscolo (adjetivo) problemático, revoltoso. *Los miembros del Parlamento británico suelen ser díscolos, pues gritan insultos y preguntas sarcásticas durante los debates.*

discordante (adjetivo) que causa desacuerdo o desunión. *A lo largo de la historia, la raza ha sido el tema más discordante de la sociedad estadounidense.*

discrepancia (sustantivo) una diferencia o variación entre dos o más cosas. *Las discrepancias entre las dos historias de los testigos muestran que uno de ellos debe estar mintiendo.* **discrepante** (adjetivo).

discreto (adjetivo) mostrar buen juicio en habla y comportamiento. *Sé discreto cuando discutas asuntos comerciales confidenciales, no hables con extraños en el ascensor, por ejemplo.* **discreción** (sustantivo).

disimular (verbo) fingir, simular. *Cuando la policía le preguntó sobre el crimen, ella disimuló, actuando como si no conociera a la víctima.*

disipar (verbo) esparcir o dispersar. *Se abrieron ventanas y puertas, permitiendo que el humo que había llenado la habitación se disipara.* **disipación** (sustantivo).

disonancia (sustantivo) falta de armonía musical; carencia de acuerdo entre ideas. *La música más moderna se caracteriza por la disonancia, que muchos oyentes encuentran difícil de disfrutar. Hay una disonancia notable entre dos comunes creencias de la mayoría de los conservadores: su fe en mercados libres sin restricciones y su preferencia por los valores sociales tradicionales.* **disonante** (adjetivo).

disparidad (sustantivo) diferencia en calidad o tipo. *A menudo hay una disparidad entre el tipo de programas de televisión de alta calidad que la gente quiere ver, y los programas de mala calidad que realmente ven.* **dispar** (adjetivo).

disuadir (verbo) convencer de no actuar. *La mejor forma de disuadir el crimen es asegurar que los delincuentes reciban un castigo rápido y seguro.* **disuasión** (sustantivo), **disuasivo** (adjetivo).

divagar (verbo) desviarse del del discurso otema principal. *A mi profesor de biología de la escuela le encantaba divagar en mitad de las explicaciones científicas y contaba anécdotas personales sobre sus aventuras universitarias.* **divagación** (sustantivo).

divergir (verbo) ir separándose uno del otro. *El poema de Frost, "The Road Less Traveled", cuenta la elección que hizo cuando "Dos caminos divergieron en un bosque amarillo".* **divergencia** (sustantivo), **divergente** (adjetivo).

diversión (sustantivo) una distracción o pasatiempo. *Durante las dos horas que pasó en la sala de espera del consultorio médico, el juego de su celular fue una buena diversión.* **divertir** (verbo).

divulgar (verbo) revelar. *Las personas que cuentan los votos de los premios Oscar tienen órdenes estrictas de no divulgar los nombres de los ganadores.*

dogmático (adjetivo) que sostiene firmemente un conjunto particular de creencias con poca o ninguna base. *Los creyentes en la doctrina autocrática tienden a ser dogmáticos, ignorando la evidencia que contradice sus creencias.* **dogmatismo** (sustantivo).

dominante (adjetivo) de mayor importancia o poder. *La* Frontier Thesis *de Turner sugiere que la existencia de la frontera tuvo una influencia dominante en la cultura americana.* **dominar** (verbo), **dominación** (sustantivo).

dubitativo (adjetivo) dudoso, incierto. *A pesar de los intentos del presidente por convencer a los miembros del comité de que su plan tendría éxito, la mayoría de ellos se veían dubitativos.*

duradero (adjetivo) de larga duración. *La mezclilla es un material popular para ropa de trabajo porque es fuerte y duradera.*

E

ecléctico (adjetivo) extraído de muchas fuentes; variado, heterogéneo. *La familia Mellon tiene una colección de arte ecléctica, incluyendo obras que van desde antiguas esculturas griegas a las pinturas modernas.* **eclecticismo** (sustantivo).

ecuanimidad (sustantivo) calma mental, especialmente bajo estrés. *FDR tenía el don de enfrentar grandes crisis en su presidencia: la depresión y la Segunda Guerra Mundial, con ecuanimidad e incluso humor.*

eficaz (adjetivo) capaz de producir un efecto deseado. *Aunque miles de personas hoy están tomando suplementos herbales para tratar la depresión, los investigadores aún no han demostrado su eficacia.* **eficacia** (sustantivo).

efímero (adjetivo) que desaparece rápidamente; transitorio. *El estrellato en la música pop es efímero; muchos de los principales actos de hace diez años se han olvidado hoy.*

efusivo (adjetivo) que expresa emociones muy libremente. *Habiendo ganado el Oscar a la mejor actriz, Sally Field dio un discurso de aceptación efusivo en el que dijo encantada: ¡Les gusto! ¡de verdad les gusto!* **efusividad** (sustantivo).

egoísmo (sustantivo) preocupación excesiva por uno mismo; presunción. *El egoísmo de Robert fue tan grande que de todo de lo que podía hablar era de la importancia, y la brillantez de sus propias opiniones.* **egoísta** (adjetivo).

ejemplar (adjetivo) digno de servir como modelo. *El Premio Baldrige se otorga a una empresa con estándares ejemplares de excelencia en productos y servicios.* **ejemplar** (sustantivo), **ejemplificar** (verbo).

elíptico (adjetivo) muy conciso o breve en escritura o discurso; difícil de comprender. *En lugar de hablar claramente, ella insinuó el significado a través de una serie de sentimientos, gestos y medias oraciones elípticas.*

elogioso (adjetivo) que alaba; laudatorio. *Los anuncios de la película están llenos de comentarios elogiosos de los críticos.*

emigrar (verbo) dejar un lugar o país para establecerse en otro lugar. *Millones de irlandeses emigraron al Nuevo Mundo a raíz de las grandes Hambrunas irlandesas de la década de 1840.* **emigrante** (sustantivo), **emigración** (sustantivo).

eminente (adjetivo) notable, famoso. *Vaclav Havel fue un autor eminente antes de ser elegido presidente de la República Checa.* **eminencia** (sustantivo).

emisario (sustantivo) alguien que representa otro. *En un esfuerzo por evitar un enfrentamiento, el ex presidente Jimmy Carter fue enviado como emisario a Corea para negociar un acuerdo.*

emoliente (sustantivo) algo que suaviza y calma. *Ella usó una crema de manos como emoliente en sus manos secas y ásperas por el trabajo.* **emoliente** (adjetivo).

empalagoso (adjetivo) demasiado dulce o sentimental. *Las escenas del lecho de muerte en las novelas de Dickens son famosas por ser empalagosas: como dijo Oscar Wilde: "Uno necesitaría un corazón de piedra para leer la muerte de Little Nell sin deshacerse en lágrimas. . . de la risa."*

empatía (sustantivo) intercambio imaginativo de la sentimientos, pensamientos o experiencias de otro. *Es fácil para un padre sentir empatía por la pena de otro padre cuyo hijo ha muerto.* **empático** (adjetivo).

empírico (adjetivo) basado en la experiencia u observación personal. *Aunque mucha gente cree en ESP, los científicos no han encontrado evidencia empírica de su existencia.* **empirismo** (sustantivo).

emular (verbo) imitar o copiar. *La banda británica Oasis admitió su deseo de emular a sus ídolos, los Beatles.* **emulación** (sustantivo).

enemistad (sustantivo) odio, hostilidad, mala voluntad. *La larga enemistad, entre los protestantes y católicos en Irlanda del Norte, es difícil de superar.*

enervar (verbo) reducir la energía o la fuerza de alguien o algo. *La exposición extendida al sol junto con la deshidratación enervó a la tripulación naufragada, dejándolos demasiado débiles para detectar el barco que pasaba.*

enfermedad patológica (sustantivo) o el estudio de la enfermedad; anormalidad extrema. *Algunas personas creen que las altas tasas de delincuencia son síntomas de una patología social subyacente.* **patológico** (adjetivo).

engendrar (verbo) producir, causar. *Muchos desacuerdos sobre el uso adecuado de los bosques nacionales han engendrado sentimientos de hostilidad entre ganaderos y ecologistas.*

enmendar (verbo) corregir. *Antes de enviar la carta, enmiende los dos errores ortográficos.* **enmienda** (sustantivo).

ensalzar (verbo) alabar mucho. *En la convención de la fiesta, orador tras orador se levantaron para ensalzar a su candidato a la presidencia.*

equívoco (sustantivo) *una idea errónea. Colón navegó hacia el oeste bajo el equívoco de que llegaría a las costas de Asia.* **equivocar** (verbo).

erradicar (verbo) eliminar por completo. *La sociedad Americana no ha logrado erradicar el racismo, aunque algunos de sus peores efectos han sido mitigados.*

escrupuloso (adjetivo) que actúa con extremo cuidado; esmerado. *Los parques temáticos de Disney son famosos por su escrupulosa atención a los pequeños detalles.* **escrúpulo** (sustantivo).

escudriñar (verbo) estudiar de cerca. *El abogado escudriñó el contrato, buscando cualquier cláusula que podría representar un riesgo para su cliente.* **escrutinio** (sustantivo).

espeluznante (adjetivo) impactante, espantoso. *Mientras que el asesino en serie andaba suelto, los periódicos estaban llenos de historias espeluznantes sobre sus crímenes.*

espontáneo (adjetivo) que ocurre sin plan. *Cuando la noticia del asesinato de Kennedy apareció, la gente en todas partes se reunió en un esfuerzo espontáneo para compartir su conmoción y dolor.* **espontaneidad** (sustantivo).

espurio (adjetivo) falso, no real. El llamado *Piltdown Man, supuestamente el fósil de un humano primitivo, resultó ser espurio, aunque aún es incierto quién creó el engaño.*

esquivo (adjetivo) difícil de capturar, captar o entender. *Aunque todos piensan que saben qué es "ajusticiar" cuando intentas definir el concepto precisamente, demuestra ser bastante esquivo.*

estancarse (verbo) volverse rancio por falta de movimiento o cambio. *Al no haber tenido contacto con el mundo exterior por generaciones, la cultura de Japón se estancó gradualmente.* **estancado** (adjetivo), **estancamiento** (sustantivo).

estético (adjetivo) relacionado con el arte y la belleza. *Las fotos de Mapplethorpe pueden ser atacadas de acuerdo a la moral, pero nadie cuestiona su valor estético, son hermosas.* **estética** (sustantivo).

estímulo (sustantivo) algo que excita una respuesta o provoca una acción. *La llegada de comerciantes y misioneros del oeste proporcionó un estímulo para el cambio en la sociedad japonesa.* **estimular** (verbo).

estoico (adjetivo) que demuestra poca emoción, incluso en respuesta al dolor. *Un soldado debe responder a la muerte de sus camaradas de forma estoica, ya que la lucha no se detendrá por su dolor.* **estoicismo** (sustantivo).

eufórico (adjetivo) emocionado y feliz; jubiloso. *Cuando el último pase desesperado de los Cowboys de Dallas fue interceptado, los fanáticos eufóricos de los Eagles de Filadelfia comenzaron a celebrar.* **euforia** (sustantivo).

evadir (verbo) alejarse, esquivar, evitar. *Cuando James fue atrapado a exceso de velocidad, trató de evadir la ley ofreciendo un soborno al oficial de policía.*

evanescente (adjetivo) que desaparece como un vapor; frágil y transitorio. *Mientras caminaba, la fragancia evanescente de su perfume me alcanzó por un instante.*

exacerbar (verbo) empeorar o agravar aún más. *Los caminos de nuestro pueblo ya tienen demasiado tráfico; construir un nuevo centro comercial va a exacerbar el problema.*

exasperar (verbo) irritar o molestar. *Sharon, trataba de estudiar, pero estaba exasperada por los gritos de los hijos de sus vecinos.*

examinar (verbo) estudiar o leer detenidamente. *Carolino examinó el contrato detenidamente antes de firmarlo.* **examen** (sustantivo).

exceso (sustantivo) Demasiado. *La mayoría de las familias estadounidenses consumen un exceso de comida y bebida en el Día de Acción de Gracias.* **exceder** (verbo).

excluir (verbo) expulsar de un grupo. *En tiempos bíblicos, aquellos que sufrieron de la enfermedad de la lepra fueron excluidos y condenados al ostracismo.* **exclusión** (sustantivo).

exculpar (verbo) liberarse de la culpa. *Cuando alguien más confesó el crimen, el sospechoso anterior fue exculpado.* **exculpación** (sustantivo), **exculpado** (adjetivo).

existente (adjetivo) actualmente en existencia. *De las siete antiguas maravillas del mundo, solo las pirámides de Egipto existen aún.*

exonerar (verbo) disculpar. *A pesar de que el conductor del camión era sospechoso al principio de haber estado involucrado en el bombardeo, la evidencia posterior lo exoneró.* **exoneración** (sustantivo), **exonerado** (adjetivo).

experto (sustantivo) alguien que ofrece opiniones con estilo autoritario. *Los programas de entrevistas de los domingos por la mañana están llenos de expertos, cada uno con su propia teoría sobre las noticias políticas de la semana.*

expiar (verbo) descargar la culpa. *La disculpa del presidente a los sobrevivientes de los famosos experimentos Tuskegee fue su intento de expiar la culpa de la nación por su maltrato.* **expiación** (sustantivo).

expropiar (verbo) tomar posesión de. *Cuando los comunistas llegaron al poder en China, expropiaron la mayoría de las empresas y se volvieron ellos los gerentes designados por el gobierno.* **expropiación** (sustantivo).

extenso (adjetivo) amplio y grande; que habla abierta y libremente. *El rancho LBJ está situado en una extensa parcela de tierra en Texas. En la cena, se extendió al describir sus sueños del futuro.*

extenuante (adjetivo) que requiere energía y fuerza. *El senderismo en las estribaciones de las montañas rocosas es bastante fácil, pero subir los picos más altos puede ser extenuante.*

extravagante (adjetivo) muy colorido, llamativo o elaborado. *En Mardi Gras, los asistentes a la fiesta compiten para presumir los trajes más excesivos y extravagantes.*

extrínseco (adjetivo) no es una parte o aspecto innato de algo; externo. *El alto precio de las cartas de béisbol viejas se debe a factores extrínsecos, como la nostalgia que sienten los fanáticos del béisbol por las estrellas de su juventud, en lugar de la belleza inherente o valor de las tarjetas en sí.*

exuberante (adjetivo) tremendamente alegre y entusiasta. *A medida que transcurrieron los últimos segundos del juego de visitantes, los fanáticos del equipo ganador comenzaron una exuberante celebración.* **exuberancia** (sustantivo).

exualtante (adjetivo) con sentimiento de felicidad extrema y bienestar; elación. *Uno a menudo siente euforia durante los primeros días de un nuevo amor.*

F

fácil (adjetivo) sencillo. *Los comerciales políticos de un minuto muestran un candidato con opciones fáciles en lugar de soluciones serias y reflexivas.* **facilitar** (verbo), **facilidad** (sustantivo).

falacia (sustantivo) un error de hecho o lógica. *Es una falacia pensar que "natural" significa "saludable"; después de todo, el mortal arsénico venenoso es completamente natural.* **falaz** (adjetivo).

falso (adjetivo) falaz, mentiroso, engañoso. *Cuando el multimillonario H. Ross Perot de texas se postuló para presidente, muchos consideraron su estilo de "gente sencilla" falso.*

feliz (adjetivo) agradable, afortunado, contento. *El florecimiento repentino de los cornejos en la mañana de la boda de Matt parecía una fiesta feliz, signo de buena suerte.* **felicidad** (sustantivo).

ferviente (adjetivo) lleno de sentimiento intenso; ardiente, celoso. *En los días posteriores a su conversión religiosa, su piedad fue más ferviente.* **férvido** (adjetivo), **fervor** (sustantivo).

flagrante (adjetivo) que es claro y evidente. ofensiva. *Nixon se vio obligado a renunciar a la presidencia después de una serie de delitos flagrantes contra la constitución de los Estados Unidos.* **flagrancia** (sustantivo).

flemático (adjetivo) con un temperamento lento y excesivamente tranquilo. *Fue sorprendente ver a Tom, que normalmente es tan flemático, actuando emocionado.*

florido (adjetivo) floreado, fantasioso; rojizo. *El gran salón de baile estaba decorado con un estilo florido. Los años de consumo excesivo de alcohol le dieron un aspecto florido.*

formidable (adjetivo) impresionante, o aterrador. *Según su placa del Salón de la fama del béisbol, el lanzador Tom Seaver convirtió a los Mets de Nueva York "de adorables perdedores en enemigos formidables".*

fortuito (adjetivo) afortunado. *A pesar de que el alcalde reclamó crédito por la caída del crimen, realmente fue causada por varias tendencias fortuitas.*

fragilidad (sustantivo) la cualidad de ser fácil de romper; delicadeza, debilidad. *Debido a su fragilidad, pocas vidrieras de La temprana Edad Media han sobrevivido.* **frágil** (adjetivo).

franqueza (sustantivo) apertura, honestidad, sinceridad. *En sus memorias sobre la guerra de Vietnam, el ex secretario de defensa McNamara describió sus errores con notable franqueza.* **franco** (adjetivo).

fraternizar (verbo) asociarse con amistosas condiciones. *Aunque no se supone que los jugadores de béisbol deban fraternizar con sus oponentes, los jugadores de los equipos adversarios suelen chatear antes del juego.* **fraternidad** (sustantivo).

frenético (adjetivo) caótico, exaltado. *El edificio de la bolsa de valores está llena de comerciantes gritando y gesticulando, es una escena de actividad frenética.*

frivolidad (sustantivo) falta de seriedad; ligereza. *La frivolidad del carnaval de Mardi Gras contrasta con la seriedad de la temporada religiosa de Cuaresma que sigue.* **frívolo** (adjetivo).

frugal (adjetivo) que gasta poco. *Con nuestros pocos dólares, compramos una cena frugal: un pan y un trozo de queso.* **frugalidad** (sustantivo).

fugitivo (sustantivo) alguien que intenta escapar. *Cuando dos prisioneros escaparon de la cárcel local, la policía fue advertida que debían estar atentos a los fugitivos.* **fugitivo** (adjetivo).

G

generalizado (adjetivo) que se extiende a todas partes. *Como la noticia del desastre llegó a la ciudad, hubo un fenómeno generalizado de una sensación de tristeza que se podía sentir.* **generalizar** (verbo).

generoso₁ (adjetivo) muy amplio; pródigo. *La donación de Ted Turner de mil millones de dólares a Las naciones unidas fue uno de los actos de caridad más generosos de la historia.* **generosidad** (sustantivo).

generoso₂ (adjetivo) que da libre y ampliamente. *Eleanor Roosevelt fue muy admirada por sus esfuerzos generosos en favor de los pobres.*

genial (adjetivo) amable. *Un buen anfitrión da la bienvenida a todos los visitantes de forma cálida y genial.*

gigantesco (adjetivo) enorme, colosal. *La construcción de la Gran Muralla China fue uno de los proyectos más gigantescos jamás realizados.*

grandioso (adjetivo) demasiado grande, pretencioso, o llamativo. *Entre los grandiosos planes de Hitler para Berlín había un edificio gigantesco con una cúpula más grande que cualquier otra construida.* **grandiosidad** (sustantivo).

gratuito (adjetivo) dado libremente o sin razón alguna. *Como su opinión no fue solicitada, su dura crítica del canto parecía un insulto gratuito.*

gregario (adjetivo) que disfruta de la compañía de otros; sociable. *Por su naturaleza gregaria, Emily es miembro popular de varios clubes y está buscando compañero de almuerzo.*

H

habilidad (sustantivo) capacidad, dominio. *La empresa de software estaba ansiosa por contratar recién graduados con habilidades de programación.*

hacerse el enfermo (verbo) pretender incapacidad o enfermedad para evitar un deber o trabajo. *Durante el conflicto laboral, cientos de empleados se hicieron los enfermos, obligando a la empresa a reducir la producción y costándole millones en ganancias.*

hedonista (sustantivo) alguien que vive principalmente para buscar el placer. *Tras heredar una enorme riqueza, eligió vivir la vida de un hedonista, viajando por el mundo con lujo.* **hedonismo** (sustantivo), **hedonista** (adjetivo).

hipocresía (sustantivo) una falsa pretensión de virtud. *Cuando la mala conducta sexual del predicador de televisión fue expuesta, sus seguidores estaban conmocionados por su hipocresía.* **hipócrita** (adjetivo).

I

iconoclasta (sustantivo) alguien que ataca creencias tradicionales o instituciones. *El cómico Stephen Colbert disfruta de su reputación como iconoclasta, aunque las personas en el poder a menudo resienten sus golpes satíricos.* **iconoclasia** (sustantivo), **iconoclasta** (adjetivo).

idiosincrásico (adjetivo) peculiar de un individuo; excéntrico. *Ella canta música pop en un estilo idiosincrásico, mezclando tonos agudos, chillidos y gritos con gorgoteos guturales.* **idiosincrasia** (sustantivo).

idolatría (sustantivo) la adoración de una persona, cosa, o institución como un dios. *En la China comunista, el presidente Mao fue objeto de idolatría; su imagen se mostró en todas partes, y millones de chinos memorizaron sus dichos.* **idólatra** (adjetivo).

ignorar (verbo) No prestar atención, descuidar. *Si no escribe un testamento, cuando muera, sus sobrevivientes pueden ignorar sus deseos sobre cómo deben repartir sus propiedades.* **ignorar** (sustantivo).

imitación (sustantivo) falso, simulacro. *La popularidad de Elvis Presley dio lugar a una clase de artistas que se ganan la vida imitando a "El Rey".* **imitador** (sustantivo).

imparcial (adjetivo) justo, igual, neutral. *Si un juez no es imparcial, entonces todas sus decisiones son cuestionables.* **imparcialidad** (sustantivo).

impecable (adjetivo) perfecto. *Los ladrones copian boletos impecables de las entradas del Super Bowl, que son imposibles de distinguir de los reales.*

impetuoso (adjetivo) que actúa apresuradamente o impulsivamente. *La renuncia de Stuart fue impetuosa; lo hizo sin pensar, y pronto lo lamento.* **impetuosidad** (sustantivo).

implícito (adjetivo) que se entiende sin ser expresado abiertamente; sutil. *Aunque la mayoría los clubes no tenían reglas que excluyeran a las minorías, muchos daban a entender de forma implícita que ningún miembro de un grupo minoritario podría unirse.*

impregnar (verbo) extenderse o penetrar. *Poco a poco, el olor a gas de las filtraciones de la tubería impregnaba la casa.*

imputar (verbo) acusar o dar responsabilidad; atribuir. *Aunque los comentarios de Helena me avergonzaron, no me imputó de mala voluntad; Creo que ella no se dio cuenta de lo que estaba diciendo.* **imputación** (sustantivo).

inarticulado (adjetivo) incapaz de hablar o expresarse de manera clara y comprensiblemente. *Un atleta experto puede ser un orador público inarticulado, como lo demuestran muchos en las entrevistas después del juego.*

incidir (verbo) para invadir, tocar o afectar. *Tienes derecho de hacer lo que quieras querer, siempre y cuando tus acciones no incidan sobre los derechos de los demás.*

incisiva (adjetivo) claro y directo. *Franklin resolvió el debate con algunas expresiones incisivas que resumían el problema perfectamente.* **incisivo** (adjetivo).

incomodar (verbo) frustrar, malograr o avergonzar. *Incomodado por la inesperada pregunta del entrevistador, Peter sólo pudo balbucear en respuesta.* **incomodidad** (sustantivo).

incomparable (adjetivo) sin igual; único. *Su victoria en el torneo de golf por un total de 12 golpes fue un logro incomparable.*

incompatible (adjetivo) incapacidad de existir juntos; contradictorio. *Muchas personas tienen creencias aparentemente incompatibles: por ejemplo, apoyan la pena de muerte mientras creen en lo sagrado de la vida humana.* **incompatibilidad** (sustantivo).

inconsciente (adjetivo) despreocupado, sin conciencia. *Karen practicaba el oboe con total concentración, inconsciente del ruido y la actividad que la rodeaba.* **inconsciencia** (sustantivo).

incontrovertible (adjetivo) que no admite discusión. *El hecho de que las huellas digitales de Alexandra fueran las únicas en el arma homicida hizo que su culpa pareciera incontrovertible.*

incorregible (adjetivo) imposible de manejar o corregir. *Lou es un tramposo incorregible, constantemente juega bromas pesadas sin importar cuánto se quejan sus amigos.*

incremental (adjetivo) que aumenta gradualmente en pequeñas cantidades. *Aunque el costo inicial del programa de Medicare fue pequeño, los gastos incrementales han crecido hasta volverse enormes.* **incremento** (sustantivo).

incriminar (verbo) dar evidencia de culpa. *La quinta enmienda de la Constitución dice que nadie está obligado a revelar información que lo incriminaría en un crimen.* **incriminatorio** (adjetivo).

indeterminado (adjetivo) desconocido o indefinido. *La universidad planea admitir a un indeterminado número de estudiantes; el tamaño de la clase dependerá del número de solicitantes y de cuántos acepten la oferta de admisión.* **indeterminación** (sustantivo).

indiferente₁ (adjetivo) despreocupado, apático. *El pequeño presupuesto propuesto por el alcalde para la educación sugiere que es indiferente a las necesidades de nuestras escuelas.* **indiferencia** (sustantivo).

indiferente₂ (adjetivo) que parece despreocupado. *A diferencia de los otros jugadores del equipo de fútbol que levantaron sus puños cuando sus nombres fueron anunciados, John corrió por el campo con una actitud indiferente.* **indiferencia** (sustantivo).

indigente (adjetivo) muy pobre. *Años de gobierno de un dictador que robó la riqueza del país dejó a la gente de Filipinas en la indigencia.* **indigencia** (sustantivo).

indistinto (adjetivo) poco claro, incierto. *Podíamos ver barcos en el agua, pero en la mañana con la espesa niebla sus formas eran indistintas.*

indomable (adjetivo) incapaz de ser conquistado o controlado. *El mundo admiraba el indomable espíritu de Nelson Mandela; él permaneció valiente a pesar de años de prisión.*

inducir (verbo) causar. *El médico le recetó una medicina que se suponía que induciría una disminución de la presión arterial.* **inducción** (sustantivo).

indulgente (adjetivo) suave, calmante o amable. *El juez era conocido por su disposición indulgente; rara vez impuso largas penas de cárcel a criminales.* **indulgencia** (sustantivo).

inefable (adjetivo) imposible de decir o describir. *Miró en silencio el amanecer sobre el Taj Mahal, sus ojos reflejaban una inefable sensación de maravilla.*

inevitable (adjetivo) que no se puede evitar. *Cuando vez los japoneses atacaron Pearl Harbor, la participación estadounidense en la Segunda Guerra Mundial fue inevitable.* **inevitabilidad** (sustantivo).

inexorable (adjetivo) que no puede ser disuadido; implacable, despiadado. *Es difícil imaginar cómo el personaje mítico de Edipo podría haber evitado su malvado destino; su destino parece inexorable.*

inflexible (adjetivo) firme, resuelto, obstinado. *A pesar de las críticas, Mario Cuomo fue inflexible en su oposición a la pena capital; vetó varios proyectos de ley de pena de muerte como gobernador.*

ingenioso (adjetivo) que muestra inteligencia y originalidad. *La nota Post-it es una ingeniosa solución a un problema común: cómo marcar papeles sin estropearlos.* **ingenio** (sustantivo).

inherente (adjetivo) naturalmente parte de algo. *El compromiso es inherente a la democracia, ya que no todos pueden salirse con la suya.* **inherencia** (sustantivo).

innato (adjetivo) de nacimiento, de origen. *No todo aquel que toma clases de piano se convierte en un buen músico, lo que demuestra que la música requiere talento innato, así como entrenamiento.*

inocular (verbo) prevenir una enfermedad al Introducir en el cuerpo un organismo que causa enfermedades. *Pasteur descubrió que podía prevenir la rabia al inocular pacientes con el virus que causa la enfermedad.* **inoculación** (sustantivo).

inocuo (adjetivo) *inofensivo, sin malicia. Yo me sorprendí de que Melissa se ofendiera por un chiste inocuo.*

insípido (adjetivo) sin sabor, sin interés. *Algunos programas de televisión son tan insípidos que se puede leer mientras se miran sin perderse nada.*

insolencia (sustantivo) una actitud o comportamiento que es audaz e irrespetuoso. *Algunos sienten eso con reporteros de noticias que gritan preguntas al presidente y se comportan con insolencia.* **insolente** (adjetivo).

insostenible (adjetivo) imposible de defender. *La teoría de que esta pintura es una auténtica obra de, Van Gogh se volvió insostenible cuando el artista que la pintó apareció.*

insurgencia (sustantivo) levantamiento, rebelión. *La gente enfadada del pueblo había comenzado una insurgencia que limitaba con una verdadera revolución. Estaban reuniendo armas, celebrando reuniones secretas y se negaban a pagar ciertos impuestos.* **insurgente** (adjetivo).

integridad (sustantivo) honestidad, sinceridad; solvencia, completo. *"Abe honesto" Lincoln es considerado un modelo de integridad política. Los inspectores examinaron las vigas de soporte del edificio y los cimientos, y no encontraron ninguna razón para dudar de su integridad estructural.*

intempestivo (adjetivo) a destiempo o en un momento no oportuno. *La muerte intempestiva de la joven princesa Diana pareció mucho más trágica que la muerte, por vejez, de la Madre Teresa.*

interlocutor (sustantivo) alguien que participa en una diálogo o conversación. *Molesto por las preguntas constantes de alguien en la multitud, el orador desafió a su interlocutor a ofrecerle un mejor plan.* **interlocutorio** (adjetivo).

interludio (sustantivo) un período de interrupción o actuación. *Las dos escenas más dramáticas de King Lear están separadas extrañamente, por un cómico interludio protagonizado por el bufón del rey.*

interminable (adjetivo) sin fin o aparentemente sin fin. *Dirigiéndose a las Naciones Unidas, Castro anunció: "Seremos breves", luego pronunció un discurso interminable de 4 horas.*

intransigente (adjetivo) inamovible, terco, reacio al cambio. *A pesar de los intentos del mediador por sugerir una solución justa, las dos partes fueron intransigentes, forzando un enfrentamiento.* **intransigencia** (sustantivo).

intrascendente (adjetivo) de poca importancia. *Cuando recibí el televisor de pantalla plana, tenía un tono de gris diferente al que esperaba, pero la diferencia era intrascendente.*

intrépido (adjetivo) sin miedo y resuelto. *Solamente un intrépido aventurero está dispuesto a emprender el largo y peligroso viaje en trineo al polo sur.* **intrepidez** (sustantivo).

intrusivo (adjetivo) forzado, invasivo. *La ley se supone que protege a los estadounidenses de las búsquedas intrusivas por parte de la policía.* **intrusión** (sustantivo).

intuitivo (adjetivo) que se conoce por intuición, sin proceso de pensamiento aparente. *Un experimentado jugador de ajedrez a veces sabe cuál es el mejor movimiento por intuición, sin poder explicar por qué.* **intuición** (verbo), **intuición** (sustantivo).

inundar (verbo) desbordar; abrumar. *Tan pronto los boletos del playoff salieron a la venta, los ansiosos fanáticos inundaron la taquilla con pedidos.*

invadir (verbo) ir más allá de los límites aceptables; traspasar. *Al tomar tranquilamente más y más autoridad, Robert Moses invadió continuamente los poderes de otros líderes gubernamentales.* **invasión** (sustantivo).

invariable (adjetivo) inmutable, constante. *Al escribir un libro, era su hábito invariable levantarse a las 6 a.m. y trabajar en su escritorio de 7 a 12.* **invariabilidad** (sustantivo).

invencible (adjetivo) imposible de vencer o superar. *Durante los tres años del apogeo de su carrera, el boxeador Mike Tyson parecía invencible.*

inversión (sustantivo) un giro o intercambio de posición. *La poesía inversión. Poesía latina a menudo presenta inversión del orden de las palabras; por ejemplo, la primera línea de la Eneida de Virgilio: "Armas y el hombre que yo canto".* **invertir** (verbo), **invertido** (adjetivo).

inveterado (adjetivo) persistente, habitual. *Es muy difícil para un jugador inveterado dejar el pasatiempo.* **inveterado** (sustantivo).

inviolable (adjetivo) imposible de atacar o traspasar. *En el remoto escondite del presidente en Camp David, custodiado por El Servicio Secreto, su privacidad es, por una vez, inviolable.*

irracional (adjetivo) irrazonable. *Ricardo sabía que su miedo a los insectos era irracional, pero no pudo superarlo.* **irracionalidad** (sustantivo).

irresoluto (adjetivo) sin decisión sobre cómo actuar, indeciso. *La fila en la heladería creció a medida que la niña irresoluta vaciló entre sus dos sabores favoritos de helado hasta que finalmente eligió uno.* **irresolución** (sustantivo).

J

jerarquía (sustantivo) el rango de personas, cosas, o ideas de mayor a menor. *Un El secretario del gabinete se ubica justo debajo del presidente y vicepresidente en la jerarquía de la rama ejecutiva.* **jerárquico** (adjetivo).

justificación (sustantivo) una razón subyacente o explicación. *Tras mirar las caras tristes de sus empleados, fue difícil para el presidente de la compañía dar la justificación para cerrar el negocio.*

L

lánguido (adjetivo) sin energía; lento, pesado, apático. *El clima cálido y húmedo a finales de agosto puede hacer que cualquiera se sienta lánguido.* **languidecer** (verbo), **languidez** (sustantivo).

latente (adjetivo) que sucede bajo la superficie; oculto. *Aunque solo había cometido un acto de violencia, el psiquiatra examinador dijo que probablemente tendría siempre una tendencia latente a la violencia.* **latencia** (sustantivo).

letárgico (adjetivo) que carece de energía; lento. *Los visitantes del zoológico se sorprenden de que los leones parecen muy letárgicos, pero, en la naturaleza, los leones duermen hasta 18 horas al día.* **letargo** (sustantivo).

librar (verbo) salir, o verse libre de una situación difícil o complicada. *Gran parte del humor del programa de televisión "I Love Lucy" consiste en ver a Lucy tratar de librarse de los problemas que crea con sus mentiras y engaños.* **liberador** (adjetivo).

longevidad (sustantivo) duración de la vida; durabilidad. *La reducción de las muertes prematuras por infecciones y enfermedades es la causa de la mayor parte del aumento de la longevidad humana en los últimos dos siglos.*

lúcido (adjetivo) claro y comprensible. *Una breve historia del universo, de Hawking, es una explicación lúcida de las teorías científicas modernas sobre el origen del universo.* **lucidez** (sustantivo).

M

maduración (sustantivo) proceso de desarrollo o crecimiento pleno. *Es probable que las antiguas naciones comunistas operaran sin problemas en los mercados libres después de un largo período de maduración.* **madurar** (verbo), **madurez** (sustantivo).

maldición (sustantivo) invocación o deseo del mal para una persona. *En el cuento de hadas "La bella durmiente", la princesa está atrapada en un sueño mortal debido a la maldición pronunciada por una bruja enojada.*

maleable (adjetivo) que puede ser cambiado, moldeado, o trasformado por fuerzas externas. *El oro es un metal útil porque es maleable.* **maleabilidad** (sustantivo).

malevolencia (sustantivo) odio, mala voluntad. *Los críticos dicen que Iago, el villano del* Otelo *de Shakespeare, parece exhibir malevolencia sin causa real.* **malévolo** (adjetivo).

malhumorado (adjetivo) sombrío, hosco. *Después de que la novia dejó a Chuck estuvo en casa por un par de días, sintiéndose malhumorado.*

malversar (verbo) robar dinero o propiedad confiados a su cuidado. *La Iglesia descubrió que el tesorero había malversado miles de dólares escribiendo cheques falsos de la cuenta bancaria de la iglesia.* **malversación** (sustantivo).

manchar (verbo) ensuciar, teñir o contaminar. *Las fechorías de Nixon como presidente mancharon la reputación del gobierno estadounidense.*

mandato (sustantivo) orden, comando. *La nueva política de usar solo productos orgánicos en el restaurante entró en vigencia tan pronto como el gerente emitió su mandato.* **mandar** (verbo) **mandatorio** (adjetivo).

matiz (sustantivo) una sutil diferencia o calidad. *A primera vista, las pinturas de nenúfares de Monet se parecen mucho, pero cuanto más los estudias, más se aprecian los matices de color y sombreado que los distingue.*

mediar (verbo) actuar para conciliar las diferencias entre dos partes. *Durante la huelga de béisbol, tanto los jugadores como los dueños del club estaban dispuestos a que el presidente mediara la disputa.* **mediación** (sustantivo).

mediocridad (sustantivo) el estado de ser mediocre o pobre en calidad. *Los Mets de Nueva York terminaron en noveno lugar en 1968 pero ganaron el campeonato mundial en 1969, pasando de horrible a genial en un solo año y saltándose la mediocridad.* **mediocre** (adjetivo).

mejorar (verbo) aumentarr en valor o calidad. *Los nuevos electrodomésticos de cocina mejorarán su casa y aumentarán su valor al momento de venderla.* **mejora** (sustantivo).

menospreciar (verbo) hablar sin respeto, subestimar. *Muchos anuncios políticos hoy alaban al candidato y menosprecian a su oponente.* **menosprecio** (sustantivo), **menospreciado** (adjetivo).

meticuloso (adjetivo) muy cuidadoso con los detalles. *La reparación de relojes requiere un artesano que sea paciente y meticuloso.*

mitigar (verbo) hacer menos grave; aliviar. *Wallace ciertamente cometió el asalto, pero el abuso verbal que recibió ayuda a explicar su comportamiento y en algo mitiga su culpa.* **mitigación** (sustantivo).

molesto (adjetivo) demasiado prominente; invasivo. *Philip debería cantar más suavemente; su bajo es tan molesto que los otros cantantes apenas pueden escucharse.* **molestar** (verbo) **molesto** (sustantivo).

mordaz (adjetivo) injustamente o excesivamente crítico; querelloso. *Nueva York es famosa por sus críticos exigentes, pero ninguno es más difícil que el mordaz John Simon, de quien se dice que ha destruido muchas carreras carreras actorales.*

mundano (adjetivo) de todos los días, ordinario, común. *A los cinéfilos de la década de 1930 les gustaban las películas glamorosas de Fred Astaire porque proporcionaban un escape a los problemas mundanos de la vida durante la Gran Depresión.*

mutable (adjetivo) que puede cambiar. *La reputación de un político puede ser muy mutable, como se ve en el caso de Harry Truman, burlado durante toda su vida, venerado después.*

N

narcisista (adjetivo) que muestra amor excesivo por sí mismo; egoísta. *La habitación de Andrés, decorada con fotos de él y los trofeos deportivos que ha ganado, sugiere una personalidad narcisista.* **narcisismo** (sustantivo).

nocturno (adjetivo) de la noche; activo de noche. *Los viajeros del subterráneo escaparon de la esclavitud hacia el norte gracias a una serie de vuelos nocturnos. Los ojos de los animales nocturnos deben de ser sensibles a la luz tenue.*

notorio (adjetivo) Que es famoso, resalta o sobresale. *Warner Brothers produjo una serie de películas sobre gángsters notorios como John Dillinger y Al Capone.* **notoriedad** (sustantivo).

novato (sustantivo) principiante. *Levantar la cabeza antes de terminar el swing es un error típico de un novato en el golf.*

nutrir (verbo) Alimentar o ayudar a crecer. *El dinero otorgado por el National Endowment para las artes ayuda a nutrir las organizaciones artísticas locales de todo el país.* **nutrición** (sustantivo).

O

objetivo (adjetivo) que trata con hechos medibles en lugar de opiniones, interpretaciones, o emociones. *Cuando un caso legal involucra un crimen impactante, puede ser difícil para un juez ser objetivo en sus decisiones.*

obligación (sustantivo) una responsabilidad o deuda. *La compañía de seguros tenía una obligación de millones de dólares después de que la ciudad fue destruida por un tornado. Correr rápido es una obligación para alguien que aspira a jugar baloncesto profesionalmente.* **obligado** (adjetivo).

obsesivo (adjetivo) obsesionado o preocupado por una idea o sentimiento. *Su preocupación por la limpieza se volvió tan obsesiva que lava sus manos 20 veces al día.* **obsesión** (sustantivo).

obsoleto (adjetivo) que ya no es actual; anticuado. *W. H. Auden dijo que el paisaje ideal incluiría ruedas de agua, molinos de grano de madera y otras formas de maquinaria obsoleta.* **obsolescencia** (sustantivo).

obstinado (adjetivo) Sin deseo de cambiar; terco, inflexible. *A pesar de las muchas súplicas que recibió, el gobernador fue obstinado al negarse a otorgar clemencia al asesino condenado.*

ominoso (adjetivo) que es abominable y merece ser condenado y aborrecido. *Los crímenes de los ejércitos vencedores en las guerras son ominosos.* **ominosa** (sustantivo).

oneroso (adjetivo) costoso, pesado. *El héroe Hércules recibió la orden de limpiar el Establo Augean, una de varias tareas onerosas conocidas como "Los trabajos de Hércules".*

oportunistas (adjetivo) quienes aprovechan con entusiasmo las oportunidades a medida que surgen. *Cuando la princesa Diana murió repentinamente, editores oportunistas lanzaron rápidamente libros sobre su vida y muerte.* **oportunismo** (sustantivo).

opulento (adjetivo) rico, lujoso. *La mansión del magnate de los periódicos Hearst es famosa por su decoración opulenta.* **opulencia** (sustantivo).

oscuro (adjetivo) poco conocido; difícil de entender. *Mendel era un monje oscuro hasta décadas después de su muerte cuando su trabajo científico fue finalmente descubierto. La mayoría de la gente encuentra que los escritos de James Joyce son oscuros; lo cual justifica, la popularidad de los libros.* **oscurecer** (verbo), **oscuridad** (sustantivo).

ostentoso (adjetivo) demasiado llamativo, pretencioso. *Para mostrar su riqueza, el millonario organizó una fiesta ostentosa con una orquesta completa, un famoso cantante y decenas de miles de dólares en comida.*

P

pálido (adjetivo) sin color; aburrido. *Por trabajar todo el día en la mina de carbón le dio una palidez. El nuevo musical ofrece un pálido entretenimiento: la música no tiene vida, la actuación es aburrida, la historia es absurda.*

paria (sustantivo) excluido. *Acusado de robo, él se convirtió en un paria; sus vecinos dejaron de hablarle, y las personas que él consideraba amigos ya no lo llaman.*

partidista (adjetivo) que refleja una fuerte lealtad a un partido o causa en particular. *El voto sobre el presupuesto del presidente fue estrictamente partidista: cada miembro del partido del presidente votó sí, y todos los demás votaron no.* **partidista** (sustantivo).

pelúcida (adjetivo) muy clara; transparente; fácil de entender. *El agua de la montaña estaba fría y pelúcida. Gracias a la explicación pelúcida del profesor, por fin entiendo la teoría de la relatividad.*

penitente (adjetivo) que siente pena por crímenes pasados o pecados. *El criminal penitente escribió una larga carta de disculpa, pidiendo perdón.*

perceptivo (adjetivo) rápido en notar, observador. *Con su inteligencia perceptiva, Holmes fue el primero en notar la importancia de esta pista.* **perceptible** (adjetivo), **percepción** (sustantivo).

pérfido (adjetivo) desleal, traicionero. *Aunque fue uno de los más talentosos generales de la Revolución Americana, Benedicto Arnold es recordado hoy como un pérfido traidor a su país.* **perfidia** (sustantivo).

perjudicial (adjetivo) nocivo. *Hace unos 30 años, los científicos demostraron que trabajar con el asbesto podría ser perjudicial para la salud, pues produce cáncer y otras enfermedades.*

pernicioso (adjetivo) extremadamente frugal; tacaño. *Atormentado por los recuerdos de la pobreza, vivió de manera perniciosa, conduciendo un automóvil viejo y vistiendo solo la ropa más barata.*

perseverar (adjetivo) continuar a pesar de las dificultades. *Aunque varios de sus compañeros de equipo abandonador la maratón, Gail perseveró.* **perseverancia** (sustantivo).

perspicacia (sustantivo) agudeza de observación o comprensión. *Periodista Murray Kempton fue famoso por la perspicacia de sus comentarios en temas sociales y políticos.* **perspicaz** (adjetivo).

perturbador (adjetivo), que causa trastorno, que interrumpe. *Cuando el senador habló en nuestra universidad, manifestantes enojados gritaron, perturbaron y participaron en otras actividades disruptivas.* **perturbar** (verbo), **perturbación** (sustantivo).

pésame (sustantivo) lástima por la pena o pérdida de otra persona; simpatía. *Después de la repentina muerte de la princesa Diana, miles de mensajes de pésame fueron enviados a su familia.*

plástico (adjetivo) que se puede moldear o remodelar. *Debido a que es muy plástica, la arcilla es un material fácil de usar para los escultores principiantes.*

plausible (adjetivo) aparentemente creíble. *Según el juez, el argumento del abogado defensor era a la vez poderoso y plausible.* **plausibilidad** (sustantivo).

polarizar (verbo) separar en grupos opuestos o fuerzas. *Durante años, el debate sobre el aborto ha polarizado al pueblo estadounidense, con muchas personas que expresan opiniones extremas y pocos intentan encontrar un término medio.* **polarización** (sustantivo).

poquito (sustantivo) una pequeña cantidad. *El plan para su nuevo negocio está bien diseñado; con un poquito de suerte, debería tener éxito.*

potentado (sustantivo) persona rica y poderosa. *El zar de Rusia fue uno de los últimos potentados herederos de Europa.*

pragmatismo (sustantivo) método práctico. *El enfoque de Roosevelt sobre La Gran Depresión se basó en el pragmatismo: "Intenta algo", dijo. "Si no funciona, prueba algo más."* **pragmático** (adjetivo).

preámbulo (sustantivo) una declaración introductoria. *El preámbulo de la Constitución comienza con las famosas palabras, "Nosotros, la gente de los Estados Estados de América ..."*

precoz (adjetivo) que madura a temprana edad. *Picasso era tan precoz como un artista que, a los nueve, se dice que pintó cuadros mucho mejores que su maestra.* **precocidad** (sustantivo).

predilección (sustantivo) un gusto o preferencia. *Para relajarse de sus deberes presidenciales, Kennedy tenía predilección por las novelas de espías con James Bond.*

predominante (adjetivo) mayor en números o influencia. *Aunque cientos de religiones se practican en la India, la fe predominante es el hinduismo.* **predominio** (sustantivo), **predominar** (verbo).

presagiar (verbo) indicar un evento futuro; predecir. *Según el folklore, un cielo rojo en el amanecer presagia un día de clima tormentoso.*

presteza (sustantivo) prontitud, rapidez. *Contento con su oferta de trabajo, aceptó con presteza, "Antes de que cambien de opinión!" pensó.* **presto** (adjetivo).

presuntuoso (adjetivo) que muestra presunción, vanidad u orgullo. *El senador hizo una mueca cuando el joven empleado presuntuoso se dirigió a él como "Chuck".* **presunción** (sustantivo).

pretencioso (adjetivo) que pretende un valor excesivo o importancia. *Llamar a un vendedor de zapatos o "consultor personal de indumentaria para el pie" parece terriblemente pretencioso.* **pretensión** (sustantivo).

procrastinar (verbo) posponer, retrasar. *Si procrastina habitualmente, pruebe esta técnica: nunca toque un pedazo de papel sin archivarlo, responder o tirarlo después.* **procrastinación** (sustantivo).

profano (adjetivo) impuro, impío. *Es inapropiado y grosero usar lenguaje profano en una iglesia.* **profanar** (verbo), **profanación** (sustantivo).

proliferar (verbo) aumentar o multiplicar. *En los últimos 25 años, las empresas de alta tecnología han proliferado en el norte de California, Massachusetts, y Seattle.* **proliferación** (sustantivo).

prolífico (adjetivo) que produce muchos descendientes o creaciones. *Con más de 300 libros a su nombre, Isaac Asimov fue uno de los más prolíficos escritores de todos los tiempos.*

prominencia (sustantivo) la calidad de destacar; fama. *Barack Obama se volvió un político prominente después de su discurso de apertura en el 2004 en la Convención Nacional Democrática.* **prominente** (adjetivo).

promulgar (verbo) hacer público, declarar. *Lincoln firmó la proclamación que liberó a los esclavos en 1862, pero esperó varios meses para promulgarlo.*

propagar (verbo) hacer crecer; fomentar. *El testamento de John Smithson dejó su fortuna para la fundación de una institución para propagar el conocimiento, sin aclarar si eso significaba una universidad, una biblioteca o un museo.* **propagación** (sustantivo).

prosaico (adjetivo) de todos los días, ordinario, aburrido. *"El caso de Paul" cuenta la historia de un niño que anhela escapar de la vida prosaica de un empleado en un mundo de riqueza, glamour y belleza.*

protagonista (sustantivo) el personaje principal de un historia u obra de teatro; el principal defensor de un idea. *Leopold Bloom es el protagonista de la gran novela de James Joyce, Ulises.*

provocativo (adjetivo) que probablemente estimule emociones, ideas o controversia. *Los manifestantes comenzaron a cantar obscenidades, una provocación que esperaban causará que la policía perdiera el control.* **provocar** (verbo), **provocación** (sustantivo).

proximidad (sustantivo) cercanía, al lado. *Los residentes del vecindario estaban enojados por el proximidad de la planta de alcantarillado con la escuela local.* **próximo** (adjetivo).

prudente (adjetivo) sabio, cauteloso y práctico. *Un inversor prudente evitará poner todo su dinero en cualquier inversión individual.* **prudencia** (sustantivo).

pugnaz (adjetivo) combativo, belicoso, agresivo; listo para pelear. *El toletero, un pugnaz jar dinero de los Tigres de Detroit, consiguió más que unas cuantas peleas, tanto en y fuera del campo.* **pugnacidad** (sustantivo).

punitivo (adjetivo) que inflige castigo. *El jurado otorgó al demandante un millón de dólares en daños punitivos, con la esperanza de enseñarle al acusado una lección.*

puntilloso (adjetivo) muy preocupado por formas adecuadas de comportamiento y modales. *Un hombre tan puntilloso para vestirse como James preferiría saltear la fiesta por completo que usar el color equivocado de corbata.*

purificar (verbo) volver puro, limpio o perfecto. *Se supone que la nueva planta purifica el agua potable que surte a todos los pueblos cercanos.* **purificación** (sustantivo).

Q

quejumbroso (adjetivo) propenso a quejarse o llorar. *Los trabajadores del hogar de ancianos necesitaban mucha paciencia para cuidar a los tres quejumbrosos, desagradables residentes del lugar.*

R

recatada (adjetivo) modesta o tímida. *Las recatadas heroínas de la ficción victoriana han cedido su lugar a personajes femeninos más fuertes, decididos e independientes de hoy.*

receptiva (adjetivo) que escucha y actúa en consecuencia. *El nuevo director del Servicio Interno de Impuestos ha prometido volver la agencia más receptiva a las quejas públicas.* **recibir** (verbo), **receptividad** (sustantivo).

recriminación (sustantivo) una acusación de represalia. *Después de que el gobernador venció a su oponente poco ético, su oponente respondió enojado con recriminaciones de que el gobernador era un hipócrita.* **recriminar** (verbo), **recriminatorio** (adjetivo).

recuperarse (verbo) recuperar la salud después de un enfermedad. *Aunque Marie salió del hospital dos días después de su operación, le tomó algunas semanas recuperarse completamente.* **recuperación** (sustantivo), **recuperado** (adjetivo).

reducir (verbo) abreviar, resumir. *La Declaración de Derechos está diseñada para prevenir que el Congreso pueda reducir los derechos de los estadounidenses.* **reducción** (sustantivo).

refutar (verbo) demostrar que es falso. *La empresa invitó periodistas a visitar su planta para intentar refutar los cargos de condiciones de trabajo inseguras.* **refutación** (sustantivo).

regañar (verbo) reprender o criticar duramente. *El juez regañó enojado a los dos abogados por su comportamiento poco profesional.*

relevancia (sustantivo) importante para, en relación con, en mano; pertinencia. *Un testimonio en un juicio criminal, sólo puede ser admitido si tiene relevancia clara para la cuestión de la culpa o la inocencia.* **relevante** (adjetivo).

remedio (sustantivo) lo que sirve para remediar, curar o corregir alguna condición. *La acción afirmativa puede justificarse como un paso para remediar y ayudar a los miembros de grupos minoritarios a superar los efectos de la discriminación pasada.* **remediar** (verbo).

remordimiento (sustantivo) un doloroso sentimiento de culpa por acciones pasadas. *En el cuento de Poe, "El corazón delator", un asesino se vuelve loco por el remordimiento causado por su crimen.* **remorder** (verbo).

remuneración (sustantivo) paga. *En una demanda civil, el abogado a menudo recibe parte de la liquidación financiera como su remuneración.* **remunerar** (verbo), **remunerado** (adjetivo).

rencoroso (adjetivo) lleno de hostilidad amarga. *Muchos estadounidenses están disgustados por las recientes campañas políticas, que parecen más rencorosas que nunca.* **rencor** (sustantivo).

renovar (verbo) reparar; reconstruir. *El programa de televisión* This Old House *muestra cómo artesanos calificados renuevan casas.* **renovación** (sustantivo).

renuncia (sustantivo) el acto de rechazar o dejar ir algo. *La renuncia del rey Eduardo VII al trono británico fue causada por su deseo de casarse con una divorciada estadounidense, algo que no podía hacer como rey.* **renunciar** (verbo).

repleto (adjetivo) lleno hasta el tope. *El libro Graham's está repleto de historias maravillosas sobre las personas famosas que el autor conoció.*

reprensible (adjetivo) que merece ser reprendido. censura. *Aunque las fechorías de Pete Rose son reprensibles, no todos los fanáticos piensan de acuerdo en que merece ser excluido del Salón de la Fama del Béisbol.* **reprender** (verbo), **reprehension** (sustantivo).

repudiar (verbo) rechazar, renunciar. *Después de que se supo que Duke fue un líder del Ku Klux Klan, la mayoría de los líderes republicanos lo repudiaron.* **repudio** (sustantivo).

repudio (sustantivo) culpa, condena. *Las noticia de que el senador acosó a varias mujeres provocó el repudio de muchas feministas.* **repudiar** (verbo).

reputación (sustantivo) por lo que sé conoce a una persona, fama, respeto. recomendaciones. *Encuentre un mecánico de automóviles con buena reputación pidiéndole a sus amigos recomendaciones basadas en sus propias experiencias.*

reseco (adjetivo) muy seco; sediento. *Después de dos meses sin lluvia, los cultivos se marchitaron y están resecos por el sol.* **resecar** (verbo).

resiliente (adjetivo) capaz de recuperarse de la dificultad. *Un atleta profesional debe ser resiliente, capaz de perder un juego algún día y volver luego con confianza y entusiasmo.* **resiliencia** (sustantivo).

resplandeciente (adjetivo) que resplandece, brillante. *A finales de Diciembre, el centro de Nueva York es resplandeciente con luces navideñas y decoraciones.* **resplandor** (sustantivo).

restaurar (verbo) arreglar; renovar. *Tomó tres días de trabajo de un equipo de carpinteros, pintores, y decoradores para renovar completamente el departamento.*

restitución (sustantivo) retorno de algo a su dueño original; reembolso. *Algunos líderes nativos estadounidenses exigen que el gobierno de los Estados Unidos haga una restitución por las tierras que les arrebataron.*

retorcido (adjetivo) enroscado, complicado, intrincado. *La ley tributaria se ha vuelto tan retorcida que es fácil para las personas violarla accidentalmente.* **retorcido** (sustantivo), **retorcer** (verbo).

revelar (verbo) dar a conocer; sacar a la luz. *Las leyes electorales requieren que los candidatos revelen los nombres de quienes aportan grandes sumas de dinero a sus campañas.* **revelación** (sustantivo).

S

sagaz (adjetivo) astuto, sabio. *Solo un líder tan sagaz como Nelson Mandela pudo unir a Sudáfrica con tanto éxito y en paz.* **sagacidad** (sustantivo).

salvaje (adjetivo) sin ley ni orden. *El basurero fue habitado por una jauría de perros salvajes que escaparon, escapó de sus dueños y se volvieron completamente salvajes.*

salvar (verbo) que evita un desastre o ruina. *Después que el huracán destruyó su casa, ella pudo salvar solo algunas de sus pertenencias.* **salvación** (sustantivo), **salvado** (adjetivo).

santurrón (adjetivo) que muestra falsa o excesiva piedad. *Las oraciones santurronas del predicador de televisión se entremezclan con solicitudes para que los televidentes le envíen dinero.* **santurrón** (sustantivo).

secretar (verbo) emitir, expulsar. *Las glándulas de la boca secretan saliva, un líquido que ayuda a la digestión.*

secuencial (adjetivo) organizado en un orden o serie. *Los cursos para la especialidad de química son secuenciales, debes tomarlos en orden, ya que cada curso se basa en los anteriores.* **secuencia** (sustantivo).

sedentario (adjetivo) que pasa mucho tiempo sentado. *Cuando el oficial Samson recibió un trabajo de escritorio, tuvo problemas para acostumbrarse al trabajo sedentario después de años en la calle.*

sereno (adjetivo) tranquilo, apacible. *La Universidad Holt definitivamente no es una "escuela de fiesta"; todos los estudiantes trabajan duro, y el campus tiene un reputación de ser sereno.*

servil (adjetivo) como esclavo o sirviente; sumiso. *El magnate exigió que sus subordinados se comportaran de manera servil, y aceptaran rápidamente todo lo que dijo.* **servilismo** (sustantivo).

simulado (adjetivo) que imita algo más; artificial. *Las joyas que simulan alta calidad deben ser examinadas bajo una lupa para distinguirlas distinguidas de las reales.* **simular** (verbo), **simulación** (sustantivo).

solitario (adjetivo) retirado de la sociedad. *Durante los últimos años de su vida, la actriz Greta Garbo llevó una existencia solitaria, rara vez apareció en público.* **soledad** (sustantivo).

sostener (verbo) mantener el ritmo, continuar; apoyar. *Debido a la fatiga, no pudo sostener el esfuerzo necesario para terminar el maratón.*

subrepticio (adjetivo) hecho en secreto. *Porque Irak evitó las inspecciones de armas, muchos creían que tenía un programa de desarrollo de armas subrepticio.*

sumiso (adjetivo) que acepta la voluntad de otros; humilde, obediente. *Al final* Casa de muñecas, *de Ibsen, Nora deja a su marido y abandona el papel de sumisa ama de casa.*

superficial (adjetivo) solo en la superficie; sin profundidad ni sustancia. *Su herida fue superficial y requirió solo un vendaje ligero. Su atractivo superficial oculta el hecho de que su personalidad no tiene vida y su mente es aburrida.* **superficialidad** (sustantivo).

superfluo (adjetivo) superficial, sin sentido. *Una vez que hayas ganado el debate, no debes seguir hablando; argumentos superfluos solo aburren y molestan a la audiencia.*

suprimir (verbo) sofocar o restringir. *Tan pronto cuando comenzaron los disturbios, miles de policías fueron enviados a las calles para suprimir los disturbios.* **supresión** (sustantivo).

sustituto (sustantivo) Algo o alguien que puede reemplazar a otro. *Cuando el congresista murió en el cargo, su esposa fue nombrada para* servir el resto de su mandato como sustituto. **sustituto** (adjetivo).

T

táctil (adjetivo) relacionado con el sentido del tacto. *Las pinceladas gruesas y las manchas de color en las pinturas de van Gogh son muy táctiles.* **táctil** (sustantivo).

talismán (sustantivo) un objeto que se supone que tiene efectos mágicos o cualidades. *La gente supersticiosa a veces lleva una pata de conejo, una moneda de la suerte, o algún otro talismán.*

tangencial (adjetivo) que toca ligeramente; solo ligeramente conectado o relacionado. *Los alumnos inscritos en la clase de historia afroamericana solo encontraron un interés tangencial en los relatos del profesor sobre su viaje a Sudamérica.* **tangente** (sustantivo).

tardío (adjetivo) retrasado o fuera del tiempo adecuado. *Llamó a su madre el 5 de enero para desearle un tardío "Feliz Año Nuevo".*

tedio (sustantivo) aburrimiento. *Para la mayoría de la gente, ver el canal meteorológico durante 24 horas sería puro tedio.* **tedioso** (adjetivo).

tembloroso (adjetivo) que tiene temblores o movimiento arduo; tímido o temeroso. *Nunca habló en público antes y comenzó su discurso con una voz temblorosa.*

temeridad (sustantivo) audacia, imprudencia, excesivo, atrevido. *Solo alguien que no entiende el peligro tendría la temeridad de intentar subir al Everest sin guía.* **temerario** (adjetivo).

temible (adjetivo) que inspira respeto, temor, o miedo. *Los conocimientos y la experiencia personal de Johnson lo convirtieron en un oponente político temible.*

templanza (sustantivo) moderación o regulación de en sentimientos y comportamiento. *Los atletas profesionales practican la templanza*

en sus hábitos de vida personal, ellos saben que demasiado comer o beber, puede dañar su rendimiento. **templado** (adjetivo).

tenaz (adjetivo) aferrado, pegajoso o persistente. *Tenaz Ella fue tenaz en la búsqueda de su objetivo, aplicó cuatro veces a la beca antes de que la aceptarán.* **tenacidad** (sustantivo).

tentativo (adjetivo) sujeto a cambios; incierto. *No se ha establecido un horario seguro, pero el El Super Bowl 2020 ha recibido la tentativa fecha del 3 de febrero.*

terapéutico (adjetivo) terapéutico o que ayuda a curar. *Los balnearios de agua caliente eran populares en el siglo XIX entre los enfermos, que creían que sumergirse en el agua tenía efectos terapéuticos.* **terapia** (sustantivo).

terminar (verbo) acabar, cerrar. *Los juegos olímpicos terminan con una gran ceremonia atendida por atletas de cada país participante.* **terminal** (sustantivo), **terminación** (sustantivo).

terrestre (adjetivo) de la tierra. *La película de Close Encounters of the Third Kind cuenta la historia del primer contacto entre seres del espacio ultraterrestre y humanos terrestres.*

tímido (adjetivo) temeroso, con miedo. *El cobarde león se acercó al trono del mago con una mirada tímida en su rostro.*

titular (sustantivo) alguien que ocupa un cargo o posición. *Suele ser difícil para un aspirante ganarle un escaño en el Congreso al titular.* **titularidad** (sustantivo), **titular** (adjetivo).

tolerante (adjetivo) aceptante, duradero. *Los franciscanos tienen una actitud tolerante hacia los estilos de vida: "Vive y deja vivir" parece ser su lema.* **tolerar** (verbo), **tolerancia** (sustantivo).

tortuosa (adjetivo) sinuoso o indirecto. *Nosotros condujimos a la cabaña por una ruta tortuosa, así que no podía ver la mayor parte del campo.*

tortuoso (adjetivo) complicado, engañoso. *Las tácticas financieras tortuosas del CEO fueron diseñadas para enriquecer su firma mientras confundía a los reguladores del gobierno.*

toxina (sustantivo) veneno. *El DDT es una toxina poderosa, solía usarse para matar insectos pero ahora está prohibido en Estados Unidos por el riesgo que representa para la vida humana.* **tóxico** (adjetivo).

traicionero (adjetivo) no confiable o desleal; peligroso, traidor. *La Alemania Nazi demostró ser un aliado traicionero, primero firmando un pacto de paz con la Unión Soviética, luego invadiendo. Ten cuidado al cruzar el puente de cuerda, las partes están muy deshilachadas y traicioneras.* **traición** (sustantivo).

tranquilidad (sustantivo) libertad de disturbios o agitación; calma. *Se mudó de Nueva York a Vermont, una ciudad rural, buscando la tranquilidad de la vida en el campo.* **tranquilo** (adjetivo).

transgredir (verbo) ir más allá de los límites; violar. *Nadie podría entender por qué el estudiante de honor ha transgredido su tienda favorita robando varios artículos de ropa.* **transgresión** (sustantivo).

transitoria (adjetivo) que pasa rápidamente. *Los estados de ánimo tienden a ser transitorios; la gente puede estar ansiosa y enojada un mes pero relativamente contenida y optimista al siguiente.*

transitorio (adjetivo) que pasa rápidamente. *Los visitantes a largo plazo de este hotel pagan una tarifa diferente a los huéspedes transitorios que se quedan solo un día o dos.* **transitoriedad** (sustantivo).

translúcido (adjetivo) que deja pasar algo de luz. *Paneles de vidrio translúcido que dejan pasar la luz del día en la habitación ayudan a mantener la privacidad.*

transmutar (verbo) cambiar de forma o sustancia. *En la Edad Media, los alquimistas intentaron descubrir formas de transmutar metales como el hierro en oro.* **transmutación** (sustantivo).

trillado (adjetivo) sin originalidad. *Cuando alguien inventó la frase, "sin pena no gloria"ganancia", era inteligente, pero ahora es tan común escucharla que parece trillada.*

truculento (adjetivo) agresivo, hostil, beligerante. *El comportamiento truculento de Hitler al exigir más territorio para Alemania dejo claro que la guerra era inevitable.* **agresividad** (sustantivo).

truncar (verbo) cortar. *El mal trabajo de copia truncó el manuscrito del dramaturgo: la última página terminó en medio de una escena, a mitad del primer acto.*

turbulento (adjetivo) agitado o perturbado. *La noche antes del partido del campeonato, Serena Williams no pudo dormir, su mente se sentía turbulenta, llena de con miedos y esperanzas.* **turbulencia** (sustantivo).

U

usurpador (sustantivo) alguien que toma un lugar o posesión sin derecho a hacerlo. *Los seguidores más devotos de Kennedy tendían a considerar a los presidentes posteriores como usurpadores, sosteniendo que él o sus hermanos deberían retener el puesto.* **usurpar** (verbo), **usurpación** (sustantivo).

utilitario (adjetivo) puramente de beneficio práctico. *El diseño del automóvil Modelo T fue simple y utilitario, carente de los lujos encontrados en modelos posteriores.*

utopía (sustantivo) una sociedad imaginaria, perfecta. *Los que fundaron la comunidad Oneida soñaron que podría ser una especie de utopía, un estado próspero con total libertad y armonía.* **utópico** (adjetivo).

V

validar (verbo) aprobar o confirmar oficialmente. *Se valida la elección del presidente cuando los miembros del Colegio Electoral se reúnen para confirmar la elección de los votantes.* **válido** (adjetivo), **validez** (sustantivo).

vanidoso (adjetivo) un hombre que se envanece con su vestimenta o apariencia. *El personaje vanidoso de la década de 1890 llevaba polainas de colores brillantes y un sombrero de copa; en la década de 1980, llevaba tirantes elegantes y una camisa con cuello en contraste.* **vanidad** (sustantivo).

vehemente (adjetivo) lleno de afán, fervor, o pasión. *Una multitud de los partidarios más vehementes de la candidata la recibió en el aeropuerto con pancartas, carteles y una banda de música.* **vehemencia** (sustantivo).

vejar (verbo) irritar, molestar o incomodar. *Me veja que nunca ayude en las tareas de la casa.* **vejación** (sustantivo).

venerar (verbo) admirar profundamente; honrar. *Millones de personas en todo el mundo veneran a la Madre Teresa por su santa generosidad.* **venerable** (adjetivo), **veneración** (sustantivo).

verde (adjetivo) el color de la vida vegetal. *Inglaterra del Sur es famosa por su campo verde lleno de jardines y pequeñas granjas.*

verificar (verbo) chequear o respaldar con evidencia. *El cargo que Nixon había imputado para encubrir crímenes fue verificado por sus comentarios al respecto en una serie de cintas de audio.* **verificado** (adjetivo), **verificación** (sustantivo).

vestigio (sustantivo) un rastro o resto. *Hoy el pequeño bosque de Sherwood es el último vestigio de un bosque que una vez cubrió la mayor parte de Inglaterra.* **vestigial** (adjetivo).

vicario (adjetivo) que se experimenta a través de las acciones de otra persona, con la imaginación. *La gran literatura amplía la mente al hacernos partícipes de forma vicaria en la vida de otras personas.*

vigorizar (verbo) dar energía, estimular. *Mientras su auto subía el camino de la montaña, Lucinda se sintió vigorizada por el aire limpio y las brisas frías.*

vindicar (verbo) confirmar, justificar o defender. *El discurso de Gettysburg de Lincoln estaba destinado a vindicar los objetivos de la Unión en la Guerra civil.*

virtuoso (sustantivo) alguien muy hábil, especialmente en un arte. *Vladimir Horowitz fue uno de los Grandes virtuosos del piano del siglo XX.* **virtuosismo** (sustantivo).

vivaz (adjetivo) con vida, energético. *El papel de María en La novicia rebelde suele ser interpretado por una encantadora y vivaz joven actriz.* **vivacidad** (sustantivo).

volátil (adjetivo) que cambia rápidamente; fugaz, transitorio; propenso a la violencia. *La opinión pública es notoriamente volátil; un político que es muy popular un mes puede ser expulsado de la oficina el siguiente.* **volatilidad** (sustantivo).

voluble (adjetivo) que cambia rápida e imprevisiblemente. *La personalidad voluble de Robin Williams, con sus múltiples voces yestilos, le hizo perfecto para el papel del siempre cambiante genio de Aladino.*

Y

yuxtaponer (verbo) poner uno al lado del otro. *Al yuxtaponer las dos editoriales se revelaron las enormes diferencias en las opiniones de los escritores.* **yuxtaposición** (sustantivo).

Hoja de fórmulas matemáticas

Hoja de fórmulas matemáticas

El examen de Razonamiento matemático GED contiene una hoja de fórmulas que muestra fórmulas relacionadas con la medición geométrica y ciertos conceptos de álgebra. Las fórmulas se proporcionan a quienes toman el examen para que puedan concentrarse en la *aplicación*, en lugar de la *memorización* de las fórmulas.

Área de un:

Paralelogramo	$A = bh$
Trapecio	$A = \dfrac{1}{2} h\,(b_1 + b_2)$

Área superficial de:

Prisma rectangular/recto	$SA = ph + 2B$	$V = Bh$
Cilindro	$SA = 2\pi rh + 2\pi r^2$	$V = \pi r^2 h$
Pirámide	$SA = \dfrac{1}{2}\,ps + B$	$V = \dfrac{1}{3} Bh$
Cono	$SA = \pi rs + \pi r^2$	$V = \dfrac{1}{3}\pi r^2 h$
Esfera	$SA = 4\pi r^2$	$V = \dfrac{4}{3}\pi r^3$

(p = perímetro de la base B; $\pi \approx 3.14$)

Álgebra

Pendiente de una recta	$m = \dfrac{y_2 - y_1}{x_2 - x_1}$
Ecuación de una recta en su forma pendiente-intersección	$y = mx + b$
Ecuación de la recta en su forma punto-pendientea	$y - y_1 = m(x - x_1)$
Forma estándar de una ecuación cuadrática	$y = ax^2 + bx + c$
Fórmula cuadrática	$x = \dfrac{-b -\sqrt{b^2 - 4ac}}{2a}$
Teorema de Pitágoras	$a^2 + b^2 = c^2$
Interés simple	$I = prt$

(I = interés, p = principal, r = tasa, t = tiempo)

APUNTES

APUNTES

APUNTES

APUNTES

APUNTES

APUNTES

APUNTES

APUNTES

APUNTES

APUNTES